KB251871

전략적 기업경영과 법

기업지배구조와 재무구조의 이해

전략적 기업경영과 법

기업지배구조와 재무구조의 이해

최승재 지음

한국학술정보(주)

서 문

기업 경영전략의 바탕은 법이다. 경영대학원에서 전략론을 배울 때 강의 중에 들은 이야기이다. 금융기업의 경영자는 금융거래법과 금융규제법을 모두 이해하여야 한다. 법은 경영을 위한 기본적인 지형지물(地形地物)이다. 손자는 손자병법에서 천시(天時), 지리(地利), 인화(人和)의 3가지 요소를 전쟁에서의 승리를 위한 가장 중요한 요소로 삼았다. 기업의 경영도 마찬가지이다. 법리의 지리와 같다고 생각한다. 평야에서의 전면전을 할 것인지, 성에 들어가 방어적인 공성전을 할 것인지, 매복에 적절한 지형이 있어서 매복공격을 할 것인지 등의 일련의 의사결정을 하기 위하여 반드시 알아야 할 지형이 바로 법이다.

사실 경영전략과 법이라는 제목은 굉장히 광범위한 제목이다. 이 책은 이 중에서도 기존의 『경쟁전략과 법』(2009.5. 한국학술정보(주))에서 다루지 않았고, 필자가 이후의 전략시리즈에서 다루려고 하는 것을 제외한 것으로 기초적이라고 생각하는 회사법, 금융법 및 기업재무에 대한 사항을 정리하였다. 기업재무와 밀접한 관련이 있는 조세법의 경우에는 특히 보완이 필요하고 향후 조세전략과 법이라는 제목으로 별도의 책을 염두에 두고 있다.

이 책을 통하여 기존의 전통적인 법적 이해에 대하여 조금이라도 달리 보는 시각을 찾을 수 있으면 한다. 이 책의 제목을 『전략적 기업경영과 법』이라고 한 이유가 바로 여기에 있다. 경영전략의 관점에서의 법은 단순히 존재하는 것이 아니라 수많은 다양한 관점에서 끊임없이 새로 해석되어질 수 있는 것이라고 이해되어야 하며, 그래야 창의적인 경영전략이 나올 수 있기 때문이다. 특히 사내변호사들에게는 이러한 시각은 매우 긴요하다.

이 책은 이런 의미에서 Part를 2개로 나누었다. Part 1은 기업지배구조와 관련된 부분을 기술하였다. 그 중 Chapter 1은 개별기업법을, Chapter 2는 기업집단법을 염두에 두고 나누었다. 법의 명칭은 무엇으로 분류를 하든지 기업법이라는 관점에서 기업은 개별기업법과 기업집단법이 있다고 본다. 이런 점에서 상법 회사편, 공정거래법의 기업집단규제관련 규정 등은 기업지배구조와 관련하여 하나로 묶일 수 있다고 보았다.

Chapter 1의 1장은 기업의 이사회와 임원에 대한 논의를 하였다. 기업의 본질에 대한 논의로 Berle과 Dodd의 논의를 하는 것으로 시작을 하면서, 이사의 책임, 사외이사, 집행임원 등에 대하여 논의를 하였다. 제2절은 회사내 내부통제기관의 재구성과 대안적 설계라는 주제하에 감사와 외부감사, 준법감시인 등의 주제를 아울렀다. 주로 입법론적인 논의가 많이 이루어졌다. 제3절은 적대적 기업인수 방어수단에 대하여 정리하면서, 기업인수에 대한 논의와 포이즌필 등에 대한 이슈들을 살펴보았다. 제4절은 경영판단의 항변과 기업경영진의 배임죄의 성부라는 주제를 통하여 앞에서 본 기업구성원 중에서 경영진의 책임과 관련하여 가장 문제가 되는 경영판단의 항변(Business Judgment Defense)에 대해서 논의하였다. 뒷부분에 물적분할에 있어서의 연대 책임의 배제에 대한 설명을 붙였는데, 이 부분은 추후 개정에서 분할과 관련한 전반적으로 사항을 보완하려고 한다. 제5절은 기업법의 이슈를 국경간 문제로 넓혀서 국가기간산업에서의 기업인수·합병에 대한 규제를 살펴보고자 한다. 미국에서의 엑슨-플로리어법과 관련된 최근까지의 전개를 보고 우리 법제로의 도입에 대하여 검토한다. 여기까지가 평시회사법이라면, 제6절은 도산법에 대하여 논의하는 절로서 정리회사의 재무구조변경과 주주의 지위를 봄으로써 회사법상 주주의 지위 변화를 보고자 하였다.

Chapter 2는 기업집단법에 대한 주제를 보고자 하였다. 제7절은 가장 기업집단에서 문제가 되는 부당지원행위규정의 현황과 문제점을 논급하였다. 입법론적 제언까지를 범위로 하였다. 제8절은 이중대표소송을 통하여 모자회사간의 규율수단으로 대표소송을 살펴보고자 하였다. 관련하여 회사기회유용법리도 논의하였다. 우리나라의 기업집단은 순환출자구조와 지주회사구조로 대별할 수 있다고 본다. 이 중 제9절은 순환출자의 규제를 검토하였다. 지주회사에 대하여는 현재로서는 별도의 절로 논하지 못하였고, 향후 판을 개정하면서 보완하려고 한다. 마무리로 출자총액제한의 예외와 기업의 예측가능성과 관련되어 출자총액제한제도 존속 당시의 문제점을 적시하고자 하였다.

Part 2는 기업재무 및 금융과 관련된 주제들을 설명하고자 하였다. 전체적인 논의를 끌어들이는 도입부로 제1절에서는 현재 문제가 되고 있는 금융위기의 모태인 서브프라임 모기지 론에 대하여 보았다. 서브프라임론과 관련된 소송의 진행은 증권법연구 2009년 12월호에 실린 사항으로 보면 보완이 될 것이다. 제2절은 문제가 된 은행 및 금융지주회사의 소유지배구조에 대하여 보았다. 우리가 지향하려고 하였던 투자은행에 대하여 보고, 금산분리의 완화에 대한 논의를 정리하였다. 제3절은 금융규제법의 관점에서 나아가 투자자보호규범의 설계를 행동경제학 관점에서 보았다. 이를 통하여 자기책임원칙의 전제와 한계에 대하여 살펴보고 현행 자본시장법을 이 관점에서 검토하였다. 제4절은 2009년을 뜨겁게 달구었던 KIKO를 법정책적인 관점에서 보려고 하였다. KIKO과 기업의 금융리스크 매니지먼트라는 관점에서 기업담당자에게도 의미가 있으리라고 본다. 제5절은 개별투자자 보호에서 특히 증권법의 관점을 보았다. 증권법상 불공정행위규제와 관련하여 특히 일반적 규제로 자본시장법에 새로 도입된 자본시장법 제178조 제1항 제1호에 대한 견해를 정리하였다. 제6절은 주식매수선택권에 대한 세법, 회사법, 기업재무 등의 관점에서의 임원의 보상과 관련된 이슈를 보았다. 제7절은 소위 IMF 사태 이후 각종 분식회계 소송들이 많이 있었다. 이 중에서 분식회계와 실질과세원칙에 대한 논의를 통하여 관련 사항을 정리하였다. 뒤이어 세법상 여러 소송에서 가장 문제가 되는 실질과세원칙을 국세기본법 제14조 제3항의 '경제적 실질'의 의미라는 관점에서 보았다. 분식회계 관련판결들을 언급하였으나 이에 대한 보완 및 별도의 절로 정리하는 것은 개정판에 미루고자 한다. 제8절은 기업법(주로 법인세법)에서도 문제가 많이 되는 부당행위계산부인을 보면서, 이를 통하여 판례를 어떻게 읽을 것인가 대하여 결정적 선결례와 관련된 논의를 하였다. 마지막으로 자료는 중국 기업법과 독점규제법의 전개를 제시함으로써 관련된 우리 기업의 전략적 방향을 잡는 데 도움을 주고자 하였다.

미약한 시작으로 창대한 결과를 드러내기에는 역량이 부족하지만 최선을 다할 것이다. 이 책은 향후 지속적으로 보완하고, 정리하면서 기업법의 전체를 그려나갈 것이다. 이 과정에서 아버지와 어머니 그리고 아내와 두 아이의 전폭적인 지원과 신뢰가 여전히 가장 중요한 역할을 할 것이라고 믿는다. 가족이 나의 존재이유이며, 삶의 원천이다. 이들의 사랑이 나의 삶을 지탱한다. 그리고 이제 부모님께서 10월에 세례를 받으시면 가족 모두 가톨릭 신자가 된다. 이 책의 조그마한 좋은 점도 주님의 인자하심과 선하심이 있었기에 가능하였다.

2009. 9.

대법원 재판연구관실에서
서문을 마무리하며
최승재 올림

추천사

　최승재 교수의 독서와 연구는 범위와 깊이를 헤아릴 수 없을 만큼 넓고 깊다. 최 교수를 알게 된 것이 이제 10년을 헤아린다. 그 기간 동안 최 교수를 지켜보면서, 변호사로서, 교수로서 지속적으로 연구하는 모습을 살펴보았다. 변호사로서 그 바쁜 짬짬이 연구를 하고, 학술적인 논문을 발표하는 모습에 놀랍다는 생각을 하곤 했다. 그리고 지금은 로스쿨에서 교수로서 학문적인 연구를 마음껏 하고 연구성과를 이렇게 책으로 내는 것을 보면서 최 교수가 추천사를 부탁하여 기꺼이 즐거운 마음으로 이 책을 추천하기로 하였다.

　최승재 교수의 연구는 탄탄한 기업법무 실무경험에 의하여 뒷받침되어 있어 살아 있다. 법은 규율하고자 하는 대상인 생활관계에 관한 법인 것은 당연하다. 그럼에도 불구하고 법률가들은 종종 그 생활관계에 대한 이해를 충분히 하지 않은 채 법의 논리구조의 틀에 대상을 끼워 넣어 맞추고 결론을 내린다. 마치 대상인 생활관계보다 법이 먼저 존재했던 것처럼 법에 갇힌다. 최승재 교수에게 있어서는 나의 이러한 걱정은 기우가 된다. 기업과 경영을 이해하는 최 교수의 시각에서는 기업에게 법은 기업경영의 환경의 하나이다. 마치 경제적 환경이나 기술적 환경 또는 자연적 환경처럼 경영의 환경이다. 그리고 법은 기업경영 목적을 달성하기 위하여 활용하는 수단이기도 하다.

　우리는 전세계가 하나로 열린 글로벌시장에 살고 있다. 우리나라가 기업가 정신으로 충만하고 기업들이 잠재적 역량을 최고도로 발휘할 때 우리는 비로소 선진국 대열에 동참할 수 있다. 올바른 법제도의 채택과 적용은 국민역량을 발휘하기 위한 요건이다. 올바른 법제도는 생산요소의 결합을 위한 비용을 최소화하고 보다 많은 자원이 직접 생산에 투입되어 산출이 극대화 되도록 한다. 말 그대로 이제 법제도의 경쟁력이 국가경쟁력이다. 법제도는 입법, 행정, 사법과정을 거쳐 최종 적용되는 법제도를 의미한다. 제대로 정책형성이 되더라도 우선 입법이 제대로 되어야 하고

또 입법이 제대로 되어도 행정, 사법과정에서 오해되거나 왜곡되면 비효율의 결과
를 초래할 수밖에 없다.

　최 교수는 기업입장에서 기업과 경영 그리고 기업법무를 체험으로 이해하는 한편
국가제도의 합리화라는 입장에서 법제도의 의의를 이해하고 이 책에 수록된 논고를
준비하였으므로 글들이 생동감 있고 개별과 전체의 관계에서 균형이 있다. 이 논고
들은 올바른 법제도의 확인을 모색하며 이를 통하여 기업관련 법제도의 발전과 기
업법무에 기여할 것이 확실하다. 법률실무가 및 기업법무담당자의 일독을 권한다.
최 교수의 계속적인 정진이 법학계 및 실무계에 대하여 뚜렷한 기여를 할 것을 확
신하며 기원한다.

2010.1.

송웅순
법무법인 세종 파트너 변호사
증권법학회 및 법경제학회 회장
전(前) 삼성그룹 법무실장

감사의 글

이 책을 생각한 것은 2000년 필자가 삼성에서 변호사 생활을 시작한 직후였다. 경영전략이라는 관점에서 법을 바라볼 수 있는 책을 쓰고 싶다는 생각을 하였고, 이후 변호사생활을 하면서, 틈틈이 논문을 발표하고, 학회활동을 하였다. 그리고 여러 훌륭한 선배들로부터 배움을 얻을 수 있었다.

10년의 시간이 지난 지금 책의 형태로 출간 하면서 너무나 감사할 스승이 많다는 사실을 생각하게 한다. 우선 1993년 처음 뵌 이래로 박사논문지도까지 학문으로나 생활에서나 필자를 지도해주신 서울대학교 권오승 교수님, 그리고 박사과정으로 받아주시고 지도해주시면서 상법과 금융법에 대한 시각을 깨우쳐주신 서울대학교 김건식 원장님께 감사의 마음을 전하고 싶다. 서울시립대학교 김완석 교수님께서는 세법을 내게 가르쳐주셨다. 여전히 세법은 가장 앎이 적은 부분이고 노력하여야 할 부분이지만 학문의 지평을 넓힐 수 있었다. 여러 선생님들께 앞으로도 크신 혜안과 가르침을 받고자 한다.

사법연수원에서 필자를 실무가로 나아갈 수 있도록 해주시고, 늘 법조의 선배로서 사표로서의 모습을 보여주시고 지도해주신 필자의 사법연수원 지도교수이신 목영준 헌법재판소 재판관님께도 크나큰 감사를 드려야 한다. 사법연수원 형사 지도교수님이셨고 지금은 대법원에서 모시게 된 김지형 대법관님께도 늘 감사의 마음을 전하고 싶다. 고등법원 부장판사를 끝으로 법관직을 떠나 지금은 태평양에서 지적재산권팀을 이끌고 계시는 주기동 사법연수원 교수님께도 감사하는 마음을 전하려 한다. 늘 마음으로 필자를 이끌어주신 선생님들이다. 김용덕 대법원 수석재판연구관님과 권순일 대법원 선임재판연구관님을 대법원에서 직접 뵙고 가르침을 받을 수 있는 기회가 있었다는 것은 큰 행운이다.

삼성에서도 훌륭한 스승님이 많이 계셨다. 송웅순 변호사님께서는 2000년 처음 뵈었던 때 이래 삼성에 계실 때에도 법무법인 세종으로 옮기신 이후에도 늘 후배에게 변함없는 가르침을 주셨다. 너무나 감사할 스승님이다. 늘 많은 배려와 지원을 해주셨던 삼성전자 김순택 사장님이 계시지 않았다면 현재의 내가 터득한 것의 많은 부분은 가능하지 않았다. 특히 MBA 과정을 할 수 있도록 해 주셔서 경영의 관점을 배울 수 있도록 해 주신 것은 필자에게 큰 도움이 되었다. 또 재무팀장으로 기업재무에 대하여 많은 가르침을 주셨던 삼성코닝 강진경 전무이사님, 경영지원팀장으로 기업경영에 대한 혜안을 보여주셨던 정연주 삼성물산 사장님, 부족한 생각을 말씀드려도 흔쾌히 들어주시고 격려해주셨던 삼성SDS 김인 사장님, 이 분들 외에도 많은 자양분을 삼성에서 일하면서 받아서 변호사로서 성장하고 학문적인 성과와 연결하기 위한 시각을 가질 수 있었다.

삼성전자의 권기섭 전무이사님도 선배변호사로서 늘 기대고 배웠던 훌륭한 선생님이었다. 삼성에서 같이 일했던 선후배 변호사들도 모두 내겐 선생님이었다. 김&장 법률사무소의 서석호 변호사님과 법무법인 광장의 주완 변호사님도 이때 알게 되었지만 이후에도 변함없이 아껴주시고 부족한 점을 가르쳐주셨다.

마이크로소프트에서의 사상 최대의 공정거래사건이라는 끼워팔기 사건을 담당하는 동안 변호사로서 공정거래사건과 특허사건에 대한 스스로의 능력을 업그레이드할 수 있었고, 집약적으로 많은 지식과 경험을 할 수 있었다. 유재성 사장님, 한상호 변호사님, 권오창 변호사님, 변동열 변호사님, 김재훈 변호사님과 미국 본사의 동료변호사들과 일할 수 있었던 것은 변호사로서 값진 경험이었다.

이 책은 상법 및 세법학계의 임재연 교수님, 이전오 교수님, 정호열 공정거래위원장님, 이철송 교수님, 박준 교수님, 송종준 교수님, 정영철 교수님, 이문지 교수님, 김순석 교수님, 고동원 교수님, 김용재 교수님, 권종호 교수님, 김병연 교수님, 이중기 교수님, 김홍기 교수님, 전삼현 교수님, 최준선 교수님, 최병규 교수님, 박훈 교수님, 정순섭 교수님, 안수현 교수님, 성희활 교수님, 정대익 교수님, 최기호 교수님, 송옥렬 교수님, 이익현 국장님, 황인학 상무이사님, 김정수 증권거래소 이사님, 박기태 변호사님, 장주형 변호사님, 최재성 변호사님 등을 비롯하여 필자에게 직접 또는 간접적으로 가르침을 주셨던 선생님들과 그 분들의 책을 통한 배움이 있었기 때문에 가능했다.

아이작 뉴턴이 85세로 세상을 떠나기 전에 "세상 사람들이 나를 어떻게 보았는지 모르지만, 나는 해변에서 노는 어린애와 같다고 생각한다. 평범한 것들보다는 좀더 매끄러운 조약돌이나 예쁜 조개를 줍고 기뻐하는 어린애 같다. 진리의 깊은 바다는 그 모습을 드러내지 않은 채 내 앞에 끝없이 펼쳐져 있다."라고 말했다고 한다. 알고 싶은 진리에 대한 호기심으로 시작한 일이 조금이라도 진전이 있었다면 그것은 앞선 스승님들의 가르침 덕이다. 다시 뉴턴의 말을 빌리자면 혹 필자가 남들보다 조금 더 멀리 본 것이 있다면 그것은 거인이신 스승님들의 어깨 위에 있을 수 있도록 스승님께서 기꺼이 어깨를 필자에게 내어주셨기 때문이다. 공부를 하면 할수록 앎이 커지는 것이 아니라 나의 무지만이 보이는 것 같다. 그럴수록 스승님들의 크심에 감사하고, 조금이라도 따르려고 애쓸 뿐이다.

2010. 1.

최승재 올림

PART 01 기업지배구조 전략과 법 / 31

Chapter 1. 기업지배구조 / 33

CONTENTS

PART
02 **기업재무전략과 법 / 327**

Part

01

기업지배구조 전략과 법

기업지배구조

1. 기업의 회사 형식의 선택

기업지배구조를 어떻게 가지고 갈 것인가 하는 것은 경영전략의 출발점이다. 전략의 출발은 사람에게 있다. 제갈공명과 같은 전략가와 관우와 장비와 같은 장수를 선발하고 배치하여 회사 내부의 인력자원을 적절하게 운용할 수 있어야 이를 기초로 한 재무적인 자원들을 전략적으로 배치하고 경쟁을 수단으로 동원할 수 있기 때문이다. 그런데 전략적인 접근을 하기에 우리나라 주식회사의 기업지배구조는 경직성이 크다는 점에서 한계가 있지만 기업의 의사결정은 항상 제한된 자원을 최적의 효율적인 배분을 하는 것에 있으므로 기업지배구조의 문제도 예외가 아니다.

우리나라 기업은 대부분 주식회사의 형태를 취한다. 독일에서는 유한회사(Gesellschaft mit beschränkter Haftung: GmBH)가 주된 형식이고, 이러한 유한회사의 90% 정도가 소규모 가족기업이다. 미국은 회사의 형태에 LLC(Limited Liability Company), LLP (Limited Liability Partnership) 등의 조합 형태에서 발전하여 온 유형이 많다. 일본은 신회사법의 개정을 통하여 기존의 유한회사는 그대로 두되 새로운 유한회사의 신설은 유한회사라는 법형식을 폐지하여 더 이상 새롭게 유한회사를 설립하는 것이 불가능하게 되었다.

우리 기업들이 상법이 정하고 있는 합명회사, 합자회사, 유한회사, 주식회사의 4가지 유형 중에서 주식회사 형식을 선호하는 것은 여러 가지 이유가 있다. 기업의 자금 조달이라는 면에서 주식회사 형식을 취하는 것이 금융권으로부터의 대출에 유리하다는 설명이 가장 그럴듯하나 가장 법정주의를 엄격하게 취하여야 할 주식회사의 형태가 지나치게 많이 사용되고 있어 상법이 오히려 주식회사에 대한 경직성을 완화하는 것이 타당한지에 대해서는 유한책임회사가 가지고 있는 항시적인 회사형태의 남용우려를 고려할 때 입법자들이 생각하여야 할 점이다.

2. 회사의 기관 구성

주식회사의 기업지배구조는 주주, 이사, 감사를 어떻게 혼합하여 사용하는가에 있다. 주식회사의 주주는 주주총회(Shareholder's meeting)라는 기관을 통하여 의사결정을 한다. 집단적 의사결정을 하는 주주총회는 상시적으로 개최되기 어려운 난점이 있다. 그래서 상법은 주주총회를 개최하여야 할 사유를 법률과 정관에서 정하고(상법 제361조), 정기주주총회를 매 회계연도마다(1년에 한 번씩) 개최하도록 하고 있다(상법 제365조). 주로 12월 결산법이 많은 우리나라의 경우에는 그래서 2월이 주주총회 시즌이 된다. 주주총회를 어떻게 할까에 대해서 회사가 구성과 관련하여

할 수 있는 전략적 조치는 많지 않다. 그러나 주주총회의 운영과 관련하여 회사가 고려할 수 있는 점은 많다.

이사들은 .이사회라는 회의체를 만들어서 회의체기관을 통하여 의사결정을 한다. 영국법은 이사와(director) 임원(Officer)이라는 개념을 구별한다. 감사(auditor)는 회사법(Companies Act)상으로는 임원이 아니지만, 도산절차에서는 임원으로 본다.[1]

미국법에서는 사외이사(outsider director)가 있다. 그리고 이들은 이사회(Board of Directors)의 구성원으로서 최고집행임원(Chief Executive Officer), 최고재무임원(Chief Financial Office) 등이 회사를 경영하는 것을 감독하고 조언하는 역할을 한다. 이러한 구성을 보면 미국은 이사회가 감독기능을 하고, 그 이사회가 경영진도 내부이사로서 이사회의 일부가 된다는 점에서 이사회와 경영진이 서로 연결되어 있다.

독일법은 주식회사 내의 기관3분설(Dreigliedrige Organisation der Aktiengesellschaft)의 근원이 된다.[2] 독일은 이사회(Vorstand), 감사회(Aufsichtrat), 주주총회(Hauptsammlung)의 3기관으로 나누어서 서로를 견제하는 구조적 원칙에 충실하다. 이사회는 영업(Leistung)을 책임지고(주식법 제76조 제1항), 감사회는 이사회에 대한 감독(Kontrolle)을 책임진다(주식법 제84조). 이 2개의 기관은 주식회사 내의 행정을 담당하는 기관이지만 이 2기관은 분리되어야 한다(분리의 원칙, Trennungsprinzip) 사외이사가 아닌 감사회가 경영진의 회사경영을 감시하고 감독하는 독일의 방식은 일본으로 계수된다.

일본에도 감사회가 있었고, 우리 법도 감사 제도가 있다. 이 부분은 내부통제부분에서 상세히 본다. 기능적으로는 미국법이건, 독일법이건, 영국법이건 주주총회를 제외한 기관에서 경영을 담당하는 기관과 감독을 담당하는 기관을 염두에 두고 있다는 점은 같다. 우리는 독일계의 감사제도와 미국계의 사외이사제도가 공존하면서, 이사회 내 위원회를 두는 미국식의 제도를 도입하여 감사위원회를 둘 수 있도록 하고 있다. 이 과정에서 상법개정안에 집행임원제도를 도입하자는 논의가 제기되었다(제1절).

---

1) 감사는 회사법상의 임원(officer)이 아니지만, 1986년 도산법상으로는 임원이고, 1968년 절도법(Theft Act)상으로는 이사라고 함(Charlesworth & Morse, Company Law(1987); Morse, Company Law(1999) 410면). 현행법(Companies Act of 2006)상으로도 이러한 지위는 마찬가지이다.

2) Münchener Handbuch des Gesellschaftsrechts, Band 4 Aktiengesellschaft 3 Auflage(2007)(Wiesner 집필부분). S. 189, 190 ff.

---

3) 44 Harv. L. Rev. 1049(1931).

4) *For Whom Are Corporate Managers Trustees*, 45 Harv. L. Rev. 1145, 1154(1932).

제1절 기업의 이사회와 임원[5)]

Ⅰ. 사외이사제도의 도입과 영향

1. 사외이사제도의 도입

독일계 법제로 이해되던 우리 회사법상의 기업지배구조에 가장 큰 충격을 준 것은 사외이사제도이다. 외환위기 상황에서 IMF(International Monetary Fund)의 자금을 조달하기 위한 전제조건으로 시작된 각종 입법 중에서 회사법제는 도산법제와 함께 가장 많은 변화를 겪은 법제 중의 하나이다. 도산법제가 위기 상황의 회사에 대한 비상회사법(emergency company act)이라면 한국 회사법은 1990년대 후반에서 2000년대 초반을 거치면서 대변혁을 겪었다고 할 수 있다.

미국에서 가장 활발하게 사용되던 사외이사제도는 1998년 상장기업의 구조개선 방안의 일환으로 도입되었다. 사외이사제도는 감사가 감독기능을 하고 있던 것에 비하여도 이사회의 구성원인 사외이사가 집행기관이면서 동시에 감사위원회의 구성원으로 감독을 하는 제도를 만들어서 동일인이 정신적인 해리를 불러일으킬 수 있는 제도로 부적당하다는 비판이 제기되었다.[6)]

---

5) 제1절은 필자의 논문["사외이사제도의 실제와 집행임원제도 도입에 대한 연구", 증권법연구 제7권 제1호, 증권법학회(2006.6.)]을 바탕으로 하여 기술되었다.

6) 정찬형, "주식회사의 지배구조에 관한 상법개정의 방향 – 업무집행기관 및 감독(감사)기관을 중심으로", 2005.12.26.

2009.2.4.부터 시행되는 자본시장 및 금융투자업에 관한 법률[7] 상법개정으로 인하여 구 증권거래법상의 상장회사특례에 관한 규정들 중 기업지배구조와 관련된 부분은 상법 542조의 2(2009.1. 법이 개정되어 2.4.자로 시행) 이하에 포함되었고, 기업재무와 관련된 부분은 자본시장법 제3장의 2로 제165조의 2(자기 주식취득의 특례)에서 제165조의 18(주권상장법인에 대한 조치)까지 규정하는 것으로 나뉘어서 규정되게 되었다. 이에 따라 구 증권거래법에 규정되어 있던 사외이사제도는 상법 제542조의 8에 규정되게 되었다.

2. 독일 주식법(Aktiengesetz) 제105조

독일의 경우에는 감사와 이사를 기능적으로 분리하는 것 외에 물리적으로 겸임하지 못하도록 하고 있다. 독일 주식법 제105조는 이사회의 구성원과 감사회 구성원을 준별(Unvereinbarkeit der Zugehörigkeit zum Vorstand und zum Aufsichtsrat)하도록 강제하고 있다. 제105조 제1항은 감사회의 구성원은 동시에 이사회의 구성원이 될 수 없으며, 이사회 구성원의 상시적인 대리인, 지배인, 회사의 영업 전반에 대하여 권한을 가지고 있는 상업사용인이 될 수 없다고 하고 있다.[8] 제2항에서 최고 1년의 기간을 정하여 감사회는 그 구성원을 결원이 되거나 제한이 되는 이사회 구성원의 대리인으로 선임할 수 있도록 한다. 그리고 감사회 구성원의 중임 또는 임기의 연장은 연장되는 기간의 총합이 1년을 넘지 않는 범위에서 가능하도록 하고 있으며, 이사회 구성원의 대리인으로서의 임기 동안은 감사회 구성원은 감사회 구성원으로서의 활동을 하지 못한다. 법 제88조의 경업금지의무는 이 범위에서 적용되지 않는다고 규정한다.[9]

영미법의 경우에는 이사회 시스템과는 달리 이사회와 감사회를 명확하게 준별하

기업소송연구회 발표문, 2면.

7) 이하 '자본시장법'이라고 한다.

8) (1) Ein Aufsichtsratsmitglied kann nicht zugleich Vorstandsmitglied, dauernd Stellvertreter von Vorstandsmitgliedern, Prokurist oder zum gesamten Geschäftsbetrieb ermächtigter Handlungsbevollmächtigter der Gesellschaft sein.

9) (2) Nur für einen im voraus begrenzten Zeitraum, höchstens für ein Jahr, kann der Aufsichtsrat einzelne seiner Mitglieder zu Stellvertretern von fehlenden oder verhinderten Vorstandsmitgliedern bestellen. Eine wiederholte Bestellung oder Verlängerung der Amtszeit ist zulässig, wenn dadurch die Amtszeit insgesamt ein Jahr nicht übersteigt. Während ihrer Amtszeit als Stellvertreter von Vorstandsmitgliedern können die Aufsichtsratsmitglieder keine Tätigkeit als Aufsichtsratsmitglied ausüben. Das Wettbewerbsverbot des § 88 gilt für sie nicht.

는 시스템을 가지고 있으며, 제105조는 이러한 준별을 위한 조문이다.[10] 독일의 감사회제도는 이사회와 구성원이 겹칠 경우 이해상충이 발생할 우려가 있으며 이러한 문제를 회피하기 위하여 구성원의 분리가 필요하다고 판단되었다(Deutsche Corporate Governance Kodex).

독일 주식법 제105조가 오늘날과 같이 규정된 것은 1965년 법 개정이다. 이전에는 독일법상의 이사회와 감사회의 준별이 중요함에도 불구하고 구성원 간의 겸임 여부에 대해서는 입법적으로 명확하지 않았다. 1965년 개정주식법은 감사회의 구성원이 이사회의 구성원이 될 수 없으며, 만일 감사회의 구성원으로 근무하려면 이사회의 구성원으로서의 직을 사임하여야 한다는 점을 명확하게 하였고[11] 판례도 이러한 입법취지에 따라 겸직 시 후에 취임한 직위를 무효로 판단하였다.[12] 우리 상법 제411조도 이사와 감사의 겸직을 금지한다. 이런 독일의 회사법상 경영기능과 감독기능의 분리에 입각한 시각에서는 개정된 사외이사 중심의 이사회와 감사위원회의 혼일은 수용하기 힘든 기업지배구조였을 것이다. 그러나 이러한 비판론자조차도 사외이사제도가 도입되어 상당기간 시일이 경과된 이상 이러한 사외이사제도를 무위로 돌려 감사제도로의 복귀를 하는 것은 적당하지 않다고 본다.[13]

이러한 사외이사제도에 대하여 비판적인 견해에 서는 입장에서 결국 현재의 사외이사 중심의 기업지배구조는 한계를 노정하면서, 여러 가지 문제점을 가지고 있으므로, 이러한 점을 해결하기 위해서 집행임원제도를 도입하여 집행에 대해서는 집행임원들이, 이들의 감독에 대하여는 감독이사회가 감독기능을 가지도록 함으로써 사외이사들을 통한 실질적인 감독이 이루어지도록 함과 동시에 사외이사 도입으로 실제적으로는 회사의 업무를 집행하면서도, 등기이사가 아니라는 이유로 책임소재가 불분명한 자들에 대하여 책임을 부담하도록 할 필요가 있다고 주장한다.[14]

---

10) Münchener Kommentar, S. 760 Semler 집필부분.

11) Münchener Kommentar, S. 763, 763 ff.

12) 독일에서는 이사회 구성원은 동시에 감사회의 구성원이 될 수 없다는 점을 확인한 판례가 있음(BGH NJW 1975, 1657,1658) 이 사안에서 독일 연방대법원은 입법자가 이사회의 구성원과 감사회의 구성을 서로 구별하려고 하는 명확한 의사를 입법으로 밝혔으므로 이사회의 구성원을 감사회의 구성원으로 선임한 결의가 무효가 된다고 판시함 (BGH, Urt. v. 12.6.1975 - Ⅶ ZR 168/73).

13) 비상장회사의 경우에는 상법의 규율에 따라, 감사제도와 사외이사로 구성된 감사위원회제도 중에서 선택적으로 택일할 수 있도록 하고 있어(상법 제412조, 제415조의 2 제1항), 이러한 사외이사제도가 가지고 있는 문제점에서 비교적 자유로울 수 있다. 그러므로 주된 비판은 상장회사와 관련될 것이다.

14) 정찬형, "주식회사의 지배구조에 관한 상법개정의 방향－업무집행기관 및 감독기관을 중심으로" 2005. 12. 기업소송 연구발표문 참조.

　이하에서는 이러한 사외이사제도에 대한 비판적인 견해에 대하여, 실제 상장회사에서 사외이사 중심의 이사회와 각종 이사회 내 위원회를 운영하여 본 경험에 비추어 사외이사제도의 운용 실제를 살펴보고(Ⅱ), 사외이사 시장에 대한 전개를 보아 향후 개선책을 검토하여 본다(Ⅲ). 이러한 현상에 대한 비판적인 견해를 주장하는 논자들에 의하여 대안으로 제기된 집행임원제도 및 감독이사회제도에 대하여 검토하여 보고(Ⅳ), 그 도입의 필요성에 대한 주장을 살펴보고, 만일 도입이 필요하다고 하더라도 도입에서 검토되어야 할 문제점을 비판적으로 살펴보고자 한다. (Ⅴ).

Ⅱ. 사외이사의 현황과 문제점

1. 사외이사의 현황

　2009년 2월 개정된 상법상 상장회사특례에서 상장회사는 자산 규모 등을 고려하여 대통령령으로 정하는 경우를 제외하고는 이사 총수의 4분의 1 이상을 사외이사로 하여야 한다. 다만 자산 규모 등을 고려하여 대통령령으로 정하는 상장회사의 사외이사는 3명 이상으로 하되, 이사 총수의 과반수가 되도록 하여야 한다(상법 제542조의8).[15] 구 증권거래법상 사외이사란 당해 회사의 상무에 종사하지 아니하는 이사로서 구 증권거래법 제54조의 5 또는 제191조의 16의 규정에 의하여 선임되는 자를 말한다(구 증권거래법 제2조 제19항).

　상장회사의 경우 초기 법률의 규정에 의해서 강제적으로 일정한 수와 비율 이상의 사외이사를 선임하도록 하였던바, 이러한 강제는 제도 도입을 위한 불가피한 선택이었다. 기업의 입장에서는 사내이사만으로 구성되어 직접적인 외부로부터의 견제를 받지 않는 상황과 사외이사가 존재하는 상황 가운데 임의규정으로 하여 택일적으로 선택하도록 하는 상황이라고 한다면, 사외이사제도를 택하여 간섭을 받지 않도록 하는 선택을 하였을 것이다. 강행규정에 의하여 강제되어 시작되기는 하였지만 사외이사의 각종 이사회 내 위원회에서의 활동은 점차 활발해지고 있으며, 이

사회 등 회의체에서의 발언 내용과 수위가 점차 경영 전반에 상당한 영향력을 행사하고 있으며, 단순한 감독기능을 넘어서고 있다.[16] 증권거래법에 의해서 자산 규모 2조 원 이상의 대규모 주권 상장 법인들의 경우에는 사외이사의 동의 없이는 이사회 및 이사회 내 위원회에서 사외이사가 전체적인 정책결정에 실질적인 영향력을 미치게 규정된 것이 이제는 실제가 되고 있다.

사외이사의 지위와 권한행사: 국민금융지주 사례

(1) KB금융지주회사가 2조 원의 유상증자를 계획하였다가 사외이사들의 반대로 절반에 불과한 1조 원만을 유상 증자하기로 한 사안: 회사가 금융권 인수·합병(M&A)에 대비하고 불확실한 경제 상황에 대처하기 위해 선제적으로 자본을 확충할 필요가 있다며 2조 원의 유상증자안을 내놨지만 사외이사들은 KB지주와 국민은행의 자금 사정이 나쁘지 않은 데다 매물로 나온 증권사나 보험사도 없고 은행 간 구체적인 M&A 움직임도 없는 상황에서 굳이 자본을 확충할 필요가 없다는 이유로 유상증자규모를 축소하기로 함("'유상증자' KB지주, 증권사 눈독?", 파이낸셜뉴스 2009.7.13. 인터넷판).

(2) 사외이사들로만 구성된 '평가보상위원회'는 경영진의 연봉 등도 책정한다. 평가보상위는 지난해 10월 스톡옵션(주식매수선택권)제도가 경영성과와 무관한 주가 상승분까지 경영진에게 안긴다는 논란이 일자 '성과연동주식 제도'를 전격 도입했다. 이는 임기가 끝날 때 재임 기간의 경영성과에 따라 회사의 보통주를 지급하는 제도다. 국민은행 관계자는 "사외이사들이 독립적인 힘을 발휘하면서 은행 경영의 투명성이 높아지는 장점도 있지만 신속한 의사결정이 어려워 경영진의 발목을 잡을 때도 있다."고 말했다 ("국민은(銀), 사외이사의 힘", 서울신문 2008.7.7.자 인터넷판).

법령의 규정에 따라 이사회를 구성하게 되면, 사외이사가 사내이사를 수적으로 능가하여 이러한 이사회 구성의 강행규정에 의한 강제적인 변화는 사외이사 시장의 특성과 합쳐져서 우리 기업의 지배구조 및 의사결정에 영향을 미치고 있다. 사외이사의 권한과 책임의 불균형이 발생하는 것은 장기적으로 기업의 의사결정을 왜곡하고, 사회적인 비효율을 야기하는 부작용은 지속적으로 관찰하여야 할 운용상의 과

---

16) 2005년에 SK주식회사는 이사회 구성원 중 사외이사 비중이 70%가 넘는데다, 사외이사 활동을 지원하기 위한 이사회 사무국까지 설치하였다.

제이다. 이를 시장 관점에서 보면, 시장균형점에서 양질의 사외이사들이 입법 취지와 같이 주권 상장 법인들의 기업지배구조에 독립적인 외부 감시자로서의 기능을 수행하여 긍정적인 변화를 일으킬 수 있도록 하기 위한 방안을 모색하는 것은 입법자의 과제이다. 하지만 가장 바람직한 것은 입법에 의한 강제가 아니라 기업 내부에서의 자율적이고 자발적인 필요에 따라 각 기업이 속한 산업의 특성을 적절히 반영한 사외이사제도의 운용일 것이다. 입법적인 보완이 필요한 부분과 자율규제로 해결할 부분의 조화는 법률가들이 사외이사제도와 관련하여 부담하는 과제의 본질이다.

2. 한국 사외이사 시장의 특징과 문제점

우리나라의 사외이사 시장은 사외이사를 구하는 수요에 비하여, 공급이 제한된 시장이었다. 여러 가지 사외이사 결격이 많이 존재하는 상황에서 양질의 사외이사 공급이 갑자기 이루어지기 어려운 상황에서 사외이사의 수를 법적으로 강제함으로써 회사로서는 사내이사의 수를 줄여서 수급을 맞추는 방법을 취할 수밖에 없었던 점도 있다. 사외이사제도 도입 이후 여러 기업들이 전체 등기이사 수를 줄인 것과 관련하여 이를 비판적으로 보는 견해는 회사들이 사외이사의 간섭을 피하려고 의도적으로 사외이사의 수를 줄였다고 보나 반드시 그렇게만 볼 수 있는지는 의문이다. 이러한 공급제약은 법제화 초기의 준비부족으로 인한 일시적인 사정도 있지만, 한국에서의 사외이사 시장이 가지는 구조적인 면들이 있다고 본다. 사내 변호사로서의 필자의 경험에 비추어 제약요인을 네 가지로 아래와 같이 분류한다.

(1) 공급의 제1제약

사외이사 시장이 공급자 주도 시장(Seller's market)인 것은 공급의 첫 제약이다. 물론 사외이사가 되고 싶어 하는 사람은 많다. 사외이사가 이사회가 상시화되어 있는 것은 아니므로 그리 자주 참여하지 않고도 상당한 돈벌이를 할 수 있는 직위로 이해되고 있는 현실에서 공급이 부족한 시장이라고 말하면 동의하지 못할 것이다. 그러나 사외이사를 원하는 사람들이 아니라 경영판단을 할 수 있는 자질과 경륜, 그러면서도 우리 법상 많은 결격사유의 허들을 뛰어넘은 사람들로 국한할 경우 공급이 부족한 시장이라고 보는 것이 타당할 것이다.

(2) 공급의 제2제약

두 번째로 사외이사 시장에서의 사외이사들에게 요구되는 책임의 총량은 증가하고 있다는 점을 들 수 있다. 사외이사에 대한 외부 감시가 강화되고, 증권 관련 집단소송법의 제정으로 사외이사가 경영판단에 대한 책임을 부담할 가능성은 증가하고 있다. 물론 사외이사의 경우에는 내부이사와 비교하여 상대적으로 정보에 대한 접근이 어려워 책임제한이 더 많이 이루어질 가능성이 높다고 본다.[17] 그러나 한편으로 사외이사들은 감사위원회의 위원이 되는 경우가 많아 사외이사에게 제공되는 회계정보의 양은 증가하고 있다는 점도 소송에서는 고려될 수 있을 것이다. 다만 사외이사에게 제공되는 정보총량의 증가에도 불구하고 여전히 사외이사의 경우에는 제한된 시간 내에 제공된 회계정보를 처리하는 것이 쉽지 않다.

이러한 상황을 종합해 보면 위험은 빠르게 증가하고 있고, 위험에 대한 보수가 이에 상응하여 증가되지 않고, 사외이사의 적절한 활동을 위하여 투여하여야 할 절대적인 시간의 양은 증가하고 있다. 이러한 상황에서 위험에 대한 위험기피적인 무차별곡선(indifference curve)을 가지고 있는 성향의 사외이사라면 그가 취할 수 있는 합리적인 선택은 일단은 사외이사로 선임되기 전이라면, 자신이 부담하게 될 위험을 위험중립적인 경우보다 더 크게 느낄 것이기 때문에 선임되는 것 자체를 부담스럽게 생각할 수 있고, 일단 선임되고 난 뒤에는 위험하다고 판단되는 사안에 대해서는 증가된 위험의 크기보다 더욱 잦은 빈도로 더 심하게 반대를 하게 될 것이다. 만일 이러한 사정이 계속되어 보수에 비해서, 위험이 일시적인 사정이 아닌 계속적으로 초과되는 상황이 진행되게 되면, 사외이사직을 그만두는 선택을 하게 될 것이다.

(3) 공급의 제3제약

세 번째로 지적될 수 있는 공급 측면에서의 제약은 인맥이나 학연 등에 의하여 후보가 추천된다는 비판과 연결되어 있다. 그렇다면 외국에서는 이러한 예가 없을까. 미국의 경우에도 사외이사가 전략적인 제휴의 목적으로 경쟁사나 당해 회사가 속해 있는 회사의 선도적인 지위에 있는 회사의 임원이나 CEO가 재임하는 자를 인연에 의해서 선임하는 경우가 많다. 그러므로 이러한 현상을 아주 한국적인 현상이

---

17) 대법원은 이사의 책임제한을 인정하면서 불법행위나 채무불이행으로 인한 손해배상사건에서 과실상계 등 책임제한사유에 관한 사실인정이나 그 제한 비율을 정하는 것은 원칙적으로 사실심의 전권사항에 속하는 것이지만, 그것이 형평의 원칙에 비추어 현저히 불합리하다고 인정되는 경우에는 위법한 것으로서 허용되지 아니한다고 본다(대법원 2002.1.8. 선고 2001다62251, 62268 판결; 대법원 2007.10.25. 선고 2006다16758, 16765 판결).

라고 매도하는 것은 부적절하다고 생각한다.

오히려 심각하게 고려하여야 하는 것은 이러한 문제가 사외이사 후보군에 대한 충분한 시장 정보가 부족하며 정보의 흐름이 원활하지 못하기 때문은 아닌지 하는 점이다. 시장이 가지는 주요한 기능 중의 하나는 시장 참여자들에게 적절한 정보를 제공하는 것이다. 시장은 재화를 분배한다. 그러기 위해서 시장은 가격정보를 비롯한 여러 가지 정보를 제공한다. 물론 시장의 효율성 정도에 따라서 강성효율성을 가진 시장(strong efficient market)[18]인지, 준강성효율성을 가진 시장(semi-strong efficient market)[19]인지 등에 의해서 정보가 시장참여자들에게 전파되는 정도의 속도는 다를 것이다.

우리나라의 사외이사 시장은 그 수요자들인 기업들에게 적절한 경영능력에 대한 정보를 제공하고 있는가. 회사들이 이미 검증된 내부 정보를 통하여, 또는 자신들의 외부 인력 풀에 포함되어 있어 그 능력과 성향에 대해서 신용을 가지고 있는 후보를 추천하고 선임하려고 한다면 시장의 효율성을, 정보의 생산 및 분배의 효율성을 점검하여야 한다.

이러한 사정을 이해한다면, 이 세 번째의 제약 상황하에서 회사의 행동은 비난받아야 할 것이 아니라 오히려 회사가 합리적인 시장 주체로서 적절한 의사결정을 하고 있는 것이다. 입법자나 규제당국은 시장이 적절한 기능을 하지 못하는 부분을 시정하기 위한 정보생산 및 배분기능의 보완을 고민하여야 한다.

(4) 공급의 제4제약

마지막으로 공급을 제약하는 요인은 사외이사 후보의 추천 방식과 연관되어 있다고 생각한다. 대규모 상장법인 및 증권회사는 사외이사 후보를 추천하기 위하여 상법 제393조의 2의 규정에 의한 이사회 내 위원회의 하나로 '사외이사후보추천위원회'를 설치하여야 하며, 사외이사후보추천위원회는 사외이사가 총 위원의 2분의 1 이상이 되도록 구성하여야 한다. 따라서 사외이사 후보의 추천은 상장회사나 증권회사들의 경우에는 이 주주총회에서 사외이사를 선임하고자 하는 때에는 위의 사외이사후보추천위원회의 추천을 받은 자 중에서 선임하여야 한다.

---

18) 이미 일반대중에게 공개된 정보뿐만 아니라 아직 공표되지 않은 내부정보까지도 이미 시장가치에 완전히 반영되어 있는 시장을 말한다. 강성 효율적 시장에서는 이미 모든 정보가 가격에 반영되어 있으므로 투자분석을 잘할지라도 정상 이상의 초과이윤을 얻을 수 없다.

19) 준강성 효율적 시장은 현재까지의 공표되는 모든 정보가 신속, 정확하게 시장가치에 반영되는 시장을 말한다. 공표되는 사실을 토대로 시장가치의 변동을 분석하는 것을 기본적 분석이라고 하는데, 기본적 분석을 통해 준강성 효율적 시장에서 투자를 하게 되면 가격이 벌써 시장에 반영된 후이기 때문에 초과이윤은 불가능하다.

상법 제542조의 8 제4항은 대규모 상장회사[20]의 경우 사외이사 후보를 추천하기 위하여 제393조의 2의 위원회(이하 이 조에서 '사외이사후보추천위원회'라 한다.)를 설치하도록 의무 지우고 있다. 이 경우 사외이사후보추천위원회는 사외이사가 총위원의 2분의 1 이상이 되도록 구성하도록 한다. 제5항은 대규모 상장회사가 주주총회에서 사외이사를 선임하려는 경우에는 사외이사후보추천위원회의 추천을 받은 자 중에서 선임하여야 하면서, 이 경우 사외이사후보추천위원회가 사외이사 후보를 추천할 때에는 제542조의 6 제2항에 따른 주주제안권을 행사할 수 있는 요건을 갖춘 주주가 주주총회일 6주 전에 추천한 사외이사 후보를 포함시키도록 하고 있다.[21]

실무상 주주제안에 의한 사외이사의 선임은 거의 이루어지지 않는다. 그 이유는 集中投票制에 대한 정관 개정을 통한 배제도 한몫을 하고 있지만, 보다 현실적인 원인은 추천 자체가 검증되기 힘든 구조라는 점도 있었다. 사외이사 시장에서의 공급부족을 완화하려면 주주제안을 통하여, 추천되는 후보가 증가하면, 공급 측면에서의 부족이 다소 해소될 수 있을 것이다.

Ⅲ. 사외이사제도의 개선책

1. 제1제약과 관련된 개선책

(1) 사외이사 후보의 결격과 관련된 검토

사외이사는 현행 법제하에서 독립적인 이사(Independent Director)로서의 소임을 수행하여야 할 자이다. 사외이사제도의 특질은 사외이사의 전문성과 독립성이 담보될 때 제대로 기능할 수 있다.

실무상 사외이사 후보가 추천이 되면, 일단 내부의 총무 부서에서는 이러한 후보자에 대한 기본적인 프로필과 관련 자료들을 취합하고, 이렇게 취합된 자료를 근거

---

20) 상법시행령 제13조 ② 법 제542조의 8 제1항 단서에서 '대통령령으로 정하는 상장회사'란 <u>최근 사업연도 말 현재의 자산총액이 2조 원 이상인 상장회사</u>를 말한다.

21) 구 증권거래법에서는 주권상장법인 또는 코스닥상장법인 증권회사의 사외이사후보추천위원회가 사외이사 후보를 추천함에 있어서는 제191조의 14의 권리를 행사할 수 있는 요건을 갖춘 주주가 추천한 사외이사 후보를 포함시켜야 하므로 구 증권거래법 제54조의 5 제3항은 이러한 사외이사 후보의 추천은 실무상 통상은 사외이사들의 추천을 포함하여 위원회 내에서 이루어지는 경우와 주주들에 의하여 株主提案權(Shareholder's proposal)의 일환으로 이루어지는 경우로 크게 나누어 볼 수 있었다.

로 하여, 사외이사후보추천위원회에서 후보자에 대한 판단이 가능할 수 있도록, 항목 별로 구분한 뒤에, 법무부서에서 이 사외이사 후보가 법상의 결격사유에 해당하지 않는지에 대한 판단을 하게 된다. 왜냐하면 결격사유가 존재하는 후보는 만일 주주총회에서 사외이사로 선임된다고 하더라도 그 선임은 무효라고 보아야 할 것이기 때문이다. 사외이사 결격에 관한 규정은 강행규정으로서 효력규정으로 새겨야 할 것이다. 사외이사의 결격사유를 규정한 상법 제542조의 이 효력규저인지, 단속규정인지는 개별적인 결격사유를 규정한 규정의 형식과 취지 및 전체 조문과의 관계를 종합적으로 고려하여 판단할 것이다.[22]

상법 제542조의 8에서 규정하는 사외이사 결격사유

② 상장회사의 사외이사는 제382조 제3항 각 호뿐만 아니라 다음 각 호의 어느 하나에 해당되지 아니하여야 하며, 이에 해당하게 된 경우에는 그 직을 상실한다.

1. 미성년자, 금치산자 또는 한정치산자

2. 파산선고를 받고 복권되지 아니한 자

3. 금고 이상의 형을 선고받고 그 집행이 끝나거나 집행이 면제된 후 2년이 지나지 아니한 자

4. 대통령령으로 별도로 정하는 법률을 위반하여 해임되거나 면직된 후 2년이 지나지 아니한 자

5. 상장회사의 주주로서 의결권 없는 주식을 제외한 발행주식 총수를 기준으로 본인 및 그와 대통령령으로 정하는 특수한 관계에 있는 자(이하 '특수관계인'이라 한다.)가 소유하는 주식의 수가 가장 많은 경우 그 본인(이하 '최대주주'라 한다.) 및 그의 특수관계인

6. 누구의 명의로 하든지 자기의 계산으로 의결권 없는 주식을 제외한 발행주식 총수의 100분의 10 이상의 주식을 소유하거나 이사·감사의 선임과 해임 등 상장회사의 주요 경영사항에 대하여 사실상의 영향력을 행사하는 주주(이하 '주요주주'라 한다.) 및 그의 배우자와 직계 존속·비속

7. 그 밖에 사외이사로서의 직무를 충실하게 수행하기 곤란하거나 상장회사의 경영에 영향을 미칠 수 있는 자로서 대통령령으로 정하는 자

---

22) 감사의 당해 회사 또는 자회사의 이사겸임을 금지하고 있는 상법 제411조의 경우 이를 결격사유를 규정한 것으로 보면, 이 경우에도 감사가 이사직을 겸하는 경우에는 이러한 겸직을 무효로 보아야 할 것이다. 그러나 상장회사의 경우에는 감사위원회가 설치되는 경우 감사가 존재하지 않으므로 상법 제411조가 적용될 경우는 없을 것이다. 왜냐하면 감사위원회 위원인 사외이사도 사외이사로서 이사회의 구성원이 되는 것을 이미 상법이 상정하고 있기 때문이다. 따라서 이 범위에서는 감사위원회가 감사와 같은 적용을 받는 것의 예외라고 볼 것이다.

구 증권거래법은 사외이사 결격사유 증에 '당해 회사와 대통령령이 정하는 중요한 거래관계가 있거나 사업상 경쟁관계 또는 협력관계에 있는 법인의 임·직원이거나 최근 2년 이내에 임·직원이었던 자'를 규정하고 있었다. 그러나 오히려 거래관계에 있든, 경쟁관계가 있든, 협력관계에 있는 경우든 허용하여 주고 사후에 이들의 행위에 행위통제를 통하여 이들을 제한하는 것이 타당하지 않다는 것이 필자의 생각이었고 이번 법 개정에서 이 부분은 제외되었다.[23]

(2) 회계 및 재무전문가 요건과 관련 제한의 적정성

구 증권거래법 제191조의 17 제2항 및 제54조의 6[24] 제2항 제2호에 의하면, 대통령이 정하는 회계 또는 재무전문가인 자가 1인 이상 감사위원회의 위원일 것을 요구하고 있다. 이러한 요구는 종전의 감사위원회에 회계전문가가 없어 실질적인 감사가 이루어지지 않는다는 비판에 대한 대응 입법이었다.

이와 관련하여, 구 증권거래법 시행령 제37조의 7 제2항은 감사위원이 될 사외이사 중의 1인이 회계 또는 재무전문가로서의 요건을 구비하도록 되어 있는바, 이 요건 자체는 감사위원회의 경우 그 실제에 있어, 회계 감사기능을 수행하여야 함에도, 사외이사들의 경우 이러한 분야에 대한 전문적인 식견을 가지고 있지 않아서, 이러한 업무 수행을 기대하는 것은 사실상 곤란하였던 점을 보완하기 위한 것이라는 점은 이해할 수 있다. 종래에도 외부전문가의 조력을 회사의 부담으로 받을 수 있도록 하고 있었으나, 자신이 이러한 부분에 대한 전문적인 식견을 보유하지 않은 상황에서 외부 전문가의 조력을 구한다는 것이 쉽지 않거니와, 아울러 이미 외부전문

---

23) 예를 들어, 삼성전자에서 경쟁관계에 있는 LG 전자의 가전부분에서 근무하는 또는 근무하였던 자를 그 경험을 높이 인정하거나, 또는 전략적인 제휴를 하려고 하는 목적으로 사외이사로 선임하려고 하는 경우를 사전적으로 결격이라는 방식으로 막아야 할 이유가 없다는 생각이었다. 2009년 애플이 LG전자의 남용 사장을 사외이사로 선임하려고 한다는 보도가 있는 것에서 알 수 있는 바와 같이 이런 예는 미국에서는 매우 흔한 예이다. 만일 비밀유지라거나 이런 문제가 우려된다면 그 점은 당해 회사의 이사회나 주주총회가 판단할 문제이다.

24) 구 증권거래법 제54조의 6 제2항 제2호 '대통령령이 정하는 회계 또는 재무전문가'라 함은 다음 각 호의 1에 해당하는 자를 말한다. [신설 2004.4.1.]
　1. 공인회계사의 자격을 가진 자로서 그 자격과 관련된 업무에 5년 이상 종사한 경력이 있는 자.
　2. 재무 또는 회계 분야의 석사학위 이상의 학위를 가진 자로서 연구기관 또는 대학에서 재무 또는 회계 관련 분야의 연구원 또는 전임강사 이상의 직에 5년 이상 근무한 경력이 있는 자.
　3. 주권상장법인 또는 협회등록법인에서 재무 또는 회계 관련 업무에 임원으로 5년 이상 또는 임·직원으로 10년 이상 근무한 경력이 있는 자.
　4. 정부·지방자치단체·정부투자기관·금융감독원 또는 증권관계기관에서 재무 또는 회계 관련 업무 또는 이에 대한 감독업무에 5년 이상 근무한 경력이 있는 자.
　5. 금융감독기구의설치등에관한법률 제38조의 규정에 의한 검사대상기관(이에 상당하는 외국금융기관을 포함한다.)에서 재무 또는 회계 관련 업무에 5년 이상 근무한 경력이 있는 자. [본조신설 2000.3.4.]

가인 공인회계사가 주식회사외부감사에관한법률에서 거의 대부분의 법인을 대상으로 하여 독립적인 감사를 수행하고 있는 상황에서 다시 외부전문가로 하여금 상호조사를 하도록 하려면, 이러한 조사의 필요성에 대한 어느 정도의 합리적인 설명이 필요하다. 그러나 문제는 일견 별문제가 없을 것처럼 보이는 규정 내용을 자세히 보면, 사실은 명확하지가 않아서 실제 사외이사 후보의 추천 과정에서 실무상 어려움이 있다는 점에 있었다.

이런 구 증권거래법의 태도를 이어받아서 상법은 제542조의 11(감사위원회) 제2항에서 상장회사의 감사위원회는 제415조의 2 제2항의 요건 및 다음 각 호의 요건을 모두 갖추어야 한다고 하면서 감사위원회의 위원이 되는 사외이사 중 1명 이상은 대통령령[25]으로 정하는 회계 또는 재무전문가일 것을 요구한다.

(1) 회계 내지 재무전문가 판단의 모호성

구법하에서는 정부·지방자치단체·정부투자기관·금융감독원 또는 증권관계기관에서 재무 또는 회계 관련 업무 또는 이에 대한 감독업무에 5년 이상 근무한 경력이 있는 자라고 규정하고 있었다. 그런데 만일 정부부처 출신자 중에서 회계 내지 재무전문가를 선임하려고 하는 경우, 다른 법령에 의한 제한을 염두에 두지 않더라도, 재무 회계 관련 업무를 하는 부서라는 정의를 충족하는지를 판단하는 것은 쉽지 않다. 재정경제부나 국세청 출신이면 전문가라고 볼 수 있을까. 단순히 이들 부서 출신이라고 해서 전문가라고 한다면, 이러한 결론은 애초의 입법 취지와 부합하지 않을 것이다. 그렇다면 다시 이러한 인사를 추천받은 담당자로서는 당해 부서의 업무 분석을 하여 보아야 하는데, 업무 분석을 위하여 해당 부서의 조력을 구하여야 한다.

후보 대상자가 만일 감사원 출신으로 정부에서 5년 이상 근무한 사실이 인정되나, 감사원에서의 담당직무가 재무 또는 회계 업무 내지 관련 감독업무였는지에 대

---

25) 상법시행령 제16조 ② 법 제542조의 11 제2항 제1호에서 '대통령령으로 정하는 회계 또는 재무전문가'란 다음 각 호의 어느 하나에 해당하는 사람을 말한다.
　　1. 공인회계사의 자격을 가진 사람으로서 그 자격과 관련된 업무에 5년 이상 종사한 경력이 있는 사람.
　　2. 회계 또는 재무 분야의 석사 학위 이상의 학위를 가진 사람으로서 연구기관 또는 대학에서 회계 또는 재무 관련 분야의 연구원 또는 전임강사 이상의 직에 합산하여 5년 이상 근무한 경력이 있는 사람.
　　3. 상장회사에서 회계 또는 재무 관련 업무에 합산하여 임원으로 5년 이상 또는 임·직원으로 10년 이상 근무한 경력이 있는 사람.
　　4. 「자본시장과 금융투자업에 관한 법률 시행령」 제29조 제2항 제4호 각 목의 기관에서 회계 또는 재무 관련 업무나 이에 대한 감독 업무에 합산하여 5년 이상 근무한 경력이 있는 자. [본조신설 2009.2.3.]

해서는 분명하지 않은 경우가 있을 수 있다. 감사원은 헌법 제97조에 따라, 국가의 세입, 세출의 결산 국가 및 법률이 정한 단체의 회계감사와 행정기관 및 공무원의 직무에 관한 감찰을 하기 위하여 대통령 소속하에 둔 헌법 기관으로서, 그 기능의 일부로 회계 감사 기능을 수행하기는 하고, 또 본인의 학력에 회계 관련 학력이 기재되어 있다는 점에서 일응 전체적인 공직 이력 중 5년 이상의 경력이 재무 또는 회계 업무 내지 관련 감독 업무였을 가능성이 있다고 생각되지만, 단순히 감사원에 근무하였다는 사정만으로 위 규정을 엄격히 해석하면, 회계 내지 재무 관련 직무 내지 이에 대한 감독 업무를 수행하였다고 해석하기에 어렵다. 이러한 불명확함이 적절하지 않은 공급제약으로 수요자를 제한할 수 있는 상황이었다.

개정상법은 자본시장과 금융투자업에 관한 법률 시행령 제29조 제2항 제4호 각 목의 기관에서 회계 또는 재무 관련 업무나 이에 대한 감독 업무에 합산하여 5년 이상 근무한 경력이 있는 자로 규정하여 이러한 불확실성을 조금이라도 완화하려고 하였다.

(2) 위험회피적(risk – averse)인 기업의 태도

불명확성에 대한 이러한 기업의 태도에 대하여, 회사가 대학교수 중에서 이러한 재무 내지 회계전문가 요건을 구비하려고 하는 경우를 예로 들어 보자. 이 경우에도 회계학과의 교수라면 모르겠지만, 대부분 경영학과 내지 경영학부의 회계담당교수를 제외하고는 보수적으로 보면, 재무 관련의 경우에는 그 범위가 명확하지 않다고 보여, '안전하게' 판단하기 위해서는 이 분야 전문가라고 판단하지 않는 것이 타당할 것이라고 생각된다.

이 '안전하게'라는 단어는 시장에서의 수요자로서 기업을 이해하는 점에 있어서 매우 중요한 단어이다. 기업은 사업에 있어서는 위험선호자(risk taker)일 수 있지만, 이러한 위험에 있어서는 매우 위험기피적(risk averse)이라고 생각한다. 왜냐하면 기업이라는 것은 결국 이를 구성하는 사람들의 모임인데, 이러한 사람들은 경영지원 그룹의 일원들일 것인바, 만일 요건이 구비된다고 보고하였다가 사실과 다를 때 이들이 감당하여야 하는 부담을 감안하여 보면 이는 쉽게 이해될 수 있을 것이다. 물론 명확한 기준(bright line test)을 제시하는 것은 사외이사 후보군을 일응 제한하는 것으로 이해할 수 있지만, 실무자로서는 재량의 여지가 있는 이와 같은 규정을 두고는 만일 이러한 요건을 구비하지 못하는 경우에는 회사에 제재를 가할 수 있도록 하는 규정 태도로 인하여 1호 사유상의 공인회계사 자격을 가지고 있는 경우를 제외하고는 자신 있게 회계 또는 재무전문가라고 할 수 있는 것이 아닌 상황인데다, 만일 어떤 특정인이 이러한 요건에 부합하는지 유관 정부부처에 문의를 하더라도 기본적인 판단의 주체는 사외이사로 선임하려고 하는 회사라는 점을 재확인할 수 있는 것 이상이 되지 않아서 사후적으로 회계 또는 재무전문가로서의 자격을 갖추지 못했다고 판단될 수 있는 위험을 안고 실무자가 적격이라고 판단하는 것을 기대하는 것은 거의 불가능한 상황이라고 이해된다.

(3) 공직자의 사외이사 시장으로의 유입에 대한 제한의 적정성

공직에 있던 공무원을 사외이사로 선임하려고 할 때 이러한 회사의 행위에 대한 사회적인 인식은 부정적이다. 그러나 공무원들이 사외이사 시장으로 진입하는 것은 공직에서의 경험을 사적 영역에서 활용한다는 점에서 부정적으로만 볼 것은 아니다. 방지하여야 할 우려되는 상황은 종전에 자신이 근무하는 직장에 대하여 영향력을 미치기 위한 수단으로 이용되는 것이다.

이 목적을 위하여 공직자윤리법 제17조는 대통령령이 정하는 직급 또는 직무분야에 종사하였던 공무원은 퇴직 후 2년간 퇴직 전 3년 이내에 소속하였던 부서의 업무와 밀접한 관련이 있는 자본금 50억 이상의 영리를 목적으로 하는 사기업에 공직자윤리위원회의 승인 없이 취업할 수 없으며, 만일 이를 위반할 경우에는 취업제한위반죄에 해당하여 1년 이하의 징역 또는 2천만 원 이하의 벌금에 처하여질 수 있다고 규정하고 있다. 이러한 제한을 통하여, 회사에 만일 이러한 공직 출신자를 사외이사 후보로 선임하기 위하여 추천하려고 하는 경우에는 사외이사후보추천위원회에 추천하기 이전에 본인에게 이러한 사실을 알리고, 감사원에 대해서는 직무 관련성에 대한 확인 서면을, 본인에 대해서는 감사원을 경유하여, 공직자윤리법 제18조에 따른 공직자윤리위원회의 승인을 받도록 한다.

승인을 통하여 취업을 허용하는 방식의 입법은 적절하나, 문제는 그 운용에 있어서 공직자윤리위원회가 입법취지를 살릴 수 있도록 할 필요가 있다. 이와 관련하여 단순승인, 조건부승인, 불승인 등으로 세분화하여 승인을 하는 방법을 취하는 것도 고려할 수 있는 것이 아닌가 한다. 조건부 승인의 경우 일정한 행위제한이나 직무

에 종사하는 것은 제한하는 것의 조건을 붙일 수 있지 않을까 한다.

(4) 대학 교수의 사외이사로의 활동에 대한 제한의 적정성

교육공무원법 제19조의 2는 국립대학 교수의 영리업무 및 겸직금지에 관한 특례를 규정하고 있다. 이에 의하면, 고등교육법 제14조 제2항의 규정에 의한 교수·부교수·조교수 및 전임강사는 학생의 교육·지도와 학문의 연구에 지장이 없는 범위 안에서 소속 학교의 장의 허가를 받아 상업·공업·금융업 그 밖에 영리를 목적으로 하는 사기업체의 사외이사[26]를 겸직할 수 있다.[27]

이 규정이 신설 전에는 국립대학교 교수의 경우 사기업체의 사외이사가 될 수 있는가에 대해서 논란이 있었다. 다수설은 국가공무원법 제64조 제1항이 공무원은 공무 이외의 영리를 목적으로 하는 업무에 종사하지 못하며, 소속기관의 장의 허가 없이는 다른 직무를 겸할 수 없다고 하여, 비영리 사외이사라는 다소 상정하기 힘든 모델 이외에는 소속 기관의 장이 허가를 하더라도 사기업의 사외이사를 별도의 특별법에 의하여 허용되는 경우를 제외하고는 겸할 수 없다는 견해였다. 사립대학의 경우에도, 사립학교법 제55조에 의하여 사립학교 교원의 복무에 관해서는 국, 공립학교의 교원에 관한 규정을 준용한다고 규정하여 동일한 문제가 발생하였다.

그러나 당시 이미 교수들이 사외이사 겸직을 하고 있는 경우가 많았다. 이에 대해 교육부는 사외이사 겸직을 자제할 것을 요청하였고, 기업들은 사외이사 후보로 자천, 타천되었던 국립대학 교수의 경우 보수적으로 보아서 사외이사로 사외이사후보추천위원회에 추천하지 않는 것으로 방침을 정한 바 있었다.

현실적으로 보면, 사외이사 후보군이 매우 제한적인 국내의 사정을 고려하고, 산학의 연계를 할 수 있는 터전을 마련할 수 있다는 점에서 기업의 현실을 정확히 파악할 수 있는 기회가 될 수 있으므로 과도하지 않은 범위에서 대학 교수의 사외이사직 수행은 긍정적으로 보는 것이 타당하다.

(5) 외국인에 대한 새로운 공급제한을 할 것인지 여부

외국인 사외이사에 대한 국적 내지 거주지 제한에 대한 논의가 은행의 사외이사와 관련하여 있었다. 구 증권거래법 제191조의 16 제4항은 공기업의경영구조개선및

---

26) 구 증권거래법 제2조 제19항의 규정에 의한 당해 회사의 상무에 종사하지 아니하는 이사를 말한다.

27) 2002.12.5. 신설되고, 2003.3.6.부터 시행됨.

민영화에관한법률, 은행법 기타 법률에 의하여 선임된 비상임이사 또는 사외이사는 이 법에 의하여 선임된 사외이사로 본다고 하여, 사외이사에 관해서 구 증권거래법이 적용됨을 규정하고 있다.[28]

영국 회사법은 다른 국가들에 비하여 상대적으로 이사의 자격에 대해서 여러 가지 제한을 많이 가한다. 영국 1985년 회사법은 이사의 결격에 대해서는 70세를 넘지 못하도록 하는 연령제한(제293조)과 파산자의 경우(Company Director Disqualification Act 1986) 등을 사유로 규정하고 있다.[29] 2006년 개정회사법에서도 연령제한이 있는데 2006년 회사법 제157조는 최소한 16세는 넘어야 이사가 될 수 있도록 규정한다. 그리고 주소에 대해서는 이사의 주소를 반드시 등록하도록 한다(제165조). 영국 회사법도 내국인이어야 이사가 될 수 있다는 일반규정을 가지고 있지는 않다.

실무상 외국인 사외이사들은 처음에는 한국의 기업문화를 이해하지 못하고 어려움을 겪기도 하지만 여러 차례 재선임이 되면서 상당부분 한국의 기업현실에 대해 이해하고 있다. 또한 외국의 기업문화를 간접적으로 경험할 수 있는 기회를 제공한다. 또한 외국인지분비율이 높은 회사일수록 해외 투자자들의 요청에 의하여 또는 사전적으로 외국인 투자자들의 요구에 부응하기 위하여 외국인 사외이사를 주주총회에 추천 선임하게 되고, 외국인 투자기업들의 경우에는 자연스럽게 외국인이 사내이사뿐만 아니라 사외이사로도 선임되면, 한국 기업의 평가에 있어 부적절한 할인을 방지하는 역할도 한다. 그러므로 선제적으로 외국국적으로 가지고 있다고 하여 사외이사로 선임하는 것을 제한하는 것은 타당하지 않다.

또 은행법에 국적요건이나 일정 기간 이상의 거주요건을 부가하는 것도 WTO 양허사항과 관련하여 현실적으로 이미 양허된 사항이라서 이를 다시 제한하는 것이 쉽지 않다.[30] 외국인에 대한 제한을 두려고 하는 것이 단순히 외국인들이 이사로 근무하는 회사들이 감독기구와 협조가 잘되지 않는다는 이유가 될까. 사외이사들이 비거주 외국인인 경우 한국에 거주하지 않음으로 인하여 이사회에 참석하는 점에 어려움이 있을 수 있지만, 이러한 문제는 이사회의 운영방식에 대하여 상법 제391

---

28) 증권거래소의 분석에 의하면, 2003년의 경우 상장기업 중 35개 기업(5.5%)이 외국인을 사외이사로 선임하고 있다고 한다(디지털타임스 2003.4.10.). 삼성전자의 경우에도 총 13명의 이사 중 7인의 사외이사가 있고, 이 중 Franz – Hermann Hirlinger 씨를 포함한 3인의 외국인이 사외이사로 재직하고 있다.

29) Charlesworth & Morse, "Company Law", 16th ed. Sweet & Maxwell(1999).

30) 이와 관련하여, 한국경제신문 2005.1.31.자.

조가 정관에서 달리 정하는 경우를 제외하고 이사회는 이사의 전부 또는 일부가 직접 회의에 출석하지 아니하고 모든 이사가 동영상 및 음성을 동시에 송·수신하는 통신수단에 의하여 결의에 참가하는 것을 허용하고 있으므로 기술의 진보에 의하여 극복될 수 있다. 그리고 이러한 문제는 해외출장이 잦아지면서 국내이사들의 경우에도 겪고 있다. 이와 같은 회의 시스템을 사용하여 외국인들의 사외이사로서의 참여와 경험의 공유, 전략적 파트너십의 형성을 회사가 원하는 경우 가능하도록 하는 것이 올바른 입법방향이다.

외국인 주주들의 경우에는 외국인 사외이사가 존재하는 것이 자신들의 이해에 부합한다고 생각하는 경향도 실제 투자자홍보활동(Investors Relationship)을 하여 보면 존재한다는 점을 회사가 사외이사를 선임할 때 전략적으로 고려할 수 있도록 하는 것이 타당하다.

외국인을 사외이사 시장에서 축출하는 규제가 아니라, 외국인 사외이사가 주주나 채권자, 종업원과 같은 이해관계자(Stakeholder)들에게 해가 되는 행동을 한다면, 그러한 행동을 제한하는 것이 타당한 규제이다. 더불어, 외국인에 대해 선임 자체에 대한 진입 규제를 하게 되면, 오히려 금융사들의 경우 유능한 외국인들이 사외이사의 풀(pool)에서 제외되는 부정적인 효과도 고려되어야 한다.

2. 제2제약과 관련된 개선책

(1) 사외이사의 보수체계

보수라 함은 사외이사가 됨으로써 취득하게 되는 보상을 의미하는 것으로 금전적인 보상(monetary compensation)만을 의미하는 것은 아니고, 특정한 회사의 이사로 재직한 경력에 대한 자부심과 같은 비금전적인 욕구 충족을 통한 보상과 같은 것도 포함되어야 한다. 이러한 보수 내지 보상체계는 사외이사의 행동양식에 영향을 미치게 되므로, 신중한 검토가 필요하다. 사외이사가 부담하여야 할 위험이 증가할수록 적절한 보수체계 내지 보상체계가 설정되지 않으면 위험을 싫어하는 능력 있는 사외이사 후보군들이 시장으로부터 벗어나 버려 시장에는 능력이 없고, 위험을 감수할 수밖에 없는 사람들이나 투기적인 사람들만 남게 되어 사외이사 시장이 역선택(adverse selection)에 의해서 레몬시장(lemon market)이 된다.

(2) 사외이사 보수의 결정 방식

사외이사의 보수 결정은 이사이므로 상법 제388조에 의하여 주주총회에서 보수액을 결정하게 될 것이다. 상장법인은 이렇게 결정된 보수에 대해서는 비상근이사로서 사외이사 그 밖의 비상임이사의 이사회 출석률, 이사회 의안에 대한 찬반 여부 등 활동내역과 보수에 관한 사항에 대해서 주주총회 소집의 통지 또는 공고를 하는 경우에는 같이 통지 또는 공고하여야 하므로 이러한 통지 내지 공고를 통하여 외부적으로 통제된다.

이 경우 통지는 다른 경우와 달리 당해 법인이 그 사항을 정보통신망에 게재하고, 재정경제부령이 정하는 장소에 비치하여 일반인이 열람할 수 있도록 함으로써 통지 또는 공고에 갈음할 수 있다.[31] 문제는 상장법인이 주주총회의 목적사항으로 감사의 선임 또는 감사의 보수결정을 위한 의안을 상정하는 경우에는 이사의 선임 또는 이사의 보수결정을 위한 의안과는 별도로 상정하여 의결하여야 한다고 규정하고 있는바,[32] 감사위원이 될 사외이사의 경우에 별도의 안건으로 감사위원이 될 사외이사 선임의 건을 상정하여야 하는가에 대한 의문이 있을 수 있는데, 감사위원회의 구성원이 될 감사위원이 될 사외이사의 경우에는 감사에 갈음하는 지위에 있는 자라고 하는 것이 현행법의 입법 태도와 부합하는 것으로 보이므로 감사와 같이 보아 별도의 안건으로 선임하는 것이 타당한 해석이 아닌가 하지만 사외이사이면서 감사위원회 위원이라는 직위를 가지고 있더라도, 사외이사로서 이사임도 분명하여 이사보수 한도로 같이 승인받는 것이 타당하다고 생각한다.

다만 어떤 방식을 취할 것인가와 상관없이 성과 연동형 보상이 적절하게 동반되지 않으면 고정형의 보상만으로는 사외이사들에게 적절한 위험회피 수단이 되지 않을 가능성이 많다.

(3) 사외이사에 대한 주식매수선택권의 부여를 통한 공급의 확대

사외이사에 대하여 주식매수선택권을 부여할 수 있는가에 대해서, 실무상 주식매수선택권의 부여를 요청한 경우도 있었을 것으로 보이지만, 주식매수선택권의 부여

---

31) 구 증권거래법 제191조의 10 제3항 제1호. 이러한 정보통신망에 게재하는 방법으로 통지 또는 공고에 갈음하는 것은 비용의 면에서나 수시로 관심이 있으면 정보 접근을 할 수 있다는 점에서 장점을 가지는 입법으로 진일보한 입법 태도라고 생각된다. 왜냐하면 실질적으로 공고를 한다고 하더라도 그 회사에 지속적으로 관심을 가지고 있지 않은 경우라면 이를 인식하여 보기 어렵고, 오히려 신문 공고된 것을 놓치게 되면 다시 찾아서 보기도 힘들다.

32) 구 증권거래법 제191조의 11 제2항. [개정 99.2.1, 2004.1.29.]

대상에 대하여, 상법은 회사의 설립 경영과 기술혁신 등에 기여하거나 기여할 수 있는 회사의 이사 감사 또는 피용자에게 미리 정한 가액으로 신주를 인수하거나 자기의 주식을 매수할 수 있는 권리를 부여할 수 있다고 규정하고 그 대상을 이사 감사 피용자로 정하고 있고 상법 제340조의 2 제1항, 상장회사의 경우 구 증권거래법에서는 실질적으로 그 부여 대상에 있어서 동일한 것으로 해석되었으나, 2002년 구 증권거래법 제189조의 4 제1항의 개정을 통해서 상법 제340조의 2 내지 상법 제340조의 5의 규정에도 불구하고 그 정관이 정하는 바에 따라 상법 제434조의 규정에 의한 주주총회 특별결의에 의하여 당해 법인의 설립·경영·해외영업 또는 기술혁신 등에 기여하거나 기여할 수 있는 당해 법인 또는 대통령령이 정하는 당해 법인의 관계회사의 임·직원(대통령령이 정하는 자를 제외한다.)에게 미리 정한 가격으로 신주를 교부하거나 기타 대통령령이 정하는 방법에 따라 당해 법인의 주식을 매수할 수 있는 권리(이하 '주식매수선택권'이라 한다.)를 이 조의 규정에 따라 부여하여야 한다고 규정하여 관계회사의 임직원에게까지도 주식매수선택권을 부여할 수 있도록 하여 그 범위를 넓히고 있다.

하지만 여전히 어느 경우든지, 별도의 특별법에서 허용하고 있지 않는 한[33] 당해 회사의 사외이사를 부여 대상으로 보는 것은 문언해석의 범위를 넘어서는 것이 아닌가 한다. 물론 해석상 비상장회사에 사외이사로 선임되어 있는 경우에 이사라는 점은 인정되고 법상 부여가 금지되지 않고 있으므로 재정경제부가 유권해석을 한 것과 같이 부여가 금지되는 것은 아니라고 보는 것이 타당하다. 따라서 이러한 주식매수선택권의 적절한 부여를 통하여 우수한 사외이사 후보군이 시장에 유입될 수 있도록 하는 것이 필요하다.

---

33) 예를 들어 벤처기업육성에관한특별조치법 제16조의 3 제1항의 경우에는 다음과 같이 규정하여 사외이사의 경우에도 부여 대상이 될 수 있다고 생각된다. 주식회사인 벤처기업은 상법 제340조의 2 내지 제340조의 5의 규정에 불구하고 정관이 정하는 바에 따라 주주총회의 결의가 있는 때에는 다음 각 호의 1에 해당하는 자 중 당해 기업의 설립 또는 기술·경영의 혁신 등에 기여하였거나 기여할 능력을 갖춘 자에게 특별히 유리한 가격에 의한 신주의 매수 기타 대통령령이 정하는 바에 따라 당해 기업의 주식을 매수할 수 있는 권리(이하 이 조에서 '주식매수선택권'이라 한다.)를 부여할 수 있다. 이 경우 주주총회의 결의는 상법 제434조를 준용한다.
1. 벤처기업의 임·직원(대통령령이 정하는 자를 제외한다.)
2. 기술 및 경영능력을 갖춘 자로서 대통령령이 정하는 자
3. 대학 또는 대통령령이 정하는 연구기관

3. 제3제약과 관련된 개선책

이 제3제약은 결국 시장에서의 사외이사에 대한 정보의 흐름이 적절히 형성되지 않거나, 정보 자체가 의미 있을 정도로 축적되지 않아서 발생하는 문제이다. 그러므로 이 문제를 해소하기 위하여 두 가지 관점에서 사외이사에 대한 적절한 정보를 축적할 수 있도록 하고, 이러한 축적된 정보가 수요자에게 적절히 적기에 공급되도록 하여야 할 것이다.

(1) 기관투자자 등의 활용을 통한 정보의 제공

사외이사도 사외이사후보추천위원회의 추천을 받아, 주주총회에 추천된 후보 중에서 선임된다(상법 제542조의 8 제4항) 상법 제542조의 4 제2항은 상장회사가 이사·감사의 선임에 관한 사항을 목적으로 하는 주주총회를 소집통지 또는 공고하는 경우에는 이사·감사 후보자의 성명, 약력, 추천인, 그 밖에 대통령령으로 정하는 후보자에 관한 사항을 통지하거나 공고하도록 하고 있다. 또 제3항은 상장회사가 주주총회 소집의 통지 또는 공고를 하는 경우에는 사외이사 등의 활동내역과 보수에 관한 사항, 사업개요 등 대통령령으로 정하는 사항을 통지 또는 공고하도록 한다. 다만 상장회사가 그 사항을 대통령령으로 정하는 방법으로 일반인이 열람할 수 있도록 하는 경우에는 이와 같은 통지 또는 공고의무를 부과하지 않고 있다.[34]

실무상 시민단체나 기관투자자들의 경우에는 후보자의 명단이 나오면 이러한 후보자들에 대하여 적극적으로 의견을 개진하고 있다. 주주총회를 담당하는 실무자의 입장에서는 기관투자자들의 반응이 좋지 않을 경우에는 반영할 수 있는 피드백을 받을 수 있다는 장점이 있고, 후보 추천에 있어서 신중하게 하는 장점이 있다. 반면 단점으로는 등기이사의 후보군에 제약을 받는 면이 있지만, 비교적 이미 많은 정보를 가지고 있거나 시장의 반응에 민감한 기관투자자들을 정보제공자로 활용할 수 있는 좋은 방안이라고 생각한다.

(2) 금융감독원 등에 대한 신고되는 정보의 축적과 제공

상장법인이 사외이사를 선임 또는 해임하거나 사외이사가 임기만료 외의 사유로 퇴임한 경우에는 그 내용을 선임·해임 또는 퇴임한 날의 다음 날까지 금융감독위

---

[34] 구 증권거래법 제191조의 10 제2항은 주권상장법인 또는 코스닥상장법인이 상법 제363조 제1항의 규정에 의한 소집통지 또는 구 증권거래법 제191조의 10 제1항의 규정에 의한 공고를 함에 있어 회의의 목적사항이 이사의 선임에 관한 사항인 경우에는 이사후보자의 성명·약력·추천인 그 밖의 대통령령이 정하는 후보자에 관한 사항을 통지 또는 공고하여야 한다고 규정하였음.

원회와 한국거래소에 신고하여야 한다.[35] 이와 같은 신고를 통하여 금융감독원은
손쉽게 상당한 중요 정보를 축적하여 데이터베이스화할 수 있다. 이렇게 축적된 정
보를 현재의 전자공시시스템을 통하여 제공한다면, 한국 사외이사 시장에 중요한
정보의 흐름의 한 축이 될 수 있을 것이라고 생각한다.

4. 소결

사외이사제도의 발전방향에 대해서, 사외이사제도가 실효성 있게 정착될 것인가
하는 문제는 결국 법이 더 이상 강제를 하지 않더라도 시장의 주체들인 회사가 이
러한 굴레를 벗겨 내더라도 계속적으로 사외이사제도를 사용할 것인가는 질문과 연
결되어 있다고 생각한다. 그러한 질문에 대한 답을 쉽게 할 수는 없고, 현재의 상황
에서 현장에서 느낌은 우선 사외이사 후보군을 두텁게 할 수 있도록 하여야 할 필
요성이 있다는 점을 지적하여야 할 것으로 보인다.

이를 통하여 현재의 제도가 자생력을 가질 수 있도록 입법적으로 노력을 하여 스
스로 전략적인 판단에 의하여 회사의 투명성을 높이기 위하여, 전략적인 제휴를 통
해 외부의 의견을 듣기 위하여 전략 고객이나 구매 선의 사장이 같이 참여할 필요
를 느껴서 이런 구성을 하는 등의 필요를 느낄 수 있도록 하는 것을 제도의 궁극적
인 목표로 하여야 한다. 이를 위하여 주로 공급 측면에 중심을 두고, 네 가지의 공
급 측면에서의 제약요소를 각 살펴보았다. 이러한 제약요소 중의 제1제약인 지나치
게 광범위한 결격사유에 대해서는 입법적으로 제약을 풀어주는 방법을 통한 확대를
제안하였다. 제2제약인 증가하는 위험 대비 보수체계의 부적절성에 대해서는 성과
연동형 보상체계(performance linked - compensation)가 필요함을 설명하였다. 제3제
약인 시장정보의 축적 및 흐름의 부전과 관련하여서는 기관투자자 및 감독기구의
역할을 통하여 방법을 제안하였다. 만일 적절한 수급이 되지 않고, 이러한 현행의
문제점들이 시정되지 않는다면, 우리는 사외이사제도가 의도한 바와 달리 진화되는
것을 지나치게 늦게 알게 될지도 모른다. 한국토양에 맞는 한국형 사외이사제도가
정립되는 것에 대한 관심은 지속적으로 이루어져야 하며, 또한 이에 대한 실증적인
분석과 연구가 계속 있어야 할 것이다.

---

35) 구 증권거래법 제191조의 16 제5항. [개정 2004.1.29]

Ⅳ. 집행임원제도와 감독이사회제도의 도입

1. 집행임원제도 논의의 단초: 일본에서의 전개

(1) 사외이사제도의 도입

임원을 상법상의 이사와 집행임원으로 구별하는 경영체제는 미국법에서 근거를 찾을 수 있다. 우리나라에서 집행임원제도가 논의되는 배경에는 일본에서 집행임원제도가 논의되는 것과 궤를 같이한다.

일본의 경우에도 미국법과의 차이가 대표취체역(대표이사)과 감사회가 있다는 정도에서 차이가 있다고 보고, 기업지배구조의 변혁 차원에서 집행임원의 도입과 관련된 논의가 진행되었다.[36] 연혁적으로 일본은 소화 25년 상법개정에서 주주총회중심주의를 표방하면서 이사회를 창설하여 3인 이상의 이사를 두도록 하면서 이사들이 합의를 통하여 주요한 업무를 처리하게 하였다. 그러면서 많은 권한을 대표이사에게 이양함으로써 대표이사가 이사회의 대리인으로서 업무를 수행하는 구조를 취하였다.[37]

이후 일본에서는 일본기업들이 순조롭게 성장하여 온 관계로 기업지배구조의 개편에 대한 논의는 거의 없다가 1990년대 일본기업들이 심각한 불황을 겪으면서 미국식의 기업지배구조의 도입에 대한 논의가 이루어졌다. 그 대표적인 것이 사외취체역(사외이사)의 등장이다. 일본에서는 초기 미국 증권시장에서 상장되어 있는 회사들이 사외이사제도를 도입하였으나 이 당시에는 개념정의가 없었다. 뒤에 상법특례법 제18조 제1항에 취임 전 5년간 회사나 자회사의 이사, 지배인, 기타 사용인으로 있지 않은 자로서 이사의 직에 있는 자로 정의되었다. 이러한 사외이사의 등장에 따라 일본에서는 종업원에서 승진하여 이사가 된 자로서 사내에서의 업무를 겸임하는 사내이사와 독립성이 요구되면서 종업원으로서의 관계를 가지지 않는 사외이사로 2분되게 된다.[38]

---

36) 兵辺陽一郎, 執行役員制度(第2版), 東洋經濟新聞社(2000) 3 - 4頁.
37) 위의 책, 39頁.
38) 위의 책 42 - 43頁.

(2) 미국형 이사회체제로의 전환

미국형 이사회체제에서 이사회에 요구되는 역할을 경영전략의 결정과 사업의 감시에 대한 전 책임을 부담하는 것이다. 이사회는 사업계획, 이익계획, 중요한 사업전략의 심의 및 승인을 하고(효율성의 추구), 최고집행역원(CEO)의 업적을 평가하고, 보수를 결정하고, 후계자 계획을 검토하고 경질하는 업무를 하며(효율성 및 건전성 추구), 경영수뇌 및 집행역원이 추구하는 계획을 검토하고 조언을 제공하며(효율성, 건전성, 준법성 추구), 이사회 운영의 효과를 평가하고 이사후보를 선택하고 추천하며(효율성 추구), 회사의 순조로운 경영을 확보하고(건전성과 준법성의 추구), 주주에 대하여 설명하고, 보고하고 권고하는 등의 활동을 한다(투명성의 추구).[39]

이와 같이 이사회의 기능을 확보하기 위해서는 감사의 역할이 상당부분 사외이사를 중심으로 하는 이사회의 감독기능에 의하여 대체될 수밖에 없으며, 집행역원(집행임원)들의 감독은 이사회의 역할이 되는 것이다. 이처럼 일본에서의 집행임원과 관련된 논의는 미국식의 기업지배구조를 도입하는 과정에서 일어난 일련의 과정의 일부로 이해된다.

2. 집행임원의 의의

상법개정논의에서 집행임원의 도입을 논의하는 것도 이와 같은 상법의 미국법으로의 접근현상을 반영하는 것으로 이해할 수 있다. 이 과정에서 사외이사의 도입을 일본과 같이 겪었고, 이어서 집행임원제도를 반영하게 되면 독일식의 감사제도를 포함한 3분론적 기능분류를 대체하는 미국식의 시스템으로 우리 회사법을 전환시키게 되는 것이다.

(1) 견해의 대립

1) 제1설

현행법에는 집행임원이라는 제도가 없다. 다만 한국상장회사협의회가 편찬한 상장회사 표준정관에 의하면, 제34조의 2에서 회사는 이사회의 결의에 의하여 집행임원을 둘 수 있다고 규정하고 있다.[40] 이에 따르면 집행임원의 정의를 등기된 이사

---

39) 위의 책, 44−45頁.

40) 주권상장법인의 집행임원에 관한 정관규정의 유무에 대한 통계를 보면 2004년에는 674개의 상장사 중에서 147개

가 아니면서 전무이사, 상무이사 등에 준하여 회사의 업무를 집행하는 자를 의미한다고 규정한다.[41] 이 견해에 의하면 집행임원은 한국에서는 관행적인 것이라고 하고 있다. 이러한 주장을 요약하면 상장회사 표준정관에서 의미하는 집행임원이란 현재 기업에서 임원이라고 불리는 자들을 의미하게 된다.[42]

2) 제2설

집행임원이 누구인가에 대하여 집행임원은 이사회에서 집행임원으로 선임된 자라는 견해가 있다. 이 견해는 회사를 대·중·소의 규모로 나누고 이 중에서 대규모 또는 상장 주식회사의 경우 일반적으로 소수주주의 경우에는 정보가 부족하므로 이러한 소수주주를 대리하는 사외이사를 두고 이러한 사외이사를 중심으로 구성된 이사회가 업무집행기관으로서 집행임원을 선임 또는 해임하고 업무집행기관을 실질적으로 감독하게 하는 것이 거의 세계적인 조류로 이러한 국제기준(global standard)에 맞는 기업지배구조 재편을 위해서는 집행임원(executive officer)을 두어야 한다고 주장한다.[43] 이 견해의 문제점은 개념이 순환논법으로 정의되어 있다는 것이다. 왜냐하면 이사회가 집행임원을 선임하고, 이사회에서 집행임원으로 선임된 자가 집행임원이라는 논법이기 때문이다.

한편 이 견해는 집행임원제도의 도입을 주장하는 논리적인 근거로 이사회 업무집행기능을 여전히 담당하게 되어 이사회의 감독기능과 상충하고, 실무적으로는 사외이사를 두는 것을 최소화할 목적으로 이사의 수를 대폭 축소하여 이사(회)에 의하여 업무집행을 할 수 없어 회사의 정관 또는 내규 또는 대표이사에 의하여 선임된 집행임원이 사실상 회사의 업무를 집행하게 됨으로써 그들의 지위, 권한, 의무, 책임 등이 문제가 되고 감독기관이 불분명하게 되었다는 점을 지적한다.[44]

(21.8%)만이 집행임원에 관한 정관규정을 가지고 있는 반면, 2005년의 경우에는 664개 사 중에서 178개 사 (26.8%)가 정관에 규정을 가지고 있다고 한다("집행임원제도의 법제화에 관한 의견", 上場, 2006.1. 60면).

41) 양만식, "집행임원제도의 도입에 따른 지배구조론의 전개", 상사법연구 24권 제1호(2005) 180~181면(이 글에서는 집행임원제도가 법제화되어 있지 않은 상황에서 집행임원제도의 개념정의가 매우 중요하다고 하면서도 별개의 정의를 하지 아니하고, 상장회사협의회가 규정하고 있는 개념정의를 원용하고 있다. 위 글, 60~62면.

42) 2004년 삼성은 會長, 副會長, 社長, 副社長, 專務理事, 常務理事, 常務補로 임원을 호칭하고 있다. LG는 이 중 전무이사라는 호칭이 없이 상무이사에서 바로 부사장으로 호칭하고 있다. 사외이사가 도입되기 전에 理事補, 理事 등으로 불리었으나, 사외이사제도의 도입 이후 이사는 등기이사를 호칭하는 것으로 정리하면서 위와 같이 호칭하게 되었다.

43) 정찬형, "주식회사의 지배구조에 관한 상법 개정의 방향 – 업무집행기관 및 감독기관을 중심으로", 2005.12.26. 기업소송연구회 발표문 5~6면; 정찬형, "주식회사 지배구조 관련 개정의견", 상사법연구 제24권 제2호(2005) 139~175면.

(2) 검토

제2설과 같이 책임과 역할의 분리 현상을 극복하기 위해서는 (ⅰ) 실질적으로 회사의 업무집행을 하는 고위임원에 국한하여 규정하는 것이 타당하며,[45] (ⅱ) 비교법적으로도 사외이사제도의 도입으로 축소되기 전에도 이렇게 임원이라고 불리는 모든 자를 이사로 두고 있지도 않았으며, (ⅲ) 논리적으로 이사회가 감독기능을 수행할 수 있을 정도의 수를 정하여 그들을 통하여 초급임원을 감독하도록 하면서, 초급임원에 대해서는 회사의 자치에 맡기도록 하는 것이 도입취지에 부합한다고 본다. 그렇다면 제1설과 같이 보되 CEO(최고집행임원), CFO(최고재무임원), COO(최고운영임원) 등과 같이 기능적으로 분류된 회사의 주요 기능을 담당하는 고위임원을 집행임원으로 보는 것이 타당하다고 본다.[46]

3. 집행임원의 지위

(1) 법률관계의 성격

집행임원의 회사와의 관계에 대해서는 고용관계에 있게 되는 것인지, 아니면 위임관계에 있게 되는 것인지에 대한 논의가 있다.[47] 앞의 개념정의에서 제2설에 의할 때 집행임원은 이사회에서 전권을 가지고 선임 및 해임하는 자로서 회사와 위임관계에 있게 된다고 해석하는 것이 타당하다.

다만 이러한 위임관계의 존재가 인정된다고 하더라도 이러한 위임관계의 처리와 관련된 근거법령이 민법상의 위임관계로서 민법 제689조가 적용되는 것인지, 아니면 상법 제385조가 적용되게 되는지에 대해서는 논란이 있을 수 있다. 우리 법원은 하급심 판결례이기는 하지만 종래 집행임원제도를 정관의 규정에 의하여 도입하고 있던 회사에 대하여, 상법 제385조의 적용이 없고, 민법 제689조의 적용이 있다는 취지의 판결례가 있다.[48]

---

44) 정찬형, 앞의 논문, 6면.

45) 우리의 현실에서는 전무이사 내지 부사장급의 高位任員(high ranking officer)이 아닌 初級任員들의 경우에는 과연 경영판단을 하고 있다고 보기 어려운 면이 있다.

46) 이러한 상급임원 내지 고위임원과 초급임원의 구별에 대한 미국에서의 입법례에 대해서는 서세원, "회사업무집행임원제", 민사법연구 제10권 제2호(2002) 166～167면 참조.

47) 양만식, 전게논문, 185～186면.

48) 서울지방법원 남부지원 2003.12.11. 선고2002가합11329 판결.

하지만 이 판결에 대해서는 입법론적으로 단체법적인 위임관계에 대하여 그 특성을 고려하여 상법 제385조가 준용된다는 규정을 둔다면 이 준용규정에 의하여, 만일 이러한 준용규정이 없는 경우라도 위 하급심 판결의 결론과 달리 상법 제385조의 규정을 유추 적용하는 것이 타당하다.[49] 주주총회와의 관계에서 집행임원은 주주총회로부터 선임되지 않고 이사회의 이사들만이 선임되게 되고, 이사회가 감독기관으로 기능하면서, 직접적인 관계를 가지게 된다는 것이다. 다만 이 견해에 의해서도 책임에 있어서 집행임원은 주주총회와의 관계에서도 복위임의 관계에 있어 주주총회에 대해서도 책임을 지게 된다고 할 것이다.

(2) 겸직의 문제

집행임원은 이사회에서 선임되는 자로서 이들의 겸임은 회사가 정관에서 사내이사로 있으면서 동시에 집행임원이 될 수 있으나, 대표집행임원을 두는 경우에는 이사회 의장을 겸직할 수 없도록 구분하여야 한다는 주장이 있다.[50] 이는 최고경영자(CEO: Chief Executive Officer)와 이사회의 의장(president)을 구분하여야 한다는 주장이다. 이 견해에 따라 사외이사들로만 구성된 이사회를 상정하여, 이를 감독이사회라고 부르면, 겸직은 논리적으로 존재할 수 없게 된다.

그러나 감독이 제대로 되려면 집행임원과 이사회의 구성원으로서 등기이사 특히 대표이사의 경우에는 집행임원과의 겸직을 불허하는 것이 부정적인 영향을 미쳐 사실상 감독이 이루어지지 않도록 될 가능성이 있다. 이러한 점을 감안하면 일본의 경우와 같이 겸직을 허용하는 것이 타당하다고 할 것이다.[51]

(3) 등기와 책임의 문제

집행임원제도를 법률에 규정하면, 이를 상업등기부에 등기하도록 함으로써 공시하여 이를 대외적으로 알려서 제3자의 이익이 침해되지 않도록 한다는 것이다.[52] 이러한 등기를 통하여, 대외적으로 공시된 집행임원은 회사나 제3자에 대하여 이사

---

49) 상법개정안 논의과정에서 준용규정을 두는 것으로 논의가 있었음. 위 하급심 판결에 대한 평석으로는 최승재, "집행임원의 지위와 법적 성격에 관한 검토, 최근 상법 개정 논의에 더하여", 판례연구, 서울지방변호사회(2006).

50) 이영주, "집행임원의 소송법상 문제에 관한 고찰 – 주주대표소송과 증권관련집단소송을 중심으로", 민사법연구, 제12집 제1호(2004.6.), 121~167면.

51) 일본은 집행역원과 취체역의 겸임을 허용하고 있다(江頭憲治郎, 株式會社·有限會社法, 有斐閣(2005), 475頁).

52) 정찬형, 앞의 논문, 7면.

나 감사와 연대하여 책임을 부담하여야 한다고 한다.[53]

실무상 현재 판매되는 임원책임보험약관에서는 임원으로 호칭되는 자들은 사외이사와 함께 부보되고 있으므로, 보험 관점에의 확장은 없다. 다만 책임과 관련된 법제화는 현실적인 보험료의 상승을 수반할 수 있다.[54]

4. 집행임원제도 법제화

집행임원제도를 도입하여야 하는 이유로 (ⅰ) 현행 사외이사제도의 문제점, (ⅱ) 이사회제도가 활성화되지 않고 있는 문제를 해소하기 위하여, (ⅲ) 감사위원회를 포함한 이사회 내 위원회제도의 활성화를 위하여, (ⅳ) 집행임원의 업무효율 제고와 지위보장이 제기된다.[55]

이를 분설하여 보면, 우선 현행 사외이사제도가 가지고 있는 문제점과 관련하여, 집행임원제도를 두어 이사회가 집행기능을 수행하는 집행임원을 별도로 법제화하여 두면서, 사외이사에게 감독기능을 부여하는 방향으로 입법적으로 기능을 정리한다고 하면, 현재와 같은 사외이사가 집행기능과 감독기능을 혼용하여 집행하는 문제로부터는 벗어날 수 있겠지만, 사외이사의 기능문제는 정면에서 사외이사제도에 대한 개선책이 필요한 것이 아닌가 한다.

둘째 이사회 내지 이사회 내 위원회제도가 제대로 기능하지 못한다는 비판에 대해서는 (ⅰ) 이사회에서 사외이사들이 제대로 기능하지 못한다면 그것은 사외이사제도를 개선하여야 할 것이고, (ⅱ) 이사회가 집행기능을 제대로 하지 않고, 근거 없는 집행임원에 의하여 결정되는 것이 문제라고 한다면, 사외이사의 직무 범위에 대하여 달리 규정하는 것이 필요하지 않을지에 대하여 검토하여야 하는 것이며, (ⅲ) 이사회 내 위원회의 활성화 문제에 대해서는 별도의 집행임원들로 구성된 위원회로 집행위원회를 상정하는 것이 가능할 것으로 보이는바, 문제는 이 경우에도 다시 법외의 기관에서 결정이 이루어질 가능성에 대해서는 여전히 완전히 해소할 수 없다는 점에 대해서 추가적인 검토가 이루어져야 한다고 할 것이다.

---

53) 정찬형, 위의 논문, 8면.

54) 임원책임배상보험(Directors and Officers Liability Insurance)에서 Officer 개념으로 보험에서는 포섭하고 있으나, 이때의 Officer는 보험실무상으로는 집행임원 개념보다 더 넓게 포섭되어 보험으로 부보되고 있다.

55) 정찬형, 위의 논문, 10~11면 上場, 위의 논문, 61~62면.

5. 감독이사회제도

(1) 감독이사회제도의 필요성

집행임원제도를 논의하려면, 같이 논의되어야 하는 것이 감독이사회라고 생각한다. 집행임원제도를 주장하는 측의 아이디어는 실제는 두 개의 구분된 이사회를 염두에 두고 있다고 할 수 있다. 이를 이사회 이원화(two track) 방식이라고 부를 수 있다.

이러한 기업지배구조가 필요하다고 보는 가장 기본적인 출발점은 사외이사제도에 대하여 업무집행기능을 하는 이사회에 사외이사를 구 증권거래법 등에서 주권상장법인 등에 대하여 사외이사를 이사 총수의 4분의 1 이상 두도록 강제하고 있는 구 증권거래법 제191조의 16 제1항 본문 등으로 인하여 사외이사 중심의 이사회가 되지 못하면서도 이사회의 감독기능에도 충실하지 못하고, 불필요한 사외이사를 두도록 하여 회사에게 비용만 가중시키고 또한 이사회의 업무집행기능의 효율성을 떨어뜨린다는 비판적인 인식에서 기초한 것으로 감독기관에 대한 개조가 필요하다고 보는 것이다.[56]

이러한 견해에 의할 때 업무집행기관으로 집행임원을 두는 경우에는 이러한 집행임원에 대한 감독기관은 당연히 사외이사 중심의 이사회가 된다고 본다.[57] 그러므로 명칭은 감독이사회라고 사용하지 않더라도 이 견해에 의하면 논리적 귀결로 이러한 기능을 하는 이사회에 대하여 상법이 감독기능 등에 관하여 규정하여야 할 것이라고 본다고 한다.[58]

(2) 감독이사회의 권한

감독이사회의 권한으로는 (ⅰ) 집행임원 및 회사와의 소에서 회사를 대표할 자의 선임, (ⅱ) 집행임원 및 대표집행임원의 선임 및 해임, (ⅲ) 집행임원의 업무집행에 대한 감독, (ⅳ) 집행임원에 대하여 업무집행에 관한 의사결정이 수인인 경우 집행임원의 직무분담 및 지휘, 명령관계 기타 집행임원의 상호관계에 관한 사항, (ⅴ) 집행임원이 수인인 경우 집행임원의 직무분담 및 지휘·명령, (ⅵ) 정관 또는 주주총

---

56) 정찬형, 위의 논문, 10면.
57) 정찬형, 앞의 논문, 9면.
58) 정찬형, 앞의 논문, 10면.

회의 승인이 없는 경우 집행임원의 보수결정 등의 권한이 부여되어야 한다고 본다.

그러나 집행임원 설치회사의 이사회가 회사의 중요한 사항에 대하여 스스로 의사결정을 하여야 한다면 성질상 상법상 이사회에 관한 규정이 적용되어야 한다.(상법 제393조 제1항)

V. 집행임원제도와 감독이사회제도 도입에 대한 비판적 검토

1. 집행임원제도 도입에 대한 비판적 검토

(1) 기업 내 책임 주체의 증가

기업 실무에서 종전에 등기이사로 등재되어 회사의 주요한 의사결정을 하여 오다가 등기이사슈를 줄이면서 현재는 더 이상 상법상 이사로의 책임(상법 399조, 401조)을 부담하지 않는 임원들이 다수 있다.

이들의 직무는 Officer로서 사실상 종래의 이사와 같은 직무를 수행하고 있는 부분이 있으므로, 규범이 그 실제의 역할을 포착하여 적절한 주의의무를 부과하고, 그들을 규율대상으로 하도록 하는 것이 바람직하다는 주장은 상당히 설득력이 있다. 회사법은 다양한 계약의 집합체(nexus of contract)이다. 회사는 기본적으로 자본을 유치하기 위한 수단으로서 기능하므로 그것이 자기자본이든, 아니면 타인자본형태로 투입된 것이든 투자자들에 대한 적절한 보호를 제공하여야 하고, 이를 위해 부여된 권한에 대한 책임구조는 분명히 규율되어야 한다.[59] 이러한 회사법의 기능은 투자자들이 회사라는 수단을 최대한 활용할 수 있도록 하는 것을 기본적인 목적으로 한다. 이러한 관점에서 정관에 의한 자치를 가능한 한 허용하도록 하는 것이 바람직하다.

투자자들은 자신들이 투자하려고 하는 회사의 정관을 충분히 볼 것이고, 또 보아야 하며, 이러한 자치는 다양한 회사의 형태를 투자자에게 제공함으로써 사회 전체 내의 최적 효율성을 사전적으로 규범화하여 확정하는 것이 어려운 점을 보완할 수 있을 것이다. 이러한 점에서 회사법의 임의규범화 내지 차선책으로서의 선택 가능

---

59) Frank. H. Easterbrook & Daniel. R. Fischel, "Contractual Freedom in Corporate Law", Columbia Law Review Nov. 1989.

성을 확대하는 것은 바람직한 방향성이다. 그러나 감독기능이 적절히 설계되어 권한과 책임의 적절하고 합리적인 배분이 이루어지도록 하는 것은 강행규정에 의하여 강제되어야 한다.

문제는 이러한 책임확장의 문제는 반드시 집행임원이라는 새로운 제도를 도입하는 방식으로만 해결될 수 있는 것인지에 있다. 결국 강행규정으로 집행임원을 두도록 입법을 하기 위해서는 정관의 규정에 의하여 임의적, 선택적으로 규정하는 것에 대하여 사회적 효율성의 관점에서 우위에 있다는 점에 대한 입증이 있어야 하며, 만일 단순히 책임주체의 수만 늘리는 것이라면 상법상 업무집행지시자 규정(상법 제401조의 2)의 개정을 통하여서도 가능하다고 본다.

(2) 감사기능과 관련된 문제

감사기능에 있어서도 상장회사들에 대하여 상장을 위한 규정으로 사외이사 중심의 감사위원회제도를 요구하는 것은 실질적으로 이사회의 구성원으로서 결의를 하는 사외이사에게 다시 감사위원회의 구성원으로 감시를 하라는 것을 요구하는 것으로 모순적인 제도라는 점에 대하여 동의할 수 있다. 그리고 제대로 기능하고 있는지에 대해서는 하나의 인격을 가지고 있는 사외이사에서 전문성과 독립성에 대하여 어느 한쪽도 충분히 갖추어져 있지 않은 상황에서 집행기능과 감독기능을 모두 하도록 요구하는 것은 앞서 언급한 사외이사 시장의 문제점과 결합되어 개선되어야 할 과제이다.[60]

영국회사법은 감사(auditor)에게 회계사 자격을 요구하고 회계사인 감사가 회계감사를 하도록 하고 있다. 전문성을 확보하면서 동시에 직업윤리에 의한 독립성을 확보할 수 있는 방안으로 보인다. 다만 영국법에서도 소규모 회사의 경우에까지 회계사인 감사를 두게 하는 것이 소규모회사들에게는 부담을 준다는 점에서 예외를 허용하고 있다.

(3) 집행임원 개념의 불명확성

실무상 우리나라의 회사에는 임원이라는 개념을 가지고 있고, 이들은 직원이라고 불리는 그룹과 구별된다.[61] 새로 도입하려고 하는 집행임원이 종전의 등기이사의

---

60) 다만 정찬형 교수는 외부감사인제도가 폐지되어야 한다고 주장한다. 이 논의는 외부감사인에 관련된 규정을 상법에 통합하는 것은 통합회사법 논의와 관련하여 검토할 실익이 있다고 본다(정찬형, 위의 논문, 11면).

61) 판례상 입직원은 대법원 2009. 6. 25 2008도 10096판결법에서 임직원이라는 용어는 가맹산업공정화에 관한 법

역할을 하는 자들로서 현재는 등기이사의 업무를 수행하고 있는데도 법인등기부에 등재되어 있지 않은 자들을 의미하는 것이라면 상법상의 임원개념과의 경계가 모호하다.[62]

한편, 근로계약이 위임계약과 구별되는 것은 종속성에서 구별된다고 할 것인데 이러한 종속성이라는 표지는 충분한 가늠자가 되지 못하여, 또 다른 보조표지로 독일의 Wank가 주장하는 바와 같이 자신의 자의에 의하여 기업위험(Unternehmerrisiko)을 부담하는지 여부를 같이 고려할 수 있을 것이다.[63]

그러나 여전히 집행임원의 개념은 명확하지 않고, 회사에서의 직함은 회사에 따라 서로 차이가 있어 이것을 표시자로 쓰기에도 한계가 있다. 결국 집행임원이란 이사회에서 집행임원으로 불리면서 이러한 명칭으로 선임된 자라는 의미 이상을 가질 수는 없다.

(4) 감독이사회제도와의 관계

집행임원이라는 개념을 도입하지 않은 것이 입법적인 과오라고 지적하는 부분에 대하여 지금의 이사회를 보면, 사외이사와 내부의 집행임원이 있는 것은 아닌가 하는 문제제기를 할 수 있다고 본다. 감독만을 하는 목적으로 사외이사만으로 구성된 감독이사회와 이러한 감독이사회에 의하여 선출된 내부 집행임원이라는 도식에 의하여야 하는 것이 필연이 아니라면, 현재의 제도도 이사회 내부에서의 결정을 위한 사외이사를 통한 내부 집행임원의 통제라는 것이 이루어지고 있는 것은 아닌지 하는 의문이 있다.

만일 책임의 확장이 필요하다면, 별도의 제도를 도입할 것이 아니라 책임에 관한 상법 규정에 업무집행지시자 또는 사실상 이사[64]로 볼 수 있는 범위를 확장하든지 아니면 법원의 판례를 통하여 확장할 수 있는 근거를 만드는 것으로 족한 것이지 별도의 개념을 도입하여야 할 필요성은 없다고 본다.[65]

률 6조, 간접투자자산운용업법시행령 제 17조, 감사원법 제9조 등 조문제목에 85회, 조문내용에 729회이다.

62) 상법상 임원 개념은 제622조, 630조, 296조, 312조, 323조 등.

63) 조임영, "근로계약의 본질과 근로자개념", 노동법연구 15호(서울대학교 노동법연구소 간)(2003.12.).

64) 양자가 구별되는 개념이라는 설명으로 김동근 상법상 업무집행지시자 등의 책임 , 기업법연구 9집(2002. 04) 이 논문은 업무집행지시자를 배후이사(shadow dirator), 명목이사 등과도 구별한다.

65) 이에 대하여 정찬형 교수는 법원의 판례를 통하여 책임이 정립되기 위해서는 많은 시간이 필요하고, 책임이 명확하지 않은 상황에서 예측가능성이 떨어지므로 법원에 기대어서는 안 된다고 한다.

(5) 사외이사제도와의 관계

사외이사제도는 IMF 외환위기 이후에 도입된 제도 중에서 가장 기업의 지배구조에 영향을 많이 미칠 수 있는 제도이고, 점차 그 영향이 현재화하고 있는 제도이다. 사외이사의 경우 책임을 강화하면 책임을 회피하기 위하여 위험회피적인 의사결정을 할 것이다. 실제 사외이사 도입 후 한국에서의 의사결정과 관련하여 충분히 검증된 상황은 아니지만, 한국 기업들의 현금보유는 증가하면서도 정작 투자는 증가하지 않고 있다면, 이것은 동일한 투자안에 대하여 기업들이 위험기피적인 의사결정경향을 보이고 있는 것으로 볼 여지가 있다. 집행임원을 도입하는 것보다 더 중요한 것 중의 하나가 사외이사 시장에서 제대로 기능할 수 있는 사외이사들의 공급이 가능하게 하여, 이미 도입된 사외이사제도가 제대로 기능하게 하는 것이다.

2. 감독이사회제도 도입에 대한 비판적 검토

사외이사제도가 가지는 여러 가지 문제점들을 비판하면서도, 이러한 사외이사가 전체적인 추세이기 때문에 어쩔 수 없다고 하면서, 다시 새로운 제도로서 집행임원제도를 도입하면 문제가 해결될 수 있는 것으로 주장하는 것은 위에서 살펴본 것과 같은 이유에서 재고되어야 한다. 하지만 집행임원제도를 굳이 도입하겠다면 이사회는 감독기능으로, 집행임원은 집행기능으로 분명히 구분을 하여 타협적인 차선 대신 분명한 구성을 하는 것이 바람직한 것이 아닌가 한다. 제도적인 혼합은 이 경우에도 장점들의 결합이 아니라 단점들의 결합이 될 가능성이 많다고 보기 때문이다. 또한 기존 제도에 적응하여 경로의존성(path dependence)을 이제 가지게 된 사외이사제도를 중심으로 한 일원적 이사회제도를 유지하는 것에 대해서도 더욱 신중히 검토하여 기업들에 대한 충격을 줄일 수 있도록 해야 한다.

읽을거리. 경영책임과 사후적 고찰 편향

콜럼버스의 달걀

콜럼버스가 신대륙을 발견하자 많은 사람들은 서쪽으로 계속 항해만 하면 누구나 할 수 있는 일이라는 식으로 폄하하였다. 어느 날 모임에서 콜럼버스는 또 어떤 사람들이 자신에게 들어 보라는 식으로 이런 이야기를 하자 달걀을 세워보라고 하였다. 그러나 그 사람은 둥근 달걀을 어떻게 세우냐고 반문했다. 사람들이 웅성거리는 중에서 콜럼버스는 그 달걀 밑동을 깨고 그 달걀을 세웠다. 또 사람들은 말했다. 그렇게 세우는 것은 나도 할 수 있다고. 그러자 콜럼버스는 아무나 할 수 있는 일이라고 말하지만 당신은 그 일을 하지 못했다. 당신들은 서쪽 대양의 끝을 더 이상 항해할 수 없을 것이라고 했지만 나는 이 이상이 있다고 믿었다. 무엇이든 처음은 어려운 법이다.

경영자의 고뇌

경영자들은 콜럼버스의 달걀과 같은 의사결정을 하여야 하는 경우가 종종 있다. 선제투자를 통해 시장을 선점하여야 한다는 것은 매우 그럴듯한 말이지만 매우 위험한 일일 수도 있다. 콜럼버스가 만일 서쪽으로 항해하다가 정말 그 끝이 절벽이었다면 콜럼버스는 목숨을 잃을 수도 있었다. 경영자들도 만일 형성되지 않은 시장을 선점하기 위해서 투자하다가 시장이 형성되기 전에 자신의 임기가 끝나 버리면 자신은 전혀 아무런 보상을 받지 못함은 물론 오히려 잘못된 경영판단을 하였다고 비난받을 가능성도 있다.

필자는 최근 IT 업계의 화두가 되고 있는 LED와 OLED 사업을 상당히 초기부터 관여한 경험이 있다. 이때로 돌아가서 보면 이 사업들이 지금과 같이 성공할 것인지에 대한 확신은 쉽지 않았다. OLED가 LCD를 대체할 것이라는 믿음은 있었지만 언제 그런 대체기가 올지, 또는 LCD 기술이 너무 빨리 발전해서 OLED에게는 전혀 기회가 없지는 않을지와 같은 기술발전모델 내부의 내생변수(endogeneous variables), 국제적인 디스플레이 기술과 관련된 환경 변화가 외생변수(exogeneous variable)로 작용하여 적기 사업투자가 이루어지지 않을 수도 있다는 우려가 있었다. 이러한 상황에서 경영진의 경영판단이 경영자의 관점에서 얼마나 부담스러운 것일지 입장을 바꾸어 보는 것은 경영진의 의사결정과 관련된 판단을 사후적으로 규범적인 판단을 하여야 하는 입장에서 의미 있는 일이다. 어찌 보면 사후적인 판단은 콜럼버스의 달걀과 같은 경우가 많이 생길 수 있다. 그러나 무언가 잘못되기는 하였고, 누군가는 책임을 져야 한다는 이유로 책임을 부담시킨다면 결과책임이 될 것이다. 실제 LED는 2000년대 초반 삼성에서 사업성에 문제가 있다고 보아 분사화(Spinoff)시킨 사업이었고, 지금은 중요한 인터페이스 장치 중의 하나인 터치패트(touch pad)도 상당기간 사업화에 난항을 겪으면서 삼성종합기술원에서 연구과제 수준으로 있었던 것으로 알고 있다.

사후적 고찰 편향

그런데 사람들은 콜럼버스에게 그랬던 것처럼 다른 사람이 이룬 것에 대해서 이미 성공 사실을 알고 난 후에 사후적으로 살펴보고는 별일이 아닌 양 말해 버리는 성향이 있다. 이러한 성향을 행동경제학(behavioral economics)을 연구하는 학자들은 사후적 고찰 편향(hindsight bias)이라고 한다. '그것이 뭐 대단해.' 이 한마디에 성공한 사람들은 좌절한다. 반대로 정말 최선을 다했지만 실패한 경우에도 이미 결과를 알고 있는 사람들은 '이렇게 했으면 실패하지 않았을 텐데 멍청하긴.'이라고 말한다. 정작 판단의 시점으로 돌려서 그 위치에서 판단하라고 하였으면 그래도 동일한 판단을 할 수 있을지 의문이 되는 사람들이.

경영책임과 사후적 고찰 편향

경영자들에 대한 경영책임에 대한 법적인 판단은 사후적인 판단이다. 이미 일어난 일들에 대해서 시간을 되돌려 당시의 시점에서 경영책임을 판단함에 있어서 사후적 고찰 편향은 매우 주의하여야 할 점이다. 실패한 사업에 대하여 사후적으로 최선의 경로를 정하고 이에 부합하지 않으면 책임이 있다고 말하면 자칫 법적 책임이 결과책임이 될 수 있다. 우리가 경영자에게 주관적 귀책이 없는 경우에도 결과책임을 부담시켜서는 안 되는 이유는 그렇게 되면 책임주의에 반하기 때문이라거나 하는 문제도 있지만 경제적인 관점에서는 경영자들이 부정적인 결과가 있을 수도 있는 사업을 사전적으로 회피하는 극도의 위험기피적인 행동을 할 수 있고, 이러한 행동은 사회적으로 적정하게 인수되어야 할 위험총량보다 적은 위험만이 취해지고, 기업가정신을 저해할 수 있다는 점을 고려한 것이다.

끊임없는 도전과 창의는 단순한 구호에서 일어나는 것이 아니라 사회적인 기반시스템으로서 이를 지원할 수 있는 법제가 바탕이 되어야 가능하다. 경영자의 범법행위는 반드시 제재의 대상이 되어야 하지만 경영자의 혁신활동은 역시 지지되어야 한다. 그래야 사회는 역동적인 혁신조직이 될 수 있기 때문이다. 결국 콜럼버스의 창의를 사후적 고찰 편향으로 죽여서는 안 된다는 것이 법이 결과책임을 회피하고자 하는 이유다.

제2절 회사 내 내부통제기관의 재구성과 대안적 설계[66]

Ⅰ. 서론

우리나라는 기업지배구조와 관련하여 지구상에 존재하는 주요 입법례를 실험하고 있는 배양판 역할을 하고 있다. 미국과 독일을 중심으로 한 각국의 입법례들은 우리나라에서 각자 서로 다른 학문적인 배경을 가지고 있는 여러 그룹의 전문가들에 의해서 이식되고 실험되고 있다. 우리나라에서의 이러한 실험은 사회과학방법론상 매우 흥미로운 연구를 진행할 수 있는 토대가 될 것이다. 실험이 불가능하거나 매우 어려운 사회과학에서 개별적인 국가의 토양과 문화적인 배경, 사회적인 구조의 틀에서 발전한 제도들이 서로 경합하면서 같이 영위되고 있다는 것은 연구할 가치가 충분하다.[67]

그러나 학문적인 흥미로움은 몰라도 이러한 실험이 이루어지는 것이 바람직한지에 대해서는 검토할 시기가 되었다고 본다. 실험실의 기니피그[68]가 죽음에 이르게 되는 경우의 손실과 사회적 실험이 실패로 끝난 경우의 손실은 비교의 대상이 아니기 때문이다. 이런 관점에서 1997년 이후 IMF의 권고에 의해서 시작된 입법들에 대해서 다방면의 검토가 필요하다.

본고가 살펴보려고 하는 부분은 기업지배구조와 관련된 일련의 입법적인 변화 중에서도 회사 내 내부통제기관[69]과 관련된 부분이다. 내부통제기관의 경우 기존의 독일법계의 감사제도에 더해서 1997년 경제위기를 맞아서 사외이사제도가 도입되었다.[70] 그리고 2002년 엔론(Enron) 사건과 관련하여 진행된 미국에서의 회계 관련

---

66) 제2절은 상사판례학회의 2009년 8월 발표되고, 10월 공간된 필자의 논문에 기초하여 수정 보완한 것이다.

67) 필자는 기업지배구조는 지역성이 중요한 반면, 기업재무구조는 보편성이 중요하다고 생각한다. 이를 달리 말하면 기업재무구조의 경우에는 전 세계적인 자본 이동의 자유도가 증가할수록 어느 국가에만 한정된 모델을 유지하기 어렵다고 본다. 그러나 기업지배구조와 기업재무구조는 서로 연관성을 가지고 있다. 이 둘을 완전히 갈라놓을 수 없기 때문에 이러한 구분은 정도의 문제이며 동시에 논의되는 아이템에 따라서 판단이 달라질 수 있다.

68) Guinea pig는 쥐목 고슴도치과의 동물로 실험용·애완용으로 많이 사육된다.

69) 자본시장법은 제28조에서 내부통제기준을 마련하도록 하고, 그 밖에 내부통제기준 및 준법감시인에 관한 사항을 대통령령 규정하도록 하는 등 여러 조문(예를 들어 44조, 제449조 등)에서 내부통제라는 표현을 사용하고 있다 그러나 본 장에서 내부통제기관이라는 용어를 사용하는 것은 기존의 용례와 달리 사용하고자 하는 것이어서 별도의 정의가 필요하다. 따라서 제2장의 서두에 본고에서의 내부통제기관의 의미를 정의하면서 논의를 시작할 것이다.

70) 우리나라에서 1997년 말 IMF 경제체제 이후 주식회사에 사외이사제도가 도입되었으며, 특히 상장회사의 경우에는

제도개혁이 이루어졌고, 이 영향으로 우리나라에서도 한시법인 기업구조조정촉진법에 규정되어 있던 내부회계관리제도가 주식회사의 외부감사에 관한 법률로 옮겨서 규정되었다. 이 부분은 기존에 독일에서 계수된 감사가 존재하면서, 이사와 이사회, 감사, 주주총회로 구성되어 3분하고 있던 회사 내의 역학관계가 구 증권거래법의 개정에 연이은 상법의 개정을 통하여 사외이사제도가 도입되고, 금융회사들의 경우에는 미국식의 내부통제기관으로서의 준법감시인제도가 도입되었다. 이러한 일련의 제도들이 도입되면서 내부통제기관은 기업지배구조에서 가장 복합적이면서 중첩적인 형태를 가지게 되었다.

이 글은 현행법의 해석론이 아닌 새로운 설계에 대한 글이므로 현행제도에 대해서는 이미 기존에 발표된 훌륭한 글들을 참고하도록 하고 대안적 설계에 대한 논의에만 집중한다. 그러므로 전제적인 논의로 Ⅱ.에서 내부통제기관의 현황을 간략히 보고, Ⅲ.에서는 외국의 입법례를 살펴봄으로써 외국법과의 조화의 필요성이 있는 부분과 그렇지 않은 부분을 살펴보고, Ⅳ.에서는 이러한 현황을 염두에 둔 대안적 설계에 대하여 논한다.

Ⅱ. 내부통제기관의 현황

1. 내부통제의 의의

(1) 내부통제 개념의 발전

내부통제의 개념은 각국의 입법례를 볼 때 일의적으로 정의되고 있지는 않으며, 논자들 간에도 차이가 있다. 미국의 회계개혁법(Sarbanes – Oxley Act of 2002)의 제정을 통해서 전 세계적으로 관심을 끌게 되었지만 이전에도 이러한 개념은 존재하였다. 미국의 회계개혁법은 일본과 우리나라에도 영향을 미쳐서 내부통제 개념이 입법화되는 계기가 되었다.

일본의 경우 금융상품거래법[71]에서 말하는 내부통제(Internal control)란 증권시장

구 증권거래법에 의해서 사외이사제도가 의무적으로 도입되었으나 이 제도가 원래의 취지에 맞게 실효성을 가지고 운용되지 못하고 있으며 회사가 이 제도를 악용하여 회사의 지배구조가 왜곡되고 있다고 지적을 하고 있는 문헌으로 정찬형, "사외이사제도의 개선방안", 백산상사법논문집 451면; 정찬형, "한국주식회사에서의 집행임원에 대한 연구" 고려법학, 고려대학교 법학연구원 제43호(2004.11.) 등 참조.

의 정보개시와 함께 증권시장의 완결성을 유지하기 위한 중핵개념으로서 기업이 내부의 의사결정과 업무집행에 대하여 적절한 통제가 이루어지게 함으로써 경영활동 및 기업의 업무집행이 적법하고 효율적으로 수행되도록 체계적으로 구축한 일련의 경영활동 통제 절차이다.[72] 이러한 정의는 결과를 말하는 것이 아니라 절차에 중점을 둔 것으로 일본의 금융상품거래법은 미국의 회계개혁법을 계승하였다. 내부통제가 논의되던 초기에는 주로 재무보고(회계)의 진실성을 확보하기 위한 절차적 통제에 초점이 주어졌으나 점차 범위가 확대되었다.[73] 내부통제라는 개념은 아주 새로운 개념은 아니다.[74] 그러나 회계학에서 주로 논의되던 이 개념이 법학에서 관심을 끌게 된 것은 2002년 미국의 회계개혁법이 제정되면서 법 제302조와 제404조에 기한 경영자의 내부통제의 구축 및 그에 대한 유효성평가 및 선서, 내부통제보고서를 연차보고서에 붙여서 개시하도록 하는 것 등 규율이 입법화되면서부터이다.[75]

1992년의 COSO(Committee of Sponsoring Organizations of the Treadway Commission) 보고서는 현대적 내부통제의 개념과 체제가 확립되는 계기가 되었다.[76] 이에 따르면 내부통제란, (ⅰ) 사업운영의 효과성과 효율성(Effectiveness and Efficiency of operations)(리스크관리), (ⅱ) 재무보고의 신뢰성(Reliability of financial reporting)(재무보고통제) 그리고 (ⅲ) 관련 법규 준수(Compliance with applicable laws and regulations)(준법관리)를 확보하기 위한 일련의 통제절차를 포함한다.[77] COSO의 내부통제요소는 통제활동(Control Activities), 위험평가(Risk Assessment), 통제환경(Control Environment), 의사소통과 정보

---

71) 금융상품취인법이란 법명을 우리식으로 금융상품거래법이라고 표시한다.

72) 柿崎 環, 内部統制の 法的研究, 日本評論社(2006) 2頁.

73) 성희활, "상장법인에 대한 내부통제와 준법지원인 제도의 도입타당성 검토", 준법지원인제도 도입 및 활성화를 위한 정책토론회자료(2009 - 3차)(2009.6.2.) 2면.

74) COSO(Committee of Sponsoring Organizations of the Treadway Commission)도 사기적 재무보고에 대한 위원회(National Commission on Fraudulent Financial Reporting(the Treadway Commission))를 지원하기 위하여 만든 것이다. 따라서 주된 지원기관도 회계 관련 기관들로서 the American Institute of Certified Public Accountants(AICPA), American Accounting Association(AAA), Financial Executives International(FEI), Institute of Internal Auditors(IIA) and the Institute of Management Accountants(IMA) 등이었다.

75) 柿崎 環, 前揭書, 2頁.

76) 2009년에 Guidance on Monitoring Internal Control Systems(2009)(2009년 Report)가 제안되었다. 그리고 2004년에도 Enterprise - wide Risk Framework Report(2004)(2004년 Report)이 나왔다. 1992년 보고서는 Committee of Sponsoring Organizations of the Treadway Commission, Internal Control - Integrated Framework, COSO Report(1992)(1992년 Report).

77) 서정우, "내부회계관리제도 모범 규준 제정의 배경 및 내부통제 개념 체계", 2004.12.15. 17면. 그러나 이러한 기능의 구별은 강학상으로는 가능하나, 실무상으로는 서로 중첩될 가능성이 높다. 특히 준법감시는 다른 기능과의 중첩 가능성이 높다고 본다.

(Communication and Information), 감독(Monitoring)의 각 요소로 이루어져 있다.[78]

이러한 COSO의 프레임워크는 회계개혁법 제404조의 본질적인 부분으로 자리 잡았다. 비록 회계개혁법이 명문으로 COSO 프레임워크를 법적으로 강제하지는 않았지만 COSO 프레임워크는 기업들의 내부통제장치를 강화하는 방향성을 분명히 제시하여 주고 있다. 특히 재무적인 정보의 생산과 통제에 대해서는 가장 중요한 가이드라인을 제공하였다. IT 분야와 관련하여서는 모범규준(best practice)으로 CobiT(The Control Objectives for Information and related Technology)과 같은 내부통제기준도 제시되었으나 COSO의 프레임워크처럼 전 세계적으로 받아들여지지는 못했다.[79]

(2) 본고에서 내부통제의 의의

위와 같이 미국을 연원하여 일본을 거쳐 발전하여 온 내부통제라는 용어를 사용하게 되면 논의가 자칫 미국이나 일본에서의 논의로 한정될 소지가 있다. 그러나 본고에서는 위 COSO 보고서에서 보는 것과 같이 내부통제는 비재무적 요인(업무감사) 및 재무적 요인의 감사(회계감사)에 준법감시의 개념을 모두 포괄하는 개념으로 현재 우리나라에 존재하는 감사, 내부회계관리인, 준법감시인, 감사위원회를 모두 포섭하는 상위 개념이라고 이해한다. 따라서 내부통제관리기관은 비재무적 요인(업무감사) 및 재무적 요인의 감사(회계감사)와 준법감시를 수행하는 기관을 통칭하여 말하는 용어로 사용한다.

2. 현행 내부통제기관들

(1) 감사위원회와 감사

1) 감사위원회

1997년 이후 도입된 제도로 대표적인 것이 사외이사와 감사위원회이다.[80] 현행 상법의 회사편은 회사의 지배구조와 관련하여 주주총회의 최고기관성을 인정하면서도 경영의 독자성과 효율성을 확보하기 위하여 중요한 사항의 결정권한을 이사회에

---

78) 이에 대한 상세는 Robert R. Moeller, "Sarbanes-Oxley and the New Internal Auditing Rules", John Wiley & Sons Inc(2004), pp.124-148.

79) Id. p.148.

80) 사외이사제도의 비교법적 고찰과 문제점에 대해서는 정찬형, 전게논문. 457-471면.

위임하고 있고, 또한 이사회 권한의 위임이 필요한 경우 하부위원회를 만들어 위원회에 이사회의 권한을 위임하는 구조를 취하고 있다. 또한 이러한 이사회중심주의 지배구조하에서 이사의 업무집행권 행사에 대한 감시와 감독기능을 수행하는 기구로서 감사를 두고 있고, 감사를 대체할 수 있는 기구로서 감사위원회를 둘 수 있도록 하고 있다.[81]

감사위원회는 이사회중심의 미국 제도에서 점차 중요성을 더해 가고 있다. 1999년 연방증권거래위원회(SEC) 규칙의 개정과 NYSE(New York Stock Exchange)의 상장규정(listing rule) 개정을 통하여 상장회사들의 경우에는 의무화되었고, 직무의 내용과 기능이 명확해지고 있다. 감사위원회는 외부감사와 경영진과 협의하여 감사위원회보고서(audit committee report)와 감사위원회규정(audit committee charter)을 정기주주총회의 위임장설명서에 첨부하도록 하고 있다.[82]

2) 감사

이러한 감사위원회의 규정에 더하여 2009년 상법개정으로 소규모회사의 경우에는 감사를 두지 않을 수도 있도록 되었다.[83] 이로써 감사는 자본금 총액이 10억 원 미만인 회사의 경우에는 임의기관화되었다. 이러한 입법조치는 거래비용을 줄여서 새로운 기업의 시장진입에 기여하는 요인으로 작용할 수 있을 것이다.

연혁적으로 1962년 신상법상의 감사제도는 영국의 회사법상의 감사제도와 유사한 것이었다. 이와 비교하여 1984년 개정상법상의 감사제도는 주식회사의 감사가 회사의 내부 필요기관이며 또 업무감사권을 가진다는 의미에서 독일 주식법상 감사회제도에 근접한 기관이었다.[84] 1984년 상법개정을 통해 감사의 임기가 1년에서 2

---

81) 미국은 경영기관이 이사회만으로 구성되는 단층제도이고 또 회사의 내부 필요기관으로 감사도 없으므로, 이사 및 임원의 업무집행에 관한 감독 및 감사의 기능은 이사회가 담당하고, 이사회는 보통 하부기관으로 감사위원회를 두어 감사업무를 담당하도록 하는 구조로서 1978년 6월 30일 이후 뉴욕증권거래소가 상장의 조건으로 감사위원회를 두도록 하였고, 미국 증권거래위원회(SEC)가 감사위원회의 이용을 권고한 이래 대부분의 상장회사들이 감사위원회를 두고 있다. 그리고 이러한 미국의 감사위원회제도가 우리나라에 도입된 것으로 이해된다(정찬형, "주식회사의 감사제도의 개선방향", 백산상사법논문집 514면).

82) 柿崎 環. 前揭書. 254頁.

83) 상법개정 법률 제9746호(2009.5.28) 제409조에 제4항부터 제6항까지를 각각 다음과 같이 신설한다.
    ④ 제1항, 제296조 제1항 및 제312조에도 불구하고 자본금의 총액이 10억 원 미만인 회사의 경우에는 감사를 <u>선임하지 아니할 수 있다.</u>
    ⑤ 제4항에 따라 감사를 선임하지 아니한 회사가 이사에 대하여 또는 이사가 그 회사에 대하여 소를 제기하는 경우에 회사, 이사 또는 이해관계인은 법원에 회사를 대표할 자를 선임하여 줄 것을 신청하여야 한다.
    ⑥ 제4항에 따라 감사를 선임하지 아니한 경우에는 제412조, 제412조의 2 및 제412조의 4 제1항·제2항 중 '감사'는 각각 '주주총회'로 본다.

년으로 늘어났고, 감사의 권한에 업무감사권을 포함시켰으며, 감사의 의무도 확대하였다.[85]

회계감사에 대해서는 상법에서 내부감사를 규정하고 특별법인 주식회사 외부감사에 관한 법률에서 다시 회계감사를 규정하는 것이 타당하지 않다고 하면서 상법에 특별법을 흡수하여야 한다는 주장이 있다. 그리고 이 견해에 의하면 회계감사인은 업무적으로 독립되어 있으나 감사결과에 대하여 업무감사의 차원에서 다시 감사되어야 하며, 이때 감사의 감사기능은 전문적인 회계감사인의 감사결과를 비전문가인 감사가 다시 감사한다는 의미가 아니라 감사가 주주의 대표기관으로 그 감사결과를 확정한다는 의미라고 이해되었다.[86] 이러한 견해는 회계감사와 업무감사의 준별을 염두에 두고 있는 것으로 양자를 준별하여 별도의 기관에서 담당하도록 하자는 생각의 단초를 제공한다.

(2) 준법감시인과 내부회계관리인

1) 금융회사 준법감시인

2000년 이후 도입된 내부통제기관으로 금융회사의 준법감시인(Compliance Officer)이 있다.[87] 준법감시(Compliance)란 일반적으로 회사의 임직원 모두가 제반 법규를 철저하게 준수하도록 사전 또는 상시적으로 통제·감독하는 것을 의미한다.[88] 금융회사에 있어서 준법감시를 위해서 금융회사 임직원이 직무를 수행함에 있어 법규를 준수해 나가도록 하는 준법감시체제(Compliance System)를 마련하고 이를 운영·점검하는 활동을 말하며, 준법감시인은 이러한 업무에 종사하는 자를 지칭하고 있다.[89]

현행 금융회사의 준법감시인 제도의 문제점 중 하나는 내부통제의 개념과 준법감시인의 역할이 불일치하는 것이라는 지적이 있다.[90] 이 견해는 자본시장법 시행령

---

84) 정찬형, 전게논문집, 515면.

85) 상세는 상계논문집, 502 – 503면.

86) 상계논문집, 518면.

87) 2000.1. 은행법, 종합금융회사에관한법률, 상호신용금고법, 구 증권거래법, 증권투자회사법, 증권투자신탁업법, 선물거래법, 보험업법 등을 개정하여 준법감시인 제도의 도입 시행근거가 마련되었다. 선물회사의 경우에는 법률에 규정을 두는 대신 '내부통제기준'만 제정토록 하고, 준법감시인 제도는 도입 대상에서 제외하였다. 이에 따라 2000.10.에 은행, 증권사, 보험사, 투신사, 자산운용사, 종금사 등에 동 제도가 시행되었고, 2001.6.에는 상호저축은행과 여신전문회사에도 시행되었다.

88) 실제적인 운용에 대해서는 황보윤, "금융회사에서의 Legal Risk 관리", 준법지원연수원 강의자료(2009.6.).

89) 금융감독원, 은행 준법감시인 제도운영 모범규준, 2006.2. 3면.

제31조 및 금융투자업규정에서 규정하고 있는 내부통제기준의 주요 내용 중에는 준법 관련 사항도 있지만, 준법관리가 아닌 리스크 관리에 관한 사항[91]도 있다는 점에서 준법감시인이 오로지 준법감시기능만을 하고 있지 않다는 점이 문제라고 인식하는 것으로 보인다.[92] 그러나 리스크관리와 준법감시는 완전히 분리되어 규정되거나 운용될 수 있는 것인지는 의문이다. 리스크의 관리는 관리규정을 작성하고, 그 규정을 바탕으로 시스템을 구축하고, 시스템의 운용을 감시하는 방식으로 이루어지는 것이 주된 내용이다. 결국 리스크관리의 상당부분은 준법감시일 수밖에 없다. 역으로 준법감시가 제대로 이루어지면 리스크관리가 이루어진다. 이는 양자가 완전히 동일하지는 않더라도 상당부분 겹치는 기능이라는 점의 논거가 된다고 본다. 이러한 관점에서 보면 자본시장법 시행령 제31조의 규정내용이나 금융투자업규정 제2－21조가 리스크관리기능과 준법감시기능을 내부통제관리자가 준수하여야 할 내부통제기준의 내용으로 포함되는 것으로 규정한 것은 오히려 적절한 규정내용이다. 따라서 이 문제는 이들을 담당하는 내부통제기관의 통합을 통하여 해결할 문제이지 규정의 문제가 아니라고 본다.

2) 내부회계관리인

미국에서 발생한 엔론 사태 이후 미국은 회계개혁법을 통과시켜서 내부통제를 강화하였다. 엔론 사태는 기본적으로 분식회계 사건으로 회계에 대한 통제의 강화가 요구되었고, 동시에 공시시스템의 보완도 요구되었다. 회계정보를 포함한 재무정보에 대한 적절한 공시가 이루어져야 증권시장에서 정보의 비대칭성을 해소함으로써 시장의 효율성을 높일 수 있으므로 공시규제는 상장법인에 대한 증권규제에서 가장 중요한 사항이다.[93] 우리나라에서는 직접적으로는 미국에 상장하고 있는 기업들이 회계개혁법의 직접적인 적용을 받게 되어 개정된 공시 관련 규제를 준수하기 위한

---

90) 준법감시인의 요건이 완화된 상황에서 준법감시인이 내부통제를 담당하는 것이 한계가 있다는 지적으로는 성희활, 전게논문, 7면.

91) 1. 업무의 분장과 조직구조에 관한 사항, 2. 고유재산과 투자자재산의 운용이나 업무를 수행하는 과정에서 발생하는 위험의 관리지침에 관한 사항, 4. 경영의사결정에 필요한 정보가 효율적으로 전달될 수 있는 체제의 구축에 관한 사항 등.

92) 2009.4.20. 상사판례학회와 기업법학회의 공동학술대회에서 토론자였던 권종호 교수가 지적한 감사 등의 기능이 서로 다르며, 각기 서로 다른 기능을 최소한도로만 각 법에서 규정한 것이므로 여러 기관들이 서로 중첩되는 것이 아니라는 취지의 토론도 이러한 인식의 연장선상에 있는 것으로 보인다.

93) 상장회사협의회의 '공시통제모범규준'은 공시담당조직을 두도록 하고 있다. "10. 회사는 공시업무에 관한 전문적 지식을 갖춘 임직원으로 공시업무를 담당하는 조직을 구성·운영하여야 한다. 공시 관련 업무의 효율성을 높이기 위해서는 공시업무만을 전담하는 조직을 구성하는 것이 바람직하다."고 규정한다.

준비를 하여야 하였고, 입법적으로 기업의 내부회계관리제도가 도입되었다.[94] 이를 통해서 재무정보[95]에 대한 통제를 강화할 수 있었다.[96]

(3) 사내 변호사

기업의 사내 변호사(in-house counsel)는 준법감시기능을 할 수 있다. 사내 변호사는 법률의 자문과 기업 내의 리스크 관리, 준법 여부의 감시 및 감독기능을 한다.[97] 다만 사내 변호사는 법적으로 강제되는 제도가 아니므로 그 기능은 경영진의 성향에 따라 매우 다양하며, 권한 및 역할도 큰 스펙트럼에서 상이하게 존재한다. 그러나 분명한 것은 사내 변호사도 내부통제기관으로서 기능할 수 있다는 것이다.

사내 변호사의 역할은 변호사윤리라는 규범적인 문제와 변호사가 법률을 위반하는 경우에 입게 되는 손해라는 2가지 요소가 동시에 고려되어야 한다. 지금까지 우리나라에서의 연구문헌에서는 사내 변호사의 이러한 역할에 대하여 연구가 부족하였다.[98] 사내 변호사가 준법감시자로서 적당한 이유는 준법감시의 기본이 되는 법률에 대한 전문성과 변호사법을 위반할 경우 변호사 자격에 문제가 생길 수 있으므로 변호사가 아닌 직원들에 비하여 준법감시와 관련하여 민감하게 반응할 유인이 있기 때문이다.[99]

---

94) 서정우, 전게자료, 2면.

95) 재무정보에 대립되는 개념인 비재무정보란 증권신고서, 투자설명서, 사업보고서, 분기 및 반기보고서, 그리고 주요사항보고서와 거래소 수시공시신고서에 있는 재무제표 이외의 정보를 말한다. 이러한 비재무정보도 공시의 대상이 되어 공시규제를 통하여 제어된다.

96) 내부회계관리제도는 2001.9. 제정된 기업구조조정촉진법에 의해서 도입되었다. 미국에서 Sarbanes-Oxely Act of 2002이 제정되자 내부회계관리제도를 강화하여 2003.12. 기업구조조정촉진법에서 '주식회사의 외부감사에 관한 법률(이하 '외감법')'로 옮겨서 규정함으로써 내부회계관리제도는 한시법의 규정내용에서 벗어나게 되었다. 외감법 제2조의 2(내부회계관리제도의 운영 등) 제1항은 회사(주권상장법인이 아닌 회사로서 직전 사업연도 말의 자산총액이 1천억 원 미만인 회사는 제외한다.)는 신뢰할 수 있는 회계정보의 작성과 공시를 위하여 다음 각 호의 사항이 포함된 내부회계관리규정과 이를 관리·운영하는 조직(이하 '내부회계관리제도'라 한다.)을 갖추어야 한다고 규정하고 있다. 그리고 제3항에서 내부회계관리제도의 관리·운영 담당자로 상근이사 1명을 내부회계관리자로 지정하도록 하고 있다.

97) 최승재, 사내 변호사의 현황에 대한 소고, 법률신문(2004.11.15.). 다만 리스크라는 개념이 광범위하고 법률적인 리스크 외에도 여러 가지 리스크가 존재하므로 리스크를 관리한다는 말에서 모든 리스크를 책임지는 자가 사내 변호사라는 결론이 도출되지는 않는다.

98) 필자가 2004년에 짧은 글을 쓴 이래 최근 활발하게 논의가 증가하고 있으나 본격적인 연구는 여전히 부족하다. 김유니스, "회사의 Compliance 제도 구축과 사내 변호사의 역할", 준법지원인연수강의자료, 서울지방변호사회(2009); 최승재, 사내 변호사의 현황에 대한 소고, 법률신문(2004.11.15).

99) 같은 위반행위를 하더라도 변호사는 자신의 자격이 정지되거나 취소되거나 하는 직접적인 불이익과 자신의 명성에 흠이 될 경우 입을 수 있는 간접적인 불이익이 크므로 변호사가 아닌 자에 비하여 상대적으로 민감하게 내부통제기준을 준수하려고 할 가능성이 높다.

3. 정리

현재 우리 기업의 상장회사들은 사외이사로 구성된 감사위원회, 내부회계관리인이 있고, 금융회사의 경우에는 준법감시인과 준법감시팀이 이에 더 추가되고, 점차 증가하고 있는 사내 변호사와 그들이 속해 있는 법무팀이 있다. 그리고 기존의 감사제도로 여전히 완전히 폐지되지는 않은 상황이다. 따라서 상장금융회사의 경우에는 감사위원회, 내부회계관리인, 준법감시인, 법무팀이 서로 공존하면서 내부통제기능을 중첩적으로 또는 특정한 영역에 국한하여 수행하고 있다.

그런데 문제는 (ⅰ) 복수의 내부통제기관이 있는 것이 항상 바람직한 것인지 하는 질문과 (ⅱ) 내부통제기관 구성에서 확보하여야 할 기본원칙이 무엇인가 하는 것이다. 전자의 질문은 복수의 내부통제기관이 아닌 내부통제의 집중화가 오히려 책임성을 분명히 부여할 수 있고, 전문성을 높일 수 있는 것이 아닌가 하는 질문과 관련되어 있다.

다만 이 문제는 규범론적인 문제가 아닌 현실 입법의 문제가 되면 구체적인 개별 정부부처별 소관법령 정비의 문제와 연결될 것이고, 소관법령은 바로 규제권한과 연결되는 상황에서 여러 가지 문제가 있을 것으로 예견된다.

Ⅲ. 입법례

1. 도입

우리나라에서 적합한 내부통제기관을 설계함에 있어서 외국의 입법례를 살펴보는 것은 (ⅰ) 우리나라의 법제가 외국법을 참고하여 계수하였기 때문에 그 나라에서 법제의 전개를 보는 것이 우리 법제의 개선에 유용할 것이라는 생각, (ⅱ) 우리보다 선진국인 이유가 법제의 선진성에 기초할 수 있을 것이므로 이러한 법제의 지속적인 관찰과 도입이 필요하다는 생각, (ⅲ) 국제적인 경제현상이 '평평해진 지구'상의 현재에서 서로 밀접한 영향을 주고받고 있으므로 소위 글로벌스탠다드(Global Standard)를 받아들여야지 로컬스탠다드(Local Standard)는 한계가 있다는 생각[100] 등

---

100) 이 점에 대해서는 최승재, "父權主義規制의 극복과 글로벌스탠다드", 경영법률 제19권 3호(2009. 12.)

의 관점에서 볼 때 유용성을 인정받을 수 있을 것이다.

하지만 여전히 이러한 입법례를 보는 것의 한계가 분명히 인식되어야 한다. (i) 우리가 처한 기업 환경이 상이하고, 산업구조가 상이하며, 따라서 우리 기업들의 경쟁전략이 외국 기업과 완전히 동일할 수 없다는 점, (ii) 기업지배구조(Corporate Governance)는 기업재무(Corporate Finance)에 비하여 상대적으로 지역성(locality)을 가질 수밖에 없다. 그럼에도 불구하고 이러한 지역성이 반영한 적절한 고려요소(design factor) 내지 위험요소(risk factor)를 포함하여 제도 설계를 하지 않으면 우리 기업문화에서는 적절하게 기능하지 않거나 부적절한 규제로 인식되면서 비효율을 야기하는 요인이 될 수 있다.

2. 미국

미국의 내부통제제도에 대해서는 많은 연구들이 있고, 이미 미국의 회계개혁법은 여러 문헌을 통해서 소개되었다.[101] 그러므로 이 글에서는 회계개혁법 제404조와 제302조와 관련된 사항만 언급한다.

(1) 회계개혁법 제404조

미국 회계개혁법 제404조는 재무정보에 대한 내부통제시스템(ICFR)의 구축 및 이에 대한 외부감사인의 인증을 요구하고 있다.[102] 제404조를 위반하지 않기 위해서는 법의 적용대상이 되는 기업들은 재무제표의 작성과 관련한 내부통제의 구조와 절차에 대한 사항에 대한 보고서(Internal Control Report)를 작성하여야 한다. 그 내용으로 (i) 내부재무보고통제장치를 만들고 유지하는 것, (ii) 내부통제장치를 효과적으로 평가하고 운용하기 위한 프레임워크에 대한 설명, (iii) 그리고 어떤 시스템도 완벽한 시스템은 있을 수 없으므로 현재 시스템이 가지고 있는 불완전한 점과 그로 인하여 발생할 수 있는 위험요소에 대한 설명이 있어야 한다.[103]

---

101) 내부통제에 대한 비교법적 연구도 다수 이루어졌다. 이 중 가장 광범위한 연구로 참고할 수 있는 것은 김화진 등, 상장법인의 내부통제제도 법제화 및 KRX의 바람직한 내부통제시스템 구축을 위한 연구, 한국증권선물거래소 연구용역보고서, 한국증권법학회(2008.8.) 참조.

102) Sanjay Anand, *Essentials of Sarbanes-Oxley*, John Wiley & Sons, Inc.(2007) pp.50-56.

103) *Id*, p.52.

(2) 회계개혁법 제302조

제302조는 Disclosure Control & Procedure(DC&P)라 하여 비재무정보를 포함한 종합적인 공시통제시스템을 구축할 것을 요구하고 있다.104) 1990년대부터 기업들의 책임결여에 대하여 많은 사회적인 문제제기가 미국에서 있었다. 문제의 핵심은 오늘날 기업이 지나치게 비대해지면서 동시에 업무가 파편화되었고, 이에 따라 기업 내의 누구도 주주 기타 이해당사자들에게 책임을 지지 않게 되었다는 것이다.105) 회계개혁법은 이 문제를 해결하기 위해서 CEO와 CFO에게 책임을 분명하게 부여하려고 하였다. 제302조는 공시문서의 완결성(integrity)을 담보하고 공시사항의 완전성(completeness)과 정확성(accuracy)을 확보하기 위해서 필요한 내부통제의 절차를 규정하고 있다.106) 회계개혁법 제302조의 이러한 규정은 회계개혁법 차원의 논의에서 나아가 구 증권거래법에도 영향을 미쳤다. SEC는 증권거래규정에 13a-14와 15d-14를 각 추가하였다. 이를 통하여 CEO와 CFO는 내부통제의 결과물로 생산된 문제에 대하여 그 유효성을 보증하도록 요구받게 되었다.107) 미국 증권시장에 상장한 우리나라 법인들은 이 302조의 DC&P 규정에 따라 공시위원회의 설치 등 체계적인 공시통제시스템을 구축하고 있다.108)

3. 영국

(1) 감사위원회제도

영국은 EU 지침(Directive)의 하나인 감사지침(Audit Directive)이 통과됨에 따라 이를 국내법으로 수용하고 있다.109) 금융감독청(Financial Services Authority: 이하 FSA)은 감사지침의 내국법으로 수용을 위해 규칙인 FSA Handbook을 개정하였다. EU의 Audit Directive는 상장회사에 대해 감사위원회(Audit Committees) 혹은 감사위원회

---

104) *Id.* pp.45-51.

105) *Id.* p.45.

106) *Id.* p.45-46.

107) *Id.* p.47-49.

108) 서정우, 전게자료, 5면.

109) Directive 2006/43/EC of the EUROPEAN PARLIAMENT AND OF THE COUNCIL of 17 May 2006 on statutory audits of annual accounts and consolidated accounts, amending Council Directives 78/660/EEC and 83/349/EC ad repealing Council Directive 84/253/EEC(이하 'Audit Directive' 또는 'EU Audit Directive').

에 상당하는 기관의 설치를 요구하고 있다. 감사지침 제41조는 모든 공적 이해관계가 있는 기관(public-interest entity)은 감사위원회를 가져야 한다고 규정한다. 기관구성에 있어서 기관의 장은 감사위원회의 장을 겸할 수 없도록 함으로써 독립성을 확보하고자 한다.[110] 감사위원회는 (ⅰ) 재무제표생성과정을 감독하고, (ⅱ) 회사의 내부통제(internal control), 내무감사(internal audit), 위험관리(risk management)의 효과성을 감시하고, (iii) 법정사항인 연간보고서 및 연결보고서를 감시하고, (iv) 외부감사인을 포함한 감사기관의 독립성을 감시하고 검토하여야 한다.[111] 지침이 규정한 상장회사의 감사위원회 설치의무는 FSA Handbook, 공시규정(Disclosure Rules and Transparency Rules)에 나타난다.[112] 또 감사위원회의 설치의무와는 별도로 FSA는 준법감시인의 존재를 사실상 강제하는 내용을 FSA의 상장규정(Listing Rules)에서 규정하고 있다.[113]

(2) 상장규칙과 공시규칙에 따른 회사 의무의 발견과 준수의무

영국의 모든 상장회사는 FSA Handbook이 규정한 상장규정과 공시규정에 따라야 한다. 특히 FSA의 상장규정은 모든 상장회사에 대해 상장원칙(Listing Principles)이 적용됨을 명시하고 있다.[114] 상장회사가 준수해야 하는 상장원칙은 상장회사가 이사로 하여금 이사로서의 책임과 의무를 이해할 수 있도록 상당한 조치를 취해야 한다는 제1원칙과[115] 상장회사는 자신의 의무를 준수할 수 있도록 적절한 절차, 시스템 및 통제장치의 설정과 유지를 위한 상당한 조치를 취해야 한다는[116] 제2원칙으로 나뉜다.[117] 상장규정의 제2원칙은 상장회사가 상장규칙이나 공시규칙에 의해 부담하는 의무를 준수할 수 있도록 회사에 적절한 절차, 시스템, 통제장치를 갖추도록

---

110) EU Audit Directive 41.1.

111) EU Audit Directive 41.2.

112) DTR 7.1.

113) EU의 2009년 현재 3대 자본시장의 주요지침은 "The EU Prospectus Directive", "The EU Market Abuse Directive", "The EU Transparency Directive"라고 할 수 있다. 공동체는 역내에 지침을 통하여 자본시장의 통합과 감독기구 간의 조화를 달성하고자 한다. 영국을 포함한 각국의 상장규정도 이러한 공동체지침을 수용하고 있다. 다만 각 지침은 내국법과의 조화를 도모하고 있으므로 회원국 간의 차이는 여전히 존재한다.

114) LR 7.1.1R.

115) A listed company must take reasonable steps to enable its directors to understand their responsibilities and obligations as directors.

116) A listed company must take reasonable steps to establish and maintain adequate procedures, systems and controls to enable it to comply with its obligations.

117) LR 7.2 The Listing Principles.

강제하기 위한 것이다. 특히 FSA는 (ⅰ) 중요거래[118] 및 특수관계인 간의 거래[119]에 대해서는 상장회사에 어떤 의무가 발생하는지 여부를 확인하도록 하고 있으며, (ⅱ) 시장에 대한 정보공시의 적시성(적시공시)과 적절성(적정공시)을 확보하기 위해서 상장회사가 적절한 절차, 시스템, 통제장치를 갖추도록 요구하고 있다.[120]

(3) 내부통제시스템의 설정

FSA Handbook의 제1원칙은 상장회사로 하여금 회사이사의 의무와 책임에 대해 이해할 수 있는 조치를 취하도록 하고 있고, 제2원칙은 상장회사로 하여금 회사가 부담하는 의무를 인식하고 그 준수를 위한 절차와 통제장치를 갖추도록 하고 있다. 다만 영국의 경우에는 원칙중심의 규제를 하고 있으며, FSA의 이런 원칙중심의 규제하에서의 각 상장회사들은 상장회사가 설정한 원칙을 어떻게 준수할 것인가에 대한 자율성을 가지고 있으며, 만일 이러한 원칙이 제대로 준수되지 않을 경우에 그 결과에 대해서는 당해 회사가 책임을 진다.[121]

내부통제를 법으로 강제하는 경우 첫 번째 제기될 준수비용(compliance cost) 문제와 관련하여 이러한 원칙중심의 규제는 양면성이 있다. 강제적인 준수를 위한 시스템의 구축, 인력의 확보 등의 비용이 소요되지 않을 수 있다는 점에서 비용을 줄이는 방향으로 기여할 수 있다. 그러나 다른 한 면으로 정확히 무엇을 준수하면 면책이 되는가에 대한 한계가 명확하지 않다는 원칙중심규제의 개념내재적 한계로 인하여 일정 수준 이상의 능력이 되지 않는 기업의 경우에는 오히려 준수비용이 높아질 수도 있다. 따라서 양면적인 성격을 실제 당해 국가에 존재하는 기업의 수준을 감안하여 규제설계 시에 반영하여야 한다.

(4) 금융위기 이후 영국에서의 규제체계 변화

미국에서 시작된 금융위기로 인하여 가장 큰 영향을 받고 있는 국가 중의 하나인 영국은 2009년 새로운 규제방향을 발표하였다. FSA는 노던 록(Northern Rock) 은행

---

118) LR 10.

119) LR 11.

120) LR 7.2.2G.

121) FSA의 문헌으로는 FSA, Principles-based Regulation-Focusing on the Outcomes That Matter(April 2007). 이를 소개한 국내문헌으로는 이중기, "딱딱한 법집행을 부드럽게: 상세한 규정에 기한 규제에서 원칙에 기한 규제로", 증권법연구 제8권 제1호, 한국증권법학회(2007); 정순섭, "원칙중심규제의 논리와 한계", 상사판례연구 제22집 제1권(2009).

의 파산 이후 은행과 은행 유사의 금융기관에 대한 규제에 대한 접근법의 변화를 천명하였다.122) 집중관리제도(intensive supervision)라고 불리는 이 제도의 요체는 (ⅰ) 경제적인 영향이 큰 기업들과 은행에 대한 감독을 위한 자원을 더욱 집중하고, (ⅱ) 시스템과 과정에 집중하는 관리에서 주요한 경영성과와 위험 및 비즈니스 모델과 전략의 지속가능성에 집중을 할 것이며(outcome focused), (ⅲ) 허가받은 인력에 대한 평가를 강화하고, (ⅳ) 시스템 리스크를 발생시킬 수 있는 부분에 대한 자원투입을 늘리고, (ⅴ) 감독기구에 전문가를 보완하는 등의 조치를 취할 것이라고 하고 있다. 이를 통하여 거시적 건전성의 확보와 분야별 분석을 강화하고, 회계제도와 판단에서 FSA의 역할을 강화하기로 하였다.123)

이러한 영국에서의 규제체계 변화는 자원의 집중과 선택을 통한 전문성의 확보를 목적으로 하는 것임을 알 수 있다. 금융위기 상황에서 이러한 영국의 규제원칙의 변경은 기업지배구조에서 특히 내부통제의 보완 및 변화가 어떤 형식으로든 이루어져야 한다는 점을 보여 주고 있다. 왜냐하면 내부통제장치의 보완이 바로 이러한 규제가 효과적으로 이루어질 수 있게 하는 것이기 때문이다. 이러한 영국에서의 변화는 우리의 경우도 제한적인 규제자원을 효과적이고 효율적으로 활용하면서 이를 보완하기 위한 내부통제장치의 정비와 보완이 이루어져야 한다는 시사를 준다고 본다.

Ⅳ. 대안적 설계

1. 설계의 기본원칙

(1) 단순화(Simplification)

제도설계에 있어서 내부통제와 같은 감시기구는 권한의 집중을 통한 역할과 책임을 명확하게 하는 것이 중요하다. 조직 내 기관구성의 복잡도가 높아지게 되면 역할과 그에 따른 책임(Role and Responsibility)의 분배가 적절히 이루어지지 않게 된다. 이는 뒤에서 논한 집중화를 통한 파편화의 방지와 연결되어 있지만 역할의 배분이라는 점에서 구별된다.

---

122) FSA, A Regulatory Response to the Global Banking Crisis(March 2009) p.88.
123) Id. pp.88-89.

크게 보면 회계·재무 분야에 대한 내부통제와 비재무 분야에 대한 내부통제를 통합적으로 하나의 조직에 역할을 부여하고, 책임을 부담하도록 할 것인가 하는 문제는 집중화와 연결되면서도 집중화의 한계를 지우는 역할을 한다.

현행제도는 각국의 제도를 모자이크식으로 도입하여 서로 그 역할 분담이 명확하지 않다. 금융기관의 경우 준법감시인의 내부통제기준 준수 여부 점검업무는 감사위원회의 고유업무와 중복되고 있다. 결국 현재의 상황에서 회사가 할 수 있는 것은 자율적으로 준법감시인과 감사위원회의 업무분장을 조정하는 것인데, 양자는 모두 법정기관이므로 이러한 조정도 한계가 있다.[124] 그러므로 이런 문제를 해결하기 위해서는 역할을 정확하게 배분하고, 책임을 이에 따라 분배하는 것이 필요하다. 모든 기관구성의 복잡성은 책임의 흠결을 부른다.

다만 외부감사의 경우에는 차이니스월(Chinese wall)을 통한 이해상충(conflict of interest)을 제어하는 장치가 필요하다는 점에 대해서는 이미 엔론 사태 때의 아서 앤더슨(Arthur – Anderson)의 몰락에서 교훈을 충분히 얻었다. 그러므로 컨설팅과 감사기능의 별개법인화와 같은 물리적 분리 외에 여러 가지 장치들은 지속적으로 고려되고, 보완되어야 한다.[125] 다만 단순화를 한다고 하더라도 외부감사인의 회계감사를 별개로 유지하는 것은 여전히 내부통제와의 견제와 균형이라는 점에서 매우 중요하다.

(2) 집중화를 통한 파편화의 방지

오늘날 기업의 거대화와 다국적기업의 증가는 기업들이 가지고 있던 지역사회와의 유대를 약화시키고, 사회적 책임(Corporate Social Responsibility)[126]을 떨어뜨리게

---

124) 이에 대해 회사가 준법감시인과 감사위원회의 업무를 감사위원회는 준법감시인의 준법감시결과를 내부통제시스템의 적정성 평가 시 활용하는 것으로 국한하여야 한다는 견해가 있다. 이 경우 준법감시인의 업무는 감사위원회의 감사대상에 포함되고, 준법감시인은 감사위원회에 보고하여야 한다고 본다. 이렇게 되면 감사위원회의 업무는 (i) 외부감사인의 선임에 대한 승인, (ii) 외부감사인의 감사활동에 대한 평가, (iii) 감사결과 지적사항에 대한 조치, 준법감시인의 보고사항에 대한 조치, (iv) 기타 관계법령에서 정한 사항, 이사회가 위임한 사항의 처리가 되고, 준법감시인의 주된 업무는 (i) 내부통제기준의 준수 여부 점검 및 조사, (ii) 내부통제기준 준수매뉴얼의 작성배포, (iii) 주요 일상 업무에 대한 법규준수 측면에서의 사전검토, (iv) 법규준수 관련 직원교육 등이 된다고 한다(이정숙, "바람직한 준법지원제도 운영", 준법지원연수원 강의자료, 서울지방변호사회(2009)).

125) 자본시장법 제44조 및 제45조에는 이해상충과 정보교환의 제한 등 차이니스월에 대하여 규정하고 있다. 관련한 금융기관 등의 대응에 대하여 김유니스, 전게자료, 69 – 70면 참조.

126) 기업의 사회적 책임과 내부통제시스템을 연결하여 고찰한 논문으로 곽관훈, "기업규제의 패러다임전환과 내부통제시스템", 한국증권법학회 정기세미나 발표자료, 2009.5.23. 참조. 곽관훈 교수는 기업의 사회적 책임과 관련하여 선구적인 연구를 수행하여 오고 있다. 곽관훈, "기업의 사회적 책임과 자본시장에 미치는 영향", 상사법연구 제25권 제3호, 상사법학회(2006) 113 – 141면; 곽관훈, "사회책임투자(SRI)와 기관투자자의 역할", 비교사법 제13권

함과 동시에 책임의 파편화(fragmentation of responsibility)를 수반하였다. 모든 사람의 책임은 어느 누구의 책임도 아니다. 오늘날 기업들의 규모가 커지면서, 기업 내부의 의사결정체제가 복잡하여졌다. 그리고 전문경영인 중심체제는 단기성과와 이에 연동한 성과급체제에 기초하여 장기적인 기업의 성장과 이를 위한 투자에 적극적인 기여를 하여야 할 유인을 줄이거나 없앴다.

이러한 문제의 상당부분은 제도설계와 연결되어 있다. 잘못된 제도의 설계는 유인구조의 왜곡을 가져와 사회적 관점에서의 적절한 성과를 달성하지 못하게 하고, 성과배분체계에서의 왜곡이 기간적 위험분산(inter-temporal risk diversification)을 통한 위험의 전가(risk transfer)와 이를 통한 러시안 룰렛을 발생하게 한다. 실제로 위험이 있다는 것을 알면서도 제한된 임기만을 책임지는 경영인들이 위험의 발생시기를 뒤로 밀어서 다음 경영자에게 이전시키려고 할 유인이 강하게 작용할 수 있다는 것이다.

이러한 유인을 방지하기 위해서는 파편화된 책임을 모아서 집중화하고, 경영인에게는 공동책임을 부담하게 하되, 책임의 주체를 제한된 임기 내 근무가 예견되는 전문경영인이 아닌 장기근무를 할 가능성이 높거나 책임이 발생할 경우 책임의 부담으로 인하여 장기적인 영향을 받게 될 자에게 집중적으로 부담하게 하는 제도설계가 필요하다.

(3) 공공성의 원칙(Rule of Public Interest)

내부통제가 규범 차원에서 논의되는 것은 공공성의 요구가 있어야 한다.[127] 만일 공공성의 요구가 없는 경우에는 규범화 논의의 필요성은 제한적이다. 물론 이 경우에도 경영컨설턴트들은 경영상의 이유로 해서 내부통제를 권유할 수 있다. 예를 들어 내부통제의 내용 중에 IT 시스템의 도입을 통한 자동화된 보고(automated report)는 인간의 실수(human error)를 제거하여 내부문서생성 시의 정확성을 높이기 위해서 상장회사와 같은 공적인 이해관계가 존재하는 기업이 아니라고 하더라도 업무효율성을 높이기 위해서 필요한 수단일 수 있다. 하지만 이런 내부통제수단의 채택은 자율적으로 결정될 문제로서 해당 기업은 내부통제장치의 도입을 위한 비용과 그 효과를 적절히 비교하여 도입 여부를 결정할 것이다. 만일 이러한 판단이 잘못된

제2호, 한국비교사법학회(2006) 463-492면도 참고할 만한 논문이다.
127) EU Audit Directive Article 41.1.

결정이라도 법이 관여할 이유는 없다. 시장에서 당해 기업의 운명을 결정할 것이기 때문이다.

　반면 공적 이해관계가 있는 기관들의 경우에는 기존 투자자 및 투자하려고 하는 자 등의 자들이 당해 기관의 사정을 강화된 투명성확보수단을 통해서 볼 수 있어야 하며, 이를 통해서 자신이 투자한 자금이 적절하게 자신의 통제하에서 운용되고 있는지를 확인할 수 있어야 한다. 투자자의 자기 투여자본에 대한 통제성의 확보는 자본시장의 건전하고 공고한 발달을 위한 전제가 된다. 만일 이런 통제를 받고 싶지 않은 기업은 기업공개(Initial Public Offering)128)를 하지 않거나, 상장폐지(Delisting; Going Private)를 함으로써 감시에서 벗어나면 된다. 몇몇 경영자의 선의에 의존하는 것이 아니라, 시스템으로서의 내부통제가 절차적으로 확보되어야 하는 이유는

---

128) 상장폐지를 Going private이라고 하는 것에 대응하여 Going public이라고 하기도 한다. 미국의 경우에는 기업공개시의 IPO 가격은 발행회사와 증권사, 투자은행 등 주간사 금융기관에 의해서 결정된다. 이때 이들이 결정하는 공모가는 시장상황을 고려하여 결정한다. 우리나라의 경우 기업공개 등의 경우 적용되는 유가증권인수업무에 관한 규정 제19조(기업공개 및 협회등록공모 주식의 인수가액) 제1항은 '기업공개 또는 협회등록공모를 위한 주식의 인수가액은 주간사회사가 실시한 수요예측의 결과를 감안하여 인수회사와 발행회사가 협의하여 정한 가액으로' 정하도록 하고 있었다. 주권비상장법인이 인수인을 통하지 아니하고 모집하는 경우에 있어서 적용되는 유가증권의발행및공시등에관한규정 제13조에 따르도록 하고 있었다. 다만 비상장법인이 직접 공모하는 경우의 발행가액에 대해서는 별도의 규정이 없다. 이 규정은 폐지되고 2000.12.29. 새로 제정된 유가증권인수업무에 관한 규칙이 이를 대체하였다. 한편 현재 상장법인이 유상증자를 하는 경우의 발행가액의 결정은 증권의 발행 및 공시 등에 관한 규정 제5 - 18조(유상증자의 발행가액 결정)(2009.7.6.부터 효력 발생)에 따라야 한다. ① 주권상장법인이 일반공모증자방식 및 제3자배정증자방식으로 유상증자를 하는 경우 그 발행가액은 청약일 전 과거 제3거래일부터 제5거래일까지의 가중산술평균주가(그 기간 동안 증권시장에서 거래된 해당 종목의 총거래금액을 총거래량으로 나눈 가격을 말한다. 이하 같다.)를 기준주가로 하여 주권상장법인이 정하는 할인율을 적용하여 산정한다. 다만 일반공모증자방식의 경우에는 그 할인율을 100분의 30 이내로 정하여야 하며, 제3자배정증자방식의 경우에는 그 할인율을 100분의 10 이내로 정하여야 한다. 〈개정 2009.7.6.〉 ② 제1항 본문에도 불구하고 제3자배정증자방식의 경우 신주 전체에 대하여 제2 - 2조 제2항 제1호 전단의 규정에 따른 조치 이행을 조건으로 하는 때에는 유상증자를 위한 이사회결의일(발행가액을 결정한 이사회결의가 이미 있는 경우에는 그 이사회결의일로 할 수 있다.) 전일을 기산일로 하여 과거 1개월간의 가중산술평균주가, 1주일간의 가중산술평균주가 및 최근일 가중산술평균주가를 산술 평균한 가격과 최근일 가중산술평균주가 중 낮은 가격을 기준주가로 하여 주권상장법인이 정하는 할인율을 적용하여 산정할 수 있다. 〈개정 2009.7.6.〉 ③ 제1항 및 제2항에 따라 기준주가를 산정하는 경우 주권상장법인이 증권시장에서 시가가 형성되어 있지 않은 종목의 주식을 발행하고자 하는 경우에는 권리내용이 유사한 다른 주권상장법인의 주식의 시가(동 시가가 없는 경우에는 적용하지 아니한다.) 및 시장상황 등을 고려하여 이를 산정한다. ④ 주권상장법인이 다음 각 호의 어느 하나에 해당하는 경우에는 제1항 단서에 따른 할인율을 적용하지 아니할 수 있다. 1. 금융위원회 위원장의 승인을 얻어 해외에서 주권 또는 주권과 관련된 증권예탁증권을 발행하거나 외자유치 등을 통한 기업구조조정(출자관계에 있는 회사의 구조조정을 포함한다.)을 위하여 국내에서 주권을 발행하는 경우 2. 기업구조조정촉진을 위한 금융기관협약에 의한 기업개선작업을 추진 중인 기업으로서 금산법 제11조 제6항 제1호의 규정에 의하여 같은 법 제2조 제1호의 금융기관(이하 이 절에서 '금융기관'이라 한다.)이 대출금 등을 출자로 전환하기 위하여 주권을 발행하거나, 「기업구조조정촉진법」에 의하여 채권금융기관 공동관리 절차가 진행 중인 기업으로서 채권금융기관이 채권재조정의 일환으로 대출금 등을 출자로 전환하기 위하여 주권을 발행하는 경우 3. 금산법 제12조, 「예금자보호법」 제37조부터 제38조의 2까지에 따라 정부 또는 「예금자보호법」에 의하여 설립된 예금보험공사의 출자를 위하여 주권을 발행하는 경우 4. 금융기관이 공동(은행법 제8조의 규정에 의하여 은행업을 인가받은 자를 1 이상 포함하여야 한다.)으로 경영정상화를 추진 중인 기업이 경영정상화계획에서 정한 자에게 제3자 배정증자방식으로 주권을 발행하는 경우.

이러한 점에서 유인구조에 부합하며, 명확하게 설명된다. 자본시장에서 자금을 조달하는 상장회사 외에도 공기업이나 국민의 세금이 투입된 공적 자금을 수혈받은 기업의 경우에도 같은 논리가 적용되어야 할 것이다.

이러한 공적인 이해가 있는 기업들의 경우에는 내부통제기관이 법적으로 강제됨으로써 공적인 이해가 담보되도록 관리할 수 있다. 이러한 공적인 이해에는 자본시장의 완결성(integrity of capital market), 공적 자금의 적법하고 적정한 운용, 기업의 건전성 확보, 내부적인 준법경영의 확보를 통한 법적 리스크의 조기 차단 등 여러 가지 공익상의 요구가 직·간접적으로 확보될 수 있을 것이다.

2. 설계 시 고려요소

(1) 시스템 구축의무의 부과

내부통제제도가 효과적이고 효율적으로 작동하기 위해서는 현행 제도상 있는 감사나 감사위원회이든, 독일 주식법의 감사회(Aufsichtrat)[129]이든,[130] 내부회계관리인이나 준법감시인과 같은 담당자의 설정만으로 이루어질 수 없다. 이미 금융기관에 대한 준법감시제도는 (i) 준법지원인을 선임하고 준법지원인에 대한 의무부과와 책임을 확보하는 것 외에, (ii) 회사에 대해 준법지원시스템을 설정할 의무를 부여하고 있다.[131] 준법감시활동에 관한 역할과 책임을 부담하는 기관의 설정은 담당자와 관련 지원시스템의 설정과 운용이 수반되어야 성과중심의 기관이 될 수 있다. 작동하지 않는 기관의 나열은 장식적인 효과 내지 미학적 효과가 있을지는 몰라도 비용의 상승과 기관 간 분쟁의 발생, 내부적인 기관생존을 위한 경쟁을 통한 감시수준의 저하 등의 부작용을 발생시킨다. 특히 감시기관의 복수화 및 이로 인한 경쟁은 바닥으로 경쟁(race to the bottom)의 원인이 될 수 있다.

이러한 시스템 구축 및 유지의무는 이사회의 의무로 규정하고 이에 대한 구축 및 유지의무 위반에 대한 책임은 대표이사를 포함한 이사들의 연대책임으로 부과하는

---

129) 독일법상 감사회에 대해서는 정찬형, 전게논문집, 505 - 510면.

130) 독일에서의 감사회의 구성은 주식법 외에도 몬탄공동결정법(Montan - Mitbestimmungsgesetz), 공동결정법(Mitbesti-mmungsgesetz), 종업원조직법(Betriebsverfassungsgesetz) 등의 특별법이 있다(상게논문집, 505 - 506면).

131) 이러한 생각에 대해서는 반대견해도 있을 수 있다고 본다. 하지만 예를 들어 은행법 제23조의 3 제1항은 내부통제라는 표제하에 "금융기관은 법령을 준수하고 자산운영을 건전하게 하며 예금자를 보호하기 위하여 당해 금융기관의 임원 및 직원이 그 직무를 수행함에 있어서 따라야 할 기본적인 절차와 기준(이하 '내부통제기준'이라 한다.)을 정하여야 한다."고 규정하고 있는바, 여기서의 절차와 기준에서는 시스템도 포함된다고 본다.

것이 필요하다. 이를 통하여 내부통제기관을 담당하는 사람의 개인적 능력과 아울러 회사 내부적인 인프라로서의 조직과 시스템이 회사 내에 구조적으로 구축되고 결합됨으로써 내부통제기관의 역할과 책임을 분명하게 할 수 있다.

(2) 내부통제담당자의 구비 요건

내부통제담당자는 (i) 전문성, (ii) 책임성, (iii) 상근성이 확보되어야 한다.

시스템과 조직에 의해서 지원받는 내부통제담당자의 전문성은 회계를 포함한 재무적인 사항과 비재무적인 사항으로 나눌 수 있을 것이다. 내부통제기관의 구성 자체를 회계사와 변호사를 포함한 전문가조직으로 구성하는 것이 바람직하다고 본다. 전문성은 조직의 독립성과도 연결되는데 전문성이 전제되지 않는 독립성이 가능할지 의문이다. 그러나 전문성이 독립성을 담보하지는 않는다. 단순화라는 관점에서 내부회계관리인제도를 별개의 법적 근거로 두고 있는 것은 타당하지 않다고 본다. 내부통제제도 속으로 포함시키는 것이 바람직하다. 그것이 내부통제에서 가장 중요한 부분 중의 하나인 재무적인 사항에 대한 내부통제기관의 전문성을 확보할 수 있는 방법이기도 하다.

책임성이라는 것은 법률의 규정에 의해서 고의나 과실에 의한 업무해태로 인한 문제들에 대해서 내부통제담당자에게 책임을 부과하는 것은 당연한 것이나, 그에서 그치는 것이 아니라 변호사나 회계사 자격과 연결되는 불이익에 기초한 경제적 유인에 의한 책임성도 포함한다. 그러나 과도한 책임의 부담은 역설적으로 적은 책임 부담으로 연결될 수 있으므로 이러한 점은 설계 시 고려되어야 한다.

마지막으로 상근성이 확보되어야 한다. 사외이사가 실무상 제한적인 역할을 할 수밖에 없는 것은 상근성이 확보되지 않기 때문이다. 내부통제는 회사의 상무를 수행하는 임원 및 직원의 업무수행에 대해 준법 여부를 포함한 내부적인 상황을 감시하는 것이므로 그 업무는 상근성을 가지고, 또한 회사의 업무 전체와 관련되므로 영업과의 상시적인 연관성을 가져야 한다.

(3) 내부통제기관의 독립성 확보

내부통제기관의 업무는 독립성을 확보하여야 한다. 독립성은 사실 법에서 강제하지 않아도 상장회사의 경우라면 공시항목에 내부통제기관의 구성에 대하여 적절하게 공시하도록 하여, 독립성이 없는 회사인지 여부를 알도록 하면 투자자들은 독립성이 없는 내부통제기관이 있는 회사에서 생산하고, 보고·공시하는 자료를 신뢰하지 않고 투자를 하지 않거나 제한하는 시장에 의한 제재가 가능할 수 있다. 그러나 문화적으로 이러한 독립성이 확보되어 있지 않고, 더구나 내부에 위치하는 기관이라는 점에서 독립성은 항상 취약할 수밖에 없으므로 규범설계에서는 이러한 점을 고려하여야 한다. 이와 관련하여 내부통제담당자의 보고라인은 영업수행라인으로부터 독립된 독자적인 보고체계를 갖도록 하는 것이 중요하며(보고라인의 독립성), 검토기간인 이사회 내 위원회에도 정기적으로 보고하도록 하는 것이 필요하다(보고의 정기화).

내부통제관리자의 임명권자의 문제는 독립성과 관련하여 매우 중요한 쟁점이다. 임명 및 해임권은 독립성의 문제와 바로 연결되어 있다. 내부통제관리자를 이사회에서 임명할 것인지 혹은 대표이사가 임명할 것인지, 아니면 주주총회의 결의사항으로 할 것인지 여부가 고려되어야 한다. 일단 상시적으로 개최되기 어려운 주주총회는 검토대상에서 제외하는 것이 바람직하다. 다만 이 경우 업무의 중요성을 감안하여 회사의 감사에 준하여 해임권만을 부여하는 것은 고려할 수 있다. 반면 대표이사가 임명하고, 해임하게 하면 대표이사에 종속될 가능성이 높다.

이러한 점을 감안하면 지배인의 선임을 이사회에서 결정하는 것을 고려하면 이사회의 결의사항으로 하되, 해임은 사유가 있는 해임(termination with cause)과 그렇지 않은 경우를 나누어서 전자의 경우에는 주주총회에 의한 해임결의, 이사에 의한 주주총회에서의 결의요구 또는 법원에 의한 해임의 소를 제기할 수 있는 권한을 부여하고,[132] 임기를 규정함으로써 사유 없는 해임을 제한하면 내부통제관리자의 독립성을 확보하면서 동시에 해임권을 행사함으로써 내부통제관리자의 전횡가능성을 제약할 수 있을 것이다.

한편 독립성을 지나치게 강조하면 회사의 업무로부터도 단절되어 적절한 정보를 확보하고, 통제하는 것이 어려워진다. 그러므로 누가 내부통제관리인의 활동을 책임지며 그의 업무감독을 할 것인가 하는 것이 문제 된다. 효율적인 내부통제시스템을 설정하고 내부통제 관련 업무를 효율적으로 수행할 수 있도록 하기 위해서는 대표이사의 협조가 절대적으로 필요하다. 이 점을 생각하면, 내부통제담당자는 대표이사의 협조 및 지휘감독을 받도록 하는 것이 타당한 것으로 보인다.[133] 이에 대한 대

---

132) 소수주주권을 어떻게 규정할지, 이사의 단독권한으로 할지, 이사회의 결의사항으로 할지 등은 추가로 고려할 사항이다.

133) 곽병진 교수는 미국의 CLO(Chief Legal Officer)에 대한 연구를 통하여 미국의 경우 CLO는 CEO에게 바로 보고하면서 동시에 이사회의 구성원인 경우가 많은바, 변호사인 이들의 경우 회사의 기업가치 향상에 긍정적인 기여를

안으로는 특정 이사회 내 위원회를 상시적으로 보좌하는 기관으로 정하는 방법이 있을 것이다.

(4) 자율규제 또는 원칙중심규제의 가능성

내부통제장치를 재설계하는 경우 입법을 통하여 강제하는 공적 규제방식을 택해야 할 것인가 아니면 자율규제방식으로 전환할 수 있는가 하는 문제가 있다. 현행법상의 제도는 감사, 감사위원회, 내부회계담당자, 준법감시인이 모두 법령에 의하여 규정된 사항이다.

이를 1안으로 전부 폐지하고 원칙만을 제시하고 자율규제로 가자는 안은 매우 극단적인 안이 될 것이다. 채택이 되기 어렵다는 점 외에 실패할 경우의 부담이 크다. 게다가 이러한 원칙중심의 규제가 성공하려면 (ⅰ) 투자자에 의해 회사가치의 평가가 작동할 수 있는 시장 및 (ⅱ) 시장에서 회사의 공시정보가 적시에 유포될 수 있는 적절한 공시체제가 전제되어야 한다는 점이다. 영국의 경우처럼 상장회사의 상장요건으로 규정된 상장원칙을 통하여 회계통제뿐만 아니라 준법감시시스템도 포함되고 따라서 준법감시인의 선임을 포함한 내부통제시스템을 갖출 것을 요구하고,[134] 상장회사들로 하여금 이러한 내부통제시스템을 갖출 요건을 일차적으로 요구하면서도, 만일 지키지 않는 경우 그 이유를 설명하는 서면을 공시하도록 하는 것이 이런 자율규제 내지 원칙중심규제 방식의 전형적인 예일 것이다(comply or explain).[135] 투자자는 공시를 통해 상장규칙을 준수하였는지 여부 및 준수하지 않을 경우 그 이유에 대한 설명을 들을 수 있으므로, 의무를 지키지 않은 것이 타당한 이유에 기한 것인지 여부를 검토할 수 있고, 그 검토에 따라 당해 상장사의 주식을 계속 보유하거나 아니면 매각할 것인지에 대한 의사결정을 하게 된다. 그러므로 '준수하거나 설명하는 방식'(comply or explain)은 시장에서의 공시에 의해 투자자 투자의 계속 여부를 결정하게 함으로써 시장의 힘에 의해 규제의 효율성을 담보하는 방식이다. 이 방식은 투자자들이 적극적이고 민감하게 시장정보에 반응한다면, 시장을 통한 규율을 할 수 있으면서도 동시에 회사에는 자율성을 부여할 수 있다는 장점을 가지

하고 있다는 실증연구를 진행 중이라고 알려주었다. 구체적인 연구보고서가 완성되면 그 통제변수, 독립변수, 종속변수를 살펴보아 이러한 판단에 도움을 받을 수 있는 결과가 나올 수 있을 것으로 본다.

134) FSA Handbook, Listing Rules, LR 7.2.1R.

135) 이에 대한 상세는 이중기, 전게논문 참조.

고 있다. 그러나 이러한 규제는 이러한 투자자들의 시장에 대한 반응이 전제되어 있지 않거나 시장참여자의 투자지능이 담보되지 않고, 감독당국이 시장에 대한 상시적인 관찰과 감독(market surveillance & monitoring)을 수행하고, 이에 기초한 적시에 적절한 제재를 가할 수 있는 능력 등을 갖추고 있다는 점이 전제되지 않을 경우 명확성의 부족으로 인한 준수비용의 증가라는 문제만 부각되고 실패로 끝날 가능성도 상당하다.[136)]

2안으로 상법상의 감사제도가 소규모회사에서 사실상 폐지되고(임의기관화), 상장회사들은 내부통제담당자와 검토기관으로서의 이사회 내 위원회로 통일되고 나면, 남은 것은 상법상 특례를 받지 않으면서 상장하지 않은 회사들인데, 이 회사들에 감사제도가 기능하는 시스템이 될 것이다. 사실 임의기관화는 자율규제와 마찬가지인데, 상장된 회사가 아닌 회사에 감사제도를 유지하는 것이 무슨 실익이 있는지를 실증 분석해 보고 상법에 원칙만을 두고 외부감사의 감사를 통한 외부감시를 하도록 하는 것이 대안으로 제시될 수 있다고 본다.

폐쇄회사(closed company)라고 하더라도 외부감사의 감사가 필요한 것은 주주가 아니라고 하더라도 회사에는 여러 이해관계인들이 있으며, 채권자나 종업원 등은 회사의 재무 관련 사항에 대한 정보를 파악하여야 할 필요성이 있다. 그러므로 이 부분은 외부감사대상의 확장을 통해서 회사에 통일적으로 확보하는 것이 필요하다고 본다. 다만 이렇게 되면 비용문제가 발생할 수 있다. 이 문제에 대한 대안으로 소규모 기업의 경우 일본에서 세무사로 하여금 외부감사를 하도록 한 사례를 참조할 수 있다.

결국 이렇게 되면 상장회사는 이사회 내 위원회의 감독을 받는 내부통제관리인과 외부감사인이, 비상장사는 감사 관련 기능이 자율규제대상으로 임의기관화되고 외부감사인이 회계감사를 통하여 회사의 정보를 제공하는 방식으로 정리될 수 있을 것이다.

---

136) 이러한 방식의 문제점에 대해서는 정순섭, 전게논문 참조.

V. 결론

1. 1997년 금융위기는 우리 회사법제에 지대한 영향을 주었다. 기업지배구조와 관련된 법제적 변화는 구 증권거래법과 상법을 번갈아 가면서 지속적으로 이루어졌다. 위기는 변화를 위한 좋은 기회이다. 2008년 서브프라임 모기지 사태 이후 전개되고 있는 전 세계적인 금융위기도 이러한 점에서 우리 기업지배구조와 관련된 또 하나의 중요한 기회가 될 수 있다고 본다.

Ⅳ항에서 제시한 제 원칙에 의하면 기업지배구조 중에서 내부통제기관의 정비는 상장회사의 경우에는 그 기관을 단순화하고 집중화하는 것이 필요하다. 현행의 제도는 입법 당시에는 서로 별개의 기능을 염두에 두고 준법감시인은 최소한으로 금융회사에만 강제하고, 회계라는 특수한 영역에 대한 전문성이 필요하다고 보아 주식회사의 외부감사에 관한 법률에 내부회계관리인 제도를 규정하고, 감사와 감사위원회를 대체적인 기관으로 두는 등의 조치를 취하였다고 하더라도 실제의 운영에서 서로 간에 영역적으로도 기능적으로도 중첩되어 비효율적인 운용이 이루어질 수 있는 구조이다.

2. 그러므로 상장회사를 포함한 공적 이해관계를 가지고 있는 기업들은 내부통제기관을 단순화하여 하나의 기관에 집중시켜서 집중된 내부통제기관이 재무적인 감사와 비재무적인 감사를 수행하고, 더해서 리스크관리를 총괄하도록 하는 것이 바람직하다. 집중화된 내부통제기관 내부에서 기능별로 하위섹터가 있을 수 있을 것이나 전체적인 정보 흐름의 한 기관으로 통합적으로 운용하도록 하는 것이 바람직하다. 그리고 책임도 집중된다. 이것이 역할과 책임의 일치원칙에 부합하는 설계라고 본다. 이렇게 내부통제기관 내에 리스크 관리 담당자, 내부회계담당자와 준법담당자가 모두 하부섹터별 담당자로 들어가게 될 것이다.

이와 같이 집중화된 하나의 내부통제기관을 두고 그 내부통제기관을 감독하기 위한 기관을 두는 시스템을 상정하면, 내부통제기관의 감독기관은 내부통제기관을 감독하기 위한 이사회 내 위원회를 두고 이 위원회가 정기적으로 내부통제기관을 책임지는 자로부터 보고를 받고, 필요한 자료의 제출을 명하고, 업무를 수행할 것을 명하는 방법을 취하는 구조의 제도설계를 할 수 있을 것이다.

3. 한편 폐쇄회사의 경우에는 자본금 총액이 10억 원 미만인 회사가 아니라 일반적으로 감사를 임의기관화하는 것을 고려할 필요가 있다. 왜냐하면 그 이유는 (ⅰ) 자본금을 얼마로 하는가에 따라서 거래비용의 부담 여부가 자의적으로 달라지는 설계는 기업의 파편화를 통한 규제 비효율을 야기한다는 점, (ⅱ) 공적인 이해가 존재하는가를 보면 폐쇄회사와 공개회사는 명확하게 자본시장을 매개로 하여 구별이 되는 반면 폐쇄회사의 경우 채권자가 자본금의 규모에 따라서 보호되는 정도가 달라지는 것은 아니라는 점을 놓고 보면 같은 폐쇄회사에 대해서 자본금 총액에 따라서 감사를 임의기관화하고 강제하여 필수기관화하는 법제의 타당성을 찾을 수 없다고 보기 때문이다. 따라서 폐쇄회사의 경우 내부통제기관은 이렇게 되면 자율적인 판단에 따라 설치 여부가 결정되도록 규정될 것이다.

4. 이와 같은 내부통제장치의 재설계를 통하여 그때그때 필요에 따라 추가적인 입법이 구 증권거래법과 상법 등을 개정하는 방식으로 진행됨에 따라 효율성에 대한 고려보다 우리 기업들의 기업지배구조에 대한 불신에 기초한 우려로 인하여 견제장치 위주의 시스템에서 내부통제의 효율성을 높이면서도 기업의 성과를 강화하기 위한 장치(performance enhanced mechanism)로서 내부통제장치가 기능하도록 할 수 있을 것이다.

제3절 적대적 기업인수 방어수단: 한국형 포이즌 필[137]

Ⅰ. 시작하며

2003년 8월부터 문제가 되었던, 현대 엘리베이터 건[138]에서 KCC의 현대 엘리베이터에 대한 적대적 기업인수 시도[139]에 이어, 2003년 4월 3일 크레스트증권, SK㈜

---

137) 기업지배구조와 적대적 기업인수 방어수단의 도입에 관한 연구, 동북아법연구 제1권 제1호, 홍익대학교 동북아법연구센터(2007.10.)를 중심으로 한 글임.

138) 강희철, 김성진, 강권도, 주식 등의 대량 보유 보고의무 위반과 관련된 법적 쟁점, BFL(2004.7.).

139) 2004.11.10. 현재 이 사건의 한 당사자인 정상영 KCC 회장은 소위 5% rule(주식 보유 변동 보고의무) 위반을

지분 8.64% 매입공시를 하면서 시작된, Sovereign Asset Management사(이하 '소버린')와 SK㈜ 사이의 경영권분쟁은 소버린의 계속된 경영권 탈취 의도에 대한 부인에도 불구하고, 적대적 기업인수에 대한 의혹이 계속되다 소버린과 SK 간의 표 대결과 법정 대결로 이 사건은 소버린이 단순투자로 귀결되어 사실상 종결되었다.[140] SK로서는 기업지배구조를 정비하고 SK가 사외이사제도의 도입이나 컴플라이언스 팀의 제도화 등 여러 가지 노력을 하게 하는 계기가 되었지만,[141] 역으로 이러한 기간 동안 신규투자와 새로운 수종 사업의 발굴을 위하여 사용할 자원들이 제대로 사용되었는지에 대해서는 의문이 있다.

[표 1] SK 사건진행 경과[142]

1999.10.14.	: SK증권, JP모건과 유상증자 참여 계약
2002. 3.	: 워커힐 주식과 SK㈜ 주식 맞교환
12.13.	: 금감위, SK증권에 이면계약 공시위반으로 과징금 부과
2003.1.8.	: 참여연대, 최태원 회장 등 검찰고발
2.17.	: 검찰, SK구조조정본부 등 압수수색
2.22.	: 최태원 회장, 김창근 구조본부장 구속
2.27.	: 검찰, SK글로벌 1조 5천억 원대 분식회계험의 수사발표
3.11.	: 검찰, 최태원, 손길승 회장 등 10명 기소, SK글로벌 재구구조개선 계획 발표
3.13.	: 채권단, SK,글로벌에 자금관리단 파견
3.19.	: 채권단 협의회, 공동관리 착수 결의
3.26.	: 크레스트, SK㈜ 지분매집 착수
4.3.	: 크레스트, SK㈜ 지분 8.64% 확보 1대주주 부상
4.11.	: 크레스트, SK㈜ 지분 14.99%서 추가매집 중단
4.15.	: SK㈜ 유정준 전무, 공식입장 발표 기자회견
4.16.	: SK그룹, SK글로벌 정상화추진본부 발족
5.19.	: SK글로벌 실사결과 발표(총 4조 3천억 원 자본잠식)
5.28.	: 채권단 운영위, SK글로벌 청산형 법정관리 추진 결정
5.31.	: 하나은행 김승유 행장 – SK그룹 손길승 회장 SK글로벌 경영정상화 방안 합의(SK㈜ 매출채권 8,500억 원 출자전환 등)
6.3.	: 채권단 운영위, SK글로벌 경영정상화 방안 수용 합의
6.9.	: 채권단, SK글로벌에 금융부채 출자전환 총액(2조 8,500억 원) 결정
6.10.	: 헤르메스 자산운용, SK㈜ 사내이사 3명에 대해 '특정이사 위법행위유지 가처분신청'

___

이유로 하여 서울중앙지검 금융조사부에 의하여 불구속 기소되었고, KCC 법인은 벌금 500만 원에 약식 기소되었다(국민일보 2004.11.10.자).

140) 2003.12.27.자로 주주총회를 위하여 집계된 소버린의 우호지분은 소버린이 자회사를 통해 직접 보유한 지분 14.99%와 기타 외국인 투자기관인 헤르메스 0.7%, 템플턴 5% 등이었다(매일경제 2003.12.27.자). 이 사건은 대전지방법원의 가처분결정으로 종료되었다.

141) 송옥렬, 앞의 책.

142) 송옥렬, "SK사건 일지: 법적 쟁점의 정리", BFL(2004.1.)을 바탕으로 하여 이후 2007년까지의 여러 사건을 추가

6.13. : 최태원 회장 징역 3년, 손길승 회장 집행유예 선고
6.14. : 법원, 헤르메스의 가처분신청 수용
6.15. : SK㈜ 이사회, 출자전환안 가결
6.18. : SK글로벌 채무재조정안 통과
7.31. : 해외 채권단 협상 타결
9. 9. : SK글로벌 대표이사 정만원 사장 취임
9.30. : 하나은행과 재무구조 개선 약정(MOU) 체결
10. 2. : SK네트웍스 사명 개정 및 CI선포식
2004.12. : SK네트웍스, 국내외 채권단에 CBO(채권할인매입)대금 상환 완료
2004.12. : 2004년 결산 매출 13조 6천여억 원, 영업이익 3,527억 기록하여 자구계획
          80% 달성
2005. 1. : SK네트웍스, 신용등급 1년 만에 8단계 상승(C → BB＋)
4. 1. : SK네트웍스 관리종목 지정해제
4.21. : 자체신용으로 포티스은행 싱가포르 지점 1천5백만 달러 Credit Line 개설
2007. 4.11. : 최태원 회장 워커힐 주식(40.7%) 무상출연 결정
4.19. : SK네트웍스 채권단 공동관리 졸업

이러한 상황에서, 국내에서는 국내 기업이 외국자본에 의하여, 적절한 방어수단도 없이 공격당하고 있으며, 이러한 현상을 타개하기 위해서는 적대적 기업인수 방어수단의 강구가 필요하다는 요구가 국내 기업들을 중심으로 하여 계속 제기되고 있다. 이 외에도 '골라 LNG'의 인수론이 제기되고 있는 현대상선의 사례가 있었다.

한편, 삼성그룹의 경우에도 영국계 펀드인 헤르메스가 삼성물산의 지분을 취득하면서, 삼성물산에 대한 적대적 기업인수 시도라는 루머가 시장에 돌았다. 삼성그룹의 실질적인 지주회사로서 그룹 출자의 고리역할을 하고 있다고 말해지는 삼성물산 지분의 삼성SDI를 인수하면서, 삼성SDI는 계열사를 위하여 지분취득을 하였다는 비판을 받았지만, 삼성SDI는 단순투자라고 공시하면서, 향후 투자가치가 있을 것이라고 판단하여 투자한 것이라고 하였다. 삼성그룹의 공시와 해명에도 불구하고 이 사건은 삼성그룹 계열사 내지 순환출자구조로 연결된 삼성그룹이 적대적 기업인수의 대상이 될 수 있음을 보여 준 사건으로 기업지배구조 관점에서 삼성그룹의 적대적 기업인수에 대한 대비책이 필요함을 보여 준 사건이라고 할 수 있다.

하여 정리하였다.

〈표 2〉 삼성물산 사건 진행 경과

2004. 3. 6.	헤르메스 지분 5% 취득 신고(777만 2천 주) 후 같은 달 삼성물산에 삼성전자 주식매각 등 요구
5.11.	호주계 플래티늄 자산운용이 5.8% 취득, 9.17. 삼성SDI, 삼성물산 주식 700억 매입결의
11.26.	삼성물산 자사주 추가매입 공시
12. 1.	언론에서 헤르메스의 삼성물산에 대한 적대적 인수시도 관련 보도
12. 3.	헤르메스 삼성물산 취득 주식 전량 매각(1,135억에 매입하여 850억 원 정도의 추정 매입가 대비 380억원 이상의 지분매각익을 얻음)
12.14.	금융감독원이 헤르메스의 불공정거래행위 관련 예비조사 착수
2005. 3.14.	금융감독원이 런던에서 헤르메스 조사(최초 사안)
7.22.	금융감독원이 헤르메스를 검찰에 고발
2006. 2. 1.	검찰, 헤르메스를 주가조작 혐의로 약식 기소함(헤르메스는 공익기금 기부를 조건으로 기소유예를 검찰에 요청하였다고 하나 검찰이 공익기금의 납부를 이유로 하여 기소유예를 할 법적 근거가 없음을 이유로 하여 기소를 결정하였다고 함.)
9.29.	서울중앙지방법원 형사합의22부, 구 증권거래법상 양벌규정에 의하여 기소된 헤르메스펀드에 대하여 범죄의 증명이 없다는 이유로 무죄판결을 함.[143]

한편, 대우 조선해양의 백기사 역할론이 제기된 대한해운, 한솔제지 등 여러 회사가 이러한 논란에 휩싸인 바 있다.[144] 최근에는 동아제약의 경우에도 적대적 기업인수 시도가 있었지만 북부지방법원의 가처분결정으로 인하여 현경영진이 경영권을 유지하는 것으로 사건이 일단락되었다.[145]

II. 경영권 방어수단의 도입과 관련된 일반론

1. 도입에 대한 논란

위와 같은 한국에서의 적대적 기업인수 시도는 일본에서와 비슷한 문화적인 이유와 기업집단의 지배구조로 인하여 매우 드문 현상이었다. 한국과 일본의 경우 다른 사람이 이루어 놓은 회사를 적대적으로 인수한다는 것은 훔치는 것과 같이 바라보아 대중의 시각은 대체적으로 부정적이다. 그런데 이러한 적대적 기업인수 사례 및 시도가 현실적으로 발생하였다. 이 상황에서 2005년 일본에서 기업가치보고서와 방위책지침이 발표되자 한국에서도 기업의 경영권방어수단으로서의 포이즌 필의 도입

---

143) http://stock.moneytoday.co.kr/view/mtview.php? no=2006092910104224167&type=1&EVEC.

144) 사례와 관련하여서는 김화진, "M&A시장의 최근 현황과 정책 및 법적 과제", BFL(2004.7.); 김학현, "외국인 국내 주식투자 증가에 따른 적대적 M&A 가능성 및 평가", BFL(2004.7.); 제갈정웅, 최도성, 곽수근, M&A 최신사례집 2, 창해(2002).

145) 서울북부지방법원 2007.10. 25. 선고 2007카합1082결정.

을 비롯한 기업인수에 대한 방어수단의 도입을 하여야 한다는 주장이 제기되었다.

일본은 기존에 상호주의 보유를 통하여 기업집단 간의 지배구조를 공고히 하고 있었다. 따라서 적대적 M&A의 가능성은 매우 낮았다. 그런데 1990년대 이후 발생한 일본의 버블붕괴와 이에 따른 장기불황을 부동주 또는 유동주의 비율을 증가시켜서 일본 내에서 적대적 M&A의 우려를 높였다. 이에 따라 경제산업성의 주도로 적대적 M&A 방어수단 입법화 필요성에 대한 논의를 진행하였고,[146] 2005.5.27. '기업가치보고서 – 공정한 기업사회의 룰 형성을 위한 제안(기업가치보고서)'[147]과 경제산업성과 법무성이 주주공동의 이익확보를 목적으로 한 '기업가치 · 주주 공동 이익의 확보 또는 향상을 위한 매수 방위책에 관한 지침(방위책지침)'[148]을 발표하였다. 이러한 지침이 법적인 효력을 가지고 있는 것은 아니지만 사실상 법원 판결의 기준으로 사용되고 있다.[149]

일본에서의 논의에 힘입어 적대적 기업인수 및 합병에 대한 방어수단으로 포이즌 필 등을 추가로 도입하여야 한다는 주장은 상법개정과 관련하여 일본 신회사법에서 도입된 신주예약권과 같은 새로운 종류주식을 도입함으로써 미국의 워런트(warrant)와 같은 수단을 제공하여야 한다고 주장하였다.

이에 대해서 기업인수 자체를 막아야 할 이유가 없으며 적대적 기업인수의 가능성이 부풀려져 있고 대규모기업집단들이 경영권의 고착화를 위하여 이러한 위협을 부풀려서 이용하고 있다는 반론이 제기되었다. 오히려 이 견해는 기업인수가 활발하게 되는 것이 기업경영권시장을 활성화하여 한국 기업의 효율성을 증대하게 된다고 주장한다.

이러한 논쟁은 상법 개정작업에서도 재연되었고[150] 외국인의 국내 기간산업에 대한 지분취득 등의 방법에 의한 인수제한 논란 또는 일반적인 심사를 위한 한국판

---

146) 원래 이 모임은 2004.9.16. 경제산업성의 경제산업정책국의 사적 연구회로 시작된 모임이라고 한다(권재열, "일본에서의 적대적 M&A에 대한 방어수단의 합리성 판단 – 기업가치연구회의 기업가치기준을 중심으로", 증권법학회 2009.10.24. 발표자료 3면).

147) 企業價値報告書 – 公正な企業社會のルール形成に向けに提案.

148) 經濟産業省/法務省, 企業價値 · 株主共同の 利益の 確保又は向上のため買受防衛策に關する指針.

149) 송종준, "포이즌 필의 도입과 경영권 방어의 적법기준 – 2008년 상법개정초안을 중심으로 –" 저스티스 통권 제109호, 한국법학원(2009) 182 – 193면. 송종준 교수는 2009년 법무부가 진행하고 있는 포이즌 필 입법화와 관련된 개정 TF의 좌장이기도 하다.

150) 상법 개정위원 간에 제1소위였던 기업지배구조소위와 제2소위였던 재무구조개선소위 중 제1소위의 집행임원제도 등의 도입이 쟁점으로 부각되기는 하였지만, 포이즌 필 등의 도입을 위한 워런트(Warrant)의 도입 등은 논란으로 인하여 결국 이루어지지 않았다.

엑슨-플로리어 논의 등으로 표출되고 있다.[151] 포이즌 필 도입 문제는 계속 논쟁의 중심에 있다. 특히 2009년 공정거래위원회가 포이즌 필 도입에 동의한다고 하여 포이즌 필 논의는 활력을 띠게 되었다.[152]

(1) 방어수단 강화론

기업의 입장에서는 해외투자자의 증가에 의한 적대적 M&A 가능성의 증대에 따라서, 방어수단의 강화가 필요하며,[153] 한국에서는 현재의 상황이 적대적 M&A에 대한 공격수단에 대해서는 충분히 갖추어져 있으나, 방어수단에 대해서는 해외자본의 유치라는 명목으로 기존의 제도들이 대부분이 폐지되어,[154] 불리한 상황 내지 완전 무장 해제된 상황에서 방어를 하여야 할 상황이라고 하면서, 글로벌화된 기업 환경에서는 공격에 대해서도 검토가 되어야 하지만 방어를 하여야 하는 국내 기업의 입장에서도 대등한 무기가 주어져야 하기 때문에 포이즌 필 등의 방어수단을 도입하여야 한다고 하고 있다.

(2) 방어수단 추가 도입 불요론

일본에서 라이브 도어 사건[155]이 있은 이후에 포이즌 필의 도입 및 강화에 대한 논란이 있고, 여러 논문들이 제기되고 있지만 한국적인 상황을 고려하여 이러한 검토가 이루어져야 하는바, 한국의 경우와 같은 재벌의 세습적인 경영권 승계가 이루어지는 국가에서 만일 포이즌 필 등이 도입되게 되면, 이러한 경영권 방어수단은 기업의 경영세습을 위한 수단으로 사용될 위험이 존재한다고 주장되고 있다.

---

151) 최승재, "한국판 '엑슨-플로리어법' 제정에 대한 연구", 증권법연구 제7권 제2호(2006) 참고.

152) 공정거래위원회의 2009년 국정감사에서의 입장선회에 대하여 참여연대의 비판론은 포이즌 필의 도입이 반시장적이며, 글로벌스탠다드와도 부합하지 않는다는 것임(http://blog.peoplepower21.org/Economy/23234).

153) 국내의 초우량 기업인 삼성전자의 경우, 현재 외국인 지분이 57%에 달하고 의결권 없는 자사주를 제외할 경우 외국인 지분율이 무려 63.8%에 달하여 어느 기업보다도 적대적 M&A 가능성이 높으며, 현재 의결권을 가지고 있는 지분의 비율은 17.8%이며, 독점규제및공정거래에관한법률 개정된(2004.12.31.) 제11조에 의하면, 금융계열사의 의결권이 제한되어 삼성생명(7.2%), 삼성화재(1.3%)의 보유지분에 대한 의결권이 줄어들어 결국 이 경우에는 15% 선의 내부지분율을 가지게 되어 외국인투자자에게 한국의 초우량 기업을 고스란히 내어주는 일이 생긴다고 주장한다(조선일보 2004.11.8.).

154) 대표적으로 '의무공개매수제도' 등이 소위 IMF 사태 이후에 대부분 폐지되었다. 의무공개매수제도에 대한 상세와 재도입에 대하여 송종준, "의무공개매수의 법정책적 함의와 그 도입가능성", BFL(2005.7.); 송종준, "공개매수제도의 개선방안", 상장협 추계호(2005).

155) 라이브도어가 적대적 기업인수 등으로 후지 TV 등의 전통적인 업체에 대한 위협을 가함으로써 일본 회사법에 상당한 영향을 끼쳤고, 결국 증권취인법 위반으로 형사 처벌되는 것으로 끝났다는 것은 이러한 적대적 기업인수 과정에서의 일련의 일들이 구 증권거래법과 사실상 선상에서 이루어지는 경우가 다수 있음을 보여 주는 사건이라고 할 수 있다고 본다.

한편으로는 경영권에 대한 위협이 소위 기업지배권시장[156]을 형성하게 되어 기업에 대하여 소위 '대리인 비용'(agency cost)을 줄이면서 견제할 수 있는 수단이 되므로, 이러한 경영권의 변경에 대하여 이를 제한하는 방어수단을 강화하여 실질적으로 경영권의 변경을 상당히 곤란하게 만드는 것은 옳지 않다는 주장도 이러한 주장의 하나라고 할 것이다.

2. 일본에서의 전개[157]

(1) 기업가치연구회와 그 보고서

2004년 9월 일본의 경제산업성은 神田秀樹 일본 동경대학교 교수를 좌장으로 한 '기업가치연구회'를 만들어서 연구를 진행하였던바, 그중에서 가장 중요한 테마가 바로 적대적 기업매수방어책이었다. 이 연구회에서는 ① 적대적 기업매수 시도가 기업의 가치를 훼손할 수 있는 경우일 때, 이러한 기업매수를 저지하여 기업가치를 보존할 수 있도록 하는 수단을 구축할 수 있도록 하는 것이 필요하다고 보았다. 그러나 ② 그러한 방어수단이 경영자 자신의 경영권 방어와 기업가치 보존과 서로 구별되어야지 이러한 두 가지가 서로 혼동되어서는 안 되며, 기업매수방어책은 경영자의 보신과는 그 합리성의 판단에 있어서 독립적으로 이루어질 것이 요구된다. ③ 포이즌 필은 많은 장점을 가지고 있지만, 반면에 흠결이나 단점 역시도 가지고 있기 때문에 일본에 도입되기 위해서는 이러한 흠결에 대한 극복수단을 같이 강구하여야 한다. ④ 이러한 문제점을 고려하여 볼 때, 일본에서의 도입을 위하여 세계 각국에서의 도입 현황을 살펴서, 최선의 방어수단 도입안을 제시할 수 있는 가능성을 검토하여야 한다고 보았다.

(2) 전통적 일본의 경영권 방어수단

전통적으로 일본의 경우에는 사전예방적 방어수단으로서는 ① 상호출자에 바탕을 둔 주식상호보유(株式持合) 관행, ② 사후적 방어수단으로서는 우호적인 제3자

---

156) 박효신, "적대적 M&A와 정부규제 완화: 기업 효율성 대 시장지배 간의 관계(A Critical Analysis of Hostile M&As and Corporate Governance in Korea: Corporate Efficiency vs. Monopolistic Markets)", 한국 행정학회보 (2002).

157) 권종호, "일본의 적대적 M&A 현황과 방어수단에 관한 최근 동향", 상장협 추계호(2005); 권종호, "일본의 기업법 제개정에 관한 연구", 코스닥등록법인협의회(2004.2.).

를 대상으로 한 신주의 제3자 배정이었으나, 이러한 방어수단은 경영권방어수단으로 기능하지 못하고 있다.

주식상호보유관행은 시가회계제도의 도입과 금융기관의 재무구조개선 등에 의하여 붕괴되면서 더 이상 방어수단으로서 기대하기 어렵게 되었고, 신주의 제3자 배정 방식 역시 적대적 M&A라는 위기상황이 발생한 단계에서 이사회의 판단으로 제3자에게 대량의 주식을 발행하여 매수자의 지분비율을 감소시키는 방법으로 경영권을 방어하는 사후적 방어수단으로서의 한계 때문에 법원에서 그 정당성이 부정되는 예가 적지 않을 뿐만 아니라, 투자자의 예측 가능성이라는 측면에서도 공개기업의 방어수단으로서는 부적절한 면이 있어 사용되지 못하였다.

(3) 2005년 이후의 전개[158]

2006년 3월 31일 기업가치연구회는 적대적 M&A에 대한 방어수단의 공개, 상장규정, 공개매수제도 등 적대적 M&A 룰의 재검토, 경영자와 주주 및 투자자 간의 충실한 대화도모라는 3가지 관점에서의 제언을 담은 <기업가치보고서 2006>을 발표하였다.[159] 이에 따르면 신주예약권 등을 적대적 M&A 방어를 위하여 발행한 경우 이를 공시하도록 하고, 방어수단의 도입 목적 및 구체적인 내용으로서 발동 및 폐지요건을 같이 공시하도록 하였다.

2008년 6월 30일 기업가치연구회는 적대적 매수자에 대한 금전교부행위와 주주총회결의에 의하도록 하는 방식을 통하여 이사의 책임 있는 판단이 결여되고 있는 점을 문제점으로 지적하는 보고서를 출간하였다.[160]

3. 적대적 인수합병 시도 사례: 라이브도어 사건

2005년 2월 라이브도어라는 인터넷 포털회사가 일본 5위의 중앙지 산케이신문(産經新聞)과 민영방송 후지TV의 지주회사인 일본방송의 주식 35%를 시간외거래를 통해 하루 만에 사들여 경영권을 행사하겠다고 선언하자, 이에 대해 일본방송이 신주예약권을 후지TV에 제3자 배정방식으로 발행한 것이 다투어진 사건이다.[161]

---

158) 이에 대한 상세는 권재열, 증권법학회 2009.10. 발표논문 참고.

159) 企業價値研究會, '企業價値報告書 2006 - 企業社會における公正なルールの定着に向けて -'

160) 企業價値研究會, '近時の諸環境の變化を踏まえた買受防衛策の在り方', 2008.6.30.

161) 최문희, "신주의 제3자 배정에 의한 경영권 방어의 적법성 - 일본방송 사건에 비추어 본 일본 판례의 분석을 중심으

후지TV는 이전부터 일본방송(이 사건의 채무자)의 지분 12.4%를 보유하고 있었는데, 2005년 1월 17일 일본방송의 경영권을 취득할 목적으로 전 주식을 공개 매수하기로 결정하였고, 공개매수 완료 후 일본방송을 완전자회사화한다는 계획을 갖고 있었다. 라이브도어(이 사건 채권자)는 일본방송 주식의 5%를 기보유하고 있었는데, 후지TV의 공개매수기간 중인 2005년 2월 8일에 자회사인 라이브도어 파트너스를 통해 동경증권거래소의 ToSTNeT-1을 이용하여 일본방송 주식을 30% 취득하여 그 결과 라이브도어 측은 총 35%의 지분을 보유하게 되었다. 같은 날 라이브도어의 호리에(堀江貴文) 사장은 일본방송 주주에 대해 모든 주식의 취득 및 후지산케이 그룹과의 업무제휴를 희망한다는 뜻을 공표하였다. 2005년 2월 9일 후지TV는 라이브도어 측의 주식매입에 대한 투쟁방침을 발표하였으며, 2005년 2월 23일 일본방송 이사회는 후지TV에 신주예약권(이하 '신주예약권')을 발행하기로 결의하여 일본 내에서 경영권 방어수단과 관련된 논의를 불러일으킨 사건이다.

4. 일본 신회사법상 포이즌 필

(1) 회사법제현대화법상의 새로운 종류의 주식

2005년 6월 29일 일본 중의원을 통과한 '회사법제현대화법'[162]에서는 방어수단으로서 ① 신주예약권제도,[163] ② 종류주식제도,[164] ③ 단원주제도,[165] ④ 종류주주의 거부권(거부권부주식) 등을 활용할 수 있는바, 이러한 신회사법에 의하면, ① 포이즌 필, ② 황금주(Golden share)와 복수의결권주식, ③ 정관변경에 의한 방어방법(Shark Repellent) 등을 활용하여 경영권 방어수단으로 사용하는 것이 가능해진다.

(2) 신주예약권을 활용한 포이즌 필

신주예약권을 활용하여 포이즌 필을 설계하는 경우로, 매수자가 일정비율의 주식을 취득하게 되면 이때 매수자 이외의 주주는 신주예약권을 행사하여 신주를 취득할 수 있지만, 매수자는 차별적 행사조건에 의해 신주예약권을 행사할 수 없고, 따

로", BFL(2005.7.20), 23면에서 요약.

162) 이하 '신회사법'이라 한다.

163) 최문희, "적대적 M&A와 신주예약권 발행에 관한 일본 판례의 동향", BFL(2005.5.).

164) 신회사법 제108조 제1항 제1호 내지 제9호.

165) 신회사법 제189조.

라서 매수자의 지분이 희석됨으로 인하여 매수자의 적대적 인수 가능성을 떨어뜨리고, 추가 지분인수를 위한 비용을 높여서, 포이즌 필로 기능하게 할 수 있을 것이다.

(3) 취득조항부주식과 의결권제한주식을 활용한 포이즌 필[166]

취득조항부주식과 의결권제한주식을 조합하는 것으로 신주예약권을 이용한 포이즌 필과 동일한 효과를 낼 수 있는바, 매수자가 일정한 비율 이상의 주식을 취득한 경우에 취득조항부주식을 이용하여 매수자의 주식을 강제적으로 의결권제한주식으로 전환하면, 회사가 주주로부터 취득조항부주식을 강제적으로 취득하고 그 대가로 의결권제한주식을 교부하면 결과적으로 취득조항부주식이 의결권제한주식으로 전환되는 결과가 발생하여 신주예약권을 이용한 포이즌 필과 동일한 효과를 얻을 수 있게 되는바, 이 방식의 방어수단은 매수자의 의결권은 희석시키지만 배당비율은 희석시키지 않는다는 점에서 특징이 있다. 전형적인 이 방식의 포이즌 필 설계방식으로는 매수자가 일정비율의 주식을 취득한 경우에 회사는 매수자가 보유하고 있는 취득조항부주식을 강제로 취득하고 그 대가로 의결권제한주식을 교부할 수 있도록 설계하는 것이다.

5. 소결

기업경영권의 방어를 위하여 제공될 수 있는 수단에 대한 논란과 일본에서의 논의는 우리에게도 글로벌화되어 있는 시장환경에서 전 세계적으로 투자 대상을 찾아서 차익거래를 일으킬 수 있는 기회를 찾고 있는 금융자본들의 흐름과 같이 하고 있는 우리의 경우, 우리도 관련된 논의를 병행적으로 고려하여야 한다는 충분한 이유를 제공한다.

기업경영권의 방어를 위하여 제공될 수 있는 수단에 대해서는, 차등의결권의 부여,[167] 황금주의 부여,[168] 엑슨-플로리어법 등과 같은 법에 의한 국가 기간기업 내지 전략기업에 대한 기업인수 통제, 의결권상한제 등의 여러 가지 의견이 제기되고 있다.[169] 이에 대한 정부의 태도는 공정거래위원회의 시장개혁 로드맵에 의하면 상

---

166) 大杉謙一, "企業買收防禦策의 存在方式", 商事法務 No.1723(2005.2.25.).

167) 한국경제신문, 2004.10.20.자.

168) 김홍기, "미국형 및 유럽형 M&A 규제제도와 우리나라의 M&A 입법에 대한 시사점", 상법3개학회 및 법무부 공동
　　학술대회(2007), 192면.

당히 차이가 있다고 보인다.[170] 이 외에 설계를 통하여 다양한 형태의 변형이나, 고안이 가능한 소위 '포이즌 필'(poison pill)[171]에 대한 연구를 중점으로 하여, 한국형 포이즌 필의 검토와 이를 실행하기 위한 입법적, 제도적인 한계 및 이를 극복하기 위한 방안의 실행 가능성을 검토하여 보는 것도 경영권 방어수단에 대한 정비에 있어서 매우 중요하다.

어느 일방의 견해가 일방적으로 옳다기보다는 하나하나의 방어수단을 개별적으로 검토하여 그 도입 가능성을 검토하는 것이 타당하다고 생각한다. 아울러 이러한 문제는 한국적인 기업집단의 기업지배구조와 개별기업의 기업지배구조의 문제와 같이 논의되어야 하며, 이러한 병행적인 고려 없이 외국의 입법례를 무비판적으로 도입한다거나 내지 한국기업에 대해서만 비판적으로 보고, 외국자본에 대해서는 관대하기만 한 태도 역시도 옳지 않다고 본다.

III. 상법개정과 적대적 기업인수 방어수단의 도입

1. 법무부의 상법개정안 성안

법무부의 상법개정안 성안 과정에서 미국의 대표적 경영권 방어수단인 포이즌 필(poison pill)의 도입 여부가 검토되었고, 전국경제인연합회 등 산업연합회(Industry Association)를 중심으로 경영권 방어수단의 도입에 대한 주장이 제기되었고, 이에 대한 반재벌운동을 주도하여 왔던 시민단체의 반대도 상당하였다.

적대적 기업인수에 대한 방어수단으로서 포이즌 필 등이 정당화될 수 있는 맥락은 이러한 포이즌 필이 기업가치(corporate value)를 지키기 위한 수단으로 사용될 때 찾아질 수 있다. 그러므로 포이즌 필이 기업가치를 지키기 위하여 사용되고 있는가에 대한 판단기준이 필요하게 된다. 그러므로 이러한 논의의 전 단계로 적대적 기업 인수에 대한 방어수단으로 기업가치를 지키기 위하여 포이즌 필이 사용된다는

---

169) 한국경제신문, 2004.11.11.자.

170) 시장개혁로드맵, 공정거래위원회(2003.11.7.).

171) M&A 방어수단으로서, 기업의 인수비용을 높이거나, 기업의 인수로 인한 기대수익을 감소시킴으로써, 기업인수자에 대한 부담을 가중시켜 방어수단으로 사용될 수 있는 일체의 수단을 말하며, 경영권 방어에는 도움이 되지만 역으로 기업의 가치에는 부정적일 수 있어 '포이즌 필'이라고 부른다.

논의의 전제인 기업가치가 무엇인가라는 논의가 필요하게 된다. 기업가치란 적극적인 의미에서 장기적으로 기업이 발생시키는 기업의 부가가치의 총합을 의미한다고 할 수 있을 것이다. 반면, 소극적인 관점에서는 경영자의 보신을 목적으로 하는 것을 제외한다고 정의될 수 있다. 경영자의 보신이라 함은 경영자의 주관적인 의도라는 관점에서 보는 것이 아니라, 제3자의 관점에서 경영자가 자신의 개인적인 이익에 도움이 되는 경우를 말한다는 것을 유의할 필요가 있다.

이러한 논의의 맥락은 한국에서도 그대로 적용될 수 있다. 우리가 포이즌 필의 도입을 논의하는 이유는, 바로 기업이 적대적 인수의 상황에 놓였을 때 기업에 이러한 기업인수가 기업의 가치의 상승에 도움이 될 것인지, 아니면 기업의 가치를 훼손시키게 되는 인수에 대하여 그 목적을 살펴 대응할 수 있는 적절한 장치를 제공할 수 있도록 하는 것을 그 주된 목적으로 한다고 할 것이기 때문이다.

이러한 기본적인 기준점은 그것이 외국계 자본이든, 국내자본이든 자본의 국적에 따라 달리 적용할 필요가 없다고 할 것이다. 또한 글로벌화되는 국내 기업 환경을 고려한다면, 다른 국가와의 규범수준과 비교하여 한국에 국적을 두고 있는 회사들에 대하여 특별히 불리하게 작용하는 기업경영권 시장에서의 방어수단만이 제공되어서는 안 된다는 점이 같이 고려되어야 할 것이다.

2. 포이즌 필의 경우

포이즌 필의 경우에도 다른 기업경영권 방어수단의 도입과 같은 맥락에서 논의되고 있다. 시민단체에서는 모든 경영권 방어수단에 대하여 대규모기업집단의 악용 우려가 있다고 하면서 반대한다. 미국, 유럽 각국 등에서 자국 기간산업의 보호를 위하여 도입하고 있는 기간산업보호법제의 경우에도 우리의 경우에는 대규모기업집단의 악용을 우려한다면서 반대하고 있다. 하지만 오히려 이러한 입법은 필요한 것이며, 문제는 관련된 국제조약과의 관계에서 우리 정부가 지켜야 하는 의무로 인한 제약이라고 생각한다. 그리고 소위 대규모기업집단은 왜 보호의 대상이 되면 안 되는지에 대해서도 쉽게 답을 찾을 수는 없지만, 대규모기업집단을 우려하여 다른 많은 기업들의 경우에는 방어수단을 활용할 수 없도록 하는 것이 어떻게 정당화될 수 있는지도 의문이다.

(1) 기업의 입장: 포이즌 필의 도입이 필요하다는 주장

기업의 입장에서는 해외투자자의 증가에 의한 적대적 M&A 가능성의 증대에 따라서 방어수단의 강화가 필요하다는 주장이 M&A 방어수단의 도입이 필요하다는 주장을 하고 있다.[172] 국내증권시장에서 외국인이 차지하는 비중이 지속적으로 증가하면서, 2005년 3월 현재 한국에서 상장기업 시가총액의 42.07%를 외국인이 차지하고 있으며, 6월 말 현재 1,563개 상장기업 중 단일 외국인이 5% 이상의 지분을 보유한 기업의 수는 전체의 24.6%인 385개 사이고, 구 증권거래법상 지분보유 목적에 관한 공시의무가 부과되는 5% 이상 지분 보유의 경우 외국인이 5% 이상 지분을 보유한 건수는 총 587건이며, 이 중 21.4%는 경영참여 목적으로 주식을 취득한 것으로 알려지고 있다.[173]

이러한 상황이 적대적 M&A에 대한 공격수단에 대해서는 제한이 미미한 반면, ① 방어수단에 대해서는 해외자본의 유치라는 명목으로 기존의 제도들 대부분이 폐지되었고, ② 상호출자나 채무보증의 금지, 금융사의 계열사지분에 대한 의결권 행사 제한 등으로 한국기업들의 경영권 방어능력은 제약을 받고 있는 반면,[174] ③ 소버린, 론스타, 헤르메스와 같은 외국계투기자본의 공격대상이 되고, 국내 기업의 경우도 KCC의 현대엘리베이터 적대적 기업인수 시도 등에서 보는 것처럼 적대적 M&A의 가능성은 현재화되기 시작하고 있다고 한다.[175]

상황은 이렇게 전개되고 있지만, 한국기업들은 불리한 상황 내지 완전 무장 해제된 상황에서 방어를 하여야 할 상황이라고 하면서, 글로벌화된 기업 환경에서는 공격에 대해서도 검토가 되어야 하지만 방어를 하여야 하는 국내 기업의 입장에서도 대등한 무기가 주어져야 하기 때문에 포이즌 필을 도입하여야 한다고 하고 있다.

---

172) 국내의 초우량 기업인 삼성전자의 경우, 현재 외국인 지분이 57%에 달하고 의결권 없는 자사주를 제외할 경우 외국인 지분율이 무려 63.8%에 달하여 어느 기업보다도 적대적 M&A 가능성이 높으며, 현재 의결권을 가지고 있는 지분의 비율은 17.8%이며, 독점규제및공정거래에관한법률 개정된(2004.12.31.) 제11조에 의하면, 금융계열사의 의결권이 제한되어 삼성생명(7.2%), 삼성화재(1.3%)의 보유지분에 대한 의결권이 줄어들어 결국 이 경우에는 15% 선의 내부지분율을 가지게 되어, 외국인투자자에게 한국의 초우량 기업을 고스란히 내어주는 일이 생긴다고 주장한다(조선일보 2004.11.8.자).

173) 서울신문, 2005.8.12.자.

174) 전삼현, "M&A 관련 역차별적인 규제의 개선방안", 상장협 추계호(2005), 114 - 122면.

175) 전국경제인연합회, "일본의 경영권방어관련 회사법개정 동향과 시사점", 3면(2005).

(2) 포이즌 필 도입에 대한 반론

일본에서 라이브 도어 사건이 있은 이후에 포이즌 필의 도입 및 강화에 대한 논란이 있고 여러 논문들이 제기되고 있지만, 한국적인 상황을 고려하여 이러한 검토가 이루어져야 하는바, 한국의 경우와 같은 재벌의 세습적인 경영권승계가 이루어지는 국가에서 만일 포이즌 필이 도입되게 되면, 이러한 포이즌 필은 기업의 경영세습을 위한 수단으로 사용될 위험이 존재한다고 주장되고 있다.

이러한 주장을 하는 논자들이 포이즌 필을 도입하여서는 안 된다고 하면서 제시하는 이유는 두 가지다. 하나는 1982년 처음 고안된 이후 23년이 지난 지금까지도 미국에서 그 정당성과 관련하여 논란이 끊이지 않고 있다는 점이다. 그러나 더 중요한 것은 우리나라에 도입될 때 포이즌 필은 그 부정적 요소들이 긍정적 요소들을 크게 압도할 것이라고 주장한다.

이러한 논자들은 미국에서는 포이즌 필을 주주총회가 아닌 이사회 의결만으로 도입할 수 있음에도 불구하고, 당초 예상과는 달리 심각한 문제를 일으키지 않았다고 하지만 미국에서도 많은 논란이 포이즌 필에 대해서는 있고, 오히려 기업가치의 증대를 위하여 포이즌 필을 철폐하기도 한다.176) 포이즌 필 등 경영권 방어수단의 도입을 반대하는 견해를 주장하는 자들은 우리나라의 경우 어느 한 견제장치도 제대로 갖추어져 있지 않다고 보면서, 기존 사외이사의 독립성 결여, 법원의 보수성, 기관투자자들의 소극적 주주권행사 등 기존에 지적하였던 점을 주장하지만 그 배후에는 우리나라 대규모기업집단들의 경우 외부주주들의 이익보다는 총수 일가의 이익을 위해 포이즌 필을 사용할 소지가 농후하다는 재벌에 대한 불신에 기초한 견해라

---

176) 미국에서는 독립적인 사외이사들이 어느 정도 견제역할을 하고 있다는 것이다. 특히 이들의 보상이 1990년대 이후부터 주가에 연계되면서 주가인상 요인인 적대적 인수에 매우 호의적인 태도를 갖게 되었다는 것이다. 또한 미국에서는 법원이 판례법을 통해 어느 정도 포이즌 필의 남용을 막고 있다는 점이다. 대다수의 미국기업들을 관할하는 델라웨어 주법원은 1985년 비록 주주총회가 아닌 이사회 결의만으로도 포이즌 필을 발행할 수 있다고 판시했지만, 가장 극단적인 형태의 포이즌 필들은 허용하고 있지 않다. 한편, 미국에서는 연기금 등 기관투자자들이 포이즌 필의 남용을 강력하게 견제하고 있다. 이들 기관투자자들의 의결권행사기준을 살펴보면 주주동의 없이 포이즌 필을 도입하는 경우, 관련 이사들의 선임에 반대하도록 하고 있다는 점 등이 우리와의 차이점이라고 할 수 있다. 하지만 이러한 포이즌 필은 결국 기업인수를 어렵게 하므로 기업가치를 극대화할 수 있는 기회를 배제하는 것도 사실이므로, 이에 대한 유지는 오로지 하나의 판단기준만이 있는 것이 아니며, 회사의 가치나 주주가치의 극대화를 위하여 결정하여야 할 정책적인 판단사항이라고 할 것이다(Troy A. Paredes, "THE FIRM AND THE NATURE OF CONTROL: TOWARD A THEORY OF TAKEOVER LAW, Journal of Corporation Law Fall(2003); Dennis J. Block, Michael B. Arouh, Cadwalader, Wickersham & Taft, PUBLIC COMPANY M&A: RECENT DEVELOPMENTS IN CORPORATE CONTROL, PROTECTIVE MECHANISMS AND OTHER DEAL PROTECTION TECHNIQUES" Contests for Corporate Control: Current Offensive & Defensive Strategies in M&A Transactions(2003)).

고 할 것이다. 이런 주장을 하는 견해에 의하면, 경영세습에 대한 욕구가 매우 강하고, 경영세습을 위해서라면 소액주주들의 이익을 침해하는 거래도 서슴지 않는다고 보고 있으므로 결국 정관상 포이즌 필 제도의 도입, 포이즌 필의 발행, 포이즌 필상의 권리행사 전 과정을 주주총회의 결의로써만 가능하게 규제하더라도 우리나라에서는 남용될 소지가 크다고 생각하고 반대하는 것이다. 이러한 주장을 하는 김우찬 교수는 상법개정특별분과위원회가 미국에서 나타난 포이즌 필의 일부 긍정적인 측면을 침소봉대해서 이를 근거로 포이즌 필의 도입을 정당화하지 않아야 한다고 주장한다.[177)

(3) 검토

포이즌 필이란 기본적으로 적대적 인수대상 회사의 경영진이 적대적 인수에 대비해 기존주주들에게 회사주식을 매우 낮은 가격에 매입할 수 있는 권리를 미리 지급함으로써 인수비용을 현격히 높이는 것으로 그 자체로 선도 악도 아니라고 생각한다. 포이즌 필은 사용자의 의도에 따라서 주주들에게 손실이 될 수도 있고 이득이 될 수도 있다. 만약 적대적 인수에 따른 경영진 교체로 기업가치가 상승될 수 있는 상황임에도 불구하고 기존 경영진이 자신의 경영권을 계속 유지시키고자 하는 이기적 동기에서 포이즌 필을 사용한다면 이는 너무나도 명백하게 주주들에게 손해가 될 것이며, 이는 반대하는 측의 우려와 같이 자원배분의 왜곡이고 사회후생의 감소와 같은 결과를 가지고 올 수 있다.

하지만 포이즌 필은 적절히 이용하면, 인수 시의 기업가치를 극대화하여 주주로 하여금 이익을 가지게 할 수 있는 수단이 될 수도 있고, 이견이 있을 수 있겠지만 기업의 문화나 가치를 유지하는 수단이 될 수 있다. 인수대상 회사 주주들의 가격협상력을 높여 주주들이 보다 높은 가격에 회사를 매각할 수 있도록 해 주는 측면이 있다. 또한 포이즌 필은 인수자가 기업가치 제고보다는 사적 편익에 더 관심이 많은 경우 이러한 인수자로부터 잔존주주의 이익을 보호해 주는 긍정적인 효과가 있다. 또한 신뢰에 기초하지 않으면서 어떠한 이익도 모두 불신하고 전혀 도입에

---

177) 김우찬, 포이즌 필: 한국에선 진짜 독(2005.9.30.). 그는 주주총회소집을 기껏해야 주주총회 2주 전에 통지하고, IT 강국이면서도 아직 전자투표제도를 한 번도 실시한 바 없고, 증권예탁원의 그림자표결(shadow voting)로 주주의 의결권행사를 독려할 유인이 전무하며, 영업상의 이해관계 때문에 기관투자자들이 항상 경영진에게 찬성표를 던지는 현실에서 주주총회의 결의는 요식행위에 지나지 않기 때문에 주주총회에 대해서도 신뢰하지 않는다 (http://www.peoplepower21.org/article/article_view.php? article_id=14700(2005.10.17.).

반대하는 것도 쉽게 동의하기 어려운 점이기도 하다. 결국 중요한 것은 포이즌 필을 사용하는 경영진의 의도가 남용되지 않도록 하는 견제장치의 유무이며, 오히려 적절한 견제장치를 만들어서 작동하도록 하면서 이를 남용하려고 하는 경우에 대하여 행태적인 규제를 하는 것이 타당하다고 할 것이라고 생각한다.

규범정립의 필요성은 미국이나 EU 국가들과 같은 적대적 기업인수 및 합병에 관해 사회적으로 공유하고 있는 규범이 확립되어 있지 않으므로, 우리의 경우 규범정립의 필요성은 매우 크다고 할 것이다.[178] 이러한 규범 부재 상황이 방치되면 기습공격과 과잉방어가 반복되어 기업가치의 창출에 기여하여야 할 적대적 기업인수 합병이 오히려 기업의 활력을 저해하게 될 것이므로, 이의 해결을 위해서는 방어수단에 관한 공정하고 합리적인 기준의 확립이 필요하다고 생각한다. 어떤 제도가 긍정적인 면과 부정적인 면을 공유하고 있는 경우 마치 자동차가 생활을 위한 많은 편리성을 주지만, 한 해에 자동차 사고로 인하여 사망하는 사람의 수를 생각하면 자동차라는 기계를 쓰지 못하도록 하는 것이 타당할지 모르지만, 여전히 여러 가지 안전장치를 계속 개발하면서 발전적인 방향으로 사용될 수 있도록 하는 것과 마찬가지로 일단 방어수단을 충분히 기업들에 제공하는 것이 가장 급선무라고 생각된다. 이러한 방어수단을 제공하였을 때 예상될 수 있는 문제점에 대한 보완책을 강구하는 것은 그 다음의 논의 순서라고 하겠다.

결국 입법을 할 수 있도록 필요한 조치들을 취하여야 한다. 일본과 같은 신주예약권 내지 워런트(warrant)와 같은 장치의 도입 및 이에 기초한 포이즌 필의 공정한 이용을 할 수 있도록 하는 기준의 제시 및 정립, 이사 등의 의무에 대한 규범의 정립 등을 동시에 해 나갈 수 있도록 입법적인 정비를 하여야 할 것이다.

Ⅳ. 한국형 포이즌 필의 도입을 위한 제도에 대한 입법론

1. 한국에서의 포이즌 필의 도입 가능성

실제에 있어 현재 우리나라에서 미국식의 포이즌 필을 도입하는 것은 불가능하다고 보인다.[179] 왜냐하면 우선 워런트의 발행이 곤란한 것으로 인식되고 있고, 투자

---

178) 김홍기, 전게논문, 188 – 193면.

주식과 같은 회사의 자산을 주주에게 배당하는 현물배당도 불가능한 것으로 인식되고 있다는 점이 가장 중요한 두 가지의 장애물이기 때문이다.[180] 한국에서 미국식의 논의를 그대로 도입하여 포이즌 필을 도입할 수 있다면, 국내에서 포이즌 필에 대한 논의에 있어 미국에서의 전개를 가지고 도입에 대한 검토를 할 수 있을 것이다. 하지만 보완책이 정비되지 않고는 미국에서의 사회 및 기업문화와 상이하고 법제도 상이한 한국에서 이를 시행하는 것은 타당하지 않고, 실제 부작용이 있을 수 있다.

그러므로 기본적인 보완책을 생각하여 보면, 우선 방어수단에 대한 공시제도를 충분히 정비하여 다소 복잡하게 된 제도에 관한 정보의 흐름이 충분히 이루어지도록 하여야 한다. 두 번째로 방어수단의 타당성에 대한 판단은 기업가치기준에 입각하여 판단하여야 한다. 이사회가 취한 방어수단이 법적으로 타당한지 여부는 ① 적대적 기업인수 합병이 기업가치에 대해 위협을 가하였는지(기업가치에 대한 위협의 존재 여부), ② 가해진 위협에 비추어 방어수단이 상당한 것이었는지(과잉방어 여부), ③ 방어수단을 채택함에 있어서 이사회는 신중하고 적절하게 행동하였는지(이사의 선관주의의무 이행 여부)를 기준으로 판단하여야 한다.[181]

세 번째로는 합리적인 방어수단은 과잉방어의 가능성을 줄이기 위하여 주주의사에 기한 이른바 평상시 도입 후 유사시 발동형이 바람직하다. 방어수단은 ① 평시에 사전적으로 도입하여(평시도입), ② 그 내용을 공시하고 설명하여야 하며(공시설명의무), ③ 주주총회의 결정으로 철회가 가능하여야 한다(주주총회결의에 의한 철회 가능성의 유보).

넷째, 방어수단이 경영자에 의하여 악용되는 것을 방지하기 위하여 적절한 조치가 동반적으로 강구되어야 할 것인바, 유사시에 경영자들은 회사의 기업가치 방어목적이 아니라 경영자의 지위유지 목적으로 악용되는 것을 방지하기 위해서는 ① 방어수단의 유지 철회에 관한 독립적인 사외이사나 사외감사 등의 판단이 중시되는 시스템(독립사외자에 의한 점검)의 정비, ② 방어수단의 철회조건을 미리 객관적으로 설정하고 매수제안에 응할 것인지의 여부에 관한 판단은 최종적으로 주주가 하며, 기업가

---

179) 송옥렬, 포이즌 필의 도입가능성 - 일본에서의 논의를 중심으로, BFL(2005.7.), 49 - 50면.

180) 이러한 두 가지에 대해서 실무계에서는 불가능한 것으로 보고 있다.

181) 비교하여, 유럽에서의 이사의 중립의무나 Break - through rule 등과 관련하여 제13지침에 대하여 CHRISTIAN KIRCHNER, RICHARD W. PAINTER, *TAKEOVER DEFENSES UNDER DELAWARE LAW, THE PROPOSED THIRTEENTH EU DIRECTIVE AND THE NEW GERMAN TAKEOVER LAW: COMPARISON AND RECOMMENDATIONS FOR REFORM,* Journal of American Society of Comparative Law(2002).

치를 제고할 가능성이 큰 매수제안에 대해서는 방어수단이 작동하지 않도록 하는 시스템(객관적 해제요건 설정형), ③ 평상시 방어수단을 채택하는 시점에서 주주총회의 승인을 얻도록 하고 유사시에 방어수단을 철회할 때에는 그 방법(이사회의 판단기준이나 판단의 프로세스 등)에 관해 주주의 수권이 필요한 시스템(주주총회수권형)이 되어야 한다는 것이 전제조건으로 구비되어야 할 것이다.

2. 한국형 포이즌 필에 대한 검토

한국과 일본은 일본이 2001년과 2002년 회사법을 개정하기 이전에 매우 유사한 법제를 가지고 있었다. 이러한 점에서 일본에서의 논의는 우리나라에도 매우 시사적이라고 할 것이다. 이하에서는 일본에서의 논의를 참고하여 한국에서 포이즌 필과 관련된 논의를 하기 위한 몇 가지 논점을 정리하여 보기로 한다.

(1) 방어수단 설계의 3가지 기본원칙

① 기업가치 주주공동이익 확보 향상의 원칙, ② 사전공시 주주의사의 원칙, ③ 필요성 상당성의 원칙이라는 세 가지의 원칙이 일본의 경제 산업성 및 법무성의 방어수단에 관하여 경제 산업성과 법무성에서 전형적으로 신주예약권을 이용한 포이즌 필에 대하여 '기업가치 주주공동의 이익의 확보와 향상을 위한 매수방어책에 관한 지침'이 제시되었다.[182] 적대적 기업인수 합병이라는 위기상황이 발생한 국면에서 취하는 사후적 방어수단으로서의 유사시 도입 유사시 발동형 신주의 제3자 배정과 같은 경우에는 일본에서 이미 판례가 정립되어 있는 반면, 평상시 도입 유사시 발동형의 경우에는 그러한 경험과 판례의 축적이 없어서 이에 대하여 가이드라인을 제시하는 것이 필요하다고 판단하였기 때문이라고 할 것이다.

1) 기업가치 주주공동이익의 확보 향상의 원칙

방어수단은 기업가치 및 주주공동의 이익향상을 위한 것이어야 하며, 경영자의 지위유지를 목적으로 하여서는 안 된다는 것이다. 포이즌 필과 관련하여 항상 존재하는 기본적인 긴장관계는 포이즌 필이 적절히 제어 가능한 방식으로 설계되지 않

---

182) 이 지침은 과잉방어에 대한 규제에 초점을 맞추고 있기 때문에 외국정부나 기관투자자들은 환영하는 분위기이고, 이 지침이 실무에서 제대로 지켜질지 우려하는 쪽에서는 이 지침에 대해 법적 구속력을 갖는 규범력을 부여하자는 주장도 있다[大杉謙一, "企業買收防禦策의 存在方式", 商事法務 No. 1723(2005.2.25.)].

으면, 경영자가 자신의 경영권을 유지하는 수단으로 사용할 수 있다는 것이기 때문이다.

이러한 목적에 부합할 수 있는 방어수단으로 예시된 것은 다음과 같다.

첫째, 그린메일형의 주식매수나 초토화 목적의 주식매입, LBO(Leveraged Buy‐Out) 등을 이용한 버스트 업 인수(bust‐up takeover)를 저지하기 위한 방어수단이 이러한 경우에 해당한다고 한다.

둘째, 강압적인 2단계 기업인수(coersive two‐step takeover)에 대한 방어수단으로 사용되는 경우를 예로 들 수 있는바, 주주에게 심리적인 압박감을 주는 이러한 기업매수에 대한 방어수단은 주주의 재산상 손해를 회피할 수 있다는 점에서 정당화될 수 있다고 할 것이다.

셋째, 주주의 현명한 판단을 보장하고 보다 나은 매수제안을 이끌어 내기 위한 수단으로 포이즌 필이 사용되는 경우를 예로 들 수 있다. 주주들은 정보 부족으로 인하여 그릇된 판단을 할 수 있는바, 이러한 정보 부족으로 인한 잘못된 판단을 방지하기 위하여 매수자의 정보제공을 촉진할 목적으로 도입된 방어수단이나, 매수자의 제안보다 유리한 제안을 이끌어 낼 목적으로 시간을 확보하고 교섭력을 제공하기 위한 방어수단이 이에 해당한다.

2) 사전공시 주주의사의 원칙

제2의 원칙은 방어수단은 사전공시의 원칙이 철저하게 준수되는 상태에서 주주의 합리적인 의사에 기해 도입되어야 한다는 것이다.

(가) 사전공시의 원칙[183]

포이즌 필이 도입되는 경우 포이즌 필은 주주나 투자자, 잠재적인 매수자의 예측가능성을 제공하기 위하여 방어수단의 목적, 구체적인 내용과 효과 등을 공시할 필요가 있으며, 이때 공시방법은 상법이나 구 증권거래법, 증권거래소의 공시규정 등이 요구하는 최소의 공시기준에 맞출 것이 아니라, 영업보고서나 사업보고서 등을 활용하여 적극적으로 공시하는 것이 적법성을 확보하는 방안이 되도록 하여야 할 것이다.

---

183) 공시기능의 중요성에 대한 같은 견해로는 김홍기, 전게논문, 217면.

(나) 주주의사의 원칙

포이즌 필은 주주총회의 승인에 의하여 도입하는 경우와 이사회의 결의로 도입하는 경우가 있을 수 있는바, 주주총회의 승인을 얻어 도입하는 경우와 달리 이사회의 결의로 도입하는 경우에는 주주의 총제적 의사에 의해 방어수단을 폐지할 수 있는 수단이 확보되어 있어야만 비로소 주주의사원칙에 반하는 불공정한 방어수단의 예로서는 방어수단의 폐지 자체를 불가능하게 하는 이른바 데드 핸드(Dead Hand) 조항[184]을 둔 방어수단을 들고, 주주의사원칙에 부합하는 방어수단으로서는 주주총회의 승인이나 주주의 일정비율 이상의 동의가 있으면 방어수단을 존속시키고, 그렇지 않으면 폐지하는 조항을 둔 방어수단이 주주의사원칙에 부합하는 방어수단이라고 할 것이라고 한다.

3) 필요성 및 상당성의 원칙

제3의 원칙은 방어수단이 과잉이어서는 안 된다는 것이며, 방어수단이 과잉인지 여부를 판단하기 위하여 ① 방어수단은 그 성격상 매수자를 차별적으로 취급할 수밖에 없지만 이때에도 주주평등원칙과는 정합성을 유지하여야 한다고 한다. 이러한 원칙을 지키기 위해서는 신주예약권에 차별적인 행사조건을 붙이거나 신주예약권자를 매수자 이외의 주주로 한정하는 것은 주주평등의 원칙에 위반하지 않는다는 점을 분명하게 하고 있으며, 특정한 자에게 거부권부주식을 발행하는 것에 대해서도 종류주식의 발행은 상법상 명문으로 규정하고 있는 주주평등원칙의 예외이므로 정관변경 등 상법이 정한 절차를 준수하는 한 적법하다는 입장을 취하고 있다. ② 신주예약권의 유리발행처럼 방어수단 중에는 매수자의 재산권을 침해하는 것도 있을 수 있으나, 이러한 방어수단의 경우에는 당해 법률에서 정하고 있는 절차를 준수하면서 도입하여야 한다. ③ 유사시에는 시간적인 제약으로 인하여 주주총회를 개최하는 것이 곤란하므로 방어수단의 존폐 여부에 관한 판단은 이사회가 하게 되는바, 이때 이사회는 기업가치 주주공동의 이익에 대해 적대적 기업인수 합병이 가져올 위협을 합리적으로 인식한 후 방어수단의 존폐 및 발동 여부에 대한 판단을 하여야 하며(방어수단 발동의 필요성의 존재), 방어수단을 발동함에 있어서도 가해진 위협

---

184) 이 조항의 개념과 관련되는 전략 등에 대해서는 Stephen M. Bainbridge, "PRECOMMITMENT STRATEGIES IN CORPORATE LAW: THE CASE OF DEAD HAND AND NO HAND PILLS", Journal of Corporation Law Fall(2003).

에 비추어 과잉이 되는 방어수단을 발동해서는 안 된다(상당성의 원칙).

(2) 한국 현행법상 포이즌 필의 설계 가능성

1) 도입: 전환증권을 이용한 포이즌 필의 가능성[185]

우리나라의 법제에서 원시적 형태의 포이즌 필을 만들 수 있는 방안으로는 전환주식을 활용할 수 있다.[186] 경영권방어를 위하여 전환사채나 신주인수권부사채를 우호적인 제3자에게 발행하는 것도 인수회사의 지분을 희석화한다는 측면에서 보면 일종의 포이즌 필이라고 할 수 있다.[187] 그러나 이러한 원시적인 형태의 포이즌 필은 여러 가지 문제점을 가지고 있는바, ① 우선 현재의 법체계상 전환주식, 전환사채, 신주인수권부사채 모두 주주의 신주인수권과 유사하게 제3자 배정에 상법 제418조제2항의 일정한 제약이 따른다는 점이다.[188] 따라서 제3자에게 배정하기 위해서는 회사의 경영상 목적이 필요하게 된다. ② 또, 전환증권이 발행된 경우 오로지 경영권방어 목적으로만 부여된 특정인이 계속 보유하고, 양도되지 않아야 할 필요성이 있을 것이나, 이러한 전환증권의 양도성을 제한하는 것이 어렵고, 전환조건의 설정에 있어서 제한적으로 경영권이 위협을 받는 경우로 국한하는 것이 가능한지도 의문이다.

2) 방어수단 도입기관

(가) 주주총회의 승인을 얻어 도입하는 방어수단

주주총회의 승인을 얻어 도입하는 방어수단은 기본적으로 정관변경이나 주주총회의 결의를 통해 이루어지게 된다. 신주예약권을 활용한 포이즌 필 중 정관기재형이나 제3자유리발행형의 경우가 이에 해당할 수 있으나, 이러한 방어수단은 내용설계에 따라 보다 유리한 매수제안도 저지할 가능성이 있으므로, 이를 방지하기 위해서는 보다 유리한 매수제안이 있으면 이사회결의로 방어수단을 폐지할 수 있는 방안이 동시에 강구되도록 하여 소위 데드 핸드(Dead Hand)형 방어수단[189]이 배제되도

---

185) 송옥렬, 앞의 논문.

186) 미국에서 처음으로 포이즌 필을 만들 때 전환우선주를 가지고 만들었다.

187) 1990년대 후반 한화종금사건에서 사모전환사채가 문제가 되었다.

188) 상법 제513조의 2 제2항, 제516조의 2 제4항.

189) Stephen M. Bainbridge, "PRECOMMITMENT STRATEGIES IN CORPORATE LAW: THE CASE OF DEAD HAND AND NO HAND PILLS", Journal of Corporation Law Fall(2003).

록 하여야 할 것이라고 한다.

(나) 이사회결의로 도입하는 방어수단

이사회결의에 기한 방어수단의 전형은 신주예약권을 활용한 포이즌 필 중 차별적인 행사조항을 두어서, 예를 들면, 신주예약권자는 일정비율 이상의 주식을 소유한 주주여서는 안 된다든가 하는 식으로 규정된 신주예약권을 전 주주를 상대로 주주배정의 방식으로 발행하는 경우를 생각하여 볼 수 있는바, 이사회결의에 기한 방어수단은 공정성에 문제가 있는 것은 아니지만, 적법성이라는 측면에서는 포이즌 필 설계의 3원칙에 부합하도록 설계되어야 할 것이므로, 주주총회의 결의를 통해서 소각할 수 있다는 규정을 두거나, 매수자 이외의 주주는 원칙적으로 차별취급을 받지 않고 과도한 재산적 손해가 발생하지 않도록 하며, 이사회의 자의적인 운용을 배제하는 조치를 취하여야 한다.

문제는 기업가치 내지 주주이익을 제고하는 매수제안이 제시된 경우에는 이사회가 주주의 판단을 기다릴 필요도 없이 신속하게 방어수단을 폐지할 수 있는 방안을 강구하는 것이 필요하다고 할 것이므로, 지침에서는 이를 위하여 객관적인 방어수단 폐지기준의 마련과 독립사외자의 판단을 중시하는 시스템을 설정하여 두어야 한다고 한다. 예를 들어, ① 적대적 M&A에 대한 구체적인 평가 교섭기간을 정하고 기간경과 후에는 방어수단을 폐지하는 기준을 마련해 두는 객관적 해제요건설정형 포이즌 필과 ② 독립사외사로 구성되는 특별위원회로 하여금 방어수단의 폐지 여부를 결정하도록 하는 독립사외자에 의한 체크형이 제안되고 있다.

3) 방어수단의 적법성에 관한 판단기준

방어수단의 적법성에 관한 판단기준으로는 '주요목적설'이 언급될 수 있다. 방어수단의 사용은 주요목적이 정당하여야 방어수단의 적법성이 입증될 수 있다는 것이다. 대개의 경우 현재 경영진의 방어행위는 여러 가지의 의사 내지 목적이 혼합적으로 포함되어 있기 때문에 주요목적을 고려하여 방어수단의 적법 여부를 감안하여야 한다는 것이다.

이에 대하여 우리 법원은 비록 대법원은 아니지만, 동아제약 사건에서 북부지방법원은 경영권 방어행위에 대한 적법성 판단기준으로는 먼저, 법령이나 정관에 해당 경영권 방어행위에 대하여 구체적으로 규정된 바가 있으면 해당 방어행위가 그 법령이나 정관규정이 허용하는 범위 내인지를 기준으로 판단하여야 하고, 다음으로, 그러한 직접적인 법령 또는 정관의 규정이 없는 경우에는 해당 방어행위의 동기나 목적, 방어수단의 합리성 등을 종합하여 이사가 선관주의의무 내지 충실의무를 위반하였는지 여부를 기준으로 방어행위의 적법성 여부를 판단하되, 구체적으로는 경영권을 인수하고자 하는 자의 실체 및 계획, 그에 대한 방어행위로 이사가 추구하고자 하는 회사 또는 주주 이익의 내용, 해당 방어행위에 있어 경영권 방어목적이 차지하는 비중(예컨대, 방어행위가 경영권을 방어하는 효과가 있으면서 아울러 경영목적에 부합하는 합리성을 가진 경우인가, 아니면 방어행위가 오로지 경영권 방어만을 목적으로 한 경우인가), 해당 방어행위의 태양 및 목적 달성과의 균형성, 방어행위의 실행과정이 적정한 절차를 거쳤는지 여부(예컨대, 이사회에서 충분히 논의되고, 외부전문가들의 의견을 들었는지 여부 등), 대상 회사가 기업인수에 따른 단기적인 이익을 넘어서는 장기적인 계획을 가지고 있는지 여부 및 대상 회사 사업 내용이 사회경제적으로 또는 국가 전략적으로 차지하는 중요성 등의 여러 사정을 종합적으로 고려하여야 한다고 판시하였다.[190)]

(3) 배임죄의 문제

경영상의 판단과 관련하여 기업의 경영자에게 배임의 고의가 있었는지 여부를 판단함에 있어서도 일반적인 업무상배임죄에 있어서 고의의 입증방법과 마찬가지의 법리가 적용되어야 함은 물론이지만, 기업의 경영에는 원천적으로 위험이 내재하여 있어서 경영자가 아무런 개인적인 이익을 취할 의도 없이 선의에 기하여 가능한 범위 내에서 수집된 정보를 바탕으로 기업의 이익에 합치된다는 믿음을 가지고 신중하게 결정을 내렸다 하더라도 그 예측이 빗나가 기업에 손해가 발생하는 경우가 있을 수 있는바, 이러한 경우에까지 고의에 관한 해석기준을 완화하여 업무상배임죄의 형사책임을 묻고자 한다면 이는 죄형법정주의의 원칙에 위배되는 것임은 물론이고 정책적인 차원에서 볼 때에도 영업이익의 원천인 기업가 정신을 위축시키는 결과를 낳게 되어 당해 기업뿐만 아니라 사회적으로도 큰 손실이 될 것이므로, 현행 형법상의 배임죄가 위태범이라는 법리를 부인할 수 없다 할지라도, 문제 된 경영상의 판단에 이르게 된 경위와 동기, 판단 대상인 사업의 내용, 기업이 처한 경제적

---

190) 북부지방법원 2007.10.25.선고, 2007카합1082결정.

상황, 손실발생의 개연성과 이익획득의 개연성 등 제반 사정에 비추어 자기 또는 제3자가 재산상 이익을 취득한다는 인식과 본인에게 손해를 가한다는 인식(미필적 인식을 포함)하의 의도적 행위임이 인정되는 경우에 한하여 배임죄의 고의를 인정하는 엄격한 해석기준은 유지되어야 할 것이고, 그러한 인식이 없는데 단순히 본인에게 손해가 발생하였다는 결과만으로 책임을 묻거나 주의의무를 소홀히 한 과실이 있다는 이유로 책임을 물을 수는 없다.

우리나라에서 경영권 방어수단 논의를 함에 있어 중요한 변수의 하나가 바로 형법상의 배임죄이다. 특히 차입매수(LBO)에 대하여 배임죄로 처벌될 수 있는 위험이 완전히 제거되어 있지 않은 상황이므로 공격방법에 대해서도 제약이 있다. 반면에 방어수단에 대해서도 배임죄의 처벌 가능성이 있기 때문에 단순히 상사법적인 가처분에 의한 통제 외에 형사적인 통제가 있을 수 있기 때문에, 경영권 방어수단을 도입한다고 하더라도 그 문제는 미국 등의 경우보다 훨씬 상대적으로 적다고 할 것이라고 판단된다.

V. 마무리

우리나라에서 포이즌 필을 필두로 한 기업에 대한 적대적 기업인수에 대한 방어수단을 도입하는 것에 대하여 반대하는 견해에 대하여 분명 인정할 수 있는 부분도 있다. 하지만 이러한 점은 이 글에서 언급하는 것과 같은 기본적인 출발점에 기초하여 해결하면서, 우리 기업들에도 적절한 경영권 방어수단을 제공하도록 하는 것은 필요하다. 도입되면 절대적으로 남용될 것이라고 절대적인 불신을 보이는 것은 쉽게 동의할 수 없는 방향이므로, 방어수단의 제공과 그에 대한 남용을 제어하기 위한 기준의 제공은 우리 기업 환경에 분명히 긍정적인 영향을 줄 것이다. 투자자의 보호와 기업주주의 극대화, 기업경영진으로 하여금 장기적인 비전을 가지고 투자를 할 수 있도록 환경을 제공하는 것 등의 이러한 목적이 동시에 이루어질 수 있는 설계를 하는 것은 쉽지 않지만 추구하여야 할 과제이다. 이런 점에서 2009년 현재 논의가 진행 중인 동양메이저 사건은 중요한 시금석이 될 것이다.[191]

---

191) 경영판단의 항변과 관련하여 2009년 주목을 받고 있는 사건이 동양메이저 사건임. 2009년 10월 현재 대법원에 상고되어 계류 중임. 이 사건의 1심과 항소심은 모두 검찰이 차입매수를 배임죄 기소한 부분에 대하여 무죄를 선고

제4절 경영판단의 항변과 기업경영진의 배임죄의 성부[192]

Ⅰ. 대법원 2004.7.22. 선고 2002도4229 판결(소위 '신한판결')

경영상의 판단과 관련하여 기업의 경영자에게 배임의 고의가 있었는지 여부를 판단함에 있어서도 일반적인 업무상배임죄에 있어서 고의의 입증 방법과 마찬가지의 법리가 적용되어야 함은 물론이지만, 기업의 경영에는 원천적으로 위험이 내재하여 있어서 경영자가 아무런 개인적인 이익을 취할 의도 없이 선의에 기하여 가능한 범위 내에서 수집된 정보를 바탕으로 기업의 이익에 합치된다는 믿음을 가지고 신중하게 결정을 내렸다 하더라도 그 예측이 빗나가 기업에 손해가 발생하는 경우가 있을 수 있다.

그런데 이러한 경우에까지 고의에 관한 해석기준을 완화하여 업무상배임죄의 형사책임을 묻고자 한다면 이는 죄형법정주의의 원칙에 위배되는 것임은 물론이고 정책적인 차원에서 볼 때에도 영업이익의 원천인 기업가 정신을 위축시키는 결과를 낳게 되어 당해 기업뿐만 아니라 사회적으로도 큰 손실이 된다. 물론 현행 형법상의 배임죄가 위험범(危險犯: 또는 위태범(危殆犯))이라는 법리를 부인할 수 없지만 문제 된 경영상의 판단에 이르게 된 경위와 동기, 판단 대상인 사업의 내용, 기업이 처한 경제적 상황, 손실발생의 개연성과 이익획득의 개연성 등 제반 사정에 비추어

하였음. 대법원 판결의 원심은 부산고등법원 2009.6.25. 선고 2009노184판결(소위 동양메이저 사건)임. 이 판결에 대판 평석으로 전병우, LBO의 위법성 판단기준, 2009.10.28. 서울지방변호사 판례연구회 773차 발표회 발표문. 이 평석에서 전병우 변호사는 다음의 4가지 점을 들어 신한사건과 이 사건이 구별된다고 봄. ① 인수회사가 단순한 인수만을 위해 설립된 형식상의 회사가 아닌 금 1,000억 원 이상의 자기 자본을 가진 회사라는 점에서 합병을 통해 피인수회사에 아무런 자산증가가 없다고 할 수 없는 점이 고려되었음. 이 사건에서 인수회사의 부채 대 자본 비율은 4.7:1에 불과하였고 이 같은 점에서 인수회사의 타인 자본 대 자기 자본의 비율이 무려 220:1을 넘는 신한사건과는 구별됨. ② 인수자라 할 수 있는 동양메이저 주식회사가 인수회사의 차입금에 대한 담보를 제공하고 동양메이저가 최종적으로 피인수회사인 한일합섬을 합병할 때까지 피인수회사의 자산을 담보로 제공하지 않았음. 이 같은 점에서 인수자가 피인수회사를 인수한 후, 기존 차입금에 대한 담보로 제공한 인수자의 주식 및 정리채권 등 담보물을 피인수회사의 부동산과 은행예금으로 교체한 신한사건과는 구별됨. ③ 적법한 합병절차를 통해 합병에 반대하는 주주 및 채권자 보호절차를 거쳤음. '주식회사 상호 간 및 주식회사와 주주는 별개의 법인격을 가진 존재로서 동일인이라고 할 수 없다.'는 대법원 2004도7027 판결의 입장을 견지하는 경우, 비록 합병과정에서 주주 및 채권자의 동의를 거쳤다 해도 이는 합병절차의 효력에 관한 문제에 그칠 뿐, 합병을 통해 그들과는 별개의 법인격을 가진 대상 회사에 손해가 될 수 있는 가능성이 있는 한 배임죄의 성립을 배제할 수 없을 것으로 보임. ④ 합병주체인 동양메이저는 동양그룹 주력 계열사들을 실질적으로 소유하고 있는 동양그룹의 핵심기업으로 자산, 매출, 자기자본 등에 있어 한일합섬과 비교할 수 없을 정도의 경제력을 가진 기업이었음.

192) 제4절은 최승재, 법률신문 2004.10.28.자 3308호 게재 논문에서의 생각들을 발전시킨 것이다.

자기 또는 제3자가 재산상 이익을 취득한다는 인식과 본인에게 손해를 가한다는 인식(미필적 인식을 포함)하의 의도적 행위임이 인정되는 경우에 한하여 배임죄의 고의를 인정하는 엄격한 해석기준은 유지되어야 할 것이고, 그러한 인식이 없는데 단순히 본인에게 손해가 발생하였다는 결과만으로 책임을 묻거나 주의의무를 소홀히 한 과실이 있다는 이유로 책임을 물을 수는 없다.

Ⅱ. 경영판단의 항변

1. 의의

통상 경영판단의 법칙(Business Judgment Rule)이라 불리는 경영판단의 항변은 형사상 배임의 성부 및 민사상 손해배상에 있어, 그 행위를 한 기업의 결정권자, 소위 경영진의 본인인 회사에 대하여 손해를 가하려고 한 의도로서의 고의의 판단을 함에 있어, 기업의 경영이라는 것이 고도의 기술적인 영역이 내재하고, 아울러 위험을 수반하는 것이어서, 그 경영의 판단에 있어서의 최종적인 결과로서는 손해가 발생하였다고 하더라도, 그 손해가 경영진의 고의 내지 과실에 의한 것이 아니라, 여러 가지 경영상의 사정을 고려할 때 당시로서는 합리적인 의사결정이었으나, 여타의 추가적인 사정으로 인한 것이어서 그 경영진에게 책임을 물어서는 안 된다는 항변이다.

그러므로 이러한 항변은 반드시 고려하여야 한다는 자연과학적인 법칙을 의미하는 것이 아니라, 대리인인 경영진의 배임행위에 대하여, 대리인 행위의 합리성이 담보된다면 여러 가지 합리적인 의사결정의 대안 가운데 어느 하나를 선택한 것이 결과적으로 주주가치 내지 그 기저가 되는 기업가치에 부정적인 영향을 주거나, 현실적인 금전적인 손해를 가하였다고 하더라도 그것은 불행한 결과가 발생한 것이고, 이로 인한 비용은 대리인 비용으로 주주들이 부담하여야 하는 것이 적절한 손해 귀속의 판단이라고 하는 항변인 것이다.

2. 대법원의 경영 판단 항변의 인부

종래 국내에서는 경영판단의 항변을 우리 법원이 고려하지 않고 있다면서 도입 여부에 대한 논의와 미국에서의 경영판단법칙에 대한 소개를 해 오고 있다.[193] 그러면서 학설상으로 이사의 단순한 경영상 판단을 잘못한 것은 임무해태로 보지 않는다고 보고 있었다. 민사손해배상에 있어서 경영판단의 법칙을 적용하여 이사의 임무해태 여부를 판단하는 기준으로 사용한 것이다.[194]

그러나 대법원은 손해배상사건에서 고의 또는 과실의 성립과 관련하여 경영판단의 법칙을 고려하고 있다. 다만 법령 위반의 경우에는 경영판단법칙을 적용할 여지가 없다는 점은 명확하게 판시하고 있다.[195] 이는 법령을 위반하는 행위를 하는 경우까지 경영판단이라는 미명하에 손해배상책임을 면해 줄 수 없다는 취지이다. 이러한 경영판단의 항변은 이사의 고의 또는 과실의 판단에 있어서의 고려 요소로서 명시적으로 자구를 법원이 사용하고 있는가의 여부와는 상관없이 과실 판단을 하기 위해서는 고려할 수밖에 없는 요소이고, 실제로 법원이 대기업의 회장 등이 경영상의 판단이라는 이유로 甲 계열회사의 자금으로 재무구조가 상당히 불량한 상태에 있는 乙 계열회사가 발행하는 신주를 액면가격으로 인수한 것이 배임죄가 성립된다고 하면서, "'의무에 위배하는 행위'라 함은 사무의 내용, 성질 등 구체적 상황에 비추어 법률의 규정, 계약의 내용 혹은 신의칙상 당연히 할 것으로 기대되는 행위를 하지 않거나 당연히 하지 않아야 할 것으로 기대되는 행위를 함으로써 본인과 사이의 신임관계를 저버리는 일체의 행위를 포함한다."[196]고 하여 명시적으로 경영판단의 법칙이 적용된다는 설시를 하지는 않으나, 신임관계를 저버린 것인지의 여부를 판단함에 있어서, 합리적인 경영판단인지 여부를 고려하였다. 그러므로 우리 법원은 이미 경영 판단의 항변을 고려하고 있다.[197]

---

193) 김준호, "형법상 경영판단의 원칙 도입론에 관한 비판적 검토", 법조 통권 636호, 법조협회(2009.9.); 문정해, "미국의 최근 판결동향에 따른 경영판단원칙의 수용가능성 검토: 경영판단원칙의 개념에 관한 사법심사의 접근방식을 중심으로", 상사법연구 27권 4호(통권61호) 상사법학회(2009); 박명서, "경영판단의 원칙", 기업법연구 제17집, 기업법학회(2004).

194) 기존 견해의 대립과 판례의 전개에 대해서는 권재열, "대법원 판례상 경영판단의 원칙에 관한 소고", 증권법연구 9권 1호, 증권법학회(2008.6.).

195) 대법원 2005.7.15. 선고 2004다34929 판결; 대법원 2007.10.11. 선고 2006다33333 판결. 관련 판례들에 대한 논문으로는 한석훈, "경영진의 손해배상책임과 경영판단 원칙", 27권 4호(통권 61호) 상사법연구, 상사법학회(2009).

196) 대법원 2004.6.24. 선고 2004도520판결 등 다수.

197) 형법상 배임죄의 성립 여부와 관련한 경영판단원칙 주장에 대해서는 박미숙, "경영판단과 배임죄의 성부" – 대법원 2005.4.29. 선고 2005도856 판결에 대한 평석 –, 형사판례연구 15호(2007.9.).

3. 항변의 법적 위치

미국에서 경영판단의 항변(Business Judgment Defense)은 적극적 항변사항(affirmative defense)이다.[198] 그러므로 이를 주장하는 자가 입증하여야 한다. 그런데 우리 형법은 구성요건해당성, 위법성, 책임이라는 3단의 구조를 가지고 있으므로 이 중 어떤 법적 위치에 경영판단의 항변이 위치하는지를 정하여야 한다. 이 항변의 형법상 지위에 대해서는 형법 제20조상의 형법상 정당행위의 일종으로 이해하여 경영판단에 해당하여 자신의 행위가 정당화된다는 주장에 대한 입증책임은 경영판단이라고 주장하는 자가 부담한다는 견해[199]와 구성요건 배제사유라는 견해가 있을 수 있다. 대법원은 이 중 구성요건 배제사유로 보고 있는 것으로 보인다.[200] 한편 이사의 손해배상책임을 인정함에 있어서는 과실 여부 판단의 기준이 된다.[201] 이때는 과실의 부존재

---

198) *Revlon, Inc. v. MacAndrews & Forbes Holding, Inc.* 506 A.2d 173(Del. 1986)(소위 '르브론 사건').

199) 같은 취지의 견해로 김준호, "형법상 경영판단의 원칙 도입론에 관한 비판적 검토", 법조 통권 636호, 법조협회 (2009.9.).

200) 업무상배임죄가 성립하려면 주관적 요건으로서 임무위배의 인식과 그로 인하여 자기 또는 제3자가 이익을 취득하고 본인에게 손해를 가한다는 인식, 즉 배임의 고의가 있어야 한다. 이러한 인식은 미필적 인식으로도 족하므로, 이익을 취득하는 제3자가 같은 계열회사이고 계열그룹 전체의 회생을 위한다는 목적에서 이루어진 행위로서 그 행위의 결과가 일부 본인을 위한 측면이 있다 하더라도 본인의 이익을 위한다는 의사는 부수적일 뿐이고 이득 또는 가해의 의사가 주된 것임이 판명되면 배임죄의 고의를 부정할 수 없다(대법원 2009.7.23. 선고 2007도541 판결 【특정경제범죄가중처벌등에관한법률위반(배임)】 [공2009하, 1454]) 이 사건은 대규모기업집단에 속한 A 회사가 종합금융회사의 지급보증 아래 할인받은 어음을 결제하지 못하여 종합금융회사가 현실적·구체적으로 어음금을 대위 변제하여야 할 상황에서, 종합금융회사와의 어음거래약정에 기한 채무에 관하여 연대보증을 하고 있던 A 회사와 같은 그룹 내 계열사인 B 회사와 C 회사가 A 회사의 어음을 매입하거나 전면보증을 하는 방법으로 A 회사를 지원하여 B 회사와 C 회사가 보증한 기존의 채무를 변제하도록 한 것은 자신의 보증채무를 감소시킨 것으로서, 기왕의 보증행위로 인한 손해와는 별도의 새로운 손해를 발생시킬 위험을 가져온 것으로 볼 수 없다고 한 사례이다(대법원 2009.7.23. 선고 2007도541 판결 【특정경제범죄가중처벌등에관한법률위반(배임)】 [공2009하, 1454]).

201) 대법원은 신용협동조합과 관련된 사건에서 금융기관의 이사가 대출 관련 임무를 수행함에 있어 필요한 정보를 충분히 수집·조사하고 검토하는 절차를 거친 다음 이를 근거로 금융기관의 최대 이익에 부합한다고 합리적으로 신뢰하고 신의성실에 따라 경영상의 판단을 내렸고, 그 내용이 현저히 불합리하지 아니하여 이사로서 통상 선택할 수 있는 범위 안에 있는 것이라면, 비록 사후에 회사가 손해를 입게 되는 결과가 발생하였다고 하더라도 그로 인하여 이사가 회사에 대하여 손해배상책임을 부담한다고 할 수 없지만, 금융기관의 이사가 이러한 과정을 거쳐 임무를 수행한 것이 아니라 단순히 회사의 영업에 이익이 될 것이라는 일반적·추상적인 기대하에 일방적으로 임무를 수행하여 회사에 손해를 입게 한 경우에는 필요한 정보를 충분히 수집·조사하고 검토하는 절차를 거친 다음 이를 근거로 회사의 최대 이익에 부합한다고 합리적으로 신뢰하고 신의성실에 따라 경영상의 판단을 내린 것이라고 볼 수 없으므로, 그와 같은 이사의 행위는 허용되는 경영판단의 재량범위 내에 있는 것이라고 할 수 없다고 하면서 신용협동조합의 감사가 분식결산 등과 관련하여 그 임무를 해태한 데 중대한 과실이 있는지 여부는 분식회계의 내용, 분식의 정도와 방법, 그 노출의 정도와 발견가능성, 업무수행의 실태 등 여러 가지 사항을 고려하여 종합적으로 판단하여야 하고, 감사가 당해 분식결산 등의 행위를 알았거나 조합의 장부 또는 회계 관련 서류상으로 분식결산임이 명백하여 조금만 주의를 기울였다면 이를 알 수 있었을 것임에도 그러한 주의를 현저히 게을리 한 경우에는 감사로서의 임무를 해태한 데 중대한 과실이 있다고 할 것이며, 감사의 지위가 비상근, 무보수의 명예직으로 전문가가 아니고 형식적이었다 하더라도 그러한 사정만으로 위와 같은 주의의무를 면할 수는 없다고 판시하여 경영판단을 주의의무판단의 요소로 보고 있다고 보인다(대법원 2008.7.10. 선고 2006다39935 판결 【손해배상(기)】 [공2008하, 1125]).

를 입증하려고 하는 이사 등이 자신의 행위가 경영판단에 해당하는 것임을 입증함
으로써 면책이 될 수 있다.

Ⅲ. 미국법상 경영판단의 법칙의 발전

1. 미국법상 이사의 의무

미국법에서는 회사의 이사들은 자신이 일하는 회사와 그 주주들에게 신인의무
(fiduciary duty)가 있다고 본다.[202] 신인의무의 내용은 선관주의의무(duty of care)와
충실의무(duty of loyalty)이다.[203] 이사의 선관주의의무란 이사가 자신과 동일한 지
위에 있는 평균적인 이사가 업무를 수행할 때 요구되는 정도의 주의를 가지고 업무
를 수행하여야 하는 의무를 말하고, 이사의 충실의무는 이사가 자기 거래(self-
dealing)하는 것을 금지한다.[204] 보통법 전통에서는 신탁을 받은 자는 성실(fidelity)
하고 합리적인 노력(reasonable diligence)을 하여야 할 의무가 있다고 보았고,[205] 미
국 연방대법원도 Briggs v. Spaulding(141 U.S. 132(1891)) 사건에서 이사는 자신과
같은 지위에 있는 자들이 가지는 평균적인 신중함(prudent)과 근면성(diligent)을 가
지고 있어야 하며, 의사결정을 할 때는 자신이 속한 업계의 관행을 고려하여야 한
다고 언급하였다.

이러한 미국에서의 이사의 의무에 대한 인식이 경영판단의 법칙에 대한 이해의
출발점이다.

2. 경영판단의 법칙의 형성

미국법상 경영판단의 법칙은 법원이 이사의 행동에 대하여 가능한 개입을 하지
않으려고 하는 영국법의 전통에서 연원한다. Charitable Corp.v. Sutton 사건에서 연

---

202) Ostrowski v. Avery, 703 A.2d 117, 121-22(Conn. 1997); Anold v. Society for Sav. Bancorp.Inc.,
　　A.2d 533, 539(Del. 1996).
203) Corporate Director's Guidebook-1994 Ed. 49 Bus. Law. 1245, 1252(1994).
204) Norlin Corp.v. Rooney, Pace Inc., 744 F.2d. 255, 264(2d. Cir. 1984).
205) Charitable Corp.v. Sutton, 2 Atk. 400(1742).

원한 경영판단의 법칙이 미국법에서 발견되는 것은 Percy v. Millaudon 사건[206]이다.

(1) Percy v. Millaudon 사건(1829)

이 사건에서 루이지애나 주 주대법원은 "이사가 여러 개의 선택지 중에서 어느 하나를 선택했고, 그 결과가 손실이 발생하였다는 것에서 이사의 책임을 발견하는 것은 매우 어려운 일이다. 왜냐하면 신중한 자도 동일한 실패를 겪을 수 있기 때문이다. 만일 법원이 이러한 사안에서 이와 같은 원칙(doctrine)을 채택한다면 이는 이사에게 완벽한 지혜(perfect wisdom)를 요구하는 것이 된다. 그러나 어떤 인간도 완벽한 지혜를 가지고 있지는 않다. 그렇다면 이사의 경영판단이 잘못되었는지의 기준이 평균적인 지식을 가지고 있는 이사가 가지고 있는 합리적인 판단이었는지 여부가 될 수밖에 없다."라고 판시하였다.

(2) Watt's Appeal[207](1872)

이 사건에서 필라델피아 주 주대법원은 "이사는 주주들에게 자신의 이득을 위해서 행한 사기나 횡령, 고의적인 부정행위나 계약 위반으로 인하여 발생한 손해에 대해서 개인적으로 책임을 부담한다. 그러나 그들은 자신들이 정직하였고, 자신들이 가지고 있는 권한범위에서 공정하게 처리하였다면 비록 그것이 사후적으로는 우스꽝스럽게 보이는 결정이라고 하더라도 개인적으로 책임을 지지는 않는다."라고 판시하였다.

(3) Pollitz v. Wabash R.R. Co.[208]

이 사건에서 뉴욕 주 대법원은 "회사 경영진의 정책적인 판단, 계약이나 사업을 어떻게 추진할 것인지, 사업계획이 적절한지, 회사의 자금을 어떻게 운용할지에 대한 판단은 전적으로 이사의 정직성과 비이기적인 판단에 달려 있다. 따라서 이사들이 회사의 공통되고 일반적인 이익을 위하여 행동하였다면 설사 그 결과가 현명하지 못했고, 타당하지 못했다고 하더라도 이로 인해서 책임을 부담하지 않는다고 하였다." 그리고 이러한 판시는 이후의 사건들에서도 유지된다.[209]

---

206) 8 Mart.(n.s.) 68(La. 1829).

207) 71 Pa. 11(1872).

208) 207 N.Y. 113, 124, 100 N.E. 721, 724(1912).

209) Auerbach v. Bennett, 47 N.Y. 619, 629, 393 N.E.2d 994, 1000, 419 N.Y.2d 920, 926(1979); Levandusky v. One Fifth Ave. Apartment Corp., 75 N.Y. 530, 537－38, 553 N.E.2d 1317, 1321, 554 N.Y. S.2d 807,

3. 경영판단의 법칙이 지지되는 이유

(1) 사후적 고찰편향의 방지

아무리 사심 없고(disinterested), 충분한 정보를 가진(well-informed) 이사도 사후적으로 보면 터무니없는 의사결정을 할 수 있다는 인간의 한계를 염두에 둔 것이다. 만일 이러한 보호를 하지 않으면 사람들은 위험을 회피하기 위하여 위험한 일을 전혀 하지 않으려고 할 것이다. Percy v. Millaudon에서 연원한 이 논리는 여전히 미국 법원에서 채택되고 있다.[210]

(2) 기업경영의 위험내포적 속성

기업을 경영하는 그 자체가 위험(risk)이나 불확실성(uncertainty)이 있다. 발생확률분포가 일정하여 파악할 수 있으므로 보험을 가입한다든가 하는 방법으로 대처가 가능한 위험(리스크)과는 달리 발생확률분포를 정확하게 알 수 없는 위험은 구별되어야 한다.[211] 효율성 관점에서 새로운 제품을 개발하고, 혁신을 하고, 다른 기업의 위험(리스크)을 인수할 수 있도록 하기 위해서는 회사의 의사결정이 법관이나 배심원들의 사후비판(second guessing)에서 자유롭게 하여 줄 필요가 있다.[212]

(3) 법관이 복잡한 경영문제에 휘말리지 않도록 할 필요

경영자들은 복잡한 경영문제에 대한 의사결정을 할 수밖에 없다. 반면 법관은 이러한 의사결정을 경영자를 대신하여 하는 것에 익숙하지 않다. 그렇다면 다소간 경영자의 실수를 용인하는 것이 사회적인 관점에서 더 효율적일 수 있다는 인식을 미국 판례에서 읽을 수 있다.[213]

811(1990).

210) Cuker v. Mikalauskas, 692 A.2d 1042, 1046(Pa. 1997).

211) Frank Hyneman Knight, *Risk, Uncertainty, and Profit*, Hart, Schaffner & Marx(1921) Ⅲ. Ⅶ. 나이트 (1885.11.7.~1972.4.15.)는 미국의 경제학자로서 케이즈와 동시대인이다. 그는 기회비용이라는 개념을 확립하였고, 한계수익균등의 법칙을 정립하는 데도 공헌하였다. Risk, Uncertainty, and Profits는 그가 코넬대학교에서 받은 경제학 박사학위를 발전시켜서 출간한 책이다. 그는 시카고학파의 창시자 가운데 한 사람이다.

212) Rosenfield v. Metals Selling Corp., 643 A.2d 1253, 1262(Conn. 1994); Principles of Corporate Governance: Analysis and Recommendations § 4.01(c) Comment at 174(1994).

213) Paramount Communications Inc. v. Time Inc., Fed. Sel. L.Rep(CCH)(Del. Ch. July 14, 1989.

Ⅳ. 경영판단의 합리성 판단 요소

1. 경영 판단의 항변에 있어서의 주장 요소

위 판결에서 법원은 (1) 문제 된 경영상의 판단에 이르게 된 경위와 동기, (2) 판단 대상인 사업의 내용, (3) 기업이 처한 경제적 상황, (4) 손실발생의 개연성과 이익획득의 개연성 등 제반 사정에 비추어 자기 또는 제3자가 재산상 이익을 취득한다는 인식과 본인에게 손해를 가한다는 인식(미필적 인식을 포함)하의 의도적 행위임이 인정되는 경우에 한하여 배임죄의 고의를 인정하는 엄격한 해석기준은 유지되어야 할 것이라고 판시하고 있다. 그러므로 경영진 측의 소송대리인은 위 각 사항 중의 일부 또는 전부에 관한 항변을 통하여, 배임죄의 고의의 인식이 존재하지 않거나, 내지 존재한다는 사실에 대해서는 합리적으로 의심이 없는 수준의 입증이 이루어졌다고 할 수 없음을 항변할 수 있을 것이다.

2. 경영상의 판단에 이르게 된 경위와 동기

통상 기업의 의사결정은 대표이사 내지 실질적인 경영을 하는 사실상의 이사와 같은 배후에서 업무를 지시하는 자와 같은 상층 경영진의 검토 지시로 인한 하향식(downstream) 내지 실무자 선에서 상층으로의 상향식(upstream)의 의사 흐름에 의하여 개시된 사안이, 내부적인 실무자 선에서의 검토 및 검토 내용에 대한 외부 전문가의 의견을 종합하여, 이사회나 경영위원회 등에서 결의가 이루어지고, 이렇게 이루어진 결의가 실행이 된다. 이를 단계로 정리하면 개시(Initiation), 검토(Review), 결의(Decision Making), 실행(Execution)의 각 단계를 거치게 된다.

이와 같은 내부적인 의사결정의 흐름에 있어서, 예를 들어 영업 실무자가 당해 기업이 전략적인 제휴 관계를 맺기 위하여 지분을 인수하는 것이 바람직하다고 하여 인수하게 되는 경우와 역으로 경영진 미팅에서 지분 인수 논의가 나오고, 이에 대하여 실무 회의를 거듭한 끝에 결정된 내용인데, 추후 당해 지분의 가치가 폭락하는 경우에 내부 의사결정에서 요구되는 모든 절차가 마쳐졌고, 그 인수 가치 평가의 적정성이 담보되는 등 판단에 명백한 위법성이 존재하지 않는 한, 당해 경영판단은 존중되어야 할 것이다.

이와 달리, 경영층의 지시에 의해서 검토가 이루어졌고, 실무자들의 반대 내지 외부 전문가들의 명백한 합리적인 논거에 기한 반대 의견에도 불구하고, 아무런 근거 없이 결정이 이루어진 경우에는 경영 판단의 합리성이 의심될 수 있을 것이다. 다만 이 경우에도 다른 요소들을 고려하여 예를 들어 정실 내지 계열회사 관계의 존재, 내지 금전적인 거래의 존재 등으로 인하여, 경영진이 본인인 기업에 손해가 발생하리라는 것을 알고도 그 손해를 본인에게 가한다는 인식이 없는 한 단순한 합리성의 결여만으로 배임죄의 성립을 인정할 수 있을지는 의문이다.

3. 판단 대상인 사업의 내용

각 사업에서의 합리성 판단은 그 대상 사업에 따라 매우 다르다. 예를 들어, 사이클이 매우 큰 산업 형태인 조선업의 경우에는 호황기를 지나 불황기에 이르게 되면, 수주율이나 도크의 가동률이 현저히 떨어지게 되는데, 이러한 고려를 하지 않고, 불황기에 호황 사이클의 도래를 예상하고 투자하였는데, 예상과 달리 사이클의 회전이 늦어져서 손해를 가한 경우에는 이를 임무를 해태한 경우라고 할 수 없다.

마찬가지로, 본건에서 보증보험회사의 경우에는 보증보험 자체가 담보력이 부족한 기업이나 개인의 신용을 보완해 줌으로써 국가 경제 발전에 기여하기 위하여 설립된 회사로서, 어느 정도 보험 사고의 발생이 그 사업의 특성상 예견되어 있어 보증금액의 상환이 확실한 경우에 한하여 보증할 임무가 있다고 할 수 없음에도 이러한 특성을 무시하고 판단하여서는 안 된다는 것이 경영판단의 적법성을 고려함에 있어서 반드시 고려되어야 할 요소로서, 만일 이러한 요소가 고려되지 않는다고 한다면 당해 판단이 위법함을 면할 수 없다고 할 것이다.

4. 기업이 처한 경제적 상황

다음으로 고려되어야 할 요소가 기업이 처한 전체적인 상황이다. 회사의 손해 내지 이익의 발생은 당해 기업 자체의 판단에 의한 결과로 귀속되는 것이기는 하나, 당해 기업의 손익은 반드시 전체적인 시장 상황과 맞물려 있는 것으로서 예측하기 어렵거나, 사실상 불가능한 시장 상황의 변동으로 인하여 발생한 손해에 대하여 이를 당해 기업의 경영진 책임으로 귀속시킬 수 없다고 할 것이다. 다만 이 경우에 일시적인 효과를 주는 경제적 변수를 제거하더라도 합리적으로 설명할 수 없는 결정을 하는 경우인지 여부를 따져야 할 것이므로, '제거 판단(but for test)'을 하여서 만일 그러한 '외생 변수'를 모두 고려하더라도 여전히 합리적인 예측으로 제거 가능한 손해를 무시하고 그러한 의사결정을 하였다고 한다면, 그러한 의사결정을 경영진의 의도가 본인에 대한 배신행위라고 판단할 수 있을 것이다.

5. 손해발생의 개연성과 이득획득의 개연성

배임죄가 성립되려면 손해가 발생하였거나, 할 개연성이 존재하거나, 내지 이익이 발생할 수 있는 거래가 있음에도 이를 무시하고, 결과적으로 손해를 끼치는 것처럼 '위험범'으로서의 최소한 손해발생 등의 개연성이 존재하여야 할 것인바, 현실적인 손해가 발생한 경우뿐만 아니라 재산상의 실해 발생의 위험을 초래한 경우가 포함된다고 할 것이다.

실제에 있어 정상적인 경영판단은 '제한적인 합리성(Restricted rationality)'에 근거하여 이루어지는 것으로, 당해 시점에 있어서의 판단의 적부를 추후에 추가된 자료를 근거로 하여 판단하는 것은 적절하지 않다. 경영 판단 항변은 배임죄의 손해 요건과 관련하여, 손해가 발생할 것이 당해 의사결정의 시점에서 있어서 예견된다는 사정이 내부의 실무자 검토 내지 외부 전문가 검토에서 드러나거나, 아니면, 외부에서 당해 기업을 지속적으로 관찰하고 있는 객관적인 제3자로서의 투자기관에서의 평가 등을 고려하여 판단할 수 있을 것이다. 하지만 이러한 판단을 함에 있어서도 위에서 언급한 제한적인 합리성을 갖춘 판단으로 인정된다면 항변으로서는 족하다고 생각한다.

Ⅴ. 판례의 전개

1. 대법원 2004.7.22. 선고 2002도4229 판결의 의의

본 판례는 경영상의 판단에 있어서, 경영 판단의 항변을 받아들여 엄격한 해석기준에 의하여 판단하여야 한다고 하면서, 기업이라는 집단이 가지는 '위험 인수자

(risk taker)'로서의 속성을 고려하고 있다는 점에서 매우 의미 있는 판결이라고 할 것이다. 향후 판례의 전개를 통하여 금번 대법원 판결에서 판단의 요소로 제시한 (1) 문제 된 경영상의 판단에 이르게 된 경위와 동기, (2) 판단 대상인 사업의 내용, (3) 기업이 처한 경제적 상황, (4) 손실발생의 개연성과 이익획득의 개연성 등 제반 사정 등이 더욱 풍부하고 섬세하게 검토되리라 생각한다.

2. 경영판단원칙과 관련된 대법원판결들

(1) 대법원 2002.6.14. 선고 2001다5240 7 판결

금융기관의 임원은 소속 금융기관에 대하여 선량한 관리자의 주의의무를 지므로, 그 의무를 충실히 한 때에야 임원으로서의 임무를 다한 것으로 된다고 할 것이지만, 금융기관이 그 임원을 상대로 대출과 관련된 임무 해태를 내세워 채무불이행으로 인한 손해배상책임을 물음에 있어서는 임원이 한 대출이 결과적으로 회수곤란 또는 회수불능으로 되었다고 하더라도 그것만으로 바로 대출결정을 내린 임원에게 그러한 미회수금 손해 등의 결과가 전혀 발생하지 않도록 하여야 할 책임을 물어 그러한 대출결정을 내린 임원의 판단이 선량한 관리자로서의 주의의무 내지 충실의무를 위반한 것이라고 단정할 수 없고, 대출과 관련된 경영판단을 함에 있어서 통상의 합리적인 금융기관 임원으로서 그 상황에서 합당한 정보를 가지고 적합한 절차에 따라 회사의 최대이익을 위하여 신의성실에 따라 대출심사를 한 것이라면 그 의사결정과정에 현저한 불합리가 없는 한 그 임원의 경영판단은 허용되는 재량의 범위 내의 것으로서 회사에 대한 선량한 관리자의 주의의무 내지 충실의무를 다한 것으로 볼 것이며, 금융기관의 임원이 위와 같은 선량한 관리자의 주의의무에 위반하여 자신의 임무를 해태하였는지의 여부는 그 대출결정에 통상의 대출담당임원으로서 간과해서는 안 될 잘못이 있는지의 여부를 대출의 조건과 내용, 규모, 변제계획, 담보의 유무와 내용, 채무자의 재산 및 경영상황, 성장가능성 등 여러 가지 사항에 비추어 종합적으로 판정해야 한다.

(2) 대법원 2005.7.15. 선고 2004다34929 판결

상법 제399조는 이사가 <u>법령에 위반한 행위를 한 경우</u>에 회사에 대하여 손해배상책임을 지도록 규정하고 있는바, 이사가 회사에 대하여 손해배상책임을 지는 사유가 되는 법령에 위반한 행위는 이사로서 임무를 수행함에 있어서 준수하여야 할 의무를 개별적으로 규정하고 있는 상법 등의 제 규정과 회사가 영업활동을 함에 있어서 준수하여야 할 제 규정을 위반한 경우가 이에 해당된다고 할 것이고, 이사가 임무를 수행함에 있어서 위와 같은 법령에 위반한 행위를 한 때에는 그 행위 자체가 회사에 대하여 채무불이행에 해당되므로 이로 인하여 회사에 손해가 발생한 이상, 특별한 사정이 없는 한 손해배상책임을 면할 수는 없다 할 것이며, 위와 같은 법령에 위반한 행위에 대해서는 이사가 임무를 수행함에 있어서 선관주의의무를 위반하여 임무해태로 인한 손해배상책임이 문제 되는 경우에 고려될 수 있는 <u>경영판단의 원칙은 적용될 여지가 없다</u>고 할 것이다.

그런데 구 보험업법(1998.1.13. 법률 제5500호로 개정되고 2003.5.29. 법률 제6891호로 전문 개정되기 전의 법률) 제156조 제1항 제4호는 보험계약의 체결 또는 모집에 종사하는 자는 그 체결 또는 모집에 관하여 보험계약자 또는 피보험업자에 대하여 특별한 이익의 제공을 약속하거나 보험료의 할인 기타 특별한 이익을 제공하는 행위를 금지하고, 제218조 제5호는 위 규정에 위반한 자에 대하여 형벌을 부과하고 있는바, 원심의 사실인정과 같이 피고 1이 소외 회사의 임원으로서 보험계약의 유치를 위하여 보험계약자가 발행한 회사채를 유통금리보다 싼 표면금리에 의하여 매입하였다면, 이는 실질적으로 보험계약자에게 보험료를 할인하여 주는 것과 동일하여 위 보험업법에서 금지하고 있는 특별한 이익을 제공하는 행위에 해당된다고 할 것이므로, 피고 1로서는 위 법 규정 위반으로 인하여 소외 회사가 입은 손해를 배상할 책임이 있다고 할 것이다.

(3) 대법원 2006.7.6. 선고 2004다8272 판결

금융기관의 임원은 소속 금융기관에 대하여 선량한 관리자의 주의의무를 지므로, 그 의무를 충실히 한 때에야 임원으로서의 임무를 다한 것으로 된다고 할 것이지만, 금융기관이 그 임원을 상대로 대출과 관련된 임무 해태를 내세워 채무불이행으로 인한 손해배상책임을 물음에 있어서는 임원이 한 대출이 결과적으로 회수곤란 또는 회수불능으로 되었다고 하더라도 그것만으로 바로 대출결정을 내린 임원에게 그러한 미회수금 손해 등의 결과가 전혀 발생하지 않도록 하여야 할 책임을 물어 그러한 대출결정을 내린 임원의 판단이 선량한 관리자로서의 주의의무 내지 충실의무를 위반한 것이라고 단정할 수 없고, 대출과 관련된 경영판단을 함에 있어서 통상의 합

리적인 금융기관 임원으로서 그 상황에서 합당한 정보를 가지고 적합한 절차에 따라 회사의 최대이익을 위하여 신의성실에 따라 대출심사를 한 것이라면 그 의사결정과정에 현저한 불합리가 없는 한 그 임원의 경영판단은 허용되는 재량의 범위 내의 것으로서 회사에 대한 선량한 관리자의 주의의무 내지 충실의무를 다한 것으로 볼 것이며, 금융기관의 임원이 위와 같은 선량한 관리자의 주의의무에 위반하여 자신의 임무를 해태하였는지의 여부는 그 대출결정에 통상의 대출담당임원으로서 간과해서는 안 될 잘못이 있는지의 여부를 대출의 조건과 내용, 규모, 변제계획, 담보의 유무와 내용, 채무자의 재산 및 경영상황, 성장가능성 등 여러 가지 사항에 비추어 종합적으로 판정해야 할 것이다(대법원 2002.6.14. 선고 2001다52407 판결).

그리고 주식회사의 이사는 이사회의 일원으로서 이사회에 상정된 의안에 대하여 찬부의 의사표시를 하는 데에 그치지 않고, 담당업무는 물론 다른 업무담당이사의 업무집행을 전반적으로 감시할 의무가 있으므로, 주식회사의 이사가 다른 업무담당이사의 업무집행이 위법하다고 의심할 만한 사유가 있음에도 불구하고 이를 방치한 때에는 이사에게 요구되는 선관주의의무 내지 감시의무를 해태한 것이므로 이로 말미암아 회사가 입은 손해에 대하여 배상책임을 면할 수 없다(대법원 2004.12.10. 선고 2002다60467, 60474 판결).

(4) 대법원 2007.10.11. 선고 2006다33333 판결

회사의 이사가 법령에 위반됨이 없이 관계회사에 자금을 대여하거나 관계회사의 유상증자에 참여하여 그 발행 신주를 인수함에 있어서, 관계회사의 회사 영업에 대한 기여도, 관계회사의 회생에 필요한 적정 지원자금의 액수 및 관계회사의 지원이 회사에 미치는 재정적 부담의 정도, 관계회사를 지원할 경우와 지원하지 아니할 경우 관계회사의 회생가능성 내지 도산가능성과 그로 인하여 회사에 미칠 것으로 예상되는 이익 및 불이익의 정도 등에 관하여 합리적으로 이용 가능한 범위 내에서 필요한 정보를 충분히 수집·조사하고 검토하는 절차를 거친 다음, 이를 근거로 회사의 최대 이익에 부합한다고 합리적으로 신뢰하고 신의성실에 따라 경영상의 판단을 내렸고, 그 내용이 현저히 불합리하지 않은 것으로서 통상의 이사를 기준으로 할 때 합리적으로 선택할 수 있는 범위 안에 있는 것이라면, 비록 사후에 회사가 손해를 입게 되는 결과가 발생하였다 하더라도 그 이사의 행위는 허용되는 경영판단의 재량범위 내에 있는 것이어서 회사에 대하여 손해배상책임을 부담한다고 할

수 없다. 그러나 회사의 이사가 이러한 과정을 거쳐 이사회 결의를 통하여 자금지원을 의결한 것이 아니라, 단순히 회사의 경영상의 부담에도 불구하고 관계회사의 부도 등을 방지하는 것이 회사의 신인도를 유지하고 회사의 영업에 이익이 될 것이라는 일반적·추상적인 기대하에 일방적으로 관계회사에 자금을 지원하게 하여 회사에 손해를 입게 한 경우 등에는, 그와 같은 이사의 행위는 허용되는 경영판단의 재량범위 내에 있는 것이라고 할 수 없다.

(5) 대법원 2008.7.10. 선고 2006다39935 판결

금융기관의 이사가 대출 관련 임무를 수행함에 있어 필요한 정보를 충분히 수집·조사하고 검토하는 절차를 거친 다음 이를 근거로 금융기관의 최대 이익에 부합한다고 합리적으로 신뢰하고 신의성실에 따라 경영상의 판단을 내렸고, 그 내용이 현저히 불합리하지 아니하여 이사로서 통상 선택할 수 있는 범위 안에 있는 것이라면, 비록 사후에 회사가 손해를 입게 되는 결과가 발생하였다고 하더라도 그로 인하여 이사가 회사에 대하여 손해배상책임을 부담한다고 할 수 없지만, 금융기관의 이사가 이러한 과정을 거쳐 임무를 수행한 것이 아니라 단순히 회사의 영업에 이익이 될 것이라는 일반적·추상적인 기대하에 일방적으로 임무를 수행하여 회사에 손해를 입게 한 경우에는 필요한 정보를 충분히 수집·조사하고 검토하는 절차를 거친 다음 이를 근거로 회사의 최대 이익에 부합한다고 합리적으로 신뢰하고 신의성실에 따라 경영상의 판단을 내린 것이라고 볼 수 없으므로, 그와 같은 이사의 행위는 허용되는 경영판단의 재량범위 내에 있는 것이라고 할 수 없다.

Ⅵ. 차입매수(LBO)와 배임죄의 성부

1. 차입매수(LBO)의 의의

차입매수(Leveraged Buyout: LBO)란 기업인수에 필요한 자금을 마련하기 위하여 그 인수자가 금융기관으로부터 대출을 받고 나중에 피인수회사의 자산을 담보로 제공하는 방식을 말한다.[214] 차입매수는 일정한 기업을 인수하기 위하여 인수주체가

---

[214] 대법원 2006.11.9. 선고 2004도7027 판결(소위 '신한사건'). 이 사건에서 대법원은 차입매수에서 배임죄의 성립을 인정하였다.

인수 대상 회사의 자산을 담보로 자금을 조달하거나 대상 기업으로 하여금 채권을 발행케 하여 조달된 자금을 바탕으로 대상 회사의 발행주식을 취득하는 등의 방법 등이 사용된다.

2. 차입매수(LBO)에 대한 사회적 시각

(1) 적대적 기업인수에 대한 사회적 시각

경영학의 구루 중의 한 사람인 드러커(Peter Drucker)는 적대적 기업인수가 경제에 이로운 것인지, 해로운 것인지에 대해서는 논란이 있지만 분명한 것은 적대적 기업인수가 사회적으로는 해롭다고 본다. 왜냐하면 적대적 기업인수는 기업의 경영진이 단기실적에 매달리게 하여 장기적인 비전을 가지고 기업의 성장과 지속 가능한 발전을 도모하기 어렵게 하기 때문이다.[215] 기업들이 실패할 가능성이 있는 연구개발을 하는 것은 기업의 수익을 단기적으로 떨어뜨릴 수 있으므로 이러한 연구개발을 하는 것은 적대적 인수위협에 기업을 노출시킬 수 있다. 사회적으로 적정한 정도의 위험인수로 그로 인한 혁신이 제약을 받게 된다. 그러므로 미국에서는 적대적 기업인수 시의 프리미엄을 감소시킴으로써 적대적 기업인수가 적게 일어나도록 하여야 한다는 주장[216]이 설득력을 얻고 있으며 논쟁이 어느 일방의 승리로 마무리되지 않고 있다.

(2) 차입매수(LBO)에 대한 시각

LBO는 차입금을 이용하여 기업인수를 하는 것이므로 아래의 그림[217]에서 보는 것과 같이 일련의 기채(起債)를 한다. 이렇게 빌린 돈을 이용하여 기업을 인수하는 방식은 마이클 밀켄(Michael R. Milken)이 정크본드 시장을 활성화시켰을 때에는 고수익증권(High Yield Bond)을 찾는 투자자들의 요구에 부합하면서 미국에서 각광을 받았던 것처럼 미국에서 기업인수의 주요한 한 방식으로 인정받았다. 그러나 LBO는 피인수기업(target company)의 부채대자본비율(debt - to - equity ratio)을 엄청나게

---

215) Peter Drucker, "Corporate Takeovers - What Is to Be Done?", 82 Public Interest 3, 12(1986).

216) John Coffee, "Regulating the Mrket for Corporate Control: A Critical Assessment of the Tender Offer's Role in Corporate Governance", 84 Colum. L. Rev. 1145, 1221 - 1294(1984).

217) 위 그림은 신원섭·박용진, "세계 차입매수 시장의 확대영향과 시사점", 한은조사연구 2007 - 27호(2007) 14면에서 인용함.

높인다. 보통 LBO방식에 의해서 회사가 인수되면 부채대자본비율이 10 대 1에 이르게 된다.[218]

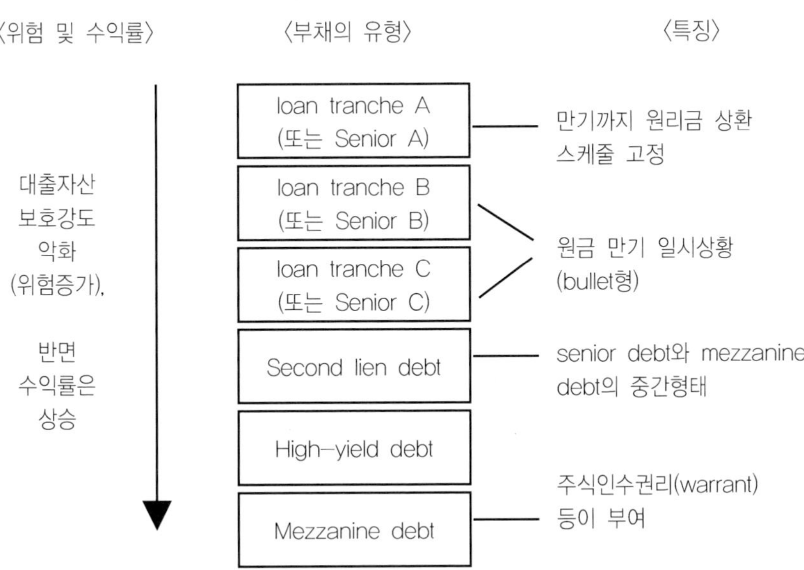

이에 대해서 LBO옹호론자들은 LBO를 통해서 증가하는 생산성을 감안하면 이와 같은 부채비율의 증가가 반드시 대상 회사의 도산위험을 높이는 것은 아니며, 증가한 채무자에 대한 변제압력으로 인하여 경영진이 인수이전보다 더 보수적이고 안정적인 투자를 하게 됨으로써 기업의 효율을 높인다고 주장한다.[219]

매수기업은 대상 기업 매수를 위하여 이른바 특수목적법인(Special Purpose Company: SPC)이 사용되기도 한다. 이 경우 특수목적법인(SPC)을 설립 한 후에 인수하려는 측에서 조달한 자금에 더해서 금융기관 등으로부터 대상 회사의 기계, 공장, 부동산, 재고자산, 매출채권 등과 장래의 현금흐름을 담보로 차입을 하거나 채권을 발행하여 자금을 조달한다. 이러한 자금으로 공격하여 대상 기업의 인수에 성공하면, 통상 SPC와 대상 회사를 합병한다. 이때 SPC는 존속회사가 될 수도 있고, 소멸회사가 될 수도 있다. SPC의 부채는 합병 후 존속회사에 승계된다. 이 부채를 변제하기 위해서 합병 후

---

218) Choper, Coffee & Gilson, *Cases and Materials on Corporation*, Sixth ed. Aspen publishers(2004) pp.1186－1187.

219) *Id*, 1187.

존속기업은 현금성 자산을 사용하는 것 외에 사업부분의 일부영업양도, 해고, 회사의 분할 등을 통하여 자금을 조달한다. 이 과정에서 주주들의 반발을 피하기 위하여 상장폐지를 하기도 한다. 이후 소위 구조조정이 성공적으로 마무리되면 재상장을 통하여 자본차익을 노리고, 실패하면 대상 기업은 도산절차를 밟게 된다. 성공한 LBO의 경우 이상적인 대상 기업의 재무제표 변동을 간단히 보면 아래 그림[220]과 같다.

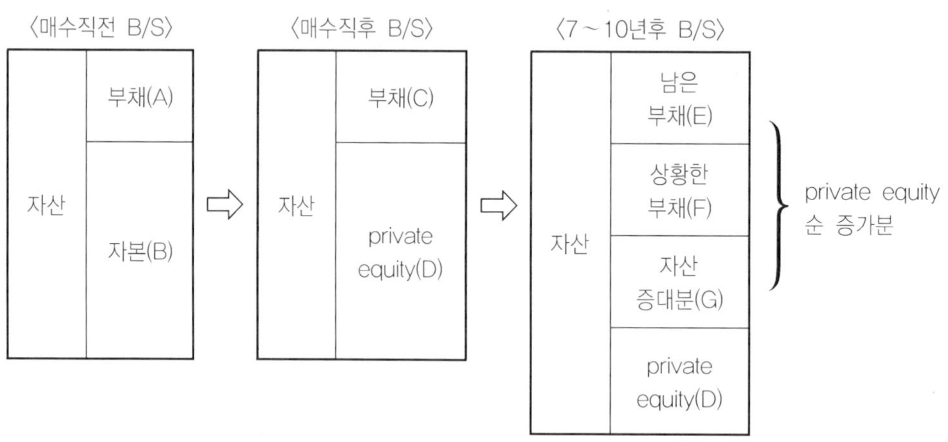

하지만 미국의 경우 옹호론자든지, 반대론자든지 인정하게 되는 것은 대상 회사의 부채가 증가한다는 것이며, 대상 회사의 20%는 결국 도산에 이르렀다. 일각에서는 모딜리아니 – 밀러(Modigliani – Miller)의 최적자본구조이론[221]을 들어 자본구조의 개선을 말하기도 하나,[222] 강제된 자본구조의 변경이 주주에게 긍정적인 것인지, 그리고 사회적으로 대상 회사의 인적 자원들이 유실되고, 경영노하우가 소실될 수 있다는 점은 어떻게 평가하여야 할 것인지는 생각해 볼 일이다.[223] 이와 함께 대상 회사의 이사는 어떤 태도를 취하여야 하는가와 관련하여 이사의 신인의무의 내용에 대해서도 논의를 할 실익이 있다.[224]

---

220) 위 그림은 신원섭·박용진, "세계 차입매수 시장의 확대영향과 시사점", 한은조사연구 2007 – 27호(2007) 7면에서 인용함.

221) 완전 시장에서 기업의 부채와 주주자본의 구성비는 기업가치(Corporate Value)에 영향을 미치지 않는다는 명제이다.

222) 이상훈, "LBO와 배임죄(상): 손익관계와 출자환급적 성격 및 법인이익독립론을 중심으로", 법조 57권 4호(통권 619호) 법조협회(2008.4.) 105 – 148면 및 "LBO와 배임죄(상): 손익관계와 출자환급적 성격 및 법인이익독립론을 중심으로", 법조 57권 5호(통권620호) 법조협회(2008.5.) 184 – 230면.

223) Choper, Coffee & Gilson, op cit, p.1187.

224) 박태현, "차입매수(Leveraged Buyout)에 있어서의 이사의 신인의무", 인권과 정의 369호, 대한변호사협회

3. LBO와 관련된 주요판결

(1) 신한판결 2제

1) 대법원 2006.11.9. 선고 2004도7027 판결(소위 '신한판결 1')

배임죄에서 '재산상의 손해를 가한 때'라 함은 현실적인 손해를 가한 경우뿐만 아니라 재산상 손해 발생의 위험을 초래한 경우도 포함되고, 일단 손해의 위험을 발생시킨 이상 나중에 피해가 회복되었다고 하여도 배임죄의 성립에 영향을 주는 것은 아니며, 재산상 손해의 유무에 대한 판단은 본인의 전 재산 상태를 고려하여 경제적 관점에 따라 판단되어야 하므로 법률적 판단에 의하여 당해 배임 행위가 무효라 하더라도 경제적 관점에서 파악하여 본인에게 현실적인 손해를 가하였거나 재산상 실해 발생의 위험을 초래한 경우에는 재산상의 손해를 가한 때에 해당한다.[225]

또한 주식회사 상호 간 및 주식회사와 주주는 별개의 법인격을 가진 존재로서 동일인이라 할 수 없으므로 1인 주주나 대주주라 하여도 그 본인인 주식회사에 손해를 주는 임무위배행위가 있는 경우에는 배임죄가 성립하고, 회사의 임원이 그 임무에 위배되는 행위로 재산상 이익을 취득하거나 제3자로 하여금 이를 취득하게 하여 회사에 손해를 가한 때에는 이로써 배임죄가 성립하며 위와 같은 임무위배행위에 대하여 사실상 주주의 양해를 얻었다고 하여 본인인 회사에 손해가 없었다거나 또는 배임의 범의가 없었다고 볼 수 없다(대법원 1983.12.13. 선고 83도2330 전원합의체 판결, 1985.10.22. 선고 85도1503 판결 등 참조).

기업인수에 필요한 자금을 마련하기 위하여 그 인수자가 금융기관으로부터 대출을 받고 나중에 피인수회사의 자산을 담보로 제공하는 방식(이른바 LBO 방식)을 사용하는 경우, 피인수회사로서는 주 채무가 변제되지 아니할 경우에는 담보로 제공되는 자산을 잃게 되는 위험을 부담하게 된다. 그러므로 위와 같이 인수자만을 위한 담보제공이 무제한 허용된다고 볼 수 없고, 인수자가 피인수회사의 위와 같은 담보제공으로 인한 위험 부담에 상응하는 대가를 지급하는 등의 반대급부를 제공하는 경우에 한하여 허용될 수 있다 할 것이다. 만일 인수자가 피인수회사에 아무런 반대급부를 제공하지 않고 임의로 피인수회사의 재산을 담보로 제공하게 하였다면,

---

(2007.5.) 195－229면.

225) 대법원 2000.11.24. 선고 99도822 판결, 2004.5.14. 선고 2001도4857 판결 등 참조.

인수자 또는 제3자에게 담보 가치에 상응한 재산상 이익을 취득하게 하고 피인수회사에 그 재산상 손해를 가하였다고 봄이 상당하다. 부도로 인하여 회사정리절차(2006.4.1. 채무자 회생 및 파산에 관한 법률의 시행으로 회생절차로 바뀌었다.)가 진행 중인 주식회사의 경우에도 그 회사의 주주나 채권자들의 잠재적 이익은 여전히 보호되어야 할 것이므로, 피인수회사가 회사정리절차를 밟고 있는 기업이라고 하더라도 위와 같은 결론에는 아무런 영향이 없다.

업무상배임죄의 고의가 인정되려면, 업무상 타인의 사무를 처리하는 자가 본인에게 재산상의 손해를 가한다는 의사가 있어야 하고, 자기 또는 제3자에게 재산상의 이득을 주려는 의사가 있어야 할 뿐만 아니라, 그의 행위가 임무에 위배된다는 인식이 있어야 할 것인바, 피고인이 피해자 본인의 이익을 위한다는 의사도 가지고 있었다 하더라도 이는 부수적일 뿐이고 이득 또는 가해의 의사가 주된 것임이 판명되면 배임죄의 고의가 있었다고 보아야 할 것이다(대법원 2000.11.24. 선고 99도822 판결, 2004.5.14. 선고 2001도4857 판결 등 참조). 피고인이 본인의 이익을 위하여 문제가 된 행위를 하였다고 주장하면서 범의를 부인하고 있는 경우에 배임죄의 주관적 요소로 되는 사실(고의, 동기 등의 내심적 사실)은 사물의 성질상 고의와 상당한 관련성이 있는 간접사실을 증명하는 방법에 의하여 입증할 수밖에 없고, 무엇이 상당한 관련성이 있는 간접사실에 해당할 것인가는 정상적인 경험칙에 바탕을 두고 치밀한 관찰력이나 분석력에 의하여 사실의 연결상태를 합리적으로 판단하는 방법에 의하여야 한다.226)

2) 2008.2.28. 선고 2007도5987 판결

기업인수에 필요한 자금을 마련하기 위하여 그 인수자가 금융기관으로부터 대출을 받고 나중에 피인수회사의 자산을 담보로 제공하는 방식(이른바 LBO(Leveraged Buyout) 방식)을 사용하는 경우, 피인수회사로서는 주 채무가 변제되지 아니할 경우에는 담보로 제공되는 자산을 잃게 되는 위험을 부담하게 되는 것이므로, 인수자가 피인수회사의 위와 같은 담보제공으로 인한 위험 부담에 상응하는 대가를 지급하는 등 반대급부를 제공하는 경우에 한해서만 허용될 수 있다 할 것이다. 따라서 만일 인수자가 피인수회사에 아무런 반대급부를 제공하지 않고 임의로 피인수회사의 재

---

226) 대법원 2003.2.11. 선고 2002도5679 판결, 2004.7.22. 선고 2002도4229 판결 등 참조.

산을 담보로 제공하게 하였다면, 인수자 또는 제3자에게 담보 가치에 상응한 재산상 이익을 취득하게 하고 피인수회사에 그 재산상 손해를 가하였다고 봄이 상당하고(대법원 2006.11.9. 선고 2004도7027 판결 참조), 이는 인수자가 자신이 인수한 주식, 채권 등이 임의로 처분되지 못하도록 피인수회사 또는 금융기관에 담보로 제공됨으로써 피담보채무에 대한 별도의 담보를 제공한 경우라고 하더라도 마찬가지라고 할 것이다.

기업의 경영에는 원천적으로 위험이 내재하여 있어서 경영자가 아무런 개인적인 이익을 취할 의도 없이 선의에 기하여 가능한 범위 내에서 수집된 정보를 바탕으로 기업의 이익에 합치된다는 믿음을 가지고 신중하게 결정을 내렸다 하더라도 그 예측이 빗나가 기업에 손해가 발생하는 경우가 있을 수 있으므로, 경영상의 판단과 관련하여 기업의 경영자에게 배임의 고의가 있었는지 여부를 판단함에 있어서는 기업경영에 있어 경영상 판단의 특성이 고려되어야 할 것이나(대법원 2004.10.28. 선고 2002도3131 판결, 대법원 2007.1.26. 선고 2004도1632 판결 등 참조), 피고인의 위 근저당권설정 행위는 자신이 에스엔드케이를 설립하여 신한을 인수하는 과정에서 필요한 자금을 마련하기 위한 것으로서 개인적인 이익을 취할 목적으로 이루어진 것에 지나지 아니하므로, 피고인의 이러한 행위를 두고 경영상 판단에 의한 것으로서 배임의 고의가 없는 경우에 해당한다고 할 수도 없다.

3) 사건의 의의

이 사건은 1심과 원심이 배임죄의 성립을 부정하고 무죄를 선고한 이후 대법원이 원심을 파기하는 취지로 원심으로 환송한 후 다시 대법원이 유죄를 확정한 사건이다. 이 사건에서 차입매수(LBO)가 배임죄가 성립될 수 있음을 확인하였다는 점에서 의의가 있다. 반면 신한사건은 매우 성공한 기업인수 사례임에도 배임죄를 인정한 것은 무리한 법 적용이라는 비판도 다수 있었다. 정리회사의 처리방식으로 M&A가 많이 사용되는 상황에서 상당부분 매수세력의 위축을 가지고 올 수 있다는 점은 인정할 수 있으나 문제는 어떻게 건전한 시장형성을 할 것인가 하는 점에서 대법원의 고민이 있다고 본다.

한편 이 사건은 경영판단법칙과 관련하여 대법원이 구성요건인 고의를 배제하는 사유로 경영판단의 법칙을 활용하고 있음을 명확하게 하였고, 경영판단의 법칙을 인정하는 근거로 기업경영의 위험내포적 속성과 사후적 고찰편향의 방지를 근거로 하고 있음을 알 수 있다는 점에서도 의의가 있다.

(2) 부산지법 2009.2.10. 선고 2008고합482,516,656 판결(소위 '동양메이저판결')

1) 검찰의 기소내용

검찰은 피고인 2는 피고인 3과 함께 서류상 회사인 동양메이저산업을 설립하여 한국산업은행 등으로부터 한일합섬 합병을 통해 차입금을 변제하는 조건으로 거액의 인수자금을 대출받거나 동양메이저가 회사채를 발행하여 모집한 자금 및 동양그룹 계열사 출자금 등으로 한일합섬 인수자금을 조달한 다음, 그 돈을 이용하여 한일합섬의 유상증자에 참가함으로써 동양메이저산업을 통하여 한일합섬의 경영권 및 대주주 지위를 취득한 후, 동양메이저산업이 한일합섬 인수를 위하여 차입한 자금을 동양메이저산업의 자기자본이나 자산을 이용해 상환하는 것이 아니라 인수 후 한일합섬을 합병함으로써, 한일합섬에 유보된 현금성 자산을 이용해 즉시 상환하기로 인수 후 시간대별 합병추진일정 등을 치밀하게 계획하였다.

이에 따라, 피고인 2는 피고인 3이 2006.12.13.경 설립한 서류상 회사인 동양메이저산업의 대표이사로 취임한 후 동양메이저산업이 한일합섬 공개매각에 응찰하여, 같은 달 26일 한일합섬의 신주와 회사채를 500,228,641,900원에 인수하는 조건으로 우선협상대상자 지위를 취득하였다.

특히, 피고인 2는 궁극적으로 위와 같이 차입금 상환을 위해 한일합섬을 합병하기로 사전에 미리 계획하였음에도 불구하고, 2007.1.30.경 공소 외 6 및 한일합섬 노동조합위원장 공소 외 11, 12와 5년간 동양메이저산업이 취득한 한일합섬의 신주를 소각하는 등의 방법으로 투자금을 회수하지 않고 한일합섬을 계속기업으로 유지하는 내용의 계속기업유지 등에 관한 협약서를 체결하고, 그 무렵 이를 한일합섬에 대한 회사정리절차를 진행 중인 창원지방법원 제11민사부에 제출까지 하였다.

그 후 피고인 2는 2007.1.31. 한일합섬 인수계약 체결과 함께, 그 인수자금 마련을 위해 한국산업은행 등 3개 은행으로부터 서류상 회사인 동양메이저산업 명의로 대출받은 4,667억 원 중 1,700억 원과 동양메이저의 회사채 500억 원 발행 등을 통하여 마련한 약 1,302억 원 등 합계 300,228,641,900원을 제3자 배정방식에 의한 한일합섬 신주 인수대금으로 납입함으로써, 한일합섬의 지분 약 62.6%를 확보하여 대주주의 지위를 취득하였다.

또한 피고인 2는 2007.2.6.경 기존에 한일합섬 내에 보유된 단기 현금성 자산 약 1,700억 원을 위와 같은 동양메이저산업의 금융기관 대출금채무 상환에 사용하기 위한 계획실행의 일환으로, 공소 외 13, 14, 15, 16 등 동양그룹 이사들과 함께 한일합섬의 등기이사로 취임하여 경영권을 장악하였다.

기업합병의 경제적 목적은 기업의 합병을 통한 경영합리화, 재무구조 개선 등을 위한 것이므로, 한일합섬과 다른 회사와의 합병을 결정함에 있어 한일합섬의 이사는 합병으로 인해 한일합섬이 생산적이고 긍정적인 합병 효과를 얻을 수 있는지, 경제적으로 이득이 발생하는지, 손해가 없는지 등을 면밀히 검토하는 한편, 이사회나 주주총회에서 그에 대한 충분한 토론과 의결절차를 거쳐 합병 여부를 결정하여 회사에 재산상 피해가 가지 않도록 하는 등 회사재산을 적정하게 관리, 보전하여야 할 업무상 임무가 있다.

한편, 합병 직전 무렵인 2007.12.31. 기준으로 한일합섬의 자산은 약 4,688억 원이고, 부채는 약 331억 원이며, 자본은 약 4,357억 원인 반면, 같은 시점 동양메이저의 자산은 약 1조 670억 원이고, 부채는 약 7,350억 원이며, 자본은 약 3,320억 원으로서 부채비율 등을 고려하면 한일합섬의 재무구조가 훨씬 견고한 상황이고, 특별히 한일합섬이 독자적 법인으로 존속하면서 그대로 기존사업을 영위하는 것이 불가능하다거나 현저히 곤란한 상황도 아니었으며, 이미 위와 같이 한일합섬에 대한 경영권을 장악한 상태에서 곧바로 한일합섬을 흡수 합병해야 할 시급하고도 특별한 경영상의 필요는 없었다.

그럼에도 불구하고, 피고인 2는 동양그룹의 최고 의사결정권자인 피고인 3의 지시에 따라, 한일합섬 내에 유보된 현금성 자산으로 동양메이저산업의 대출금채무를 상환하기 위해 한일합섬을 합병하기로 한 사전계획을 그대로 실행에 옮기기 위해, 2007.12.24. 피고인 2를 포함한 다수의 동양메이저 이사들이 실제로 참석하지 않았음에도 마치 이들이 모두 참석하여 만장일치로 합병을 결의하였다는 내용으로 이사회 회의록을 형식적으로 작성하고, 같은 날 한일합섬의 이사회 역시 피고인 2가 실제로 참석하지 않았고 이사들 간에 합병의 필요성 등에 대한 진지한 토론과 의사결정이 없었음에도 불구하고, 동양메이저와의 합병을 결의하는 내용의 이사회 회의록을 형식적으로 작성한 뒤, 위와 같은 하자 있는 각 이사회 결의에 터 잡아 2008.2.29.

동양메이저산업을 동양메이저에 합병시킨 후, 다시 2008.5.13. 한일합섬을 동양메이저에 합병시켰다. 그러면서 피고인 2는 2008.5.13. 동양메이저로 하여금 한일합섬이 단기 금융상품 등으로 보유하고 있던 1,800억 원 전액을 인출하여 한국산업은행 등으로부터 대출받은 대출금채무를 상환하는 데 사용하도록 하였다.

이로써, 동양메이저는 한일합섬을 합병함과 동시에 한일합섬이 기존에 보유하고 있던 현금성 자산을 이용하여 위와 같이 금융기관으로부터 대출받은 대출금채무를 전액 상환하였다.

결국, 피고인 2와 동양그룹의 최고 의사결정권자인 피고인 3은, 한일합섬 인수·합병 과정에서, 피고인 2가 한일합섬의 임원으로서 한일합섬과 그 주주를 위하여 직무를 성실하게 수행하여야 하고, 위 한일합섬이 타 기업의 인수·합병 대상이 될 경우 한일합섬의 자산건전성이 최대한 유지되도록 노력하며, 그 과정에서 한일합섬 및 주주의 이익이 최대한 보호되도록 선량한 관리자로서의 주의의무를 다하여 그 직무를 수행하여야 할 업무상 임무가 있음에도, 같은 업무상 임무가 있는 한일합섬의 대표이사 공소 외 23 등을 포함한 한일합섬 이사들과 공모하여, 한일합섬 인수 과정에서 차입한 대출금채무를 한일합섬의 현금성 자산을 이용해 상환하기 위한 목적으로 재무구조가 동양메이저보다 견고할 뿐만 아니라 부채가 거의 없었던 한일합섬과 그에 비하여 재무구조가 상대적으로 부실하였던 동양메이저를 합병시킴으로써, 동양메이저로 하여금 1,800억 원 상당의 재산상 이익을 취득하게 하고, 한일합섬에 동액 상당의 재산상 손해를 가하였다.

2) 법원의 판단

부산지방법원은 어떠한 형식에 의하든 인수기업이 외부 차입금으로 피인수기업의 인수대금을 지급하고, 그 인수대금채무에 대하여 피인수기업의 자산이 담보로 제공되거나 변제에 사용되어서는 안 된다는 입장에서, 이 사건 동양메이저의 인수, 합병은 한일합섬의 현금성 자산으로 인수대금 차입금을 상환하는 배임행위의 형식적 수단에 불과하다고 정리한다.

법원은 동양그룹이 아무런 경영상의 이유 없이 오직 한일합섬의 현금성 자산을 인수차입금채무에 변제하는 방법으로 한일합섬을 취득할 목적으로만 공개매각절차에 참여하여 한일합섬을 인수·합병한 것은 아니라 할지라도, 최초 LBO방식의 'H 프로젝트'에 의하여 한일합섬의 인수자금을 조달하려고 계획하였다가 대법원판례에 따른 한국산업은행의 지적을 받고 대출계약을 변경한 점, 인수대금 대출계약을 체결하면서 동양메이저산업과 한일합섬의 합병을 전제한 점, 한일합섬을 인수하여 합병할 때까지 장기간 유보되어 있던 3,000억 원 상당의 현금성 자산을 투자하지 않았던 점, 합병등기와 동시에 즉시 한일합섬의 자산이었던 1,800억 원을 인출하여 인수차입금채무의 변제에 사용한 점 등에 비추어 보면, 동양그룹은 경영상의 이유 외에도 한일합섬을 인수하기 이전부터 한일합섬 내에 유보되어 있었던 현금성 자산 1,700억 원 상당을 인수차입금채무의 변제에 사용할 생각이었던 것은 사실로 보인다.

그렇지만 기업의 인수·합병의 동기에 합병 이후에 피인수합병기업 내의 자산으로 인수차입금채무를 변제하겠다는 의도가 포함되어 있다고 하여, 합병의 법률적·경제적 효과를 전혀 무시한 채 이를 피인수합병기업에 대한 배임행위라고 단정하여 평가하기는 어렵다고 할 것이다. 합병으로 인해 인수기업과 피인수기업은 인격적으로 합일하여 일체가 되고, 그 효과에 의하여 합병 이후 인수기업과 피인수기업의 재산은 혼연일체가 되어 구분할 수 없게 되므로, 합병 이후에 원래는 피인수기업이 보유했던 자산으로 존속하게 된 인수기업이 원래 부담하고 있던 채무의 변제에 사용하는 것은 합병의 주된 또는 다른 동기였던 경영상의 이유와 결합되어 기업의 내부적·자율적 자금운용행위와 특별히 구분된다거나 다른 성질의 것이라 보기 어렵게 되기 때문이다.

검찰의 주장에 따라 동양그룹의 이 사건 합병이 오직 한일합섬의 유보된 현금성 자산을 이용하기 위한 것이라고 인정된다고 하더라도, 형법 제355조 제2항이 규정하고 있는 배임죄는 타인의 사무를 처리하는 자가 그 임무에 위배하여 재산상 이익을 취득하고 본인에게 손해를 가한 때에 성립하는 범죄인바, 이 사건에서 한일합섬이 동양메이저에 합병되는 것이 한일합섬에 어떠한 손해를 발생시키는 것인지 이를 구체적으로 인정할 만한 아무런 증거가 제출되어 있지 않다. 합병대상인 회사의 재무구조가 매우 열악하여 합병을 하게 되면 일방의 재산 잠식이 명백히 예상됨에도 합병을 실행하여 그로 인해 재산 잠식 등의 재산상 손해가 발생된 경우에는 합병을 주도한 이사들의 배임 여부가 문제 될 수도 있다고 할 것이나, 동양메이저가 동양그룹의 지주회사로서 한일합섬과 비교하여 경제력이 우월한 이 사건의 경우 합병으로 인하여 한일합섬에 재산 잠식이 발생되었다거나 그러한 합병이 한일합섬에 경제적으로 심히 불리한 것이라 보기는 매우 어렵다 할 것이다.

합병은 두 법인이 합일되는 것이므로 합병 이후에는 일방의 손해와 일방의 이익을 관념할 수 없고, 소멸된 회사, 주주, 채권자 등의 권리침해도 관념할 수 없다. 합병이 관계 법령에 의하여 유효한 이상, 합병과 동시에 피합병회사의 자산이었던 예금 등으로 존속회사의 채무금을 변제하는 것은 존속회사의 자율적 경영판단 영역에 속하는 것이라 하지 않을 수 없다. 합병의 효과로 인해 합병 이후에 원래 동양메이저 소유였던 재산으로 채무를 변제하는 것과 한일합섬 소유였던 재산으로 채무를 변제하는 것은 법률적·경제적으로 완전히 동일한 것이다.

우리 법제상 기업 간의 합병제도가 인정되고 관계 법령상 유효한 합병인 이상, 합병의 목적이 불순하다거나 경제관념에 반한다거나 하는 동기에 대한 규범적 평가만으로 피합병기업에 손해가 있다고 할 수는 없는 것이므로, 현실적으로 피합병기업(회사, 주주, 채권자)에 재산상 손해 또는 손해발생의 위험성이 있는지를 따져 보아야 할 것인데, 검찰은 한일합섬의 자산을 이용해 인수차입금채무를 변제하려는 동기는 불법하다는 규범적 평가를 기본 전제로 한 다음, 대가를 지급함이 없이 피인수기업의 자산을 인수차입금채무의 담보로 제공하여 손해발생의 위험성이 발생되었던 사례에 대해 배임죄를 인정한 대법원판례를 근거로 삼고, 피인수기업의 자산을 담보로 제공한 이후에는 사실상 합병이라는 최종적 단계를 거치게 되는 현상에 주목하여, 결국 피인수기업의 자산을 담보로 제공하는 외관을 만들어 내지 않은 상태로 합병의 형식만을 만들어 낸 다음, 합병된 피인수기업의 자산을 인수차입금채무 변제에 사용하는 것은 동일한 범의를 다른 방법으로 실현하는 것에 불과하므로, 이에 대해서는 동일한 규범적 평가를 할 수 있다는 논리를 펴고 있다(위 ②번). 그러나 그와 같은 검찰의 논리는 우리 법제상 엄연히 인정되고 있는 합병제도를 전혀 고려하지 않은 것으로서, 상법은 기본적으로 절차적 규제원칙에 입각하여 합병이 이루어질 수 있는 매우 다양하고 복잡한 동기나 목적에 대해서는 법률적 판단을 최소한으로 자제하고, 합병절차가 공정하게 이루어지는 한 이를 원칙적으로 적법하고 정당한 합병으로 평가하겠다는 입장에 서 있다는 점을 간과하고 있는 것이다.

합병 및 그 과정에 대한 규율은 상법과 관련 법령에 의하여 규율하여 시정하는 것이 바람직하다 할 것이다. 뿐만 아니라, 검찰의 주장과 같이 불법한 동기를 실현하는 합병을 하였으므로 배임이 성립된다고 하기 위해서는 필히 그로 인한 손해가

증명되어야 할 것인데, 한일합섬이 동양메이저에 합병된 결과 얻게 되는 법제상·
경영상의 이익은 전혀 감안하지 않은 채, 이 사건 공소사실처럼 단순히 동양메이저
가 인출하여 사용한 한일합섬이 보유하였던 현금성 자산만이 손해라고 하는 것은
합당하다고 보기 어렵고, 합병과 인과관계가 있는 구체적 손해에 대한 주장은 물론
그에 대해 아무런 증거가 제출된 바가 없다.

한편, 동양메이저산업과 한일합섬이 합병되었을 경우, 만약 동양메이저산업이 사
실상 자본금이 거의 없는 형식적인 회사에 불과하였다면 한일합섬으로서는 실질적
인 자산의 증가는 없이 오직 동양메이저산업의 대출금채무만을 부담하게 되는 결과
배임이 성립할 수 있다고 볼 여지가 전혀 없는 것은 아니나, 위 인정 사실과 같이
이 사건의 경우 2007.1.경 동양메이저 등이 1,000억 원 이상을 동양메이저산업에
투자하였으므로 한일합섬에 아무런 자산의 증가가 없었다고 보기도 어려울 뿐만 아
니라, 동양메이저산업은 동양메이저 즉 동양그룹에서 한일합섬을 인수하기 위한 필
요에 의하여 설립된 회사로서 실질적인 인수자가 동양그룹이라는 점 및 앞서 살펴
본 바와 같은 합병으로 인한 법률적·경제적 효과 등을 감안하여 보면, 설령 대출
계약서에서 상정하였던 대로 동양메이저산업과 한일합섬이 합병되었다 하더라도 배
임죄가 성립하기는 어렵다고 판단된다.

위와 같은 점 등을 들어 부산지방법원은 검찰의 배임죄 부분에 대한 공소사실을
인정하지 않고 범죄의 증명이 없는 때에 해당하므로 형사소송법 제325조 후단에
의하여 무죄를 선고하였다.

3) 부산고등법원의 판결

동양메이저가 한일합섬을 인수 및 합병을 한 경위와 과정, 합병 이후의 사정 등
과 이에 더하여 원심이 적절하게 설시한 바와 같이 회사채 인수대금의 조기 상환이
위법하거나 부당하다고 볼 수 없고, 이 사건 합병이 고용보장 등에 관한 협약의 취
지에 반한다고 보기 어려운 점 등을 종합하여 보면, 동양메이저가 한일합섬을 인수
하여 경영할 의사는 전혀 없이 오로지 한일합섬 내에 있던 1,700억 원의 현금성자
산으로 인수차입금을 변제할 목적으로 한일합섬을 인수, 합병함으로써 기업재산을
탈취(소위 '기업사냥')한 것이라고 인정하기 어렵다.

그리고 이 사건 합병을 하게 된 동기에 한일합섬이 보유하고 있는 자산을 인수대

금 채무에 변제할 의도가 일부 포함된 것은 인정할 수 있다. 그러나 앞서 본 바와 같이 동양메이저 등의 자산을 담보로 제공하여 마련한 대출금과 동양메이저를 비롯한 동양그룹의 일부 계열사들이 투자한 총 합계 1,302억 원을 인수대금으로 사용하여 동양메이저산업이 한일합섬을 인수한 것으로서, 피인수회사의 자산을 담보로 기업을 인수하는 LBO 방식과 그 기본적인 전제가 다른 점, 나아가 원심이 적절하게 설시한 바와 같이 합병의 본질과 그 효과 및 상법상 합병비율, 주주총회의 특별결의, 합병에 반대하는 주주들의 주식매수청구권, 채권자 보호절차 등을 통하여 합병에 반대하는 주주들이나 채권자들이 보호받을 수 있는 제도가 마련되어 있는 점, 이 사건 합병에 관한 2007.12.24.자 이사회결의에 그 절차상 일부 하자가 있으나 나중에 이사회가 4회나 더 개최되어 합병과 관련한 결의가 이루어졌는데, 이러한 이사회결의가 모두 무효라고 인정할 만한 자료가 없고, 한일합섬의 경우 2008.4.8. 개최된 주주총회를 거쳐 합병이 이루어진 사정에 비추어 위와 같은 사유를 합병무효사유에 해당한다고 단정하기 어려운 점, 이 사건 합병이 합병의 본질 및 요건에 반하여 법률상 합병할 수 없거나 합병비율의 산정이 위법하거나 소수주주들이나 채권자 보호절차에 위법이 있는 등 합병의 실질이나 절차에 하자가 있다는 점을 기록상 찾아볼 수 없는 점 등을 종합하면, 이 사건 합병으로 인하여 한일합섬이 1,800억 원 상당 내지 법인격 소멸에 따른 현금유동성 상실이라는 손해를 입었다고 볼 수 없다.

4) 논평

이 사건은 전형적인 LBO사안이다. 그런데 성공한 기업인수로 평가되었던 신한사건에 대하여 법원이 배임죄를 인정한 것에 대하여 학계에서 비판이 있었다. 그런데 부산지방법원은 동양그룹 사건에서 합병형 LBO 사안에서 배임죄의 성립을 부정하였다. 이 사건은 아직 확정되지 않은 사건이다. 향후 진행 여하에 따라서 차입매수에서의 배임죄 성립 여부와 관련하여 중요한 의미를 가지는 사건이 될 수 있다. 이 사건에 대해서는 이미 평석이 있다.[227]

---

227) 정영철, "LBO와 배임죄성부", 법조 통권634호, 법조협회(2009.7.) 307 – 352면; 윤영신, "동양그룹의 합병형 LBO와 배임죄", BFL 제36호, 서울대학교 금융법센터(2009.7.) 23 – 43면.

읽을거리. 물적 분할에 있어서의 연대책임의 배제[228]
대법원 2004.8.30. 선고 2003다25973 판결

Ⅰ. 사안의 개요

  피고 한국전력공사는 전력산업구조개편촉진에관한법률에 따라 그 발전사업부문을 상법 제530조의 12의 규정에 의하여 권역별로 6개의 별도 회사를 신설하는 방식으로 회사를 분할하기로 하고, 분할계획서를 작성하여 2001.3.16. 정기주주총회에서 특별결의에 의한 승인을 얻은 다음 2001.3.30. 산업자원부장관의 인가를 받아 피고의 발전사업부문을 6개의 신설회사로 분할한 사실, 피고는 상법 제530조의 9 제2항의 규정에 기하여 위 각 신설회사가 피고의 채무 중에서 출자받은 재산에 관한 채무만을 승계하여 부담한다는 원칙에 따라 피고의 분할계획서 제6.1.조(총칙)에서 "피고가 도서지역을 제외한 나머지 국내의 지역에서 영위하고 있는 기존의 발전사업부문에 속하거나 주로 관련되는 일체의 적극재산(재산적 가치 있는 사실관계를 포함한다.)과 소극재산, 본 분할계획이 별도로 명시하는 소극재산 그리고 동 사업에 주로 관련되는 피고의 권리와 의무 일체는 각 신설회사에 이전되며, 이전되는 적극 및 소극재산 기타의 권리의무와 사실관계 일체에 대한 계산은 설립등기일로부터 신설회사가 한 것으로 간주한다."라고 규정하고, 제6.2.1.조(계약의 승계)에서 "종전의 본부, 처, 발전소, 건설소 등 사업소의 장 명의로 체결된 모든 계약, 약속, 합의, 양해각서, 의향서 또는 입찰, 입찰참가제안, 오퍼 등에 관한 피고의 권리·의무는 당해 신설회사가 승계한다."고 규정하였으며, 이에 따라 피고 산하 하동화력본부에 속하는 재산과 권리·의무는 제4신설회사인 소외 한국남부발전 주식회사(이하 '남부발전'이라 한다.)가 이를 승계하기로 정하였고, 남부발전은 같은 해 4월 2일 그 설립등기를 마쳤다.

---

228) 이 글은 필자가 2004.12.2. 법률신문 제3319호에 게재된 원고를 바탕으로 하여 수정 보완한 글임.

Ⅱ. 판결의 요지

1. 원심 판결 요지

원심 법원은 피고가 하동화력본부에 속하는 모든 재산을 출자하여 남부발전을 신설하였고, "설립되는 회사가 분할되는 회사의 채무 중에서 출자한 재산에 관한 채무만을 부담할 것을 정할 수 있다."라는 상법 제530조의 9 제2항의 규정에 따라 그 분할계획서에서 하동화력본부에 속하는 모든 권리·의무는 남부발전이 승계하는 것으로 정하여 상법 제530조의 3 제2항의 규정에 의한 주주총회의 특별결의를 거쳐 전력산업구조개편촉진에관한법률에서 정한 산업자원부장관의 인가를 받아 그 분할절차를 완료한 이상, 피고의 원고 하동군 수산업협동조합에 대한 이 사건 발전소 가동으로 인한 손실보상채무는 분할로 인하여 설립된 신설회사인 남부발전에 이전되었고, 분할되는 회사인 피고는 이제 그 채무를 면하였다고 판단하여 원고의 청구를 기각하였다.

2. 대법원 판결 요지

분할되는 회사와 신설회사가 분할 전 회사의 채무에 대하여 연대책임을 지지 않는 경우에는 채무자의 책임재산에 변동이 생기게 되어 채권자의 이해관계에 중대한 영향을 미치므로 채권자의 보호를 위하여 분할되는 회사가 알고 있는 채권자에게 개별적으로 이를 최고하도록 규정하고 있는 것이고, 따라서 분할되는 회사와 신설회사의 채무관계가 분할채무관계로 바뀌는 것은 분할되는 회사가 자신이 알고 있는 채권자에게 개별적인 최고절차를 제대로 거쳤을 것을 요건으로 하는 것이라고 보아야 하며, 만약 그러한 개별적인 최고를 누락한 경우에는 그 채권자에 대하여 분할채무관계의 효력이 발생할 수 없고 원칙으로 돌아가 신설회사와 분할되는 회사가 연대하여 변제할 책임을 지게 되는 것이라고 해석하는 것이 옳다고 하면서, 원심으로서는 마땅히 피고가 회사를 분할함에 있어 원고에 대한 개별적인 최고절차를 다하였는지 여부를 가려 본 다음에 피고의 회사분할에도 불구하고 여전히 피고가 원고에 대한 변제책임을 지는지 여부를 판단하였어야 할 것인데, 이에 이르지 아니한 채 단순히 피고가 회사분할을 하면서 주주총회의 특별결의로써 원고에 대한 이 사건 손실보상채무를 피고로부터 남부발전으로 이전하기로 정하였다는 이유만으로 피고가 이제 그 채무를 면하였다고 단정하여 원고의 청구를 배척하고 말았으니, 원심판결에는 회사분할에 관한 법리를 오해하고 심리를 다하지 아니하여 판결에 영향을 미친 위법이 있다고 판시하였다.

Ⅲ. 물적 분할과 연대책임

1. 물적 분할 시의 존속회사와 신설회사의 책임

상법 제530조의 9 제1항은 "분할 또는 분할합병으로 인하여 설립되는 회사 또는 존속하는 회사는 분할 또는 분할합병 전의 회사채무에 관하여 연대하여 변제할 책임이 있다."고 규정하고 있는바, 대법원이 대상 판결에서 적절히 설시하고 있는 바와 같이, '상법은 회사가 분할되고 분할되는 회사가 분할 후에도 존속하는 경우에, 특별한 사정이 없는 한 회사의 책임재산은 분할되는 회사와 신설회사의 소유로 분리되는 것이 일반적이므로 분할 전 회사의 채권자를 보호하기 위하여 분할되는 회사와 신설회사가 분할 전의 회사채무에 관하여 연대책임을 지는 것을 원칙으로 하고 [있는 바]', 만일 이러한 태도를 취하지 않고 분할채무를 부담하도록 하면, 회사의 분할이라는 사정으로 인하여 회사의 채권자는 자신이 결정하지 않은 사건으로 인하여 자신의 이익이 손상되게 되므로, 분할로 인하여 분할회사 채권자의 이익이 손상되는 것을 막기 위하여 이와 같이 규정한 것으로 이러한 태도는 독일 기업재편법 제133조의 규정에 근접한 것이라고 한다.229) 이와 같이 분할당사회사들이 연대책임을 지는 경우에는 회사가 분할되더라도 채권자의 이익을 해할 우려가 없으므로 알고 있는 채권자에 대하여 따로 이를 최고할 필요가 없도록 하고 있다.

'반면에, 다만 만약 이러한 연대책임의 원칙을 엄격하게 고수한다면 회사분할제도의 활용을 가로막는 요소로 작용할 수 있으므로 연대책임의 원칙에 대한 예외를 인정하여 신설회사가 분할되는 회사의 채무 중에서 출자받은 재산에 관한 채무만을 부담할 것을 분할되는 회사의 주주총회의 특별결의로써 정할 수 있게 하면서, 그 경우에는 신설회사가 분할되는 회사의 채무 중에서 그 부분의 채무만을 부담하고,

---

229) 권기범, 기업구조조정법 [제3판] 삼지원. 395면.

분할되는 회사는 신설회사가 부담하지 아니하는 채무만을 부담하게 하여 채무관계가 분할채무관계로 바뀌도록 규정하였다고 해석[된다.]'고 할 것이다.

2. 분할당사회사들의 연대책임의 배제를 위한 요건

상법 제530조의 9 제2항에서는 "제1항의 규정에 불구하고 분할되는 회사가 제530조의 3 제2항의 규정에 의한 결의로 분할에 의하여 회사를 설립하는 경우에는 설립되는 회사가 분할되는 회사의 채무 중에서 출자한 재산에 관한 채무만을 부담할 것을 정할 수 있다. 이 경우 분할되는 회사가 분할 후에 존속하는 때에는 분할로 인하여 설립되는 회사가 부담하지 아니하는 채무만을 부담한다."고 하고 있고, 제3항에서는 "분할합병의 경우에 분할되는 회사는 제530조의 3 제2항의 규정에 의한 결의로 분할합병에 따른 출자를 받는 존립 중의 회사가 분할되는 회사의 채무 중에서 출자한 재산에 관한 채무만을 부담할 것을 정할 수 있다. 이 경우에는 제2항 후단의 규정을 준용한다."고 규정하여, 위와 같은 분할당사회사들의 연대책임을 부담하도록 하는 규정에 대하여 예외를 두고 있다.

이러한 예외는 회사의 분할이라는 방법을 통하여, 신설되는 회사가 종전 분할 전 회사와의 관계에서 채무를 계속 연대책임을 지게 된다면, 분할을 통한 기업의 구조조정을 선택하여야 할 동기를 현저히 떨어뜨리게 될 수 있으므로, 이러한 점을 감안하여 정한 규정이라고 이해할 수 있을 것이다.

3. 상법 제530조의 9상의 연대책임 배제 규정의 문제점

앞에서 본 상법 제530조의 9 제2항 및 제3항에 의한 연대책임의 배제는 분할합병계약서나 분할계획서에 분할회사로부터 승계한 채무에 대해서만 책임을 진다는 뜻을 기재하여 분할승인주주총회의 결의를 거친 때에는 연대책임이 배제된다는 것으로 만일 본 대상 판결의 원심이 판시한 바와 같이, 상법 제530조의 3 제2항의 규정에 의한 주주총회의 특별결의를 거쳐 전력산업구조개편촉진에관한법률에서 정한 산업자원부장관의 인가를 받아 그 분할절차를 완료하기만 하면, 피분할회사는 연대책임을 면할 수 있다고 새기면, 일견 이러한 해석이 법문의 문리해석에는 부합하는 해석이라고 할 수 있을지는 모르나, 분할회사의 채권자로서는 자신들의 이해관계가 주주들에 의하여 결정되는 것이어서 이러한 결론은 채권자의 재산권이 타인에 의하여 처분되는 것으로 받아들일 수 없는 결론이며, 입법자의 의도로 본 연대책임의 배제 규정을 통하여 이와 같은 결론을 도모하려고 한 것인지는 의문이다. 만일 상법 제530조의 9 제4항 내지 530조의 11 제2항에서 상법이 분할합병이나 물적 분할의 경우 허용하고 있는 채권자 이의제출권의 적절한 보장을 위한 최고절차 등이 주주총회의 특별결의 외의 또 하나의 요건으로 요구되지 않는다면, 이를 채권자의 이익을 절차보장 없이 박탈하는 것으로 귀결된다고 할 것이기 때문이다.

이에 대해서, 일부 견해는 이러한 제도가 프랑스 상사회사법 제386조 제1항을 본받은 것이라고 하면서, 법리적으로 볼 때 정작 이해당사자인 회사채권자를 배척하고 주주들이 이를 결정한다는 모순은 있으나 어쨌든 실무상 매우 유용하게 활용될 수 있는 제도라고 하면서, 입법론으로 이때 채권자이의제출의 공고와 개별최고 시에 연대책임이 배제된다는 뜻을 기재하도록 하는 것이 필요하다고 하면서, 상법 제530조의 7의 규정에 의한 분할계획서와 분할합병계약서의 비치 열람제공만으로는 연대책임배제의 공시방법으로서 불충분하므로, 영업양수인의 면책등기처럼 이를 등기에 의하여 공시하는 방안이 마련되어야 한다고 하는 견해도 있다.[230]

Ⅳ. 본 판결의 의의

이러한 관점에서 본 대상 판결은 주주총회의 특별결의가 이루어졌으므로, 분할채무를 부담하는 것이라고 하는 원심판결에 대하여, 해석론으로 분할되는 회사와 신설회사의 채무관계가 분할채무관계로 바뀌는 것은 분할되는 회사가 자신이 알고 있는 채권자에게 개별적인 최고절차를 제대로 거쳤을 것을 요건으로 하는 것이라고 보아야 하며, 만약 그러한 개별적인 최고를 누락한 경우에는 그 채권자에 대하여 분할채무관계의 효력이 발생할 수 없고 원칙으로 돌아가 신설회사와 분할되는 회사가 연대하여 변제할 책임을 지게 되는 것이라고 하여, 법문의 흠결을 보완하였다는 점에서 그 의의를 가진다.

따라서 이러한 판례의 태도에 의하면, 연대책임 원칙에 대한 예외가 인정되어 연

---

230) 권기범, 앞의 책, 401면.

대책임을 배제하기 위해서는 주주총회의 특별결의 외에 분할되는 회사가 자신이 알고 있는 채권자에게 개별적인 최고절차를 거칠 것이 요구되므로, 이를 통하여 채권자들이 자신들의 권리 보호를 위한 적절한 의사결정을 할 수 있는 기회를 보장하여 주었다는 점에서 의의를 가지는 판결이다.

제5절 국가기간산업에서의 기업인수 · 합병에 대한 규제[231]

Ⅰ. 역외 기업인수(Cross - border acquisition)와 기간산업의 보호

최근 KT&G에 대한 칼 아이칸의 적대적 기업인수 시도와 론스타 사태 등을 계기로 외국자본의 국내 기업에 대한 기업인수에 대한 여러 가지 논의가 다방면에서 이루어지고 있다. 또한 중국의 개별기술 이전전략에 갈음한 기업별 인수를 통한 경쟁력 제고 전략도 우리나라 기업들의 경쟁여건을 악화시키고 있다.

이러한 상황에서 외국자본에 의하여 국가의 기간산업이 인수되더라도 아무런 방어수단이 없게 된다면, 왜 한국기업들이 본사를 한국에 두어야 하느냐는 극단적인 주장까지 제기되는 것으로 보인다. 단기적인 투자수익을 목적으로 하는 헤지펀드(hedge fund)들의 경우에는 인수대상 기업에 장기적인 성장이 목적이 아니라, 목적한 기간 내에 단기적인 투자차익만을 얻는 것을 목적으로 하므로, 이러한 자본들의 유입은 제한되어야 한다는 주장도 위와 같은 주장과 연장선상에 있다고 할 것이다. 이러한 주장의 근거로 오리온전기의 경우[232]와 론스타에 의한 외환은행의 인수[233]

---

231) 제4절은 필자의 논문[한국판 '엑슨 - 플로리어법' 제정에 대한 연구 - 입법론을 중심으로, 증권법연구 제7권 제2호, 증권법학회(2006.12.)]가 중심이 되었다. 필자는 이미 본고에서 주장한 대부분의 내용을 2006년에 주장한 바 있으며, 이러한 주장들은 정부에 기간산업보호법제를 제언하거나 이상경 의원안을 포함한 의원입법 시에 참고가 되었다. 그러나 실제 입법을 하려고 하였을 때 여러 가지 관점이 제시되었으나 외국인 직접투자 감소가 주된 우려로 제기되었고, 실제 입법에 이르지는 못했다.

232) 오리온전기의 경우에는 제조사를 헤지펀드가 인수할 경우 그 운용이 어떻게 부정적으로 이루어질 수 있는가와 관련하여 비판론자들이 제시하는 대표적인 예이다. 이 사례는 그린필드 투자가 아니라, 기업인수형의 경우에 외국투자자들은 세금, 공장부지 등에 대하여 특혜만을 얻고 배당, 청산 등을 통하여 이익을 얻고 철수하려고 한다는 것이 비판의 요지이다. 오리온전기 기업구조조정기구(CRV)의 최대주주인 서울보증보험이 인수 당시 반대를 하자 인수되면 3년 동안 고용보장을 하고, 하청업체까지 2,000명 이상 인력이 계속 직장을 가질 수 있다는 점을 들어 매틀린 페터슨에 매각되도록 정부에서 조정하는 역할을 하였다고 한다. 이 과정에서 정부는 공적 자금을 투여하였다. 실제 약속되었다는 것과 달리 매틀린 페터슨은 기업 분할 후 청산을 하였다.

나 뉴브리지캐피털에 의한 제일은행 인수[234] 등을 예로 든다.

그 반대편의 스펙트럼에는 외국자본이라는 이유만으로 달리 취급할 이유는 없고, 자본에는 국적이 없는 것이므로 차별적으로 취급할 이유가 없으며, 1997년 경제위기 당시에는 외국자본에 의한 외국인직접투자(Foreign Direct Investment)만이 유일한 국내경제의 생존방식이라고 주장되다가 이제 경제가 회복기에 접어들었다고 하여 갑자기 외국자본이 모든 악의 근원인 것처럼 주장하는 것은 이해할 수 없다는 논의가 있다고 생각된다.

이러한 논의 스펙트럼에서 절충점을 찾을 실익은 이러한 논의가 나름의 진실을 가지고 있고, 이를 절충하여 외국자본에 대한 산업정책적인 관점에서의 통제 내지 국가안보를 위한 통제가 합리적으로 이루어지는 것은 우리 경제 전체의 관점에서 매우 중요한 사안 중의 하나라고 판단되기 때문이다. 이러한 절충안 중의 하나가 미국의 엑슨-플로리어 조항(Exon-Florio Provision)과 같이 국가안보심사(National Security test)에 의해서 국가기간산업에 대한 외국자본의 기업인수 시에 이를 심사할 수 있는 근거법령을 만들어야 하는 것이 아닌가 하는 주장이다.[235] 아울러 위 조항에 의하여 만들어진 범정부적 기구인 미국연방 외국인투자위원회(Committee on Foreign Investment in the United States)[236]와 같은 정부부처 간 조율기구의 설치 필요성도 검토가 필요하다.

2008년 소위 서브프라임 모기지 사태로 촉발된 전 세계적인 경제위기는 각국 정부로 하여금 경제위기대응입법을 강구하도록 하고 있다. 그런데 이러한 경제위기대응입법의 과정에 각국은 기간산업보호법제를 제정하거나 강화하고 있다. 왜냐하면 경제위기로 기업들이 재정적인 어려움을 겪게 됨에 따라 도산에 이르는 경우가 증가하고 있으며, 아울러 주식시장의 불황에 따라 주가가 폭락함으로써 기업을 인수하기 위한 비용이 감소하였기 때문에 자국의 기간산업을 담당하는 주요 기업들이

---

233) 론스타가 외환은행을 인수하는 과정에서 불법적인 방법으로 인수를 하였고, 이후 론스타는 실질적으로 단기적인 매각을 통한 투자이익 창출을 하려고 한 것이지, 이 과정에서 어떤 선진적인 금융기법의 도입이 있었는지 좀 더 근본적으로 외환은행은 은행운용 경험도 없는 론스타와 같은 헤지펀드에 매각되는 것이 옳았는지에 대한 의문을 제기하는 것이라고 할 것이다.

234) 뉴브리지 캐피털은 제일은행을 인수하고 난 뒤에 배당정책과 감자를 통하여 조기에 투입자본을 회수하고, 재매각하여 차익을 얻었다는 것이다.

235) 2006년 이상경 의원, 김종률 의원 등이 외국인투자촉진법 개정안 내지 구 증권거래법 개정안의 형식으로 국가기간산업의 보호를 위한 법령의 제정을 주장한 바 있고, 외국인투자촉진법은 2009년 1월 일부 개정되었다.

236) 이하 'CFIUS'라고 한다.

외국인들의 소유가 될 가능성이 증대하였기 때문이다. 게다가 기존 헤지펀드들의 투기적인 투자의 대상이 된 것에서 넘어서 뒤에서 보는 것과 같이 국부펀드의 활발한 활동으로 인하여 국부펀드에 의한 국가기간산업의 소유 및 이로 인한 국가안보에 대한 위협의 발생이 단순한 가능성이 아니라 현실이 될 것이라는 우려는 증가하고 있다.

Ⅱ. 기간산업보호법제에 대한 비교법적 검토

1. 미국의 기간산업보호법제[237]

(1) 엑슨 – 플로리어법[238] 개요

Exon – Florio 규정[239]으로 잘 알려진 '옴니버스 무역 및 경쟁력제고법'(Omnibus Trade and Competitiveness Act of 1988) 제5021조[240]에 의해 개정된 '방위산업법'(Defense Production Act of 1950)(이하 'DPA'라 함) 제721조를 말하는 것으로 Nebraska 주의 상원의원 Exon과 New Jersey 주의 하원의원 Florio에 의해 처음으로 제안된 이후 테러리즘에 대항한 국제적인 전쟁수행의 빈도가 높아짐에 따라 국가안보의 중요성이 더욱 높아지면서 Exon – Florio법은 더욱 강화되었다. Exon – Florio 규정은 법안개정 초기에는 국가안보와 관련된 미국 내 기업의 인수 및 합병 등에만 적용되었으나 1992년 이후에는 국가안보에 영향을 미치는 국가핵심기술 및 이와 관련된 산업에 대해서도 적용되었다. 이 규정은 지배권을 행사하는 외국인이 국가안보를 위협하는 행위를 취할 가능성이 있다는 신빙성 있는 증거(credible evidence)가 있는 경우에는 외국인에 의한 미국기업의 인수·합병을 중단시키거나 금지할 수 있는 권한을 미합중국 대통령에게 부여하고 있다.[241]

---

237) OECD는 戰略産業(Strategic Industries)라는 표현을 사용하는바 의미는 거의 같다고 보면 될 것이다.

238) 50 U.S.C. app.2170(2006).

239) Exon – Florio Amendments, Exon – Florio Act, Exon – Florio Provisions 등으로 불리는바, 본고에서는 앞의 표현들과 함께 '엑슨 – 플로리어 조항' 내지 '엑슨 – 플로리어법' 등을 경우에 따라서 혼용한다.

240) 이 조항이 흔히 말하는 엑슨 – 플로리어 조항(Exon – Florio Provisions)이다.

241) DPA 721(d), (e); 대통령의 권한에 대하여 다음과 같이 규정하고 있다. "The President can exercise this authority under 721 to block a foreign acquisition of a US Corporation only if he finds（ⅰ）there is credible evidence that the foreign entity exercising control might take action that threatens national security and（ⅱ）the provisions of law, other than Emergence Economic Power Act do not provide adequate and appropriated authority to protect national security."

옴니버스 무역 및 경쟁력제고법(1988)에는 외국인투자에 대한 조사권한 부여, 시행절차 및 기간, 정보공개 금지, 대통령의 권한 및 조치 등 중요사항만 간략하게 수록되어 있다. 법령상에서는 중요한 사항에 대해서만 규정되어 있고 구체적인 실행규정에 대해서는 외국인투자위원회(CFIUS)에 전권을 위임하고 있다. CFIUS는 재무부 내에 속한 위원회로 외국인투자에 대한 신고접수, 심사, 대통령에게 보고 등을 담당하고 있다. CFIUS는 의장을 맡는 재무부(Department of Treasury) 장관을 비롯하여 국무부(Department of State), 상무부(Department of Commerce), 국방부(Department of Defense), 법무부(Department of Justice)와 OMB(행정관리예산국), CEA(대통령경제자문위원회), USTR(미국통상대표부) 등 12개 부서로 구성되어 있으며, 국가안보 심사는 2005년 중국해양석유공사(CNOOC)[242]가 미국의 석유회사 유노칼의 인수를 포기하는 원인이 되었다.[243] CFIUS가 아랍에미리트(UAE) 국영기업이 미국 내 항만 운영권 인수를 승인하였다가 국민적인 비난에 휩싸이면서 결국 두바이 포트 월드가 인수를 포기하는 것으로 가닥이 잡혔지만, 국가안보 심사의 실효성에 대한 논란을 격화시켰다.[244]

(2) 엑슨플로리어법의 제정연혁

1) 후지쯔 – 페어차일드 사건

제2차 세계대전 종전 이후 세계경제는 미국이라는 하나의 축에 기초하여 움직였다. 그 결과 제2차 세계대전 이후 미국은 많은 해외직접투자를 하였지만, 외국인에 의한 미국에 대한 직접투자는 거의 없었다. 하지만 1980년 이후 미국은 점차 해외직접투자의 매력적인 대상이 되었고, 일본기업들이 자본을 축적함에 따라 미국기업들이 일본회사들의 인수 물망에 오르기 시작하였다. 1987년 일본의 후지쯔社는 유명한 반도체 제조회사인 페어차일드(Fairchild Semiconductor)사의 프랑스 모회사인 슈럼버거(Schumberger)사에 대한 매입시도를 하기에 이르렀다. 비록 이 거래는 성사가 되지 않았지만, 이를 계기로 법률 시스템이 국가안보를 보호하기에 적합하지 않다는 비판이 제기되게 되었다.[245] 1988년, 의회는 특정한 유형의 미국회사들이 외

---

242) 이 회사는 70%의 지분이 중국 정부에 의하여 소유된 회사로 SOE(State Owned Enterprise)의 일종이라고 할 수 있다(중국기업에 대한 자세한 내용은 최승재, "중국 기업법의 전개와 독점규제법의 전망", 『법제』(2004.3.), 참조).

243) http://www.chinadaily.com.cn/english/doc/2005-07/06/content_457677.htm

244) 이러한 시도에 대한 분석으로는 James K. Jackson, "The Exon-Florio National Security Test for Foreign Investment", CRS Report for Congress(Feb. 23, 2006).

245) Susan W. Liebeler, William H. Lash Ⅲ, "Exon-Florio, Harbinger of Economic Nationalism?", Cato

국인직접투자에 의하여 매수되는 것—특히 당시에는 일본계 회사들이 그 주목대상이었다.—에 대하여, 방위산업법(Defense Production Act)에 소위 엑슨－플로리어 조항을 삽입하는 것을 승인하였다.

이 조항에 의하면 미국 대통령은 미국의 주간통상(inter－state commerce)과 관련하여 현재 문제가 되는 외국인의 인수 시도를 제한할 수 있는 권한을 부여받았다. 그에 이어지는 부속입법으로 의회는 이러한 절차가 미국의 안보에 영향을 미치게 되는 주간통상과 관련된 어떤 형태의 합병(merger), 인수(acquisition, takeover)가 외국 정부에 의하여 지배되는 회사에 의하여 또는 외국 정부를 대리하여 이루어지는 경우에는 적용되는 것으로 보았다. 왜냐하면 당시 의회는 대통령의 이러한 권한이 연방독점규제법, 환경법, 증권법 등에 적용이 없는 경우에는 행사될 수 없는 것으로 해석될 가능성이 있다는 걱정을 하였기 때문이다. 엑슨－플로리오 조항은 대통령에게 이러한 국가안보에 영향을 줄 것으로 판단되는 거래에 대해서는 적절한 조치(appropriate action)를 취할 수 있도록 방대한 수권을 하고 있다.

2) 엑슨－플로리어 조항의 내용

(가) 일반적인 경우

일반적인 규제기관으로 국가 간 기업의 인수·합병에 대한 규제기관은 재무부, 법무부에 부여되어 있다. 법무부는 하트－스콧－라디노법에 의해서 셔먼법이나 클레이튼법과 같은 경쟁법적 관점에서 지분매입의 허부를 심사하게 되며, 재무성은 CFIUS에 의한 심사를 행한다. 이 중 법무부의 심사는 경쟁법적 관점에서 지분매입의 허부를 심사하는 것이다. 미국의 경우, 이러한 CFIUS에 의한 심사는 1988년에 무역자유화정책의 일환으로서 미국기업에 대한 외국자본의 매입시도에 대하여 국가안보의 관점에서 심사하도록 하는 것을 목적으로 하여 도입되었다. 1950년 방위산업법을 개정한 옴니버스 무역 및 경쟁력제고법(1988) 제5021조는 대통령에게 외국인에 의한 미국기업의 인수·합병이 만일 미국의 국가안보에 침해가 되는 경우에는 이러한 기업인수 내지 합병 시도를 금지(prohibition)하거나, 중지(suspend)시킬 수 있도록 하는 권한을 부여하고 있다.

(나) 통신산업의 경우

대표적인 규제산업인 통신산업의 경우에는 외국인의 미국기업 지분 소유에 대한 3개의 통제장치가 있다. 이러한 규제수단은 앞의 재무성과 법무성에 의한 규제 외에 연방통신위원회(Federal Communication Committee)에 의하여 행하여지는바, 이 중에서 연방통신위원회는 통신허가의 이전에 대해 심사하게 된다. 1934년 통신법 (Communication Act of 1934)은 25% 이상의 지분을 외국인에게 이전하는 것을 금지하고 있다.

다만 공공의 필요가 있는 경우에는 연방통신위원회가 이러한 1934년법상의 지분 이전금지 조항을 유보하여 지분이전을 승인하여 줄 수 있도록 하고 있다. 그러나 실무상 연방통신위원회가 이러한 권한을 행사하는 대신에 법무성이나 국방부에 국가안보 심사를 하도록 하는 권한을 행사할 수 있도록 권한을 위임하고 있다. 따라서 가장 중요한 심사는 앞의 재무성이 행하는 CFIUS에 의한 심사이다.

(3) 개정연혁

1) 1992년 개정법의 내용

1992년, 의회는 1993년 회계연도 국토방위승인법(National Defense Authorization Act for Fiscal Year 1993)의 837조(a) 조항을 개정하였다. 흔히 버드 수정안(Byrd Amendment amended Section 721 of the Defense Product Act)이라고 불리는 이 修正條項을 통하여 ⅰ) 인수자가 외국 정부에 의하여 지배되거나 외국 정부를 대리하는 경우, ⅱ) 인수자가 미국 내에서 미국의 국가안보에 영향을 줄 수 있는 주간통상에 관여하게 되는 자를 지배하게 되는 경우에는 CFIUS의 조사가 의무화되었다.[246]

2) 의회의 개정과 관련된 논의(2006 - 2008년)

두바이 포트 월드 사건이 발생하고 난 뒤에 20여 개 이상의 입법안이 상·하원에 의하여 발의되었다. 이 중 가장 주목받는 법안 두 개를 보면, 우선 ① H.R. 5337이 2006.5.10. 공화당 하원의원인 윕 로시 블런트(Whip Roy Blunt)에 의하여 제안되었다. 이 법안은 하원 재무위원회를 2006.6.14. 만장일치로 통과하였다. 법안명은 '국가안보심사와 외국인직접투자개혁법'(The Reform of National Security Review of Foreign Direct Investment

---

246) James K. Jackson, *op cit.*, p.3.

Act)이다. 두 번째는 ② 역시 공화당의 상원의원인 리처드 셸비(Richard Shelby)에 의하여 제안된 법안으로 S.3549이다. 이 법안은 2006.6.21.0 제안되었고, 상원 은행위원회에서 역시 만장일치로 통과되었다. 법안명은 '외국인투자 및 국가안보법'(The ForeignInvestment and National Security Act of 2006)이다. 그 외에도 국가안보심사에 의회의 관여를 강화하려고 하는 상원의 S.1797법안도 주목하여야 할 법안이라고 하겠다. 향후 이러한 입법의 전개에 대하여 관심을 가지고 지켜보아야 할 것이다. 특히, 행정부의 심사 시에 45일간의 조사시간 중에 반드시 하원 재무위원회(Financial Service Committee)와 상원 은행위원회(the Banking Committee)에 송부하여 의견을 받도록 한 인호프(Inhofe) 법안은 금융산업에 대한 규제를 강화하려는 움직임으로 보여 주목할 만한 법안이었다.247)

이러한 입법적인 움직임의 결과 2007년에는 외국인투자 및 국가안보법(Foreign Investment and National Security Act)248)에 7월 26일 대통령의 서명이 이루어졌고, 10월 24일부터 시행되었다. 그리고 2008년 미국 연방의회는 미국 내 외국인 투자에 대한 규제를 강화하기 위하여 기존의 FINSA를 강화하는 법을 통과시켰다. 새로운 입법은 실체적으로 외국인(foreign entity)과 지배(control) 개념의 확대와 절차적인 보완에 중점을 두었다. 그리고 재무성은 이 법의 제정에 따라 새로운 시행령249)을 입법하였다.250) 이에 따르면 절차적인 면에서 인수거래 신고251) 최소 5일 전에 신고 전 협의절차(pre-filing consultation)를 거치도록 하고 있다. 그리고 관련된 당사자들은 자신이 신고하는 내용의 정확성에 대하여 보증하는 서면을 제출하도록 하면서,252) 만일 허위로 드러날 경우에는 이러한 허위가 중요 사실의 허위기재이거나 은닉(material misstatement or omission)으로 고의 또는 중과실에 의한 경우(intentionally or through gross negligence)에는 위반행위별로 최고 250,000달러의 벌금을 부과할 수 있도록 규정하였다.253) 요구되는 데이터도 더 세분화되어 인수하려는 회사의 이사회

---

247) S.1797, 109th Cong(2005).

248) 줄여서 'FINSA'라고 한다.

249) 31 C.F.R. § 800.401(a)(2008).

250) Joe D. Whitley and et al., "Homeland Security Legal and Policy Issues", April 2009; Reginald J. Brown, Jamie Gorelick, Lynn R. Charytan, "Treasury Department Issues Proposed CFIUS Regulations", April. 22. 2008.

251) 31 CFR 800.401(f).

252) 31 CFR 800.701(c).

구성원, 고위 경영진, 최종적인 5퍼센트 이상의 지분을 가진 실질주주의 내역, 상위 및 최종적인 모회사의 명칭 및 실체에 대하여 신고 시 관련 내용을 첨부하도록 하였다.254)

실체적인 관점에서는 지배와 관련된 개념이 보완 입법되었다. 지배개념은 지분율을 51% 이상이라고 규정하는 방식이나 이사회 구성원의 반수를 넘는 경우와 같이 형식적으로 규정하지 않고 실질적으로 규정함으로써 당해 기업에 영향을 줄 수 있는 중요한 의사결정(important matters affecting an entity)을 할 수 있는가의 여부에 따라 지배 여부를 판단하도록 하였다. 외국인의 개념도 더 넓게 규정하였다. 이전에는 외국인(foreign person)을 정의함에 있어 이제는 외국개체(foreign entities)라는 표현을 사용함으로써 독자적으로 인격을 가지고 있지 않은 경우도 포섭이 가능하도록 하였으며, 그 지분의 실질적인 소유주가 복수인 경우에도 합계로 50%를 넘으면 외국인으로 보는 등 외국인으로 볼 수 있는 범위를 확대하였다.255) 규제의 적용대상도 확대하였다. 핵심설비256) 및 핵심기술257)도 보호의 대상이 되는 것으로 하였으며, 특히 핵심기술은 명확하게 정의하는 대신 사안별로 판단할 수 있도록 하였다.

(4) 엑슨-플로리어 심사

1) 심사의 주체

엑슨-플로리어 심사는 미국 정부의 재무부 산하에 설립된 CFIUS에 의하여 수행된다. CFIUS는 행정명령(Executive Order) 11858에 따라 설립되었다. 이 기구는

---

253) 31 CFR 800.801(a).

254) 31 CFR 800.402.

255) 31 CFR 800.212, 800.216.

256) systems and assets, whether physical or virtual, so vital to the United States that the incapacity or destruction of the particular systems or assets of the entity over which control is acquired pursuant to [the] covered transaction would have a debilitating impact on national security.

257) "[t]hose items specified on the Commerce Control List … that are controlled pursuant to multilateral regimes(i.e., for reasons of national security, chemical and biological weapons proliferation, nuclear nonproliferation, or missile technology), as well as those that are controlled for reasons of regional stability or surreptitious listening", certain "nuclear equipment, parts and components, materials software and technology specified in the Assistance to Foreign Energy Activities regulations", and "[s]elect agents and toxins specified in the Export and Import of Select Agents and Toxins regulations." The proposed regulations state that voluntary notices filed with CFIUS shall identify, among other things, any "critical technologies" produced or traded by the US business that is the subject of the covered transaction.

Exon-Florio법의 하위법령 격인 행정명령 12661에 의해 Exon-Florio법에 의거한 조사 및 인수·합병 승인 여부를 판단한다. 설립 당시 8명으로 구성되었던 위원회가 현재는 12인으로 구성되어 있다. 현재 국무장관(Secretary of State), 재무장관(Secretary of Treasury), 국방장관(Secretary of Defense), 국토보안청장관(Secretary of Homeland Security),258) 상무장관(Secretary of Commerce), 미 무역대표부대표 장관(Secretary of United Sates Trade Representative), 경제자문위원회위원장(Chairman of the Council of Economic Advisers), 법무장관(the Attorney General), 예산위원회위원장(the Director of the Office of Management and Budget), 과학기술정책위의장(Director of the Office of Science and Technology Policy), 대통령 국가안보보좌관(Assistant to the President for National Security Affairs), 대통령 경제정책보좌관(Assistant to the President for Economic Policy)이 위원으로 규정되어 있다.259)

실무 차원의 구성은 재무성을 주관으로260) 국방부, 국무부, 법무부, 상무부 등의 관료들이 이러한 국가안보심사절차에 관여하고 있으며, FBI(Federal Bureau of Investigation)와 여타의 정보기관들도 종종 자문기능을 수행하고 있다. 공식적인 CFIUS의 심사가 승인절차에서 가장 중요한 요소는 아니다. CFIUS는 관련 기관의 만장일치를 요구하지 않는다. 그러나 논란이 있는 결정의 경우에는 매각을 승인하기 위하여 내각이나 대통령의 결재를 받게 된다. 이러한 경우에는 재무성에 의하여 거래가 지연되어 매수자로부터 필요한 정보를 요구하게 된다. 이와 같은 상황이 발생하게 되면, 관련 기관이 사실상 거부권(de facto veto)을 행사하는 것과 같은 상황이 된다.

2) 엑슨-플로리어법과 국가안보심사
(가) 사전심사청구
외국인직접투자자는 미국기업을 인수·합병하는 경우 반드시 사전에 CFIUS에 심사청구를 하여야 하는 것은 아니다. 그렇지만 만일 사후에 CFIUS가 이러한 기업인

---

258) 부시 대통령에 의해 2003년 국토보안청(Department of Homeland Security)도 위원회의 구성원이 되었다(Akin Gump Strauss Hauer & Feld LLP, International Trade Alert(May 2. 2003)).

259) CFIUS의 구성에 대해서는 James K. Jackson, *op. cit.*, p.2.

260) 애초에 CFIUS는 외국인직접투자의 경제적인 함의에 대하여 판단하기 위한 목적으로 만들어진 기관이었고, 바로 이러한 점이 CFIUS의 주관을 재무성에서 하는 이유이다.

수에 반대하는 경우 외국 인수자는 미국기업의 지분을 처분하도록 명령을 받게 된다. 실제 1990년 2월, 중국회사는 미국의 항공기부품회사 지분을 처분(divestiture)하도록 명령받은 바 있다.[261]

이런 이유로 해서 대부분의 회사들은 사전에 CFIUS에 통지를 하는 편이 안전하기 때문에 통지를 하고 있고, 통지를 하고 난 뒤에는 자신들이 심사를 수행할지 여부에 대한 판단을 30일 이내에 하여 이를 회사들에 통지한다. 1988년 이후에 심사청구가 된 2,000건 이상 중에서 몇몇 건만 심사가 이루어졌고, 거래가 금지된 경우는 극소수이다.[262] 대부분 CFIUS가 심사를 하겠다고 통지하는 경우 대상 회사는 거래를 포기하거나, 인수를 재구성(restructure)하여 CFIUS가 제기된 국가안보에 대한 걱정을 해소하려고 노력한다. 2004년에 CFIUS는 42건을 심사하여 한 건이 조사결정을 받았다.[263] 만일 1차 심사에서 추가조사가 결정되면 45일간의 조사절차가 진행되게 되는바, 실무적으로 조사결정은 사실상 거래의 실패로 이해되어 통상 거래를 철회하거나 수정제안을 하게 된다.

(나) 국방성과 법무성의 의견제시

국가안보심사 절차에서 가장 영향력을 많이 행사하는 기관은 법무성과 국방성이다. 이 두 기관은 해외매수자에게 가장 큰 영향력을 미치며 국방에 대한 우려가 있는 경우에는 해외매수자와의 이면계약(side agreement)을 체결하여 이러한 우려를 해소한다.

우선 국방성에 의하여 우려가 제기된 사례로는 통신보안과 관련된 경우가 있는바, 국방성은 해외취득자가 불법적인 기술의 취득이나 이전을 시도할 우려가 있음을 이유로 하여 문제를 제기한다. 그러므로 방위산업체나 방위산업과 연관된 기업을 인수하려고 하는 해외인수자는 국방성의 반대로 인수 시도가 무산되는 것을 방지하기 위하여, 사전에 대상 회사에 대한 국방의 관점에서의 심사준비를 위하여 국방성 담당자를 비공식적으로 만나 사안을 설명하곤 한다. 왜냐하면 만일 이러한 비

---

261) Susan W. Liebeler, William H. Lash Ⅲ, "Exon－Florio, Harbinger of Economic Nationalism?", Cato Review of Business & Government, http://www.cato.org/pubs/regulation/reg16n1d.html

262) Akin Gump Strauss Hauer & Feld LLP, International Trade Alert, CFIUS Nationl Security Review Creates New Uncertainty for Foreign Investment in the United States(May 2003), at
http://www.akingump.com/docs/publication/562.pdf

263) Department of the Treasury, "Annual Performance Report: Performance and Accountability Report" FY 2004, pt. Ⅱ at 47(2004).

공식적인 준비를 하지 않으면 국방성이 30일의 기간이 충분하지 않다고 보아 추가적인 심사를 요구하는 것을 막을 수 없게 되기 때문이다.264) 경우에 따라서는 심사청구를 철회한다. 심사청구를 철회하고 난 뒤에 매수하려고 하는 측에서 국가안보심사를 통과하기 위하여 필요한 인수 시 제한을 고안한다. 국방성은 독자적인 규율을 가지고 있는바, 이러한 심사기준은 자신들의 동의 여부를 결정하기 위한 기준으로 사용된다.265)

한편, CFIUS 사건에서 법무성과 FBI의 목적은 불법적인 행위 가능성에 대한 심사를 하게 된다.266) 예를 들어, 통신회사를 합병하는 경우라면 통신보안(telecommunication security) 문제와 도청(communication interception)이 가능하도록 하여야 하는 것이다. 새로운 주인이 되는 인수회사도 비공식적인 협력을 지속적으로 하여야 하는 의무를 부담하는 것이 가능하여야 하는 것이다.

3) 심사의 대상
의회는 CFIUS에게 합병 및 인수 거래에 대한 심사를 위한 목록을 다음과 같이 제시하였다.267)

(i) 문제가 된 국가안보를 위하여 국내 생산이 필요한 경우인지 여부
(ii) 가용 인력자원, 생산물, 기술, 원자재, 기타 부품 및 서비스의 공급 등을 충족시킬 수 있는 국내산업의 생산능력
(iii) 미국이 국가안보를 위하여 필요한 능력에 대한 해외시민에 의한 국내산업과 상업 활동에 대한 지배력
(iv) 테러를 지원하거나 미사일 기술, 생화학무기의 확산을 도모하려고 하는 국가에 대한 군수품, 설비, 기술 등의 잠재적인 거래 가능성 인지 여부
(v) 거래가 당해 부분에서의 미국의 국가안보를 저해하여, 미국의 기술적 우위에 영향을 미치는 잠재적 가능성이 있는지 여부

---

264) John B. Reynolds Ⅲ, "Foreign Direct Investment in U.S. Critical Infrastructure"(2004).

265) Department of Defense, National Industrial Security Program Operating Manual, Ch. Ⅱ., Sec.3(1995, incorporating changes through 2001).

266) James A. Lewis, "New Objectives for CFIUS: Foreign Ownership, Critical Infrastructure, and Communications Interception", *Federal Communications Law Journal*, Vol.57 No.3(2005).

267) CFIUS의 심사기준에 대해서는 James K. Jackson, *op. cit.*, p.4.

미국의 역외 기업의 인수 및 합병거래(Cross－boarder merger and acquisition, take－over)의 경우에는 엑슨－플로리오심사(Exon－Florio Review)를 위하여 관련 부처에 통지를 하게 된다. 만일 이러한 통지를 하지 않을 경우에는 대통령에 의한 잠재적인 심사가 가능하게 되므로, 대개의 경우 실무상 거래의 대상업체들은 자발적으로 CFIUS에 통지하게 되는 것이다. 다만 구별하여야 할 것은 합병 또는 인수대상 기업 내지 산업의 보호가 목적이 되는 것은 아니라는 것이다. 예를 들어, 유노칼社가 속해 있는 정유산업의 경우에도 초과이득세(windfall profits tax)를 통하여, 석유회사들이 이익을 탐사활동이나 정제시설에 재투자하지 않을 경우, 이익의 50%를 세금으로 부과하는 법안을 통과시켜 석유회사들의 사회적 기여에 대하여 강제하려고 있다.268) 한편, 국가안보의 판단과 관련하여, 일부 논자들은 외국인들이 기술정보를 빼내 가려고 하는 점뿐만 아니라, 미국에 외국인들이 투자한 뒤에 당해 생산시설과 공장을 해외로 이전하게 됨으로써 국민들이 잃게 되는 일자리 역시도 국가안보의 개념에 포섭되어야 한다는 주장을 하기도 한다.269)

4) 심사사례

(가) 개요

Exon－Florio 규정에 따라 외국인의 미국기업 인수가 금지된 사례는 많지 않으나, 실제로는 외국인투자자가 CFIUS와 협의과정에서 CFIUS의 권고적 내용을 받아들이는 조건으로 기업인수가 허용되고 있다. 1988～2004년 사이 CFIUS는 1,524건의 외국인에 의한 기업인수 타당성(1차 심사)을 심사하였으며, 이 중 23번은 2차 심사 과정을 거쳐 대통령에게 보고서 및 권고서를 제출하였다. 독일 Huels사의 미국 Monsanto 반도체 지분 인수 건과 일본 Komatsu社에 의한 미국 UCC&P社 인수 건이 1차 심사에서 외국인 인수 부적절 판정으로 2차 심사까지 간 대표적 사례이다.

---

268) 다만 이 법안에 대해서는 부시 대통령이 이미 석유회사들이 고유가에 대응하기 위한 조치들을 내놓았다는 이유로 거부권을 행사하겠다는 의사를 밝힌 바 있어 실제로 법안이 효력을 가지게 될지는 의문이 있지만, 엑슨모빌(Exxon Mobil)의 경우 미국 상원 금융위원회가 2006.4.26. 엑슨모빌을 비롯한 대형 정유사들의 조세법 준수 여부를 조사하기 위하여 연방국세청(IRS)에 납세자료 제출요청을 2001년 엔론사태 이후 이례적으로 하였고, 부시 대통령도 법무부와 에너지부에 정유업계의 유가담합 조사를 지시하는 등 2005년 3,710억 달러의 매출을 기록해 월마트를 누르고 미국 내 최대기업이 된 엑손모빌 등에 대한 중간선거를 앞둔 압력이 높아지고 있다(동아일보 2006.4. 28일자).

269) 엑슨－플로리오 조항의 과제에 대해서는 James K. Jackson, *op. cit.*, p.6.

(나) 심사사례의 정리

초기부터 엑슨-플로리어심사는 외국인투자자들의 관점에서는 불확실성을 내포하고 있었다. 왜냐하면 ① CFIUS가 어떤 유형의 거래가 미국의 국가안보에 심각한 위해를 가할 것인지에 대하여 많은 재량을 가지고 있다는 점과 ② 이러한 심사가 비공개로 이루어진다는 점 때문이었다.[270] 특히 이러한 재량은 CFIUS가 ① 대개의 경우 거래를 승인한다는 점, ② 승인한 거래를 분석한다고 하더라도 일관된 어떤 원칙을 발견하는 것은 쉽지 않다는 점에서 승인 사례를 열거하는 것은 그리 의미가 없다. 다만 아래의 논란이 있었던 거래들을 몇 건 살펴보는 것은 지금까지의 Exon-Florio법의 적용사례를 볼 때 진정으로 국가안보에 위해가 우려되는 외국인투자였기에 전면적인 심사를 하고 거래에 개입하였는지 아니면 단지 자국의 경제적·정치적인 이득을 취하기 위한 수단으로 활용되었는지, 명확히 구분하기 어려운 사례들이 상당수 있다는 비판을 검토하여 보기 위한 목적으로는 실익이 있다고 할 것이다.

(a) NTT의 Verio 인수

2000년의 경우 NTT(Nippon Telegraph and Telephone Corporation)가 미국 내 초고속 인터넷 사업을 영위하는 베리오(Verio)社를 인수하는 것을 승인하였다. 이 거래는 2003년의 허치슨(Hutchinson Whampoa Ltd.)의 글로벌 크로싱(Global Crossing Ltd.) 인수의 경우와 유사한 문제를 내포하고 있었다. 왜냐하면 NTT는 일본 정부에 의하여 지배되는 회사이고, Verio는 기간통신망을 가진 회사의 하나였기 때문에 승인에는 조건이 필요하였다. 그래서 CFIUS는 NTT와 NTT가 Verio를 인수한 이후에도 FBI가 계속적으로 Verio의 통신망에서 법원의 영장을 가진 도청과 정기적인 감시를 하도록 허용한다는 내용의 통신보안약정(network security agreement)을 하였다.[271]

(b) Dubai Port World Case

매우 논란을 불러일으켰던 사안이다. 이 사안에서 CFIUS는 이 거래를 승인하였고, 대통령도 승인을 발표하였으나 의회를 비롯한 빗발치는 여론의 압력에 결국 거래는 이행되지 못하였다. 사안의 개요는 미국의 6개 주요 항구인 New York, Newark, Philadelphia, Baltimore, Miami, New Orleans에 대한 항만운영권을 영국의 Peninsular

---

270) 이러한 재량은 WTC에 대한 테러공격 이후에 더욱 확대되고 있다(Akin Gump Strauss Hauer & Feld LLP, International Trade Alert'(May 2. 2003. p.2)).

271) 이러한 유사한 합의는 Deutche Telecom이 VoiceStream을 인수할 때에도 이루어졌다.

& Oriental Stream Navigation社가 운영하고 있었다. 이 운영권을 아랍에미리트 정부가 운영하는 Dubai Port World에서 인수하려고 한 사안이었다.[272] 이 사안은 경제적인 관점과 정치적·문화적·심리적인 면에 더하여져서 중국기업이 유노칼을 인수하는 것이 제한되는 것과 마찬가지로 아랍에미리트(Arab Emirates) 기업이 전략적인 가치가 높은 미국의 기간산업을 매입하는 것이 허용되지 않는다고 판단한 것이라고 볼 수 있다.[273]

이러한 국가안보심사에 있어서의 정치적인 고려와 관련하여 입법연혁 및 문언의 규정 어느 면에서도 엑슨-플로리오 조항이 미국의 국가안보에 영향을 주지 않는 분야에서의 기업합병이나 인수를 위한 대외직접투자(FDI)에 영향을 주려는 의도는 없었던 것으로 보인다. 엑슨-플로리오 조항이 확대되어 CFIUS의 심사가 이루어지는 범위가 확대되고 있지만, 여전히 미국의 국가안보에 초점을 두고 심사가 이루어지게 되는 것이다. 한편 미국은 이미 항공, 은행, 자원개발, 에너지 등의 분야에서는 외국인에 의한 직접투자를 금지하고 있었다. 일반적으로 말해서 이러한 영역들은 외국인들의 투자가 금지되어 있는 것이다. 하지만 여전히 외국인들의 이러한 분야에 대한 투자가 금지되어야 하는 것에 대한 경제적인 관점에서의 함의가 무엇인지, 왜 정치적인 고려가 우선되어야 하는 것인지에 대한 명확한 합의가 이루어져 있지는 않다. 바로 이 점에서 엑슨-플로리어 조항이 심사의 기준으로 삼고 있는 국가안보의 개념이 무엇이고, 어떻게 국가안보에 대한 영향을 평가할 것인지에 대해서는 논란이 있다.[274]

(다) 부정례

(a) 허치슨의 글로벌 크로싱(Global Crossing) 인수

최근 파산한 미국의 거대 전자통신업체인 글로벌 크로싱의 인수 건은 협상 도중에 매수자가 인수를 포기함으로써 성사되지 못하였는데, 그 이유는 공동매수자 중의 하나인 홍콩회사가 중국 정부와 연계되어 있을 가능성이 있다는 점에서 엑슨-

---

272) 39억 파운드를 써내서 35억 파운드를 제시한 싱가포르의 PSA International을 제치고 인수를 하였으며, 본사도 그대로 런던에 두기로 하였다("P&O agrees bid from Dubai Ports", BBC NEWS(2005.11.29.), http://news.bbc.co.uk/go/pr/fr/-/1/hi/business/4480542.stm; The DP World case: "an American security obsession", *Middle East Watch*(Feb. 22. 2006)).

273) 공화당의 하원의원인 Sue Myrick은 "대통령 각하, 미국의 항구들을 아랍에미리트에 매각하려고 하는 것에 대한 답은 단순한 'NO'가 아니라, 'HELL NO'(절대로 안 돼)입니다."라고 편지를 보냈다고 한다 (http://www.msnbc.msn.com/id/11494815/page/2/).

274) Susan W. Liebeler, William H. Lash Ⅲ, *op. cit.*, p.5.

플로리어법이 발동되어 조사를 개시하기로 예정된 것이 결정적인 이유였다.[275] 2003년 허치슨 사건이 문제가 되었을 때 만일 허치슨이 글로벌 크로싱을 인수하게 될 경우, 미국 정부의 관료들은 해외기업이 글로벌 크로싱의 광섬유망(fiber - optics network)의 소유권을 가지게 됨으로써 미국 정부가 해외에서의 도청을 하는 것이 곤란해지게 될 우려가 있다는 걱정을 하였으며, 의회에서는 허치슨이 중국 정부와 연결되어 있어 군사용으로 사용될 가능성이 있음을 걱정하였다. 바로 이러한 문제가 있음을 염두에 둔 허치슨이 이 문제를 해결하기 위하여 인수 후에도 허치슨은 수동적인 역할만을 합병 후 회사에서 하겠다고 하면서, ⅰ) 글로벌 크로싱의 미국 내 자산은 미국인이 경영하는 미국 자회사에 그대로 두겠다고 제안하였지만, CFIUS는 이 제안을 거절하였다. 허치슨은 다시 수정제안으로 ⅱ) 의결권을 포함한 기업지배구조와 관련된 주요한 권한을 신탁하여 미국의 저명인사들이 이러한 권한을 행사하도록 함으로써 자신들은 단지 수동적인 투자자 역할만을 하겠다고 하였다. 하지만 CFIUS는 이 제안마저 거부하고, 45일간 중국 정부가 이 거래의 뒤를 보고 있는 것인지 여부를 심사하겠다고 하였다. 허치슨 웸포아(Hutchinson - Whampoa)는 미국 정부의 심사개시 결정이 거절이라고 판단하여 법규정에 따른 절차와 정보제출이 부담이 되면서 글로벌 크로싱 인수를 백지화하였다.[276]

(b) 중국해양석유공사의 유노칼에 대한 인수 시도

중국해양석유공사는 중국 내의 석유수급을 담당하는 회사 중의 하나로 미국의 유노칼(Unocal)사에 대하여 주당 67달러를 지급하는 조건으로 공개매수(tender offer)를 하려고 하였으나, 60달러를 제시한 미국 내 회사에 대하여 더 좋은 조건임에도 의회의 반대 목소리가 높았다. 결국, 미국 하원은 398대 15로 중국해양석유공사의 유노칼 인수가 미국의 국가안전에 위해를 가하게 될 것이라는 비구속적 결의를 하였고,[277] 결국 185억 달러에 달하는 중국해양석유공사의 인수 시도는 인수 포기를 통하여 실패로 귀결되게 되었다.[278] 경우에 따라서는 전략적인 고려(strategic interest)

---

275) 글로벌 크로싱의 파산 시점에서의 상황에 대해서는 Shane Harris, "Tech Insider: A global government crossing"(Feb. 11, 2002).

276) John B Reynols Ⅲ. "Global Crossing Decision Underscores CFIUS's Heightened Emphasis on National Security." *Wiley Rein & Fielding LLP*(April 28, 2003); James K. Jackson, *op. cit.*, p.5.

277) 미국 의회는 중국이 미국기업을 매수하게 되면, 미국의 국부가 유출되게 된다는 생각을 하는 것이라는 비판적 견해에 대한 언급은 Jesse Eiseinger, "What's lost in the fuss about CNOOC's Unocal bid", *Wall Street Journal*(July 6, 2005).

가 경제적인 이해(economic interest)를 우선할 수 있다. 만일 중국의 시도가 국제경제의 규범을 어긴 것이라면 국제경제의 속성에 비추어 보아 정부 간의 해결 외에는 달리 범세계적이면서 구속적인 국제규범을 강제할 수 있는 사법기구의 부재라는 관점에서 미국 정부가 중국 정부에 국제규범을 준수할 것을 강제하는 것이 정당화될 수 있을 것이다. 하지만 실제 중국이 미국의 석유회사를 인수하는 이러한 거래에서 유노칼은 핵무기를 제조하거나 이러한 제조기술을 보유하고 있는 회사도 아니다. 이미 유노칼은 아시아지역에서의 석유사업을 하고 있고, 중국의 입장에서는 유노칼을 매입하지 않고도 직접 이란의 석유나 가스정(井)에 투자하는 것도 가능하며, 이러한 행위가 국제적인 규범을 침해하는 것도 아니지 않는가라는 관점에서, 만일 미국 의회가 이러한 인수에 대하여 반대하려고 하였다면 좀 더 분명한 이유를 제시했어야 할 것이라는 비판이 있다.[279]

(c) Monsanto 사건

Monsanto(Monsanto Electronic Materials Company)에 대한 당시 서독의 Huels AG의 인수 시도에 대하여 "국방부의 주요 공급자는 아니나, 미국 반도체 산업 내 제조기술을 강화하기 위해 국회에 의해 지원되고 있는 민관 컨소시엄의 주요 공급자이자 미국 내 유일한 실리콘 웨이퍼(silicon wafers) 공급자"라는 이유로 CFIUS는 1차 심사에서 외국인 인수 불가 의견을 낸 사실이 있다.[280] 이러한 CFIUS의 의견에 기초하여 1989년 2월 7일, 부시 대통령은 이 거래에 대하여 정부가 개입하기로 하였다. 이 사건은 CFIUS가 옴니버스 무역 및 경쟁법(1988) 5021조에 의하여 행한 최초의 심사라는 점에서 의의가 있다. 이 조문은 대통령에게 조사권한과 필요한 경우 외국 기업의 인수제안에 대하여 주간통상에 영향을 주는 당해 거래를 중지하거나 금지할 수 있는 권한을 부여하고 있는바, 이러한 중지 내지 금지가 이루어지기 위하여 대통령은 외국투자자가 국가안보를 위협(threaten)하거나 침해(impair)할 가능성이 있다는 점에 대한 신뢰할 만한 증거를 가지고 있어야 할 것을 요건으로 하고 있다. 이 조문을 근거로 하여 부시 대통령이 거래에 관여한 것이다.[281]

---

278) 중국 외교부는 "미국 의회의 결정에 대하여 매우 유감스럽게 생각하며, 이러한 결정은 양국 간의 경제 내지 교육의 문제를 정치화한 것"이라며 비판적인 논평을 내었다(中國人民日報 2005.7.6.).

279) 이러한 비판은 Eisenger, *supra*.

280) 비슷한 시기인 1990년 미국 UCC&P社 인수에 대해여 UCC&P社가 '미사일 방위 시스템 적용 기술 보유' 기업이라는 이유로 CFIUS는 1차 심사에서 외국인 인수 불가 의견을 내었다.

(d) Norton 사건

이 사례는 국가안보 이외의 목적으로 국가안보심사가 남용될 수 있는 것과 관련된 대표적인 사례이다. 이 사건에서 우주왕복선에 쓰이는 세라믹 재질의 베어링을 제조하는 매사추세츠 주 소재 회사인 노튼(Norton)社[282]에 대한 영국기업인 BTR사의 적대적 기업인수 시도에 대하여 노튼사는 120명 이상의 하원의원들을 설득하고 상원으로 하여금 CFIUS가 이 사건에 대한 조사에 착수하도록 함으로써 BTR사의 시도를 좌절시켰다.[283] 그런데 동일한 회사에 대한 프랑스의 콤파니 생 - 고뱅(Compagnie de Saint - Gobain)사의 적대적 기업인수 시도 때에는, 동일한 국가안보 우려에 대한 요소들은 아무런 변화가 없었음에도, 당해 인수대상 회사 경영진의 심경 변화를 반영하여 사적인 거래에 대하여 관여하지 않기로 결정하여 대통령에게 불간섭 권유를 한 것은 대표적으로 엑슨 - 플로리오의 오용 내지 남용 가능성을 보여 주는 것이라고 하겠다.[284]

이 사건에서 영국기업에 대해서는 반대를 통하여 인수를 포기시키고, 이후 프랑스기업은 영국기업이 제시한 가격보다 높은 가격을 제시한 후 Norton社를 인수하는 데 성공하였고, 프랑스기업의 인수협상이 진행 중인 시기에는 국가안보에 대한 고려가 필요하다는 의견은 전혀 제시되지 않았다는 정황은, 결국 반대가 노튼사가 엑슨 - 플로리어법이라는 인수·합병 제한 제도를 활용하여 인수가격을 높인 사례라고밖에 달리 논리적으로 설명할 수 없다고 본다. 이 사례는 결국 엑슨 - 플로리어법이 국가안보보다는 인수대상 기업의 이익을 위해 정부를 개입시키는 유인이 있음을 드러낸 사례라고 할 수 있다.[285] 이러한 점에서 점차 엑슨 - 플로리오법은 기업 인수·합병에 대한 교과서들에서 적대적 기업인수에 대한 방어수단으로 논의되게 되었고,[286] 바로 이 점에 착안하여 법 시행 초기부터 회사법 분야 변호사들은 엑슨 - 플로리오법을 잠재적인 기업에 대한 적대적 인수 시도에 대한 방어수단으로 활용하게 된 것이다.

---

281) http://bushlibrary.tamu.edu/research/papers/1989/89020700.html

282) 이 회사는 '베어링' 외에 방산용 '미사일 유도체'와 '세라믹 엔진 부품' 등도 제조하는 회사였다.

283) 그 주역은 매사추세츠 주 출신인 존 케리 상원의원이었다. 그는 국가안보 외에도 Norton이 매사추세츠 주의 경제에 미치는 영향 때문에 Exon - Florio의 발동이 필요하다고 주장하였다.

284) 이 사건에 대한 설명은 "After the defeat, BTR sells Norton stock", *New York Times*(April 27, 1990); Susan W. Liebeler, William H. Lash Ⅲ, *op. cit.*, p.6 - 7.

285) http://www.iie.com/publications/chapters_preview/3918/05iie3918.pdf

286) R. Gilson & B. Black, "The Law and Finance of Corporate Acquisition", *Foundation Press*(2nd edition), pp.1495 - 1502.

(e) MAMCO 사건

1989년, 중국 국영 항공기술수출입공사(China National Aero－Technology Import and Export Corporation)의 MAMCO社(항공기부품 제작사) 인수 건이 대통령에 의해 지분처분명령이 발하여졌다. 중국 정부가 지분을 갖고 있는 한 중국기업(CATIC)이 보잉사가 제조하는 상업용 항공기에 쓰이는 금속부품을 공급하는 미국기업(MAMCO)을 인수하려고 하였을 때에 대통령이 엑슨－플로리어법을 근거로 그 투자를 금지시켰다. 당시 인수대상 기업이 보유하고 있던 기술은 그리 중요하지 않은 것으로 평가되었기 때문에, 이 사례에서 미국 정부는 국가안보를 투자금지의 이유로 제시하였으나, 실제로는 중국 정부의 견제라는 정치·외교적인 목표를 은폐하기 위한 구실에 지나지 않았다고 평가된다. 이 사례는 미국 정부가 엑슨－플로리어법에 근거하여 미국기업에 대한 M&A를 직접 금지시킨 대표적인 사례로 꼽힌다.[287]

(5) 엑슨－플로리오 조항의 문제점

엑슨－플로리오 조항은 두 가지 문제점을 내포하고 있는바, 첫째는 왜 순전히 사적인 거래에 대하여 미국 정부나 의회가 관여하는가 하는 문제이고, 둘째는 어떻게 미국에 대국가안보에 영향을 미치는지에 대한 판단을 할 것인가 하는 문제이다.

1) 국가안보 개념의 불명확성

Exon－Florio법의 적용을 받는지 여부에 대한 판단을 위해 가장 중요한 개념은 '미국의 국가안전'의 개념에 대한 것인데, 정작 Exon－Florio법은 무엇이 국가안보(national security)인지에 대해서는 완전히 침묵하고 있다.[288] 더하여, Exon－Florio법이 대통령의 판단에 대한 사법심사를 허용하지 않는다는 점도 대통령의 광범한 재량의 이면으로 작용하고 있다.[289] 결국 동전의 양면과 같이 국가안보라는 불명확한 개념을 통하여 Exon－Florio법의 적용이 적절한 통제 없이 무한정 확대될 가능성도 내포하고 있다.[290] 특히, 9·11 테러 사태 이후 순수한 국방상의 문제는 물론이고

---

287) http://www.iie.com/publications/chapters_preview/3918/05iie3918.pdf

288) James R. Walther, "Exon－Florio Update: Congress Considering Changes in CFIUS Review Process for Foreign Acquisitions of U.S. Businesses", *Newsletter of the Committee on Negotiated Acquisitions*, Vol. (Summer 2006), p.6.

289) DPA 제712조(e)항.

290) 확대의 일례로 앞서본 바와 같이 2000년 일본 NTT가 미국의 인터넷 서비스 공급자인 Verio사를 인수하고자 한 사안에서 클린턴 행정부는 일본의 NTT가 FBI의 전화도청 능력에 대한 정보를 입수하지 못하도록 NTT가 Verio사

테러 등에 대비할 필요 등 국내적인 안전 확보 역시 국가안보에 포섭될 가능성은 높아지고 있다.291) 이상에서 살펴본 것과 같이 Exon - Florio법상의 '국가안보'라는 개념은 사전적인 의미인 외부의 침략으로부터 자국의 안전을 확보한다는 뜻에서 상당히 변용되어 국내안전의 개념으로까지 확대되어 왔다. 실질적으로는 경제적 안보, 산업정책적인 차원에서의 미국기업의 경쟁력 제고, 심지어는 노튼社 사건에서처럼 적대적 기업인수 시도가 있을 경우 매각대금을 올리기 위한 수단으로까지 사용되어 개별기업의 이익까지도 그 개념범주에 포섭될 정도로 광범위하게 사용되고 있다.

2) 사전심사와 산업정책적 고려

(가) CFIUS의 사전심사 고려요소

엑슨 - 플로리어 심사는 기업결합 후 향후 발생할 가능성에 대한 사전적인 심사 (ex - ante review)이다.292) 이러한 점에서 ⅰ) 실무적인 면에서 엑슨 - 플로리오법은 단순히 국가안보뿐만 아니라, 여러 가지 산업정책적인 측면에서의 고려를 하고 있다. 액슨 - 플로리어 심사는 비구속적이긴 하나 의회의 의원들이 의회의 결의 내지 대통령에 대한 공개서한을 보내는 방식의 관여로 인하여 이들의 특수한 이해관계에 의한 영향도 받게 된다. ⅱ) 문언의 관점에서 보면 CFIUS의 업무를 규정한 위 행정명령(Executive Order) 11858 제1조 (b)항 (3)호에서는 미국의 국가안보도 아니고 "미국의 국가이익에 대해 중요한 시사점을 줄 가능성이 있는(might have major implications for United States national interests) 미국 내 투자에 대해 검토하는 것" 을 CFIUS의 임무로 규정하고 있다. 이와 같이 규정의 문언상, 실무상으로나 Exon - Florio법에 의한 인수·합병 제한기준인 국가안보라는 개념은 국방과 직접 관련되는 사항을 넘어서 국내안보를 포함하는 상당히 넓은 의미로 해석 및 운용되고 있음을 알 수 있다. 결국, Norton사 사례에서 볼 수 있는 것처럼 Exon - Florio 심사는 산업정책적인 목적으로 활용되고 있다고 할 것이다.293)

의 도청 네트워크 관련 업무에 관여하지 못하도록 하는 조건에 합의한 후에야 승인하였고. 이와 유사한 것으로 독일의 도이치텔레콤이 미국의 무선전화 서비스업체인 VoiceStream Wireless Corporation을 인수하려 한 사안에서 미국은 국회 청문회를 거치는 등 거의 1년이나 승인을 지연한 끝에 도이치텔레콤이 FBI 및 미국 법무부와 비밀보호 및 연방정부의 도청 및 감시행위와 관련된 제한조건에 합의한 뒤에야 승인한 사례 등은 미국이 Exon - Florio법을 적용하면서 국가안보라는 개념을 순수한 국방상의 문제에 한정하지 않고 있음을 잘 보여 주고 있다고 하겠다.

291) 운송회사의 트럭 또는 관광목적의 헬기를 운행하는 회사의 운송장비들, 방사선 물질을 사용하는 계측기, 석유 또는 가스 송유관 등도 해당될 가능성을 배제하지 않는다고 할 것이고, 이러한 점에서 보면 '유노칼 사건'에서의 CFIUS의 태도도 이해할 수 있을 것이다(J. D. Rosener, *op. cit.*, p.4).

292) 이러한 점은 우리나라 공정거래법상의 기업결합신고도 마찬가지라고 할 것이고, 그 운용을 두고 보면 공익성의 고려라고 하는 유사한 현상들이 발견된다.

(나) 비판적 검토

미국 정부가 국가안보심사의 발동이 정치적인 목적에 따라 해외투자의 허용 여부를 자의적으로 판단하는 도구로서 Exon‑Florio법을 악용하고 있다고 보는 견해가 미국 내에서도 제기된다.[294] 이들은 Exon‑Florio 심사가 진정한 의미에서의 국가안보에 대한 우려를 불식시키는 유용한 수단으로 기능하기보다는 경제안보(economic security)나 경제적 국수주의(economic nationalism)를 실현하는 도구 내지 산업정책의 수단으로 사용되고 있다고 비판한다. 실제 앞서 사례들을 통해 미국 정부는 Exon‑Florio법상의 국가안보라는 개념을 활용하여 본래적 의미의 국가안보 외에 자국의 정치적, 경제적 이익을 도모하기 위하여 동법을 외국인투자의 통제수단으로 이용하고 있다고 볼 여지가 적지 않음을 살펴보았다.[295]

하지만 이러한 산업정책적 고려는 어느 정도 불가피한 측면이 있다고 생각한다. 왜냐하면 ⅰ) 개념정의를 명확하게 열거적으로 할 경우 정작 입법의 불비로 인하여 규제 공백이 발생할 수 있고, ⅱ) 산업정책적 고려라는 것이 법에서 이루어지면 안 되는 금기사항이라기보다는 외국인투자자들로 하여금 불명확성을 높임으로써 외국인직접투자에 부정적인 영향을 미쳐서 이를 위축시키는 요인으로 작용하는 것인바, 입법기술상 어느 정도의 포괄성을 가져갈지는 입법자의 결단 내지 입법형성 자유의 범위의 문제라고 보이기 때문이다.

2. OECD 주요 국가별 사례[296]

주요 선진국들은 국가안보와 국익을 위해 외국인투자를 제한하고 있다. 미국의 경우에는 이미 살펴본 바와 같이 위협하는 외국인의 자국기업 인수를 저지할 수 있는 권한을 부여하는 Exon‑Florio 규정이 통제기능을 수행하고 있고, 특별한 협정을 제외하면, 외국인지배기업은 기밀정보와 관련된 계약 시 규제조치가 가능하도록 사

---

293) Gardner Carton & Douglas, "International Trade and Technology Transfer Update"(Fall 2003).

294) S. W. Liebeler and W. H. Lash Ⅲ, "Exon‑Florio Harbinger of Economic Nationalism?", The Cato Review of Business & Government.

295) 미 하원의 민주당 대표였던 게파트 의원은 Exon‑Florio법이 미국의 국가경쟁력을 높이는 데에 활용될 수 있다고 밝힌 바 있다. 한편, 미국 연방거래위원회(FTC: Federal Trade Commission) 의장이었던 R. Pitofsky는 미국 정부의 기업결합심사에 정치적 또는 산업정책적 고려가 개입하는 경우는 매우 드물다는 주장을 하고 있다.

296) OECD ROUNDTABLE "FREEDOM OF INVESTMENT NATIONAL SECURITY AND STRATEGICINDUSTRIES", 21 June 2006 OECD Headquarters in Paris.

안별 사후규제를 하고 있다. 항공, 군수, 폭발물, 핵에너지, 운수산업 등에서 외국기업에 의한 특별한 투자계획이 국가안보, 공공질서, 공공안전에 위협을 초래할 가능성이 있다고 간주될 경우, 이는 변경되거나 지연이 되도록 하여 주로 조사 그 자체가 가지는 위력은 신고한 거래를 철회하도록 하는 방향으로 발휘된다. 이와 비교하기 위하여 아래에서는 다른 국가들의 경우를 OECD에 보고된 공공질서 및 국가안보 차원의 외국인투자 규제에 대한 내용을 중심으로 살펴본다.

  (1) 유럽공동체국가들

  우선 독일의 경우를 보면, 독일은 일방적 무역수지 억제, 외교정책, 공공질서, 국가안보 차원에서 사적 외국인투자를 제한하는 법안을 가지고 있으나, 실제로 규제된 사례는 없는 것으로 보인다. 한편, 프랑스는 최근 법령개정을 하여 전략산업의 경우에는 외국인이 지분을 취득하고자 할 때 내각의 승인을 받도록 하였다.297) 프랑스의 경우 국방과 군수품과 직간접적으로 관련된 활동을 하는 기업에 대해 국가적 조치를 취하지는 않으나, 정부는 국가안보 차원에서 외국인 지배권하에 있는 기업의 출현과 확장 및 행태에 관한 기업 환경(condition)을 규제할 수 있는 권리를 보유하고 있다. 또한 군수품과 관련되어 군사목적의 물품조달은 지역기업에 우선권을 부여하고 있는 것도 외국인의 군수기업 인수에 대한 제약으로 작용하고 있다. 심사 사유에 있어서 프랑스는 공공질서, 건강 또는 보안, 공적 기능(연구, 생산, 무기거래, 군수품, 폭약, 군사목적의 물질이나 전시장비)을 그 원인으로 삼고 있는 점이 미국과 구별된다. 사전심사와 관련하여, 프랑스는 1996년 2월, '외국인투자법' 개정에서 비유럽인 투자에 대한 사전승인제도를 폐지하면서도 공공기능과 활동과 관련된 프랑스 업체에 대한 외국인투자는 여전히 사전승인을 요구하고 있다. 영국의 경우 영국항공 PLC와 롤스로이스 PLC는 외국인의 투표권을 29.5%까지 제한하고 있고, 협회 정관은 시민권자에 한하여 이사 자격을 부여하도록 하고 있다. 외국인지배기업은 최우선적인 보안상 문제가 적용되는 경우 군수품조달 계약에서 배제될 수 있도록 하여 프랑스와 유사한 조달업체 참여자격을 통하여 제약을 가하고 있다. VSEL 컨소시엄 PLC는 특정 전무이사는 시민권자여야 하며, 회사자산 처분에 관한 거부권을 부여하고 있다.298)

---

297) The French Reform Law and Decree No. 2005 - 1739.

298) 본문에서 언급한 국가들 외에 러시아에서도 국가안보를 이유로 하여 위해가 발생할 우려가 있을 때에는 정부가 개입할 수 있도록 하는 입법이 검토되고 있고, 스페인에서도 독일기업에 의한 국내통신회사의 매입에 대한 부정적인 정부의

(2) 일본

일본의 경우도 외자에 의한 일본기업의 매수에 대한 방위책이 논란이 되고 있다.299) 일본에서 최근 외자에 의한 일본기업의 예로 금융기관의 경우에는 GECC의 일본리스(リース) 인수, AIG의 千代田生命 인수 등이 있고, 자동차와 관련하여서는 일산자동차를 르노가 인수한 사례와 유통의 경우 西友에 대한 월마트(ウォルマート)의 인수 사례 등 여러 건이 있다.300) 일본의 신회사법을 통한 소위 회사법제 현대화 논의는 주로 소위 국제회사법이라고 불리는 영역에서 역외 기업에 의한 인수 문제가 논의되었고, 일본의 회사법에 적용을 받지 않는 회사가 일본법에 의하여 제한을 받는 회사에 비하여 역차별을 받고 있는 부분에 대한 논의도 이루어지고 있다.301)

이러한 회사법적인 논의 외에 독점금지법에 의한 규제로서 인수가 일정한 거래 분야에서 경쟁을 실질적으로 제한하는 경우에 그러한 합병이 독점금지법상 금지되고, 구 증권거래법 및 은행법, 보험법, 증권업법 등 개별 행정당국의 규제가 이루어지는 금융규제산업의 경우에는 당해 행정당국에 의한 규제가 이루어지도록 되어 있다.302) 이러한 규제에 다시 더하여 일본의 경우 항공, 군수, 폭발물, 핵에너지, 운수산업 등에서 외국 기업에 의한 특별한 투자계획이 국가안보, 공공질서, 공공안전의 위협을 초래할 가능성이 있다고 간주될 경우 이러한 거래는 변경되거나 지연될 수 있다. 심사사유에 있어서 미국의 경우에는 국가안보(National Security)를 그 원인으로 하고 있으나, 일본의 경우에는 국가안보 외에 공공질서, 공공안전, 경제발전 등을 원인으로 하여 그 규제 근거가 넓다는 점도 구별된다.

개입이 있는 등 유럽공동체 지역에서 공동체지역 내의 타국 기업의 인수 시도에 대하여조차도 제한이 강화되고 있다고 한다(Gordon Platter, "Heightened National Security Threaten Global M&A", *Global Finance*(May 2006)).

299) 三笘 裕, "外資による日本企業の買收と對應策", 企業買收めぐる 諸相ニッポン放送事件鑑定意見, 15-21面.

300) 前揭書, 16面.

301) 前揭書, 17面.

302) 神崎克朗, "企業買收の實務と法理", 商事法務研究會, 327-328面.

(3) 小結

결국 위에서 보는 바와 같이 미국뿐만 아니라 일본, 프랑스도 국가안보 및 국익에 저해되는 외국인투자를 저해하기 위해 구체적인 투자심사 메커니즘을 제도화하고 있다. 프랑스의 경우, 1992～1996년 사이 '국가안보'가 아닌 공공질서(public order) 차원에서 외국인투자를 9차례에 걸쳐 규제한 예가 있는 반면,[303] 일본은 1992년 법 개정 후 국가안보, 공공질서 등 공익 차원에서 외국인투자 규제 사례가 없다. 독일과 영국의 경우, 국가안보 차원의 외국인투자 심사기구를 두고 있지 않으나, 독점금지법을 통하여 국익에 저해되는 합병결정을 규제할 제도적 장치는 확보하고 있다. 따라서 한국의 경우에도 어떠한 입법적인 방법론을 채택할 것인가에 대한 문제는 미루어 둔다고 하더라도 여전히 규제의 필요성이 있다는 점에 대해서는 합의를 도출하기 위하여 도움이 될 것이라고 생각한다.

다만 이와 같은 입법례적인 고찰에서 하나 유의하여야 할 것은, ⅰ) 각국이 자본수출국과 자본수입국으로 서로 처한 사정이 다르다는 일반적인 논의와 ⅱ) 방위산업 내지 고도기술이 요구되는 산업에 대한 기술발전의 단계가 다르고, 또한 ⅲ) 공기업 위주의 기간산업운용 구조였던 국가화, 사기업 위주의 기간산업운용 구조인 경우 등에서 차이가 난다는 점을 감안하여야 통계적인 오류 내지 입법론상의 오류를 범하지 않을 것이라는 점이다.

Ⅲ. 한국법에의 엑슨 – 플로리어 조항 도입 가능성

1. 자본자유화와 국내 기업에 대한 M&A 위협의 증대

우리나라는 OECD 가입 당시, 외국인에 의한 M&A 증대에 따른 폐해의 일환으로 국부유출 우려를 감안하여, 자본자유화협약을 맺으면서도 우호적 M&A만 허용한 바 있다.[304] OECD 가입을 계기로 자본이동자유화 계획을 추진하였는데 그 핵심적 항목으로 외국인직접투자(Foreign Direct Investment) 자유화가 OECD 가입의 관건이

---

303) 공공질서를 사유로 1992－1993년 사이에 8건, 1994년에는 1건의 투자금지명령이 있었다.

304) 1997년 IMF 외환위기 이후 적대적 M&A도 허용하면서 의무공개매수제도, 외국인 지분취득 제한 등 방어수단과 관련된 제도들이 폐지되면서 적대적 M&A도 시장규율의 일종으로 허용되어야 한다는 방향으로 입법이 진행되었으며, 이러한 입법방향은 외국인투자촉진법 검토보고서에서도 드러난다.

되었다. 이전에는 외국인에 의한 M&A형 직접투자가 금지되었으나 OECD 가입과 함께 전 업종에 걸친 외국인에 의한 국내 기업 인수 제한 조치를 일부 완화해, 1997년 2월부터 구주취득방식, 이른바 M&A형 직접투자가 부분적으로 허용되었으나 국내 피인수기업경영진의 동의하에 인수조건 등이 결정되는 우호적 방식만이 허용되도록 하였다. 그러나 외환위기를 극복하는 과정에서 통신 등 일부 업종을 제외하고는 적대적 M&A를 포함, 외국자본에 의한 국내 기업 M&A가 완전 자유화되어 애초 OECD 가입 당시의 문제의식들이 희석된다. 이러한 역사적인 전개를 고려하여 본다면 많은 경우 역사의 시계추가 그러하듯이 어느 한 극단으로 흘러간 규제는 다시 균형을 맞추기 위하여 이동을 하여야 하고, 이러한 점에서 현시점은 이러한 균형추를 맞추기 위한 중요한 시간이라고 할 것이다.

2. 도입 찬반론

(1) 도입 찬성론

외국자본의 유치가 가장 중요한 지상과제가 된 국민 정부에서의 외국자본에 의한 국내 기업 지분취득이 총량에 있어서 자유화된 이후 한국의 대표적인 우량기업들인 삼성전자, 포스코, SK(주) 등 국내 최대주주 지분율이 15% 내외 수준에 머무르고 있는 반면 외국인 지분율은 이미 60%를 초과, 외국인이 상호 연합할 경우 이미 경영권을 취득할 수 있는 상황이 되었다. 국내 상장기업 주식의 43.5%(시가총액 기준)가 외국인 소유이고, 이들의 지분이 갈수록 확대되고 있으며 특히 대기업, 우량기업일수록 이러한 현상이 강하게 나타나고 있다. 외국인의 국내 기업인수시도가 한참 문제가 된 2004년 5월 기준으로 거래소 시가 총액 기준 국내 100대기업 중 외국인 최대주주 지분율이 5% 이상인 기업은 총 44개로 외국자본에 의한 국내 주요 기업 경영권 탈취 위협은 매우 심각한 수준으로 이에 대한 적절한 규제가 필요하다는 주장이 있었다.[305]

---

305) 증시에 상장된 9개 국내은행 가운데 하나금융지주회사의 외국인 지분율도 지난해 80%를 넘어 외국인 지분율이 80%를 넘는 곳은 82.7%인 국민은행과 함께 두 곳으로 늘어났다는 기사(2007.1.18. SBS 보도내용); 외국인이 5% 이상의 지분을 보유하고 있는 상장회사 수가 유가증권시장은 242개사에서 224개사로 18개사가 감소했고, 코스닥시장은 290개사로 12개사가 줄었다는 기사(mbn 2008.7.26. 보도내용). 이처럼 주식 시장에서 외국인 비율은 변동해 왔고, 특히 금융위기 이후 외국인의 sell Korea 움직임이 우리 증시에서 종합주가지수를 2000포인트 근처에서 1000포인트 이하까지 한때 급락시킨 원인이 되었다.

[표 2] 거래소 외국인 지분율[306)

	1997	1998	1999	2000	2001	2002	2003	2004.3
지분율	14.6	18.6	21.9	30.1	36.6	36.0	40.1	43.5

(2) 도입 반대론

이와 같이 외국인의 지분이 증가하는 것에 대하여 ⅰ) 그 자본의 출처가 국내인지 외국인지가 중요한 것은 아니고(소위 '토종자본론'에 대한 배격), ⅱ) 외국자본이라고 하더라도 주주로서 경영진이 잘 경영하고 있고, 주주가치 내지 주주이익 극대화를 위하여 노력하고, 달리 경영진을 교체한다고 하더라도 더 나은 경영진을 통하여 우월한 경영실적을 낼 수 없는 상황이라면, 스스로의 불이익으로 귀결될 경영진 교체를 시도할 이유가 없고, 오히려 ⅲ) 외국인 지분의 증가는 오랜 기간 동안 한국기업들의 소위 코리안 디스카운트를 넘어서서 한국기업들이 이머징 마켓(emerging market)에서 저평가되어 있어 투자 시 투자가치가 있다고 판단하였기 때문에 귀결된 결론인데, 이를 이유로 하여 지분참여 형식의 외국인직접투자를 제한해야 한다는 주장은 본말이 전도된 것이라는 견해가 있을 수 있다.

(3) 검토

외국인에 의한 M&A는 자본축적, 고용창출, 기술이전, 경쟁촉진, 경영효율성의 증대 등 면에서 큰 경제적 효과를 발휘할 수 있는 긍정적 효과들을 가져올 수 있다고 일반적으로 말하여진다. 하지만 구체적으로 외국인에 의한 M&A는 그 양태를 나누어 보아야 한다고 생각한다. ⅰ) 기존 기업에 대한 M&A에 의한 방법이 아닌 신규 투자를 통한 단독법인의 설립 내지 합작법인 설립의 경우에는 고용창출, 기술이전, 경쟁촉진 등의 효과가 발생할 수 있으나, ⅱ) 기존 대기업에 대하여 금융적인 관점에서 투자하는 경우에는 추가적인 고용창출이나 기술이전이 없고, 경쟁의 관점에서는 무차별적인 경우가 있다. 다만 전략적인 재무투자자에 의하여 회사의 기업지배구조 내지 경영상의 주주가치 환원을 위한 효율성의 면에서 개선이 이루어질 수 있는 가능성도 존재할 수 있다. 하지만 이와 구별되어야 할 것으로, ⅲ) 단기적인 리턴을 노리고 하이일드(high yield) 투자의 일종으로 고배당정책 내지 자산매각 등을

---

306) 금융감독원 통계월보(2004.3.).

강조하는 경우에는 장기적인 자본축적이 이루어지는 대신 오히려 회사의 성장동력이 침식당하고 씨앗투자(seed investment)가 이루어지지 않아 기존사업 외에 중장기 전략이 부재한 회사가 되는 문제점을 야기하게 된다.

이러한 유형을 살펴보면 외환위기로 인해 외국자본의 국내유입이 절실했던 상황에서 이러한 긍정적 측면과 자본시장 개방에 대한 압력 등 다양한 이유로 외국인에 의한 M&A 시장이 완전 개방되었던 역사적인 상황인식의 문제는 재론하지 않더라도, 현재의 시점에서 적절한 외국인직접투자 유도정책 내지 M&A 방향을 설정하는 정책은 필요하다고 본다. 개인적으로는 ⅰ)의 방향이 바람직하다고 보이고, ⅱ)의 방향은 선별적으로 받아들일 수 있고, ⅲ의 방향에서의 투자는 회피되어야 할 투자라고 판단된다. 그래야 이러한 외국인의 투자가 장기적이고 동태적인 관점에서 규제 완화가 본질적으로 국가가 유지, 보존해야 할 국가적 이익과 연관된 가치자산까지도 외국인 M&A를 허용할 수 있다는 우려를 해소하면서도 국민경제 발전의 또 다른 성장동력으로서 외국인투자의 긍정적인 기능을 강화할 수 있을 것이다. 따라서 이러한 외국인투자에 대한 규제는 외국인에 대한 투자촉진책과 동전의 양면으로서로 병행되어 사용될 수 있어야 하며, 그런 관점에서 적절한 규제도입의 필요성이 인식될 수 있는 것이라고 하겠다. 제한적이기는 하지만 아울러 외국인에 의한 자국기업의 경영권지배가 자국의 안보, 공익, 문화, 기초자산 등 자국의 전통적인 고유자산의 유지, 존속에 심대한 부정적 영향을 초래할 수 있는 경우와 같이 경제적인 관점 내지 정량적인 관점에서 계량되기 어렵지만, 정성적인 국가존립과 관련된 필요에 대한 대응이라는 관점에서도 이러한 규제 내지 심사에 대한 필요는 정당화될 수 있을 것이다.

위와 같이 긍정적인 방향으로의 외국인직접투자 유도의 필요와 안보, 공익, 문화 등과 같은 경제외적 제한의 필요의 충족이라는 관점에서 우리나라의 외국인투자 관련법체계는 투자의 촉진이라는 측면 외에 투자의 품질향상이라는 관점에서 한계적 기준을 제시하는 점에서 문제점을 노정하고 있다고 본다. 왜냐하면 외국인에 의한 국내 기업의 인수합병에 관한 국내법 체제는 ⅰ) 외국인에 의한 M&A가 허용되지 않는 제한사유를 매우 제한적으로 규정하고 있고, ⅱ) 제한과 관련된 집행기관에 있어서도 투자의 제한이라는 것이 주된 이슈가 아니었던 관계로 재정립할 필요가 있고, ⅲ) 법집행상으로도 이러한 제한에 대한 고려는 되지 못하고, 오로지 유치만이 실적으로 평가되는 사정이 계속되어 왔다는 점이 문제점으로 지적될 수 있다. 입법에 의한 제한사유 및 전담기구를 외국인투자촉진법 내지 구 증권거래법에 규정함으로써 입법의 공백을 메우고, 아울러 법집행에 대한 일응의 가이드라인을 제시할 수 있다고 할 것이고, 이를 통하여 iii)의 집행에 대한 문제점도 해소할 수 있겠다.

우선 첫 번째 문제에 대해서 보면, 외국인 M&A투자의 제한사유가 법상으로는 매우 추상적으로 규정되고, 부속법령에서는 다시 열거주의를 취함으로써 제한사유의 현실적인 실행에 대해서 의문을 가지게 한다. 현행법 체계상 외국인 M&A를 제한하거나 기존의 규제를 완화할 수 있는 경우로는 외국인투자촉진법에서 명시하고 있는 1) 국가의 안전과 공공질서의 유지에 지장을 초래하는 경우, 2) 국민의 보건위생 또는 환경보전에 해를 끼치거나 미풍양속에 현저히 반하는 경우, 3) 대한민국의 법령에 위반하는 경우의 세 가지 사유이다.307) 그런데 이러한 사유에 해당되어 규제하기 위해서는 대통령령으로 그 업종과 제한내용을 정하는 열거주의(negative list) 방식을 취하고 있는바, 이러한 규정의 태도는 어느 정도 明確性을 주기는 하지만 업종이라는 분류기준이 앞서의 두 가지의 조건 즉, 다시 말하면 외국인투자의 적절한 유도를 위한 가이드라인의 제시라는 목적과 정성적인 요소의 고려라는 면에서는 부족하다고 판단된다. 왜냐하면 제한사유의 적용에 있어서도 외국인 M&A로 인하여 국가의 안전보장 등에 중대한 위협이 초래될 우려가 있는 경우에 대통령령이 미리 그 제한내용을 정하지 않고 있는 경우에 이를 규제할 방법이 없게 되는 문제가 발생할 수 있고, 구체적인 외국인 M&A가 추진되는 경우에, 그러한 거래로부터 초래될 수 있는 위험을 그 거래의 종결 이전에 사전적으로 효과 있게 대처할 수 없는 문제점이 발생할 수 있기 때문이다.

두 번째로 집행기관의 운용과 관련하여서는 이원화된 운용방식의 개선도 필요하다. 외국인 M&A투자 규제의 운용방식에 있어서 공공적 법인에 대한 외국인의 M&A는 금융감독위원회에 일임되어 있고, 기타 외국인 M&A에 대해서는 산업자원부장관으로 이원화되어 있는 것을 포괄적으로 다룰 수 있는 부처조율기능 내지 전문성을 가진 미국 외국인투자심의위원회(CFIUS)의 설치와 같은 운용방식의 개선이 필요하다고 본다. 또, 구 증권거래법에서는 외국인의 유가증권 취득의 제한에 관하여 공공적 법인에 대한 외국인의 M&A 규제에 대하여 금융감독위원회가 시정명령

---

307) 외국인투자촉진법 제4조 제2항.

을 내릴 수 있도록 하고 있다.308) 그러나 구 증권거래법상 공공적 법인에 대한 외국인 M&A에 대한 규제는 국민경제에 초래될 위험으로부터 국가안보이익을 방위하기 위함에 그 본질적 목적이 있는 것으로, 현행법이 정하고 있는 한계사유만으로는 국가적으로 보호하여야 할 본질적인 가치를 충분히 보호하지 못하는 문제점이 있다. 이러한 문제점을 고려하더라도 외국인투자촉진법상 국가안보를 목적으로 하는 외국인 M&A 규제방식과 통합함으로써 외국인 M&A에 대하여 포괄적으로 심사할 수 있는 입법적인 근거와 이를 집행할 위원회의 설치는 필요한 사항이라고 본다.309)

3. 입법영향 검토

(1) 입법영향 검토의 필요성

법제정 영향의 분석은 새로운 입법을 함에 있어 실행해 보지 않았으므로 완결적일 수는 없다고 하더라도, 수규자를 입법의 피실험자로 만들지 않기 위해서는 매우 중요한 작업이다. 아래에서는 예시되는 부정적인 면을 각각 검토하여 형량하기 위한 검토를 하도록 한다.

(2) 예상되는 부정적인 영향

1) 외국인직접투자의 위축

자본수출국 기업의 입장에서는 이러한 제도가 도입이 될 경우에 자신의 자본투자가 실제로 실행이 될지 여부에 대한 불확실성이 증가되는 요인이 되므로 외국인직접투자 위축요인으로 작동할 가능성이 있다. 미국의 경우에는 국가안보에 대하여 명확한 정의를 하지 않고 불확정적인 의미로 사용함에 따라서 해외투자자들은 Exon-Florio 심사의 자의적인 적용에 대한 우려가 계속되더라도 지속적인 해외자본의 유입이 이루어진다.310) 반면에 한국의 경우 외국자본 유입이 여전히 필요한 상황에서 국내의 매력적인 투자처에 대하여 국가안보를 이유로 한 심사를 하는 경우에 명확

---

308) 구 증권거래법 제203조.

309) 예를 들어 중국의 경우 개별적인 기술이전으로는 한계가 있다고 판단하고 외국 기업을 직접적으로 인수하여 기술적인 격차를 따라잡으려고 하는 전략을 사용하기로 하여, 그 성과로 레노보의 IBM PC 사업부분 인수 등이 이루어지고 있다는 점을 생각하더라도 이러한 보호법제의 도입은 필요하다고 할 것이다.

310) 미국의 경우, 자본수지에서의 흑자가 만일 무너지게 된다면 경상수지에서의 적자를 메울 수 없게 되어 전 세계적인 미국의 지위를 고려한다면 엄청난 파장이 세계경제에 미치게 될 것이다.

한 기준이 제시되지 않으면 불확실성의 증가로 인하여 외국인직접투자가 위축되는 문제가 발생한다.

외국인투자의 경우에도 이를 나누면 자본적인 이득을 목적으로 유입되는 자본과 투자를 바탕으로 유형적인 실체로서의 신규투자(소위 'Green Field Investment')가 있을 수 있고, 기존 기업의 지분을 매입하는 방법이 있을 수 있을 것이며, 신규투자의 경우에도 한국의 사정에 익숙하지 않은 외국인투자자들의 입장에서는 합작투자가 선호될 수 있을 것이다. 이러한 외국인투자가 이루어질 경우 합작 파트너 내지 국내 진출을 자문하는 법무법인의 경우, 만일 이러한 신규의 심사가 생기면서 그 결과에 대하여 예견이 곤란한 심사가 된다면, 전 세계 투자전략을 가지고 있는 다국적기업의 경우 군이 한국에 투자하여야 할 결정적인 이유가 존재하지 않음으로써 본사(Headquarter)의 투자승인을 받아내기란 쉽지 않을 것이다. 이러한 외국인의 국내에 대한 투자위축효과는 그 반면에 내국인의 해외투자의 경우에는 법제적인 관점에서 오히려 장려되고 있는 것으로 보이고 있는 상황311)과 비교하여 보면 국내산업의 공동화와 이로 인한 국내에서의 일자리 감소, 특히 중요한 의미를 가지는 괜찮은 일자리(decent job)의 감소를 가져오게 되어 국내총생산의 감소로 이어질 우려를 고려하여야 한다.

2) 시장규율을 왜곡할 우려

국회에서의 입법 관련 현황과 관련하여, 특히 이러한 우려되는 부분은 기간산업을 구성하는 대상 기업들의 경영진이 기간산업임만을 주장하여 사회적인 효율성을 증대시킬 수 있는 경영권의 이전마저도 방어하려고 하는 상황이 발생할 우려가 제기될 수 있다. 실제 우리 국회에서 '외국인투자촉진법'을 '외국인투자관리법'으로 법명을 바꾸자는 제안이 있다.312) 우리나라가 과연 외국인투자를 촉진하는 단계에서 관리하는 단계로 가도 되는 것인지 의문이 들게 하는 이 법안에서313) 입법의 제안이유로

---

311) 현재 논란이 되고 있는 출자총액제한제도 효과 중의 하나가 국내투자의 억제와 해외투자의 촉진이다. 왜냐하면 입법취지는 재벌의 비관련 다각화(소위 '문어발식 기업확장')를 방지하기 위한 것이라고 하지만 이러한 제한의 대상이 되는 비관련 다각화가 국내에서의 출자에 국한되어 해외에 대한 투자의 경우에는 행정당국인 공정거래위원회의 규제대상에서 제외됨으로 인하여 결국 의도된 입법목적인지는 알 수 없으나 해외에 자본이 유출되는 원인이 되게 된다. 이러한 결과에 대해서는 오히려 출자총액제한제를 유지하자고 주장하는 참여연대의 김우찬 교수가 경쟁법학회 심포지엄(2006.7.7.)에서 출자총액제한제도의 유지에도 불구하고 기업의 투자가 위축되는 것은 아니라는 논거로 사용되었는데, 상당한 논란의 대상이 될 수 있을 것으로 보인다.

312) 외국인투자촉진법 일부개정법률안(심상정 의원 대표발의), 2006.4.10.(의안번호 4216).

313) 2006.7월 현재 국가안보를 이유로 하여 외국인투자를 제한할 수 있도록 하는 외국인투자촉진법 일부 개정안은 심

외국인투자로 금융발전, 경제성장 등의 긍정적인 효과가 있는 한편, 일부 외국인투기 세력에 의하여 우리나라 경제에 국제수지의 불균형, 환율의 불안정, 금융사정 악화 등의 위기사태가 발생할 수 있고, 나아가 국가안보에 위험을 초래할 수 있는 상황이 발생할 수 있음에도 이를 통제할 제도적 장치가 없음을 들고 있다. 누구를 통제하자는 것인지 내지 법안에서 말하는 국가안보라는 것이 무엇인지 명확하게 규정되어 있지 않은 채 사용되는 국가안보라는 용어에 대해서는 다시 검토하여야 할 것이다.

　미국의 경우 25개의 법안이 미국에 대한 해외에서의 투자에 대한 규정을 수정하기 위하여 제안되어 있다. 이러한 법안들은 모두 미 국민들에게 의회가 만일 국가안보가 문제가 될 경우에는 외국인투자를 내쫓을 준비가 충분하다는 것을 보여 주는 것을 그 입법목적으로 하는 것 같다는 비판이 있다.[314] 의회의 이러한 국가안보에 대한 강조는 현재 CFIUS에 의한 두바이포트월드(Dubai Ports World)의 미국 항만운영계약에 대한 승인과 중국 국영석유회사인 CNNOC의 Unocal에 대한 지분매입에 대한 불승인이라는 두 건의 이목을 끈 사건에서 연원한다. 의회는 특히 두바이포트 사건에서 ⅰ) CFIUS가 중동에 근거한 회사가 미국의 항만을 운영하는 것에 대한 국가안보심사를 제대로 수행하지 못하였다는 점, ⅱ) CFIUS가 내각에는 물론 의회에도 자신들이 두바이포트월드 건을 승인할 것이라는 점에 대하여 사전에 통지하지 않았다는 점에서 매우 불쾌하게 생각하게 된 것이다.[315] 많은 의원들은 아랍에미리트에 설립준거지를 두고 있는 회사가, 더구나 WTC(World Trade Center)에 대한 테러범 중의 한 명을 배출한 국가의 회사가 미국 항만의 인력과 화물을 운영한다는 것에 대하여 만일에 발생할 수 있는 추가적인 테러에 대하여 경악하는 것이다.[316] 2006.3.30. 미국 상원 은행위원회(the Senate Banking Committee)는 해외투자

상정 의원(안) 외에도 김종률 의원(안), 배기선 의원(안)의 3개가 있다.

314) Dan Ikenson, "Trade Policy Analyst", *CATO INSTITUTE - CNBC: Foreign Investment Analysis*(March 21, 2006).

315) Sen. Richard Shelby, "Takeover Makeover", *The Wall Street Journal Online*(March 29, 2006).

316) 이언 브레머, "미 국가안보와 이란 민주화"(중앙일보, 2006.6.4.)에서 발췌: 최근 미국에서 국가안보와 관련되어 문제가 된 사안으로 알카텔의 벨연구소 인수 사안에서 "알카텔은 미국인으로만 이뤄진 이사회에서 벨연구소의 모든 작업을 통제할 수 있도록 하겠다고 약속했다. 따라서 이 문제는 그다지 중요하지 않다. 진짜 문제는 따로 있다. 바로 알카텔과 이란의 연관성이다. 알카텔은 이란 곳곳에 초고속 인터넷망을 깔고 있다. 미 의원들이 이란의 핵 야망에 신경이 곤두서 있는 것은 다 아는 사실이다. 그런 나라의 경제발전을 적극 돕고 있으니 알카텔에 대한 시선이 고울 리 만무하지만 오히려 이란에 알카텔이 인터넷을 통하여 민주화시키고 있는 점을 감안하여야 한다."라는 주장을 하고 있는 것처럼 동일한 국가안보라는 명제에 대해서도 상이한 주장이나 관점이 나온다는 것이 국가안보 심사의 한계라고 하겠다.

및 국가안보법(the Foreign Investment and National Security Act of 2006)을 통과시켜 20년 만에 최초로 CFIUS의 기능에 대한 중요한 변화를 주려고 하고 있는 등 지속적인 입법 차원에서의 활동들이 이루어지고 있고, 이러한 활동들은 실제 경영권 방어 목적으로도 사용되고 있음을 이미 실증적으로 보고 있다. 이러한 국가안보심사가 효율적인 경영권 이전마저도 제한하는 수단으로 사용될 가능성에 대한 우려는 이러한 미국에서의 사례를 볼 때 실제화될 가능성이 있다.

미국의 경우 Exon – Florio법에 근거하여 미 행정부가 제정한 외국인에 의한 기업의 인수·합병에 관한 규정(Regulations Pertaining to Mergers, Acquisitions, and Takeovers By Foreign Persons)[317] 제800.204조는 지배(Control)의 정의와 관련하여 인수(acquisition)와 합병(merger, consolidation)뿐 아니라, 의결권 대리행사의 권유 등 기업의 경영권을 장악할 수 있는 대부분의 수단을 규제대상으로 하고 있다. 미국기업을 인수·합병하고자 하는 외국 기업은 자발적으로 조사신청을 하여 심사를 받을 수 있으나, Exon – Florio법은 외국의 정부가 인수·합병에 관여하였다고 판단되는 경우에는 미국 정부는 반드시 조사에 착수해야 함을 규정하고 있다.[318] 법이 제정된 이후 2003년 말까지 약 1,500여 건의 조사가 이루어졌으며, 그중 최종적으로 완전하게 인수·합병이 저지된 것은 소수에 불과한 것으로 보고되고 있으나, 같이 조사 과정에서 적지 않은 거래가 거래조건에 영향을 받거나 거래구도가 수정되거나 무산된 후 다시 인수·합병이 이루어지고 있어 실질적인 영향력은 정량적으로 드러난 것보다 훨씬 크다고 하겠다.[319] 따라서 이러한 과정에서의 자칫 부적절하거나 과도한 정부의 개입이 시장왜곡(market distortion)을 일으킬 수 있는 위험은 국가안보심사에 항상 동반될 수 있는 위험이라고 하겠다.

(3) 검토

정책목표로서 외국인투자에 대하여 규제를 함으로써 얻게 되는 이익에 대해서는 이미 기술한 바와 같이 투자 중에서 국내에 긍정적인 효과로서 ⅰ) 신규고용효과,

---

317) 31 CFR 800: 이하 '합병규정'이라 한다.

318) 의무적 조사(mandatory investigation)를 규정한 이른바 Byrd 수정법에 의해 추가된 (a)항 및 (b)항. (b)항에서 규정하는 내용이다.

319) J. D. Rosener & G. C. Dorris, "Uncle Sam Watches Nervously: Foreign Investment in U.S. Industries", *The Journal of Corporate Accounting and Finance*, Vol. 15, Issue 12; R. Pitofsky, "The Effect of Global Trade and United States Competition Law and Enforcement Policies", Fordham Corporate Law Institute 26th Annual Conference on International Antitrust Law & Policy, footnote 11.

ⅱ) 기술 내지 자본의 유입효과 등을 긍정적인 효과로 정리할 수 있다. 반면, 이러한 심사의 도입으로 인한 부정적인 효과는 위에서 본 바와 같이 외국인직접투자의 위축 우려와 효율적인 경영권 이전이 제한될 우려로 크게 정리하였다.

결국 이러한 국가안보심사의 도입 여부와 이러한 긍정적인 효과와 부정적인 효과의 양형의 문제로 귀결된다고 할 것이다. 전체적인 영향 검토를 함에 있어 결국 제도의 설계에 있어 부정적인 면을 어떻게 회피 또는 축소할 수 있을 것인가에 대한 논의로 귀결될 것으로 보이는바, 우선 부정적인 효과 중에서 ⅰ) 국가안보심사의 불명확성으로 인하여 외국인직접투자가 위축될 수 있다는 점에 대하여 미국의 경우에서 보는 것과 같이 국가안보심사의 연혁과 속성에 비추어 보면 심사과정에서 국민적인 공감대(consensus) 내지 여론(public opinion)의 고려는 어느 정도는 불가피한 것으로 보이는 점을 감안할 수밖에 없다는 점이 있다. 그러나 최대한의 가이드라인을 제시함으로써, 예측 가능성을 높여 투자자들의 투자판단에 있어서 결정적인 장애로 작용하지 않도록 입법기술상의 고려를 해야 할 것이고, ⅱ) 후자의 경영권시장에서의 효율성을 왜곡시켜 저해할 우려에 대해서는 어느 정도의 비효율 내지 왜곡은 발생할 수 있다는 점에서는 시장기능의 일부를 규제기관이 대신하게 된다는 점에서 어쩔 수 없다고 본다. 그러나 미국의 경우를 보더라도 대부분의 경우는 규제기관이 개입하지 아니하고 현저히 국가안보에 저해가 있다고 판단되는 극소수의 사안이 대상이 되는 것이므로, 제도의 운용 및 법안의 설계에 따라서 회피 내지 축소할 수 있는 문제라고 판단된다. 구체적인 입법방향 및 이에 따른 쟁점에 대해서는 장을 바꾸어서 보기로 한다.

Ⅳ. 엑슨－플로리어 조항과 연관된 입법론적 쟁점의 검토

1. 개정대상법령의 문제

(1) 대안의 제시

국가안보심사를 법제화함에 있어 어떤 법령에 근거하도록 할 것인가와 관련하여 (ⅰ) 외국인의 투자를 규율하는 기본법의 일부로 규정하는 방식, (ⅱ) 증권시장에서 상장회사에 대한 지분을 매입하는 방식으로 적대적 M&A가 이루어지는 경우에 이러한 지분매입에 대하여 국가안보심사를 하도록 하기 위하여 구 증권거래법의 일부 규정을 두는 방식, (iii) 별도의 법령을 신설하는 방법으로 국가안보심사를 규정하는 방식의 3가지로 크게 나눌 수 있다고 볼 것이다.

(2) 검토

위의 3가지 방안 중에서 (i) 현재의 단계에서 일단 외국인투자촉진법(이하 '외촉법')의 관련조문들을 수정하여 도입하는 것이 별도의 법을 신설하는 것에 비하여 신속하게 입법적인 반영을 할 수 있는 방안일 것으로 보인다는 점, (ii) 이미 외촉법에 규정된 제한근거들의 경우에는 상장회사와 비상장회사의 구별 없이 규율할 수 있는 반면, 구 증권거래법에서 규율하는 경우에는 상장회사만을 대상으로 하게 되어 오히려 대다수의 외국인투자회사에 대한 규율을 할 수 없게 된다는 점을 고려하여 외촉법, 시행령 및 부속법령에 관련 근거규정을 신설 내지 개정하는 것이 현재에는 가장 우선되는 대안이라고 할 것이다. 그러나 궁극적으로는 향후 별도 법령의 신설을 통하여 심사의 대상과 해외투자심사위원회의 설치 및 절차 규정 등 관련된 실질적 및 기술적인 사항에 대한 규정을 하는 것이 타당하다고 생각한다. 왜냐하면 (i) 외국인투자에 대한 기본적인 규율은 외자도입법으로부터 외국인투자및외자도입에관한법률320)을 거쳐 1998년 대폭적인 개정이 이루어진 외촉법에 이르기까지 외국인투자에 대한 규제의 완화 및 투자유치를 위한 인센티브를 강화하는 방향으로 개정되어 왔다. 외국인투자에 대한 우리 정부의 이러한 태도는 (i) 외국인투자에 대한 지원과 편의제공을 통하여 외국인투자 유치를 촉진함으로써 국민경제의 건전한 발전에 이바지함을 목적으로 한다는 외촉법 제1조의 문언, (ii) 외투법의 기본 틀을 유지하면서도 최대한 외국인투자의 자유화와 투자유치를 위한 지원을 강화하고 있는 외촉법의 전반적인 내용, 그리고 (iii) 외촉법 제정 당시 우리 국회의 심사보고서 내용에 외국인투자를 활성화하기 위하여 외국인투자촉진법을 제정한다는 점 등에서 명확하게 드러난다고 할 것이어서, 외국인투자의 촉진과 동시에 이에 대한 제한을 하는 것이 서로 배치되는 것이 아닌가 하는 점321) 및 (iv) 해외투자심사기구의 성격이 범부처적인 기구여야 할 것이며 실질적으로 준사법적인 기능을 담당하여야 할

---

320) 이하 약칭으로 '외투법'이라 한다.

321) '외국인투자촉진법안 검토보고', 1998.8. 재정경제위원회 제1전문위원 검토보고서 제1면(제안이유), 제4면에서는 기존의 외국인투자를 규율하는 법제가 규제와 관리 위주라고 비판하고 있다.

것이어서 독립적인 기구를 설치하는 것이 바람직할 것으로 보기 때문이다. 따라서 본고에서는 일단 논의의 범위를 외국인투자촉진법의 개정에 국한하여 보기로 한다.

2. 외국인투자촉진법[322] 개정방향

(1) 국가안보의 개념범위

1) 현행법의 규정태도

현행법은 별도의 규정을 두고 있지 않다. 개념적으로 국가안보란 개념은 개방적 구성요건으로 획정 짓지 않는 것이 타당하다고 보이고, 이러한 점에 대해서는 OECD 규약에서도 이를 별도로 규정하고 있지 않는 것은 개별회원국이 처한 사정을 고려한 것이 아닌가 한다. 바로 이러한 점에서 OECD는 필수적인 안보이익의 보호(the protection of its essential security interests)라는 다소 개념중립적인 용어선택을 한 것이 아닌가 하는 추측을 하게 된다.

2) 입법론적 검토

우리의 경우도 입법론적으로 미국과 마찬가지로 별도의 규정을 하지 않고 해석론을 통하여 우리의 상황에 부합하는 개방적 구성요소로서의 가치표지를 발견하는 것이 타당하다고 생각한다. 다만 국가안보(national security)라는 용어를 사용할 것인가 아니면 안보이익(security interest)이라는 점에 있어서는 어느 용어를 사용하든지 실제에 있어서는 차이를 발생시키지 않을 것으로 본다.

(2) 심사대상의 획정: 기간산업의 의미

1) 현행법의 규정태도

현행 외촉법 제6조 제3항은 적용대상을 방위산업체로 규정하고 있다. 이는 외투법 제8조의 2 제3항과 같은 취지의 규정으로서 허가의 대상이 외투법에서는 "국민경제에 중대한 영향을 미치는" 일정 규모 이상의 기업으로서 대통령령이 정하는 자산총액 2조 원 이상인 '개별심사대상 기업'이었던 것이 외촉법에서는 방위산업체로 바뀐 것이다. 이는 물론 외국인투자 허가대상을 최대한 축소하려던 외촉법 제정 당시의 정책방

---

322) 이하 약칭으로 '외촉법'이라 한다.

향을 반영한 것이기도 하지만 입법론상으로 보면 외투법 제3조 제1항 제2호가 삭제되면서 '국민경제에 중대한 영향을 미치는 기업'에 대한 기존주식 취득을 허가대상으로 할 법적 근거가 없어졌기 때문에 체계정합성의 관점에서 삭제된 것이라고 할 것이다.

2) 입법론적 검토

(가) 제6조 제3항의 개정

입법론적으로는 미국의 경우와 마찬가지로 방위산업체에 국한할 이유는 없다고 생각된다. 왜냐하면 (ⅰ) 외국인투자 유치를 위해 과감하게 외국인투자 관련 제한을 완화하였던 외촉법도 제6조 제3항과 같은 규정을 둔 것은, 외촉법 역시 종전의 외투법과 마찬가지로 외국인투자 제한 사유에 해당하는 경우에는 외국인투자의 허가나 승인 대상을 별도로 규정할 수 있는 법체계임을 그 자체로 인정하고 있는 것이라는 법체계적인 관점, (ⅱ) 입법의 실효성의 관점에서 근자의 국가안보에 영향을 미치는 산업은 반드시 방위산업에 국한되는 것이 아니라, 반도체나 디스플레이와 같은 우리의 경우 수출의 견인차가 되고 있는 산업이나, 자동차산업이나 조선업도 경우에 따라서는 산업지령에 따라 국가안보에 영향을 미치는 중요한 국가기간산업이라고 할 것이어서, 만일 방위산업에 국한할 경우에는 입법의 실효성이 반감된다는 점도 고려되어야 하기 때문이다.

(나) 제4조 제3항의 삭제

외촉법 제4조에 해당하는 외국인투자라고 판단되더라도, 외촉법에 그러한 외국인투자를 제한할 수 있는 명시적 근거를 두지 않은 경우에는 외촉법 제4조를 직접 원용하여 외국인투자를 제한하지 못하도록 하고 있다는 점에서 외투법과 차이가 있다. 외투법은 외국인투자를 신고수리하거나 허가하는 당국이 임의로 외투법 제3조에 해당하는지 여부를 판단할 여지를 남겨 두고 있었으나,[323] 외촉법에서는 제4조 제3항, 시행령 5조 및 별표에서 외국인투자가 제한되는 경우(업종 및 업체)를 명시하여 그 외의 경우에는 외국인투자를 제한하지 못하도록 함으로써 당국이 재량을 행사할 여지를 전혀 남기지 않고 있다. 외촉법 제4조 제3항은 기본적으로 '업종별' 규제의 근거가 되는 조항으로 대통령령은 제한 관련 사항을 아주 구체적으로 특정하여 ① 제한업종, ② 제한업종에 대한 외국인투자 비율, ③ 외국투자가 및 국내합

---

323) 외투법 제3조 제2항

작투자 당사자의 자격, ④ 외국인투자의 허용시기 등 허용기준이라는 오직 4가지 기준에 관하여 산업자원부장관이 고시하는 바에 따라 외국인투자를 제한하도록 하고 있다. 이러한 규정방식은 명확성을 부여한다는 관점에서는 이러한 규정 태도가 장점이 있으나, 이러한 규정 태도는 국가안보심사를 도입하려고 하는 방향과 부합하지 않으므로 이 조항은 삭제하는 것이 타당하다.

(3) 심사기준의 획정

1) 현행법의 규정태도

입법연혁적 관점에서 외촉법 제4조는 외투법 제3조와 실질적으로 차이가 없는 규정을 두고 있지만, 외투법 제3조와 비교하여 외촉법 제4조는 "국민경제의 건전한 발전에 나쁜 영향을 미치는 경우"가 삭제된 점에서 구별된다.[324] 외투법은 외자도 입법 이래 일관되게 외국인투자가 허용되지 않거나 제한할 수 있는 근거가 되는 규정들을 법률에서 규정해 왔던바, 이는 외촉법하에서도 마찬가지여서 외촉법 제4조 제2항이 외국인투자를 제한할 수 있는 근거를 명시하고 있다. 이 조항은 OECD 자본이동자유화 규약 제3조[325]에서 규정하고 있는 자본이동자유화 약속의 예외 대상에 해당되는 사항들을 반영하여 만든 조항이다. 이러한 제4조 제2항의 규정만으로도 OECD 자본자유화규약에 위배되지 않는데, 외촉법은 굳이 제4조 제3항을 두어 업종별로 외국인투자를 제한하는 시스템을 채택하고 있는바, 제4조 제3항은 삭제하는 것이 타당하다고 이미 전술하였다.

2) 입법론적 검토

외촉법은 제4조 제2항에 기본적인 외국인투자 제한의 근거를 마련해 둔 다음, 업종별로는 제4조 제3항의 규정에 따라 외국인투자를 제한할 수 있도록 하고, 업종 차원의 규제로는 지나치게 외국인투자 범위가 제한될 수 있거나 기타 제4조 제2항

---

324) 위 각주 75) 전문위원 검토보고서 20면(삭제이유에 대해서는 12면의 기타 항목에 규정되어 있을 뿐 설명은 없다. 다만 이 조문이 전체적으로 'OECD자본이동자유화규약' 제3조에 동기화된 것으로 볼 때, 이 문언은 'OECD자본이동자유화규약' 제3조의 예외사유와 합치되지 않아서 삭제된 것으로 추측된다.).

325) "OECD CODE OF LIBERALISATION OF CAPITAL MOVEMENTS" printed and published in October 2005: Article 3 Public order and security. The provisions of this Code shall not prevent a Member from taking action which it considers necessary for:
  ⅰ) the maintenance of public order or the protection of public health, morals and safety;
  ⅱ) the protection of its essential security interests;
  ⅲ) the fulfillment of its obligations relating to international peace and security.

에 의한 제한이 기술적으로 어려울 경우에 대비하여 제6조에서 업종에 대한 외국인 투자 제한과는 별도로 업체별로도 외국인투자를 규제할 수 있는 구성을 하고 있다. 현행 외촉법은 이러한 업체별 규제의 대상을 극히 제한하고 있어서 오직 외국인에 의한 방위산업체의 기존주식 취득에 대해서만 허가 대상으로 하고 있으나, 만일 제 4조 제2항에 해당되는 경우로서 외국인투자에 대한 심사의 강화 등 추가 규제를 가 할 필요가 있는 업체가 있다면, 입법을 통해 이러한 업체에 대한 외국인투자를 허 가대상에 포함시키거나 미국에서의 신고를 임의로 하게 하되 직권으로 조사할 수 있는 대상으로 규정하는 방식을 취하는 것도 외촉법의 취지와 전체적인 설계에 비 추어 불가능하지 않은 것으로 보인다.

결론적으로 심사기준에 있어서는 OECD 자본이동자유화규약을 법제화하고 있는 제4조 제2항을 기준으로 하고, 허가의 대상으로 하기보다는 미국의 CFIUS가 취하 고 있는 방식을 취함으로써 외국인투자자들의 부담을 덜어주는 방식의 입법을 하는 것이 타당하다고 판단된다.

(4) 규제방식에 대한 검토

1) 현행법의 규정태도

외촉법 제6조에서는 신주취득의 경우가 아닌 기존주식의 취득에 한하여 이른바 '업체별 규제'의 가능성을 열어두고 있으며, 이러한 업체별 규제의 하나로 방위산업 체에 대한 기존주식의 취득을 사전허가 대상으로 규제하고 있다. 이를 위해 외촉법 제6조 제3항 내지 제7항은 방위산업체에 대한 허가절차 등을 규정하고 있다. 그리 고 이미 본 바와 같이 제4조 제3항과 시행령 제5조 및 별표와 고시는 업종별 규제 방식을 취하고 있다. 산업자원부가 매년 2월 「외국인투자 통합공고」를 통해 규제 내용을 발표하고 있다.[326] 이처럼 외촉법과 그 부속법령은 외국인투자를 제한함에

---

[326] 『외국인투자 통합공고』(산업자원부, 2004). 이에 의하면 외국인투자 제한이 되는 업종은 '곡물 및 기타 식량작물 재배업, 육우사육업, 근해어업, 연안어업, 신문발행업, 잡지 및 정기간행물 발행업, 핵연료가공업, 발전업, 송전업, 배 전 및 판매업, 육류도매업, 내항여객 운송업, 내항화물 운송업, 정기항공 운송업, 부정기 항공 운송업, 전기통신 회 선설비 임대업, 유선전화 및 기타 유선통신업, 무선전화업, 무선호출 및 기타 무선통신업, 그외 기타 전기통신업, 국 내은행, 라디오방송업, 텔레비전 방송업, 방송채널 사용사업, 종합유선 및 기타 유선 방송업, 위성방송업, 뉴스 제공 업, 방사성 폐기물 수집운반 및 처리업' 등이 있고, 외국인 투자 제외업종으로는 '우편업, 중앙은행, 개인공제업, 사 업공제업, 연금업, 증권 및 선물거래소, 기타 금융시장 관리업, 어음교환업, 경제학 연구개발업, 기타 인문 및 사화 과학 연구개발업, 입법기관, 중앙최고집행기 관, 재정 및 경제정책행정, 기타 일반공공행정, 정부기관 일반보조행정, 교육행정, 문화 및 관광행정, 환경행정, 보건 및 복지행정, 기타 사회서비스 관리 행정, 노동행정, 농립수산업 관리 행정, 건설 및 운송행정, 통신행정, 기타 산업진흥행정, 외무행정, 국방행정, 법원, 검찰, 교도정도기관, 경찰, 소방서,

있어서 업종별 규제와 업체별 규제의 두 가지 가능성을 모두 열어두는 구도를 취하고 있다.

2) 입법론적 검토

외촉법 제6조를 개정하여, 신주취득의 경우와 기존주식의 취득, 그리고 반드시 주식의 취득에 국한하지 않고 외국정부를 포함한 외국인이 국내 회사의 지배권을 취득하게 되는 경우에는 제4조 제2항과 관련하여, 산업자원부에 대한 신고의무는 그대로 두고 재량에 의하여 외국인투자심의위원회의 심의를 신청할 수 있도록 규정하여 업종별 및 업체별 규제를 합하여 외국인투자심의위원회의 심사의 대상이 될 수 있도록 규정하는 방식으로 개정하는 것이 필요하다.

3. 조약과의 정합성

(1) 현행법의 규정태도

외촉법 제30조 제6항은 우리나라가 국제조약에 의해 의무로 부담하고 있는 외국인투자 관련 약속을 임의로 위반할 수 없음을 규정하고 있다.[327] 이러한 외촉법상 조약과의 정합성에 대한 규정이 없다고 하더라도 국내법이 조약에 위반되는 경우에는 조약의 성격에 따라 국내법의 효력이 상실될 수 있다. 그러므로 외촉법을 개정하여 외국인의 직접투자에 대하여 심사를 도입하기 위해서는 반드시 조약과의 정합성에 대한 검토가 이루어져야 한다.

(2) 조약과의 관계에 대한 검토

1) 개관

국제조약에 의해 인정되는 한도 내에서는 우리나라는 외국인투자에 대한 제도를 유지하고 변경할 권리를 보유하고 있다고 보아야 할 것이다. 이러한 관점에서 국제경제규범이라 할지라도 각국이 건강보호, 복지증진, 안전보장 및 환경보전 등의 정

기타 사법 및 공공질서 행정, 사회보장행정, 유아교육기관, 초등학교, 중학교, 일반고등학교, 상업 및 정보산업 고등학교, 공업고등학교, 기타 기술 및 직업 고등학교, 전문대학, 대학교, 대학원, 특수학교, 사회교육시설, 그 외 기타 분류 안 된 교육기관, 공연 예술가, 비공연 예술가, 산업단체, 전문가 단체, 노동조합, 불교단체, 기독교단체, 천주교단체, 민족종교단체, 기타 종교단체, 정치단체, 환경운동단체, 기타 시민운동단체, 그외 기타 회원단체, 주한 외국공관, 기타 국제 및 외국기관' 등이 있다.

327) 이는 종전의 외투법 제42조가 규정하고 있던 것과 동일한 조항이다.

책목적을 달성하기 위해 정책 프로그램 및 입법을 활용할 수 있는 국가주권(state sovereignty)을 침해하지 못한다는 것은 국제경제법상 널리 인정되는 원칙이라고 할 것이다.328) 이하에서는 이와 관련하여, (i) OECD 자본이동자유화규약, (ii) WTO 협정의 순으로 검토하기로 한다.

2) OECD 자본이동자유화규약 위반과 관련된 문제

이와 관련하여 우선 검토하여야 할 것이 우리나라가 가입하고 있는 OECD규약이다. OECD자본이동자유화규약 제3조는 일정한 경우에는 이 규약의 부속서에 기재된 유보 업종에 속하는지 여부와 관계없이 회원국들이 외국인투자에 대한 제한 조치를 취할 수 있도록 허용하고 있다. 국가안보의 보호를 위한 포괄적인 외국인 M&A 규제는 OECD의 자본이동자유화규약의 정신에 위배되는 것이 아니라고 볼 수 있는 바, 왜냐하면 (i) OECD규약은 회원국에 외국인 M&A를 원칙적으로 자유화할 것을 규정하면서, 외국인의 직접투자에 대한 자유화와 내국민대우 원칙을 표방하고 있으나, 자본자유화협약 제3조에서는 i) 공공질서(public order)의 유지와 국민의 건강, 도덕 및 안전의 보호, ii) 본질적인 안보이익(essential security interests)의 보호, iii) 국제평화와 안보에 관한 의무의 이행 등의 사유가 있을 경우에, 회원국으로 하여금 외국인 M&A에 대하여 자본이동자유화협약의 적용을 받지 않고 적절한 규제조치를 취할 수 있도록 하고 있다. 결국 국가안보를 위한 외국인 M&A 규제는 OECD협약에 위배되지 않는다고 할 것이다.

(3) 외국인직접투자의 사전규제와 WTO협정의 문제

1) 개관

WTO협정을 비롯하여 현재까지 외국인직접투자에 대하여 포괄적으로 규제하는 일반적인 국제경제규범은 없다. OECD 회원국은 자본이동자유화규약을 통해 직접투자 개방 약속을 하고 있으나 이 규약이 외국인투자 전반에 대한 규율을 하고 있는 것은 아니며, 1990년대 중반에 다자간투자협정(MAI)329)을 마련하려던 OECD의

---

328) John H. Jackson, "Legal Problems of International Economic Relations", 4th ed.(West Group, 2002), pp.480 - 481.

329) MAI는 'Multilateral Agreement on Investment'의 약칭임. 참고한 (안)은 "Multilateral Agreement on Investment Draft, Distributed January 13, 1997"임.

시도가 좌절된 바 있다.330)

외촉법 개정(안)과 같이 외촉법 제4조 제2항 각 호에 해당하는 외국인투자에 대한 사전심사를 도입하는 조치를 취할 경우에 문제 제기의 근거로 활용될 가능성이 있는 WTO협정 및 조항은 내국민대우 의무를 규정하고 있는 1994년 관세및무역에관한일반협정(GATT) 제3조, 무역관련투자조치에관한협정(TRIMs협정) 제2조 및 서비스무역에관한일반협정(GATS) 제16조와 제17조이다. 그중 가장 외국인투자와 관련된 조치에 대해 직접적으로 규율하고 있는 것은 TRIMs협정이므로 먼저 TRIMs협정 위반 여부에 대해 검토하도록 한다.

2) TRIMs협정 위반 여부

TRIMs협정은 무역을 제한하거나 무역을 왜곡하는 효과를 초래하는 투자조치를 규율하기 위한 것이며,331) 동 협정은 오직 상품무역과 관련된 투자조치에만 적용된다.332) TRIMs협정 전문(Preamble) 및 제1조에 의할 때, 외촉법 개정(안)과 같이 상품의 수출입에 영향을 미칠 우려가 없는 유형의 입법조치는 기본적으로 TRIMs협정의 적용이 없다고 보는 것이 타당할 것이다.

만일, 외촉법 개정(안)이 TRIMs협정의 적용대상이 된다고 하더라도 문제가 될 수 있는 것은 동 협정 제2조에 따른 내국민대우(national treatment) 조항 위반 여부 정도일 것이다. 그런데 동 제2조의 제1항은 결국 GATT 제3조의 내국민대우를 위반해서는 안 된다고 규정하고 있다. 그리고 TRIMs협정 제2조 제2항에 따른 부속서(Annex)

---

330) 내국민대우와 최혜국대우원칙에 대하여 MAI(안)에서는 다음과 같이 규정하고 있었다.

    1.1. Each Contracting Party shall accord to investors of another Contracting Party and to their investments, treatment no less favourable than the treatment it accords [in like circumstances] to its own investors and their investments with respect to the establishment, acquisition, expansion, operation, management, maintenance; use, enjoyment and sale or other disposition of investments.

    1.2. Each Contracting Party shall accord to investors of another Contracting Party and to their investments, treatment no less favourable than the treatment it accords [in like circumstances] to investors of any other Contracting Party or of a non-Contracting Party, and to the investments of investors of any other Contracting Party or of a non-Contracting Party, with respect to the establishment, acquisition, expansion, operation, management, maintenance, use, enjoyment, and sale or other disposition of investments.

    1.3. Each Contracting Party shall accord to investors of another Contracting Party and to their investments the better of the treatment required by Articles 1.1 and 1.2, whichever is the more favourable to those investors or investments.

331) "Recognizing that certain investment measures can cause trade-restrictive and distorting effects;---" in Preamble of Agreement on Trade-Related Investment Measures.

332) Article 1(Coverage).

제1항은 GATT 제3.4조의 내국민대우 의무에 위반이 되는 투자 관련 조치의 목록을 예시하고 있는바, 여기서 예시적으로 열거된 사항들은 투자의 조건으로 국산품의 구매 또는 사용을 의무화하는 조치 또는 수입품의 구매 또는 사용을 제한하는 조치들이다. 그런데 외촉법 개정(안)의 내용은 이와 같은 사항을 조건으로 하여 외국인투자의 허용 여부를 판단하려는 입법을 하려고 하는 것이 아니므로, 외촉법 개정(안)이 TRIMs협정의 내국민대우 의무를 위반하는 전형적인 투자 관련 조치들에 해당될 가능성은 거의 없다고 생각된다.

3) GATT 제3조에 위반되는지 여부

(가) GATT 제3조의 규율태도의 개요

내국민대우의무를 규정하고 있는 GATT 제3조를 적용한 GATT 패널판정은 많지 않지만 이들 패널판정은 '불리하지 않을 것'(no less favorable), 내국조세, 내국수량제한, 물품 및 동인한 국내물품 등의 개념을 다루고 있고, 이때 '불리하지 않을 것'의 개념은 시장개척, 금융서비스 및 행정규제를 포함하는 것으로 해석되어 왔다.[333] GATT 제3조는 앞에서 검토한 TRIMs에 해당되지 않는 경우에도 문제가 될 수 있는 규정이다. 왜냐하면 GATT 제3조는 무역 관련 투자조치에만 적용되는 것이 아니므로, 외촉법 개정(안)이 투자를 제한하는 조치인지 여부와 상관없이 GATT 제3조의 적용을 받는 조치로 판단될 여지가 있는 경우에는 TRIMs협정과 관계없이 직접적으로 GATT 제3조 위반문제가 제기될 수 있기 때문이다. GATT 제3조의 내용을 좀 더 구체적으로 보면 제3.1조는 정책의 일반적인 선언으로서 회원국에 국내생산을 보호하기 위하여 조세나 규제를 사용하지 않을 의무를 부여하고 있으며, 제3.2조는 수입물품에 대한 내국세와 관련된 사항을 규정하고 있다. 또, 제3.4조는 수입물품의 국내판매에 영향을 미치는 규제나 다른 요건에 관하여 제3.1조와 유사한 의무를 부과하고 있다. GATT의 제3.1조와 제3.4조는 근본적으로 외국상품과 국내상품을 차별하기 위한 제도의 도입을 방지하려는 것으로 GATT 제3.4조는 '상품 무역에 부정적 효과를 초래하는' 조치를 규율하는 것이라고 할 수 있다.

(나) 검토

이러한 관점에서 외촉법 개정(안)은 ⅰ) 그 적용대상이 되는 국내업체가 생산하는

---

333) 신창섭, "미국 반덤핑법의 WTO 내국민대우 원칙의 위반 여하에 관한 연구", 『국제거래법연구』, 제8권, 340면.

상품과 이와 경쟁하는 외국상품의 수입을 감소시키거나 해당 국내업체의 수출을 증대시키려는 의도를 담은 것이 아니며, ⅱ) 외국인투자자에 관한 제한조치로서 외국인에 의한 국내 기업의 지분취득 자체를 허용할 것인지 여부에 관한 것은 외국상품의 수입 및 국내판매 등에 영향을 미칠 가능성이 거의 없는 입법이라고 할 것이어서 이러한 법 개정 조치가 GATT 제3조의 적용을 받는 것으로 해석하기는 어려울 것으로 보인다.334)

4) GATS 위반 가능성의 문제

(가) GATS의 규율 태도 개요

GATS는 1995년부터 발효된 전 세계 유일의 서비스 거래에 대한 다자간협정이다. GATS는 2부분으로 구성되어 있는데, 하나는 일반적인 규율을 하고 있는 구조협약(framework agreement)이고, 다른 하나는 외국 서비스 공급자의 국내 진입에 대한 양허계획(national committment schedule)이다. GATS는 서비스무역의 유형을 4가지로 나누고 있다. 그중 외국인직접투자에 해당하는 것은 이른바 서비스 공급유형 중 3유형이다. 이 유형은 한 국가가 다른 국가에 자회사나 지점을 설치하여 다른 국가에 서비스를 제공하는 경우이다.335) GATS 제17조는 내국민대우에 양허사항을 규율하면서 점진적 자유화 원칙을 채택하여 시장접근 및 내국민대우에 관한 양허를 한 경우에만 해당 약속을 준수할 의무를 부과하고 있다. 다만 이 경우에도 최혜국대우 의무는 양허 여부와 관계없이 준수하여야 하는 일반적인 의무이다. 따라서 어떤 제한조치를 취하려고 하면 이러한 조치는 WTO 회원국 모두에 동일하게 적용되는 것이어야 한다.

(나) 검토

위와 같은 GATS의 태도에 비추어 보면 우리나라가 양허한 내용을 보아야 하는바, 여기서 양허업종을 모두 일일이 검토할 수는 없겠으나 대표적인 기간산업이라고 할 수 있는 통신서비스업의 경우에는 외국인 지분 49%까지만 허용하고 있

---

334) 만일, GATT 제3조가 외국인투자에 대한 제한조치에도 적용되는 것으로 해석된다면 굳이 우루과이라운드 협상에서 TRIMs협정을 제정할 필요가 전혀 없었을 것이지 않는가 하는 점도 조심스럽지만 GATT 제3조의 규율범위 외라고 볼 수 있는 근거라고 할 수 있다고 생각한다.

335) (ⅲ) a company from one country setting up subsidiaries or branches to provide services in another country, officially known as commercial presence("GATS, FACT AND FICTION", World Trade Organization(2001), p.2).

다.336) 외촉법 개정(안)과 관련하여, 그 시행령을 제정하는 단계에서는 그 내용상
ⅰ) 어떤 서비스 분야에 대한 외국인투자 제한을 하고자 하는지 여부, ⅱ) 동 서비
스 분야가 우리나라에서 이미 양허를 한 분야에 해당하는지 여부, ⅲ) 양허를 한
분야라면 양허표에 어떤 제한사항을 유보하였는지 여부 등을 순차적으로 검토하여
야 한다.

5) 소결

외촉법 개정(안)의 구체적 내용 및 그에 따른 하위법령이 위의 국제규범들과의 정
합성을 유지할 수 있는 범위에서 제정 내지 개정이 이루어져야 한다. 특히, 양허와
관련된 사항에 대해서는 조약의 자기집행력 문제가 있을 수 있을 것으로 판단된
다.337) 외촉법 제4조 제2항 각 호에 해당하는 경우로서 대통령령이 정하는 대상업체
에 대해 외국인이 지배주주가 되는 외국인투자에 대해 승인 등의 제도를 도입하고,
그러한 외국인투자에 대해 외국인투자자의 적정성과 외촉법 제4조 제2항 각 호에
해당하는 외국인투자인지 여부를 판단할 수 있는 자료를 제출받아 심사하며, 그 결
과 극히 예외적으로 외촉법 제4조 제2항 각 호에 해당하는 것이 명백하고 중대한
경우에만 승인을 하지 않도록 하여 승인권자 재량의 여지를 최소한으로 제한하는
제도적 장치를 마련한다면, 외촉법 개정(안)의 목적이 외국인투자 자유화 약속을 후
퇴시켜 외국인투자를 제한하기 위한 것이라기보다는, 주로 외국인투자자의 실체를 규
명하고 투자 자체의 건전성을 제고하는 데 두는 것이라고 할 것이어서 이러한 내용의
외촉법 개정(안) 및 그 하위법령이 WTO협정에 위배될 가능성은 적다고 보인다.

4. 외촉법 제27조 개정(안)

(1) 현행법의 태도

외촉법 제27조는 외국인투자위원회를 설치하여 운용하도록 하고 있다. 이러한 외
촉법에 따라 경제부총리 겸 재정경제부장관을 위원장으로 하여 외국인투자위원회의

---

336) 이에 따라 2004.2.9. 개정된 전기통신사업법 제6조 제1항은 "기간통신사업자의 주식(의결권 있는 주식에 한하며,
　　주식예탁증서 등 의결권을 가진 주식의 등가물 및 출자지분을 포함한다. 이하 같다.)은 외국정보 또는 외국인 모두
　　가 합하여 그 발행주식 총수의 100분의 49를 초과하여 소유하지 못한다."라고 규정하고 있다. 전기통신사업법 외
　　에도 개별법에서 외국인의 지분취득을 제한하는 규정을 가지고 있는 법은 다수 있다. 다만 이를 총괄적으로 아우르
　　는 일반법이 없으므로 이러한 일반법이 필요한가가 문제가 된다.
337) 이에 대해서는 최승재, "조약의 국내법적 효력에 관한 연구", 서울대학교 석사학위논문(2000) 참조.

심의가 이루어지고 있으며, 그 구성은 외교통상부장관, 행정자치부장관, 과학기술부장관, 문화관광부장관, 산업자원부장관, 정보통신부장관, 환경부장관, 해양수산부장관, 농림부장관, 노동부장관, 건설교통부장관, 기획예산처장관의 12개 중앙부처(재정경제부를 포함하여 13개임)의 장과 위원회에 상정되는 안건에 따라 중앙행정기관의 장 또는 시도지사가 위원이 될 수 있도록 하고 있다.[338] 법 제27조 제1항은 1호부터 7호까지 각 호[339]에 대한 심사를 할 수 있는 권한을 위원회에 부여하고 있는바, 실제적으로 재정경제부 보도자료를 통하여 회의기록을 보면 대부분 외국인투자촉진이 주된 과제로 취급되고 있는 것으로 보인다.[340]

(2) 검토 및 개정의견

1) 위원회의 소속과 구성

(가) 대안의 제시

(a) 현행과 같이 기존의 행정부서에 권한을 부여하는 방안

행정부서 내의 조직으로 설치하여 그 행정부서에 권한을 부여하는 것을 생각하여 볼 수 있다. 현행법과 같이 산업자원부의 경우 대외무역에 대한 관장을 하고 있어 이러한 정책의 연장선상에서 승인 내지 허가업무를 수행하도록 하는 것이다.

(b) 별도의 독립위원회를 설치하는 방안

이러한 독립위원회를 설치하는 방법에는 대통령 직속으로 설치하는 방안, 국무총리실 산하에 설치하는 방안 등을 검토할 수 있을 것인데, 예를 들어 공정거래위원회의 경우에는 독점규제및공정거래에관한법률 제35조에서 "이 법에 의한 사무를

---

338) 외촉법 제27조 제2항.

339) 법 제27조 제1항이 규정하는 각 호는 다음과 같다.
    1. 외국인투자에 관한 기본정책과 제도에 관한 중요사항
    2. 외국인투자환경의 개선에 관한 소관 부처별 중 대책의 종합 및 조정
    3. 외국인투자기업에 대한 조세감세의 기준에 관한 사항
    4. 외국인투자와 관련하여 중앙행정기관과 특별시·광역시 또는 도와의 협조 및 의견조정에 관한 사항
    5. 제14조의 규정에 의한 지방자치단체에 대한 지원에 관한 사항
    6. 제18조 및 제19조의 규정에 의한 외국인투자지역의 지정 및 지원에 관한 사항
      6의 2. 제14조의 2의 규정에 의한 현금지원에 관한 사항
      6의 3. 제14조의 3 제2항의 규정에 의한 외국인투자유치에 대한 포상금지급에 관한 사항
    7. 기타 외국인투자유치에 관한 중요사항

340) 재정경제부 2005.5.26. 보도자료(2005년도 제2차 외국인투자위원회 개최). 같은 2004년 제4차 외국인투자위원회 심의결과 등.

독립적으로 수행하기 위하여 국무총리소속하에 공정거래위원회를 둔다.”라고 하여 독립규제위원회를 설치하도록 하고 있다.

(c) 범부처 간 위원회로 구성하는 방법

미국의 CFIUS와 같은 입법을 하는 것을 생각해 볼 수 있다. 현행법상의 외국인투자위원회를 그대로 두고 다만 심의기능만 추가하는 방법이다. 미국의 경우 위원회의 권한이 미합중국 헌법상 대통령의 권한을 실행하기 위한 것으로 이해되므로 대통령 직속으로 설치되는 위원회로 구성되지만, 반드시 대통령 직속으로 설치하여야 할 논리필연적인 이유가 우리 헌법상 존재하는 것은 아니다. 그래서 우리나라의 경우 위원회는 국무총리실 산하로 구성하며, 국무총리를 의장으로 재정경제부 부총리를 부의장으로 하는 식의 구성이 가능하다.

(나) 검토

현행법상 외국인투자위원회는 외국인투자에 대한 심의와 관련된 기능을 가지고 있지 않고, 외국인투자에 대한 허가 내지 승인은 외국인투자촉진법상 산업자원부장관이 외촉법의 관련 규정에 의하여 하고 있음을 알 수 있다. 하지만 급변하는 국제경제 상황에서 시의 적절하게 국가적 이익을 보호하기 위해서는 미국과 같이 외국인 M&A투자에 대하여 포괄적인 범위에서의 조사, 심의 및 조치권한을 가지고 대통령에게 조언 및 권고할 수 있는 범정부적 기관이 필요하다고 보이고, 이를 위해 외국인투자촉진법에서는 그 심사의 근거를 규정하는 한편, 실제로 국가적 이익에 중대한 영향을 미칠 수 있는지 여부에 대한 심사를 위하여 별도 기관의 설치에 대한 입법을 할 필요가 있다고 보인다. 이러한 관점에서 외국인투자에 대한 심의를 ‘외국인투자위원회’에서 하기 위해서는 현재의 세제감면 등 외국인투자유치촉진책 위주의 위원회를 ‘외국인투자심의위원회’341)로 그 명칭을 변경하고, 기관구성도 면모를 달리할 필요성이 있다.

행정기관의 국이나 실의 일부 내지 팀제하에서 팀으로 구성하는 것은 ⅰ) 국가안보심사가 가지는 준사법적인 기능과 아울러 정책적인 고려가 아울러 이루어져야 하는 국가안보심사의 성격 및 ⅱ) 대부분의 경우에 수 개의 관련 부처를 통할하여 부처 간의 의견을 종합하여 조율하여야 하는 업무의 특성을 고려하여 볼 때, 별도의

---

341) 이하 ‘위원회’라고 하면 가칭 ‘외국인투자심의위원회’를 의미하는 것으로 한다.

위원회를 구성하는 것이 행정기관의 일부로 업무를 수행하는 것에 비하여 바람직한 방식이라고 볼 수 없다.

공정거래위원회나 국가청렴위원회와 같은 독립위원회를 설치하는 것도 검토하여 볼 수 있으나, 외국인투자심의위원회의 경우에는 정부부처 간 조율기능이 매우 중요한 기능이므로 독립성의 요구가 크지 않다고 보여, 이러한 독립규제위원회 방식은 타당하지 않다고 보인다. 결국 현행과 같은 외국인투자위원회를 두고, 다만 심의기능을 추가하여 외국인투자심의위원회로 하는 안이 가장 적은 비용을 투여하면서 정책목적을 달성할 수 있는 방안이라고 생각된다. 다만 그 위치에 대해서는 ⅰ) 우리도 미국의 CFIUS의 경우와 같이 대통령의 외교 및 안보에 관한 권한을 원활하게 수행하기 위한 기관으로 대통령 직속으로 하는 것이 여러 부서의 이해관계를 총괄하여 조정하는 통합기능을 수행한다는 점에서 행정기관과 결부시키는 것은 타당하지 않고, ⅱ) 외교안보에 관한 최종적인 책임은 헌법상 대통령이 부담한다는 점에서 그 사안의 처리에 대한 최종적인 권한과 연계하여 대통령 직속으로 하는 것이 타당하다고 판단된다.

다만 위원의 구성에 있어서는 현행 미국의 경우 가장 중요한 기능을 하는 국방부와 법무부가 빠져 있어 국방부장관과 법무부장관은 반드시 위원이 되어야 할 것이고, 아울러 공정거래위원장과 금융감독위원장은 관련 부처로서 위원으로 포함시킬 필요가 있다. 더하여 국정원장도 위원으로 추가하여 정보보안을 위한 의견을 반드시 제시하도록 할 필요가 있다고 보인다.

2) 관련 기능의 통합 및 정비

(가) 금융감독위원회의 권한과의 관계

현재 구 증권거래법에서는 공공적 법인에 대한 외국인의 M&A 규제에 대하여 금융감독위원회가 시정명령을 내릴 수 있도록 하고 있다.[342] 그러나 공공적 법인에 대한 금융감독위원회의 M&A 규제는 포괄적 의미의 국가적 이익과 안보에 대한 영향을 심의하는 '외국인투자심의위원회'의 업무영역과 중복되므로 이를 '외국인투자심의위원회'로 통합 관리하는 것이 바람직하며, 금융감독위원장을 위원회의 당연직 위원으로 규정함으로써 족하다고 할 것이다.

---

342) 구 증권거래법 제203조.

(나) 공정거래위원회의 기업결합심사와의 관계

미국의 경우 엑슨-플로리어 심사와 하트-스콧-로디노 심사는 유사하여 보이지만 몇 가지 점에서 다음과 같이 구별된다. 실무적으로 기업의 인수·합병이 있는 경우에 이러한 기업의 인수·합병은 단순히 인수·합병 당사자들의 합의에만 의하여 이루어지는 것은 아니며, 이러한 점은 규제산업으로 가면 더욱 두드러지고 오히려 당사자들의 합의 이상으로 중요한 계약성립의 변수로 작용하게 된다. 왜냐하면 규제산업의 경우에는 규제기관의 태도에 따라 업무성과에 영향을 줄 수 있기 때문이다.343) 이러한 합병 전 사전심사와 관련하여 중요한 것으로 엑슨-플로리어 심사 외에 독점규제법과 관련된 '하트-스콧-로디노 심사'가 있다. 하트-스콧-로디노 심사는 1970년대에 클레이튼법(Clayton Act) 7절상의 공정거래위원회에 의한 인수·합병 심사에 대한 의문이 제기되면서,344) 1976년 기존의 클레이튼법에 7A장을 추가하여 '하트-스콧-로디노 독점규제개선법'(Hart-Scott-Rodino Antitrust Improvement Act of 1976)을 제정하여 도입된 심사이다. 하트-스콧-로디노 심사와 엑슨-플로리어(Exon-Florio) 심사는 대통령이 외국인에 의한 기업인수가 이루어질 경우 국가안보를 위하여 제한 여부를 심사하는 합병 전 사전심사 장치(process of pre-acquisition review)라는 점에서 동일하지만 엑슨-플로리어 심사는 하트-스콧-로디노 심사와는 달리 사법적인 판단이 개입되지 않는다는 점에서 구별된다.

우리의 경우에도 (가칭)외국인투자심의위원회의 심사와 공정거래위원회의 기업결합심사는 서로 그 심사의 내용과 목적이 상이하므로 양자 모두 존치하여 서로 공정거래위원회와 (가칭)외국인투자심의위원회에서 각 업무를 수행하게 하면 될 것이다. 그리하여 외국인에 의한 M&A의 경우에는 두 가지 심사가 이루어질 수 있도록 하는 것이 필요하다고 판단된다. 다만 (가칭)외국인투자심의위원회의 심사에 대해서는 외국인투자자의 투자심리 위축을 줄이기 위하여 투자 시 임의적으로 심사신청 여부를 결정할 수 있도록 하되, (가칭)외국인투자심의위원회가 임의로 직권조사에 착수

---

343) 실무상 관계기관의 승인(Approval of Authority Concerned) 조항을 두어, 만일 이러한 승인이 되지 않을 경우에는 손해 없이(without recourse) 계약을 무효화할 수 있도록 하는 조항을 두기도 한다.

344) Malcolm Pfunder, Daniel Plaine & Anne Marie Whittemore, "Compliance with Divestiture Orders under Section 7 of the Clayton Act: An Analysis of Relief Obtained", 17 Antitrust Bull. 19(1972); Kenneth Elzinga, "The Antimerger Law: Pyrrhic Victories?", 12 J. L. &Econ43(1969) [주된 문제로 정부가 가처분을 조기에 수행할 수 없어 심사가 종료되고 난 뒤에는 10년 정도의 시간이 걸리기까지 하여 실효성이 떨어진다는 등의 비판이 실증적으로 검토되었다.]

할 수 있도록 하는 구조로 구성하는 것이 바람직하다고 본다. 다만 앞서 본 바와
같이 일정한 경우에는 미국의 경우와 같이 의무적으로 조사하도록 하는 것이 필요
하다.[345)]

5. 심의절차에 대한 제안(제27조의 2 제1항 및 제2항의 신설)

(1) 대안의 제시

외촉법의 심사를 위하여 그 결과에 대한 판단을 최종적으로 하도록 하는 의결기구
로 할 것인지, 아니면 권고적 의결을 주는 자문기구로 할 것인지에 대한 검토가 필요
하다. (ⅰ) 대통령 직속의 위원회로 하고 있고, (ⅱ) 독립위원회가 아니면서, 범부처적
인 의결의 조율을 주된 기능으로 하는 기구이지만, (ⅲ) 독자적인 심사 내지 조사를
할 수 있는 기능을 가져야 하므로, 이러한 점에서 대통령에게 사실상 구속력을 가지
는 권고적 의견을 제시하도록 하는 자문기구로 하는 것이 타당하다고 보인다.

(2) 입법제안

위원회는 외촉법 제4조 제2항에 해당하는 사항의 의심이 되어 직권으로 조사를 개
시하거나, 투자하려고 하는 외국 기업이 투자승인을 요청하기 위하여 심사신청을 할
경우 위원회는 30일 이내에 이를 심사할 수 있고, 만일 추가적인 조사 내지 심사의 필
요가 있을 경우에는 45일의 범위 내에서 추가적인 조사 내지 심사를 할 수 있는 것으
로 규정한다. 위원회는 이와 같은 조사 및 심사 결과를 대통령에게 서면으로 의견서를
작성하여 제출하여야 한다. 다만 사무국 및 조사국의 설치에 대한 세부사항은 시행령
에 규정하도록 하는 것이 바람직할 것으로 보인다. 이를 위하여 현행 외촉법 시행령
제34조에 제34조의 2를 신설하여 정부의 변호사기능을 수행하는 검찰을 담당하는 법
무부 산하에 관련 기능을 두는 것으로 관련된 사항을 규정하면 될 것이다. 권고적 의
견의 내용으로서의 구제조치로는 (ⅰ) 투자금지조치, 또는 (ⅱ) 의결권행사 금지 내지
제한, (ⅲ) 조건부 허가 중에서 택할 수 있도록 하되, 위원장은 법무부장관에게 이와
관련된 법적 검토 및 대통령에 대한 권고서면의 작성을 명할 수 있도록 한다.

---

345) 미국기업을 인수·합병하고자 하는 외국 기업은 자발적으로 조사신청을 하여 심사를 받을 수 있으나, Exon –
Florio법은 외국의 정부가 인수·합병에 관여하였다고 판단되는 경우에는 미국 정부는 반드시 조사에 착수해야 함
을 규정하고 있다(이른바 'Byrd수정법'에 의한 추가 내용임).

6. 대통령의 조치에 관한 규정 신설(제27조의 2 제3항 및 제4항의 신설)

(1) 대통령의 조치권한의 근거

대한민국 헌법[346]상 대통령은 국가의 독립, 영토의 보전, 국가의 계속성과 헌법을 수호할 책무를 부담하고 있으며,[347] 이러한 대통령의 자문을 위하여 국가안전보장회의를 두어 대외정책과 군사정책과 국내정책의 수립을 돕도록 하고 있다.[348] 또 대통령은 행정부의 수반으로서 법령에 의하여 모든 중앙행정기관의 장을 지휘·감독하도록 규정되어 있으므로 이러한 권한에 기초하여 적절한 조치를 할 수 있다고 보인다.[349]

(2) 대통령의 조치에 대한 입법제안

대통령은 위원회로부터 권고를 받은 이후에 15일 이내에 국가적 이익과 안보를 해치는지에 대한 여부를 판단하여 투자 횟수 규제를 포함한 적절한 규제조치를 취하여야 한다. 대통령이 투자금지 혹은 의결권행사 금지에 대한 위원회의 권고를 받아들여 이에 동의한다면, 당해 외국인투자는 금지되거나 의결권행사가 제한을 받는 즉시 그 효과가 발생한다. 다만 만일 위원회가 직권으로 조사를 개시한 경우에는 이러한 대통령의 조치는 소급 적용될 수 있다고 하여야 할 것이다.

외국인투자 금지 명령이 내려질 경우, 당해 외국인투자가 금지되게 되고 주식을 기취득한 경우에는 일정한 기간 이내에 당해 주식을 대한민국 개인 또는 법인에게 양도하여야 하는 것으로 규정하면 될 것이다. 의결권행사 금지명령이 내려질 경우, 외국인투자자는 의결권 있는 주식취득분에 대하여 주주로서의 권한 가운데 의결권의 행사만 금지되며, 당해 주식을 반드시 양도할 필요는 없다고 할 것이다. 또 조건부허가의 경우, 외국인투자가 의결권 있는 주식에 대한 투자라면 위원회가 제시한 조건을 만족시키기 전까지 의결권행사가 금지된다고 할 것이고, 만일 부가된 조건을 일정한 기간 이내에 만족시키지 못하면 투자금지의 경우와 같이 처리하게 될 것이다.

---

346) 이하 '헌법'이라고 한다.

347) 헌법 제66조 제2항.

348) 헌법 제91조.

349) 헌법 제66조 제4항; 정부조직법 제11조 제1항.

Ⅴ. 국부펀드의 기간산업인수시도와 기간산업보호법제의 강화

1. 국부펀드(SWF: Sovereign Wealth Fund)의 활동 강화

(1) 의의

국부펀드란 국가가 운영하는 펀드로서 주식, 채권, 귀금속 등에 대하여 투자를 하는 투자기구를 말한다.[350] 국부펀드는 이전에도 활동하였지만 최근 금융위기를 겪으면서 시티그룹이나 모건 스탠리 등과 같은 월가의 대형 금융기관들의 지분을 인수하면서 주목받기 시작했다.

(2) 세계 주요 국부펀드

	펀드명	국가	자산(억 달러)	설립연도
1	아부다비 투자청(ADIA)	UAE	8750	1976
2	정부연금펀드	노르웨이	3800	1996
3	정부투자공사(GIC)	싱가포르	3330	1981
4	Varicus	사우디아라비아	3000	NA
5	차세대준비펀드	쿠웨이트	2500	1953
6	중국투자공사(CIC)	중국	2000	2007
7	테마섹 홀딩스	싱가포르	1592	1974
8	석유준비펀드	리비아	500	2005
9	카타르 투자청	카타르	500	2005
10	Fund de Rugulation des Receties	알제리	428	2000
11	알래스카 영구투자펀드	미국	380	1976
12	브루나이투자청	부르나이	300	1983
13	기타	–	1714	–
	총액		28,763	–

(인용 Chindia Journal 2008.8. 28면)

---

350) IMF는 다음과 같이 국부펀드를 정의하였다. *"special purpose public investment funds…that are owned or controlled by the government, and hold, manage or administer assets primarily for medium - to long - term macroeconomic and financial objectives. The funds are commonly established out of official foreign currency operation, the proceeds of privatizations, fiscal surpluses and/or receipts resulting from commodity exports. The funds employ a set of investment strategies which include investments in foreign financial assets"*(2008년 IMF Working Agenda on SWF에서)

위의 표에서 알 수 있는 것과 같이 국제적인 국부펀드의 활동은 전 세계 기업 M&A 시장에서 매우 주도적인 역할을 할 수 있는 규모로 성장하였다. 이 중에서 전 세계의 공장역할을 하고 있던 중국이 CIC를 통하여 전 세계적인 기업인수합병을 위한 활동을 하고 있는 것에 대하여 세계적인 주목을 받고 있다.

국가별 국부펀드의 현황은 자료원에 따라서 다소 상이하다. 2007년 12월 Wall Street Journal에 의하면 각국의 주요 국부펀드 현황은 다음과 같다.

국가	자금원	운용규모(억 달러)
UAE	천연자원	5,220 – 8,970
싱가포르	보유외환	2,080 – 4380
노르웨이	천연자원	3,290
사우디아라비아	천연자원	2,590
쿠웨이트	천연자원	2,130
중국	보유외환	2,000
러시아	천연자원	1,480
카타르	천연자원	500

(인용 Wall Street Journal 2007.12.20.자)

(3) 사례연구

국부펀드가 투자한 사례로 2007 – 2008년 상반기만 하더라도 알려진 다음과 같은 사례가 있었다.[351]

시기	국부펀드	투자대상금융기관	투자규모 (억 달러)	금융기관 보기지 손실규모
2008.3.	CIC	미 JC 플라워스와 사모펀드 공동설립	자본금의 80%(32억 달러 규모)	
2008.3.	CIC	미 VISA 카드 IPO 참가	1억 달러	
2008.3.	테마섹 홀딩스	Sintonia(Italy)	15억 달러	

---

351) Morgan Stanley, Dealogic에서 인용한 주간금융브리프 16권 51호; Chindia Journal 2008.8. 29면; 국제금융 이슈 17권 16호 21면.

시기	국부펀드	투자대상금융기관	투자규모 (억 달러)	금융기관 보기지 손실규모
2008.3.	테마섹 홀딩스	TGP Capital Fund(US)	25억 달러	
2008.2.	테마섹 홀딩스	ISO Omena(Pinland)	2억	
2008.2.	테마섹 홀딩스	Roma Est Shopping Centre(Italy)	6억	
2008.1.	테마섹 홀딩스	Citigroup(US)	69억	
2008.1.	테마섹 홀딩스	Ballapur Paper(india)	2억	
2007.12.	테마섹 홀딩스	Merill Lynch	50억 달러	약 160억 달러
2007.12.	CIC	Morgan Stanley	50억 달러	약 104억 달러
2007.12.	CIC, GIC(싱가포르)	UBS	115억 달러	약 142억 달러
2007.11.	ADIA	Citigroup	75억 달러	약 100 – 130억 달러
2007.7.	테마섹 홀딩스	Barclays	20억 달러	–
2007.5.	CIC	Balckstone	30억 달러	–

2. 세계경제위기와 경제위기대응입법과 국부펀드

(1) 경제위기대응입법의 방향

국부펀드가 전 세계적으로 증가함에 따라서 이에 대한 대응규제가 필요한 것이
아닌가 하는 논의가 증가하고 있었던 것이 2007년 말에서 2008년 초의 상황이
다.[352] 이 상황에서 2008년 상반기 투자은행인 베어스턴스의 파산과 하반기 또 다
른 투자은행인 리먼브라더스의 파산으로 인하여 전 세계적인 경제위기가 도래하였
고, 이에 대한 대응입법들이 이루어졌다.

미국은 부실자산구제계획(Troubled Asset Relief Program: TARF)을 시행하여 연방준
비제도이사회(Federal Reserve Board) 의장인 버냉키가 의도하였던 것처럼 대규모 공적
자금을 부실금융기관과 여타 기업들에 투입하였다. 이는 우리나라가 1997년 이후 금
융위기를 극복하는 과정에서 공적 자금을 투입하였던 것과 유사한 면이 많다.[353] 그
리고 의회도 격론 끝에 2008년 경제안정화법(Emergency Economic Stabilization Act of
2008)을 제정하였다.[354] 미국의 국산품 사용정책의 법제화(소위 BUY America 정책)
시도로 미국의 보호무역주의가 문제 되기 시작하였다.[355]

---

352) Simon Johnson, "The Rise of Sovereign Wealth Fund", IMF 2007.9.; Daniella Markheim, "Sovereign
    Wealth Fund and U.S. National Security", Heritage Foundation Lectures, 2008.2.7.

353) 국내에서의 1997년 이후 위기극복을 위한 금융기관 파산 당시의 적기시정조치와 관련된 연구로 조원동, "금융기관
    파산과 적기시정조치에 관한 연구", 국민대학교 법학석사학위논문(2002).

354) 미국 연방하원은 2008.9.29. Emergency Economic Stabilization Act of 2008을 부결시켰다. 그러고는 10월
    4일 수정안을 통과시켰다.

독일의 경우에도 긴급경제위기 대응입법을 통하여 자국의 기간산업에 해당하는 기업들을 인수하는 경우에는 국가안보 차원에서 금지할 수 있도록 2008년 입법을 강화하였다.356) 경제위기 대응입법의 하나로 국부펀드의 규제가 이슈로 되었고, 입법 과정에서 국부펀드에 의한 각국의 주요기업에 대한 인수를 제한하는 규정들이 도입되거나 강화되었다. 독일도 독일기업을 국부펀드들의 공격으로부터 방어하기 위한 목적이 주된 목적이었다고 한다.357)

(2) 국부펀드와 경제위기대응입법

경제위기를 겪으면서 사금융주체들에 대한 규제강화가 이루어지고 있다. 세계결제은행(Bank of International Settlement) 등의 규제 강화로 인하여 은행을 중심으로 한 사경제주체들의 투자는 상당부분 제약될 수밖에 없다. 상대적으로 이러한 금융환경의 변화는 국부펀드의 활동범위를 넓히고, 매수 가능한 자산을 확장하는 효과가 있다. 이러한 국부펀드의 활동은 경제위기의 진폭을 줄이는 긍정적인 기여를 할 수도 있다.

한편 전 세계적으로 문제가 되는 에너지, 광물자원 확보 쟁탈전이나 금융기업의 매수를 통한 금융경쟁력의 강화라는 국가목표와 맞물려 국부펀드는 전 세계적인 금융위기로 인하여 자산의 디플레이션이 상당히 진행된 지금 시점에 있어서 국제적인 부의 이전을 야기할 수 있다. 그렇기 때문에 선진국들의 경우에는 국부펀드들의 기업, 광산 등의 인수에 대하여 대응하는 입법을 통한 규제를 강화하고 있다.

그런데 국부펀드는 주로 오일달러를 기반으로 한 중동계와 중국이나 싱가포르와 같은 동아시아계로 구성되어 있고, 이들도 경제위기로 인하여 기존 투자에서 많은 손실을 입었다는 점을 감안하면 경제위기로 자산가치가 떨어진 시점에 이들을 염두에 둔 기간산업보호법제의 강화가 무슨 의미를 가지는지는 생각해 볼 일이다.

(3) 국제무역과의 관계

미국의회는 1930.6.13. 스무트 – 홀리 관세법(Smoot – Hawley Tariff Act)을 제정하면서 보호무역주의로 대응한 바 있다. 그리고 이러한 보호무역주의는 전 세계적인

---

355) 미국에서의 경제위기대응입법의 전개에 대해서는 최승재, 기업소송연구회, 2009.10.26. 발표문 참조.

356) 독일 기센대학교 하만교수의 증권법학회 2009.9. 발표문.

357) 위 논문 발표 시 하만교수의 질의에 대한 답변에서 인용.

경제침체에서 회복하는 속도를 늦추는 효과가 있었다. 특히 개방형 소규모 경제를 가지고 있는 국가들의 경우에는 매우 치명적인 효과가 올 수 있다. 국부펀드에 대한 규제는 전 세계적으로 서로 처한 경제 환경이 상이하기 때문에 국가 간의 공조가 매우 어렵다.

이러한 점을 감안하여 우리의 경우 각국의 경제 환경에 적합한 입법적인 대응방향을 관찰하면서, 동시에 G-20 등 국가 간의 협력강화를 통하여 개별국가의 이익을 도모하는 것이 전 세계적으로는 경제침체국면을 장기화할 수 있다는 공감대를 끌어내는 것이 중요하다.

3. 황금주제도의 도입 등 외국인투자에 대한 기간산업과 관련된 규제 가능 법제는 민영화 관련법제에서 발전되어 왔던 하나의 조류와 미국과 같은 방식의 규제의 방향으로 대별하여 보는 것이 가능하지만 세분화시키면 각국은 자국의 산업정책과 외국인직접투자에 대한 관점 등 다양한 요소들이 고려되어 입법화되고 있다.

우리나라의 경우에도 정보통신법제를 중심으로 하여 국가경쟁력의 원천이 되는 산업에 대한 외국인 투자의 규제에 대한 입법적 논의는 매우 긴요한 사항이다. 양적인 관점에서의 외국인직접투자의 총량 이상으로 중요한 것은 외국인직접투자의 질이라는 점에서 질에 대한 판단과 우리 산업정책과의 정합성을 구축할 수 있도록 하는 외국인직접투자의 유도라는 점에서 이러한 입법에 대한 요청은 의미를 가지는 작업이다.

다만 이러한 입법적인 제안에 대해서는 이러한 제안이 우리나라의 경제상황을 고려하여 기간산업보호법제가 외국인투자에 대한 제한법제로 기능하여, 외국인직접투자를 위축시킬 가능성과 정도 및 금융위기 상황하에서의 국제무역에 미치는 영향도 고려하여야 한다. 이와 같은 점들에 대한 전체적인 합의가 이루어지고 난 뒤에 입법이 이루어질 수 있을 것이다.

실무상으로 규제의 난점이 있을 것으로 보이는 부분이 외국자본 내지 외국인에 대한 개념에 대하여 기초개념으로 지배(control)에 대한 부분이다. 특히 헤지펀드나 국부펀드와 같이 펀드를 통하여 투자가 이루어지는 경우에는 그 실질소유자(beneficial holder)의 파악이 쉽지 않다. 이러한 점에 대한 고려가 이루어져야 실효성 있는 입법이 될 수 있다. 입법 이후 지배개념 등의 규제에 대해서는 시행령 등을 통하여 구체적으로 보완되어야 할 것이다.

제6절 정리회사의 재무구조 변경과 주주의 지위[358]

Ⅰ. 도산절차에서 주주의 지위

1. 도산절차와 주주

도산절차와 주주의 지위를 검토하기 위하여 보려고 하는 대상 사건[359]은 국제상사 사건으로 정상회사가 도산절차에 들어가는 경우 주주의 지위변경에 대하여 어떻게 볼 것인가에 대한 중요한 시사점을 주는 사건이다. 현재는 구 회사정리법이 기존의 회사정리, 화의, 파산의 소위 도산 3법을 통합한 채무자 회생 및 파산에 관한 법률(소위 통합도산법)[360]에 통합되어 그 일부로 규율되고 있지만[361] 이러한 도산절차의 주주 지위에 대한 기본적인 쟁점은 여전히 변화가 없다.[362] 한편 2009년 7월 15일 법무부는 변제계획인가 전 변제허가(안 제582조, 제600조의 2) 등 여러 개정 내용을 담은 개정안을 입법 예고하여 입법절차가 진행 중이다.[363]

정상회사의 경우 회사는 견해의 대립이 있지만 주주의 이익을 극대화하기 위하여 행동한다. 이는 주주의 경우는 채권자와 달리 도산절차에 들어가게 되면 절대우선설(Absolute Priority Rule)을 취하는 경우에는 절대적으로, 상대우선설을 취하더라도

---

358) 제6절은 필자가 2005년 기업소송연구에 게재하였던 같은 제목의 논문을 기초로 하여 수정·보완한 것임.

359) 대법원 2005.6.15. 자 2004그84 결정.

360) 통합도산법은 2006년 4년 1일부터 시행되었음. 이에 대한 실무상 주된 업무처리 매뉴얼은 서울중앙지방법원, 파산사건실무연구회, 회생사건실무연구 (상), (하)(2007) 참조. 전반적인 논문으로는 박형준, "法定管理企業 引受·合倂(M&A)의 實務와 展望", 사법논집 제44집, 법원도서관(2008) 참조.

361) 아래에서 구 회사정리법과 통합도산법을 같이 표기하여야 할 경우 구 회사정리법의 적용을 받는 정리회사와 통합도산법의 적용을 받는 회생회사를 통칭하여 '회생회사'라 하고, 정리담보권 또는 정리채권 역시 '회생담보권' 또는 '회생채권'이라고 통칭하기로 한다.

362) 이 사건에 대한 평석으로는 권순일, "정리회사의 재무구조 변경과 주주의 지위", 상사판례연구 Ⅶ권, 박영사(2007.5.) 387 - 410면.

363) 법무부공고 제2009 - 113호.

채권자보다 열위에 있는 자로서[364] 이자를 수령하는 것이 통례인 채권자와는 달리 배당을 수령할 수도 있지만 배당을 요구하는 것이 가능하지 않은 주주로서는 회사가 성장하도록 하는 것이 자신의 이해와 일치하는 주주의 이익을 극대화하는 것이 회사의 이익의 극대화와 유인구조가 일치한다. 반면 도산절차의 회사인 경우에는 채권자들이 가능한 한 많은 변제를 받기 위한 유인구조와 회사의 존재의의가 일치하기 때문에 주주는 열위의 지위에서 수동적인 역할을 한다. 이러한 점은 정상회사의 최고의사결정기관이 주주총회인 데 반하여, 도산절차에 있는 회사의 경우에는 최고의사결정기관이 채권자집회인 점에서도 알 수 있다.

2. 대법원 2005.6.15. 선고 2004그84 결정과 관련된 사건의 전개

(1) 국제상사 주식회사(이 사건 '정리회사')는 1949.12.21. 설립되어 1973.11.15. 주

---

364) 대법원은 2005.6.15. 2004그84 결정에서 주주를 채권자에 비하여 열위에 두는 것이 주주들의 헌법 제11조 평등권 침해주장에 대하여 주주가 정리계획에 의한 실체적인 권리 변경의 내용에 있어서는 가장 후순위의 지위에 서는 것이나(회사정리법 제228조), 정리절차에서의 의결권은 정리절차상의 권리로서 정리계획의 실체적 내용의 차등과는 무관한 것이고, 법률상 근거 없이 이를 배제하거나 감축하는 것은 허용되지 아니하므로, 회사정리법상 주주에게 보장된 의결권을 침해한 채 이루어진 이 사건 정리계획변경결정이 위법하다고 본 원심의 판단은 정당하고, 그로써 후순위자인 주주의 권리를 정리채권자의 이익보다 우위에 둠으로써 헌법상 보장된 실질적 평등을 침해하였다고 볼 수 없다고 하였고, 정리절차가 개시되면 회사정리법에 의하여 정리회사 주주의 권리에 심대한 제약이 가하여지기는 하나, 반면 회사정리법은 회사의 자산 총액이 부채 총액을 초과하는 경우에는 주주의 의결권을 보장하고 있고(회사정리법 제129조), 헌법 제23조의 재산권보장조항 위반주장에 대해서도 여기서 정리절차상 의결권을 인정한다고 하여, 그것이 정리절차에 의하지 아니하고 정리회사에 대한 주주의 자익권이나 공익권을 인정하는 취지는 아님이 명백하다. 따라서 수권자본 규모의 확충 등 정관변경을 내용으로 하는 정리계획변경이 주주에게 실질적으로 불리한 영향을 미치는 경우에는 회사정리법 제270조 제2항에 의하여 관계인집회의 개최 및 주주조의 의결이 필요하다고 본 원심의 판단은 정당하고, 법률상 근거 없이 주주의 신주인수권과 경영권을 인정한 것이라고는 볼 수 없다고 하면서 재산권 침해주장도 배척하였다. 그 외 헌법 제23조 제2항 위반 주장에 대해서도 회사정리법상 정리채권의 양도가 인정되고(회사정리법 제128조), 정리절차가 개시되어도 주식의 유통에는 아무런 제한이 없으므로, 항고인이 이 사건 정리채권 중 일부를 적법하게 양도받은 후 원 정리계획에서 정한 바에 따라 출자전환이 이루어지거나, 혹은 항고인이 증권거래소에서 유통되는 주식을 양수함으로써 주주의 지위를 취득한 것은 적법하다 할 것이고, 그 결과 항고인이 정관에서 정한 정리회사의 보통주의 수권자본 중 과반수를 취득하게 됨으로써 수권자본을 확충하는 정관변경 없이는 제3자에게 신주를 발행하여도 의결권 있는 과반수 주식을 안정적으로 취득하게 하는 것이 불가능하게 되었다 하더라도, 이는 원 정리계획을 작성할 당시 제3자의 인수·합병 가능성을 염두에 두지 아니한 나머지 수권자본 한도의 확충을 원 정리계획에 반영하지 아니한 정리법원의 조치에 기인하는 당연한 제약일 뿐이어서, 항고인이 주식을 취득함으로써 정리절차의 성공적인 수행을 방해하는 등 재산권을 남용하였다거나 그 행사에 따르는 내재적 한계를 일탈한 것으로 볼 수는 없다고 하면서 위헌 주장을 받아들이지 않았다. 그 외 헌법 제119조에 위반된다는 주장 역시 배척하였다. 대법원은 관리인이 정리절차의 진행 및 종결에 있어 제3자에 의한 인수·합병방안이 정리회사를 위하여 가장 바람직하다고 판단하여 이를 추진한다고 하더라도, 앞서 본 바와 같이 주주에게 부여된 적법한 정리절차상의 의결권 행사 자체를 배제하거나 제약할 아무런 근거가 없는 이상, 주주조의 반대로 인하여 인수·합병이 무산될 개연성이 높다 하더라도, 실질적으로 주주에게 불리한 정관변경을 그 내용으로 하는 정리계획의 변경을 관계인집회의 개최 및 결의 없이 법원의 결정만으로 할 수는 없다 할 것이고, 관계인집회에서 주주가 자신의 의결권의 범위 내에서 변경계획안에 반대하는 것은 회사정리법이 인정한 적법한 권리행사라 할 것이므로, 이를 법원이 용인한 결과 제3자에 의한 인수·합병이 좌절된다 하여도, 헌법 제119조 제2항의 취지에 반한다고 볼 수 없다고 판단하였다.

식을 공개한 상장법인으로 주로 스포츠용품 브랜드 사업, 무역업, 부동산임대업 등 사업을 영위하고 있는 회사로서 국제그룹의 주력기업이었다가, 1985.2.21. 국제그룹의 해체발표 및 1986.9.22. 산업합리화 대상 기업 지정으로 1986.12.30. 주식회사 한일합섬(이하 '한일합섬')에 경영권이 인수됨으로써 그때부터 한일그룹의 일원으로 편입되었었다. 그런데 정리회사는 추력사업 부분인 신발사업의 사양화, 갈륨비소 반도체사업 신규투자 실패, 과도한 차입금으로 인한 금융비용부담 등으로 어려움을 겪던 중, 1997년 말에 발생한 외환위기로 인해 회사의 경영위기상태가 심화되었고, 1998.6.18. 모기업인 한일합섬이 금융감독위원회로부터 부실기업 퇴출대상에 포함된 뒤, 1998.7.1. 부도를 내자, 정리회사 역시 1998.9.1. 운영자금의 부족으로 부도를 내고 1998.9.3. 회사정리절차 개시신청을 하였다.

1999.1.31.현재 정리회사의 총자산은 4,449억 원, 부채는 7,103억 원이었다. 정리계획안인가결정 당시에도 정리회사의 부채총액이 자산의 총액을 초과하였으므로 주주는 의결권이 없었던 상태였다.

그러던 것이 정리회사의 2001년 매출총액은 2,022억 2,300만 원, 영업이익은 414억 3백만 원, 경상이익은 146억 2,200만 원이었고, 2002년 매출총액은 2,322억 3,700만 원, 영업이익은 476억 5,200만 원, 경상이익은 214억 4,000만 원이고, 2002.12.31. 현재 자산총액은 3,994억 8,200만 원, 부채총액은 3,155억 3,500만 원, 순 자산가액은 839억 4,700만 원이다. 이를 현금할인모델에 의하여 평가하면, 정리회사의 기업가치는 4,869억 원 내지 6267억 원이고, 정리채무의 현재가치는 2,809억 원, 주주가치는 2,060억 원 내지 3,458억 원이었다.

(2) 원심의 결정365)

원심은 국제상사 사건에서 정리계획인가 후 회사 전체 주식의 과반수를 확보한 최대주주가 더구나 정리절차에서의 의결권까지 갖추어 새롭게 나타나 회사의 정상화 내지 신규 자금조달 등에 참여하기를 원할 때에 정리계획수행을 담당하는 관리인은 정리절차의 진행 및 종결에 있어 제3자에 의한 인수·합병 방안이 정리회사를 위하여 가장 바람직하다고 판단한다고 하더라도 정리계획변경에 반대하는 주주조에서 법정 다수의 동의를 얻지 못할 경우 회사정리절차의 원활한 수행을 위해서

---

365) 부산고등법원 2004.6.4. 2003라37 결정. 이 결정의 1심은 창원지방법원 2003.2.15. 98파1102 결정임.

그들에게 신주인수권을 우선 부여하는 등 적극적으로 그들의 협조를 이끌어 내면서 나아갈 수밖에 없는 것이고, 만약 정리회사의 과반수 주주가 수권자본의 증가 및 M&A에 반대하는 경우에는 부득불 기존 정리계획안의 테두리 내에서 자금조달 등을 통해서 회사갱생을 꾀해야 할 것이지, 법 제270조의 취지에 반하여 과반수 주주의 반대를 무릅쓰고 독자적 M&A의 방법을 강행해 나아갈 도리는 없는 것이라는 입장을 취했다.

(3) 대법원 결정 후의 전개

정리회사는 대법원 결정 이후인 2006.1.26. 정리법원으로부터 M&A 절차 속개 허가를 받아 인수후보자들로부터 최종인수제안서 등을 제출받는 절차를 거쳐 그 결과 8,500억 원이 넘은 금액을 정리회사에 투입하는 내용으로 입찰에 참가한 (주)E1을 인수후보자로 선정하고 이어서 투자를 위한 본계약을 체결하였다. 이에 대해 (주)이랜드개발은 2005.11.30. 정리법원에 구 주주 유상증자와 사채발행을 통하여 신규자금 4,000억 원을 조달하는 것을 주요 내용으로 하는 정리계획변경신청을 하였는데, 정리법원은 2006.1.26. 이를 불허가하는 결정을 하였다(이에 대한 대법원 2006그24호 특별항고 사건은 2006.7.31. 취하되었음). 또한 (주)이랜드개발은 관리인을 상대로 창원지방법원 2006카합263호로 기업매각절차속행중지가처분신청을 하였으나, 2006.6.30. 위 법원은 피보전권리와 보전의 필요성을 인정할 수 없다는 이유로 위 신청을 기각하였다. 한편 관리인은 2006.6.16. 회사정리계획변경계획안을 제출하였는데, 이 계획안은 2006.7.3. 열린 관계인집회에서 주주 조의 동의를 얻지 못하였으나, 정리법원은 2006.7.18. 기존 주주에게 유상소각선택권을 부여하는 권리보호조항을 정하고 위 회사정리계획변경계획을 인가하였다.[366]

3. 문제의 소재

이 사안과 같이 주주는 부채초과를 이유로 하여 의결권을 박탈당하였지만, 추후 자산이 부채를 초과하게 되는 경우 새로이 제시되는 정리계획변경안에 대해서 의결권이 부활하게 되는지에 대해서는 이미 채권자들은 자신의 이해관계를 충족시켜 법경제학적인 관점에서 채권자가 도산절차를 주도하여야 할 의미를 달성하고 있는

---

366) 사건 이후의 전개는 권순일, 전게논문, 394면.

상황에서 주주의 의결권이 왜 부활하여야 하는지, 그리고 주주에게 불리한 지분희석(dilution)과 같은 정리계획변경안에 대하여 이에 대하여 반대하는 것을 허용함으로써 사실상 M&A에 대한 거부권을 부여하는 것이 타당한가에 대하여 살펴보기로 한다.

II. 도산절차와 기업인수합병(M&A)

1. 도산기업 M&A의 목적

정상기업은 변화하는 경제 환경 속에서 기업의 미래를 위하여 규모를 늘리기 위한 목적, 혹은 경쟁관계에 있는 기업이 자기에게 미치는 부정적인 영향을 차단하기 위한 목적, 자신이 보유한 축적된 기술력의 보존 등의 목적을 위하여 M&A를 할 것이다. 이에 반해 도산기업은 외부 자금을 조달하여 재무건전성을 확보하고 이를 토대로 채무를 재조정하여 그 변제를 완료하여 도산상태로부터 탈피하는 것에 중점이 있다.[367]

재건형 도산절차든 청산형 도산절차든 도산절차로 진입한 대부분의 기업은 (i) 자신의 능력으로 부채를 감당할 수 없는 악화된 재무구조를 가지고 있고, (ii) 이미 부도 등을 경험하고 시장에서 신뢰를 잃어버린 상태이며, (iii) 그 결과 계속기업으로서 존속할 수 있는 토대가 되는 수익력이 훼손되어 있다. 따라서 정리계획 · 회생계획, 화의 등 재건형 도산절차를 통하여 채무조정을 하고 재무구조가 어느 정도 개선된다고 하더라도 그것만으로 도산상태를 벗어나는 경우는 쉽게 생각할 수 없다. 특히 청산형 도산절차가 진행 중인 도산기업은 파산의 선고로 이미 기업이 해산상태에 있어 법률적으로 계속 기업으로 존속할 방도가 없으므로 회사의 갱생을 위해서는 M&A가 적절한 수단이 된다.[368]

---

367) 홍성준, "도산기업의 M&A(제45기 특별연수)기업의 인수 · 합병의 제 문제", 제45기 특별연수 대한변호사협회 (2007) 35면.
368) 홍성준, 위 같은 면.

2. M&A[369])에 대한 법원의 태도

DIP(Debtor – In – Possession) 관리인 제도의 원칙적 도입과 조기종결의 방침 등 적지 않은 변화가 있었던 통산도산법하에서도 여전히 법원 실무에서 회생기업의 M&A는 주요한 도산기업의 갱생수단이 되고 있다. 법원은 2000년부터 유상증자형식의 정리회사 M&A가 채무 변제자금의 조달과 책임 있는 경영주의 확보에 매우 효과적이라는 판단에서 기본방침으로 정하여 추진하여 왔다.[370])

우리 법원이 M&A를 정리회사의 자금공급 및 갱생을 위한 기본적인 수단으로 보고 추진한 이유는 정리계획인가 후의 회사정리절차는 정리계획에 따라 사업을 영위하거나 유휴자산을 처분하여 조달한 자금으로 정리채무를 모두 변제하고 부실기업을 정상기업으로 갱생시키는 것을 목적으로 하는 것임에도,[371]) 실제 갱생에 적합하지 않은 구조가 될 가능성이 높았다. 왜냐하면 채권자의 경우에는 채권의 회수 외에 회사의 경영을 통한 갱생에 대한 이해관계는 존재하지 않고, 반면 자신들의 지분이 대부분 소각되거나, 완전히 소각되는 상황에서 최선을 다해서 회사의 가치를 극대화할 유인이 크지 않다. 이러한 관점에서 변제자금의 효과적인 조달과 책임경영을 할 새로운 주인을 찾아주는 것이 최선의 대안이 될 수 있어 유상증자를 통하여 자금을 확보하고, 채권자에 대한 변제자금이 확보되고, 경영에 책임을 질 대주주를 확보할 수 있다고 하는 점에서 이러한 법원의 태도는 정당화될 수 있다.[372])

기존경영자가 관리인으로 계속 경영을 하도록 하는 것을 원칙으로 하는 통합도산법[373])하에서도 DIP 관리인이 선임되어 있는 경우 제3자가 지배주주가 되는 M&A에는 소극적일 수밖에 없고, 특히 계획인가 후 조기종결이 이루어질 경우 절차 내에서 법원이 주도하는 M&A가 시도될 가능성은 낮아질 수 있다. 다만 회생절차 개시 이전에 채무자 주도하에 채권자들과 일정한 M&A구도가 잡혀져 있는 경우에는

---

369) M&A라는 용어가 과연 적절한 용어인지에 대하여 필자는 자산인수 방식에 의하든지 지분인수 방식에 의하든지 인수(Aquisition) 이외의 방식은 사용될 수 없으므로 적절하지 않은 용어례라고 생각되지만, 일반적으로 사용되는 단어이므로 이 단어를 그대로 사용하기로 한다.

370) 손지호, 到産法講義, 남효순, 김재형 공편(2005) 669면.

371) 회사정리실무(개정판), 서울지방법원(2002) 514면.

372) 서정걸, 到産法講義, 남효순, 김재형 공편(680면) 2005.

373) 지금도 기존 주주의 경우에는 사회적으로 회사를 재정적인 곤란에 이르도록 한 책임을 부담할 주체가 계속 경영을 한다는 것에 대한 사회적인 비난이 존재하지만 결국 이 점에 대한 법적 판단은 경영의 효율성과 공정성 간에 있어서의 결단의 문제라고 본다.

대부분 사전계획안의 형태로 처리될 가능성이 많을 것이다.[374]

구 회사정리법상 회사정리는 (i) 일부 정리회사의 경우에는 정리계획안의 가격을 위하여 채권자들의 요구를 무분별하게 수용함으로써 애당초 무리한 정리계획을 인가받았던 경우도 있고, 그렇지 않더라도 경기침체의 장기화 등 정리계획 수립 당시 미처 예측하지 못했던 여러 사정으로 인하여, 현재 시점에서 정리계획을 제대로 수행할 수 있다고 확신할 수 없는 정리회사가 적지 않았고, (ii) 정리회사는 정리계획에 의하여 구 사주의 주식이 대부분 소각된 상태로서, 대주주라고는 채권을 주식으로 전환받든지 기존의 정리채권자들이 대부분인데, 이들의 주요관심사는 채권의 회수에 있을 뿐이고 회사 경영에 대한 관심과 능력이 부족한 경우가 많아, 정리회사가 정리채무를 모두 변제하여 정리절차가 종결되었다고, 회사를 책임지고 경영할 수 있는 대주주가 없다면 회사의 운명이 더 나쁜 상황으로 빠질 가능성이 높다.[375] 이에 따라 향후 M&A를 염두에 두고 정리계획에도 향후 M&A를 전제로 한 규정들을 검토하여 포함하여 두어야 할 것인바, 기존 주주들의 주식에 대한 감자나 채권자들에 대한 출자전환을 어느 정도나 할지, M&A 시 인수인에 대한 신주 발행이나 사채 발행에 제한이 될 요소는 없는지 등에 대하여 미리 검토하여, 회생계획에서 출자 전환할 채권금액 등을 정하고, 정관변경 등을 미리 규정하여 두는 것이 실무상 바람직하다고 보았다.[376] 이러한 점은 통합도산법하에서도 마찬가지이다.

3. 도산기업 M&A의 추진 방향

회사에 새로운 자본을 유입시키려면, 회사의 자산 내지 지분을 매각하여 이를 제3자에게 인수하도록 하는 방식을 취하여야 할 것이다. 도산기업 M&A의 목적이 회사의 갱생을 위한 변제자금의 효과적인 조달과 책임 있는 경영주 확보에 있다면,[377] 최선의 도산기업 M&A 방식은 도산기업을 직접 경영할 의지와 능력이 있는 제3자에게 다량의 신주를 배정하여 발행하여 그 제3자가 지배주주가 되도록 하고, 그 유상증자 대금으로 기존 회생채권을 조기에 변제하여 회생절차를 종결하는 것이다.

---

374) 박준형, 전게논문, 579면.
375) 서울지방법원, 전게서, 514면; 손지호, 전게서, 672~673면.
376) 서정걸, "회생계획", 서울대학교 법학전문과정(2005), 7면.
377) 서울지방법원, 전게서, 516면.

만일 (ⅰ) 자산을 매각하는 경우에는 인수인이 정리회사의 특정 영업부분을 인수하거나 또는 개별 자산을 인수하는 형태로서 영업이나 자산이 회사 자산의 대부분을 차지하는 경우에는 잔존회사는 청산되어야 할 것으로 인수인의 협상력이 큰 경우에 활용된다.378) 이러한 자산인수방식에 의한 정리회사의 자금유입방안은 일명 자산부채이전방식(P&A: Purchase of assets & Assumption of liabilities)379)이라고 불리는 바, 인수자가 이러한 방식의 기업인수를 희망하는 주된 이유는 숨겨진 부외부채의 존재를 우려한 것일 경우가 많겠지만, 정리회사는 정리계획인사를 통하여 정리계획과 구 회사정리법의 규정에 의하여 인정된 권리를 제외한 모든 정리채권과 정리담보권에 관하여 그 책임을 면하므로 부외부채의 존재를 염려할 필요가 없다는 점을 통하여 정리회사의 신주 인수가 아닌 특정영업부분만의 인수 또는 개별자산매각방식의 인수를 하려고 하는 경우에는 법원은 이러한 자산의 매각으로 인하여 청산형 정리계획안을 작성하여야 하거나, 일체로서의 기업가치를 분할하여야 하는 문제점이 있다고 보아 이러한 방식의 자금유입은 바람직하지 않다고 보는 방법이다.380)

반면, (ⅱ) 지분인수방식을 취하는 경우에는 인수인이 제3자 배정방식으로 발행된 신주를 인수하고, 이 인수자금으로 납입된 정리채권을 변제하여 정리절차가 종료되는 방식이라고 거칠게 설명할 수 있을 것이다. 도산기업의 M&A는 원칙적으로 유상증자의 방법에 의하여 도산기업을 직접 경영할 의지와 능력이 있는 인수인에게 다량으로 신주를 배정, 발행하여 그 인수인이 지배주주가 되도록 하고, 유상증자대금으로 기존 정리채권을 조기에 변제하여 회사정리절차를 종결하는 방법에 의하는 이유는 인수인이 잔존주주로부터 주식을 매집하는 것은 주식의 귀속주체의 변경만을 가져올 뿐, 회사의 재무구조 개선 및 정리채권 변제에 아무런 도움을 주지 못하기 때문이다.

이상에서 이 두 방식을 살펴보면, 이 중에서 만일 자산만을 매각하게 된다면 실

---

378) 서정걸, 전게서, 682면.

379) P&A는 부실금융기관의 부실채권을 제외한 자산과 부채를 우량금융기관에 인수시키는 방식이다. 처음에는 청산이나 M&A(merger and acquisition) 등과 함께 부실기업을 정리하는 방법으로 사용되었지만, 요즘은 부실금융기관을 정리하는 방법으로 활용되고 있다. 즉 부실금융기관의 우량예금과 일부 부채를 우량은행에 넘기고 남은 부실자산과 부채를 예금보험공사나 정부 주도로 청산 절차를 밟는다. 내용이나 절차 면에서 보면 M&A와 비슷하나 우량자산과 부채의 선별 인수가 가능하고 직원을 계속해서 고용해야 할 의무가 없는 것이 특징이다. 부실금융기관의 정리에 따른 사회적 충격을 최소화할 수 있는 방법으로 각국에서 선호하고 있으며, 이때 팔리지 않는 부실자산과 부채만을 인수하는 기관을 배드뱅크(bad bank)라고 한다(네이버 백과사전에서 수정인용).

380) 서울지방법원, 전게서, 517면.

제 이는 회사를 청산하게 되는 것으로, 인수 대상 회사의 주요한 자산으로 가치를 가지게 되는 자산이 주로 매각 대상이 될 것이므로 이를 매각할 경우에는 회사정리 제도의 취지를 살릴 수 없게 되므로, 지분인수를 할 제3자를 물색하여야 할 것이나 보통주를 인수할 경우 회사가 갱생할 가능성에 대하여 확신을 가지기 어려운 경우가 많아 지분인수자를 발견하는 것은 쉽지 않고, 많은 디스카운트가 이루어질 필요성이 발생하게 된다.[381]

회사의 기본적인 가치에 비하여 일시적인 자금경색이 무리한 투자, 매출채권 회수의 곤란, 기존 경영진의 부적절한 경영으로 인하여 발생한 경우에 이러한 지분인수방식이 사용될 수 있다고 하는 견해가 있으나,[382] 만일 실제 이러한 이유에서라면, 단순히 전체적인 채무의 리스케줄링(Rescheduling) 내지 이에 더한 일부 감면만으로도 갱생이 가능하지 않을까 한다.

4. 도산기업의 M&A의 특수성

도산절차에 있는 회생기업의 M&A는 그 절차의 시작부터 종료에 이르기까지 법원의 감독을 받게 되고 통상 회생계획 변경이 수반되거나 회생절차 개시 당시까지의 회생채권, 회생담보권에 대한 조기변제가 이루어지는 형태로 추진된다는 점 등 정상기업의 M&A와 다른 특수성이 있다. 회생회사는 회생계획인가에 따른 채무소멸 등의 효과로 인하여 이른바 부외부채(off-balance liability)가 생길 염려가 거의 없어 일반기업의 M&A에서 발생할 수 있는 예측하지 못한 손실의 발생과 갈등의 소지가 대부분 제거되는 장점이 있다. 또한 법원의 감독 아래 이루어지기 때문에 일반적으로 절차의 공정성, 투명성, 확실성이 보장된다는 점도 장점이다.[383]

발생할 수 있는 문제점으로는 절차에 관여된 모든 이해관계인들의 이익이 고루 만족되는 구조조정절차를 추구하는 특성상 M&A 거래의 신속성이 저해될 염려가 있고, 단기적인 시세차익을 노리는 인수인이 개입하게 될 경우 인수된 법정관리기업의 재산을 담보로 그 인수대금을 조속히 회수해 버리거나 회사의 재산을 유용하

---

381) 이러한 문제로 매각대가 결정에서의 소위 저가매각 문제가 발생하고, 특히 해외자본에 의하여 인수될 경우에는 추후 회사의 갱생이 이루어지고 난 뒤에 그 차액이 크다는 이유로 하여 비난을 받게 되는 경우가 발생한다.

382) 전게서(서정걸 집필부분), 680면.

383) 박형준, 전게논문, 575-576면.

는 등의 예기치 못한 사후적 문제가 발생할 우려도 있다.[384] 이러한 단점이 표출되는 맥락이 바로 차입매수(LBO)와 관련된 배임사건들이다.[385]

5. 도산기업[386] M&A의 절차

(1) 절차의 개요

도산기업의 M&A는 사안에 따라 다르지만 통상 6개월에서 1년 정도의 기간이 소요되며, 아래의 표와 같이 이루어진다.[387] 이에 따라 매각주간사와의 용역자문 계약기간 설정도 통상 6개월마다 연장 여부를 허가받는 구조로 이루어지고 있다.[388]

M&A 준비단계	M&A 추진 결정 ⇒ 매각주간사 선정 ⇒ 기초실사 및 M&A기본구조 확정
인수인 선정단계	M&A 공고 ⇒ 우선협상대상자 선정기준 수립⇒인수제안서 접수 ⇒ 우선협상대상자 선정 ⇒ 양해각서의 체결 ⇒ 우선협상대상자의 정밀실사 ⇒ 인수대금의 조정 ⇒ M&A 본계약 체결
채무변제 및 종결 단계	정리계획 변경계획안 작성 ⇒ 인수대금 예치 ⇒ 관계인집회 ⇒ 정리계획 변경계획안 인가 ⇒ 유상증자(자본감소), 보호예수, 회사채 인수 등 절차이행 ⇒ 채무변제 ⇒ 인수인 측의 인수준비 및 임원진 개편 ⇒ 종결

(2) 정리회사 M&A와 정리계획의 변경

통상 정리계획안에는 M&A를 염두에 두고, "정리회사를 인수할 자에게는 신주를 발행하여 인수시킨다."라는 문구를 삽입한다.[389] 정리회사 M&A에 있어 인수자들은 자신들의 투자에 대응하여 자본감소, 채무재조정 및 정리절차의 종결을 요구함이 통례이고, M&A가 성사된 정리회사에 대한 정리절차를 계속하는 것도 그리 바람직한 일은 아닐 것이므로, 정리회사 M&A과정에는 채무재조정을 하는 내용의 정리계획변경과 이를 위한 관계인 집회가 수반되는 것이 보통이다.

이 경우 정리계획 변경안의 내용은 일반적으로 M&A 추진 경위, 인수계약의 내용, 기존 주식의 병합, 인수자에 대한 유상증자 내지 회사채 발행, 정리채무의 감면과

---

384) 상계논문, 576면.

385) 주요 LBO와 배임죄 관련 사건들인 신한사건과 동양메이저 사건이 모두 정리회사 M&A와 관련된 사건이다.

386) 박준형 판사는 전게논문에서 법정관리기업이라는 표현을 사용하고 있으나 본고에서는 도산기업 또는 회생기업이라는 표현을 쓰기로 한다.

387) 표는 상계논문, 578면 인용.

388) 상계논문, 578면.

389) 서정걸, 전게논문, 16면.

인수대금에 의한 일괄 변제, 관리인의 종결신청의무 등을 그 내용으로 한다. 주식병합은 원 정리계획에서 실시되었더라도 재차 실시하는 것이 일반적이고, 유상증자는 인수인에게 액면가로 주식을 발행하되 신주인수대금의 납입기일은 구주권제출기간 만료일로 하고 그 다음 날에 유상증자의 효력이 발생하는 것으로 함이 실무이다.[390]

Ⅲ. 도산절차에서의 주주의 지위

1. 회생계획의 인가와 주주의 역할

회생절차가 개시되면, 이해관계인은 회생절차 중에 개별적인 권리행사를 할 수 없고, 의결권의 행사에 의하여 자기에게 불리하다고 판단되는 회생계획안의 확정을 저지하여 유리한 회생계획안의 작성을 유도하거나 회생절차의 폐지를 도모하는 수밖에 없다. 따라서 이해관계인이 의결권을 행사할 수 있는지 여부와 그 의결권의 범위를 정하는 것은 매우 중요한 문제이다.[391] 확정된 회생채권 또는 회생담보권을 가진 회생채권자 또는 회생담보권자는 그 확정된 액이나 수에 따라, 이의 없는 의결권을 가진 회생채권자, 회생담보권자, 주주 내지 지분권자는 목록에 기재되거나 신고한 액이나 수에 따라 의결권을 행사할 수 있다.[392]

구 회사정리법상 정리계획안의 결의는 조(租)별로 나누어서 하고,[393] 모든 조에서 가결되었을 때 비로소 정리계획안이 가결된 것이 된다. 각 조에서 하는 결의의 대상은 정리계획안 전체이고, 자신이 속한 조의 이해관계에 해당하는 부분에 한정되지 않는다. 주주의 조에서 정리계획안이 가결되지 않으면, 나머지 조(정리채권자, 정리담보권자 등)에서 가결된다고 하여도 종국적으로 그 정리계획안은 부결된 것으로 처리된다. 여기서 이러한 정리계획안에 대하여, 의결권을 행사할 주주란 모든 주주를 의미하므로, 보통주뿐만 아니라 우선주도 포함되고, 최대주주 및 그와 특수관계에 있는 주주도 포함된다. 그러나 정리절차의 개시 당시 회사 부채의 총액이 자산의 총액을 초과하는 경우 주주는 의결권을 가지지 못한다.[394] 다만 정리계획의

---

390) 서울지방법원, 전게서, 527~528면.

391) 김형두, "통합도산법상 회생절차에서의 회생계획안의 심리 및 결의"(2005), 14면.

392) 채무자의 회생 및 파산에 관한 법률(이하 '법' 또는 '통합도산법'이라고 한다.) 제188조 제1항.

393) 구 회사정리법 제204조.

변경계획안을 제출되는 경우 변경안에 대한 주주의 의결권 유무를 결정할 채무초과
상태 여부는 변경안 제출 시점을 기준으로 판정한다.[395]

통산도산법에서의 회생계획안에 대한 결의방법도 이와 다르지 않다. 회생채권
자·회생담보권자·주주·지분권자는 회생계획안의 작성과 결의를 위하여 회생담
보권자 등으로 조로 분류한 후(제236조) 제237조에서 정한 요건에 따라 가결 여부
를 결정한다.

2. 기존주주의 지위

(1) 주주에 대한 권리 제한

회생절차를 수행함에 있어서 채무자의 주주총회 또는 이사회의 결의를 요하지 않
으므로 사실상 이들 기관의 권한은 정지되며, 정리절차 진행 중에는 주주총회를 개최
하지 않고, 이익배당도 하지 않는다는 규정을 회생계획에 두는 것이 일반적이다.[396]

구 회사정리법상 정리절차의 개시 당시 회사의 부채 총액이 자산 총액을 초과하
는 경우 기존의 주주들은 정리계획안에 대하여 의결권을 가지지 않으나, 국제상사
사건과 같이 정리계획의 변경계획안을 제출할 당시에 회사 자산의 총액이 부채의
총액을 초과하는 경우에는 그 변경계획안에 대해서 의결권을 가지게 되어 주주들이
자신들의 권리를 행사할 가능성이 발생하게 된다.[397] 회사가 정리절차가 개시된 이
후에, 일시적인 급격한 자금사정 악화에서 벗어나 영업이 호전되는 경우에는 정리
계획의 변경 당시에 자산이 부채를 초과하는 경우도 가끔 있게 되므로, 이와 같은
경우에는 기존 주주들도 정리계획에 의하여 변경된 권리의 내용에 따라 의결권을

---

394) 구 회사정리법 제129조 제3항 본문.

395) 구 회사정리법 제129조 제3항 단서. 실무상 회사정리신청을 하는 회사의 대부분이 채무초과 상태에 있어, 정리계
획안 결의에 있어 주주의 의결권이 인정되지 않는 경우가 다반사이다. 따라서 정리회사들은 주로 일응 채무초과 상
태에 있는 것으로 보아야 할 것이나, 법원은 구체적으로 관리인과 조사위원의 조사보고서를 통하여 채무초과 여부
에 대한 확인을 한다.

396) 채무자회생및파산에관한법률 제260조.
회생계획을 수행함에 있어서는 법령 또는 정관의 규정에 불구하고 법인인 채무자의 창립총회, 주주총회 또는 사원
총회(종류주주총회 또는 이에 준하는 사원총회를 포함한다.) 또는 이사회의 결의를 하지 아니하여도 된다.

397) 구 회사정리법 제129조 제3항.
제1항 주주는 그가 가진 주식으로 정리절차에 참가할 수 있다.
제2항 주주는 그가 가진 주식의 수에 따라 의결권을 가진다.
제3항 정리절차의 개시 당시 회사 부채의 총액이 자산의 총액을 초과하는 경우에는 주주는 의결권을 가지지 아니
한다. 다만 제270조의 규정에 의한 정리계획의 변경계획안을 제출할 당시 회사 자산의 총액이 부채의 총액을 초과
하는 경우에는 그러하지 아니하다.

행사할 수 있게 되므로, 주주조의 동의를 얻는 것이 필요하게 되는 것이다.[398]

(2) 구 회사정리법상 주주지분 소각 실무

회사정리를 신청하는 회사들은 부채가 자산을 초과하는 경우가 대부분이므로 정리계획에 대하여 의결권을 행사하지 못하는 경우가 대부분이다.[399] 이러한 의결권 제한 외에도 기존 주주에 대해서는 주주지분을 징벌적으로 소각하여 버리거나, 필요적 자본감소절차를 거치게 되어 주주들로서는 회사정리절차에 들어가게 되면, 사실상 경영권을 상실하게 되므로 회사정리신청을 기피하는 원인이 되었다.

이러한 주식소각 절차 등의 진행에 의하여, 회사정리절차의 진행에 따라 최초의 주주들은 사실상 소수주주로 전락하게 되는 정도로만 명맥을 유지하게 되고, 채권단이 출자전환을 통하여 새로운 대주주로 진행하게 되는데, 채권단이 최대주주가 된다는 것은 회사를 청산하여 잔여재산을 분배하기 위한 절차로서는 유인구조에 적합한 것이다. 그러나 회사정리에 바람직한 구조는 아니며, 따라서 법원의 관여가 필요하게 되는 구조가 되는 것이다.

1) 지배주주에 대한 징벌적 주식소각

소각 대상 주식회사의 이사나 이에 준하는 자 또는 지배인의 중대한 책임이 있는 행위로 인하여 정리절차 개시의 원인이 발생한 경우에는, 그 행위에 상당한 영향력을 행사한 주주 및 그 친족 기타 대법원규칙이 정하는 특수관계에 있는 주주[400]가

---

398) 서정걸, 전게논문, 683~684면.

399) 국제상사사건(2003라37)의 경우, 회사정리계획안에 따르면, 주주의 권리변경에 관해서는, 정리계획안에서 정한 채권변제가 종료될 때까지 주주에 대하여 이익배당을 하지 않고, 회사정리절차 진행 중에는 주주총회를 개최하지 않으며, 의결권을 행사할 수 없도록 하는 한편(계획 10장 1절), 정리회사가 이미 발생한 주식 23,441,901주 중 대주주인 한일합섬이 가진 주식 4,337,963주는 전부 무상 소각하고(계획 10장 2절 1항), 나머지 주식은 10:1의 비율로 주식병합을 하는 방법으로 자본감소를 하고(계획 10장 2절 2항), 신주발행에 관해서는, 상법이 정한 정리회사의 수권주식 범위 내에서 관리인이 법원의 허가를 얻어 발행하되, 신주를 인수할 자, 신주의 배정방법, 발행가액과 납입기일은 법원의 허가를 얻어 발행하되, 신주를 인수할 자, 신주의 배정방법, 발행가액과 납입기일은 법원의 허가를 얻어 관리인이 정하도록 하였다(계획 10장 3절).

400) 구 회사정리등규칙 제42조(특수 관계에 있는 주주)
　　구 회사정리법 제221조 제4항의 '특수관계에 있는 주주'라 함은 정리절차 개시의 원인이 된, 회사의 이사나 이에 준하는 자 또는 지배인의 중대한 책임이 있는 행위에 상당한 영향력을 행사한 주주(이하에서는 부실경영 주주라 한다.)와 다음 각 호의 1의 관계에 있는 자를 말한다. 다만 주식 또는 재산의 소유관계 등에 비추어 당해 정리회사의 경영에 대하여 영향력을 행사할 수 없다고 인정되는 경우를 제외한다.
　　1. 부실경영 주주가 개인인 경우에는 다음 각 목의 1에 해당하는 자.
　　가. 부실경영 주주의 금전 기타 재산에 의하여 생계를 유지하는 자 및 생계를 함께하는 자.
　　나. 부실경영 주주 단독으로 또는 그의 친족과 그와 가목의 관계에 있는 자와 합하여 100분의 30 이상을 출자하거나 기타 임원의 임면 등 법인 기타 단체의 주요 경영사항에 대하여 사실상의 영향력을 행사하고 있는 경우 당해 법인 기타 단체와 그 임원.

가진 주식 2/3 이상을 소각하는 방법으로 자본을 감소할 것을 정하게 된다.[401)

지배주주의 사실상 지시나 영향하에 회사재산의 유용, 은닉행위, 정관이나 법령에 위반된 행위, 임무해태행위를 하여 회사에 중대한 손해를 발생시킨 사실이 법원의 판결, 수사기관의 수사결과, 조사위원 또는 관리위원의 조사결과, 기타 기록에 나타나는 제반 사정 등에 의하여 인정되는 경우에는 지배주주에게 부실경영의 책임이 있다고 판단된다.[402) 법원실무에 의하면 대부분 정리회사 지배주주의 책임이 인정되었다.[403)

2) 소각의 정도

파탄에 책임 있는 지배주주의 주식을 구체적으로 어느 정도까지 소각할 것인가에 관하여 법원 실무는 주식의 실질가치가 0인 경우에는 주식 전부를 소각하고, 상장주식으로서 시세가 형성되어 있는 경우에는 금융기관 정리채권자조의 변제비율을 현재가치로 산정한 후 그 1/3을 기준으로 구 경영주의 책임, 주식의 재산적 가치, 회사의 재산상태, 정리절차를 신청한 시기 등을 고려하여 구 지배주주의 주식 잔존비율을 정하는 방식을 취하였다. 종래 서울중앙지방법원에서는 지배주주의 주식을 100% 소각한 사례가 많았으나, 최근에는 이러한 실무운영이 부실기업의 대주주로 하여금 회사정리절차 개시신청을 기피하게 한다는 지적에 따라 가능한 사안에서는 그 소각비율을 다소 완화하기도 하였다.[404)

다. 부실경영 주주 단독으로 또는 그의 친족과 그와 가목 또는 나목의 관계에 있는 자와 합하여 100분의 30 이상을 출자하거나 기타 임원의 임면 등 법인 기타 단체의 주요 경영사항에 대하여 사실상의 영향력을 행사하고 있는 경우 당해 법인 기타 단체와 그 임원.

2. 부실경영 주주가 법인 기타 단체인 경우에는 다음 각 목의 1에 해당하는 자.

가. 임원.

나. 독점규제및공정거래에관한법률 제2조 제3호에 정하여진 계열회사 및 그 임원.

다. 단독으로 또는 그의 친족과 그와 제1호 각 목의 관계에 있는 자와 합하여 부실경영 주주에게 100분의 30 이상을 출자하거나 기타 임원의 임면 등 부실경영 주주의 주요 경영사항에 대하여 사실상의 영향력을 행사하고 있는 개인, 그의 친족 또는 그와 제1호 각 목의 관계에 있는 자와 법인 기타 단체 및 그 임원.

라. 부실경영 주주 단독으로 또는 그와 가목 내지 다목의 관계에 있는 자와 합하여 100분의 30 이상을 출자하거나 기타 임원의 임면 등 법인 기타 단체의 주요 경영사항에 대하여 사실상의 영향력을 행사하고 있는 경우 당해 법인 기타 단체 및 그 임원.

401) 구 회사정리법 제221조 제4항.

402) 대법원 송무예규 (구)송민92 – 5.

403) 실무상 회사의 이사나 이에 준하는 자 또는 지배인의 중대한 책임이 있는 행위로 인하여 정리절차 개시의 원인이 발생하였는지 여부 및 위와 같은 이사 등의 중대한 책임이 있는 행위에 상당한 영향력을 행사한 주주 및 그 친족 기타 특수관계에 있는 주주의 범위에 관한 사항은 조사위원의 조사보고서에 기재되어 법원의 판단에 영향을 미치게 된다.

404) 차한성, "서울중앙지방법원의 도산사건실무"(2005) 29~30면.

(a) 채무초과 시의 필요적 자본 감소

정리절차 개시 당시 회사 부채의 총액이 자산의 총액을 초과하는 경우에는 필요적으로 회사발행주식의 1/2 이상을 소각하는 방법으로 자본을 감소할 것을 정하여야 한다.[405) 또, 구 회사정리법 제221조 제4항은 회사의 이사나 이에 준하는 자 또는 지배인의 중대한 책임이 있는 행위로 인하여 정리절차 개시의 원인이 발생한 경우에는 그 행위에 상당한 영향력을 행사한 주주 및 그 친족 기타 대법원규칙이 정하는 특수관계에 있는 주주가 가진 주식 3분의 2 이상을 소각하는 방법으로 자본을 감소할 것을 정하여야 한다고 규정하고 있다.[406)

구체적으로 어느 정도까지 감자하는 것이 적정한지에 대하여 종래 서울중앙지방법원은 감자 후에 남은 자본금의 규모는 정리회사에 대한 제3자 인수를 추진하기에 적합한 규모로 한다는 원칙을 가지고 실무를 운영하였다.[407) 지금까지 법원이 M&A를 통한 기업회생에 주력한 결과 이를 위하여 법원은 회사의 계속기업가치, 동종업계의 자본금 규모 등을 종합적으로 고려하여, 감자 후의 자본금을 정리회사의 시장가치에 상응하는 정도로 맞추고자 한 것으로, 그동안의 사례를 보면, 채무초과인 회사에 대하여 주식병합의 비율은 대체로 1/10에서 1/40 사이에서 정하였다.

이러한 법원의 종전 실무는 통합도산법 제205조 제3항에서 "회생절차 개시 당시 주식회사인 채무자의 부채총액이 자산총액을 초과하는 때에는 회생계획에 발행주식의 2분의 1 이상을 소각하거나 2주 이상을 1주로 병합하는 방법으로 자본을 감소할 것을 정하여야 한다."고 규정하고, 제4항도 자본감소절차로 주식소각 이외에 주식병합을 추가하고 있는 것 외에 종전의 구 회사정리법 제221조 제3항, 제4항과 동일하게 규정하고 있는 점을 고려할 때 유지될 것으로 보인다.

(b) 임의적 자본감소

신규자본 유치와 M&A 등을 위하여 통상적으로 감자를 하게 되는데, 이는 채무

---

405) 구 회사정리법 제221조 제3항.

406) 구 회사정리법 제221조 제4항 소정의 지배주주 등의 주식 2/3 이상을 무상 소각하기 위해서는, 법률상 이사가 아닌 지배주주가 이사 등을 배후에서 지휘하여 회사의 주요업무에 대한 지시를 하거나 영향력을 행사하는 등으로 실제적으로 회사업무에 관여하고 이사 등이 위와 같은 지배주주의 사실상 지시나 영향하에 회사재산의 유용 은닉행위, 정관이나 법령에 위반한 행위, 임무해태행위를 하여 회사에 중대한 손해를 발생시킨 사실이 법원의 판결, 수사기관의 수사결과, 조사위원 또는 관리인의 조사결과에 의하여 객관적으로 명백히 입증되어야 한다(회사정리사건처리요령(1999.7.9. 송무예규 제731호) 제5조).

407) 차한성, 전게논문, 30면.

자의 자산 및 부채와 수익능력, 자본감소 후에 남는 자본금의 규모가 회사에 대한 M&A를 추진하기에 적합한지 여부 등을 참작하여 정하게 된다.[408]

3. 회사정리 절차에서 관리인과 주주의 관계

회사정리절차가 진행되면, 주주구성은 기존주주에 대한 감자와 채권자들의 출자전환으로 인하여 새로운 주주구성이 되게 된다.[409] 이러한 과정에서 출자전환으로 새로운 대주주가 되는 것은 통상 채권단은행이 되는 경우가 많으며, 채권단은행이 대주주가 되고 난 이후 계속 대주주의 지위를 유지하면서 회사정리절차에 관여하게 되지만, 은행의 이해는 여전히 채권의 회수에 있으므로 이러한 지분은 채권 등의 조기회수를 위하여 공개경쟁입찰 등의 방식으로 매각되어 제3자가 이 회사의 주주로 새로이 진입하게 되는 앞서 언급한 지분매각을 통한 주주변경이 이루어지게 되는 것이다.

구 회사정리법상 정리절차 중에 있는 회사는 정리계획수행을 통하여 회사의 채무를 변제하고, 회사의 갱생을 도모하기 위하여 주주에 의한 경영권을 배제한 채, 정리법원에 의하여 선임된 관리인이 정리법원의 감독하에 정리회사를 위하여 회사의 경영 등을 맡아서 하는 것이긴 하나, 주식회사의 본질상 회사의 소유는 여전히 주주에게 있고, 정리절차가 종결되면 결국 회사는 주주에게 복귀되고, 정리절차 종결 결정에 대해서는 즉시항고가 허용되지 않았으므로 결정 효력이 발생함과 동시에 절차는 종료되었다.

따라서 종결결정에 의하여 정리회사, 정리계획에 따라 설립된 회사로서 신설합병의 경우의 신회사가 아닌 한 절차적 구속에서 벗어나고 대표이사 등은 통상의 권한을 회복하며 관리인의 임무는 종료되며, 정리채권자 등은 정리계획의 정함에 따라 개별적으로 권리행사를 할 수 있게 되는 것이므로,[410] 비록 정리회사의 특수성이 있다고 하더라도, 정리회사의 관리인으로서는 회사 전체 주식의 반수 이상을 확보한 최대주주가 더구나 의결권까지 갖추어 새롭게 나타나, 회사의 정상화 내지 신규

---

408) 서정걸, 전게논문, 14면.

409) 국제상사의 경우 한일합섬의 지분은 전량 소각되었고, 나머지는 1,910,399주만이 남게 되었고, 채권자들에게 발행한 출자전환에 따른 발행주식수의 증가로 인하여 정리회사의 발행주식 총수는 1,942만여 주가 되었다.

410) 임채홍, 백창훈, 회사정리법(하)(1999), 341~342면.

자금조달 등에 참여하기를 원하는 경우라면, 회사정리절차의 원활한 수행을 위하여 그들에게 신주인수권을 우선 부여하는 등 적극적으로 그들의 협조를 이끌어 내면서 나아가는 것이 타당할 것으로 보았다.

Ⅳ. 채무변제초과분의 존재와 주주

1. 문제의 제기

정리법원이 당초 정리계획안을 인가함에 있어서는 정리담보권자조, 정리채권자조, 주주조의 가결이 있어야 하고, 이때 정리담보권자와 정리채권자는 당연히 의결권이 있을 터이니, 그들 각 조마다 의결권 행사를 통한 가결절차가 반드시 필요할 것이다. 그러나 주주조의 경우에는 회사의 부채가 자산을 초과하여 의결권이 없는 경우가 보통이므로 통상은 주주조의 가결절차는 불필요한 경우가 대부분이겠지만, 만약에 주주조의 의결권이 있다면 이때에도 그 조의 가결절차가 반드시 필요한 것임은 말할 필요도 없다.

그러나 한 번 정리계획안이 인가되고 난 뒤 그 계획을 변경하고자 할 때에는 의결권이 없는 조의 경우라면 유리 내지 불리를 불문하고 가결절차를 필요로 함이 없이 법원의 허가만으로 그 정리계획을 변경할 수 있겠지만, 의결권이 있는 조의 경우에는 변경안이 그 조에 불리하다고 인정되는 경우 반드시 그 조의 가결절차가 필요하게 되며 이때에는 법원이 허가만으로 정리계획을 변경할 수가 없는 것이다.

그렇다면 문제는 개시결정 당시에는 채무초과였으나 그 후 영업의 호전 등으로 회사의 자산 총액이 부채 총액을 초과한다면 실무상 장래의 신주발행에 관하여 최초의 회생계획에서는 단순히 관리인이 법원의 허가를 얻어 신주를 발행할 수 있다고 추상적으로 규정하여 두고, 구체적인 신주발행에 관한 사항을 종전 회생계획에 추가하여야 할 경우 그와 같은 회생계획 변경이 이해관계인, 특히 기존 주주들에게 불리한 변경에 해당하는지 여부가 문제 된다.

2. 법원 M&A 절차 밖에서의 지분매입과 주주의 의결권

(1) 주주 의결권의 부활

정리절차 개시신청을 할 당시 부채가 자산을 초과하고 있는 통상 정리신청회사의 경우 정리계획안에서 주주에게 불이익한 정리계획안이 나오더라도 관계인 집회에서 주주조는 의결권이 없어 그 과반수의 동의로써도 계획안을 거부하는 의결을 하지 못하므로,[411] 그 관계인 집회에서 많은 주식이 소각되는 등의 불이익을 받게 되더라도 그에 대해 이의를 하지 못하고, 그 불이익을 감수해야만 한다.

그러나 개시결정 당시에는 채무초과였으나 그 후 영업의 호전 등으로 회사의 자산 총액이 부채 총액을 초과한다면 이때는 주주의 의결권이 되살아난다고 보아야 하고,[412] 그때부터는 정리계획안의 변경 등의 사유로 관계인 집회가 열릴 경우, 최초 정리계획안에서 다른 특별한 규정이 없는 한, 구 회사정리법 제270조 제2항, 제205조에 의하여 주주에게 불리한 영향을 마칠 것으로 인정되는 정리계획변경안에 대해서는 주주조의 의결을 거쳐야 하고, 그 과반수의 동의가 있어야 정리계획안이 변경될 수 있다고 보는 것이 기존주주의 지위에 대하여 타당한 결론이 아닌가 하는 의문이 있으며, 그와 같은 결론에 의하면 주주조의 과반수 동의가 있어야 정리계획안이 변경될 수 있다고 보아야 할 것이다.

(2) 법원에 의한 M&A에 의한 정리절차 조기종결의 의미

서울지방법원은 2000년에서 2002년 사이에 정리회사의 재무구조를 개선하고, 정리채무를 조기에 변제함과 아울러 새로운 지배주주를 확보하기 위하여 각 정리회사의 관리인에게 유상증자를 통한 제3자 매각을 적극적으로 추진하여, 2000년에 2개 사, 2001년에 14개 사, 2002년에 1개 사를 조기에 회사정리절차를 종결시켰으며,[413] 그 이후에도 지속적으로 제3자 매각을 유도하고 있다.[414] 이러한 제3자 인수절차가

---

411) 구 회사정리법 제205조.
    3. 주주조: 의결권을 행사할 수 있는 주주의 의결권 총수의 과반수에 해당하는 의결권을 가진 자의 동의가 있을 것.

412) 구 회사정리법 제129조 제3항 단서.

413) 서울지방법원, 전게서, 535~536면.

414) 문제는 소위 진로(화의절차)사건에서 주식회사 진로의 화의채권자인 골드만삭스가 제기한 주식회사 진로에 대한 회사정리 개시신청을 파산부가 받아들여 2003.5.14.자로 개시결정을 내린 다음, 기존 경영진의 경영권을 박탈한 것은 일반 기업들에게 회사정리는 경영권 박탈이라는 공식을 각인시키는 계기가 되어 회사정리신청사건의 급감을 초래한 매우 부정적인 선례가 되었다(김인만, "도산절차와 M&A"(2005), 서울대전문분야법학연구과정 제20기 강의안, 14면).

정리회사의 재무구조를 일시에 호전시킬 수 있는 유효적절한 갱생방법의 하나로서 우리 법원의 실무에 의하여 유효한 정리절차의 종결방법의 하나로 사용되고 있음은 이미 살펴본 바와 같다.

그러나 이러한 제3자 인수에 의한 회사정리절차의 종결이 정리절차 내지 통합도 산법상의 회생절차의 종결을 위한 하나의 수단임은 분명하나, 유일하다거나, 절대적 인 가치를 가진 절차는 아니며, 법원은 정리계획의 수행가능성을 거모하여 정리절 차를 조기에 종결하거나 중도에 폐지하는 것이 바람직하다고 규정하면서 (ⅰ) 정리 계획상 주요 부분의 변제가 차질 없이 이행되고 있는지, (ⅱ) 회사의 총자산이 총부 채를 안정적으로 초과하고 있는지 등을 검토하여 종결하도록 하여야 할 것이다.

(3) 상장 중인 법인의 시장매집 주주의 지위

회사가 정리절차 내지 회생절차에 있다고 하더라도 상장이 폐지되지 않는 한 증 권시장에서 지분을 매입하여 주주가 되는 것은 여전히 가능하고, 이러한 지분의 인 수는 블록세일의 방식으로도 이루어질 수 있다. 이와 같은 지분의 매입이 있는 경 우에 지분을 매입하여 법원 절차 밖에서 주주가 된 자의 경우에 정리회사로서는 아 무런 새로운 자본의 유입이 없어 자본구조에 전혀 변동을 일으킨 것이 없이 단순히 주주구성의 변경만이 있게 된 것이라고 할 것이다. 그러나 주주 내부의 관계에서 보면 특히 출자전환을 통하여 주주가 된 금융권 채권단의 경우에는 장기적으로 당 해 기업을 경영할 아무런 유인이 없고, 이들의 유인은 오히려 조기에 매각하여 자 신들의 자금을 현재화하여 실질적인 자금흐름으로 유동화시키는 것이 더 바람직한 선택이라고 할 것이다. 그러므로 채권단이 다수 출자전환을 통하여 대주주의 지위 를 점하고 있는 회사의 경우에는 이러한 채권단으로부터 지분을 매입하여 대주주가 되는 경우의 발생은 항상 노정되는 문제가 된다.

물론 회사정리 내지 회생절차 신청 당시에 제3자 배정방식의 신주를 발행하여 이를 인수시키는 방법으로 회생계획을 작성하려고 하는 경우에는 최초의 회생계획을 작성할 당시부터 회생계획인가 후의 주주 구성을 충분히 고려하여 작성하여야 할 것이지만,[415] 이러한 사항에 대한 논란이 있을 경우 기존 주주들의 경우에는 자신들에 대한 신주인 수권이 제한되어 제3자에게 배정되는 경우에는 자신들이 가질 수 있었던 권리가 희석

---

415) 서정걸, 전게논문, 16면.

화되어 자신들의 지분적인 권리가 침해되었다고 주장하여 분쟁이 발생할 수 있음은 이미 살펴본 바와 같다. 이러한 상황에서 법원이 M&A를 통한 신규 자금의 유입을 통한 회사의 갱생을 도모하는 경우 이러한 주주들은 회생계획변경에 대하여 반대 의사를 표시하기 위한 의결권을 행사할 수 있는가에 대하여 견해의 대립이 있을 수 있다.

1) 의결권을 행사할 수 없다는 견해

이 견해는 회사의 갱생을 목적으로 하는 통합도산법 제1조[416)]에 비추어 보면, 제3자가 도산기업에 아무런 새로운 자금을 유입시킴이 없이 단순히 주주의 지위만을 변경하면서 제3자에 대한 M&A를 반대하면서, 이를 위한 신주발행을 위한 절차를 저지하고, 실제로 아무런 회사 갱생을 위한 노력을 하지 않고, 적은 자금으로 자신이 매입한 지분을 통하여 오로지 회사의 경영권을 취득하여 그 자산의 매각을 통한 이익의 취득만을 도모하는 것은 헌법 제23조 등에 위반되는 것으로 허용되어서는 안 되는 주주권의 남용이 된다고 하는 주장이다.

2) 의결권을 행사할 수 있다는 견해

이 견해에 의하면 회생절차에서 주주 등 이해관계인은 회생절차 중에는 직접적인 개별적 권리행사가 금지되고 다만 의결권의 행사에 의하여 자기에게 불리한 회생계획을 저지하고 유리한 계획의 실현을 기하는 길이 있다.

대상사건에서 문제가 된 구 회사정리법에서 특별히 규정하는 경우 외에는 정리계획에 의한 권리변경에 관하여 그 의사를 반영하게 하기 위하여 이해관계인에게 관계인집회에서 계획안의 가부를 결정하기 위한 의결권을 부여함이 원칙이고, 계산상 회사의 재산이 채무총액보다 많은 경우가 있을 수 있고, 그러한 경우에는 주주가 잔여재산에 대하여 이익을 갖고 있으므로 그 이해를 정리절차에 반영하는 것이 필요하다. 그런데 구 회사정리법은 정리절차의 개시 당시 회사 부채의 총액을 초과하는 경우 이외에는 주주에게 그가 가진 주식의 수에 따라 관계인집회에서 의결권을 갖도록 규정하고 있고,[417)] 구 회사정리법이 이와 같이 의결권이 부활하여 의결권을 행사할 수 있다고 규정하고 있는 한 의결권을 행사하였다고 하여, 정관변경에 의하여

---

416) 통합도산법 제1조(목적) 이 법은 재정적 어려움으로 인하여 파탄에 직면해 있는 채무자에 대하여 채권자, 주주, 지분권자 등 이해관계인의 법률관계를 조정하여 채무자 또는 그 사업의 효율적인 회생을 도모하거나, 회생이 어려운 채무자의 재산을 공정하게 환가, 배당하는 목적으로 한다.

417) 구 회사정리법 제129조 제2항, 제3항.

전체적인 정리계획의 기본적 구도가 변경되는 결과를 초래하는 경우에는 원 정리계획의 변경에 주주의 의결권을 행사하도록 하는 것이 허용되어야 한다고 보고 있다.

(4) 검토

회생절차하에서 주주의 의결권을 행사할 수 있는 경우에 이러한 의결권의 행사를 무시하고, 법원주도의 M&A를 강행하는 것은 쉽지 않다. 법원이나 관리인은 주주의 반대에 부딪히면 주주의 의사를 반영하여 적절한 방안을 발견하기 위한 노력을 하여야 한다. 대법원은 대상사건에서 주주의 의결권이 행사 가능한 것으로 판단하였다.[418] 대법원은 비록 원 정리계획에서는, 정관변경에 관하여 "정리절차기간 중 정관변경의 필요가 있을 때에는 관리인이 법원의 허가를 얻어 변경한다."고 규정하고 있지만, 다른 한편으로, 정리회사의 신주발행에 관하여 "상법에 정한 수권주식 범위 내에서 관리인이 법원의 허가를 얻어 발행한다."고 규정하였을 뿐, 정리채권의 출자전환 등으로 보통주 수권자본의 절반이 넘는 규모의 출자전환을 예정하면서도 정작 수권자본 규모의 확충에 관해서는 아무런 조항도 둔 바 없고, 채무의 변제방법에 관해서도 정리회사의 영업수익금으로 변제자금을 조달하는 것을 원칙으로 한다고 정하는 한편, 정리회사의 용산 사옥 등 부동산을 매각하여 채무변제자금 및 운영자금에 충당할 것을 정하고 있는 점 등에 비추어 볼 때, 원 정리계획은 제3자에 의한 인수·합병에 의한 정리절차의 진행 및 종결을 고려하지 아니한 것이 명백하고, 이 사건 결정은 제3자의 인수·합병에 의한 정리절차의 종결을 염두에 두고서 이를 위한 정관변경을 그 내용으로 하고 있으므로, 결국 위 정관변경에 의하여 전체적인 정리계획의 기본적 구도가 변경되는 결과를 초래한다고 할 것인데, 이러한 정관변경을 정리계획변경절차에 의하지 아니하고 원 정리계획의 위 정관변경조항에 기한 법원의 정관변경허가결정만으로 하는 것은 허용될 수 없다 할 것이므로, 원심이 위

---

418) 대법원은 회사정리절차에서 정리채권자·정리담보권자 및 주주 등 이해관계인은 정리절차 중에는 직접적인 개별적 권리행사가 금지되고, 다만 의결권의 행사에 의하여 자기에게 불리한 정리계획을 저지하고 유리한 계획의 실현을 기하는 길이 있을 따름이므로, 회사정리법에서 특별히 규정하는 경우 외에는 정리계획에 의한 권리변경에 관하여 그 의사를 반영하게 하기 위하여 이해관계인에게 관계인집회에서 계획안의 가부를 결정하기 위한 의결권을 부여함이 원칙이고, 정리절차는 파산원인이 있는 경우에 한하지 않고 사업의 계속에 현저한 지장을 초래함이 없이는 변제기에 있는 채무를 변제할 수 없는 경우에 개시할 수 있으므로(회사정리법 제30조 제1항), 계산상으로는 회사의 재산이 채무 총액보다 많은 경우가 있을 수 있고, 그러한 경우에는 주주가 잔여재산에 대하여 이익을 갖고 있으므로 그 이해를 정리절차에 반영하는 것이 필요하다 할 것인바, 회사정리법은 정리절차의 개시 당시 회사 부채의 총액이 자산의 총액을 초과하는 경우 이외에는 주주에게 그가 가진 주식의 수에 따라 관계인집회에서 의결권을 갖도록 규정하고 있다(회사정리법 제129조 제2항, 제3항 참조)(대법원 2005.6.15. 2004그84 결정).

정관변경결정의 효력을 인정치 아니하고 이 사건 결정의 당부에 관한 판단에 나아
간 것은 정당하다고 판시하여 주식양수인들의 주주권을 인정하였다.[419]

  결국 정리법원과 원심이 서로 견해를 달리한 이 사건에서 대법원이 정리절차상
주주의 지위와 관련하여, 원 정리계획을 작성할 당시 제3자에 의한 인수·합병조항
을 두지 않았음에도 불구하고 정리법원이 관계인집회 및 주주조의 결의를 거치지
아니한 채 제3자 신주발행과 수권자본 규모의 확충 등을 내용으로 하는 정리계획변
경결정을 한 것은 주주의 의결권을 침해한 것으로서 위법하다는 법리를 분명히 밝
혔다는 데에 의의가 있으며, 이러한 문제를 해소하기 위해서 권리보호조항을 활용
하는 것을 고려할 수 있다는 견해도 있다.[420]

  한편 통합도산법 제247조 제7항은 회생계획안 인가결정에 대한 항고를 현행의
특별항고에서 확정·차단효가 있는 재항고로 바꾸어 규정함으로써, 향후 일부 이해
관계인의 방해로 M&A를 통한 정리계획안 변경계획안의 확정이 늦어져 결과적으로
M&A를 기피하게 되고 조기종결을 방해할 우려가 생겼다. 이러한 통합도산법의 규
정 태도를 고려하여 볼 때, 대법원이 정리절차기간 중 정관변경의 필요성이 있을
때에는 관리인이 법원의 허가를 얻어 변경한다고 규정하고 있더라도, 원래의 정리
계획상 고려대상이 아니었던 제3자의 인수, 합병에 의한 정리절차의 진행 및 종결
을 위한 정관변경은 전체적인 정리계획의 기본적인 구도가 변경되는 결과를 초래하
므로 이러한 정관변경을 정리계획변경절차에 의하지 아니하고 원 정리계획의 위 정
관변경조항에 기한 법원의 정관변경허가결정만으로 하는 것은 허용될 수 없다고 판
시한 취지는 유지될 것으로 보인다.[421]

  그런데 회사의 정리는 법리를 넘어 예술의 경지에 가까운 분야이며, 경영과 법이
만나는 부분이다. 신속한 도산기업의 M&A는 성공적인 M&A를 위하여 매우 중요한

---

419) 대법원 2005.6.15. 2004그84결정.

420) 권순일, 상게논문, 408면. 이 논문에서 필자는 비록 정리계획안이 일부 조에서 법정 다수의 동의를 얻지 못하여 부
    결되었다 하더라도, 법원이 부결된 조에 속하는 권리자들의 권리를 보호하는 조항을 정하고 정리계획을 인가할 수
    있도록 하는 권리보호조항의 활용가능성을 제한하고 있다. 정리법원의 입장에서 보면 직권으로 정리계획안을 변경
    할 수 있는 유일한 방법이기도 한 권리보호조항을 정하여 정리계획변경을 인가할 것인지 여부는 법원의 재량에 속
    하는 사항이므로, 법원이 권리보호조항을 정하여 인가하였다면 국제상사 사건과 같은 문제가 발생하지 않을 것이라
    는 지적이다. 권리보호조항의 경우 그 자체를 항고이유로 삼을 수는 없고, 다만 그 권리보호조항이 부동의한 조에
    속하는 이해관계인의 권리를 보호하기에 부족하다거나 권리보호조항을 적용하여 인가한 정리계획이 수행 불가능하
    거나 또는 공정·형평하지 않다는 이유로 항고할 수 있을 뿐이며 설득력 있는 주장이나 현실에서 권리보호조항이
    거의 사용되지 않아서 현실적인 실효성에 대해서는 향후 실무의 전개를 보아야 할 것 같다.

421) 대법원 2005.6.15. 2004그84결정.

요건이다. 신속하고 효율적인 도산절차의 진행을 위하여 통합도산법이 부여하고 있는 법원의 권한 중 의결권자의 의결권 행사를 제한할 수 있는 통합도산법 제190조[422)]의 권한을 적절히 이용하여야 할 필요가 있다. 그래야 법원이 제3자를 통한 유상증자 등을 통한 M&A를 이끌어 낼 수 있다. 아울러 재항고 등의 절차를 이해관계인이 전략적으로 활용하는 것을 제한하여 법원이 신속하게 회생절차를 진행할 수 있어야 법원주도형 회생절차가 더욱 빈번하고 유효하게 활용될 수 있을 것이다.

---

422) **통합도산법 제190조(부당한 의결권자의 배제)**
　　① 법원은 권리취득의 시기, 대가 그 밖의 사정으로 보아 의결권을 가진 회생채권자·회생담보권자·주주·지분권자가 결의에 관하여 재산상의 이익을 수수하는 등 부당한 이익을 얻을 목적으로 그 권리를 취득한 것으로 인정되는 때에는 그에 대하여 그 의결권을 행사하지 못하게 할 수 있다.
　　② 법원은 제1항의 규정에 의한 처분을 하기 전에 그 의결권자를 심문하여야 한다.

기업집단법

제7절 부당지원행위규정의 현황과 문제점[423]

Ⅰ. 서론

부당지원행위는 1996년 법 개정[424]을 통하여 독점규제및공정거래에관한법률(이하 '공정거래법')에 제23조 제1항 제7호[425]로 도입된 이래 10년 이상의 시간이 지났다.[426] 애초 도입 시 부당지원행위는 부당내부거래규제라는 명칭으로도 불리면서 우리나라의 대규모 기업집단에 대한 경쟁력 집중을 억제하는 장치로 이해되었다. 하지만 출발점에서부터 출자총액제와 함께 논란이 되었던 제도였다. 왜냐하면 부당지원행위의 규제는 외국법제에는 없는 제도로서 개별 상거래에 대하여 공정거래위원회가 공정성을 판단하여 제어하겠다는 의지를 밝힌 것이기 때문이다. 결국 부당지

---

423) 이 부분은 필자의 「부당지원행위규정 개정론」, 경쟁법 연구회(2008)를 기초로 하여 수정·보완한 것임.

424) 1996.12.30. 법률 제5235호.

425) 第23條(不公正去來行爲의 금지) ① 事業者는 다음 각 호의 어느 하나에 해당하는 행위로서 공정한 去來를 저해할 우려가 있는 행위(이하 '不公正去來行爲'라 한다.)를 하거나, 系列會社 또는 다른 事業者로 하여금 이를 행하도록 하여서는 아니 된다. 〈개정 1996.12.30, 1999.2.5, 2007.4.13.〉
　7. 부당하게 特殊關係人 또는 다른 會社에 대하여 假支給金·貸與金·人力·不動産·유가증권·상품·용역·無體財産權 등을 제공하거나 현저히 유리한 조건으로 去來하여 特殊關係人 또는 다른 會社를 지원하는 행위.

426) 공정거래위원회는 '부당지원행위 심사지침'이라는 내부 규정을 운용하고 있다. 예를 들어 보면 다음과 같이 규정하고 있다.
　Ⅲ. 자금·자산·인력별 지원행위의 구체적 기준 및 지원금액 산정원칙
　1. 가지급금 또는 대여금 등 자금을 거래한 경우
　　마. 지원주체가 지원객체를 지원하려는 의도하에 제3자를 매개하여 자금거래를 하고 그로 인하여 지원객체에게 실질적으로 경제상 이익을 제공하는 경우에는 자금지원행위에 해당한다. 이 경우 지원금액은 지원주체가 지원과정에서 부수적으로 제3자에게 지출한 비용을 제외하고 지원객체가 받았거나 받은 것과 동일시할 수 있는 경제상 이익만을 고려하여 산정한다(유가증권 등 자산거래, 부동산 임대차, 인력제공 등에 의한 지원행위의 경우에도 이를 준용한다.).

원행위는 헌법재판소에 과징금 부과와 관련하여 위헌성이 문제가 되었다. 헌법재판소는 이 사건에서 과징금이 합헌이라고 하면서 방론으로 부당내부거래의 의의 및 규제의 필요성에 대하여 헌법재판소는 다음과 같이 설시한다.

부당내부거래가 초래하는 폐해를 보면 첫째, 퇴출되어야 할 효율성이 낮은 부실기업이나 한계기업을 계열회사의 형태로 존속게 함으로써 당해 시장에서 경쟁자인 독립기업을 부당하게 배제하거나 잠재적 경쟁자의 신규 시장진입을 억제함으로써 시장의 기능을 저해한다. 둘째, 계열회사 간에 이루어지는 지속적인 부당내부거래는 독과점적 이윤을 상호 간에 창출시키게 되고, 그 결과 대기업집단 소속 계열회사들의 독점력을 강화함으로써 경제력집중의 폐해를 야기한다. 셋째, 부당내부거래는 우량 계열기업의 핵심역량이 부실 계열기업으로 분산·유출되어 우량기업의 경쟁력이 저하됨에 따라 기업집단 전체가 동반 부실화할 위험을 초래한다. 넷째, 부당내부거래는 또한 기업의 투명성을 저해하고 주주, 특히 소액주주와 채권자 등의 이익을 침해하게 된다.[427]

헌법재판소는 위에서 설시한 폐해를 효과적으로 규제하기 위하여 필요한 수단으로 부당지원행위를 이해한다. 모든 입법상의 장치들은 입법목적이 있고, 이러한 입법목적에 적절하게 기여하는 장치로서 기능할 수 있어야 그 존속이 의미를 가지게 된다. 만일 이러한 입법목적을 위하여 적절하게 기여하지 못하고 있고, 이러한 입법목적이 여전히 변화된 시대에도 요구되는 것이라면 규정은 입법목적을 보다 효과적이고 적절하게 달성하기 위한 방향으로 개정되어야 할 것이고, 시대의 변화로 입법목적을 더 이상 달성할 필요성 자체가 없어졌거나 입법목적이 오히려 적절하지 않은 것으로 이해되는 경우라면 이때는 이러한 입법목적을 달성하기 위한 규정을 폐지하여야 할 것이다.

이하에서는 부당지원행위가 가지는 입법목적으로 헌재가 적시하고 있고 앞서의 네 가지 목적의 달성과 관련하여 부당지원행위 규정이 가지는 의미를 보고, 그 실행을 살펴서 부당지원행위 법제의 개정과 관련된 검토를 한다.

---

427) 헌법재판소 2003.07.24. 선고 2001헌가25 결정, 판례집 제15권 2집 상(上), 1.

Ⅱ. 부당지원행위 규정의 이론적 근거

1. 법경제학적 관점

(1) 거래비용경제학 개관

어느 경제주체의 경제활동에 따른 비용 또는 편익이 다른 경제주체에도 파급되는 현상을 외부효과(externality)라고 한다. 그런데 이러한 외부효과는 다른 경제주체에 반대급부를 받지 않고 편익을 가져오는 외부경제와 반대급부 없이 손실만 입히는 외부불경제가 발생할 수 있다.

이러한 거래비용경제학(transaction cost economics)의 관점에서 코즈(Coase)는 외부효과를 내부화하여야 자원의 효율적 배분이 가능하다고 보았다. 그는 교섭과정에서 정보가 완전하고 거래비용이 없거나 무시할 수 있는 수준으로 작은 경우에는 당사자 간의 자발적 교환에 의하여 초기부존조건의 상이와 무관하게 비록 외부효과가 존재하더라도 법제도와 상관없이 거래 당사자의 자발적인 거래를 통하여 자원배분의 (파레토)효율성을 달성할 수 있다고 보았다(코즈 정리).[428] 코즈 정리를 통하여 종래 피구(A. C. Pigou)는 시장실패가 발생하면 이러한 시장실패에 대한 교정은 정부의 개입을 통하여 이루어져야 한다는 것이었던바, 이러한 피구의 정부개입주장에 대하여 정부실패의 가능성을 제기하였다. 코즈는 외부효과로 인한 자원배분의 비효율이 존재하더라도 정부가 전혀 개입하지 않는 경우가 더 효율적인 자원배분을 위하여 바람직할 수 있다고 하면서 시장, 기업, 정부와 같은 사회적 기구(social arrangement) 중 어느 기관이 가장 효과적으로 문제를 해결할 수 있는가 하는 문제로 보았다.[429]

거래비용이라는 것은 법경제학의 관점에서는 시장의 실패를 가지고 올 수 있는 불필요한 사회적 비용으로서 이러한 거래비용을 줄여야 효율적인 자원배분이 가능해지게 되고 시장의 실패를 줄일 수 있다. 이러한 효율적 자원배분을 방해하는 거래비용으로는 적절한 가격 또는 상대방을 발견하기 위한 조사비용, 거래를 체결하기 위한 계약협상비용(bargaining cost), 장기계약에 따르는 경직성 비용이 있다. 그 외에도 재산권의 확정 및 그 재산권의 유지에 드는 비용, 거래가 성립한 이후 계약

---

428) 細江守紀, 太田勝造, 法の 經濟分析, 勁草書房(2001) 17面.
429) 박세일, "법경제학", 박영사(2000) 426 - 427면.

의 이행을 감시·감독하는 데 드는 비용 등도 이에 포함된다.

(2) 거래비용경제학의 관점에서 본 내부거래규제

거래비용경제학의 관점에서 보면 기업이란 적절한 가격 또는 상대방을 발견하기 위한 조사비용, 거래를 체결하기 위한 계약협상비용, 장기계약에 따르는 경직성 비용이 있다.[430] 그 외에도 재산권의 확정 및 그 재산권의 유지에 드는 비용, 거래가 성립한 이후 계약의 이행을 감시·감독하는 데 드는 비용 등의 제반 거래비용을 내부화하는 것으로서 종래 계약을 통한 거래에 의지하던 경제활동이 위계질서를 갖춘 조직 내부에서의 명령에 따라 이루어지게 되는 것이다. 계약에 의하여 관계적으로 존재하던 관계를 내부함으로써 거래비용을 감소시킬 수 있게 되는 것이다.[431] 예를 들어 독립적인 제3자 기업과의 계약을 통하여 거래를 하는 경우에 대비하여 기업 내부적으로 종업원을 고용하여 업무를 하게 되는 경우에는 상대적으로 적은 이행에 대한 감시·감독비용이 들게 되어 거래비용의 낭비를 줄일 수 있게 되는 것이다.[432] 조직 내부에서는 가격메커니즘 대신 조직구성원에 대한 지배와 그들에게 일정한 직위에 따른 역할을 요구할 수 있는 권리를 보유함으로써 이러한 권리를 행사하여 행위를 하도록 하고 이에 대한 대가로 임금을 지급하게 되는 것이다. 이러한 방식을 통하여 가격메커니즘을 이용하는 데 소요되는 비용을 감소시킴으로써 거래비용을 감소시키게 되는 것이다.[433]

이러한 거래비용의 관점에서 보면 부당내부거래는 굳이 제한을 할 이유가 없는 행위라고 할 것이다.

(3) 터널링 효과(Tunnelling Effect)와 부의 이전

이론적인 관점에서 부당지원행위에 대한 규제가 존치되어야 하는 이유는 소위 터널링 효과이다. 이를 쉽게 설명하자면 기업집단의 경우 지배주주가 부당한 목적을 가지고[434] 비효율적인 내부거래이지만 자신의 지분을 두고 보았을 때 이익이 되는 방식으로 거래를 하도록 함으로써 A라는 기업의 부가 B라는 기업으로 이전되는 것

---

430) Coase, *The Firm, the Market and the Law*, University of Chicago Press(1988).

431) Coase, "The Nature of the Firm" 4 Economica(16)(1937), pp.385 – 405.

432) 박세일, 전게서, 426 – 427면.

433) Coase, "The Nature of the Firm" 4 Economica(1937).

434) 주로 자신의 이익을 도모하기 위한 목적을 말할 것이다.

을 의미한다. 이를 도식화하면 다음과 같다.

A라는 회사는 갑의 지분이 51%이고, 다른 주주들이 분산하여 49%를 가지고 있다. B라는 회사는 갑이 100% 지분을 가지고 있는 회사이다. 이 경우 주주 갑은 B사의 100원의 이익이 A사의 196원의 이익보다 주당자산가치가 더 커진다. 그러므로 갑은 B 회사의 이익을 위하여 A 회사를 희생시킴으로써 부를 자신의 100% 지배회사인 B로 이전시킬 유인이 있으며 이러한 유인에 따라 부를 이전시키는 것을 터널링이라고 한다.

2. 헌법재판소의 합헌근거의 관점[435]

(1) 퇴출되어야 할 효율성이 낮은 부실기업이나 한계기업을 계열회사의 형태로 존속시키
    는 문제(헌법재판소 논증의 1과 4)

앞서 본 헌법재판소의 결정에서 지적한 4가지 부당지원행위의 규제 근거 중에서 첫 번째가 만일 독립적인 기업이었다면 퇴출되었을 정도의 비효율적인 기업이 다른 계열기업의 지원을 받아서 존속하게 되는 것이 당해 시장에서 경쟁자인 독립기업을 부당하게 배제하거나 잠재적 경쟁자의 신규 시장진입을 억제함으로써 시장의 기능을 저해한다는 문제인식이다.

효율성을 가진 독립적인 기업들로 구성되어 있으면서, 시장에서의 퇴출이 이루어지는 것은 바람직한 모습일 것이며, 실제 우리나라의 경우에는 대기업집단의 경우 수익이 발생한다고 보이는 사업 분야가 발생하면 전사적인 지원을 통하여 사업을 궤도에 올리는 경우가 종종 발생하였다. 이 기간 동안 대기업집단의 계열사들이 수익에서 희생을 봄으로써 전체적인 대기업집단의 관점에서는 이익이 총량적인 수익의 증대가 장기적인 관점에서 있더라도 단기적으로는 대기업집단의 관점에서는 손해가 발행한다.

퇴출되어야 할 효율성이 낮은 부실기업이나 한계기업을 계열회사의 형태로 존속시키는 문제의 또 하나의 모습은 헌법재판소의 세 번째 논증과 관련되어 있다. 부당내부거래는 우량 계열기업의 핵심역량이 부실 계열기업으로 분산·유출되어 우

---

435) 공정거래위원회의 입장에 대해서는 한현옥, "내부거래 규제 근거와 타당성 검토", (조성봉 외) 공정거래법 전면개편 방안(상)(2004) 341면 참조(송옥렬, "신주인수권부사채의 발행과 공정거래법상 부당지원행위", BFL 제10호 (2005.3.) 94면 재인용).

량기업의 경쟁력이 저하됨에 따라 기업집단 전체가 동반 부실화할 위험을 초래한
다. 이미 대기업집단 소속의 어느 회사가 사업실패로 인하여 퇴출이 되어야 하지만
대기업집단의 소위 재벌총수가 퇴출이 되지 않도록 하기 위하여 다른 우량 계열사
가 지급보증 등을 하여 줌으로써 동반 부실화되는 문제가 1990년대 말 소위 IMF
경제위기 때 발견되었다.

하지만 몇 가지 질문이 존재한다.

우선 후자의 경우에는 동반 부실화되는 것은 당해 재벌총수의 관점에서도 재무적
으로 부정적인 의사결정이다. 오히려 합리적인 의사결정 상황은 A라는 재벌계열회
사가 부실화되는 경우 다른 그룹사들의 입장까지 고려한 재벌총수의 입장에서는 회
생가능성을 판단하여 지원 여부를 결정할 것이고, 만일 회생가능성이 없다고 한다
면 파산이나 회사정리절차 등의 도산절차를 통하여 당해 기업을 재벌그룹의 다른
계열회사들의 재무위험으로부터 절연시키는 의사결정을 하여 위험이 전염되어 번지
는 일을 막을 것이다. 이러한 관점에서 본다면 부당지원행위규제를 재벌총수의 비
합리적인 의사결정을 제어하기 위한 수단으로 보아야 할 것인데, 만일 부당지원행
위규제가 재벌총수의 비합리적인 의사결정을 제어하기 위한 수단이라면 상법이나
형법에 의한 섬세한 규율이 바람직하다.

이러한 국가기관에 의한 규제는 배임죄 등의 형사처분 근거가 존재하는 우리나라
에서 형사처분에 이를 정도의 의사결정을 하는 경우가 아니면 계열기업의 회생 가
능성에 대한 의사결정에 사전적(ex ante)으로 국가가 관여하는 것이 적절한지 또는
더 효과적인 의사결정이 될 수 있는 것인지, 그리고 국가 실패의 우려는 없는가 하
는 의문이 드는 것이다. 국가의 가부장적인 개입이 가져올 수 있는 폐해에 대한 고
려가 필요하다.

오히려 이런 유의 규제가 필요하다면 회사의 사정에 대한 직접적인 이해관계가
있는 회사 내부의 지배구조를 개선하여 채권자나 소액주주에 의한 통제가 이루어지
도록 하는 것이 타당하다.

(2) 부당내부거래는 또한 기업의 투명성을 저해하고 주주, 특히 소액주주와 채권자 등의
    이익을 침해하게 되는 문제

앞서 (1)에서 살펴본 것과 같이 채권자나 소액주주의 이해를 해치는 의사결정을
기업집단의 총수의 관점에서 할 수 있다. 그래서 회사 내부의 지배구조를 개선하여

채권자나 소액주주에 의한 통제를 할 수 있도록 하는 장치로 주주대표소송 등의 수단이 제공되고 있다. 헌법재판소는 부당지원행위 규제가 필요한 이유로 부당내부거래는 또한 기업의 투명성을 저해하고 주주, 특히 소액주주와 채권자 등의 이익을 침해하게 됨을 들고 있지만 이러한 문제는 회사법이 이미 상정하여 공정거래법보다 정치한 수단으로 통제하려 하고 있다고 보인다.

그러므로 헌법재판소의 두 번째 논거에 대해서는 필요한 장치이기는 하나 굳이 부당지원행위 규제라는 형식으로 이루어질 것이 아니라, 회사법상 이사의 책임 내지 대주주의 책임을 물을 수 있는 장치를 이용하거나 강구하여 회사법적으로 해결하도록 하는 것이 타당하지 않은가 하는 의문이 들게 된다.

국가가 투명성과 관련하여 문제 삼을 것은 오히려 조세문제라고 보이는데 과세와 관련하여 내부거래로 인한 어려움이 발생하는 것은 부당행위계산 부인제도와 같은 조세법상의 법리에 의하여 해결될 수 있는 것이며, 굳이 공정거래법에 부당지원행위에 대한 규제를 둘 근거가 되는지는 의문이 있다.

(3) 대기업집단으로의 경제력집중의 문제

헌법재판소가 제시하고 있는 4가지 논거 중에서 우리 공정거래법이 포착하여 규율하는 것과 관련하여 가장 적절한 논거는 두 번째의 경제력집중과 관련된 논점이라고 생각한다.[436]

헌법재판소가 지적하고 있는 것과 같이 계열회사 간에 이루어지는 지속적인 부당내부거래는 독과점적 이윤을 상호 간에 창출시키게 되고, 그 결과 대기업집단 소속 계열회사들의 독점력을 강화함으로써 경제력집중의 폐해를 야기할 수 있다. 그런데 문제는 이것은 다른 한편으로는 대규모기업집단이라는 형식의 조직형식을 취하는 이유이기도 하다. 이 문제는 대규모기업집단의 존재 자체에 대한 부정적인 인식에 기초하는 것으로서 상당한 시장에 대한 철학적인 기초가 다른 논자들과의 논쟁점이 있을 수 있는 부분일 것이라고 생각된다.

공정거래법상 부당지원행위의 입법적인 근거가 경제력집중의 억제라는 정책목표를 가지고 설명하는 것 외에는 설명할 수 없다고 보는 이유로는 (ⅰ) 법문과 달리 실제의 집행이 대규모기업집단만을 대상으로 하고 있으며, (ⅱ) 공정거래위원회는

---

436) 같은 견해로는 송옥렬, 전게논문, 94면.

집행에 있어 특수관계인을 통한 지원행위의 부당성 판단에 있어서 경제력집중의 폐해까지 감안하고 있다는 점, (iii) 공정거래위원회가 집행에 있어 특수관계인을 통한 지원행위의 부당성 판단에 있어서 경제력집중의 폐해까지 감안함으로 인하여 계열사가 아니라 자연인이 지원을 받은 경우에는 시장에서의 진입장벽 구축과 같이 경쟁제한효과를 생각하기 어려움에도 불구하고 소유집중 및 일반집중이 강화될 우려가 있다는 이유로 불공정성의 판단에 있어서 경제력집중의 폐해를 고려하고 있다는 점 등이 이유로 제시된다.[437]

그런데 경제력집중의 억제라는 정책목표가 최소한의 현실 규제라는 측면에서 경제력집중 억제라는 목표가 이전보다 덜 중요하여졌다고 주장하는 논자는 경제력집중의 억제라는 정책목표는 입법 당시에는 필요성이 있었다고 하더라도 여전히 규제대상이 되어야 하는지에 대해서는 의문이 있다고 한다. 그러면서 만일 재벌규제에서 경제력집중이라는 근거를 배제한다며 내부거래의 경우 경제력집중논리 이외에 어떠한 규제근거가 가능한지 등의 문제는 여전히 남는다고 한다.[438]

공정거래위원회도 재벌규제에 있어서 경제력집중이라는 용어의 사용에 갈음하여 투명성 제고, 투자자 보호, 지배구조 선진화 등의 종래 회사법에서 말하는 기업의 대리비용과 관련된 용어들로 부당지원행위를 설명하고 있다.[439] 이러한 공정거래위원회의 태도변화는 매우 역설적으로 부당지원행위문제가 공정거래이슈에서 회사법상의 이슈로 전환되어야 함으로 보여 주는 것이 아닌가 하는 생각을 가지게 한다.

Ⅲ. 입법례

1. 미국

(1) 기업내부공모이론

미국 셔먼법 제1조는 "주간 혹은 외국과의 거래 또는 통산을 제한하는 모든 계

---

437) 송옥렬, 전게논문, 95면.

438) 송옥렬, 전게논문, 같은 면.

439) 공정거래위원회, "쉽게 풀어쓴 시장개혁 3개년 로드맵"(2003), 37면; 서동원, "대기업집단에 대한 규제", 공정거래와 법치(권오승 편, 2004) 313 – 318면; 이동규, "재벌문제를 둘러싼 최근 이슈 및 쟁점", 공정거래와 법치(권오승 편, 2004) 339 – 363면.

약, 트러스트, 기타 형태에 의한 결합 또는 공모는 위법이다."라고 규정하고 있다. 이 셔먼법 제1조는 계열사 간 내부거래 내지 상호거래 규제와 관련한 규제 근거로 작용하여 왔다. 미국 사법부는 기업내부공모이론(Intra - Enterprise Conspiracy Doctrine)이라는 이론을 통하여 기업집단 간 공모를 규제하여 왔다.

(2) 기업내부공모이론과 Copperweld 사건

1) Copperweld 사건 이전의 판례들[440]

이러한 기업내부공모이론은 General Motors 사건,[441] Yellow Cab 사건,[442] Kiefer - Stewart 사건[443] 등의 판례에 의하여 발전되어 왔다.

첫 번째 General Motors 사건은 GM사의 100% 자회사인 GM Sales, GM Acceptatnce Corporation(GMAC) 등의 회사가 프랜차이즈 취소의 위협, 배달의 지연, 부적합한 상품의 선적, 새로운 자동차판매중개권 프랜차이즈 체결을 위한 GMAC의 사전승낙 등의 수단을 통하여, GM의 자동차 딜러들에게 GM으로부터의 자금조달을 강요하는 일종의 끼워팔기계약(Tying Arrangement)을 체결하고, 자신의 고개들에게는 GMAC을 통하여 자동차 구입자금의 대출을 강요한 사안이다.

법원은 General Motors의 100% 자회사들을 실질적으로 하나의 회사로 보아야 한다는 General Motors의 주장을 배척하고, 별개의 법인격에 기초하여 셔먼법 제1조가 계열사 간의 공모의 경우에도 적용된다고 판시하였다.

두 번째 Yellow Cab 사건[444]에서 연방대법원은 위법한 거래제한은 독립된 기업들 간의 공모와 마찬가지로 서로 연합 또는 결합관계에 있는 기업들 간의 공모에서도 나타날 수 있다고 판시함으로써 기업내부공모이론을 인정하였고, 이어서 Kiefer - Stewart 사건에서 위스키 제조업자인 Distiller Corporation Seagram Ltd.의 100% 자회사인 Seagram사와 Calvert사가 도매업자의 재판매가격을 제한하고, 이를 준수하지

---

440) Copperweld 사건 이전의 판례들은 김기영, "독점규제법상 부당지원행위 규제에 대한 연구", 서울대학교 대학원 법학석사학위논문(2001.2.), 55 - 61면 참조.

441) United States v. General Motors Corp., 121 F.2d. 276, 404(7th Cir.) cert. denied, 314 U.S. 618(1941).

442) United States v. Yellow Cab Co., 332 U.S. 218(1947).

443) Kiefer - Stewart Co. v. Joseph E. Seagram & Sons, Inc., 340 U.S. 211(1951).

444) Markin과 그의 동료들이 Checker Cab Manufacturing Corporation과 시카고, 피츠버그, 뉴욕 및 미네아폴리스에서 택시사업을 하던 Yellow Cab 회사들에 대한 지배권을 취득한 후, 위 택시회사들로 하여금 Checker로부터 배타적으로 xoer시를 구매하기로 하는 계약을 체결한 것이 셔먼법 제1조 및 제2조에 위반되는 것인지가 문제가 된 사안임.

않는 도매업자에게 공동으로 공급을 거부하자 도매업자가 셔먼법 제1조의 위반을 이유로 손해배상을 청구한 사안에서 피고 Distiller Corporation Seagram Ltd.의 자신의 완전자회사인 Seagram사와 Calvert사는 제조 판매 단위를 위한 단순한 도구에 불과하다는 주장을 받아들이지 않으면서 기업내부공모라고 하여 셔먼법 제1조 및 제2조의 적용을 달리 판단할 것이 아니라는 기존의 입장을 분명히 하였다.

2) Copperweld 사건

(가) 기업내부공모이론에 대한 비판론

미국 사법부의 기업내부공모이론(Intra-Enterprise Conspiracy Doctrine)은 이후에도 연방대법원의 판결들과 하급심의 판결에 의하여 지지되고 유지되어 왔다. 이러한 미국 사법부의 기업내부공모이론에 전기를 이룬 사건이 바로 Copperweld 사건이다. 이러한 기업내부공모이론에 대해서 이 이론은 기업조직의 실질을 고려하지 않고 단순히 법적 형식만을 중시하여 실질적으로 경쟁제한적 효과가 발생하지 않는 거래까지도 제한하는 효과를 발생시키고 있다는 반론이 계속되었다.[445)

(나) Copperweld 사건[446)

Copperweld 사건에서 미국 연방대법원은 종래의 기업내부공모이론을 폐기하고 모회사와 100% 완전자회사 내부에서의 공모를 인정하지 않는다는 입장을 취한다.

(a) 사건의 경과

이 사건에서 Copperweld사는 강관제조업체인 Regal Tube사를 Lear Siegler사로부터 매수하였다. Lear Siegler사는 원래 Regal Tube사를 회사의 사내 사업부서로 운영하고 있었다. Copperweld사의 인수로 인하여 Regal Tube사는 Copperweld사의 완전자회사가 되었다. Lear Siegler사는 Regal Tube사를 매각하면서 Copperweld사와 향후 5년간 경쟁하지 않기로 합의하였다. 문제는 이러한 경업금지약정(non-competition covenant)의 적용을 받는 자인 Lear Sigler사의 종업원이었던 David Gorline이 퇴사하고 강관제조업체인 Independence Tube사를 설립하면서 발생하였다. Copperweld사는 Independence Tube사의 설립으로 인하여 자신의 영업비밀 등의 침해가 있을 것이라

---

445) Robert Pitofsky et al, "Antitrust Consequence of Using Corporate Subsidiaries", 43 N.Y.U. Law Review(1968); Phillip Areeda, "Intraenterprise Conspiracy in Decline", 97 Harvard Law Review(1983).
446) Copperweld Corp.v. Independence Tube Corp., 467 U.S. 752(1984).

고 판단하여 Independence Tube사의 모든 고객과 거래 선에게 만일 영업비밀 등의 침해가 있을 경우에는 Copperweld사는 법적으로 허용된 일체의 모든 조치를 취할 것이라는 취지의 고지를 하였고, 이러한 취지의 고지를 받은 설비공급업체인 Yoder사는 Independence Tube사에 대한 제품공급계약을 취소하였다. 이러한 Yoder사의 설비 공급취소로 인하여 Independence Tube사의 제품 시험 생산이 9개월이나 지연되었다.

Independence Tube사는 Copperweld사, Regal Tube사, Yoder사를 상대로 하여 셔 먼법 제1조 위반을 주장하면서 손해배상소송을 제기하였다. 연방지방법원은 공모의 당사자가 아니라고 판단한 Yoder사를 제외한 Copperweld사와 Regal Tube사에 셔먼 법 제1조 위반을 인정하여 3배 배상을 인정하였고, 이러한 결론은 연방항소법원에 서도 그대로 유지되었고, 두 회사는 연방대법원에 상고하였다.

(b) 법원의 판단

미국 연방대법원은 Burger 대법원장이 작성한 다수의견에서 단일 회사의 내부조 직 간의 합의가 셔먼법 제1조의 적용대상이 되지 않는 것과 마찬가지로 모회사와 100% 완전자회사 간의 공동행위는 하나의 사업자 내부에서의 행위와 동일하게 취 급하여야 한다고 보았다. 왜냐하면 모회사와 완전자회사 간의 이해관계는 완전히 일치하고, 공동의 목적을 가지고 있으며, 동일한 이해관계에 의하여 통상적인 영업 활동을 수행하고 있는 경우로서 형식적인 법률관계의 존부와 무관하게 자회사는 그의 유일한 주주인 모회사의 이익을 위하여 행동하는 것이라고 보았다.

(c) 검토

이러한 Copperweld 사건에서의 미국 연방대법원 판결은 이후 하급심판결에서 지 지를 받게 된다. 기업의 법적 형식에 의하여 결정하는 기업내부공모이론을 따르게 되는 경우 경쟁제한성의 판단이 회사가 전략적 의사결정을 자신의 회사 내부 조직 (사업부)으로 운용할 것인가 아니면 완전자회사 형식으로 조직할 것인가에 따라서 결론이 달라진다는 이러한 결론은 수긍하기 어려운 것이다. 기업은 조직결정의 자 유가 있는 것이고, 이러한 조직결정의 형식에 따라 실질이 동일한데도 서로 다른 결론에 이르게 되어서는 안 된다는 것이 Copperweld 사건의 결론이다.[447] 이러한

---

447) 이 사건에 대한 평석으로는 Calkins, "Copperweld in the courts; The Road to Caribe", Antitrust Law Journal Vol. 63(1995).

결론은 타당하며, 우리나라에서도 공동행위심사지침에서 완전모자회사 간의 공동행위에 대해서는 공동행위규정을 적용하지 않는다고 규정한다.

(다) Copperweld 이후 판례의 전개

(a) 완전모자회사가 아닌 경우에의 적용

Copperweld 사건은 법적인 형식이 아니라 경제적 실질에 따라서 판단을 하도록 함으로써 미국에서 독점금지법의 적용에 있어서 매우 중요한 영향을 주었다. 이후의 전개에서 가장 관심을 끌게 되는 것은 이 판결의 적용범위인바, Copperweld 사건에서는 100% 완전모자회사 관계에서 공동행위의 성립을 부정하였다. 그렇다면 완전모자회사가 아닌 경우에도 경제적 단일체(economic single entity)로 판단하여 이를 하나의 단위로 판단할 수 있는가 하는 점이 문제가 된다.

이 경우가 문제 되는 이유는 회사법상의 지배구조 관점에서 완전모자회사의 경우에는 아무런 소수주주가 존재하지 않으므로 완전자회사가 오로지 모회사의 이익을 위하여 일한다고 하더라도 이러한 행위가 다른 주주에게 손해를 끼치지는 않는다. 그러나 완전모자회사 관계가 아닌 경우에는 소수주주의 이익을 침해할 수 있다는 점에서 완전모자회사의 경우와 구별된다.

이와 관련하여서는 두 가지의 견해가 있을 것이다. 하나는 소수주주의 경우에는 대주주와 달리 투자를 결정할 때부터 자신의 의사와 달리 모회사의 이익을 위하여 대주주가 의사결정을 할 수 있다는 점을 알고도 투자를 하였을 것이므로 완전모자회사관계가 아니라고 하더라도 이러한 지분관계의 상이가 실제로 대주주와의 관계에서 모회사가 대주주로서 자회사를 실질적으로 지배하고 있고, 자회사의 의사결정을 할 수 있다면 이러한 지배력을 가지고 있는 모회사와 자회사 간의 관계에서도 Copperweld 사건의 법리는 적용될 수 있다는 견해가 그것이다.[448]

Copperweld 사건의 소수의견은 다수의견과 같이 판단할 경우 완전모자회사의 경우에는 당연적법(per se legality)으로 인정하게 되는데, 이는 독점금지법에서의 위법성 판단이 Copperweld 사건과 같은 경우 선결례에 의하면 합리의 원칙(rule of reason)에 의하여 이루어져야 하는 것과 배치된다고 다수의견을 비판하였다. 그런데 이와 같이 해석하면 Copperweld는 완전모자회사의 경우에는 당연적법(per se legality)

---

448) Calkins, *Id.* at. 351－353.

으로 인정하고, 모회사가 자회사에 대하여 지배력을 가지고 있는 경우에는 강력한 적법추정을 주게 되는 것으로 이해할 수 있다.449)

2. 유럽공동체의 경우 – 독일을 중심으로

(1) 콘체른(Konzern)의 형성과 사적자치(Private Autonomie)

기업은 사적자치의 한 형태로서 조직자치(verbandsautonomie)를 향유한다. 조직자치란 기업들이 경제활동을 전체적인 효율성을 가능한 최대화할 수 있는 조직형태를 스스로 결정하고 조직할 수 있다는 것이다. 기업들은 스스로 자기 내부에 사업부를 만들 수도 있고 다른 기업의 지분을 취득하여 모자회사 관계를 형성할 수도 있으며, 다른 여타의 방법으로 다른 기업을 지배할 수도 있다. 자유시장경제에서의 기업 간의 결합은 원칙적으로 당사자 간의 자유로운 결정에 의하여 이루어지게 된다.450)

콘체른도 이러한 조직자치의 발현태이다. 콘체른은 다수의 기업이 하나의 통일적인 관리하에 결합된 것이라고 정의할 수 있다. 그 유형은 조직의 근거에 따라 계약상 콘체른(Vertragskonzern), 사실상 콘체른(Faktischer Konzern), 정관콘체른(Sataungs – konzern)으로 분류할 수 있고, 지배력에 따라 대등형 콘체른(Gleichordungskonzern)과 종속형 콘체른(Unterordnungskonzern)으로 구별될 수 있다.451) 계약상 콘체른은 기업 간의 계약에 의하여 형성된 콘체른이며, 사실상 콘체른은 사원권으로서의 의결권에 의하여 지배되는 관계이고, 정관콘체른은 정관에서 직접 규정한 제3자 기관의 권한에 의한 지배가 이루어지는 경우이다.

(2) 콘체른 내부의 경쟁제한과 경쟁법의 적용: 독일의 경우

콘체른을 구성하는 기업 간의 계약에 대하여 콘체른을 구성하는 기업이 아닌 독립기업 간의 계약과 서로 다르게 취급할 것인지와 관련하여 독일에서는 두 가지의 접근법이 제시되고 있다.452) 첫 번째가 사업자 개념을 새로이 파악하는 것이고, 두 번째가 경쟁제한성을 기능적으로 파악하는 것이다.

---

449) Copperweld 사건 이후 지배력과 관련하여 미국사법부가 일관된 기준을 제시하지는 못하고 있다고 한다(Calkins, *Id.* at. 352).

450) Rittner, "Wirtschaftrecht", 2 Aufl., Heidelberg(1987) Rn. 25.

451) 김기영, 전게논문, 76면 참조.

452) 김기영, 전게논문, 78면 참조.

1) 사업자 개념의 새로운 파악

콘체른을 구성하는 기업 간에 계약을 달리 취급할 것인가와 관련하여 사업자 개념과 관련한 접근법에 대해서는 견해가 갈린다. 독일의 다수설은 콘체른 기업 역시 GWB(Gesetz der Wettbewerbsbeschränkungen) 제1조의 적용을 받는 사업자라고 본다. 우선 법문이 단지 사업자의 요건으로서 형식적인 권리주체성 내지 법인격을 전제로 하고 있을 뿐 사업자의 경제적 독립성을 요구하고 있지 않다는 점이다. 이러한 견해에 의하면 콘체른 내부에서의 관계라고 하더라도 별개로 취급할 것이 아니며 경쟁제한적 계약도 체결될 수 있다고 본다.[453]

2) 경쟁제한성의 기능적 판단

독일의 경우에는 경제적 접근법을 받아들이지 않으면서 시장지배적 지위 남용규제와 관련하여서만 콘체른의 경제적 단일성이라는 개념을 수용하고 있다. 독일의 경우에는 지배기업의 통일적인 경영관리권이 종속기업의 행위 자유 또는 경쟁 자유를 실질적으로 제한하므로 모자회사 간의 계약은 경쟁제한을 가져오지 않는다고 한다. 이러한 경쟁제한이 생길 수 없는 하나의 경제적 단위로서 모자회사가 기능하고 있는지의 여부는 개별사례에 따라 달리 판단할 수밖에 없다고 보고 있다.[454]

3) 독일법원의 판례

독일법원은 콘체른 내부관계는 자유로운 경쟁의 보호를 목적으로 하는 GWB 제20조 제1항에 대하여 열후적인 지위에 있다는 입장을 취하였다.[455] Stuttgarter Wochenblatt 사건에서 지배기업인 광고잡지사가 여행을 주선하는 자신의 완전자회사에는 무상으로 광고를 게재하도록 하고, 그 밖의 여행사에는 통상요금을 받은 것이 문제가 되었다. 이 사건에서 주카르텔당국은 자회사도 다른 독립적 회사와 마찬가지로 동등하게 취급되어야 한다고 결정하였다.[456] 그러나 슈투트가르트 고등법원(Stuttgart OLG)은 주카르텔당국의 이러한 결정을 파기하였다. 슈투트가르트 고등법원은 경제적 접근방법에 기초하여 광고잡지사의 행위는 실제로 부당한 차별취급이

---

453) 독일의 뒤셀도르프 고등법원은 Heilwasser 사건(1981)에서 공동행위 참가기업이 모두 통일적인 관리하에 있는 기업임에도 GWB 제1조의 적용을 인정한 바 있다(OLG Düsseldorf WuW/E OLG 2631).

454) 김기영, 전게논문, 82 - 83면.

455) WuW/E OLG 1499, 1505.

456) WuW/E LKartB 211, 213.

나 부당한 경쟁자방해에 해당하지 않는다고 판시하였다. 슈투트가르트 고등법원은 법적으로는 광고잡지사가 독립적인 별개의 법인이지만 경제적 실질은 지배기업인 광고잡지사와의 관계에서 자회사는 마치 지배기업의 일개 사업부와 같이 보는 것이 타당하다고 본 것이다.[457]

(3) 콘체른 내부의 경쟁제한과 경쟁법의 적용: 유럽공동체의 경우

1) 모자회사 간 경쟁제한의 성부

유럽공동체 조약 제81조의 적용과 관련하여 카르텔(Cartel)이나 동조적 행위(concerted action)의 성립과 관련하여 콘체른 내부기업 간의 행위에 대해서는 다른 규범을 적용하여야 하는가에 대하여 논의가 있다. 왜냐하면 어느 한 기업이 다른 기업에 종속되어 있는 경우라면 이들 기업 간에는 조직구조상 경쟁이 있을 수 있으므로 이러한 모자회사관계에서의 행위가 경쟁제한효과가 없다는 논증이 상당한 설득력을 가지고 있기 때문이다.

2) 유럽공동체집행위원회 및 유럽최고법원의 태도

(가) 일반적인 경향

유럽공동체집행위원회와 유럽최고법원의 태도도 기본적으로 어느 한 기업이 다른 기업에 종속되어 있는 경우라면 이들 기업 간에는 조직구조상 경쟁이 있을 수 있으므로 이러한 모자회사관계에서의 행위는 경쟁제한효과가 없다는 입장에 기초하고 있다.[458] 유럽공동체의 경우에는 독일법의 경우보다 상대적으로 넓은 범위에서 종속기업의 행위를 지배회사에 귀속시키고 있는 것이다.

(나) 유럽공동체집행위원회의 태도[459]

유럽공동체집행위원회는 모자기업이 문제가 된 사안에서 지배기업이 종속기업에 상당한 영향력을 행사하는 경우 넓은 범위에서 경제적 실질에 기초한 판단을 하고 있다. 지배기업이 종속기업에 대하여 구체적인 지시를 내리거나,[460] 종속기업의 중요한 결정이 지배기업에 의하여 내려지는 경우,[461] 종속기업이 제품의 포장과 같이

---

457) WuW/E OLG 1499, 1505

458) 김기영, 전게논문, 82면.

459) 김기영, 전게논문, 89면.

460) Komm. ABl. 1982 L. 117/45, 27 "AEG–Telefunken."

461) Komm. ABl. 1985 L. 35/1,14 "Peroxyd–Produkte."

지배기업의 기능 중 일부만을 담당하고 있는 경우462) 등의 사안에서 종속기업의 행위는 지배기업의 행위로 귀속될 수 있다고 본다.

(다) 유럽최고법원(ECJ)의 태도

유럽최고법원(ECJ)은 Centrafarm 사건에서 콘체른자회사가 시장에서 사실상 자기의 행위를 자율적으로 결정할 수 없고, 콘체른기업 간의 계약이 이들 기업 간의 내부적인 업무분담을 규율하려는 목적에 기여하는 경우에 이들 콘체른 소속기업들은 하나의 경제단위를 구성하고, 내부적으로는 더 이상 경쟁이 존재하지 않는다고 판시하였다.463) Centrafarm은 여러 제약회사들로부터 약을 수입하여 판매하는 역할을 하는 회사로서 Sterling社,464)나 Winthrop社,465) Hoffman La Roche社466) 등의 제약회사들과 소송을 하였다. Cenrafarm사는 全 유럽에 판매망을 가지고 판매자회사를 가지고 있었기 때문에 콘체른을 구성하는 판매회사들 간의 행위에 대하여 어떻게 취급할 것인가 하는 판단이 필요하였다.

IV. 공정거래법상 규정 내용과 실무상 쟁점

1. 의의

부당지원행위에는 개인사업자의 부당지원행위도 포함될 수 있지만, 주로 규제의 대상이 되는 행위는 대기업집단 내 계열회사 간의 부당지원행위인 이른바 부당내부거래일 것이다. 부당내부거래라 함은 부당하게 특수관계인이나 다른 회사에 대하여 상품, 용역, 자금, 자산, 인력 등을 무상으로 제공하거나 현저히 유리한 조건으로 거래함으로써 특수관계인 또는 다른 회사를 지원하는 행위를 말한다.467)

---

462) Komm. ABl. 1980 L. 377/16,26 "Johnson & Johnson."
463) Case 16/74 [1974] ECR 1183.
464) Case 15/74 [1974].
465) Case 16/74 [1974].
466) Case 102/77 [1977].
467) 헌재 2003.07.24. 선고 2001헌가25 결정. 판례집 제15권 2집 상. 1.

2. 입법연혁

부당지원행위는 계열사 간 부당 내부거래를 규제하는 방안으로 이해되어 왔고, 동시에 경제력집중 억제수단으로 이해되었다.[468] 이러한 목적을 달성하기 위하여 입법이 되었기 때문에 용어례에서도 부당지원행위라는 표현과 부당내부거래라는 표현이 공존하고 있는 것으로 보인다.[469]

1996년 당시 정부안의 법문은 모든 사업자는 다른 사업자에 대하여 부당하게 자금·부동산·인력 등을 지원함으로써 공정한 거래질서를 저해하여서는 안 된다고 규정하고 있다. 여기서 논란이 되었던 것은 인력을 포함한 부분으로 부당인력지원의 경우 그 개념이 모호하고, 그 유형을 하위법령에 위임할 경우 자의적으로 운영될 우려가 있으며 업종의 특성이나 중소기업협력 차원에서 인력파견이나 기술 개발을 위한 인력지원이 불가피한 경우 등을 고려하여 신중하게 검토되어야 한다는 반론이 있었다.[470]

3. 규정내용

(1) 부당지원행위의 적용대상

1) 도입

부당지원행위의 적용대상은 1996년 최초로 입법되었을 때부터 2007년 개정 전까지 '가지급금·대여금·인력·부동산·유가증권·무체재산권 등'으로 규정되어 있었다. 입법 당시에는 인력을 부당지원행위에 포함시키는 것에 대하여 논란이 있었지만 결국 공정거래법 제23조 제1항 제7호에 인력지원행위도 포함되었다.

---

468) 제181회 제8차 회의기록 참고. 당시 공정거래법 개정안 정부제출안 외에 유재건 의원안과 유선호 의원안의 모두 3개가 논의되었다. 1996년 11월 20일자 국회 행정위원회에 제출, 논의된 회의록을 보면 계열사 간 부당내부거래의 규제대상을 종전에 논의되던 물품, 서비스 거래에서 자금, 자산 및 인력거래에까지 확대시키겠다는 당시 공정거래위원회 김인호 위원장의 설명에 대하여 김영선 의원이 연결재무제표작성이 필요한데 이러한 부분에 대한 준비가 미흡하다고 비판하는 부분이 나온다. 그러면서 동시에 정부는 대규모기업집단의 계열회사 상호 간에 허용되는 채무보증한도의 축소를 언급하고 있다. 이러한 점을 볼 때 부당지원행위는 우리의 경우 거래의 부당성에 대한 규제 외에 별도의 입법목적으로 재벌규제라는 목적을 가지고 있음을 알게 된다.

469) 주지하는 것과 같이 현재의 공정거래법 제23조 제1항 7호의 규제대상은 반드시 대규모 기업 집단의 내부거래에만 국한하여 규제하는 것은 아니다.

470) 1996년 정부 법안에 대한 전문위원 최석모의 검토보고서 7면.

[일부개정 1996.12.30. 법률 5235호]

7. 부당하게 특수관계인 또는 다른 회사에 대하여 가지급금·대여금·인력·부
   동산·유가증권·무체재산권 등을 제공하거나 현저히 유리한 조건으로 거래
   하여 특수관계인 또는 다른 회사를 지원하는 행위

[일부개정 2005.3.31. 법률 제7492호]

7. 부당하게 특수관계인 또는 다른 회사에 대하여 가지급금·대여금·인력·부
   동산·유가증권·무체재산권 등을 제공하거나 현저히 유리한 조건으로 거래
   하여 특수관계인 또는 다른 회사를 지원하는 행위

[일부개정 2007.4.13. 법률 제8382호]

7. 부당하게 특수관계인 또는 다른 회사에 대하여 가지급금·대여금·인력·부
   동산·유가증권·상품·용역·무체재산권 등을 제공하거나 현저히 유리한 조
   건으로 거래하여 특수관계인 또는 다른 회사를 지원하는 행위

2) 용역의 경우

(가) 문제의 소재

용역의 경우 위에서 보는 것과 같이 2007년 법률 개정 전에는 명시적으로 부당
지원행위의 적용대상으로 규정되어 있지 않았기 때문에 논란이 되었다. 그리고 입
법자료를 보더라도 인력의 경우 부당지원행위의 적용대상으로 보는 것으로 논란이
있었던 것을 감안한다면 사실 용역은 입법자가 '등'이라는 추가 문구를 사용하였지
만 입법 당시부터 의도되었던 것인지는 의문이 있다.

(나) 죄형법정주의와의 관계

우선적인 문제는 죄형법정주의 위반과 관련된 쟁점이다. 공정거래법 제23조 제1
항 제7호에서 규제하는 부당지원행위가 성립하는 경우에는, 같은 법 제24조 및 제
24조의 2에 의하여 시정조치 및 과징금 부과처분을 받을 수 있고, 나아가 같은 법
제67조에 의하여 형사처벌도 받을 수 있다. 따라서 공정거래법 제23조 제1항 제7호
는 형사범죄의 성립조건 중 가장 기본적인 조건인 구성요건에 해당한다고 할 것이
고, 따라서 이에 대해서는 형사법의 대원칙이라고 할 수 있는 죄형법정주의의 원칙

에 따라 매우 엄격한 해석이 필요하다. 그렇기 때문에 그 구성요건은 가능한 한 명백하고 확정할 수 있는 개념을 사용하여야 하며, 법규의 수범자인 일반 국민이 법률에 의하여 금지된 행위가 무엇인가를 알 수 있을 정도로 명확하여야 하고, 적어도 통상의 판단능력을 가진 일반 국민이 무엇이 금지된 행위인가를 예견할 수 있어야 한다.[471]

그런데 상품 및 용역을 명확하게 규정하기 전의 구(舊) 공정거래법 제23조 제7호는 "부당하게 특수관계인 또는 다른 회사에 대하여 가지급금·대여금·인력·부동산·유가증권·무체재산권 등을 제공하거나 현저히 유리한 조건으로 거래하여 특수관계인 또는 다른 회사를 지원하는 행위"라고 하고 있어, 그 문구상 금융 또는 자금의 직접적인 지원행위를 의미하는 것으로 보일 뿐이므로, 상품·용역거래에 수반하여 간접적으로 자금지원의 효과를 내는 행위까지 규율대상으로 한 것이라고 보기 어렵다고 해석하지 않으면 죄형법정주의에 반하여 위헌으로 판단될 소지가 있었다. 또한 당시 부당지원행위의 유형 및 기준은 같은 법 시행령 제36조 제1항 [별표 1] 불공정거래행위의 유형 및 기준 제10호에 의하여 비로소 구체화되는데 거기에는 부당한 자금·자산·인력의 지원에 대해서만 규정하고 있을 뿐, 상품·용역거래에 수반하여 간접적으로 자금지원의 효과를 내는 행위까지 규율대상으로 하지는 않고 있었다. 따라서 이러한 죄형법정주의의 문제를 해소하는 방법은 당시 부당지원행위를 유형상 자금, 자산, 인력으로만 구분하고 있고, 상품·용역에 대해서는 명시적 규정이 없기 때문에 이에 대하여 당시 구 공정거래법으로 규율하는 것에 대하여 어려움이 있고, 상품·용역의 현저한 거래는 입법적으로 해결하여야 한다는 점을 공정거래위원회도 인식하여 상품·용역에 대한 입법적인 개정을 하게 된다.[472]

(다) 대법원의 태도

하지만 우리 대법원은 용역도 부당지원행위의 적용대상임을 분명하게 하였다. 따라서 대법원의 판시[473]에 의하여 포함되는 것이 분명하여졌다. 수자원공사 사건에

---

471) 헌법재판소 1992.9.25. 선고 89헌가 104 결정 등 헌법재판소의 일관된 입장임.

472) 2007년 공정거래법 개정 당시 국회 정무위원회회의록.

473) 용역에 대한 사건으로 KT 사건에서 대법원의 판시: 원심은, 그 채택 증거를 종합하여 판시와 같은 사실을 인정한 다음, 원고 회사가 1997년 5월부터 그 소유의 분당본사사옥 등 11개 사옥(그중 10개 사옥은 IBS빌딩(Intelligent Building System)이다, 이하 '이 사건 건물'이라 한다.)에 대한 관리용역업무를 자회사인 한국통신산업개발 주식회사(이하 '한국통신산업개발'이라 한다.)에 위탁하면서 그 무렵부터 2000년까지 지급한 건물관리 용역수수료는, 한국통신산업개발이 다른 건물을 관리하는 경우의 용역수수료보다 높고, 이 사건 건물과 유사한 IBS빌딩들에 대한 타

서 원심은 용역이라는 이유로 부당지원행위에 해당하지 않는다고 하였으나 대법원은 이러한 원심을 파기하면서 부당지원행위의 입법취지를 감안하면 용역이라고 하여 부당지원행위가 되지 않는 것은 아니라고 하였다.[474]

(라) 검토

공정거래법은 지금도 대부분의 규정이 형사처분과 연계되어 있다. 그리고 한편으로는 이러한 형사처분규정을 공정거래위원회의 전속고발권 행사 여부에 의존하여 과도한 형사처분을 방지하고 있다.[475]

과연 이러한 태도가 바람직한가. 오히려 비범죄화되는 범위를 넓히는 것이 죄형법정주의와 관련된 일련의 논의에서 상대적으로 공정거래법의 적용을 자유롭게 하고 입법목적을 달성할 수 있는 것이 아닐까? 더하여 공정한 가격의 판단이 쉽지 않

건물관리용역업체들의 용역수수료보다 높은 점, 원고 회사가 건물유지관리를 위한 별도의 자회사를 설립하여 원고 회사에 근무하던 건물유지관리 직원들에 대한 전출을 유도하는 과정에서 원고 회사에서의 임금수준을 보장받게 하기 위하여 이 사건 건물관리 용역수수료를 산정하는 기준이 되는 1인당 월 노임 단가를 일반적인 시중의 노임보다 현저히 높게 책정한 점 등에 비추어 본다면, 원고 회사의 이 사건 건물관리 용역수수료 지급행위는 원고 회사가 용역수수료의 과다지급을 통하여 한국통신산업개발을 지원한 행위에 해당함이 분명하고, 그 지원성 거래규모는 34,686,000,000원으로서 이는 지원기간인 1997년부터 2000년까지 한국통신산업개발의 매출액 107,014,000,000원의 32.4%에 해당하는 금액으로서 현저한 수준으로 보이며, 용역수수료를 과다하게 지급함으로써 한국통신산업개발의 사업기반을 강화시킴과 동시에 재무상태를 안정적으로 유지·강화시킴으로써 경쟁조건을 경쟁사업자에 비하여 현저히 유리하게 하였다고 봄이 상당하여 원고의 한국통신산업개발에 대한 지원행위는 공정한 거래를 저해하거나 저해할 우려가 있는 부당한 지원행위로 인정된다고 판단하였다(대법원 2007.4.26. 선고 2005두2766 판결).

474) 책임감리용역 발주행위가 부당지원행위의 규제대상이 될 수 있는지에 대하여 본다. 부당지원행위를 불공정거래행위의 한 유형으로 규정하여서 이를 금지하는 입법 취지는 공정한 거래질서의 확립과 경제력집중의 방지에 있고, 법 제23조 제1항 제7호는 부당지원행위의 규제대상을 포괄적으로 규정하면서 '가지급금·대여금·인력·부동산·유가증권·무체재산권'을 구체적으로 예시하고 그에 관한 법 시행령 제36조 제1항 [별표 1] 제10호도 부당지원행위의 유형 및 기준을 자금지원행위, 자산지원행위, 인력지원행위로 나누어 규정하였을 뿐 위 법이나 시행령 어디에도 상품·용역거래를 특별히 구분하여 규정하거나 부당지원행위의 규제대상에서 제외하고 있지 아니하므로, 계열회사를 위한 차별이나 경쟁사업자 배제의 경우와는 달리, 상품·용역의 제공 또는 거래라는 이유만으로 부당지원행위의 규제대상에서 제외되는 것은 아니고 그것이 부당지원행위의 요건을 충족하는 경우에는 부당지원행위의 규제대상이 된다(대법원 2004.10.14. 선고 2001두2935 판결, 2006.6.2. 선고 2004두558 판결 등 참조). 이와 달리 원심이, 위 책임감리용역 발주행위가 상품·용역의 제공 또는 거래라는 이유만으로 '부당한 자금지원행위'에 해당되지 않는다고 판단한 것은 잘못이라고 하겠다. 그러나 한편, 아래에서 보듯이 위 책임감리용역 발주행위가 부당한 자금지원행위에 해당하지 아니한다는 원심의 가정적 판단이 정당한 이상, 원심의 위와 같은 잘못은 판결 결과에 영향을 미치지는 아니하였다(대법원 2007.1.11. 선고 2004두3304 판결).

475) 제71조(고발) ① 제66조(벌칙) 및 제67조(벌칙)의 죄는 공정거래위원회의 고발이 있어야 공소를 제기할 수 있다. 〈개정 1996.12.30.〉
② 공정거래위원회는 제66조 및 제67조의 죄 중 그 위반의 정도가 객관적으로 명백하고 중대하여 경쟁질서를 현저히 저해한다고 인정하는 경우에는 검찰총장에게 고발하여야 한다. 〈신설 1996.12.30.〉
③ 검찰총장은 제2항의 규정에 의한 고발요건에 해당하는 사실이 있음을 공정거래위원회에 통보하여 고발을 요청할 수 있다. 〈신설 1996.12.30.〉
④ 공정거래위원회는 공소가 제기된 후에는 고발을 취소하지 못한다. 〈신설 1996.12.30.〉 [전문개정 1992.12.8.]

은 상황에서 상당한 공정성 판단에 재량이 있을 수밖에 없는 부당지원행위는 그 자체로 과연 형사적인 처벌이 필요하거나 가능한 제도일까 하는 점도 의문이다.

동의명령제[476] 도입과 관련된 일련의 공정거래법상의 형사처분제도에 대한 비범죄화(decriminalization) 논의는 동의명령제와 무관하게 계속 논의되어야 할 과제라고 보인다.

3) 자금지원과 자금미회수

부당지원행위에 관한 규정이 시행된 1997.4.1. 이후에 자금을 지원할 의도로 자산이나 용역 등의 거래로 인한 대가인 자금을 변제기 이후에도 회수하지 아니하여 지원객체로 하여금 그 자금을 운용하도록 함으로써 금융상 이익을 얻게 하는 것과 같은 부작위행위도 자금지원행위에 포함된다고 해석함이 상당하지만 부당지원행위에 관한 규정이 시행된 이후에 지원주체가 지원객체에 대한 자금지원의 의도로 변제기를 연장하는 것 등과 같이 자금을 회수하지 않는 부작위를 새로운 자금지원행위와 동일시할 수 있을 정도라고 볼 만한 특별한 사정이 없는 이상, 위 규정이 시행되기 이전에 지원주체가 지원객체에 대하여 제공한 자금을 위 규정시행 이후에 단순히 회수하지 아니하는 행위만으로는 자금지원행위에 해당한다고 할 수 없다.[477]

(2) 부당지원행위 판단의 고려요소

1) 부당지원행위의 의의

우리 대법원은 2007년 삼성생명 사건[478]에서 구 독점규제 및 공정거래에 관한 법률(1999.2.5. 법률 제5814호로 개정되기 전의 것, 이하 '법'이라 한다.) 제23조 제1항 제7호, 제2항, 법 시행령(1999.3.31. 대통령령 제16221호로 개정되기 전의 것, 이하 같다.) 제36조 제1항 [별표] 제10호의 각 규정을 종합하면, 부당한 자금·자산·인력의 지원행위라 함은 '사업자가 부당하게 특수관계인 또는 다른 회사에 대하여 가지급금·대여금·인력·부동산·유가증권·무체재산권 등을 현저히 낮거나 높은 대가로 제공 또는 거래하거나 현저한 규모로 제공 또는 거래하여 과다한 경제상 이익을 제공함으로써 특수관계인 또는 다른 회사를 지원하는 행위로서 공정한

---

476) 홍준형 외, "공정거래법상 동의명령제 도입방안에 대한 연구", 기업법연구(2007) 참조.
477) 대법원 2006.12.22. 선고 2004두1483 판결; 대법원 2004.11.12. 선고 2001두2034 판결 참조.
478) 대법원 2007.10.26. 선고 2005두3172 판결.

거래를 저해할 우려가 있는 행위'를 말하는바, 지원주체가 지원객체를 지원하기 위한 목적으로서 지원행위를 하되 지원주체와 지원객체와 사이의 직접적이고 현실적인 자산거래나 자금거래행위라는 형식을 회피하기 위한 방편으로 제3자를 매개하여 자산거래나 자금거래행위가 이루어지고 그로 인하여 지원객체에게 실질적으로 경제상 이익이 귀속되는 경우에도 지원행위에 해당한다고 부당지원행위를 정의하여 기존의 판례를 확인하고 있다.[479]

2) 요건

공정거래법 관련 법규 및 관련 판례들의 내용을 살펴볼 때 이와 같은 거래행위가 공정거래법상 불공정거래행위의 일유형인 부당지원행위에 해당하기 위해서는 (가) 지원행위가 있을 것, (나) 지원행위가 현저히 유리한 조건에 의한 행위일 것, (나) 지원행위의 부당성 등의 요건이 필요하다고 할 것이다.

(가) 지원행위의 존재

지원행위가 존재하는지를 보려면 당해 행위가 지원인지 여부를 판단하기 위한 공정한 가격 내지 거래조건을 발견하여야 하는 것이 선행적인 문제이다. 예를 들어 자금 대여 방식의 자금지원의 경우라면 금리수준이 문제가 될 것이다. 이 경우 대법원은 정상금리라는 용어를 사용하여 공정한 금리 조건을 찾아내려고 한다. 대법원은 '급부와 반대급부가 현저히 유리한지 여부를 판단하는 기준이 되는 정상금리라 함은 지원주체와 지원객체 사이의 자금거래와 시기, 종류, 규모, 기간, 신용상태 등의 면에서 동일 또는 유사한 상황에서 그 지원객체와 특수관계가 없는 독립된 금융기관 사이에 자금거래가 이루어졌다면 적용될 금리, 또는 지원주체와 지원객체 사이의 자금거래와 시기, 종류, 규모, 기간, 신용상태 등의 면에서 동일 또는 유사한 상황에서 특수관계 없는 독립된 자 사이에 자금거래가 이루어졌다면 적용될 금리를 의미한다고 할 것이라고 판단하고 있다.[480]

(나) 현저성

현저히 유리한 조건의 거래에 해당하는지 여부를 판단함에 있어서는 급부와 반대급부 사이의 차이는 물론 지원성 거래규모와 지원행위로 인한 경제상 이익, 지원기간,

---

479) 대법원 2007.1.25. 선고 2004두7610 판결 등 참조.
480) 대법원 2006.9.14. 선고 2004두3267 판결 참조.

지원횟수, 지원시기, 지원행위 당시 지원객체가 처한 경제적 상황 등을 종합적으로 고려하여 구체적·개별적으로 판단하여야 한다는 것이 우리 대법원의 태도이다.[481]

이러한 기준에 의할 때 예를 들어 최근 원자재 가격 폭등으로 인한 불가피한 1회적인 공사비 조정의 경우라면 현저성 요건을 결하는 것으로 파악될 가능성이 상당할 것이다. 대법원[482]은 현대투자신탁운용 사건에서 원고 현대투자신탁운용은 1999.4.30. 현재 총 1,983개의 펀드를 운영하였고, 그중 바이코리아 펀드가 106개였는데, 바이코리아 펀드 발매 이후 판매량이 폭발적으로 증가하여 수탁고가 10일 만에 1조 원씩 증가하는 양상이었고, 그에 따라 갑자기 늘어난 잉여 유동자금에 대한 운용처를 찾지 못하던 차에 원고 현대투자신탁증권에 펀드당 대출 한도액을 초과하여 시중 콜금리로 2개월가량 대출(이하 '이 사건 대출'이라 한다.)하였다가 회수한 사실, 이 사건 대출금의 규모가 바이코리아 펀드 1일 평잔금액의 41.5%에 달하고, 원고 현대투자신탁증권의 1998 사업연도 매출액의 138%에 이를 뿐만 아니라, 펀드당 대출 한도를 규정한, 1998.11.30.자로 신설된 증권투자신탁업감독규정 시행세칙 제39조의 3 제2항을 위반하였고, 그 한도 초과액도 7,393억 원에 이른 사실 등에 비추어 보면, 이 사건 대출이 현저한 규모의 거래로서 원고 현대투자신탁증권에 과다한 경제상 이익을 준 것으로 볼 여지가 없지는 아니하나, 이 사건 대출은 투신사의 부실을 보전하기 위하여 정부 당국에 의하여 허용된 연계대출의 일환으로 이루어졌고, 그 총대출규모를 보면 앞서 본 이 사건 연계대출 기간보다 오히려 그 규모나 비중이 줄어들었으며, 신탁재산 전체를 놓고 보면 정부 당국이 허용한 10%의 범위 내에서 대출이 이루어진 점, 이 사건 대출 당시 바이코리아 펀드의 폭발적인 판매량 증가로 잉여 유동자금이 있었던 것으로 보이고, 원고 현대투자신탁운용으로서는 원고 현대투자신탁증권에 대한 대출도 그 자금의 적절한 운용방법 중 하나로 볼 수 있는 점, 원고 현대투자신탁증권이 이 사건 대출 중 한도 초과액을 2개월가량 만에 변제한 점에 미루어 보아 이 사건 대출의 규모가 원고 현대투자신탁증권이 정상적으로는 제공받을 수 없는 정도의 규모였다고도 보기 어려운 점, 이 사건 대출이 경쟁사업자인 다른 투신사의 대출규모에 비하여 대규모라는 점을 인정할 아무런 증거가 없는 점, 위 증권투자신탁업감독규정 시행세칙 제39조의 3 제2항에 "위탁회사는 신

---

481) 대법원 2007.10.26. 선고 2005두3172 판결.
482) 대법원 2007.1.25. 선고 2004두7610 판결.

탁재산의 100분의 10을 초과하여 당해 회사의 수익증권 판매회사…에 운용지시를 하여서는 아니 된다.”라고 규정하여 초과대출금지의 대상이 펀드당 신탁재산인지 전체 신탁재산인지 여부가 규정 그 자체에 의하여 명백하게 규정되어 있다고도 볼 수 없고, 원고 현대투자신탁증권이 이 사건 대출 후 2개월 만에 자발적으로 한도 초과 부분을 해소한 점에서 보듯이, 원고 현대투자신탁운용의 주장과 같이 관련 법 규정을 일시적으로 잘못 해석하여 이 사건 대출이 이루어졌을 가능성도 있어 보이는 점 등의 제반 사정을 참작하면, 이 사건 대출은 법 시행령 제36조 제1항 [별표] 제10호 소정의 ‘현저한 규모로 제공 또는 거래하여 과다한 경제상 이익을 제공’한 것으로 볼 수 없다는 취지로 판단한 원심의 판단을 유지하였다.

  (다) 부당성(경쟁제한성)

  지원행위가 부당성을 갖는지 여부를 판단함에 있어서는 지원주체와 지원객체의 관계, 지원행위의 목적과 의도, 지원객체가 속한 시장의 구조와 특성, 지원성 거래 규모와 지원행위로 인한 경제상 이익 및 지원기간, 지원객체가 속한 시장에서의 경쟁제한이나 경제력집중의 효과 등을 종합적으로 고려하여 당해 지원행위로 인하여 지원객체의 관련 시장에서 경쟁이 저해되거나 경제력집중이 야기되는 등으로 공정한 거래가 저해될 우려가 있는지 여부에 따라 판단하여야 한다.[483]

  공정거래법 제23조 제1항 제7호상의 부당지원행위 규정은, 대법원이 그 성립을 위하여 성립요건으로 부당성 및 공정거래저해성이 필요하다고 하고 있는바, 단순한 공정거래위원회의 내부 사무처리지침에 불과한 심사지침[484]에 의하여 보완되기는 하지만 시행령 제36조 제1항 및 그 별표 1에도 여전히 ‘부당하게’라는 표현을 사용하여, 특정한 행위에 해당하면 바로 공정거래저해성이 인정될 수 있는 당연위법(per se illegal)이 아니라, 부당성의 판단이 계속 합리적인 기준(rule of reason)에 의하여 판단되어야 하는 규정이다.

  대법원은 지원행위가 부당성을 갖는지 유무를 판단함에 있어서 합리적인 판단기준으로 법원이 제시한 것이 ‘지원주체와 지원객체와의 관계, 지원행위의 목적과 의

---

483) 대법원 2007.10.26. 선고 2005두3172 판결; 대법원 2007.1.25. 선고 2004두7610 판결; 대법원 2004.10.14. 선고 2001두2881 판결; 대법원 2004.4.9. 선고 2001두6197 판결.
484) 대법원 2004.9.24. 선고, 2001두6364 판결. 이 사건에 대한 판례평석으로는 최승재, “독점규제 및 공정거래에 관한 법률 제23조 제1항 제7호상의 부당지원행위에 있어서 부당성 판단의 고려요소”, 법률신문 2005.2.28. 참조.

도, 지원객체가 속한 시장의 구조와 특성, 지원성 거래규모와 지원행위로 인한 경제상 이익 및 지원기간, 지원행위로 인하여 지원객체가 속한 시장에서의 경쟁제한이나 경제력집중의 효과 등은 물론 중소기업 및 여타 경쟁사업자의 경쟁능력과 경쟁여건의 변화 정도, 지원행위 전후의 지원객체의 시장점유율의 추이, 시장개방의 정도' 등의 고려 요소로서, 이러한 요소들을 고려하여, "당해 지원행위로 인하여 지원객체의 관련 시장에서 경쟁이 저해되거나 경제력집중이 야기되는 등으로 공정한 거래가 저해될 우려가 있는지 여부에 따라 판단하여야 한다."고 하여, 일응 공정경쟁저해성이 있으면, 부당하다고 판단하게 되는 것이라고 하였다.[485]

결국 부당성이라는 것은 행태 분석의 결론이며, 획정된 시장(defined market)에서 지원주체의 행위가 공정거래를 저해하거나, 저해할 우려가 있는 경우에는 이러한 행위는 부당한 지원행위가 된다는 구조를 가지고 있다. 따라서 판례는 부당성 및 공정거래저해성이 부당지원행위의 성립요건이라고 하지만 실제로는 공정거래저해성이 유일하고, 지배적인 요건이며, 부당성이라는 것은 공정거래저해성이 있다는 표현의 이면으로서 결과를 나타내는 것으로 공정거래저해성이 있으면 부당하다고 판단되는 것이다.

(라) 공익적 고려

1) 정당화 사유 또는 경쟁제한성 배제

공기업 민영화정책에 따라 한국도로공사가 자회사인 주식회사 고속도로관리공단 등의 민영화 업무를 원활하게 추진하기 위하여 위 회사들에 다소 유리한 내용의 수의계약을 체결한 행위가, 그 공익적 목적과 필요성 등에 비추어 공정한 거래를 저해할 우려가 있는 부당지원행위라고 할 수 없다고 한 사례[486]에서 볼 수 있는 것과

---

485) 대법원 2004.10.14.선고 2001두2935 판결.

486) 대법원 2007.3.29. 선고 2005두3561 판결(한국도로공사 사건)[정부는 1998.8.경 공기업 민영화 및 경영혁신계획을 확정하고 해당 공기업에 세부추진계획을 수립토록 지시를 하였고, 이에 원고는, 자회사인 고속도로관리공단은 1999년 말까지 4개 사업을 정리한 후 2002년 상반기 중 민영화를 하기로 하고, 역시 자회사인 고속도로정보통신도 1998년 말까지 4개의 사업을 정리한 후 2002년 상반기 중 민영화를 하기로 한 사실, 원고는 원활한 민영화 추진을 위한 자생력 확보 및 기업가치 제고, 소속직원의 고용안정, 유지보수 전문회사로서의 육성을 통한 경영합리화 도모 등을 위하여, 고속도로 일상 유지보수공사를 고속도로관리공단에, 도로정보통신시설 유지관리업무를 고속도로정보통신에 각 수의계약을 통하여 위탁하기로 방침을 세운 후, 고속도로관리공단 및 고속도로정보통신과 사이에 이 사건 수의계약을 체결한 사실, 한편 위 민영화 과정에서 노사정위원회는 2001.11.20. 고속도로정보통신에 대해서는, 민영화 추진을 합의하면서 고속도로 정보통신시설 유지관리부문의 사업권을 5년간 보장하고, 종업원들의 고용안정에 노력한다는 취지의 합의문을 작성하였고, 고속도로관리공단에 대해서는 원활한 민영화 추진과 경영 합리화를 위하여 민영화를 1년 유예하고, 노사는 민영화에 대비하여 유예기간 중 경영혁신을 적극 추진한다는 합의를

같이 우리 법원은 공익적 고려라는 요소를 부당지원행위의 판단에 있어서 반영하고 있다.[487]

한 바 있는데, 원고는 2001.11.23. 정부투자기관회계규칙 제15조 제2호 (라)목에 근거하여 건설교통부장관에게 2001.11.20.자 노사정위원회 합의사항 이행을 신청사유로 하여 고속도로관리공단 및 고속도로정보통신과 위 각 유지보수 및 관리업무와 관련된 수의계약 체결승인을 요청하였고, 이에 건설교통부장관이 같은 달 29일 수의계약 체결을 승인하였으며, 그 후 원고는 2002.9.6. 고속도로관리공단에 대한 민영화와 관련된 2002.9.3.자 노사정위원회의 합의성립을 사유로 하여 건설교통부장관에게 수의계약 체결 승인을 신청하였고, 건설교통부장관은 같은 해 10.7. 이를 승인한 바 있는 사실. 원고는 공기업 민영화 과정에서 매각수익을 극대화하라는 정부의 지시에 기하여 고속도로관리공단 및 고속도로정보통신의 매각가치를 높이기 위한 노력의 일환으로 이 사건 수의계약에 대하여 일정 수준의 낙찰률을 보장하여 준 것으로서 실제로 매각가치를 높이는 데에 상당한 기여를 한 사실 등을 알 수 있는 바, 이 사건 수의계약 체결행위가 고속도로관리공단 및 고속도로정보통신이 속한 관련 시장에서의 경쟁을 제한하는 측면이 전혀 없는 것은 아니나 고속도로관리공단 및 고속도로정보통신의 민영화라는 공익적 목적을 달성하기 위하여 원고에게 부여된 수의계약집행권한의 범위 내에서 행하여진 행위인 점. 고속도로관리공단 및 고속도로정보통신의 민영화 과정에서 자생력 확보 및 기업가치 제고, 소속직원의 고용안정. 유지보수 전문회사로서의 육성을 통한 경영합리화 도모 등을 위하여 원고가 고속도로관리공단 및 고속도로정보통신과 이 사건 수의계약을 체결함에 있어서 일정 수준의 낙찰률을 보장해 줄 필요성이 있었던 점과 그 밖에 부당성을 갖는지 유무를 판단함에 있어서 고려되어야 할 여러 사정 등에 비추어 보면, 이 사건 수의계약 체결행위로 인하여 지원객체의 관련 시장에서 경쟁이 저해되거나 경제력집중이 야기되는 등으로 공정한 거래가 저해될 우려가 있다고는 할 수 없다.]

487) 수자원공사 사례에서도 민영화와 관련된 경우 경쟁제한성이 없다고 판시하고 있는바 도로공사 사건과의 연장선상에 있는 것으로 보인다. "감리용역 발주행위가 부당지원행위 요건의 하나인 부당성을 갖는지에 관하여 본다. 부당지원행위의 요건으로서의 지원행위가 부당성을 갖는지 여부는, 지원주체와 지원객체와의 관계. 지원행위의 목적과 의도, 지원객체가 속한 시장의 구조와 특성, 지원성 거래규모와 지원행위로 인한 경제상 이익 및 지원기간. 지원행위로 인하여 지원객체가 속한 시장에서의 경쟁제한이나 경제력집중의 효과는 물론 중소기업 및 여타 경쟁사업자의 경쟁능력과 경쟁여건의 변화 정도, 지원행위 전후의 지원객체의 시장점유율의 추이, 시장개방의 정도 등을 종합적으로 고려하여, 당해 지원행위로 인하여 지원객체의 관련 시장에서 경쟁이 저해되거나 경제력집중이 야기되는 등으로 공정한 거래가 저해될 우려가 있는지에 따라 판단하여야 한다(위 대법원 2001두2935 판결 등 참조). 기록에 의하면, 정부는 1998년경 공기업경영혁신계획에 따라 원고 및 대한주택공사, 한국토지공사, 한국도로공사의 자회사이던 4개 감리공단을 통합하여 1999년 3월까지 소외공사를 설립하는 것을 전제로 설계기능을 부여하는 대신 수의계약에 의한 감리용역의 도급을 금지하여 경쟁구도를 정착시키는 한편 인력감축 등 강도 높은 구조조정을 하여 2001년 상반기 중으로 이를 민영화하려고 계획한 사실. 그러나 원고 등 4개 공사가 공기업경영혁신계획에 따라 소외공사에 수의계약을 전면적으로 중단할 경우 입찰참가자격 심사 시 평가점수가 낮은 소외공사로서는 일반경쟁에 의하여 감리용역을 수주하기 어려우므로 그 수지의 급격한 악화로 민영화를 원만히 추진할 수 없게 될 우려가 생기자, 원고 등 4개 공사는 건설교통부장관에게 '투자기관은 투자기관의 경영혁신을 위하여 투자기관의 자회사 또는 출자회사를 정리함에 있어서 주무부장관이 불가피하다고 인정하는 경우에 투자기관은 자회사 또는 출자회사와 수의계약을 체결할 수 있다.'는 정부투자기관회계규칙 제15조 제2호 (라)목에 따른 수의계약승인을 신청하였고, 이에 대하여 건설교통부장관은 2000.4.4. 원고 등 4개 공사가 정부의 공기업경영혁신계획에 따라 원활한 민영화를 추진하기 위하여 필요하다고 판단하는 경우 소외공사와 건설공사의 감리 및 설계용역의 일부에 대하여 수의계약에 의할 수 있음을 승인한 사실. 원고는 위와 같은 건설교통부장관의 승인에 따라 앞에서 본 바와 같이 수의계약에 의하여 위 감리용역 발주행위를 하게 된 사실. 관계 법령에 의하면 정부투자기관이 1인의 상대방과 수의계약을 체결하는 경우 거래상대방이 제출한 견적가격이 예정가격의 범위 안에 들면 특별한 사정이 없는 한 발주자는 그 금액을 계약금액으로 결정하여야 하므로 원고로서는 소외회사의 견적가격이 이 사건 책임감리용역의 예정가격의 범위 안에 들어 위 견적가격으로 계약을 체결할 수밖에 없었던 점. 원고가 소외공사에 발주한 용역금액 4억 5,900만 원은 소외공사의 2000년 총책임감리용역 수주금액의 1.9%(4억 5,900만 원/240억 5,400만 원)에 불과하고, 소외공사의 2000년 추정 매출액의 0.88%(4억 5,900만 원/518억 원). 추정 순이익의 0.95%(4,600만 원/48억 원)에 불과한 사실 등을 알 수 있는바, 비록 원고의 이 사건 수의계약에 의한 책임감리용역 발주행위가 건설공사의 감리 및 설계용역시장에서의 경쟁을 제한하는 측면이 전혀 없는 것은 아니나, 이 사건 수의계약에 의한 책임감리용역 발주행위는 소외공사의 인력감축 등 구조조정을 전제로 민영화를 달성하기 위한 공익적 목적으로 원고에게 부여된 수의계약집행권한의 범위 내에 속하는 행위인 점. 이 사건 책임감리용역 발주행위의 규모 및 그로 인한 경제상 이익이 그다지 크지 아니한 점과 그 밖에 부당성을 갖는지 여부를 판단함에 있어 고려할 여러 사정 등에 비추어, 이 사건 책임감리용역 발주행위로 인하여 지원객체의 관련 시장에서 경쟁이 저해되거나 경제력집중이 야기되는 등으

2) 공정거래법 제58조 적용의 문제

공익적 목적이 있는 경우 공정거래법 제58조 적용을 통하여 공정거래법 자체의 적용을 배제할 수 있는지도 논의가 될 수 있겠다. 이에 대하여 우리 대법원은 수자원공사 사건에서 책임감리용역 발주행위가 법 제58조의 규정에 의하여 부당지원행위의 규제대상에서 제외되는지에 대하여, 법 제58조에서 말하는 정당한 행위라 함은 당해 사업의 특수성으로 경쟁 제한이 합리적이라고 인정되는 사업 또는 인가제 등에 의하여 사업자의 독점적 지위가 보장되는 반면 공공성의 관점에서 고도의 공적 규제가 필요한 사업 등에 있어 자유경쟁의 예외를 구체적으로 인정하고 있는 법률 또는 그 법률에 의한 명령의 범위 내에서 행하는 필요·최소한의 행위를 말하는 것이므로,[488] 정부투자기관 관리기본법 제20조가 자유경쟁의 예외를 구체적으로 인정하고 있는 법률이라고 볼 만한 사정이 없는 이상, 위 법 제20조의 위임에 따른 재정경제부령인 정부투자기관회계규칙 제15조 제2호 (라)목의 규정에 의하여 건설교통부장관의 승인에 따른 이 사건 수의계약에 의한 감리용역 발주행위가 법 제58조에서 말하는 법률 또는 그 법률에 의한 명령에 따른 정당한 행위에 해당한다고 할 수 없다고 하여 제58조에서 말하는 법률 또는 그 법률에 의한 명령에 따른 정당한 행위를 매우 제한적으로 새기고 있다. 이러한 대법원의 판시에 비추어 보면 제58에 의하여 공정거래법 적용을 배제하기 위해서는 명문의 배제규정이 있는 경우로 국한되는 것으로 보아야 할 것이다.

3) 과징금의 산정

(가) 지원금액의 결정

부당지원행위에 대한 과징금 부과기준인 '지원금액'이라 함은 지원주체가 지원객체에게 제공하는 경제적 급부의 정상가격에서 그에 대한 대가로 지원객체로부터 받는 경제적 반대급부의 가격을 차감한 금액을 말하고, '정상가격'은 지원주체와 지원객체 간에 이루어진 경제적 급부와 동일한 경제적 급부가 시기, 종류, 규모, 기간, 신용상태 등이 유사한 상황에서 특수관계가 없는 독립된 자 간에 이루어졌을 경우 형성되었을 거래가격 등을 말한다.[489]

로 공정한 거래가 저해될 우려가 있다고 보기는 어렵다."(대법원 2007.1.11. 선고 2004두3304 판결)

488) 대법원 1997.5.16. 선고 96누150 판결 참조.

489) 대법원 2007.10.26. 선고 2005두3172 판결; 대법원 2007.1.25. 선고 2004두7610 판결 참조.

(나) 산정이 어려운 경우

우리 대법원은 유상증자에 따른 실권주의 인수는 발행회사와 인수인 사이의 주식 또는 주권의 거래행위로서의 성격 외에 단체법적인 출자행위의 성격도 가지고 있어 인수로 인하여 지원객체인 발행회사가 얻은 구체적인 경제적 이익을 산정하기 곤란하고, 그 결과 이 사건 실권주 인수행위는 지원금액을 산출하기 어려운 경우에 해당한다고 할 것이므로, 그 지원금액을 지원성 거래규모의 10%로 보고, 위 실권주 인수행위와 관련된 피고의 과징금을 산정한 것을 타당하다고 본 원심의 결론을 그대로 받아들였다.[490]

(다) 이중계산의 문제: 전환사채 인수의 경우

피고가 원고 현대엘리베이터, 현대종합상사, 인천제철 및 고려산업개발이 대한알루미늄공업 발행의 제38회 전환사채를 인수한 행위에 대하여 이를 부당지원행위로 보고 그에 대하여 이미 시정조치 및 과징금 부과처분을 한 사실을 인정한 다음, 전환사채의 저가전환으로 인하여 지원객체에게 귀속된 경제상의 이익은 그 시기 및 경쟁제한의 효과에 있어 이에 앞선 전환사채의 인수 자체를 통한 지원행위에 있어서의 그것과 전혀 별개의 것으로서 전환사채의 전환권행사가 전환사채의 인수행위와 연속된 것이라 하여 이를 통한 별개의 위반행위까지 1개의 행위로 간주할 수는 없는 것이므로, 전환사채의 인수행위에 대한 제재처분이 있다 하여 전환사채의 전환행위에 대한 제재처분을 2중의 제재로 볼 수는 없으며, 전환사채의 전환행위에 대한 과징금 산정 시 반드시 이를 참작하여야 하는 것도 아니라고 판단하였다.[491]

4) 부당지원행위 규정 신설 이전 행위에 대한 법의 소급적 적용 여부

부당지원행위 금지제도의 입법 취지와 법 제23조 제1항 제7호, 제2항, 법 시행령 제36조 제1항 [별표] 제10호 (가)목의 규정을 종합하면, 자금을 지원할 의도로 자산이나 용역 등의 거래로 인한 대가인 자금을 변제기 이후에도 회수하지 아니하여 지원객체로 하여금 그 자금을 운용하도록 함으로써 금융상의 이익을 얻게 하는 것과 같은 부작위행위도 자금지원행위에 포함된다고 할 것이지만,[492] 부당지원행위에 관한 규정이 1997.4.1.부터 시행되었으므로 그 자금의 변제기가 위 규정이 시행되기

---

490) 대법원 2007.10.26. 선고 2005두3172 판결.

491) 대법원 2007.1.25. 선고 2004두7610 판결.

492) 대법원 2004.4.9. 선고 2001두6197 판결 등 참조.

이전인 경우에는 위 규정 시행 이후에 지원주체가 적극적으로 변제기를 연장하는 것과 같은 새로운 자금지원행위라고 볼 만한 사정이 있는 경우에 자금지원행위에 해당한다고 할 것이다.[493)

(3) 새로운 유형의 지원행위의 문제

1) 우회적 지원행위[494)

우회적 지원행위는 지원주체가 지원객체를 지원하기 위한 목적으로서 지원행위를 하되 지원주체와 지원객체 사이의 직접적이고 현실적인 자산거래나 자금거래행위라는 형식을 회피하기 위한 방편으로 제3자를 매개하여 자산거래나 자금거래행위가 이루어지고 그로 인하여 지원객체에게 실질적으로 경제상 이익이 귀속되는 경우를 의미한다.[495)

A사로부터 B사가 설비공사를 일괄 하도급받았고 이를 다시 하청업자인 C사에 하도급하여 공사를 시행 중이었는데 최근 철강재 값이 50~100%나 급등하자 C사는 공사비를 올려주지 않으면 공사를 포기하겠다고 하므로 이에 B사는 부득이 C사와 합의하여 10%는 C사가 40%는 B사가 부담하고는 A사에는 전혀 이를 전가시키지 않고 오로지 B사가 모든 가격인상으로 인한 충격을 흡수하는 경우를 생각하여 보자. 이때 A, B, C사는 모두 계열사로서 동일인의 특수관계인이다. 위와 같이 A, B사가 특수관계인이라고 할 때 A사에 아무런 부담을 주지 않는 이러한 공사비증액이 A사의 C사에 대한 부당한 지원행위 등 공정거래법 위반 문제가 있는지 여부에 대한 의문이 있을 수 있다.

이렇게 우회적으로 지원행위를 하는 경우도 부당지원행위의 규제범위에 포섭된

---

493) 기록에 의하면, 원고 현대상선이 현대물류와 원심판결의 〈별지 8〉 기재와 같은 용역내용, 징수수수료 입금조건 등에 관한 용역계약을 체결한 사실, 그런데 원고 현대상선은 징수수수료의 입금에 대한 상호 정산이나 구체적인 합의를 하지 아니하는 등 용역대금의 수령을 지연하여 오다가, 1998.1.1. 위 용역계약에 대한 추가약정을 체결하면서, 원고 현대상선이 현대물류로부터 매출액 전액을 수령하는 대신 현대물류에 추가약정서에서 특정된 운영인건비 등을 정산 지급하기로 약정함에 따라, 운영권사용대가의 지급방식을 변경함과 아울러 추가약정의 내용을 최초 계약일에 소급 적용하도록 합의하여, 현대물류의 수수료지급 지체책임을 사실상 면책시킨 사실 등을 알 수 있는바, 위 법리에 비추어 보면, 이 사건 용역대금 중 일부의 변제기가 부당지원행위에 관한 규정이 시행되기 이전에 있었다고 하더라도 위에서 본 바와 같은 새로운 자금지원행위라고 볼 만한 사정이 있으므로 이 사건 용역대금 지연수령행위 전부가 자금지원행위에 해당한다고 할 것이다(대법원 2007.1.25. 선고 2004두7610 판결).
494) 최승재, "상품 및 용역거래의 부당지원행위 대상 거래 여부와 우회적 지원행위 – 독점규제및공정거래에관한법률 제23조 제1항 제7호의 적용범위", 기업소송연구회(2006.3.1.) 2005(Ⅱ). [대법원 2004.3.12. 선고 2001두7220 판결 판례평석]
495) 대법원 2004.10.14. 선고 2001두2881 판결 등 참조. 대법원 2007.1.25. 선고 2004두7610 판결.

다. 우리 대법원은 지원객체인 회사가 발행한 기업어음을 제3자인 회사를 매개로
하여 우회적으로 그 회사에 현저하게 유리한 조건으로 인수하는 행위가 구 독점규
제및공정거래에관한법률 제23조 제1항 제7호 소정의 부당지원행위에 해당한다고
판시하였다.496)

2) 물량몰아주기와 부당지원행위

대법원은 법 제23조 제1항 제7호는 '현저히 유리한 조건으로 거래'하여 특수관계
인 또는 다른 회사를 지원하는 행위를 지원행위로 규정하고 있고, 같은 조 제2항의
위임에 기한 법 시행령 제36조 제1항 [별표] 제10호는 현저히 낮거나 높은 대가로
제공 또는 거래하거나 현저한 규모로 제공 또는 거래하여 과다한 경제상 이익을 제
공함으로써 특수관계인 또는 다른 회사를 지원하는 행위를 지원행위로 규정하고 있
는바, 거래의 조건에는 거래되는 상품 또는 역무의 품질, 내용, 규격, 거래수량, 거
래횟수, 거래시기, 운송조건, 인도조건, 결제조건, 지불조건, 보증조건 등이 포함되
고 그것이 자금, 자산, 인력 거래라고 하여 달리 볼 것은 아니며, 거래규모는 거래
수량에 관한 사항으로서 거래조건에 포함된다고 할 수 있고 현실적인 관점에서 경
우에 따라서는 유동성의 확보 자체가 긴요한 경우가 적지 않음에 비추어 현저한 규
모로 유동성을 확보할 수 있다는 것 자체가 현저히 유리한 조건의 거래가 될 수 있
으므로, '현저한 규모로 제공 또는 거래하여 과다한 경제상 이익을 제공'하는 것도
법 제23조 제1항 제7호 소정의 '현저히 유리한 조건의 거래'의 하나라고 볼 수 있
을 것이지만, 현저한 규모의 거래라 하여 바로 과다한 경제상 이익을 준 것이라고
할 수 없고 현저한 규모의 거래로 인하여 과다한 경제상 이익을 제공한 것인지 여
부는 지원성 거래규모 및 급부와 반대급부의 차이, 지원행위로 인한 경제상 이익,
지원기간, 지원횟수, 지원시기, 지원행위 당시 지원객체가 처한 경제적 상황 등을
종합적으로 고려하여 구체적·개별적으로 판단하여야 할 것이라고 판시하여 현저
히 유리한 조건의 거래 중의 하나가 될 수 있다고 보고 있다.497)

물량몰아주기의 부당지원행위 해당 여부에 대해서는 V에서 글로비스 사건을 중
심으로 하여 살펴보기로 한다.

---

496) 대법원 2004.3.12. 선고 2001두7220 판결.
497) 대법원 2007.1.25. 선고 2004두7610 판결.

(4) 완전자회사와 부당지원

우리 대법원은 삼성에스디아이 사건에서 모회사가 주식의 100%를 소유하고 있는 자회사에 대한 지원행위가 부당지원행위의 규제대상이 되는지 여부에 대하여 긍정적으로 보고 있다.[498] 모회사가 주식의 100%를 소유하고 있는 자회사(이하 '완전자회사'라 한다.)라 하더라도 양자는 법률적으로 별개의 독립한 거래주체라 할 것이고, 부당지원행위의 객체를 정하고 있는 법 제23조 제1항 제7호의 '다른 회사'의 개념에서 완전자회사를 지원객체에서 배제하는 명문의 규정이 없으므로 모회사와 완전자회사 사이의 지원행위도 법 제23조 제1항 제7호의 규율대상이 된다고 보는 것이다.[499]

V. 부당지원행위규정의 개정

1. 도입

부당지원행위규정은 우리나라에서만 발견되는 독특한 입법례이다. 우리나라의 경우 이외의 국가에서 부당지원행위라는 형식의 규율을 공정거래법에서 규율하고 있는 국가가 없다는 점은 부당지원행위규정의 존폐론과 관련하여 항상 논쟁의 시발점이 되어 왔다. 하지만 만일 우리나라가 부당지원행위라는 규정형식을 가지고 있는 유일한 국가라고 하더라도 이러한 점이 바로 부당지원행위 조항이 입법적으로 무의미한 조항이라고 귀결되는 것은 아니라고 할 것이다.

경제 관련 입법에 있어서는 각국의 경제사정이 서로 상이하므로 다른 국가에 없는 입법적인 수단이나 제도라고 바로 잘못된 규제라고 단정하는 것은 적절하지 않

---

498) 대법원 2006.12.22. 선고 2004두1483 판결 [연포레저가 원고 삼성에버랜드의 100% 자회사라 하더라도 부당지원행위의 규제대상에 포함되는 것은 분명하고, 연포레저는 이 사건 자금대여 당시 연속 적자로 자본이 잠식된 기업으로서 외부로부터의 자금차입이 사실상 불가능하였음은 물론 부도위기에 처하였으며, 결국 연포레저에 대한 개별 정상금리는 일반정상금리를 하회하지 않을 것으로 보이는 사정을 알 수 있는바, 이와 같은 경우에는 일반정상금리를 정상금리로 삼아 이 사건 자금대여 행위가 연포레저에 현저히 유리한 조건의 거래인지 여부를 판단할 수 있고, 그러한 상황에서 원고 삼성에버랜드가 당시 자본금 25억 9,000만 원, 연 매출액 4억 5,500만 원 정도인 연포레저에 정상금리보다 4.93% 내지 6.42% 낮은 금리로 18억 원의 자금을 신규 대여한 것은 연포레저를 지원할 의도로 경제상 이익을 제공한 것으로서 이로 인하여 연포레저는 시장에서의 퇴출을 면하였던 것으로 보이므로, 사정이 이와 같다면 이 사건 자금대여 행위는 현저히 유리한 조건의 거래로서 공정한 거래를 저해할 우려가 있는 부당한 지원행위에 해당한다고 할 것이다.]

499) 대법원 2004.11.12. 선고 2001두2034 판결 참조.

은 주장이다. 그리고 어느 산업에 글로벌스탠다드가 존재한다고 하더라도 그 존재가 바로 정당성을 확보하여 주는 것은 아니다.[500]

하지만 글로벌스탠다드라는 논의가 수출과 수입이라는 대외개방형 경제체제에 속해 있는 우리 기업들의 경쟁력을 저해하지 않도록 규제가 이루어져야 한다는 최소한의 요구를 하는 의미는 있을 것이다. 따라서 외국 법제의 고려는 국내에서의 고유한 규제의 필요성의 존재와 대외적인 개방경제하에서의 국가경쟁력 확보 간의 형량의 문제이다.

그 다음으로 부당지원행위규정이 공격받는 점이 다른 법과의 관계 문제이다. 공정거래법상 부당지원행위가 규율하고자 하는 바 중 계열사 간 부당한 지원행위를 하는 경우에는 세법상의 부당행위계산 부인 규정을 통하여 규율할 수도 있고, 계열사이건 계열사가 아니 건 형법상의 업무상 배임죄나 회사법상의 주주대표소송을 통하여 규율할 수도 있으므로 굳이 전 세계적으로 입법례도 없는 부당지원행위라는 공정거래법상의 규율형식을 유지할 필요가 있는가 하는 것이 바로 폐지론의 또 다른 논거로 보인다. 이하에서는 부당지원행위와 관련하여 존치론과 폐지론의 견해대립을 살펴본다.

2. 견해의 대립

(1) 존치론

1) 입법목적의 상이
(가) 형사처분과의 관계
형법상 배임죄,[501] 특정경제범죄가중처벌 등에 관한 법률[502]상의 배임죄 등의 형

---

500) 이 논의는 자동차산업이면 자동차산업, 항공기산업이면 항공기산업과 같이 특정 산업의 속성을 반드시 감안하여 이루어져야 한다고 본다.

501) 제356조(업무상의 횡령과 배임) 업무상의 임무에 위배하여 제355조의 죄를 범한 자는 10년 이하의 징역 또는 3천만 원 이하의 벌금에 처한다. 〈개정 1995.12.29.〉

502) 제3조(특정재산범죄의 가중처벌) ① 형법 제347조(사기)·제350조(공갈)·제351조(제347조 및 제350조의 상습범에 한한다.)·제355조(횡령, 배임) 또는 제356조(업무상의 횡령과 배임)의 죄를 범한 자는 그 범죄행위로 인하여 취득하거나 제3자로 하여금 취득하게 한 재물 또는 재산상 이익의 가액(이하 이 조에서 '이득액'이라 한다.)이 5억 원 이상인 때에는 다음의 구분에 따라 가중 처벌한다. 〈개정 1990.12.31.〉
1. 이득액이 50억 원 이상인 때에는 무기 또는 5년 이상의 징역에 처한다.
2. 이득액이 5억 원 이상 50억 원 미만인 때에는 3년 이상의 유기징역에 처한다.
3. 삭제 〈1990.12.31.〉

사적 규율과 회사법상 이사 등에 대한 손해배상책임이 달성하고자 하는 바와 입법 목적이 상이하므로 이러한 상이한 입법목적을 감안하면 부당지원행위 규정이 공정 거래법에 존치할 실익이 존재한다고 본다. 부당지원행위 규정은 시장에서의 경제력 집중의 억제를 포함한 제반 반경쟁적 시장관행의 교정을 목적으로 하는 조항으로 민사적인 손해배상이나 형사처분을 통하여 확보될 수 없는 입법목적이 존재한다는 논리이다.

형법이 달성하려는 입법목적은 형사적인 처벌에 있는 것이고, 형사처분은 배임죄 의 구성요건이 이루어져야 이루어지는 것이며, 주로 자연인을 염두에 둔 것으로 우 리 대법원은 법인의 경우에도 범죄주체가 된다고 하지만 그 효과는 제한적이다. 오 히려 과징금과 같은 행정적인 제재가 더욱 효과적인 제재수단이라는 점에서도 효과 면에서 형사처분과 행정적인 제재로서의 공정거래법상의 규제가 서로 상존하여야 하는 이유가 될 수 있을 것이다.

(나) 회사법상 제도와의 관계

이러한 차이는 회사법상의 각종 소수주주와 채권자를 보호하기 위한 주주대표소 송이나 유지소송 등과 공정거래법상 부당지원행위의 경우에도 기업지배구조하에서 기업 내부적 수단으로서의 소수주주와 채권자를 보호하기 위한 주주대표소송이나 유지소송 등의 장치는 시장에서의 경제력집중 억제를 포함한 제반 반경쟁적 시장관 행의 교정이라는 목적을 염두에 두고 설계된 제도가 아니므로 이러한 목적의 달성 과 관련된 효과는 간접적이고 제한적일 수밖에 없다는 점도 형사처분과의 입법목적 차이와 같은 맥락에서 논의될 수 있을 것이다.

(다) 공정거래법상 다른 제도와의 관계

공정거래법상 다른 제도와의 관계에서 부당지원행위는 매출액의 100분의 5 범위 안에서 과징금을 부과할 수 있도록 함으로써 나머지 불공정거래행위에 대하여 매출 액의 100분의 2 범위 안에서 과징금을 부과할 수 있도록 하고 있는 것(공정거래법 제24조의 2)에 비하여 그 제재의 수위를 한층 강화하고 있을 뿐만 아니라, 같은 법 제50조 제5항은 부당지원행위의 조사에 한정하여서만 공정위에 금융거래정보제출 요구권을 인정함으로써 보다 효과적으로 강력한 조사수단을 부여하고 있다.503) 이

---

② 제1항의 경우 이득액 이하에 상당하는 벌금을 병과할 수 있다.

러한 점에서 공정거래법상의 다른 수단과 부당지원행위의 차이가 존재하고 있어 쉽게 공정거래위원회의 입장에서도 부당지원행위규정의 폐지에 동의할 수 없는 현실적인 문제점도 있다고 보인다.

2) 규제의 효율성 내지 필요성

최초 입법 이후 일제조사와 같은 형식으로 대규모 기업집단들에 거의 상시적으로 이루어진 부당지원행위 조사를 통하여 실제 부당내부거래가 감소하였다는 점은 여러 가지 통계를 통하여 입증될 수 있다. 이러한 점은 규제가 효과적이라는 점을 입증할 수 있는 증거라고 할 수 있을 것이다.

한편으로 부당지원행위 규제를 대체할 수 있다고 주장되는 형법상 배임죄 등의 형사적 규율과 회사법상 이사 등에 대한 손해배상책임제도가 제대로 기능하고 있지 않다는 점이 부당지원행위 규정 존치의 필요성을 반증하여 준다고 할 것이다.

(2) 폐지론

1) 다른 규제 대안의 존재

부당지원행위의 입법목적을 보면 경제력집중의 억제가 주된 목적임은 입법 당시의 국회 기록을 보면 알 수 있다.[504] 그런데 경제력집중을 억제하기 위한 목적은 결국 계열사 간의 현저하게 저가 또는 고가로 거래하는 자산 또는 자본거래[505]를

---

503) 바로 이러한 이유로 하여 공정거래위원회가 부당지원행위를 넓게 적용할 유익이 있다. 부당지원행위를 넓게 적용함으로써 이러한 수단들을 활용할 수 있게 되는 것이다. 예를 들어 상품 및 용역의 포함 여부의 논란에서 보는 것처럼 상품 및 용역을 포함하는 경우 공정거래법 제23조 제1항 제7의 부당한 자금지원 행위에 포섭하여 자금지원행위의 개념을 넓게 보게 된다면, 공정거래위원회로서는 조사 및 제재수단에 있어 보다 편리하고 강력한 부당지원행위 규정에만 의존하게 되어, 종전의 '대규모기업집단의 불공정거래행위에 대한 심사기준'의 상당부분은 물론, '불공정거래행위기준'에서조차도 '계열회사를 위한 차별'이나 '부당고가매입' 등 상당한 부분의 규정은 사문화될 염려가 있다. 나아가 이러한 포괄적인 법 적용으로 말미암아 사업자들이 공정거래위원회의 부당지원행위 규제에 대한 예측가능성을 상실하거나 위협받음으로써, 헌법상 보장되어야 할 경제상의 자유를 오히려 제약하고 재산권을 침해할 우려마저 있는 점 등에 비추어 보면, 상품·용역 거래와 자금·자산·인력의 거래를 구분하여 적용 규정이 달리 마련되어 있는 이상, 자금·자산 거래의 경우에 적용되는 공정거래법 제23조 제1항 제7호의 규정을 상품·용역 거래에 적용할 수는 없다는 주장은 여전히 공정거래위원회의 이러한 부당지원행위 규정의 광범위한 적용 유인과 관련하여 유효한 논의라고 할 것이다.

504) 제181회 제8차 회의기록 참고.

505) 공정거래법 시행령 [별표 1]
　　10. 부당한 지원행위
　　법 제23조(불공정거래행위의 금지) 제1항 제7호에서 "부당하게 특수관계인 또는 다른 회사에 대하여 가지급금·대여금·인력·부동산·유가증권·상품·용역·무체재산권 등을 제공하거나 현저히 유리한 조건으로 거래하여 특수관계인 또는 다른 회사를 지원하는 행위"라 함은 다음 각 목의 어느 하나에 해당하는 행위를 말한다.
　　가. 부당한 자금지원
　　부당하게 특수관계인 또는 다른 회사에 대하여 가지급금·대여금 등 자금을 현저히 낮거나 높은 대가로 제공 또는

규제하는 것에서 이루어질 수 있을 것이다. 그러므로 굳이 아래와 같은 상황을 고려하면 부당지원행위규제가 별도로 필요한지는 의문이 있는 것이다.

(가) 상법상의 주주대표소송 등의 수단

(a) 주주대표소송의 실제적인 증가와 규범의 보완

그런데 이러한 계열사 간의 현저하게 저가 또는 고가로 거래하는 자산 또는 자본거래를 규제하는 법제는 부당지원행위가 아니라도 이사의 책임 문제로 해소할 수 있다는 논의가 있을 수 있다. 왜냐하면 우리나라 대규모기업집단의 경우에는 소위 '오너'라고 불리는 창업자나 그 일가들이 대개 이사직에 있기 때문이다.506) 또 IMF 경제위기 이후 소위 등기이사직에 있지 않은 사실상 이사들을 규제하기 위하여 이사에 대한 책임을 묻는 규정을 신설하였음은 앞서 언급한 바와 같다.

실제로도 최근 삼성전자 전·현직 이사들을 상대로 한 주주대표소송의 경우처럼 참여연대와 같은 시민단체와 소수주주들에 의하여 제기되고 판결까지 이루어지고 있다.507) 그 외 여러 건의 주주대표소송이 제기되었고, 제기되어 법원에 계쟁 중이다.508)

(b) 터널링 이슈 해결수단으로서의 주주대표소송

물론 앞서 본 터널링의 유인이 존재하는 경우 기업지단의 지배주주가 부당한 목적으로 비효율적인 계열거래를 할 가능성을 완전히 배제할 수 없다. 그러나 1회적인 자산이나 자금 지원과 달리 지속적으로 물량몰아주기를 하는 경우라도 그 거래가격은 정상가격에 의하여 이루어지는 것이므로 회사로서는 손해가 없다. 그렇다면 이 경우에는 부의 이전이 존재하지 않고 외부로 분산되어 기업집단 밖으로 유출될 부가 기업 내부로 잔존하는 것이 된다. 터널링을 어떻게 보든 간에 주주대표소송은

거래하거나 현저한 규모로 제공 또는 거래하여 과다한 경제상 이익을 제공함으로써 특수관계인 또는 다른 회사를 지원하는 행위.

506) 하지만 실제로는 IMF 이후 기업지배구조에 대한 상법 및 구 증권거래법상의 각종 개정이 이사책임을 강화하는 방향으로 이루어지자 굳이 이사직에 오너 스스로 재임할 필요성이 없다는 인식하에 이사직에서 물러나는 경우도 상당수 있었다. 그리고 바로 이러한 점에 대한 문제의식이 사실상 이사개념의 도입을 통한 이사가 아님에도 영향을 실제적으로 행사하는 경우에 책임을 부담하도록 하는 규정을 입법화한 배경이 된다.

507) 2005.10.28. 대법원에서 삼성전자를 상대로 한 주주대표소송에서 소수주주의 소송이 일부 승소한 것은 상징적인 의미가 있는 사건이다. 1998년 시작된 사건이 7년여간의 법정 소송을 통하여 원고의 승소로 끝남으로써 소송 건수가 미미한 수준이었던 관계로 사실상 장식적인 의미로 이해되었던 주주대표소송이 실제화된 것이다.

508) 사례연구에서 볼 현대 글로비스 건의 경우에도 현대자동차의 정몽구 회장 등을 상대로 주주대표소송이 제기되어 현재 법원에 계속 중이다.

이러한 이사나 대주주의 신임관계 위반에 대한 제어수단이 될 수 있다. 만일 현재 제도의 부족함이 있다면 이 문제는 주주대표소송 제도의 개선으로 해결될 수 있을 것이다.

(나) 형법상 배임죄 등에 의한 형사책임의 소추

삼성에버랜드 사건의 경우에도 형사사건이 병행되었다.[509] 우리의 경우 형사 배임죄는 경제범죄에 있어서 일반적 구성요건으로서의 역할을 하고 있어 부당지원행위에서 달성하려고 하는 교정적 작용을 상당부분 할 수 있다. 제4절에서 살펴본 경영판단법칙이 인정되는 범위에서 형법상 배임죄가 성립되지 않을 수 있다.[510]

그러나 부당지원행위는 경영판단이라고 하여 성립되지 않는 것이 아니다. 왜냐하면 적절하고 합리적인 경영판단이 시장에서 경쟁자를 몰아내는 방법으로 자신의 독점력을 높이거나 계열회사의 독점력을 높임으로써 수직계열화를 통한 자신의 경쟁력을 강화시키는 것으로 이뤄지는 경우 이러한 수직계열화 과정에서의 지원행위는 경제력집중에 기여하는 것이기 때문에 부당지원행위에 해당할 수 있다. 부당지원행위와 배임죄는 같은 터널링 행위에 대한 규제로서의 기능이 있지만 이 점이 부당지원행위에 의한 규제와 배임죄에 의한 규제의 차이점이 될 수 있다.

2) 규범구조 자체의 불명확성으로 인한 과잉규제

부당지원행위는 수범자가 자신의 행위가 위법인지 여부를 사전에 판단하기 매우 어렵다. 구성요건인 부당성, 현저성 등이 불확정개념의 집합이다. 그래도 자산지원행위나 자본지원행위, 인력지원행위는 상대적으로 어느 정도의 예견가능성은 담보되고 있다.[511] 그러나 물량몰아주기에 대하여 거래규모는 현저한 규모의 거래라 하

---

509) 지난 2008.10.10. 삼성에버랜드 사건에 대한 이건희 삼성그룹 회장 등에 대한 배임죄에 대한 무죄선고가 있었다. 이에 대하여 애초 이건희 회장 등을 고발한 방송통신대학 곽노현 교수는 한계레21에 법원의 결정에 대하여 비판하는 글을 썼다.
(http://h21.hani.co.kr/arti/cover/cover_general/23615.html 2008.10.31. 최종접속)

510) 대법원 2004.7.22. 선고 2002도4229 판결. 이 판결에 대한 평석으로는 최승재, "경영판단의 항변과 기업경영진의 배임죄의 성부", 법률신문 2004.10. 21. 참조.

511) 관련된 사안으로 IMF 외환위기 직후 대기업 계열사들이 부도 위기에 몰린 계열사를 지원하기 위해 후순위채권 매입 등의 간접 지원은 부당 내부거래로 보기 어렵다는 대법원 판결이 나왔다. 이는 IMF라는 초유 사태의 상황에서 채권매입금리의 적정성 여부를 판단하기 어렵다는 취지로 풀이된다.
대법원2부(주심 박시환 대법관)는 SK텔레콤과 SK네트웍스·SKC가 공정거래위원회를 상대로 낸 시정명령 등 취소소송에서 원고 패소한 원심을 깨고 사건을 서울고법으로 돌려보냈다고 3일 밝혔다. SK네트웍스·SKC는 지난 1999년 1월 30일 이자율 연 13%로, SK텔레콤은 2000년 10월 6일 연 11%로 같은 계열사인 SK생명보험에 모두 1,400억 원을 후순위 대출해 줬는데 당시 SK생명은 자산 규모가 5,702억 원인 중소 생명보험회사로 5년

여 바로 과다한 경제상 이익을 준 것이라고 할 수 없다고 하면서도 거래수량에 관한 사항으로서 거래조건에 포함된다고 할 수 있고 현실적인 관점에서 경우에 따라서는 유동성의 확보 자체가 긴요한 경우가 적지 않음에 비추어 현저한 규모로 유동성을 확보할 수 있다는 것 자체가 현저히 유리한 조건의 거래가 될 수 있으므로, '현저한 규모로 제공 또는 거래하여 과다한 경제상 이익을 제공'하는 것도 법 제23조 제1항 제7호 소정의 '현저히 유리한 조건의 거래'의 하나라고 볼 수 있다고 보는 대법원의 태도는 부당지원행위의 모호성을 더욱 키우고 있다.[512]

물량몰아주기라는 개념 자체가 부정적인 뉘앙스를 가지고 있는 표현이라는 점이 논의 자체가 가지는 편향에 대한 의심을 가지게 된다. 그러나 이런 이미지를 제거하고 논리적으로 보면 이 문제는 단순히 거래의 부당성 문제가 아닌 대규모기업집단의 조직형태에 대한 문제이다. 만일 물량몰아주기를 부당지원행위에 포섭하게 되는 경우에 대규모기업집단의 경우에는 경제활동의 조직방식으로서의 대규모기업집단의 존재 자체에 대한 상당한 훼손으로 이해된다.

대규모기업집단은 그 존재의 이유가 일련의 가치 사슬에서 그 가치사실을 수직계열화하고 유관산업에 지속적으로 시너지를 가지고 확장을 함으로써 통합을 통한 경제성을 확보하려고 하는 기업집단의 조직화 방식이기 때문에 물량몰아주기가 부당지원행위라면 이는 계열회사 간의 가격에 의한 문제가 아니라 계열거래 자체를 문제 삼는 것이므로 대규모 기업집단의 계열회사 간 수직적 통합을 통한 경제적 효율성 달성이 공정거래법상 부당지원행위라는 틀로 상당부분 금지되는 것이나 마찬가지이다.[513]

3) 입법목적론의 관점[규제필요성의 존부]

모든 법제도는 시대적인 소명을 가지고 있다. 부당지원행위 규정의 존치 필요성

<hr>

연속 적자로 자본 잠식 상태에 빠져 있었다. 이에 공정위는 2003년 10월 "SK생명의 당시 재무구조 및 신용 상태, 대출 성격에 비춰 SK네트웍스 등의 후순위 대출금리는 정상금리보다 최소 2~3% 낮아 부당한 지원 행위에 속한다."며 시정명령 및 과징금 28억 원 납부명령을 내렸다. 참조(한국일보 2008.4.3.자).

512) 대법원 2007.1.25. 선고 2004두7610 판결 【시정명령및과징금부과처분취소】 [공2007.3.1.(269), 349]. 이 판결에 대한 평석으로는 조성권, "재벌회사가 특수관계자인 계열회사 발행의 후순위사채나 기업어음을 매입한 것이 대여금으로서 업무무관가지급금에 해당한다고 보기 위한 요건, 이때 당좌대월이자율 이상의 수익률로 후순위사채나 기업어음을 매입", 대법원판례해설 73호(2007 하반기) 법원도서관(2008.7.); 윤인성, "대법원 공정거래사건 판결 요지", 경쟁저널 통권138호 한국공정경쟁연합회(2008.5.).

513) 2차 세계대전 이후 일본에서 맥아더 군정은 대규모 기업집단인 게이레쯔 구조를 해체하기 위한 입법을 하였다. 지주회사도 이때 금지되었다. 우리나라에서도 지주회사 구조가 상당기간 금지되었던 것은 이 영향으로 보인다. 그런데 이러한 지주회사가 역으로 선진화된 지배구조인 것처럼 말해지는 것은 참으로 역사의 아이러니다.

이 지금도 있는지에 대해서는 검토의 실익이 있다. 왜 기업들은 집단화하는가? 집단화된 대규모 기업집단들은 사회적 해악인가? 선행적으로 답을 한다면 그 답은 부정적이다. 계열화를 통한 기업집단의 형성은 거래의 내부화를 통한 시장거래비용의 회피라는 장점과 시장거래를 통한 이윤극대화라는 양쪽의 이점을 모두 취할 수 있는 방식이다. 그러므로 그 자체가 해악인 것처럼 이해하는 것은 기업집단형성의 효율성을 무시하는 것이다.

헌법재판소의 부당지원행위 합헌 이유 중에서 입법목적으로서의 경제력집중의 유용성 감소가 주로 논의되어야 할 것인바, 앞서 송옥렬 교수의 지적[514]과 같이 경제력집중이라는 과제가 현재에 있어도 유효한 과제인지 여부에 대한 질문은 지속적으로 제기되어야 할 것이라고 생각한다. 만일 송 교수의 지적과 같이 공정거래위원회조차도 회사법상의 쟁점인 대리인－본인 문제(agent－principle problem)의 해결을 위한 제도로 부당지원행위를 이해하고 있다면 이는 제도의 존폐에 대한 고민이 필요한 시점이 되었다는 의미로 이해될 수 있을 것이다.

4) 이중처벌의 문제

형사적인 제재로서 배임죄의 성립과 공정거래법상 형사처분 규정 등이 과연 헌법이 금지하고 있는 이중처벌이 아닌지에 대해서는 의문이 있다. 대법원은 형벌과 다른 행정상의 제재가 이중처벌이 아니라고 보고 있다. 이러한 기존 판례의 연장선상에서 대법원은 부당지원행위에 대한 과징금이 부당이득환수와 제재의 성격을 동시에 가지고 있다고 보면서 이중처벌이 아니라고 판단하였다.[515] 이는 대법원이 과징금을 제재라고 하면서도 형사처분은 아니라고 본 것으로 이해할 수 있다. 그렇다면 대법원이 말하는 제재는 행정벌이라는 의미일 것도 같은데 견해의 대립은 있지만 이 경우에도 형법총칙이 적용되는 형벌적인 성격이 있다. 결국 대법원의 판결이 이중처벌이 아닌지에 대한 문제에 대하여 완전한 답을 한 것은 아니라고 보인다.

---

514) 송옥렬, "신주인수권부사채의 발행과 공정거래법상 부당지원행위", BFL 제10호(2005.3.).

515) 대법원은 법 제23조 제1항 제7호, 법 제24조의 2 소정의 부당지원행위를 한 지원주체에 대한 과징금은 그 취지와 기능, 부과의 주체와 절차 등을 종합할 때 부당지원행위의 억지라는 행정목적을 실현하기 위한 입법자의 정책적 판단에 기하여 그 위반행위에 대하여 제재를 가하는 행정상의 제재금으로서의 기본적 성격에 부당이득환수적 요소도 부가되어 있는 것이라고 보았다(대법원 2004.4.9. 선고 2001두6197 판결【시정조치및과징금부과처분취소】[공 2004.5.15.(202), 803]).

5) 부당지원의 유인 문제: 터널링 논의에 대한 비판

앞서 본 바와 같이 터널링을 할 수 있지만 문제는 계열거래가 시장거래보다 비효율적임에도 지배주주가 자신의 이익을 위하여 거래를 계열화하고 정상가격과 괴리된 가격으로 지속적으로 물량을 몰아주는 방식의 거래를 한다는 것이 실제로 유인으로 존재할까 하는 점이다.

왜냐하면 앞서의 터널링을 염두에 둔다고 하더라도 만일 회사 A가 파산을 하게 되면 지배주주 갑은 자신이 가지고 있는 A 회사 지분의 가치가 영이 된다.516) 그리고 B 회사의 경우에는 계열거래에만 의존하게 되어 동반 부실화될 우려가 있다. 그렇다면 이러한 유의 부당지원행위에 대한 유인은 장기적으로는 존재하지 않는다. 반면 소위 물량몰아주기를 통하여 효율성 증진효과가 발생하게 되는 경우에는 계열회사 전체의 통합적 업무 수행을 통한 수익이 증대될 것이다.

또 다른 문제는 현실적으로 물량몰아주기의 경우 물량몰아주기가 효율성 증대효과가 커서 양자 모두에게 비용절감 내지 수익향상의 긍정적인 효과가 발생하는 경우일수록 오히려 터널링을 통하여 부를 이전함으로써 계열집단 운영을 하여 계열집단이 부실화되는 경우보다 부당지원행위의 표적이 될 가능성이 높다는 점이다. 왜냐하면 터널링의 경우와 달리 물량몰아주기의 경우 계열집단이 크고 그래서 효율성 증대가 많이 발생한 기업집단이 표적이 되어 현저한 규모로 거래하여 과다한 경제적 이익을 공여한 것으로 공격받을 가능성이 높아지기 때문이다. 결국 대규모 기업집단의 경우에는 부당지원행위 규정의 운영에 따라 사업이 실패하면 도산으로 경제적인 고통을 당하게 되고, 효율적으로 계열집단을 운용하여 성공하면 성공하였다는 점이 분쟁을 야기하는 원인이 되는 아이러니한 상황에 처하게 되는 것이다.

3. 대안의 제시

(1) 부당지원행위규정의 폐지

1안으로는 부당지원행위 규정의 완전한 폐지를 검토할 수 있을 것이다. 이미 상법 및 자본시장법, 형법 및 특정경제범죄가중처벌법, 세법 등 일련의 규정에 부당지원행위가 달성하려는 목적들이 달성될 수 있다는 것이 폐지의 이유가 될 것이다.

---

516) 실제 우리도산처리 실무에서 사실상 절대우선주의(APR)를 취하기 때문에 최대주주의 지분은 전부 소각되게 되므로 이와 같이 영이 된다고 표현하더라도 문제 될 것은 없다고 본다.

폐지 시 대안으로 제시된 각 장치가 부당지원행위 규정을 대체하지 못하는 경우 규제 공백이 생길 수 있다는 문제가 있다.

(2) 부당지원행위규정의 개정

2안으로는 부당지원행위 규정의 완전한 폐지 대신 법조계, 경제계 및 학계의 의견을 종합하여 부당지원행위 규정을 전면적으로 개정하여 불확실성을 줄이고, 적용범위를 명확하게 하는 방식으로 개정을 하는 안이 있을 것이다. 그러나 이 안은 애초의 부당지원행위 규정의 입법목적을 유지하려면 입법기술상 상당한 정도의 일반규정의 사용은 불가피한 것으로 보여 과연 어느 정도의 명확화가 가능할지는 의문이다.

(3) 부당지원행위규정의 현안유지: 사법적 적용 제한

3안으로는 부당지원행위규정은 현재와 같이 유지하되 사법적으로 적용을 제한하여 물량몰아주기와 같은 경우에는 적용을 제한하는 방식이 있을 것이다. 입법적인 방법이 아닌 사법부의 해석을 통한 제한은 한계가 있다.

Ⅵ. 공정성과 효율성 그리고 법

1. 공정성과 효율성

공정성과 효율성은 오랜 논쟁의 대상이 되고 있다. 경제학은 희소한 자원의 배분에 대한 학문이다. 그런데 이러한 희소한 자원은 부동산일 수도 있고, 개인이 보유한 시간일 수도 있고, 권리일 수도 있다. 이러한 희소한 자원은 법적인 문제를 동반한다. 법경제학이 불법행위의 책임분배에 대하여 기여할 수 있는 부분은 불법행위법이 결국 책임의 분배에 대한 법이기 때문이다.

희소한 자원을 어떻게 배분할 것인가에 대하여 경제학은 파레토 효율성(pareto efficiency)이라는 개념을 널리 사용하고 있다. 파레토 최적은 파레토효율적인 배분에서 이루어질 수 있을 것인바, 한 개인의 효용을 증가시킴에 있어서 다른 개인의 효용을 감소시키지 않고 기존의 지점에서 다른 자원배분의 지점으로 옮겨 갈 수 있다면(이행가능성) 이는 사회적으로 효율적인 분배라고 할 수 있다고 할 것이다.[517]

---

517) 細江守紀, 太田勝造, 法の 經濟分析, 勁草書房(2001) 8-9頁.

이러한 파레토 효율성은 4가지 정도의 전제를 내포하고 있다고 한다. (i) 경로독립성(process independence)이다. 결과만을 보는 것이지 효율성이 달성된 프로세스에 대해서는 고려하지 않는다. (ii) 개인주의(individualism)이다. 사회상태가 좋은지 여부에 대한 판단을 함에 있어 최종적으로 사회 구성원 개개인으로 환원한다. (iii) 비부권주의(non‑paternalism)이다. 개개인 효용의 판단에 있어서 최선인지 여부의 판단은 개인이 한다. (iv) 박애주의이다. 사회적으로 다른 개인의 효용이 변화하지 않더라도 다른 개인의 효용이 증가하면 사회적으로 효율성이 증대된다고 본다.[518]

그런데 이러한 파레토 최적은 절차(프로세스)를 고려하지 않는다는 점에서 민주주의에서 개인들의 참여에 대한 절차적인 보장의 문제 및 정의의 개념과 부합하는 것인지의 문제가 있다. 그리고 국가나 사법기관이 부권주의적인 개입이 필요한 사항(예를 들어 마약의 재배와 사용)에 대해서도 효용을 부여할 수 있다는 것으로 의문점이 있으며, 공평성이라는 개념을 의도적으로 회피한 것이라는 비판이 있다.[519]

그런데 개인들의 의사결정은 효율성뿐만 아니라, 공정성에 의해서도 결정되거나 매우 중요한 영향을 받는다는 것은 실험을 통하여 드러났다. 소위 최후통첩게임(ultimatum game)이라고 불리는 게임이 인간의 의사결정에 있어서의 공정성 고려의 중요성을 보여 준다.[520] 최후통첩게임이란 A에게 10원을 주고, A에게 B에게 얼마를 줄지를 정할 권한을 주고, 이때 만일 B가 A의 제안을 수용하면, 각자는 합의한 금액을 받고, 만일 B가 거절하면 둘 다 전혀 아무것도 받지 못하는 게임이다. 전통적인 경제학에 의하면 A가 어떤 제안을 하더라도(예를 들어 1원: 화폐단위가 최소로 분할될 수 있는 것이 1원이라고 하자) B는 항상 수용하여야 한다. 왜냐하면 B로서는 초기 부존이 0이므로 0보다 큰 모든 제안은 개선이 이루어지기 때문이다. 그런데 실제 연구결과는 A가 1원을 제안할 경우 B가 제안을 거부하고 둘 다 아무것도 받지 않는 것으로 의사결정을 할 가능성이 높다고 보고, 대개 5원 근처에서 제안을 한다는 것이다. 이는 결국 공정성이 효율성만큼이나 의사결정에 중요하다는 것이며, 동시에 법이 효율성과 함께 고려하는 공정성이 실제적인 의미가 있다는 것을 보여 준다.

---

518) 前揭書, 13面.

519) 前揭書, 12‑13面.

520) 박상준, 천도정, "최후통첩게임에서 의사결정 상황의 영향", 經營科學 제25권 제2호(2008년 7월) pp.1‑12.

경제학자들도 효율성만을 본 것은 아니다. 2009년 실러가 자신의 저서인 「Animal Spirit」(동물적 본능)[521]에서도 지적하는 것처럼 전통경제학이 효율성을 주로 본 것은 논리전개 편의성때문이다. 하지만 유효한 경제정책의 설계나 규범 설계에 있어서는 분명히 공정성에 대한 배려가 필요하다. 왜냐하면 우리는 폭설이 내린 날 삽의 가격을 갑자기 10달러에서 15달러로 높이는 철물점 주인의 행동이 수요와 공급이라는 관점에서는 효율적인 행동일 수 있지만 폭설로 인한 타인의 곤란을 이용하였다는 점에서 공정하지 않다고 생각하는 두 개의 날개로 세상을 날고 있기 때문이다.[522]

2. 글로비스 사건

(1) 사안의 개요

현대자동차그룹은 이전에 현대그룹시절에서는 자동차의 육상 및 해상운송을 현대상선이라는 계열회사를 통하여 주로 하였다. 그러다가 현대그룹이 분리되면서 정몽구 회장이 운영하는 현대자동차그룹은 계열의 운송회사를 보유하고 있지 않았다. 그러던 중에 현대상선은 자동차의 해외운송을 위하여 현대상선이 보유하고 있던 자동차 운송전용 선박을 경영위기로 인하여 매각하였다. 현대자동차그룹은 정몽구 회장의 아들인 정의선을 대주주로 하여 글로비스라는 운송회사를 설립하고 그룹의 운송 물량을 글로비스에 몰아주었다.

화물운송시장은 국내의 경우 계열회사별로 수직계열화되어 있어 특정 운송회사가 특정기업집단의 물량을 주로 취급하였다. 운송주선인들도 특정 대규모기업집단과만 거래를 하는 경우가 많고, 독립운송업자는 시장에서 큰 시장점유율을 가지고 있지 않았다.

공정거래위원회는 의결서에서 현대자동차그룹의 글로비스에 대한 물량몰아주기를 위법(부당지원행위)하게 보고, 2001.3.부터 의결 당시까지 지속적으로 이루어지고 있는 거래 중에서 공정거래법위반 기간을 2001.3. ‒ 2004.6.까지로 제한하였다. 위 기간 동안의 부당지원행위라고 인정되는 거래 규모는 단가를 인상하여 유리한 조건으로 거래한 4,274억 5,600만 원 상당이라고 인정하였다.[523]

공정거래위원회의 논리는 ① 이 사건 거래는 현대차 등이 유리한 조건에 의한 현저한 규모의 거래를 통하여 글로비스를 지원하기 위한 의도를 가진 점(지원의도의 존재), ② 이 사건 거래로 피고 정몽구 및 정의선의 기업집단 '현대자동차'에 대한 지배력을 제고시킴으로써 소유 측면에서 경제력을 부당하게 집중시킨 점(부당한 경제력집중), ③ 이 사건 거래로 인하여 지원객체인 글로비스가 화물운송주선업 시장에서 유력한 사업자로서의 지위를 획득·유지하도록 한 점(지원객체의 유력한 사업자로서의 지위 획득 및 제고), ④ 이 사건 거래로 지원객체인 글로비스의 자금여건을 크게 제고하여 경쟁상 지위를 부당하게 상승시킨 점(상당한 크기의 지원효과), ⑤ 이 사건 거래로 인하여 지원주체인 현대차 등의 경쟁력을 저하시키고, 자동차 소비자의 후생을 감소시킬 우려가 있는 점(지원주체의 경쟁력 저하 및 소비자 후생의 감소), ⑥ 이 사건 거래로 인하여 화물운송주선업 시장의 신규진입을 저해하고 당해 시장의 기술혁신이나 경쟁력 제고를 저해할 우려가 있는 점(신규진입 저해 및 중소사업자에 대한 피해) 등이 인정되므로, 이 사건 거래는 글로비스로 하여금 경쟁사업자에 비해 유리한 경쟁조건을 갖도록 함으로써 화물운송주선업 시장에서 경쟁이 저해되거나 경제력이 집중되는 등으로 공정한 거래를 저해할 우려가 있는 부당행위라는 것이었다.

(2) 쟁점

1) 지원행위의 성립 여부

(가) 부당지원행위 기간의 산정

이 사건 거래행위는 2001년경부터 현재까지 그 의도, 방법, 절차 등에서 동일한 연속적인 거래행위, 즉 기업그룹 내의 물류 일원화·통합화를 통하여 물류의 효율성 증진을 위한 일련의 행위에 해당하기 때문에 공정거래위원회가 자의적으로 어느 시점을 정하여 그 시점 전에는 부당지원행위이고, 그 시점 이후에는 부당지원행위가 아니라고 판단할 수 있는지는 의문이다.

(나) 거래 규모의 현저성

(a) 공정위의 판단

공정거래위원회는 현대차 등이 글로비스에 몰아준 운송물량이 물류비에서 차지하

는 비중, 당해 시장 1위 사업자와 비교한 크기, 화물운송주선업 시장에서 차지하는 크기, 글로비스의 전체 매출액에서 차지하는 비중 등의 측면에서 현저한 규모에 해당한다고 인정하고 있다. 공정거래위원회 의결은 각 물류업무에서의 거래내용, 전체 매출총이익률의 수준 등을 고려할 때, 2001.3.부터 2004.6.까지 현대차 등은 글로비스와 사이에 현저한 규모의 거래를 함에 있어 시장가격보다 상당히 유리한 조건으로 거래하였다고 인정하고 있다.

(b) 검토

그런데 공정거래위원회는 공정거래법상 부당지원행위가 성립하기 위한 요건인 '현저히 유리한 조건'을 '상당히 유리한 조건'으로 성립요건을 해석하여 적용하고 있다. 이러한 공정거래위원회의 의결은 '현저성'이라는 요건과 '상당성'이라는 요건이 가지는 법적 의미라는 관점에서 차이가 분명하므로, 문언해석의 범위를 넘어선 것이 아닌지 하는 의문이 있다. 현저성 요건은 부당지원행위가 가지는 재량을 감안하여 현저한 경우에만 규제하겠다는 입법자의 결단을 반영한 조문이다. 그런데 이를 상당성이라고 완화하는 것은 해석 가능한 범위를 초과한 것이 아닌가 하는 의문이 들게 한다.[524]

(다) '과다한 경제상 이익'인지 여부

공정거래위원회는 의결서에서 비경쟁적 방식에 의한 현저한 규모의 물량수주, 글로비스의 높은 자기자본증가율, 매출액증가율 및 총자본 영업이익률 등을 종합하면 글로비스가 현대차 등으로부터 과다한 경제상 이익을 제공받았다고 인정하였으나, 이와 같은 자료만을 근거로 하여 글로비스에 제공된 경제상 이익이 과다한 것이라고 볼 수 있을지 의문이다. 왜냐하면 글로비스와 같은 신설회사의 경우 기존의 성숙한 회사보다 위와 같은 각종 지표가 높은 것이 일반적인 현상이기 때문이다.

나아가 이러한 현상은 대규모 기업집단인 현대자동차의 각 계열사들이 독자적으로 수행하던 물류업무를 글로비스로 통합하는 과정에서 발생되는 현상으로서, 효율성의 증대로 설명할 수도 있다. 이러한 점을 같이 생각하다면 물류통합은 기업집단인 현대자동차뿐만 아니라 세계 유수의 자동차회사에서 물류효율성을 높이기 위하

---

524) 공정위가 제시하고 있는 매출총이익률이나 화물운임지수 등과 같은 각종 지표들이 대상 거래가 정상적인 거래 조건을 벗어난 현저히 유리한 조건의 거래라고 인정할 수 있는지에 대해서 의문이 있다. 하지만 이는 매우 구체적인 사안과 관련된 것으로 상설은 하지 않는다.

여 일반적으로 행하고 있는 사업방식이라는 점에서 이러한 지표상의 개선이 물량몰
아주기로 인한 일련의 거래로 글로비스가 과다한 경제상 이익을 제공받았다는 결론
을 지지하기 위한 증거라고 단정할 수 없다.

2) 경영상의 효율성 추구와 부당지원행위

(가) 문제의 소재

이 사건에서 공정거래위원회가 문제 삼은 물량몰아주기라는 이슈가 부당지원행위
에 포섭되는 것에 대하여 가장 문제점이 되는 점은 대규모기업집단의 존재 자체가
내부적이 수직 계열화를 통하여 효율을 달성하려고 하는 것인데, 만일 이러한 수직
계열화를 통한 효율성의 달성을 물량몰아주기라고 하여 규제하게 되면 대규모기업
집단의 존재 자체 의의가 몰각되게 되는 문제가 있게 된다는 점에 있다.

(나) 회사법과 세법상 제도의 운용

대규모 기업집단인 현대자동차는 물류 수직통합 및 효율화라는 정당한 목적달성
을 위하여 내부의사결정 과정을 통하여 글로비스와 일련의 대량거래를 한 것이다.
이러한 거래의 과정에서 발생하는 회사법상의 문제가 있을 수 있지만 이러한 점은
회사법상의 수단에 의하여 판단되면 될 것이고, 법인세법상의 문제는 법인세법에
의하여 판단되면 된다. 회사법은 주주대표소송과 유지청구권[525]이라는 제도를 통해
이사의 책임을 규정하고 있다.[526] 그리고 우리 상법은 IMF 이후 업무집행지시자[527]

---

525) **제402조**(유지청구권) 이사가 법령 또는 정관에 위반한 행위를 하여 이로 인하여 회사에 회복할 수 없는 손해가 생
　　길 염려가 있는 경우에는 감사 또는 발행주식 총수의 100분의 1 이상에 해당하는 주식을 가진 주주는 회사를 위
　　하여 이사에 대하여 그 행위를 유지할 것을 청구할 수 있다. 〈개정 1984.4.10, 1998.12.28.〉

526) **제399조**(회사에 대한 책임) ① 이사가 법령 또는 정관에 위반한 행위를 하거나 그 임무를 해태한 때에는 그 이사
　　는 회사에 대하여 연대하여 손해를 배상할 책임이 있다.
　　② 전항의 행위가 이사회의 결의에 의한 것인 때에는 그 결의에 찬성한 이사도 전항의 책임이 있다.
　　③ 전항의 결의에 참가한 이사로서 이의를 한 기재가 의사록에 없는 자는 그 결의에 찬성한 것으로 추정한다.
　　제400조(회사에 대한 책임의 면제) 전조의 규정에 의한 이사의 책임은 총주주의 동의로 면제할 수 있다.
　　제401조(제삼자에 대한 책임) ① 이사가 악의 또는 중대한 과실로 인하여 그 임무를 해태한 때에는 그 이사는 제
　　삼자에 대하여 연대하여 손해를 배상할 책임이 있다.
　　② 제399조 제2항, 제3항의 규정은 전항의 경우에 준용한다.

527) **제401조의 2**(업무집행지시자 등의 책임) ① 다음 각 호의 1에 해당하는 자는 그 지시하거나 집행한 업무에 관하
　　여 제399조·제401조 및 제403조의 적용에 있어서 이를 이사로 본다.
　　1. 회사에 대한 자신의 영향력을 이용하여 이사에게 업무집행을 지시한 자
　　2. 이사의 이름으로 직접 업무를 집행한 자
　　3. 이사가 아니면서 명예회장·회장·사장·부사장·전무·상무·이사 기타 업무를 집행할 권한이 있는 것으로
　　인정될 만한 명칭을 사용하여 회사의 업무를 집행한 자
　　② 제1항의 경우에 회사 또는 제3자에 대하여 손해를 배상할 책임이 있는 이사는 제1항에 규정된 자와 연대하여
　　그 책임을 진다. [본조신설 1998.12.28.]

라는 개념을 통하여 기업경영진의 책임 범위를 확장하고 있는 등 일련의 조치를 하였고, 실제 주주대표소송 등의 사례도 증가하고 있다. 상장회사의 경우에는 자본시장법에 의하여 주주대표소송의 요건이 완화되어 있다. 소득세법과 법인세법의 경우에도 부당행위계산 부인제도를 두어서 특수관계인 간의 거래에 대한 규제를 하고 있다.

(다) 자동차 산업의 특성

자동차 산업의 특성을 감안하는 것은 공정거래법의 시장질서 확립을 위한 기능을 생각하면 매우 긴요하다. 자동차 산업에서의 물류 통합 및 효율화는 자동차 산업의 공급사슬(Supply chain)528)인 AVC(Automobile Value Chain, 자동차 생산 가치사슬)의 중요 요소로서 기업집단인 현대자동차를 포함한 세계 유수의 회사들이 일반적으로 추구하고 있는 사업 모델이며 현대자동차만의 독자적인 모델이 아니다.

자동차 산업에서의 경쟁은 이제 더 이상 국지적인 경쟁이 아니라 전 세계적인 경쟁이 되고 있어서 어느 한 국가의 법제가 당해 국가에 소재하는 기업의 경쟁력을 저해하는 제도가 되지 않도록 유의하여야 한다. 더구나 우리나라와 같이 수출중심 국가의 경우로서는 수출기업의 이러한 점을 반드시 고려하여야 할 것이다.

글로비스 사건의 경우 대상거래로 인하여 지원주체인 현대차 등은 물류비용을 절감하여 경쟁력이 제고되는 것이 소비자 후생의 감소로 연결되게 되는 것인지에 대하여 인과관계의 연결에 대하여 의문을 가질 수밖에 없다. 이러한 질문을 가지는

---

528) 이러한 SCM(Supply Chain Management)의 장점에 대해서는 Jack R. Meredith et al, "Operations Mangement for MBAs" 2nd ed. John Wiley & Sons(2002) 참조)[현대 산업사회에 있어서 기업에서의 물류란, 공급사슬(Supply Chain)을 구성하는 기업들 간의 '재화·서비스 및 관련 정보의 효율적·효과적인 흐름과 보관을 기획·실행·통제하는 활동'을 의미하고, 따라서 기업에서의 물류는 운송, 보관, 하역, 포장, 유통가공 등을 포괄하는 넓은 의미를 가지게 있다. 그리고 이러한 물류 개념에 있어서 수요예측, 생산기획, 구매조달, 공장·창고·항만의 위치선정 등이 중요한 요소라고 할 수 있다. 이러한 Supply Chain을 구성하는 기업들 간의 세 가지 핵심적인 흐름, 즉 제품/재료·정보·금융/현금의 흐름을 효과적으로 통합하기 위한 활동을 공급사슬관리(Supply Chain Management: SCM)라고 한다. 그런데 Supply Chain상에 위치하는 각 개별기업의 비용최소화 및 이윤극대화와 Supply Chain 전체의 비용최소화 및 이윤극대화가 반드시 일치하지는 않는데, Supply Chain 전체를 구성하는 기업집단에서는 Supply Chain을 하나의 통합된 기업처럼 운영하여 시스템 전체의 효율성을 높이는 것이 전체 기업집단에 이익이 된다. 따라서 Supply Chain을 구성하는 기업들 간의 정보공유, 긴밀한 조정과 협력, Supply Chain의 운영에 따른 위험과 보상의 공유 등을 통하여 개별 기업들이 개별적으로 운영하는 물류 시스템을 얼마나 효율적으로 조정·통합하느냐가 전체 기업집단 차원에서 비용최소화와 이윤극대화 달성의 관건이 된다. 결국 '효율적' 물류란 Supply Chain상의 조달·생산·유통·판매의 전 과정이 원활히 연계·수행되도록 하는 물류를 말하는 것으로서 '필요한 재화가 필요한 시간에 필요한 수량만큼 필요한 장소'로 흐르게 하는 물류 네트워크의 구축·운영이 효율성 제고의 관건이므로 재고비용 절감과 리드타임(lead time) 단축이 물류의 효율성을 가름하는 주요 지표라 할 수 있다.].

것은 경쟁 환경의 변화에 따른 규범개정의 필요성과 관련하여 반드시 검토되어야 할 점이라고 생각한다.

(3) 경영학과 법학

이 사건은 자동차물류에 대한 사건이다. 경영학의 시각에서는 끊임없는 원가절감을 위한 노력을 하여야 하고, 이러한 원가절감의 중요한 부분 중 하나가 물류원가의 절감이다. 더하여 최신 물류이론의 등장에 따라 집중적인 물류관리가 가지고 오는 장점들을 기업의 입장에서 충분히 반영하여 이를 실행하고자 하는 의사를 가지는 것은 당연하다. 경영학은 효율성을 지고지선의 가치로 정립하여 경제적 효율이 높아질 수 있는 방법을 강구한다.

경영학과 법학의 관점 차이라고 볼 것인가 아니면 법적·제도적인 미비로 인하여 새로운 자동차 사업에서의 물류 및 물류혁신의 가능성을 법·제도가 차단하게 되는 것인가 하는 점에 대하여 이 사건은 생각할 부분이 있다. 전통적으로 법학이 관찰하여 왔던 공정가격과 실제 가격의 차이 내지 시장가격과 실제 가격과의 차이라고 하는 저가 내지 고가의 거래에 대한 규제라는 점을 넘어서서 규제하려고 한다면 이는 자칫 경영효율을 높이려고 하는 기업들의 활동마저도 규범이 차단하는 그리고 비효율적인 경영을 강제하는 것이 될 수 있다.

대규모 기업집단인 '현대자동차' 특유의 사업구조 및 사업활동의 세계화에 따른 그룹 물류통합의 경제적 필요성과 효율성, 물류업무의 수직통합(내부화)의 필요성 및 글로비스에 의한 물류통합의 효율성 증대효과 등에 대한 사실 판단 등에 대하여 공정거래위원회는 글로비스 사건에서 위법하다고 보면서 이러한 주장을 배척하였다. <u>물론 아무리 효율성을 달성할 수 있는 경영방법도 법의 테두리를 벗어날 수는 없다. 아무리 훌륭한 사업모델(Business Model)도 위법한 사업모델이어서는 안 된다. 하지만 법이 경영학에서 제시하는 효율성을 증대할 수 있는 새로운 모델들의 등장과 적용을 제한하는 것이 합리적인지도 지속적으로 검토되어야 한다.</u>

이를 통하여 점점 더 복잡해지고, 세계화되어 가는 자동차 산업 시장에서 효율성을 높이기 위하여 그 중요성이 더욱더 높아지고 있는 물류산업 부문을 글로비스로 통합하여 운영하는 사업 모델을 만든 것이라고 경영학적 관점에서는 설명할 수 있다(경영학자가 제출한 전문가의견서도 이런 취지로 작성된 것으로 보인다.) 공정거래법상 부당지원행위로 규율하는 범위에 물량몰아주기라는 것을 포함시켜서 객관적으로 특정한 계열회사에 물량이 모이면 위법이 아니라고 입증하여야 하는 상황이 온다면 비효율적인 물량분배를 법이 강제하는 것이 될 수도 있다는 점을 염두에 두고 입법과 법률의 해석이 이루어지는 것이 필요하다.

제8절 이중대표소송

Ⅰ. 의의 및 입법안

1. 의의

주주대표소송은 이사의 회사에 대한 책임을 추궁할 수 있는 소권을 주주에게 인정하는 제도이다(상법 제403조). 원래 이사의 책임을 추궁하는 것은 회사가 수행하면 되지만 이사는 회사의 경영을 담당하는 기관으로 주주에게 기관적 지위에서 이사에 대한 책임을 추궁할 수 있도록 회사를 대신하여 소송을 수행하도록 한 것이다(민사소송법상 제3자의 소송담당) 주주대표소송의 기판력은 회사에 귀속한다.

이중대표소송은 종속회사의 주주에게 지배회사의 이사에 대한 책임을, 역으로 지배회사의 주주에게 종속회사의 이사에 대한 책임을 추궁할 수 있는 소권을 인정할 것인가의 문제이다.[529] 1998년 개정된 '독점규제 및 공정거래에 관한 법률'에서 지주회사를 인정하였고,[530] 2000년 '금융지주회사법'이 제정되었고, 2001년 개정상법에서 주식의 포괄적 교환과 이전에 관한 내용이 새로이 입법됨에 따라 이중대표소송이 지주회사에서의 책임추궁과 관련되어 입법이 필요하다는 주장이 제기되기도 하였다.[531]

---

529) 정찬형, 회사법강의, 제3판(박영사, 2004), 654면; 임재연, 미국회사법, 수정판(박영사, 2004), 192면.

530) 지주회사에 대해서는 이동원, 지주회사, 삼정판(세창출판사 2001) 참고.

531) 김동훈 "주주대표표소송의 이용범위 확대", 외법논집 제3집 한국외국어대학교 외국학연구센터 2002; 황근수, "지주회사의 주주대표 소송", 법률행정논총 제22집 제1호, 전남대학교 법률행정연구소, 2002; 김재형·최장현 "이중대표소송의 인정근거"(Brown v. Tenny, 155 Ⅲ. App.3d 605), 상사판례연구 제5집 한국상사판례학회 2003; 여하윤, "미국회사법상의 이중대표소송(Double Derivative Suit)에 관한 연구", 서울대학교 대학원 법학석사학위논문(2003); 이에 대해서 이중대표소송의 도입을 반대하는 견해로는 종속회사에 대한 감시목적을 달성하기 위해서는 단순한 대표소송으로도 족하다고 보는 견해로 최성근, "지주회사의 해금과 상법관련제도에 관한 연구"-연구보고 09-01(한국법제연구원 1999), 55-66면; 권재열 "이중대표소송의 허부에 대한 비교법적 검토", 비교사법 제

그러나 입법은 이루어지지 않았고[532] 현행법상 이중대표소송을 인정하는 명문의 규정은 없다. 그리고 대법원도 이중대표소송을 긍정하지 않았다.[533] 그러므로 이중대표소송은 입법이 있어야 가능한 유형의 소송이다.

흥미로운 것은 원래 이중대표소송이 규율하고자 하는 목적이라고 보기 어려운 출자총액제한제도의 폐지에 따른 후속조치로 이해되고 입법이 추진되고 있다는 점이다. 이상민 의원(안)과 홍재형 의원(안)은 양자 모두 이중대표소송에 대해서 법안은 대부분 동일한 것으로 보인다. 차이는 이상민 의원의 경우 이중대표소송 외에 이사의 기회유용법리 등의 도입을 포함한 넓은 범위에 소위 '사후적' 재벌견제수단을 도입하려고 하고 있다는 점이다.

2. 입법찬성론

(1) 제도적 필요성

입법찬성논자들은 종속회사의 주주인 지배회사는 종속회사에 대해서 주주의 지위에서 대표소송을 제기할 수 있지만, 지배회사의 대표이사는 종속회사 이사들의 행위에 대한 책임을 추궁할 인센티브가 없다는 점을 지적한다. 그러므로 이 관점에서 종속회사의 손해를 보전하기 위해서 지배회사의 주주가 직접 종속회사의 이사 책임을 추궁할 수 있는 제도적인 장치가 필요하다.

(2) 해석론의 한계

대법원은 어느 한 회사가 다른 회사 주식의 전부 또는 대부분을 소유하여 양자 간에 지배종속관계가 있고, 종속회사가 그 이사 등의 부정행위에 의하여 손해를 입었다고 하더라도, 지배회사와 종속회사는 상법상 별개의 법인격을 가진 회사이고, 대표소송의 원고적격은 책임추궁을 당하여야 하는 이사가 속한 당해 회사의 주주로 한정되어 있으므로, 종속회사의 주주가 아닌 지배회사의 주주는 상법 제403조, 제415조에 의하여 종속회사의 이사 등에 대하여 책임을 추궁하는 이른바 이중대표소

11권 제2호(한국비교사법학회, 2004), 443면 이하.

532) 2003년11월 국제통화기금(IMF)은 우리 정부와의 연례협의에서 최근 다수의 한국기업이 지주회사로 전환하고 있는 상황에서 기업지배구조 개선의 방안으로 다중대표소송제도의 도입을 권고하였다고 한다(동아일보 2003년 11월 24일자 B3면).

533) 대법원 2004.9.30. 선고 2003다49221 판결. 대법원은 서울고등법원 2003.8.22. 선고 2002나13746판결에서 최초로 이중대표소송을 인정한 사건에서 원심의 결론을 받아들이지 않고 배척하였다.

송을 제기할 수 없다고 보았다.[534] 위 판결에서 우리 대법원은 법인격이 다르다는 점을 중시하여 종속회사의 주주가 아닌 지배회사의 주주는 상법 제403조, 제415조에 의하여 종속회사의 이사 등에 대하여 책임을 추궁하는 이른바 이중대표소송을 제기할 수 없다고 판단하고 있다. 위와 같은 법원의 태도에 비추어볼 때 별도의 입법이 없이 우리나라에서 주주대표소송이 인정되기 어렵다는 문제가 있다는 것이 찬성론의 논거이다.

대법원 2004.9.30. 선고 2003다49221 판결

1. 사실관계

원고(X)는 H주식회사의 지분 29.24%를 가지고 있는 주주이다. H주식회사는 본래 염전개발업을 목적으로 하여 설립된 법인이나 소 제기 당시 소외 S주식회사의 지분 80.55%를 보유하고 있는 지주회사이다. 피고(Y)는 소외 S주식회사의 대표이사로 재직하였다. 또한 피고(Y)는 지배회사인 H주식회사의 이사와 대표이사로도 재직한 바가 있다. 그러나 (피고)Y는 소외 S사의 대표이사로 재직하던 중에 보증금 및 임대료 5억 7천여만 원을 회사에 입금하지 않고 횡령한 바 있다. 이에 원고(X)는 지배회사인 H사의 주주로서, 종속회사인 소외 S사의 대표이사 피고(Y)에 대하여, 그가 업무상 횡령으로 회사에 끼친 손해의 배상을 청구하기 위하여 대표소송을 제기한 것이다.

2. 서울고등법원 판시요약(서울고등법원 2003.8.22. 선고, 2002나13746 판결)

서울고등법원의 이중대표소송 인정 근거는 다음과 같다. (1) 지배회사 이사회에 대한 제소청구 또는 지배회사 이사를 상대로 한 대표소송만으로는 종속회사 이사의 부정행위로 인한 지배회사의 간접적인 손해액을 평가하기 어렵다. (2) 종속회사의 주식을 여러 회사가 나누어 소유하고 있는 경우 각 지배회사마다 대표소송이 제기되는 결과를 초래할 수 있다. (3) 이중대표소송을 허용하지 않으면 지배회사 및 종속회사에 대한 경영권을 모두 지배하고 있는 경영진이 종속회사를 통하여 부정행위를 함으로써 책임을 회피하는 수단으로 이용할 위험이 존재하는 등의 부작용이 발생하는 난점을 극복하기 어렵다.

---

534) 대법원 2004.9.30. 선고 2003다49221 판결.

　(4) 종속회사의 경영진이나 주주들이 여러 가지 이유로 이사들의 종속회사에 대한 부정행위를 시정하지 못하는 경우에 이중대표소송을 인정함으로써 종속회사 이사들의 부정행위를 억제하는 효과를 기대할 수 있다. (5) 종속회사의 손해는 종국적으로 지배회사 주주의 손해로 귀속되므로 이중대표소송을 통하여 종속회사의 손해를 회복함으로써 간접적으로 지배회사 및 지배회사 주주의 손해를 경감하는 효과를 기대할 수도 있다는 점을 지적하였다.

　3. 대법원 판시사항(대법원 2004.9.23. 선고 2003다49221 판결)
　어느 한 회사가 다른 회사 주식의 전부 또는 대부분을 소유하여 양자 간에 지배종속관계가 있고, 종속회사가 그 이사 등의 부정행위에 의하여 손해를 입었다고 하더라도, 지배회사와 종속회사는 상법상 별개의 법인격을 가진 회사이고, 대표소송의 제소자격은 책임추궁을 당하여야 하는 이사가 속한 당해 회사의 주주로 한정되어 있으므로, 종속회사의 주주가 아닌 지배회사의 주주는 상법 제403조, 제415조에 의하여 종속회사의 이사 등에 대하여 책임을 추궁하는 이른바 이중대표소송을 제기할 수 없다.

3. 입법안

(1) 이상민 의원(안)

　이상민 의원(안)은 입법제안이유로 다수의 기업이 공통의 지배권하에 통할 경영되는 기업집단에서, 특히 상장기업과 비상장기업이 혼재되어 있는 경우, 지배주주 등 실질적 의사결정자의 사익추구라는 일탈행위가 발생할 위험이 상존하고 있다고 하면서, 현행 상법체계는 개별기업을 대상으로 하고 있어, 기업집단에 대한 사후적 규율수단이 결여되어 있으며, 특히 비상장기업을 중심으로 기업집단의 지배와 승계가 이루어지는 경우에 대한 규율은 사실상 공백상태라는 점을 입법상 문제점으로 지적하고 있다. 이에 기업(집단)의 실질적 의사결정자의 일탈행위에 대한 책임추궁수단을 강화함으로써, 이해관계자가 스스로 피해구제와 책임추궁에 나설 수 있는 선진화된 회사법 체계를 갖추기 위하여 입법제안을 한다고 적시하고 있다.[535] 결국 이상민 의원의 제안은 기업집단 관련 규율체계를 '사전적 규제 중심'에서 '사후적 규율 중심'으로 전환하는 것을 골자로 한다고 할 수 있을 것이다.

　이를 위해서 이상민 의원은 (i) 회사와의 거래 시 공정거래의무가 있는 이사의

---

535) 이상민 의원 입법제안서(2009년) 참조.

범위를 확대함(안 제397조 제2항, 제397조의 2 제2항, 제398조), (ⅱ) 이사 등의 회사와 특별한 이해관계가 있는 거래로 회사기회의 유용 금지를 신설함(안 제397조의 2), (ⅲ) 이사 등의 회사와 특별한 이해관계가 있는 거래의 절차를 명확히 규정함(안 제397조 제1항, 제397조의 2 제1항, 제398조 제1항), (ⅳ) 이사의 회사에 대한 책임 감면조항을 수정·보완함(안 제400조 제2항), (ⅴ) 이사의 의무 위반에 대한 책임추궁 수단으로 '다중'대표소송권 및 '다중'장부열람권을 신설함(안 제406조의 2, 제466조 제3항, 제467조 제5항)을 주요한 입법안의 내용으로 하고 있다.

(2) 홍재형 의원(안)[536]

이 상법개정안은 이중대표소송의 입법을 제안하면서, 제안이유로 그동안 지속적인 공정거래법 개정을 통해 출총제 및 지주회사제도 등의 사전적 규제가 대폭 완화되어 왔음에도 불구하고 현 정부는 더 나아가 폐지를 지향하는 강력한 정책의지를 천명하고 있어 규제의 공백이 우려되는 상황이라고 하면서, 이러한 문제를 해소하기 위해서 이중(다중)대표소송 등 상법상 사후적 규율을 강화할 필요성을 든다.

입법제안서는 이중(다중)대표소송이 미국에서 1879년에 이를 인정한 최초의 판결이 나온 이래 1940년대 이후 확고한 판례로 인정되어 오고 있다고 한다. 법안은 이중대표소송을 공통의 지배권하에 있는 다수의 관계회사는 하나의 경제적 동일체로 간주되며, 따라서 모회사의 주주는 궁극적으로 그룹 전체의 손익에 이해관계를 갖고 있기 때문에 자회사의 불법행위 등으로 손해를 입은 모회사의 주주가 자회사의 이사를 상대로 소송을 제기하는 것은 소수주주의 정당한 권리로서 진작 받아들였어야 함에도 불구하고 그동안 재계의 반발로 인하여 계속 미루어져 온 제도로 이해한다. 특히 비상장 자회사 이사진의 불법행위나 부정행위에 대한 책임 추궁을 위해서는 비상장회사에 대한 회사법적 규율을 확보하기에 효과적인 방법이라고 본다. 따라서 상법에 이중(다중)대표소송 및 이를 뒷받침하기 위한 이중(다중)장부열람권을 부여하여야 한다고 본다.

---

536) 2009.2.3. 의안번호 3700.

Ⅱ. 우리 현행법의 태도

1. 상법상 기업집단에 대한 법적 규율

(1) 개관

이중대표소송은 두 회사가 지분소유에 의하여 지배종속관계에 있을 때 종속회사 이사의 위법행위로 발생한 종속회사의 손해에 관한 청구권을 지배회사의 주주가 행사하는 대표소송이므로 지배종속관계에 있는 회사 간의 견제수단으로 된다.

그런데 상법(회사편)상 지배·종속관계에 있는 회사를 직접 규정하고 있는 규정은 없다. 다만 입법취지상 지배·종속관계에 있는 회사를 간접적으로 규율하고 있는 규정으로 모자회사의 주식 상호보유관계를 규율하는 상법 제342조의 2(자회사에 의한 모회사 주식의 취득), 주식의 포괄적 교환과 이전에 의하여 완전모자회사관계를 형성하는 절차에 관한 규정(상법 제360조의 2 내지 제360조의 14, 제360조의 15 내지 제360조의 23), 비모자회사관계회사 사이의 주식취득에 관한 규정(제369조 제3항), 주식취득통지의무 규정(제342조의 3)과 업무집행지시자 등의 책임을 규정하는 제401조의 2 등이 있을 뿐이다. 모자회사에 관한 규정들은 주식의 상호보유에 대한 규제를 입법취지로 하고, 지배종속관계에 있는 회사를 규율하기 위한 것은 아니지만, 종속회사가 지배회사 주식을 취득하는 행위는 지배회사의 지시로부터 성립할 수 있으므로 지배·종속회사에 관련된 입법으로 볼 수 있다.[537]

특별법으로는 주식회사의 외부감사에 관한 법률(이하 '외감법') 제2조도 기업집단에 대한 법으로 볼 수 있다. 왜냐하면 외감법 제2조는 기업집단에 소속된 회사의 재무상태를 정확히 파악하기 위해서 연결재무제표를 작성하도록 하고 있기 때문이다.

---

537) 기업의 인수 및 합병과 같은 기업결합에 대한 회사법 규정들도 기업의 집중을 가지고 온다는 점에서 지배·종속관계에 대한 규정으로 보는 견해도 있다(유진희, "기업결합에 관한 회사법 규정", 서강법학연구 제1권(1999)).

주식회사의 외부감사에 관한 법률

   제2조(외부감사의 대상) 직전 사업연도 말의 자산총액, 부채규모 또는 종업원 수 등 대통령령으로 정하는 기준에 해당하는 주식회사(이하 '회사'라 한다.)는 재무제표(연결재무제표를 작성하는 회사의 경우에는 연결재무제표를 포함한다.)를 작성하여 주식회사로부터 독립된 외부의 감사인(이하 '감사인'이라 한다.)에 의한 회계감사(이하 '감사'라 한다.)를 받아야 한다. 다만 다음 각 호의 어느 하나에 해당하는 주식회사는 그러하지 아니하다.

   1. 「공공기관의 운영에 관한 법률」에 따라 공기업 또는 준정부기관으로 지정받은 주식회사 중 주권상장법인(「자본시장과 금융투자업에 관한 법률」에 따른 주권상장법인을 말한다. 이하 같다.)이 아닌 회사 <시행일 2009.2.4.>

   2. 그 밖에 대통령령으로 정하는 주식회사

   제1조의 2(정의) 이 법에서 사용하는 용어의 뜻은 다음과 같다.

   1. '재무제표'란 주식회사가 작성하는 다음 각 목의 서류를 말한다.
     가. 재무상태표
     나. 손익계산서 또는 포괄손익계산서
     다. 그 밖에 대통령령으로 정하는 서류

   2. '연결재무제표'란 주식회사와 다른 회사(조합 등 법인격이 없는 기업을 포함한다.)가 대통령령으로 정하는 지배·종속의 관계에 있는 경우 지배하는 회사(주식회사만을 말한다. 이하 '지배회사'라 한다.)가 작성하는 다음 각 목의 서류를 말한다.
     가. 연결재무상태표
     나. 연결손익계산서 또는 연결포괄손익계산서
     다. 그 밖에 대통령령으로 정하는 서류

(2) 비모자관계회사에서의 의결권제한

   주식 자체 보유를 금지하는 방법 외에 보유는 허용하되 의결권을 제한하는 방법이 있다. 이러한 의결권 규제를 통해서 지배회사의 대주주 또는 임원이 종속회사가 소유하는 지배회사주식의 의결권을 자신들의 의사대로 조종하는 행위를 규제한다. 이 규정을 통해서 지배회사의 임원 또는 대주주가 종속회사가 상호 보유하는 주식을 이용하여 지배회사에서 지배권을 강화하는 것을 제한하려고 한다.

주식상호보유에 대한 규제를 통해 상법은 모자관계에 있지 않은 회사에서 한 회사가 다른 회사 발행주식 총수의 10분의 1을 초과하여 소유하는 경우 다른 회사는 상대회사의 주식을 소유할 수 있으나 의결권 없는 것으로 규정한다(제369조 제3항). 회사가 다른 회사 발행주식 총수의 10분의 1을 초과하여 취득한 때에는 이 사실을 다른 회사에 대해서 지체 없이 통지하여야 한다(제342조의 3).

(3) 업무집행지시자 등의 책임

1) 입법의 태도

상법 제410조의 2는 업무집행지시자 등의 책임을 규정한다. 이 조항은 1998년 상법 개정으로 신설된 것으로 대주주나 지배주주처럼 이사가 아니지만 회사영업에 영향력을 미치는 지위에 있는 자에게 회사가 제3자에 대한 책임을 묻는 규정이다. 소위 IMF 경제위기 당시에 이루어진 입법 중의 하나로 소위 재벌 오너에 대한 책임을 부담하도록 하기 위하여 제정된 규정으로 사실상 이사에 대한 책임추궁 규정이라고 불리기도 한다.[538] 당시 언급된 규정취지는 업무집행지시자 등에게 이사와 동일한 책임을 부담시킴으로써 기업경영의 투명성을 보장하고 책임경영을 하도록 하기 위한 것이라고 한다.[539]

이 조항은 업무집행지시자가 책임을 지는 경우로 (i) 이사를 통하여 회사업무집행을 지시하거나, (ii) 이사 이름으로 직접 업무집행을 하거나, (iii) 명예회장 등 업무집행권한이 있는 것으로 인정될 만한 명칭을 사용하여 업무를 집행하는 경우가 있다. 이 중 지배종속관계에 있는 회사에 적용될 수 있는 것이 업무집행지시자이다. 위 조항의 문언에 의하면 지배회사 또는 지배회사의 임원 등이 종속회사의 이사에게 업무집행에 관한 지시를 하는 경우에 적용되는지 여부가 명확하지 않다.

상법 제410조의 2를 입법함에 있어 입법의 모델이 된 규정은 영국 회사법 제741조

---

538) 이에 대해서는 사실상 이사와 업무집행지시자를 구별하는 견해가 있다. 이 견해에 의하면 사실상 이사는 업무집행지시자보다 넓은 개념으로 1998년 상법개정 전에 용례로는 선임절차 없이 이사취임등기에 동의한 자, 사임 후에도 퇴임등기를 하지 않아도 좋다고 승낙한 자, 실질적인 경영자로서 계속적 직무집행을 하고 있는 자, 이사선임결의의 무효 또는 취소판결이 확정된 이사를 들 수 있다고 한다(김동근, "상법상 업무집행지시자등의 책임", 기업법연구 9집(2002.4.) 554-555면).

539) 김동근, "상법상 업무집행지시자등의 책임", 기업법연구 9집(2002.4.) 551-592면; 정승욱, "대기업에 있어서 사실상 이사의 책임과 그 한계", 상장협 제38호(1998.10).

제2항의 그림자 이사(shadow director) 제도와 독일 주식법 제117조이다. 영국 회사법 제741조 제2항은 그림자 이사책임에 관한 규정이고, 독일 주식법 제117조는 결합기업에 고유한 법규는 아니지만 지배기업의 영향력 행사로 인한 종속회사의 문제에도 적용된다.

[영국 회사법 제741조][540)

> 741. "Director" and "shadow director"
>
> (1) In this Act, "director" includes any person occupying the position of director, by whatever name called.
> (2) In relation to a company, "shadow director" means a person in accordance with whose directions or instructions the directors of the company are accustomed to act. However, a person is not deemed a shadow director by reason only that the directors act on advice given by him in a professional capacity.
> (3) For the purposes of the following provisions of this Act, namely —
> section 309(directors' duty to have regard to interests of employees),
> section 319(directors' long-term contracts of employment),
> sections 320 to 322(substantial property transactions involving directors), F1231
> [F1232 section 322B(contracts with sole members who are directors), and]
> sections 330 to 346(general restrictions on power of companies to make loans, etc., to directors and others connected with them), (being provisions under which shadow directors are treated as directors), a body corporate is not to be treated as a shadow director of any of its subsidiary companies by reason only that the directors of the subsidiary are accustomed to act in accordance with its directions or instructions.

2) 대법원의 태도

우리 대법원은 지배회사 또는 지배회사의 임원 등이 종속회사의 이사에게 업무집행에 관한 지시를 하는 경우에 적용되는지 여부가 명확하지 않으나 위 조항의 입법취지를 고려하건대 지배회사 또는 지배회사의 임원이 종속회사 이사에게 업무집행

---

540) 영국회사법상 그림자 이사에 대한 논의로 심영, "영국 회사법 개정의 주요내용과 시사점", 중앙법학 9집 2호 (2007); 한기정, "영국회사법에서 이사의 충실의무 중 선관주의의무를 중심으로", 경영법률 제10집, 경영법률학회 (1999).

에 관한 지시를 하고 그로 인하여 종속회사 또는 그 주주가 손해를 입는 경우에 적용되어야 한다고 보고 있다. 이 경우 업무집행지시자는 지배회사와 지배회사의 대표이사 등 지배종속관계로부터 발생하는 영향력을 갖는 자가 된다고 본다.[541] 대법원은 이 사건에서 상법 제401조의 2 제1항 제1호의 '회사에 대한 자신의 영향력을 이용하여 이사에게 업무집행을 지시한 자'에는 자연인뿐만 아니라 법인인 지배회사도 포함되나, 나아가 상법 제401조의 제3자에 대한 책임에서 요구되는 '고의 또는 중대한 과실로 인한 임무해태행위'는 회사의 기관으로서 인정되는 직무상 충실 및 선관의무 위반의 행위로서 위법한 사정이 있어야 하므로, 통상의 거래행위로 부담하는 회사의 채무를 이행할 능력이 있었음에도 단순히 그 이행을 지체하여 상대방에게 손해를 끼치는 사실만으로는 임무를 해태한 위법한 경우라고 할 수 없다고 판시하였다.

대법원의 위와 같은 태도에 의할 때 상법 제401조의 2는 입법 당시 지배종속관계에 있는 회사들을 직접적으로 규율하려고 한 것은 아니지만 지배종속관계에 있는 회사들에도 적용될 수 있으므로 이 규정에 의해서 지배회사가 업무집행지시자로서 종속회사의 이사로 취급된다면 종속회사 주주의 대표소송에 의한 책임추궁이 가능해진다.

2. 상법 제403조에 대한 해석론

(1) 일본 구 상법상의 해석론[542]

1) 엄격해석론

엄격해석론은 일본 구 상법 제67조 법문의 해석상 주주는 자기가 보유한 주식의 발행회사의 이사에 대해서만 대표소송을 제기할 수 있을 뿐이며 법인격이 다른 자회사의 이사에 대해서 대표소송을 제기할 수 있는 원고적격을 갖추지 못한다는 입장이다. 이 견해는 주식이전 등으로 인해 원고가 주주였던 종래의 회사가 완전자회사가 되고 원고는 완전친회사의 주주가 되어 자회사 주주의 지위를 상실하게 되는 경우에도 마찬가지로 원고적격을 유지할 수 없다고 본다.[543]

---

541) 대법원 2006.8.25. 선고 2004다26119 판결.

542) 일본학설의 소개는 김대규, "지배회사주주의 이중대표소송 – 서울고등법원 2003.8.22., 2002나13746판결을 중심으로 –", 증권법학회 2004.9. 정기세미나 발표문 15 – 16면 참조.

이러한 태도는 동경지방법원의 태도이기도 했다.[544] N은행(日本興業銀行)의 주주였던 X 등 2명(원고)은 위 은행의 이사 및 감사 등 86명(이하 Y 등)을 피고로 하여 담보를 제대로 잡지 않고 부실한 대출을 하여 회사가 입은 손해 97억 엔에 대한 손해배상소송을 제기하였다. 이 사건에서 N은행은 요정을 경영하는 S에 대해 1,000억 엔을 융자하면서 채무자 S가 담보물로 제공한 동 은행의 발행채권 312억 엔을 S의 요청에 응하여 신용금고의 정기예금증서 300억 엔과 바꾸도록 하였다. 그러나 동 예금증서가 위조된 것으로 판명되자 은행은 대신 C회사의 주식 151만여 주 및 N은행의 이자부채권 액면 10억 엔을 담보로 설정하도록 하였다. 그러나 담보설정 후 얼마 지나지 않아서 B에 대한 파산선고가 되었고, B의 파산재산관리인이 담보제공에 대해 부인권행사를 청구하는 소송을 제기하여 N은행은 패소하였고 B의 재산관리인에게 97억 엔가량을 지급하는 손해를 입게 되었다.

또 N은행이 대장성의 권고에 따라서 일본채권신용은행의 구제를 위해 동 은행의 170억 엔 상당의 보통주식을 취득하였는데 주식취득 후 일본채권신용은행이 특별공적관리 아래 놓이게 되어서 주식가치가 없어지게 되었다는 점에 대해서도 이사들이 선관주의 의무를 다하지 않았다는 이유로 이사들에 대한 손해배상청구소송을 제기하였다.

소송이 진행되던 중 일본흥업은행은 부사은행, 제일권업은행과 공동으로 주식이전의 방법으로 2000년 9월에 주식회사 미즈호홀딩스를 설립하였다. 이로 인하여 일본흥업은행은 미즈호홀딩스의 완전자회사가 되었다. 따라서 원고 X 등은 미즈호홀딩스의 주주가 되었고 일본흥업은행의 주주 지위를 상실하였다. 이에 따라 피고는 원고가 원고적격을 상실하였다고 주장하면서 소의 각하를 구하였다.

동경지방법원은 피고의 본안 전 항변을 받아들여 소각하판결을 하였다. 그 이유로 동경지방법원은 일본 구 상법 제67조에서 주주대표소송을 제기할 수 있는 자로서 6개월 전부터 계속하여 주식을 보유한 주주로 정하고 있는 것은 주주대표소송의 원고적격을 결정하는 것이며 여기서 주주란 문리해석에 의해 피고인 이사가 속한 회사의 주주로 보아야 할 것이라고 하였다. 따라서 주식이전으로 인해 원고가 주주로서의 자격을 상실한 경우에 법률의 규정에 반하여 원고가 주주대표소송의 당사자

---

543) 山田泰弘, "結合企業と代表訴訟(1)", 高崎經濟大學論集 制45卷 制2號 高崎經濟大學(2002), 76面.
544) 東京地裁 平成 13年 3月 29日 判決, 金判 1120號 53面.

적격을 유지한다고 해석할 만한 특단의 이유가 없다는 점을 들었다.

2) 예외적 인정설

이 설은 2005년 일본 신회사법상의 태도이다. 이중대표소송을 일반적으로 인정할 수는 없으나 적법하게 주주대표소송을 계속하는 중에 원고의 의사와 무관하게 이루어진 주식이전으로 인해 원고가 주주의 지위를 상실하게 되는 경우에는 예외적으로 원고적격을 유지할 수 있다고 해석하려는 입장이다.[545]

3) 확대인정설

순수지주회사와 완전자회사의 관계에서는 재산적 일체관계에 있기 때문에 지배회사의 주주로서 지배회사의 사업활동에 개입하는 정도에서 자회사의 활동에 대해서도 개입할 수 있다고 보는 견해(재산적 일체관계론)[546]나 지배회사가 대주주로서 종속회사의 경영진을 선임 감독할 수 있는 것은 지배회사의 주주들로부터 그 권리를 위임받았기 때문에 기인하는바 지배회사의 주주는 종속회사의 이사에 대해 실질적인 복위임관계에 있다고 보고, 대표소송이 수임자의 위임자에 대한 의무위반을 근거로 그 책임을 추궁하는 수단이라는 법리를 복위임관계에서도 적용할 수 있다고 보는 견해(복위임설)[547]도 이중대표소송을 명문의 규정에도 불구하고 넓게 인정할 수 있다고 보는 견해이다.

(2) 상법의 경우

우리 상법의 해석론으로도 일본에서와 같은 견해를 도출할 수 있을 것이다. 서울고등법원은 확대인정설의 입장을 취한 것으로 보이고, 대법원은 동경지방재판소와 같은 엄격해석설을 취한 것으로 이해할 수 있을 것이다. 다만 우리 법의 해석으로 일본신회사법과 같은 태도를 도출할 수 있을지에 대해서는 의문이다.

---

545) 江頭憲治郞, 特別座談會 『株式交換・株式移轉/制度の活用について』 ジュリ1168號(1999), 115面; 鳥山恭一, 東京地裁平13・9判例解說法セ561호, 114面; 周劍龍. 東京地裁平13・9 判例研究, 金判1127號 66面; 佐合美佳, 東京地裁平13・9 判例研究(名法 191號), 251面.

546) 近藤光男, "株主代表訴訟の現狀と問題點", 月刊『民事法情報』142号 民事法情報センター(1998), 7面.

547) 畠田公明, "純粋持株會社と株主代表訴訟", 『ジュリスト』1140號(有斐閣, 1999), 19面.

3. 이중대표소송과 주주의 간접손해에 대한 전보

이중대표소송을 도입하면 지배회사의 주주가 종속회사의 손해를 이유로 관여할 수 있는 근거 중 하나는 종속회사 손해로부터 그 주주인 지배회사가 손해를 입으며 이 손해가 지배회사의 주주에게도 영향을 미친다는 점이 제시된다. 이 경우 지배회사 주주의 손해는 종속회사에 대한 사해행위로부터 직접적으로 발생한 것이 아니므로 간접손해(indirect damage)이다.

간접손해가 상법에 의하여 보호되는 손해인지 여부 또는 간접손해를 입은 주주를 보호하여야 하는지에 관한 판단은 이중대표소송의 도입과 관련하여 중요한 논점이다. 개별기업 단계에서 주주의 간접손해를 규율하는 것은 상법 제403조(대표소송) 및 상법 제401조(이사의 제3자에 대한 책임) 규정이 있다.

상법 제403조(대표소송)는 이사의 회사에 대한 책임을 추궁하여 회사와 주주의 이익을 도모하는 것이므로 대표소송을 통하여 주주는 회사재산에 대한 보전을 할 수 있고, 회사재산이 보전됨으로써 주주의 간접손해도 보전되는 것이다. 상법 제403조(대표소송)를 통해 회사재산에 대하여 침해된 부분을 사회에 회복하여 회사재무에 기여하고 동시에 이사의 위법행위나 임무해태를 사전에 억제하는 기능이 달성될 수 있다. 상법 제401조(이사의 제3자에 대한 책임)의 경우에도 간접손해가 문제되는바, 이사의 악의 또는 중과실에 의한 임무해태로부터 회사 손해가 발생하고, 그 결과 회사재산이 감소하여 이로부터 주식가치가 하락하거나 이익배당을 할 수 없게 된 경우 주주는 간접적으로 손해를 입게 된다.

상법 제401조(이사의 제3자에 대한 책임)의 경우 간접손해에 대한 주주의 청구권을 인정할 것인가의 문제가 있다. 우리 대법원은 간접손해에 대한 주주의 손해배상청구를 부정한다.548)

---

548) 대법원 1993.1.26. 선고 91다36093판결.

대법원 1993.1.26. 선고 91다36093 판결

　　주식회사의 주주가 그 회사 대표이사의 악의 또는 중대한 과실로 인한 임무해태행위로 직접 손해를 입은 경우에는 이사와 회사에 대하여 상법 제401조, 제389조 제3항, 제210조에 의하여 손해배상을 청구할 수 있다 하겠으나, <u>대표이사가 회사재산을 횡령하여 회사재산이 감소함으로써 회사가 손해를 입고 결과적으로 주주의 경제적 이익이 침해되는 손해와 같은 간접적인 손해는 같은 법 제401조 제1항에서 말하는 손해의 개념에 포함되지 아니하므로</u> 이에 대해서는 위 법조항에 의한 손해배상을 청구할 수 없는 것으로 봄이 상당하다고 할 것이고, 이와 같은 법리는 주주가 중소기업창업지원법상의 중소기업창업투자회사라고 하여도 다를 바 없다.

　　원심판결 이유에 의하면 원심은, 피고 회사의 대표이사였던 피고 사공국이 피고 회사의 금원을 횡령하여 회사재산을 감소시켰다면 회사에 대하여 손해배상책임을 부담할 것이고 따라서 피고 회사가 피고 사공국에 대하여 손해배상을 구할 수 있을 것이나 위 손해는 어디까지나 법률상 피고 회사가 입은 손해이므로 주주인 원고가 그 손해가 경제적으로 자기에게 귀속된다는 사유만으로 직접 피고 회사와 피고 사공국에 대하여 자기 주식인수액 상당을 손해라고 하여 배상을 구할 수가 없다고 판단하였던바, 원심판결은 위와 같은 법리에 따른 것으로서 정당하고, 피고 사공국의 위 금원횡령이 바로 피고 회사의 주주인 원고에 대하여 일반불법행위로 된다거나 피고 회사의 불법행위로 되는 것은 아니라 할 것이므로 거기에 소론이 지적하는 바와 같은 불법행위책임에 대한 법리오해의 위법이 없다.

　　또 기록을 살펴보아도 피고 사공국이 원고에 대하여 불법행위책임을 부담한다고 볼 만한 자료도 없고, 원고와 피고 회사 및 피고 사공국 등 개인주주 사이에 체결된 합작투자계약의 내용 중에서 이 사건과 같은 사태가 발생할 경우에 피고들이 원고에게 손해를 배상하기로 특약하였다는 근거도 찾아보기 어려우므로 원심이 심리를 다하지 아니하였다고도 할 수 없다. 논지는 이유 없다.

　　일본 하급심 판결 중에서는 대표소송으로는 이사의 제3자에 대한 책임규정에 의한 소송과 동일한 결과를 기대하기 어렵다고 하면서 일본 구(舊) 상법 제266조의 3 제1항(상법 제401조)에 의한 청구권을 인정한 사례가 있다.[549] 일본의 경우 회사재산에 대한 손해로부터 주주의 지분가치가 하락하여 발생한 간접손해에 대하여 손해배상청구권을 부인하는 견해가 다수이다. 간접손해는 주주의 대표소송을 통해서 구제받을 수 있으며, 만일 이사로부터 직접 손해배상을 받는다면 주주가 회사재산을

---

549) 福岡地裁　1987.10.28.　判例時報　1287호.

나누어 취득하는 것이 되어 자본유지의 원칙에 반한다고 본다.

대법원의 태도에 의하면 주주는 이사의 회사에 대한 책임으로부터 주주의 간접손해가 문제 될 때 주주에게 대표소송을 제기할 수 있도록 하고 있으므로 대표소송을 제기하여 회사가 그 손해를 회복하도록 함으로써 간접적인 손해의 전보를 이루도록 하여야지 직접 상법 제401조에 의하여 이사의 책임으로 인한 간접손해를 주주가 직접 전보받는 것은 허용되지 않는다.

Ⅲ. 비교법적 검토

1. 미국

(1) 판례법상 도입

미국은 전 세계적으로 이중대표소송을 일반적으로 허용하는 유일한 나라이다. 미국에서는 이중대표소송이 이용되고 있으며 판례법을 통하여 사례를 축적해 오고 있다. 미국법상 모자회사(parent corporation and subsidiary)의 구분은 우리 상법과 마찬가지로 50% 지분을 초과하여 소유하는 것으로 이해된다. 모회사의 주주는 종속회사를 대위하여 이중대표소송을 제기할 수 있으며, 지분소유가 연결되어 있는 경우 삼중 또는 그 이상의 다중대표소송을 제기하는 것도 가능하다고 이해된다.

역사적으로 Ryan v. Leavenworth, Atchison & Northwestern Railroad Co.(1879)[550] 사건에서 처음으로 등장한 것으로 이해된다. 이후 여러 사례에서 이중대표소송이 인정되고 있지만 인정의 근거가 다양하다.[551]

---

550) 21Kan. 365, 404(1879). 이 사건에서 캔자스 주 대법원은 지배회사와 종속회사 간에 형평법상의 주식소유관계를 기초로 하여 지배회사 주주의 종속회사의 이사에 대한 손해회복청구를 인정하였다. 이 사건은 지방자치단체가 소유한 철도회사의 주식이 철도회사에 양도된 후에 회사의 주주가 철도회사 이사의 책임을 추궁한 사건이다. 이에 대해 법원은 주식양도는 보통법상 무효이지만 회사와 회사 간에 형평법상의 주식소유관계는 인정된다고 하여 모회사 주주인 B가 자회사의 이사인 A의 위법행위를 이유로 A에 대한 손해배상청구를 인정하였다. 소의이익이 공통적으로 존재하는 다수당사자를 대표하여 제기하는 형평법(equity law)상의 대표소송(representative suit), 또는 집단소송(class action)으로서의 이중대표소송을 허용한 것으로 이해되는 사건이다.

551) 1913년 델라웨어 주 형평법원은 Martin v. D. B. Martin Co. 사건(10 Del Ch. 211, 88 A. 612(1913))에서 지배회사주주에게 종속회사의 이사를 상대로 한 주주대표소송의 원고적격을 인정한 바 있다. 이후 1938년의 United States Lines, Inc. v. United States Lines Co.(96 F. 2d 148(2d Cir. 1938) 사건 이후로 이중대표소송은 여러 주에서 인정되었다. 1955년 Kaufman v. Wolfson, 132 F. Supp.733, 735(S.D.N.Y. 1955 사건에서 삼중대표소송(triple derivative suit)이 인정되었다. 법인격부인론, 동일지배론, 신인관계이론, 신탁이론, 대리이론, 억제와 보상이론 등이 이중대표소송을 인정하는 근거로 제시되었지만 어느 하나의 이론이 지배적인 이론이 되지는 않았다

이중대표소송이 성숙기에 접어들었다고 평가되는 1960년대 이후 사건을 보면 1971년 In re Penn Central Securities Litigation 사건[552]이 있다. 법원은 주식교환으로 종속회사 주주가 지배회사 주주가 되었다면 더 이상 종속회사의 주주가 아니므로 주식동시보유요건을 충족할 수 없어 대표소송의 원고적격을 가질 수 없지만, 지배회사 주주로 되었다고 하더라도 투자를 계속하고 있다면 주식의 실질적 소유자이므로 원고적격을 가질 수 있다고 보았다. 1985년 Gaillard v. Natomas Co. 사건[553]도 주식교환과 관련된 사건이다. 주주대표소송을 제기한 후에 주식교환으로 완전모회사의 주주로 전환된 경우에는 대표소송 제소 당시에는 당해 회사의 주주였으므로 주식동시보유요건을 충족한 것으로 볼 수 있으며, 당해 주식교환 자체가 주주의 의사에 기한 것이 아니라, 회사의 행위로 인한 것이므로 당해 주주의 제소권을 인정하였다.

(2) 지배종속관계의 판단기준

ALI(American Law Institute)의 『기업지배구조의 원칙: 분석과 권고(Principles of Corporate Governance: Analysis and Recommendation)』 § 1.10.에 의하면 지배주주의 판단기준으로 형식적 기준과 실질적 기준을 제시하고 있다.

형식적 기준에 의하면 어느 주주가 스스로 또는 제3자를 통하여 회사의 의결권 있는 어떤 주주의 형식적 기준이 충족되지 않아도 실질적으로 회사의 운영이나 중요한 특정의 주주 등에 관하여 지배력을 행사할 수 있는 경우, 회사에 대한 권한을 행사할 때 이사회를 좌우하고 유도할 수 있는 경우, 이사선임이나 정관변경을 위한 투표 또는 일정한 회사활동을 수행할 수 있는 경우, 형식적으로 회사와 관계가 없지만 실질적으로 지배권을 매각할 수 있는 경우와 같이 회사에 중대한 영향을 행사하는 자를 지배주주라고 본다.

(3) 주식동시보유요건

주식동시보유요건(Contemporaneous Ownership Requirement)은 회사 이사의 불법

(Brown v. Tenney, 125 Ⅲ.1 2d 348, 532 N. E. 2d 230(1988)).

552) Fed. Sec. L. Rep. P 94,452(1971).

553) 173 Cal. App.3d 410(1985). A사의 주주인 원고가 A사의 이사를 상대로 대표소송을 제기한 후 주식교환에 의해 A사는 B사의 완전자회사가 되고, 원고는 B의 주주가 됨. 이에 대해 법원은 당해 주식교환은 원고의 자발적 의사에 기인한 것이 아니고 주식교환 후에도 지배회사의 주식을 계속 소유하고 있다는 이유로 제소권한을 상실하지 않는다고 판시한 사건.

행위가 일어났던 당시에 주식을 보유하고 있었던 주주만이 대표소송을 제기할 수 있다는 원칙이다. 주식동시보유요건은 불법행위 소식이 일반에게 알려진 이후 주식을 사들여 소송을 제기하는 행위를 방지하기 위한 요건이다.[554]

이 요건은 Hawes v. Oakland(1881) 사건[555]에서 제소주주가 다른 주에 적을 두고 있기 때문에 연방관할권을 얻기 위해서 타주 거주자에게 주식을 양도하는 것을 방지하기 위해서 제시된 원칙이라 한다. 미국 연방민사소송규칙(Federal Rule of Civil Procedure) 23.1.에 의하면 "권고가 대표소송을 제기함에 있어서 소송으로 주장하는 행위가 있었던 시점에 주주 또는 구성원이었을 것, 또는 그 주주 자격의 취득이나 구성원 자격의 취득이 법률의 규정에 의한 것임을 소장에 의하여 증명하지 않으면 안 된다."고 규정하고 있다. 주의 회사법에서도 이 요건을 명문으로 규정하고 있지 않은 경우도 다수 있으나 해석상 이 요건을 요구한다. 다만 미국 법원은 1987년 Brown v. Tenney 사건[556] 이후 주식동시보유요건을 형평의 관점에서 완화하고 있다. 미국 법원은 원고인 주주가 주식을 취득한 시점이 피고인 이사가 위법행위를 한 후이면 원칙적으로 대표소송의 제기가 허용되지 않으나, 문제의 위법행위가 주식 취득 이후에도 계속되는 경우 그 주식취득자는 대표소송을 제기할 수 있다고 해석하고 있다.

(4) 주식계속보유요건

주식계속보유요건(Continuing Ownership Requirement)은 주주가 대표소송이 진행되는 동안 주식을 계속적으로 보유하고 있어야 한다는 요건이다. 이 요건에 따라 이중대표소송의 원고인 주주가 소의 제기 시부터 변론종결 시까지 자신의 주식을 타인에게 양도하게 되면 주주로서의 자격을 잃게 되어 소송을 계속할 수 없게 된다. ALI의 『기업지배구조의 원칙: 분석과 권고』 § 7.02에서도 대표소송의 원고는

---

554) Crow v. Context Industries, Inc., 260 So. 2d 865(Fla. Dist. Ct. App.1972) 사건에서 원고는 A사 주주였으나 A사가 B사에 100% 종속회사로 되면서 A사 주식은 B사 주식으로 교환됨. 원고는 주식교환 후 발생한 종속회사 자산처분의 부당성을 주장하면서 이중대표소송을 제기하였으나, 법원은 원고가 더 이상 A사의 주주가 아니므로 주식동시소유의 원칙을 충족하고 있지 못하여 원고적격이 없다고 판시하였다. Untermeyer v. Valhi, Inc., 665 F. Supp.297(S.D.N.Y. 1987) 사건에서도 지배회사의 주주가 종속회사의 주식을 소유하지 않는 경우에는 이중대표소송의 원고적격을 가질 수 없다고 판시하였다.

555) 104 US 450(1881).

556) Brown v. Tenney, 125 Ⅲ.1 2d 348, 532 N. E. 2d 230(1988). 두 회사가 형식상 별개의 기업이나, 부정행위를 한 이사가 자신의 책임을 회피하기 위한 수단으로 법인격을 남용할 경우에는 법인격을 무시하고 이중대표소송을 인정할 수 있다고 판시.

소송계속 중 주식을 계속적으로 보유하고 있어야 한다고 규정한다.

2. 일본

1997년 '사적독점의 금지 및 공정거래의 확보에 관한 법률' 개정으로 순수지주회사의 설립이 허용된 이후 지주회사의 주주보호를 위해 이중대표소송을 인정할 것인가에 대해 논란이 발생하였다. 그리고 1998년 법무성이 이중대표소송 등에 관한 의견조회를 거쳐, 1999년 및 2001년 이중대표소송을 입법화하려 하였으나 모회사 주주는 모회사 이사에 대해 자회사 관리책임을 묻는 주주대표소송을 제기하는 것으로 충분하다는 것이 인정되어 이중대표소송을 일반적으로 인정하는 입법은 이루어지지 않았다. 따라서 일본의 경우 이러한 이중대표소송 도입을 위한 입법적인 논의를 거쳤으나 제한적으로만 도입하였다.[557] 일본의 입법은 엄밀한 의미에서는 이중대표소송을 도입한 것으로 볼 수 없다.[558]

일본은 회사법 제851조를 개정하여 주주가 대표소송 중에 주식교환·이전에 의해서 완전자회사로 되는 회사의 주주지위를 상실하더라도 그가 완전모회사의 주주로 된 경우에는 주주대표소송의 원고적격을 상실하지 않는 것으로 규정하고 있다. 일본 회사법은 제소 시부터 이중대표소송을 다룬 것이 아니고, 대표소송 중 원고가 피소회사에서 발생한 주식의 교환·이전에 의해서 완전자회사로 되는 회사의 주주지위를 상실하는 경우를 한정하여 모회사의 주주로 된 경우 자회사로 바뀐 피고회사를 상대로 계속 소송을 할 수 있도록 하는 제도로 운용하고 있다.

3. 독일

독일 주식법은 지배종속관계에 있는 기업에서 발생하는 법률문제를 규율하는 것

---

557) 일본 경제산업성 상법연구회는 "지배회사의 이사가 그 임무를 해태하여 종속회사에 관하여 회사법상 소송을 제기하지 않는 경우에는 그 자체가 선관주의의무 위반을 구성하므로 당해 지배회사 이사의 책임을 추궁하는 것으로 충분하다."는 의견을 제시하였다(전국경제인연합회, "이중대표소송제도 도입의 문제점", CEO Report 2006-12(2006) 4면.

558) 일본 학설 중에는 순수지주회사의 완전자회사에 손해가 발생할 때에는 친회사의 주주에게 미국 판례법에서 인정되는 이중대표소송제기권을 인정할 필요성이 매우 크기 때문에 해석론적으로도 인정이 가능하다는 견해가 있다. 이 견해는 또한 친회사의 자회사에 대한 지분율이 100% 미만일지라도 지배관계가 있고 자회사가 친회사의 일부로 인정될 수 있을 정도로 재산적 책임일체가 있을 경우에는 자회사의 이사에 대한 책임추급이 어려울 경우에 한하여 친회사 주주의 대표소송제기가 가능하다는 견해도 있다(畠田公明, "純粹持株會社と株主代表訴訟", ジュリスト 1140號(有斐閣, 1999), 19面.

을 규정화하고 있다. 독일 주식법 제15조[559]는 주식법이 적용되는 기업결합유형을 규정하고 있다. 주식법상 결합기업으로는 과반수지분소유기업과 그 상대방 기업(제16조), 종속기업과 지배기업(제17조), 콘체른과 콘체른기업(제18조), 상호지분소유기업(제19조) 또는 지배계약의 당사자인 기업(제291조, 제292조) 등이 있다. 콘체른은 독일법상 사용되는 개념으로 모회사와 자회사로 구성되는 일군의 기업집단을 의미하며, 지주회사구조(Holding — Organisation)가 대표적인 콘체른의 예이다. 콘체른 개념은 독일독점금지법(Kartelrecht)에서 논의되는 것 외에도 유럽 독점금지법(EG — Kartellrecht)상 콘체른 특권(Konzernprivileg)을 향유한다.

주식법상 지배·종속의 개념은 한 기업이 다른 기업에 대해서 직접·간접으로 지배적인 영향력을 행사할 수 있는지 여부로 결정되며(제17조 제1항), 과반수지분소유기업의 상대방기업은 그 기업에 종속된 것으로 추정된다(제17조 제2항).[560] 독일 주식법 제308조 제1항 및 제2항에 의하면 콘체른은 지배계약이나 이익제공계약 등 기업계약을 체결하여 지배종속관계가 형성되는 계약콘체른과 기업계약 없이 주식법이 적용되는 사실상의 콘체른으로 구별된다. 지배계약이 체결된 경우 지배기업은 종속회사에 대해서 지시권을 가지고, 종속회사의 이사회는 지배기업의 지시에 복종할 의무를 부담한다. 콘체른의 경우 지배기업은 자신의 경영방침을 따를 것을 종속회사에 지시할 수 있고, 종속회사의 개개 업무집행행위에도 관여할 수 있다. 콘체른의 경우 지배기업은 지시권의 행사에 의하여 종속회사에 손해가 생기는 행위를 지시할 가능성이 높고 이에 따라 종속회사의 주주 또는 채권자는 손해를 입을 수 있다.

이러한 손해가 발생할 수 있다는 점을 염두에 두고 주식법은 종속회사의 외부주주를 보호하기 위하여 적정한 보상금을 지급하도록 하는 의무(주식법 제304조) 및 외부주주의 주식매수청구에 따른 해당주주의 주식을 매수할 의무를 부담하도록 규

---

559) Paragraph 15 Aktiengesetz: **Verbundene Unternehmen**

Verbundene Unternehmen sind rechtlich selbständige Unternehmen, die im Verhältnis zueinander in Mehrheitsbesitz stehende Unternehmen und mit Mehrheit beteiligte Unternehmen(§ 16), abhängige und herrschende Unternehmen(§ 17), Konzernunternehmen(§ 18), wechselseitig beteiligte Unternehmen(§ 19) oder Vertragsteile eines Unternehmensvertrags(§ § 291, 292) sind.

560) Paragraph 17 Aktiengesetz:

Abhängige und herrschende Unternehmen

(1) Abhängige Unternehmen sind rechtlich selbständige Unternehmen, auf die ein anderes Unternehmen(herrschendes Unternehmen) unmittelbar oder mittelbar einen beherrschenden Einflu ß ausüben kann.

(2) Von einem in Mehrheitsbesitz stehenden Unternehmen wird vermutet, da ß es von dem an ihm mit Mehrheit beteiligten Unternehmen abhängig ist.

정한다(주식법 제305조). 계약콘체른의 경우 지배계약이 존재하게 되는바, 지배기업의 법정대리인은 종속회사에 지시를 하면서 통상적이며 성실한 업무집행자로서의 주의를 기울여야 하며, 이 의무를 위반하면 종속회사에 발생한 손해에 대해 연대하여 배상책임을 부담하게 된다(제309조 제1항 및 제2항). 종속회사의 손해배상청구권은 개별 주주도 행사할 수 있지만 주주는 회사에 대한 이행만을 청구할 수 있음. 이러한 손해배상청구제도는 우리 상법의 대표소송과 같은 기능을 수행한다. 계약이 없이 양 회사 간의 지배종속관계가 존재하는 사실상 콘체른의 경우에도 주식법이 적용된다. 지배기업은 종속회사에 대한 영향력을 이용하여 종속회사가 지배회사에 손해로 되는 행위를 하거나 하지 않도록 하는 행위를 해서는 안 된다. 다만 손해가 전보되는 경우에는 그렇지 않다(제311조).

Paragraph 304 Aktiengesetz

Angemessener Ausgleich

(1) Ein Gewinnabfurungsvertrag muss einen angemessenen Ausgleich fur die ausstehenden Aktione durch eine auf die Anteile am Grundkapital bezogene wiederkehrende Geldleistung(Ausgleichszahlung) vorsehen. Ein Beherrschungsvertrag muss wenn die Gesellschaft nicht auch zur Abfurung ihres ganzen Gewinns verpflichtet ist, den au.sstehenden Aktionen als angemessenen Ausgleich einen bestimmten jarlichen Gewinnanteil nach der fur die Ausgleichszahlung bestimmten Hie garantieren. Von der Bestimmung eines angemessenen Ausgleichs kann nur abgesehen werden, wenn die Gesellschaft im Zeitpunkt der Beschluassung ihrer Hauptversammlung der den Vertrag keinen aunstehenden Aktion hat.

(2) Als Ausgleichszahlung ist mindestens die jarliche Zahlung des Betrags zuzusichern, der nach der bisherigen Ertragslage der Gesellschaft und ihren koftigen Ertragsaussichten unter Berksichtigung angemessener Abschreibungen und Wertberichtigungen, jedoch ohne Bildung anderer Gewinnrklagen, voraussichtlich als durchschnittlicher Gewinnanteil auf die einzelne Aktie verteilt werden konte. Ist der andere Vertragsteil eine Aktiengesellschaft oder Kommanditgesellschaft auf Aktien, so kann als Ausgleichszahlung auch die Zahlung des Betrags zugesichert werden, der unter Herstellung eines angemessenen Umrechnungsverhtnisses auf Aktien der anderen Gesellschaft jeweils als Gewinnanteil entfält. Die Angemessenheit der Umrechnung bestimmt sich nach dem Verhältnis, in dem bei einer Verschmelzung auf eine Aktie der Gesellschaft Aktien der anderen Gesellschaft zu geworen wesen.

(3) Ein Vertrag, der entgegen Absatz 1 verhaupt keinen Ausgleich vorsieht, ist nichtig. Die Anfechtung des Beschlusses, durch den die Hauptversammlung der Gesellschaft dem Vertrag oder einer unter §295 Abs. 2 fallenden oderung des Vertrags zugestimmt hat, kann nicht auf §243 Abs. 2 oder darauf gestezt werden, dahder im Vertrag bestimmte Ausgleich nicht angemessen ist. Ist der im Vertrag bestimmte Ausgleich nicht angemessen, so hat das in §2 des Spruchverfahrensgesetzes bestimmte Gericht auf Antrag den vertraglich geschuldeten Ausgleich zu bestimmen, wobei es, wenn der Vertrag einen nach Absatz 2 Satz 2 berechneten Ausgleich vorsieht, den Ausgleich nach dieser Vorschrift zu bestimmen hat.

(4) Bestimmt das Gericht den Ausgleich, so kann der andere Vertragsteil den Vertrag binnen zwei Monaten nach Rechtskraft der Entscheidung ohne Einhaltung einer Kundigungsfrist kundigen.

주식법 제311조는 종속회사의 재산을 유지하기 위한 규정이고 이를 통하여 종속회사의 주주는 간접적으로 보호된다. 주식법 제317조 제1항에 의하면 지배기업이 지배계약 없는 종속회사로 하여금 손해를 입는 행위를 하게 한 경우 그 손해를 영업연도 말까지 사실상 전보하지 않거나 종속회사에 특정한 이익에 대한 청구권을 주지 않는다면 지배기업은 종속회사에 손해배상의무를 부담한다. 주식법 제117조는 콘체른 관계가 없는 경우라도 회사에 대한 영향력을 이용하여 가해한 자는 손해를 입은 회사와 주주에게 배상책임을 부담하도록 하고 있으며 회사의 청구권은 회사채권자도 행사할 수 있도록 규율한다. 주식법 제117조 제1항은 회사에 대한 영향력을 이용하여 고의로 이사 또는 감사, 지배인 또는 대리인으로 하여금 회사 또는 주주에게 손해를 주는 행위도 규율한다. 주식법은 기업계약으로 드러난 지배·종속관계에서는 종속회사의 주주 및 채권자의 이익을 보호해 주는 규정을 두고 있다.

사실상 지배종속관계에서는 종속회사의 손해를 전보해 주는 규정을 두면서 관련된 이해당사자의 이해를 규율한다. 주식법은 영향력을 행사하여 회사나 주주에게 가해하는 행위에 대한 책임을 부담하도록 하는 일반규정을 두고 있다. 회사가 가지는 청구권을 행사할 수 있는 자로서 주주와 채권자를 포함시키고 있다. 종속회사의 손해배상에 대한 청구권자로서 주식법은 주주를 포함시키고 있다. 개별기업에서는 이사에 대한 회사의 손해배상청구권을 채권자에게도 인정한다(주식법 제93조 제5항). 그러나 역으로 지배회사의 주주에게 종속회사의 임원책임을 추궁하는 제도를 두고 있지는 않다.

Ⅳ. 상법개정안에 대한 검토

1. 이중대표소송의 제기요건으로서 원고주주의 지주비율

입법 예고된 법무부 상법(회사편) 개정안에 의하면 이중대표소송의 제기요건으로서 발행주식 총수의 100분의 1 이상에 해당하는 주식을 가진 모회사의 주주를 정하고 있다. 원고주주는 모회사의 주주라야 하므로 모자회사관계가 인정되어야 한다. 개정상법이 모자회사에 한정한 것은 미국 판례법상 지배·종속관계에 있는 회사들 간에 인정되고 있는 제도를 새로이 도입하므로 과도하게 적용범위를 확장할 수 없고, 상법상 지배·종속관계의 판단기준인 모자회사관계로 한정한 것으로 이해된다.

입법안에 의하면 이중대표소송의 제기요건인 원고주주의 지주비율은 100분의 1이다. 주주대표소송의 제기요건으로 주주의 지주비율은 대표소송제도의 핵심사항이다. 100분의 1이란 비율이 대표소송제가 활용됨에 있어서 적절한 비율인지 문제는 별개의 문제로 하고, 종속회사에서 대표소송을 제기하는 것과 동일한 비율로 지배회사의 주주가 이중대표소송을 제기할 수 있게 한 것은 지배회사의 주주는 종속회사 주주와 달리 2차 간접손해를 입는 자라는 점에서 합리성을 결하고 있다.

100분의 1이란 비율이 대표소송제가 활용되는 데 적절한 비율인가의 문제에 초점을 맞추어 활성화시켜야 한다는 당위와 이사에 대한 감시감독수단으로서 대표소송의 기능만을 중시한 것으로 소송제도가 활용되지 않을 가능성이 왜 중요한 고려요소가 되어야 하는지가 의문이다. 불필요한 소송의 남발은 기업의 경제상 활력을 떨어뜨리고, 기업가 정신을 훼손하여 보수적이며, 위험회피적인 운용만을 경영자의 미덕으로 보게 할 우려가 있다는 점도 충분히 고려되어야 한다.

그러므로 종속회사의 주주들이 행사하지 않는 대표소송을 2차적인 이해관계를 가지는 지배회사의 주주가 동등한 비율로 행사할 수 있도록 허용하는 것은 형평에 부합하지 않는 것으로서 이중대표소송의 제기요건은 강화되어야 한다.

2. 실질지배관계요건

(1) 상법개정안

2006년 상법쟁점조정위원회는 당시 입법 예고된 이중대표소송의 제기요건에 추가하여 '실질지배관계' 요건을 추가하였다. 제안된 법안에 의하면 제소요건으로 제소주주 자격을 모회사 발행주식 총수의 1% 이상이라는 요건을 유지하면서도 '이사, 집행임원 지위를 가진 자가 실질적으로 회사를 지배하는 경우'라는 요건을 추가하고, 두 회사 간의 실질지배관계는 '회사소유관계, 이사와 집행임원의 겸임 여부, 출자자 중복 여부 등'으로부터 판단할 수 있는 것으로 규정하였다.

대표소송은 회사의 손해를 보전하기 위한 것이라는 점을 고려하면 실질지배요건은 대표소송제도의 취지에 부합하지 않는 것이라는 비판이 있다. 이 견해에 의하면 실질지배관계보다는 모회사에 간접손해가 발생하지 않았다는 사실을 입증하도록 하는 것을 대안으로 제시하였다. 그러나 과반수 지분을 보유하였다고 하더라도 실질적으로 지배할 수 없는 다른 사정이 존재하면 비록 손해가 발생하였다고 하더라도 그 손해는 지배회사의 행위에 대한 행위책임으로 귀속시킬 수 없다고 하는 것이 타당한 해석이라고 보인다. 그러므로 실질지배요건을 이와 같은 의미로 중첩적으로 부과하는 것이 타당하다.

(2) 검토

상법개정안들은 이중대표소송의 제기요건인 원고주주의 지주비율을 100분의 1로 하고 있다. 법무부의 상법 개정안이 제시하는 100분의 1이란 비율이 대표소송제가 활용됨에 있어서 적절한 비율인지 문제는 별개의 문제로 하고, 종속회사에서 대표소송을 제기하는 것과 동일한 비율로 지배회사의 주주가 이중대표소송을 제기할 수 있게 한 것은 지배회사의 주주는 종속회사 주주와 달리 2차 간접손해를 입는 자라는 점에서 합리성을 결하고 있는 것이 아닌가 하는 의문이 든다.

3. 이중대표소송이 출자총액제한제도의 대안이 될 수 있는지 여부

2009년 다시 제안된 상법개정안들은 출자총액제한제의 대체입법으로 이중대표소송을 언급하고 있다.561) 그러나 이중대표소송의 모국이라고 할 수 있는 미국에서도 이중대표소송은 지배종속관계에 있는 회사 간에 종속회사의 피해전보를 위하여 모회사 주주에게 소권을 부여하는 것으로 판례상 정립되는 연혁 및 입법취지를 보아도 출자

---

561) 출총제 폐지에 대해서는 홍재형 의원(안)과 이상민 의원(안)에서는 출총제를 사전규제(ex ante regulation)라고 보고, 그 대안으로 사후규제(ex post regulation)가 이루어져야 한다고 하면서 이중대표소송을 대안으로 제시하고 있다.

총액제의 입법목적과는 부합되지 않는다. 1987년 4월 1일 도입된 출자총액제도는 기업집단의 경제력집중을 억제하기 위한 제도로 도입되었으며, 당시 출자총액의 상한을 순 자산의 40%로 규정하였다. 이후 2003년 10월 31일 공정거래위원회가 내놓은 '시장개혁 3개년 로드맵'에서는 일반집중이라는 개념 대신 기업집단의 소유·지배괴리도라는 개념을 사용하였다. 기업집단의 소유·지배괴리도라는 개념 자체가 상당히 철학적 관점에 따라 논쟁이 있을 수 있으나 이에 대해서는 논하지 않는다고 하더라도 이중대표소송은 기업집단의 소유·지배괴리도를 완화하기 위한 제도도 아니다.

입법 예고된 법무부 상법(회사편) 개정안이 미국 판례법상 지배·종속관계에 있는 회사들 간에 인정되고 있는 제도를 새로이 도입하므로 과도하게 적용범위를 확장할 수 없고, 상법상 지배·종속관계의 판단기준인 모자회사관계로 한정하고 있음에 반하여, 제안된 상법개정안562)은 다른 회사의 발행주식 총수의 100분의 30을 초과하는 주식을 가진 회사(이하 '다수지분 출자회사'라 한다.)라고 하여, 오히려 이중대표소송을 제기할 수 있는 주식비율을 줄이고 있는바, 이러한 태도는 이중대표소송의 판단 기초가 되는 지배종속관계의 형성에 대한 훼손이라고 할 것이다.

왜냐하면 (ⅰ) 100분의 30으로 규정하는 경우 실제로 지배종속관계가 없는 회사가 아닌 경우가 다수 있을 수 있을 것인데, 이 경우에는 다른 회사의 의사결정을 일방적으로 결정하여 손해를 입힐 수 없는 것이어서 이중대표소송을 인정할 근거가 없기 때문이다. 또 (ⅱ) 만일 의사지배를 하고 있지 않음에도 30% 이상의 지분을 보유하고 있다고 하여 책임을 부담하도록 한다면 이는 주주에 대해서 과도한 소권을 부여하여 회사로 하여금 비효율적인 소송방어비용을 지출하도록 할 것이어서 사회적인 비효율 내지 후생의 감소를 가져오게 되는 문제가 있다. 그러므로 이러한 점을 종합하면 이중대표소송을 인정한다고 하더라도 상법개정안과 같이 50% 이상의 지분을 보유하여 의사지배가 이루어질 수 있는 경우에 국한하여야 할 것이다.

4. 회사기회유용법리의 도입

(1) 입법논의

출총제 폐지와 관련하여 대안으로 제시되고 있는 것은 이중대표소송 외에 뒤에서

---

562) 이상민 의원(안)의 경우.

볼 순환출자금지와 회사기회유용법리(Corporate Opportunity doctrine)가 있다.[563] 이
에 대해서는 아래의 박영선 의원안이 제안되었다.

박영선 의원 상법개정안
의안번호 3913
2009.2.24. **제안**

제397조의 2를 다음과 같이 신설한다.

제397조의 2(회사의 기회 및 자산의 유용 금지) ① 제397조 제2항 각 호의 1에 해
당하는 자는 자기 또는 제3자의 계산으로 업무와 관련된 정보, 회사의 사업기회 또는
자산을 유용할 수 없다. 다만 사전에 이사회에 고지하고 이사회 재적 인원의 3분의 2
이상의 찬성에 의한 승인을 받은 경우에는 그러하지 아니하다. 이 경우 당해 이사는
이사회 승인에 관한 결의에 의결권을 행사하지 못한다.

② 제397조 제3항 내지 제5항의 규정은 이 조에 준용한다.

제398조를 다음과 같이 한다.

제398조(이사와 회사 간의 거래) ① 다음 각 호의 어느 하나에 해당하는 자는 그 거
래의 조건이 공정하고 사전에 이사회 재적 인원의 3분의 2 이상의 찬성에 의한 승인
이 있는 때에 한하여 자기 또는 제3자의 계산으로 회사와 거래를 할 수 있다. 다만 당
해 이사는 이사회 승인에 관한 결의에 의결권을 행사하지 못한다.

1. 이사
2. 제401조의 2 제1항 각 호의 자
3. 이사 또는 제1호에 해당하는 자의 배우자, 4촌 이내의 친족
4. 제1호 내지 제3호의 자가 단독으로 또는 공동으로 의결권 있는 발행주식 총수의
   100분의 30을 초과하는 주식을 가진 회사
5. 제1호 내지 제3호의 자가 제4호의 회사와 합하여 의결권 있는 발행주식 총수의
   100분의 30을 초과하는 주식을 가진 회사
6. 제1호 내지 제5호의 자가 단독으로 또는 공동으로 총출연금액의 100분의 30을 초
   과하여 출연한 경우로서 최대출연자가 되거나, 제1호 내지 제5호의 자 중 1인이
   설립자인 비영리 법인 또는 단체(이하 '법인격 없는 사단 또는 재단'을 말한다.)

---

563) 회사기회유용법리는 2006년 입법 예고된 상법개정안(법무부안) 및 이상민 의원안(상법개정안), 박영선 의원안(상법
개정안)에 각 포함되어 있으며, 상법 제397조 및 상법 제398조를 개정하여 도입하려고 하고 있다.

② 제1항의 경우에는 「민법」 제124조의 규정을 적용하지 아니한다.
제401조의 2에 제3항을 다음과 같이 신설한다.
③ 제1항 각 호에 규정된 자가 본인 또는 본인과 제398조 제1항 제3호 내지 제6호
의 관계에 있는 자의 계산으로 제397조 제1항, 제397조의 2 제1항, 제398조 제1
항에 해당하는 거래를 한 경우 업무를 지시하거나 집행한 것으로 추정한다.

위 상법개정안이 의원입법으로 제안되기 전에도 법무부는 상법 일부개정 법률안
(2006.9.)을 제안하면서 회사기회유용법리를 입법화하려고 한 바 있다. 2006년 정부
개정안 제382조의 5(회사기회의 유용금지)에서 "이사는 장래 또는 현재에 회사의
이익이 될 수 있는 회사의 사업기회를 이용하여 자기의 이익을 취득하거나 제3자로
하여금 이익을 취득하도록 하여서는 아니 된다."고 규정하고 있다.

상법개정안에 대해서 긍정적인 견해는 이사로 하여금 회사의 이사의 지위에 있음
을 기회로 회사의 정보 혹은 기회를 이용하여, 스스로 이득하거나 혹은 제3자를 이
득시키는 '회사기회의 이용행위'를 처벌하겠다는 의지를 표명한 점에서 분명히 의
미가 있다고 하면서, 특히 회사법의 해석에 대한 대법원이 이중대표소송에 대하여
부정적인 태도를 취한 것을 실망스럽다고 하면서 회사기회유용법리가 실정법으로
입법되어야 한다고 주장한다.[564)

그러나 회사기회유용이론은 미국에서도 판례법을 통하여 형성되어 온 법리이며,
회사기회의 의미를 정의함에 있어 구체성을 기하기 어렵다. 그리고 입법이 되지 않
더라도 상법상 이사의 충실의무 또는 선관주의의무 위반으로 책임을 추궁할 수 있
는 것이 아닌가 하는 생각이다.[565) 그렇다면 상징적인 의미 이외의 무슨 실익이 있
는지 의문이다. 현재도 소송대리인들은 입법이 안 된 상황에서도 주주대표소송에서
회사기회유용을 주장하기도 한다.

---

564) 이중기, "이사의 회사기회유용과 경업금지의무위반", 증권법학회발표문 2007.7. 3면. 이중기 교수는 법무부의 상법
　 　개정안에 대해서 입증책임을 전환하고 있지 않으며, 구제수단을 명기하지 않아서 결국 이사의 회사에 대한 책임에
　 　관한 상법 제399조(손해배상책임)로 해결하여야 할 것인바, 회사기회 유용의 경우 손해의 입증이 쉽지 않아 적절한
　 　구제수단이 아니라고 주장하면서 법무부(안)이 미흡한 안이라고 비판한다.
565) 이중기 교수의 주장과 같이 입법을 하면서 이득반환청구권을 입법한다면 구제수단의 관점에서 차별성을 가질 수 있
　 　을 것이므로 이런 면에서의 실익이 있을 수는 있을 것이다. 논의의 상세는 이중기, 위의 논문, 6-7면 참조.

(2) 회사기회의 의미[566]

만일 입법이 되어 회사기회유용법리를 소송에서 활용하기 위해서는 명문으로 회사기회의 의미를 정의하지 못한다면 법원은 어떤 기준으로 회사기회를 정의하고, 유용 여부를 판단할 수 있을 것인가. 이에 대해서는 이 법리가 가장 발달한 미국의 논의를 참고할 수밖에 없다.

1) 사업범위 기준[567]

사업범위 기준(line of business test)은 어떠한 기회가 회사사업의 연장선(in the line of business)에 있을 때 회사기회의 성립을 인정하는 견해로서 1939년 델라웨어 주 대법원의 Guth 판결에서 채택된 이래 회사기회 법리의 가장 보편적인 기준으로 사용되고 있다.[568]

법원은 Guth 사건에서 회사가 어떠한 영업을 영위하고 있다면, 영업에 적용 가능한 기본적 지식, 경험 및 실행능력은 이러한 요소들에 내재되어 있는 성질상 그 회사의 영업에 적용이 가능한 기회가 된다고 판시하였다.[569] 법원은 판결에서 회사의 사업범위에 포함되는지 판단하기 위해서 고려할 판단요소로 해당 기회가 회사에 실질적인 이득(practical advantage)을 주는 것인지, 해당 기회가 회사의 기존 권리나 이익에 관련되거나, 해당 기회를 실현할 재정적 능력(financial ability)이 있는지,[570] 회사가 기대하였던 기회인가[571] 등을 제시하고 있다.[572]

---

566) 이 주제에 대해서는 많은 논문이 있다. 이 중 최근 논문을 소개한다. 백정웅 교수는 회사기회유용이론 입법의 강력한 지지자이다. 최근 논문으로 백정웅, "회사기회유용이론의 적용기준과 항변사유: 미국법제를 중심으로", 비교사법 16권 2호(통권45호) 한국비교사법학회 419 – 466면(2009); 김홍기, "한국법회사기회의 법리와 우리나라의 해석론, 입법방안에 대한 제안", 상사판례연구 21집 2권, 한국상사판례학회(2008.6.); 김재범, "이사 자기 거래와 회사기회유용의 제한: 2008년 상법개정안 검토", 법학논고 29집, 경북대학교 출판부(2008.12.) 79 – 104면; 하삼주, "메인 주 대법원판결을 통해 본 회사기회이론의 적용범위: Northeast Harbor Golf Club 사건에 관하여", 상사판례연구 21집 4권, 한국상사판례학회(2008.12.) 403 – 434면; 이규수, "회사기회 법리의 도입에 관한 비교법적 고찰", 성균관법학 20권 1호, 성균관대학교 비교법연구소(2008.4.) 415 – 440면; 허덕회, "이사의 회사기회유용에 대한 규제", 「상사법연구」 제20권 제2호(한국상사법학회, 2001); 최문희, "기업집단에서의 회사기회유용", 「BFL」 제19호(서울대학교 금융법센터, 2006.9.); 임재연, "회사기회의 유용", 「인권과 정의」 Vol.363(대한변호사협회, 2006.11.); 최준선, "회사기회유용금지이론에 관한 고찰", 「저스티스」 통권 제95호(한국법학원, 2006.12.).

567) Line of business test의 용례에 대해서는 국내의 논자들마다 다양해서 김홍기 교수의 용례를 따른다.

568) Guth v. Loft, Inc., A.2d 503(Del. 1939).

569) 허덕회, "이사의 회사기회유용에 대한 규제", 상사법연구 20권 2호, 한국상사법학회(30호) 478면.

570) Guth, *op cit*, at 509.

571) *Id*, at 514.

572) 이 사건에 대한 상세는 백정웅, "미국의 회사기회유용이론과 우리 상법: 델라웨어 주의 구스 사건을 중심으로", 상사법연구 25권 3호(52호), 한국상사법학회(2006.11.) 361 – 394면 참조.

이 Guth 판결의 판시는 이후 사업기회 판단에서 사업범위기준을 따를 때 유용한 판단기준으로 사용되었으나 개별사안에서는 구체적 타당성을 높이기 위해서 변용이 이루어졌다.[573] 1996년 델라웨어 주 대법원은 Broz 판결[574]에서 Guth 법원의 기준은 일종의 가이드라인이며, 어떤 하나의 요소도 결정적이지 않으므로 해당 사건에서 적용 가능한 모든 요소를 고려하여야 한다고 판시하면서 적용 가능한 판단요소로 ① 해당 기회를 취득할 수 있는 재정적 능력이 있는지, ② 해당 기회가 회사의 사업범위에 포함되는지, ③ 회사가 해당 기회에 대하여 이익 내지 기대를 가지고 있는지, ④ 이사가 해당 기회 취득에 따라 이사와 회사의 이익이 서로 상반되는 지위에 처하는지, ⑤ 해당 기회가 이사 개인에게 제공되었는지 아니면 회사에서의 직무상 자격으로 제공되었는지, ⑥ 이사가 해당 기회의 취득을 위해서 회사 자산을 이용하였는지 등의 요소들을 종합적으로 고려하여야 한다고 하였다.[575]

2) 여타의 기준

사업범위 기준 외에 공정성 기준이나 2단계 기준 등이 있다.

공정성 기준(fairness test)은 회사의 이익이 정당하게 보호되어야 할 경우에 해당하는 당해 기회에 대하여 회사가 이익 및 기대를 갖고 있는 경우이거나, 당해 기회가 회사의 영업범위에 속하는 경우 등에 있어서 이사 등이 그 기회를 탈취하는 행위가 불공정하다고 인정하는 기준이다.[576] Miller 판결에서 미네소타 주 대법원은 이사의 기회취득이 불공정한가를 판단하는 데 다음의 요소들을 고려하여야 한다고 판시한다. ① 이사가 회사의 경영을 사실상 지배하고 있는 경우, ② 당해 기회가 이사의 자격에서 부여된 것인가, 개인 자격에서 부여된 것인가, ③ 당해 기회가 회사에 공시되었는가, ④ 이사가 회사의 시설, 자산, 직원을 이용하였는가, ⑤ 이사에 의한 회사기회의 이용이 회사에 대하여 손해를 주었는지의 여부, ⑥ 당해 이사가 회사에 대하여 충실의무를 이행하였는가 등을 고려하여 회사의 기회취득에 대하여 이사의 책임을 판단하여야 한다고 보았다.[577]

---

573) Aronson v. Lewis, 473 A 2d 805, 815(Del. 1984); Gries Sports Enters., Inc. v. Cleveland Football Co., 496 N.E. 2d 959, 965(Ohio 1986).

574) Broz v. Cellular Information System Inc., A. 2d. 148(Del. 1996).

575) 김홍기, "회사기회의 법리와 우리나라의 해석론, 입법방안에 대한 제안", 상사판례연구 21집 2권, 한국상사판례학회(2008.6.).

576) 허덕회, 전게논문, 479면.

2단계 기준은 회사기회이론을 적용함에 있어서 당해 영업기회가 정당하게 회사에 귀속되어야 할 기회인가를 판단하는 단계(제1단계)와 어떤 기회가 회사의 기회에 해당한 경우에 당해 기회의 취득이 이사의 회사에 대한 충실의무의 위반에 해당하는 가를 판단하는 단계(제2단계)를 적용한다는 기준이다. 이 기준은 1단계에서는 사업범위 기준을, 2단계에서는 공정성 기준을 채택하여 종합한 것이다. 미국 법률가협회는 고위집행임원을 겸하고 있는 경우에는 사업범위 기준을 채택하면서도 그렇지 않은 이사들의 경우에는 이 2단계기준을 채택하고 있다.578)

(3) 회사기회유용에 대한 법적 규제

1) 손해배상

미국법률협회의 회사지배구조 원리에서는 회사의 기회취득행위와 이사에 의한 회사와의 경업행위를 구분하여 규정하고 있다는 점은 전술하였다. 따라서 미국법률협회의 회사지배구조 원리에서 회사기회 유용행위의 유형으로는 회사기회취득과 경업이다.579)

(가) 충실의무 위반

이사가 회사에 이사회에서 회사의 사업범위에 포함되는 기회를 취할 것인지에 대한 판단기회를 제공하지 않고 자신이 취한 경우 이사의 충실의무 위반으로 규제하는 방법은 지금도 가능하다. 이때 충실의무 위반의 판단기준은 회사에 당해 기회를 취할 기회를 제공하였는지 여부와 같은 절차적인 면이 주를 이룰 것이라고 생각한다.580)

---

577) Miller v. Miller, 301 Minn. 207, 222 N. W. 2d. 71(1974).

578) ALI, Principles of C·G. § 5.05.

579) 허덕회, 전게논문, 481면.

580) 미국 대부분 주의 법원은 주식회사의 이사 및 임원은 회사가 정당하고 취득하여야 할 영업기회의 취득 및 회사와의 경업을 통하여 회사의 이익을 희생시키고 자신들의 개인적 이익을 추구하는 행위에 대하여 회사기회 유용의 법리를 적용함에 있어서 첫째, 당해 거래가 회사기회에 해당하는가의 여부를 판단하고, 둘째, 당해 이사·임원이 그 기회를 회사에 제공한 경우에 회사가 그 기회를 거절하였는가, 아니면 회사가 그 기회를 취득할 수 있는 자력을 갖추고 있느냐를 판단하고, 셋째, 회사기회와 이해관계가 있는 이사·임원은 이사회에 대하여 당해 회사기회로 인한 이익충돌과 거래내용에 관한 중요한 사실을 충분히 공시한 후에 이해관계가 없는 다수의 이사에 의하여 그 기회를 회사가 취득할 것인가, 아니면 거절할 것인가에 관한 결의를 통하여 승인을 받았는가를 판단하고, 넷째, 이사회가 승인결정을 하지 못하거나, 이해관계 있는 이사에 의하여 이사회가 지배되고 있는 경우에는 주주총회에 대하여 그 기회로 인한 이익충돌 및 기회의 내용을 충분히 공시한 후에 이해관계 없는 다수의 주주에 의하여 당해 기회를 회사가 취득할 것인지 아니면 거절할 것인가에 대한 결의를 통하여 승인을 받았는가를 판단하는 절차에 따라 회사기회의 유용에 해당하는지 여부를 심사하는 태도를 취하고 있다(허덕회 상게논문, 483면).

(나) 경업금지의무 위반

만일 이사가 회사에 특정한 사업기회가 있음을 알리고 이를 취할 것인지를 이사회에서 결정할 것을 요구하였으나 회사가 이사회에서 사업기회를 거부하였다면 회사기회유용은 문제가 되지 않을 것이나, 경업금지 위반으로는 충실의무 위반 또는 선관주의의무 위반의 책임을 부담시킬 수 없을까. 우리 법상으로는 상법상 경업금지규정581)은 만일 당해 이사가 다른 회사의 무한책임사원이나 이사가 아니면 위반이 되지 않는 것으로 규정되어 있어서 충실의무 위반이나 선관주의의무 위반의 책임을 부담시킬 것인가의 문제로 해결하여야 할 것이다. 미국 판례 중에는 회사가 어떤 영업기회를 거절하였지만, 이사가 그 기회를 이용하여 사업을 영위함으로써 그 사업이 회사의 사업과 시장에서 경합하고 있는 경우에, 회사는 당해 이사에 대하여 회사기회의 취득에 따른 책임은 물을 수 없지만, 경업으로 인하여 회사가 입은 손해배상청구는 할 수 있다고 보기도 한다.582)

2) 이득반환청구

현행 상법이나 상법 개정안에 의할 경우에는 회사의 기회를 유용하여 이사가 취득한 이득을 손해배상이 아닌 회사가 반환을 요구할 수 있는 청구권원은 회사법에 기초하여서는 없다.583)

(4) 검토

회사기회는 회사에 돌아가야 한다는 것은 매우 간단한 도식으로 타당한 것 같지만, 회사의 주주나 이사라고 해서 사업기회를 어디까지 자신의 몫으로 돌리지 말아야 하는지는 고려해야 하지 않을지를 염두에 두고 위 각 기준으로 살펴볼 필요가 있다. 또 입법 기술상 명확하게 입법하는 것이 사실상 불가능한 회사기회유용이론을 입법하는 것보다는 충실의무나 선관주의의무 위반을 징표하는 하나의 표지로 판

---

581) 상법 제397조(경업금지) ① 이사는 이사회의 승인이 없으면 자기 또는 제삼자의 계산으로 회사의 영업부류에 속한 거래를 하거나 동종영업을 목적으로 하는 다른 회사의 무한책임사원이나 이사가 되지 못한다. 〈개정 1995.12.29.〉
② 이사가 제1항의 규정에 위반하여 거래를 한 경우에 회사는 이사회의 결의로 그 이사의 거래가 자기의 계산으로 한 것인 때에는 이를 회사의 계산으로 한 것으로 볼 수 있고 제삼자의 계산으로 한 것인 때에는 그 이사에 대하여 이로 인한 이득의 양도를 청구할 수 있다. 〈개정 1962.12.12, 1995.12.29.〉
③ 제2항의 권리는 거래가 있는 날로부터 1년을 경과하면 소멸한다. 〈개정 1995.12.29.〉

582) Foley v. D'Agostino, 21 A. D. 2d. 60, 248 N. Y. S. 2d. 121(1964).

583) 이중기 교수는 바로 이런 점에서 이득반환청구권을 입법화하여야 한다고 주장한다(이중기, "이사의 회사기회유용과 경업금지의무위반", 증권법학회발표문 2007.7. 6 - 7면).

례법을 통하여 형성하는 것이 오히려 탄력적인 법적용을 할 수 있는 것이 아닌지도
고려할 사항이라고 본다.

제9절 순환출자의 규제

Ⅰ. 출자총액제의 대안입법

1. 출자총액제한제도

출자총액제한제도(이하 '출총제')는 대규모 기업집단에 속하는 회사가 순 자산액
의 일정비율을 초과해 국내 회사에 출자할 수 없도록 한 제도이다. 이 제도는 대규
모기업집단들의 무분별한 비관련 분야로의 사업 확장을 막는 것을 입법목적으로 하
여 1987년 4월 1일 출자총액의 상한을 순 자산의 40%로 하여 도입되었다. 이후
40%가 너무 높다는 비판이 있어서 1995년 상한을 25%로 하향하였다.[584] 1998년 2
월 출총제는 폐지되었다. 대기업들의 시너지 효과가 발생하기 어려운 비관련 부문
으로의 무분별한 사업 확장을 막는 데는 기여했다는 긍정론도 있었지만 1997년 경
제위기가 한창인 당시 기업구조조정을 위하여 필요하였던 신속한 기업 퇴출을 어렵
게 한다는 우려와 적대적 인수합병의 우려에 대하여 내국회사들만 출총제로 인하여
역차별을 받는다는 비판을 받아 폐지되었다. 하지만 이후 적대적 인수합병이 한 건
도 일어나지 않고, 오히려 대기업들의 계열사에 대한 내부지분율이 증가하는 등 부
작용이 일어남에 따라 1999년 다시 부활하였다. 상한은 순 자산 기준으로 25%로
하였고, 출자한도초과분은 2002년 3월 말까지 해소하도록 경과조치를 두었다. 다시
도입된 출총제에 대해서 지속적인 비판론이 있었고,[585] 이에 따라 출총제는 예외사
유가 지속적으로 증가하였다. 이에 따라 원칙과 예외 사이에서 예외가 지나치게 늘
어나서 제도운용의 예견가능성이 떨어진다는 비판을 받게 되었다.[586]

---

584) 1998.3.31.까지 유예기간을 두었다.

585) 전국경제인연합회는 2004년 '출자총액규제로 인한 투자저해 및 경영애로 사례'라는 자료집을 발간하는 등 지속적
으로 출총제가 투자에 대한 부정적인 효과를 발생시키고 있다는 자료를 제시하였다.

이후 개정되어 자산총액 10조 원 이상인 기업집단 소속의 기업에 한 해 순 자산의 40%를 초과하여 계열사·비계열사를 불문하고 국내 회사에 출자할 수 없도록 완화되었다가 2009년 개정 시 조문이 다시 삭제되었다. 폐지 이후 대규모 기업집단 규제장치로서의 출총제의 역할을 보완할 보완입법 논의가 진행되었으며, 그 대안 중의 하나가 순환출자의 제한이다.

2. 순환출자 관련 쟁점

순환출자와 관련된 쟁점은 (ⅰ) 순환출자는 규제되어야 하는가, (ⅱ) 순환출자는 출총제의 대안이 될 수 있는가라는 2가지이다. 현재 국회에는 김영선 의원의 독점규제 및 공정거래에 관한 법률개정안(이하 '공정거래법')에 대하여 정무위원장의 공정거래법 일부개정법률안(대안)이 제안되어 있음. 대안에서도 출총제 폐지안이 포함되어 있다.

사전적 총량규제인 출자총액제한제도를 폐지하여 기업의 투자유인을 제고시키고, 시장참여자에 의한 자율적 감시기능을 강화하기 위해서 상호출자제한기업집단의 주식소유현황 등에 대한 공시제도를 도입하고 자율규제를 강화하는 것이 출총제 폐지의 대안으로 제시되고 있는 것이다. 또한 순환출자의 금지는 기업집단에서 대주주의 전횡을 막기 위해서 필요하다는 것이 지속적인 입법제안이유인 것으로 보인다.

2004.10. 채수찬 의원이 기업지배·소유구조의 근본적 개선을 위해 순환출자를 금지시키는 규정을 공정거래법에 신설하여야 한다는 안을 낸 바 있다. 2007.2.9. 채수찬 의원은 다시 공정거래법 개정안을 제출하였다. 채수찬 의원(안)은 기업의 투자를 저해하는 과도한 규제라는 비판을 받아 온 출자총액제한제도를 폐지하여 기업활동의 자율성을 제고하고 기업이 투자를 활성화하여 경제성장과 일자리 창출에 기여할 수 있도록 함과 동시에, 계열사 간 신규 순환출자를 금지하고 기존 순환출자는 10년에 걸쳐 단계적으로 의결권을 제한함으로써 대규모기업집단의 소유·지배구조를 개선하고, 주식회사제도의 건전성 유지 및 공정하고 자유로운 경쟁질서를 확립게 함을 입법의 목적으로 한다고 한다.

---

586) 최승재, "출자총액제한의 예외와 기업의 예측가능성", 법률신문 2004.10.3.

채수찬 의원 공정거래법 개정(안)

의안 6084

2007.2.9.

가. 대규모기업집단의 계열사 간 신규 순환출자를 금지하여, 상호출자제한기업집단(자산규모 2조 원 이상)에 속하는 회사는 상호출자(계열회사 A와 계열회사 B가 주식을 상호 보유하는 행위) 외에 순환출자(A→B→C→A와 같이 계열회사 간 고리모양의 출자관계를 형성하는 행위)를 하지 못하도록 함(안 제9조의 2 신설). **[신규 순환출자 금지]**

나. 기존 순환출자에 대해서는 계열사 간 출자관계 중 하나에 대해 의결권을 제한하며, 당해 기업집단이 계열사 간 순환출자 현황 및 의결권제한 대상 주식을 공정거래위원회에 신고하도록 하고(신고가 없으면 가장 최근에 순화출자관계를 형성한 주식의 의결권을 제한), 의결권 제한대상 주식에 대해서는 이 법 시행일 당시의 의결권 비율에서 매년 100분의 10씩 의결권을 축소함(안 제9조의 3 신설). **[기존순환출자 의결권 제한]**

다. 이 법 시행일 이후 제9조의 2(순환출자의 금지) 제2항의 규정을 위반하여 순환출자관계를 형성한 회사에 대해서는 제9조(상호출자의 금지 등)를 위반한 경우에 준하여 제15조(탈법행위의 금지), 제16조(시정조치) 제1항, 제17조(과징금) 제1항, 제18조(시정조치의 이행확보) 제1항·제2항, 제66조(벌칙), 제70조(양벌규정) 및 제71조(고발)의 각 규정을 적용함(안 부칙 제2조).

라. 출자총액제한기업집단에 속하는 회사가 순 자산총액의 100분의 25를 초과하여 다른 회사의 주식을 취득 또는 소유하는 것을 금지한 출자총액제한제도를 폐지함(제10조 삭제).

마. 출자총액제한제도의 폐지에 따라 관련 시정조치·과징금 및 처벌규정을 정비함(안 제13조 제1항, 제14조 제1항·제3항, 제15조 제1항, 제16조 제1항, 제17조 제1항, 제17조의 2, 제18조 제3항·제4항, 제66조 제1항 제5호, 제66조 제6호 및 제69조의 2 제1항 제4호).

Ⅱ. 순환출자는 규제되어야 하는지 여부

1. 순환출자의 의의

순환출자란 3개 이상의 계열회사가 연쇄적인 출자로 이어져 있는 관계를 의미한다. 하나의 대규모기업집단 내의 A사가 B사에 출자하는 방식으로 A사는 B사의 최대주주가 됨. 이어 B사가 C사에 출자할 경우 B사의 최대주주인 A사는 B사와 C사의 최대주주가 돼 B사와 C사를 동시에 지배할 수 있게 된다. 다시 C사가 지배주주인 A사에 출자하면 A사의 서류상 자본금은 늘어나 확실한 지배주주 역할을 할 수 있게 된다(A->B->C->A). 이러한 형식의 지배구조를 원형상호출자(圓形相互出資) 또는 환상형 순환출자(環狀型循環出資)라고 한다.

2. 주요 대규모기업집단의 순환출자 현황

(단위: 원, %)

기업집단	순환출자현황
삼성	삼성에버랜드→ **삼성생명** → **삼성전자** → 삼성카드 → 삼성에버랜드
현대자동차	**현대자동차** → **기아자동차** → 현대모비스 →현대자동차
SK	**SK** → SKC → SK캐미컬 → SK
한진	한진 → 대한항공 → 한진중공업 →한진
한화	**한화** →한화석유화학 →한화종합화학 →한화증권 →한화
현대중공업	**현대중공업** → 삼호중공업 →현재미포조선 → 현대중공업
금호아시아나	**아시아나항공** →아시아나CC →금호랜터카 → 아시아나항공
두산	**두산** → 두산중공업 →두산산업개발 →두산
동부	**동부건설** →동부제강 → 동부생명 → 동부건설

(자료: 공정거래위원회(2005))

3. 공정거래위원회의 순환출자에 대한 태도

순환출자는 지속적으로 출자총액제한제도의 대안으로 공정거래위원회에 의해서 고려되고 있다는 내용의 기사가 나왔다. 2006.8.4. 공정위는 태스크포스 3차 회의에서 본격적으로 소유지배구조 왜곡을 초래하는 환상형 순환출자를 금지시키기로 하였다.

구체적인 실행방안으로 (i) 일정규모 이상의 자산을 가진 대기업집단만 순환출자를 규제하는 안, (ii) 기존 순환출자는 그냥 두되 신규출자만 금지하는 안, (iii) 순환출자 지분에 대해서 의결권을 제한하는 안이 제시되었다. 채수찬 의원안(2007)은 (ii)와 (iii)을 종합하여 기존순환출자는 의결권 제한, 신규순환출자는 금지하는 안이라고 이해할 수 있다.[587] 이후에도 수차례 관련 내용이 기사화되면서 순환출자의 금지는 지속적으로 쟁점이 되었다.[588]

4. 지주회사와 순환출자

(1) 법제에 의한 지주회사의 권유와 문제점

공정거래위원회는 지주회사 체제로의 전환을 유도하면서, 순환출자를 해소하려고 하였다. 공정거래위원회는 시장개혁 3개년 로드맵('03.12.)에서 '선진국형 지주회사 체제'를 기업집단 소유지배구조 개선의 한 대안으로 제시하였다. 공정거래위원회는 지주회사 체제는 거미줄 같은 복잡한 계열사 간 출자구조를 지주회사→자회사 간 수직적 구조로 단순·투명화하고, 법적 실체가 모호한 구조조정본부의 법적 책임을 지는 지주회사로 전환되어 경영감시도 보다 용이하다는 장점이 있다고 보았다. 이러한 판단에 따라 정부는 시장개혁 로드맵에서 공정거래법상 지주회사 체제를 현행 기업집단 체제보다 한 단계 진화된 형태로 보고 이를 권장하게 된 것이다. 따라서 지주회사로의 전환은 지분율 요건, 순환출자 금지 등 경제력집중의 폐해를 방지하기 위한 제도의 근간을 훼손하지 않는 범위 내에서, 지주회사 전환·설립을 보다 용이하게 하기 위한 제도보완 차원에서 추진된 것으로 2004.12. 공정거래법 개정을 통해 지주회사 체제의 투명성 제고 및 전환·설립 비용을 축소하기 위해 제도를 보완한 바 있다.

그러나 지주회사제도가 현행 기업집단 체제보다 한 단계 진화된 형태인지는 의문이 있다. 개별기업은 모두 자신이 속해 있는 산업의 독특한 특성, 기업의 역사, 창업자들 간의 지분구조 등에 의해서 최적의 기업지배구조로 발전하여 나가는 것이

---

587) 2006.11.19. 머니투데이의 "환상형 순환출자, 시행령으로 규제"라는 제하의 "공정거래위원회가 정부의 출자총액 제한제도 개편안에서 배제된 '환상(고리)형 순환출자 규제'를 시행령 개정을 통해 재추진하는 방안을 검토하고 있다."는 기사가 난 사실이 있음. 이에 대하여 2006.11.19. 공정거래위원회 경쟁정책본부장 명의로 공정거래위원회는 11.15. 대규모기업집단시책 개편내용 발표 당시 환상형 순환출자에 대해서는 새로운 제도를 법제화하지 않고 유인장치나 시장감시에 의하여 자발적 해소를 유도해 나간다는 방침을 밝힌 바 있으며 이러한 입장에는 전혀 변화가 없고, 따라서 환상형 순환출자 자체를 금지하는 시행령 개정은 검토대상이 아니며, 다만 현행법상의 상호출자금지규정의 탈법행위에 해당되는 순환출자에 대해서는 그 규제요건 등을 면밀히 규정하여 현행법의 틀 내에서 규제하는 방안을 검토할 계획이라고 밝힌 바 있음.

588) 2007.6.13. 이데일리에 보도된 "지주회사 전환 본격화되면 출총제 폐지"라는 기사와 같은 날 연합뉴스에 보도된 "순환출자 개선되면 출총제 폐지" 제하의 기사가 난 사실이 있고, 공정거래위원회는 다시 이 기사에 대하여 해명보도를 하였다고 함. 문화일보 2008.1.4. 1면("출총제 年內 폐지 추진") 및 14면("순환출자 차단방안 추진")에 순환출자금지가 출총제 폐지의 대안으로 제시되었다는 취지의 보도가 이루어지자 공정거래위원회는 출장총액제한제도의 폐지 여부에 대하여 결정된 바가 없다고 보도자료를 내기도 하였다.

다. 지주회사를 택할 것인지 아닌지는 기업의 의사결정사항이며, 지주회사를 선택하려고 하는 경우 미국의 금융산업에서 보는 것과 같이 은행지주회사, 금융지주회사가 되려고 하는 경우에는 오히려 엄격한 규제를 하고 있으며, 우리나라와 일본의 경우에도 지주회사는 상당기간 연혁적으로 금지하여 왔다.

일본의 경우 지주회사의 허용 여부와 관련하여 논란이 있었고, 일본의 공정취인위원회는 1995년 지주회사에 반대하면서 지주회사와 경영성과는 관계가 없을 뿐 아니라, 시장의 개방 및 투명성 확보에 부정적 효과를 불러올 수 있다면서 우려를 표하기도 하였다. 유럽의 경우도 지주회사가 많이 이용되고 있는 이유는 경영효율화를 추구하기 위한 것이라기보다는 (i) 자회사 운영과 관련하여 소수주주의 추궁을 차단하고, (ii) 안정주를 확보하기 위한 목적 등이라고 보는 것이 타당하다.

결국 지주회사를 택할 것인지 여부는 기업집단의 자율적인 의사결정 사항일 뿐이며, 기업집단의 구조를 강제하였는데 만일 그 지주회사와 같은 특정기업지배구조의 강제가 실패한 실험이 될 경우 그로 인한 사회적인 후생(social welfare)에 대한 부정적인 효과는 제도의 불가역성으로 인하여 회복이 쉽지 않으며, 변화가 된다고 하여도 경로의존성(path dependence)에 따라 상당한 시간이 걸려야 한다.

(2) 비교법적 고찰

지배권과 의결권의 괴리도를 살펴보는 것은 지배구조 선진화라는 정책목표를 판단하기 위한 중요한 지표로 우리나라에서 사용되었다. 실질소유권과 의결권의 차이를 계측하기 위한 지표로 의결권승수라는 용어가 사용되었다.

공정거래위원회가 경제력집중이라는 용어 대신 기업집단규제의 근거로 의결권 승수라는 용례를 사용하였다. 2003년 공정거래위원회 자료에 의하면 11개 민간기업집단(자산 5조 원 이상)은 의결권승수가 6.1배이고, 36개 민간기업집단(자산 2조 원 이상)은 3.2배 이상이라고 발표하였다. 공정위는 지배권과 의결권의 괴리도가 커지면 투자지분 이상으로 지배권을 부풀려 지배주주가 의사결정권을 독점하게 되어 수익성이 낮고, 기업가치와 주가수익률이 낮다는 외국의 실증연구결과에 기초한 것이라고 하였다.

순환식 출자이거나 피라미드식 출자이거나 출자를 통해서 실질소유권을 초과하는 의결권행사가 가능해지면 소유자는 자신의 사익을 도모하는 대리인 문제의 원인이 될 수 있으며, 이는 도덕적 해이(moral hazard)의 문제로 귀결될 수 있다. 그리고 지배주주의 대리인 문제는 주식회사제도가 가지는 본래적인 문제이기도 하다.[589]

지주회사와 관련하여 지주회사도 지배자본을 절약하는 효과를 가지고 있기 때문에 일정한 자본을 가진 지배주주는 지주회사를 이용하여 지배기업을 확대함으로써 경제력집중을 가속화시키는 효과가 있을 수 있다. 공정거래위원회도 1999년 공정거래법 개정으로 지주회사제도를 허용하면서, 지주회사는 분사화를 통한 비주력사업의 분리·매각, 기업문화가 다른 기업 간의 기업인수합병의 활성화, 외자유치를 통한 기업구조조정을 촉진시키는 등 순기능이 있으나, 경제력집중을 심화시키는 역기능이 있을 수 있어 금지시켜 왔다고 하여 이러한 경제력집중 심화의 문제가 있음을 자인한 것이 아닌가 싶다. 이러한 점에서 보면 만일 지배권과 의결권의 괴리도가 가장 우선되어야 할 정책과제라면 지주회사도 금지되는 것이 옳다. 왜냐하면 지주회사체제로의 환도 지배권과 의결권의 괴리도를 높일 수 있기 때문이다.

(3) 지주회사와 순환출자

공정거래위원회가 전환을 유도하고 있는 지주회사체제와 순환출자는 실질적으로 거의 동일한 제도이다. 소유구조와 관련된 각종 규제, 자본시장의 발전 정도, 사업전략, 구조조정 등 경영전략상의 차이에 따라 결정되는 것일 뿐이다. 지주회사와 순환출자 간의 유일한 차이는 수직형(vertical) 출자와 순환형(circular) 출자 간의 차이이다. 실질소유권과 의결권의 차이라는 관점에서 양 제도는 실질적으로 정도 차이의 문제일 뿐이다.

자주 모범기업지배구조의 사례로 언급되어 온 스웨덴의 발렌베리 그룹이나 이탈리아의 아그넬리 그룹은 지주회사체제로 운영된다. 그러나 이러한 사례는 결코 지주회사가 우수하여서가 아니며. 오히려 이탈리아는 가족형 기업체제의 대표적인 국가이다. 지주회사의 설립 및 전환이 순환출자를 금지하기 위한 방안이 될 수 있으나 양자 모두 적은 자본으로 다른 기업을 지배한다는 측면에서 동일함. 그럼에도 공정거래법을 개정하여 정부가 지주회사가 최선의 기업집단의 조직구조가 아님에도 지주회사는 권장·유도하면서 순환출자를 금지하면 이는 공정거래법 내부에서 정합성을 결여한 체제 모순적인 입법이 된다. 따라서 이러한 논리에 기초하여 볼 때

---

589) Jensen & Meckling, "Theory of the Firm: Managerial Behavior, Agency Costs and Ownership Structure"

현재 상법이 규정하고 있는 (ⅰ) 환상형 순환출자 금지나 (ⅱ) 비모자회사 간의 상호출자에 대한 의결권 규제 이상의 추가적인 순환출자규제를 하는 것은 타당하지 않다고 보는 것이다.

(4) 피라미드구조(pyramiding)의 지배형태 등 다양한 기업집단지배구조의 존재

캐나다의 Hees – Edper 그룹의 경우(피라미드구조)[590] 등 해외의 여러 기업집단들이 순환출자, 상호출자, 지주회사, 피라미딩 등 다양한 기업집단의 지배구조를 가지고 있으며, 독일의 경우에는 지배종속회사 간에 콘체른이라는 독특한 입법례를 가지고 있다. 아래는 전형적인 가족 회사의 지배구조이다.[591]

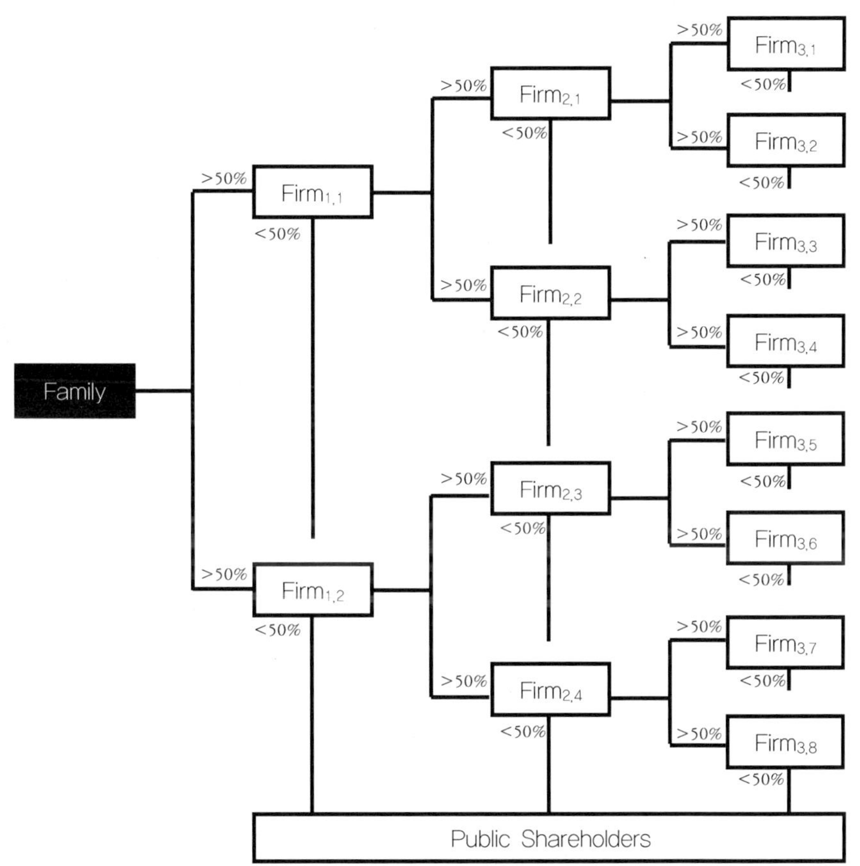

Figure 1. A Stylized Control Pyramid

---

590) Daniels, Morck & Standeland(1995)의 실증분석.
591) Morck, Wolfenzon, Yeung(2005)의 실증분석.

[ABB의 기업지배구조: 피라미딩]

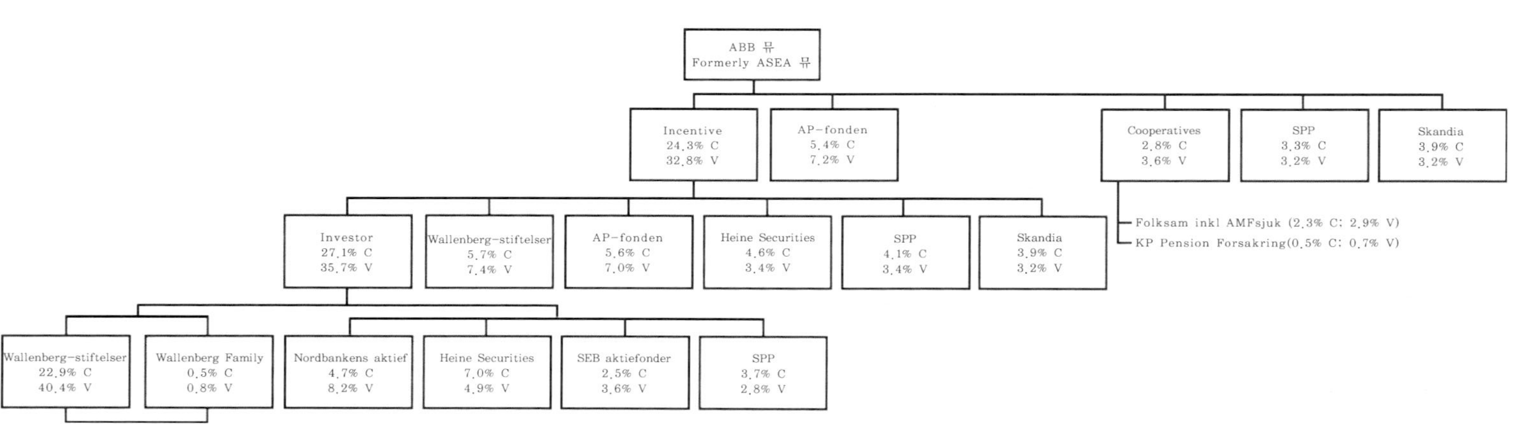

위와 같은 가족형 기업의 형태를 취하는 기업의 경우에는 전형적으로 실제의 부(actual wealth)보다 더 많은 자산에 대한 지배권을 가지고 있게 된다. 위와 같은 구조를 피라미드형 지배구조라고 하는바, 이러한 가족형 지배구조는 지주회사구조의 틀이다. 결국 지주회사규제와 순환출자의 규제는 그리 다르지 않음을 위한 실증연구모형에서도 알 수 있다. 실존하는 회사의 지배구조 예로 ABB사의 예를 들 수 있다. ABB는 스위스에 소재하는 세계굴지의 전력 및 자동화 분야의 거대기업으로 전 세계 100여개 국가에서 115,000명의 종업원을 고용하고 있는 기업으로 2008년 34.91 billion USD의 매출에 4.552billion USD의 영업이익을 내는 거대기업이다.

이러한 각국의 입법례를 고려한다면, 순환출자를 직접적으로 금지하는 입법례를 가지고 있는 국가가 없다. 왜 한국만 유일한 입법례를 가지는 국가가 되어야 하는지 의문이다. 출자총액제한의 경우에도 일본에서 수입된 제도로 일본이 폐지한 이후에도 우리나라는 유지하여 매우 독특한 입법이 되었다. 과연 한국의 기업지배구조가 다른 외국의 예와 비교할 때 별도의 유일한 입법이 필요할 정도로 독특한 구조인지는 의문이다. 어느 특정한 기업집단의 지배구조를 택하면 좋은 경영성과가 난다는 것은 과학적인 근거에 기초한 실증분석의 결과인지에 대해서 진지한 성찰이 필요하다.

(5) 순환출자규제에 대한 검토

상법 제342조의 2는 상호출자(Cross-shareholding)에 대해서 규율하고 있는바, 자회사에 의한 모회사 주식의 취득을 금지하고 있다. 상법 제342조의 2는 자회사에 의한 모회사 주식의 취득이라는 표제하에 제1항에서 다른 회사의 발행주식 총수의 100분의 50을 초과하는 주식을 가진 회사(이하 '모회사'라 한다.)[592]의 주식은 그 다른 회사(이하 '자회사'라 한다.)가 이를 취득할 수 없다고 규정하면서도, 예외를 두어 제1호에서 주식의 포괄적 교환, 주식의 포괄적 이전, 회사의 합병 또는 다른 회사의 영업전부의 양수로 인한 때, 제2호에서 회사의 권리를 실행함에 있어 그 목적을 달성하기 위하여 필요한 때에는 자회사가 모회사의 주식을 취득하는 것을 허용한다. 그러면서 예외적으로 자회사가 모회사의 주식을 취득한 경우에도 그 주식

---

592) 모자회사 관계를 간주하는 규정으로는 상법 제342조의 2 제3항이 있다. 이에 의하면 다른 會社의 發行株式의 總數의 100분의 50을 초과하는 株式을 母會社 및 子會社 또는 子會社가 가지고 있는 경우 그 다른 會社는 이 法의 適用에 있어 그 母會社의 子會社로 본다고 규정한다. 〈개정 2001.7.24.〉

을 취득한 날로부터 6개월 이내에 모회사의 주식을 처분하여야 하도록 규정한다(제342조의 2 제2항).

위와 같이 상법은 회사 간에 서로 상대방 회사의 주식을 교환적으로 소유하는 것에 대해서도 제한을 가하고 있다(상법 제342조의 2, 제369조)(상호출자의 제한). 상법은 2001년 개정을 통해 손자회사에 대한 상호출자도 제한함으로써 자본적으로 순환출자에 대한 규제는 매우 강화되었다. 그러나 손자회사를 벗어난 범위에 있는 회사들에 대한 규제는 여전히 추가적인 순환출자 규제를 통하여 이루어질 수 있다. 현재의 순환출자금지논의는 손자회사 관계 이외의 모든 순환출자를 금지하는 입법을 하려고 하는 논의이다. 위 제342조의 2 제3항의 규정에 의하여 그 다른 회사는 모회사의 자회사로 간주되어 모회사의 주식을 취득하지 못한다(모자회사 간의 환상형 순환출자 금지) 위 제342조의 2 제3항의 입법취지는 환상형 순환출자는 3개 이상의 회사가 순차적으로 주식을 교환적으로 소유하는 것이므로 가공자본이 형성되어 지배구조를 왜곡시킬 가능성이 높기 때문이라고 보기 때문이라고 이해된다.

상법 제363조 제3항은 의결권 제한을 규정하고 있다. 이 규정을 통해서 회사, 모회사 및 자회사 또는 자회사가 <u>다른 회사</u>의 발행주식 총수의 10分의 1을 초과하는 株式을 가지고 있는 경우 그 <u>다른 회사</u>가 가지고 있는 <u>회사 또는 모회사의 주식</u>은 의결권이 없어 의사결정에 영향을 줄 수 없다.

상법 第369條(議決權)

① 議決權은 1株마다 1個로 한다.
② 會社가 가진 自己株式은 議決權이 없다.
③ 會社, 母會社 및 子會社 또는 子會社가 다른 會社 發行株式 總數의 10分의 1을 초과하는 株式을 가지고 있는 경우 그 다른 會社가 가지고 있는 會社 또는 母會社의 株式은 議決權이 없다. <신설 1984.4.10.>

---

(6) 자본충실의 원칙과 순환출자금지

우리나라는 전통적으로 자본충실의 원칙에 따라 가공자본이 형성되거나 자본의 손실이 발생하는 것을 엄격히 규제하고 있다. 상법은 자본충실의 원칙에 따라 납입

충실과 이익배당에 대한 제한을 가하고 있다. (ⅰ) 납입충실을 규정한 예로 납입기일 동안 전액납입 또는 현물출자의 전부이행(상법 제295조, 제303조, 제421조, 제425조 등), 현물출자 기타 변태설립사항의 엄격한 규제(상법 제299조, 제310조, 제313조 제314조, 제422조 등), 납입 시 상계금지(상법 제334조), 주식액면미달발행의 제한(상법 제330조, 제417조), 발기인 등의 자본충실책임(상법 제321조, 제428조), 자기 주식의 취득 및 질취의 제한(상법 제341조, 제341조의 2), 자회사에 의한 모회사 주식의 취득금지(상법 제342조의 2), 모자관계 없는 회사 간의 상호출자제한(상법 제369조) 등을 규정하고 있다. (ⅱ) 이익배당 및 주식배당의 제한(상법 제462조, 제462조의 2) 등을 규정하고 있다.

(7) 2004년 채수찬 의원안(순환출자금지 및 의결권제한)에 대한 검토

1) 채수찬 의원안의 요지

채수찬 의원은 상호출자금지의 입법취지를 확대 적용할 필요가 있으며, 주력계열사 간의 지배력 확장을 저지할 필요가 있고, 가공자본의 형성을 억제할 필요가 있다고 주장하였다. 채수찬 의원의 논리를 정리하면, (ⅰ) 상호출자금지의 입법취지를 확대 적용할 필요가 있다. 그런데 현행 상법 및 공정거래법은 가공자본의 형성원인이 되는 상호출자에 대해서는 제한을 가하면서 이와 동일한 효과가 있는 순환출자에 대해서는 제한을 가하지 않는 것은 모순이다. (ⅱ) 만일 기업의 가공자본을 직접적으로 증대시키는 상호출자가 금지되어야 한다면 간접적인 형태로 가공자본을 증대시키는 순환출자 역시 금지되어야 한다. (ⅲ) 주력계열사 간의 지배력 확장을 저지할 필요: 현재와 같은 기업집단 출자관계의 상당부분은 기업집단의 핵심계열사 간 순환출자에 의존하고 있는 것이 문제이며, 또 실질소유권을 과도하게 초과하는 의결권행사를 제한하기 위한 수단으로 순환출자를 금지시킬 필요가 있다. (ⅳ) 만일 순환출자를 금지시키게 되면 핵심계열사는 다양한 계열사들에 출자하고 있으므로 핵심계열사의 순환출자금지를 통해 다수 계열사의 소유지배금지를 감소시키는 것이 가능하다고 보고 있다. 결국 순환출자를 금지시키는 경우 궁극적으로 기업집단의 출자관계를 단순화시켜 지배구조의 투명성을 확보하게 하고, 그룹소유의 단순화와 지주회사체제로 유도하는 효과를 갖게 된다고 주장한다. (ⅴ) 계열사 자금을 동원한 그룹지배권 승계를 억제하고 가족 중심의 폐쇄적 그룹지배를 지양하는 효과를 가져올 수 있다. (vi) 순환적 출자관계를 이용하여 가공자본의 형성을 통한 지배구조 왜곡을 막기 위해서는 순환출자를 금지시킬 필요가 있다. 가공자본의 형성은 금융시장의 왜곡과 혼란을 초래하여 시장의 효율성을 감소시키고 있다고 주장한다(가공자본의 형성을 억제할 필요). (vii) 순환출자규제의 목적은 요약하면 경제력집중의 억제, 지배구조의 개선, 주식회사제도의 건전성 유지 등이 있다.

2) 검토

우선 가공자본(架空資本, fictitious capital) 논의에 대해서 살펴본다. 갑이 100억 원을 투자해서 A주식회사를 설립한다. 이를 분개하면 A주식회사의 대차대조표 대변에 자본금 100억 원, 차변에 현금자산으로 100억 원이 잡힌다.

<A주식회사의 대차대조표>

A주식회사의 대차대조표	
현금100억 원	자본금 100억 원

A주식회사의 경영권은 100% 지분 소유자인 갑에게 있다. 이때 갑이 A주식회사가 보유하고 있는 100억 원의 현금 중 80억 원을 떼어서 새로운 주식회사 B를 설립한다. 그렇게 되면 다음과 같이 A주식회사의 대차대조표가 바뀐다.

<A, B 주식회사의 대차대조표>

A주식회사의 대차대조표	
현금20억 원 보유유가증권 80억 원	자본금 100억 원

B주식회사의 대차대조표	
현금 80억 원	자본금 80억 원

갑은 A회사의 B회사에 대한 자본금 출자로 인해서 B회사까지 지배하게 된다. 갑은 자신이 실제 출자한 자본금은 100억 원이지만 자신이 지배하는 회사들의 자본금의 총액은 180억 원이 된다. 이때 실제 투자되지 않은 80억 원이 가공자본이 되

는 것이다. 가공자본이라고 부르는 문제를 완전히 해소하기 위해서 기설립된 법인 간의 출자를 완전히 금지하여야 한다.

채수찬 의원은 가공자본 해소를 위한 상호출자금지 규정이 있으니 가공자본이 발생할 수 있는 순환출자도 금지시켜야 한다고 하고 있다. 그러나 이러한 논리는 다음의 비판점이 있다. (ⅰ) 우선 위의 예에서 보는 것처럼 법인이 다른 법인에게 출자를 하는 모든 경우에 출자법인 주주의 관점에서는 가공자본이 발생한다. 만일 가공자본을 금지하여야 한다면 법인의 모든 출자행위를 금지하여야 한다. 그러나 현실적으로 이를 금지할 수 없다. 결국 가공자본을 완전히 없애는 것은 입법목적이 될 수 없다. (ⅱ) 둘째 상법 제342조의 2는 모든 상호출자를 금지하는 것이 아니다. 협의의 상호주는 2개 기업이 서로 상대방 회사의 주식을 교환하여 소유하는 것을 의미하는바, 상법은 모자관계 없는 상호출자를 금지하지는 않는다.593) 그리고 3개 이상의 회사가 순차적으로 타 회사의 주식을 소유하는 경우, 매트릭스(matrix)형으로 상호주를 보유하는 방법 등 여러 가지 방법이 있어 금지하려면 이 모두를 금지하여야 한다.

상법이 허용하는 모자관계가 없는 2개 기업 간의 상호주 보유도 긍정적인 면과 부정적인 면이 모두 있다. 기업주식의 상당비율을 사실상 지배하는 경영자가 적대적 M&A와 같은 공격을 저지할 수 있도록 안정주주로서의 역할을 하는 것이 긍정적인 면이라면 경영자의 본인－대리인문제(agent－principle problem)를 해결하지 못하면 기업가치를 하락시킬 수 있다.

결국 상법이 모자회사관계에서 자회사의 모회사 주식보유를 금지한 것은 지배종속관계를 고려하여 규정한 최소금지원칙의 실현이며, 경제활동의 자유를 가능한 보장하려는 것이 입법자의 의사이다.

이에 대해 공정거래법 제9조는 상호출자제한기업집단(자산규모 2조 원 이상) 내에서의 상호출자를 금지하고 있다. 공정거래법이 이러한 입법을 하는 이유는 계열사 간 상호출자가 경제력집중의 직접적인 원인은 아닐 수 있으나 이를 촉진하는 수단이 될 수 있다는 점에서 상법상 상호주보유의 금지대상을 계열관계에 있는 모든 회사에 확대한 것이라고 설명한다. 오히려 순환출자의 금지를 논하기 위해서는 제로베이스(zero base)에서 위와 같은 이유에 기초한 공정거래법 제9조상의 계열사 간

---

593) 예를 들어 2007년 포스코와 현재중공업, KT&G와 신한금융지주 간의 상호주식보유와 같은 경우.

상호출자금지도 과연 타당한 것인지를 검토할 필요가 있다.

그 외 채수찬 의원이 말하는 지주회사로의 전환 유도는 입법목적이 되기에는 적당하지 않다는 점은 이미 지적한 것과 같다. 가령 가공자본의 형성이 규제되어야 한다고 하더라도 가공자본을 기업집단 내 출자관계에서 형성되는 것으로 보고 기업집단 내 가공자본은 계열사의 자본총계의 총합과 결합재무제표상의 자본총계 간의 차이라고 보는 김진방 교수의 견해에 의하면, 2005년 당시 한국전력공사와 같은 공기업의 경우에도 결합재무제표 작성의무가 없어 정확하게 계산할 수 없으나 해외법인들에 대해 대부분 100% 출자하고 있음을 전제로 할 때 한국전력기업집단의 가공자본비율은 37.09%에 이르러 사기업보다 높은 수준이다.[594]

5. 순환출자는 출자총액제의 대안이 될 수 있는가

(1) 출자총액제한제도의 의의

출자총액제한제도는 종래의 상호주금지가 처음부터 모자회사 간 또는 계열사 간의 직접적 상호주보유만을 규제함으로써 우리나라 기업집단에 만연한 간접적 상호출자 내지 순환출자를 규제하지 못하며 기술적으로 계열사 간 순환출자를 정확하게 파악하기 어려우므로 순환출자를 간접적으로 규제하기 위한 수단으로 도입된 것으로 이해된다.

(2) 출자총액제한제도의 비판점

출자총액제한은 기업의 출자에 대한 직접적이고 총량적인 규제로서 경제력집중의 주요 원인이 과도한 순환출자만을 선택적으로 금지하고 있지 못하다. 출자총액제한은 간접적인 규제로서의 속성으로 인하여 문제가 되는 순환출자와 그렇지 않은 경우를 선별적으로 규제할 수 없어 다양하고 광범위한 규제의 예외를 인정할 수밖에 없었다. 이에 따라 원칙이 예외인지, 허용인지도 모호할 정도의 규제가 되었다.[595]

예외요건의 충족 여부에 상당부분 공정위의 재량이 개입됨으로써 결국 기업의 출자에 대해 일일이 공정거래위원회의 승인을 받도록 하는 결과가 되어 경제 활력을 저해하게 된다.

---

594) 김진방교수의 순환출자 규제의 필요성과 방안에 대한 반론으로 순환출자 인위적 규제의 문제점에 대해서, 김현종 "순환출자금지에 대한 최근 논의와 대안적 검토", 한국경제연구원 정책연구보고서(2006. 1).

595) 출자총액제도에서의 예외가 가지고 있는 문제점에 대해서 최승재, 법률신문(2002)(본문 박스로 인용할 것).

(3) 출자총액제한제도의 대안으로서의 순환출자제도

1) 순환출자금지론

순환출자는 소유지배 괴리를 증가시키므로 순환출자를 금지시켜야 한다는 주장596)이 있다. 이 견해는 순환출자를 직접적으로 금지하여야 한다고 하면서 다음의 논거를 제시한다.

（ⅰ）핵심기업의 소유·지배괴리가 확대되는 것을 억제하고 소유구조에 조응하는 지배구조를 정착시킬 수 있음.

（ⅱ）기업집단 소유구조의 단순화와 지주회사체제로의 전환을 유도하여 기업경영의 투명성과 책임성을 강화할 수 있음.

（ⅲ）계열사 자금을 동원한 그룹지배권 승계를 억제하고 가족 중심의 그룹지배를 지양시킬 수 있음.

（ⅳ）부당한 주식거래를 통한 총수일가의 재산증식 및 회사재산 탈취의 동기와 가능성을 축소함.

（ⅴ）기업지배구조 개선과 총수일가의 사익취득 억제를 통한 기업가치 상승, 기업의 가치 상승으로 인한 기업의 자금조달비용 감소를 통한 기업의 국민경제에 대한 기여증대와 기업경영의 효율화가 이루어질 수 있다고 봄.

2) 비판적 검토

전 세계적으로 소유·지배괴리라고 부르는 것은 존재할 수밖에 없다. 그리고 가공자본 논리도 상당부분 정도의 문제인 것인 것을 마치 혁파되어야 할 것인 양 부풀리는 문제가 있다. 기업집단 소유구조의 단순화와 지주회사체제로의 전환 유도라는 문제에 대해서는 지주회사가 가지고 있는 비효율 내지 시장에 대한 반경쟁적 효과의 발생가능성을 의도적으로 무시하고 있다.

부당한 주식거래가 있거나 회사재산을 탈취하려고 하는 대주주의 시도가 있다면 이러한 행위가 위법한 행위라면 형법상 배임죄, 특정경제범죄가중처벌등에관한법률에 의한 배임죄와 같은 형사상 처벌, 상법상의 주주대표소송, 공정거래법상의 부당지원행위, 세법상의 각종 규제 등 다양한 법제에 기초한 다양한 수단에 의한 시정이 가능하다.

---

596) 김진방, "순환출자의 현황과 배경, 개선 필요성"(2005).

논의의 전제가 하나의 좋은 기업지배구조가 존재한다는 전제이나, 좋은 기업지배구조인지 여부의 판단은 투명성도 중요하지만 효율성도 같이 고려되어야 한다. 좋은 성과를 내서 주주 및 채권자, 그리고 가장 중요한 이해관계인 중의 하나인 근로자의 이익을 극대화할 수 있는 기업지배구조가 좋은 기업지배구조이며, 종합적으로 '좋은' 기업지배구조는 판단되어야 한다. 소유지배괴리도를 만고의 진리인 것처럼 이야기하지만 소유지배괴리도가 축소되어야 기업의 경영성과가 높아지고, 경영이 효율화된다는 명제는 아직 참명제로 확고하게 실증연구에 의하여 입증되었는지는 의문이 있다. 의결권승수와 기업의 성과 간의 유의한 결과를 확증하고서야 제도의 개선이라는 표현을 사용할 수 있을 것이다.

출총제 폐지의 대안으로 순환출자를 직접 규제하겠다는 논의의 문제점으로 순환출자를 직접 규제하는 입법을 하고자 할 경우 우선 규제대상을 정하여야 할 것인바, (i) 규제대상 기업집단과 (ii) 규제대상순환출자의 개념을 규정해야 할 것이다. 그런데 이들의 확정 및 개념정의가 법기술상 쉽지 않아 자칫 잘못하면 과잉규제를 몰고 와 기업 간의 출자를 대폭 억제하여 경제의 활력을 현저히 저해할 우려가 있다.

만일 이를 직접 규제하는 입법을 한다면, (i) 규제대상 기업집단을 선정함에 있어서 순환출자 규제대상 기업집단은 복잡한 가공적 출자관계의 해소라는 목적에 비추어 선정되어야 할 것이다. 따라서 비교적 단순하고 투명한 출자관계를 전제로 하는 지주회사를 중심으로 하는 기업집단에는 적용될 필요가 없을 것이다. 순환출자 규제의 주된 목적이 가공자본을 통한 일반집중의 심화와 소위 오너의 지배유지에 있다는 전제에서 규제대상 기업집단을 단순히 자산총액과 같은 절대적 기준에만 의존할 것이 아니라 계열사의 수와 소위 오너의 지분율을 같이 고려하여야 할 것이다. (ii) 규제대상순환출자를 규정함에 있어서 엄격한 의미에서 순환출자를 간접적 상호주보유로 이해할 경우 환상형 순환출자에 규제가 한정될 것인바, 실제 많은 대기업들이 가지고 있는 출자구조는 환상형 보다 매트릭스(matrix)형 등 복잡하고 다양한 구조를 가지고 있어 규율대상의 개념을 규정하기 어려운 문제가 있다. 순환출자를 상호출자금지의 연장성에서 계열회사 간에도 확대 적용하려고 할 경우 하위의 계열사가 상위의 계열사 주식을 보유하지 않는 한 아무런 규제를 받지 않는다는 점에서 경제력집중억제책으로도 타당한지 의문시될 것이다. 이러한 문제를 해소할 수 있는 방법으로 규제대상순환출자를 규정하여야 한다. (iii) 순환출자규제의 예외사유를 정하는 것도 문제가 된다. 순환출자 규제의 경우에도 예외적으로 부득이 순환출자가 경제적 정당화 사유가 있는 경우에는 허용하여야 할 필요성이 있을 것이다. 덜 강력한 수단으로 간접적인 총량규제인 출자총액제한제에서도 예외를 인정하여 효율성의 달성을 도모하였는데 직접적으로 순환출자를 금지하면서 예외를 두지 않고 경직적으로 운용할 경우 출자총액제한제도보다 경제에 더 큰 타격을 줄 수 있다. 그러므로 순환출자금지 입법을 하려면 충분한 실증적인 연구가 이루어져야 한다.

(4) 순환출자를 직접 규제하는 문제와 헌법적 관점

1) 위헌론

채수찬 의원안을 기초로 하여 순환출자금지론에 대해서 헌법적으로 접근하여 위헌성을 논하는 견해가 있다.[597] 헌법 제23조 제2항의 재산권 보장조항 및 제37조 제2항 단서에 의한 기본권제한규정을 기초로 한다. 기존의 순환출자에 대해서 의결권을 제한하는 부분에 대해서는 소급입법 중에서 침해적 부진정소급입법이므로 위헌성이 있다고 본다(부진정소급입법). 자산 2조 원 이상의 기업집단에 대해서만 규제하는 것은 헌법 제11조상의 평등권을 침해하는 것이라고 본다(평등권). 공정거래법을 개정하여 순환출자를 금지함으로써 가공자본의 형성을 차단하고 왜곡된 기업지배구조를 개선함으로써 투자자를 보호하겠다는 목적이 타당하다고 하더라도 순환출자를 금지하는 방법이 이러한 목적을 달성하기 위한 최소침해적인 수단이며, 수단과 목적 사이의 법익균형성이 달성되고 있는지가 헌법재판소가 채택하고 있는 과잉금지원칙의 적용과정에서 논의되게 된다. 이 논자는 결론적으로 순환출자의 직접적인 금지입법은 법익균형성이 없는 위헌소지입법안이라고 주장한다.

2) 검토

공정거래법 개정에 있어 위헌성에 대한 검토는 가장 중요하면서도 기본적인 검토이다. 순환출자를 금지하는 입법자의 결단이 기본권을 제한하는 것이기는 하지만 재산권은 형성권적 기본권으로서 그 권리의 내용이 입법에 의하여 형성되는 기본권으로서 입법자의 입법재량이 자유권적 기본권에 비하여 상대적으로 넓은 범위에서 인정될 수 있다.

---

597) 전삼현, "순환출자금지법안에 관한 법리 검토", 규제연구 제15권 제2호(2006).

그러나 여전히 과잉금지원칙 위반의 문제는 있다. 우리 헌법재판소는 비례의 원칙을 과잉금지의 원칙이라고 부르면서 그 요소로서 1) 목적의 정당성, 2) 방법의 적정성(수단의 상당성), 3) 피해의 최소성, 4) 법익의 균형성(이익형량의 원칙)을 들고 있음. 우리 헌법재판소는 과잉금지 원칙의 4가지 요소 중에서 어느 하나에라도 저촉이 되면 위헌이 된다고 본다.[598]

이러한 관점에서 보면 직접적으로 순환출자를 규제하는 전 세계적으로도 입법적인 사례가 없고, 직접적으로 순환출자를 금지할 경우 발생할 수 있는 경제적 효율성의 저해를 방지하기 위한 아무런 적용제외사유 내지 예외사유를 규정하지도 않고, 명확성을 띠기 어려운 순환출자라는 개념을 사용하여 광범위하게 규제하려고 하는 경우에는 입법목적이 정당하다고 하더라도 (i) 최소침해성 및 (ii) 법익균형성 내지 비례성(rule of proportionality)을 위반한 위헌성을 내포한 입법이 될 수 있다.

읽을거리. 출자총액제한의 예외와 기업의 예측가능성[599]

I. 서론

금년 4월 1일부터 완화된 출자총액제한제도의 시행을 위한 독점규제및공정거래에관한법률(이하 공정거래법이라고 함. 법은 2001.12.21. 국회 표결결과 재석 182, 찬성 135, 반대 37, 기권 10으로 가결) 시행령이 시행되면서, 현재 5월 4일까지 예외 인정을 위한 신고를 접수했다고 한다.

여러 차례 논란이 되었던 출자총액제한제도는 1986.12.31. 법 개정으로 도입된 이래 여러 차례의 개정을 거치면서 1998.2.24. 제6차 법 개정에서 일시 폐지되었다가 1999.12.28. 부활되어 오늘에 이르기까지 그 공과에 대하여 여전히 확답을 가지고 있지 못한 제도인 것 같다.

---

598) 헌법재판소 1997.3.27. 선고 95헌가17 결정 등 다수. 이와 관련하여 독일연방헌법재판소(Bundes Verfassungsgerichthof : BVerfG)는 비례의 원칙으로 '적합성', '필요성', '기대가능성'을 들고 있음.

599) 최승재, 법률신문 2004.10.3. 논문 전체를 출자총액제한제도에 대한 2004년 당시의 상황을 이해하기 위하여 수정 없이 게재함.

금번 개정의 가장 큰 논점 중 하나는 바로 출자총액제한제도의 예외와 관련된 논점이었고, 국회에서의 심의과정에서도 이 예외 인정에 대한 부분이 반대토론자의 주요한 논지 중 하나였다(국회 정무위원회 법안 심사소위원회 회의에서 반대토론자의 반대 논거 중).

그런데 이러한 기업의 기업결합과 관련하여 이를 규제할 수 있는 수단 중 직접적인 규제 수단인 출자총액제한제도와 관련된 논의는 주로 소위 재벌(종전의 30대 대규모기업집단에서 이제는 2002.1.27. 법 개정으로 법 제10조상의 출자총액제한기업집단으로 명칭이 바뀌어 법문상으로는 불리지만 일반적으로는 나쁜 암시를 가지는 경우에 가장 많이 사용하는 용어이므로 사용하였음)의 무분별한 기업확장을 저지할 수 있는 가장 유효한 수단이라는 것이 일반적인 존치론 내지 예외확장반대론의 논거인 것으로 보인다(2001.11.13. 참여연대 공정거래법 개정 관련 청원 내용 중에서 참여연대는 출자총액제한제도는 엄격히 시행되어 재벌의 순환출자 규모를 줄이고 재무건전성을 향상시키며, 무분별한 사업확장을 막는 한편 구구조정을 촉진함으로써 재벌을 개혁하고 대규모기업집단들의 경쟁력을 높이는 데 기여하도록 해야 하며, 이러한 효과를 보기 위해서는 이 제도의 예외조항과 유예기간을 대폭 줄여야 한다고 하고 있다.). 하지만 어찌 보면 기업이 무분별하게 확장을 하는 것처럼 보여도, 마치 브라운 운동[600]을 하는 분자들이 사실은 질서를 가지고 운동을 하는 것과 같은 경우가 많고 이러한 기업결합들은 사실 매우 특정한 국가의 여러 가지 환경과 연관을 가지고 있는 것이어서 생존을 위한 자기 선택인 경우가 많다고 생각한다. 이하에서는 출자총액제한제도와 관련된 기업의 예측가능성에 대하여 논의를 하고자 한다.

II. 출자총액제한의 예외인정 범위

금번 개정에 의한 출자총액제한제도의 예외가 확장되어 기업의 문어발식 확장의 빌미를 준다는 비판이 거센 데 대하여 몇 가지 예를 제시하고자 한다.

---

600) 1827년 영국의 식물학자 로버트 브라운(1773 – 1858)은 꽃가루를 물 위에 띄우고 현미경으로 그 움직임을 관찰한 결과 꽃가루가 매우 무질서하게 움직인다는 것을 알아냈다. 이것이 브라운운동이다. 1905년 아인슈타인이 이러한 무질서한 운동이 수학적인 규칙을 가진다는 것을 수학적으로 설명하였다.

통상 외국 자본을 국내에 유치하는 경우는 여러 가지 사례가 있겠지만, 최근의 대규모 장치 산업에 대한 외국 기업의 국내 진출의 경우에는 장치 산업 자체가 가지는 초기에 많은 투자가 요구되고, 기술 간의 경쟁이 매우 극심하여 기술 로드맵 (Road map)에 따라 기술의 발전이 이루어질 것이라고 예상을 하면서도, 실제적으로는 기술의 발전이 다른 기존 기술의 선제적인 생존을 위한 발 빠른 대응으로 시장에 진입을 하지 못하는 경우도 발생하는 등 초기에 대규모의 투자를 하여야 하는 점에 비하여 실패의 확률이 매우 커진 점을 고려하여 위험 분산 목적으로 국내 법인 들과 합작을 하여 신설법인을 설립하는 경우들을 보거나, 또는 국내 회사에 대하여 지분을 매입하여 국내에 조기에 사업을 정착시키는 목적으로 국내에 외국인직접투자(Foreign Direct Investment) 유치가 이루어진다. 이러한 위험의 분산과 외국원천기술 보유 업체들과의 합작을 통한 법적인 위험 분산의 필요성은 국내 회사들의 경우도 마찬가지다. 이러한 양자의 필요성에 의하여 합작이 검토되고 이루어지는 것이다.

이런 경우에 대부분 지분율을 유지하여야 하는 것을 합작의 조건으로 삼게 되고, 이러한 점을 고려한다면, 이러한 경우는 공정거래법 제10조 제1항 제3호의 외국인투자 유치를 위하여 외국인투자촉진법에 의한 외국인투자기업의 주식을 취득 또는 소유하는 경우에 해당하게 될 것이고, 이후 만일 지분율의 유지를 위하여 증자 시에 주주배정을 하여, 제1호의 다른 국내 회사의 발행주식 총수에 대한 취득 또는 소유하고 있는 주식의 비율 안에서 그 회사의 신주를 취득 또는 소유하는 경우에 해당할 것이며, 아울러 지분율을 외국인투자촉진법에서 요구하는 수준을 유지한다면, 앞의 3호에 해당하게 될 것이다.

이러한 경우에 사견으로는 설립 시에 취득한 주식에 대해서는 그때로부터 5년, 증자 시에 취득한 경우에는 이때부터 5년간 다른 국내 회사의 주식을 취득 또는 소유할 수 있게 될 것이다.

Ⅲ. 기업의 예측가능성 문제

위의 경우, 설립 시로부터 5년이 경과되면, 위의 지분은 공정거래법 제10조 제6

항 제1호와 같은 공정거래위원회가 필요하다고 인정하는 때에는 10년 이내의 범위 내에서 이를 연장할 수 있다든지 하는 연장조항이 없어서 이를 매각하여야 할 것이다.

물론 지금까지 공정거래위원회의 출자총액제한제도 운영을 보면, 다시 위 5년이 경과된 시점에 이를 연장하여 더 보유할 수 있도록 법령 등을 개정하는 방법으로 유예를 줄 수 있지만[601] 현재로는 유예를 줄지 주지 않을지 기업으로서는 알 수 없는 일이다. 이러한 경우에 기업으로서는 이러한 외국인투자기업에 대하여 얼마만큼의 자금을 투자하여야 하고, 핵심적인 사업을 이 회사를 통하여 수행하도록 하여야 할 것인가? 5년이 경과되면 매각하여야 지분의 처리는 합작계약서와의 관계에서 어떻게 외국인 투자기업에 설명을 하여야 하며, 통상 첨단기술을 이용한 장치 산업의 경우에 전체적인 제품의 라이프 사이클(Product Life Cycle)을 두고 보면, 초기의 시작단계 (Initiation Level)에서 대규모의 적자를 내다가, 5년 정도가 경과되어야 흑자를 바라볼 수 있는 확장국면(Expansion Level)으로 진행하게 되는 것이 통례인데, 그렇다면 고생하여서 사업을 궤도에 올려놓으면, 다른 출자지분을 회수할 수 없는 경우에는 우리나라 회사는 출자총액한도에 걸려서 애지중지 키운 사업을 지분을 줄여서 외국인 투자자에게 넘겨야 한다는 경우도 상정할 수 있다.

Ⅳ. 마치면서

물론 공정거래위원회가 바라는 것은 이러한 것은 아닐 것이고, 아울러 이러한 일이 있다면, 아마도 공정거래위원회에서 문제를 해결하기 위한 방안을 내놓을 것이라고 생각한다. 하지만 그때 가서 정부의 태도가 어떨지 또 경제상황이 어떨지 누구도 장담할 수 없는 상황에서 투자를 하는 국내 회사도 이러한 국내 회사에 대한 신뢰에 근거하여 투자를 결심하는 외국 회사도 모두 불안한 사정에 처하여야 하는 예측 불가능한 상황이 예견 가능한 이러한 출자총액제한의 예외 허용이 과연 바른 입법인지, 아니면, 재계와 시민단체의 요구를 절충한 효율적 자원 배분을 위한 규제

---

601) 참여연대는 이러한 점에 대하여 기업구조조정으로 인한 출자총액의 경우 98년 출자총액제한 폐지와 99년 출자총액제한의 적용 유예기간을 두었지만 지금까지 기업구조조정의 성과도 없었으며, 앞서 살펴보았다시피, 오히려 대기업집단의 사업확장방편으로 악용되었으므로 출자총액예외적용기간을 2년 더 연장하는 것은 사실상 출자총액제도를 무력화시키고, 대기업의 요구에 의해 다시 연장될 가능성이 있어 이를 허용하여서는 안 된다고 한다.

에 실패한 차선(次善)인지 신중히 고려하여야 하지 않을까 한다(우리는 미시경제 이론 중 차선의 이론(Theory of second best)에서 경우에 따라서는 정부의 규제가 불충분한 정보나 부족한 자원으로 인한 자원 분배에 왜곡을 더 가중시킬 수 있음을 이미 알고 있는데, 이러한 예외 인정이 이러한 경우가 아닌지 음미하여 볼 대목이라고 생각한다.).

나아가, 입법에 기업의 사정을 반영하여 기업의 고민을 들을 수 있는 그런 절차가 더 강화될 필요가 있다고 보인다.

기업재무전략과 법

제1절 구조화 금융과 서브프라임금융위기[1]

Ⅰ. 경제위기의 시작과 전개

미국 정부가 마침내 '패니매이(Fannie Mae)'와 '프래디맥(Freddie Mac)'에 대한 공적 자금 투입을 결정하였다.[2] 이로써 우리나라의 경제 전반에 대한 불안 요인으로 작용하였던 서브프라임 모기지와 관련된 영향은 이로써 진정 국면을 맞게 되었다. 우리나라의 경우 한국은행과 신한은행 등 주요 금융기관들이 이들 보증업체들의 선순위 사채를 매입하여 보유하고 있었던 관계로 만일 이들이 무려 5조 2,000억 달러에 달하는 주택대출담보보증채권을 감당하지 못하고 도산절차에 이르게 되었을 때 상당한 영향을 받게 될 상황이었기 때문에 미국 정부가 이들 주택담보대출 보증업체들을 어떻게 처리하는가 하는 것은 우리 경제에도 상당한 변수로 작용하고 있었다. 이러한 미국 정부가 공적 자금을 동원하여 이들 기업들을 공기업화한다고 하여 서브프라임 모기지 론과 관련된 일련의 사태가 종식되는 것은 아닐 것이나, 당면 과제를 해소하는 대증요법으로는 작동할 것으로 보며, 실제로 우리 증권시장에는 상당히 긍정적인 신호로 일단 작용하였다.

이후 세계적인 투자은행인 리먼브라더스(Lehman Brothers, 이하 '리먼')의 붕괴로 우리나라의 경우 주식시장과 외환시장은 2008.9.16. 다시 한 번 요동쳤으나 2008.9.17. 빠르게 회복하는 등 시장의 방향성을 잡지 못하고 우왕좌왕하고 있는 상황이기는 하지만 만일 앞서의 두 개 보증회사가 파산하였다고 생각하였을 때의 끔찍한 시나리오에 비교하면 오히려 리먼의 파산보호신청으로 인한 충격은 작았다. 2008.9.17. 미국 정부가 보험회사인 AIG에 대해서는 다시 FRB가 850억 달러의 브랏지 론을 지원하기로 하고 리먼의 일부 사업부분을 영국계인 바클레이즈 은행이 인수하기로 하였다는 소식이 시장에 흘러들면서 우리나라의 주식시장은 다시 회복을 하는 등 시장은 미국에서의 소식에 널뛰기 장세를 보이고 있다.[3] 향후에도 이러한 불규칙적인 등락

---

1) 구조화 금융과 서브프라임금융위기의 전개에 대한 연구, 상장협연구 제58호(2008.10.).

2) 매일경제신문 2008.9.9.(http://news.mk.co.kr/outside/view.php?year=2008&no=554295 참고)

3) 아시아경제 2008.9.17.자 참조
   (http://news.naver.com/main/read.nhn?mode=LS2D&mid=sec&sid1=101&sid2=259&oid=277&aid=

은 계속적으로 일어날 것으로 보인다.

서브프라임 모기지(Subprime Mortgage)[4] 부실화는 미국의 S&L 사건[5] 이후 가장 큰 금융위기를 가져온 사건이다. 롱텀 캐피탈 펀드(Longterm Capital Fund) 사건[6]도 중요한 사건 중의 하나였지만 그 효과는 헤지펀드의 속성상 제한적이었다. 서브프라임이 이전의 S&L 사건보다 더 큰 위기라고 평가될 수 있는 이유는 그 위기의 폭을 정확히 판단할 수 없기 때문이다. 금융위기는 심리적인 점이 작용한다. 케인즈는 이러한 경제현상에서의 심리적인 면을 이해한 경제학자였고, 바로 이러한 점이 현실경제에서 그의 해법이 문제해결력을 가질 수 있던 이유였기도 하다고 생각한다. 정확한 규모를 모르는 위기는 서브프라임 모기지가 구조화 증권(Structured Securities)을 통하여 수많은 조각으로 절단되고 분할되어 여러 경제주체에 흘러들어갔다는 점에 있다. 합성 CDO(Synthetic Collateralized Debt Obligation)의 형태로 발행된 경우와 같이 파생상품으로 만들어진 주택보증채권은 여러 가지 형태로 변형을 계속하여 이번 '패니메이'나 '프레디 맥'의 경우에서 보는 것과 같이 원래 채권(reference portfolio)을 구조화 증권으로 만드는 과정에서 신용등급을 끌어올리기 위하여 신용보강에 참여하였던 회사들이 발행한 채권을 매수한 국내 은행들의 신용위험을 야기할 수 있다는 것이 바로 이 사태가 가지고 있는 체인의 연결점이 상당히 복잡한 연관성을 가지고 있다는 것을 보여 주는 하나의 예라고 생각된다. 본질적으로 이번 서브프라임 사태는 법적인 관점에서 금융소비자 보호라는 측면과 구조화 증권 등의 유동화 및 이를 위한 파생상품이 가지고 있는 위험성과 관련된 금융기관의 건전성 규제와 관련하여 중요한 시사점과 과제를 제시하고 있다. 한편으로는 투자은행업이 가지고 있는 위험성과 상업은행과의 분리 필요성도 관련된 쟁점이다.

이 절에서는 Ⅱ.에서 서브프라임 모기지에서는 논의의 도입으로서 서브프라임 모기지 사태의 본질에 대한 논의를 하기로 한다. 이 장에서는 서브프라임 사태의 본질이 금융기관들의 착취적 대출행위에 기인한 것인지, 아니면 다른 주요한 금융시스템 자체의 결함에서 기인한 것으로 금융시스템에 대한 조치가 필요한 것인지에

---

4) '변동이율모기지(Adjustable Rate Mortgage: 줄여서 이하 'ARM'이라고 한다.)'가 주로 문제가 되므로, ARM 문제라고도 할 수 있다.

5) 1980년 당시 저축대부조합(S&L)의 파산으로 1230억 달러 규모의 공적 자금을 투입하여 사태를 진정시킬 수 있었다.

6) 1998년 350억 달러의 공적 자금을 투입하여 1000억 달러 상당의 손해를 입은 롱텀캐피탈의 투자자들을 구제하였다.

대하여 검토하여 보기로 한다. Ⅲ.에서는 Ⅱ.에서의 논의를 바탕으로 서브프라임 모기지의 의의와 구조를 중심으로 하여 구조화 증권에 대하여 살펴보고, 이 구조화 증권을 통한 금융시스템의 특성과 한계를 검토하여 보기로 한다. Ⅳ.에서는 법적 검토를 위하여 시장참여자별 유인을 보고, 적합성의 원칙을 포함한 투자자보호법제와 은행 등 금융기관의 건전성 규제와 관련된 법적인 관점을 제시한다. 이러한 각 장에서의 논의를 바탕으로 Ⅴ.에서는 결론적인 고찰로 우리나라에서의 관련 법제도 및 실무운용상의 시사점에 대하여 살펴본다.

Ⅱ. 서브프라임 사태의 본질론

1. 도입

(1) 서브프라임 모기지 론의 의의와 사건의 양면

서브프라임 모기지는 우량 모기지대출(prime mortgage loan)에 요구되는 기준에 미달하는 사람들에게 판매되는 '비우량 주택담보대출'을 말한다. 미국에서는 각 개인이 신용기록을 가지고 있고, 이러한 신용기록에 기초한 신용평가가 된다.[7] 신용기록이 얼마 되지 않거나, 내지 신용기록이 불량한 경우 비우량 주택담보대출을 이용하게 되는 것이다.

비우량 주택담보대출채무의 연체율 급등에 기한 소위 서브프라임 사태는 당분간 미국 경제에 대한 비관론을 불러일으키고 있으며 여전히 현재 진행형이다. 금융의 위기는 불확실성에서 온다. 그런데 서브프라임 모기지 론은 유동화 과정을 거치면서 누가 폭탄을 얼마만큼 가지고 있는지를 모르고, 정확한 부실규모에 대한 정보를 투명하게 파악하는 것이 단기적으로 사실상 불가능하다는 점이 시장 참여자들의 투자 심리를 얼어붙게 하고 있다. <u>그 바탕에는 급속한 파생상품의 증가와 이에 기초한 복잡성(complexity)의 증가, 이에 수반되는 전 세계 금융 시장의 위기관리능력 상실이 원인이라는 것이 사견이다. 복잡도가 증가할수록 그 체제는 붕괴할 가능성이 높아진다.</u>

미국의 서브프라임 모기지의 다수는 파생상품의 형식으로 유동화 스폰서에 의하

---

7) 통상 Fair Isaac社의 FICO Score라는 것이 자주 쓰인다.

여 유동화되어 미국의 자본시장 참가자들에게 판매되었다. 주택가격 상승으로 주택 시장에 자금이 몰려들면서 주택 매입에 열을 올렸고, 모기지 회사와 모기지 중개인 등은 자신들의 수익 극대화를 위하여 비우량 주택담보대출인 서브프라임 모기지 판매에 열을 올렸다. 그리고 주택가격이라는 풍선은 부풀다가 마침내 버블의 붕괴로 이어졌다. 주택가격이 폭락하자 미국의 서브프라임 모기지 연체율이 급등하였고, 시장은 패닉에 빠져 주가급락과 금융시장에 엄청난 파장을 끼치게 된 것이다.[8] 이전의 S&L 사태에 비하여 금번 서브프라임의 경우에는 파생상품을 통한 금융기관 간의 연계 고도화를 통하여 문제가 된 모기지 회사에 문제가 국한되지 않고 다른 금융기관으로 문제가 확산되고 있다는 점에서 문제의 특징을 찾을 수 있으며 아울러 심각성을 알 수 있다.

이 문제의 본질과 관련된 논의는 이 사태 이후의 입법적인 해결 내지 이 사태와 관련된 각종 소송들의 법률적인 해법과 관련된 여러 가지 시사점을 줄 것이고, 이 논의의 출발점을 제공할 것이다. 그런데 흥미로운 점은 이 사태는 이전의 S&L의 경우와는 달리 대출자와 차입자라는 하나의 차원 외에 그 뒤에 숨어 있는 채권 투자자와 오리지네이터로서의 금융기관과의 관계 및 이러한 채권화 과정에 관여되어 있는 여러 시장참가자들이 복합적으로 관련되어 있는 또 다른 평면이 있다는 것이다. 첫 번째 평면과 관련된 논의가 바로 금융소비자의 보호 내지 착취적 대출행위와 관련된 논의이고, 두 번째 평면과 관련된 논의가 구조화 증권 내지 파생상품의 규제와 관련된 논의이다. 물론 이 사태는 두 가지 평면을 모두 어느 정도 가지고 있지만 전자의 면이 상대적으로 적다는 것이 사견이다. 이와 관련된 논의를 이 장에서 하고자 한다.

(2) 서브프라임 론과 착취적 대출행위

서브프라임 모기지 론과 관련하여, 이 사태의 본질은 상환능력이 없거나 부족한 대출자에게 대출을 한 점에 있다는 주장이 있다. 하지만 또 하나 분명한 것은 현재와 같은 서브프라임 모기지 사태가 발생하기 전에도 부동산을 담보로 잡고 일어나

---

8) 관련된 문헌으로 김민석·빈기범, "서브프라임 사태의 금융시장 파급경로 분석 및 정책적 시사점", 이슈페이퍼[07-04], 증권연구원, 2007.12.; 삼성경제연구소, "서브프라임 파장과 세계경제불안", SERI 경제 포커스, 제178호(삼성경제연구소, 2008.1.28.); 이중희, "서브프라임 모기지 시장의 성장과 위기, 그리고 한국의 주택담보대출시장 상황", 주택금융월보 한국주택금융공사(2007.3.); 강종만, "미국 서브프라임 모기지의 부실현황 및 국내 금융시장에 미치는 영향 평가", 주간금융브리프 제16권 제6호(2007.4.); 강종만, "서브프라임 모기지 부실사태의 교훈과 향후과제", 주간금융브리프 제17권 제12호(2008.3.) 참조.

는 대출의 경우에 대출원리금을 상환하지 못함으로 인하여 담보 부동산에 대하여 경매가 진행되는 것은 항상 있어 왔고, 이러한 현상은 미국에만 국한된 것은 아니고, 우리의 경우에도 발생하는 것이다. 다시 말하면 담보대출과 담보부동산에 대한 압류 및 경매(foreclosure sale)는 담보제도 본질상 항상 존재하는 문제라고 할 수 있다. 그러므로 전적으로 서브프라임 사태를 담보권 실행 경매의 증가와 연결하여 바로 착취적 대출 때문이라고 주장하는 것은 타당하지 않다. 더구나 착취적 대출은 사실관계 및 증거관계에 따라 민감하게 성립여부를 달리한다. 이러한 점도 쉽게 서브프라임 문제와 착취적 대출을 연결하기 어려운 점이다.

물론 전부는 아니라고 할지라도 실제로 착취적 대출로 볼 수 있는 속성을 상당부분 가지고 있는 측에서의 반론은 다음과 같이 이루어질 수 있다. 볼티모어 시의 경우9)에는 2007년 1사분기에 주택 압류 비율이 35년 이래로 최고를 기록하였고, 미국 의회 합동경제위원회(Joint Economic Committee of Congress)에서 2007년에서 2009년까지 미국 전역에서의 경매건수가 200만 건을 초과할 것이라는 통계적인 관점에서의 주장이다. 볼티모어 시는 이러한 급격한 경매 주택의 증가는 금융기관들의 착취적 대출관행에 기초한 것이라고 주장한다. 그리고 이러한 착취적 대출의 대부분은 서브프라임 모기지 대출과 관련된 것이라고 주장한다. 왜냐하면 서브프라임 모기지 대출자들의 대부분은 대개 경제적으로 어려운 계층에 있는 사람들로서 프라임론 대출을 받기에는 대출 이력(credit history)상 적합하지 않은 사람들에게 이루어졌기 때문에 이러한 대출금 미납 이력이나 최근의 개인 파산 이력에도 불구하고 대출을 받기 위하여 금융기관들의 약탈적 대출에 응하게 된 것이기 때문이다.10)

이하에서는 이러한 주장들을 검증하기 위하여 착취적 대출행위에 대하여 우선 살펴보고, 이어서 서브프라임 모기지와 관련하여 전통적인 착취적 대출행위론이 여기서 어느 정도 적용될 수 있는지에 대하여 검토하여 보기로 한다.

---

9) *Mayor and City Council of Baltimore v. Wells Fargo, N.A. et al. Case No. L.08 C.V.062*(이 사건은 볼티모어 시가 웰스 파고 은행을 상대로 하여 웰스 파고은행이 Fair Housing Act of 1968를 위반하였음을 이유로 하여 소송을 제기한 사건임.).

10) Richard E. Gottlieb & Andrew J. McGuinness, "When Bad Things Happen to Good Cities: Are Lenders to Blame?", Business Law Today, July/August, 2008. p.2.

2. 착취적 대출행위(predatory lending)

(1) 개요

착취적 대출행위라는 개념은 우리 법상의 개념으로는 정착된 개념이 아니다.[11] 말 그대로 대출을 하는 금융기관이 대출을 하는 과정에서 부담하여야 할 주의의무를 다하지 않은 것에 대하여 금융기관이 부담하는 책임이라고 거칠게 정의할 수 있다. 미국의 경우에는 대출자의 책임(Lender Liability)과 관련된 일련의 법리가 발전되어 왔다.[12] 미국에서 대출자 책임이 발생할 수 있는 청구권의 기초는 여러 가지가 제기되는바, 가장 많이 언급되는 것이 계약상 부수의무로서의 성실의무위반(Breach of duty of good faith and fair dealing)의 경우이고, 불법행위로 인한 책임으로 이론 구성을 하는 경우에는 사기(fraud), 강박(duress), 허위표시(misrepresentation), 제3과 채권침해(interference) 등이 불법행위의 원인으로 언급된다.[13]

(2) 대출자 책임의 인정

미국의 경우 대출자가 책임을 질 수 있는 맥락은 대출신청단계에서 대출계약체결 협상 시,[14] 대출약정 위반과 관련하여 담보여력의 평가와 대출의 시기,[15] 기한이익 상실(acceleration)로 인한 대출의 만기 전 상환요구,[16] 담보실행경매(foreclosure) 등 일련의 대출과정에서 보통법(common law)이나 실정법으로 UCC(Uniform Commercial Code)의 section 1 - 203이나 section 1 - 209(19)를 입법한 각 주의 주법에 기초하여 인정되고 있다.[17]

---

11) 심영 교수는 우리 판례상 인정한 사건으로 서울고등법원 1995.4.11. 선고 93나24539 사건과 대법원 2002.10.25. 선고 2002다21769 판결을 든다. 하지만 미국식의 대출자책임이라는 개념을 법원이 이해하고 이와 같은 취지의 판결을 한 것인지는 의문이다(심영, "대출자책임(Lender Liability) - 미국과 영국을 중심으로", 증권법연구 제4권 제2호 (2003) p.343 - 344.)

12) 국내에 미국 및 영국에서의 대출자 책임에 대한 법리를 소개한 문헌은 매우 제한적이다. 심영 교수의 각주 6)의 논문이 가장 참고할 만하다. 심영, 앞의 논문, pp.319 - 364.

13) 심영, 앞의 논문, 327면.

14) Jacques v. First National Bank of Maryland, 515 A.2d. 756(Md. App., 1986).

15) KMC Co. Inc. v. Irving Trust Company, 757 F. 2d. 752(6th Cir. 1985).

16) 국제금융거래의 경우에도 이러한 기한이익상실 조항은 거의 대부분 삽입되는데, 상당부분 경영권에 대한 간섭을 할 수 있는 근거가 삽입되어 있다. 이와 관련하여 대출자에게 불법행위법상의 책임을 인정한 사안으로 State National Bank of El Paso v. Farah Manufacturing Co. 678 S.W. 2d. 661(Tes. App., 1984) 사건이 있다. 이 사건에서 은행들이 기한이익상실의 경우로 대출계약에 은행의 이익에 반하는 경영진의 변경이 있는 경우 대출자는 대출상환을 요구할 수 있도록 하는 조항(management change clause)을 삽입하였다. 법원은 이 사건에서 은행들의 경영간섭이 계약상 합의된 내용 이상으로 이루어진 것으로 보아 대출자에게 책임을 인정하였다.

17) 심영, 전게논문, 322 - 323면.

문제는 부실대출의 문제이다. 은행이 대출 시 실제 대출받을 수 있는 금액보다
적은 금액을 대출하여 주었다는 것이 아니라 대출심사 시 은행이 대출을 통하여 대
출을 받는 자가 하려고 하는 일의 위험성을 알고 있으면서도 이러한 점을 고지하거
나 대출을 승인하지 않음으로써 대출을 하여 그 대출한 자금으로 사업을 하여 손해
를 입은 것에 대하여 은행의 책임을 인정할 것인가 하는 점이다.

(3) 은행의 위험인식과 고지의무의 존부

이와 관련된 사건이 Wagner v. Benson 사건[18]이다. 이 사건의 원고는 축산업에
투자하기 위한 목적으로 피고은행에 대출을 신청하였고, 은행은 대출심사 후 대출
을 승인하였다. 원고는 피고은행이 대출심사 과정에서 원고가 축산업에 관여한 사
실이 없는 초심자이고, 이미 축산업이라는 업종이 상당한 위험성을 내포화고 있다
는 점을 업무상·잘 알고 있음에도 피고은행이 원고에게 대출을 하여 줌으로써 결국
원고가 축산업에 종사하게 하였고, 때마침 소고기 가격 폭락으로 원고가 파산에 이
르게 되었기 때문에 피고은행이 원고에게 손해를 배상할 책임이 있다는 취지의 대
출자 책임을 주장하는 소송을 제기하였다.

법원은 원고의 청구를 기각하였다. 법원은 피고은행이 원고의 대출신청과 관련하
여 대출승인 여부를 심사함에 있어 원고의 사정을 살펴서 사업의 위험성 여부를 판
단하여 대출 여부를 결정할 의무는 없다고 보았다. 다만 방론으로 만일 은행이 대출
대상사업에 적극적으로 관여하고 있는 경우에는 예외적으로 대출승인을 함에 있어
차입자에게 대출대상사업의 위험성에 대하여 알릴 의무가 있다고 보았다. 결국 이
사건을 통하여 은행에 일반적으로 차입자에게 대출한 금액을 가지고 할 사업에 대
하여 그 사업의 위험성을 고지하고, 위험이 높다고 판단할 경우에는 대출을 하지 않
아야 할 의무는 없는 것으로 법원이 판단한 것이며, 이러한 판단은 옳다고 보인다.

3. 서브프라임 론의 경우

(1) 서브프라임 이전

서브프라임 모기지 론이 이루어지기 전의 경우 대부분의 모기지 대출은 오로지
프라임 론(prime loans)만 있었다. 만일 실제로는 신용기록이 프레디맥이나 페니메이

---

18) Wagner v. Benson, 101 Cal. App., 3d. 27(1980).

등의 회사에서 제시한 가이드라인을 만족시키지 못하는 경우라고 하더라도 대출을
받으려고 하면 마치 자신이 그러한 가이드라인을 만족시키는 것처럼 보이도록 서류
를 구비하여야 하였다. 엄격한 프라임론의 기준은 상당한 정도의 유연성을 가지지
못했기 때문에 대출을 통하여 많은 미 국민들이 원하는 자가 마련의 꿈을 이룰 수
있도록 하는 것에는 제약이 있었지만 역설적으로 지금과 같은 서브프라임 모기지
문제와 같은 사태를 야기하지는 않았다. 그러다가 1990년대가 되자 리스크 관리기
법들이 발전하기 시작한다.

(2) 파생상품 시장의 발전

이러한 리스크 매니지먼트 기법의 총화로 등장하는 것이 바로 파생상품(derivatives)
이다. 역사적인 관점에서 파생상품의 시초는 17세기 튤립 옵션을 말하기도 하지만
오늘날과 같은 모습의 파생상품의 발전은 1970년대의 파생상품 가치에 대한 수학적
인 평가기법의 발달과 맥락을 같이한다. 그리고 1990년대가 되면서 파생상품 시장은
급격한 성장을 하게 된다.[19]

1970년대라는 시점은 이자율의 변동이 매우 급격하게 이루어지던 시기이다. 따라
서 기업들이나 투자자들의 관점에서는 이러한 이자율변동성(interest rate volatility)의
문제를 해소하는 것이 매우 중요한 시기였다. 또 하나의 기업이나 투자자 관점의
문제는 환율체제의 변동과도 연결되어 있다. 기존 금본위제를 근간으로 하는 고정
환율제하에서 미국의 달러가 기축통화로 기능하는 과정에서 발생하게 되는 미국경
제에 대한 영향을 줄이기 위하여 1969년 SDR(Special Drawing Rights)을 발행하였지
만 이러한 정도의 수단으로는 고정환율제의 유지가 어려웠고, 1971년 미국의 닉슨
대통령이 달러의 금태환 정지 결정으로 결국 브레튼 우즈 체제는 종말을 고하게 되
었다. 1973년 이후 변동환율제라는 시스템의 변화를 겪게 되자 기업들이나 투자자
들에게 기존에 안정적인 요인으로 투자판단에서의 고려요소가 되지 못했던 환율이
라는 요인이 자신들의 투자성과(investment payoff)에 상당히 중요한 요인으로 판단
되기에 이르렀다. 블랙-숄즈 모델은 바로 이러한 시대적인 요구를 바탕으로 등장
하여 이후 파생상품 시장 성장의 골격을 이루게 되었던 것이다.[20]

---

19) Rene Stulz, "Risk management & Derivatives", Thomson: South Western(2003). p.5.

20) Fisher Black은 컨설턴트였고, Myron Scholes는 MIT 경제학과의 조교수였다. 이들은 당시 데이터를 구할 수 있었
    던 스톡옵션을 이용하여 옵션의 가치를 평가하는 기법을 개발하였다.

이들의 옵션 가치 평가기법 개발 이후 1970년대 옵션과 선도거래(forward transaction) 형식으로 이루어지던 시장에 선물(future)이라는 형식의 계약 거래가 이루어지게 된다. 스왑(swap) 거래의 경우 기초자산에 기초한 현금흐름의 교환을 하는 것으로 가장 단순한 형태의 스왑거래는 어느 일방의 당사자가 자신이 부담하고 있는 고정금리부 부채의 이자 변제에 갈음하여 타인이 부담하고 있는 변동금리부 부채에 기한 이자의 변제를 하기로 하고, 그 타인은 반대의 변제를 하기로 하는 것과 같은 형식이다. 이러한 평가기법의 도입이 파생상품 시장의 발생을 가능하게 한 것이다.[21]

(3) 서브프라임 모기지 론의 등장

서브프라임 모기지 론은 미국에서 모든 악의 원천인 것처럼 평가받고 있는 것처럼 언급되고 있지만 사실 기존의 프라임 론 시장의 경직성으로 인하여 대출을 통하여 자기 주택 구입을 하지 못하고 있던 고객에게 파생상품을 통한 증권화를 통하여 금융기관의 위험을 축소시키거나 전가 내지 회피시킬 수 있도록 함으로써 신용이 떨어지는 고객에게도 대출을 통한 주택 구입의 가능성을 열어 주었다는 점에서 획기적인 기법이었다고 할 수 있다. 결국 주택에 대한 수요라는 관점에서 기존에는 시장에서 잠재적인 구매자의 대열에 들어서지 못하는 일군의 사람들이 서브프라임 모기지를 통하여 잠재적인 구매자의 대열에 들어서게 되고, 이러한 잠재적인 구매력이 현재화됨으로써 시장에서의 수요 견인을 통한 주택가격 상승에 기여할 수 있게 된 것이다.

하지만 기초자산(underlying asset) 자체가 상대적으로 변제자력이 떨어지는 신용도가 낮은 사람들에게 이루어진 대출이었고, 이에 따라 경매가 될 가능성은 상대적으로 높았다. 신용파생상품(Credit Linked Derivatives)으로 만들어졌다고 하더라도 기초자산으로 인한 문제가 완전히 단절되지는 못했기 때문에 어느 정도 영향을 받게 되었다.[22] 한편 은행의 관점에서는 신용이 낮은 사람에 대한 대출이어서 발생할

---

21) 오늘날 마이크로소프트와 같은 회사의 경우에도 지속적으로 자신의 신용위험을 관리하고, 파생상품을 이용하여 예상되는 위험을 헤지하는 시스템을 운용하고 있다. 이 회사의 자산은 1999년의 경우 이미 0.5조 달러를 초과하였고, 이에 따라 포트폴리오 관리 그룹(Portfolio Management Group), 전략 지분 관리(Strategic Equity Management) 등을 통하여 제품 개발 및 급격한 재무상태 변동위험을 관리하기 위한 일련의 체제를 갖추게 된다(이에 대해서는 Rene Stulz, pp.17 - 18 참조).

22) 원래 구조화 증권의 개념은 파산법에서 도출된 것이다. 구조화 증권을 통하여 회사들이 SPV라는 발행회사의 파산위험으로부터 절연된 기구(bankruptcy - remote entity)를 통해 판매함으로써 발행회사가 파산하더라도 자동적 중지 명령(Automatic Stay)의 효력이 SPV의 자산에 대하여 미치지 않게 되는 것이다(Robert Stark, "Viewing the LTV Steel ABS opinion in its Proper Context", pp.1 - 2.)

수 있는 문제가 있기는 하였지만 상당 부분 구조화 증권을 통한 파생상품매출이라
는 방식으로 헤지를 해낼 수 있다면 이자율이 높은 상품이었기 때문에 수익성 면에
서 매력적인 상품이었다.

(4) 서브프라임 론은 착취적 대출행위인가

1) 볼티모어 시 사건의 경우
이 질문에 대한 답은 쉽지 않다. 앞서 볼티모어 시의 소장을 보면 시는 웰스 파
고 은행의 대출 결과가 통상의 경우보다 매우 많은 경매건수에 주목하여, 이런 결
과가 올 것이라는 것을 은행은 쉽게 알 수 있었을 것인데도 불구하고 무책임하게
대출을 한 행위의 결과라고 주장하고 있다.

일반적인 관점에서 대출자는 자신이 마련한 대출심사기준에 따라 위험 정도를 평
가하여 과도한 신용위험을 가진 자에게는 대출을 거절할 것이고, 대출자가 용인할
정도의 신용위험을 가진 자에 대해서는 대출을 할 것이다. 그러나 대출에 대한 신
용위험이 전혀 없을 수는 없으므로 그 위험의 정도에 따라 대출금회수가능성을 높
일 수 있는 여러 가지 장치를 하게 된다.[23]

이러한 장치로서는 구속장치와 감시장치가 있다. 구속장치로는 차입자에게 인적
또는 물적 담보의 설정이나 일정한 경우 대출과 관련하여 여러 가지 종류의 약정
(covenant)을 설정하는 것이다. 감시장치로는 국제차입거래에서 많이 발견되는 것과
같이 각종 재무제표의 제출요구를 하고, 중요한 경영사항의 변경이 있게 되는 경우
에는 그 사항에 대한 사전의 동의 내지 사후 보고 의무를 부과하는 것이 감시장치
로서 기능하게 될 것이다. 이러한 구속장치와 감시장치의 기능은 상당부분 대출자
와 차입자의 기회주의적 행동(opportunistic behavior)이라는 유인구조와 연결되어 실
제로 기능하게 될 것인바,[24] 이들의 작동에 기하여 이루어지게 되는 대출행위가 약
탈적인지 여부는 일률적으로 말할 수는 없고 개별사안에 따라서 볼 것이다.

볼티모어 시 주장의 경우에도 웰스파고은행의 대출이 주로 아프리칸 – 아메리칸
거주 지역에 집중된 것으로 이러한 대출이 인종차별적인 성격을 가지고 있었다는
주장(racial discrimination claim under the federal Fair Housing Act of 1968)으로 소위

---

23) 심영, 전게논문, 331면.

24) Fischel, "The Economics of Lender Liability", 99 Yale L.J. 131(1989) at 138 – 139.

역레드라인 대출(reverse redlined lending)[25] 문제로 이 사건의 쟁점을 정리하였고 은행의 주의의무 위반 문제로 가지고 가지 않았다. 대신 사기나 불공정대출을 통한 불법행위 책임을 구하였다. 볼티모어 시는 이 사건에서 웰스 파고를 상대로 하여 불법행위 손해배상 및 징벌적 손해배상, 가처분 및 변호사 비용에 대한 배상을 구하였다. 가장 흥미로운 점은 이 사건에서 볼티모어 시가 입게 될 손해가 무엇인가 하는 점인데, 이 점에 대하여 소장에서 볼티모어 시는 담보권 실행 경매로 인하여 주변의 집들이 많이 비게 되면 그 집뿐만 아니라 인근까지 주택의 가치가 떨어지게 되고, 이러한 주택가격 하락은 볼티모어 시의 재산세(property tax) 세수를 감소시켜 시 재정에 손해를 가하게 된다는 이론구성을 하면서 세수감소액 상당을 손해로 주장하였다.

결국 볼티모어 시 사건의 경우에는 결론적으로 사실관계에서 판가름이 날 것으로 보인다. 약탈적 대출행위라고 볼 수 있는 행위들이 실제로 웰스 파고 은행에 의하여 이루어진 것인지, 웰스 파고 은행이 인종적인 차별에 기초한 대출을 한 것인지가 핵심적인 쟁점이 될 것이다. 이에 더하여 추가적인 반론은 소위 더러운 손 항변(unclean hand defense)이다. 볼티모어시의 경우에는 100달러 이상의 조세체납이 이루어진 경우 체납에 의한 공매처분(tax lien sales)이 이루어지게 되는데, 공매처분의 경우에도 웰스 파고 은행의 경우와 크게 다르지 않게 80% 이상의 공매처분이 60% 이상의 주민이 아프리칸 - 아메리칸이 거주하는 지역에서 이루어졌다고 한다.[26]

2) 클리블랜드 시 사건의 경우

앞서의 볼티모어 시의 소장이 접수된 며칠 후 유사한 소송이 클리블랜드 시에 의하여 제기되었다. 다만 이 소송의 청구원인은 볼티모어 시와는 달리 공적뉴슨스(Public Nuisance)[27]였다. 이 소송이 볼티모어소송과 구별되는 또 하나의 점은 볼티

---

25) 원래 '레드라이닝(redlining)'이란 우량 신용 대출을 특정한 지역에 거주하는 사람들의 경우에는 그 지역의 인종적인 구성 등을 기초하여 거부하는 것을 말하는 것이다. 역레드라이닝은 따라서 특정한 지역의 거주민에게만 거주지역의 인종적인 특성을 고려하여 기만적이고, 착취적이거나 불공정한 대출을 하는 것을 말한다(Richard E. Gottlieb & Andrew J. McGuinness, p.4).

26) Wells Fargo's motion to dismiss, made at March 2008.

27) 영미법상의 개념이다. 뉴슨스에는 사적 뉴슨스(Private Nuisance)와 공적 뉴슨스(Public Nuisance)가 있다. 전자는 사적 이익의 침해로서 불법행위를 구성하는 데 대하여, 후자는 공중의 이익을 침해하는 것으로서 범죄를 구성한다. 그러나 후자의 경우라도 私人이 특별손해를 입증하면 留止 또는 손해배상을 청구할 수 있다. 불법방해의 구제수단으로는 공적 불법방해에서는 범죄의 訴追라는 방법이 있으며, 공적 불법방해 및 사적 불법방해를 통한 불법행위에 대해서는 自力除去·금지명령 또는 손해배상 등의 구제수단이 경우에 따라서는 중첩적으로, 또는 단독으로 부여된다. (http://100.naver.com/100.nhn?docid=40546 참조. 일부 수정).

모어 소송은 웰스 파고라는 하나의 은행을 상대방으로 한 것인데 반하여 클리블랜드소송은 투자은행업 전체를 상대로 하여 피고를 특정하였다.[28]

클리블랜드 시의 소송을 담당한 변호사들은 의도적으로 약탈적 대출행위라는 주장을 피하고, 대신 왜 투자은행들이 서브프라임 모기지라는 형식의 대출구조(lending scheme)를 만들었는가 하는 점을 중심적인 공격의 대상으로 하였다. 오하이오 주에 소재하는 대출자들이 실제로는 차입자들에게 대출을 하였고, 이러한 대출행위 자체가 약탈적이지 않고, 더하여 투자은행들과 차입자들은 직접적인 계약관계에 기초한 프리비티(privity)[29]가 없다고 하더라도 불법행위에 기초한 소송이므로 소송은 가능할 것이다.

다만 클리블랜드 시의 경우에는 당사자적격(standing)의 문제가 있을 수 있다. 클리블랜드 시가 과연 이러한 공적 권리를 주장할 수 있는 대표적인 지위에 있는가 하는 점이 문제가 될 것이다.[30] 그 외 상당인과관계(proximate causation)의 존재나 손해의 존부 등도 문제가 될 것이다.

3) 약탈적 대출행위 또는 은행에 대한 약탈행위

미국에서 은행들을 서브프라임 모기지로 인한 수백만에 이르는 담보권실행경매와 이로 인한 수많은 집을 구입하였다는 기쁨을 채 누리기도 전에 주택가격 하락으로 집을 잃고 거리로 내몰린 사람들에 대한 책임을 부담하도록 하는 희생양으로 일률적으로 줄을 세워서 처벌하도록 할 것인지는 매우 흥미로운 주제이다. 이렇게 하는 것이 정치적으로는 매우 효과적인 수단이 될지 모르겠다.

하지만 법적인 관점에서 이렇게 되면 은행들에 대하여 결과책임을 부담시키게 될 것이어서 법적으로 정당화하기 어려울 것이다. 이미 제기된 볼티모어 시와 클리브랜드 시의 소송은 서브프라임 모기지와 관련된 사안의 주요쟁점들을 법정으로 끌고 간 것으로 그 결과는 매우 흥미로울 것으로 보인다. 미국 주법원들의 판단을 쉽게 속단할 수 없지만 개별적인 사실관계의 판단에 대하여 이루어지게 될 약탈적 대출행위 중에서도 부당대출과 관련된 볼티모어 시 사건의 경우에는 은행이 서브프라임

---

28) 소위 '월스트리트 소송(wall street litigation)'

29) 영미법상의 개념으로 계약법에 있어서 계약당사자들의 계약관계를 의미한다. 프리비티를 우리 법으로 그대로 번역하는 것은 가능하지 않는 것으로 보이는바, 계약상의 책임을 부담시키기 위한 기초가 된다.

30) 오하이오 주 대법원이 이러한 경우의 당사자적격을 인정할지는 의문이다. 참고로 City of Chicago v. Beretta U.S.A. Corp., 213 Ⅲ. 2d. 351, 375(Ⅲ. 2004).

모기지가 본질적으로 신용도가 떨어지는 차입자들을 대상으로 하는 상품임에도 대출을 하지 말아야 한다면 이는 이런 상품을 팔지 말라는 요구가 될 것이므로 소송의 승소가능성이 적어지므로 원고인 볼티모어 시에서도 인종차별적인 요소를 가지고 이를 쟁점으로 소를 제기한 것으로 이해된다. 원고의 관점에서 서브프라임 론을 사용한 사람과 차입자가 겹치는 것은 은행의 차별적인 의도에 의하여 그렇게 되었을 가능성과 신용도가 아프리칸 – 아메리칸이 상대적으로 떨어지기 때문에 그런 점이 실제로 겹치기 때문에 쉽지 않은 소송이 될 것이라고 생각된다. 결국 은행의 구체적인 행동을 개별적으로 판단할 수밖에 없고, 이러한 입증은 간접사실을 통하여 입증이 되어야 할 것인데 필자는 변호사로서 어려운 입증이 될 것이라는 판단이다.

반면 클리브랜드 시 사건의 경우에는 민사소송법상의 여러 가지 쟁점들, 즉 당사자적격의 문제, 손해의 입증이나 상당인과관계의 문제 등 제반 요건사실의 입증과 관련된 문제들을 제외하고서라도 만일 클리브랜드 시의 소송이 승소하게 된다면 이는 사실상 법원이 입법을 하게 되는 것이 된다는 점에서 역시 쉽지 않은 소송이라고 보인다. 왜냐하면 클리브랜드시의 소장상 청구취지는 결국 요약하면 미국의 투자은행들은 이러한 서브프라임 모기지와 같은 위험한 상품을 만들지 않았어야 한다는 것인데, 앞서 지적한 바와 같이 서브프라임 모기지 론이라는 것이 동전의 양면을 다 가지고 있는 상품이기 때문에 원고인 클리블랜드 시 승소의 의미는 향후 투자은행들의 상품설계에 있어서 거의 완전한 위험 헤지가 이루어지지 않는 상품의 시장출시가 거의 불가능하여지게 되는 것이기 때문이다.

물론 입법적으로 차입자의 보호를 위하여 그리고 투자자의 보호를 위하여 서브프라임 모기지 론과 같은 상품을 금지하고 투자은행으로 하여금 완전한 위험회피를 요구할 수도 있겠으나 심지어 미국 재무성 발행의 T – bill(Treasury Bill)의 경우에도 우리가 통상 무위험자산(risk free asset)이라고 부르지만 미국 정부의 파산이라는 사태를 완전히 배제할 수 없다는 점에서 완전한 무위험자산이 아닌 것처럼 완전한 위험 회피가 가능하지 않고, 오히려 경우에 따라서는 구조화 증권을 만드는 과정에서 오리지네이터(originator)를 에퀴티 투자자(equity investor)로 남겨두는 것이 공동위험의 담보수단으로 유용한 경우도 있는 것과 같이 완전한 위험회피가 유일하게 추구할 가치가 있는 목표가 아니라는 점과 마지막으로 이러한 재무적인 요소를 제외하고, 만일 서브프라임 론이 없었다면 전체적인 주택가격의 대세상승기에 주택 매입을 할 수 있는 기회 자체가 없었을 저신용자들에게 이러한 기회를 주지 않는 것이 타당한 것이었는지, 그리고 저신용자들이므로 부실화의 우려가 크므로 더 높은 이자를 받아야 한다는 당연한 원리까지도 무시하는 것이 옳은지 하는 점 등을 고려하면 입법적인 금지는 해결책으로 타당하다고 보기는 어렵다고 보인다.

대출자 책임과 관련된 개별 사안별로 기망적인 요소나 강압적인 요소가 있었는지 하는 문제는 여전히 소송수행과정에서 볼티모어 사건에서 드러나게 될 것이라고 보이고, 이러한 점들이 드러날 경우에는 이에 대해서 이는 보통법상 사기(common law fraud)가 될 수도 있을 것으로 보이고, 기존의 대출자책임과 관련된 미국 법원의 판례가 적용될 수 있을 것이다.

4. 소결

도입부에서 언급한 것과 같이 이 사건은 감상적으로 표면으로 드러난 길거리 여기저기에 나붙어 있는 '매도(For sale)' 문구만을 보고 불쌍한, 스스로의 자력과 자신에게 닥칠 위험에 대한 판단능력도 없는 차입자들이 어리석게도 동화에 나오는 피리 부는 사나이를 따라서 죽을 줄도 모르고 줄을 서서 가는 그런 사건으로 이해할 수 있다. 워낙 대규모로 서브프라임 론이 이루어졌으므로 그 과정에서 일부 모기지 론 판매기관에서 허위표시(misrepresentation)를 하거나 차입자의 신용을 대출신청서에 허위 표기하도록 유도하여 실제의 신용등급보다 더 많은 대출을 받도록 함으로써 위험을 야기하였을 수 있다. 하지만 이 문제는 구조화 증권이 등장하기 전에도 이미 우리가 알고 있던 문제이고, 이 문제에 대해서는 이미 미국의 경우에는 많은 연방법과 주법이 있고, 앞서 본 바와 같은 주법원들의 판결이 있다.

사건의 본질 내지 새로운 국면은 바로 구조화 증권을 이용한 파생상품이 널리 이용되면서, 위험의 크기 판단이 곤란하여지고, 전염력이 높아졌으며, 전파의 속도가 빨라지고 국제화되고 있다는 점과 파괴력이 커지고 있다는 점에서 우리가 어떻게 파생상품을 규제하는 법제를 설계할 것인가에 대한 문제점을 제기하고 있다는 점에 있다고 본다.

이하에서는 이러한 관점에서 구조화 증권에 대하여 보고, 이 사건에서의 서브프라임 모기지의 구조를 살펴보고 난 뒤에 그 특성을 중심으로 하여 관련된 점을 검토하여 보기로 한다.

Ⅲ. 구조화 증권과 서브프라임 모기지의 구조

1. 도입: 서브프라임과 CMO의 등장

1990년대 후반은 오늘날 서브프라임 모기지 사태의 출발점이었다고 할 수 있다. 주식시장은 놀라울 정도의 호황을 구가하였고, IT 버블로 수많은 억만장자가 실리콘밸리에서 태어났다. IT나 인터넷이라는 키워드를 지니고 있지 않으면 시대와 같이 호흡을 하지 못하는 것으로 판정되었고, 경영학과에서도 MIS라는 경영정보관리 전공이 각광을 받던 시기였다. 하지만 이러한 시기는 2000년과 2001년 버블 붕괴로 많은 투자자들이 손해를 보는 것으로 시작되어 엔론(Enron)과 MCI 월드컴(Worldcom)의 회계부정과 주가조작 사건으로 당시 뉴욕 주 검찰총장이었던 엘리엇 스핏처(Elliot Spitzer)만 유명하게 만들었다.

돈은 하지만 IT 버블의 붕괴로 손실을 입은 투자자가 생기고 고수익 투자처를 잃었다고 하여 고수익을 추구하는 투자가 위험을 피해 은행의 정기예금 상품으로 숨어버리지는 않는다. 소규모 개인 투자자들이라면 안전한 정기예금으로 숨어 버리겠지만 지속적으로 투자를 하고, 그 수익을 통하여 고수익을 얻어야 하는 금융공학자[31]는 뒤따라 온 따라쟁이 투자자(follow-up investor)들에게 손해를 다 넘기거나, 설사 일부 손해를 입었다고 하더라도 또 다른 고수익 투자처를 숙명적으로 발굴하여야 했다. 하지만 투자 손실의 추억은 금융공학자들에게 그들이 개발하여야 하는 상품은 주식시장에 비하여 상대적으로 안전하면서도 예측가능성이 높은 현금흐름을 창출할 수 있는 상품이어야 한다는 요구를 하였다. 그때 그들의 눈에 띈 것이 바로 모기지를 기초자산으로 하는 채권이었다. 이러한 모기지 론을 기초자산으로 하는 채권의 경우에는 일반적으로 안전한 것으로 이해되었고, 현금흐름이 안정적이었다. 모기지 론을 받기 위해서는 현재 문제가 되고 있는 프래디맥이나 페니메이와 같이 회사가 정한 가이드라인을 만족시키는 정도의 신용등급을 개인적으로 가지고 있어야 했고, 대부분 일정한 안정적인 직업을 통하여 스스로의 평생소득(life-cycle

---

31) financial engineer라는 단어는 상당한 부정적인 뉘앙스를 가지고 있다. 실제로 물리학이나 수학, 통계학 등의 자연공학을 전공한 사람들이 다수 있는 파생상품의 설계와 같은 업무를 담당하는 사람들은 실제 공학 엔지니어링과 유사한 일을 하는 것으로 이해될 수 있지만 이들은 상당한 투기적인 성격(speculative feature)을 가지고 있는 상품을 만드는 것도 사실이다. 투기와 투자는 같은 단어의 다른 결과를 설명하는 것일 뿐이라는 것이 개인적인 생각이지만.

income)을 가지고 있는 사람들이었기 때문에 이들이 미국인들이 평생을 걸쳐서 갚다가 죽어야 비로소 부담에서 벗어난다고 하는 모기지 론을 갚지 않고 부도를 낼 가능성은 매우 낮았기 때문에 그들이 원하는 것들을 충족시킬 수 있었다. 그런데 문제가 없는 것은 아니었다. 그것은 바로 수익성(profitability)이었다.

아무리 안전하지만 그렇다고 우리 같으면 시중은행 정기예금 상품에 투자하라고 하는 것과 같은 투자를 하려고 하는 것은 아니었기 때문에 그들은 수익성에 대한 욕구를 만족시킬 수 있어야 했다. 이 점은 상당부분 '그린스팬(Greenspan)'[32)]이 해결해 줬다. 그의 이름은 '그린스팬'이었지만 그는 이자율의 지속적인 인하를 통하여 '그린백(greenback)'을 추구하는 금융공학자들에게 기회를 줬다. 왜냐하면 지속적으로 이자율이 떨어지면 투자자들은 전통적인 모기지 론의 경우에도 대출이율이 떨어지게 될 것이기 때문에 은행은 예대마진을 유지하고 역마진을 막기 위해서는 투자자들에 대한 수익률도 높일 수가 없게 되기 때문에 고수익을 원하는 투자자들의 욕구를 만족시키기 위하여 무언가 새로운 상품을 만들어 내어야 했기 때문이다. 따라서 등장한 것이 변형된 소위 사모CMO(private Collateralized Mortgage Obligations)이다. 이 사모CMO들은 점차 더욱더 복잡하게 변형되었고, 그 위험을 분석하는 것은 점점 더 어려워졌다.

이렇게 서브프라임 론과 관련된 새로운 역사는 시작되었다.

2. 서브프라임 모기지론의 성장과 붕괴

(1) CMO

CMO는 여러 개의 모기지들을 묶어서 이를 집합적투자기구를 통하여 증권화되어 투자자들에게 판매되는 증권(pass-through securities)이다. 이 구조는 패니메이와 프레디맥[33)]에 의하여 고안되었다. 이 증권들의 원금과 이자는 바로 투자자들에게 지급되었는데 그 이유는 프레디맥이나 패니메이가 원금과 이자의 상환을 차입자의 상환 여부와 무관하게 보증하고 있었기 때문에 이 증권이 가지고 있는 유일한 위험은

---

32) 1987년부터 2006년 1월까지 미국 연방준비제도이사회 의장직을 담당하였던 인물로 미국의 경제대통령으로 불렸다.

33) 이 두 회사는 모두 정부가 보증하는 회사들이다. 바로 이 점에서 이 회사의 주주들은 서브프라임 사태에도 불구하고 주가에 대하여 상당한 낙관을 하였지만 실제로 미국 정부는 대부분의 기존 지분을 2008.9. 발표된 공적 자금 투입 과정에서 소각하는 것으로 알려지고 있다.

오로지 이자율 인하로 인한 위험(interest rate risk)뿐이었다.

하지만 추가적으로 발생하는 문제로 수익성을 저하시키는 것은 이자율의 인하로 인한 차입자들의 차환대출(refinancing)이었다. 2001년 이후 연방준비제도이사회(FRB: Federal Reserve Board)는 지속적으로 이자율을 인하하였고, 차입자들은 일종의 유행처럼 차환대출을 하였다.34) 이 상황에서 안정적인 수익을 투자자들에게 제공하기 위하여 월 스트리트가 고안한 방법이 CMO를 구성하는 여러 단(tranche)35)으로 나누는 방법이다.36) 이렇게 되면 그 하단으로 내려갈수록 수익성은 떨어지지만 안정성은 높아지게 된다.

(2) 서브프라임 모기지의 전개

1) 특징

서브프라임 모기지는 신용도가 낮아 프라임 모기지를 이용할 수 없는 사람들이 주택의 매입을 위하여 사용할 수 있는 모기지 론의 형태이므로 낮은 신용등급의 대출자들로 구성되어 있다. 원래 서브프라임 론은 전체 모기지 론 시장에서 보면 하나의 틈새시장(niche market)이었다. 이 시장에서 대출자는 높은 이자율을 받을 수도 있지만 역으로 대출금을 상환받지 못할 위험도 컸기 때문에 전형적인 고위험 고수익 시장이었다. 그런데 우리의 미시경제학 지식이 말해 주는 것과 같이 대부분의 투자자들은 경험적으로 위험회피적인 선호(risk averse preference)를 가지고 있다. 소수의 위험선호적인 성향을 가진 투자자들을 위한 시장이었으므로 틈새시장으로만 존재하였다는 것은 쉽게 이해할 수 있을 것이다.

그런데 이 시장은 전체적인 시대상황과 맞물려 보면 매우 흥미로운 시장이 될 가능성을 가지고 있었다. 수익성이 필요했는데 수익성은 있고, 모기지 시장은 시장에 대한 기본인식(market perception)이 안정성을 가지고 있는 시장이다. 그렇다면 상품을 설계하는 입장에서 하나만 확보되면 된다. 지나친 고위험을 수인 가능(受認 可能)한 수준의 위험으로 떨어뜨릴 수 있는 기법만 있다면 이 시장은 엄청난 폭발력을 가지고 있는 시장이 되는 것이다.

---

34) 투자자의 관점에서 이러한 차환대출은 수익률 감소의 원인이 되므로 이를 조기상환위험(prepayment risk)이라고 한다.

35) 명칭은 여러 가지로 사용하는 것으로 보인다. 일반적으로 말하면 equity tranche, junior tranche, mezzanine tranche, senior tranche, super-senior tranche 등으로 구별할 수 있을 것이다.

36) 이를 PAC(Planned Amortization Class)라고도 한다. 이하에서는 줄여서 'PAC 기법'이라고 한다.

이 상황에서 앞서의 PAC 기법이 서브프라임 모기지 론에 적용되었다. PAC 기법의 기본적인 아이디어는 예를 들어 1,000만 달러를 조달하면서, 300만 달러는 수익률 16%를 지급하기로 하면서 equity tranche로, 300만 달러를 messanine tranche로 조달하면서 수익률 7%로, 나머지 400만 달러를 senior tranche로 6%의 수익률로 조달하는 것과 같이 그룹별로 조각을 내게 되면 senior tranche의 경우에는 앞의 2단계의 tranche가 700만 달러가량의 완충작용을 하게 되므로 이 부분에 대한 신용위험이 완전히 흡수되지 않은 경우에만 senior tranche에 영향을 미치게 되므로 매우 손해발생의 위험이 적어서 이자율에 비하여 상대적으로 높은 이율을 보장받게 되므로 수익성을 높이면서도 안정성을 확보할 수 있는 그런 상품을 만들 수 있게 된다는 것이다.[37]

2) 문제점

(가) 위험도에 대한 부적절한 평가

이러한 PAC 기법은 계속 발전되어 감에 따라 매우 복잡하게 되었다. Moody's나 Standard & Poor's 같은 회사들이 이러한 투자상품들의 안정성 등에 대한 평가를 하게 되는바, 이들 회사는 이런 유동화 증권의 안정성을 높게 평가하였기 때문에 브로커들은 이러한 PAC기법을 통하여 분할되고 재조립된 모기지 론을 수익률이 떨어지는 은행의 양도성 예금증서(bank CDs)의 대안으로 추천하였다. 하지만 여전히 본질에서 달라지지 않는 것은 원래 의미대로의 유동화가 이루어져서 진정매매(true sale)가 이루어졌다면 이러한 진정매매를 통하여 기초자산의 위험으로부터 절연되어 대차대조표에서 이러한 기초자산의 흔적은 제거되어야 할 것이지만 복잡하게 에둘러만 놓았을 뿐 senior tranche에 대한 투자자조차도 완전히 차입자의 변제불능상황으로부터 자유롭게 되지는 못했다.

---

37) Seniority라는 개념을 이해할 필요가 있을 것이다. 증권을 발행한 회사가 보유하고 있는 자산의 가치가 만일 그 회사가 변제하기로 약정한 경우 전통적인 경우라면 주식과 같은 지분증권을 보유하고 있는 자(equity holder)의 경우에는 아무것도 받지 못하게 되고, 채권증권(debt holder)의 경우에는 잔여자산을 자신들이 보유하고 있는 채권의 비율에 따라(pro rata basis) 분배받게 된다. 물론 실제의 회사들은 지분증권의 경우에는 보통주(common stock) 이외에 우선주(preferred stock)와 같은 형태의 지분증권을 보유하도록 하거나 채권증권의 경우에도 전환사채(convertible bond)와 같은 양자적인 성격을 가지고 있는 채권을 발행하는 등의 다양한 형식의 증권을 발행한다. Seniority를 준다는 것은 만일 기업이 도산을 하는 경우에 그 기업의 잔여자산으로부터 분배에 있어서 우선권(priority)을 그 증권의 보유자(claim holder)에게 준다는 것이다. 이 개념의 반대개념이 열위화(subordination)이다.

(나) 주택가격의 지속적 상승으로 인한 착시현상

하지만 CMO가 가지고 있는 문제점은 지속적인 주택가격상승으로 인하여 숨겨졌다. 주택가격의 상승으로 투자자는 높은 수익을, 차입자는 신용도보다 많은 대출금을, 은행은 많은 이익을 내는 상황에서 투자브로커든, 부동산 중개인이든 모든 이들이 행복한 상황을 즐기고 있었기 때문에 이 상황에서 감히 누가 나서서 위기를 말하는 것은 가능하지 않은 상황이 되어 버린 것이다. 파티는 시작되었고, 누구도 적이 온다는 비상 나팔을 불 용기를 가지지 못했다.

미국은 1950년대 2차 세계대전 이후 주택가격 상승기를 맞이하게 된다.[38] 하지만 이 시기의 주택가격 상승으로 인한 이익은 저소득층이나 빈민층에게 돌아가지는 않았고, 외국계 이민자들 역시도 이러한 주택가격 상승에서 이방인의 위치에 있었다. 하지만 서브프라임 론을 중심으로 한 2차 주택가격상승기는 미국에서의 주택가격 하락으로 인하여 이미 고통을 겪은 1차 주택가격 상승기의 그 계층이 아니라, 서브프라임 론을 통하여 새롭게 시장에 진입하게 된 계층이 주도를 하게 되었던 것이다. 이들의 특징은 자신들이 스스로 지속적이고 안정적인 수익원을 가지고 소득으로 대출금을 갚을 수 있는 능력을 충분히 가지지 못했기 때문에 반드시 주택가격의 상승을 통한 소위 부의 효과(wealth effect)[39]를 통하여 부를 증대시키려고 하였고, 이러한 부의 효과를 통하여 이들의 가처분 소득이 증가하였던 것이다. 미국에서의 소비팽창은 저금리를 바탕으로 한 주택가격상승과 이들이 모기지 론을 통하여 얻게 된 대출금을 자신들에게 발생한 추가적인 소비여력으로 인식하고 소비한 것에 상당부분 기인하는 것으로 보이며, 이러한 미국가계의 소비는 우리가 흔히 거시경제학에서 보는 쉬운 산식 즉, $I = C + S$[40]에서 보는 것과 같은 같이 결국 저축률의 급격한 감소로 이어졌고, 급기야는 소득 이상의 신용대출을 통한 소비를 이어나가는 위태로운 주택가격상승에 기댄 줄타기를 하게 되는 상황으로 이어졌다.[41]

---

38) 미국의 주택가격 상승기에 대하여 이를 2기로 나누고 첫 번째는 프라임론을 중심으로 한 1950년대, 두 번째를 서브프라임 론으로 정리하면서, 이를 가계부책 문제와 미국에서의 가계의 소비력을 통계적으로 제시한 글로는 박현수, "미국가계의 부채구조변화와 시사점", 삼성경제연구소 Issue Paper(2008.9.9.) 참조.

39) 자산가격이 상승하면 소비도 증가하는 현상. 자산효과는 현재의 소비가 현재의 소득뿐만 아니라 미래의 소득에 의해서도 영향을 받는다는 점에 근거를 두고 있다. 원래 자산가격이란 자산보유로부터 얻을 수 있는 미래의 소득을 이자율로 할인하여 현재가치화한 것이다. 주가는 미래의 배당소득을 현재가치화한 것이고, 부동산가격은 미래의 임대료를 현재가치화한 것이다. 따라서 주가나 땅값이 올라 주식이나 부동산 등의 자산가격이 상승하면 그 자산으로부터 창출되는 미래의 소득이 증가한 것이 되므로 사람들은 소비를 늘리게 되는 것이다(네이버 백과사전에서 인용. 2008.9.17. 최종접속).

40) I: Income(소득), C: Consumption(소비), S: Saving(저축).

(다) 변동금리부 상품의 비중 과다

미국이 계속적으로 저금리 기조를 유지하였으므로 이율이 상대적으로 낮은 변동금리부 모기지(Adjusted Rate Mortgage: 이하 ARM)의 비중이 높았다는 점도 서브프라임 모기지 사태가 악화된 또 하나의 원인이다. 또 차입자의 낮은 신용도를 반영하여 대출금리 수준이 높고 대부분의 대출에 조기상환수수료가 부과된다.[42] 변동금리부 상품인 변동금리부 모기지를 이용한 소위 부동산 레버리지 투자는 정부정책의 변화에 매우 취약하였다. 인플레이션 압력에 대처하기 위하여 미국 연방준비제도이사회가 금리인상을 하기 시작하자 변동금리부 상품들이 주종을 이룬 서브프라임 모기지 론을 사용한 차입자들은 변제하지 못하는 상황이 빈발하게 되었다.

(3) 서브프라임 모기지 시장의 성장과 붕괴

1) 저금리 정책과 가계부채의 증가, 주택가격 상승

서브프라임 모기지 시장은 앞서의 금융기관 관점에서 기법의 발전이라는 점 외에도 다음과 같은 다른 요인들이 복합적으로 작용하면서 성장하였다. 우선 제도적인 관점에서 1980년에 은행을 비롯된 예금기관이 차입자에게 고금리와 수수료를 부과하는 것이 허용되었고 1982년에는 변동금리부모기지의 판매가 허용되면서 성장하기 시작하였다. 1986년에는 이자소득공제혜택이 모기지대출에 대해서는 2주택까지 허용되나 소비자대출에 대해 허용되지 않는 조세정책으로 소비지출 용도의 대환대출모기지가 급격히 팽창하게 된다.[43] 연방준비제도이사회 의장의 저금리 정책 기조도 이러한 서브프라임 모기지 시장의 급격한 팽창의 한 원인을 제공하였음은 앞에서 본 바와 같다. 2000년대 들어서서는 지속적인 연방준비제도이사회의 금리인하와 유동성 증가로 인한 주택가격 상승으로 소비지출용 대환대출을 위시한 미국가계의 부채비중은 급격히 상승하였다.[44] 이 과정에서 미국의 주택가격은 1990년 이후

---

41) 낮은 신용등급의 사용자들로 구성됨으로 인하여 주택가격 상승 시 신규대출을 받아 기존대출과의 차액을 현금으로 인출하여 소비지출 등에 사용하는 현금인출대환(cash-out refinance)이 많았다는 점도 특징이라고 하겠다(이중희, 10면 참조).

42) 주택가격 상승으로 증가된 담보가치를 소비지출 등에 사용하려는 사람이 주로 이용한다는 설명(이중희, 위의 글, 10면)은 결과론이고, 주택가격 상승으로·인한 이익은 프라임 모기지 론을 한 대출자들도 같이 누린 것이다. 또 주택에 대한 대출한도를 결정하는 담보인정비율(LTV)이 높다는 설명(이중희, 위의 글, 10-11면)도 관행을 설명한 것에 불과하다. 대출업자들은 오른 시가의 100%를 인정하거나 100% 이상을 담보로 인정하여 대출하여 주기도 하였다고 한다.

43) 이중희, 위의 글, 9면.

44) 박현수, "미국 가계부채 증가의 배경과 영향", SERI 경제 포커스 제173호(삼성경제연구소)(2007.12.24.).

2006년까지 지속적으로 상승하였고, 증가율도 매년 5% 내지 15%에 이르렀다. 이에 따라 부동산 가격은 상승한다는 믿음을 시장에 주기에 충분하였다.

이러한 주택가격의 지속적인 상승으로 대출은행의 심사기준과 관행은 그리 엄격할 필요가 없었다. 사실 주택가격의 상승이 없더라도 파생상품이 이용한 자산유동화 기법의 발전으로 대출은행들의 위험은 분산되어 이전되었기 때문에[45] 위험관리는 상대적으로 중요성이 감소하였다. 서브프라임 모기지 론은 판매되고, 집합증권의 대상이 되어 분산되어 이전되었다.[46] 이 과정에서 증권화를 위하여 적절한 신용등급을 받기 어려운 경우에는 신용보강이라는 작업이 이루어졌고, 신용평가기관들은 기계적인 기준에 의하여 신용평가를 하였다. 사실 법률적인 관점에서 서브프라임 문제를 논의하면서 최초로 언급되어야 할 문제는 투자자들의 투자를 위한 신용평가 기관의 적절한 평가이다. 신용평가기관이 시장에 주는 신호(signal)는 시장에서 유통되는 상품들의 가치 평가와 관련된 일련의 모든 작업들의 출발점으로 작동하는 것이므로 이 부분에 대한 정상적인 기능을 담보하지 않고는 서브프라임 문제가 재발하지 않는다는 보장은 전혀 할 수 없다. 하지만 반대로 신용평가기관의 입장에서 보면 평가 당시에 정량적인 분석을 위한 데이터가 긍정적이라면 미래의 자산가치 하락을 염두에 두고 평가를 하는 것이 과연 얼마나 가능하고 타당한가 하는 점이 있다. 결국 신용평가는 중요한 개선과제이기는 하지만 신용평가 기법만으로 해결될 수 있는 문제가 아니다. 오히려 자산가치의 등락을 염두에 두고 일정한 낙폭이 존재하는 경우에도 보수적으로 견딜 수 있는 버퍼를 유지하여야 하는 대출자 측면에서의 문제가 있는 것이다. 서브프라임의 경우에는 자산가치가 항상 상승하기만 할 수는 없으므로 언젠가 떨어질 수도 있는 것이라는 점을 감안하면 일어날 사고가 일어난 것일 뿐이라고도 볼 수 있기 때문에 이러한 버퍼의 유지는 필요한 것이다.[47] 그런데 파생상품을 이용한 구조화 증권의 발행은 이러한 대출자의 노고에 대하여 상당한 정도의 도덕적 해이가 가능하여지도록 하였다는 면이 문제를 확대한 하나의 원인이 되는 것이다.

---

45) 유동화기법은 유동화의 기초자산(underlying asset)인 원 대출채권에 부수하는 신용위험이나 이자율 등의 위험을 타방에게 전가하는 구조이다. 이러한 구조는 대부업자 등이 대출 확대에 기한 위험부담과 절연시키므로 자연적으로 대부업자들이 공격적인 대출을 하고자 하는 인센티브를 가지게 된다.

46) 이를 'Originate & Sale'이라고 한다.

47) 흔히 미국 속담에 'Accident will happen.'이라고 하는 것과 같다.

　이러한 자산유동화와 관련 파생금융기법의 발달로 위험에 대한 인식의 민감성이 현저하게 줄어들면서 1980년대 중반 이후 미국에서는 주택 모기지 대출을 취급하는 대부업자들의 자금조달이 용이해졌다. 서브프라임 모기지 회사들은 지속적인 주택가격의 상승으로 인한 고객들의 자산 가치의 증가와 파생금융기법의 발달로 인한 위험의 분산과 고수익 자산(High Yield Asset)으로[48] 인식되면서 대출 재원이 쉽게 조달되자 종래 틈새시장상품에 불과하였던 서브프라임 모기지 비중은 폭발적으로 증가하였다.[49]

2) 금리 인상과 주택가격 하락

　2005.6.21. 버냉키(Ben S, Bernanke) 교수[50]가 연방준비제도이사회 의장이 되면서, 미국 금융의 새로운 수장은 기존의 그린스펀의 저금리 기조를 변경하여 연방기준금리 인상을 단행하였다. 그는 인플레이션의 발생이 가지고 오는 고통에 대한 우려를 하였고, 이를 위하여 연방준비은행(Federal Reserve Bank)은 금리를 인상함으로써 시장의 유동성을 줄여 인플레이션에 선제적으로 대응하려고 하였다. 2005년 중반을 넘어서자 미국의 주택경기 과열현상은 진정 국면에 접어들면서 주택가격은 하락세로 돌아섰다. 금리인상으로 주택가격이 고평가되었다는 지적이 나오기 시작하였고, 모기지 금리가 상승하자 동부 및 서부 해안 지대 및 북동부 대도시 주민들의 주택구입능력이 저하되고 주택재고가 증가하였고, 그 결과가 주택가격은 안정이 되었다.

　한편 연방준비은행(Federal Reserve Bank)의 지속적인 금리인상으로 모기지의 비중이 변동금리부에서 고정금리부로 비중의 변화가 감지되었다. 30년 만기 고정금리부 대출이 2005년 3월 56.3%에서 2006년 3월이 되면서 60.6%로 증가하였고, 반면 변동금리부 모기지 대출은 2005년 3월 30%에서 2006년 3월 25%로 감소하였다.[51] 2007년이 되자 주택 재고가 급증하였다.[52] 이는 주택시장에서 주택가격의 저하로 이

---

48) '고위험(High Risk)'이라는 점은 어느 순간 망각되었다.

49) 서브프라임 모기지 비중은 1994년에는 5%(350억 달러), 1996년에는 9%, 1999년에는 13%(1,600억 원)으로, 2006년에는 20%에 달하였다. Chris Arnold, "Economists Brace for Worsening Subprime Crisis"(August 7, 2007).

50) 버냉키는 하버드 대학교에서 학부를 마치고, MIT에서 경제학으로 박사를 받고 프린스턴 대학 경제학과 교수로 1985년 이후 재직해 온 학자 출신으로 대공황 전문가로 명성이 높았다.

51) 2006년 3월이 되면 고정금리부가 6.47%의 금리인 반면 변동금리부가 6.44%가 될 정도로 금리 격차도 소멸하게 된다(Federal Housing & Finance Board 2006.3.).

52) 2007년부터 주택 하락은 지속적으로 이루어졌다. 하지만 가속도가 붙기 시작한 것은 2007년 말부터이다. 당시 보도를 보면, "2007년도에는 2006년도에 비하여 신규 주택의 매매(단위)가 26.4%나 급감하였고 2008년 1월에는

어졌고[53] 서브프라임 모기지 차입자들은 이자율 상승과 주택가격의 하락으로 인하여 원리금 상환에 문제가 발생하게 되었고, 결국 담보로 제공된 주택들이 시장에 압류(foreclosure)되어 매물로 등장하게 되었다.

우리의 경우에도 미분양 주택재고가 증가하고, 이러한 공급 측면에서의 가격 하락 압력이 지속되면서 또 다른 공급 측에서의 가격 하락 압력으로 작용할 수 있는 가계에서의 대출을 통한 레버리지 파이낸싱(leverage financing)으로 주택을 매입한 층이 이자부담을 이기지 못하고 주택을 내놓게 되는 상황이 오면 주택가격은 하락하게 될 것이다. 주택가격 하락 자체는 시장에서의 수급에 의한 당연한 것으로 정부가 개입할 부분은 아니지만, 이로 인한 경기 침체가 실제로 발생할 경우 정부가 정치적인 관점에서 과연 시장에서의 주택가격 하락을 그대로 시장가격에 근접하도록 둘 수 있는가 하는 점이 정치경제학적으로 있을 것이다. 금융위기 국면인지 시장에서의 가격 조정인지 쉽지 않은 관찰을 우리 정부가 하면서 시장을 지속적으로 관찰하는 것이 성급하거나 적절하지 않은 타이밍에 정부가 개입함으로 인하여 발생할 수 있는 시장왜곡을 막으면서 시장의 붕괴를 막는 양자의 균형점을 찾는 방향일 것이다.

미국의 경우 경매물건이 쏟아져 나오면서 주택가격이 폭락하자 파티가 끝났음을 알게 되었다. 이제 누가 파티가 끝난 뒤의 잔해를 정리하고, 누가 고통을 겪을 것인가의 문제가 남게 되었다.

3) 연쇄효과

서브프라임 모기지 사건은 최초 기초자산 보유자들의 변제불능에서 시작하였다. 파티가 끝나고, 주택가격이 하락하자 주택가격 상승에 기초하여 이를 가처분소득으로 삼아 생활하고 있는 계층은 변제불능 상황이 되었다.[54] 물론 일부 서브프라임 론을 사용한 차입자들이 이미 신용불량 상태 내지 개인파산의 경험이 있는 경우가

매매되지 않은 신규주택의 재고가 2007.12. 매매에 비교할 때 9.8개월로 1981년 이래 최고수준에 달하였다. 당시 민주당 대선 주자였던 힐러리 클린턴 상원의원은 이러한 상황이 경기침체를 야기할 것이라고 하면서 연방준비은행의 금리인하 필요성을 언급하였다."고 하고 있다(MSNBC, "New home sales fell by record amount in 2007", Jan. 28, 2008).

53) S&P/Case-Shiller 주택가격지수에 따르면 2007년 11월에 미국의 평균 주택가격은 2006년의 최고점으로부터 약 8% 급감하였다(Economist, "Getting worried downtown", Nov. 15th 2007.)

54) 이들은 주택 매입 시 차입을 한 것에 더하여 주택가격상승분을 현금화하여 생활비에 충당하고 있었다. 이들로서는 주택가격 하락은 바로 생활에 타격을 주게 되는 현상이었다.

많아서 쉽게 변제를 하지 않는 쪽으로 선택하였다는 견해도 있는 것으로 보이나 일반화하기는 어렵다고 본다.

유동화의 기본 법리에 따라서 신용파생상품을 구매한 유동화 기구를 통하여 증권화되는 과정에서 기초자산의 위험과 진정매매를 통하여 절연된 상태이므로 투자자들은 아무런 영향을 입지 않게 될 것이다. 은행들은 이미 바로 증권화시키면서 현금으로 신용자산을 변화시켰으므로 이미 차입자의 변제불능은 문제가 되는 상황이 아니다. 그렇다면 누가 이러한 위험을 모두 부담하게 되는가? 중간에 개입된 브로커들은 수수료만 챙기면 되는 사람들이기 때문에 이러한 불행한 파티의 종료에 대하여 신경 쓸 이유가 없다. 신용평가기관도 마찬가지다. 결국은 완전히 위험이 절연된 경우라면 모든 위험은 누군가 위험을 절연시키기 위한 신용보강을 해 준 업체들이 부담하게 되는데 그것이 바로 신용보증기관이다. 금번에 공적 자금이 투여되는 프레디맥이나 페니메이가 바로 그런 일을 하던 회사이다. 결국 이러한 신용보증기관들이 부실화되는 과정을 겪게 되는 것이다.

그런데 실제로는 equity tranche의 경우에는 오리지네이터(originator)였던 은행들이 인수하고 이를 통하여 쉽게 선순위 tranche들에 대한 투자자 유치를 하는 경우들이 있었고, 아니면 베어스턴스 은행과 같이 스스로 인수를 하지는 않는다고 하더라도 자회사 형식으로 보유하는 펀드들이 이러한 equity tranche를 인수하는 경우들이 있었다. 그런데 이러한 인수는 은행의 입장에서는 인수행위(underwriting)로 인한 이익을 얻음과 동시에 투자은행에 매우 좋은 투자처를 제공하는 일석이조의 역할을 할 수 있는 기회를 제공하는 면이 있었다.[55]

결국 가계는 가처분 소득이 감소하게 되어 소비지출을 줄이게 되었고, 투자자들은 적절한 투자처를 찾지 못하고, 위험에 놀라서 안전한 자산으로 피신을 하여 저축성 상품으로 이동하게 되었고, 이에 따라 기업들은 수익성이 악화되었다. 미국의 난국 타개책은 전 세계 경제에서 차지하는 미국의 위치와 우리나라가 열린계[56]의 하나하나인 국제경제의 영향을 강력하게 받는 국가라는 점에서 매우 중요한 우리나라에 대한 시사점을 주므로 지속적으로 관찰하여야 할 것이다.

---

55) 바로 이 일석이조의 수익창출 통로가 역설적으로 베어스턴스 은행을 파산위험으로 내몰아 모건스탠리에게 인수되도록 하는 원인을 제공하였다.

56) 닫힌계(系)의 반대말로 외계와 에너지와 물질을 교환하는 계를 의미함.

(4) 유동화의 구조와 문제점

1) 구조화 증권

구조화 금융(Structured Finance)이란, 기업들이 전통적인 방식으로 자금을 조달하지 않고, 자신의 위험을 변형한다거나 기초자산의 위험과 구별되는 독립적인 방식으로 자금을 조달하는 방법의 금융기법을 의미한다.[57] 1980년 정부가 보증하지 않는 상품의 설계와 관련하여 최초로 개발되기 시작한 구조화 금융은 현재 서브프라임에서 문제가 되고 있는 MBO 이외에도 ABS(Asset Backed Securities),[58] 신용파생(Credit Derivatives) 등의 형식으로 지금도 계속 진화하고 있다. 구조화 금융을 통하여 증권을 발행하는 경우 이러한 증권이 구조화 증권이 되는 것이다.

보통 구조화 증권은 일정한 그룹의 투자자들이 원하는 특성을 감안하여 그 특성을 만족시킬 수 있도록 설계한다. 구조화 증권의 설계는 따라서 투자자의 특성에 따라 다양한 변형을 가지고 올 수밖에 없지만 투자 총량에 따른 수익률과 위험을 분산하는 것이 고려요소가 되는 점은 마찬가지이다.

금융에 있어서 위험은 회사의 현금흐름, 회사의 가치나 수입에 예측할 수 없는 감소를 일으킬 수 있는 사건(event)[59]을 말한다. 위험에 대하여 이를 처리하는 방법은 위험을 중립화하거나,[60] 위험을 이전시키거나,[61] 아니면 위험을 보유하면서 다

---

57) Structured Finance에 대한 기본적인 설명으로는 Thacher Proffitt, "Common Terms in Structured Finance", 3rd edition(2007.11.) 참조.

58) 우리나라에서 IMF 사태 이후에 '자산유동화에 관한 법률'을 1998년 제정하면서 공포와 즉시 시행하도록 한 자산유동화의 기초적인 아이디어가 바로 이 ABS이다.

59) 위험이라는 우리말은 독일어로 하면 'Risiko'라는 단어와 'Gefahr'라는 단어 두 개의 의미로 모두 사용된다. 영어에서 'Risk'라는 것과 'Danger'가 구별되는 것과 같다. 이 글에서의 위험은 'Risk'이다. 위험에는 여러 가지 분류가 다시 가능할 것인데, 재무적인 위험(Financial risk)은 다시 시장위험(market risk), 시장 유동성 위험(market liquidity risk), 신용위험(credit risk), 법적 위험(legal risk) 등으로 구분할 수 있다. 시장위험은 시장에서 요인들의 변화로 인하여 발생하는 위험이다. 예를 들어 자산가격의 변화라거나, 기준이자율(reference rate)의 변화 등이 이러한 시장위험의 일종이라고 할 수 있다. 국제금융실무에서 흔히 많이 기준이자율로 사용하는 리보(LOBOR)가 변동하는 경우 이는 위험이 된다. 이에 대해 신용위험이란 회사가 받을 것이 있을 경우 그 채무자가 실제로 또는 잠재적으로 이행을 하지 않아서 발생하는 위험을 말한다.

60) 위험중립화(risk neutralization)의 대표적인 예가 위험의 통합(consolidation)이다. 쉬운 예로 농부의 포트폴리오 농법 같은 것이 있겠다. 우기에 비가 많이 올지 여부에 대하여 통계적으로 판단하는 경우 작물이 전체적으로 위험에 확률적으로 노출될 수 있으므로 위험을 중립화하기 위하여 농부는 우기에 비가 많이 오는 경우에 적합한 식물과 비가 적게 오는 경우에 적합한 작물을 분산하여 심게 되면 통합된 위험은 중립화될 수 있다. 이와 관련한 이론이 바로 중심극한정리(central limit theorem)이다. 이항분포에서 정규분포를 이루게 된다는 라플라스의 정리 역시도 이러한 중심극한정리의 한 예라고 할 수 있다.

61) 위험이전(risk transfer)거래의 가장 쉬운 예는 다음과 같다. 예를 들어 미국계 다국적 기업이 한국에 공장을 가지고 있을 때 한국에서 환율이 급격하게 변동함으로 인하여 본사로 송금하는 과실송금액이 지속적으로 환 리스크에 노출되어 있다고 할 경우 이러한 위험을 이전시키는 방법은 이 한국 공장을 다른 회사에 매각하는 것이다. 이러한 공장 매각 거

른 방법으로 위험을 커버하는 방식이 있다. 전통적인 방식의 위험을 커버하는 방식으로 바로 보험이 있다. 서브프라임 모기지와 관련된 문제가 되는 위험은 시장위험과 신용위험 등이 복합적으로 작용하는 것이다. 예를 들어 시장에서의 이자율 인상이라는 것은 시장위험으로 분류되는 요인이 될 것이고, 서브프라임 모기지 차입자가 채무를 변제하지 않을 위험이 신용위험이다.

[그림 1]

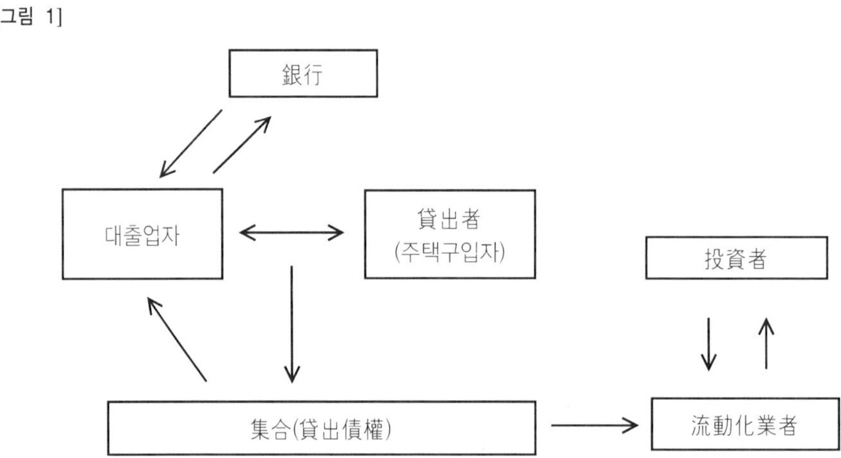

대출업자가 주택구입자에게 대출하고 이러한 대출채권들을 다시 유동화하여 신규 대출자금을 마련하는 과정은 위와 같다. 대부업자는 자산이 유동화되어 자금이 회수될 때까지 은행으로부터 대출채권들을 담보로 단기자금을 대출받는다. 보유대출채권이 어느 정도 자산계정에 쌓이면 대부업자는 이를 SPC[62]에 넘겨 이를 증권화한다. MBS(mortgage based security)와 CDO(Collateralized Debt Obligation)[63]가 이러한 유동화 수단으로 사용된다. 증권화된 증권을 판매하고 그 수입을 위 대출의 상환에 사용한다.

위의 구조에서 대부업자들은 서브프라임의 모기지 부실화가 드러나면서 자금대출 은행들의 계속되는 추가담보 제공요청(margin call)과 기존 단기자금 대출의 갱신 거

래를 통하여 미국계 다국적 기업은 위험과 자산을 통하여 발생할 수 있는 수익을 동시에 이전하게 되는 것이다.

62) SPC, SPV, SIV 등의 표현은 모두 '특수목적법인'이라고 번역하거나 그냥 원문의 약자를 사용한다.

63) '부채담보부증권'이라고 번역한다. 이글에서는 그냥 'CDO'라고 쓴다.

부로 보유하던 유동성을 소진하면서 유동성 위기를 겪게 되었다.[64]

[그림 2][65]

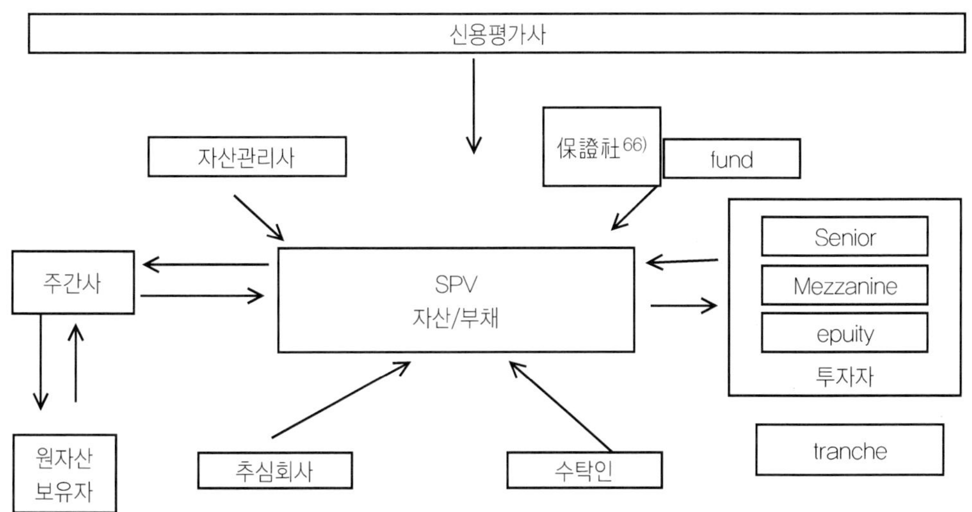

서브프라임 사태에서 대부업자들이 위기를 겪은 또 하나의 원인은 서브프라임 모기지의 불완전한 유동화라고 할 수 있다. 대부업자가 서브프라임 모기지를 매각하더라도 향후 조기 채무불이행 등 일정한 사유 시에는 매입자가 원 매각자인 대부업자에게 서브프라임 모기지를 되팔 수 있는 옵션조항(buy back obligation)이 붙어 있었다는 점이다.[67] 이러한 환매조항이 있는 경우에는 대출채권이 SPV에 양도되어 유동화되었다고 하더라도 서브프라임 모기지의 부실위험은 원자산보유자인 대부업자가 떠안게 되므로 위험 이전의 측면에서 불완전하다.

투자자로서 헤지펀드나 투자은행의 유동성 위기를 겪게 되어 자금회수 사이클에 문제가 발생하였다는 점이 또 하나의 문제이다. 헤지펀드나 투자은행은 기초자산에

---

64) 김민석·빈기범, 앞의 이슈페이퍼, 27면.

65) 산은경제연구소, 국제경제팀, "미국 서브프라임 모기지 부실의 확산과 파급효과", 2008.3. 25면 표 인용.

66) 유동화 과정에서 신용이 떨어지는 기초자산에 대하여 신용을 보강하는(credit enhancement) 역할을 하는 회사로서 이러한 역할을 수행하는 보증사로서 '프레디맥'이나 '페니메이'와 같은 회사들이 있었다.

67) 김민석·빈기범, 위의 이슈페이퍼, 28면. 자산구매자 입장에서 이런 환매조항이 필요하였던 이유는 대부업자의 도덕적 해이 방지 장치가 되기 때문임에 기인한다. 구매자 입장에서는 대부업자가 주택 구매자에게 주택담보대출 판매 시 최선의 노력으로 엄격한 심사를 했는지 사실상 감시할 수 없기 때문에, 이러한 환매조항을 이용하려 할 동기를 갖는다. 같은 이슈페이퍼, 28면.

모기지가 포함된 CDO[68] 또는 그러한 CDO를 다시 기초자산으로 발행된 CDO 중 메자닌단(mezzanine tranche)[69]과 지분단(equity tranche)에 대해 비중 있게 투자해 왔다. 이들은 신종금융상품의 투자자로서 다소 과도한 레버리지를 사용하고 있었다. 이들은 구조화 금융상품을 조성하거나 투자하면서 순 자본의 5 - 20배에 이르는 차입거래(leverage transaction)를 통하여 자산규모를 확대하였다.

그런데 위험성이 크고 유동성도 낮은 CDO에 투자하여 이를 매입·장기 보유하는 전략을 취하면서도, 레버리지 이용과 관련한 차입 비용을 최소화하고자 자금공급자의 요구불 상환조건부의 단기자금을 제공받고 있었으므로 보유자산과 부채 간의 만기 불일치(mismatch) 문제를 안고 있었다.[70] 지금 투자은행들의 자본구조가 서브프라임 사태에 취약한 이유 중의 하나도 이러한 자금운용에 있어서의 불일치(mismatch)가 주요한 원인 중의 하나가 되고 있다.[71] 자체 신용이나 보유자산을 담보로 단기채를 발행해 자금을 확보한 다음 서브프라임 모기지 론을 기초자산으로 한 증권과 같은 고위험, 고수익의 장기채권에 투자해 온 SIV(Special Investment Vehicle)들의 구조에서 이들은 단기채권을 지속적으로 차환 발행(roll over)[72]하면서 장단기 채권의 간극을 메워야 하는데 더 이상 단기 채권의 차환발행이 안 되는 상황에서[73]에서 만일 SIV들이 보유하고 있는 장기자산을 투매하게 되는 상황은 미국 전체의 시장상황을 급격하게 악화시킬 것이므로 이 문제에 대한 대응은 미국 금융당국에서는 매우 심각한 숙제이다.[74] 이러한 상황에서 헤지펀드들로서는 긴급하게 유동성을 확보하기 위하여 비교적 높은 유동성을 가진 보유 자산들을 우선적으로

---

68) CDO는 대출채권이나 신용파생상품 등 다수의 기초자산들을 혼합해 이를 담보로 발행하는 구조화 상품으로, 담보가 되는 기초자산들을 신용등급별로 묶어 분할(tranche) 발행한다. 삼성경제연구소, 앞의 서브프라임보고서, 5면.

69) 이 글에서는 tranche를 번역하지 않고 그대로 사용하거나, 한글로 번역할 경우에는 단(段)이라는 표현을 사용한다.

70) 김민석·빈기범, 위의 이슈페이퍼, 30면.

71) 루비니가 미 투자은행 '필망론(必亡論)'의 근거로 우선 투자은행의 비즈니스 모델을 든다. 그들의 대표상품인 '증권화'는 이미 빈사 상태라는 것이다. 또 FRB의 규제가 강해지면서 FRB로부터의 차입 한도는 낮아지고, 유동성을 많이 확보해야 하며, 요구되는 자본 규모도 커져 수익이 잠식된다. 초(超)단기로 빌려 장기로 빌려주거나, 비(非)유동자산에 투자하는 미스매치(mismatch)로 투자은행은 심각한 위험에 노출돼 있다는 것이다(2008.9.17. 조선일보에 게재된 뉴욕대학교 루비니 교수의 투자은행 필망론 기사 중에서).

72) 'roll over'를 이 글에서는 원문으로 사용하거나 '차환발행'이라고 한다.

73) 서브프라임 모기지의 연체율이 상승함에 따라 레버리지 자금을 제공한 은행들로부터 계속되는 마진 콜이 제기되었고 동시에 펀드투자자들의 환매요청이 이어지면서 펀드의 유동성 부족사태를 겪게 되었다(김민석·빈기범, 위의 이슈페이퍼, 30면; 같은 글, 31면).

74) 이러한 문제에 대하여 씨티, JP 모건, BOA 등의 상업은행들이 800억 달러의 펀드를 마스터 유동성 촉진 펀드(Master Liquidity Enhangcement Conduit)라는 이름으로 내놓을 것이라고 한다(한국일보 2008.9.17.).

처분하게 되고, 이는 결국 아시아시장과 같은 신흥 시장에서 증시폭락을 초래하게 된다. 이런 경우 증시폭락보다 더 무서운 것은 각국에서의 유동성 부족으로 인한 외환위기의 발생이다.

베어스턴스 은행이 붕괴된 이유도 이러한 차환발행의 곤란으로 인한 유동성 위기였다. 베어스턴스 은행과 같은 모기지를 기초로 발행된 자산담보부기업어음(Asset Backed Commercial Paper: 이하 'ABCP')[75)]에 따른 스폰서 은행들의 유동성 위기도 발발하였다. ABCP의 도관회사(conduit)는 발행된 ABCP로 조달한 자금으로 모기지 등의 자산을 매입하여 그 자산의 운용·처분에서 회수되는 금액으로 향후 ABCP를 상환하게 된다. 이때 ABCP는 단기 자금시장에서 돈을 빌려 투자를 하게 되므로 자금수급 구조상 단기 자금시장에서 ABCP의 지속적인 차환발행(rollover)이 필요하다. 이러한 필요성에 대응하여 ABCP의 도관회사에 대해 유동성 제공약정을 행하는 스폰서 은행이 흔히 있는데, 서브프라임 사태 발생 후 신용경색으로 ABCP의 차환발행이 어려워지면서 유동성 공급약정을 행한 스폰서 은행들이 이들 ABCP를 떠안게 되면서 결국 위기는 베어스턴스 은행과 같은 스폰서 은행으로 넘쳐들었다.

3. 서브프라임 모기지 사이클

(1) 서브프라임 모기지의 선순환

앞의 [그림 1]은 선순환의 사이클이 돌 경우에는 매우 매력적이다. 대부업자는 높은 대부 수수료를 부담하면서도 위험이 거의 회피되는 구조의 수익을 얻고, 주택구입자는 거의 자기부담금(downpayment)을 부담하지 않고,[76)] 주택을 매입할 수 있으며, 이로 인한 주택가격 상승으로 인한 이익을 얻게 된다. 은행들의 경우에는 대부업자들이 제공한 모기지에 기초하여 역시 담보부 대출을 하여 줄 수 있고, 투자자들은 위험이 분산된 고수익 증권을 통하여 좋은 투자처를 얻을 수 있다. 이들은 모두 행복할 수 있다.

계속 주택가격이 상승하여 준다면 이자율의 지속적인 하락 내지 저금리 기조를 유지하면서 시장에 유동성이 풍부한 상황에서 시장 유동성이 주택의 가격을 떠받치

---

75) 'ABCP'로 약칭한다.

76) 20% 정도의 자기부담금을 부담하는 것이 대출관행이었으나 주택가격이 지속적으로 상승하게 이러한 주택가격 상승분이 담보의 버퍼(buffer)로 작동하면서 이러한 자기부담금이 없는 모기지 론이 등장하게 되었다.

는 상황이 계속되면서 시장의 모든 주체들은 행복의 카르텔을 형성하고 있는 상황이 되는 것이다. 이해관계자 모두는 모두에게 관대할 수 있었다. 왜냐하면 이들의 관대함은 지속적인 주택가격의 상승으로 외견상 문제없음으로 나타날 수 있었기 때문이다. 대출자는 자신의 직업을 위시한 상환능력과 관련된 정보를 최대한 표시하지 않고 허위대출신청서류를 작성하였고, 대부업자는 자신들의 위험에 대하여 팔면 끝이라고 보았기 때문에 도덕적 해이(moral hazard) 현상의 발생으로 인하여 대출신청서류를 제대로 심사하지 않았다. 오히려 심사하지 않을 것이라는 신호를 줌으로써 대출이 더 많이 이루어지도록 유도하기까지 하였다. 그리고 투자자들은 고수익에 만족하였다. 게이트 키퍼(gate keeper) 역할을 하여야 할 신용평가회사들도 선순환에 돌을 던져서 축제의 훼방꾼이 되고 싶어 하지는 않았다. 축제는 계속되었고, 계속될 것으로 보였다. 그리고 파생금융상품으로 구조화된 유동화 증권은 모두를 부자로 만들어 줄 것으로 보였다. 이 모든 사이클은 지속적인 주택가격의 상승이라는 전제하에서 가능하다는 것은 누구도 말할 수 없는 금기였다.

(2) 서브프라임 모기지의 악순환

앞서 본 것과 같이 2005년 이후 금리상승기조가 계속되자 주택가격이 여러 지역에서 하락하기 시작하면서 경매되는 주택의 수가 증가하였다. 2005년 4/4분기 1.49%였던 경매주택 비율은 2006년 4/4분기에는 2.26%로, 2007년 2/4분기에는 2.45%로 상승하게 된다.[77] 이 기간 중에도 휴스턴이나 일부 인구 유입이 많은 도시들의 주택가격은 상승하였다. 이러한 일부 지역에서의 주택가격 상승은 전체적인 주택시장의 침체가 아닌 일시적인 현상으로 치부하게 하도록 하는 근거로 사용되기도 하였다.

주택시장에서의 가격 하락은 대환대출(refinancing)을 어려워지게 하였고, 대출자들은 유동성 위기에 몰리게 되었다. 그들은 이자 부담을 견디지 못하여 주택을 포기하게 되었고, 시장에 압류(foreclosure)된 주택들이 매물로 대거 나오게 되었다. 이러한 매물은 다시 주택가격의 하락을 더욱 가속화시켜 서브프라임 모기지의 선순환 구조는 붕괴하게 되고, 서브프라임 모기지 대출회사들은 파산을 하게 되고, 이들의 파산은 이들의 대출에 지급보증을 하였던 모노라인 회사들의 부실화를 몰고 오게 되고, 서브프라임 모기지에 기초한 구조화 증권을 매입한 투자자나 이러한 투자자

---

77) 김득갑 외, 전게보고서, 7면.

에게 자금을 지원한 투자은행들을 부실화시켜 나간다. 시장에 악순환의 도미노현상이 펼쳐지게 되는 것이다.

4. 도미노 효과: 어디까지 붕괴할 것인가

(1) 서브프라임 도미노 붕괴의 진행

1) 첫 도미노의 붕괴: 위기의 시작

2007년 서브프라임 모기지 사태가 발생하면서 많은 모기지 론 차입자들이 개인 파산신청을 하는 상황이 발생하였다. 1차적으로 차입자들의 파산은 서브프라임 모기지를 주된 업으로 하던 서브프라임 모기지 회사들의 파산보호신청으로 이어졌다. 서브프라임 모기지 회사들의 파산에 이어 5대 투자은행 중의 하나였던 베어스턴스 은행이 JP 모건 체이스 은행에 인수된다. 이 상황만 하더라도 미국 정부는 베어스턴스를 인수하는 JP 모건에 대하여 부실채권에 대한 정부 보증을 하였다. 베어스턴스는 직접 서브프라임 채권에 많은 투자를 하고 있었고, 채권의 부실화로 일차적인 피해가 현재화되었다.

2) 도미노 효과: 위기와의 투쟁

하지만 금융위기는 일단 도미노의 앞 단의 패가 넘어지기 시작하자 계속적인 붕괴로 이어질 수밖에 없었고, 깊이를 알 수 없는 붕괴는 무서운 전염성을 띠고 채권 보유자들의 목을 죄어 왔다. 미국 정부는 통화팽창을 통하여 금융기관들의 유동성 위기를 대처하려고 하였으나 결국 구조화 증권의 발행 과정에서 신용보강을 위하여 보증을 섰던 보증회사들인 패니메이와 프래디맥의 파산 문제가 현재화되었고, 미국 정부는 시장과 정부의 역할론에 대한 근원적인 질문에 대한 심각한 논쟁에도 불구하고 공적 자금 지원이라는 방식을 통하여 우리가 IMF위기를 극복하기 위하여 채택한 방법과 같이 공적 자금의 투여라는 방식을 택했다. 시장은 미국 정부의 이때까지의 태도에 대하여 미국 정부가 금융기관의 붕괴를 방치하지 못할 것이라는 시그널을 받은 것으로 이해하였다.

3) 위기의 가속화

하지만 이제 2008.9.14. 또 다른 굴지의 투자은행인 메릴린치가 모기지 론에 많은 투자를 하고 있었던 부실을 감당하지 못하고, 인수협상을 하다가 상업은행인 BOA(Bank of America)에 인수되었다.[78] 이어서 BOA와 바클레이즈, 그리고 우리나라의 산업은행과 같이 인수협상을 하였던 리만 브라더스(Lehman Brothers)[79]가 Chapter 11에 의한 파산보호신청을 하기에 이른다. 보험회사인 AIG의 붕괴도 시간 문제인 것으로 비춰지고 있다.[80]

앞서의 위기 국면과 다르게 리먼이나 메릴린치와 관련하여 미국 정부는 베어스턴스 때와 같은 정부 보증도 공적 자금 투여도 현재까지는 하고 있지 않다는 점이 이제는 미국 정부조차도 현재의 위기를 독자적으로 수습하기 어려운 상황이라는 점을 인정한 것이라고 생각한다.

[표 3] 미국 서브프라임발 금융위기 일지[81]

	2007년
초반	미국 주택가격 하락 가속화
8월	베어스턴스 산하 2개 헤지펀드 파산 단기상업자금 시장 경색 심화
	2008년
1월	글로벌 경제침체 우려로 주가 하락 미국 연방준비제도이사회 금리 인하 백악관과 의회, 1500억 달러 규모의 경기 진작 정책 시행
3월	베어스턴스 은행 매각
7월	페네메이 및 프래디맥에 대한 재생계획 발표
9월	페니메이 및 프래디맥에 대한 공적 자금 투입결정(2008.9.9.) 메릴린치가 BOA에 매각됨(2008.9.14.) 리먼브라더스 파산보호신청(2008.9.15.) AIG가 미국 연방준비제도이사회에 400억 달러 규모의 브리지론[82] 요청(2008.9.16.)과 미국 FRB AIG에 850억 달러의 브리지론 제공(2008.9.17.)

---

78) 조선일보 기사에 의하면 미국 투자은행들의 자본금 대비 자산비율을 비교하면, 리먼 브라더스는 자본금이 320억 달러인데 문제가 되는 자산이 710억 달러, 매릴린치는 자본금 420억 달러에 문제가 되는 자산 규모가 810억 달러, 모건스탠리는 자본금 340억 달러에 문제가 되는 자산이 580억 달러, 골드만삭스는 자본금 450억 달러에 문제가 되는 자산이 540억 달러로 자본금 대비 리먼 브라더스가 가장 취약한 자본구조를 가지고 있었다(조선일보 2008.9.16.자 A3면).

79) 리먼 브라더스는 1850년 헨리 리먼이 창립한 포목상에 기초한 회사. 공격적인 경영으로 거리의 투사(Street fighters)라는 별칭을 얻었다. 이전에도 1990년대 후반 IT 버블의 붕괴로 위기를 겪었지만 살아남았다. 하지만 서브프라임 모기지 위기를 넘어서지 못하고, 파산보호신청을 하기에 이르렀다. 2003년 이후 공격적으로 진출한 자산운용사업(Asset Management Business)에 적극적으로 역량을 집중하면서 지속적으로 부동산에 대한 투자를 확대함으로써 전체적인 위기 국면에서 가장 위기에 크게 노출되었다.
  2008.9.15. 미국 뉴욕에 본사를 두고 있는 리먼 브라더스(Lehman Brothers Holdings, Inc.)는 은행권 부채 613억 달러, 채권상환의무액 155억 달러의 부채와 639억 달러의 자산을 신청함으로써 미국 역사상 가장 큰 규모의 파산보호신청 금액의 신기록을 갱신하였다.

80) "아! 리먼브라더스". 삼성증권. 2008.9.16. 시황 spot 참조.

81) 2008.9.16. 조선일보 A3면 수정 인용.

4) 위기의 미래: 무너진 둑

5대 메이저 투자은행 중에서 베어스턴스가 모건 체이스에 인수되고, 메릴린치가 BOA에 인수되고, 리먼 브라더스가 파산보호 신청을 함으로써 모건스탠리와 가장 보수적인 자산운용으로 정평이 높은 골드만삭스 외에 모든 투자은행들의 향배가 정해졌다는 점에서 어느 정도 위기 국면이 최저점에 이르고 향후 시장이 안정화될 것이라는 예상을 내놓는 것으로 보인다.[83]

하지만 여전히 위기는 마지막 국면이 아니라는 것이 필자의 사견이다. 둑의 붕괴는 초기에는 미약하게 일어나는 것처럼 보이지만 붕괴가 진행될수록 그 물의 압력이 증가한다. 미국 정부는 유동성 위기를 급속한 통화팽창으로 해결하는 것에 대하여 한계가 있음을 분명하게 인식하고 있을 것이다. 그렇다면 미국 정부가 향후 취할 수밖에 없는 대응방안은 선별적인 대응 내지 대증요법밖에는 단기과제로 처방이 없다는 것이다. 바이러스가 급격하게 퍼져 나갈 때 고단위 항생제 요법이 한계를 가지고 있는 것과 같은 이치다.

향후 문제가 될 것으로 회자되는 보험회사인 AIG,[84] 저축은행인 워싱턴 뮤추얼, 상업은행 중에서 부동산 관련 업무를 많이 취급한 것으로 알려진 시티은행 등 어느 수준까지의 내지 어떤 금융기관까지의 붕괴를 허용하고, 어떤 금융기관을 회생시키기 위하여 노력할 것인가 하는 선택과 집중 전략을 미국 정부가 채택할 수밖에 없는 상황이고, 문제가 된 금융기관 외에 전체적인 가계의 가처분소득의 감소와 소비자파산을 통한 신용위기의 확산과 고용불안은 결국 개인신용으로 영향을 미쳐서 은행의 아랫단에 있는 금융기관인 신용카드 회사들에까지 자산 부실화 위험으로 내몰 가능성도 있다고 본다.

5) 서브프라임 위기의 국제적인 측면

리먼 브라더스의 향후 파산보호절차 과정에서 처리를 포함한 미국 금융기관들의 도산위기 과정에서 보유자산을 매각하면서 유동성을 확보하려고 하는 것이 명확관화한 현재진행형의 과제이다. 우리나라의 경우에도 향후 국제적인 유동성 문제 발생가

---

82) 브리지론(bridge loan)은 채권의 만기가 서로 일치하지 않아서 단기적으로 자금의 유동성 부족이 발생하는 경우 이러한 유동성 부족 문제를 해소하기 위하여 차입하는 것을 말함.

83) 위 각주 78)의 삼성증권 시황보고서도 위기의 진정 국면에 대한 자신들이 중립적인 견해라고 하였던 견해를 가장 현실적인 견해로 보고 있는 것으로 보이는데, 이 보고서의 중립적인 견해가 진정국면이라는 견해인 것으로 보인다.

84) 2008.9.17. 미국 정부가 850억 달러의 '브릿지론' 제공으로 구제로 결정.

능성이 지속적으로 발생할 수 있다는 점을 염두에 두고 외환관리를 하여야 한다.[85] 국제적인 전염성이 매우 높아진 현재의 국제금융환경에서 국제적인 금융감독기관 간의 협조와 조율은 매우 중요한 과제 중의 하나일 것이다. 하지만 분명한 것은 우리의 금융위기 방지를 위한 우리의 포지션은 미국 금융감독당국이나 유럽공동체 국가의 그것과 처한 상황의 차이에서 다를 수밖에 없고 따라서 다른 접근이 필요하다는 것이다.

국제적인 유동성의 부족으로 우리나라 은행들을 포함한 금융기관들의 외화자금운용이 극히 보수적으로 움직여야 할 상황이다. 2008.9.15. 리먼 브라더스의 파산보호신청으로 우리나라 외환시장에서는 환율이 1,160원을 기록하고, 거래소시장에서는 주가지수가 1,380 선까지 떨어지면서 1,400 선이 붕괴되었다. 이러한 금융시장에서의 요동은 국제금융시장에서 게임 참여자 모두가 극단적으로 보수적인 자금운용을 하게 됨으로써 한국은행의 외환자금 운용이 매우 중요하게 되었다.[86]

IV. 시장 참여자별 법적 검토

1. 도입

이상에서 본 것과 같이 서브프라임 사태의 원인은 복합적이다. 출발점은 저리로 인하여 적절한 투자처를 찾아야 하였던 자금이 있었고, 보통 고정 금리로 이루어지던 프라임 론에 비하여 변동금리로 이루어지는 서브프라임의 경우가 위험이 있는 반면 수익 면에서 매력적이었다. 구조화 증권의 발행과 관련된 금융공학의 발달로 인하여 대부업체들의 경우에는 앞서 언급한 판매 후 매각(Originate & Sale) 전략을 통한 위험의 전가가 가능하게 되었고, 이렇게 생긴 MBS를 바탕으로 베어스턴스의 경우에도 그랬던 것처럼 투자은행이나 투자은행이 운영하던 헤지펀드들은 이러한 서브프라임 모기지 회사[87]들이 판매한 서브프라임 모기지를 사서 CDO를 발행하여

---

85) 2008.9. 한국 경제위기설의 중요한 근거로 제시되었던 채권만기 도래 시 재투자가 이루어지지 않을 것이라는 예측도 이러한 점에 근거하고 있을 것이다. 결국 보유 자산의 매각 여부는 실제 보유 자산의 유동화가 얼마나 용이한가와 투자수익성 등의 여러 가지 요인들이 복합적으로 작용할 것이다. 보수적인 외환관리가 필요한 시점이라고 할 것이다.

86) 한국은행은 국내 금융기관들이 리먼 브라더스 증권 및 파생금융상품 보유 잔액은 7억 달러, 메릴린치 채권도 6억 4천만 달러에 불과하다고 말했다(연합뉴스 2008.9.16.)
http://news.naver.com/main/read.nhn?mode=LS2D&mid=sec&sid1=101&sid2=259&oid=001&aid=0002268902

채권을 매각하는 일련의 시장이 활황을 이루게 된 것이다.

시기적으로 저금리는 주택수요자의 관점에서 레버리지에 의한 주택 매입을 용이하게 보이도록 하였고, 주택가격의 상승으로 대출한도까지 대출을 하여 주택을 구입하지 않는 것이 어리석게 보일 정도의 상황이 연출되었다는 점도 또 하나 고려할 요소이다.

2. 시장참여자들의 행태와 유인구조

(1) 통상적인 증권화의 과정

법적인 판단을 위하여 증권화의 과정을 우선 단순화하여 도해한다.

[그림 3][88]

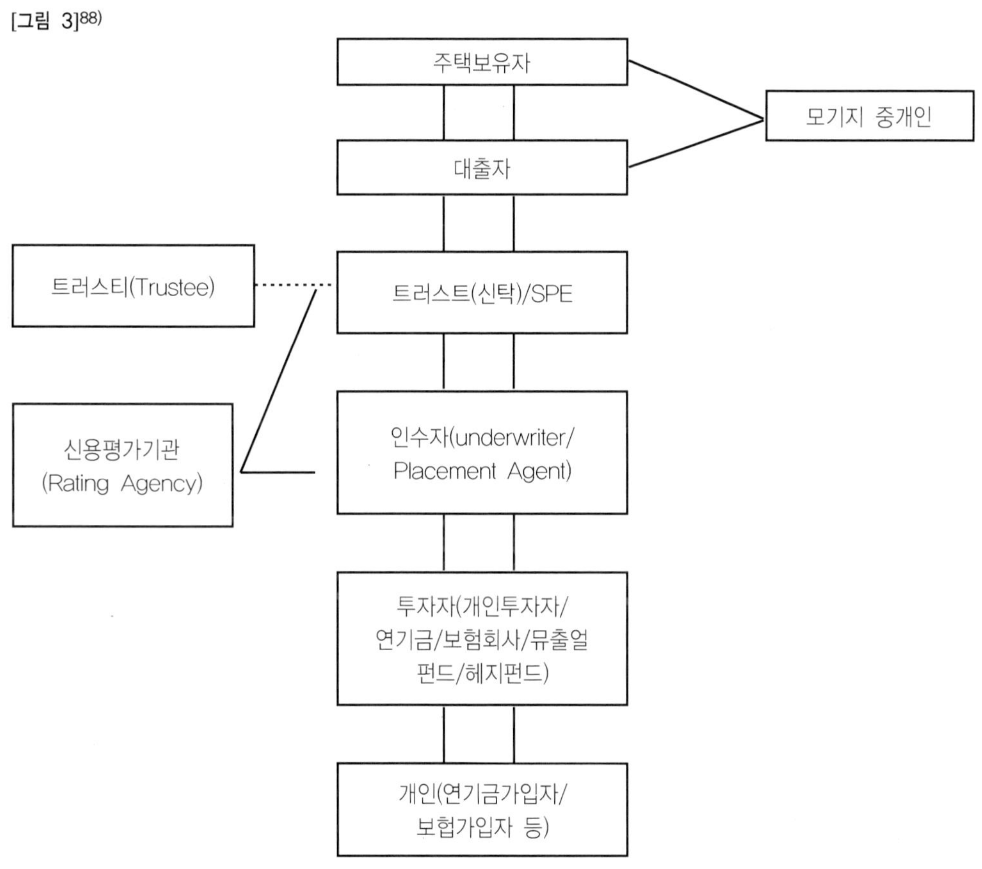

---

87) 2006년의 경우 은행계의 웰스 파고나 HSBC가 취급 순위로는 뉴센추리나 컨트리 와이드를 능가했다(Inside Mortgage Finance 자료 참조).

88) Thomsa Schopflocher et al, "The Subprime Mortgage Meltdown; A primer June 21. 2007. PLI Corporate Law and Practice Course Handbook Series(2007) 5면의 그림 변형 인용.

위의 도해를 기초로 하여 각 관련자들의 행태와 유인구조를 검토하기로 한다.

(2) 대부업자들의 행태

우선 서브프라임 대출에 프라임 대출보다 고율의 이자나 높은 수수료를 부과하거나, 대출 이후 만기 이전 상환 시 고율의 조기상환수수료를 물리거나 고이율의 대출채권의 매입자로부터 프리미엄을 수수하는 등 서브프라임 모기지 론은 프라임 론보다 수익성 면에서 매력이 있었다. 모기지 업자들은 이자를 높이는 것보다 수수료를 높이는 것을 선호하였는데, 수수료는 원금에 묻혀 버리는 반면 게시된 명목 이자율에는 영향을 주지 않기 때문이다.

잠재적인 차입자들을 유인하고자 차입 시초에는 상환금액이 낮으나 점차 상환금액이 증가되는 대출상품도 다수 취급되었다. 신종 모기지 상품으로, 대부업자들이 취급한 고위험의 대출옵션이자 인센티브 제공 사례로 시초기간 동안에는 이자만 갚도록 하는 거치기간부 금리조정 조건의 모기지(interest – only ARM)를 들 수 있다. 지불옵션부(payment option) 대출의 경우, 차입자는 마음대로 상환할 수 있으나 대신 미상환 이자는 모두 원본에 가산된다. 또는 일정한 시초기간에는 저렴한 유인 이율(teaser rate)을 제공하나 그 이후에는 상환부담이 상당히 커지는 대출상품,[89] 일정기간 동안 고정금리 적용 후 변동금리로 전환하는 상품 등 다양한 방식으로 대출을 부추긴 것도 사실이다. 대부업자들은 차입자의 초기 상환부담을 완화하여 모기지 대출상품의 이용을 촉진하고자, '2년 고정금리 – 28년 변동금리'의 금리조정부 모기지(ARM) 등 신종 모기지 상품을 고안하여 판매하였다.[90]

하지만 대부업자들이 차입자의 상환능력의 고려 없이 모기지 판매에 열중하는 행위라고 규정하여 일률적으로 약탈적 대출(predatory lending)[91]이라고 단정 짓기는 어렵다는 점은 앞서 본 바와 같다. 왜냐하면 주택가격의 상승에 대한 신뢰는 대출

---

89) 이러한 유형의 이자율 스킴을 '유인이자(teaser rate)'라고 한다. 유인책(teaser)이란 광고 기법의 하나로 조금 조금씩 관심을 유도하여 결국 원하는 전체를 매입하도록 하는 방식으로 대출에서는 처음에는 저리로 대출을 하고는 일정한 기간 내지 조건이 성취가 되면 점차 이자율이 높아지도록 하는 방식이다. 이러한 유인책을 사용하여 대출하는 것은 대출자의 금융지식. 경험 등을 고려하여 착취적 대출의 성격으로 파악될 수 있다.

90) 앞의 박현수. "미국 가계부채 증가의 배경과 영향". 6면 참조.

91) 약탈적 대출의 범주로 포함시킬 수 있는 행위로는. ① 차입자에게 심각하게 편중된 위해를 가하도록 설계된 대출. ② 유해한 지대 추구행위. ③ 기만행위에 기한 대출. ④ 대출조건상의 투명성이 결여된 대출. ⑤ 차입자가 향후 법적인 배상권을 사실상 포기하는 것을 조건으로 하는 대출이 가능하다. Renuart, Elizabeth, "An Overview of the Predatory Mortgage Lending Process", Housing Policy Debate, Vol. 15 Issue 3, Fannie Mae Foundation(2004) p.479 (양기진, 전게논문 재인용).

자도 모기지 회사도 모두 공유하고 있었던 사항이었다고 할 수 있다는 점 때문이다. 개별적인 소송에서 이 문제는 매우 사실관계에 민감(fact specific)하게 반응하여 서로 일응 상이한 결과를 낼 것이다. 대칭되는 지점에서 약탈적으로 볼 수 있는 면은 유동화로 인하여 대부업자들의 경우에는 판매 후 매각이라는 공식에 충실하였다면 위험을 전가할 수 있어 자신은 위험부담 없이 오로지 많은 판매만이 자신의 수익을 높여 줄 수 있게 되는 구조의 존재와 유동화로 인한 대부업자의 책임자산 감소 현상이다. 대부업자는 대출채권을 신속하게 매각하고 그 자금으로 대출수수료를 챙길 수 있는 신규 대출에 몰입한다. 결과적으로 대출실행자는 최소한의 자산만을 책임재산으로 갖고도 많은 대출을 실행할 수 있는 것이다. 스스로 책임질 가능성도 줄어들고 책임재산도 줄어드는 상황이라면 도덕적인 해태를 하면서 대출자를 착취할 가능성은 높아지게 된다.

(3) 모기지 중개인의 행태

모기지 중개인은 자신의 돈을 빌려 주지 않으므로 자금 대출에 대한 위험부담을 지지 않으므로, 중개인은 차입자에게 부적절하더라도 자신에게 더 높은 보수를 안겨줄 수 있는 상품을 우선적으로 취급하려 할 동기를 갖게 된다. 실제로 서브프라임 급증에 중개인들이 상당 정도 기여한 것으로 보고된다.[92]

서브프라임 대출과 관련하여 대부업자가 모기지 중개인에게 지급한 수수료 방식은 주로 대출이자율이 차입자의 신용도에 상응하는 도매기준금리(wholesale par rate)에 얼마나 가산되었느냐에 기반을 둔 YSP(yield spread premium) 위주이다. YSP의 경우 모기지 중개인은 차입자들이 높은 이율로 더 많은 대출을 받을수록 더 많은 보수를 받게 되므로 이러한 보수구조는 모기지 중개인이 차입자의 재정상황에 부적당한 대출 내지 고율의 대출을 알선할 동기를 가지게 된다.[93]

(4) 신용평가회사의 행태

유동화 시장에서는 신용평가기관이 제대로 평가가 이루어지도록 하는 문제가 있

---

92) Wholesale Access Mortgage Research & Consulting Inc.의 조사에 따르면, 2004년도에 모기지 중개인들의 총 수입(total production volume)의 42.7%가 서브프라임 대출과 차상위의 Alt-A 대출이었다. Wholesaleaccess, "New Research About Mortgage Brokers Published"(July 28, 2005)(양기진, 전게논문, 재인용).

93) Alex Thaler, "The Role of Sales Incentives in the Housing Loan Financial Crisis", Northwestern University, http://www.alumni.northwestern.edu/files/07%20Mortgages%20Alex%20T.pdf.

었다. 서브프라임 대출을 하는 회사는 은행계 회사들도 있지만 파산한 뉴센트리와 같은 비은행계 회사들이 다수 존재하였고, 이들과 은행의 관계는 은행으로부터 단기 대출을 받는 정도에 그쳤다. 이들 비은행계 대출업체들은 은행 시스템에 의존 없이 모기지 론을 대출하고, 이를 바로 전매하였다.[94] 그리고 이렇게 매각하는 모기지 론을 사 모으는 회사[95]들은 이렇게 사서 모은 모기지 론을 RMBS 형태로 증권화하였다. '애그리게이터'들은 자신들이 사 모은 모기지 론 중에서 현금흐름이 양호할 것으로 예상되는 우량한 등급의 경우에는 RMBA 형태로, 그렇지 않은 메짜닌 이하 등급의 경우에는 이를 다시 보험회사나 연기금에 넘기기 위하여 CDO 형식으로 가공하여 판매한다. 이러한 장기의 현금흐름을 가지고 있는 RMBA나 CDO는 앞서의 보험회사나 연금기금과 같은 장기투자를 하여야 하는 금융기관들이 매수하기도 하였지만 SIV라고 불리는 투자기구들이 자신들이 단기 자금 조달 수단인 ABCP 등을 발행하여 조달한 자금을 이용하여 운용하는 상품으로 팔려 나가기도 하였다. 이와 같은 증권화 및 재증권화 과정을 거쳐서 이동하는 과정에서 실제적인 게이트키퍼 역할을 하여야 하는 기관이 바로 신용평가회사이다.

신용평가기관을 제외하고는 누구도 이와 같은 파생상품을 이용한 증권화 과정에서 숨겨지거나 포장되는 리스크를 발견하는 것은 용이하지 않다. 물론 증권화 시장의 경우에는 대부분의 투자자들이 전문가이며, 보험회사나 연금기금과 같은 경우에는 자신들이 펀드매니저를 두고 전문적으로 분석할 수 있는 능력이 있다. 그런데 문제는 이러한 증권화의 양이 엄청나게 증가하고 있다는 것이다. 편의상 1994년과 1998년을 비교하여 보면 MBS로 명명된 증권화 규모는 2,000억 달러에서 4,000억 달러로 증가하였다.[96] 그런데 문제는 신용평가회사는 유동화 과정에서 유동화 증권의 기초자산이 되는 모기지의 신용에서 파생되는 신용위험[97] 및 모기지의 풀링 과정에서 모기지 풀의 규모나 기초자산인 모기지의 지리적 다양성 등에 기초한 리스크[98]를 조사한다. 그리고 조사한 결과를 평가서의 형식으로 각 유동화된 증권에 부

---

94) 앞서 언급한 'Originate & Sale 전략'

95) 이들은 '애그리게이터(aggregator)'라고 불리는 대형투자은행이나 투자은행이 운용하는 펀드들이다. 베어스턴스의 경우에도 베어스턴스가 운용하는 두 개의 펀드가 문제가 되었다. 이하에서 이런 금융회사들을 '애그리게이터'라고 한다.

96) Christopher L. Peterson, "Predatory Structured Finance", Cardozo Law Review, Vol. 28 No. 5(2007) at. 2206.

97) '모기지 리스크(mortgage risk)'라고 한다(Peterson, *ibid*, at. 2210).

98) '풀 리스크(pool risk)'라고 한다(Peterson, *ibid*, at. 2210).

여하게 된다. 이러한 신용평가기관의 신용평가결과는 투자자들로 하여금 개별적으로 실사(due diligence)를 하지 않아도 될 수 있도록 하는 장치로 기능한다. 따라서 신용평가기관은 발행되는 유동화 증권의 신용평가 시에 제3자의 이행보증 등 신용보강이 필요한 경우에는 신용보강을 요구하기도 한다.[99)

문제는 신용평가기관이 신용위험부담주체가 아니라는 점이다. 신용평가기관은 평가로 인한 이익은 받지만 위험을 공유하지 않는다. 물론 신용평가기관도 소위 평판위험(reputation risk)을 부담하게 되므로 의도적으로 주의의무를 게을리 할 가능성은 그리 높지 않다고 본다. 그러나 신용평가기관이 평가요소들을 기계적으로 가이드라인대로 적용함으로써 적절하지 않은 평가가 나올 위험은 존재한다. 그 외 신용평가가 상당부분 회색지대에 있는 부분이 있어서 발생하는 문제점은 여전히 잔존하는 문제라고 할 것이다. 이 문제는 신용평가기관의 평가기법 고도화 및 객관화를 통하여 달성하여야 할 과제라고 할 것이다.

3. 법적 검토

(1) 적합성 원칙

위의 각 관련자들의 행태와 관련하여 검토하여야 할 것 중의 하나가 적합성 원칙이다.[100) CMO 내지 기타 구조화 증권의 매입과정에서 항상 적합성 원칙이 검토되어야 한다. 이 원칙은 중개인과 고객과의 관계에서도 증권투자권유 과정에서 고려되어야 한다. NASD의 규정[101)에 의하면 투자권유에 있어서 당해 상품이 금융소비자의 능력에 적합한 것이어야 한다고 규정하고 있다. 이러한 적합성 원칙이 적용되기 위해서는 미국의 경우 CMO가 증권(Securities)에 해당하여야 하는바, 증권의 개념은 1933년 법(Securities Act of 1933)에 규정되어 있다.[102) 1933년 법에 의하면 CMO

---

99) Peterson., *ibid*, at 2210.

100) 이 원칙과 관련하여 최승재, "금융소비자보호법제 – 행태적 편향과 자기 책임원칙의 조화", 증권법학회 발표문 (2007.12.); 손영화, "증권법상 적합성 원칙의 보험상품의 판매권유에 대한 적용", 증권법연구 제8권 제1호 (2007); 강재형, "선물거래에 있어서의 적합성 원칙" 법학연구 제15권 2호, 경상대학교 법학연구소(2007); 서규석 · 박선종. "증권투자권유에 있어서 적합성 원칙", 법학연구 전북대학교 법학연구소(2002) 및 Lewis D. Lowenfels et al, "Suitability In Securities Transactions", 54 Business Lawyer 1557(August 1999) 참조.

101) NASD Rule 2310 (a) In recommending to a customer the purchase, sale of exchange of any security, a member shall have reasonable grounds for believing that the recommendation is suitable for such customer upon the basis of the facts, if any, disclosed by such customer as to his other security holdings and as to his financial situation and needs.

는 개념정의상 증권의 개념에 포섭될 수 있는 형태의 채권(bonds)으로 판매되므로 적합성 원칙이 충족되어야 한다. 따라서 CMO에 투자하면서 그 위험성에 대하여 광고를 통하여 CD(certificate of deposit)와 유사한 정도의 위험성을 가진 상대적으로 안전한 상품이라고 이해를 하도록 하거나,[103] 제대로 차입자에 대한 신용조사를 하지 않고 대출이 이루어진 경우라든가 하는 경우에는 적합성 원칙 위반을 이유로 하여 소비자소송을 제기할 수 있고, 그 형태는 집단소송 형태로 이루어진다.

현재 미국에서 서브프라임 모기지와 관련하여 진행 중인 소송은 많다. 서브프라임 모기지 오리지네이터와 관련된 사건으로 Fremont General Corporation[104]와 Countrywide Financial Corporation[105]이 각 2007.10.25.과 2008.3.17. 집단소송을 당해 소송이 진행 중이다. 전자는 ESOP에서 제기한 사건이고, 후자는 ERISA가 제기한 사건이다. 투자은행으로는 베어스턴스, 메릴린치, 모간스탠리가 각 집단소송을 당해서 소송 중이다. 모기지 상환채무 불이행 내지 모기지 자산 폭락에서 파급된 영향으로 모기지 론을 통하여 주택을 매입한 대출자[106]들을 포함하여, 베어스턴스(Bear Sterns)와 같은 유수의 투자은행,[107] 모기지 대부업자,[108] 부동산투자신탁(REIT) 및 헤지펀드(hedge fund)들이 베어스턴스와 같이 파산하는 운명에 처했다. 유서 깊은 베어링스 은행이 파생상품에 쓰러졌던 것처럼 서브프라임은 리먼브라더스와 베어스턴스, 메릴린치와 같은 명성을 가진 투자 은행을 도산시켰고, 이들의 이름을 역사로 만들었다. 그리고 미국은 서브프라임 모기지 관련 소송으로 넘쳐나고 있다.

적합성 원칙은 '자본시장과 금융투자업에 관한 법률(이하 '자본시장법')'에서도 도입되어 있다. 적합성의 원칙은 설명의무가 객관적으로 어느 누가 와도 판매하고자

---

102) 이와 함께 금융소비자(customer)의 개념도 실제로는 명확하지 않은 경우가 있는바, 미국에서는 Fleet Boston Robertson Stephens, Inc. v. Innovex, 264 F.3d. 770, 772(8th Cir. 2001) 사건에서 협의의 개념으로 이해한 바 있다.

103) CMO의 tranche 구조로 썰어서 들어간 경우 낮은 단의 경우에는 상당히 위험한 상품이고, 상대적으로 안전한 것으로 이해되는 senior tranche의 경우에도 상대적으로 마지막 순위까지 앞단의 피해가 완충작용을 한다는 것일 뿐 완전한 위험 헤지가 되는 것은 아니라는 점이 제대로 설명되고 난 뒤 투자가 이루어져야 적합성 원칙 위반이 되지 않을 것이다.

104) In re Fremont Gen. Corp.Litig., 07-cv-02693-FMC(C.D) Cal. filed Spr. 24. 2007).

105) Alvidres v. Countrywide Fin. Corp., No. 2:07-cv-05810(C.D. Cal. Mar. 17. 2008).

106) 2007년 미국에서는 130만 채의 주택이 경매되었다.

107) 2008.5.30. 세계 최대의 투자은행 중의 하나였던 베어스턴스사는 JP 모건 체이스에 주당 10달러에 매각되었다.

108) 2위 서브프라임 업체였던 뉴센츄리사가 은행차입금 84억 원을 변제하지 못하여 2007.4. 파산하였다. 당시 1위 모기지 업체였던 컨츄리 와이드사도 부도위험에 있다고 한다. 2007.2.-8. 사이 미국에서 80여 개의 대출업체들이 파산신청을 하였다(김득갑 외, "서브프라임 사태와 세계경제의 향방", CEO Information, 2007.10.10.(제624호)).

하는 상품에 대하여 하여야 할 무차별적인 의무임에 반하여, 적합성의 원칙은 특정한 투자자를 염두에 두고 그 투자자의 자산상태나 투자경험과 지식 등의 사정을 종합적으로 판단하여 '그' 투자자에게 권유하여야 할 상품을 결정하기 위한 것이다. 이와 비교하여 자본시장법 개정 이후에 법 제46조의 2로 도입된 적정성의 원칙은 적합성의 원칙과 유사하여 보이나, 적합성의 원칙이 투자권유에 있어서 권유자가 지켜야 할 의무인 반면, 적정성의 원칙은 투자권유가 없이 판매하려고 하는 경우를 염두에 둔 원칙이라는 점에서 구별된다. 적정성의 원칙을 입법하는 것이 필요한 이유는 적합성의 원칙만이 규정되어 있을 경우 일반투자자가 만일 적합성의 원칙 관점에서 매우 위험한 상품으로서 특정한 그 투자자에게 판매하는 것이 판매자 관점에서 적합하지 않음에도 사겠다고 하는 경우에 이러한 투자자에게 판매하여야 하는가 하는 문제를 명확하게 해결하지 못하기 때문이다.

자본시장법 제9조 제4항은 "이 법에서 '투자권유'란 특정 투자자를 상대로 금융투자상품의 매매 또는 투자자문계약·투자일임계약·신탁계약(관리신탁계약 및 투자성 없는 신탁계약을 제외한다.)의 체결을 권유하는 것을 말한다."고 규정하고, 제46조에서 적합성의 원칙이라는 표제로 증권투자권유와 관련하여 기본원칙으로 적시하고 있다.[109] 우리의 경우에도 만일 미국에서와 유사한 사안이 발생한다면 적합성 원칙은 매우 유용한 금융소비자 측 소송대리인이 활용할 수 있는 수단이 될 것으로 보인다.

(2) 구조화 증권 관련 법제의 정비

엔론 사태는 기업법의 관점에서 특수목적회사(special purpose vehicle)와 관련하여 특수목적회사의 남용을 막기 위한 적절한 장치가 필요하다는 점을 보여 주었다.[110] 이에 비교하여 서브프라임 사건은 구조화 증권이라는 파생상품과 이와 관련된 레버

---

109) 제46조 ① 금융투자업자는 투자자가 일반투자자인지 전문투자자인지의 여부를 확인하여야 한다. ② 금융투자업자는 일반투자자에게 투자권유를 하기 전에 면담·질문 등을 통하여 일반투자자의 투자목적·재산상황 및 투자경험 등의 정보를 파악하고, 일반투자자로부터 서명(「전자서명법」 제2조 제2호에 따른 전자서명을 포함한다. 이하 같다.), 기명날인, 녹취, 그 밖에 대통령령으로 정하는 방법으로 확인을 받아 이를 유지·관리하여야 하며, 확인받은 내용을 투자자에게 지체 없이 제공하여야 한다. ③ 금융투자업자는 일반투자자에게 투자권유를 하는 경우에는 일반투자자의 투자목적·재산상황 및 투자경험 등에 비추어 그 일반투자자에게 적합하지 아니하다고 인정되는 투자권유를 하여서는 아니 된다.

110) 한편 엔론 사건 등으로 기업회계의 관점에서도 미국에서의 US GAAP(Generally Accepted Accounting Standard)가 이전에 인식되던 것과 같은 정도의 우수성이 없다는 것을 보여 주었고, 결국 IFRS(International Financial Reporting Standard)이 우리나라의 경우에도 도입되어 사용되게 되었다.

리지 거래가 가지고 있는 취약점을 극명하게 보여 주었다. 금융소비자 보호라는 관점에서는 앞서 본 것과 같은 적합성 원칙의 적용과 이의 전제로서 전문투자자와 일반투자자 등의 구분을 통하여 위험에 기초한 상품 투자와 같은 우리의 경우 자본시장통합법을 통하여 도입된 제 원칙을 적용하는 방식으로, 구조화 증권 자체에 대해서는 금융기관이 부담하게 되는 위험성을 감안한 금융기관 건전성 담보를 위한 기준을 강화할 필요가 있고 은행의 경우에는 이러한 점의 상당부분은 바젤 Ⅱ[111]라고 불리는 건전성 기준에 이미 반영되어 있다. 하지만 금번 금융기관 간의 시스템 리스크에서 보는 것처럼 전염성이 매우 크고 상호 금융기관 간 연동되어 있으므로 어느 하나의 섹터에서의 건전성 담보만으로는 상당한 한계가 있다. 이러한 규제개선의 방향성에 대해서는 이 장에서 살펴본 각 시장참여자들을 상대로 이루어지고 있는 소송에서의 법원이 판단이 상당한 가이드를 제공할 수 있을 것으로 생각한다. 한편 개방경제하에서의 국제적인 연동으로 인한 문제는 폐쇄경제하에서의 금융감독에 더하여 추가적인 문제를 제기하고 있다.

4. 위기의 확산과 국제적 영향력: 근린궁핍화 경쟁의 우려

이와 같이 서브프라임 모기지의 손실은 모기지 대부업자들과 주택 건축업자들뿐만 아니라 금융시장 각 부문에 파급되었다. 왜냐하면 모기지 대부업자들이 일단 발생시킨 채권을 구조화 증권에 의하여 파생상품으로 그 위험을 이전시킴으로써 다양한 형태로 변용하여 위험을 분산하였기 때문이다. 2007년 서브프라임 모기지 사태로 다우존스산업지수와 S&P 500 지수가 큰 폭으로 급락하였고, 유사한 주가급락 사태가 사실상 모든 세계 시장에서 발생하였다. 주가지수는 이후 출렁이고 있다. 버냉키 의장의 연방준비제도이사회는 약한 달러를 통한 금융기관 살리기에 들어가 전 세계가 강력한 인플레이션 위협에 노출되어 있는 상황이다.

유가가 또 하나의 변수가 될 수 있는데, 2008.1. 92.99달러로 시작한 서부텍사스중질유(WTI) 가격은 2008.3. 105.44달러로 배럴당 100달러를 돌파한 후, 2008.6. 133.91달러까지 상승하였다. 2008.9.16. 현재 뉴욕상품거래소(NYMEX)에서 10월 인도분 서부텍사스중질유 가격은 배럴당 19.15달러까지 떨어졌다. 구리, 아연 등 비철

---

111) 신BIS라고도 불리는 바젤 Ⅱ는 은행의 금융건전성 기준에 대하여 기존의 BIS에 비하여 위험가중자산의 판단 등에서 일반적으로 강화되었다.

금속 가격도 출렁이고 있다. 한편 곡물가도 폭발적으로 상승하여 필리핀을 비롯한 곡물 수입국들에 식량위기가 오고 있다. 이러한 모든 위기와 서브프라임은 관련성이 있다고 할 것이다. 서브프라임이 미국 경제를 장기적인 침체로 몰고 갈 것이라는 예측은 수요감소 요인으로서 가격을 인하하도록 하는 쪽으로 작용할 것이고, 반면 통화팽창은 인플레이션 압력으로 작용할 것이므로 상당기간 유가 등은 등락을 거듭할 것으로 보인다.

이와 같이 서브프라임 모기지 사태는 파생상품을 통한 다양한 형태의 변이태를 가지고 전 세계적인 영향을 미치고 있다. 마치 감기바이러스가 다양한 변이태를 가지고 있어서 쉽게 백신이 개발되지 못하는 것처럼 서브프라임 모기지 문제는 파생상품 및 파생상품 거래와 관련된, 대부분 이미 알려져 있었으나 무시하였던 문제들과 일부 새로운 문제들을 제기하였다. 파생상품의 규제와 관련하여서는 여전히 창의성을 바탕으로 한 다양한 상품의 시장 유입 가능성을 막는 금융규제 강화에 반대하는 목소리도 여전하다.[112]

하나는 구조화 증권이라는 것이 앞서 본 것과 같이 특징적으로 하나의 단순한 형태를 가지고 있는 것이 아니라 다양한 형태의 변종이 지속적으로 만들어지기 때문에 규제가 현실적으로 명확한 가이드라인을 가지고 이루어지기 어렵다는 점도 문제이다.[113] 하지만 그럼에도 불구하고 파생상품 규제와 관련된 논의가 필요하다는 점에 대해서는 서브프라임 사태는 분명하게 시사를 하고 있다. 그리고 이러한 논의는 어느 한 국가에서의 논의에 국한되는 것이 아니라, 전 세계적인 규범화의 필요성이 있다는 점도 서브프라임 사태는 시사하고 있다.

미국은 경제위기에 대한 대응책으로 급격한 통화팽창정책을 사용하였다. 이러한 미국의 통화팽창을 통한 금융기관에 대한 자금공급과 공적 자금의 투여는 현안으로서의 미국 경제위기를 극복하기 위한 경기부양에는 도움이 될 수 있을 것이나 향후 달러화에 대하여 큰 영향을 미칠 것이다. 이러한 미국 통화당국의 태도가 자칫 근린궁핍화 경쟁으로 이어지는 경우에는 대외의존도가 높은 우리나라의 현재 경제상

---

112) 금융위기의 중요한 원인으로 지목되었던 '장외파생상품에 대한 사전심의제'를 도입하고자 하는 움직임이 있다. 이에 대한 논의로는 2009.11.3. 국회의원회관에서 열린 은행법학회의 "장외파생상품에 대한 사전심의제 도입에 관한 검토" 자료 참조.

113) 이와 관련하여 소위 '연성규제(soft regulation)'를 생각해 볼 실익이 있다고 보인다. 다만 실무상의 적용에 있어서는 용어 자체가 주는 매력적인 점보다는 그리 용이하지는 않은 것으로 보인다. 이와 관련하여 이중기, "법 집행을 부드럽게: '상세한 규정에 기한 규제'에서 '원칙에 기한 규제'로", 증권법연구 제8권 제1호(2007) 참고.

황으로 볼 때 향후 경기전망을 어둡게 할 수 있는 요인이 된다. 경제위기는 국제적인 공조 및 보호무역으로 귀결되지 않도록 하는 방안에 대하여 우리 정부 차원에서의 노력을 요구한다.

금번 서브프라임 사태는 향후 미국 경기에 상당기간[114] 부정적인 영향을 줄 것이다. 주택가격의 경우에는 공급 측에서의 하락압력과 자산가치를 부양하여야 하는 위기타개의 관점에서의 필요성이 경합하면서 추가적인 급격한 하락은 없을 수도 있다. 하지만 소비심리가 회복되는 것이 그보다 더 오랜 시간이 걸릴 것은 현재 시점에서는 별도의 특별한 사정이 발생하지 않는 한 상당히 분명해 보인다.

Ⅴ. 위기의 전개와 미국과 영국의 대응

1. 미국

부실자산구제프로그램(TARP: Troubled Assets Relief Program)[115]을 통하여 미국은 경제위기 극복을 해서 7,000억 달러를 부실금융기관 등의 회생을 위하여 사용하고 있다. 또 2008년 10월 3일 미국 의회는 논란 끝에 경제위기안정화법(Emergency Economic Stabilization Act of 2008)을 통과시켰다.[116]

이어서 2009년 6월 17일 오바마 대통령은 문제의 시발점이었던 금융개혁과 관련하여 '금융규제 개혁의 새로운 기초(Financial Regulatory Reform: A New Foundation)'라는 지침을 발표하였다. 이 지침에 따라 미국의 금융규제 개혁의 방향이 설정되었으며, 관련법이 많이 바뀔 것으로 보인다. 미국의 금융규제는 전통적으로 시장의 자율에 많은 부분을 맡기는 방식이었다. 연방준비제도이사회, 재무부 통화감독청, 연방

---

114) S&L 사태의 경우에는 10년 정도의 회복기가 필요하였다는 점에서 금번 사태의 경우도 10년 정도의 기간이 회복기간으로 소요되지 않겠는가 하는 견해도 있다고 한다.

115) 대상자산을 다음과 같이 정의하고 있다. (A) residential or commercial mortgages and any securities, obligations, or other instruments that are based on or related to such mortgages, that in each case was originated or issued on or before March 14, 2008, the purchase of which the Secretary determines promotes financial market stability; and (B) any other financial instrument that the Secretary, after consultation with the Chairman of the Board of Governors of the Federal Reserve System, determines the purchase of which is necessary to promote financial market stability, but only upon transmittal of such determination, in writing, to the appropriate committees of Congress.

116) 이들의 내용에 대해서는 최승재, "미국의 경제위기극복입법의 전개와 전망", 기업소송연구회 2009.10.26.자 발표문 참조.

저축기관감독청, 연방예금보험공사, NCUA 등의 복잡한 규제기관들의 존재가 가지고 있는 문제점을 해소하기 위해서 OCC와 OTS는 통합되어 하나의 기구가 될 것으로 보인다.[117]

그런데 2008년 3월 베어스턴스와 9월 리먼브라더스의 몰락 이후 본격화된 서브프라임 사태를 겪는 과정에서 투자은행과 헤지펀드에 대한 미국 관계당국의 규제 미흡이 비난의 대상이 되었다.[118] 이미 1998년 러시아 대외부채지급정지(모라토리엄) 사태 때 머턴 숄즈와 같은 교수들이 포함되어 있어서 유명했고, 블랙숄즈모델의 창안자가 실제로 펀드를 운영한다고 해서 엄청난 투자금을 모았던 헤지펀드인 LTCM(Long term capital management)은 각 국가 간의 채권 등 금융상품의 차익거래(arbitrage transaction)를 위한 투자포지션을 처리하지 못함으로써 자산의 90%를 잃고 2000년 결국 파산하였다.[119] LTCM의 파산은 전 세계적인 영향을 미쳤음에도 그 이후에도 미국은 장외파생상품 규제에 대해서 미온적이었고, 헤지펀드 규제도 거의 하지 않았다.[120] 그리고 2000년 LTCM 사건 당시 LTCM의 차익거래를 위한 청산결제를 담당했던 베어스턴스도 2008년 결국 붕괴하고 말았다. 서브프라임 사태에서 무디스나 스탠더드 앤 푸어스(S&P)와 같은 신용평가기관(Credit Rating Agency)들이 제대로 역할을 못 한 것이 아닌가 하는 비판이 폭주하였다.[121] 이러한 위기상황에서 원인

---

117) 일본의 '잃어버린 10년'이 부동산 경기 상승에 대한 낙관론에 기대어 있었던 것처럼 미국의 서브프라임 모기지 사태도 부동산 경기의 상승에 대한 낙관론에 기대를 걸고 있었다. 그 배경에 금융기관들에 대한 규제 공백의 문제와 이로 인한 시스템 리스크의 문제가 있었다고 보았다. 2009년 2월 미국 재무부와 금융규제기관들은 공동으로 지속 가능한 금융시스템의 구축을 위해서 은행시스템이 중요하다는 점을 지적했다. 은행시스템 구축에 있어서 적절한 자본과 질이 좋은 자본(quality of capital)을 확보하여야 한다. 역사적으로 보면 경제위기 상황에서 쿠션 역할을 하는 자본의 확충이 아주 새로운 문제는 아니다. 미국의 오바마 정부는 이제 헤지펀드나 장외파생상품 등에 대한 규제 공백으로 인한 시스템리스크의 심각성을 인식하고 규제의 새로운 틀을 짜고 있다. U.S. Department of Treasury, *Financial Regulatory Reform: A New Foundation*(2009).

118) 헤지펀드는 2009.10.16.에도 2000만 달러 규모의 내부자거래를 한 사실이 적발되어 다시 한 번 언론의 주목을 받고 있다. Raj Rajaratnam이 설립한 갤리온(Galleon Group)이 베어스턴스의 전 경영진 등과 공모하여 내부자거래를 통하여 수익을 얻었다는 내용이다.
(http://www.marketfolly.com/2009/10/insider-trading-raj-rajaratnam-of-hedge.html 2009.10.17. 최종 접속)

119) 파산한 LTCM의 파트너 중 한 사람으로 메리워더나 힐리브랜드, 하가니 등과 함께 실질적으로 LTCM을 이끌었던 로젠펠트가 2007년 다시 헤지펀드를 만든다는 기사가 난 일이 있다. 그는 LTCM의 옛 동료들을 불러 모아서 다시 시작하겠다고 하면서 금융환경이 바뀌었고, LTCM 사태를 사람들이 잊어버렸을 것이라고 생각한다고 말했다.

120) 영국의 경우에도 장외파생상품규제의 미비를 이유로 하여 CDS(Credit Default Swap) 등의 규제가 필요하다는 점이 지적되고 있다.

121) 그러나 미국에서는 신용평가기관이 적절한 금융상품의 제조와 판매에 있어서 문지기(gate-keeper)의 역할을 하지 못했다는 비판에도 불구하고 이들 신용평가기관을 의견을 제시하는 기관으로 보아 수정헌법 제1조의 표현의 자유를 향유할 수 있는 것으로 이해하고 이들의 신용평가 의견에 대해 규제하는 것에 책임을 물어야 한다는 주장은 많지 않다.

을 찾고 누구에게 손가락질하여야 하는가 하는 논의는 많다. 규제의 부재나 규제 완화가 비판의 대상이 되기도 하고,[122] 연방준비제도이사회의 금리인하를 통한 통화팽창에서 위기의 원인을 찾기도 한다.[123] 향후 미국은 경제위기를 극복하는 과정에서 금융규제가 강화될 것으로 예견된다. 특히 장외파생상품에 대한 규제강화논의는 시장에서의 금융혁신 저해에 대한 우려와 규제의 실효성에 대한 의문에도 불구하고 지속적으로 논의될 것으로 보인다.

2. 영국

영국은 원칙중심의 규제(Principle Based Regulation)를 성공적으로 정착시켰다는 평가를 받아 왔다.[124] 그래서 앞서 미국의 경우만이 아니라 우리나라에서도 원칙중심규제에 대한 논의가 진행되었다. 영국은 금융감독기관들을 통합하여 FSA를 설립하면서, FSMA 2000(Financial Service and Markets Act of 2000)에서 4대 법정목적(Statutory Objectives)과 7대 최선의 규제원칙(Principles of Good Regulation)을 규정하였다.[125] 2002년 Enron 사태 이후 미국이 기업지배구조 및 회계개혁법의 제정으로 룰을 보강하는 쪽의 방향을 잡은 반면, 영국은 기존의 연성법에 의한 통제를 유지하되, 문제로 제기된 집행력이 약하다는 점을 보완하기 위해서 준수 또는 설명(complain or explain)의 방식으로 해결하고자 하였다.[126] 이러한 영국의 규제방식은 명확성의 결여, 일관성의 결여, 과도한 규제 또는 사후적 집행의 가능성, 규제당국과 규제대상업자 간의 능력부족과 불신의 문제가 있다는 비판도 있었다.[127] 그러나

---

122) "금융규제의 딜레마", 이데일리, 2009.7.1.자에서는 이러한 금융규제강화론이 가지는 금융혁신위축에 대한 우려를 쓰고 있다.

123) 이에 대한 통화팽창정책을 집행한 전임 연방준비제도이사회 의장 알렌 그린스팬은 인간의 탐욕(greed)에서 원인을 찾고 있다. 그리고 이러한 주장에 동조하는 책도 있다(폴 메이슨, "탐욕의 종말", 한계레출판(2009)). 그러나 탐욕이 경제위기의 원인이라면 탐욕은—만일 이 말이 모호하지만 인간의 이기심을 달리 표현한 말이라면—혁신적 금융상품의 원천이기도 하다.

124) 영국에서의 규제내용에 대해서는 이중기, "딱딱한 법집행을 부드럽게: 상세한 규정에 기한 규제에서 원칙에 기한 규제로", 증권법연구 제8권 제1호, 한국증권법학회(2007) 339 - 372면; 정순섭, "원칙중심규제의 논리와 한계", 상사판례연구 제22집 제1권(2009) 37 - 72면.

125) 정순섭, 상게논문, 47면.

126) 이중기, 전게논문, 2면. 이중기 교수는 논문에서 영국의 접근방식을 MPBR(More Principle Based Regulation)이라고 한다. 이 접근방식은 금융기관이 원칙이 목적으로 한 규제수준을 달성하였는가 하는 점을 중요하게 생각하고, 그 달성하는 과정의 문제는 금융기관의 자율에 맡기는 것이라고 설명한다.

127) 정순섭, 전게논문, 50면.

영국의 원칙중심규제는 세계 각국에서 상당한 호응을 받았다.

현재 미국에서 시작된 금융위기는 많은 것을 바꾸고 있다. 영국은 2009년 새로운 규제방향을 발표하였다.[128] FSA는 노던 록(Northern Rock) 은행의 파산 이후 은행과 은행유사의 금융기관에 대한 규제에 대한 접근법의 변화를 천명하였다.[129] 집중관리제도(intensive supervision)라고 불리는 이 제도의 요체는 (i) 경제적인 영향이 큰 기업들과 은행에 대한 감독을 위한 자원을 더욱 집중하고, (ii) 시스템과 과정에 집중하는 관리에서 주요한 경영성과와 위험 및 비즈니스 모델과 전략의 지속가능성에 집중을 할 것이며(outcome focused), (iii) 허가받은 인력에 대한 평가를 강화하고, (iv) 시스템 리스크를 발생시킬 수 있는 부분에 대한 자원투입을 늘리고, (v) 감독기구에 전문가를 보완하는 등의 조치를 취할 것이라고 하고 있다. 이를 통하여 거시적 건전성의 확보와 분야별 분석을 강화하고, 회계제도와 판단에서 FSA의 역할을 강화하기로 하였다.[130]

이러한 영국에서의 규제체계의 변화는 자원의 집중과 선택을 통한 전문성의 확보를 목적으로 하는 것임을 알 수 있다. 금융위기 상황에서 이러한 영국의 규제원칙 변경은 기업지배구조에서 특히 내부통제의 보완 및 변화가 어떤 형식으로든 이루어져야 한다는 점을 보여 주고 있다.

결국 2008년 이후 전 세계적인 금융위기는 원칙중심의 규제에 대한 고민을 하게 하고 있고 변화시키고 있다. 영국의 규제시스템이 금융위기의 원인이 아닌가 하는 의심이 있지만 미국에서 시작된 금융위기가 영국으로 전파된 것이었을 뿐 영국의 규제가 잘못된 것의 증거는 아니라는 주장이 있고, 반면 영국이 가장 심각한 타격을 받고 있는 국가 중의 하나인 것은 영국의 금융시스템의 문제가 아닌가 하는 논의도 있다.

이에 대하여 터너리뷰는 영국 FSA의 기존 규제태도를 다음과 같이 정리한다.[131]

(i) 시장은 자기 교정적이며, 규제나 감독보다 훨씬 효과적인 규제수단이다.

(ii) 위험관리의 1차적인 책임은 이사를 포함한 경영진에 있다.

---

128) FSA, A Regulatory Response to the Global Banking Crisis(March 2009)(이하 '터너리뷰, Turner Review').

129) *Id.* p.88.

130) *Id.* pp.88 - 89.

131) Turner Review, *op cit.* p.87.

(iii) 금융고객의 보호(Customer Protection)는 상품에 대한 규제나 규제기관의 직
접적인 개입이 아닌 시장거래의 투명화를 통하여 달성될 수 있다.

그러나 이러한 규제방식은 경제위기 상황에서 문제점을 노정하였고, 따라서 FSA
의 규제는 향후 2가지 큰 변화가 필요하다고 보았다. 우선 분야별 분석과 함께 거
시적 건전성을 확보하는 역할을 하여야 한다. 경제위기는 각 분야별의 비즈니스모
델이나 전략을 살펴보는 것에 더하여 전반적인 거시건전성의 확보가 중요하다는 사
실을 보여 주고 있기 때문이다. 두 번째로 FSA는 개별 은행의 경영진과 감사들을
좀 더 밀착하여 접촉하여야 한다. 기존에 FSA는 재량적인 판단이 가능한 영역에 대
해서도 한발 떨어져서 규제를 하였지만 이제는 직접 은행의 재무상황에 대하여 공
정한 가치 평가의 문제나 대출금의 취급 등에 대하여 이전보다 적극적으로 개입을
하여야 한다고 보고 있다.[132] 향후 FSA도 이제는 이전보다 금융감독기능을 적극적
으로 그리고 개별 시장참여자들과 밀착하여 하도록 요구받고 있다.

VI. 서브프라임 모기지 사태와 우리 법상 시사점

1. 금융기관에 대한 직접적 대출 규제

우리나라의 경우 서브프라임 모기지와 같은 형태의 대출은 은행권의 경우에는 정
부의 부동산 규제 목적의 높은 LTV(Loan To Value ratio)[133] 비율의 요구로 인하여
발생가능성이 상당히 제한적이라고 판단된다. 미국의 서브프라임 모기지 사태의 이
면에 만일 미국에서 엄격히 LTV와 DTI 규제를 은행 및 금융기관의 건전성 규제의
관점에서 하였다면 상당부분 증권화의 초기에 부실 모기지가 걸러지는 효과가 발생
하므로, 증권화 이후 여러 단계를 거쳐서 다시 트랜치(tranche)별로 세분화하고 재증
권화하더라도 문제를 줄일 수 있었을 것이다. 특히 미국에서와 같이 지속적으로 가

---

132) *Id,* p.89.

133) Loan To Value ratio의 약자로 '주택담보대출비율'로 번역한다. 금융기관에서 대출을 할 때 예를 들어 주택을 담
보로 제공하는 경우 시가 1억 상당의 주택에 대하여 6천만 원까지만 대출을 하여 준다면 LTV가 60%가 된다. 이
와 구별되는 개념으로 DTI(Debt To Income ratio)가 있다. 이는 소득 대비 대출 가능액을 정하는 것으로 '총부채
상환비율'이라고 번역한다.

격이 상승하는 상황에서 향후 상승기대분을 반영하여 실질적으로 모기지 론 당시 자산 가치 대비 100% 이상의 담보대출이 이루어지게 되는 문제는 DTI 규제를 통하여 대출자의 차환위험(refinancing risk)까지 고려하여 대출이 이루어지도록 한다면 이러한 경우 금융감독기구에서 그 위반 여부를 감독하는 것은 객관적인 기준에서 명확하게 되고, 금융기관의 건전성 확보와 자산유동화를 통한 증권화 과정에서 어떤 파생 금융 기법을 통하여 구조화 증권을 만들어 낸다고 하더라도 기초자산의 건전성이 담보될 것이므로 위험을 줄일 수 있다.

문제는 은행 외에 여타 정부의 LTV 규제를 받지 않는 제2금융권의 경우나 대부업체들의 경우에는 이러한 서브프라임 모기지 론과 같은 상황이 발생하는 것은 가능할 것으로 보인다. 하지만 현실적으로 대부업체들이 은행 등 금융기관으로부터 자금을 공급받아 이를 사용하여 서브프라임과 같은 형태의 대출을 하는 형태의 거래가 발생하기는 어렵다고 생각한다. 왜냐하면 우리나라에서 대부업체를 사용하는 대부분은 은행은 물론 제2금융권에서도 신용을 제공받을 수 없는 계층이 사용하고 있기 때문이다. 게다가 이러한 대부업체를 사용하여 모기지 론을 했다고 하더라도 대부업체가 판매한 모기지 론을 모아서 과연 MBS를 만드는 것이 가능할지도 의문이다. 더구나 대부업체에 한정하여 보면 비등록 대부업체는 그 자체로 고리대금업이라고 할 정도인 경우가 많은 반면 그 이용자들도 신용불량자이거나 그 유사의 신용등급에 있는 사람들이라고 할 것이어서 설사 이런 MBS를 다시 CDO로 만든다고 하더라도 과연 이 정도 신용위험을 커버하려면 실질적으로는 신용보강을 매우 강하게 하여야 할 것인데 그럴 정도의 실익이 있는지도 의문이다. 기본적으로 모기지 론을 할 수 있는 대부업체 이용자가 있을지도 의문이지만.

우리의 경우 MBS를 이용한 구조화 증권이 활발하게 이용되지 못하고, 더구나 LTV 규제가 은행의 경우 강력하게 적용되어 서브프라임과 같은 문제가 국내에서 발생할 가능성은 낮다. 하지만 개방된 국제경제 시스템하에서 MBS 자체나 MBS에 기초한 CDO를 우리 금융기관들이 매입하였을 가능성은 존재한다. 이러한 문제들은 우리 금융기관들을 자산 운용 과정에서 위기에 빠뜨릴 수 있는 요인이 된다는 것은 서브프라임사태에서 우리가 배워야 할 교훈이다. 우리 금융기관들의 자산운용의 건전성을 담보하기 위한 구조화 증권의 취득 및 운용에 대한 가이드라인이 필요하지 않는가 한다. 물론 원칙적으로 각 금융기관이 각자 책임질 문제이지만 미국에서도 우리나라에서도 수차 금융위기로 인한 공적 자금 투입과 경제위기를 경험하였다는 점을 간과하지 않는다면 이러한 필요성을 쉽게 외면하지는 못할 것이라고 생각한다.

2. 약탈적 대출행위의 문제

이에 대하여 미국의 서브프라임 사태에 비추어 약탈적 대출행위는 규제되어야 할 필요성이 절실하다는 주장이 있다.[134] 이 주장을 하는 논자는 우리 대부업법이 규율하는 약탈적 대출행위 제한유형은 미흡하며, 특히 불공정한 계약조항에 대한 제재사항은 거의 없다시피 하므로 이에 대한 입법적인 보완이 필요하다고 주장한다.[135][136][137]

---

[134] 양기진, 전게논문은 서브프라임 모기지 사태를 금융기관의 약탈적 대출의 문제로 보고 대부업 규제를 해결책으로 내고 있다. 하지만 더욱더 많은 대부업 규제를 가지고 있는 미국에서 이런 사태가 발생한 것을 미국법을 보고 참고하여 규제를 개선하는 것이 타당한지? 그리고 우리와 미국의 금융기관 간의 서열과 대출자의 성향이 상이하다는 현실적인 점이 고려되지 않고 있다는 점 등 추가적으로 고려하여야 할 점이 다수 있다고 판단된다.

[135] 우선, 대부업법은 대부계약에서 차입자들을 현혹시킬 수 있는 요금방식에 대한 규제를 두고 있지 않다. 티저레이트와 같이 시초 얼마기간 동안 저리의 금리로 유인하고 일정시점부터 감당이 어려운 고금리를 부과하는 경우나, 장래의 시장상황에 매우 취약할 수 있는 금리조정부 모기지(ARM)에 대한 제한 규제가 없다. 두 번째로는, 원리금 연체상태에서 계약기간 만료 시 연체이자를 가산할 때 대부원금과 연체된 이자를 합산한 금액에 대하여 대부업법상의 이자의 상한을 규제하는 규정이 없다. 다만 금융감독원은 대부원금은 '최초 대부금액'으로 제한되어야 한다고 보아 소위 역감가상각(negative amortization)을 하지 않도록 유도하고 있다(금융감독원, 불법 금융거래보고서, 7면).

[136] 세 번째로 대부업법에서는 만기일시상환에 대한 금지조항을 두지 않고 있다. 대출기간이 장기인 주택담보대출의 경우에는 차입자에게 무척 부담이 될 만기일시상환은 규제하는 것이 바람직하다. 네 번째로 조기상환 조건의 공정성 확보가 필요하다. 대부업법은 채무의 조기상환 조건을 계약서에 명시하도록 하지만(법 제6조), 조기상환을 막기 위하여 차입자에게 부당한 금전적 제재를 강제하여도 이를 금지하는 조항을 두고 있지 않다. 대부업자가 조기상환을 해오는 차입자에게 별도의 위약금 등을 부과할 수 있는지에 대해서는 대부업법의 해석상으로 상한이자율 한도에서는 얼마든지 추가하여도 문제 되지 않는 것을 보인다. 이는 비교적 저리로 차입자를 유인하여 계약을 체결한 뒤 차후에 조기상환에 따른 제재금을 부당하게 차입자에게 전가시킬 수 있는 결과를 발생시킬 수 있어서 적절하지 않다. 감독당국에서는 조기상환에 대하여 대출금의 임의상환으로 대부업자에게 추가비용을 발생시킨 경우에는 인과관계가 명백히 인정되는 부분에 대하여 부대비용으로 인정하여 그 한도에서 인정하고 있으나, 위약금으로 과도하거나 지나치게 긴 대출기간을 계약조건으로 할 경우에는 민법이나 공정거래법상의 부당계약에 해당하여 무효라고 해석하고 있다. 금융감독원, 불법 금융거래보고서, 8면.

[137] 특히 만기가 긴 주택저당대출의 경우에는 만기 전 상환을 인정할 필요성도 있다. 따라서 일정범위의 만기 전 상환에 대한 금전적 제재 부과를 금지하되, 합리적인 범위 내에서의 증가비용 부분만을 청구할 수 있도록 할 필요가 있다. 다섯 번째로, 신용이 좋지 않거나 금융에 대한 지식이 충분하지 않은 경우 그러한 소비자는 자신이 감당할 수 없는 계약을 체결하거나 상환할 수 있다고 오신하고 불리한 조건으로 주택담보대출계약을 체결하는 경우가 있을 수 있다. 거래관행에 비하여 상당히 불리한 조건의 대출계약에 대해 차입자에게 사전에 중요 계약내용에 대한 공개 강화는 물론, 차입자에게 계약 체결 후에도 일정기간 철회권을 부여하여 계약 내용에 대해 숙고를 할 수 있게 하는 것이 필요하다. 여섯 번째로, 차입자에게 상당히 불리한 대출조건이 부과되는 경우에는 그러한 불공정한 관행의 통제가 필요하다. 우리 대부업법의 경우 현재 49%의 이자율 상한을 설정하고 있으나, 차입자들의 상황이나 시장상황을 그때그때 고려하지 못하는 경직적인 규제로 평가할 수 있다. 우선 여신금융기관이 아닌 대부업자의 문을 두드리는 차입자들 중 신용이 매우 불량한 자에게는 이자율 상한제도가 도움이 될 것이나 사실상 그러한 자는 제도권 내의 대부업자로부터 대출을 받기 어려울 것이다. 오히려 연간 49%에 이르지 않고 자금을 차입할 조건이 되는 차입자들의 경우에 이자율 상한 규정이 악용될 여지가 있다. 많은 경우 대부업자들이 차입자들의 궁박한 상황을 악용하고 또한 연간 49%까지 합법적으로 받을 수 있다는 것으로 동법을 이용하기 쉽다. 이는 개개인의 신용을 평가할 수 있는 시스템이 완비되어 있지 않으며 신용조사에는 비용과 노력이 지출되어야 한다는 점을 감안하면 훨씬 현실적일 수 있다. 또한 이자율이 경직적으로 고정되어 그때그때의 시장상황을 반영하기 어려우며, 주택담보대출의 경

우선 이러한 주장은 우리 대부업과 바로 병치되지 않는 서브프라임 모기저(mortgager)들과 우리 법상의 대부업자를 연결하였다는 문제가 있다.

그러나 이 점을 제외하더라도 약탈적 대출과 관련된 논자의 각 주장은 대부업상의 불공정거래행위 규제와 관련된 것으로, 서브프라임 문제와 완전히 무관하지는 않지만 사태의 발생이나 전개에 직접적인 관련성은 적다고 이해한다. 왜냐하면 필자가 이해하기로 서브프라임 사태에서의 약탈적 대출이라는 문맥은 대출자의 교섭력 결여라는 지위적인 차이를 이용하여 대부업자가 불공정한 거래 조건을 사용한 것에서 문제가 있기보다는 오히려 앞서 본 것과 같은 금융소비자 보호와 관련하여 적합성 원칙의 적용, 도덕적 해이와 관련하여 파생금융상품을 통하여 대부업자가 위험을 전가시킴으로써 대출심사 등을 제대로 하지 않았고, 신용평가기관도 이러한 평가를 제대로 하지 않는 등 구조화 증권과 관련된 시스템의 부전이 문제의 핵심이기 때문이다. 더구나 우리나라에서의 적용이라는 문제에서는 금융기관 사이에서 폭포처럼 연쇄(cascading)적으로 연결되어 고객의 신용도 정도에 따라서 은행과 같은 금융기관에서부터 비등록대부업까지 일련의 금융기관이 서로 다른 역할을 수행하고 있다는 점이 고려되어야 한다.

서브프라임 모기지의 위험 전가 스킴(scheme)으로 인하여 대출자는 실제 대출 가능한 금액보다 더 많은 금액을 대출받아 주택을 매입하였다가 주택가격 상승기의 공동 행복이 주택가격의 하락 시에 빌려 준 자와 빌린 자 그리고 이를 둘러싼 금융 시스템의 위기를 불러온 것이라고 이해하게 된다. 그렇다면 위험의 전가를 제한하거나 기초자산의 건전성을 확보할 필요성이 있게 되는 것이다. 전자는 자산유동화와 관련하여 본질적인 내용으로 위험으로부터 단절을 규제하는 것은 적절하지 않고, 결국 은행 등의 금융기관으로 하여금 앞서 본 LTV 규제와 같은 직접적인 규제와 전체적인 자산 건전성 규제를 병행함으로써 사전적인 대응을 하는 것이 필요하다. 아울러 은행 등 금융기관을 위해서도 자본시장통합법이 요구하는 적합성의 원

<hr>

우 대부업자에게 제공되는 담보의 가치도 고려되지 않고 있다. 따라서 대부업법의 합리적인 개입이 요청된다. 미국의 HOEPA의 경우 차입자에게 불리한 조건의 HOEPA 모기지에 대해서 규제의 강도를 높이고 있으나 고비용 모기지인지의 판별에 대해 주택저당이 제1순위인지 제2순위인지에 따라 구분하고 있으며 그 기준도 그때그때의 시세(재무부증권 기준)에 의하도록 하고 있음을 참고하여야 할 것이다. 마지막으로, 대부업자들이 영업행위에 관한 자율적인 규율을 강화할 필요가 있다. 대부업의 경우 수가 많기 때문에 감독은 한계가 있으므로, 대부업협회를 통하여 공정한 영업행위 준칙을 마련하고 대부시장 참가자들끼리 상호 규율 준수 여부를 감시하게 하는 체제의 작동이 필요하다. 금융투자업자의 경우에는 자통법에 의하여 광범위한 영업행위 규칙의 적용을 받는 반면(자통법 제4장), 대부업법은 대부업의 '감독'에 관한 법임에도 불구하고 영업행위 규칙에 대한 부분은 매우 미흡하다.

칙은 지켜져야 한다. 이를 통하여 주택담보대출과 관련하여 차주의 채무상환능력을 고려한 대출관행을 확보할 수 있다.

3. 금융기관의 건전성 규제

은행, 보험, 증권 등의 각 금융회사들은 자산의 운용을 하는 업무를 하고 있으며, 이러한 투자 과정에서 서브프라임 모기지에 기초자산으로 하는 구조화 증권을 취득할 가능성은 개방된 현재의 국제 금융 시스템하에서 상존한다. 앞서 본 것과 같은 유동화 과정에서 기초자산을 서브프라임 모기지로 하는 구조화 증권을 얼마나 국내 금융기관이 보유하고 있는지 추산하는 것은 쉽지 않다. 국제화의 정도가 높아질수록 우리 금융기관들이 서브프라임 모기지 사태와 같은 전 지구적인 사태에 주된 구성원으로 희생될 가능성이 높아진다. 주택대출채권을 기초로 발행되는 CDO와 같은 정도의 위험을 가지는 자산에 투자하는 것이나 이러한 위험을 가진 자산에 주로 투자하는 헤지펀드 등에로의 고위험 대출 내지 구조화 증권에의 투자가 가지고 올 파산의 위험을 감안하면 건전성 가이드라인이 정부 감독 기관에 의하여 지속적으로 제시되어야 한다. 지속적인 유동화 증권에 대한 공시제도의 확보와 이를 건전성 기준에 반영하는 장치가 있어야 한다. 구조화 증권은 수많은 변형태가 있어 이를 일일이 사전적으로 규정하기 어려운 면이 있다. 변종 독감 바이러스에 대하여 우리 보건당국이 그해 유행할 것으로 보이는 독감 바이러스를 알리는 것과 같이 금융당국이 지속적으로 국제적인 공조를 통하여 새로운 변형태와 관련된 위험을 해당 금융기관들에 가이드라인을 제공하는 방법으로 공유하여야 하며, 자산 건전성 기준에 반영할 수 있도록 하여야 하는 것이다. 물론 1차적으로는 시장의 복잡성을 감안하면 구체적이고 세부적인 내용은 금융기관의 자율에 의한 자산 건전성 확보 노력이 중요하다. 이런 노력이 흠결된 경우 문제가 생기면 미국 정부가 보여 주는 것처럼 파산으로 처리할 수밖에 없다. 공적 자금을 통한 국민의 희생을 통한 회생과 도덕적 해이를 IMF 사태를 겪고도 다시 감수하는 것은 적절하지 않다.

4. 전문투자자와 일반투자자의 구분

유동화 증권투자자인 헤지펀드, 투자은행들도 대출채권의 관리에 대해 이해관계를 가지므로 유동화 증권 투자자들의 유동화된 상황에서 자산관리자의 채권관리행위 등에 대한 감시를 행사할 수 있도록 길을 터 줄 필요가 있다. 또한 미국의 경우 유동화 과정에서 바이백 의무조항(buy-back obligation)이 모기지 회사의 유동성 위기를 불러온 면이 있다는 점은 시사점이 된다. 이 문제는 결국 투자자들이 걸러주어야 할 문제다. 일반투자자의 경우에는 이를 걸러내는 능력이 떨어지므로 이들의 경우에는 위험거래에 대해서는 위험의 정도에 따라 접근을 금지하거나 제한할 필요가 있다.

물론 증권화 과정에서 사업설명서(prospectus)의 기재나 상품설명서의 기재 등 투자 상품에 대한 정보를 얻는 방법이 없는 것이 아니며 구조화 증권의 인수자가 주로 전문투자자라는 점을 감안하여[138] 보면 웹사이트에의 상시공지라든가 IT 기술을 이용한 추가적인 방법을 고려할 수는 있겠지만 정보의 부족 자체가 심각한 문제는 아니라고 생각한다. 그리고 바이백(buy-back) 의무조항이 모기지 회사의 유동성 위기를 불러왔다는 점은 고려할 점이 있다. 왜냐하면 모기지 회사의 유동성 위기가 오늘날의 위기를 불러온 것인가 하면 사실 예견하지 못했던 주택급락으로 인한 위험은 모기지 회사가 아니라도 누군가는 부담하였을 것이고, 또 그로 인해 서브프라임 위기는 여전히 존재했을 것이라고 생각하기 때문이다. 그리고 바이백은 신용보강을 위한 조항으로 이해되는데 만일 바이백(Buy-back)을 금지한다면 구조화 증권의 설계 과정에서 다른 신용보강조치가 필요하게 될 것이므로 시장에 상품의 공급을 줄이는 효과가 발생하지 않을까 한다.

5. 상업은행과 투자은행의 분리

투자은행이라는 것이 얼마나 위험한 업종인지에 대하여 서브프라임 모기지 사태는 분명히 보여 주었다. 이렇게 고수익을 추구하면서, 도산위험에 노출될 수 있는 이러한 투자은행업과 예대마진을 주된 수입으로 하며, 국가가 뱅크런(bank run)을 피하기 위하여 예금보험제도를 통하여 제한적이기는 하지만 실질적인 국가보증을 하고 있는 상업은행업을 서로 섞어서 움직일 수 있도록 하는 것이 얼마나 큰 위험성을 가질 수 있는가 하는 것도 우리가 시사를 얻고 배웠으면 한다.[139]

---

138) 자본시장통합법에서 전문투자자와 일반투자자를 구별하고 있는바, 이러한 구분은 좀 더 세분화될 필요가 있다(최승재, "금융소비자보호법제 - 행태적 편향과 자기 책임원칙의 조화", 증권법학회 발표문(2007.12.)).
139) 최승재, "은행 및 금융지주회사의 소유지배구조에 대한 연구", 증권법연구 제9권 제1호(2008) 참조.

미국에서 투자은행의 시체를 수거하여 재생공장 역할을 하게 된 것이 결국 상업은행이었다는 것은 투자은행과 상업은행을 겸영하는 것이 가장 바람직한 모습이었기 때문이 아니라, 어쩔 수 없는 미국 정부의 선택이었다는 것이 필자의 개인적인 판단이다. 물론 상업은행의 경우에는 자산운용과 관련하여 문제가 전혀 없을 수는 없다. 하지만 이러한 점은 앞서 본 자산건전성 규제를 통하여 상당부분 방지하거나 내지 제어가 가능한 수준으로 떨어뜨릴 수 있다고 생각한다.

제2절 은행 및 금융지주회사의 소유지배구조[140)

I. 서론

우리나라의 금융규제 가운데 은행 등의 소유규제에 대한 기존의 논의[141)를 바탕으로, 비교법적인 검토와 이론적인 검토를 통하여 현재 우리의 금융시장[142) 구조와 산업구조하에서 한국적 지형에 부합하는 은행 및 금융지주회사 등에 대한 소유규제의 틀을 입법론적 관점에서 재검토하는 것을 목적으로 한다. 이러한 연구는 결국 새 정부의 시작과 함께 새로 임명된 고위 관료들에 의하여 거론된 용어인 '금산분리의 완화'와 관련된 논의[143)와 관련하여 시의성을 확보할 수 있다고 본다.

---

140) 은행 및 금융지주회사의 소유지배구조에 대한 연구 – 미국 및 독일에서의 역사적인 전개 및 입법론을 포함하여, 증권법연구, 증권법학회(2008.6.).

141) 본고에서 국내 선행연구로 참고한 논문 중 '김용재, 독일 금융산업에서의 겸업주의의 최근 동향, 비교사법, 한국비교사법학회, (2006)'; '______, 銀行株式 所有規制에 관한 一考, 기업법연구, 한국기업법학회(2006)'; ______, "산업자본의 은행소유와 관련한 법적 쟁점". 증권법연구 제2권 제2호(2001.12.); '김문재, 금융지주회사법에 대한 분석과 제언, 비교사법, 한국비교사법학회(2000)' 등의 논문이 주요한 시사점을 주었다. 특히 김용재 교수님의 논문은 많은 참고가 되었다. 김용재 교수님의 선행적인 연구에 대해 감사드린다.

142) 직접금융시장으로서의 자본시장과 간접금융시장으로서 은행의 활동을 중심으로 하는 시장을 포괄하기 위하여 '금융시장'이라는 용어를 사용하기로 함.

143) 전광우 신임 금융위원회 위원장은 언론과의 인터뷰를 통하여, 금융 선진화를 위해 "자본시장통합법 도입, 금산분리 완화 이슈 해결, 예방적 기능을 강화한 감독 체계의 선진화, 규제 완화 및 시장 자율 기능 강화 등을 추진해야 한다."고 말했다고 한다(경향신문 2008.3.13.). 그는 이전에도 이와 같은 입장을 피력한 바 있다.
(http://newsmaker.khan.co.kr/khnm.html?mode=view&code=114&artid=17114&pt=nv)
한편, 13일 기획재정부 임종룡 경제정책국장도 출자총액제한 폐지, 금산분리 완화 등을 통한 적극적으로 규제 완화 책으로 기업투자를 늘려 주는 방안을 마련하겠다는 입장을 드러냈다.
(http://www.newspim.com/sub_view.php?cate1=7&cate2=1&news_id=132627)(2008.3.15. 최종접속)

본고에서는 현재 논의되는 금산분리의 완화가 현재의 시점에서 우리 금융시장의 건전화와 금융 산업 경쟁력 강화라는 관점에서 타당하고 필요한 것인지 여부를 살펴보고자 한다. 또 은행의 건전성 확보와 은행의 특수성을 고려할 때 이러한 금산분리정책이 어떤 의미를 가지고 있었으며, 현재의 시점에서는 어떤 의미를 가지는 것인지에 대하여 살펴보고자 한다. 이를 통하여, 현행의 은행 등에 대한 소유지배구조에 대한 규제설계를 유지할 것인지 아니면 개정을 하여야 할 것인지, 개정한다면 어떤 방향의 개정을 하는 것이 타당할 것인지에 대하여 의견을 제시하고자 한다.[144]

이 절에서는 은행 및 은행을 포함하는 금융지주회사의 소유지배구조와 관련된 논의에 국한하여 논증하고자 한다. 그리고 기업집단 내에서의 금융회사와 비금융회사의 분리와 관련된 금산분리 논의와 관련된 '금융산업의 구조개선에 관한 법률[145]' 제24조는 별도의 논의가 필요한 쟁점이라고 보여 본고의 논의 범위에서 제외하고자 한다.[146] 왜냐하면 금산법과 관련된 논점은 대규모기업집단 내에서 금융전업을 하

---

144) 이 문제를 논의함에 있어 주의할 것은 금산분리의 문제가 2가지 차원을 가지고 있다는 것이다. <u>첫 번째 차원은 금융업이 제조업을 지배하는 것을 제한하는 차원에서의 논의이다. 두 번째 차원은 제조업이 금융업을 지배하는 것을 제한하는 차원에서의 논의이다.</u> 비교법적 관점에 있어서 주로 문제가 되는 것은 첫 번째 차원이다. 미국과 독일을 포함한 국가들에서 금산분리를 입법화하는 이유가 되었던 차원이다. 이를 금융업이 누구를 지배할 것인가의 문제라고 할 수 있다. 하지만 우리나라에서의 논의는 제조업이 금융업을 지배하는 두 번째 차원의 논의로서 누가 금융업을 지배할 것인가 하는 문제이다. 따라서 이러한 점에서 입법론적인 비교가 한계를 가지고 있다고 할 수 있다. 하지만 이러한 한계에도 불구하고 실험실에서 실험을 하여 볼 수 없는 사회과학에서 여전히 역사적 연혁적인 전개는 위의 2가지 차원의 문제가 완전히 분리된 것이 아니고, 서로에게 규제 틀을 설계함에 있어서 중요한 단초를 제공하여 주기 때문에 이를 검토하는 것은 충분한 가치를 가진다고 보여 본고에서는 같이 논의하기로 한다.

145) 이하 약칭하여 '금산법'이라 한다.

146) '금융산업의 구조개선에 관한 법률' 제24조는 금산분리원칙과 관련하여, 매우 논쟁이 되는 주제이므로 다소 분량이 많지만 각주로 그 법문을 다음과 같이 인용한다.
① 金融機關 및 그 金融機關과 같은 企業集團에 속하는 金融機關(이하 '同一系列 金融機關'이라 한다.)은 다음 各 號의 1의 행위를 하고자 할 때에는 大統領令이 정하는 기준에 따라 미리 금융위원회의 승인을 얻어야 한다. 다만 당해 金融機關의 設立根據가 되는 法律에 의하여 認可・승인 등을 얻은 경우에는 그러하지 아니하다. 〈개정 1998.1.8, 2008.2.29.〉
1. 다른 會社의 議決權 있는 發行株式 總數의 100分의 20 이상을 所有하게 되는 경우
2. 다른 會社의 議決權 있는 發行株式 總數의 100分의 5 이상을 所有하고 同一系列 金融機關 또는 同一系列 金融機關이 속하는 企業集團이 당해 會社를 사실상 支配하는 것으로 인정되는 경우로서 大統領令이 정하는 경우
② 第1項에서 '企業集團'이라 함은 「독점규제 및 공정거래에 관한 법률」 第2條 第2號의 規定에 의한 企業集團을 말한다. 〈개정 2007.1.26.〉
③ 금융위원회는 第1項의 規定에 의한 승인을 함에 있어서는 당해 株式所有가 관련 市場에서의 競爭을 실질적으로 제한하는지의 여부에 대하여 미리 公正去來委員會와 協議하여야 한다. 第1項 但書의 規定에 의하여 認可・승인 등을 하는 경우에도 또한 같다. 〈개정 1998.1.8, 2008.2.29.〉
④ 제1항의 규정에 불구하고 다른 주주의 감자(減資) 등 대통령령이 정하는 부득이한 사유로 제1항 각 호의 규정에 해당하게 된 동일계열 금융기관은 그 사유가 발생한 날부터 대통령령이 정하는 기간 내에 금융위원회에 승인을 신청하여야 한다. 이 경우 금융위원회는 제6항의 기준에 따라 승인 여부를 결정하여야 한다. 〈신설 2007.1.26, 2008.2.29.〉

도록 하는 방향과 금융업과 비금융업을 겸업할 수 있도록 할 것인가 하는 점에서 금산분리와 관련된 논점이기는 하나, 본고의 쟁점을 분명하게 하기 위해서는 은행 및 금융지주회사의 소유와 관련된 논의에 국한하는 것이 타당하다고 생각하기 때문이다. 또 은행 외에 비은행금융기관인 증권과 보험 및 여신전문업까지 포함된 논의를 하는 것도 관련하여 논의할 수 있을 것이나, 이 논의는 각 업종의 특성을 고려한 논의가 추가적으로 이루어져야 할 것이어서, 그 논의가 방대하게 될 것이어서 제한된 지면에 논하기 어렵다고 판단되어 이 역시도 본고의 중점논의에는 포함하지 않기로 한다. 따라서 이와 관련된 논의는 별도의 논문으로 논증하고자 하며, 본 절에서의 논의범위에서는 제외한다.

본 절에서는 우선 금융시장이 증권시장과 같은 직접금융시장을 중심으로 발달한 미국의 경우와 금융시장이 은행을 포함한 간접금융시장을 중심으로 발달한 독일의 경우를 비교법적으로 비교하여 살펴본다. 비교법적인 연구를 위하여 양국의 소유지배구조에 대한 규제를 연혁적으로 검토한다. 이를 통하여 금융시장의 형태에 따른 규제 유형의 차이가 유의미하게 존재하는지 그리고 존재한다면 어떤 형식으로 존재하고 기능하고 있는지에 대하여 살펴보기로 한다.

이어서 이러한 현재 존재하는 법에 대한 비교법적인 검토를 바탕으로 하여 이론

---

⑤ 동일계열 금융기관이 다음 각 호의 구분에 의한 한도를 각각 초과하여 다른 회사의 주식을 소유하고자 하는 경우에는 제1항 및 제4항의 규정에 불구하고 다시 금융위원회의 승인을 얻어야 한다. 〈신설 2007.1.26, 2008.2.29.〉
  1. 의결권 있는 발행주식 총수의 100분의 25
  2. 의결권 있는 발행주식 총수의 100분의 33
⑥ 금융위원회는 제1항·제4항 및 제5항의 규정에 따라 동일계열 금융기관에 대하여 승인을 함에 있어 다음 각 호의 요건(이하 '초과소유요건'이라 한다.)을 심사하여야 한다. 이 경우 심사를 위하여 필요한 때에는 해당 금융기관에 대하여 자료를 요구할 수 있다. 〈신설 2007.1.26, 2008.2.29.〉
  1. 당해 주식소유가 다음 각 목의 어느 하나에 해당하는 회사가 아닌 다른 회사를 사실상 지배하기 위한 것이 아닐 것
    가. 금융업(「통계법」 제17조 제1항의 규정에 따라 통계청장이 고시하는 한국표준산업분류에 의한 금융 및 보험업을 말한다.)을 영위하는 회사
    나. 「사회기반시설에 대한 민간투자법」 제8조의 2의 규정에 따라 주무관청에 의하여 지정을 받은 민간투자대상 사업을 영위하는 회사(「법인세법」 제51조의 2 제1항 제6호에 해당하는 회사에 한한다.)
    다. 「신용정보의 이용 및 보호에 관한 법률」에 따른 신용정보업 등 그 금융기관의 업무와 직접적인 관련이 있거나 그 금융기관의 효율적인 업무수행을 위하여 필요한 사업을 영위하는 회사
  2. 당해 주식소유가 관련 시장에서의 경쟁을 실질적으로 제한하지 아니할 것
⑦ 금융위원회는 제1항·제4항 및 제5항의 규정에 따른 승인을 하지 아니하는 경우에는 대통령령이 정하는 기간 내에 신청인에게 그 사유를 명시하여 통지하여야 한다. 〈신설 2007.1.26, 2008.2.29.〉
⑧ 금융위원회는 동일계열 금융기관이 제1항·제4항 및 제5항의 규정에 따른 승인을 얻은 후 대통령령이 정하는 바에 따라 초과소유요건을 충족하는지 여부를 심사하여야 한다. 〈신설 2007.1.26, 2008.2.29.〉
⑨ 제1항 및 제5항 각 호의 발행주식의 범위 및 주식소유비율의 산정방법은 금융위원회가 정하여 고시한다. 〈신설 2007.1.26, 2008.2.29.〉

적인 관점에서 이념태로서의 산업자본과 금융자본의 분리라는 개념의 타당성 내지 필요성에 대하여 살펴보고자 한다. 이를 위하여 이러한 금산분리 논의에 대한 이론적인 논점들을 차례로 검토하여 보기로 한다.

이러한 비교법적인 검토와 이론적인 타당성에 대한 검토 결과를 바탕으로 하여, 가능한 대안들을 제시한 후, 각 대안들을 검토함으로써 현시점에 있어서 우리나라에 적합한 은행 및 금융지주회사에 있어서의 소유제한에 대한 틀을 입법론적으로 제안하고자 한다.

Ⅱ. 은행과 금융지주회사의 소유 규제에 대한 비교법적 검토

1. 산업규제의 설계: 미국과 독일의 자본시장 구조의 차이

미국은 기업의 자금조달에 있어서 직접금융시장이 중심적인 역할을 하여 왔다. 반면 독일은 역사적으로 기업의 자금조달 관점에서 직접금융시장인 증권업에 대한 의존도가 상대적으로 낮고 은행이 금융산업의 중심이었다. 상업은행업의 경우에는 독일이든 미국이든 모두 전통적으로 소규모 주 단위의 은행들이 이를 담당하고 있었다는 유사점이 있지만, 투자은행업의 경우 미국에서는 대형화가 진전되었고, 또한 적극적인 해외진출 등으로 인하여 상당한 경쟁력을 가지고 있지만, 독일의 경우에는 은행을 중심으로 한 금융산업의 발달로 인하여 투자은행업이 은행산업에서 차지하는 비중이나 국제적인 경쟁력은 상대적으로 미국에 비하여 열위에 있었다. 독일 은행들이 독일 국내 기업과의 주식 상호 보유를 통한 금산복합체적인 성격을 가지고 있었다는 점도 상대적으로 독일의 경우 투자은행의 대형화 등에는 미국에 비하여 뒤처지게 되는 원인이 되었다. 미국과 독일은 이와 같이 금융산업의 지형이 상이하여, 양국의 금융설계는 상당히 다를 수밖에 없었다.

미국의 경우 상업은행들의 우회적인 투자은행업의 진출로 인하여, '글래스 - 스티걸법[147]'이 규제하고 있었던 상업은행과 투자은행의 분리는 1999년 '그램 - 리치 - 브라일리법[148]'이 은행지주회사들이 자회사[149]를 통하여 실제로 영위하고 있던 투

---

147) 이 법은 1933년 은행법(Banking Act of 1933)의 일부 조항으로 Glass - Steagall Act라고 불린다.

148) Gramm - Leach - Bliley Financial Services Modernization Act, Pub. L. No. 106 - 102, 113 Stat. 1338(1999.11.12.).

자은행업에 대하여 제한[150]을 두면서도 사실상 상업은행들의 투자은행업 진출을 허용함으로써 일대 규제전환을 가져왔다. 한편, 유럽공동체[151]가 유럽공동체의 자본이동자유화의 강화를 위한 일련의 지침[152]을 제정 발표하여, 유럽공동체 내의 금융시장 통합을 유도하고 있다. 특히 독일은 투자은행업에 대한 상업은행업과의 관계에서 소위 '유니버설 뱅킹(Universal Banking)'[153]을 통하여 서로 구별하고 있지 않고 있었던바, 오히려 수익성이 높은 투자은행업을 강화할 목적으로 상업은행업과 투자은행업의 분리가 은행의 자체적인 유인에 의하여 진행되고 있다.

결국 규범적인 측면 및 경제적인 동기의 관점에서의 동인으로 인하여 미국과 독일은 서로 다른 극단의 출발점에서 시작하였음에도 금융시장의 국제적인 동기화와 경쟁의 글로벌화로 인하여 이러한 환경변화에 맞추어 상호 수렴하고 있는 것과 같은 외양을 보이고 있다.[154]

2. 미국에서 은행 등의 소유규제의 전개

(1) 은행에 대한 소유 지분의 제한에 대한 연혁적 고찰

1) 초기의 은행

초기 은행의 소유지배구조와 관련된 규제는 가능한 한 많은 이들에게 주식의 소유권을 분산하는 것을 목적으로 하였다. 미국의 경우 최초의 은행은 1791년에 설립되었는데, 이 당시 은행 특허장(Charter)을 발급하면서, 한 사람이 전제 발생주식 총수인 25,000주 중에서 1,000주 이상을 가지지 못하도록 제한하였다.[155] 두 번째 설

---

149) 소위 Section 20 subsidiary.

150) 1940년 은행지주회사법(Bank Holding Company Act of 1940)에 규정되어 있었던 내용으로, 금융기관이 비금융기관을 소유 내지 통제하는 것을 금지하는 규정을 여전히 두었고, 이로 인하여 미국 금융기관들은 여전히 독일과 같은 은행이 산업자본을 지배하는 상황은 발생하지 않게 되었다.

151) 'European Union'을 '유럽공동체'라고 칭한다.

152) 이하에서는 독일어로 Richtlinie나 영문으로 Directive라고 하는 이 양자를 '지침'이라는 용어로 번역하기로 한다. 지침이라고 하지만 실제로 단순한 권고에 그치는 것이 아니라, 유럽공동체 회원국들로 하여금 입법의무를 부과시키고 있는 규범력이 있는 것이다(EC 법령집으로 참고한 것으로, Sarah Gale, "EC Law", 3rd edition, Butterworths LexisNexis(2002)).

153) 개념적으로 은행이 여수신과 같은 전통적인 은행업무 외에 유가증권 매매와 같은 증권 업무 등도 겸하는 방식으로 독일을 중심으로 한 겸업금융기관의 형태를 '유니버설뱅킹'이라고 말하여 왔다.

154) Rita Biswas et al, "Recent Trends in U.S. and German Banking: Convergence or Divergence", Hochschule für Bankwirtschaft/HFB No. 29 pp.6(2001).

155) 이에 대하여 심영 교수는 2008.4. 본고에 대한 토론으로 이러한 미국에서의 최초은행에서의 소유제한은 사실상 중

립된 은행의 경우에도 총 350,000주의 발행주식 중에서 한 사람은 3,000주 이상을 소유하지 못하도록 하였다.[156]

이러한 미국에서의 초기 은행에 대한 소유 규제를 투자은행과 상업은행의 분리라는 관점에서 이해하는 견해가 있으나, 미국 하원의 1791년 기록에 의하면 새로운 국가의 건설을 위하여 전국적인 금융체제를 갖추어야 한다는 취지만이 있을 뿐 투자은행과 상업은행의 분리와 관련된 언급을 하고 있지는 않다.[157] 오히려 투자은행과 상업은행의 분리는 은행의 경우에 미국의 연방제라는 체계하에서 볼 때 농업을 위주로 하는 주와 제조업을 중심으로 하는 주 간(interstate)에 서로 은행에 대한 필요성과 요구가 서로 상이하여 상업은행과 투자은행의 분리가 이루어졌다는 주장도 있다.

이 투자은행과 상업은행의 분리와 관련된 논쟁의 전체를 설명할 수 있는 하나의 주장은 바로 은행이 특정한 집단의 이익을 위하여 그 독점력을 행사할 수 있다는 우려에 바탕을 둔 것이라는 주장이다. 의회 기록에 의하면 은행은 기능상 통화를 발행하는 것과 신용을 공여하는 것과 같은 정부의 역할을 수행하고 있는바, 이러한 은행의 소유에 대해서는 그 소유지분을 분산하도록 하여야 이러한 문제가 해소될 수 있다고 본 것으로 이해된다.[158]

주 은행(state bank)의 경우도 마찬가지로 최초에는 입법사적으로 보면, 바로 독점을 유발하지는 않았다고 하더라도 폐쇄적인 가족 중심의 소유구조가 주된 형태였던 관계로 독점에 대한 우려를 낳았다. 따라서 이러한 문제를 해결하기 위하여 뉴욕주의 경우 은행에 특허장을 주는 요건으로, 은행의 지분구조의 분산을 법제화하기도 하였다.[159]

2) 내셔널 뱅크(national bank)[160]의 설립

1863년과 1864년 내셔널 뱅크가 설립되었을 때, 최초의 내셔널 뱅크들은 모두

앙은행의 역할을 하는 은행이었기 때문에 이루어진 것이라고 지적한 바 있다.

156) Carl Felsenfeld, THE BANK HOLDING COMPANY ACT: HAS IT LIVED ITS LIFE?, 38 Vill.L.Rev. p.15.

157) Id, p.15.

158) 2 Annals of Cong. at 1897, 1917(Ibid, p.16 재인용: 두 번째 은행의 설립 시에 라이트(Wright) 하원의원은 상인 계층의 이해 외에도 농민들의 이해를 반영하여야 하는 요구가 있다는 점은 지적하고 있다.).

159) New York State free banking Act of 1838.

160) 이 '내셔널 뱅크'는 번역이 어려운 단어다. 왜냐하면 통상 영어에서 '내셔널 뱅크'라고 하면, 중앙은행을 의미하는 경우가 많기 때문이다. 하지만 미국적인 문맥에서의 내셔널 뱅크는 미국 재무성 산하 기관이 Office of Comptroller of the Currency(OCC)에 의하여 인가를 받을 은행을 의미하며, 이는 주은행(state bank)과 구별되는 개념이다. 그런데 또 하나 혼동을 줄 수 있는 점은 이 은행들이 수 개의 주를 걸쳐서 영업을 하는 경우도 있지

사은행(private bank)이었는데, 입법자들은 은행의 소유 분산, 은행의 소유지배구조나 주주들의 행동에 대하여 개별적인 규제를 하는 것에 대해서는 그다지 신경을 쓰지 않았다. 다만 주주의 행동을 규제하는 조문[161]은 그 뒤의 개정에서도 살아남았다.[162] 오늘날의 관점에서 보면 이때는 행태규제만을 하고 있었던 시점이었다고 할 수 있다.

1907년 월스트리트에서의 투기적인 행태가 결국 파국으로 가면서 은행들에도 위기가 왔지만 J. P. 모건의 수완으로 이 위기를 넘길 수 있었고, 이후 1920년 말까지 은행산업은 도산은행의 수가 다른 산업 전반의 도산기업 수에 비하여 유사하거나 오히려 적은 수였다는 점에 비추어 전반적으로 건전하게 유지되고 있는 것처럼 보였다. 하지만 경제력집중의 우려로 인하여, 은행의 규모를 지나치게 작게 만든 결과, 자산의 부족으로 인하여 개별은행이 도산을 하는 경우가 이미 증가하고 있었다.[163] 하지만 이 시기 자본시장을 포함한 전반적인 시장의 호황으로 인하여 관련자들은 이러한 은행도산의 증가세를 애써 외면하고 있었거나 다가오는 위기의 신호를 감지하지 못하고 있었다.

하지만 1921년에 이르게 되면서 전체 은행의 1.6%가 도산을 하였고, 1928년에는 전체 은행의 3.4%가 도산을 하였다. 이미 1929년의 대공황으로 은행의 위기가 오기 전에도 미국의 은행시스템은 약체화되어 있었다. 도산하는 은행의 수는 지속적으로 증가하여, 1932년이 되면서 1,456개의 은행이 도산하였고, 1933년 초에는 이미 은행시스템에 대한 신뢰가 붕괴되어, 소위 '뱅크 런(bank run)'이 발생하여, 주정부에서 은행에 대한 강제 휴무조치(bank holiday)를 통하여, 일종의 지불유예조치(moratorium)를 선언하는 상황이 되었다. 그런데 이러한 은행에 대한 강제 휴무조치는 이러한 조치를 취한 주에는 은행에 대한 심리적인 공황상태를 억누를 수 있는 수단이 되었지만, 역으로 다른 주에는 공황을 가속화하는 상황을 야기하였다. 이러한 전개에 따라 위기는 주의 경계를 넘어서 다른 주로 전염되어 나갔다.[164]

만 하나의 주에서만 영업을 하는 경우도 있어, 주은행과 영업의 범위에서 구별이 되지 않기도 한다는 점이다. 따라서 이러한 점을 감안하여, 본고에서는 한국어 발음대로 '내셔널 뱅크'라고 쓰기로 한다.

161) National Bank Act of 1864, ch. 106,12,13 Stat. at 103.

162) "The comptroller may withhold authorization whenever he has reason to suppose that the shareholders have formed the same for any other than the legitimate objects contemplated by the Act." 12 U.S.C 27(a)(1988).

163) 은행이 소규모화하는 것에 대하여 시사점을 얻을 수 있는 맥락이다. 은행의 적정규모는 전체적인 경제상황에 따라서 살펴보아야 하는 것으로, 금산분리의 문제와도 연결되는 논의로 III.에서 상세하게 살펴보기로 한다.

164) Macey et al, "Banking Law and Regulation"(2001) pp.20－21.

3) 은행지주회사법[165]의 탄생과 변천

(가) 산업과 은행의 결합

하나 이상의 은행으로 구성된 은행지주회사의 소유지배구조에 대한 논의는 이러한 지주회사라는 개념을 사용한 은행이 20세기 이전에는 거의 없었기 때문에 논의가 많지 않았다. 하지만 20세기 이후 산업자본은 은행에 관심을 기울이기 시작하였고, 1914년에서 1933년 은행법 제정 전의 기간 동안 산업자본의 은행업으로의 진출과 양자 간의 결합이 활발하게 이루어지게 된다.

1913년 연방준비은행법[166]의 제정으로 중앙은행이 탄생한 이후 1914년 이후 미국에서 20년 정도의 기간 동안 은행들은 활발하게 산업 간 결합을 하였다. 뒤에서 보는 것처럼 체이스은행의 전신인 맨하탄은행도 주요주주가 '수도회사'였다는 점도 당시의 시대상을 보여 주는 예라고 할 것이다.

한편 은행지주회사로 볼 수 있는 최초의 예로 언급되는 '케미칼 은행(Chemical bank)'은 1824년에 설립되었다. 이 은행은 화학제조업을 영위하는 회사에 의하여 설립된 은행으로 은행과 화학제품제조회사는 서로 별개의 회사로 구별되어 운용되다가, 뒤에 은행의 주주들이 화학제조회사를 청산하고, 전업으로 은행업을 영위하는 특허장을 받아서 은행업을 수행하였다고 한다.[167]

1929년 대공황이 오고 미국에서 은행업에 대한 15회 이상의 청문회가 개최되었지만, 이러한 청문회 기간 중에 은행의 지점(branching)이나 체인 뱅킹(chain banking), 그룹 뱅킹(group banking)에 대한 논의는 없었다.[168] 특히 그룹 뱅킹은 은행지주회사의 원형이라고 할 수 있는데, 이러한 그룹 뱅킹은 하나 또는 그 이상의 투자자가 수개의 은행을 소유하는 형식을 취하였다.[169] 당시 연방법 내지 주법에 의하여 은행이 지점을 내는 것은 매우 제한적으로 허용되었기 때문에 은행들은 지점을 내는 대신에 체인 뱅킹이나 그룹 뱅킹을 하였던바, 이를 위하여 수 개의 은행을 소유하여

---

165) Bank Holding Company Act of 1956, ch. 240, 70 Stat. 133(codified as amended at 12 U.S.C. 1841 – 1850(1988)). 이하 '은행지주회사법'이라고 한다.

166) 1913.12.23. 우드로우 윌슨 대통령이 '연방준비은행법(Federal Reserve Bank Act)'을 제정 공포함으로써 비로소 미국에서 연방차원의 중앙은행이 생기게 되었다.

167) Donald T Savage, A History of Bank Holding Company Movement, 1900 – 1978, in the bank holding Company Movement, supra note 145 at 24.

168) Carl Felsenfeld, *op cit*, p.16.

169) Macey, *op cit* pp.19 – 20.

지점을 제한하는 입법을 회피하는 수단으로 사용되었다.

(나) 자유 은행 시대(free banking era)

은행에 대한 미국에서의 규제상황의 변화를 연혁적으로 고찰함에 있어 1836년에서 1863년까지의 소위 '자유 은행 시대'라고 불리는 시기는 흥미로운 규제 완화와 관련된 시사점을 준다. 이 시기는 중앙은행이 부재하였던 시기로 중앙집권적인 규제가 없었기 때문에, 많은 산업자본가들이 수익성이 높은 은행산업에 진출하려고 하였고,[170] 자본가들은 이러한 진출을 하기 위하여 州에 자유 은행을 허용하기 위하여 별도의 입법을 하여 주별로 별도의 은행 인허가 없이 자유롭게 은행업에 진출할 수 있도록 하려고 하였다. 이러한 결과로 이 시기에 전체 州의 반 이상의 주가 자유은행법을 제정하였고, 그 결과 은행의 자본건전성은 오로지 개별 은행이 스스로 책임지는 구조가 되었다.[171]

이러한 자유 은행들의 존재는 국가의 재정적인 기능과의 관계에서 연방 중앙은행의 필요성을 야기하였다. 하지만 당시의 정치·경제적인 역학관계로 인하여 영국은행(Bank of England)과 같은 중앙은행의 필요성에 대한 인식이 있었음에도 불구하고 그 창설은 뒤로 미루어질 수밖에 없었다. 대신 남북전쟁의 전비 조달을 위한 정부 공채(Government Securities)의 발행과 과세문제 및 전후 국가 재건 과정에서의 자금 조달을 위하여 남북전쟁 중이었던 1863년 연방은행법(National Bank Act)[172] 이 제정된다. 이 법에 의하여 연방은행에 대해서는 은행감독관(comptroller)이 은행을 감독할 수 있도록 되었지만,[173] 이러한 감독이 주와 연방의 권한 배분 등 연방제 국가의 특성과 자유 은행 시대의 관행을 쉽게 바꿀 수 없었던 당시의 사정 등으로 인하여 성공하기는 어려웠다.

(다) 1933년 은행지주회사법의 소유지배구조

(a) '글래스 – 스티걸법(Glass – Steagall Act)'

이러한 지점에서 나온 1933년 은행법은 연방법으로서는 최초로 은행지주회사를

---

170) 당시 미국은 록펠러, 카네기, 굴드 등 산업자본가들이 트러스트를 이용하여 자본을 급속하게 축적하여, 거대자본화되고 있던 상황이었다.

171) Macey, *ibid* pp.9 – 10.

172) Ch 58, 12 Stat. 665: 1865.2.25. 제정된 이 법을 통하여 재무성이 발행한 국채에 기초한 연방통화를 발행하게 되었고, 이를 유통하기 위한 연방은행이 만들어지게 되었다. 또한 재무성 산하에 OCC(Office of the Comptroller of the Currency)를 창설하여 통화규제 등을 담당하게 된다. 이를 통하여 링컨 대통령은 전쟁 당시 연방통화인 소위 '그린 백'을 발행 유통하게 된다.

173) Macey, *op cit* p.15.

규정한 법이다. 오늘날과 같이 하나의 은행지주회사 내에서 영위할 수 있는 업종은 제한되어 있으며, 연방준비은행은 허가장(permit)을 주기 전에 증권업을 하지 않겠다는 서약을 받았다. 1933년 은행법이 제정되었지만, 이 법은 회원은행(member bank)만을 규율하였고, 비회원은행들은 은행지주회사의 틀 안에 들어와 있었지만 규제를 받지 않았다. 이러한 문제는 주 은행의 경우에 만일 규제를 받지 않는 은행지주회사의 일원이 되고 싶으면 단지 회원은행으로서의 지위를 포기하면 되는 상황이었다. 이러한 점에서 1933년 법은 태생적으로 규제의 한계를 가지고 있던 법이었다.

이 1933년 은행법의 일부가 소위 '글래스 – 스티걸법'라고 불리는 조항이다. 이 조항들에 의하여 은행은 증권 투자업을 할 수 없게 되었다.174) 은행들과 그 자회사들은 '글래스 – 스티걸법' 체제하에서 주식의 중개는 할 수 있지만,175) 제조업체 등과 같은 비금융회사들 대부분에 대한 주식을 소유할 수 없게 되었다.176) 이에 따라 종래에는 허용되었던 산업자본에 의한 은행 소유와 이를 통한 수익의 창출이라는 방식이 봉쇄되었고, 은행들은 대부분의 상업적 유가증권을 인수하는 것이 금지되었다.177) 이러한 '글래스 – 스티걸법'의 통과를 통하여 상업은행업(commercial banking)과 투자은행업(investment banking)은 분리되게 된다.

(b) 시대적인 배경

'글래스 – 스티걸법'의 이해에 있어 중요한 것의 하나가 바로 입법적인 시대상황이다. 입법의 역사적인 배경이나 시대상황을 고려하지 않고, 단독적으로 떨어져서 존재하는 절대불변의 진리가 입법이 되는 경우가 거의 없다.178) 따라서 모든 입법은 당시 입법적인 상황에 대한 이해가 선행적으로 이루어져야 한다고 생각한다. 1933년은 루즈벨트 대통령이 법원에 대해서는 공황 극복을 위한 일련의 뉴딜 입법을 위헌으로 판단함에 대한 대응으로 법원재구성계획(Court Repackaging plan)을 실행하려고 하였다.179) 그리고 대공황의 원인이 금융산업의 붕괴에서 왔다고 생각한 루즈

---

174) Banking Act of 1933, 5, 48 Stat. at 164 – 66.

175) *Ibid*, 16, 48 Stat. at 184 – 185.

176) *Ibid*, 5, 16,21, 48 Stat. at 164 – 166, 184 – 185, 189.

177) *Ibid*, 16, 20, 32, 48 Stat. at 184 – 185, 189, 194.

178) 양자의 분리에 대한 논문으로는 Mary J. Wetmore, Note, Banking and Commerce: Are They Different? Should They Be Separated?, 57 Geo. Wash. L. Rev. 994, 996(1989).

179) 이와 관련하여서는 최승재, '미국 대법관 이야기', 시민과변호사 2008.4. 및 2008.5. 연재분 참고 (www.seoulbar.or.kr,에서 볼 수 있음).

벨트 대통령이 연방예금보험공사(Federal Depositary Insurance Company: FDIC)를 창
설하여 은행에 대한 사회적인 안전망을 만들면서, 은행의 투기적인 자산운용을 방
지하고, 은행과 산업자본 간의 유착을 방지하기 위하여 은행 관련 개혁을 진행하고
자 한 시점이었다.180)

(c) 영향: 은행업과 제조업의 분리

입법 이후 연방준비은행(Federal Reserve Bank)은 1938년 당시 그룹 뱅킹이나 은
행이 아닌 회사와 계열관계를 가지고 있는 은행들에 대한 조사를 하였고, 1955년에
도 다시 조사하였는데 1955년 조사결과에 의하면 18개의 연방법에 의하여 등록된
은행지주회사가 있고, 이 중에서 오직 하나의 회사만이 수산업을 겸업하고 있었고,
나머지는 은행업과 관련된 업무를 수행하고 있었다고 한다.181) 양자의 분리가 이
법을 통하여 실제로 이루어지게 된 것이다.

(2) '그램 – 리치 – 브라일리법(Gramm – Leach – Bliley Act)'의 제정182)

1) 1956년 은행지주회사법183)

은행지주회사법을 통하여 은행지주회사의 설립을 위하여 연방준비은행의 인가를
받아야 하고, 다른 주에 있는 은행을 인수하는 것은 허용되지 않게 되었다.184) 1956
년 은행지주회사법은 은행지주회사가 대부분의 은행업무가 아닌 업무에 관여하거나
은행이 아닌 회사에 대하여 의결권 있는 주식을 취득하는 것을 금지하였다.

2) 주요 내용

상업은행과 투자은행 분리의 개념은 소위 '글래스 – 스티걸 장벽(Glass – Steagall
Wall)'으로 불리면서, 장기간 은행규제의 기본으로 이해되었다. 하지만 실무상으로

---

180) 일본의 잃어버린 10년도 금융산업의 위기에서 야기되었고, 미국의 서브프라임 모기지 사태가 전 세계적으로 실물
경제에 미치고 있는 영향을 감안한다면 루즈벨트의 당시 인식은 여전히 시사적이라고 본다.

181) Carl Felsenfeld, *op cit* p.17.

182) 이 법은 1999.11. 제정된 '금융서비스 현대화법(Financial Services Modernization Act)'의 일부로, 이 법에 의하
여, 금융지주회사제도가 도입되었다(Gramm – Leach – Bliley Financial Services Modernization Act, Pub. L. No.
106 – 102, 113 Stat. 1338(Nov. 12. 1999)).

183) Bank Holding Company Act of 1956(12 U.S.C. § 1841).

184) 이 규제는 1994년 '주간 은행업 및 지점 설치 효율화법(Interstate Banking and Branching Efficiency Act of
1994)'에 의하여 주간 합병의 경우에도 적절한 자본과 관리가 이루어지는 은행의 경우에는 경쟁법의 관점에서 지
나치게 집중도가 높아지지 않는 한 허용됨으로써 사실상 폐지된다.

증권사들은 기업어음(Commercial Paper)의 발행을 통하여, 사실상의 여신을 제공하고 있었고, 증권사들도 브리지 론(bridge loan)을 통하여 사실상 대출을 하고 있었다. 한편, 은행 역시도 사모증권 발행 시에 있어서 증권브로커로서의 역할을 수행함으로써 증권업에 사실상 진출하여 투자업을 하고 있었다. 이러한 점들이 바로 1999년 그램-리치-브라일리법의 제정 배경이 되었다. 그램-리치-브라일리법은 1956년 은행지주회사법을 통하여 등장한 은행지주회사 중 적격은행지주회사[185]를 통하여 은행들이 증권회사와 계열회사가 될 수 있도록 하였으며, 이와 같은 경우에 이들은 금융지주회사[186]의 계열회사가 되었다.

한편 미국의 경우 경쟁법적 관점[187]에서 보면 은행의 대형화로 인한 경제력집중에 대한 우려가 지속적으로 존재하였으므로 은행들의 대형화를 통한 은행 경쟁력 강화는 다른 한편으로 소규모은행들의 존속이 시장에서의 경쟁의 촉진을 위하여 필요하다는 인식과 상충되는 딜레마가 존재한다.[188]

3) 검토

(가) 금융(finance) 개념의 도입

시대적으로 1990년대는 2001년 3월 경기 후퇴가 미국 연방준비은행에 의하여 언급되기 전까지 10여 년간의 경제 팽창기를 맞이하게 된다. 이러한 클린턴 행정부하에서의 경제성장기를 맞아 '그린스펀(Alan Greenspan)' 연방준비제도이사회(FRB Board of Governors) 의장이 1987년 취임한 이후 미국은 투자활성화와 벤처 붐 등을 통하여 상당한 자신감을 얻을 수 있었고, 바로 이러한 자신감이 금융산업의 중대한 전환점이 되었던 그램-리치-브라일리법이다.

기존의 '글래스-스티걸법'의 규정은 은행업과 비은행업의 구별에 기초하고 있었다. 하지만 '그램-리치-브라일리법'은 이를 변경하여, 금융(finance)이라는 단어를

---

185) qualified bank-holding-company.

186) 은행지주회사들이 금융지주회사가 될 수 있기 위해서는 모든 자회사들이 미국예금보험공사의 회원사로서 코뮤니티 재투자법(Community Reinvestment Act)에 의한 기준을 충족할 수 있는 충분한 자본과 적절한 경영이 이루어져야 한다.

187) 미국 경쟁법에서는 '매버릭(maveric)'이라고 불리는 작지만 도전적인 시장에서의 플레이어의 존재가 시장에서의 경쟁 촉진 내지 유지를 위하여 중요하다는 견해가 있다.

188) Donald R. Fraser & James W. Kolari, "The Future of Small Banks in a Deregulated Environment" 10(1985) 참조.

널리 사용한다.[189) 이러한 연장에서 금융지주회사(financial holding company)의 경우
에는 여전히 금융회사가 아닌 회사의 지분을 소유하는 것을 금지하고 있다. 다만
금융개념이 명확하게 구별되는 개념인지에 대해서는 금융업과 비금융업의 경계선상
에 명확하지 않은 영역이 발생함에 따라 새로운 문제들이 발생할 소지는 언제나 열
려 있다고 본다.[190) 은행(bank)이라는 개념을 대신하여, 금융(finance)이라는 단어를
사용하는 경우에는 금융(finance)이라는 단어가 가지는 단어의 외연이 매우 자의적일
수밖에 없다는 점에 있다. 예를 들어 외국인이 사전에 주무관청의 허가를 받지 않
고는 할 수 없는 은행 관련 재무(finance) 업무로 소프트웨어의 개발과 관련된 자문
(consulting)을 포함시키고 있었으며, 이러한 유형의 업무에 외국회사의 관여를 허가
한 사례가 없다.[191)

(나) 은행에 대한 사회적 안전망[192)의 문제

은행을 반도체 제조업과 같은 제조업이나, 다른 금융업자인 보험이나 증권으로부
터 분리하여 두는 것은 은행의 관점에서 안전망을 확보하는 기능을 한다. 은행은
그 자체가 가지고 있는 기능상의 속성으로 인하여, 은행의 실패가 가지고 오게 되

189) 우리의 경우에도 '금융산업의 구조개선에 관한 법률' 제2조에서 '금융기관'과 '비금융기관'이라는 용어로 개념을
    구별하고 있다. 그 내용은 다음과 같다. 상대적으로 우리의 경우에는 기능별 내지 업무별로 구별하는 구조가 아니
    라, 기관별로 구별하고 있어 개념의 명확성은 높다고 판단된다.
    위 법 제2조 제1호, '金融機關'이라 함은 다음 각 목의 어느 하나에 해당하는 것을 말한다.
    가. 「은행법」에 의하여 設立된 金融機關
    나. 「장기신용은행법」에 의한 長期信用銀行
    다. 「자본시장과 금융투자업에 관한 법률」에 따른 투자매매업자 · 투자중개업자
    라. 「자본시장과 금융투자업에 관한 법률」에 따른 집합투자업자, 투자자문업자 또는 투자일임업자
    마. 「보험업법」에 따른 보험회사
    바. 「상호저축은행법」에 의한 상호저축은행
    사. 「자본시장과 금융투자업에 관한 법률」에 따른 신탁업자
    아. 「자본시장과 금융투자업에 관한 법률」에 따른 종합금융회사
    자. 「금융지주회사법」에 의한 금융지주회사
    차. 기타 法律에 의하여 金融業務를 행하는 機關으로서 大統領令이 정하는 것
190) 그런데 문제는 만일 이러한 소프트웨어의 개발과 관련된 자문(consulting)이 금융업이라면, 마이크로소프트나 IBM
    같은 회사들이 金融電算化와 관련된 소프트웨어를 개발하거나, 자문하는 일을 하고 있다는 점을 감안하면, 이러한
    회사가 금융회사이고, 결국 이러한 회사는 은행을 인수할 수 있다는 논리적인 결론에 이르게 된다는 것인바, 이러
    한 분류의 문제점을 여실히 보여 주는 사례라고 할 것이다
191) 현금지급기와 관련하여, 컴퓨터 관련 서비스의 제공에 대하여 이것이 은행의 업무인가에 대해서는 이미 1976년에
    지방법원사건이기는 하지만 사건이 있다(National Retailer Corp. of Arizona v. Valley National Bank, 4111 F.
    Supp.308(D.Ariz. 1976) aff'd, 604 F.2d 32(9th Cir. 1979)).
192) 은행의 경우에는 사회적인 중요성을 고려하여 안전망을 제공하고 있다. 이 안전망의 대표적인 예가 바로 예금자보
    험제도이다. 이는 결국 공적 자금에 의한 은행에 대한 특수한 취급의 가장 중요한 내용으로 기능한다. 미국의 경우
    에도 FDIC(Federal Deposit Insurance Company)에 의하여, 우리의 경우에도 예금보험공사에 의하여 예금자보
    험이 이루어지고 있으며, 이러한 예금자보험제도는 전 세계적으로 확산되고 있다.

는 사회적인 후생의 감소가 매우 심대할 수 있다는 점을 감안하여 시장위험(market risk), 신용위험(credit risk) 등 각종 위험으로부터의 안전망을 다른 산업이나 금융기관에 비하여 더욱 강하게 확보할 것이 요구된다. 만일 금산분리를 어떤 방향에서건 완화하거나 풀어서 상호 간에 결합이 되는 정도가 높아질수록 은행은 더 많은 수익의 기회를 가지게 될 수 있지만, 반면 은행에 대한 사회적 안전망(social safety net)은 약해진다.

결국 이 문제는 이러한 은행 안전망의 약화를 희생하면서도, 현재 정도의 금산분리를 완화할 유인이 있는가 하는 점이 결국 문제이다. 미국의 경우 1980년대 은행에 대한 규제 완화 논의의 핵심은 은행이 과연 제조업이나 보험업과 같은 다른 금융업의 관계에서 뭐가 다른가 하는 것이었다. 당시 미국 재무성에서는 규제 완화에 반대하면서, 은행이 보험이나 증권과 같은 다른 금융기관과 기업결합을 하는 것에 대해서도 반대를 하였다.[193] 당시 재무성이 반대하였던 규제 완화 논의는 '그램 - 리치 - 브라일리법'의 내용과 상당히 유사함에도 재무성은 '그램 - 리치 - 브라일리법'의 개정에는 동의를 하였다. 물론 은행의 안전망에 대한 논의는 시대적인 상황과 밀접하게 연관이 되어 있고, 사회의 위험에 대한 관리능력과 연관되어 있으므로, 같은 규제에 대해서도 미국 재무성의 태도와 같이 변경될 수 있다.

하지만 은행의 특수성을 감안하면, 비은행업무를 은행이 자회사 방식이든, 계열회사에 의한 방식이든 영위하는 것을 허용하게 되면, 결국 은행의 특수성을 희석시키게 될 것이고, 이러한 은행의 특수성이 희석되는 것은 은행이 더 이상 금융기관 중의 중심점으로서의 역할을 하는 것에 대하여 사회구성원으로 하여금 의구심을 가지게 되는 문제를 야기할 수 있다는 점은 여전히 유효하다. 더구나 은행이 가지는 공공성으로 인하여 사회적 안전망이 공적 자금에 의하여 운영된다는 점에서 결국 은행에 안전망을 제공하여 주는 의미를 퇴색시키고, 은행을 더 큰 위험에 노출시킴으로써 안전망을 부실화할 수 있다는 점도 고려되어야 한다. 이러한 안전망의 부실화는 금융기관의 위기를 통하여 산업위기로 전이되고, 결국 국가적인 경제위기로 귀결될 수 있다.

---

193) Macey p.470; 특히 당시 연방준비은행장이었던 Gerald Corrigan은 은행의 특수성에 대하여 강조하였다.

(3) 정리: 은행 및 금융지주회사의 소유지배구조

미국에서의 은행법의 역사를 보면, 일반제조업과의 결합 내지 일반 제조업체에 의하여 지배되는 계열기업화에 대해서는 역사 초기에서부터 이루어지고 있었다는 점을 알 수 있다. 은행의 소유지배구조에 대하여 은행과 비금융기관의 분리와 관련된 논쟁은 계속되었고, 미국 의회는 바로 이 점을 해결하기 위하여 위원회를 구성하였다.[194] 이 당시 은행이 비은행기업에 의하여 소유되는 것에 대하여 찬성하였던 의원들은 (i) 최초의 미국은행이었던 맨하탄은행도 수도회사에 의하여 만들어진 은행이었다는 연혁적인 점, (ii) 비금융기업과의 계열회사화가 은행의 건전성에 피해를 끼칠 수 있다면, 보험회사와 같은 금융회사라고 하여 이러한 은행의 건전성에 대한 피해를 달리하게 되지는 않는다는 점, (iii) 경험적으로 볼 때, 비금융기관이 아니라 오히려 저축은행이 예금보험에 더 많은 피해를 입혔다는 점을 들어 은행이 비금융기업에 의하여 소유되는 경우 국가적인 지급 결제, 청산 시스템에 중대한 위협을 야기하게 될 것이라는 주장에 대하여 반론을 폈다.[195] 이 문제는 여전히 현재 진행형이다. 우리의 경우에는 (i)과 같은 연혁적인 이유는 없고, 결국 은행을 다른 회사와 어떻게 달리 볼 것인가 하는 문제로 귀결된다고 생각한다.

다만 앞서 본 바와 같이 미국의 경우 은행 및 금융지주회사를 누가 소유할 것인가의 문제보다는 은행의 건전성 확보라는 관점에서 은행이 무엇을 소유할 것인가 하는 점에 주된 초점을 맞추어 왔고, 후자의 점에 대해서 '그램 - 리치 - 브라일리법' 이후에도 금융지주회사의 경우에는 비금융지주회사의 지분을 소유하는 것은 원칙적으로 금지함으로써[196] 금융개념의 도입을 통하여 '글래스 - 스티걸 장벽'을 완화하였지만 금융회사와 비금융회사가 상호 지배관계에 있도록 하는 것은 여전히 유보적이라는 것을 알 수 있다.[197] 결국 은행이든 금융지주회사든 행위규제의 일종으로 비은행업에 대한 제한이 있으므로 이러한 투자행위규제에 의하여 은행의 건전성이라는 관점에서 접근이 이루어지고 있다.[198]

---

194) U.S. Senate Committee on Banking, Housing and Urban Affairs, the Competitive Equality banking Act of 1987, S.Rep.100 - 19(1987)(Macey, et al, 460 - 463 재인용).

195) *Ibid*, pp.463 - 464.

196) 은행이 비금융회사에 대한 지분을 보유하는 것에 대해서는 은행에 대한 행위규제로서 '글래스 - 스티걸법'의 경우 상업은행이 투자은행업을 하는 것을 금지하였지만 '그램 - 리치 - 브라일리법'에서는 자회사 방식에 의한 지분소유로 투자은행업을 할 수 있도록 하고 있다.

197) 12 C.F.R. § 225.171.

결국 '그램 – 리치 – 브라일리법'에서도 금융과 비금융의 분리를 유지하고 있으며, 예외적으로만 금융지주회사들은 비금융회사를 소유하고, 지배할 수 있도록 하고 있다는 점은 우리에게 이 둘의 분리가 상당한 이유가 있으며, 융합에는 한계가 있다는 점을 역설적으로 보여 준다고 이해된다.

3. 독일에서 은행 등의 소유규제의 전개[199]

(1) 독일에서의 은행업에 대한 규제 변화와 유럽 공동체와의 조화[200]

業法으로서 독일 은행법의 규범체계는 상업은행(Commercial Banking)과 투자은행(Investment Banking)으로 구별하는바, 이 중에서 전자가 은행계약을 포함한 은행법(Bankrecht)의 전통적인 영역으로, 후자가 자본시장법(Kapitalmarktrecht)[201]의 일부로 파악된다. 독일 은행법은 유럽공동체의 1993년 이후 유럽공동체지역 내 회원국 간의 규범조화를 위한 일련의 단일한 은행시스템의 창설을 위한 공동체의 노력의 영향을 받게 된다. 유럽공동체는 각 회원국의 국경을 넘어 자유로운 은행거래가 가능하도록 함으로써 공동체 역내에서의 회원국 간의 자본의 자유로운 이동을 달성하도록 함을 목표로 한다.[202] 1985년 이미 유럽공동체는 백서를 발간하여 이러한 목표를 달성하기 위한 유럽공동체 중앙은행의 설립과 이를 통한 유럽공동체 수준의 감독을 가능하도록 하기 위한 방안을 강구하기 시작하였으며 여러 개의 지침[203]을 공표한다. 독일의 경우 유럽공동체 조화지침[204]에 따라 수회에 걸쳐 여신업법을 개정한다.[205]

---

198) 12 U.S.C. § 24 and 12 U.S.C. § 335에서 각각 적격 주식투자와 비적격 주식투자를 규율하고 있다.

199) 독일 은행법과 자본시장의 이해와 관련하여, Siegfried Kümpel, Bank – und Kapitalmarkt – recht, 3, Auflage, Verlag Dr. OttoSchmidt Köln(2004) 참조

200) 미국과의 대비를 위하여 유럽공동체 은행에 대해서는 상설하지 않지만, 이에 대해서는 European Central Bank, "Report on EU Bank Structure"(2004.11.) 참조.

201) 예를 들어, Gesetz über Kapitalanlagegesellschaften(KAGG) 같은 개별법이 있다.

202) Siegfried Kümpel, op cit, s.2490.

203) 유가증권지침(Wertpapierdienstleistungslichtlinie)과 자본적합성지침(Kaptialadäquanzrichlinie) 등.

204) Die Erste Bankrechtskoordinierungsrichtlinie, Richtlinie 77/780/EWG vom 12.12.1977.이 최초의 규범조화 지침이라고 하며, 이차 지침은 1990년에 공표되었다(Siegfried Kümpel, op cit, s.2494).

205) 1993년 4차 여신업법(Gesetz über Kreditgeschäft) 개정, 1994년 제5차 개정, 1997년 제6차 개정 계속적인 개정이 이루어졌다.

(2) 독일에서의 겸업주의의 전개

1) 독일에서의 은행 업무에 대한 규정

독일법은 은행법을 은행 관련 공법[206]과 사법으로 구별하며, 사법으로서 은행법의 기초를 독일 채권법에서 찾는다.[207] 이러한 독일 商法(Handelsgesetz)은 은행업이란 유가증권(Wertpapier)의 교환을 주선하고,[208] 자본시장에서 자본거래를 조율하는 역할[209]을 상행위로 또는 상인적인 방법으로 영위하는 기업이라고 규정한다.[210] 이는 業法으로서 독일 은행법이 은행의 업무를 열거하여 규정하는 방식과 구별된다. 독일 은행법(Gesetz über das Kreditwesen)[211] 제1조는 은행 업무를 정의하고 있다.[212] 1992년 법[213]을 보면, 총 9개의 업무를 은행의 업무로 규정하고 있었다.[214] 열거된 9개의 업무란 '예금업무', '여신업무', '할인업무', '증권매매업무', '증권보관업무', '투자업무', '대출채권의 만기 전 인수', '타인을 위한 보증', '지급보증 기타 담보의무의 인수와 관련된 보증업무', '지로업무'를 열거하고 기타 업무에 대해서는 연방재무장관이 법규명령으로 추가할 수 있도록 규정하고 있었다.[215] 현행법에서 규정되었으나 1992년 법에는 규정되지 않은 업무는 '인수업무(underwriting business)'와 '전자화폐사업(e-money business)' 등이다.[216]

---

206) 은행업이라는 산업규제법의 관점을 의미하며, 본고의 경우에도 이러한 산업규제법의 관점에서의 논문이라고 할 수 있다.

207) Harbersack, Neues Schuldrecht und Bankgeschäfte/Wissenzurechnung bei Kreditinstituten, Schriftenreihe der Bankrechtlichen Vereinigung, Bd. 20, 2003, S. 3ff(Siegfried Kümpel, *ibid*, s.9 재인용).

208) Handels Gesetz Buch(이하 'HGB') § 433.

209) HGB § 383.

210) 이 외에 은행업에 적용되는 중요한 법원 중의 하나로 언급되는 것이 약관(Allegmeine Geschäftsbedingungen; 이하 'AGB')에 대한 규제법이다. 이 영역에서도 유럽공동체의 규범조화와 관련된 지침(EG-Richtlinie 93/12/EWG)에 의하여 1996년 개정 등 수차의 개정이 있었다.

211) 독일 '은행법'이라고 할 수 있다. 이하 '독일은행법'이라고 칭한다. 현행 '독일은행법'은 유럽공동체 지침 98/26/EC를 반영한 것이다.

212) 1961.7.10. 제정되었다.

213) 1992년 법은 '일본·영국·독일의 은행법 1994, 한국은행 은행감독원 刊'에서 참조; 현행법은 독일 연방은행 사이트(http://www.deushcebank.de)에서 참조.

214) *ibid*, p.189-190.

215) 현행법상 독일은행들은 여수신업과 할인업, 위탁매매업, 유가증권의 보관 및 관리업, 만기 전 대출채권을 취득한 목적의 채무인수로서의 팩토링업, 제3자를 위한 보증, 보상 및 기타 인적담보의 인수를 업으로 하는 지금보증업, 현금이 수반되지 않는 지급 결제서비스의 이행과 관련된 지로업, 본인의 위험으로 동일가액의 지급보증을 하거나 지급보증을 인수하는 것과 같은 금융증서의 인수업, 지급목적으로 사용되는 선급카드의 발행, 디지털화폐업 등을 그 업으로 하고 있다(개관으로는 김용재, 상게논문, 633-634면; 상세히는 Siegfried Kümpel, *op cit*, s.1,4 ff).

216) '독일 은행법' 제1조의 공식영문번역본을 첨부하면 다음과 같다('Deutsche Bundesbank' 사이트 참조 2008.5.23. 최종접속)

2) 전업주의와 겸업주의

독일에서의 은행 소유규제에 대하여 논의하기 위해서는 독일의 은행을 중심으로 한 금융시스템에 대한 이해가 필요하다. 은행의 업무와 관련하여, 전업주의(Trenbanksystem)[217]와 겸업주의(universal banking)로 구분된다.[218] '그램 – 리치 – 브라일리법'의 제정으로 지주회사 방식이나 자회사 방식을 통하여 겸업주의를 허용하고 있는 미국과 달리 독일은 일찍부터 겸업주의라고 불리는 유니버설 뱅킹[219]을 허용하였다. 이는 독일의 경우에는 일찍부터 자본시장의 성장이 증권시장을 중심으로 한 직접금융시장이 아닌, 은행을 중심으로 하는 시장으로 형성되어 왔다는 역사적인 전통에서 기초한 것이다. 이하에서 독일에서의 최근 전개를 살펴봄으로써, 우리의 경우와 비교하여 시사점을 비교법적으로 찾아보기로 한다.

Credit institutions are enterprises which conduct banking business commercially or on a scale which requires a commercially organised business undertaking. Banking business comprises

1. the acceptance of funds from others as deposits or of other repayable funds from the public unless the claim to repayment is securitised in the form of bearer or order debt certificates, irrespective of whether or not interest is paid(deposit business),
2. the granting of money loans and acceptance credits(lending business),
3. the purchase of bills of exchange and cheques(discount business),
4. the purchase and sale of financial instruments in the credit institution's own name for the account of others(principal broking services),
5. the safe custody and administration of securities for the account of others(safe custody business),
6. the business specified in section 1 of the Act on Investment Companies (Gesetz über Kapitalanlagegesellschaften)(investment fund business),
7. the incurrence of the obligation to acquire claims in respect of loans prior to their maturity,
8. the assumption of guarantees and other warranties on behalf of others(guarantee business),
9. the execution of cashless payment and clearing operations(giro business),
10. the purchase of financial instruments at the credit institution's own risk for placing in the market or the assumption of equivalent guarantees(underwriting business),
11. the issuance of prepaid cards for payment purposes, unless the card issuer is also the service provider and hence the recipient of the payment made using the card(prepaid card business), and
12. the creation and administration of units of payment in computer networks(network money business).

217) 독일어의 'Trenbanksystem'을 번역하면, '분리주의' 정도로 번역할 수 있을 것이나, 선행연구의 용어례를 따라서 이 글에서는 '전업주의'라는 용어를 사용하기로 한다. 영어로는 'compartmentalism'이라 한다.

218) 전업주의란 은행, 증권회사 및 보험회사가 소극적으로 은행업, 증권업, 보험업이라는 고유의 업무영역만을 고수하는 것을 말하는 것이며, 반면 겸업주의는 전업주의와 대지되는 개념으로서 광의의 겸업주의와 협의의 겸업주의로 구별되는바, 광의의 겸업주의란 종래의 은행, 보험, 증권회사가 별개로 영위하던 고유업무 및 부수업무의 영역에서 벗어나, 업무의 성질상 금융행위(financial in nature)라고 판단하는 모든 업무를 직접적으로 혹은 제휴회사를 통하여 간접적으로 영위하는 것을 말한다. 한편, 협의의 겸업주의는 은행, 증권, 보험업을 하나의 보네에서 모두 수행하는 사내경영 방식만을 의한다고 한다(김용재, "독일 금융산업에서의 겸업주의의 최근 동향", 비교사법, 한국비교사법학회(2006), 621면).

219) 독일의 경우와 같이 본체에서 '투자업무'와 '인수업무' 등 투자은행의 업무로 우리가 인식하고 있는 업무를 은행의 고유업무 내지 부수업무에 더하여 수행될 수 있는 구조를 취하고 있는바, 이를 '겸업주의' 내지 '유니버설 뱅킹'이라고 한다. 겸업주의 내에서도 여러 가지 정도에 따른 유형이 존재한다.

3) 겸업주의의 유형화와 독일의 경우

겸업주의는 사내겸영방식(pure universal banking)과 금융지주회사방식, 자회사방식으로 구별되며, 이 중 사내겸영방식은 다시 전면적 사내겸영방식과 제한적 사내겸영방식으로 구별된다. 이 중 제한적 사내겸영방식은 다시 독일형과 방카슈랑스방식으로 구별된다.[220] 독일의 경우에는 전통적인 상업은행업 외에 투자은행업도 본체 내지 자회사에서 이를 수행하도록 하는 형식을 취하고 있음은 독일은행법 제1조의 은행 업무범위에서도 쉽게 알 수 있다. 이러한 독일에서의 겸업주의에 대해서는 본체 내의 겸업업무 간의 조화를 이룸으로써 내부적인 시너지효과[221]를 극대화할 수 있고, 양 업무 영역에서 발생하는 안정적인 수익을 바탕으로 자산운용을 극대화할 수 있다. 반면, 예금보험제도와 같은 기존의 은행에 대한 안정망이나 공적보조금 혜택이 본체 내의 신규업무 영역으로까지 확대될 수 있고, 신규업무로부터 발생하는 손실로 인하여 파산까지 야기될 수 있는 최악의 위험성이 존재한다는 의견이 있다.[222]

4) 유럽공동체와의 규범 조화의 유니버설 뱅킹의 유지

독일 은행법 개정에 가장 큰 영향을 미치는 것은 유럽공동체 지침과의 조화이다.[223] 이러한 유럽공동체 은행법에 많은 영향을 미친 국가가 영국이다. 영국 은행법의 은행 업무에 대한 규정 태도[224]는 2000년 '금융 서비스 및 시장법(Financial Services and Markets Act 2000)'[225]의 제정 및 그 이후 일련의 금융개혁조치로 개혁되었고, 이러한 개혁으로 유럽공동체 역내에서 가장 경쟁력 있는 금융시스템을 보유한 국가 중의 하나가 되었다. 이에 의하여 은행과 관련하여 영국법은 겸업주의를 취하게 된다.[226] 독일의 경우 영국의 영향을 받은 유럽공동체 지침에 의한 규범 조화 과정에

---

220) 김용재, 상게논문, 624 - 632면.

221) Siegfried Kümpel, *op cit*, s.2491.

222) 김용재, 전게논문, 627면.

223) Siegfried Kümpel, *op cit*, s.2491.

224) Banking Act 1987 Chapter 22 Part 1, Section 5 & 6(이 법에서는 은행의 업무를 예금(deposit) 및 예금업무 (deposit - taking business)를 규정하고 난 뒤에, 이러한 업무를 하는 기관은 은행으로 규정하여 중앙은행인 영국 은행에서 인가(authorisation)를 하도록 규정하고 있었다.).

225) 이 법은 통합적인 금융규제기관으로서 FSA(Financial Services Authority)의 창설(Sec. 2 & Sec. 138 etc) 등 은행, 보험 등 금융산업 전반에 대한 개혁을 목적으로 하여 입법되었다. 감독기구의 수준에서 기구적인 통합적은 이루어졌지만, 완전한 금융기관 간의 통합은 2008년 현재에도 이루어지지 않았다고 한다.

226) 영국과 관련하여, http://www.fsa.gov.uk/Pages/library/index.shtml.

서도 겸업주의라는 독일 은행법 전통은 그대로 유지된다.[227]

하지만 규범적인 관점에서 근본적인 변화가 없었음에도 금융시장에서 미국의 영향이 커지고, 투자은행업의 수익성이 증가함에 따라 독일의 주요 대형은행들은 지주회사 방식이나 자회사 방식으로 조직체계를 전환하면서 투자은행업의 비중을 높이고 상업은행업과 타 금융업무를 분리시키는 방식으로 업무를 전문화하는 경향을 보이고 있다.[228]

5) 은행의 산업자본에 대한 지배와 상호적 지분 보유

독일의 銀行史에서 이러한 유니버설뱅킹 체제는 독일의 역사적 배경에서 기인한다. 채권자로서의 은행은 정부 주도의 경제성장기에 독일의 급속한 경제성장을 이루는 견인차 역할을 하였다. 바로 이러한 관점에서 은행이 '유니버설 뱅킹'을 하는 것이나 산업자본을 지배하는 것은 아무런 문제가 되지 않았다. 직접금융시장으로서 자본시장이 발달하지 않은 독일의 경우에는 정부 주도로 산업자본을 은행을 통하여 성장시키고 이들의 경영에 관여하면서 은행이 전체 국민경제를 선도하는 형태를 취하게 된 것이다.

하지만 경제적 유인의 관점에서 보면 은행이 산업자본을 지배하는 경우에는 은행은 채권자의 지위에서 자신의 채권 회수가 일차적인 목적이고, 기업의 성과에 자신의 성과가 전혀 연동이 되지 않으므로, 은행이 기업을 소유하는 것은 단순한 채권자의 지위에서 기능하게 되어 주주의 지위에 있는 투자자들과는 다른 행동방식을 가지게 되는 것이다. 은행은 단순한 채권자의 지위에 있으므로 정부의 개입이 없는 경우 산업에서의 단기적인 성과만을 추구하게 되어 산업계의 장기적인 성장을 저해할 수 있는 문제점을 안고 있다.

따라서 독일에서의 금산분리 논의는 은행이 산업자본을 지배하는 것과 관련된 맥락에서 이루어지게 된 것이다. 물론 1800년대 중반 및 후반의 독일은 프랑스나 영국과 같은 유럽 주변 국가들과의 관계에서 후발주자였고, 정부주도의 경제발전을 하여야 하였기 때문에 정부가 경제성장을 주도하는 모델을 취하였기 때문에 이러한

---

227) 1998년 이후 독일은행법은 모두 9차례나 되는 개정을 하고 있다. 하지만 필자가 확인한 한 이러한 개정에서도 '투자업'을 제외하고 있지는 않았다.

228) Hawkins J. & P. Tuner, Bank Restructuring in Practice: An Overview, Bank for International Settlements Policy Papers No.6(August 1999)(김용재, 전게논문, 632면 재인용).

문제는 잠재되어 있었지만, 항상 표면화될 수 있는 문제였다.

　6) 은행과 산업의 연결고리 약화: 금산복합체의 분리

　금산분리와 관련된 투자업과 관련하여, 독일은 전통적으로 금융자본이 산업자본을 지배하여 오는 구조였고, 은행을 통하여 정부가 산업발전을 주도하는 형식을 취하였던 것은 독일에서 리스트(Friedrich List) 이후 소위 유치산업발전론의 근간이 되었다. 이러한 역사적인 유니버설 뱅킹 내지 겸업주의 전통에 의하여 독일에서의 은행업에서 투자은행업이 상업은행업과 자연스럽게 일체화된 것은 역사적인 전개에 기인된 것임을 이미 본 바와 같다. 이러한 전통을 쉽게 단절하고 은행과 산업자본 간의 상호적인 지분관계를 일거에 처리하는 일은 그리 간단한 일이 아님에도 불구하고, 독일의 은행들은 자신들이 보유하고 있는 기업의 지분을 매각하고 있다.229) 그러면서 한편으로는 은행 내부에서 상업은행업과 투자은행업을 분리하고 있다.

　이러한 투자은행업의 분리와 관련하여, 주목할 것이 2003년 '투자업현대화법230)'이다. 이 법은 유럽공동체지침231)에서 요구된 시간표에 따라서 독일 재무성이 2003년 초안을 발표하고, 2003년 말부터 발효된 법으로 공동체 내에서의 투자자유화를 목적으로 하고 있어 오히려 투자은행업은 좀 더 자유화되는 방향성을 띠게 되었다.232) 이에 따라 이러한 일체화된 금융자본과 산업자본의 연계를 축으로 하는 독일식의 제도는 투자은행업의 강화, 이에 따른 독일기업에 대한 투자매력의 감소와 독일기업들의 직접금융시장에 대한 자본조달방식의 다양화로 인하여 독일의 대형은행들은 시장에서 투자은행업무를 강화하도록 하는 압력을 받고 있으며 실제 투자은행업을 강화하고 있다.233) 稅制 변화를 언급하기도 하지만 이러한 세제 변화가 주된 것은 아니라고 생각하며, 오히려 이러한 경향에 대한 유인을 현실적으로 반영한 것이라고 생각한다.234)

---

229) 김용재, 전게논문, 같은 면 참조.

230) Investmentmodernisierungsgesetz 2003(이하 'InvestemntG 2003' 또는 '투자업현대화법'이라고 한다.).

231) Änderungsrichtlinien 2001/107/EG.

232) 상세히는 Siegfried Kümpel, *op cit*, s.1741 – 1744 ff.

233) Rita Biswas et al, *ibid*, p.6.

234) 2002년 시행된 독일에서의 세제개혁으로 은행과 기업 간의 교차보유지분 매각 시 매도인에게 자본이득세를 경감하여 주는 조치를 통하여 도이치은행이 다임러, 크라이슬러의 전체지분을 매각하겠다고 발표하는 등의 세제개혁도 이러한 투자은행업 강화와 관련된 요인으로 언급되기도 한다(김용재, 전게논문, 635면).

(3) 정리: 은행의 소유지배구조

독일의 금융산업 구조는 연혁적으로나 규범적으로 은행과 산업이 상호 교차적인 지분소유를 통하여 은행은 산업에 자금을 공급하고, 산업은 은행에 대하여 안정적인 투자처를 제공하는 관계를 유지하고 있었다. 유럽공동체 내에서의 규범조화에도 불구하고, 오히려 은행이 취급할 수 있는 업무는 증가하였고, 투자업은 여전히 은행업의 일부로 남았다. 하지만 앞서 본 바와 같이 은행의 대형화와 투자은행업의 강화를 위하여 독일의 은행들을 상업은행업과 투자은행업을 서로 분리하고 있으며, 이들 간의 방화벽(firewall)을 쌓는 등 실질적으로 구별하고 있다.

이러한 과정을 통하여 은산복합체[235]였던 독일은 은행과 산업의 분리가 이루어지고 있다. 은행이 여신업과 수신업을 중심으로 하는 상업은행업과 투자은행업을 구별하면서, 독일의 기업들도 점차 자본시장을 통한 자본조달이라는 방향성을 잡아가고 있는 것이다.

Ⅲ. 은행과 금융지주회사의 소유규제에 대한 규제 이론의 분석

1. 은행에 대한 소유규제의 정당화 기초

은행과 다른 금융기관, 비금융기관의 차이점이 무엇인가? 왜 은행에는 다른 금융기관보다 강화된 소유규제, 내지 다른 소유규제를 하여야 하며, 비금융회사에 대한 것과 다른 소유규제를 하는 것인가? 만일 이러한 점에 대하여 차별점을 발견할 수 없다면, 은행에 대한 소유규제에 대해서는 계속 유지하여야 하는 것인가? 아니면 상황적인 논법이라면, 어떤 상황에서 유지하여야 하고, 어떤 상황에서 이러한 규제를 덜어내거나 변경하여야 하는 방식 내지 폐지하는 방식으로 규제설계를 변경하여야 하는 것인가 하는 점에 대하여 설명을 하기 위해서는 은행이 왜 다른가에 대한 논증이 필요하다고 생각한다.

---

235) 독일 최대의 자동차 기업인 다임러 벤츠 그룹의 경우 2002년 당시 25%를 넘던 도이치 뱅크(Deutsche Bank)의 지분이 2007.5. 현재 4.35%로 줄었다.

2. 은행의 특수성에 대한 논증

(1) 도입

은행은 특수한가 하는 논란은 미국에서 지속적으로 은행의 규제 완화와 관련하여 진행되어 온 과제이다.[236] 이하에서는 이 주제에 대하여 우리가 다시 은행의 규제 완화를 현안으로 가지고 소위 금산분리의 완화라는 논의를 하기 위하여 그 전제가 되는 논의로 언급할 필요가 있다. 일반적으로 은행은 특수한가? 은행이 반도체 제조업과 달리 규제받아야 하는가? 이러한 일련의 질문들에 대하여 답하기 위해서는 반드시 한국적인 자본시장의 상황에서 은행은 특수하게 취급되어야 내지 다르게 취급되어야 하는가에 대한 논의를 같이 하여야 할 것이다. 이러한 은행의 특수성에 대한 논의를 규제시스템의 설계를 위한 전제로 하기 위하여 몇 가지 주제들을 아래에서 검토하여 보기로 한다.

(2) 은행의 특수성

미국의 경우 '그램 – 리치 – 브라일리법(Gramm – Leach – Bliley Act)'이 사실상 은행업과 여타 산업을 구별하여 오던 것을 행위 규제의 면에서 대폭 완화하자, 이러한 완화가 결국은 은행과 다른 사업과의 분리에 기초한 규제 체계를 붕괴시켜서, 비록 의회가 이러한 점을 의식하여 금융산업과 비금융산업을 행위의 면에서 구별하였지만,[237] 이러한 구별이 제대로 작동하지 않을 것이라는 문제제기를 하는 견해가 있었다.[238] 아울러 이러한 논의의 바탕에서는 바로 은행이 특수한가에 대한 논의가 있었던바, 은행은 특수성을 주장하는 견해에 의하면 다음과 같은 점이 특수성으로 논의된다.

1) 시스템 리스크(systemic risk)[239]의 문제

은행은 시스템 리스크를 안고 있다. 시스템 리스크는 어떤 특정한 요소에 국한되어 발생하는 리스크인 이상적 리스크(idiosyncratic risk)와 구별되는 개념으로, 전염

---

236) Aspinwall, On the "Specialness" of Banking, 7 issues in Bank Reg. 16(1983).

237) 앞서의 finance와 commerce의 구별론.

238) Wallison, The Gramm – Leach – Bliley Act Elimianted the Separation of Banking and Commerce: How This Will Affect the Future of the Safety Net, 36 Federal Reserve Bank of Chicago Annual Conference on Bank Structure & Competition 34(2000).

239) '체계적 리스크'라고 번역하는 것이 옳은지 보았으나, 그냥 '시스템적 리스크'라고 번역하였다. 왜냐하면 체계적이라는 단어가 용어의 의미를 충분히 직관적으로 보여 주지 못한다고 보았기 때문이다.

성을 가지고 있어서 흔히 말하는 도미노효과(domino effect)를 가지고 있다. 바로 미국에서의 공황기에 발생한 뱅크 런(bank run) 현상은 은행업이 이러한 시스템 리스크를 가지고 있음을 잘 보여 주는 예이다. 은행은 산업의 중심적인 지위에 있으며, 대표적으로 시스템 리스크를 안고 있는 업종이다. 따라서 이러한 점을 감안하여 특별히 건전성 규제를 강화하지 않으면 반도체 제조업과 달리 반도체 제조업만의 붕괴가 아닌 전체 산업의 붕괴를 가지고 올 수 있다는 점이 특수하게 취급되어야 한다는 점으로 언급될 수 있다.

2) 통화 및 신용창출기능

일반적으로 은행이 다른 금융회사 내지 비금융회사와 구별되는 특성으로는 은행이 거래계정을 제공하고 있다는 점, 은행이 다른 금융기관에 대하여 유동성의 원천으로 기능하고 있다는 점, 은행이 금융정책의 연결장치로 기능하고 있다는 점을 든다.[240] 은행은 이러한 유동성의 원천으로 기능하면서 두 가지 중요한 기능을 하고 있는바, 바로 청산(clearing)과 결제(settlement)로서의 역할을 하고 있다.[241] 이러한 청산과 결제기능을 담당하고 있는 은행의 기능을 고려하여 은행은 특수하게 취급되어야 한다고 주장한다.

3) 금융정책(monetary policy)의 전달기관

은행은 정부가 금융정책을 펼치는 경우 금융정책의 중요한 전달기관이다. 주지하는 바와 같이 금융정책은 주로 미국의 경우에는 연방준비은행이, 우리의 경우에는 한국은행이 금융통화위원회를 통하여 콜금리의 조정, 지급준비율의 조정 등을 통하여 시장에 대하여 새로운 자금의 투입 내지 신용의 창출을 하는 방식으로 이루어지게 되는바, 이러한 공개시장조작(open market transaction)을 통하여, 정부의 금융정책의 유효성이 담보되는 주요한 기능을 하는 은행에 대한 취급은 달라야 한다는 주장이 이루어지게 된다.

4) 검토

금융산업의 융복합화(convergence of financial institution)를 통하여 은행의 역할이 결제 및 청산이라는 면에서나, 금융정책의 전달이라는 면에서나 유일한 기관은 아니라는 점은 분명하다고 보인다. 다만 그럼에도 여전히 은행이 가장 중요한 기관이

---

240) Macey, *op cit* pp.83 - 89.

241) Macey, *ibid* p.87.

라는 점은 분명하다. 또한 시스템적 리스크의 발생으로 인한 금융산업의 붕괴를 통한 전체 산업의 붕괴 내지 경기침체에 대한 우려는 여전히 매우 크다. 서브프라임 모기지 사태와 이에 연이은 모노라인 지급보증 업체들의 붕괴로 인한 미국에서의 연쇄적인 경제위기는 금융기관의 복합화와 더하여 금융상품의 파생상품 발달로 인한 복합화가 가져오는 위기의 크기에 대한 평가를 우리가 제대로 하고 있는가 내지 할 수 있는가에 대한 중요한 의문을 제기하고 있다.

이러한 점에서 최소한 현재의 시점에서 은행이 반도체 제조업과 동일하거나, 백보 양보하여 보험업과 동일하다고 판단하는 것은 적절하지 않다고 판단된다. 그러므로 은행은 다른 취급을 여전히 법제적인 점에서 받아야 하는 것이 옳다. 그러므로 소유지배구조라는 관점에서도 필요하다면 은행은 별도의 규제를 받을 수 있고, 따라서 반도체제조업체의 주주가 은행이건, 보험회사이건, 다른 반도체제조회사이건, 맥주회사이건 차별하지 않는 것과는 구별되어 소유규제를 할 수도 있다고 할 것이다. 다만 할 수 있다는 것이지 하여야 한다는 것은 논리적으로 아니며, 비교법적으로도 앞서 본 바와 같이 반드시 분리되어야 하는 것은 아니다.

3. 산업자본과 금융자본의 분리의 이유: 이론적인 고려[242]

(1) 경쟁법과 큰 것에 대한 두려움(Fear to Bigness)

큰 것에 대한 두려움은 바로 미국 경쟁법의 출발점이라고 할 수 있는 1890년대 셔먼법[243] 제정 이래 미국에서 지속적으로 고려되었던 점이며, 아울러 주장되었고, 이러한 점은 은행법에 있어서도 나타난다. 이러한 점은 남북전쟁 이전 은행의 지점 설립에 대하여 각 주 차원에서 각양각색의 규제를 하고 있다가, 남북전쟁 이후 남부의 재건 시에 미국에서 은행의 대형화를 억제하는 방향의 규제를 하였고, 그 결과 캐나다는 소수의 대형은행 위주의 시장이 된 반면, 미국은 다수의 소형은행들이 존재하는 시장이 되었던 것이다.

하지만 이러한 연혁적인 기초가 은행의 소유지배구조와 관련하여, 소유구조를 분산시켜야 하는 이유가 되는 것은 아니다. 은행의 소유지배구조를 분산화하면, 대형

---

242) 은행이라고 논의를 전개하지만 금융지주회사의 경우에 소유지분을 제한하는 것도 그 핵심은 은행에 있으므로 논리는 동일하게 될 것이어서, 은행이라고 칭하되, 다만 필요한 경우에는 금융지주회사라고 표시한다.

243) July 2, 1890 Ch. 647, 26 Stat. 209, 15 U.S.C. § 1-7.

화가 되는 것에 제약이 될 수 있지만, 은행을 대형화할 것인가, 소규모의 다수 은행을 유지할 것인가 하는 점은 각국의 사정에 맞춘 정책적인 결단이고, 미국에서조차 이제는 이러한 규제를 완화하여 은행을 대형화하고 있으며, 글로벌화된 환경에서 독일과 같은 곳에서도 은행의 대형화를 통한 투자은행의 경쟁력 강화를 도모하고 있는 상황에서 이 점이 은행 지분 분산 내지 은행의 산업자본에 대한 지배를 금지하여야 하는 이유는 될 수 없다고 할 것이다.

하지만 한편에서는 이러한 우려는 여전히 지금도 우리 공정거래법에서의 경제력집중에 대한 우려라는 이름으로 존재하고 있으며, 실제로 은행을 산업자본이 집중할 경우 경제력집중이 더 강화될 우려는 분명히 존재한다. 특히 산업에서의 지배적 지위에 있는 기업들이 금융기업을 소유 내지 지배하는 경우에 이에 대한 정부의 적절한 규제 내지 개입이 없으면 이는 시장 내에 유효한 경쟁을 말살시킬 우려가 있다. 따라서 사전 소유 규제이든, 아니면 사후적인 행위규제이든 경제력집중의 억제를 위한 금산 상호 간의 규제가 필요하다는 점에서는 여전히 유효한 논증이라고 보인다.

(2) 자본시장의 환경 변화와 자본시장통합법[244][245]의 출현

산업자본의 보험이나 증권회사의 소유가 은행 소유보다 덜 위험한가? 이미 우리나라의 경우에는 삼성과 같은 소위 재벌그룹들도 이미 보험회사나 증권회사를 계열회사로 두고 있다.[246] 게다가 최근의 금융산업에서는 금융상품의 수렴화와 금융시

---

244) '자본시장과 금융투자업에 관한 법률'(이하 '자본시장통합법'이라 한다.)

245) 법의 구조와 내용에 대해서는 정순섭, "자본시장통합법의 구조와 내용"(김건식 · 정순섭 편, "새로운 금융법체제의 모색", 小花, BFL 총서 권2, 서울대학교 금융법센터 中) 참조.

246) 삼성의 경우에는 에버랜드의 금융지주회사 문제로 인하여 여러 차례 문제가 발생하였다. 다소 길지만, 아래의 기사는 삼성과 금융지주회사의 지배구조와 관련된 사 간의 논의를 정리하는 데 도움이 될 것을 보여 각주에 붙인다 (http://www.e-today.co.kr/200707/news/newsview.php?TM=news&SM=0101&idxno=155129).
아래는 신문기사로서 사실과 주장이 혼재되어 있고, 매우 논란이 있을 수 있는 부분이지만, 이와 같은 논란이 있다는 점에서 인용한다(최종접속 2008.3.15.).
'삼성은 '이재용 - 에버랜드 - 생명 - 전자 - 카드 - 에버랜드'로 이어지는 순환출자를 통해 그룹과 총수일가의 지배력을 유지하고 있다. 이러한 지배구조는 현행 금산분리 체제하에서는 불화를 빚을 수밖에 없다. 금산분리 원칙이 유지되는 한 지배구조의 핵심이자 이재용 삼성전자 전무가 최대주주로 있는 에버랜드가 금융지주회사가 되는 길을 피하기 힘들기 때문이다. 삼성은 현행 금융지주회사법으로도 보험회사인 삼성생명을 중심으로 금융지주회사 설립이 가능하다. 그러나 삼성생명의 상장을 미루고 있다. 지난해 개정된 금산법 개정안은 '금융계열사와 비금융계열사가 상호 지분을 5% 이상 보유할 수 없다.'는 규정을 담고 있다. 이로 인해 삼성은 생명과 전자를 두 축으로 하는 순환출자 구조를 해소해야 한다. 순환출자 지분 일부는 2년 뒤부터 의결권이 묶이고, 일부는 5년 안에 처분해야 한다. 에버랜드가 지닌 삼성생명 지분 13.34% 중 8.34%, 삼성생명이 지닌 삼성전자 지분 7.26% 중 2.26%를 팔아야 한다. 총수일가가 핵심계열사인 삼성전자 지배권 약화도 낳을 수 있다. 따라서 이재용 전무의 경영권 승계에도 차질이 빚어질 수 있다. 삼성이 삼성생명의 상장을 서두르지 못하는 까닭이 여기에 있는 것이다. 삼성 입장에서는 금산분리가 완화돼 현재의 구도를 유지하는 게 최상의 시나리오다.
삼성으로서는 이러한 고민을 해소할 수 있는 길이 지난해 말 이후 열리고 있다. 재정경제부가 지난 연말 발표한 보

장의 통합화가 이루어지고 있다.[247] 소유규제와 같은 진입규제의 경우에도 기관별 입법을 하고 있는 현재의 모델에서 각각의 진입기준으로 고유업무를 각각 '간접투자자산운용업법[248]'은 자신의 고유 규정을, '은행법'은 은행업에 대한 고유규정을 각자 가지고 있다. 따라서 고유 업무 가운데 일부의 업무에 특화하려는 금융기관의 경우에는 매우 높은 진입장벽으로 진입규제가 작동하고 있는 상황이다.[249] 반대의 방향으로는 금융기관의 융복합화로 인한 진입규제의 재조정이 요구되어 진입장벽을 높여야 할 경우도 생각하여 볼 수 있다.[250]

보험업이나 증권업에 국한하여 은행과 비교하여 본다고 하더라도, 은행은 앞서 본 것과 같은 특징을 가지고 있어 보험업과 증권업과는 구별된다. 특히 산업자본이 은행을 장악할 경우에는 산업자본이 은행의 경영권을 장악하여 지배하는 경우에 은행의 여신에 대한 판단이 경제적인 이득에 의하여 이루어지는 것이 아니라, 은행을 장악하고 있는 비금융기업에 의하여 결정되게 될 위험이 있다는 것이 은행을 달리 취급하여야 할 이유였다고 한다면, 이에 대한 반론은 앞서와 같은 자본시장에서의 환경 변화로 인하여 실제에 있어 보험회사나 증권회사도 실질적으로는 여신기능이 있고, 자본시장의 통합화로 인하여 은행과 증권, 보험회사 간 역할의 구별이 점차 명확하여지고 있지 않은 상황에서 은행 내지 금융지주회사에 대해서만 보험이나 증권에 비하여 더 강한 소유규제를 하는 것이 정당화될 수 있는가에 대해서는 여전히 의문이 있다는 것이다.

하지만 그럼에도 불구하고, 분명한 것은 경영상 의사결정에 편향을 가지고 올 수

험업법 개정안에 따르면 자회사 보유 지분을 15%로 완화하는 선에서 보험사가 지주회사로 전환할 수 있도록 규제를 완화하는 내용을 담고 있다. 현행법에 따라 삼성생명이 지주회사로 전환되면 삼성전자 지분을 모두 팔아야 한다. 다른 삼성 계열사들이 이를 되사기 위해 필요한 비용은 6조 3000억 원으로 추정된다. 삼성은 이번 개정안이 확정되면 이 고민을 해소할 수 있다. 보유 지분 완화에 따라 삼성그룹의 현재 지배구조가 그대로 유효하게 된다. 삼성카드가 에버랜드 지분만 내다 팔면 순환출자 구조가 해소되고 에버랜드를 보험 지주회사로 전환할 수 있는 요건도 성립된다. 즉 이재용 전무가 에버랜드를 지배하고 에버랜드가 삼성생명을 통해 삼성전자를 지배하는 구조 유지에 삼성은 더 이상 고민하지 않아도 된다. 재경부 관계자는 "삼성그룹은 순환출자 구조가 복잡해 개편으로 인한 직접 수혜는 어려울 것"이라고 밝혔다.

247) 이중기, 금융업 진입규제의 새로운 발전방향(김건식·정순섭 편, "새로운 금융법 제제의 모색", 小花, BFL 총서 권 2, 서울대학교 금융법센터 中) 124면.

248) 자본시장통합법이 법률 제8635호로 2007.8.3. 제정 공포됨으로써 우리나라의 자본시장과 관련된 법제는 자본시장통합법을 중심으로 기존의 법체계를 기본에서부터 다시 봐야 하는 새로운 시점에 이르게 되었다. 부칙 제1조에 따라 이 법은 공포 후 1년 6개월이 경과한 날부터 시행되게 되어 있으며, 이 법의 시행을 위한 시행령(안)이 2008.4.7. 입법 예고되었다. 자본시장통합법 제2조는 '간접투자자산운용업법'을 폐지하고 있다.

249) 이중기 교수는 부동산의 간접투자만을 영위하려는 자산운용사를 그 예로 들고 있다(상계논문, 125면).

250) 보험회사가 사실상 예금수신업무를 수행하는 경우 은행업 수준으로 그 진입규제를 높여야 할 것인가와 같은 문제.

있으므로 규제하여야 할 필요성이 있다는 점은 앞서와 은행의 특수성과 결합하여 보면, 수긍될 수 있을 것이다. 그러므로 은행이 보험업이나 증권업에 비하여 약화되기는 하였으나 여전한 특수성을 가지고 있고, 그 특수성이 금융 및 이를 통한 산업 전반에 미치는 영향이 크다고 판단되는 한 은행에 대해서는 추가적인 규제가 필요하다는 논거가 될 수 있다.

(3) 금융시장의 구조와 산업자본과 금융자본의 분리

금융시장의 발달단계와 산업자본과 금융자본의 분리는 서로 연관이 있지 않나 하는 점을 검토하여 볼 실익이 있다.[251] 독일의 경우에서 보는 바와 같이 자본시장의 발달에 따라, 굳이 분리하지 않더라도 시장에서 투자은행과 상업은행 기능 간의 방화벽이 없을 경우에 대한 우려에 대한 답으로 스스로 시장압력을 의식하여 분리하는 것을 염두에 둘 수 있다면, 굳이 법적으로 이를 분리할 필요는 없지 않나 하는 주장을 할 수 있을 것이다. 하지만 의사결정에 대한 편향 내지 왜곡된 의사결정의 우려를 자본시장의 발달이 완전히 불식할 수 없는 현재의 시장 상황에서 우려를 불식시킬 수 있는 충분한 시장압력이 있는지 또는 있을 수 있는지에 대하여 긍정적인 답을 할 수 없다면 소위 금산분리를 완화할 실증적인 근거로 사용하기는 어렵다고 본다.

직접금융시장 중심 경제인 미국과 은행 중심 경제였던 독일의 예와 비교하여, 우리의 경우는 독일의 예와 가깝고, 그 이전에는 정부 주도의 관치 금융에 더하여, 금융시장의 미발달로 자체적인 내부자금조달이 필요하였기 때문에 발생하였던 재벌구조와 결합하여 보면, 오히려 직접금융시장의 발달은 은행에 대한 감시자의 증가로 시장 압력을 높이는 요인이 될 수 있는 반면, 한편으로는 은행 중심 경제에서의 은행과 산업의 교차적인 결합이 완화되는 원인으로 작용하는 양쪽의 면이 다 존재하여 직접금융시장인 자본시장의 발달이라는 이 요소에 의하여 어느 한쪽으로 결론을 내릴 수는 없다고 본다.

(4) 국제적인 자본시장의 관점

앞서 미국에서의 1933년 위기 상황의 전개와 관련하여, 특정한 주에서의 은행에

---

251) 금융시장의 발달이 은행 중심의 간접금융시장에서 증권시장과 같은 직접금융시장으로 발전하는 양태를 가진다고 생각한다. 이러한 전제가 틀렸다고 하더라도 자본시장 즉 직접금융시장 위주로의 금융시장의 변화라는 측면에서 본다고 하더라도 동일한 결론에 이를 수 있다고 본다.

대한 강제적인 지불유예조치가 다른 주에 대한 위기에 대한 신호로서 기능을 하여, 새로운 위기를 발생시키거나 위기를 강화하는 방식으로 작동하였다는 점에 대하여 언급한 바 있다.[252] 미국에서의 주 간에 발생하였던 위와 같은 문제가 국제적인 금융환경이 상호 연계하여 움직이고 있는 현재의 국제금융환경하에서, 더구나 파생상품의 등장과 복잡성의 강화로 인하여 각국 금융감독기관에서의 감독의 곤란성이 현저하게 증가된 지금 위기상황의 전염 가능성과 전염의 속도는 점증하고 있다. 이로 인하여 국제적인 금융감독기구 간의 협력의 필요성도 증대되고 있다.[253]

한편, 새로운 유형의 금융투자기구가 생기면서,[254] 산업자본과 금융자본의 분리를 사실상 형해화할 수 있는 가능성이 증가하고 있다. 역외 기업에 의한 국내 은행의 인수에 대한 규제가 실질적으로는 규정을 동일하게 하더라도 규제기관의 정보량 부족으로 인하여, 사실상 국내 기업에 대하여 역차별적으로 작동할 수도 있다. 이러한 실질적인 역차별 가능성을 무시하면, 역외 기업이 국내 은행을 인수하는 것에 대해서도 동일한 규제를 하여 역외의 금융기업들이 인수하는 것에 대하여 별도의 제한을 두지 않는 경우에 소위 국내 기업에 대한 역차별 문제는 형식적으로 존재하지 않을 것이다. 하지만 경제규제는 실질에 기초하여야 하고, 그 규제로 실제로 작동할 수 있는가 하는 점이 반드시 고려되어야 한다. 이 점은 따라서 금융산업에서의 산업자본과 금융자본의 분리에 대한 현재의 규제를 완화할 실익이 있을 수 있음을 보여 주는 점이라고 할 것이다.

4. 산업자본과 금융자본의 분리의 이유: 산업정책적 고려

산업정책적인 관점에서 현재 국내 금융기업들이 다른 은행을 인수할 수 있는 여력이 있는가 하는 문제는 반드시 실질적으로 검토되어야 하는 것임이 분명하다. 우리의 경우에는 1997년 외환위기 이후 많은 은행이 외국 자본인 론스타(Lone Star)에 의하여 인수된 외환은행과 같은 경우나 '스탠다드 차터스(Standard Charters)'에 의하여 인수된

---

252) Macey, *op cit* pp.57－59 참조.

253) Peter C. Hayward, "Prospects for International Cooperation by Bank Supervisors", 24 Int'l Law. 787, 799(1990) 참조.

254) '자본시장통합법'에서도 이러한 점을 인식하여 사모투자전문회사의 경우 제275조에서 은행 및 은행지주회사 주식의 소유제한이라는 규정을 두고 있다고 보인다. 이러한 사모투자전문회사 등을 포함한 펀드와 같은 집합투자기구의 등장과 특히 역외 펀드의 증가로 인하여 지배(Control) 개념은 매우 규정하기도 어렵고, 규제기관의 입장에서도 이를 포착하여 입증하기도 어려운 상황이 되어 가고 있다.

제일은행과 같은 경우를 제외하고는 우리은행의 예와 같이 정부가 공적 자금을 투여하여 정부가 주주가 되었다. 결국 현재의 은행 매각과 관련된 논의는 은행 민영화 논의가 되고, 정부로서는 공적 자금의 회수율을 높여야 한다는 부담을 받게 되어, 민영화 일정의 속도에 대한 고려를 정치적으로 할 수밖에 없는 상황인 것으로 보인다.[255]

그러나 은행의 경우에는 민영화를 국내의 산업자본에 지분을 매각하는 방식으로 경영권을 넘기든지, 해외 자본에 지분을 매각하는 방식으로 경영권을 넘기든지 은행이 가지는 국가 금융체제에서의 중요성과 이에 기초한 효과의 크기를 감안한다면, 그 결정은 결코 현실적인 상황과 이론적인 기초에 대한 측면이 동시에 충분히 고려되지 않으면 안 된다. 국가의 정책판단은 이론적인 정합성만을 추구할 수 없는 면이 있다. 은행 및 금융시스템에 대하여 국가별로 상이한 규제가 이루어지고, 미국의 경우에 주별로 상이한 규제가 이루어지는 것은 사실 각 국가가 처한 사정을 감안한 점이 크다. 이론적인 정합성은 물론 바탕이 되어야 하지만 정책적인 판단에 있어서 실질적인 산업정책적 고려로서 우리나라에서의 금융의 육성과 국내자본의 유지 및 발전이라는 점을 도외시하여서는 안 된다.

5. 소결

은행의 소유지배 구조와 관련하여, 산업자본에 의하여 은행이 소유되고, 통제되지 않도록 하는 것은 은행의 의사결정에 대한 편향의 방지라는 점에서 은행의 특수성과 국가 전체의 지불, 결제 및 청산 시스템의 마비 우려 내지 시스템적 리스크의 우려를 결합하면, 금융자본과 산업자본에 분리의 타당성은 분명히 존재한다. 그러므로 이러한 점에서 소유지분의 제한을 하도록 하는 시스템은 그 정당성을 얻을 수 있다.

하지만 그 정도의 문제에 이르게 되면, 이러한 정도의 문제 내지 규범 설계의 세부적인 튜닝의 관점에서는 산업정책적인 고려도 아울러 이루어져야 하며, 함께 국제적인 자본시장의 추이도 같이 고려되어야 한다. 따라서 이론적인 관점에서 소유규제 자체의 정당성을 찾을 수 있다고 하더라도 실질적인 현행 규범의 정당성은 개별적인 논의가 필요하다. 따라서 Ⅳ.에서 현행법을 이러한 기준으로 검토하여 보

---

255) 우리은행과 산업은행의 지분을 매각하는 것이 동일하지는 않다고 보지만 본고에서는 이를 구별하지 않는다.

기로 한다.

Ⅳ. 현행법상 은행 등에 대한 소유규제와 입법론

1. 도입

우리 현행법상 금산분리의 의미는 무엇인가? 현재도 금산분리는 완벽하게 이루어지는 형태의 규제는 아니다. 그러므로 현재의 상황에서 금산분리를 완화한다는 것은 정도의 문제라고 할 것이다. 그러므로 금산분리의 의미에 대한 논의는 두 가지 관점에서 접근이 가능할 것이다. 하나는 금융기업, 예를 들어 은행이 비금융기업을 소유하여서는 안 된다는 평면(dimension)과 비금융기업이 은행을 소유하여서는 안 된다는 평면[256]이 있다는 점은 이미 본 바와 같다. 하지만 어느 경우에나 반드시 금지되어야 할 절대불변의 진리는 아니라고 할 것이고, 정책적인 결단의 문제이다. 그 예로, 현행 은행법에서도 예외적으로 은행이 금융감독위원회의 승인을 얻어서 의결권 있는 발행주식의 100분의 15를 초과하는 주식을 소유할 수 있도록 하는 예외를 규정하고 있다. 금융감독위원회가 정하는 업종에 속하는 회사 또는 기업구조조정 촉진을 위하여 필요한 경우라는 은행법 제37조 제2항[257]의 규정 태도에서 볼 때 외환위기 상황에서 은행이 가지고 있는 채권을 출자전환(debt - equity - swap) 하는 상황에서 지분이 초과하는 경우 등이 주로 상정되었던 상황이었던 것으로 보인다.

한편, 금융지주회사에 대한 소유지분규제는 소위 금융전업그룹의 육성이라는 정책적인 과제와 금융계열사와 비금융계열사의 분리라는 정책적인 목적을 가지고 있어, 앞서 은행의 경우와는 다소 다른 '그램 - 리치 - 브라일리법'이 의도하였던, 금융(finance)과 비금융의 분리를 목적으로 하고 있는 것으로 보인다.

이하에서는 앞서의 논의를 바탕으로 하여 현행법을 살펴보고, 이에 기초한 입법적인 대안을 제시하여 보기로 한다.

---

256) 우리 은행법은 은행이 원칙적으로 다른 회사의 의결권 있는 발행주식의 100분의 15를 초과하는 주식을 소유할 수 없도록 규정하고 있다(은행법 제37조 제1항).

257) 은행법 제37조 2항을 보면 "금융기관은 제1항의 규정에 불구하고 금융감독위원회가 정하는 업종에 속하는 회사 또는 기업구조조정을 위해 필요한 것으로 금융감독위원회의 승인을 얻은 경우에는 의결권 있는 발행주식의 100분의 15를 초과하는 주식을 소유할 수 있다."라고 규정하고 있다.

2. 우리나라에서의 은행 소유 구조에 대한 규제 현황

(1) 은행 소유구조에 대한 규제[258]

우리나라의 은행 지배구조에 대한 규제의 기본적인 구조는 현행법의 소유규제와 행위규제를 병행하여 사용하고 있다. 이 중 소유규제만 살펴보면 다음과 같다.

1) 동일인 보유 한도의 제한

우리나라의 경우 1982년을 전후하여 은행의 민영화가 이루어지게 되었다. 1982.12.31.에 이루어진 은행법 개정에서 은행이 대주주의 사금고화가 되는 것을 방지하기 위한 수단으로 동일인 주식보유한도가 설정되었다.[259] 당시 개정된 은행법 제17조의 3[260]에 의하면 동일인은 원칙적으로 은행의 의결권 있는 발행 주식 총수의 100분의 8을 초과하여 보유하지 못하도록 하였다.

2007년 개정법은 2002.4.27. 전면 개정 후에 일부 동일인 보유한도에 대한 개정이 이루어졌고, 10%를 한도로 하여 그 상한을 올렸다.[261] 여기서 '동일인'이라 함

---

258) 논문 차원에서 현행법의 규제체제에 대한 상세한 설명으로는 김용재, "銀行株式 所有規制에 관한 一考", 기업법연구, 한국기업법학회(2006) 179 - 197면 참조.

259) "금융감독제도", 금융감독원, 2004.11. 2면.

260) ① 同一人은 金融機關의 議決權 있는 發行株式總數의 100分의 8을 초과하는 株式을 所有하거나 事實上 支配하지 못한다. 다만 政府가 株式을 所有하는 경우, 外國과의 合作投資에 의해 設立된 金融機關의 株式을 所有하는 경우 및 全國을 營業區域으로 하지 아니하는 金融機關의 株式을 所有하는 경우 등에 대하여 大統領令이 정하는 경우에는 그러하지 아니하다.
　② 金融機關의 議決權 있는 發行株式總數의 100分의 8을 초과하는 株式을 同一人이 所有하거나 事實上 支配하고 있는 경우에는 遲滯 없이 第1項에서 정한 限度에 적합하도록 하여야 하며, 이 경우 당해 株式의 議決權行使의 범위는 議決權 있는 發行株式總數의 100分의 8로 제한한다. 다만 第1項의 規定에 의한 大統領令이 정하는 경우에는 그러하지 아니하다.
　③ 第1項 및 第2項에서 同一人이 所有하거나 事實上 支配하는 株式의 범위 기타 필요한 事項은 大統領令으로 정한다. [本條新設 1982.12.31.]

261) 현행 은행법 제15조는 다음과 같이 동일인 한도 제한을 하고 있다(은행법 일부개정 2007.8.3. 법률 제8635호 제2조 제1항 8호(이하 '은행법')).
　① 동일인은 금융기관의 의결권 있는 발행주식 총수의 100분의 10을 초과하여 금융기관의 주식을 보유할 수 없다. 다만 다음 각 호의 1에 해당하는 경우와 제3항 및 제16조의 2 제3항의 경우에는 그러하지 아니하다.
　　1. 정부 또는 예금자보호법에 의한 예금보험공사가 금융기관의 주식을 보유하는 경우
　　2. 지방금융기관의 의결권 있는 발행주식 총수의 100분의 15 이내에서 보유하는 경우
　② 동일인(대통령령이 정하는 자를 제외한다.)은 다음 각 호의 1에 해당하게 된 때에는 대통령령이 정하는 바에 따라 금융감독위원회에 보고하여야 한다.
　　1. 금융기관(지방금융기관을 제외한다. 이하 이 항에서 같다.)의 의결권 있는 발행주식 총수의 100분의 4를 초과하여 주식을 보유하게 된 때
　　2. 제1호에 해당하는 동일인이 당해 금융기관의 최대주주가 된 때
　　3. 제1호에 해당하는 동일인의 주식보유비율이 당해 금융기관의 의결권 있는 발행주식 총수의 100분의 1 이상 변동된 때
　④ 금융감독위원회는 제3항의 규정에 의한 승인을 하지 아니하는 경우에는 대통령령이 정하는 기간 이내에 신청인

은 본인 및 그와 대통령령이 정하는 특수관계에 있는 자[262]를 말한다.[263] 이러한 동일인의 지분소유는 자기 또는 타인 명의로 소유하거나 계약 등에 의하여 의결권을 가지는 경우를 모두 포함한다고 할 것이다.

2) 의결권의 제한

동일인은 일정한도[264]를 각각 초과할 때마다 금융감독위원회의 승인을 얻어 금융기관의 주식을 보유할 수 있다. 다만 금융감독위원회는 은행업의 효율성과 건전성

에게 그 사유를 명시하여 통지하여야 한다.

⑤ 제3항의 규정을 적용함에 있어서 금융기관의 주식을 보유할 수 있는 자의 자격, 주식보유와 관련한 승인의 요건·절차 그 밖에 필요한 사항은 당해 금융기관의 건전성을 저해할 위험성, 자산규모·재무상태의 적정성, 당해 금융기관으로부터의 신용공여규모, 은행업의 효율성과 건전성에의 기여 가능성 등을 감안하여 대통령령으로 정한다.

⑥ 투자회사가 제3항의 규정에 의한 승인을 얻어 금융기관의 주식을 보유하는 경우 당해 투자회사에 대해서는 「자본시장과 금융투자업에 관한 법률」 제81조 제1항 제1호 가목 및 다목의 규정을 적용하지 아니한다. 〈개정 2007.8.3.〉 [전문개정 2002.4.27.]

262) 이하 '특수관계인'이라 한다. 시행령 제1조의 4에서는 특수관계인을 다음과 같이 정의한다.

법 제2조 제1항 제8호에서 '그와 대통령령이 정하는 특수관계에 있는 자'라 함은 본인과 다음 각 호의 1에 해당하는 관계에 있는 자를 말한다.

1. 배우자·8촌 이내의 혈족 및 4촌 이내의 인척. 다만 독점규제및공정거래에관한법률시행령 제3조의 2 제1항 제2호 가목의 규정에 의한 녹립경영자 및 동 목의 규정에 의하여 공정거래위원회가 동일인 관련자의 범위로부터 분리를 인정하는 자는 그러하지 아니하다.

2. 본인 및 제1호 또는 제4호의 자가 임원의 과반수를 차지하거나 이들이 제3호 또는 제5호의 자와 합하여 100분의 50 이상을 출연하였거나 이들 중의 1인이 설립자로 되어 있는 비영리법인·조합 또는 단체

3. 본인 및 제1호·제2호·제4호의 자가 의결권 있는 발행주식 총수(지분을 포함한다. 이하 같다.)의 100분의 30 이상을 소유하고 있거나 이들이 최다수 주식소유자로서 경영에 참여하고 있는 회사

4. 본인, 제2호 또는 제3호의 자에게 고용된 자(사용자가 법인·조합 또는 단체인 경우에는 임원을 말하고, 개인인 경우에는 상업사용인, 고용계약에 의하여 고용된 자 또는 그 개인의 금전이나 재산에 의하여 생계를 유지하는 자를 말한다.)

5. 본인 및 제1호 내지 제4호의 자가 의결권 있는 발행주식 총수의 100분의 30 이상을 소유하고 있거나 이들이 최다수 주식소유자로서 경영에 참여하고 있는 회사

6. 본인이 독점규제및공정거래에관한법률 제2조 제2호의 규정에 의한 기업집단(이하 '기업집단'이라 한다.)을 지배하는 자(이하 '계열주'라 한다.)인 경우에 그가 지배하는 기업집단에 속하는 회사(계열주가 단독으로 또는 독점규제및공정거래에관한법률시행령 제3조 제1호 각 목의 1 및 동 조 제2호 각 목의 1에 해당하는 관계에 있는 자와 합하여 동 조 제1호 및 제2호 본문의 요건에 해당하는 외국법인을 포함한다. 이하 이 조에서 같다.) 및 그 회사의 임원

7. 본인이 계열주와 제1호 또는 제2호의 규정에 의한 관계에 있는 자이거나 계열주가 지배하는 기업집단에 속하는 회사의 임원인 경우에 그 계열주가 지배하는 기업집단에 속하는 회사 및 그 회사의 임원

8. 본인이 기업집단에 속하는 회사인 경우에 그 회사와 같은 기업집단에 속하는 회사 및 그 회사의 임원

9. 본인 또는 제1호 내지 제8호의 자와 합의 또는 계약 등에 의하여 금융기관의 발행주식에 대한 의결권(의결권의 행사를 지시할 수 있는 권한을 포함한다.)을 공동으로 행사하는 자 [본조신설 2002.8.21.][종전 제1조의 4는 제1조의 7로 이동 〈2002.8.21.〉]

263) 은행법 제2조 제1항 8호.

264) 은행법 제15조 제3항.

1. 제1항 각 호 외의 부분 본문에서 정한 한도(지방금융기관의 경우에는 제1항 제2호에서 정한 한도)
2. 당해 금융기관의 의결권 있는 발행주식 총수의 100분의 25
3. 당해 금융기관의 의결권 있는 발행주식 총수의 100분의 33

에의 기여 가능성, 당해 금융기관 주주의 보유지분 분포 등을 감안하여 필요하다고 인정되는 때에 한하여 각 호에서 정한 한도 외에 별도의 구체적인 보유한도를 정하여 승인할 수 있으며, 동일인이 그 승인받은 한도를 초과하여 주식을 보유하고자 하는 경우에는 다시 금융감독위원회의 승인을 얻어야 한다.

동일인이 위와 같은 승인을 받지 않고, 제15조에서 정하고 있는 한도를 초과하여 보유하는 주식의 경우에는 초과보유 주식에 대해서는 의결권행사가 제한되며, 초과 보유분을 지체 없이 처분하여야 하는 것으로 규정하고 있다.[265] 그리고 금감위는 한도초과보유주식을 처분하지 않는 경우 6개월 이내의 기간을 정하여 처분을 명령할 수 있도록 규정한다.[266]

3) 비금융주력자에 대한 추가적인 제한

비금융부문의 자본비중이 25% 이상이거나 비금융부문의 자산합계가 2조 원 이상인 자나 이러한 자가 4%를 초과하여 투자한 증권투자회사를 의미하는 비금융주력자의 경우에는 원칙적으로 의결권 있는 발행주식 총수의 4%를 초과하여 은행주식을 보유할 수 없도록 규정하고 있으며, 비금융주력자가 4% 초과보유분에 대한 의결권을 행사하지 않는 조건으로 재무건전성 등의 요건을 충족하여 금감위의 승인을 얻는 경우에는 10% 이내로 보유 가능하다.[267]

(2) 금융지주회사의 소유규제[268]

1) 개념

금융지주회사법[269]은 '금융지주회사'라 함은 주식(지분을 포함한다. 이하 같다.)의 소유를 통하여 금융업을 영위하는 회사(이하 '금융기관'이라 한다.) 또는 금융업의 영위와 밀접한 관련이 있는 회사를 대통령령이 정하는 기준에 의하여 지배(이하 '지배'라 한다.)하는 것을 주된 사업으로 하며 1 이상의 금융기관을 지배하는 회사

---

265) 은행법 제16조 제1항.

266) 은행법 제16조 제2항.

267) 은행법 제16조의 2.

268) 이에 대한 선행적인 연구로 김용재, "겸업주의와 금융그룹의 설립방식에 관한 고찰 – 지주회사 방식과 자회사 방식의 비교", 상사법연구 제19권 제3호, 상사법학회(2001); 김문재, "금융지주회사법에 대한 분석과 제언", 비교사법, 한국비교사법학회(2000).

269) 정의조항인 금융지주회사법 제2조는 개정되어, 2009.2.부터 개정된 조항이 발효된다.

로서 제3조의 규정에 의한 인가를 받은 회사를 말한다고 규정하고 있다.[270]

이와 구별되는 개념이 은행지주회사인바, 우리 금융지주회사법은 은행지주회사라 함은 (i) '은행법'에 따른 인가를 받아 설립된 금융기관,[271] (ii) '장기신용은행법'에 따른 장기신용은행, (iii) '은행법' 제2조 제1항 제1호의 은행업을 영위하는 금융기관으로서 대통령령이 정하는 금융기관, (iv) 앞의 금융기관을 지배하는 금융지주회사로서 앞의 (i) 내지 (iv)의 회사를 포함하여 1 이상의 금융기관을 지배하는 금융지주회사를 말한다고 정의하고 있다[272].

2) 규제의 필요성: 산업자본에 의한 금융자본의 지배에 대한 우려

금융지주회사에 대한 소유규제의 필요성에 대하여, 긍정하는 견해의 논자는 금융지주회사는 금융자회사(군)를 소유 지배하는 지주회사로서, 이러한 금융지배회사를 설립하기 위해서는 많은 자금이 소요될 것이 예상된다고 하면서, 대기업 혹 대규모 기업집단이 주로 금융지주회사의 설립 주체가 될 것이라고 예상하면서도,[273] 대기업이 금융기관을 지배한다면, 금융자본은 산업자본에 의하여 종속되어 독자적인 금융자본의 형성과 발전이 저해되고, 금융시장 전체의 흐름을 왜곡시켜 경제시스템 전체의 흐름을 왜곡시켜 경제시스템 전체에 악영향을 미치게 된다고[274] 하면서, 이러한 상황에서 대기업이 금융기관을 지배하는 것을 허용하여서는 안 되며, 특히 금융지주회사의 경우에는 상대적으로 소규모 자본으로 다수의 금융기관을 지배하는 것이 가능하므로, 금융지주회사에 대한 소유제한을 완화할 경우 산업자본에 의한 은행지배와 경제력집중 및 금융기관의 사금고화가 우려된다고 하면서, 이러한 근거에서 은행자회사를 보유한 금융지주회사에 대하여 소유한도를 제한하여 금융자본과 산업자본을 분리할 필요가 있다[275]고 하는 논리를 전개한다.

이러한 논지에 의하면 금융지주회사, 특히 은행지주회사를 포함한 금융지주회사의 경우에는 은행에 대한 소유 규제에 비하여 더 강력한 소유규제를 하여야 할 것

---

270) 금융지주회사법 제2조 제1항 제1호.

271) '은행'을 말한다.

272) 금융지주회사법 제2조 제1항 제5호.

273) 김문재, 전게논문, 808면.

274) 相宅幸悅, "Universal Banking and Financail Services Holding Company – 日本の 金融 システムの 將来 像"(日本評論社, 1996), 159面(김문재, 상게논문, 같은 면).

275) 김문재, 상게논문, 같은 면.

이다. 왜냐하면 은행을 소유하는 경우보다, 정보의 집중이나 경제력의 집중이라는 관점에서 더욱더 강도가 높아질 것이 예견되기 때문이다.

3) 현행법상 금융지주회사에 대한 소유규제

(가) 입법취지

금융지주회사법은 제3장에서 소유규제를 규정하고 있는바, 이 제3장의 입법취지에 대하여, 2000년 제정 당시 국회의 전문위원 심사보고서는 다음과 같이 적시하고 있다.[276)

> *(1) 금융기관에 의한 금융지주회사의 지배금지와 은행지주회사 주식의 보유제한(의결권 있는 발행주식 총수의 4%)을 근간으로 하고 있는 금융지주회사의 소유구조문제에 대해서는 외국인에 대한 내국인의 역차별을 해소하고, 금융기관의 소유 및 경영상의 탄력성을 제고하기 위하여 단계적으로 은행지주회사에 대한 소유제한을 완화해야 한다는 주장도 제기되고 있으나, 금융지주회사는 상대적으로 소규모 자본으로 다수의 금융기관 지배가 가능하므로 은행지주회사에 대한 소유제한을 완화할 경우 산업자본에 의한 은행지배와 경제력집중 및 금융기관의 사금고화가 우려되기 때문에 이를 방지하기 위한 장치로서 은행자회사를 보유한 금융지주회사에 대해서도 은행법상의 동일인 소유한도를 동일하게 적용하는 한편, 금융자본의 육성을 위하여 금융전업자에 대해서는 예외를 허용하여 소유제한을 완화하고 있는 것으로 이해됨.[277)*

> *(2) 안 제8조에서는 은행지주회사에 대하여 은행법과 동일한 소유한도(4%)제한을 부과하되, 금융전업자를 포함한 동일인 등에 대해서는 예외를 인정하는 한편, 안 제9조에서는 금융전업자를 포함한 동일인이 은행지주회사 주식을 보유함에 있어서 10%까지는 금융감독위원회에 신고, 10% 초과 시·25% 초과 시·33% 초과 시마다 금융감독위원회의 승인을 얻도록 하며, 안 제10조에서 외국인에게는 은행법 규정에 따른 은행소유한도를 은행지주회사의 주식보유에 관하여 이를 준용토록 하고, 안 제11조에서는 보유한도 초과주식의 의결권 행사 금지 및 초과한도의 해소의무를 부여함과 동시에 동 의무를 준수하지 아니하는 경우에 6개월 이내의 기간을 정하여 한도 초과주식에 대한 처분명령권을 금융감독위원회에 부여하며, 안 제14조에서는 은행법에 불구하고 금융지주회사가 은행주식을 4% 이상 보유할 수 있도록 하고, 금융전업증권투자회사에 대하여 증권투자회사법 및 공정거래법 규정에 대한 특례를 인정하며, 금융전업증권투자회사의 자산운용을 담당할 금융전업기업가에 대하여 증권투자회사법에 의한 등록의무를 배제하는 등 은행법·증권투자회사법 등에 대한 특례규정을 두고 있음.[278)*

---

276) http://likms.assembly.go.kr/bill/jsp/BillDetail.jsp?bill_id=016164(최종접속 2008.3.19.).

277) 재정경제위원회 전문위원 김문희의 심사보고서 16-17면.

278) 위 심사보고서, 18-19면.

결국 위의 전문위원 심사보고서에서 알 수 있는 것과 같이 금융지주회사의 경우에도 소유규제의 기본적인 방향은 은행법상의 동일인 지분보유의 상한을 그대로 유지하는 것임을 알 수 있다.

(나) 현행법상 규정 체제

제7조에서 금융지주회사와의 지배관계와 관련된 조항이 있지만, 그 이외의 소유지배구조에 대한 구조는 위의 입법취지에서 알 수 있는 것과 같이 은행에 대한 것과 거의 유사하다. 다만 입법취지에서도 본 것처럼 금융산업을 육성하기 위하여 금융주력자와 비금융주력자를 구별하여 그 소유에 구별을 둔 것은 금융지주회사법이 추구하는 또 다른 목적으로 인한 차이라고 이해할 수 있을 것이다.[279) 따라서 이하에서의 대안 제시와 검토에서는 금융지주회사의 경우를 별도로 볼 필요 없이 은행을 보면 같은 연장선상에서 규제 설계를 할 수 있다고 판단되므로, 은행에 대하여 검토하기로 한다.

(3) 현행법상 소유규제에 대한 선행연구의 검토

1) 선행연구의 내용

앞서 언급한 것과 같이 한국에서의 은행 소유규제에 대한 선행연구는 그리 많지 않다.[280) 금융지주회사의 경우에도 입법 당시의 상황에서의 연구 이상의 연구가 진행된 것은 쉽게 찾기 어려웠다.[281) 이러한 소유규제에 대하여 다음은 의미 있는 비판이다.

> *다음으로 산업자본의 주식소유규제는 규범의 국제정합성 측면에서 수준미달이다. 왜냐하면 이는 엄격히 소유를 금지하는 사전규제에 해당하는 때문이다. 더욱이 은행법 제16조의 2 제2항 내지 제6항에 따라 각양각색의 예외조항들을 구비한 상황에서 동일인의 주식소유한도와 차별적으로 산업자본에 대한 소유규제를 반드시 유지하여야 하는지 의문이다. 따라서 향후 동일인*

---

279) 예를 들어. 금융지주회사법 제8조의 2 제1항 "비금융주력자(독점규제및공정거래에관한법률 제14조의 2의 규정에 의하여 상호출자제한기업집단 등에서 제외되어 비금융주력자에 해당하지 아니하게 된 자로서 그 제외된 날부터 대통령령이 정하는 기간이 경과하지 아니한 자를 포함한다. 이하 제2항에서 같다.)는 제8조 제1항의 규정에 불구하고 은행지주회사의 의결권 있는 발행주식 총수의 100분의 4(지방은행지주회사의 경우에는 100분의 15)를 초과하여 은행지주회사의 주식을 보유할 수 없다."

280) 김용재, 기업법연구 전게논문(김용재 교수는 이 글에서 "선행연구들을 쉽게 발굴할 수 없다는 것이 현행 규제가 자족적이고 완전무결하다고 단언할 수 있는 증거는 아니다."라고 하고 있다. 타당한 지적이다. 197면).

281) 김문재, 전게논문.

과 산업자본의 주식소유제 규정을 일원화함으로써 명실상부하게 사전적인 소유규제를 대폭 완
화하고 금산분리의 적정성을 담보할 수 있는 세부적인 감독방안을 마련하여야 할 것이다.[282]

2) 검토

앞의 김용재 교수의 선행연구는 산업자본과 금융자본의 분리라는 기본적인 틀에는 동의를 하면서도, 다만 그 규제의 방식이 사전적인 규제라는 점에서 이러한 규제가 사후규제로 변경되는 것이 국제정합성의 관점에서 필요하다고 지적하고 있는 것으로 이해된다.

일단 논의의 출발점으로 언급하여야 할 부분으로 보이는 것은 사전규제와 사후규제의 관계이다. 기본적으로 필자의 이해로도 사전규제는 통상 사후규제에 비하여 규제의 유효성(effectiveness)이라는 관점과 사회적 효율성(efficiency)이라는 관점에서 열후적이다. 왜냐하면 사전규제는 통상 규제되어야 할 총량에 비하여 과잉규제(over-regulation)를 할 수 있기 때문이다. 하지만 사후규제는 사전규제에 비하여 과소규제의 우려가 있다. 왜냐하면 이를 통제하기 위하여 여러 가지 거래비용이 소요되기 때문이다. 다만 이러한 거래비용의 총량은 사회의 총체적인 시스템에 따라 상이할 것이기 때문에 그 양을 정량적으로 산출하는 것은 매우 어려운 일이다. 결국 양자가 모두 장단점을 가지고 있는 규제이기 때문에 우리의 소유규제가 사전규제이므로 절대적으로 잘못되었다고 말할 수는 없다. 선행연구의 논자도 사전규제 보다는 적절하게 이행할 수 있다면 사후규제가 바람직하다는 취지였을 것으로 이해가 되고, 이는 타당한 지적이지만, 우리가 과연 사후규제로 이행할 사회적인 기반을 갖추고 있는지에 대해서는 세부적인 논점에서 섬세하게 검토하여야 한다.

이러한 전제하에서, 선행연구에서 일단 타당성은 인정하고 있는 것으로 보이는 소유규제에 대하여 그 자체는 문제가 없는지에 대하여 앞서의 입법론적 연구와 이론적인 논의를 전제로 하여 대안을 제시하여 보기로 하겠다.

3. 입법론적 대안의 제시

(1) 제1안: 현행법 체제의 유지

첫 번째 대안은 현행법 체제를 유지하는 것이다. 현행법상의 소유규제는 금산분리

---

282) 김용재, 전게논문, 197 – 198면.

와 관련하여, 우리 법이 정하고 있는 중요한 원칙이며, 이를 완화하는 것은 결국 은행이 기업의 사금고화(私金庫化)되는 것을 허용하는 것과 마찬가지라고 이해한다면, 이러한 현행법 체제를 유지하면서, 다만 이를 보강하기 위하여 필요한 부분에 대한 추가 내지 개정을 하는 것을 하나의 대안으로 생각하여 볼 수 있을 것이다.

금융지주회사의 경우에는 금융전업화를 유도하기 위한 목적을 가지고 있다는 점에서, 소유규제의 이유가 다소 다른 것으로 볼 수 있지만, 결국은 은행에 대한 동일인 지분소유제한과 연결되어 이를 금융지주회사를 통하여 우회하지 못하도록 하기 위한 것으로 이해할 수 있어 은행의 경우와 같은 것으로 이해할 수 있다.[283]

결국 은행이건, 금융지주회사이건 현행 규제 체제는 금산분리에 가장 충실한 시스템이라고 할 것임과 동시에 진입규제를 하는 방식으로 강력한 규제를 하고 있으므로 금산분리를 완화할 이유가 없다고 판단하는 견해의 경우에는 오히려 현행법 체제를 유지하는 것이 타당하다고 할 수 있겠다.

(2) 제2안: 소유규제의 완화

제1안과 제3안의 절충안으로 현행과 같이 사전적인 소유규제와 사후적인 행위규제를 그대로 두되, 앞서 본 산업정책적인 관점에서 지금의 4%나, 15% 등과 같은 숫자들이 임의로 주어진 숫자이므로, 외국자본 외에 국내 자본이 현재 상황에서 산업자본을 제외하고는 공적 자금이 투입되었다가 민영화되는 은행 등 금융기관의 소유권을 취득할 수 있는 능력이 현저하게 부족한 상황이므로, 이러한 점을 감안하여, 소유규제를 완화하여 보유할 수 있는 지분에 대한 정도를 완화하여 이러한 가능성을 열어두자는 견해가 있을 수 있을 것이다.

(3) 제3안: 소유규제의 폐지

마지막 대안은 소유규제를 폐지하는 안이다. 이 안에서는 다시 완전히 금융산업, 특히 은행을 다른 산업과 동일하게 취급하자는 주장(제3 - 1안)과 별도 취급의 필요성, 특히 금산분리를 주장하는 논자들의 주장 중 수긍할 수 있는 부분이 있으나, 소

---

283) 국회의 심사보고서에 의하면, '공정거래법상 금융지주회사의 설립이 허용되고 있으나, 손자회사의 금지 등으로 금융지주회사의 장점이 발휘되기 어렵고, 은행법상 소유제한(4%)으로 은행을 자회사로 하는 지주회사의 설립이 사실상 불가능하며, 자회사 주식의 100%를 소유한 지주회사의 설립이 어려워 자회사의 소액주주와 지주회사 간에 이익상충 문제가 발생할 우려가 있을 뿐만 아니라, 금융시스템에 큰 영향을 주는 금융지주회사의 설립 및 운영에 대하여 금융감독위원회의 감독을 받도록 하는 법적 장치가 불비하다는 등의 문제점이 있었다는 점이 문제점'으로 언급되고 있다(금융지주회사법안 심사보고서(2000.7.) 15면).

유규제라는 방식이 아닌 다른 방식의 규제가 이루어지는 것이 옳다는 두 가지 견해로 구별될 수 있을 것이다(제3 - 2안).

전자의 견해는 앞서의 논증에서 금산분리의 전제가 되는 은행의 특수성이라는 관점에서 은행이 반도체 제조업체와 소유규제라는 점에서 달리 취급될 필요성이 없다고 보고, 은행의 소유제한을 폐지하여야 한다는 견해로 이해할 수 있다. 금융지주회사의 경우에는 금융전업화(金融專業化)를 유도하기 위하여 규정된 규정들까지도 모두 삭제하는 방향으로 개정이 이루어져야 할 것이다.

후자의 견해에 의하면, 이렇게 소유규제를 폐지하는 경우에는 행위규제에 의한 소유규제의 대체 가능성을 검토하여야 할 것이다. 왜냐하면 사금고화 우려와 같은 우려는 여전히 소유규제가 폐지되어야 한다고 주장하는 경우에도 전혀 우려가 없다고 말할 수 있는 부분이 아니라고 보는 이 관점에서는 소유규제의 폐지 주장은 소유규제가 달성하려고 하는 정책 목적에 적절하게 부합하는 규제수단이 아니라는 의미에서이기 때문이다.

4. 대안의 검토

이미 제3 - 1안에 대해서는 필자가 은행의 특수성을 인정하고 있고, 이 특수성은 소유지배구조에서 다른 기업과 달리 취급할 실익이 있다고 본다는 점을 언급한 바 있으므로, 제3 - 1안은 검토에서 배제하기로 한다.

(1) 제2안의 검토(소유규제의 완화)

1) 미끄러운 경사길(slippery slope) 논변과 은행소유규제의 완화

(가) 미끄러운 경사길 논변

미끄러운 경사길(slippery slope) 논변이란 일단 시작된 일은 하나의 방향으로 진행되게 되어 있다는 주장이다. 생명윤리와 관련하여 많이 언급된 논변으로 배아줄기세포의 연구를 허용하게 되면, 결국은 생명에 대한 존엄성 자체를 잃게 될 것이라는 것이다. 그러므로 초기에 이와 같은 최종적인 결과를 염두에 두고 의사결정을 하여야 한다는 것으로, 이러한 논변에 대해서는 이것이 논리적인 오류라는 반론도 있다.

개인적으로 이 논변은 타당한 경우가 있고, 논리적인 오류일 경우도 있다고 이해하고 있는 논변으로, 만일 대안 2(소유규제 완화론)가 이러한 논변에 해당된다면,

대안 2는 가장 절충적이고 극단적인 해가 아니기 때문에 매우 매력적인 것처럼 보이지만, 실제로는 우리가 최초에 폐기한 3 - 1안과 같은 안이 될 수 있다.

(나) '그램 - 리치 - 브라일리법'과 '미끄러운 경사길 논변'

앞서 2장에서 본 미국의 경우를 들어 보자. 미국에서 '그램 - 리치 - 브라일리법'(Gramm - Leach - Bliley Act)에서 금융지주회사들에 대하여 비금융행위에 대해서도 상당수준의 행위규제를 완화하는 것에 대하여, 결국 이러한 규제 완화가 비금융기업과의 기업결합까지도 허용하게 되는 일련의 과정의 전초가 되는 것이 아닌가 하는 우려가 있었다.[284] 이러한 논변은 바로 '미끄러운 경사길 논변'의 예이다. 언급한 것처럼 만일 우리가 일단 첫발걸음을 떼고 나면 그 방향을 바꾸거나 멈출 수 없는 경사길을 미끄러져 내려가게 되는데 그것이 우리 모두에게 끔찍한 해가 될 것이기 때문에 첫 발걸음을 떼는 데에 신중해야 한다고 주장하는 논변인 경사길 논변이 적용되는 경우, 지금은 은행지주회사들에 대하여 제약을 두고 있지만, 이 제약마저 풀리게 된다는 것이 이 논변의 결론이다.

(다) 입법과정론과 '미끄러운 경사길 논변'

우리가 실제로 주변의 입법과정에서 가끔 발견할 수 있다고 생각되는 것으로 궁극적으로는 C라는 결과를 의도하는 것이지만, 지금 당장 C라는 결과로 달성하려고 하는 경우에는 강한 저항이 발생할 수 있기 때문에 결국 이를 제한하고, 포장하여, 외견상 C에 대하여 반대할 수 있는 부분을 최소화하여 C가 인정되었을 경우에 발생할 수 있는 해(害)를 최소화할 수 있는 A라는 입법안이 제안되었다고 하자. 이 경우 실제로도 A라는 입법적 대안은 그렇게 그 자체로 문제가 되는 대안은 아니지만, 미끄러운 경사길 논변을 사용하는 경우에는 A라는 입법안은 문제가 없고 동의하여 줄 수 있다. 하지만 이러한 A는 결국 시간이 흐르면서, B라는 입법안이 우위에 있다고 하면서 입법개정을 요구하여 이와 같은 개정이 이루어지게 될 것이고, 결국 마지막에는 최종적인 목적이 C라는 입법적 대안으로 이동하게 될 것이므로, 애초에 초기조건으로 A라는 입법적 대안에 대해서도 반대하여야 한다는 주장을 하게 되는 것이다.

---

284) U.S. Senate Committee on Banking, Housing, and Urban Affairs, the Competitive Equality Banking Act of 1987.

2) 검토: '대안 2'의 경우

금산분리의 논의도 이와 같은 맥락에서 볼 수 있다. 금융산업에 대한 산업자본의 소유에 대한 규제를 제한함으로써 진입규제를 풀어내는 것은 가장 강력한 규제 완화이다. 하지만 이와 같은 규제 완화는 우리가 금산분리를 통하여 달성하고자 하였던 바에 대하여 그 우려가 완전히 불식되지 않은 상황에서 쉽게 동의할 수 없다. 그러므로 산업자본의 금융산업 특히 은행업에 대한 전반적인 진입 허용이라는 대안(C)에 대해서는 역으로 주장을 하는 쪽에서도 쉽게 동의하지 않으리라는 것을 알기 때문에 대신하여, 상대적으로 용이한 은행업에서의 금지행위의 폭을 완화하는 것(A)이나, 아니면 소유규제에서 소유규제의 상한을 조정하는 것과 같은 행위를 허용하도록 하는 것(B)을 도모하는 방향을 잡아서 궁극에 있어서는 은행과 비은행 간의 제휴 등을 통한 소유제한의 형해화를 도모하는 것이 아닌가 하는 의심을 가질 수 있고, 이 경우 앞서의 미끄러운 경사길 논변을 적용하게 되면, 앞 단에서의 규제 강도를 완화시켜 주어서는 안 된다는 결론에 이르게 된다고 할 수 있을 것이다.

대안 2가 이와 같이 작동한 가능성은 상당하다. 그러므로 이 점에 대해서는 일단 결론을 유보하고, '대안 1(현행법 유지론)'이나 '대안 3 – 2(행위규제론)'에 대하여 살펴서 이상의 대안이 '대안 2(소유규제 완화론)'보다 우수하지 않을 때 비로소 '대안 2(소유규제 완화론)'로 돌아와 추가적인 검토를 하기로 한다.

(2) 제3 – 2안의 검토(행위규제로의 전환)

1) 대안의 개요

현행법하에서도 이미 본 것과 같이 은행과 계열회사 내지 자회사와의 행위규제와 같은 행위규제를 두고 있다. 우리 규제의 체제는 최소한 소유규제와 관련하여서는 진입로와 진입 이후를 이중으로 규제하고 있는 매우 강력한 체제라고 할 것이다.

만일 은행에 대한 소유규제를 폐지하고 은행이 완전히 다른 금융기관이나 비금융기업과 완전히 동일하다고 보지 않는 본고의 견해에 따라, 소유는 허용하되, 거래행위에 대한 규제를 하여야 한다는 것이 '대안 3 – 2'의 생각이다.

2) 은행의 사금고화의 우려: 행위규제와 진입규제285)

(가) 문제의 소재

은행의 경우 은행법 제38조의 규정에 의하여 일정한 행위들은 금지되고 있으며, 은행의 대주주는 은행법 제35조에 의하여 은행의 경영에 대하여 영향력을 행사하는 일련의 행위들에 대한 금지규정을 두고 있다.286) 그런데 무엇이 은행에 이러한 금지행위들을 부과하는 것을 정당화하는 원천이 되고, 왜 은행의 대주주는 주식회사라는 형태를 취하는 은행의 경우에도 다른 대주주와 달리 취급되어야 하는 것인가에 대한 논의를 하는 것은 금산분리 논의와의 연장선상에서 검토되어야 할 사항이라고 본다.

앞서 본 바와 같이, 미국에서의 '그램 – 리치 – 브라일리법'에서는 금융지주회사(Financial Holding Company)에 대한 행위규제를 완화하고 있다. 은행들의 경우에 금융지주회사가 되면, 원칙적으로 모든 금융 관련 행위를 할 수 있고, 비금융행위의 경우에도, 일시적(incidental)인 경우나 보완적(complementary)인 경우에는 허용하고 있다.287) 하지만 그럼에도 은행이 일반적인 회사에 대한 소유 내지 지배적 지분의 보유를 금지하고 있다.288) 왜 여전히 은행에 이러한 규제를 하고 있는가 하는 점은 두 가지로 설명될 수 있는데, 하나는 앞서 논의한 채권자로서 은행이 기능할 경우의 장기적인 경제성장에 대한 저해 우려289)와 이 둘이 결합되었을 때 은행이 산업자본의 사금고화될 우려라고 할 수 있다.

우리나라의 경우 이 둘 중 후자 은행의 사금고화 우려가 은행과 산업자본 분리의 가장 큰 이유로 언급된다. 바로 은행이 산업자본의 사금고화될 우려라고 하는 것은 실체가 무엇인가? 은행의 사금고화란 은행이 산업자본에 의하여 지배되는 상황에서 이해상충(conflict of interest)의 문제가 발생하는 경우 이러한 이해상충의 문제가 은행 내부의 지배구조 내에서 통제가 되지 않는 상황을 말하는 것이다. 은행의 경영

---

285) 미국의 경우에는 'ownership clause'와 'activity clause'로 나뉘어서 각 소유규제와 행위규제에 대하여 규정하고 있다(Bank Holding Company Act section 3 and 4 of the 12 U.S.C. § § 1842, 1843).

286) 정찬형, 도제문, 은행법(2005.2.), 박영사 308 – 311면.

287) 12 U.S.C. 1843(n), (o).

288) A bank holding company may not retain direct or indirect ownership or control of any voting shares of any company which is not bank or bank holding company[§ 1843(a)(2)].

289) 본고 14 – 15면.

진이 은행의 대주주인 산업자본 기업의 이해와 은행의 이해와의 관계에서 대리인 문제(agent – principle problem)에서 자유롭지 못한 상황이 되어 대주주의 이해에 부합하고, 은행에는 손해가 되는 의사결정을 할 수 있는 상황을 말하는 것이라고 하겠다. 은행이 대주주인 제조업체에 유리한 대출이나 우선적인 대출을 하는 경우가 이러한 주장을 하는 논자들이 염두에 두는 상황일 것이다.[290]

(나) 검토

이러한 대리인 문제는 고전적인 문제로서 새로울 것이 없으나, 문제가 되는 지점이 은행이라는 점에서 은행이 산업자본의 사금고로 전락하는 상황에 대한 우려가 현실화되는 경우의 폐해는 다른 기업에서의 대리인 문제 내지 이해상충의 문제에 비하여 사회 전체에 미치게 되는 폐해는 더욱 크다.

결국 이 문제의 해결은 이러한 이익상충의 문제를 합리적으로 통제할 수 있는 어떤 장치가 현재의 제도에 있는지, 만일 그렇지 않다면 어떤 선제적인 조치를 하여야 할 것인지가 문제 되는 것이다. 규제의 방식에 있어서 진입규제와 같은 사전적이면서도 강력한 규제를 하는 것과 행위규제를 하는 것과 같은 사후적이면서도 개별화된 규제를 하는 것의 사이에 우열은 통상적으로는 사후적인 규제가 경제적인 효율성의 관점에서 우수한 경우가 많이 있다는 점은 이미 언급한 바와 같다.[291]

하지만 사전적인 진입규제의 강점은 사후적인 행태규제에 비하여, 개별적인 행위규제 위반에 대해 이를 지속적으로 감시하고, 발견하고, 처벌하기 위한 집행비용을 들일 필요가 없어 규제비용을 들일 필요 없이 입구에서 진입 자체를 막아 拔本塞源的으로 차단할 수 있기 때문이다. 앞서 본 것과 같이 규제의 방식 면에서 산업자본의 주식소유규제는 규범의 국제적 정합성 측면에서 엄격히 소유를 금지하는 사전규제로서 수준 미달이라는 견해[292]가 자본시장 및 규제당국의 능력[293]의 발전단계

---

290) Volker는 "만일 지역의 제조업체가 은행을 찾아와, 유통업체에 대출을 하여 달라고 할 때, 과연 은행직원이 제3자와의 거래에서처럼 행동할 수 있을까?"라고 의문을 제기한다(Macey, *op. cit.* p.461).

291) 본고 31면.

292) 김용재, 전게논문 중 '은행주식 소유규제에 관한 일고', 197면.

293) 自律規制를 같이 생각하여 볼 수 있지만, 한국적 상황에서 자율규제기관이 과연 제대로 작동할지에 대해서는 의문이다. 이에 대한 의견으로 우리의 경우에는 자율규제기관이 상당부분 정부의 규제를 대행하는 미국에 비하여 규제권한이 정부에 집중되어 있어서, 정부의 감독권 집중이 시장에서 전문성을 가지는 자율규제기관의 규제를 제대로 작동하지 못하게 하고, 반면으로는 금융감독기관의 업무량 폭증으로 이어진다는 비판이 있다(이원우, "금융행정의 새로운 패러다임의 가능성과 타탕성"(김건식 · 정순섭 편, "새로운 금융법체제의 모색", 小花, BFL 총서 권2, 서울대학교 금융법센터 中). 상당히 타당한 지적이나, 과연 권한이 없어서 자율규제가 제대로 작동하지 않는지에 대해서

가 다른 국가에서도 항상 참명제인가에 대해서는 재고할 여지가 있다.

따라서 은행의 공공성을 제고할 수 있는 은행지배구조의 재편이 전제되어야 진입규제 방식의 현재 은행에 대한 규제를 행위규제로 개편하더라도 이해상충의 문제를 회피할 수 있을 것이다. 그러므로 이행상충을 회피할 수 있는 은행지배구조 개편 논의는 사금고화 우려를 해소하기 위한 선행적인 작업으로 진행되어야 하며, 현재의 상황에서 이러한 우려를 남겨둔 채 행위규제로 전환하는 것은 타당하지 않다.

3) 행위규제에 의한 소유규제의 대체 가능성

(가) 현행법의 경우

은행에 대한 규제는 진입 시의 건전성 규제와 영업행위규제 및 계속규제사항으로 감독 및 집행과정에서 건전성 규제, 영업행위규제, 시장행위규제로서 불공정행위규제 등이 있다.[294]

예를 들어, 현행 은행법 제37조 제5항 1문에서 은행이 다른 은행의 의결권 있는 발행주식 총수의 100분의 14를 초과하여 주식을 소유하는 경우, 이러한 은행을 모은행들 간의 관계는 모자은행이라고 칭하고, 이 경우 모은행과 자은행이 합하여 자은행이 아닌 다른 은행의 의결권 있는 발행주식 총수의 100분의 15를 초과하여 주식을 소유하는 경우, 그 다른 은행은 당해 모은행의 자은행으로 보도록 규정하고 있다.[295] 이러한 정의하에서 자은행(子銀行)으로 하여금 은행은 대통령령이 정하는 기준을 초과하여 모은행(母銀行) 등에 대한 신용공여를 하는 행위를 제한하는 등의 금지행위를 규정하고 있으며, 모자은행 간에는 불량자산의 거래를 금지하고 있다.[296]

(나) 대체가능성에 대한 논의

대체가능성은 실증적으로 이를 분석하여 볼 필요가 있을 것이나, 이를 모델링하는 것은 쉽지 않은 일이다. 그리고 이에 대한 견해나 논문[297]도 발견할 수 없었다. 이와 관련하여 두 가지 논증이 가능할 것으로 보인다. 하나는 Ⅱ.에서의 미국과 독일의

는 추가적인 고찰이 필요하다는 판단이다.

294) 이중기, 전게논문, 127면.

295) 은행법 제37조 제5항 2문.

296) 은행법 제37조 제8항.

297) 김용재 교수의 위의 논문에서도 사전규제의 문제점은 지적하면서도 이를 어떻게 사후규제로 대체할 것인지에 대해서는 견해를 찾을 수 없었다.

비교이고, 다른 하나는 금융기관에 대한 진입규제 폐지 여부에 대한 찬반론이다.

전자의 관점에서 전 세계적인 조류는 금융기관의 융합화로 규제를 완화하고 있는 상황이라는 점은 분명하여 보인다. 하지만 그럼에도 허용하고 있는 독일의 경우에도 실제로는 오히려 시장에서의 압력으로 인하여 분리하고 있다는 점, 그리고 미국의 경우에도 완화하면서도 여전히 은행지주회사법에서 은행의 산업자본 취득에 대하여 이를 유지하고 있다는 점 등을 감안하면, 행위규제만으로 대체가 가능할지에 대해서는 다소 부정적이라고 볼 근거가 된다.[298]

후자의 관점에서, 금융기관에 대한 진입규제가 필요하다는 논거인 소비자 보호의 측면에서 금융기관 혹은 금융업에 대한 진입규제가 금융자산이 갖는 특수성[299]과 금융업자에 대한 소비자의 의존성이라는 관점에서 필요하며, 금융시스템에서 속성상 발생하는 시스템적 위험의 관리라는 측면에서도 금융기관이 과연 이러한 위험을 관리할 수 있는 능력이 있는가 하는 것은 사전적으로 검토되어야 하는 것이므로 사전에 진입규제가 필요하다고 주장된다.[300] 다만 이 부분에 대해서는 진입규제와 소유규제는 사전규제라는 점 외에는 이를 동치시키기 어려운 면이 많아 바로 이를 논거로 하면, 논리의 비약이 된다. 하지만 소유규제와 같은 사전규제가 아니면 해소하기 어려운 문제가 있을 수 있다는 점을 보여 준다.

4) 은행법과 경쟁법[301]

은행업은 감독기관의 관점에서도 '공정거래위원회'가 적극적으로 관여하지 않는 '금융위원회[302]'나 '기획재정부[303]'를 주무관청으로 하는 업무로 이해되고, 이러한 이유로 하여 '공정거래위원회'가 은행업에 대한 사건처리를 한 예를 찾기 어렵다.

하지만 이전의 '금융감독기구의 설치에 관한 법률'이나 '금융위원회의 설치 등에 관한 법률', '자본시장통합법', '은행법'의 그 어느 법률에도 은행업에 대한 시장 감

---

298) James R. Barth, et al, "Commercial banking Structure, regulation, and Performance: An International Comparison", office of the Comptroller of the Currency Economics Working Paper, Feb(1997) 참조.

299) 금융상품 자체가 일반적인 상품과 차이가 있다는 점에 대해서는 여러 가지 논거가 있다. 대표적으로 보유형태가 실제적인 점유 기타 지배가 가능하지 않다는 점 등이 특수성의 예로 제시된다.

300) 이중기, 전게논문, 130 - 132면.

301) '독점규제및공정거래에관한법률' 등 독점규제 관련 법령을 총괄적으로 파악하도록 기술하기 위하여 '경쟁법'이라고 표현하였다.

302) '금융위원회의 설치 등에 관한 법률'(법률 제8863호로 최근 개정됨)에 의하여 창설된 통합 금융감독기구이다.

303) 제17대 이명박 정부에서 정부조직법을 개편하여 종래의 '기획예산처'와 '재정경제부'를 통합하여 만든 부처임.

시 기구로서의 '공정거래위원회'의 규제를 금지하거나 제한하고 있지 않다. 따라서 금융감독기구와 '공정거래위원회'의 관계는 다른 규제산업법의 영역에서와 마찬가지로 전문규제기관과 일반규제기관과의 관계 문제로 이해된다.

그런데 우리나라에서의 은행산업은 소위 개발시대 정부주도의 관치금융 시대에서, 외환위기 이후 부실화된 은행들에 대한 공적 자금을 '공적자금운용위원회'를 통하여 투여하고, 일부 은행을 외국에 매각하고, 은행 간의 인수 및 합병을 진행하면서, 생존의 문제와 경쟁력이라는 이름으로 보호된 대형화라는 화두로 재편이 되었다. 하지만 은행산업에 대해서는 지속적으로 개별은행 및 은행지주회사 내지 금융지주회사에 대한 행위규제 외에 은행산업에 대한 시장감시자로서의 '공정거래위원회'의 역할이 요구되며, 이러한 시장감시자로서의 '공정거래위원회'의 역할이 전제되어야 금융자본과 산업자본 간의 결합에 대한 금산분리 논의의 완화를 논의할 수 있는 기초적인 출발점이 제시될 수 있다. 하지만 현재의 상황에서 '공정거래위원회'가 할 수 있는 역할에 대해서는 분명한 가이드라인을 가지고 있지는 못한 것으로 보인다.

(3) 규제전환비용304)의 문제

1) 도입

우리의 규제시스템은 완전히 은행의 경우 금융자본이 아닌 비금융전업자에 대하여 소유를 완전히 금지하고 있는 것이 아니라, 일정한 비율을 정하여, 정하여진 상한을 초과하지 않도록 하는 방식의 규제를 하고 있다. 금산분리를 완화한다는 것의 의미에 대하여 현행 시스템을 변경하려고 한다면, 그 변경으로 인한 효익이 변경을 위한 효익을 현저하게 초과하여야 한다. 이러한 규제방식의 변경에 있어서 반드시 고려하여야 할 것이 규제전환비용이다. 규제전환비용도 일종의 메뉴비용(menu cost)305)의 일종으로 정부의 규제가 변화하게 되면, 기존의 규제에 적응하여 이에 기초하여 의사결정을 하던 시장에서의 행위자들의 행위준칙에 영향을 주어 이에 적응하기 위

---

304) 필자가 조어한 용어로 메뉴 비용의 일종으로 새로운 규제로 변경하고, 시장에서 적응하는 소요되는 비용과 규제가 실패로 판명되었을 경우 다시 회복하기 위하여 드는 비용이라는 두 가지 의미로 사용하고자 한다.

305) 메뉴 코스트는 인플레이션이 계속되는 경우에 기업들이 계속적으로 상승하는 가격을 반영하여 메뉴판을 변경하여야 하므로 발생하는 비용이다. 바로 이러한 메뉴 코스트 문제로 인하여 기업들은 가격을 상당기간 원가 요인이 변화함에도 불구하고 변경을 시키지 않고 유지한다(N. Gregory Mankiw, Principles of Economics, 3rd ed. p.661).

하여 별도의 비용이 소요되게 되는 점을 고려하여야 한다는 것이다. 이러한 규제전 환비용을 고려하지 않으면, 비용을 과소하게 고려하게 되어, 실제로 집행을 하게 되 었을 때, 사회적 후생의 감소를 가지고 올 수 있게 된다.

정부는 특히 새로운 정부가 들어서는 경우에는 정치적인 관점에서 국민들에게 무 언가 일을 하고 있다는 것을 보여 주기 위하여 새로운 정책들을 내놓게 되고, 규제 의 방향을 변경하게 되는 경우가 많은데, 이러한 규제의 변경은 오히려 새로운 정 부가 정책실패를 가지고 오게 되는 원인이 될 수 있다. 행위규제로의 전환에는 소 유규제에 대비하여 많은 전환비용을 소요하게 될 것으로 보인다.[306]

2) 규제 전환의 필요에 대한 증명

규제전환을 위한 법률의 개정이 필요하다는 주장과 관련하여, 그 이유로 국내자 본이 공적 자금이 투여된 은행 내지 산업은행과 같은 은행을 민영화할 경우 인수할 수 있는 여력은 산업자본밖에 없다는 것을 그 이유로 든다. 그러므로 산업자본과 금융자본을 소유규제라는 강력한 규제를 통하여 규제하는 방식을 취하고 있는 현재 의 규제 틀은 변경되어야 한다고 주장한다. 그렇게 하지 않으면 우리 은행들 내지 은행을 자회사로 두고 있는 내지 은행이 지주회사로서 본체가 되어 있는 금융지주 회사들이 외국자본에 넘어가게 된다고 주장한다.

하지만 이러한 주장은 만일 규제전환 비용과 일단 소유규제를 풀고 난 뒤에 다시 복귀하는 것이 可逆性을 가지는 것에 한계[307]가 있다는 점을 염두에 둔다면, 은행 의 민영화가 현재 필요한 이유, 그리고 민영화가 되지 않으면 발생하게 될 문제점, 그리고 이를 인수할 수 있는 잠재적인 인수자 등에 대한 실증적인 분석을 통한 白 書가 나와서 이에 기초하여 논의가 이루어져야 한다. 결국 이를 통하여 은행에 대 한 소유규제를 푸는 것이 가지는 위험 내지 비용보다 현저히 큰 효익이 있음이 입 증되어야 소유규제를 폐지할 수 있는 것이고, 소유규제의 완화라는 관점도 이러한

---

306) 별도의 실증 분석이 필요한 부분이라고 보인다.

307) 현행법 체제하에서 일단 소유규제가 풀려서 지분을 인수하고 난 뒤에 이를 분리하라고 하는 구조적 시정조치를 하 는 것에 대해서는 미국의 경우에도 AT&T 사건에서 보는 것처럼 시장지배적 사업자의 분리가 거의 유일한 사건이 고, 뒤에 마이크로소프트 사건에서 이 회사를 운용체제 회사와 응용소프트웨어 회사로 분리하라는 워싱턴지방법원 의 판결에 대하여 산업정책적인 측면과 소유권에 대한 과도한 침해라는 주장 등 법률적인 측면에서 많은 공격이 있었고, 결국 동의명령(consent decree)으로 사안을 종결하면서, 회사분리를 명하지 못한 것들을 보면, 독점규제 법을 위반한 사안에서도 이러한 반발을 사회적으로 사게 되는데, 일단 풀린 규제를 가역적으로 돌리는 것은 매우 어려울 것이라고 판단한다.

실증적인 논증이 없이는 유의미한 수준의 완화를 하는 것은 곤란하다고 생각한다.

(4) 은행이 대규모기업집단의 계열회사화(affiliation)

은행이 대규모기업집단의 계열회사화한다고 하더라도 여전히 은행이 비계열사일 경우와 동일한 의사결정을 한다는 전제가 충족될 수 있다면, 은행이 대규모기업집단의 계열회사화한다고 하더라도 이러한 계열회사화가 다른 시장에서의 경쟁상황에 영향을 미치지 않을 것이다. 그러나 이러한 전제하에서라면, 대규모기업집단들이 은행을 계열회사화할 필요성이 있을지 검토할 필요가 있다.308)

어떤 유인을 가지고 여전히 은행을 계열회사화하려고 할까? 주로 혈연적인 소유지배구조를 피라미드 형식으로 가져가고 있는 우리 재벌구조가 은행 소유에 영향을 미칠 것인가.309) 경제적인 유인동기에서 부정적인 면으로는 굳이 은행을 가져야 할 필요가 없고, 오히려 은행을 인수하기 위하여 소요되는 과도한 비용으로 인하여 자금조달을 위하여 무리하게 계열회사의 매각을 하여야 한다든가, 금융권에서의 기채를 통한 조달의 경우에 당해 기업의 현금흐름을 나쁘게 하여 유동성에 충격을 줄 수 있다는 점을 근거로 하여 부정할 수 있을 것이다. 반면, 은행업 자체가 수익성이 높은 상황에서 대규모기업집단 계열기업들의 수익성을 향상시키는 방향으로의 포트폴리오를 변경한다는 의미에서 단일회사에서의 저수익 자산을 매각하고, 고수익 자산으로 포트폴리오를 변경하는 것과 같은 문법에서 저수익 계열기업을 매각하고, 기채를 하는 등의 일련의 방법을 혼합하여 은행인수를 위한 자금을 조달하여 은행업에 진출하는 경우를 염두에 둘 수 있다. 또는 제3의 요인으로 은행의 예금 등의 현금자산과 은행의 수익을 비수익 계열사를 위하여 사용하기 위하여 은행을 소유하려고 하는 경우를 염두에 둘 수 있다.

그러므로 이러한 각 경우를 모두 염두에 두면, 어느 경우든 모두 가능하고, 결국 은행업 자체의 수익성에 기초하여 계열회사화 여부가 결정되는 구조가 된다고 이해가 된다. 이와 같이 된다면, 은행을 대규모기업집단들이 계열회사화한다고 하더라도 은행 자체의 특수성에 기초한 은행에 대한 특별한 취급에 대한 논의를 제외하면,

---

308) Christopher Hale, "ADDRESSING THE INCENTIVE FOR EXPROPRIATION WITHIN BUSINESS GROUPS: THE CASE OF THE KOREAN CHAEBOL", 30 Fordham Int'l L.J. 1 December(2006) 참조.

309) Heitor Almeida & Daniel Wolfenzon, A Theory of Pyramidal Ownership and Family Business Groups, 61 J. Fin.(forthcoming Dec. 2006) 참조.

은행이라고 하여 대규모기업집단의 계열회사화하는 것을 굳이 금지하여야 할 이유는 없다는 주장이 있을 수 있다. 그러나 제3의 요인으로 인하여 대규모기업집단들이 은행을 계열회사화하려고 할 경우 행위규제를 통하여 비계열회사인 것과 동일한 의사결정을 하도록 할 수 있다면이라는 전제의 충족은 이상에서 검토한 바를 종합하면, 비록 외환위기 이전 상황이나 당시의 상황보다는 많이 개선되었다고 하지만 쉽지 않을 것이다. 은행이 대규모기업집단의 계열회사화되는 경우 만일 사금고화를 막지 못하게 되면, 경쟁상황에 대한 영향은 매우 클 것인데 사금고화를 막을 수 있는 사후적인 금융당국이나 경쟁당국의 자원이나 역량에 대하여 분명한 확신을 심어줄 수 있는 상황은 아니라고 보인다.

5. 소결: 입법론적 제안

(1) 대안에 대한 정리

결국 효율성의 관점에서 사후적인 행위규제로 소유규제를 대체할 수 있다면, 3 − 2안은 가장 우수한 입법적 대안이 될 것으로 보인다. 그러므로 현행법 체제를 유지하자는 1안을 대체할 수 있다. 하지만 3 − 2안이 전제하는 요건에 대하여 감독기관의 감독 능력이나 수준에 대하여 확신이 부족하고, 또한 규제전환비용과 감독기관의 감독비용이 과다하게 소요될 수 있는 등의 문제가 해소되지 않았다. 따라서 현재의 자본시장 상황에서 3 − 2안으로의 입법적인 이동은 어렵다고 판단된다.

결국 2안의 소유제한의 완화가 아니면, 1안과 같이 현재 시스템을 유지하되, 미시적인 관점에서 보완을 하는 안을 채택할 수밖에 없다. 그렇다면 현재의 시스템을 유지하되, 한도를 상향하는 것에 대하여 논의하는 것이 현재에 있어서 가능한 은행이나 금융지주회사에 대한 소유규제 완화에 대한 입법적인 방향이라고 본다.

(2) 은행의 민영화와 '황금주(Golden Share)'의 문제

1) 황금주

우리의 경우 현재 상황에서 금산분리론은 은행 민영화와 연결되어 있다고 본다. 이러한 상황에서 민영화 방법론에 대해서는 소위 '황금주' 논의를 할 필요가 있다.[310] 황금주는 상법개정안에서 '거부권부 주식'이라는 이름으로 경영권 방어수단으로 논의되고 있다.[311] 황금주는 지분의 규모에 관계없이 회사의 의사결정이나 의결권수에 있어서 특별한 권리를 부여한 주식을 말하는바, 전형적인 경우가 회사의 중요한 의사결정이나 회사의 지배권변동에 대한 거부권이 부여된 주식이다.[312]

2) 논의의 필요성

왜 이러한 황금주 논의가 필요하다고 보는가 하면, 아무런 제어장치 없이 은행을 민영화함에 있어서 금융전업기업이 아닌 기업에 매각을 하는 경우에는 만일 문제가 발생한다고 하더라도 이를 사후적으로 제어할 장치가 마땅하지 않기 때문이다. '황금주' 논의를 하지 않고, 현재의 시스템에서 은행의 지분을 매각하고 난 뒤에 이를 처리할 문제를 생각하여 보면, 가능한 대안은 (ⅰ) 독점규제및공정거래에관한법률에 의한 구조적인 시정조치[313]와 행위별 시정조치를 염두에 둘 수 있을 것이나, 행위별 시정조치의 경우에는 시장에서의 대규모기업집단 계열 은행의 시장에서의 불공정거래행위에 대한 규제를 할 수 있을 것이나, 행위규제를 가지고 은행에 대하여 규제를 하는 것에 대해서는 행위규제를 하기 위한 전문성, 적발의 곤란성, 적발을 하기 위한 감시비용의 문제 등 전반적인 문제점과 더불어 전문규제기관인 금융감독원 등과의 관계에서의 문제까지 감안한다면, 실효성에 대해서는 다소 의문이 있다. (ⅱ) 금융감독기관에서 현재의 금융규제에 더하여 금융지주회사의 경우에는 지분의 매각을 명령할 수 있도록 하는 일종의 구조적인 시정조치를 할 수 있는 근거를 가지고 있으므로 이러한 규제근거를 활용하는 방안을 생각하여 볼 수 있다. 하지만 이 규제의 경우에는 재량이 거의 없이 촉발점(triggering point)에 해당하는 경우에는 바로 이러한 명령을 하도록 규정하고 있는 규정 태도로 인하여 발생하는 문제들이

---

310) '황금주' 논의가 일반적인 적대적 기업인수에 대한 방어수단 논의가 같이 맞물리고 있는 것으로 보이는데, 다소 구별할 필요가 있다고 보인다. 관련하여, 최승재, "기업지배구조와 적대적 기업인수 방어수단의 도입에 관한 연구", 동북아법 제1권 제1호(2007) 참조.

311) 거부권주식에 해당하는 것이 영국 등 유럽에서 널리 채택하고 있는 이른바 '황금주'라고 설명하여, 2006년 상법 개정시안 제344조의 4 제1항의 거부권부주식이 황금주 제도임을 밝히고 있다(한국증권법학회, '상법개정연구보고서'(2006.6.) 120면.

312) 본고에서는 '황금주'라는 용어를 민영화 과정에서 정부 등이 소규모의 지분을 가지고도 중요한 기업의 의사결정에 대하여 '비토(veto)'할 수 있는 권한을 보유하는 주식을 의미하는 것으로 정의하고자 한다. 이 황금주는 영국의 민영화 과정에서 영국정부가 보유하였던 것이 가장 유명한 사안이지만, 2003년 영국 정부가 British Airway Authority에 대하여 보유하고 있던 황금주가 유럽공동체 법원에 의하여 공동체의 자본유동화 지침을 위반하였다고 판시한 것처럼 합법성에 대하여 논란이 있을 수도 있다. 실제 우리 시장에서 어떻게 설계할 것인가(보유지분, 황금주 유보 기간 등) 하는 것이 매우 중요한 과제인데 본고의 범위를 넘어서는 것으로 보여 논하지 않는다.

313) 기업결합의 경우에는 구조적인 시정조치를 할 수 있으므로, 은행에 대한 기업결합을 허용하는 조건으로 구조적인 조건을 부가할 수 있다.

있다. 일단 산업자본에 매각이 되든 외국자본[314)]에 매각이 되든, 규제를 하는 것이 쉽지 않다는 점에서 '황금주' 논의를 할 필요가 있다고 본다. 다만 이 문제 역시도 '액슨-플로리어 조항'의 도입[315)]과 관련하여 2007년 한국에서 논란이 되었던 당시의 논점과 같은 국제규범과의 조화 내지 정합성의 문제가 있을 수 있어, 이러한 문제가 동시에 논의되어야 할 것이라고 본다.

3) 추가적인 논점

이에 대해서는 황금주제도가 지배(정부)와 소유(민간)가 분리되어 일반적인 자본주의의 소유지배구조와 일치하지 않고, 대리인문제나 도덕적 해이문제가 발생할 가능성이 있으며, 주주평등의 원칙에도 위반되고, 황금주가 세계적으로 퇴조하고 있는 추세에도 역행한다는 비판을 할 수 있다. 그리고 이와 같은 논점들은 타당하다. 하지만 황금주라는 제도는 바로 이와 같은 문제점을 인식하면서도 공기업 민영화 상황이라는 특수한 문맥에서 부득이 채택하는 제도라는 점도 같이 고려되어야 한다고 본다. 정부가 성급하게 민영화를 추진하는 경우 이로 인하여 발생할 수 있는 부작용을 생각한다면 황금주가 제도 본래적으로 가지고 있는 문제는 오히려 감내할 수 있는 수준이라고 생각하는 것이다. 하지만 황금주 자체가 가지는 문제를 해소하면서 민영화라는 문맥에서의 문제를 해소할 수 있는 우위의 대안이 있다면 이에 대한 검토를 선행하여 수행하는 것이 옳다.[316)]

V. 결론

이상의 논의를 정리하면, 미국과 독일에서의 역사적인 경험을 통하여 본 결과와 은행의 특수성에 대한 이론적인 논의, 그리고 금융자본과 산업자본의 분리 필요성에 대한 직접 인수에서 본체의 일부가 되거나, 계열화되거나 하는 등의 방법으로 결합이 되었을 경우에 발생할 수 있는 문제들에 대한 소유지배구조적인 문제와 더하여,

---

314) 제조업이나 은행업을 영위하지 않는 펀드에서의 인수와 같은 상황을 생각할 수 있으므로, '외국자본'이라는 용어를 사용하여 이러한 경우의 수를 모두 포섭하고자 한다.

315) 이와 관련하여, 최승재, "한국판 엑슨-플로리어법 제정에 대한 연구", 증권법학회(2006.12.) 참조.

316) 이에 대하여 일반 기업과 달리 소유구조에 대한 제한이 인정되는 현 단계에서 정부보유지분을 공모방식으로 일반투자자에게 분할 매각하는 방법은 새로운 문제를 야기하지 않으면서도 민영화를 달성할 수 있는 방안이 될 수 있다고 본다. 이 방법은 차선책으로 황금주가 가지는 한계를 고려한다면 충분히 고려할 수 있는 방안이라고 생각한다.

경제력집중을 통한 시장질서의 왜곡 내지 교란에 대해 우려하는 경쟁법적인 관점 및 자본시장에 대한 산업정책적인 고려라는 점에 각 기초하여 검토하여 보았다.

이러한 논의를 바탕으로 한국에서의 금산분리 논의에 대하여 현황을 살펴보고, 이에 대하여 4개의 대안을 가지고 각 검토하여 본 결과, 현재 한국의 자본시장, 자본시장에 대한 규제기관, 전체적인 규제시스템의 현황을 앞서의 논의들과 결합하여 검토하여 볼 때 우리나라에서 은행 및 금융지주회사에 대한 완전한 소유지배에 대한 규제의 폐지는 어렵고, 행위규제로의 전환은 더 나은 규제 방법이 될 수는 있다고 보이나 현상에서는 적절한 시기가 아니라고 판단하였다. 결국 현상에서 가능한 대안은 현재의 시스템에서 소유 비율을 어느 정도 더 확대할 수 있을 것인가 내지 현재의 시스템을 유지하면서, 세부적인 규정을 정비할 것인가 하는 정도의 입법을 하는 것은 타당하다고 하는 결론에 이르렀다. 왜냐하면 현행법에서 다른 균형점으로 옮길 경우 그 균형점이 우월하다는 증거를 논증할 수 있어야 한다고 보기 때문이다. 발생이 예견되는 문제점에 대한 충분한 해법이 준비되지 않는 경우에는 행위규제로의 이행 여건이 갖추어져 있지 않은 상황이라고 할 것이다.

하지만 이러한 결론이 은행의 소유구조에 대한 입법 등을 병행하여 정비되어야 한다는 것일 뿐 절대적으로 산업자본에 의한 은행소유가 항상 금지되어야 한다는 의미는 아니라는 점을 병기한다.[317)]

VI. 에필로그: 논문 발표 이후의 전개

국회는 2008년 초에 발표된 이 논문 이후 금산분리의 완화를 내용으로 하는 은행법을 통과시켰다. 2009년 4월 정부와 여당인 한나라당은 은행법과 금융지주회사법 개정안을 국회에 상정하였다. 은행법은 산업자본의 은행지분 소유제한을 완화하여 개정 전 4%에서 개정 후 10%로 확대하고, 산업자본의 사모펀드투자회사(PEF: Private Equity Fund) 출자 한도를 현행 10%에서 18%로 늘리는 안이었고, 금융지주회사법 개정안은 보험 및 증권지주회사(소위 '비은행지주회사')가 제조업체와 같은 산업자본을 자회사로 둘 수 있도록 하면서, 산업자본의 은행지주회사 지분 보유한도를

---

317) 금산법 제24조와 관련된 재벌구조하에서의 금융계열사와 비금융계열사의 분리와 관련된 논의는 본고의 연구 범위에서 제외하였으므로 논의가 이루어지지는 않았다.

4%로 제한하고 있는 내용을 완화하여 10%까지 소유할 수 있도록 하는 것을 주요 내용으로 하고 있었다.

국회는 4월 임시국회 마지막 날인 2009년 4월 30일 은행법을 통과시키면서도 금융지주회사법은 통과시키지 않았다.[318] 2009년 7월 22일 국회는 산업자본의 금융지주회사 지분소유한도를 4%에서 9%로 확대하는 내용의 금융지주회사법 개정안을 통과시켰다.[319]

금융위원회는 2009년 8월 말 은행법 및 금융지주회사법 시행령 개정안을 입법예고하였다.[320] 은행법, 금융지주회사법 및 개정이 논의되는 통합도산법이 개정되면 은행의 성장성과 수익성에 상당한 영향을 미칠 것이다.[321]

제3절 투자자보호규범의 설계와 행동경제학[322]

Ⅰ. 서론

금융산업에 있어서의 투자자[323] 보호법제는 자기 책임의 원칙과 자기 책임의 원칙을 관철하기 위한 투자자에 대한 정보의 제공 및 정보처리능력의 보완을 위한 법제로 구성되어야 한다. 이 글에서는 이러한 법제의 달성을 위한 일련의 논의를 행

---

318) 머니투데이, "KB주식보유 4%여전"···반쪽'금산분리완화', 2009.5.1. 인터넷판.

319) 추가적인 내용과 전망은 법무법인 세종 뉴스레터, 2009년 가을호, 최병선 변호사 작성의 금융지주회사법 개정 및 시행령 입법예고 참조.

320) 기존 재무적 요건은 △은행 주식 취득자금이 차입금이 아닌 자금으로 해당 법인의 자본 총액 이내 자금일 것 △은행 대주주에 대한 신용공여한도 초과하지 않을 것 △해당 법인 및 다른 비금융 계열회사의 부채비율이 200% 이하일 것 △감독규정에서 정하는 재무건전성 기준을 충족할 것이었던바, 이에 사회적 신용요건으로 최근 5년간 금융기관 부실 책임이 없어야 한다는 조항이 추가됐다. 또 금융기관 건전성과 금융시장 효율화에 기여할 수 있다는 내용도 승인 요건에 담겼고, 은행주식을 4% 초과해 보유한 산업자본이 은행 임원으로 1~2명을 선임할 경우 사전·사후감독을 받게 되는 '경영관여'로 판단키로 하는 내용도 포함되었다고 한다(머니투제이, "부실책임 있는 산업자본, 은행 경영 관여 못 해", 2009.10.1. 인터넷판).

321) 헤럴드경제, "내년 국내은행 자산건전성 악화 우려", 2009.10.28. 인터넷판.

322) 금융시장에서의 금융소비자의 행동양태를 고려한 투자자보호규범의 설계에 대한 연구 소위 행동경제학적 관점을 반영하여, 증권법연구 제9권 제2호(2008.12.).

323) 용어례와 관련하여 이 글에서는 '투자자'와 '금융소비자'라는 용어를 거의 동일한 용어로 이해하여 특별히 구별하여야 할 필요성이 있는 경우가 아니면 '투자자'와 '금융소비자'(경우에 따라서는 '소비자')라는 개념을 서로 동일한 개념으로 혼용하여 사용한다. 다만 이론적으로나 강학상으로는 이러한 개념의 동일화가 가능할 것이나, 현행 소비자기본법(제2조)에서의 용어 정의(각주 47 참조)와 관련하여서는 異見이 있다고 보인다. 따라서 소비자보호법과 관련된, 구별하여 설명할 필요가 있는 경우에는 따로 이를 구별하여 언급하기로 한다.

동경제학의 성과물을 바탕으로 하여 전개하고자 한다.

1. 금융산업 환경의 변화와 투자자의 지위

금융상품(financial product)은 복잡성을 더하여 가고 있다. 서브프라임 모기지 사건으로 비롯된 미국발 금융위기 상황324)에서도 알 수 있는 것처럼 금융상품에 투자하는 금융소비자들은 점차 마치 눈을 감고 투자하는 것과 같은 상황에 가까워지고 있다고 보인다. 그리고 서브프라임 사건에서 보는 것처럼 이러한 상품에 대한 이해가 부족한 상황에서도 소비자들은 지속적인 주택가격 상승이라는 눈에 보이는 지표에 의존하고, 대출자는 고금리에 의한 예대마진이라는, 그리고 이러한 대출자에 대한 신용보증업체와 신용평가업체들까지 모두가 서로 금융소비자의 타협된 무지(compromised ignorance)325)에 편승하고 있는 상황을 보였다.326) 한편, 서브프라임 모기지 사건에서 알 수 있는 것처럼 파생상품의 활용도 증가와 금융공학을 통한 옵션 합성 등과 같은 새로운 장내 및 장외 파생상품의 지속적인 증가를 통하여 금융 규제기관의 입장에서도 이들을 규제하는 것이 매우 어려워지고 있다.327)

금융산업의 고도화라는 이름으로 진행되고 있는 금융상품의 복잡화는 점차 금융소비자328)들에게 상품 자체를 이해하고 투자할 수 있는 가능성이 줄어들고 있다는 것을 의미하게 되는 것이며, 이런 상황에서 이들이 어떤 방식으로 판단을 할 것인가 하는 것에 대한 연구가 개별적으로 이루어질 필요성도 증가한다. 이러한 필요성

---

324) 양기진 교수는 이러한 위기를 소위 착취적 대출(predatory lending)이라는 관점에서 접근하면서, 우리의 경우 서브프라임 모기지 사건이 우리에게 주는 시사점이 대부업법에 대한 규제 강화라는 관점이라고 이해하는 것으로 보인다 (증권법학회 2008년 2월 학회 발표문; 양기진, "미국 서브프라임 위기에서 본 금융소비자 보호법제에 대한 시사점", 증권법연구 제9권 제1호 한국증권법학회(2008) pp.263－300로 공간됨.) 금융소비자의 보호라는 관점에서 이러한 접근은 타당성이 있지만, 우리의 금융산업시장의 구조 틀에서 보면, 단순히 대부업자에게 기대는 금융소비자가 아닌 전반적인 금융소비자들의 금융지능(financial intelligence)과 관련된 문제임과 동시에 이들의 유인구조에 대한 왜곡이 초래한 타협적 무지(compromised ignorance)가 그 원인이 아닌가 하는 생각을 가지고 있다.

325) 필자의 조어로 소비자는 무지하고, 자신이 상품을 이해하지 못한다는 것을 알고 있고, 하지만 자신이 알고 있는 무언가에 기대어 자신의 무지에도 불구하고 구매행위를 하고, 공급자도 소비자의 무지를 알면서도 이러한 무지의 상태가 자신에게 이익이 되므로 방치하여 거래가 이루어지는 상황을 이 용어를 통하여 설명하고자 한다.

326) 소위 서브프라임사태의 전개에 대하여, 최승재, "구조화 금융과 서브프라임 금융위기의 전개에 대한 연구", 상장협 연구 제58호 한국상장회사협의회(2008) 참조.

327) 바로 이러한 점에서 그린스펀 전 연방준비은행(Federal Reserve Bank) 의장의 파생상품에 대한 방임적인 대처가 오늘날의 금융위기의 실질적인 원인이라는 주장이 미국에서 나오고 있다고 한다.

328) 금융소비자라는 개념과 투자자라는 개념은 양자를 구별하여 사용할 필요성이 있는 맥락과 그렇지 않은 경우가 있다고 보인다. 본고에서는 이를 구별하여 사용하기로 한다. 구별에 대해서는 Ⅱ.1.에서 설명하기로 한다.

의 증가는 금융상품의 구매가 점차 그 저변이 확대되어 많은 사람들이 금융상품을 투자하게 되었고, 소위 '재테크'라는 이름으로 집합적으로 자신이 정확하게 무엇을 사는지도 모르고 금융상품에 투자하는 현상이 증가하고 있는 현재의 시대적인 상황에 기인하는 면도 많다고 본다.

직관적으로 금융산업의 고도화와 금융상품의 복잡화가 서로 연계되고, 이러한 상품의 복잡화에 따라서 상품에 대한 전문성을 가지고 있는 자와 그렇지 않은 자들 간의 정보 격차가 더욱 커지게 될 것이라는 점이 예견된다. 정보기술(information technology)의 발달로 금융업자의 정보 분석 및 처리능력이 갈수록 발달되고 있고, 상대적으로 투자자들은 정보수집이 어려워지고 있으며, 금융상품 복잡성의 증가로 인하여 이를 분석하고 이해하여 직접적으로 투자하는 것이 어려워지고 있다.

한편, 금융산업 내에서의 경쟁 격화도 금융상품 복잡화의 한 유인으로 작용한다고 본다. 금융기관들은 기존의 고도 규제 산업 환경에서 덜 경쟁적인 틀 안에서의 경쟁(structured competition)[329]을 하였다. 변화된 환경은 파생상품 등의 등장과 금융에서 있어서의 격벽을 완화하면서, 은행, 보험회사, 증권회사 등의 금융기관들이 기능 내지 역할이라는 관점에서 서로 유사성이 높아지는 금융기관들의 융복합화(convergence of financial institution)가 이루어져 가고 있고, 이러한 금융기관들의 융복합화에 수반되어 변액보험과 같이 전통적인 성격에서 벗어나 투자상품화되는 것과 같은 금융상품의 융합(convergence of the product)이 가속화되고 있다. 이러한 융합환경에서 생존을 위한 기관 간 차별화를 달성하기 위하여 새로 출시되는 금융상품이 서로의 형식과 영역을 넘나들고 있다는 점도 금융상품의 복잡화에 크게 기여하고 있다.[330]

2. 금융소비자보호법제의 현황

기존의 은행, 보험, 증권 간 금융산업에서의 영역별 보호라는 틀을 파괴하고, 그들 간의 융합화를 조장하고, 이를 통하여 경쟁을 촉진하는 목적을 가지고 있는 '자

---

329) 규제강도가 높은 금융산업과 같이 규제기관에서 일정한 틀을 적극적 허용범위(positive list)를 주어 제한하는 상황에서 이 틀 안에서의 경쟁이 주가 되는 상황을 표현하고자 하는 필자의 조어이다.
330) 채권과 주식의 융합화로 인하여 이에 파생되어 이자와 배당의 분류가 모호하여지는 등의 문제가 금융거래에 대한 과세와 관련하여 발생하고 있다.

본시장과 금융투자업에 관한 법률'[331]을 제정함에 따라 금융환경의 획기적인 변화가 이루어지게 되었다. 결국 이러한 법제의 변화[332]는 금융산업의 고도화라는 입법목적의 이면에 있는 투자자 내지 금융소비자[333]들에게는 정보 비대칭성을 더 격화시키는 문제를 야기하게 될 것이므로 이러한 문제를 해소하기 위한 메커니즘이 필요하게 될 것이라고 생각되는 점이 바로 이 글의 출발점이 되는 것이다.

현행의 투자자 내지 금융소비자의 보호를 위한 법제의 현황을 보면, 금융소비자를 보호하기 위하여 필요한 법률은 크게 두 가지 경우가 있다. 하나는 금융규제법과 관련된 일련의 법이고, 다른 하나는 소비자보호법제이다. 이 두 법제의 관계는 소비자보호와 관련하여, 특수보호법제와 일반보호법제라고 할 것이다. 일반보호법제로서의 소비자법제의 경우에는 최근 2006년 9월 27일 전부 개정되고, 2007년 3월 일부 시행되고, 2008년 1월 1일 전부 시행되는 소비자기본법[334]이 전체 소비자법제의 기본법으로 작동하게 되고, 이러한 소비자기본법을 축으로 하여 개별적인 법제가 이를 보완하는 형식을 취하고 있으며, 소비자법제와 관련되어 한국소비자원을 산하에 둔 공정거래위원회가 소비자와 관련된 정부 내의 부처 소관 법령으로 하고 있는 '약관의규제에관한법률', '표시및광고의공정화에관한법률' 등의 법령으로 구성되는 것이다.

---

331) 자본시장과 금융투자업에 관한 법률[제정 2007.8.3. 법률 제8635호], 시행일 2009.2.4.(약칭을 할 경우에는 '자본시장통합법'이라고 하기로 하고, 이 경우 이 법을 지칭한다.)

332) 자본시장통합법은 경제적 성질이 동일한 금융행위에도 상이한 규제가 적용되어 규제이익과 투자자보호 공백이 발생하는 점, 다양하고 창의적인 금융투자상품을 개발, 판매하는 것에 대한 제약요인으로 작용하는 증권과 파생상품의 종류의 법률에의 제한적 열거, 증권업, 자산운용업 등 자본시장 관련 금융업 간 겸영을 엄격히 제한하여 상호 간의 시너지효과를 내기 어렵다는 점 등을 해소하는 것을 입법과정에서의 목적으로 하였다(최원진, "자본시장과 금융투자업에 관한 법률 제정안 설명자료", 2006.9. 재정경제부 설명자료 증권법학회 2006년 추계 특별세미나).

333) 이 금융소비자 개념에 대한 선행적인 연구로는 안수현, "(가칭)자본시장통합법과 소비자보호법의 접점 – '금융소비자' 보호방안의 모색", 증권법학회 2006.5.27. 발표문 및 증권법연구 제7권 제2호.

334) 법률 제7988호로 제정된 이 법은 기존의 '소비자보호법'을 획기적으로 개정 보완한 것이다. 투자상품 내지 상품판매에 하자가 있는 경우가 단체소송(소비자기본법 제70조 이하)에 의하여, 그리고 특히 집단적 조정 제도와 같은 단체소송의 보완을 위하여 도입된 제도가 활용될 가능성이 많다고 보았고, 실제로 보험제도의 활용이 기대된다.

[표 4]335)

공정거래위원회 관장 법률	방문판매등에관한법률/방문판매등에관한법률시행령/방문판매등에관한법률시행규칙 할부거래에관한법률/할부거래에관한법률시행령 약관의규제에관한법률/약관의규제에관한법률시행령 표시·광고의공정화에관한법률/표시·광고의공정화에관한법률시행령/전자상거래등에서의소비자보호에관한법률/전자상거래등에서의소비자보호에관한법률시행령/전자상거래등에서의소비자보호에관한법률시행규칙
재정경제부 관장 법률	소비자기본법/소비자기본법시행령 소비자생활협동조합법 및 시행령과 시행규칙 제조물책임법 여신전문금융업법/여신전문금융업법시행령 주세법/주세법시행령/주세법시행규칙 담배사업법/ 담배사업법시행령/담배사업법시행규칙 증권관련집단소송법 유사수신행위의규제에관한법률 같은 법 시행령
정보통신부 관장 법률	정보통신망이용촉진및정보보호등에관한법률/시행령/시행규칙 통신비밀보호법/통신비밀보호법시행령/통신비밀보호법시행규칙 전자서명법/전자서명법시행령/전자서명법시행규칙 온라인디지털콘텐츠산업발전법/시행령/시행규칙 전기통신사업법/전기통신사업법시행령/전기통신사업법시행규칙

그런데 대표적인 이들 법률들이 현재 금융서비스를 둘러싼 규제 완화와 정보처리기술의 발달로 인해 금융산업을 둘러싸고 전개되는 급속한 환경변화를 충분히 반영하고 있는지에 대해서는 과학기술과 법이라는 주제하에서 항상 지속적으로 관찰되어야 할 사항이라고 할 것이다. 현행 소비자보호법제는 개별구체적인 면에서는 투자자 또는 금융소비자를 보호하는 법제로서의 기능은 일반소비자법제가 아닌 개별금융규제법의 역할로 금융규제법은 투자자보호법제로서 자가 치유능력을 충분히 가지고 있어야 할 것이다.336)

자본시장통합법에서도 투자자 또는 금융소비자 보호를 위하여 여전히 관철되어야 할 기본원칙은 헌법상의 원리337)이면서, 민법의 기초법리의 하나이고, 증권거래 관

---

335) 앞서의 표에서 열거된 것 이외에도 농림부, 행정자치부, 산업자원부, 문화관광부, 보건복지부 등 이용자, 사용자, 소비자 등 여러 가지 명칭으로 소비자 보호법제가 여러 부처에서 관장 처리되고 있다.

336) 이러한 과학기술의 발달로 인한 금융환경의 변화로서 새롭게 등장한 결제지급수단에 대하여, '전자금융거래법'의 제정이 되어 그 목적으로 제1조에서 "이 법은 전자금융거래의 법률관계를 명확히 하여 전자금융거래의 안전성과 신뢰성을 확보함과 아울러 전자금융업의 건전한 발전을 위한 기반조성을 함으로써 국민의 금융편의를 꾀하고 국민경제의 발전에 이바지함을 목적으로 한다."고 하면서 이를 반영하는 것은 이러한 개별금융규제법의 보완으로서 좋은 예라고 할 것이다. 이 법의 제3장은 '이용자'라는 개념을 사용하면서, 이용자 보호에 대한 개별적인 규율을 하고 있다. 이 법은 제7929호로 2006.4.28. 제정되고, 부칙 제1조[(시행일) 이 법은 2007년 1월 1일부터 시행한다.]로 시행되었고, 2007.4.27. 다시 개정되어 현재에 이르고 있다.

337) 헌법재판소 2007.7.26. 선고 2005헌바98 결정; 헌법재판소 2006.4.27. 선고 2005헌바54 결정; 헌법재판소 2004.6.24. 선고 2002헌가27 결정

련 법제의 기본원칙인 자기 책임의 원칙[338]이지만, 자기 책임의 원칙을 부과하도록 하기 위하여 이를 원한 기본적인 법제적인 정비가 수반되어야 하는 것이며,[339] 만일 이와 같지 않다면, 자본시장에서의 금융소비자 참여를 위축시키고, 냉각효과(chilling effect)가 심화되면, 결국 기반을 붕괴시킬 수 있기 때문이다. 자기 책임의 원칙을 관철하기 위한 기반으로서의 투자자 내지 금융소비자에게 적절한 투자판단을 할 수 있게 하기 위한 의사결정이 이루어질 수 있도록 하고, 이러한 의사결정 내지 행동양식을 확보할 수 있도록 하여야 하는 해당 금융서비스 분야에서 금융상품을 매입하는 소비자의 유형과 그 속성을 알고 이에 부합하는 보호메커니즘을 적절하고 효과적으로 설계하여야 하는 것이다.

따라서 이하에서는 투자자의 투자 의사결정 구조를 인간의 통상적인 의사결정 구조를 살펴본 뒤에 이에 대입하여 비교하여 보기로 하고(Ⅱ.), 이를 기초로 하여 기존의 행동경제학에서의 이론을 중심으로 투자자보호를 위해서는 어떤 규범설계가 필요한지에 대하여 연구자의 이상적인 틀을 설정하여 보기로 하고, 이러한 논의가 시장에서 대입될 수 있도록 하기 위한 전제에 대한 논의를 진행한다(Ⅲ.). 이러한 틀을 기초로 하여 2009.2.4.부터 시행된 '자본시장과 금융투자업에 관한 법률'의 조문에 비추어 추가적으로 검토하여야 할 사항은 없는지 또는 그 포함된 내용들이 투자자의 보호방안으로서 그 규범 설계의 내용이 적절한지의 여부에 대하여 살펴보고, 이를 기초로 법령 자체 내지 시행령 및 시행규칙 등의 하부법령에서의 규범설계에 대한 보완점 내지 대안을 검토하고 난 후(Ⅳ.), 결론을 내리는 순으로 전개하도록 하겠다.

Ⅱ. 투자자의 의사결정 특징과 편향

1. 투자의사결정의 판단요소와 의사결정

(1) 인간의 정보의 인지 및 처리방식에 대한 이해

투자자가 금융상품에 투자하는 과정에서 이루어지는 인간의 정보처리방식을 이해

---

338) 이형기, "證券去來와 投資者保護", 商事法研究 20, 1(2001.5.) pp.499－530, 韓國商事法學會.

339) 만일 자기 책임의 원칙을 도외시하게 되면, 투자자들은 자신이 정보를 수집하고, 이를 저장 처리하기 위한 사회적으로 적절한 수준 이하의 비용이나 노력을 사용하게 되어 사회적인 비효율이 발생하게 될 것이기 때문이다.

하는 것은 투자자 보호를 위한 전제가 된다. 그런데 문제는 투자자가 한국에서, 미국에서, 영국에서, 일본에서 각 처하여 있는 객관적인 상황이나, 주관적인 정보의 양과 처리능력이 서로 상이하다는 것이다. 예를 들어, 정규 교육과정에서 투자자에 대한 교육의 정도, 금융소비자 보호를 위하여 기존의 법제에서 요구하는 정보의 내용과 전달 방식, 사법부의 판결례의 방향 등의 차이와 같이 국가에 의한 차이와 주관적인 점에서 그가 살고 있는 국가와 무관한 개인적인 경험의 정도, 자산의 정도, 개인적인 지식 습득의 정도와 같은 주관적인 차이가 발생한다.

이러한 상황에서 필자가 인간의 정보처리방식을 살펴보려고 하는 이유는 인간의 정보처리과정은 객관적인 상황과 주관적인 상황이 달라도 공유될 수 있는 기본적인 틀이기 때문에 이에 대한 논의는 공통적으로 규범설계를 하는 바탕으로서 공유될 수 있는 플랫폼 역할을 할 수 있다고 보기 때문이다.

필자는 투자자 보호 문제의 본질이 궁극적으로 자기 책임 원칙의 적용범위 한계의 문제라고 이해한다. 이러한 자기 책임의 원칙을 관철하기 위한 의사결정과정에서의 결정능력을 향상하도록 할 수 있는 법제적인 정비의 기초를 제공하여야 하는데, 다른 국가에서의 입법을 우리가 도입할 수 있는 전제는 금융상품과 같은 경우에도 여전히 인간의 의사결정과정에서의 동일성 내지 유사성에 기초한다고 생각한다.

[표 5: 규범 설계의 3계층]

제3계층	개인적인 정보의 양과 이에 대한 이해 및 처리능력
제2계층	국가 내의 규범적인 시스템 내지 규제 메커니즘
제1계층	인간의 인지 및 처리방식

따라서 이러한 위 [표 5]의 단계적인 접근을 기초로 하여 아래에서 제1계층에 대한 이해가 기초가 된다고 본다. 이의 도해적인 이해를 위하여 소위 렌즈 모형이라고 불리는 모형이 도움이 된다고 생각된다. 렌즈 모형을 통하여 알 수 있는 인간의 의사결정행태를 정리하여 보면, 인간은 투자결정의 경우에 그 복잡성이 증가할수록 독자적인 판단 대신 전문가의 의견이나, 과거의 성공, 다른 주변인들의 투자성향 등에 의하여 의사결정을 하게 된다고 보았다.340)

---

340) 이 부분은 실증적인 '설문지 조사기법'이나 '실험실 기법' 등 다양한 사회과학방법론을 사용하여 실증을 하여야 할 과제라고 할 것이다. 하지만 이 글에서는 위와 같이 전제하였다.

이와 같이 의사결정을 하는 구조에서 결국 상품을 권유하는 금융기관에서는 과거의 성공에 기대거나, 내지 전문가의 의견이라고 하면서, 투자권유를 하게 될 가능성이 높아지게 되므로 이러한 상품에 대한 투자권유의 단계에서 정보의 제공과 이의 처리에 대한 적절한 규범의 설계에 이에 의한 규율이 없게 되면, 최근에 문제가 되고 있는 '불완전판매' 문제341)와 같은 투자와 관련된 분쟁의 원인이 된다.342)

아래의 [그림 4]에서 이러한 렌즈 모형을 투자자의 투자행위라는 관점에서 대입하여 도식화하여 본다. 아래의 도식은 정보 흐름과 의사결정의 과정을 단순화한 것이다.

[그림 4] 정보 흐름과 의사결정의 요소343)

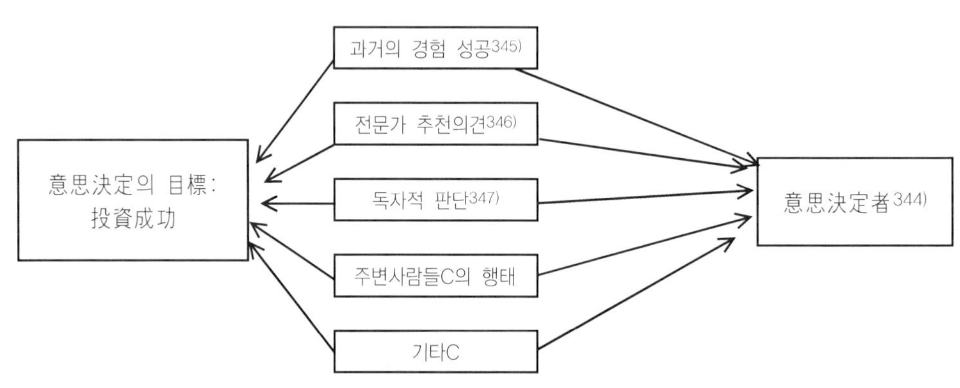

341) 가장 크게 이슈가 되고 있는 KIKO의 경우 금융당국이 지난 8월부터 우리은행 등 13개 은행을 상대로 키코 불완전판매를 조사 중이다. 보도에 의하면 "금융당국의 중간 점검 결과 대출 연계 판매 여부는 객관적으로 입증할 만한 증거를 확보하지 못한 것으로 전해졌다. 하지만 과도한 헤지, 일부 상품 설명 과정에서 미흡한 사례가 있었던 것으로 조사됐다. 금융당국은 문제점에 대해서는 법률 검토 등을 거쳐 내부 조치 방안을 마련한 후 위반 상황에 대해서는 조치를 취한다는 계획이다."라고 한다(서울경제 2008.11.17.자 참조).

342) 이러한 관점에서 보면 애널리스트와 같은 전문가들의 분석보고서는 일반인이라고 불리는 전문투자자가 아닌 투자자들의 관점에서는 의사결정에 결정적인 신뢰의 기반이 될 수 있어 시장규제에 있어 이들에 대한 규제는 매우 핵심적인 부분이 되어야 한다. 애널리스트규제에 대한 최근 논의를 정리한 문헌으로는 고재종, "애널리스트의 중립성 확보 및 그 실태에 관한 법적 고찰", 증권법학회 2008.10. 발표문 참조.

343) 위의 표는 최근 40%의 원금손실을 본 우리은행이 판매한 '오일펀드' 사례에서 언론들이 주로 투자리스크라는 용어를 강조하고 있는 것을 보면서, 소위 '렌즈 모형'을 투자판단에 적용하여 본 것이다. 브룬스윅의 렌즈모델에 대한 기본적인 자료로는 Bernhard Wolf, "Brunswik's original lens model", Landau Oct.10,2005 http://www.albany.edu/cpr/brunswik/notes/WolfOriginalLens2005.pdf 참조.

344) 투자자도 다시 직접투자자와 간접투자자로 구분하고, 간접투자의 경우에는 직접투자자가 되는 기관투자자와 개인투자자로 다시 분류할 수 있을 것인바, 이에 대한 상세한 구분은 장을 나누어 Ⅲ.에서 하기로 한다.

345) 뒤의 인간이 가지고 있는 기본적인 편향과 관련하여 살펴보겠지만 투자에 있어서 기존의 실적은 매우 중요한 의사결정의 근거가 된다.

346) 판매권유자들의 의견 등과 같은 투자권유와 관련된 추천 의견은 불확실성 및 위험성이 있는 상황에서 그 불확실성 및 위험성이 높아질수록 점차 더 중요하여진다.

(2) 투자정보의 제공과 의사결정능력의 제고

투자자의 의사결정능력을 높이기 위하여 고려하여야 하는 제어변수들은 (ⅰ) 정보의 양과 질과 같은 정보의 영역에서 향상을 위한 규제, (ⅱ) 의사결정자가 자기의 정보처리방법을 향상시킬 수 있도록 하기 위한 애널리스트와 같은 분석보고서 및 투자자문업자 및 판매업자와 같은 조언자들의 책임 있는 조언이 이루어질 수 있도록 하기 위한 규범적인 환경의 제공, (ⅲ) 의사결정자 자신이 정보를 제대로 얻고, 적절한 자문을 얻었음에도 편향으로 인하여 투자 판단에 있어서의 오류를 범하는 경우를 방지하기 위하여 의사결정자를 모형으로 대치할 수 있도록 하여 기계적으로 기본적인 판단을 할 수 있는 프로그램의 제공을 할 수 있는 가능성의 확대와 관련된 규범적인 설계의 필요성이라는 세 가지 관점에서 판단되어야 한다.

이러한 환경이 조성되었을 때 투자자들에게 자기 책임의 원칙을 관철하려고 하더라도 투자자들은 잘못된 결과에 대하여 승복할 수 있도록 할 수 있을 것이고, 그래야 투자자들은 자본시장에 대한 신뢰를 유지할 수 있을 것이다. 현재까지 대부분 구 증권거래법 영역에서 규제의 목적은 투자자들에게 정보의 제공이 많이 이루어질수록 시장이 효율적으로 조성되고, 투자자들은 시장을 효율적으로 시장정보를 제공함으로써 시장에서의 사기적인 거래를 없애고, 결국 자본시장의 건전성이 담보된다는 정보의 비대칭성(information asymmetry) 해소에 중점을 두어 왔다고 생각한다. 하지만 강성 효율성 시장(strong market efficiency) 가설을 염두에 두지 않더라도 시장 효율성을 높이기 위해서는 두 번째나 세 번째의 부분도 같이 고려되어야 한다. 왜냐하면 정보의 양을 증가시키는 것 이상으로 증가된 정보를 처리할 수 있는 역량을 강화하는 것이 중요하지만 금융소비자들은 투자를 업으로 하지 않는 경우가 대부분이므로, 이들로 하여금 구체적인 투자상품에 대한 정보를 스스로 상세한 부분까지 이해하여 처리하도록 요구하는 것은 사회적인 효율성의 달성이라는 관점에서 바람직하지 않기 때문이다. 다만 세 번째의 경우에는 그것이 규범화될 것인가에 대해서는 의문이 있고, 개별적인 판단을 돕기 위한 정부나 공익단체에서 내지 자율규제의 대상으로 두는 것이 타당하다고 생각한다.

---

347) 자신이 알고 있는 당해 애널리스트 등의 보고서, 상품에 대한 사전 지식, 판매하는 금융기관의 명성 등의 정보를 통하여 독자적인 판단을 할 것이다. 이 부분은 개인적인 차이가 많을 수밖에 없고, 더구나, 이러한 위험의 차이에 대한 판단도 상품의 복잡성에 따라서 판단가능성이 많이 달라질 것이다.

(3) 자본시장과 불확실성하에서의 투자의사결정

투자의사결정이라는 상황에서 핵심은 투자결정을 위한 판단과 의사결정은 단서와 사건 간의 관계가 불확실한 상황(uncertainty)에서 이루어진다는 것이다. 甲이 A라는 회사의 주식에 투자를 할 것인가 하는 의사결정을 하는 사람의 경우 이 회사의 주가에 대하여 예측을 하여야 한다. 불확실성하에서의 투자판단을 한다고 하여 그들을 모두 투기적인 성격을 가지고 있는 자들이고, 따라서 그들의 의사결정은 자율적으로 이루어진 것이므로 그들은 자신의 의사결정에 대하여 책임을 져야 한다는 단순논리를 관철시키려고 들면, 자본시장에서는 정말 투기적인 성격을 가지고 있는 사람들만 남게 되거나, 이러한 불확실성의 위험을 과소평가하거나 잘 모르는 사람들만 남게 된다.348) 자본시장의 기반을 강화하기 위하여 이러한 투기적인 성격을 가지고 있는 사람들만이 장기에서 남게 되는 것은 정부나 증권당국과 같은 시장조성자의 입장에서는 '역선택(adverse selection)'이라고 생각한다.

모든 시장은 그 시장의 속성이 있으므로 만일 이러한 형태의 시장이 최종적으로 달성하려고 하는 시장이라면 이러한 상황을 방치하는 것도 상관이 없지만, 위의 甲과 같이 승복할 수 있는 정보의 양과 조언을 얻고 난 뒤에 판단에 대하여 책임질 의사가 있는 다소 위험회피적인 투자자이긴 하지만 극단적으로 무위험자산(risk free asset)에만 편중하여 투자하는 투자자가 아닌 甲을 시장에서 투자자로 남도록 하는 것이 우리 자본시장의 건전성을 높이고 그 폭과 깊이를 높이는 것이라고 동의한다면, 이러한 甲에게 정보의 제공이 이루어지고, 적절한 조언이 이루어질 수 있도록 하여야 하며, 이를 위한 지표들이 앞서의 판단요소들과 관련하여 제공되어야 하는 것이다. 왜냐하면 앞서 본 [표 1]에서 미래의 투자성공이라는 사건은 현재에서 직접 판단할 수 없는 불확실한 사건으로서 대부분의 상황에서 의사결정자는 시간적으로 또는 공간적으로 투자의 성공이라는 관심사건과 분리되어 있다. 이러한 제공된 단서들의 어떤 것들은 다른 단서에 의해 제공되는 정보를 중복적으로 포함할 수 있을 것이다. 하지만 중요한 것은 이러한 정보의 제공이나 단서와 연관된 조언들이 제공된다는 것과 투자의 성공이라는 관심사건은 항상 실제에 있어서는 확실하게 연결되는 것은 아니며, 다만 정(正)의 상관관계(positive correlation)가 있을 뿐이라는 것이다.349)

---

348) 시장에서의 불확실성이 증가할수록 '위험선호적인 투자자'만이 남게 되어 투기적인 성격의 투자가 주류를 이루게 될 것이다.

349) Brunswik(1952)의 렌즈 모형에서 의사결정자는 ① 관심사건으로부터 시간적 · 공간적으로 분리되어 있고, ② 환

이러한 상관관계는 결국 (i) 판단정확성의 측정과 (ii) 오류의 결과적 효과라는 두 가지 요소로 구성되어 있다고 할 것이다.[350] 이러한 양자 간의 正의 상관관계를 높이는 것은 자본시장의 건전화뿐만 아니라, 자본시장을 구성하는 기업들을 포함한 투자대상의 기업지배구조 등의 건전화에도 기여한다. 왜냐하면 正의 상관관계가 높다는 것은 정보제공자의 시장 조작(market manipulation)이나 기망적 정보(deceptive information)의 제공을 통한 이익을 취득할 재정거래(arbitrage transaction)의 가능성을 낮춘다는 의미일 것이기 때문이다.

(4) 인간의 의사결정 특성과 금융소비자의 투자함수와 시장 규율

사람들의 판단규칙은 아마도 선형인 것은 아니고, 사람들은 정보가 제공되더라도 이용 가능한 정보 중 상당히 적은 일부분에만 의존하는 경향이 있다. 문제는 [그림 1]에서 본 여러 투자의사결정의 요소 중에서 개별단위에서의 금융소비자가 어느 요소에 더 크게 의존하는가 하는 것은 상당한 편차가 있을 것이므로 이를 규범화하는 것은 쉽지 않다. 또 이를 규범화할 필요는 없을 것이다. 개인적인 선호의 차이에서 예를 들면 파생상품에 대한 거래가 있을 수 있는 것인 것[351]과 마찬가지로 이러한 차이를 규범을 통하여 통일할 필요는 없고, 해서도 안 된다고 본다.

하지만 여전히 중요한 것은 시장에서 의사결정자들인 자신의 독자적인 선호 체계를 가지고 앞서의 정보와 관련된 사항들을 제공받음에 있어서, 뒤에서 보게 될 인간의 인지적인 편향으로 인한 부정확성과 시차적인 비일관성[352] 등이 존재함에도 불구하고, 이러한 점을 사상할 수 있는 시장에서의 정보 흐름에 대한 규범의 보완 등의 가능성은 여전히 필요하다.

이하에서는 시장에서의 요인을 차후의 논문에서 연구하여 좀 더 복잡한 모델로 구성하여 반영하기로 하고, 논의를 단순화하여 모델링하기 위하여 시장에서의 개별

경적 상황에 대한 불확실한 예측지표가 되는 단서들을 서로 중복되게 접하고 있으며, ③ 이러한 단서들을 확률적으로 결합하여 판단을 하는 것으로 설정되어 있다. 각주 21) 참조.

350) 판단의 정확성은 비유적으로 말하면, 수업을 하고 난 뒤에 학생이 시험을 봐서, 실제 성과와 예측치를 비교함으로써 측정하는 것과 같은 방법으로 할 수 있다. 오류의 결과적 효과는 판단에 따른 행동을 의미하는 것으로, 선택과 결과에 대한 의사결정자의 선호의 함수가 된다고 본다.

351) 콜옵션의 거래가 이루어질 수 있는 것은 옵션 매수자와 옵션 매도자가 서로 다른 방향의 예상을 하기 때문인데, 이는 앞서의 [그림 1]에서의 투자고려요소에 대한 판단을 함에 있어 그 비중을 서로 달리하는 의사결정의 함수를 가지고 있기 때문이라고도 설명할 수 있다고 본다.

352) 합리성이라는 것의 전제 중의 하나가 동일한 환경에서 동일한 정보를 주면 동일한 의사결정을 한다는 일관성이라고 할 것인데, 실제의 실험에서는 일관성을 결한 행동을 하는 경우가 발생한다.

적인 금융소비자의 총합이 그대로 시장의 움직임이 된다고 전제하고, 이러한 금융소비자를 대표적인 소비자353)로 본다. 투자자의 의사결정을 살펴봄에 있어 고려하여야 할 것이 인간이 가지는 인지적인 편향을 어떻게 금융규제에서 반영할 것인가를 보기 위한 전제로 이에 대하여 행동경제학354)은 이러한 편향에 기초한 다양한 업적을 이미 내놓고 있어 이에 대하여 살펴보기로 한다.

2. 합리적인 소비자 선택 가설의 가치와 한계

(1) 소비자의 합리성

소비자는 합리적이다. 그들의 의사결정은 합리적이고 이성적으로 이루어진다. 시장은 이러한 합리적인 소비자들로 구성되어 있다. 이러한 전제들은 소비자법을 설계함에 있어서 매우 중요한 출발점이 된다.355)

법은 인간의 행동에 영향을 주고, 시장의 주요 참여자들은 법에 따라서 자신의 행동양식을 변경하는 방식으로 반응한다. 법의 집행은 이러한 자극과 반응의 일련의 과정으로 이루어져 있다. 그러므로 그 소비자법제에서 주된 관찰의 대상이 되는 소비자들을 어떤 관점에서 보는가 하는 것 내지 어떤 정형적인 모습의 소비자를 염두에 둘 것인가 하는 것은 그 중요성을 아무리 강조해도 지나치지 않다고 할 것이다. 우리는 법과 제도의 설계에 있어 지난 반세기 동안 사회과학자들이 이루어 놓은 성과를 바탕에 두어야 하며, 사회과학자들은 인간이 자신들의 의사결정을 할 때 어떤 방식으로 하는가에 대한 많은 연구를 하였다. 물론 여전히 많은 업적은 경제학을 포함하여 합리적인 의사결정모델(rational choice model)356)이었다. 하지만 이러한 합리적 의사결정모델에 기초한 분석은 실제의 상황에서 인간이 경제적인 합리성과 배치되는 행동을 하는 실증적인 분석들 및 이에 기초한 이론들에 의하여 공격받

---

353) 논의의 편의를 위하여 시장의 완결성, 완전성 등의 논의를 하지 않고, N명의 소비자의 행동은 개별소비자의 총합이고, 그 총합은 '시장'이라고 단순하게 보았다.

354) 행동경제학에 대한 도입을 위한 책으로는 "도모노 노리노, 이명희 譯, '행동경제학 – 경제를 움직이는 인간 심리의 모든 것', 도서출판 지형 刊(2007)" 참조.

355) 소비자보호법제가 이렇게 전제하고 있는가에 대해서는 논란이 있을 수 있다고 본다. 오히려, 예를 들어 사후철회권(cooling off)의 경우를 보면, 이러한 제도는 제한적인 합리성 내지 합리적이지 않고, 충동적인 소비자를 전제로 한 것이 아닌가 하는 의문이 들기 때문이다.

356) 고전파 미시경제학이 전제하는 인간행동의 패턴으로, 전제되는 인간상은 일관된 선호체계를 가지고 자신에게 주어진 예산 제약하에서 가장 효용을 극대화하는 의사결정을 하는 사람들이다(참고로 N. Gregory Mankiw, "Principle of Economics" 3rd edition p.6).

게 되었다.357) 하지만 이러한 사례들이 인간의 행동은 도무지 예측할 수 없고, 임의적이며, 사회과학으로 모델링을 할 수 없다는 것을 의미하는 것은 아니다. 오히려 이러한 행동양상을 모델링함으로써 인간의 행동을 현실에 가깝게 설명할 수 있는 모델이 제시될 수 있을 것이며 이러한 노력의 하나가 바로 행동경제학이다.358)

(2) 인간의 행동 패턴: 휴리스틱(heuristic)과 편견(bias)

인간은 자신들의 의사결정을 함에 있어 합리적으로 모든 사안을 종합하여 판단하지 않는다. 정확히는 이와 같이 판단하지 않거나 할 수 없다. 왜냐하면 인간은 제한적인 정보와 제한적인 시간을 한정된 자원으로 가지고 살고 있기 때문이다. 그러므로 그들이 할 수 있는 것은 제한적인 합리성(bounded rationality)에 그친다. 바로 그 인간이 소비자들이다. 소비자들의 판단은 사실 이 정도의 제한적으로 합리적인 판단을 하지도 않을 때도 많다. 소위 휴리스틱에 의하여 판단을 하는 것이다. 주먹구구식(rule of thumb)으로 많은 일을 하기 때문에 경우에 따라서는 같은 실수를 반복적(systemic error)으로 저지르기도 한다. 이뿐만이 아니다. 소비자들은 의사결정을 함에 있어 특정한 선입견으로 인하여 편견을 가지고 의사결정을 한다. 아래에서 몇 가지 경우를 보기로 하자.

1) 극단에 대한 편향(Extremeness Aversion)

많은 경우 사람들은 극단적인 것을 선호하지 않는다. 사람들은 많은 경우 여러 가지의 대안이 주어지면 극단적인 대안 대신 중간적인 대안을 선택한다.359) 기업들도 이러한 소비자의 심리를 알기 때문에 저가품이라는 단어 대신 중저가품이라는 단어를 선호한다. 소비자들은 중간 가격이라는 단어에 만족해한다. 자신이 최소한 실수를 하지 않았을 것이라고. 이러한 것과 관련된 선택에서의 효과가 바로 절충효과(compromise effect)360)이다.

---

357) 여전히 '합리적 선택이론'은 '신고전학파 경제학'을 지탱하는 중요한 근간이 되고 있다고 할 것이다.

358) 신고전파 경제학과 행동주의경제학 간의 소비자계약에 대한 이해에 대하여, Bar-Gill, Oren & Richard A. Epstein, "Consumer Contracts: Behavioral Economics vs. Neoclassical Economics", NYU Law & Economics Research Paper No. 07-17(2007) 참조.

359) 삼국지에서 봉추 방통이 유비에게 3가지 계책이 있다고 하면서, 상중하 책 중에 택일하라고 한다. 유비의 선택은 책을 읽지 않은 사람도 쉽게 추측할 수 있는 것처럼 중책을 택하였다.

360) 이 효과의 설명을 위하여 '워싱턴 포스트紙'의 기사 하나를 보자. 이 기사에서 MIT 슬로언 스쿨의 교수인 Daniel Ariely은 스시의 가치를 경제학은 계산할 수 있다고 하지만 실제로는 계산을 하는 것은 거의 불가능하다. 소비자들이 판단할 수 있는 것은 바로 바나나와 스시 중에서 스시를 더욱 선호한다는 것뿐이라고 하면서, 기업들은 이러한

만일 갑이라는 사람이 A와 B라는 플라즈마 텔레비전 중에서 고르라고 하면 A를 고른다고 하자. 그런데 만일 선택지가 A, B, C가 되면 B를 고른다는 것이다. 왜냐하면 갑은 B의 선택을 훨씬 편안하게 여기기 때문이다. 물론 여기서 고려하여야 할 것은 예산제약(budget restraint)이다. 다만 다른 선택이 예산제약 밖에 있으면 선택을 할 수 있지 않는 것이기 때문에 이를 강조할 필요는 없다. 사실 이런 방식의 의사결정은 인간의 의사결정과 관련되어 있어서 오로지 소비자의 선택만 이런 것은 아니다. 입법과정에 관여하여 보거나 이야기를 들어보면 흥미롭게도 많은 경우에 최선의 안이 아니라 타협된 중재안 내지 서로 주고받는 안이 실제로 선택된 안이 되는 경우가 많다는 것을 알게 된다. 통상적으로 사람들은 극단적인 선택에 대한 거부감 내지 편견을 가지고 있다.

금융기관은 이미 이러한 편향을 이용하고 있다. 금융상품의 선택에 있어서 높은 수익률로 상품에 대한 투자를 유인할 수 있지만, 여러 개의 선택지가 있는 것처럼 하면서, 원래 유도하려고 하였던 상품을 절충안으로 제시하여 구매를 유도할 수 있다. 금융기관은 이를 통하여 실제의 위험도보다 낮은 것처럼 투자자를 오인시킬 수 있다. 금융규제당국이 금융상품의 광고나 표시에 대한 규제에 있어서 유의하여야 할 부분이다.

2) 낙관주의 편향(optimistic bias)과 정보 처리 오류

사람들은 매우 낙관적인 태도를 가지곤 한다. 일응 좋은 이야기처럼 들리지만 이러한 태도가 종종 오류를 일으킨다. 사실적인 관점에서도 정보를 제공받은 사람들은 다른 사람들에게는 위험이 발생하더라도 그러한 위험이 자신에게는 발생하지 않을 것이라는 신뢰를 하고는 한다. 바로 이러한 이유에는 소비자들은 자신들에게 발생할 수 있는 위험의 가능성을 낮게 평가한다는 것이다.

이러한 현상은 소비자들에게 실제로 정보를 제공하더라도 이렇게 제공된 정보가 제대로 평가되어 그들의 행동에 영향을 주지 않을 수 있다는 점을 의미한다. 따라서 투자권유를 하는 자들로 하여금 투자자들에게 투자 시의 수익성과 투자위험을 모두 설명하게 하더라도 위험을 설명하지 않게 되면, 투자자들은 수익만을 선택적으로 들

소비자들의 인지의 한계를 이용하여 자신들의 이익을 가장 고급과 저급 중에서 선택하도록 유도하는 방법으로 극대화하고 있다고 설명한다. 이것이 바로 예를 통하여 본 절충효과의 개념이다
(http://www.washingtonpost.com/ac2/wp-dyn/A41329-2002Jan26 2008.3.20. 최종접속).

게 될 가능성이 있다는 점이 이 편향을 암시하고 있다. 그러므로 금융소비자의 보호를 위해서는 위험을 분명히 부각시키도록 법적으로 강제할 필요성이 있다.

3) 현상유지편향(status quo bias)

사람들은 대개 현상유지를 원한다. 사람들은 예를 들어 손해나 이익을 계산할 때에도 객관적인 수치에 근거하기보다는 자신이 기초하는 점(reference point)을 기초로 하여 판단을 한다. 이러한 현상은 미래예측이론(prospect theory)361)의 중요한 발견이다.

합리적 선택이론은 소비자들이 자신의 효용을 극대화하기 위한 선택을 하고, 이를 위하여 여러 개의 선택 가능한 대안 중에서 선택으로 인한 이익이 자신이 투여하여야 할 비용과 비교하여 가장 많은 차이가 나는 대안을 선택하게 된다고 설명하고 있다. 그 결과 계약 협상에 있어서 개인들의 숨어 있는 선호가 아닌 외부적인 이익이 극대화에 영향을 주는 요소들만이 영향을 미치게 되고 내부에 숨어 있는 개인적인 선호는 계약 조건의 결정에 영향을 미치지 않게 되는 것이다. 하지만 이와 같은 합리적 선택이론은 인간이 외부적인 조건의 우열에 의하여 선택을 한다고 하지만 실제 실험 결과들은 이러한 합리적인 선택이론의 설명이 실제 소비자의 의사결정에 있어서와 다를 수 있다는 점을 보여 주고 있다. 이러한 현상의 설명에 있어서 이를 설명하여 주는 유력한 대안이 바로 현상유지편향이다. 소비자들은 의사결정에 있어 다른 조건이 동일하다면 별도의 새로운 적응을 위한 노력을 하여야 하는 대안이 아닌 현상 유지적인 대안을 선택한다는 것이 바로 현상유지편향이다. 약관에 의한 계약의 경우 약관을 제시하는 것은 이러한 현상유지편향을 고려한다면 계약 체결에 있어서 예상되는 재무적인 비용을 고려하고 다른 선택가능성과의 비교를 하는 과정에서 발생하는 비용을 고려한다면 자신이 원하는 조건을 제시하는 대신 약관에서 제시된 조건을 그대로 유지하는 방법으로 약관을 받아들이는 것이 합리적인 의사결정이 되는 것이다.

이러한 현상유지편향을 고려한다면, 금융소비자는 상품의 복잡성이 증가할수록 당해 금융상품의 이해가 어려워지고, 따라서 이러한 현상유지편향이 오히려 더 강하게

---

361) Daniel Kahneman과 Amos Tversky의 '프로스펙트 이론'에 대해서는 앞의 각주 33)의 노리노 책 참조. 이 이론에 대해서는 기대이론, 전망이론 등의 역어가 사용되는 것으로 보이나, 어느 것도 불확실성 상황에서의 의사결정에 대한 적절한 국문 표현이라는 판단이 들지 않아서 원문의 음을 그대로 따와서 표기하거나, 본문에서 사용한 것과 같이 '미래예측이론'이라고 한다. 이 이론이 2002년 노벨상을 받게 한 원본이 되는 논문은 Daniel Kahneman & Amos Tversky, "Prospect Theory: An Analysis of Decision under Risk", Econometrica Vol. 47 Mar. 1979 No.2 pp.263－292임.

나타날 것이라고 예견할 수 있다. 따라서 약관에 대한 금융규제기관의 심사는 더욱 강화되어야 할 필요가 있다는 것이 이러한 편향에서 도출할 수 있는 결론이라고 본다.

(3) 行動經濟學과 消費者法의 交叉點

1) 금융법학이 바라보는 인간상의 필요

모든 사회과학은 인간에 대한 관찰의 최소단위로 한다. 이러한 점에서 어떤 인간상을 전제로 할 것인가 하는 것은 매우 중요하다. 금융법학이나 증권법학도 이러한 점에서 크게 다르지 않다. 어떤 인간상을 전제로 할 것인가 하는 것은 현실에 대한 설명력이라는 관점과 모형화의 용이성이라는 점이 모두 고려되어야 할 것인바, 문제는 이러한 현실에 대한 설명력과 모형화의 용이성은 많은 경우 서로 동시에 완벽하게 만족시킬 수 없기 때문에 타협점을 찾아야 하는 작업이라는 점이다. 결국 합리적 선택 가설은 이러한 타협의 산물이며 많은 경우 법학은 합리적인 인간상을 전제로 하거나 또는 요구하는 것으로 보인다.362) 다만 유의할 것은 합리적 선택가설이 전제하는 인간상과 달리 행동경제학이 전제하는 인간상이 비합리적이고 외부적인 객관적 조건이 아닌 다른 이해할 수 없는 비합리성의 덩어리로 예측 불가능한 행동을 한다는 의미는 아니다. 오히려 행동경제학이 전제하는 인간상은 스스로 합리적이라고 믿고 있거나 이와 같이 행동하지만 실제로는 내부적인 편향성으로 인하여 만일 객관화된 외부 조건에 의하여 결정하는 경우 행동할 것으로 예측되는 방향과 다른 방향의 의사결정을 하는 그런 인간상으로 그러한 내부적인 편향성을 감안하여 오히려 인간의 행동 양상을 분석하고 예측하기 위한 작업을 하기 위하여 전제하는 인간상이라고 할 것이다.

결국 행동경제학이 전제하는 인간상은 예측 불가능한 행동을 하는 인간상이라는 의미가 아닌 또 다른 행동예측모델이며 규제행정의 경우 규범 또는 정책의 변경이라는 사건(event)이 발생하는 경우 이러한 사건 분석(event study)을 통하여 그러한 사건이 수범자 또는 피규제자의 행동에 어떤 영향을 미칠 것인가 하는 분석을 위한 틀이라고 보면 될 것이다. 하지만 다른 사회과학과 달리 법학은 반드시 합리적 선택이론 또는 합리적인 의사결정을 하는 인간상을 전제하지 않았고, 많은 부분 이미

---

362) 일반적인 의미에서 법학이 전제하는 인간상이 '합리적 인간'이라는 필자의 생각에 대해서는 증권법학회 내부 토론 과정에서 異見이 있었음을 밝혀둔다. 하지만 필자가 이 글에서 밝힌 바와 같이 법학은 구체적 타당성을 위하여 기꺼이 합리성이라는 전제를 포기하여 왔다는 점도 필자가 인식하는 바이다.

경제학과 같은 다른 사회과학 분야와는 달리 합리성의 가정을 상당부분 수정하고 있거나 채택하지 않고 있었다고 본다. 이는 법학이라는 분야가 정치한 이론적인 구성의 추구라는 점과 병행하여, 현실에서의 구체적인 분쟁의 해결이라는 현실적합성의 요구가 강한 분야라는 점에서 기인한다고 본다. 특히 정보 복잡성의 심화로 인한 정보처리의 곤란과 이로 인한 의사결정의 어려움이 강화되는 시점에서 이 금융법학이 투자자보호의 관점에서 소비자법제와 접합점을 찾으려고 시도를 함에 있어 행동경제학이 제시하는 개별인간의 편향에 대한 이해는 규제 설계에 있어서 큰 도움이 될 것이라고 본다.

2) 행동경제학의 관점에서 보는 금융소비자 투자결정의 특징

(가) 제한적 합리성(bounded rationality)

합리성이라는 것은 논리적이고 단계적인 방식으로 일련의 여러 대안들 중에서 객관적인 조건이 가장 자신에게 많은 혜택을 주는 대안을 선택한다는 것을 의미한다. 이러한 합리성 모형은 고전파 경제학에 기초한 의사결정으로 시장의 소비자들은 합리성에 기초한 의사결정을 한다. 이러한 합리성을 충족하기 위한 전제로 결과는 완전히 합리적이어야 하며, 소비자들은 자신에게 최상의 대안을 선택하기 위한 일관된 선호의 체계(a consistent system of preference), 소비자들은 모든 가능한 대안들을 알고 있어야 하고, 이러한 각 대안이 현재화 가능성에 대한 확률적인 계산을 수행할 수 있어야 한다. 이를 통하여 소비자들은 이익을 극대화하게 되는 것이다. 이러한 합리성의 전제에 대한 공격은 현실에서는 그리 어렵지 않다. 현실의 소비자들은 제한된 시간과 정보처리능력을 가지고 있고, 지식의 양도 서로 상이하다. 이러한 일종의 예산 제약(budget constraint)을 가지고 판단하여야 하는 소비자들로서는 경우에 따라서는 최적화가 가능한 대안을 선택할 수 있음에도 무한자원으로 판단하는 것이 아닌 자신의 현실을 토대로 하여 제한적인 자원만을 이용하여 최적화되지 않은 선택을 하는 나름의 '합리적'인 선택을 한다. 바로 제한된 합리성에 기초한 판단을 한다는 것이다. 바로 1978년 노벨상 수상자인 '허버트 사이몬(Herbert Simon)'이 기초한 제한적 합리성 이론은 이러한 합리성 가설의 한계에서 논의를 시작한다. 의사결정자들이 처하고 있는 현실은 매우 불확실하며, 제한된 시간에 의사결정을 이루도록 하여야 한다. 소비자의 반대편에 있는 판매자들은 이러한 상황을 창출한다.363)

이러한 제한적 합리성을 규범의 설계에서 반영하는 것과 관련된 예를 들어 보자. 상법은 이사의 선관주의의무를 규정하고 있다. 이사의 선관주의의무 위반 여부를 판단하기 위해서는 개별적인 개인의 정보판단에 대한 방법이 있을 것이고, 합리적이라고 전제된 제3자를 대체하여 그의 시각에서 판단을 하는 방법이 있을 것이다. 여기서 두 개의 중요한 차원이 있는데 하나는 시간이고 하나는 객관적인 정보의 양이다. 판단은 사후적으로(ex - post) 이루어지고, 객관적인 정보의 양은 제3자의 관점에서 있어야 할(ought - to - be) 정보의 양이다. 존재하는 정보의 양은 결코 그 기준이 될 수 없으며 인간은 자체로 이미 존재하는 것에 대하여 편견을 가지고 있다. 그런데 이 둘이 극단적으로 결합되게 되면 이 문맥에서의 합리성은 불가능한 무의미한 요건이 되어 결과책임(結果責任)으로 귀착된다.364) 우리가 과실책임주의(過失責任主義)를 취하는 것은 법경제학적인 관점에서 행위태양에 대하여 중요한 함의를 가지고 있는데, 만일 결과책임주의를 따르게 되면 규범 수규자의 입장에서는 조금이라도 리스크가 있으면 행동을 하지 않는 것이 최선이 되어 결국 아무것도 하지 않으면 잘못한 것은 없지만, 무엇인가 하면 내가 통제할 수 없는 변수에 의하여 책임을 부담할 위험이 발생하게 되어 조금이라도 리스크가 있으면 어떤 위험도 인수하지 않거나 또는 극단적으로 어떤 의사결정도 하지 않는 것이 최상의 전략적 균형점이 되는 상황이 발생하는 것이 되는 상황을 이끌게 되기 때문이다.

결국 사회적으로 수용하여야 할 위험의 양에 비교하여 현저히 적은 위험의 양만 인수하게 되어 사회적인 비효율이 발생하게 되는 것이다. 그러므로 우리는 결과책임을 부담하라고 하지 않고 과실책임을 부담시킨다. 그리고 과실 여부에 대한 판단에 있어서 제한적인 합리성이 고려되어야 하는 것이다. 이러한 관점에서 우리가 상법에서 회사법상 과실판단에서 강학상 논의하고 있는 경영판단의 법칙(Business Judgment Rule)의 존재 근거 또는 가치가 설명될 수 있는 것이다.

---

363) 홈쇼핑을 보면 끊임없이 시간이 없다고 알린다. 소비자들은 시간 제약을 의식하고 이익을 과대평가한다. 이러한 소비자들의 결정은 제한된 합리성에 기초한 것임은 분명하다. 소비자법을 연구함에 있어서 상정하여야 할 소비자는 이러한 제한된 합리성을 가지고 있으므로 이러한 경우를 시정하여 좀 더 합리성을 강화하도록 하는 수단을 부여하여야 하는데 그것이 바로 제도적으로는 '철회제도(cooling - off)'이다. 소비자들에게 좀 더 많은 시간을 부여함으로써 시간제약이라는 부분을 완화시켜 줌으로써 소비자들은 자신이 가지고 있는 다른 효용체계에 비추어서 의사결정을 할 수 있게 되는 것이다.

364) 사후적 고찰 편향(hindsight bias)이라고 불리는 편향에 의하여 과실책임주의를 취하더라도, 실제에 있어 결과책임과 같은 결과에 이르게 되는 것이다.

(나) 제한된 의지(bounded will)

앞에서 언급한 제한된 합리성의 문제 외에도 인간은 제한된 의지를 가지고 있다. 이러한 현상은 장기적으로 합리적이고 옳다고 판단하는 것과 단기적으로 선택하는 것과의 괴리에서 발견할 수 있다.365) 이러한 제한된 의지로 인하여 인간은 비록 합리적인 의사결정을 한다고 하더라도 실제의 행동은 단기에서 또는 현상에서 합리적인 의사결정과 배치되는 행동을 한다. 이러한 현상은 실제 시장에서의 수요함수와 공급함수의 효율성을 왜곡할 수 있다. 실제의 모든 인간이 그렇다는 것이 아니라, 그런 인간들이 존재한다는 것으로 현상의 설명력을 높이기 위하여 이러한 현상의 존재를 긍정할 필요가 있다. 만일 이러한 인간의 제한된 의지를 고려한다면 규범적으로 금융상품이 의도적으로 인간의 이러한 의지를 장기적인 합리성에 부합할 수 있도록 설계되도록 하는 것을 유도하고, 단기적인 의지의 제약을 활용하려고 하는 마케팅 전략을 제한하는 것을 생각하여 볼 수 있을 것이다.366)

(4) 소비자 법제와 행동경제학이 주는 시사점

행동경제학이 전제하는 인간이 가지고 있는 여러 가지 특성들은 우리가 고전파경제학이 전제하는 인간형보다 더 현실설명력을 가질 수 있고, 이러한 점은 규범설계의 점에서는 분명한 장점을 가지고 있다. 이런 현실에 있어서의 설명할 수 없는 불합리함에 대하여 우리는 인간의 여러 현실적인 한계들과 편향들에 기초하여 문제해결력을 높일 수 있는 것이다. 정치경제학의 목적이 인간의 삶을 유지할 수 있도록 하는 것이라면,367) 소비자 법제의 1차적인 목적은 바로 이와 같은 많은 제약을 가지고 있는 소비자들에게 상대적으로 적은 제약으로 각자의 의사결정이 각자의 효용을 극대화할 수 있는 방향으로 이루어질 수 있도록 하는 것이다. 행동경제학의 연구 성과를 통하여 소비자법제는 무조건적인 소비자의 보호가 아닌 주체적인 소비자 효용의 극대화라는 관점에서 법제가 설계되어야 한다는 출발점을 볼 수 있었다는 점 즉 법 목적의 분명한 제시라는 점에서 의의가 있다고 할 것이다. 이러한 점

---

365) 담배 소비자들의 예에서 보면, 소비자들은 말한다. 자신의 담배를 더 이상 소비하지 않고 싶고 심지어 금연을 위하여 돈을 사용할 의사를 가지고 있다고 하지만 실제로는 담배를 소비한다.

366) 금융산업의 선진화와 이와 같은 의지 박약한 금융소비자 또는 투자자의 보호가 양립되는가 하는 질문을 할 수 있을 것이나, 이러한 점을 고려한 법제의 설계가 바로 금융선진화를 위한 토대가 된다는 것이 개인적인 생각이며, 이에 대해서는 장을 바꾸어 다음 장에서 설명하기로 한다.

367) Adam Smith, "The Wealth of Nations", Book Ⅳ. Of Systems of political Economy(Introduction), Bantam Books reprinted in 2003.

외에도 행동경제학과 전통적인 법경제학은 단순히 전제하는 인간행동에 대한 이해만 다른 것이 아니라 어떤 법규범이 인간의 행동에 어떤 영향을 미칠 것인가에 대한 분석력 또는 현실 설명력에서도 차이가 있다.368) 고전학파 경제학이 전제하는 현상에 대한 분석은 제한적인 전제와 상황하에서 작동할 수 있는 것으로 앞서 본 것과 같이 인간상을 달리하게 되면 그 한계를 노정한다.369)

정리하면 고전학파 경제학이 전제하는 합리적 인간상과 행동경제학이 전제하는 여러 가지 편향을 가진 인간상이라는 것은 소비자법제에 있어서 이를 현상에 부합하는 문제해결의 기준을 제시한다는 관점에서 보완적인 역할을 한다고 생각한다.

3. 소결

앞에서 기술한 내용을 정리하면 다음과 같다.

(ⅰ) 여전히 합리적인 인간상은 기준적인 가치를 가진다. 전제적인 인간상에서 합리적인 인간상이라는 것은 가장 많은 전제를 가지고 매우 제한적인 영역에서 움직이는 모형이므로 이러한 모형은 극단적인 상황을 설명하는 모델로 여전히 가치를 가진다. (ⅱ) 행동경제학이 전제하는 인간상은 소비자가 가지고 있는 의사결정에 있어서 속성으로서의 편향을 제시하여 주므로, 개별적인 소비자 법제에서 관련된 편향을 고려하여 소비자에게 이러한 편향을 제거하거나 억제할 수 있는 방향의 규범설계를 하게 되면 (ⅰ)에서 전제한 합리적인 인간상이 염두에 두는 형식으로 접근

---

368) Richard A. Posner, "Economic Analysis of Law"(5th ed. 1998)

369) 기본적으로 하방으로 기운 수요곡선(downward sloping demand curve)을 전제로 하여 가격이 오르면 수요는 감소한다. 이러한 예측은 많은 경우 타당하다. 하지만 이러한 수요곡선의 존재가 소비자들이 효용을 극대화한다는 의미는 아니다. 둘째가 비용에 대한 전제이다. 경제학적인 의미에서의 비용은 기회비용을 의미하는 것이며, 매몰비용(sunk cost)은 전혀 고려되지 않는다고 전제한다. 하지만 실제의 상황은 많은 경우 그렇지 않다는 것을 우리는 이미 알고 있다. 기업들이 내부적인 매각의사결정을 함에 있어서 매몰비용의 존재로 인하여 소위 '본전 생각'을 하면서 매각협상을 하고, 자신이 꼭 가고 싶은 콘서트 티켓의 경우에는 시장 가격보다 높은 가격에도 입장권을 사기도 하고, 시장가격으로 매수하고자 하여도 팔지 않기도 한다. 이러한 현상은 만일 할인을 받은 소비자들은 정상적인 가격을 주고 콘서트 입장권을 산 소비자들에 비하여 콘서트에 가지 않을 확률이 높다는 것도 실증적인 분석을 통하지 않아도 경험적으로 알 수 있다. 결국 이러한 일련의 직관적인 관찰의 결과들은 사람들이 의사결정을 할 때 매몰비용을 고려한다는 것을 의미한다. 세 번째가 '코즈 정리'이다. 자원은 거래비용을 고려하지 않는다면 가장 그 자원의 가치를 높게 평가하는 곳에서 소비된다는 것이다. 이러한 이론에 의하면 최초의 분배는 궁극적인 자원의 배분에 아무런 영향을 미치지 않게 되는 것이다. 하지만 실제의 상황에서 우리는 이러한 '코즈 정리'가 작동하지 않을 수 있는 상황들을 생각하여 볼 수 있다. 예를 들어 전체에 동일한 가치를 분배하되, 한 그룹에는 금전을, 다른 한 그룹에는 식권을 분배하였다고 하자. 그리고 이들의 거래비용은 없고, 식권의 경우에는 모든 상황이 종료된 뒤에 식권의 가치를 금전으로 돌려준다고 한다면, 코즈 정리에 의할 때 외부적으로 부여된 가치에 따른 자원의 배분이 이루어져야 한다. 하지만 만일 이 식권에 대하여 주관적인 편향 또는 가치가 개입되게 되면 외생적인 가치 이상의 매수제안에도 식권의 거래가 이루어지지 않게 되어 코즈 정리가 작동하지 않을 수 있게 되는 것이다.

할 수 있도록 제도설계를 할 수 있다. (iii) (ii)의 수정적인 제도 설계를 통하여 개별 소비자의 효용을 증대시켜 후생 증대[370]를 이룰 수 있으며, 이를 위하여 규범 입안자 또는 정책수립 및 집행자는 생산자에게 이러한 편향을 이용하지 않도록 하는 규제를 부여할 수 있다. (iv) 이상의 (i) 또는 (iii)의 명제를 전제로 하여 소비자 법제에서 전제하는 소비자의 개념은 개별법제에서 인지적인 또는 의사결정상의 편향과 한계를 전제로 하여 정의되어야 한다. 다만 이와 같은 경우에도 자기 책임의 원칙은 여전히 한계 원리로서 작동하여야 한다. 이러한 점을 금융소비자 또는 투자자개념에 투영하더라도 그대로 적용될 수 있다고 본다.

Ⅲ.에서는 금융소비자 개념을 통하여, 소비자법제와 금융법을 가교하는 작업을 하도록 하겠다.

Ⅲ. 금융소비자의 보호와 보호법제의 설계

1. 투자자와 금융소비자

(1) 소비자

광의로 소비자란 물품과 용역의 구입자 또는 구입을 고려하고 있는 자라고 정의할 수 있다. 이러한 광의의 소비자에는 다양한 지위의 소비자가 포함될 수 있는데, 대표적으로 일반소비재의 구입자뿐 아니라 금융거래에서의 소비자, 예컨대 보험거래에서의 보험계약자, 증권거래에서의 투자자 등 물품과 용역의 구입자를 넓게 포섭한다.[371]

한편, 소비자기본법 제2조 제1호는 '소비자'라 함은 사업자가 제공하는 물품 또는 용역(시설물을 포함한다. 이하 같다.)을 소비생활을 위하여 사용(이용을 포함한다. 이하 같다.)하는 자 또는 생산활동을 위하여 사용하는 자로서 대통령령[372]이 정

---

370) 경제학적인 의미에서의 '파레토 개선(Pareto Improvement)'을 이룰 수 있다.

371) 안수현, 전게논문, 203면.

372) 제2조(소비자의 범위) 「소비자기본법」(이하 '법'이라 한다.) 제2조 제1호의 소비자 중 물품 또는 용역(시설물을 포함한다. 이하 같다.)을 생산활동을 위하여 사용(이용을 포함한다. 이하 같다.)하는 자의 범위는 다음 각 호와 같다. 〈개정 2007.10.31.〉 1. 제공된 물품 또는 용역(이하 '물품 등'이라 한다.)을 최종적으로 사용하는 자. 다만 제공된 물품 등을 원재료(중간재를 포함한다.), 자본재 또는 이에 준하는 용도로 생산활동에 사용하는 자는 제외한다. 2. 제공된 물품 등을 농업(축산업을 포함한다. 이하 같다.) 및 어업활동을 위하여 사용하는 자. 다만 「축산법」 제21조

하는 자를 말한다고 규정하고 있다. 이러한 우리 법의 태도는 일본의 경우와 구별되는바, 일본의 경우 소비자에 관한 기본법령인 소비자기본법에서는 소비자개념을 정의하고 있지 않지만, 2001년 4월 1일부터 시행된 소비자계약법 제2조 제1항은 소비자계약의 당사자로서 소비자와 사업자의 개념을 정의하고 있다. 소비자란 개인을 말하되, 사업자로서 또는 사업을 위해서 계약당사자로 되는 경우에 해당하는 자를 제외한다고 규정한다.[373]

소비자란 결국 가치 사슬(value chain)의 최하단에 위치하고 있는 최종사용자(end user)로서, 그 때문에 부당한 가격이나 품질의 결함 등으로 받은 부담 또는 위험을 다른 자에게 전가할 수 없다는 점(轉嫁不能)에서 사업자와 구별되며, 이러한 특징으로 인하여 소비자주권자이면서도 동시에 보호의 대상이 되는 양면적인 성격을 가지게 되는 것이다.[374] 이러한 의미에서 소비자는 자연인만을 의미하며 법인은 포함되지 않는다. 법인은 다른 사업자가 제공하는 물품이나 용역을 최종적으로 소비하는 경우에도 그들이 받는 피해는 통상 경제적인 피해에 그치고 생명이나 신체의 안전이 침해되는 경우는 없기 때문이다.[375]

이러한 정의에 의하면, 결국 소비자의 개념에 금융서비스의 최종이용자로서의 투자자는 소비자의 개념에 포섭될 수 있다고 할 것이다.

(2) 투자자

금융서비스의 최종서비스이용자를 소비자 개념으로 포섭할 수 있다면, 투자자 개념은 마치 전기통신사업법(電氣通信事業法)의 사용자(使用者) 개념과 같이 소비자 개념의 다른 용어례에 불과한 것이라고 할 수 있을 것이다.[376] 투자자라는 개념이 보호의 필요성이 있다면 이는 투자자의 정보와 능력이라는 두 가지 관점에서 판단이 이루어질 수 있을 것이다. '자본시장과 금융투자업에 관한 법률[377]'은 투자자보

제1항에 따라 농림부령으로 정하는 사육규모 이상의 축산업을 영위하는 자 및 「수산업법」 제43조 제1항에 따라 해양수산부장관의 허가를 받아 원양어업을 하는 자는 제외한다.

373) 일본의 소비자계약법에 관한 소개로는 정종휴, "일본의 소비자계약법에 관한 연구", 「소비자문제연구」, 제24호, 한국소비자보호원(2001.6.); 배성호, "일본의 소비자계약법", 비교사법 제8권 제1호(상)(통권 제14호), 김성천, "소비자보호법상의 소비자개념에 관한 연구", 경제법연구 제4권 1호 참조.

374) 윤정혜, "소비자주권시대의 소비자정책의 방향과 기업의 역할", SK 공정경쟁포럼 경쟁과 정책, 2007.11.8. 자료집 중에서 참조.

375) 신현윤, "경제법", 법문사(2006) 490면.

376) 이봉의, "경쟁법상 소비자이익과 전기통신사업법상 이용자 이익 관련 주요 쟁점: 통신소비자법제의 새로운 체계와 전망", SK 공정경쟁포럼 경쟁과 정책, 2007.11.8. 자료집 중에서 참조.

호를 목적으로 하고 있다.[378] 이러한 투자자의 개념을 일반법으로서 소비자기본법 상의 소비자개념에 포섭할 수 있다고 생각한다. 1호의 '사업자가 제공하는 용역을 소비생활을 위하여 이용하는 자'의 개념은 금융서비스를 이용하는 자로 포섭할 수 있다고 할 것이므로, 투자자의 경우에도 금융소비자의 개념과 서로 연결될 수 있을 것이라고 생각한다.

다만 대통령령이 정하는 '최종적으로 사용하는 자'라는 도구개념과 관련하여, 투 자자는 소비자와 달리 상품을 살 수도 있고, 팔 수도 있어 투자상품에 내재하는 위 험을 시장에서 다른 자에게 전가할 수 있는 지위에 있으므로 그러한 의미에서 자본 시장에서 거래하는 투자자를 전통적인 소비자의 지위로 보는 것과는 성격을 달리할 측면이 있다. 이러한 점에서 본다면 소비자보호법이 아니라 주로 해당 업법에서 이 들 투자거래에서의 소비자를 보호해 온 것은 지극히 당연한 것으로 보인다는 견해 가 있다.[379]

살피건대, 최종사용자(end user)라는 관점에서의 소비자의 개념은 정도의 문제일 뿐 완전한 전가불가능성을 의미하는 것이 아니며, 규범적인 판단의 문제로서 투자 자도 소비자의 개념에 포섭될 수 있고, 다만 일반 법제로서의 소비자기본법을 포함 한 소비자 법제에 의하여 규율되지 않는 영역에 대해서는 개별적인 산업규제법에 의하여 규율된다는 점에서 특성을 고려한 규범적인 보완이 이루어질 수 있게 되는 것이다. 이런 의미에서 이러한 일반소비자법제에 더하여 개별 금융산업규제법를 포 괄한 개념으로서의 금융소비자개념을 고안하는 것은 분명 의미 있는 작업이라고 할 것이다.[380] 다만 투자자와 금융소비자개념을 별도로 구별하는 것은 산업규제법의 영역으로 일반법으로서의 소비자보호법제를 연결하기 위한 개념으로서의 존재의의 가 있다.

(3) 양자의 관계

이 두 개의 개념을 사용함에 있어 양자의 관계를 두고 보면, 양자는 금융소비자

---

377) 이하 '자본시장통합법'이라고 한다.

378) 제1조 "이 법은 자본시장에서의 금융혁신과 공정한 경쟁을 촉진하고 투자자를 보호하며 금융투자업을 건전하게 육 성함으로써 자본시장의 공정성·신뢰성 및 효율성을 높여 국민경제의 발전에 이바지함을 목적으로 한다."

379) 안수현, 전게논문, 205면.

380) 영국 금융서비스및시장법(Financial Services and Markets Act of 2000) 제2조에서는 금융규제의 목적으로 '금 융소비자의 보호'라는 표현을 사용하고 있다. 영국에서의 법령의 전개에 대해서는 심영, 정순섭, "금융산업의 환경 변화와 법적 대응 - 영국의 개혁법을 중심으로", 서울대학교 법학 제44권 제1호 24-46면.

라는 개념이 투자자의 개념과 서로 겹치는 개념으로 소비자보호법제에서는 소비자라는 용어를, 자본시장통합법을 포함한 금융법에서는 투자자라는 개념을 전통적으로 사용하여 왔다는 점에 기초한 용어례의 상이함에 그치는 것이며 실질적으로 보호법제의 설계라는 관점에서는 동일한 개념으로 금융소비자보호 또는 투자자보호법제의 관점에서 양 법제는 그 규범이 명문으로 적용을 배제하고 있거나, 특수규제법규로서 보험업법 등과 같은 업법(業法) 또는 자본시장통합법 등의 취지에 반하지 않는 한, 서로 병렬적으로 적용될 수 있다고 본다.

2. 금융소비자의 보호에 있어서의 산업규제법으로서의 금융규제법의 역할

(1) 금융소비자의 특성

금융거래, 특히 투자거래에서의 소비자가 다른 유형적인 상품의 소비자와 달리 보호할 필요성이 있어야 일반적인 소비자 개념 외에 별도의 소비자개념을 정의할 실익이 있을 것이다. (i) 금융상품의 물리적 존재 부재, (ii) 정보의 중요성, (iii) 위험의 내재 (iv) 판단의 곤란 (v) 정보의 불균형 (vi) 업자의 기회주의적·강압적 행동에 쉽게 노출 (vii) 위험의 특수성 등이 특수성으로 언급된다.[381]

위의 속성 중에서 (i)과 (ii)는 오로지 금융거래의 특성이라고 보기는 어렵다. 예를 들어 소프트웨어는 서버에서 직접적으로 다운받아서 사용하는 경우 역시 물리적 존재는 없다. HD TV를 구입하는 의사결정을 하는 경우에도 TV와 관련된 정보는 매우 중요하다. 다만 정보 자체가 위험과 밀접한 관련이 있는 금융상품의 속성상 정보의 중요성이 높다고 할 수는 있겠다. (iii)의 특성도 정도의 문제일 뿐이라고 보이고 있다. 왜냐하면 위험은 배터리나 자동차도 위험을 내재하고 있기 때문이다. 다만 위험의 종류가 다르다. 금융상품은 가치가 항상 변동하기 때문에 구입한 금융상품의 가치가 경우에 따라서는 영이 되어 버릴 수 있는 위험상품이다. (iv) 복잡성의 정도 차이가 있지만, 구매결정을 함에 있어서 판단의 곤란은 같이 있지만, 금융상품은 소비나 사용목적으로 구입하기보다는 시점을 잘 잡아 매도할 목적으로 매수하는 경우가 많다. 그러나 일반 물품의 경우 가격변동이 거의 없는 것과 달리 금융상품은 가격변동이 경제사정의 변화로 시시각각 변동하기 때문에 언제 매도할 것인

---

381) 안수현, 전게논문, 209면 이하 참조.

지 판단은 그리 쉽지 않다. (ⅴ)에서 (ⅶ)의 경우에도 반드시 금융상품만이 가지고 있는 속성이라고 할 수는 없지만, 다른 상품에 비하여 금융상품의 이해가 더 어렵고, 복잡성이 높다는 점에서 이런 점이 지적될 수 있다.

결국 위에서 여러 가지 특성이 언급되었지만, 실제로 요약하면 결국 정보상품인 금융상품의 경우에는 정보의 제공과 정보의 분석 및 처리 능력에 많은 차이가 발생하므로 이러한 차이를 고려하여 산업규제법으로서 금융규제법이 투자자 보호를 위한 일반소비자보호법에 대비한 추가적인 메커니즘이 필요하다고 할 것이다.

(2) 산업규제 환경의 변화382)

1) IT기술의 진보와 중개업자의 역할 변화

산업규제법의 이해에 있어서 규범설계에서 기초가 되는 것은 산업환경의 변화이다. 이러한 변화의 추동력으로는 인터넷을 통한 중개업자(middleman)의 소멸이다. 하지만 이미 인터넷 버블기를 거치면서, 분명하게 드러난 것과 같이 중개업자의 소멸은 대량적이면서 정형적인 거래에 한정되는 것으로 우리의 경우에도 HTS(Home Trading System)의 활용이 매우 보편화되고 있음에도 여전히 중개업자의 역할이 완전히 소멸되는 것은 아니며, 다만 그 역할이 고도화되고 있음을 알 수 있다. 여기서의 문제는 복잡한 금융상품을 정형화하기 힘든 상황에서 인터넷으로 거래를 허용하는 경우에는 이러한 환경하의 투자자 보호가 미흡하게 되어 금융소비자가 착취를 당할 우려가 있다는 점이다.

2) 금융소비자의 보호를 위한 '애널리스트' 규제의 중요성

1)에서 언급된 중개업자의 역할 변화와 아울러 중요성이 강화되는 것이 애널리스트의 역할이라고 할 것이다. 애널리스트는 증권의 가치 또는 발행회사에 대한 정보를 입수하여, 이를 분석·조사하고 보고서를 작성하여 공시함으로써 투자자의 투자판단에 도움을 주는 존재이며, 발행회사와 투자자를 연결한 정보의 도관(information conduit)으로 기능한다. 이러한 의미에서 애널리스트는 증권시장에 있어서 정보중개기관임과 동시에 문지기(gatekeeper)로서의 역할을 수행한다.383)

---

382) 안수현, 전게논문, 209-211면.

383) Jill E. Fisch & Hilary A. Sale, "The Securities Analyst as Agent: Rethinking the Regulation of Analysts", 88 Iwoa L. Rev., 1035, 1040(2003).

Ⅱ.에서 검토한 인간의 의사결정 방식과 편향을 고려하여 볼 때, 기본적으로 강조되어야 할 점은 바로 애널리스트와 같은 정보 분석 및 중개자의 중요성이다. 왜냐하면 금융투자를 위한 정보에 대한 수요는 자금시장에서 자금조달 수요가 있는 자들 및 은행, 증권, 보험 등의 중개업자 및 금융시장 분석자들에 의하여 창출되는 바, 이러한 정보는 투자자의 의사결정은 의사결정을 위한 정보에 대한 수요에 기초한 것으로 금융시장에서는 이러한 정보에 대한 수요가 존재하는 것에 비하여 적게 제공될 가능성이 항상 존재하기 때문이다.[384](정보의 양의 측면) 둘째, 제대로 정보의 공급이 이루어지더라도 중간자들은 금융소비자들의 판단력 또는 정보처리능력이 자신들에 비하여 현저하게 부족하다는 것을 잘 알고 있으므로 시장을 조작하려고 들거나, 왜곡된 신호(noise)를 보낼 우려가 항상 존재한다. 그런데 파생상품의 등장 및 각종 복합적인 합성파생상품 및 중간적인 신종증권 등의 등장으로 인한 복잡성의 증가로 점차 앞서 본 투자자의 의사결정의 여러 요소 중 전문가의 조언이 중요한 결정사항이 되어 가고 있다. 결국 애널리스트들의 역할이 매우 중요하며, 투자자, 채권자, 종업원, 정부 그리고 경영자들은 이러한 애널리스트들이 행하는 정보 선택에 의해 영향을 받게 된다.[385] 애널리스트의 정보에 대한 선택이 의사결정에 미치는 영향은 부분적으로 의사결정자가 정보를 처리하는 능력에 逆의 함수관계가 있을 것이므로, 정보 처리 능력이 금융소비자의 관점에서는 떨어지는 상황에서 애널리스트의 이러한 보고서가 정보이용자인 금융소비자의 의사결정에 미치는 영향력은 향후 더욱 증가하게 될 것이다(정보처리능력의 면).

이러한 점에서 점차 규제의 중심에 정보제공자이면서, 정보왜곡의 가능성이 높은 애널리스트에 대한 규제는 매우 중요하여지게 될 것이며, 영업부서와 리서치 부서 간의 차이니스 월(chinese wall)의 필요성 및 적절한 설계의 중요성은 증가하게 될 것이다.[386]

---

384) 애널리스트의 관점에서도 스스로 많은 복잡한 의사결정을 하도록 요구된다. 애널리스트는 의사결정자에게 제공되는 보고서의 내용을 결정해야 하고, 상품의 위험성에 대한 자문을 하는 상황에서 여러 가지 환경적인 측면에 대한 분석 및 법적 사항 및 관련 규제사항들이 규제기관에 의해 어떻게 해석될 것인지 추측해야 하고, 자신의 분석보고서를 읽게 되는 수요자에 대한 이해를 기반으로 하여 보고서가 제공되도록 하여야 하는바, 이러한 과정에서 책임을 강화는 수요에 대한 공급이 부족을 염두에 두고 이루어져야 한다.

385) 예컨대, 애널리스트의 보고서는 투자계획 및 생산계획 등의 의사결정을 하는 경영자를 위해 작성될 때, 자료적합성 수준의 선택, 기간 수, 보고서 형식, 정보의 정확성 등 모두가 의사결정자의 성과에 영향을 미칠 수 있다.

386) 자본시장통합법도 이해상충에 대한 규율을 강화하고 있는바, 이는 자본시장통합법이 구상하는 업무의 겸영이 가지고 올 수 있는 투자자의 이익을 해하면서 자신이나 타 투자자의 이익을 추구하는 행위 발생을 방지하기 위한 것이다. 자본시장통합법은 외국 입법례를 감안하여, 이해상충행위의 금지, 이해상충 관리 시스템의 구축의무, 이해상충

3) 금융기관 융합화의 가속화

종래 금융업별로 취급할 수 있는 업무가 특정되고, 상호 간의 겸업이 엄격히 제한되어 있던 것과 달리 앞으로는 전업의 범위가 은행·증권·보험업무 등의 업무가 서로 융합화(institutional convergence)되고 있다. 겸업 전에도 이해상충행위가 없었고, 융합화가 이행상충의 유일한 원인이 되는 것은 아니다.[387] 하지만 융합화를 통하여 겸업을 허용하게 되면, 업무 자체에 이해상충의 소지가 있는 업무가 포함될 수 있어 이 경우 업자의 자기 이익 추구를 위해 투자자의 손해가 되는 거래를 유인할 가능성이 높아지게 되는 것이다.

[표 6] 겸업 시 이해상충 유형[388]

겸업의 내용		이해상충의 유형(예시)
투자상품의 매매	투자상품의 중개	① 대량 중개정보를 이용하여 자기 매매 ② 자기 매매를 고객주문에 우선 ③ 자기 매매를 중개업자에게 유리한 조건으로 고객의 주문에 부합
투자상품의 매매	집합투자	고유계정의 상품을 고객계정에 편입
투자상품의 매매	투자일임	자기 상품을 고객계정에 편입
투자상품의 매매	투자자문	
투자상품의 매매	신탁	
자산운용	투자자문	① 자기가 보유한 것을 고객에게 추천(scalping) ② 투자정보를 매매수수료로 지급(softdollar)
중개	집합투자	과당매매를 통한 중개수수료과다 징수
중개	투자일임	上同
중개	투자자문	上同
중개	신탁	
투자일임	투자 자문	자문사에서는 투자자에게 적합하지 않은 것을 알면서 투자일임파트에서는 거래하는 경우

4) 금융상품의 복잡화

자본시장통합법으로 인하여 파생상품[389]과 다른 금융상품의 영역을 구분할 수 없

의 공시와 필요한 경우 금융서비스의 제공 회피, 조직 분리 및 임직원 겸직 제한 등을 구상하고 있다고 한다(정순섭 위의 논문 370면 참조).

387) 예컨대 증권회사의 경우 자기 매매업무와 중개업무가 모두 가능한바, 고객의 주문정보를 이용하여 자기 매매를 하거나 중개업무와 투자일임업무가 허용된 것을 기화로 자기상품을 고객계정에 편입하는 행위 등이 가능하다.

388) 안수현, 전게논문, 209면의 표를 인용하면서, '자산보관관리업'은 '신탁업'으로, '자산운용업'은 '집합투자업'으로 각 용어를 법에 따라 변경하였다.

389) 제5조(파생상품) ① 이 법에서 '파생상품'이란 다음 각 호의 어느 하나에 해당하는 계약상의 권리를 말한다.
　　1. 기초자산이나 기초자산의 가격·이자율·지표·단위 또는 이를 기초로 하는 지수 등에 의하여 산출된 금전 등을 장래의 특정 시점에 인도할 것을 약정하는 계약

는 복합상품도 증가하고 있다. 이러한 상품의 복합화를 통한 복잡성의 증가는 금융소비자의 지위를 이전보다 열위에 놓이게 하였다. 또한 이러한 상품의 융합 외에 금융기관의 융합을 통하여, 앞서 Ⅱ.에서 불확실성하에서의 의사결정과 관련된 미래예측이론(prospect theory)에서 언급하였던 소비자의 의사결정 기준이 되는 소비자들이 기준점(anchoring point)이 쉽게 변화하지 못하고 현상유지의 편향을 가지고 있다는 점을 감안하면, Ⅱ.에서 지적하였던 소비자의 의사결정을 전문가나 제3자의 판단에 의지하게 하는 또 다른 요인이 되고 있다.[390] 제한된 합리성마저도 주어진 정보를 처리하기 어려워서, 더욱 제한이 되며, 신종상품의 짧은 역사로 그 내재하는 위험에 대한 정확한 파악이 어렵다는 점도 인간의 인지적인 판단의 기초 중의 하나인 기존의 역사적인 전개[391]에 기초하여 판단을 할 수 없게 하므로 투자자의 이해를 어렵게 한다. 서브프라임 사태가 우리에게 주고 있는 교훈 중의 하나가 바로 이러한 역사적인 전개를 통하여 성숙된 상품이 아닌 경우인 구조화 증권(Structured Securities)이 가져오는 문제점에 관한 것이라고 할 것이다.[392]

3. 소결

우리는 금융소비자라는 개념을 사용하면서, 투자자개념과 서로 겹치는 영역에서 소비자법제도 투자자 또는 금융소비자에게 적용될 수 있다고 결론지었다. 하지만 일반적인 소비자와 금융상품에 대한 투자자는 금융상품의 특징으로 인하여 서로 구별되는 점이 존재하며, 이에 따라 소비자법제만으로 투자자를 보호하는 것은 충분하지 않다고 결론을 내렸다. 결국 투자자보호는 금융산업의 환경 변화를 감안한 산

---

2. 당사자 어느 한쪽의 의사표시에 의하여 기초자산이나 기초자산의 가격·이자율·지표·단위 또는 이를 기초로 하는 지수 등에 의하여 산출된 금전 등을 수수하는 거래를 성립시킬 수 있는 권리를 부여하는 것을 약정하는 계약

3. 장래의 일정기간 동안 미리 정한 가격으로 기초자산이나 기초자산의 가격·이자율·지표·단위 또는 이를 기초로 하는 지수 등에 의하여 산출된 금전 등을 교환할 것을 약정하는 계약

② 이 법에서 '장내파생상품'이란 파생상품으로서 파생상품시장에서 거래되는 것 또는 해외 파생상품시장(파생상품시장과 유사한 시장으로서 해외에 있는 시장과 대통령령으로 정하는 해외 파생상품거래가 이루어지는 시장을 말한다.)에서 거래되는 것을 말한다.

③ 이 법에서 '장외파생상품'이란 파생상품으로서 장내파생상품이 아닌 것을 말한다.

④ 제1항 각 호의 어느 하나에 해당하는 계약 중 매매계약이 아닌 계약의 체결은 이 법을 적용함에 있어서 매매계약의 체결로 본다.

390) 물론 겸영을 허용하지 않더라도 은행이 자산의 가치 하락에 대하여 보전해 주는 풋옵션을 내재한 상품을 매각하는 경우에는 보험과 동일한 기능을 수행함에도 보험에는 해당하지 않기 때문에 은행에서 취급할 수 있다.

391) 그림 1)의 '과거의 성공'과 같은 요소.

392) 최승재, 전게논문, 180 - 185면 참조.

업규제법으로서의 금융법에 의한 보호가 더하여져야 한다.

따라서 Ⅳ.에서는 산업규제법의 중요한 법 중 하나인 '자본시장법'을 통한 투자자 보호에 대하여 살펴봄으로써 산업규제법으로서의 금융규제법에 의한 투자자 또는 금융소비자의 보호가 Ⅱ.에서 언급한 행동경제학적 인간의 판단 속성에 더하여, Ⅲ.에서 논의한 현재의 금융소비자의 환경적 요인을 결합하여 볼 때 적절한 보호를 제공하고 있는지를 검토하여 보기로 한다.

Ⅳ. '자본시장과 금융투자업에 관한 법률'상의 투자자 보호와 비판점

1. 투자자 보호와 관련된 얼개

우선, 자본시장법은 자본시장의 선진화를 위한 규범적인 측면에서의 기본 틀을 제공한다는 의미를 가지는 법이다.[393] 이 법은 기능별 규제를 통하여, 규제차익을 도모하기 위한 재정거래(regulatory arbitrage)를 없앰으로써 투자자 보호의 강화와 함께 금융업종 간의 균형 있는 성장을 위한 법적 기초로서 기능하는 것을 목적으로 한다고 한다.[394] 이를 위하여 이 법은 (ⅰ) 취급 가능한 상품을 법령에 나열하는 열거주의 규제체제에서 벗어나 금융상품의 개념적 정의에 기초한 포괄주의 방식을 채택하고 있다. 법 제4조는 제1항에서 "이 법에서 '증권'이란 내국인 또는 외국인이 발행한 금융투자상품으로서 투자자가 취득과 동시에 지급한 금전 등 외에 어떠한 명목으로든지 추가로 지급의무(투자자가 기초자산에 대한 매매를 성립시킬 수 있는 권리를 행사하게 됨으로써 부담하게 되는 지급의무를 제외한다.)를 부담하지 아니하는 것을 말한다."라고 규정하면서 제2항에서 "제1항의 증권은 다음 각 호와 같이 구분한다. 1. 채무증권 2. 지분증권 3. 수익증권 4. 투자계약증권 5. 파생결합증권 6. 증권예탁증권"으로 규정하여 포괄적인 규정방식을 채택하고 있다.[395] (ⅱ) 자본시장

---

393) 정순섭 교수는 기존의 자본시장 관련 금융규제법제는 '대상상품'이나 '금융기관'의 개념적 형태나 종류를 기초로 하는 상품별·기관별 규제임을 특징으로 하는 것에 대하여, 상품별·기관별 규제가 변화하는 금융환경에 적합하지 않다는 인식하에서 경제적 실질이 동일한 금융기능을 동일하게 규율하는 기능별 규제(functional regulation)로 진행하는 것이 자본시장통합법 구상의 취지라고 설명하고 있다(정순섭, "자본시장통합법의 구조와 내용", 새로운 금융법 체제의 모색 BFL 총서 권2, 서울대학교 금융법센터 刊(2006), 351면).

394) 정순섭, 위의 논문, 352면

395) 여전히 열거되어 있는 사항들은 '완전포괄주의'로의 이행 시에 발생할 수 있는 예측 가능성의 부재 등의 문제를 해속하기 위한 예시라고 할 것이다.

관련 금융업을 경제적 실질에 따라 매매업, 중개업, 집합투자업, 투자자문업, 투자일임업, 신탁업 등의 6가지로 구분하고 이를 금융투자업자로서 규제하는 것[396]과 (iii) 투자자의 지식과 경험 그리고 위험감수능력을 규제상 보호절차에 반영하여 보호정도를 차별하는 방안을 제시하고 있다.[397]

자본시장법의 이러한 특징적 점들은 금융투자업자의 관점에서는 다양한 상품의 설계가 가능하게 됨으로써 기존의 열거주의하에서의 제약을 풀고 경쟁력 있는 금융환경을 조성할 수 있도록 하는 장점이 있다. 하지만 투자자 보호의 관점이 수반되지 않으면, 이러한 상품 및 금융기관의 융합으로 인한 상품의 복잡화와 금융기관의 이행상충의 문제로 인하여 투자자들은 이전보다 오히려 더욱 열악한 지위에 놓일 위험에 처하게 된다는 점을 감안하여야 한다. 이러한 점과 관련하여 자본시장통합법은 아래의 표와 같은 투자자 보호장치를 보완하고 있다.

[표 7] 투자자보호장치 정비제도 내용[398]

규제 명칭	주요 내용	비고
신의성실의무	○ 신의성실 원칙에 따라 공정하게 금융업을 수행할 것	기존 확대
투자자의 구분	○ 투자자를 일반투자자와 전문투자자로 구분	신설
위험상품 규제	○ 일반투자자와의 위험금융상품 거래 금지	확대
know—your—customer—rule	○ 투자자 특성(투자목적, 재산상태 등)을 면담, 질문 등을 통하여 파악한 후 서면 확인을 받을 것	신설
적합성 원칙	○ 투자권유는 투자자의 투자목적, 재산상태, 투자경험 등에 적합하도록 함	확대
설명의무	○ 투자권유 시 금융상품의 내용, 위험에 대하여 설명하고 이해했음을 서면 확인받도록 함	확대
	○ 설명의무 미이행으로 손해발생 시 금융투자회사에 배상책임을 부과하고 원본손실액을 배상액으로 추정	신설
부당권유 규제	○ 손실부담의 약속 금지	확대
	○ 이익 보장 약속 금지	확대
	○ 투자자가 원하는 경우를 제외하고 방문·전화 등에 의한 투자권유 금지(unsolicited call 규제)	신설
약관 규제(제56조)	○ 약관의 제정·변경 시 금감위 보고 및 공시 의무화	확대
광고 규제	○ 금융투자회사가 아닌 자의 투자광고 금지	신설
	○ 금융상품의 위험 등 투자광고 필수 포함내용 규정	확대

---

396) 제8조(금융투자업자) ① 이 법에서 '금융투자업자'란 제6조 제1항 각 호의 금융투자업에 대하여 금융감독위원회의 인가를 받거나 금융감독위원회에 등록하여 이를 영위하는 자를 말한다. ② 이 법에서 '투자매매업자'란 금융투자업자 중 투자매매업을 영위하는 자를 말한다. ③ 이 법에서 '투자중개업자'란 금융투자업자 중 투자중개업을 영위하는 자를 말한다. ④ 이 법에서 '집합투자업자'란 금융투자업자 중 집합투자업을 영위하는 자를 말한다. ⑤ 이 법에서 '투자자문업자'란 금융투자업자 중 투자자문업을 영위하는 자를 말한다. ⑥ 이 법에서 '투자일임업자'란 금융투자업자 중 투자일임업을 영위하는 자를 말한다. ⑦ 이 법에서 '신탁업자'란 금융투자업자 중 신탁업을 영위하는 자를 말한다.

397) 자본시장통합법은 투자자의 투자지식과 경험 등을 기초로 한 '전문성'과 자산 및 거래규모 등에 평가되는 '투자위험 감수능력'에 따라 '일반투자자'와 '전문투자자'로 구분하고, 이 경우 전문투자자의 기준을 충족한 자가 일반투자자로서의 보호를 원하는 것을 금융투자업자의 동의를 요건으로 인정하되, 일반투자자가 전문투자자로서의 취급을 원할 경우에 대해서는 남용가능성을 우려하여 금지하는 방안을 제시하고 있다.

2. 비판적 검토

(1) 투자자의 구분과 관련하여

1) 투자자 분류의 실익

투자상품의 위험이 증대하고, 증대하는 위험의 크기에 비하여 복잡성이 증가하여 정확하게 그러한 위험이나 불확실성을 이해할 것을 기대하기 어려운 투자자들의 경우에는 아무리 많은 정보를 제공한다고 하더라도 이러한 정보의 제공이 이러한 투자자들에 대한 금융기관 등의 착취(exploitation)의 우려로부터 완전히 방지할 수 없다(정보처리능력의 면).

그러므로 앞서 살펴본 것과 같이 투자자의 유형을 분류하여 규율하도록 하는 것은 매우 중요하다. 자본시장법은 제9조 제5항에서 "이 법에서 '전문투자자'란 금융투자상품에 관한 전문성 구비 여부, 소유자산규모 등에 비추어 투자에 따른 위험감수능력이 있는 투자자로서 다음 각 호의 어느 하나에 해당하는 자를 말한다. 다만 전문투자자 중 대통령령으로 정하는 자가 일반투자자와 같은 대우를 받겠다는 의사를 금융투자업자에게 서면으로 통지하는 경우 금융투자업자는 정당한 사유가 있는 경우를 제외하고는 이에 동의하여야 하며, 금융투자업자가 동의한 경우에는 해당 투자자는 일반투자자로 본다."라고 하면서, 각 호에서 '1. 국가, 2. 한국은행, 3. 대통령령으로 정하는 금융기관, 4. 주권상장법인, 5. 그 밖에 대통령령으로 정하는 자'를 각 호의 자로 열거하고 있다. [399]그리고 일반투자자를 전문투자자가 아닌 투자자를 말한다고 소극적으로 규정한다.

물론 이러한 유형의 특정 그룹의 소비자들에게 일정한 고위험상품에 대한 접근 자체를 막는 것은 매우 무거운 규제이지만,[400] 이들에게 닥칠 수 있는 위험을 자기 책임하에 스스로 통제할 수 없는 상황에서는 국가는 이를 제한하는 것이 형량에서 허용되고, 요구된다고 할 것이다. 자본시장법은 '전문투자자'와 '일반투자자'란 개념

---

398) (자료) 재정경제부, 『금융투자업과 자본시장에 관한 법률 제정안』 설명자료(2006.6.) 30면(이경미, "자본시장 통합법(안)상의 투자자 보호", 기업법연구 21권 2호(통권 29호)(2007) 20 - 21면 재인용).

399) 징외파생상품거래를 하는 경우에 주권상장법인은 전문투자자와 같은 대우를 받겠다는 의사를 금융투자업자에게 서면으로 밝혀야 전문투자자로 취급된다.(자본시장법 제9조 제5항 제4호 단서)

400) 고위험상품을 취급하지 못하는 고객으로 분류될 경우 이들이 요구해도 이들의 시장진입을 금지함으로써 왜곡한 투자판단을 하는 투자자가 금융시장에 참여함으로써 공정한 가격형성을 왜곡하는 것을 예방할 수 있다고 하여 시장의 관점에서 제한의 정당성을 찾는 견해도 있다(안수현, 전게논문).

을 전문성과 투자위험감수능력을 기준으로 하여 사용하고 있다. 이러한 입법은 투자자에게 아무리 많은 정보를 제공받을 수 있는 기회를 제공하더라도 이러한 정보를 해석하고, 분석하여 이해함으로써 투자에 활용할 수 있는 능력이 없는 경우에는 여전히 시장에서 이들이 착취의 대상이 될 수 있다는 점을 이해한 적절한 입법이라고 생각된다.

문제는 이러한 분류기준을 실제에 적용함에 있어서 전문투자자자라고 볼 수 없는 자가 전문투자자로 객관적인 기준에 의하여 분류되는 경우일 것인바, 국가, 한국은행, 대통령령으로 정하는 금융기관, 주권상장법인의 경우 전문투자자로 분류하는 것에 별다른 문제점이 없을 것이고, 문제는 그 밖에 대통령령으로 정하는 자인바, 다만 이 경우에도 5호의 경우에는 일반투자자로 취급을 받겠다고 하여 그 대우를 변경할 수 있으므로 현재의 법령에서는 이러한 점과 관련된 문제는 해소하였다고 생각된다.

사실은 전문투자자로서의 능력이나 위험감수자산이 있으므로 전문투자자가 되어야 함에도 일반투자자로 취급받으려고 하는 경우는 어떤가. 이 경우는 전문투자자와 일반투자자의 구별이 개별적인 투자 상품에 대한 진입 자체에 대한 규제를 목적으로 하는 것이라고 할 것이므로 역으로 이러한 선택은 투자기회를 스스로 감축시키는 것으로 이를 막을 이유는 없다고 생각한다.

2) 과제

우선, 투자거래에서의 소비자보호를 위해 특별한 배려가 강구되는 금융소비자의 범위를 투자에 관한 전문성과 위험감수능력이 있는 자까지 확대할 경우 이들과 거래하는 업자 측에는 오히려 형평에 맞지 않는 불공평한 결과를 야기할 수 있다. 또한 이들 금융소비자의 보호를 위하여 마련된 법규준수의 비용은 상당할 수밖에 없는바 결국 이러한 비용은 업자에게 과도한 부담으로 작용할 수 있다. 이는 다시 금융소비자와의 거래비용으로 귀결되고 그러한 영향으로 이용자의 거래를 위축 또는 저해하게 하는 요인이 될 수 있다. 오히려 소비자에게 불리할 수 있으며 결과적으로 자본시장에 불리한 영향으로 나타나게 되며 국제경쟁력 저하로도 이어질 수 있다.[401]

이러한 점을 감안하면, 향후 과제는 투자자의 분류를 더 세분화하여 전문성과 위

---

401) 안수현, 전게논문, 221면.

험감수능력이라는 두 가지 요소를 감안하여, 투자자의 상황에 맞춰 현재의 거친 분류에 비하여 현실설명력이 더 높은 분류가 될 수 있도록 하는 점이다. 그리고 이러한 분류의 세분화는 외국의 입법례를 검토함은 물론 추가적인 실증연구를 바탕으로 하는 것이 타당할 것이라고 본다.[402)

(2) 설명의무403)의 한계

자본시장법 제47조는 설명의무를 규정하고 있다. 제1항에서 금융투자업자로 하여금 일반투자자를 상대로 투자권유를 하는 경우에는 금융투자상품의 내용, 투자에 따르는 위험, 그 밖에 대통령령으로 정하는 사항을 일반투자자가 이해할 수 있도록 설명하여야 하도록 하는 의무를 부과한다. 그리고 금융투자업자는 제1항에 따라 설명한 내용을 일반투자자가 이해하였음을 서명, 기명날인, 녹취, 그 밖의 대통령령으로 정하는 방법 중 하나 이상의 방법으로 확인을 받도록 하고 있다. 이러한 설명의무를 이행함에 있어서 금융투자업자는 제1항에 따른 설명을 함에 있어서 투자자의 합리적인 투자판단 또는 해당 금융투자상품의 가치에 중대한 영향을 미칠 수 있는 사항(이하 '중요사항'이라 한다.)을 거짓으로 설명하거나 중요사항을 누락하여서는 아니 된다고 규정하고 있다.

Ⅱ.에서 본 건과 같이 인간은 제한된 정보자원하에서 제한된 합리성에 기초한 의사결정을 하며, 그것도 많은 편견에 영향을 받으며, 휴리스틱한 판단을 한다. 그러므로 모든 사항을 숙지하고 의사결정을 할 수 없다. 결국 설명의무는 이러한 인간의 인지적 한계를 염두에 두면 중요한 사항에 대한 설명의무를 금융업자에 부담시킴으로써 인간의 이러한 편향을 줄이도록 하는 것을 목적으로 하는 규정이라고 이해 할 수 있다.

이러한 점에 기초하여 보면, 중요한 사항에 대하여 정보제공의무를 부과하는 것에 더하여, 반드시 숙지하여야 할 사항 이외의 사항에 대해서도 궁금한 점이 있으면 쉽게 정보 접근하여 판단할 수 있도록 하는 것이 설명의무와 관련된 규범 설계의 방향이 될 것이다(정보접근성의 확보).

---

402) 물론 실증연구(empirical study)를 한다고 해도 샘플의 대표성, 답변자의 의도적인 허위 답변, 통제변수 설정의 어려움 등 여러 가지 한계가 있을 수 있다. 하지만 입법례만으로 볼 것이 아니라 실증적인 한국시장에서의 투자자를 살펴보고 법제화하는 것은 한국적 법제도의 설계라는 관점에서 의미 있고, 필요한 작업이 될 것이라고 본다.

403) 자본시장통합법상의 설명의무는 일본의 '금융상품의판매등에관한법률'의 입법례를 참고한 것이라고 한다(정순섭, 전게논문).

결국 이렇게 보면, 아무리 본인을 향해서 설명 들었다고 쓰라고 하더라도 실제에 있어서는 위험의 크기를 충분히 인지하지 못하고, 요식적인 서명이나 표시에 그치게 될 가능성의 차단이 규범설계에서 가장 중요한 요인이라고 본다. 금융상품과 관련하여, 고위험 상품의 경우 입구 단계에서 전문투자자와 일반투자자를 구별하여 출입을 제한하는 것을 넘어 설명을 통하여 이해하도록 하는 경우에도 중요사항[404]을 정부가 후견적으로 관여하는 것은 지속적으로 필요할 것으로 보이고, 이러한 후견적 관여의 방법은 결국 금융감독기관에서 상품의 약관 인가 등을 하여 주면서, 특정한 사항들을 반드시 '현실의' 설명을 하도록 한다.

한편, 설명의무 위반에 대해서는 자본시장법이 이미 손해추정규정을 두고 있으므로 손해추정규정과 더불어 자기 책임원칙을 부담하도록 하기 위한 전제로서 설명의무가 작동할 수 있는 근거가 된다고 할 것이다. 하지만 현실의 설명이 이루어질 수 있도록 하는 세부적인 장치로서의 금융기관에 대한 투자설명 시 기록의 보관과 교부가 실효적으로 이루어지도록 감독하는 것은 효과적인 집행과 억지력의 확보를 위하여 긴요한 사항이다.

(3) 적합성 원칙(suitability rule)과 고객조사의무

자본시장법 제46조는 '적합성 원칙 등'이라는 표제하에서 제1항에서 "금융투자업자는 투자자가 일반투자자인지 전문투자자인지의 여부를 확인하여야 한다."고 규정하고, 제2항에서 금융투자업자에게 일반투자자에게 투자권유를 하기 전에 면담·질문 등을 통하여 일반투자자의 투자목적·재산상황 및 투자경험 등의 정보를 파악하고, 일반투자자로부터 서명(「전자서명법」 제2조 제2호에 따른 전자서명을 포함한다. 이하 같다.), 기명날인, 녹취, 그 밖에 대통령령으로 정하는 방법으로 확인을 받아 이를 유지·관리하여야 하며, 확인받은 내용을 투자자에게 지체 없이 제공하여야 하도록 하는 의무를 부과하고 있다. 제3항에서는 금융투자업자로 하여금 일반투자자에게 투자권유를 하는 경우에는 일반투자자의 투자목적·재산상황 등을 파악하도록 하고 있다.[405]

이 적합성의 원칙은 소위 '당신의 고객을 알아야 한다는 원칙(Know-Your-

---

404) 안수현 교수는 예컨대 원본상실위험, 상품발행기업의 도산위험, 수익률감소의 시장리스크, 상품의 구조, 헤지 여부 등을 설명의무의 대상이 되어야 할 중요사항으로 예시한다.
405) 자본시장법은 적정성의 원칙을 제46조의 2로 추가 입법하여 적합성의 원칙을 보완하였다.

Customer - Rule)'으로 불린다. 적합성의 원칙은 고객에 대한 조사의무를 금융업자에게 부과한다.[406] 이 원칙이 중요한 이유는 금융투자의 상황이 많은 경우 '제한된 합리성' 또는 '제한된 의지'와 연관되어 결정되는 경우가 많고, 충분한 숙려 없이 의사결정을 발생할 이벤트인 투자성공에만 매몰되어 '낙관주의 편향(optimistic bias)'에 기초한 판단을 할 가능성이 높다는 점 때문이다. 실제로 서브프라인 사태의 경우에도 금융기관과 대출자 모두 낙관적인 주택가격 상승에 대한 신뢰에 기초한 행동을 하였다. 적합성의 원칙이 존재하면 설사 서브프라임 사태에서 보는 것과 같은 고객 조사서 허위 기재가 존재하는 것을 완전히 막을 수는 없다고 하더라도 일정한 제어력은 가질 것이라고 본다.[407]

그러므로 '고객조사서' 등을 작성하는 과정에서 자신이 스스로 숙려를 할 수 있는 시간을 주고, 권유자에게도 이미 고객의 위험부담능력에 대한 서면을 제공받게 되므로, 서면의 자료에 의하여 권유자가 이를 무시하고 고객을 착취할 수 있는 가능성을 차단할 수 있다는 점에서 의미가 있다. 만일 적합하지 않은 상품 권유로 고객이 감당할 수 없는 손해를 부담하게 될 경우에는 이에 대해서는 제재를 하여야, 판매자의 인간의 낙관주의 편향이나 극단회피편향 등을 활용한 착취행위를 방지함으로써 투자자를 보호할 수 있게 되는 것이다.

(4) 요청하지 않은 투자권유제도(unsolicited call)와 투자광고규제

자본시장법 제49조는 금융투자업자는 투자권유를 함에 있어서 행위를 열거하는 방식으로 부당권유를 금지하고 있다.[408] 자택 또는 회사로의 방문, 전화, 길거리에서 호객 행위 등 실시간 대화에 의한 투자권유와 같은 마케팅 기법과 불특정인을 대상으로 한 광고를 통한 마케팅 기법에 대하여 금융상품[409]의 경우에는 왜 제한을 받

---

406) 서규석·박선종, "증권투자권유에 있어서 적합성 원칙", 법학연구 전북대학교 법학연구(2002); 손영화, "증권법상 적합성 원칙의 보험상품의 판매권유에 대한 적용", 증권법연구 제8권 제1호(2007).

407) 최승재, 전게논문, 175면.

408) 금지되는 행위로는 '1. 거짓의 내용을 알리는 행위, 2. 불확실한 사항에 대하여 단정적 판단을 제공하거나 확실하다고 오인하게 할 소지가 있는 내용을 알리는 행위, 3. 투자자로부터 투자권유의 요청을 받지 아니하고 방문·전화 등 실시간 대화의 방법을 이용하는 행위. 다만 투자자 보호 및 건전한 거래질서를 해할 우려가 없는 행위로서 대통령령으로 정하는 행위를 제외한다. 4. 투자권유를 받은 투자자가 이를 거부하는 취지의 의사를 표시하였음에도 불구하고 투자권유를 계속하는 행위. 다만 투자자 보호 및 건전한 거래질서를 해할 우려가 없는 행위로서 대통령령으로 정하는 행위를 제외한다. 5. 그 밖에 투자자 보호 또는 건전한 거래질서를 해할 우려가 있는 행위로서 대통령령으로 정하는 행위'가 열거되어 있다(자본시장통합법 제49조).

409) 금융투자상품의 위험 등에 대한 내용이 반드시 포함되도록 의무화하고 있다.

아야 하는지를 살펴본다. 전자의 투자권유와 관련하여, 일반제품과 비교하여 보면, 일반제품의 경우에도 '방문판매[410] 등에 관한 법률'에서는 사전에 정보를 제공하도록 하고, 구매 후에도 철회를 할 수 있도록 소위 청약철회(cooling – off) 제도를 운용한다. 이러한 투자권유는 사람이 충분한 시간을 가지지 못하는 경우에는 제한적인 합리성과 관련하여 우선 정보의 양이 절대적으로 적게 되므로 이를 보완하기 위하여 정보의 제공을 하도록 강제하고, 숙려를 할 수 있는 기간을 확보하도록 하기 위하여 방문판매나 전화권유판매의 경우 청약 철회를 하도록 하고 있는 것이다.

문제는 이러한 두 가지 마케팅 기법은 투자자 또는 금융소비자를 착취할 수 있는 매우 유용한 수단이므로, 판매하는 관점에서는 항상 유혹을 받게 되므로 위험성이 더 높은 전자는 투자자가 요구하지 않으면 금지하는 것이 가장 강력하면서도 실효적인 수단이 되고, 후자의 경우에는 중요한 사항으로 위험 관련 사항을 담배광고에서의 위험성만큼 분명하게 소비자가 숙지할 수 있도록 하여야 한다. 왜냐하면 소비자는 같은 중요성을 부과하여도 인지과정에서 수익을 더 강조하여 볼 가능성이 상존하기 때문이다.

V. 결론

자율적인 의사결정에 의한 판단을 하였으므로 투자자는 자신의 경제적으로 합리적인 판단에 대하여 책임을 져야 한다는 자기 책임의 원칙만을 강조하면, 자칫 상대적으로 열위적인 지위에 있는 투자자 특히 고도의 복잡성과 난해함으로 이해가 어려운 금융상품에서의 금융소비자들은 착취당할 위험이 상존하며, 최근 자본시장에서의 복잡성 증가는 금융소비자의 정보수집 능력 문제 외에 정보처리능력과 관련된 문제를 더욱 부각시켜, 금융소비자를 착취로부터 보호할 필요성을 높이고 있다.

자기 책임의 원칙만을 강조하여, 자본시장을 정글로 만들면, 그 결과는 자본시장

---

410) 법 제2조 1호 '방문판매'라 함은 재화 또는 용역(일정한 시설을 이용하거나 용역의 제공을 받을 수 있는 권리를 포함한다. 이하 같다.)의 판매(위탁 및 중개를 포함한다. 이하 같다.)를 업으로 하는 자(이하 '판매업자'라 한다.)가 방문의 방법으로 그의 영업소·대리점 기타 총리령이 정하는 영업장소(이하 '사업장'이라 한다.) 외의 장소에서 소비자에게 권유하여 계약의 청약을 받거나 계약을 체결(사업장외의 장소에서 권유 등 총리령이 정하는 방법에 의하여 소비자를 유인하여 사업장에서 계약의 청약을 받거나 계약을 체결하는 경우를 포함한다.)하여 재화 또는 용역(이하 '재화 등'이라 한다.)을 판매하는 것을 말한다.

저변의 약화라는 방향성을 가지게 될 것이다. 그러므로 자본시장법이 일반 소비자보호법제와의 관계에서 특수소비자보호법제로서 기능하면서, 적합성의 원칙 등 새로 도입한 유용한 수단들이 작동되어 가도록 하는 것은 매우 중요한 시작이다. 그리고 실효적인 집행이 이루어지도록 지속적인 시장 상황에 따른 보완을 하는 것은 남은 과제이다. 이를 통하여 시장에 위험부담능력이 상대적으로 적고, 정보의 처리 및 이해능력이 적고, 경우에 따라서는 투자판단을 위한 시간이 부족한 많은 잠재적 투자자들을 시장에 유치하여 시장의 기반을 충실히 하고, 시장에 활기를 불어넣도록 하여야 한다.

인간이 가지는 인지적인 한계와 편향들에 대한 고려를 충분히 한 법제가 결국 자본시장을 발전시키는 법제가 될 것이며, 금융법에서의 자기 책임의 원칙은 바로 인간의 인지 문제와 편향까지 고려한 투자자보호법제가 전제가 될 때 주장될 수 있는 것이라고 결론을 내리고자 한다.[411]

제4절 기업의 금융리스크 매니지먼트(KIKO 사례)

I. 사안의 개요

KIKO는 'KIKO Target Forward'[412] 또는 'Window KIKO Target Forward'라고 불리는 계약을 간단히 지칭하는 용어로서, KO[413] Target Forward와 계약 조건이 모두 동일한데 거기에다가 콜옵션에 KI(Knock－in)[414] 조건을 붙인 점만 다르다.[415]

---

411) 다만 이 글에서는 행동경제학적인 관점에서 소비자기본법을 포함한 소비자보호법과 관련된 논의는 수행하지 않았다. 이 부분에 대해서는 행동경제학의 성과를 구체적으로 반영하여 추후 보완하도록 하겠다.

412) 예컨대 기업이 수출대금 1백만 달러를 받는다고 할 때 일반선물환율이 달러당 985원이라면 그 계약환율을 1,000원으로 올리는 대신 기업의 풋옵션 계약금액은 50만 달러, 은행의 콜옵션 계약금액은 1백만 달러로 다르게 정하는 경우를 말한다. 이와 같이 콜옵션의 계약금액이 풋옵션의 계약금액에 비해 증가하는 배수를 레버리지라고 부르며 앞의 예의 경우 레버리지는 2배가 된다. 이러한 형태를 타겟 포워드(Target Forward)라고 한다.

413) '넉아웃 옵션'은 환율이 일정 수준에 도달하면 권리가 소멸하는 조건을 가진 일종의 해제조건부 옵션이라고 볼 수 있다.

414) '넉인 옵션'은 기초자산의 가격, 즉 환율이 일정 수준에 도달하면 권리가 발생하는 조건을 가진 일종의 정지조건부 옵션이다.

415) 알기 쉬운 키코, 41면.

따라서 KIKO는 KI 옵션과 KO(Knock－out) 옵션을 결합한 장외파생상품(場外派生商品)이다.416) 이는 통상의 옵션에 일정한 조건, 즉 일정 경계선(境界線: barrier)을 넘으면 옵션이 발생하거나 옵션이 소멸하는 조건이 부가되어 있는 옵션인 배리어(barrier) 옵션의 한 형태이다. 따라서 KIKO는 KIKO 경계선(barrier)이 있는 통화옵션으로서 특정 통화 일정액을, 일정 기간 내 또는 특정일에, 미리 정한 환율에 의해, 다른 통화를 대가로 매입 혹은 매도할 수 있는 권리(통화옵션)에 Knock－in 배리어와 Knock－out 배리어가 합성되어 있는 장외파생상품이다.417)

현재 소송상 문제가 되고 있는 KIKO 계약들의 특징은 대부분 기업의 은행에 대한 KO 풋옵션과 은행의 기업에 대한 KI 콜옵션 비율이 비대칭적으로 결합되어 있는 레버리지가 있는 구조로, 1:2가 많으나 반드시 이에 국한되는 것은 아닌 것으로 알려져 있다(레버리지). 또, 계약기간을 1년 내지 3년 정도의 장기간으로 하고 주로 1개월 단위로 만기가 도래하도록 정한 수 개의 옵션 묶음으로 구성되어 있다(장기계약). 각 만기일 사이의 기간을 '윈도우 적용기간'이라고도 부른 "관찰기간이 존재한다. 시장환율이 관찰기간 동안 KO 환율(하단 환율)과 KI 환율(상단 환율) 사이에서 움직였으면 기업은 당사자 간에 미리 정한 계약환율인 행사환율로 은행에 달러를 매도할 수 있는 권리(풋옵션 put option)를 갖게 된다. 그러나 만기환율이 행사환율(계약환율)과 KI 환율(상단환율) 사이에 있으면 기업으로서는 풋옵션을 행사하는 것보다 시장환율로 달러를 매도하는 편이 유리할 것이므로, 풋옵션은 사실상 무의미해진다. 각 관찰기간 내에 환율이 KO 환율 아래로 한 번이라도 내려가면 계약은 효력을 상실하고, 만약 관찰기간 내에 시장환율이 KI 환율 이상으로 한 번이라도 올라가면 은행의 콜옵션 행사에 의하여 기업은 계약에서 정한 레버리지 비율에 따

---

416) KIKO는 규격화·표준화되어 상장되는 場內派生商品과는 달리, 일대일·맞춤형(Customizing) 계약을 본질로 한다. 실제 국내에서 판매되어 현재 법적 분쟁의 대상이 되고 있는 KIKO 계약의 상당수가 위에서 설명한 구조이나, 이는 제로코스트(zero cost) 구조를 만들기 위해서 유사한 구조의 계약에 체결된 것이다. 제로코스트(zero cost) 구조란 예를 들어 1년간 12회 만기가 도래하는 KIKO거래에서 만기가 다른 12개의 풋옵션과 만기가 다른 12개의 콜옵션 등 24개의 옵션이 있다고 하자. 이 경우 24개의 옵션은 모두 개별적으로 가치 평가가 이루어진다. 그리고 고객이 가지고 있는 12개의 풋옵션의 가격과 은행이 가지고 있는 12개의 콜옵션의 가격이 일치하게 되면 은행의 수수료는 감안하지 않은 상태에서 양측이 서로 아무런 프리미엄 차액을 지급하지 아니하고 각각 12개의 옵션을 보유하게 된다. 이를 제로코스트(zero cost) 구조라고 한다.

417) Barrier options pay off if an asset reaches a certain price. Knock－in options are created with predetermined characteristics when the underlying reaches a certain price. Knock－out options are options that terminate if the underlying reaches a certain price. Since the option ceases to exist, there is no payoff even if the price moves back within the knock－out barrier before the original expiration. Thus, an option with a knock－out barrier has a maximum specified value and payoff.

라 계약금액의 2배 혹은 그 이상의 달러를 계약환율로 은행에 매도해야 하는 의무가 발생하는 구조로 되어 있다.

II. 가처분 청구에 대한 법원 판결의 전개

1. 1단계(신의칙 위반에 의한 계약의 해지 인정)[418]

법원은 신의칙 위반에 의한 계약해지를 인정하여 가처분을 인용하였다.[419]

(1) KIKO 계약의 약관성

KIKO 계약이 약관계약인지 여부에 대해서는 약관의 규제에 관한 법률(이하 '약관규제법') 제2조 제1항[420]에서 규정하고 있는 약관인지 여부가 문제가 되었다. 공정거래위원회(이하 '공정위')에서는 약관성 여부에 대한 판단을 하는 대신 부당하지 않다는 결론만을 내렸다.[421] 한편 2008.12.30.자 서울중앙지방법원의 결정은 약관성을 인정하였다. 서울중앙지방법원은 KIKO 계약조항 전체가 약관이라고 볼 수는 없지만 계약의 기본구조가 정형적으로 은행이 다수의 기업과 계약을 체결하기 위하여 일정한 형식에 의하여 미리 마련해 놓은 것으로 볼 수 있어 약관이라고 판단하였다.

---

418) 서울중앙지방법원 2008.12.30. 선고 2008가합3816결정.

419) 이 결정의 결론에 대해서는 '본건은 종래대로라면 고객보호의무와 관련한 손해배상책임으로 해결될 사안이었으나 거래업체의 막대한 피해 및 은행의 과실상계 정도를 고려하여 향후 외환시장의 안정이 될 때까지 휴지기를 갖자는 의미에서 사정변경의 원칙에 기한 해지권을 인정하고 이에 기하여 가처분신청을 수용한 결정으로 보이는바, 어쨌든 간에 법리상 무리가 있는 결정으로서 본안판결은 결론이 달라질 가능성 농후'하다는 지적이 이었다(박의호, "KIKO 관련 법적 쟁점의 정리", 은행법학회 2009.1. 발표문).

420) 약관규제법은 '약관'을 그 명칭이나 형태 또는 범위를 불문하고 계약의 일방 당사자가 다수의 상대방과 계약을 체결하기 위하여 일정한 형식에 의하여 미리 마련한 계약의 내용이 되는 것을 말한다고 정의한다.

421) 공정위에서 문제가 되었다. 쟁점은 KIKO 계약의 경우 개별적으로 커스터마이즈하였다고 하나 실제로는 표준화된 계약서에 레버리지 비율 등 일부의 경우에는 거의 대동소이하게 결정되었다. 공정위는 약관성을 판단하는 대신 약관성을 인정한다고 하더라도 불공정한 약관이라고 할 수 없다고 가정판단을 하였다. 나아가 불공정성 여부에 대하여 판단한다. 판단근거로 약관규제법 제6조가 문제 되었다. 공정위는 기업의 풋옵션 가치의 합계와 은행의 콜옵션 가치의 합계가 같도록 설계되어 있으므로 계약의 구조 자체가 신청인들에 대하여 부당하게 불리한 것이라고 단정하기 어렵고, 환위험에 노출되거나 옵션결합비율이 다른 점 등의 계약조건들은 계약체결과정에서 기업에 의하여 양해되었거나 혹은 기업이 충분히 알 수 있었던 것으로 보이며, 나아가 기업은 위 계약조건들을 받아들이는 대신 행사환율 등 다른 계약조건들을 기업에 유리하게 변경한 사실이 소명되었다는 점이 불공정한 계약이 아니라는 근거로 채택되었다.

(2) 신의칙 위반에 의한 계약해지

법원은 KIKO 계약 내용대로의 구속력을 인정하여 기업으로 하여금 계약에 따른 의무를 계속해서 이행하게 하는 것은 신의칙에 현저히 반하며, 신청인의 해지 의사표시 송달로 적법하게 해지되었다고 보았다.

법원이 제시한 신의칙에 의한 계약의 해지가 인정되는 이유는 다음과 같다. (ⅰ) 대상 결정사건의 계약은 계속적 계약에 해당하는데, (ⅱ) 계약의 기초가 된 원/달러 환율의 내재변동성과 안정적인 환율변동 예측은 기업과 은행이 책임질 수 없는 사유로 예견할 수 없을 정도로 급변하였고, (ⅲ) 원/달러 환율의 급등에 따라 기업과 은행의 거래손익 사이에 현저한 불균형이 존재하며, (ⅳ) 기존 계약조건이 더는 합리성을 갖기 어렵게 된 경우 그 조건을 변경하거나 계약을 조기 종결할 수 있는 장치가 결여되어 있고, (ⅴ) 은행은 장외파생상품인 해당 KIKO 계약의 체결을 권유함에 있어 마땅히 준수하였어야 할 적합성 원칙과 설명의무를 위반하였기 때문이다.

이 결정이 나오자 법원이 인정한 신의칙 위반에 의한 계약해지는 사정변경에 의한 계약해지를 인정한 것으로, 기존의 판례에 비추어 보면 인정되어서는 안 된다고 주장하면서 서울중앙지방법원의 판결을 비판하는 견해가 제기되었다.422) 이 견해는 법원이 말하는 내재변동성(implied volatility)을 계약기초로 보아서 양자가 예측한 환율의 내재변동성이 사후적으로 틀렸을 경우에도 계약해지를 인정하는 것이 오류라고 비판한다. 위험분배관점과 기대가능성이라는 사정변경에 의한 계약해지 판단의 기준 및 기존의 판례에 비추어 내재변동성이 계약이 기초가 된 것이 아니며, 파생상품이 변동성을 염두에 두고 만들어진 상품이라는 점을 고려하면 계약의 기초가 변경된 것도 아니라고 한다. 다만 이 견해는 투자자보호의무 위반을 기초로 한 손해배상을 인정하는 것은 가능할 것으로 보고 있다.423)

---

422) 백태승, "키코(KIKO) 가처분 결정의 문제점", 법률신문 2009.3.16. 제3730호.

423) 이 견해는 대법원 1996.8.23. 선고 94다38199판결을 손해배상인정을 위한 선결계로 인용한다. 이 사건에서 대법원은 주식투자가와 증권회사 사이에 주식매매거래계좌설정약정 및 투자수익보장약정, 일임매매약정이 일체로서 체결되었으나 그중 투자수익보장이 무효인 경우, 약정 당시 고객이 투자수익보장약정이 무효임을 알았거나 알 수 있었다고 보일 뿐 아니라 주식매매거래계좌설정약정 및 일임매매약정에 기하여 주식거래가 계속되어 새로운 법률관계가 계속적으로 형성되어 왔다면, 투자수익보장약정이 무효라고 하여 주식매매거래계좌설정약정이나 일임매매약정까지 무효가 된다고 할 수는 없다고 한 사례라고 하면서, 증권회사의 임·직원이 강행규정에 위반한 투자수익보장으로 투자를 권유하였으나 투자 결과 손실을 본 경우에 투자가에 대한 불법행위책임이 성립하기 위해서는, 거래행위와 거래방법, 고객의 투자상황, 거래의 위험도 및 이에 관한 설명의 정도 등을 종합적으로 고려한 후 당해 권유행위가 경험이 부족한 일반 투자가에게 거래행위에 필연적으로 수반되는 위험성에 관한 올바른 인식형성을 방해하거나 고객의 투자상황에 비추어 과대한 위험성을 수반하는 거래를 적극적으로 권유한 경우에 해당하여 결국 고객에 대한 보호의무를 저버려 위법성을 띤 행위인 것으로 평가될 수 있어야 한다고 판시한다. 이 사건은 보호의무위반에

민법상 사정변경에 의한 계약해지에만 국한하여 보면 이 주장은 상당한 설득력이 있으며 민법에서의 통설이나 기존의 판례를 고려하면 타당한 주장이었다. 그리고 2008.12.30. 결정에서 서울중앙지방법원이 적합성 원칙과 설명의무 위반에 대한 구제수단으로 손해배상이 아닌 계약해지를 도출한 것도 비판의 여지가 있다. 2009.4.24. 판결 이후 법원은 사정변경에 의한 계약의 해지를 인정 하지 않게 된다. 그리고 법원은 구체적 타당성을 고려하기 위한 수단으로 적합성 원칙 및 설명의무를 채용하게 된다.

(3) 불공정거래행위(민법 제104조 주장)

이 주장은 법원에서 한 번도 받아들여지지 않은 주장이다. 민법 제104조 위반으로 무효인지 여부가 문제 되는바, 법원은 기업의 풋옵션 가치의 합계와 은행의 콜옵션 가치의 합계가 같도록 설계되어 있어 불공정한 법률행위로 볼 수 없으므로 무효가 아니라고 판단하여 왔다. 이 규정에 기초하여 계약의 무효를 인정하기 위해서는 급부와 반대급부 간의 현저한 불균형이 발견될 수 있어야 할 것인데, 계약 당시 KIKO 계약은 환율변동의 확률적 분포를 고려하여 기업이 보유한 옵션과 은행이 보유한 옵션이 가치가 동일하게 설계된 이상 사후적으로 어느 일방이 유리한 결과가 나왔다고 해서 현저하게 불공정한 계약이라고 볼 수 없다는 것이 법원의 태도이다.

이러한 법원의 태도는 옳다. 만일 사후적인 고찰(ex post observation)에 기초하여 공정성 여부를 판단하게 되면, 불공정거래행위가 결과책임으로 귀결시키기 위한 도구가 되어 원래 의도한 양 당사자 간의 현저한 협상력 차이를 제어 또는 조정하기 위한 수단으로서의 역할이 상실되기 때문이다.

(4) 사기 또는 착오에 기한 취소권의 발생 여부(민법 제109조 및 제110조 주장)

사기나 착오가 인정될 만할 증거가 제시되지 않았다는 것이 법원의 판단이다. 실제적으로 사기가 인정되기 위해서는 두 가지 요소가 고려될 수 있다고 본다. 환율이 상승하게 될 것을 알면서도 이와 배치되는 사실을 가입자에게 이야기하여 이를 믿은 가입자가 설명에 기초하여 계약을 체결하고, 환율이 상승함으로써 은행이 이득을 얻고 가입자가 손해를 보아야 할 것인데, KIKO 상품이 주로 판매되었던 당시의 여러 정황적인 증거들은 은행들이 이와 같은 행위를 한 것이라고 인정하기는 어렵다.

기초한 불법행위손해배상을 인정한 사건이다(대법원 1996.8.23. 선고 94다38199 판결).

또 하나는 헤지(hedge)와 관련된 부분이다. 법원이 인정하는 바와 같이 가처분신청인들은 외화자금의 환위험을 헤지하기 위해서 본 건 KIKO 계약을 체결하였다.[424] 이에 대해서는 헤지의 의미상 부분적으로 위험을 남겨두고 위험이 있음을 알고도 이를 인수하였다고 이는 헤지거래가 아니라 투기거래(speculation)라는 주장이 있다.[425] 투기거래라고 보는 것이 옳다고 해도 사기나 착오를 현재 드러난 자료로 입증할 수 있는지 의문이다.

다만 투기거래인지 하는 논점에 대해서는 만일 헤지거래가 수출기업이 100만 달러의 채권(foreign cash receivables)이 있는데, 이 100만 달러에 대한 정확한 반대포지션 거래를 하여 환율변동성을 제거하고, 완전히 환율을 고정할 수 있다면 이 거래가 헤지거래인 점은 의문이 없을 것이다. 이러한 거래를 제외한 모든 거래에는 변동성이라는 위험이 존재하며, 부분적 헤지(partial hedge)와 부분적 투기(partial speculation)가 존재할 것이다. 그러나 현재의 논의와 관련하여 논점은 투기성이 있다는 것이라는 점은 타당하지 않나 한다. 그리고 은행은 투기성이 있는 거래를 어떻게 고객과 하여야 하는가 하는 논점이 본 사건의 판결들을 통해서 법원이 보여주어야 하는 법칙일 것이다. 그러므로 부분적 헤지라는 주장은 사실 크게 의미 있는 주장은 아닌 것 같다.

2. 2단계(모색기)

서울중앙지방법원 2008.12.30. 선고 2008가합3816 판결에서는 SC제일은행이 패소하였지만 이후 소송에서는 가처분 인용 여부가 나뉘고 있다. 서울중앙지방법원은 2008가합3816 판결에서 (주)모나미 등 2개 기업이 (주)SC제일은행을 상대로 하여 제기한 '키코(KIKO)' 계약 효력정지가처분신청을 받아들이는 결정을 한 반면(같은 취지 서울중앙지법 2009.2.12. 2009카합57, 2009카합77 등), 이와는 달리 2009.1.8. 진양해운(주)이 (주)신한은행을 상대로 제기한 키코(KIKO) 계약 효력정지가처분신청은 키코(KIKO) 계약의 잔여기간이 3개월 정도밖에 남지 않았고 (주)진양해운의 당기 순이익에 비하여 키코(KIKO) 계약으로 인한 거래손실이 현저히 적다는 이유로 받아들이지 않는 결정을 하였다(2008카합4262). 한편 2009.3.10. 인천지방법원은

---

424) 2009카합242결정.
425) 박선종, 박진순 변호사의 발표에 대한 증권법학회토론문. 2009.5.

유사한 KIKO 계약에 대한 효력정지가처분신청을 기각하였다.

3. 3단계(적합성의 원칙이나 설명의무 위반)

2009.4.24. 서울중앙지방법원에서 10건의 가처분 결정이 내려졌고,[426] 적합성의
원칙(suitability rule)[427]이나 설명의무 위반 여부가 문제의 초점이 되었다. 서울중앙
지방법원은 약관성에 대해서는 2008.12.30. 판결에서와 마찬가지로 4.24. 판결에서
도 여전히 인정한다. 그러나 약관규제법 제6조에 의한 신의칙 위반에 대해서는 인
정하지 않는다. 그러면서 신의칙 위반의 판단기준으로 공정성(fairness)을 사용한다.
결국 공정거래위원회가 약관성 여부에 대한 판단과 부당성 여부에 대한 판단을 고
민하면서 약관성 여부를 판단하지 않더라도 부당한 것이 아니라고 볼 때의 논지와
같은 연장선상의 판단을 한 것이다. 결국 계약의 공정성, 신의칙 위반, 계약의 부당
성이 실질적으로 같은 개념인 것처럼 사용된 것이다. 그러나 이러한 계약 자체의
내재적 요소(intrinsic factor)에 대해서 계약의 공정성, 신의칙 위반, 계약의 부당성을
발견할 수 없다고 하더라도 법원이 여전히 구체적인 타당성을 조정하기 위해서 사
용할 수 있는 수단을 강구할 수 있다. 그것은 계약협상과정(negotiation process)에서
발견할 수 있는 요소들에 기대어 계약을 조정하는 것이다. 그런데 실제 이러한 조
정은 많은 부분 사회적·공익적 관점을 법원이 보충하여 들어가는 과정이라고 이
해한다. 이 부분에 대한 추가적인 논의는 제3장에서 본다.

법원은 통화옵션계약에서의 적합성 원칙의 의미에 대해서 장외파생상품시장에서
거래되는 통화옵션계약은 외환시장의 거래원리, 환율변동의 전망, 옵션가치의 평가
등 다양한 정보와 전문지식을 활용한 고도의 첨단금융기법에 의해서 개발된 새로운
형태의 계약으로 금융비전문가인 기업으로서는 계약의 내용, 구조, 위험 등을 정확하
게 파악하기 어렵다는 점을 전제로 한다.[428] 이 부분에 대해서 피고 소송대리인이 쉽
게 이해할 수 있는 단순한 형태의 계약이라고 주장하는 것은 법원이 받아들일 수 없
는 주장이다. 왜냐하면 법원은 이 전제를 포기한다면 적합성의 원칙을 버려야 된다는

---

426) 서울중앙지방법원 2009.4.24. 선고의 10건은 2009카합202결정, 2009카합242결정, 2009카합393결정(이상 일
　　부인용결정); 2009카합207결정, 2009카합211결정, 2009카합213결정, 2009카합362결정, 2009카합504결정,
　　2009카합511결정(이상 기각결정).

427) 'know your customer rule'이라고도 함.

428) 서울중앙지방법원 2009.4.24. 선고 2009카합242결정.

것을 의미함과 동시에 설명의무에 있어서도 매우 저도의 의무만을 요구할 수밖에 없게 되기 때문이다. 그렇게 되면 법원이 구체적 타당성의 달성을 위해서 행사할 수 있는 판단의 여지가 극도로 좁아진다. 결국 여기서 법원이 취할 수 있는 이해하기 쉬운 상품인지 여부의 기준은 일반인들도 쉽게 사고팔고 하는 것으로 사회통념상 받아들여지는 상품(예를 들어 정기예금이나 정기적금, 최근에 많은 기업들이 단기유동자금의 운용처로 사용하는 MMDA나 MMF 정도) 정도의 수준으로 정할 수밖에 없다.

법원은 적합성 원칙을 어디서 도출할 것인가. 자본시장법(자본시장과 금융투자업에 관한 법률) 제46조의 2에서 적합성 원칙을 규정하고 있지만 문제가 된 사안들은 자본시장법이 아닌 민법에 의해서 해결이 되어야 한다. 법원이 취한 태도는 '신의칙에 기한 체약상 부수의무'에서 도출하는 것이다. 민법상 부수적 주의의무나 보호의무 만큼 철학적으로 논쟁적일 수 있는 부분이 없다고 생각한다. 기본법으로서 민법에서 계약 당사자들 간의 관계를 어떻게 이해할 것인가. 와까즈마流 민법의 수정원리를 통해 적합성의 원칙을 도출하는 것이 가능할 것이다. 법원도 전문가인 은행이 신의칙에 기한 체약상 부수의무로서, 거래상대방인 기업의 영업속성, 재무상황, 금융거래 수준, 당해거래의 목적, 상품에 대한 이해 정도, 위험관리 능력, 상품의 종류 등을 고려하여 적합한 거래를 제안하여야 하며(적합성의 원칙), 만일 기업이 적합지 않은 거래조건을 요구할 경우 그 위험을 명확히 고지할 의무(설명의무)가 있다고 보고 있다.429) 필자는 법원이 누구도 예견하기 어려웠지만 실제로 발생한 사회적 위험을 분배하기 위한 도구원리로 적합성의 원칙과 설명의무를 쓴 것으로 본다.

Ⅲ. 사회적 위험의 분담 기준

1. 사안의 본질

본 사안의 시장관여자들이 예견하지 않았던 사회적 위험(social risk)의 분담(allocation)에 대한 사안이다. 여기서 위험이 무엇인가. 위험은 확률적으로 존재하는 것으로 발생의 여부를 명확하게 일의적으로 말할 수 없는 것을 말한다. 양자역학(量子力學, quantum mechanics)의 개념에서 보면 분명히 존재하기는 하나 그 위치의 파악은 존재위치를 확률

---

429) 전게 결정문 15면.

적으로 표시하여 설명할 수밖에 없는 것과 같은 상황이라고 하는 것과 같다.

(1) 이 사건에서 시장관여자들은 시장을 어떻게 예측하였고 어떤 유인구조를 가지고 있었을까 하는 점을 드러난 사실들을 토대로 하여 추단하여 보는 것은 이 사건의 해결이나 향후 규제설계를 함에 있어 의미 있는 일이다.

1) 역사적인 데이터: 최근의 환율변동추이

시장에서 예측한 내용은 기존의 환율변동이라는 역사적인 데이터를 보았다.[430] 기존의 역사적인 환율변동을 보았을 때라는 점만으로는 의사결정을 할 수 없다. 물론 많은 경우 의사결정을 하는 주요한 원인이 되기는 하지만 미래예측능력이라는 면에서는 결코 높다고 단언하면 안 된다. 이 점은 은행이 설명하였어야 하는 부분이다.

이를 식으로 표현하면 다음과 같이 말할 수 있을 것이다. T기까지 N개의 과거 관찰치가 있고, T+1기에 달러변동성을 예측하려고 한다면 $\Delta Di = Di - Di - 1$일 것이므로 이때의 평균으로 예측하겠다고 하면 $E(\Delta Dt + 1) = \Delta D = (1/T)\sum \Delta Dt$가 될 것이다. 예상을 위한 분산(variance)은 평균으로부터 도출되는 표준편차(deviation)의 제곱 평균(mean)에 따라서 달라질 것이다. 그리고 관찰치의 숫자가 많을수록 분산 값에서 T를 사용하거나, T-1을 사용하거나 차이가 적어지게 될 것이다.[431] 이러한 역사적인 환율의 변동 값은 의사결정에 주요한 고려요소가 될 것이다. 이러한 변화는 플롯팅 차트(plotting chart)를 통해 시각적으로 표현되어 기업들에 보였을 것이다.

2) 다른 기업의 행태 또는 사례

그리고 기업들을 주변기업들의 행태를 보았을 것이다. 소위 밴드웨건효과(bandwagon effect)가 발생할 수 있는 맥락이다. 그리고 실제 KIKO 가입 기업의 많은 수는 바로 밴드웨건효과에 기초한 것일 것이다. 은행은 이 점 또한 설명하였어야 하는 부분이다. 거래회사는 다른 가입회사와 이런 점이 같고 이 점이 다르다는 점을 설명하였어야 한다. 이 점 역시 적합성 원칙을 받아들이려면 고려하여 법원이 판단요소로 사용하여야 하는 부분이다.

---

430) 행동주의적 의사결정 방법에 대하여 최승재, "금융시장에서의 투자자의 행동양태와 투자자보호 규범에 대한 연구 — 행동경제학적 관점을 중심으로", 증권법연구 2008.12.(2008) 참조.

431) 실제로 실무에서는 간단한 계산을 위한 경우가 아니면 분산을 사용하는 경우는 거의 없고 팻 테일(fat tail)등이 사용된다.

3) 전문가들의 예상

은행이 환율변동의 예상에 있어서 전문가인가. 그럴 수도 있고, 아닐 수도 있다. 은행들은 환율에 대해서 민간하게 손익이 반영되는 부분이 크기 때문에 관련 전문가를 비금융회사들에 비하여 고용하여야 하고, 이에 민감하게 데이터를 수집할 수 있는 능력을 구비하여야 한다. 스스로를 위하여 하여야 할 일이다. 고객을 위해서는 어떻게 해야 하나. 은행은 전문가들의 예상을 제공하면 될 것이다. 많은 경우 은행으로서 해야 할 의무의 끝이 여기까지라고 본다. 만일 이 이상을 요구하게 되면, 은행이 예상할 수 없는 환율변동에 대해서 은행에 책임을 부담하도록 하게 되기 때문이다. 물론 이 경우에도 은행이 스스로 알고 있는 변동성에 대한 정보가 있다면 이 정보는 공유되어야 한다.

4) 소결

구체적인 사건에 따라서 달라질 수 있지만 일반적으로 드러난 사실에 의하면 이번 사건에서 일어난 환율변동은 은행도 기업도 예견할 수 있는 종류의 환율변동이 아니다. 다시 말해서 환율변동의 위험이 예견되지 못한 것으로, 그 위험이 현재화된 것이다. 그렇기 때문에 은행 주장과 같이 은행도 수수료를 받는 것 외에 아무런 이익이 없을 수 있고, 기업도 투기적인 거래를 한 것일 것이다.

물론 개별적인 사안에 따라서는 은행이 수수료 이상의 수익을 위한 포지션을 취하였거나, 기업이 투기적인 거래를 소위 오버헤지(overhedge)[432]라고 불리는 형식으로 한 경우가 있을 것이다. 그러나 이와 같은 경우에도 정황상 실현된 환율변동은 예견된 환율변동은 아니었던 것으로 보인다.

(2) 사회적 위험의 분담과 상품고유의 위험

사회적 위험의 분담은 단기적인 분담의 원칙과 장기적 동태적인 분담의 원칙으로 구별하여 볼 수 있다. 상품고유의 위험은 인수하였는가 하는 문제와 사회적인 위험의 분담은 많은 경우 일치하지만 항상 일치하는 것으로 새겨야 하는 것은 아니라고 본다.

사전적(ex ante)으로 본건에서 양 당사자 간에 합치된 위험에 대한 기대는 발생가

---

432) 오버헤지라는 것이 도대체 가능한 말인지 의문이다. 헤지거래이거나 투기거래이고, 오버헤지라는 말이나 언더헤지라는 말이나 투기적인 요소, 달리 말해 확률적인 요행을 기대했다는 것인데, 이렇게 표현을 쓰는 것이 타당한가 심다. 다만 소송이라는 특성을 감안하면 당사자들 모두 돈을 벌려고 투기를 하였다고 노골적으로 말할 수 없으니 발생한 용어례라고 볼 수밖에 달리 이해하기 어렵다.

능성이 낮다는 것이었다. 그런데 사후적(ex post)으로 당사자들이 그렇게까지 위험이 현재화할 가능성이 높지 않다고 본 그 위험은 현재화되었다. 이 문제를 어떻게 해결할 것인가. 사전적으로 본건 거래는 많은 경우 시장위험(market risk)과 연계된 상품고유의 위험을 기업이 인수한 것이 옳다. 바로 이 부분이 자기 책임의 원칙으로 설명하면 되는 간단한 문제를 지나치게 어렵게 보고 있는 것이 아닌가 하는 생각의 저변에 있을 것이다. 기업이 위험을 인수하였는데 은행이 왜 책임을 부담하는가 하는 생각이다.

이에 대해서 상품고유의 설계상 결함(design defect)이 존재한다는 주장이 있다.[433] 헤지를 원하는 자들에게 헤지가 되지 않는 상품을 팔았다면 이 상품은 설계상 결함이 있는 상품이 아닌가 하는 논의로 논의를 요약할 수 있을 것이다. 결함이란 상품의 상업적 용도(merchantability)에 부합하지 않는 상품이나[434] 구매자가 요구한 성상을 갖추지 못한 것을 말한다.[435] 금융상품의 소비자인 KIKO 가입자들은 어떤 상품을 원했을까. 그리고 그 상품을 구입하면서 완전 헤지되는 상품을 원한 것일까. 이 점은 구체적인 증거에 의해서 입증되어야 할 부분이다. 하지만 드러난 정황으로 보았을 때는 기업들은 이익이 발생할 수도 있다는 점을 인식하고 있었고, 프리미엄이 없도록 하면서(소위 '제로 코스트 zero cost')도 이익을 일정 수준 향유하고자 한 것이었다고 보인다. 대체설계는 결국 완전히 헤지되는 상품인데 이 상품과 대비하여 투기적인 상품을 팔았다고 해서 일반적으로 결함이 있는 상품을 팔았다고 말하기는 어렵지 않나 하는 생각이다.

그러나 단기에서의 분담을 자기 책임의 원칙만을 가지고 해결할 수 있다고 믿는 사람이라면 적합성의 원칙이나 설명의무를 법문에 명문으로 규정하고 있는 것 이상으로 인정하여야 한다고 주장하는 것은 자가당착이다. 단기에서의 분담에서 사회적인 위험의 분배를 할 필요가 있다.

---

433) 박선종, 전게토론문.

434) 이를 미국 계약법상으로는 묵시적 보증(implied warranty)이라고 부르기도 한다.

435) 참고로 제조물책임법 제2조 제2호 '결함'이라 함은 당해 제조물에 다음 각 목의 1에 해당하는 제조·설계 또는 표시상의 결함이나 기타 통상적으로 기대할 수 있는 안전성이 결여되어 있는 것을 말한다.
　　가. '제조상의 결함'이라 함은 제조업자의 제조물에 대한 제조·가공상의 주의의무의 이행 여부에 불구하고 제조물이 원래 의도한 설계와 다르게 제조·가공됨으로써 안전하지 못하게 된 경우를 말한다.
　　나. '설계상의 결함'이라 함은 제조업자가 합리적인 대체설계를 채용하였더라면 피해나 위험을 줄이거나 피할 수 있었음에도 대체설계를 채용하지 아니하여 당해 제조물이 안전하지 못하게 된 경우를 말한다.
　　다. '표시상의 결함'이라 함은 제조업자가 합리적인 설명·지시·경고 기타의 표시를 하였더라면 당해 제조물에 의하여 발생될 수 있는 피해나 위험을 줄이거나 피할 수 있었음에도 이를 하지 아니한 경우를 말한다.

그런데 본 사안의 경우에는 본 상품이 팔리고 난 뒤의 위험 분담에 대해서 법원이 제시하는 원칙은 시장에 시그널을 주고, 이 시그널은 시장 관여자들의 반응을 유도하게 된다. 장기적인 관점에서의 연쇄반응(chain reaction)을 고려하여 법원이 판단하여야 할 필요 다시 말해 정책적인 고려가 필요하다.

IV. 구제수단별 적정성 검토

1. 제조기업의 환율정책

금융기관의 경우에는 행위의 준칙이 되어야 할 것이 신용(credit – worthiness)이다. 금융기관들은 일반적으로 더 큰 규모의 사업을 하기 위해서는 더 많은 채무를 부담하여야 한다. 예를 들어 은행의 경우 예금자들이 은행에 빌려 준 돈으로 영업을 하는 것이다. 그리고 예금자들은 신용리스크에 대해서 매우 민감하게 반응한다. 한편으로 신용리스크에 대한 반응의 크기는 예금주에 따라서 매우 다르다. 같은 100만 원을 잃게 되더라도 이에 대한 전체 자산에서 미치는 영향 등이 다르기 때문에 은행은 예금자의 사정을 고려하여 자산을 운용하여야 한다. 전체적인 다른 금융기관과의 관계에서 보더라도 은행의 자산운용이 가장 보수적이어야 하는 이유는 은행고객들이 가장 위험기피적인 고객일 가능성이 많기 때문이다. 보수적이라는 의미는 수익(return)이 아닌 손실(loss)을 중심으로 하여 확률적인 판단을 하여야 한다는 의미일 것이다.

이와 비교하여 제조기업의 경우 어떤 차이가 있을까. 수출기업이 있다고 하자. 이 회사는 외화채권(外貨債權)이 있을 것이고, 이 외화채권은 환율변동에 노출되어 있다. 만일 이 회사가 전혀 헤지거래를 하지 않는다면 자신이 수출할 당시에 고려한 이익과 실제 회사가 수취한 외환채권을 원화로 환전하였을 때의 이익이 서로 다를 수 있다. 만일 기업 차원에서라면 이와 같은 경우 수출을 하지 않는 것으로 의사결정을 하고 내수시장만을 볼 수 있을 것이다. 아니면 환율변동이 심하지 않은 지역의 시장만을 볼 수도 있다. 그러나 사회나 국가 차원에서는 만일 이와 같은 의사결정의 집합으로 외화채권이 유입되지 않게 되면 외화 수요 대비 공급이 부족하여질 것이므로 당해 외화에 대한 환율이 높아지고, 와화유동성 부족이 국가적인 위기를 초래할 수도 있다.

개별기업 차원에서 이러한 변동성은 항상 존재하는 것이고, 이러한 환차손이 있다고 해도 랜덤(random)하게 일어나는 것이라면 장기에서는 문제가 안 될 수도 있고, 굳이 헤지를 하여야 하는 것이 아닐 수도 있다. 하지만 개별기업 차원에서도 수출대금의 수취기간이 장기가 될수록 변동성이 커져서 받을 돈이 있음에도 유동성 위기(cash shortfall)가 와서 기업이 파산위험(bankruptcy risk)을 부담할 수도 있다. 그러므로 개별기업 차원에서의 재무전략 목표는 최소한 파산위험을 피할 수 있는 수준(lowest threshold)을 넘어서는 것이다. 또 하나는 회사 경영계획의 안정적인 이행을 위해서 적기에 투자가 이루어질 수 있도록 하기 위해서 안정적인 현금흐름을 확보하여야 한다. 이러한 목표를 달성하기 위해서 사용하는 것이 CaR(Cash flow at Risk)이다. 만일 CaR이 회사가 목표로 하는 현금흐름보다 높다면 이 회사의 현금흐름은 매우 위험한 상태이므로 이 회사는 현금흐름에 연관된 위험을 감소시키기 위해서 적당한 조치를 취해야 한다.

제조회사는 자신이 본업이 아닌 금융거래에서 이익을 발생시키고자 하는 것이 아니라, 정상적인 영업이 제대로 이루어지고 투자가 제대로 이루어지도록 하기 위해서 금융기관을 사용하는 것이다. 왜냐하면 금융기관은 거래 상대방을 발견하고, 거래를 성사시킬 수 있는 능력이 제조회사보다 통상 낮기 때문이다. 이것이 사회적으로 장기에서 바람직한 방향이다. 다만 단기에서 기업들이 도산을 하게 되거나 지나친 재정적인 위험에 빠지는 것을 방치하게 되면 고용의 감소, 사회적인 총가처분소득의 감소, 국내 구매력 감소로 인한 경기회복의 지체 등 연쇄고리를 통한 사회적인 후생의 감소가 일어날 수 있다. 사전적으로 예상할 수 없었지만 사후적으로 실현된 위험의 분배는 이러한 장기 및 단기에서의 효과를 고려하여 사회적으로 분배함을 통하여 사회적 총후생의 감소를 줄이는 방안을 생각할 수 있다.

2. 사안별 검토

만일 법원이 약정에도 불구하고 KIKO 계약 가입회사들의 주장을 항상 받아들여서 이들의 주장대로 불리한 계약을 종료할 수 있도록 법적인 권리를 부여하는 경우(약정해지사유 내지 해지조건이 성립되지 않아도 법원에 의해서 계약이 법정해지가 인정되는 기대확률의 분포에 따라서 보면) 사회적으로는 어떤 반응을 일으킬까(KIKO 가입자의 주장이 받아들여질 확률이 1인 경우로서 E(p) = 1). 만일 계약을 완전히 해지시켜 주는 대신 손해배상과 같은 수단으로 위험분배의 원칙을 제공하면 어떻게 될까(0<E(p)<1). 또는 자기 책임의 원칙을 강조하여 전혀 계약을 종료할 수 없도록 하는 경우는 어떨까(E(p) = 0).436)

(1) E(p) = 1: 신의칙이나 사정변경에 의한 계약해지권을 인정하는 경우

계약을 투자자가 언제든지 원하는 시기에 계약을 해지할 수 있는 권리가 법원에 의해서 부여됨으로써 당사자가 원하는 때에 계약을 해지할 확률이 1인 경우에는 어떤 사회적인 신호를 주게 될까.

이 경우 은행은 계약에 의해서 은행과 가입자 간의 이해관계를 조정함으로써 위험의 분담을 할 수 있는 합의를 도출하더라도 법원에 의해서 일방적으로 계약자에게 유리한 거래가 될 것이므로 이러한 계약을 체결하는 것은 합리적인 의사결정이 아니다. 따라서 합리적인 의사결정을 하는 은행은 이러한 금융상품을 팔지 않는 의사결정을 하게 된다. 만일 정부가 은행에 관치금융을 통해서 금융상품을 다시 개발하여 판매하게 하면 이 경우 정부는 기업들의 위험을 국민에게 분산적으로 이전시키는 장치를 하지 않으면 은행에 책임을 전가시키게 되어 앞서 금융기관의 위험대응에 대한 보수성을 감안하면 적절한 위험분산정책인지에 대한 공격을 받게 된다. 은행의 경영진이나 당사자가 만일 이러한 확률이 낮은 위험에 대한 위험이지만 발생한 위험을 정부가 인수시킨 것에 대하여 책임을 부담시키는 것은 타당하지 않다. 이 계약을 그래프로 그리게 되면 KIKO 가입자의 입장에서는 자신이 위험에 노출시킨 포지션에 대한 위험이 법원에 의하여 영(0)으로 변경되는 효과가 발생하게 된다. 이러한 상황은 결국 법원의 판단에 의하여 시장에서 전부헤지거래 이외에는 모두 사라지게 만들게 된다.437) 나아가 전부헤지가 되는 단순선도거래계약을 체결하더라도 가입한 기업으로서는 만일 이러한 유형의 계약체결 이후 환율이 상승하게 되면

---

436) 판례변경의 가능성이 있으므로 확률적으로만 존재하는 값이라고 보았다.

437) 은행은 KIKO 거래에 따른 포지션 헷지로 수수료 상당 이익 이외에 환율상승으로 인한 이익을 취득하지 않고, 오히려 백투백(Back To Back)거래 등 반대거래를 하였으므로 이 사건 계약의 효력이 정지되면 KIKO 거래 상대방 기업들에게 이 사건 계약에 따른 권리는 행사하지 못하면서 반대거래의 당사자에게 반대거래에 따른 의무는 이행하여야 하므로 은행은 막대한 손실을 보게 되고, 결과적으로 은행이 이와 같은 상품을 판매치 않을 경우 기업은 환율변동 위험성에 그대로 노출될 수 있어 그 위험은 궁극적으로 기업에 귀속될 수 있다(박의호, 전게발표문 17면).

이러한 단순선도거래약정을 하지 않았다면 환율상승으로 인한 이익을 얻을 수 있는데 이 계약이 존재함으로써 이러한 이익을 향유할 수 없게 되므로 환율상승익을 얻기 위한 계약해지가 이루어질 수 있기 때문에 단순선도거래도 없어질 수 있다. 또는 존재한다고 하더라도 은행의 입장으로는 프리미엄을 올리는 방식으로 대응을 하여야 할 것이므로 헤지 상품을 원하는 기업이 자신의 수요를 충족시킬 수 있는 상품을 찾기가 더욱 어려워진다. 더해서 많은 KIKO 계약이 체결되었던 시점으로 돌아가 보면 KIKO에 대안으로 제시될 수 있는 선물환매도나 풋옵션(Put Option) 매수는 중소기업이 선택하기에는 KIKO에 비하여 비용 부담이 상대적으로 높다는 점에서 현실적으로 적절한 대안이 될 수 있었는지 의문이 있다.[438]

E(p) = 1이 되는 구조는 단기에서도 기업들의 기회주의적 행동(opportunistic behavior)을 부추긴 것이 되어 은행 등의 희생에 의해서 KIKO 가입 회사들에 우발적인 이익(windfall profit)을 주게 되는 것이 된다. 왜냐하면 거래의 구조를 이해한 기업들은 애초에 계약을 할 때 자신들이 지금과 같은 환율상승 시에 계약을 해지할 수 있었을 것으로 예견하지 않고 제로코스트(zero cost) 구조를 만들면서 등가성을 확보할 수 있다고 판단하였을 것이기 때문이다.

그러나 법리적으로는 최초 서울중앙지방법원의 판단과 같이 신의칙 위반을 이유로 한 계약해지를 인정할 수도 있을 것이고, 반대논자들의 주장과 같이 기존의 판례와 같이 해석하자는 주장을 하는 것[439] 모두 전혀 불가능한 주장은 아니라고 본다. 만일 사전적으로 양 당사자가 합의한 환율이 행위기초였다면 그 기초가 사후적으로 현저하게 변경된 경우까지 그 계약을 관철시켜야 하는가. 이 질문에 대한 규범적인 답은 결코 절대적으로 긍정적이라고 생각하지는 않는다. 하지만 위에서 보는 것과 같은 관점에서 최초의 서울중앙지방법원의 판단과 같이 신의칙 위반을 이유로 한 계약해지를 인정하는 것은 결코 사회적으로 바림직한 선택안이 아니다.

---

438) KIKO 거래도 환율이 계약구간 범위를 벗어나지만 않는다면 수출업체의 입장에서는 환율하락을 헤지하는 효용이 있기 때문에 거래업체들이 환헤지의 필요성을 절감하고 자발적으로 먼저 KIKO 거래를 요청하였다는 사정을 고려하여야 한다는 주장도 이러한 점과 연결되어 있다고 본다(전게발표문 16면).

439) 박의호의 전게발표문은 KIKO 계약이 환율의 급격한 변동도 예정하고 있으므로 환율의 급격한 변동을 들어 계약의 기초 사정이 변경된 경우라고는 판단하기 힘들다는 점, 파생상품은 시장에서의 예상할 수 없는 가격변동 등의 사정변경 내지 위험을 전제로 만들어진 상품이라는 점, 동 결정은 계약의 기초가 되었던 당사자 공통의 근본적인 관념이 사후적으로 잘못된 것으로 판명된 경우에도 사정변경에 의한 해지를 인정하고 있는 점, 동 결정에서 설시하는 '원/달러 환율의 내재변동성(implied volatility)'은 계약의 기초가 되지 않았다는 점 등을 간과하고 있다고 2008.12.30.자 중앙지방법원의 가처분 인용결정을 비난하고 있다(전게발표문 10면) 같은 날 발표된 박진순 변호사의 발표문도 사실상 같은 취지로 보인다(이 발표문은 뒤의 증권법학회 발표문과 거의 유사하다.).

(2) E(p) = 0

　계약에 대해서 자기 책임의 원칙을 관철함으로써 당사자가 원하는 때에 계약이 해지될 확률이 0인 경우는 어떨까. 매우 깔끔하고 책임원칙에 부합하는 것처럼 보인다. 스스로의 위험은 스스로가 판단하여 회피하여야지 왜 자신의 어리석음을 타인에게 손가락질하는 방식으로 전가시키는가 하는 질문에 대해서 깨끗하게 동의한다면 이러한 선택지를 택할 수 있을 것이다. 이 경우에는 사실 적극적인 은행의 기망행위나 착오를 유발한 행위, 현저하게 불공정한 행위를 하였다고 인정할 정도의 KIKO 가입자의 존재 등과 같은 사정들과 같은 민법 제109조, 제110조, 제104조 위반의 사정이 발견되지 않는 한 계약대로 이행되도록 결론을 내려야 한다.

　법원은 이 원칙을 관철하면 명문의 규정이 없는 적합성의 원칙이나 설명의무를 강요해서는 안 된다. 그런데 분명히 인정하여야 할 것이 KIKO 가입자가 아무리 거래를 많이 하였다고 하더라도 전문성이 금융기관과 같을 수 없고, 아무리 전문가를 많이 고용하여도 금융기관보다 더 많은 전문가를 확보할 수도 없고, 더 많은 자원을 배정할 수도 없으며 다른 금융기관과의 거래를 통해서 자신이 인수한 위험을 다시 백 - 투 - 백(back - to - back) 거래를 통해서 회피할 수도 없다. 만일 KIKO 가입자들이 그와 같은 위치에 있었다면 KIKO 계약을 체결한 것 자체가 잘못이다. 왜냐하면 앞서 설명한 것처럼 환율 헤지는 반드시 해야 하는 의무사항도 아니고, 일정 수준의 리스크는 이런 상품에 가입하지 않아도 감수할 수도 있는 것이다. 그리고 그 정도의 능력을 보유하고 자원을 운용할 수 있다면 상품가입의 실익이 없는 비합리적인 행위를 한 것이다. 결국 이런 판단을 관철하게 되면 금융기관이 가지게 되는 사회적 기능에 대한 의문을 야기하게 된다. 금융기관의 신용에 대한 장기적인 관점에서의 문제가 생기는 것이다. 그런데 금융기관은 신용이 바로 존재의 근거다. 자기 책임만을 강조하는 것은 은행에도 장기에서 부정적인 영향을 주고, 금융시스템을 감안한다면 사회적 총효용의 관점에서 부정적이다.

(3) 0〈E(p)〈1

　만일 해지될 확률이 1과 0 사이인 경우를 생각하여 보자. 이 경우는 사안에 따라서 가처분을 인정하면서 본안에서 손해배상으로 문제를 해결하는 경우와 같은 효과가 있으므로 이를 손해배상으로 문제를 해결하자고 하는 주장으로 환원하여 설명할 수 있다. 적합성의 원칙이나 설명의무 위반과 같은 도구를 사용하여 계약관계를 통제하는 방법이 바로 이 방법이다. 우리 법원도 제3기라고 분류한 2009.4.24. 이후 결정례에서는 적합성 원칙을 논하고 있다. 우리 법원은 적합성의 원칙을 자본시장법의 시행 이전에도 민법상 보호의무의 한 내용으로 인정하고 있었다. 우선 본건이 적합성 원칙의 문제가 쟁점인지 설명의무가 쟁점인지를 판단할 필요가 있고, 적합성 원칙이 문제가 된다고 하더라도 구제수단으로 손해배상이 아닌 계약해지가 가능한지의 문제가 있다.

문제해결의 기초는 우선 본건은 정보의 비대칭성(information asymmetry)이라는 관점에서 양 당사자의 교섭과정에서 협상력(bargaining power)의 차이를 검토하여야 한다. 이러한 정보의 심각한 비대칭성은 시장 실패의 주요한 요소 중의 하나이다.[440] 만일 KIKO 상품 관련 소송사례에서 보이는 정도의 정보 비대칭성이 심각한 수준인 경우 이러한 정보 비대칭성이 존재함에도 불구하고 법원이 관여를 하지 않게 되면 이러한 정보의 비대칭성은 시장에서 수정될 수 있는 것이 아니므로 시장에서의 관련 거래가 장기에서 소멸하게 된다.[441] 그렇다면 법원은 이와 같은 문제를 해소하고 사회적인 효율을 달성하기 위해서 은행에 관련 정보를 제공할 것을 요구하고, 만일 정보를 제공하지 않고 상품을 팔 경우에는 정보가 제공되었을 경우의 상태로 상대방을 만들어 주도록 하는 방법으로 시정을 하여야 한다. 그 방법으로 손해의 배상이나 효력의 중지 등이 있을 것이다.

실제 소송과정에서 법원의 고려요소가 제시하고 있는 것들은 바로 이와 관련된 사실관계들이다. 예를 들어 특정한 회사의 재무담당임원이 이러한 부분에 상당한 식견이 있는 자라거나 당해 회사가 수회에 걸쳐서 이러한 계약을 연장하면서 여러 가지 쟁점에 대하여 논의하면서 계약내용을 수정한 사실이 있다든가 하는 점들이 발견되면 이는 비대칭적인 정보 상태에 있거나 일방의 교섭력이 현저하게 떨어지는 상황이 아니라고 할 것이므로 양 당사자의 거래비용(transaction cost)이 그리 크지 않은 상황으로 사후적인 개입(ex post intervention)이 법원에 의해서 이루어질 필요성이 거의 없게 된다. 위험이 있을 수 있다는 점을 충분히 숙지하였거나 전문성 및 반복적인 계약체결 이력에 비추어보았을 때 위험을 충분히 인식하고 인수한 위험에

---

440) Robert Cooter & Thomas Ulen, *Law and Economics*, 3rd ed.(2000) p.43.
441) *Id.*

대한 인식 및 이해가 높다고 판단할 수 있을 것이다.

다만 법원이 유의할 점은 만일 설명의무의 정도를 지나치게 높게 되면 이 경우에는 신의칙이나 사정변경에 의한 계약해지권을 인정하는 경우(E(p)=1)에 근접하여 가게 될 것이라는 점이다. 그러므로 법원은 개별적인 사안의 해결목적이 아닌 일반론으로서의 설명의무 정도의 제시에는 매우 조심할 필요가 있다. 이에 대해서는 뒤에 보는 비난가능성요소로서의 전략적 행동 내지 기회주의적 거동의 문제와 연결하여 추가적으로 논의한다.

(4) 소결

위에서 살펴본 바와 같이 앞의 세 가지 구제수단의 활용방법 중에서 세 번째와 같이 운용하는 것이 가장 바람직한 방법이라고 본다. 그리고 이러한 태도는 법원이 2009.4.24. 결정 이후 취하고 있는 태도로 보인다. 다만 이와 같은 태도를 취하는 경우에도 법원이 만일 설명의무의 정도를 지나치게 높게 되면 이 경우에는 신의칙이나 사정변경에 의한 계약해지권을 인정하는 경우(E(p)=1)에 근접하게 되어 문제가 있다고 본다.

이러한 관점에서 현재 법원이 요구하는 설명의무의 다음과 같은 내용을 살펴본다. 법원은 (ⅰ) 통화옵션계약의 기본구조, (ⅱ) 통화옵션계약에 의하여 회피되는 환위험의 범위, (ⅲ) 기업이 계약체결로 인하여 새롭게 부담하게 되는 위험의 발생가능성 및 정도, (ⅳ) 계약관계에서 탈퇴하는 방법, (ⅴ) 옵션에 관한 가격정보를 고지 및 설명하여야 한다고 보고 있다.[442] 그리고 (ⅵ) 환헤지 상품에 관한 기업의 종전 거래경험, 기업의 규모와 인적 구성 등에 비추어 환거래의 위험에 대한 인식 정도, 기업의 일반적인 재무상황 및 수출전망 등을 고려하여 설명의 정도를 달리하여야 한다고 하고 있다. 그리고 설명의무의 이행방식에 대해서 설명의 시기는 계약체결 이전이어야 하며, 계약체결 후 거래확인서나 위험고지서를 팩스로 보내는 정도로는 이행된 것으로 볼 수 없다고 하고 있다. 또 설명의 형식은 관계자를 대면하거나 서면, 전자우편 등 정식의 문서에 의해야 하고, 외국어로 된 문건만으로도 안 된다고 하고 있다.[443]

이에 대해서 은행이 KIKO와 같은 통화옵션계약을 하는 실무를 감안할 때 법원

---

442) 서울중앙지방법원 2009.4.24. 선고 2009카합242결정 19-20면.
443) 전게결정문. 20-21면.

이 제시한 기준을 실제로 이행하는 것은 어렵다는 주장이 있다.[444] 살펴보면 논자는 법원은 옵션들의 가격 정보 및 은행이 취득하는 마진에 대해서도 고객들에게 설명하도록 하고 있으나 이러한 내용은 은행의 영업비밀에 해당하는 것으로 고객들에게 이를 공개할 경우 은행의 영업에 큰 지장을 초래할 수도 있을 것으로 예상된다고 주장한다.[445] 또한 법원은 반드시 대면 또는 서면을 통하여 설명할 것을 요구하고 있으나, 거래 실무는 환율의 변동을 즉각적으로 반영할 수 있도록 전화를 통하여 많은 거래가 이루어지고 있다(주식 시황을 반영하기 위하여 주식 매매주문이 전화를 통하여 이루어지고 있는 것과 비교할 수 있을 것이다.). 실시간으로 변동하는 환율을 반영하고자 하는 외환거래에 공식적인 서면교환을 요구하는 것은 불합리한 면이 있다. 가처분 법원 스스로도 은행의 적합성 원칙 및 설명의무의 이행 여부를 판단함에 있어서 기업의 거래 경험, 담당자의 전문 지식 유무 등 기업 측의 사정을 상당 부분 반영한 것을 볼 때 아직까지는 적합성 원칙 및 설명의무에 대하여 명확한 기준이 제시되었다고 보기 어려운 점이 있다. 따라서 본안 소송에서 이번 가처분 결정의 기준을 어느 정도 수용할 것인지, 또한 적합성 원칙과 설명의무의 정도에 대하여 얼마나 명확한 기준을 제시할 수 있을지 귀추가 주목된다.[446]

심 변호사의 주장과 같이 법원의 기준이 혼란스럽게 보이는 이유는 법원이 적합성의 원칙과 설명의무를 구별하지 않고 서로 묶어서 기준을 제시함으로써 발생한 문제라고 생각한다. 은행은 일단 기업에 적합성 원칙을 적용하기 위한 설문을 제시하고, 이 설문 자신이 이미 알고 있는 당해 기업의 정보를 종합하여[447] 적합한 상품을 제시하여야 한다(적합성의 원칙). 이 단계에서 환헤지 상품에 관한 기업의 종전 거래경험, 기업의 규모와 인적 구성 등에 비추어 환거래의 위험에 대한 인식 정도, 기업의 일반적인 재무상황 및 수출전망 등을 고려하여 상품을 제시하여야 하는 것이다(단계 1). 은행은 제시된 상품에 대해서 통화옵션계약의 기본 구조를 비롯한 계약체결을 위한 의사결정의 기초가 되는 중요한 사항을 설명하여야 한다(설명의무)(단계 2). 그리고 만일 당해 설명이 마무리된 사항에서 숙고를 하고도 위험을 인

---

444) 심희정, "KIKO 관련 하급심 결정의 분석(거래법상 쟁점)", 금융법학회, 2009.5.9. 참조.

445) 전게논문, 11면.

446) 전게논문, 11 – 12면.

447) 우리나라는 소위 주거래은행제도가 있는 나라이기 때문에 많은 경우 은행들은 상당기간 당해 금융상품을 매입하려고 하는 기업에 대한 정보를 축적하고 있다.

수하겠다고 하거나, 다른 더 위험한 상품을 요구하는 경우에는 은행은 위험을 인수하겠다고 하는 경우에는 위험의 내용을 정확히 다시 서면으로 알려주고(설명의무), 만일 더 위험한 계약을 체결하고자 하는 경우에는 은행은 적합성이 없다고 판단되는 경우에는 일단 가입을 하지 않도록 설득을 하고, 만일 설득이 되지 않으면 내부적인 준법감시인에게 판매 여부에 대하여 확인을 하는 절차를 거치도록 하는 것이 타당하다.[448] 만일 적합하지 않다면 계약체결을 거절하는 것이 옳다고 본다(적합성의 원칙)(단계 3). 이와 같이 해석하는 것이 타당한 해석이라고 본다. 이렇게 본다면 금번 법원이 제시한 기준은 상당한 정도의 명확성을 제공하고 있다고 보이며, 뒤에 본안에서 이 기준을 적용하는 것도 가능할 것으로 보인다.

그러나 아직 위의 1－3단계를 전체적으로 실행하기 위한 기준으로는 부족함이 있다고 보이고, 설명의무와 적합성의 원칙을 혼용하고 있는 점은 수정이 필요하지 않나 한다. 또 은행이 어느 정도의 마진을 얻게 되는 거래인지가 왜 기업의 의사결정에 있어서 요소가 되어야 하는지는 의문이다. 만일 은행이 어느 정도의 마진을 얻게 되는 거래인지가 기업의 의사결정에 있어서 요소가 되지 못한다면 은행에 설명을 하도록 요구하는 것은 타당하지 않을 것이다.

3. 비난가능성의 판단 요소

(1) 당사자의 주관적 의사

당사자의 주관적 의사의 고려를 어떻게 할 것인가 하는 점을 살펴본다. 위험 회피 목적(헤지 목적 hedge purpose)인지, 돈을 벌 목적(투기적 목적 speculation purpose)인지를 고려할 필요가 있는가 하는 것이다. 금융상품의 거래와 관련된 주관적 의도를 파악하는 것은 구체적인 위험의 분배에서 개별화(個別化, customize)를 함에 있어서 고려사항이다.

전체적인 계약의 구조만을 두고 보면 KIKO는 수수료율을 줄이기 위해서 레버리지를 높였으므로 정규분포곡선을 두고 봤을 때 확률적인 계산으로는 위험의 분산이 적절하게 이루어진 것으로 설계되어 있으며, 상품을 가입한 기업들이 전체 헤지냐 부분 헤지냐를 두고 의사결정을 하였던 것이라고 주장하면서 부분 헤지를 하려고

---

448) 송민규, "금융투자의 윤리: KIKO 사건을 중심으로", 법경제학회 토론내용 2009.6.17.

한 것이라는 점을 부각시켜 자기 책임의 원칙을 도출해 내려고 하였다.[449] 은행 측 대리를 하는 소송대리인은 이러한 점을 적극적으로 부각시킨 것은 공정거래위원회가 약관성 여부에 대하여 판단을 하는 대신 부당성이 없다고 본 것과도 밀접한 관련이 있다.

그러나 부분 헤지라는 개념을 받아들일 것인지에 대해서는 생각할 부분이 있다. 헤지가 무엇인가. 여전히 리스크가 있다는 점을 예상하면서도 어느 정도의 리스크는 정규분포(normal distribution)상 발생할 확률이 낮다고 봐서 위험을 감수하기로 의사결정을 한 경우도 헤지거래를 한 것인가. 이에 대해서는 헤지라고 보기 어렵다고 본다.[450] 헤지거래인가 아닌가 하는 것은 첫 단계의 질문이고 다음 질문은 헤지거래가 아니라고 하면 항상 위험 분담의 원칙으로서 자기 책임의 원칙을 채용하여도 좋은 것인가 하는 질문은 구별되는 질문이다. 은행 측 소송대리인들의 입장에서는 헤지거래의 성격을 부각시키고 싶을 것이고, 기업 측의 소송대리인들은 투기거래의 성격을 부각시키고 싶을 것이다. 양자는 객관적으로 투기거래의 성격이 있는 것임을 결국 양측 소송대리인이 모두 인정하는 것으로 이 점은 논점이 아니라고 보인다. 오히려 헤지거래가 아니라고 하더라도 당사자가 위험이 있을 수 있음을 알고도 인수한 위험에 대해서는 은행만을 비난하게 되면 기업들이 기회주의적 행동(opportunistic behavior)을 유발할 수 있다는 문제보다 사회적으로 위험을 어떻게 분배할 것인가의 문제로 보는 것이 옳다고 본다.

다만 사실인정의 문제로 특정 사례에서 증거를 통해 일정 기업이 만일 오로지 일반적 선물환 거래와 같은 (전체) 헤지거래를 원했고, KIKO 상품도 그런 목적에 부합하는 헤지 상품인지 알았고, 은행에서도 헤지 상품이라고 설명했고, 그래서 그렇게 믿고 가입했는데 사실은 아니어서 손해를 보았다는 경우가 있다면 이는 동기의 착오 문제로 동기가 표시된 것인지 또는 은행에 의하여 유발된 동기의 착오인지 여부가 문제 될 것이다.

---

449) 박진순, "키코 소송의 법률적 쟁점", 증권법학회 2009.5.23.자 발표문.
450) 위험이 정규분포를 보일지여부도 검증이 필요하다 불확실성하의 위험의 분포에 대한 추가적인 논의는 생략한다.

(2) 은행의 수수료 모델 거래에 대해서

은행이 수수료 외에는 큰 이익을 얻지 않았다는 주장에 대해서 검토하여 보면 수수료 모델은 헤지가 이루어지고 있고, 큰 이익을 얻을 확률도 큰 손해를 입을 확률도 없기 때문에 많은 판매만이 수익을 극대화할 수 있게 된다. 따라서 판매를 위해서만 노력하고 은행의 영업부서가 판매를 하는 것에 대해서 리스크 관리부서가 많은 백 오피스(back office) 기능을 제대로 수행하지 않을 가능성이 있다. 이러한 판매 극대화를 위한 노력만을 하는 것은 사후적으로 은행에도 사회에도 바람직한 구조가 아니다. 그리고 만일 은행이 수수료 수익만을 올릴 목적으로 투자자에게 적합한 상품인지 여부에 대한 판단 및 판매과정에서 이에 기초한 상품판매권유를 하지 않았다면 이는 은행이 비난받아야 할 요소라고 할 것이다.[451]

V. 결론

KIKO와 관련된 사건의 진행을 보면서 향후 금융시스템의 설계를 고려하는 것은 필요하다. 2009.6.17. 미국의 오바마 대통령은 '금융규제개혁의 새로운 기초(New foundation: Financial Regulatory Reform)'라는 금융위기대응방향을 제시하였다. 법원으로서는 이미 역사적으로 일어난 일들을 사회적인 위험분배의 원칙을 통해 해결하여야 하는 단기 과업을 가지고 있다. 구체적인 타당성이 확보되어야 하는 과업이다. 한편 장기과업으로 관련 전문가들은 KIKO와 관련하여 발생한 금융기관의 상품판매관행에 대해서 재점검하여야 할 필요성이 있다. 이를 통해서 한국적인 현실을 충분히 감안한 대안의 제시가 이루어져야 한다.

이와 같은 관점에서 오늘의 사건은 우리들에게 지속적인 과제를 주고 있다. 따라서 법원과 금융규제당국, 금융기관, 투자자들의 총체적인 규율방식에 대한 다양한 논의가 이루어지는 것은 충분히 의미가 있다.

---

451) 금융포트플리오의 손실위험을 계산하기 위해서 VaR(Value at Risk)가 사용되기도 하며, 수수료액의 산정시도 고려될 수 있을 것이다. VaR에 대해서는 남두우, VaR과 금융기관 리스크 관리, 한경사(2008);

[설명을 위하여 인용한 3개의 그래프][452]

[표 8]

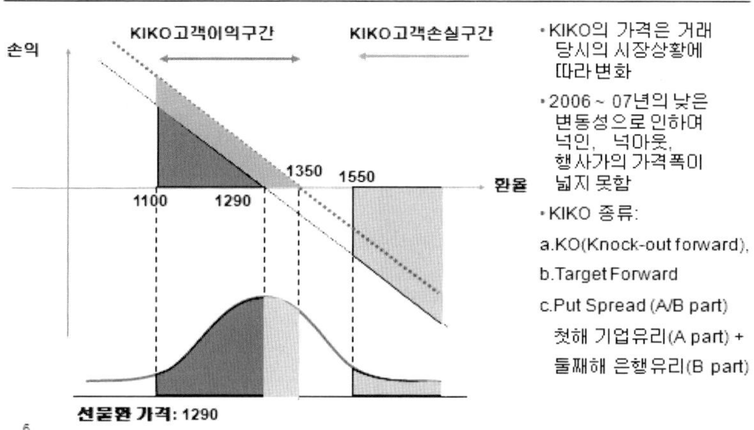

[표 9]

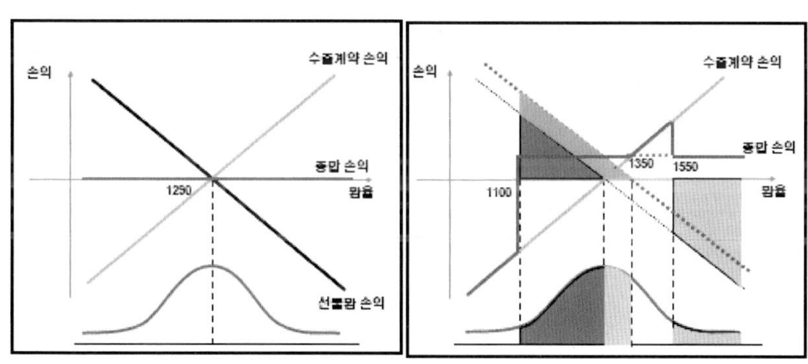

---

452) 박진순, "키코 소송의 법률적 쟁점", 증권법학회 2009.5.23.자 발표자료 중 6 - 8면.

[표 10]

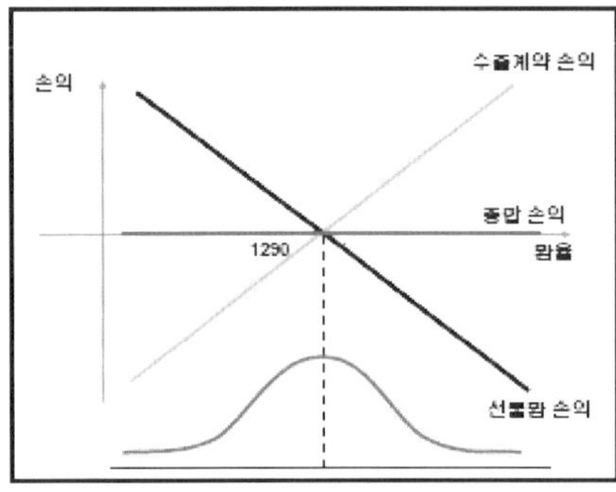
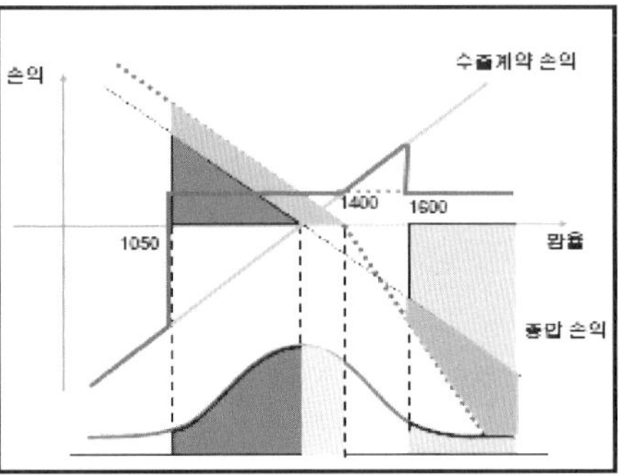

제5절 증권법상 불공정행위규제와 자본시장법 제178조 제1항

I. 서 론

자본시장과 금융투자업에 관한 법률(이하'자본시장법')은 불공정행위규제에 대한 내용을 상당부분 개정하고, 제178조 제1항 제1호를 신설하였다. 자본시장법은 내부자거래의 규제와 관련한 주요 내용으로서 단기매매이익반환제도(제172조), 임원 등의 특정증권 등 소유상황보고의무(제173조) 및 미공개중요정보 이용행위금지(제174조) 등을 각 독립된 조문으로 세부적으로 규정하고 있다.453) 또 미공개정보의 정의도 예시적으로 규정하는 대신 포괄적으로 규정하였다. 그리고 규제대상 유가증권의 범위를 확대하면서 공개매수자 자신에 의한 매수를 규제대상에서 제외하였다. 그리

---

453) 미공개중요정보 이용금지 주체를 계열회사의 임직원 또는 주요 주주로 확대하고, 미공개중요정보 이용금지대상에 해당 법인이 발행한 증권 외에 이를 기초자산으로 하는 금융투자상품을 추가하며, 단기매매 차익반환의 주체로서 아무런 제한이 없는 현행과 달리 직원의 경우 일정한 제한을 가하고 있다. 또 일정한 내부자에게만 규제하던 공매도 금지를 일반적으로 확대하였다. 자본시장법 이전의 판례의 동향에 대해서는 노태악,"최근 판례에 나타난 내부자 거래 규제의 법리," 『BFL』, 제25호, 서울대학교 금융법센터, 2007. 9, 참조.

고 시세조종에 대한 규제를 강화하기 위하여 선물과 현물 간 연계하는 시세조종행위를 금지하고, 파생결합증권과 기초자산인 증권 간에 양방향으로 연계하는 시세조종행위도 금지하였다.[454)]

이러한 개정 외에도 단기매매차익반환제도의 경우에도 규제대상자로서의 직원의 범위를 직무상 내부정보를 취득할 수 있는 직원으로 제한하였다(자본시장법 제172조). 반면 반환대상 증권의 범위는 확대하였다.[455)] 공매도(short selling)는 서브프라임 모기지 사태로 인해 세계 각국에서 금지와 관련된 논의가 있었다. 자본시장법도 공매도를 제한하는 방향으로 입법되었다.[456)] 공매도 금지의 규제대상을 모든 사람으로 확대함으로써 일반위탁자도 법률상 규제대상에 포함되었으며,[457)] 공매도의 예외규정을 명확히 하였다.[458)] 그리고 임원 및 주요주주의 특정증권 등 소유상황 보고도 보고대상증권의 범위를 확대하였고, 보고기한도 기준일로부터 10일 이내에서 5일 이내로 단축하였다.[459)]

이러한 변화 가운데에서 가장 주목해야 할 부분 중의 하나가 자본시장법 제178조이다.[460)] 특히 자본시장법 제178조 제1항 제1호는 규제의 대상을 부정한 수단,

---

454) 자본시장법의 전반적인 개정내용을 요약적으로 잘 정리한 논문으로는 김순석, "자본시장과 금융투자업에 관한 법률상 불공정거래의 규제," 『인권과 정의』, 제389호, 2009. 1 참조. 내부자거래에 대해서는 40-45면, 시세조종행위에 대해서는 50-54면.

455) 이에 대한 상세는 김상철, "단기매매차익 반환청구의 성립요건에 관한 연구: 자본시장과 금융투자업에 관한 법률의 시행에 따른 내용을 중심으로," 서울대학교 법학석사학위논문, 2009 참조.

456) 자본시장법 제180조. 자본시장법은 소유하지 아니한 상장증권의 매도와 차입한 상장증권으로 결제하고자 하는 매도를 공매도로 정의하고 있다.

457) 자본시장법 제180조 제1항.

458) 자본시장법 제180조 제2항. 1. 증권시장에서 매수계약이 체결된 상장증권을 해당 수량의 범위에서 결제일 전에 매도하는 경우, 2. 전환사채·교환사채·신주인수권부사채 등의 권리 행사, 유·무상증자, 주식배당 등으로 취득할 주식을 매도하는 경우로서 결제일까지 그 주식이 상장되어 결제가 가능한 경우, 3. 그 밖에 결제를 이행하지 아니할 우려가 없는 경우로서 대통령령으로 정하는 경우.

459) 김순석, 전게논문, 45-50면.

460) **제178조**(부정거래행위 등의 금지) ① 누구든지 금융투자상품의 매매(증권의 경우 모집·사모·매출을 포함한다. 이하 이 조 및 제179조에서 같다), 그 밖의 거래와 관련하여 다음 각 호의 어느 하나에 해당하는 행위를 하여서는 아니 된다.
　1. 부정한 수단, 계획 또는 기교를 사용하는 행위
　2. 중요사항에 관하여 거짓의 기재 또는 표시를 하거나 타인에게 오해를 유발시키지 아니하기 위하여 필요한 중요사항의 기재 또는 표시가 누락된 문서, 그 밖의 기재 또는 표시를 사용하여 금전, 그 밖의 재산상의 이익을 얻고자 하는 행위
　3. 금융투자상품의 매매, 그 밖의 거래를 유인할 목적으로 거짓의 시세를 이용하는 행위 ② 누구든지 금융투자상품의 매매, 그 밖의 거래를 할 목적이나 그 시세의 변동을 도모할 목적으로 풍문의 유포, 위계(위계)의 사용, 폭행 또는 협박을 하여서는 아니 된다.
　제179조(부정거래행위 등의 배상책임) ① 제178조를 위반한 자는 그 위반행위로 인하여 금융투자상품의 매매, 그 밖의 거래를 한 자가 그 매매, 그 밖의 거래와 관련하여 입은 손해를 배상할 책임을 진다.

계획 또는 기교를 사용하는 행위로 하고 있는바, 기존 우리 법에서 보기 드물게 일 반규정을 사용한 부정거래행위 규제수단이라는 점에서 독특한 입법방식을 취한 조 문이다. 물론 구 증권거래법 제188조의4 제4항의'위계'가 일반조항이라고 볼 것인 가에 대한 논의가 있었지만 자본시장법 제178조 제1항 제1호는 기존의 구 증권거 래법 제188조의4 제4항보다 추상화의 정도가 훨씬 높다. 따라서 포섭할 수 있는 범 위가 늘어난 반면 해석의 가이드라인이 없으면 적용하기 어렵다는 문제가 발생한다.

따라서 본고에서는 자본시장법 제178조 제1항 제1호의 적절한 사용을 위하여 해 석에 대한 기준을 검토하고 제안하고자 한다.

Ⅱ. 일반조항에 의한 불공정거래행위규제와 죄형법정주의

1. 도 입

현행 자본시장법은 구 증권거래법과 유사한 불공정거래행위규제체계를 가지고 있 다. 기본적으로는 내부자거래와 시세조종행위가 불공정거래행위규제의 기본틀을 형 성하고 있다는 점은 미국 및 유럽공동체의 규제태도와 기본적으로는 동일하다. 하 지만 자본시장법은 내부자거래에 대한 별도의 명문규정이 세부적으로 규정되어 있 으므로461) 미국처럼 1934년 증권거래법의 규정내용이 부작위에 의한 기망행위와 유사하게 규정되어 있어 일반조항에서 신인관계를 찾아서 내부자거래를 규율하여야 하는 문제점을 해결하기 위해서 미국법원이 판례상 발전시켜온 정보평등이론(equal access theory), 신인의무이론(fiduciary duty theory), 정보오용이론(misappropriation theory) 등의 논의가 우리 법에서 가지는 의의는 한계가 있을 수밖에 없다.462)

그러나 규정형태에 있어서는 다소 상이하다. 미국은 34년 증권거래법(Securities Exchange Act of 1934)의 제10조 (b)항과 이에 기초한 Rule 10b-5와 같은 일반적 사 기금지규정을 가지고 있다. 반면 독일은 이러한 규정을 두고 있지 않다. 반면 일본 의 경우에도 금융상품취인법 제157조가 미국과 같은 일반적 사기금지규정이다. 이

런 상황에서 자본시장법 제178조 제1항 제1호에 미국 및 일본과 같은 문언의 조항
이 입법되었다.

　경제규범(형벌규정을 포함하여)은 매우 다양한 거래행위를 대상으로 한다. 경제규
범이 규율의 대상으로 하는 거래형식은 지속적인 변용이 이루어진다. 그렇기 때문
에 입법자가 모든 금지행위의 태양을 법문에 열거적으로 규정하는 것은 입법기술상
사실상 불가능하다. 그렇기 때문에 불가피하게 일반규정형식의 보완적인 규정이 필
요하다.463)

　일반조항을 입법하는 것에 대해서 매우 부정적인 태도를 취하는 독일에서도 대표
적인 경제규범이라고 할 수 있는 조세법에서 조세법률주의의 요구에도 불구하고 일
반조항을 두고 있다. 독일조세통칙법 제42조 제1항은 일반조항으로서의 법형식의
남용을 통한 조세회피를 금지하고 있다. 독일과 같이 죄형법정주의를 엄격하게 보
는 국가에서조차도 경제규제의 경우에는 일반조항의 필요성을 인정하고 있다. 이는
경제현상이 가지는 복잡성과 다양성에 대한 현실적인 필요를 감안한 것임과 동시에
일반형벌과는 구별되는 규제목적의 상이성을 인식한 것이라고 생각된다.

2. 미국법상 일반적 사기금지조항

(1) Rule 10b-5의 입법연혁

　자본시장법 제178조 제1항 제1호의 모태가 된 것은 미국 증권법의 Rule 10b-5이
다.464) 미국의 1934년 증권거래법465) Section 10(b)와 Rule 10b-5는 내부자거래행위
규제와 시세조종행위 규제를 포함한 일반적 사기금지규정으로 이해된다.466) 일반적
사기금지규정은 투자자들이 증권시장에서 공정한 거래를 할 수 있도록 하는 것을
목적으로 하는 조항이다. Section 10(b)는 증권의 매매와 관련하여 기망적 또는 시세
조종적 수단(deceptive or manipulative devices)을 사용하는 행위를 위법한 것으로 규
정하고 있다. Section 10(b)는 의회에 의해서 제정된 일반규정(catch all provision)으
로서 다양한 사기행위를 규제하는 장치로 고안되었다.467) 이외에도 사기방지조항은

---

463) Tipke/Lang, Steuerrecht, *18. völlig überarbeitete Auflage*, 2005, 22, 23 ff.

464) 임재연, 『미국증권법』, 316-397면.

465) Securities Exchange Act of 1934. 이 글에서 1934년법이라 함은 이 법을 칭한다.

466) Thomas Lee Hazen et al., *Securities Regulation: Cases and Materials*, 6th ed., Thomson- West, 2004,
　　p.525.

1933법 증권법[468] 제17조(a), 1934년 증권거래법 제10조(b)항, 제14조 및 제15조(c)항 1호, 투자자문법 제206조 등이 있다.

1934년 증권거래법 제9조는 일반적인 시세조종행위로서 거래소 상장종목에 대해 성황을 이루는 거래로 오해를 유발하는 행위, 통정매매, 증권가격의 등락에 관한 정보의 유포, 허위 또는 오해를 유발시킬 수 있는 중요 사실의 표시에 대해서 규율하고,[469] 제10조는 오해를 유발하거나 기망함으로써 투자자를 사취하는 계략 또는 일반증권보유자를 사취하도록 하는 행위, 관행 또는 영업활동으로 간주되는 행위를 규율한다. 그리고 제10조는 내부자가 자신의 거래에 관하여 침묵하는 경우는 물론 자신은 직접 거래하지 않으면서 외부자로 하여금 증권을 매수하게 하거나 매도하도록 유도하는 부실표시를 행함으로써 상대방이 이를 원인으로 손해배상을 청구하는 경우 및 내부자가 아니더라도 증권의 매매와 관련하여 부실표시를 하는 모든 사람에 대해서 적용되는 일반적인 사기금지규정으로 이해된다.[470]

Section 10(b)의 입법연혁을 보면 일반적 사기금지조항의 필요성을 이해할 수 있다.[471] 1933년 증권법은 증권의 유통과 관련된 완전한 공시와 증권의 매매 과정에서의 사기금지를 목적으로 한다. 일관된 방향성을 가지고 있는 1933년 증권법과 달리 1934년 증권거래법은 서로 연관성이 떨어지는 조문들이 배열되어 있어 입법목적을 분명하게 설명하기는 어렵지만 유통시장뿐만 아니라 발행시장을 포함하여 증권시장 전반을 규율하고자 하였다. 특히 1934년 증권거래법은 대공황 당시에 만연한 증권시장에서 시세를 끌어올린 이후에 급락하기 직전에 일반투자자에게 매각하는 행위를 규제하는 것이 주요한 목적이었다.[472] 1934년 증권거래법에 의하여 증권거래위원회(Securities Exchange Commission; 이하 'SEC')[473]가 창설되었다. 그리고 1934년 증권거래법 제9조와 제10조(a)항이 거래소상장주식에 관한 시세조종행위를

---

467) 임재연, 『미국증권법』, 302면.

468) The Securities Act of 1933. 이 글에서는 1933년 증권법이라고 한다.

469) 제9조에 대한 상세는 상게서, 297-302면.

470) 내부자거래와의 관계에 대해서 Richard A. Booth, "The Missing Link Between Insider Trading and Securities Fraud"(2007).

471) John C. Coffee, Joel Seligman, Hillary Sale, *Securities Regulation Cases and Materials*, 10th ed., Thomson-West, 2007, pp. 933-934.

472) Coffee et al., *ibid.*, p. 575.

473) 증권거래위원회라는 번역례는 임재연, 전게서, 6면. 1934년 법에 의하여 SEC가 창설되기 전에는 1933년 법은 연방거래위원회(FTC: Federal Trade Commission)가 담당하였다.

금지하는 반면, 제10조(b)항은 SEC에 시세조종적 또는 사기적 책략을 이용하는 것을 금지하는 규정을 제정할 수 있도록 하는 포괄적 수권을 하였다.[474]

1942년 SEC는 회사의 대표이사가 자신의 회사의 재무상황에 대하여 부실기재하는 경우, 기존주주가 자사주를 싸게 매입하는 경우 등의 사안에 직면하여 이 문제를 해결하기 위하여 1933년법 제17조를 활용하는 방안을 제기하였다.[475] 1934년 증권거래법 제10조(b)항은 제9조와 제10조(a)항이 규정하는 금지행위에 대응하기 위한 목적으로 만들어진 조문이다.[476] SEC는 1934년 증권거래법에 따른 규칙제정권[477]을 활용하여 '증권의 매수 또는 매도에 관하여'라는 문구를 추가한 Rule 10b-5를 제안하였고, Rule 10b-5는 만장일치로 의회를 통과하였다.[478]

(2) Rule 10b-5[479]

1960년대에서 1970년대 초기의 미국 연방법원은 Rule 10b-5의 적용을 확대하였다.[480] 법원은 고의에 의한 경우뿐만 아니라 과실에 의한 허위표시의 경우에도 Rule 10b-5를 적용하였으며, 회사의 경영진의 신인의무위반의 경우 외에 증권인수인, 회계사나 변호사와 같은 자들의 부정행위를 방지하기 위한 목적으로도 Rule 10b-5를 사용하였다. 법원이 Rule 10b-5에 묵시적 사적 소권(implied cause of action)을 인정한 것은 Rule 10b-5가 폭넓게 사용되는 이유가 되었다.[481]

---

474) Coffee et al., *op. cit.*, pp. 575-577.

475) 1933년법 제17조(a)는 Rule 10b-5를 제정할 때 모델이 되었던 조문으로 매우 유사하지만 서로 다른 점도 있다. 제17조(a)가 'offer or sale'을 규율하는 데 반해서. Rule 10b-5는 'purchase or sale'을 규율하고, 있어서 17조(a)에 의해서는 'offer to sell'을 규율할 수 있지만 Rule 10b-5에 의해서는 이를 규율할 수 없다. Coffee et al., *ibid.*, p. 929.

476) SEC는 규정을 제정하지 않더라도 이 조문에 따라 위반행위를 Section 10(b)에 의하여 규제할 수 있다.

477) SEC는 투자자보호를 위하여 공익적인 목적에 필요한 범위에서 증권의 매도나 매수에 관여하는 행위를 통한 시세조종행위 또는 기망적 계략을 이용한 행위를 규율하는 규정을 제정할 수 있다.

478) Coffee et al., *op. cit.*, pp. 932-933.

479) Rule 10b-5: Employment of Manipulative and Deceptive Practices:
It shall be unlawful for any person, directly or indirectly, by the use of any means or instrumentality of interstate commerce, or of the mails or of any facility of any national securities exchange,
(a) To employ any **device, scheme, or artifice to defraud,**
(b) To make any untrue statement of a material fact or to omit to state a material fact necessary in order to make the statements made, in the light of the circumstances under which they were made, not misleading, or
(c) To engage in any act, practice, or course of business which operates or would operate as a fraud or deceit upon any person, in connection with the purchase or sale of any security.

480) Coffee et al., *op. cit.*, pp. 932-933.

481) John C. Coffee et al., *op. cit.*, p. 932.

Section 10(b)에는 문언상 위반에 대한 사적 소권이 규정되어 있지는 않다. 입법연혁을 보더라도 Section 10(b)를 제정하면서 의회가 사인에게 소권을 부여하려고 하였다는 점은 확인할 수 없다. 그럼에도 불구하고 미국 연방 대법원은 Rule 10b-5에 사적 소권이 조항에 암묵적으로 내재되어 있는 것으로 보고 이 조항에 기초한 사소를 인정하였다.[482]

1) Rule 10b-5 책임을 부담시키기 위한 요건

(가) 인정요건

Section 10(b)에 기초하여 소송을 제기하기 위해서는 원고는 우월한 증거의 법칙(proof of the preponderance of evidence)에 부합하는 증거로 (i) 주간통상에 해당한다는 점,[483] (ii) 원고가 매수자 또는 판매자라는 점,[484] (iii) 단순한 신인의무(fiduciary duty) 위반에 그치는 것이 아닌 시세조종행위(manipulation)나 기망행위(deception)의 존재,[485] (iv) 허위표시나 은닉된 정보가 중요한(material) 정보라는 점,[486] (v) scienter[487]의 존재,[488] (vi) 원고가 허위표시를 신뢰하였고, 이와 관련하여 상당한 주의(due diligence)를 기울였을 것,[489] (vii) 인과관계의 입증과 관련하여 시세조종적 또는 기망적 관행이 증권의 매수 또는 매도와 관련되어(in connection with) 있을 것,[490] (viii) 거래인과관계(transaction causation)의 존재,[491] (ix) 피고의 부실기재가 원고의 손해 발생의 원인이 되었다는 점에 대한 손해인과관계(loss causation)의 존재, (x) 만일 부작위에 의한 기망일 경우에는 의무위반자에게 정보

---

482) 연방법원에서 언급된 것이 Kardon v. National Gypsum Co., 73 F.Supp. 798 (E.D.Pa. 1947) 사건이고, 대법원에서 정리된 것은 Herman & MacLean v. Huddleston, 459 U.S. 375, 380 (1983) 사건이다.

483) 미국적인 주제로서 주간통상(Interstate Commerce)의 입증은 용이하게 이루어짐. 여러 개의 주를 걸치는 주간통상 사건이 아니면 연방법 사안이 되지 않음.

484) Blue Chip Stamps v. Manor Drug Stores, 421 U.S. 462 (1977); McGann v. Ernst & Young, 102 F.3d. 390 (9th Cir. 1996).

485) Santa Fe Industries, Inc v. Green, 430 U.S. 462 (1977).

486) 이때의 중요한 정보는 합리적인 투자자의 관점에서 투자의사결정에 중요한 영향을 미칠 수 있는 정보임. Basic, Inc v Levinson, 485 U.S. 224, 232 (1998).

487) 적절한 우리말 표현을 찾지 못해서 어떻게 번역할 것인가를 고민하다가 임재연 교수님의 교과서와 같이 이를 번역하지 않고 원어대로 표기한다.

488) Aaron v. SEC, 446 U.S. 680 (1980).

489) Basic, Inc v Levinson, 485 U.S. 224, 232 (1998).

490) Superintendent of Life Insurance v. Bankers Life and Casualty Co., 404 U.S. 6 (1971).

491) 신뢰(reliance)의 존재라고도 한다.

를 제공할 작위의무가 있어야 하며,[492] (xi) 손해가 존재 등의 각 점을 입증하여야 한다.

이 각 요건 중 scienter가 어떤 주관적인 상태인가에 대해서 미국 연방법원의 견해는 나뉘었다.[493] 그러나 1995년 미국의회가 소위 "사적소송개혁법(The Private Securities Litigation Reform Act)"를 제정하면서 scienter의 기준에 대하여 "위반을 인정할 정도의 심리적인 상태에서 행동했을 것이라고 하는 강한 의심을 일으킬만한 사실"[494]을 피고가 가지고 있어야 하는 것으로 규정하였다.[495]

(나) 인과관계의 입증

거래인과관계란 부실기재에 책임이 있는 자가 적절한 시기에 진실한 공시를 하였다면 손해를 본 투자자가 그 거래에 참여하지 않았을 것이라는 것을 말한다. 원고가 거래를 하게 된 이유가 피고의 부실기재 때문이었다는 것이 바로 신뢰(reliance) 요건 또는 거래인과관계 요건이다.[496] 반면 손해인과관계란 허위표시가 증권의 시장가격을 변화시켰으며 그로 인하여 주주가 손해를 입었다는 점에 대한 것이다.[497]

증권시장에서는 이러한 통상적인 전제를 수정하지 않을 수 없는 필요성이 발생하는 곳이다. 왜냐하면 증권시장에서는 수많은 거래가 이루어지지만, 증권시장의 거래는 소위 대면거래(face-to-face transaction)가 아니라 거래의 직접적인 상대방이 누군지 알지 못한 상태에서 이루어지는 개방적, 비대면적 시장(open or impersonal market)에서 이루어지는 것이기 때문에 증권시장에서의 위반행위는 위반행위 그 자체로 그

---

492) Chiarrela v. United States, 445 U.S. 222 (1980).

493) 대표적인 정의로 "Scienter"는 사기적인(고의적인 의미의) 요소가 포함되어 있는 실질적인 의도("a mental state embracing intent to deceive, manipulate, or defraud")라고 본 판례로 Ernst & Ernst v. Hochfelder, 425 U.S. 185, 193 (1976). 규정상 Rule 10b-5에서의 주관적 요건은 중과실(recklessness)이다.(William S. Lerach & Eric Alan Isaacson,"Pleading Scienter under Section 21(D)(2) of the Securities Exchange Act of 1934: Motive, Opportunity, Recklessness, and the Private Securities Litigation Reform Act of 1995,"33 San Diego L. Rev. 893, 895 (1996)).

494) "state with particularly facts giving rise to s strong inference that defendant acted with the required state of mind."

495) 15 U.S.C. § 78u-4(b)(2).

496) VT Investors v. R&D Funding Corp., 733 F. Supp. 823, 830 (1990); LHLC Corp. v. Cluett, Peabody & Co., 842 F.2d 928, 931 (7th Cir.), cert. denied, 488 U.S. 926 (1988); Schlick V. Penn-Dixie Cement Corp., 507 F.2d 374, 380 (2d Cir. 1974).

497) Basic Incorporated v. Levinson, 485 U.S. 224, 248 (1988); Litton Industries, Inc. v. Lehman Brothers Kuhn Loeb Incorporated, 967 F.2d 742, 747 (2d Cir. 1992); Schlick V. Penn-Dixie Cement Corp., 507 F.2d 374, 380 (2d Cir. 1974). Dura Pharmaceuticals, Inc. v. Broudo, 544 U.S. 336, 341-342 (2005).

치는 것이 아니라 시장에 대한 사기(fraud-on- the-market)의 특징을 가진다.[498] 시장
사기이론은 당해 회사에 투자하고 하는 투자의사결정에 핵심적인 중요한 문건으로
이러한 문건들의 경우에는 설사 그 문건을 직접적으로 보지 않았다고 하더라도 인
과관계를 추정할 수 있다는 것이 시장사기추정(Fraud-on-the market presumption)을
할 수 있도록 한다는 점에서 역할이 있다.[499] 따라서 손해와 책임의 입증에 있어서
일반적인 사법상 이론을 적용하기에는 무리가 있기 때문에, 일반 사법상의 법원칙
을 수정하여 엄격책임을 부과할 필요성이 매우 높으며, 피고가 책임으로부터 자유
롭기 위해서는 스스로 자신의 정직함을 입증하여야 하는 부담을 져야 한다.[500]

(다) 특징

Rule 10b-5는 사기를 구성하는 특정한 행위나 관행을 열거하여 이를 처벌하도록
의도된 것이 아니라 계략 등에 의하여 투자자 등을 속임으로써 이익을 얻고자 하는
모든 종류의 계약 등을 포괄하고 있다. Rule 10b-5의 수단, 계획에는 공개되는 않은
배당감소 등의 중요정보를 이용하여 매매하는 것 자체도 포함된다. 의도적인 행위
를 규제한 사례로 Zweig v. Hearts 사건[501]이 있다.

중요한 사실을 누락한 공시와 관련된 판례로는 Speed v. Transamercia Corp. 사
건[502]이 있다. 이 사건은 공시 없이 회사자산을 매각하는 계약, 재고품 가치의 수배
에 달하는 가격상승 사실, 풍부한 광맥 발견 사실, 매수가격보다 대단히 높은 가격
으로 매도한 사실, 매수인이 세운 주식 매도계획, 대규모 토지의 할부 매각 사실 등

---

498) 김병연, "미국 판례법상 시장사기이론(The Fraud-on-the-market theory)과 증권거래법상 損害賠償責任에 있
　　어서 因果關係의 문제," 『비교사법』, 제11권 제1호, 2004. 3.

499) Coffee, *Securities Regulation*, 2007, p. 1003.

500) 우리 대법원도 금융기관이 기업체와 기업어음 한도거래 약정을 체결하고 일정 기간 동안 기업어음의 만기 도래시마
　　다 회전매입하는 방식으로 여신을 제공하기로 여신계약을 체결하였는데 그 계약이 대규모 분식으로 말미암은 것이
　　어서 금융기관이 그러한 사정을 알았더라면 그대로 여신을 제공하지 아니하였으리라고 인정되는 경우, 최초의 여신
　　계약 당시에 이미 회전매입을 거절하기에 충분하다고 볼 만한 사정이 발생하여 있는 경우에는 기업체의 자금에 의
　　한 여신 회수가 사실상 불가능하여 정책적 고려 아래 회전매입을 계속한 것은 실질적으로 종전 기업어음의 만기
　　연장에 불과하며 이로써 종전의 손해가 소멸하고 새로운 손해가 발생한다고 볼 수 없다. 왜냐하면 그 상태에서 회
　　전매입을 중단하고 여신을 회수한다는 것은 당초 매입하지 않았어야 할 기업어음을 매입한 이래 그 직전까지 계속
　　회전매입함으로 말미암아 이미 발생한 손해를 회복하는 것을 의미할 뿐이기 때문이다. 따라서 최종 회전매입결정이
　　분식회계가 이루어진 사업연도의 재정건전성과 무관한 정책적 고려에 의하여 이루어졌다 하더라도, 대규모 분식회
　　계가 행하여진 재무제표에 대한 외부감사인의 회계감사상의 과실과 금융기관의 기업어음 매입으로 인한 손해 사이
　　에 인과관계가 단절되지는 않는다(대법원 2007. 1. 11 선고 2005다28082 판결). 이 사건 이외에도 여러 사건에
　　서 대법원은 원고의 인과관계의 입증을 완화하고 있다.

501) 521 F.2d 1129 (9th Cir. 1975).

502) 71 F.Supp. 457 (D. Del. 1947).

이 중요한 정보로서 이러한 정보를 누락한 것이 위법하다고 보았다. 미공개정보를 입수한 증권사의 책임에 대한 사례로서 회사의 이사회가 분기배당을 삭감하기로 결정하였는데 이러한 사실을 알게 된 이사가 이사회 휴식시간 중에 그의 증권회사에 전화를 걸어 배당삭감소식을 전했고, 이를 전달받은 증권회사의 파트너가 매도주문을 낸 사건에서 미국 법원은 이러한 행위가 증권거래소에 대한 공시 전에 이루어진 것으로 기망적 관행이라고 판단하였다.

2) 공모책임(Scheme liability)[503] 법리

(가) 방조책임의 몰락과 공모책임

Rule 10b-5의 적용과 관련하여 공모책임 법리가 발전하여 왔다. 공모책임이론이라 함은 증권법 위반과 관련하여 공모책임을 부과함에 있어서 직접적 위반행위자가 아닌 자에 대하여 직접위반행위자와 더불어 책임을 묻고자 이론을 말한다. 예컨대 증권의 발행과정에 있어서 고의 또는 과실로 중요한 공시사항에 관한 정보를 잘못 기재하거나 중요한 사항이 누락된 부실공시서류를 작성한 자에 대하여는 당연히 증권법상 부실공시에 대한 책임을 묻게 되는데, 직접적으로 부실공시서류를 작성한 자는 아니지만, 공시서류의 작성에 있어서 중요한 사항이 잘못 기재되거나 중요한 사항이 누락된 사실을 알고서 일반투자자에게 증권을 판매하는 과정에 참여하게 된 판매업자에 대하여 공모가담책임을 묻는 것을 말한다.[504]

공모책임이 논의되기 이전에는 교사·방조(aiding and abetting) 책임[505]이 직접 부실공시를 하지는 않았지만 이에 가담한 자들에게 책임을 부담시키는 장치로 사용되었다. 그러다가 1994년 Central Bank of Denver 사건[506]에서 미국 연방대법원이 교사·방조(aiding and abetting) 책임[507]에 대하여 사적 소권이 없다고 결정함으로

---

503) 임재연, 『미국증권법』, 373면에서 우리나라에서 정립된 번역례가 없어서 원어 그대로 사용한다고 하고 있으나, 필자는 공모공동정범이론에 의한 책임과 유사하다고 보아 공동책임이라고 쓰고자 한다. 하지만 공동가담책임이라는 용어도 좋은 용례라고 본다.

504) 김병연, "미국 증권법상 'Scheme Liability'에 관한 연구," 『기업법연구』, 제23권 제1호(통권 제36호), 2009, 333–358면.

505) 교사·방조(aiding and abetting) 책임의 인정여부에 대하여 여러 가지 판단기준이 있다. 그 중의 대표적인 것이 실질적 관여 심사(Substantial participation test)이다. 이 심사에 의하면 주된 행위자가 실질적으로 허위표시를 하게 하지는 않더라도 그러한 허위표시에 기여하게 한 것을 책임의 근거로 본다(Coffee et al., op. cit., 1092). 이 기준 이외에도 엄격해석기준, 공동작성자 기준 등이 있다(이들 이론에 대한 설명으로 임재연, 『미국증권법』, 371–373면).

506) Central Bank of Denver, N.A. v. First Interstate Bank of Denver, N. A., 511 U.S. 164, 179–80 (1994).

써 부실표시를 직접 한 자만이 책임을 부담하게 되었다.508) 이에 따라 하급 법원들은 법상 공시의무가 없는 자가 증권의 판매과정에 참여한 경우 이들에게 부실공시에 대한 책임을 물을 수 있는가에 대하여 의견이 나누어져 왔다.509) 그러한 행위에 대하여 책임을 인정하는 법원들이 채택한 이론적 근거가 공모책임(scheme liability)으로 불리게 되었다.

(나) 공모책임론의 전개

1933년 증권법 제15조에 따르면, 주식의 소유, 대리, 혹은 기타 방법으로 동법 제11조와 제12조 (a)(2)항 하에서 유가증권신고서와 사업설명서의 부실기재에 대하여 책임을 지는 자에 대하여 지배력을 행사한 자는, 지배력을 행사한 자(controlling person)가 그러한 부실기재가 있음을 몰랐거나 책임을 야기한 사실의 존재를 믿은 데에 있어서 합리적인 이유가 없는 이상, 그러한 지배를 받은 자(controlled person)와 같이 동일한 책임을 부담하도록 하고 있다.510)

1934년 증권거래법 제20조 (a)항에서는 지배의 범위를 더욱 확대하여, 직접적 혹은 간접적으로 1934년 증권거래법과 그 하위규정의 위반에 대하여 책임을 지는 자와 함께 지배력을 가진 자에게도 부실공시로 인한 책임을 묻고 있다. 1995년 사적소송개혁법이 입법되면서, 사실상 Central Bank of Denver 사건에서의 연방대법원 판결을 뒤집으면서 SEC가 연방법원에서 방조책임에 관한 소송을 할 권한이 있다고 규정함으로써,511) 지배력을 행사한 자와 같은 사건에 대하여 SEC는 연방증권법의 위반에 대하여 실질적인 기여(substantial assistance)를 한 자에 대하여 소송을 제기하는 것이 가능하게 되었다.512)

이와 같이 지배력을 가진 자의 책임은 부실공시서류를 직접 작성한 자는 아니지

---

507) 교사 · 방조(aiding and abetting) 책임의 인정여부에 대하여 여러 가지 판단기준이 있다. 그 중의 대표적인 것이 실질적 관여 심사(Substantial participation test)이다. 이 심사에 의하면 주된 행위자가 실질적으로 허위표시를 하게 하지는 않더라도 그러한 허위표시에 기여하게 한 것을 책임의 근거로 본다(Coffee et al., *op. cit.*, 1092). 이 기준 이외에도 엄격해석기준, 공동작성자 기준 등이 있다(이들 이론에 대한 설명으로 임재연, 『미국증권법』, 371-373면).

508) 임재연, 『미국증권법』, 373면.

509) 이 책임은 전통적인 Rule 10b-5(b)에 의한 책임이 아니라 Rule 10b-5(a),(c)에 기한 책임이다(임재연, 『미국증권법』, 373-374면).

510) Coffee et al., *op. cit.*, p. 1078.

511) Section 20A(f) of the Securities Exchange Act of 1934.

512) Wright v. Ernst & Young LLP, 152 F.3d 169, 176 (2nd Cir. 1998).

만 이에 대하여 영향력을 행사하였다는 점에 초점을 맞추어 책임을 묻는 것이다. 그러므로 법위반에 대하여 실질적인 기여를 한 것에 대하여 방조책임을 묻는 것과 달리 공모책임(scheme liability)은 이러한 영향력을 행사하지도 않았지만 단지 부실 공시가 있다는 사실을 알고서도 증권법위반이 수반된 증권의 매매과정이나 이와 유 사한 증권법위반행위에 단순히 관계가 되었다는 점에서 책임을 부담한다. 따라서 전자가 적극적인 가담이라고 한다면, 후자는 소극적인 가담에 대해서 책임을 묻는 것이라고 구별할 수 있다.

(다) Stoneridge 사건

미국 연방대법원은 Stoneridge 사건에서 직접 사기적인 공시를 하지 않은 제3자는 비록 그들이 주가에 영향을 미친 사기적인 공시서류를 공개회사가 작성하는 것에 도움을 주었다고 하더라도 Rule 10b-5 하의 책임을 질 수 없다고 판결하였다.[513] Stoneridge 사건에서 미국 연방대법원은 사적소송개혁법에서 교사·방조자 책임을 인 정하지 않았으므로 사건에서 사기행위를 한 당사회사의 거래선이었던 Scientific-Atlanta(vendor)와 Motorola(customer)는 단순히 사기를 자행한 회사의 사업파트너였 다는 이유만으로는 1934년 증권거래법 §10(b) 하에서 주된 행위자로서의 책임 (primary liability)은 물론이고 2차적인 책임(secondary liability)[514]도 지지 않는다고 판결하였다.

1934년 증권거래법 §10(b)와 Rule 10b-5의 위치는 증권시장에서의 사기적인 행위 를 규제하는데 있어서 매우 중요한 역할을 하고 있다. 그러나 §10(b)의 위반에 대하 여는 사적 소권(private right of action)을 허용하지 않기 때문에 법원이 책임을 부과 하기 위해서는 법령의 내용 중에서 묵시적인 사적소권(implied right of action)을 찾 아내야 한다.[515] 결과적으로 Stoneridge 판결 이전에는 공모책임이 직접 부실공시 등의 행위자가 아닌 제3당사자의 책임을 묻는 데 있어서 원고에게 매우 효과적인 수단이 되어 왔지만, 연방대법원의 Stoneridge 판결로 이러한 공모책임의 추궁이 어 려워진 것이다.[516] 이러한 연방대법원의 입장은 향후 미국 연방증권법의 운용과 해

---

513) Stoneridge, Inv. Partners, LLC v. Scientific-Atlanta Inc., 552 U.S. 148 (2008).

514) 2차적인 책임은 직접적인 행위자가 아닌 경우에도 당해 위법행위와 일정한 관련이 있다는 이유로 책임을 묻고자 하는 것이다. 이에 대한 대표적인 판결로 Holinger v. Titan Capital Corp., U.S. Court of Appeals, Ninth Cir. *en banc*, 1990. 914 F.2d 1564 *cert denied*, 499 U.S. 976 (1991) (Coffee et al., p. 1073)

515) Superintendent of Ins. of N.Y. v. Bankers Life & Casualty Co., 404 U.S. 6, 13, n. 9 (1971).

석에 있어서 상당한 영향을 끼치게 될 것이 분명하며, Central Bank of Denver 사건 이후에 1995년 사적증권소송개혁법으로 대응한 것처럼, Stoneridge 판결에 대하여 미국 의회 혹은 SEC가 어떻게 대응할 것인지에 대하여 관심이 높아지고 있다. 향후 의회나 SEC가 어떤 대응을 할지는 지켜볼 일이다.

3. 일본법상 일반적 사기규정

(1) 일본 舊 證券取引法 제158조

구 증권거래법상의 "위계를 쓰는 행위"는 일본 舊 證券取引法 제158조의 규정을 그대로 옮긴 것으로 일본에서 이 규정이 사용된 예는 많지 않았다.[517] 이 조항이 적용된 예가 (ⅰ) 회사가 미확인보도를 발표함으로써 장외등록된 주식의 주가를 상승시키고 전환사채의 주식전환을 유도하여 사채의 상환의무를 면한 사례에서 동경지검특수부가 대표이사를 체포하여 조사한 후 기소하였고, 1996년 동경지방재판소에서도 집행유예로 유죄를 인정한 사례와 (ⅱ) 주가정보지에 허위의 주가정보가 게재되도록 한 후 주식을 매매한 사례에서 1997년 동경간이재판소에서 벌금형을 선고한 사례 정도가 이 규정이 적용된 사례이다.[518]

(2) 金融商品取引法 제157조

그리고 자본시장법 제178조 제1항 제1호의 모태가 된 金融商品取引法 제157조의 경우에도 적용례가 많지 않다. 金融商品取引法 제157조는 증권의 매매 기타 거래 또는 파생상품거래 등에 관하여 부정한 수단, 계획 또는 기교를 사용하는 것을 금지한다. 다만 金融商品取引法 제157조에 대해서 일본 최고재판소는 합헌이라고 판단하여 위헌조항으로 보지는 않았다.[519] 구 증권거래법 제188조의4와 달리 Rule

---

516) 이전에도 공모책임이 인정된 연방법원 판례는 거의 없다고 한다. 제9항소법원의 Simpson 사건[Simpson v. AOL Time Warner Inc., 452 F.3d. 1040 (9th Cir. 2006)]에서 공모책임법리 자체를 인정한 정도라고 한다(임재연, 『미국증권법』, 374면).

517) 日本의 多數說은 위계의 의미를 기망과 같이 보나, 소수설(川村和夫)은 위계의 의미를 거래의 외관과 명의자와 실질적인 계산주체가 다른 경우로 해석한다. 이와 같은 해석을 하게 되면 타인명의로 자기의 계산으로 증권을 매수하는 경우는 모두 이 규정에 의한 위계가 된다고 봄(임재연, 『증권거래법』, 417면 재인용).

518) 임재연, 『증권거래법』, 같은 면.

519) 最三決 昭40.5.25. 最高裁裁判集 刑事 155号, 831頁. 이 사건에서 일본 최고재판소는 '부정한 수단'이라는 용어의 의미 및 내용이 막연하여 일본국 헌법 제31조에 위반한 위헌적 법률이라는 청구인의 주장에 대하여 부정한 수단이라 함은 유가증권의 매매 등에 한정하고, 그것에 관하여 사회통념상 부정하다고 인정되는 모든 형태의 행위를 지칭하는 것이라고 하면서, 문리상 그 의미는 명확하고 그 자체로 범죄의 구성요건을 명확하게 규정한 것으로

10b-5 및 일본 金融商品取引法 제157조는'부당한 이득을 얻기 위하여'라는 요건이나,'재산상 이익을 얻고자 하는 행위'라는 요건 없이 단순히 유가증권의 매매 기타 거래 등에 관하여 부정한 수단, 계획, 기교를 사용하는 것을 금지하였고, 자본시장법 제178조 제1항 제1호는 Rule 10b-5 및 일본법 제157조와 같은 유가증권의 매매 기타 거래 등에 관하여 부정한 수단, 계획, 기교를 사용하는 것을 금지하고 있으므로 일본에서의 합헌판단은 우리나라의 경우에도 만일 위헌성이 문제가 될 경우 일본 최고재판소에서도 합헌이라고 판단하였던 것은 중요한 판단자료가 될 수 있다. 그러나 판결만으로 보아서는 처벌의 필요성과 입법기술상의 한계 외에 결정적인 논거를 발견하기 어렵다.

金融商品取引法 제157조가 규정하는 부정한 수단, 계획, 기교와 자본시장법 제178조 제1항 제1호의 수단, 계획, 기교가 미국 1933년 증권법 제17조 (a) 및 제1934년 증권거래법 제10조 (b)항 및 SEC Rule 10b-5(a)[520]에서 유래한 것이라고 하더라도 의미는 우리 법의 체계적 해석(특히 형법 개념과의 정합성의 문제)과 배치되지 않도록 해석함이 원칙이라고 할 것이다. 구 증권거래법 제188조 제4항 제1호의 '위계'라는 용어의 경우에는 형법 및 특별형법에서 사용되는 용어로서 차용개념의 해석의 문제였지만'수단, 계획, 기교'의 경우에는 우리 법에서 매우 독특한 용어례이므로 해석상 논란이 많을 것이다.[521]

(3) 자본시장법 제178조의 경우

대법원은 구 증권거래법상의 위계의 의미에 대해서 부정한 수단, 계획, 기교라고 해석한 바 있으므로 만일 이와 같이 해석한다면 자본시장법의 새로운 문언에도 불구하고 구 증권거래법상의 해석과 동일하게 해석되어야 한다고 견해도 있다.[522] 그러나 이렇게 보면, 새로 입법된 자본시장법 제178조 제1항 제1호는 무의미한 조항으로 사문화될 것이다. 이런 해석을 통한 조항의 사문화를 막기 위해서는 규정의 의미에 대한 적용을 위한 가이드라인을 제시하여야 한다.[523]

하여 죄형법정주의의 한 세부원칙인 명확성의 원칙을 위반한 것이 아니라고 판단하였다.

520) "to employ any device, scheme, or artifice to defraud."

521) 이 조문의 의미에 대해서 포괄적 사기금지규정이라고 보는 견해로는 김순석, 전게논문, 52면.

522) 제178조 제1항 제1호가 도입되었다고 해서 추가로 규제될 부분은 없을 것이라는 견해로 김민교, "구 증권거래법상의 위계 및 자본시장법의 부정거래행위 규정에 대한 연구," 『KRX market』, 제53호, 2009. 7 참조.

523) 이와 관련하여 자본시장법 제178조 제1항 제1호를 유연하게 확장해석되어야 한다는 견해로 김병연, 전게 기업법

4. 일반적 · 포괄적 부정거래행위 개념의 필요성과 죄형법정주의

(1) 경제규제와 일반조항의 필요성

자본시장법이 앞에서 본 미국의 Rule 10b-5와 같은 일반규정을 두어야 하는 이유는 금융상품 및 금융시장의 복잡화에서 찾아야 할 것이다. 자본시장법은 금융혁신을 위해서 기능별규제를 하고, 금융투자상품의 정의를 넓힘으로써 다양한 상품의 설계를 가능하게 하였다.

이러한 법제의 변화는 금융의 혁신을 가져오기 위한 입법목적에 부합하는 방향성임에는 큰 이견이 없을 것이다. 그런데 문제는 이러한 개정방향은 금융상품의 복잡성을 높임으로써 금융시장의 완결성 보호 및 투자자보호에 흠결을 발생시킬 수 있다. 금융시장이 복잡한 금융상품을 제조하고, 판매하는 것을 감독하여야 하는 규제당국의 입장에서도 사전적으로 확정된 행위 유형에 새로 발생하는 행위유형을 포섭하는 것이 어려워진다. 금융당국에게 재량의 기초를 부여할 수 있는 일반적인 규제장치를 제공하지 않고, 시장의 금융상품제조자들에게만 설계의 자유도를 높이게 되면 혁신의 탈을 쓴 독성 상품(toxic product)이 금융시장의 건전성과 완결성을 교란할 수 있다.

시장을 감시하는 규제당국은 독성상품이 시장을 뒤흔든 뒤에야 사후적으로 이들의 시장교란행위를 규제하는 양상이 발생하게 된다. 그런데 시장교란행위가 일단 생기고 나면 독성 상품인지 여부를 불문하고 강력한 규제가 이루어져 과잉규제로 규제당국이 대응할 가능성이 높다.524) 이런 규제를 피하려면 결국 평시에 금융산업 내부의 자율규제가 원활하게 이루어져야 한다.525) 그리고 한편으로는 일반규정을

연구 논문(2009). 이에 대해서 불공정거래에 대한 규제의 공백을 해소하기 위하여 자본시장법 제178조 제1항 제1호가 도입되었지만 이 조항의 내용이 너무나 추상적이어서 향후 제도를 시행하는 데 어려움이 있을 것이라는 견해로는 김순석, 상계논문(2009), 55면. 김순석 교수는 제178조 제1항 제1호 위반의 경우 형사처벌규정이 있으므로 죄형법정주의 원칙상 수범자의 예측가능성을 명확히 하도록 관련규정을 보완하여야 한다고 주장하고 있어 사실상 규정을 적용하여서는 안된다는 견해로 보인다.

524) 장외파생상품에 대한 규제논의도 이러한 사례라고 할 수 있겠다. 최근에는 자본시장법을 개정하여 장외파생상품에 대해서 사전심의를 받도록 하자는 논의가 있다. 이러한 움직임에 대해서 신중하여야 한다는 견해로 고동원, "신중해야 할 장외파생상품 사전심의."매일경제신문 2009. 11. 1자. 고동원 교수는 5가지 이유를 들어서 장외파생상품에 대한 사전심의의 문제점을 지적한다. 첫째, 사전심의제 도입은 장외파생상품 시장 위축을 가져올 가능성이 상당하다. 둘째, 사전심의제는 금융투자업자와 투자자에게 과중한 부담을 안겨줄 가능성이 있다. 셋째, 현행 자본시장법상 장외파생상품에 대한 규제 장치는 충분히 마련되어 있어 사전심의제 도입은 과도한 규제로 볼 여지가 있다. 넷째, 심의 결과에 대한 책임소재에 대해 논란이 제기될 가능성이 있다. 다섯째, 심의에 상당한 시일이 소요되고, 심의 과정에서 상품 설계 노하우 등 관련된 내부 중요 정보가 시장 또는 경쟁자에게 유출될 가능성이 있어 적극적인 상품 개발 유인을 감소시킬 수 있다.

통한 통제를 통하여 독성상품을 규율할 수 있도록 하는 것이 바람직한 입법이 될 수 있다.

(2) 일반조항과 형사처벌의 연계

자본시장에서의 불공정행위를 규율하는 수단을 어떻게 설계할 것인가 하는 것은 전체적인 수단을 혼일적으로 검토하여야 한다. 통상적으로 검토될 수 있는 수단인 금융규제당국의 행정적인 규제, 형사처벌, 민사손해배상청구소송 등이 각각 공적인 집행수단(public enforcement)과 사적인 집행수단(private enforcement)을 고려할 수 있을 것이다. 미국의 경우에는 민사손해배상청구소송과 같은 사적인 집행수단에 비중을 두고 있는 것으로 보이는 반면, 우리나라의 경우에는 행정적인 규제와 형사처벌에 상당한 비중이 있다.

SEC는 형사기소권한이 없다. 그러므로 증권법상 형사처벌도 다른 통상의 형사벌과 같은 절차로 이루어진다.[526] 다만 SEC는 조사권이 있으므로 조사를 수행하여 사실자료를 수집하고 이렇게 수집된 자료들을 법무부에 넘기면 법무부가 법원에 기소하는 절차를 취한다. 형사처벌과 관련된 사안들은 대부분 내부자거래와 관련된 사안이다.[527] 형사처벌은 다른 법 또는 연방사기죄로 기소하고 민사소송은 1934년 법 제10조 및 Rule 10b-5 위반으로 제기된다.[528]

관련된 사건으로 Zanford이 있다. 1987년 주식 중개인인 Zanford가 월리엄 우드를 설득해서 그와 그의 정신지체장애인인 딸을 위해서 공동투자계좌를 개설하게 하였다. 그 뒤 우드가 죽은 후 우드가 투자한 돈은 투자실패로 없어졌다. 이 사건의 쟁점은 주식중개인이 주식의 매수나 매도에 관련된 행위를 하였는가 하는 것이었는데 지방법원은 인정하지 않았으나 항소법원은 증권의 매도와 관련된 행위로 보고 주식중개인이 허가 없이 증권을 매각하고 위임에 대해서 부적절하게 보유한 것은 Rule 10b-5 위반이라고 보았다.[529]

---

525) 자본시장법도 자율규제의 중요성을 인식하여 금융투자협회를 통합 자율규제기관으로 규정하였다.

526) Thomas Lee Hazen et al., *Securities Regulation*, 2004, p. 548.

527) U.S. v. O'Hagan (1997)이나 Chiarrella v. U.S. 445 U.S. 222 (1980) 등이 내부자거래, 연방통신사기법 위반, 자금세탁법 위반 등으로 기소된 사안임.

528) Thomas Lee Hazen et al., *op. cit.*, p. 550.

529) SEC v. Zanford 535 U.S. 813 (2002).

미국과 비교하여 자본시장법의 시세조종행위 및 일반적 사기금지규정은 형사처벌의 근거조항으로도 기능한다. 우리나라는 법체계 전체에서 공적인 집행이 사적인 집행보다 빈번하게 사용된다. 이에 비해 미국의 경우 Rule 10b-5는 손해배상책임을 인정하는 것이 주된 기능으로 작동한다. 또 Rule 10b-5는 사기적 시세조종뿐만 아니라 우리법상 내부자거래도 규율하고 있다.530) 미국의 경우 내부자거래금지규정이 별도로 없는 관계로 신인관계의 존부가 항상 논란이 되고 판례의 변천이 있다.531) 그리고 중요정보누락에 대한 부분도 문서를 이용할 것을 요구하고 있지 않으며, 이러한 법제의 차이를 감안하면 명문으로 내부자거래규정이 있고, 형사처벌에 대한 부분도 명문으로 규정하고 있는 우리법의 경우에는 미국법의 해석을 받아들임에 있어서 한계가 있다.532)

이 상황에서 일반적인 부정행위금지조항을 규정함으로써 개별적이고 열거적으로 불공정거래행위를 금지하는 규정이 가지고 있는 한계를 보완하려고 하는 입법적인 시도를 하게 되는 경우에는 죄형법정주의 문제가 발생한다.

(3) 경제규제법상 일반조항에 부수된 처벌조항과 죄형법정주의

1) 문제의 소재

자본시장법도 그렇고, 우리 법은 경제규제법의 경우에도 대개 금지규범에 부수하여 형사처벌조항이 있다. 이러한 벌칙조항의 존재는 우리 법의 보편적인 현상으로 제재의 강화를 위하여 입법자가 의도한 것이라고 이해된다. 그러나 실제로는 당해 조항의 활용도를 떨어뜨리는 면이 있다. 왜냐하면 형벌을 부과하는 구성요건은 죄형법정주의의 요구를 만족시켜야 하기 때문이다.

자본시장법 제178조 제1항 제1호의 경우에도 자본시장법 제443조 제1항 제8호에서 '금융투자상품의 매매(증권의 경우 모집·사모·매출을 포함한다) 그 밖의 거래와

---

530) Dirks v. S.E.C., 463 U.S. 646 (1983).

531) 우리나라에 미국의 내부자거래를 소개하는 대부분의 논문들은 미국에서의 이론전개에 대해 소개하고 관련 판례를 소개하고 있다. 관련 이론은 정보소유이론(Possession Theory; Equal Access Theory), 신인의무이론(Fiduciary Duty Theory), 정보유용이론(Misappropriation Theory)을 소개하고 있다. 윤승한, 『미국 증권법강의』, 2004, 992-1001면 및 박삼철, "증권거래법상의 내부자거래규제에 관한 연구(제188조의2를 중심으로)," 고려대학교 석사학위논문(1998).

532) 예를 들어 미국에서 부정유용이론에 의하여 내부자로 처벌된 O'Hagan은 우리법에서라면 준내부자(계약체결자)의 사용인 기타 종업원으로 처벌받게 되는 규정이 있으므로 이러한 규정이 적용되는 범위에서는 자본시장법 제178조의 적용은 미국에 비하여 상대적 의미이지만 보충적일 수밖에 없다.

관련하여 제178조 제2항 각호의 어느 하나에 해당하는 행위를 한 자'를 10년 이하의 징역 또는 5억원 이하의 벌금에 처하도록 한다. 또한 벌금액의 결정과 관련하여 그 위반행위로 얻은 이익 또는 회피한 손실액의 3배에 해당하는 금액이 5억원을 초과하는 경우에는 그 이익 또는 회피한 손실액의 3배에 상당하는 금액 이하의 벌금에 처할 수 있도록 하고 있다.

자본시장법 제178조 제1항 제1호가 활용되기 위해서는 죄형법정주의의 요구를 만족시켜야 한다. 만일 이러한 요구를 만족시키지 못한다면 본 조항은 위헌인 조항으로 무효이다.

2) 독일의 경우

(가) 명확성의 원칙과 한계

독일은 우리 헌법과 같이 죄형법정주의에 민감하다. 독일은 우리나라의 죄형법정주의에 대한 이해의 원천이 되는 국가로 죄형법정주의를 위반하였으므로 위헌이라는 주장의 타당성을 판단하기 위한 기본적인 검토대상이 되는 국가이다.

죄형법정주의는 독일에서 Keine Strafe ohne Gesetz, 다시 말해'법률 없이 형벌 없다'는 원칙으로 이해되고 있다. 그리고 법학 도그마틱에서는 소급입법금지(Ruckwirkungsverbot), 법률유보의 원칙(Gesetzprinzip) 등을 하위원칙으로 이해하고 있다. 죄형법정주의는 법률이 금지규범으로 작동하기 위해서는 항상성(Kontinuierlichkeit), 일관성(Konsistenz)을 확보하여야 하며, 이에 기초하여 자의적인 처벌이 이루어지지 않게 되는 것이라고 이해된다.[533]

이 중 明確性의 原則(bestimmtheitgebots)은 죄형법정주의의 중요한 구현수단이다. 그런데 명확성의 원칙을 엄격하게 관철하려고 하는 입법자가 아무리 노력을 해도 일의적인 언어를 사용할 수 없는 경우에는 입법을 포기하여야 하는지 하는 의문을 가지게 된다. 언어가 복수의 의미(多義性: Mehrdeutigkeiten)를 가지는 경우 현실(wirklichkeit), 경험칙(erfahrungs), 文脈依存的(kontextabhängig) 法律解釋을 하는 것을 피할 수 없으므로 이러한 언어의 한계내의 해석이 가능하다면 명확성 원칙의 위반이라고 할 수 없다.[534] 다만 불명확개념의 해석에 있어서 추정적으로 해석하거나

---

533) Hassemer, *Strafrecht* (2008), S. 154.

534) *Id.*, S. 160.

확장해석(ausweitung)을 하는 것은 허용될 수 없다.[535]

다의적인 형벌개념을 사용하는 경우 이러한 법개념을 어떻게 처리할 것인가에 대해서 4유형으로 분류하는 것이 독일의 유력한 견해이다.[536] (i) 첫 번째는 모호한 개념(Vagheit)을 사용하는 경우이다. 이와 같은 개념이 사용되는 경우에는 복수의 용어례에서 가장 중립적인 용어례(neutralen Kandidaten)를 선택하여야 하며, 만일 이러한 용어례가 발견되지 않을 때는 언어적인 의미의 한계(Semantisher Spielraum)까지를 해석의 범위로 하여야 한다. (ii) 둘째는 의미의 흠결(Porosität)이 있는 경우이다. 하나의 중립적인 의미를 발견할 수 없는 경우에는 언어의 사회적인 의미를 찾아야 한다. 이러한 의미의 흠결이 있는 단어로 '저가의'(geringwertig)라는 표현이나, '문서(Urkunden)'와 같은 단어도 규범적인 판단을 함에 있어서는 의미의 흠결이 있다. (iii) 셋째는 가치판단이 필요한 용어를 사용하는 경우이다. '선량한 풍속(guten sitten)'과 같은 단어를 형벌규정에 두는 경우이다. 이와 같은 용어를 형벌규정에 사용하는 경우에는 일반인의 이해가 어떤지에 대한 추가적 조사 없이는 그 용어의 의미를 찾을 수 없다. (iv) 마지막으로 내심의 의사를 표현하는 용어를 사용하는 경우이다. 인간의 내면적 심리를 표상하는 용어인 의도(Absicht), 목적(Vorsatz), 자의(Freiwillichkeit) 등과 같은 용어를 사용하는 경우이다. 이러한 용어를 형사벌에서 사용하는 이러한 법조문의 적용에 있어 오류가 발생할 가능성이 많다.

원칙적으로 입법자는 가능한 앞의 4가지 유형의 용어를 사용하지 말아야 한다. 다만 제4유형의 경우에는 다른 집약적인 용어를 찾아내기 어렵다. 그렇다고 하더라도 입법자는 최대한 실무적으로 적용함에 있어서 명확한 구성요건을 만들기 위해서 노력하여야 하는바, 일반조항(Generalklauseln)이나 가치판단적용례를 사용하지 않도록 하여야 한다. 형벌규정에서 일반조항이나 다의적인 용어를 부득이 사용하는 경우에는 유추해석의 금지(Analogieverbot)나 전통적인 법률해석방법론에 의한 제약을 통하여 형벌규범의 입법(Strafgesetzgebung)이나 적용(Strafgesetzanwendung) 과정에서 제한을 가하여야 한다.[537]

(나) 세법의 경우

---

535) BVerfGE 7, 206; BVerfGE 92, 1.

536) Arthur Kaufman [2004] S. 88, 132 ff; Hassemer S. 161, 162 ff.

537) Hassemer, *op. cit.*, S. 162.

형법에서의 죄형법정주의만큼 엄격한 문언적 해석을 요구하는 것이 세법상 조세법률주의이다. 그런데 문제는 세법이 규율하는 영역도 경제분야인 경우 증권법이 부딪히는 문제와 같이 급격한 경제환경의 변화를 포섭하여야 하는 문제와 조세법률주의의 요구를 만족시켜야 하는 문제를 가지고 있다.

독일의 경우 이 문제를 이미 1900년대 초반에 경험하였다. 당시 독일 조세법에서 다양한 법률형식을 이용한 조세회피행위를 어떻게 규율할 것인가 하는 점이 논란이 되었다. 조세회피행위를 열거하여 규율하는 경우 시장에서의 다양한 조세회피스킴(tax avoidance scheme)을 사용하여 과세를 회피하는 행위를 과세당국이 규율할 수 없는 입법의 공백이 생기게 된다. 이를 방치하면 조세법상의 공평성을 달성할 수 없게 된다. 이 문제를 해결하기 위하여 일반적인 조세회피방지조항을 입법화할 필요성이 제기되었다. 이러한 필요성에 부응하여 1919년 제국 조세통칙법에 일반적 조세회피방지조항이 입법화되었다.[538]

그러나 이러한 일반규정은 1919년 제국조세통칙법 제정당시부터 위헌성의 문제가 제기되었다. 그래서 이 문제를 해소하고 명확성을 높이기 위해서 입법자들은 남용(Mißbrauch)를 정의하는 정의규정을 법에 두었다. 하지만 이러한 조항의 존재로 인하여 일반조항이 다시 우회되는 문제가 발생하였다.

따라서 1934년 조세조정법(Steueranpassungsgesetz)의 제정당시 남용에 대한 정의조항은 삭제되었다. 정의조항이 삭제됨에 따라 불명확개념으로서의 남용의 개념은 법원에 의해서 정의되었다. 법원은 (ⅰ) 선택된 법률형식이 부적합(unangemessen)하고, (ⅱ) 조세를 줄이기 위해서 이용되고 있으며, (ⅲ) 경제적인 이유 또는 여타의 다른 이유에 의해서도 정당화되지 않는 경우가 행위형성의 자유를 남용한 것이라고 판시하였다.[539] 법원의 기준이 가지는 문제는 부적합성이라는 또 다른 일반개념을 사용한다는 점에 있다. 법원은 납세자가 채택한 행위방식과 납세자가 그 행위방식으로 달성하려는 경제적 목적과의 관계에서 부적합하다는 의미는 합리적이고 이성적인 사람이라면 그런 경제적 목적을 달성하기 위해서 그런 행위방식을 채택하는 것을 예상할 수 없는 경우가 부적합한 행위방식이 된다고 판시하였다.[540]

---

538) 이동식, "독일의 일반규정을 통한 조세회피행위 방지," 『공법연구』, 제31집 제4호, 2001, 347–349면.

539) BFH BStBl. 1984, 428; 1991,205; 1991, 607; 1992, 446; 1999, 769.

540) BFH BStBl. 1997, 374.

독일 조세통칙법(Abgabenordung) 제42조 제1항은'조세법은 법률상 행위형성의 자유를 남용하여 우회될 수 없다. 특정한 조세법규정의 구성요건이 충족되면 그 요건에 따른 효과가 발생한다. 만일 조세법에 이에 해당하는 조문이 없으나 제2항의 의미에서 세법규정의 남용이 있다면 경제적으로 그 실질이 부합하는 조항을 구성하여 그 조문을 적용하여야 한다'고 규정되어 있었고, 제2항은'조세법에 이에 해당하는 조문이 없으나 납세의무자나 제3자에게 조세법이 예견하지 못한 소득이 존재하는 경우는 남용이 있다. 다만 이 경우 납세의무자가 다른 법과의 관계에서 전체적으로 보아 세법외적인 이유가 있음을 입증하는 경우에는 이 조항의 적용이 없다'라고 규정되어 있었다.541)

독일 조세통칙법은 우리법의 국세기본법과 같은 지위에 있는 법으로 이 법에는 조세징수절차, 조세범처벌에 대한 절차 등에 대한 등이 같이 규정되어 있다. 조세통칙법의 조문형식은 일반조항으로서 문제가 되는 부분은'법적 행위형성가능성을 남용하여'라는 부분이다. 이 조항은 남용이라는 단어를 통하여 조세회피행위를 일반적으로 규율하고 있으며, 법원도 이 조문을 이용하여 조세회피행위를 규제하고 있다.

독일에서 이 조문은 상당기간 동안 제대로 사용되지 않다가, 1977년 이후 1982년까지 매년 4.75건이 적용되고, 1983년부터 1986년까지 매년 11건, 1987년부터 1990년까지 연평균 18건, 1991년부터 1994년까지 매년 19건, 1995년 이후 매년 평균 12건이 사용되고 있다.542) 이 조문의 일반조항으로서의 성격을 감안하면 이와 같은 숫자의 사례가 발견되는 것은 결코 적지 않은 숫자라고 할 것이다.

3) 검 토

위의 독일에서의 이론에 비추어보면 자본시장법 제178조 제1항 제1호는 입법의

---

541) § 42 Missbrauch von rechtlichen Gestaltungsmöglichkeiten
　　(1) Durch Missbrauch von Gestaltungsmöglichkeiten des Rechts kann das Steuergesetz nicht umgangen werden. Ist der Tatbestand einer Regelung in einem Einzelsteuergesetz erfüllt, die der Verhinderung von Steuerumgehungen dient, so bestimmen sich die Rechtsfolgen nach jener Vorschrift. Anderenfalls entsteht der Steueranspruch beim Vorliegen eines Missbrauchs im Sinne des Absatzes 2 so, wie er bei einer den wirtschaftlichen Vorgängen angemessenen rechtlichen Gestaltung entsteht.
　　(2) Ein Missbrauch liegt vor, wenn eine unangemessene rechtliche Gestaltung gewählt wird, die beim Steuerpflichtigen oder einem Dritten im Vergleich zu einer angemessenen Gestaltung zu einem gesetzlich nicht vorgesehenen Steuervorteil führt. Dies gilt nicht, wenn der Steuerpflichtige für die gewählte Gestaltung auβ ersteuerliche Gründe nachweist, die nach dem Gesamtbild der Verhältnisse beachtlich sind..

542) 이동식, 전게논문, 349면.

필요성도 인정되고, 자본시장규제법으로서 자본시장에서의 다양한 불공정행위의 유형을 보충적으로 포섭하기 위한 입법으로서 입법기술상의 한계도 인정될 수 있지만, 그렇다고 완전히 위헌성을 극복한 것은 아니라고 보인다.

왜냐하면 우선 사용하고 있는 용어가 구 증권거래법 제188조의4 제4항의 위계와 비교하여 보아도[543) 기존에 우리 법이 사용하지 않았던 수단, 계획, 기교라는 생소한 용어를 정의 없이 사용하고 있어 법문상의 의미를 사회적으로 형성되어 있지 않다는 점, 따라서 현실, 경험칙, 文脈依存的 法律解釋을 하는 것은 불가피한데, 용어례들이 일반인의 이해가 어떤지에 대한 추가적 조사 없이는 그 용어의 의미를 찾을 수 없는 경우라고 보아야 할 것이라는 점 등을 종합하여 볼 때 이 용어들의 의미에 대한 추가적인 보완이 없이는 위헌판단을 받을 가능성이 상당하다.

보완의 방법은 가이드라인을 제공하거나 하위법령에 규정하는 방법이 있을 수 있다. 물론 이 경우에도 법률에 규정되지 않았다는 이유로 하여 여전히 죄형법정주의

---

543) 대법원이 구 증권거래법 제188조의4의 허위사실을 유포하는 행위의 해석을 다음과 같이 한다. 언론을 통하여 기업의 사업 추진 현황이나 전망 등에 관한 인터뷰 기사 등이 보도되도록 한 경우, 그것이 단순히 사업과 관련된 의견 또는 평가, 단순한 홍보성 발언에 불과한 것이 아니라, 구 증권거래법(2007. 8. 3 법률 제8635호로 공포되어 2009. 2. 4 시행된 자본시장과 금융투자업에 관한 법률 부칙 제2조로 폐지) 제188조의4 제4항 제1호에 정한 허위의 사실을 유포하는 행위에 해당하는지 및 그러한 행위가 부당한 이익을 얻기 위한 것인지 여부는, 위 조항의 취지를 염두에 두고 행위자의 지위, 해당 기업의 경영 상태와 그 주가의 동향, 인터뷰 및 보도 내용의 구체적인 표현과 전체적인 취지, 보도의 계기 및 그 계속·반복성 여부, 보도 내용과 관련된 기업의 여러 실제 사정 등을 전체적·종합적으로 고려하여 객관적인 기준에 의하여 판단하여야 한다. 나아가 위 조항이 정한 '부당한 이득'은 유가증권의 처분으로 인한 행위자의 개인적이고 유형적인 경제적 이익에 한정되지 않고, 기업의 경영권 획득, 지배권 확보, 회사 내에서의 지위 상승 등 무형적 이익 및 적극적 이득뿐 아니라 손실을 회피하는 경우와 같은 소극적 이득, 아직 현실화되지 않는 장래의 이득도 모두 포함하는 포괄적인 개념으로 해석하는 것이 상당하고, 허위의 사실을 유포하는 행위 당시 위와 같은 포괄적인 의미의 부당한 이득을 얻으려는 목적이 있으면 족하며 그 행위 당시부터 장차 유가증권을 처분하여 이득을 얻겠다는 목적이 구체적이고 확정적으로 존재하여야 하는 것은 아니다. 위와 같은 부당한 이익을 얻으려는 목적은 그것이 행위의 유일한 동기일 필요는 없는 것이므로 다른 목적과 함께 존재하여도 무방하고 그 경우 어떤 목적이 행위의 주된 원인인지는 문제되지 아니한다(대법원 2001. 1. 19 선고 2000도4444 판결(공2001상, 578); 대법원 2002. 7. 22 선고 2002도1696 판결(공2002하, 2100), 대법원 2003. 11. 14 선고 2003도686 판결(공2003하, 2404); 대법원 2009. 7. 9 선고 2009도1374 판결【증권거래법위반·특정경제범죄가중처벌등에관한법률위반(횡령)·공직선거법위반】[공2009하, 1374]) 이때 구 증권거래법(2007. 8. 3 법률 제8635호로 공포되어 2009. 2. 4 시행된 자본시장과 금융투자업에 관한 법률 부칙 제2조로 폐지) 제188조의4 제4항 제2호의'중요한 사항'이란, 미공개정보 이용행위 금지조항인 같은 법 제188조의2 제2항에서 정한'일반인에게 공개되지 아니한 중요한 정보'와 궤를 같이하는 것으로서, 당해 법인의 재산·경영에 관하여 중대한 영향을 미치거나 유가증권의 공정거래와 투자자 보호를 위하여 필요한 사항으로서 투자자의 투자판단에 영향을 미칠 수 있는 사항을 의미한다. 또한, 위와 같은 중요한 사항에 관하여 허위 또는 부실 표시된 문서를 증권선물거래소를 통하여 이미 공시한 상태에서 이를 단순히 시정하지 않고 방치하는 데 그치는 것이 아니라, 구체적인 상황에서 그 문서가 투자자의 투자판단에 영향을 미칠 수 있는 사항에 관하여 오해를 유발할 수 있는 상황임을 알면서도, 이를 금전 기타 재산상의 이익을 얻는 기회로 삼기 위해서 유사한 취지의 허위 또는 부실 표시 문서를 계속 증권선물거래소에 보고하는 등의 방법으로 적극적으로 활용하는 행위는 위 조항에서 정한 문서의 이용행위에 포함될 수 있다. (대법원 2009. 7. 9 선고 2009도1374 판결【증권거래법위반·특정경제범죄가중처벌등에관한법률위반(횡령)·공직선거법위반】[공2009하, 1374]).

위반의 문제를 해소할 수 없다는 주장도 가능하다. 하지만 형벌규정에서 일반조항이나 다의적인 용어를 부득이 사용하는 경우에는 사회적인 의미를 발견할 수 있는 기준을 수범자에게 제공할 수 있다면 위헌이라고 볼 수 없다는 앞서의 독일이론에 비추어 보면 이러한 방법으로 합헌적인 법률해석을 통하여 입법기술상의 한계를 극복할 수 있다고 보인다.

자본시장법 제178조 제1항 제1호의 죄형법정주의 위반여부와 관련하여 비교되는 조문이 구 증권거래법 제188조 제4항 제1호이다. 이 조문의 의의의 대해서는 일반적 사기금지규정이라는 견해[544]와 이에 반대하는 견해[545]가 있었다. 구 증권거래법 제188조 제4항 제1호의‘위계’의 개념에 대해서 위계란 행위자의 행위목적을 달성하기 위하여 상대방에게 오인·착각 또는 부지를 이용하는 것을 의미하는 것으로 위계의 해석에 대해서는 사기죄의 사기와 같은 의미로 이해하는 견해[546]와 넓게 파악하여야 한다고 보는 견해[547]의 대립도 죄형법정주의의 관점에서는 명확성의 원칙의 문제임과 동시에 유추해석금지의 문제로 파악할 수 있다. 넓게 파악하기 위해서는 죄형법정주의라는 장애물을 넘어야 했다. 구 증권거래법 제188조 제4항 제1호에서의 위계를 넓게 보아야 한다는 견해는 죄형법정주의 문제에 대해서 시장참여자들의 예견가능성이라는 면에서 쉽게 예측하기 어렵고, 가치판단의 법정화라는 면에서도 행위의 가치판단이 법률 문언상에 구현되어 있지 않고 법관에게 맡겨져 있어서 지극히 포괄적이며 구체화되어 있지 않다고 하면서도 비례성과 적정성의 측면에서 시세조종이나 사기적 부정거래의 경우 소수의 대면거래에서 발생하는 것이 아니라 많은 이해당사자의 비대면거래에서 이루어지는 행위로서 그 피해가 크다는 점을 들어 보호법인의 침해와 처벌이 조화를 이루고 있다고 결론을 내리고 있다.[548] 그러나 아무리 처벌의 필요성이 크고 피해가 크다고 하더라도 이러한 점이 죄형법정주의의 명확성원칙을 완전히 후퇴시킬 수 있는 것인지는 의문이다.

---

544) 김건식, 『증권거래법』, 두성사, 2006, 300면.

545) 임재연, 『증권거래법』, 박영사, 2004, 402면.

546) 김정수, "시세조종규제의 이론과 실제," 증권거래소, 『주식』, 2001. 7, 29면에서는 위계라 함은 형법상 사기 개념과 동일한 것으로 보아 목적 또는 수단을 상대방에게 알리지 않음으로써 그 목적을 달성하는 것을 말한다고 본다. 같은 저자의 김정수, 『증권법원론』, 박영사, 2002에서도 유지된다.

547) 성희활, "사기적 부정거래에서 위계의 적용 문제," 『증권법연구』, 제8권 제1호, 2007, 73면. 성희활 교수는 위계의 요소에는 기망, 계략, 술책뿐만 아니라 때로는 타인을 유혹하는 경우도 포함되는 것으로 위계는 일반적인 사기 개념보다 훨씬 더 확장된 개념이라고 본다.

548) 성희활, 상계논문, 77-78면.

결국 일반적 사기금지규정이라고 보면서 사기죄의 사기개념과 연결되지 않는 넓은 개념으로 보게 되면 가장 넓은 적용범위를 가질 수 있었을 것인 반면, 규정의 문언대로 해석하면서 위계를 사기죄에서 말하는 사기의 의미로 해석하면 가장 좁은 해석이 되겠지만 명확성의 원칙에 위반되지 않을 것이다. 따라서 구 증권거래법 제188조 제4항 제1호의'위계'도 적용과정에서 경우에 따라서는 죄형법정주의 문제가 있었을 수도 있었지만 실제로 이 조항만을 적용하여 형사처벌한 사례가 없었기 때문에 이 문제는 실제화되지 않았다.[549]

공적집행과 이에 수반된 형사처벌을 포기하고 행정적인 제재만으로 족할 수 있을 것인가에 대해서는 향후 논의가 필요하다. 경제현실의 복잡화에 따라 거래 복잡성의 증가하고 있으며, 이러한 현실을 효과적으로 규율하기 위해서는 일반조항의 필요성도 있지만 입법기술상의 한계로 인하여 입법단계에서 명확성을 확보하기는 어렵다면 형사처벌의 필요성을 고민하여야 할 것이다. 만일 필요하다면 이런 경우에는 입법상의 곤란을 감안 형벌의 적용단계에서 명확성을 보완하여 합헌성을 담보하여야 한다.

만일 합헌으로 해석한다면, 사전적인 입법에 의한 명확성의 확보가 어려운 상황임을 감안하여 적용상의 명확성을 확보하는 방식을 우리에게 적용하기 위해서는 금융당국이 하부의 가이드라인을 통하여 신속하게 부당한 행위유형을 포섭하여 가면서, 법원이 판단기준을 제시하여야 한다. 이러한 방식은 우리법의 적용에서는 보기 어려웠던 형태이다. 죄형법정주의에 위반한 위헌입법이 아니라고 하더라도 자본시장법 제178조 제1항 제1호는 적용상 명확성의 확보를 위한 입법보충작용이 사후적으로 이루어져야 하는 조문이다.

---

549) 대법원 2008. 5. 15 선고 2007도11145 판결(소위 '헤르메스' 사건)에서 인터뷰의 내용에 대해서 가정적 · 원론적 표현에 그친다고 하면서 허위나 기만적 요소가 없다고 하면서 위계가 있다고 볼 수 없다고 한 대법원의 판시가 자본시장법하에서도 그대로 유지되게 될 것으로 보인다.

Ⅲ. 자본시장법 제178조 제1항 제1호의 수단, 계획, 기교의 의미

1. 정의의 필요성

자본시장법상 불공정행위 규제 조항은 주요국의 증권거래법에서 공통적으로 발견되는 내부자거래금지조항(제174조)과 시세조종행위금지조항(제176조)와 일반조항으로 제178조가 있다. 미국의 경우의 Rule 10b-5에 해당되면 단일 조문으로 그 내부에서 내부자거래, 시세조종, 기타 불공정거래행위를 모두 규율하지만, 우리는 별개의 조문으로 규율하고 있다. 그리고 판례법이 아닌 성문법으로 여러 행위 유형을 열거하고 있다. 자본시장법이 행위별 규제체제(conduct based regulation)를 취하고 있는 것은 죄형법정주의 문제와도 밀접한 연관이 있다. 제178조가 규정하고 있는 수단, 계획, 기교를 어떤 의미로 정의하여야 할 것인가의 문제는 실제의 적용을 위해서 매우 중요한 사안이다. 이러한 필요성은 일반적 사기금지규정으로 말해지기도 하였던 구 증권거래법 제188조의4 제4항의 해석문제보다도 더 크다.

그러므로 아래에서는 부정한, 수단, 계획, 기교의 의미에 대하여 개별적으로 하나씩 살펴보기로 한다.

2. 제178조 제1항 제1호 적용요건

(1) 구 증권거래법 제188조의4 제4항과 자본시장법 제178조

구 증권거래법 제188조의4 제4항은 부당한 이득을 얻기 위하여 고의로 허위의 시세 또는 허위의 사실 기타 풍설을 유포하거나 위계를 쓰는 행위, 주요한 사항에 관하여 허위의 표시를 하거나 필요한 사실의 표시가 누락된 문서를 이용하여 타인에게 오해를 유발함으로써 금전 기타 재산상의 이득을 얻고자 하는 행위를 금지하고 있었다. 이 규정에 대해서 미국 1934년 증권거래법 및 이에 기초한 Rule 10b-5와 마찬가지로 일반적인 규정으로 규정되어 있으나 규정의 활용에 대해서는 미국의 Rule 10b-5가 내부자거래, 시세조종 등에 폭넓게 활용되는 반면, 내부자거래, 시세조종에 대해서 개별규정이 있는 우리나라에서의 구 증권거래법 제188조의4 제4항의 적용범위는 그리 넓지 않을 것이라고 예견되었고, 실제로도 이 조항만을 적용하여 처벌이 이루어진 사례는 없었다.[550]

구 증권거래법 제188조의4 제4항의 의미에 대해서는 시세조종 등 불공정거래행위의 금지의 일종으로 이해하는 견해[551]와 미국법상의 Rule 10b-5와 같은 일반적 사기금지규정으로 이해하는 견해[552]로 나뉘고 있었다.

전자의 견해는 구 증권거래법 제188조의4를 위장거래에 의한 시세조종(제1항), 허위표시에 의한 시세조종(제2항 및 제4항), 시세의 고정·안정행위(제3항)를 규제하는 조항으로 보았다. 시세조종행위의 유형을 보면, (ⅰ) 거래성황 오인·오판 목적 통정매매거래(matched order) 및 가장매매거래(wash sales)나 매매의 쌍방 당사자가 동일한 가격과 동일한 수량의 매도·매수 주문을 내어 매매계약을 체결시키는 행위인 자전거래(cross trading), (ⅱ) 매매거래유인목적행위(제2항)[553]를 규율하면서,[554] (가) 매매거래성황오인 또는 시세변동행위(제1호), (나) 시세조작유포행위(제2호) 당해 유가증권의 시세가 자기 또는 타인의 시장조작에 의해 변동한다는 말을 유포하는 행위, (다) 허위표시·오해유발표시행위(제3호) 당해 유가증권의 매매에 있어서 중요한 사실에 관하여 고의로 허위표시 또는 오해를 유발하게 하는 표시를 하는 행위를 규정하고 있다. 구 증권거래법 제4항은 위계사용·부실표시에 의한 영득행위를 금지하면서 그 구체적인 행위 유형으로 (가) 부당한 이득을 얻기 위하여 고의로 허위의 시세 또는 허위의 사실 기타 풍설을 유보하거나 위계를 쓰는 행위, (나) 주요한 사항에 관하여 허위의 표시를 하거나 필요한 사실의 표시가 누락된 문서를 이용하여 타인에게 오해를 유발함으로써 금전 기타 재산상의 이득을 얻고자 하는 행위

---

550) 대법원 2008. 5. 15 선고 2007도11145 판결(소위 '헤르메스' 사건). 이 사건은 구 증권거래법 제188조의4 제4항만이 적용된 유일한 사건으로 이 사건에서 인수합병가능성을 언급한 인터뷰 내용을 가정적 원론적 발언에 그친 것으로 보았다. 만일 사실판단의 문제에서 자본시장법에서도 가정적 원론적 발언에 그치는 경우에는 위계라고 보기는 어려울 것이다. 그러나 현행 자본시장법상으로 제178조 제1항 제1호의 적용가능성은 여전히 있다.

551) 임재연, 『증권거래법』, 402면.

552) 김건식, 『증권거래법』, 300면.

553) 미국 34년법 제9조 (a)항 (2)호에서는 거래의 성황 또는 시세의 변동을 현실거래에 의한 시세조종을 하려고 하는 경우 '일련의 거래(a series of)'를 요건으로 하고 있지만 판례에 의하면 단지 3회의 거래만이 있었던 경우도 이 요건을 충족한 것으로 본 경우도 있으며, 2회의 거래의 경우도 요건을 충족한 것으로 보기도 함(김용진,『자본시장제도론』, 율곡출판사, 2007, 684면).

554) 일본의 경우에도 목적조항이 문제가 되는바, 일본증권취인법 제정 이후 최초의 시세조종행위 사건인 協同飼料 事件에서 동경지방재판소와 최고재판소는 매매거래를 유인한다는 인식만으로는 족하지 않고 타인을 매매거래에 끌어들이는 목적이 있어야만 시세조종행위에 해당한다고 보았다. 다만 유인목적의 입증은 정황증거를 통하여 할 수 있는 것으로 보았다(김용진, 상게서, 684-685면). 우리나라에서도 현대전차 시세조종사건에서 서울지방법원이 전환사채 또는 신주인수권부사채의 발행을 원활하게 할 목적으로 시세조종을 하는 경우에도 일반투자자의 유가증권매매거래를 유인하게 된다는 것을 인식하고 있는 이상 매매거래의 유인목적이 인정된다고 보았다(서울지방법원 1999. 11. 3 선고 99다9559 판결).

를 금지하고 있었다. 전자의 견해는 이런 행위유형의 개별화를 고려하여 구 증권거래법은 증권거래에 있어 사기를 포괄적으로 금지하는 미국 34년 증권거래법의 Section 10(b)와 Rule 10b-5, 일본의 舊 證券取引法 제157조와 같은 규정을 두고 있지 않고 개별적인 금지규정만을 두고 있으므로 시세조종행위를 비롯한 증권사기행위에 대한 규제가 미흡하다면서 불공정거래에 대한 효과적인 규제를 위해서 증권거래법도 증권사기에 관한 포괄적인 금지규정을 도입하여야 한다고 주장하였다.[555]

제178조 제1항 제2호의 위계에 의한 부정행위는 구 증권거래법 제188조의4 제4항을 이어받은 조문이다. 다만 회사의 내부자가 사실과 다른 발표를 한 경우 회사나 내부자가 직접 증권거래를 하지 않은 경우에도 이러한 부실표시를 신뢰하고 증권을 거래한 투자자의 손해를 배상할 책임이 있다고 판시한 미국의 경우[556]와 달리 구 증권거래법 제188조의4 제4항은'부당한 이득을 얻기 위하여'라는 요건이나,'재산상 이익을 얻고자 하는 행위'라는 요건을 충족하여야 하므로 이러한 주관적 요건의 존재가 본 조항의 적용을 더욱 어렵게 하였다.[557] 제2호가 적용되는 예는 회사 내부자 등이 당해 법인의 주식을 매수한 후 신사업진출 등 호재성 재료를 허위로 발표하여 주가를 상승시킨 후에 매도하여 부당이득을 취하는 경우이다.[558]

(2) 객관적 요건

'不正'한 의미는 일본 最高裁判所의 판결과 같이 일반적인 사회통념상 허용할 수 없는 행위로 판단할 수밖에 없다. 이러한 문제는 공정성(fairness) 개념에 기초한 일반규정의 경우 판단상 공통적인 문제로서 이때 사회통념은 법관으로 대치되는 객관적인 사회통념으로 볼 것이다. 부정한 계획, 기교, 수단을 사용하면 바로 구성요건에 해당하며, 결과의 발생은 필요하지 않다(危險犯).

(3) 주관적 요건

제178조 제1항 제1호는 조문에 주관적 요건을 규정하고 있지 않다. 그러나 형사처벌을 위해서는 주관적 요건이 필요하다. 형법상 責任主義의 예외로 보아야 할 이

---

555) 임재연, 『증권거래법』, 402면.

556) Mitchell v. Texas Gulf Sulphur Co., 446 F.2d 90 (10th Cir.) *cert denied* 404 U.S. 1004 (1971).

557) 임재연, 박영사, 2006, 417면은 위계란 거래상대방이나 불특정투자자를 기망하여 일정한 행위를 유리한 목적의 수단, 계획, 기교 등을 말한다고 한다.

558) 김건식 · 정순섭, 『자본시장법』, 두성사, 2009, 336면.

유는 없으므로 목적 조항이 삭제되었다고 하더라도 고의까지 필요하지 않게 된 것은 아니다. 과실범의 경우에는 별도의 과실범 처벌규정이 필요하고, 미수범의 경우에도 별도의 미수범 처벌규정이 없으면 처벌할 수 없으므로 오로지 고의범에 국한되어 적용될 수 있을 것이다.

미국 증권법에서 논의되는 Scienter는 미국형사법상의 주관적 요건과 관련된 문제로 원고가 입증하여야 하는 주관적 인식 및 의욕의 정도가 기망의 특정한 고의[559]가 구되는 것인지, 아니면 불법의 인식(knowledge of illegality)을 요구하는 것인지의 문제이다. 미국은 주관적 요건을 위법성의 인식을 요구하지 않은 유형의 범죄,[560] 인식이 구체적일 필요는 없으나 위법하다는 인식이 요구되는 범죄,[561] 구체적 행위의 위법사실의 인식이 요구되는 범죄[562] 등으로 나누고 있고, 이러한 구별과의 연계를 위하여 Scienter의 의미를 궁구하는 것이 필요하다.[563]

그러나 우리의 경우에는 고의와 과실범으로만 구별하고 있으며, 미필적 고의와 같은 개념은 고의로 포함시키기 위한 수단으로만 기능할 뿐, 이를 세분화하지는 않다. 다만 목적의 경우에는 目的犯이라는 강학상의 유형을 만들어서 구별하고 있으며, 이는 주관적 요건의 입증을 강화시키는 방향으로 작동한다. 개정된 자본시장법은 구 증권거래법 제188조의4 제4항에서 요구되던 목적요건도 삭제함으로써 이러한 목적입증의 문제는 자본시장법 제178조 제1항 제2호와 관련해서도 없어졌다. 그러므로 미국법상의 주관적 인식과 관련된 쟁점은 우리법상으로는 현재 참고할 여지가 크게 없다.

(4) 共犯에 대한 처벌과 관련된 문제

정범이 처벌되는 이상 공동정범의 경우에는 형법 제30조의 공동정범의 규정 및 교사 및 방조규정에 의하여 처벌하는 것이 가능할 것이며, 동시에 형사실무상 대법원이 공모공동정범을 넓게 인정하여 주고 있으므로 미국법상 방조(aid-abetting liability)와 관련된 문제 및 공모책임의 인정 여부의 문제는 우리법상에서는 크게 문

---

559) a standard of specific intent to defraud.

560) strict liability crime.

561) general intent crime.

562) specific intent crime.

563) scienter의 입증은 情況證據에 의해서 가능하다고 봄(circumstantial evidence can be more than sufficient) {Herman v. Liggett & Meyers, Inc., 635 F.3d. 156, 167 (2d Cir. 1980)}.

제가 되지 않는다.

3. 부정한 계획, 기교, 수단의 의미

(1) 문제의 소재

부정한 수단, 계획, 기교의 의미에 대해서는 정의규정을 두고 있지 않다. 결국 이들 개념은 감독당국과 법원의 해석과 운용에 의해서 확정될 것이나 내부자거래나 시세조종에 해당하지 않지만 부당한 방법이나 수단을 이용한 경우를 포괄적으로 규제대상으로 하는 것으로 이해되어야 할 것이다.[564] 자본시장법 제178조 제1항 제1호와 같은 문언을 가지고 있는 미국의 경우 개별적으로 수단, 계획, 기교에 대해서 엄격하게 구별하여 사용하고 있지 않다.[565]

주관적 요건이 규정되어 있지 않지만 형사처벌을 위해서는 고의는 여전히 주관적인 요건으로 요구된다. 그렇지 않으면 責任主義原則에 반하는 것으로 이해될 것이기 때문이다.

(2) 계 획

1) 의 의

계획이란 Rule 10b-5의 scheme에 해당하는 것이다. 그러나 미국법상 논의되는 scheme liability에서의 scheme과 그대로 同置되는 것은 아니다. 다만 미국에서 논의하는 scheme liability는 이에 국한하지 않고 이를 포함하는 것으로 이해된다. 국어적인 의미에서 계획은 時的 範圍에서는 형법상의 행위 단계로 보면 豫備와 유사한 용어로 이해될 수 있을 것이나 이에 한정되는 것은 아니라고 본다. 그리고 인적인 범위에서는 幇助者에 대한 책임을 규정하는 조항으로 이해될 수 있다. 이 점에서 미국법상의 scheme liability가 가지는 기능을 이 계획의 해석을 통하여 확보할 수 있다.

사회통념상 받아들일 수 없는 부정한 행위로서 자본시장법 제174조, 제176조, 제178조 제1항 제1호를 제외한 나머지 각호로 규율할 수 없는 행위로서 금융감독당국의 규율이 필요한 행위의 예비행위를 포함한 일련의 계획을 포함하는 것으로 볼

---

564) 김건식 · 정순섭, 전게서, 336면.
565) Thomas Lee Hazen et al., *op. cit.*, p. 525.

수 있을 것이다. 그러나 지나치게 문언에만 매몰되게 되면 제178조의 포괄적 일반 사기규정으로서의 성격이 몰각될 수 있다.

Stoneridge 사건에서 직접 사기적인 공시를 하지 않은 제3당사자는 비록 그들이 주가에 영향을 미친 사기적인 공시서류를 공개회사가 발행하는 것에 도움을 주었다고 하더라도 Rule 10b-5 하의 책임을 질 수 없다고 판결하여 이러한 행태의 책임추궁이 어려워졌지만 공모책임도 계획(scheme)이라는 용어에서 도출된 것이다. 공모책임의 경우 영향력을 행사하지도 않았지만 단지 부실공시가 있다는 사실을 알고서도 증권법위반이 수반된 증권의 판매과정이나 이와 유사한 증권법위반행위에 단순히 관련된 제3자도 책임을 부담할 수 있게 된다. 공모책임은 중요한 사항의 부실표시 또는 누락이 있는 공시를 직접 하거나 직접 시세조종행위와 같은 것을 한 것이 아닌, 타인에 의한 증권법위반의 사기적인 계획(scheme)에 참여하는 행위에 대하여 Rule 10b-5 위반에 대한 책임을 묻는 것이다. 공모책임이 문제될 수 있는 상황으로는 (ⅰ) 발행인과 그의 사업파트너가 가공거래(sham transaction)를 한 것에 대하여 원고가 사업파트너에게 책임을 묻는 경우이거나, (ⅱ) 허위의 재무정보를 작출하기 위해서 불법적인 회계부정계획(unlawful accounting scheme)에 있어서 거짓된 회계정보를 만든 회계사에 대하여 책임을 묻는 경우 등이 있을 수 있다.

2) 우리 법에의 적용

계획은 결과에 이르는 일련의 과정을 사전에 마련한 것을 의미하는 것이라고 보아야 할 것이므로 문언의 의미상 일률적으로 정하기 어렵다."계획"을 규율하게 되면 규율의 대상을 넓힐 수 있다. 내부자 거래에서의 내부자, 준내부자, 정보수령자와 같은 일정한 지위 내지 관계를 요구하지 않고도 계획을 작성하는데 기여하거나 관여하는 자들을 이 조항에 의하여 규율할 수 있게 되므로 보충성의 의미를 확보할 수 있게 된다.566)

자본시장법 제178조 제1항 제1호가 사기금지규정이 아니라고 보게 되면 사기와 관련된 사항에 국한하여 판단할 필요가 없게 되므로 증권의 매매가 존재하면'합병의 불공정성'에 대하여도 본조의 적용이 가능할 수 있을 것이다.

---

566) 이 점에 대해서는 내부자거래는 기본적으로 신분범임을 요구한다는 점을 고려해볼 때 제178조 제1항 제1호를 이런 경우에 적용하는 것이 보충적인 적용이라고 할 수 있는지에 대해서는 반론이 있을 수 있다. 필자는 내부자거래에 대해서는 우선적으로 내부자거래규정이 적용될 수 있는지가 검토되고 그 위에 제178조 제1항 제1호의 적용여부가 검토될 수 있다는 점에서 보충성이라는 용어를 사용하였다.

구 증권거래법은'유가증권의 매매 기타 거래'라고 법문이 규정되어 있으므로 미국법보다 훨씬 광범위하게 포섭하는 것이 가능하며 오히려 유가증권이라는 규정이 적용범위를 제한하는 도구로 사용될 수 있었다. 자본시장법은 금융투자상품의 매매 그 밖의 거래와 관련하여 이루어지는 부정행위를 금지하고 있으므로 유가증권이 금융투자상품으로만 바뀌었을 뿐 구법의 태도는 그대로 적용될 수 있을 것이다. 그러므로 증권이라면 공모든 사모든 모두 적용되며, 비상장증권도 적용대상이 된다. 매매 및 담보제공 외에도 합병과 같은 경우에도 규정대상이 될 수 있다.[567]

예를 들어 (ⅰ) 저가에 기업을 인수하기 위하여 허위 정보 내지 오도할 수 있는 정보를 제공하여 인수가격을 떨어뜨리는 행위,[568] (ⅱ) MBO(management buy out)를 진행함에 있어서 부담을 줄이기 위해서 의도적으로 분식회계를 하여 실적을 떨어뜨리는 행위 등의 경우에는 금융투자상품의 매매가 직접적으로 일어나기 전이라도 자본시장법 제178조 제1항 제1호의 수단(device)이나 계획(scheme)에 해당할 수 있을 것이다.

(3) 기 교

기교는 Rule 10b-5의 artifice에 해당하는 용어라고 보인다. 辭典的인 의미로 교묘한 기교, 술책, 책략 등의 의미를 가지는 이 단어가 그 자체로 포섭범위를 명확하게 보여주지는 않는다. 다만 이 용어는 자본시장에서 이미 확립된 기교를 말하는 것으로 볼 수 있지 않을까 싶다. 이렇게 보면 다른 수단이나 계획에 비하여 상대적으로 정형화할 수 있을 것이라고 보인다.

1) 과당매매(Churning)

이 기교는 증권브로커가 자신의 수수료 수입을 올리기 위해서 고객의 투자목적을 고려하지 않고 과다한 거래를 하는 것을 의미한다.[569] 우리법상 과당거래 내지 과당매매는 주로 포괄적 일임매매에서 증권회사 직원에 의해서 이루어짐. 법원은 증권회사 직원의 과당매매로 인하여 고객이 손해를 본 경우에는 불법행위책임이 성립

---

567) 김건식 · 정순섭, 전게서, 336면.

568) WpHG § 21a.

569) A securities broker engages in excessive trading in disregard of his customer's investment objectives for the purpose of generating commission business. [Louis Loss & Joel Seligman, *Fundamentals of Securities Regulation*, 5th ed., Aspen (2004)].

된다.570) 우리 법원이 제시한 과당매매의 판단기준은 미국 법원의 태도와 scienter에 대한 부분을 제외하고는 실질적으로는 같은 것으로 보인다. 대법원은 과당매매를 한 것인지 여부에 대한 판단은 고객구좌에 대한 증권회사의 지배 여부, 주식매매의 동기 및 경위, 거래기관과 매매횟수 및 양자의 비율, 동일주식의 매입·매도를 반복한 것인지의 여부, 수수료 등을 공제한 후의 이익 여부, 운용액 및 운용기간에 비추어 수수료액의 과다 여부, 손해액에서 수수료가 차지하는 비율, 단기매매가 많이 이루어져야 할 특별한 사정이 잇는지의 여부 등 제반사정을 참작하여야 한다고 판시하고 있다.571) 미국에서는 이 기교의 경우 Rule 10b-5, Rule 15c1-2, 증권법 17(a)(3)에 위반되는 것으로 보고 있다.572) 이 기교가 위법하기 위한 요건으로 (i) 브로커나 딜러가 문제된 계정에 대한 거래를 지배하고 있을 것 (ii) 문제되는 계정이 고객의 투자목적에 비하여 과다하게 거래되고 있을 것, (iii) 브로커나 딜러가 scienter를 가지고 있을 것의 3가지 요건이 구비되어야 한다. 이 3가지 요건은 원고가 입증하여야 하는 사항이다.573)

그러나 자본시장법은 일임매매 자체를 금지하고 있으므로 종전 대법원이 지적한 형태의 과당매매는 불가능하다.574) 만일 자본시장법하에서도 위와 같은 과당매매가 발생하게 되면 이러한 과당매매는 부정한 기교로 제178조 제1항 제1호에 의해서 규율될 수 있을 것이다.575)

2) 스캘핑(Scalping)

독일증권법 20조a 및 시행령 제4조(§4 MaKonV)에서 기타 불공정거래행위로 규정한 스캘핑(Scalping)도 기교에 해당될 수 있을 것이다. 이 단어의 사전적인 의미는 '가죽을 벗기다', '암표를 팔다'등의 뜻이 있으나 증권거래에서는 달리 사용된다. 증권시장에서 영향력 있는 증권분석가의 의견이 증권시세에 영향을 줄 수 있다. 그런 전문가가 자신의 의견을 공표하기 전에 미리 증권을 매수하고 공표후 다시 매도함

---

570) 대법원 1996. 8. 23 선고 94다38199 판결.

571) 대법원 1997. 10. 24 선고 97다4603 판결.

572) NewKirk v. Hayden, Stone & Co., 1964-1966 Fed. Sec. L. rep. (CCH) (C.D.Cal. 1965).

573) Mihara v. Dean Witter & Co., 619 F.2d 814, 821 (9th Cir. 1980); Arcenteaux v. Merrill Lynch, Pierce, Fenner & Smith, Inc., 767 F.2d 1148, 1501 (11th Cir. 1985).

574) 김건식 · 정순섭, 전게서, 523면.

575) 자본시장법 시행령 제68조 제5항 제2호, 금융투자업규정 4-20조 제1항 제5호 가목.

으로써 차익을 얻는 행위를 스캘핑이라고 한다. 스캘핑은 다른 내부자거래와 마찬가지로 정보격차를 이용한 거래이지만 차이는 그 전문가가 보유한 정보가 특정 주식에 관한 정보가 아니라 특정주식에 관해서 공표하는 의견이라는 점이다.

독일증권거래법은 스캘핑을 기타 시세조종행위로 봐서 독일증권거래법 시행령 § 4 Abs. 3 Nr. 2에서 금지하는 유형으로 정하고 있다.[576] 미국법의 경우 O'Hagan 사건[577]을 통하여 스캘핑(scalping)에도 Rule 10b-5가 적용된다고 판시였다.[578] O'Hagan에서의 정보유용이론(misappropriation theory)은 신인관계의 존재를 요구하지 않고 증권거래와 관련된 사기행위만 존재하면 Rule 10b-5가 적용되는 것으로 보았다. O'Hagan 이후 SEC v. Blavin[579]에서 비등록 투자자문업자가 그가 추천하는 주식에 대한 중요한 이해관계를 가지고 있는 경우 및 다양한 중요한 오도정보를 계획(misstatement scheme)하는 경우가 모두 Rule 10b-5의 적용대상이 된다고 보았다.

Zweig v. Hearst 사건은 스캘핑의 대표적인 사례라고 할 수 있다. 이 사건에서 신문칼럼니스트가 특정 회사에 매우 우호적인 기사를 작성하였다. 이 칼럼니스트의 기사에는 회사의 내부자가 제공한 잘못된 정보가 포함되어 있었다. 칼럼니스트는 시장에서 상당히 할인된 가격으로 당해 회사의 주식 5,000주를 매입하였다. 그후 칼럼은 공간되었고, 주가는 급격히 상승하였다. 법원은 칼럼니스트를 이해의 상충이 있는 정보를 공개할 의무가 있는 준 내부자(quasi-insider)로 봐서 Rule 10b-5를 적용하였다. 이 사건은 이러한 내부자 범위의 확장이 보편화된 Chiarella 판결 이전의 사건이다. 준 내부자는 개념 그 자체에서 신인의무의 존재를 인정할 수는 없으나 정책적인 관점에서 책임을 인정할 필요가 있는 자에 대해서 인정한 새로운 범주(new category)이지만 Chiarella에서도 완전히 신인의무에서 벗어나지 못하고, 신인관계 기타 이와 유사한 신뢰관계(fiduciary or other similar relationship of trust)라는 표현을 사용하고 있다.[580]

이에 반해 우리 구 증권거래법에서 '누구든지' 라고 하여 아무런 제한을 하지 않았

---

576) Opel 사건(BGH vom 6. 11. 2003)에서 독일연방대법원은 Scalping이 독일증권거래법 제20조a 제1항 3문의 의미에서의 기망행위(Täuschungshandlung)에 해당한다고 판시하였다. (NJW 2004. 320 ff).

577) United States v. O'HGn. 92 F.3d 162 (8th Cir. 1996) rev.d 521 U.S. 642 (1997).

578) Loss & Seligman. *op. cit.* at 1016.

579) 557 F.Supp. 1304, 1311 (E.D. Mich.).

580) Chiarella v. United States. 445 U.S. 222, 229-230 (1980).

다가 1991년 증권거래법 개정에서 주체를 열거하기 시작하였던 것에 알 수 있는 것처럼 입법연혁상 신인관계를 요구하지 않았고, 대법원도 법문에 내부자에 대한 기준이 이미 입법화되어 있어 별도의 신인의무의 존재에 대한 판단을 하지 않는다.[581] 현행법상 내부자, 준내부자, 정보수령자로 구별되어 있다.[582] 우리 법상 직무관련성 요건은 미국에서 신인의무가 내부자거래의 확장을 제한하는 역할을 하는 것과 같은 역할을 수행한다. 그러므로 직무관련성이 없는 내부자의 정보취득의 경우나 내부자가 직무와 무관하게 우연히 또는 도청과 같은 위법한 방법으로 내부정보를 알게 된 경우에는 직무관련성이 부인되므로 내부자거래가 성립하지 않는다.[583] 이와 같은 경우가 시장사기행위를 위한 수단, 계획, 기교로서 관련(in connection with)되어 있으면 이 경우 규율할 수 있는 방법은 제178조 제1항 제1호가 있을 수 있을 것이다.

스캘핑의 경우 입법론적으로 내부자거래에 해당하는 것으로 보는 것이 타당하다는 견해가 있다.[584] 그러나 사견으로는 입법론이 아니라, 현행법으로도 독일증권거래법 시행령과 같은 명문의 금지규정이 없더라도 제178조 제1항 제1호에 의하여 금지되는 유형으로 볼 수 있다고 생각한다.

3) 선행매매(front running)

선행매매(front running)도 단순히 입법론으로 금지하고 되어야 하는 것이 아니라,[585] 현행법상으로도 자본시장법 제54조에서 규정하는 주문정보를 자신이 이용하는 것이 아니라 타인에게 이용하도록 하기 위하여 누설하는 것은 금지되고 있으므로 이 규정은 자본시장법 제178조 제1항 제1호와의 관계에서 특별관계에 있는 조문으로 제54조만 적용될 것이나, 시장에서 특정회사의 주식에 대하여 대규모매수주문이 있을 것을 알게 되는 고객의 대량매도주문을 받은 증권사가 그 주문을 이행하기 전에 자기계정의 보유주식을 먼저 매도하는 행위는 제174조에 의해서 규율되지

---

581) A&D(주식교환방식에 의한 인수 · 합병)를 추진하는 주식회사의 대주주이자 상무이사인 피고인이 전환사채의 거래에 앞서 그 인수 회사의 담당 직원에게 내부정보를 미리 알려준 것만으로는 위 인수 회사 혹은 그 자산운영사에게 위 내부정보가 공개된 것으로 볼 수 없으므로 피고인이 미공개 내부정보를 위 전환사채 거래에 이용한 것이라고 본 원심의 판단을 수긍한 사례(대법원 2006. 5. 11 선고 2003도4320 판결).

582) 자본시장법 제174조.

583) 김건식 · 정순섭, 전게서, 285면.

584) 김건식 · 정순섭, 상게서, 290면.

585) 입법론으로 금지되어야 한다는 견해로 김건식 · 정순섭, 상게서, 289면.

는 않더라도 자본시장법 제178조 제1항 제1호에 의해서 규율된다고 할 것이다.

선행매매는 제2호와의 관계에서도 위계에 해당한다고 보기 어렵다. 반대로 투자자문업자가 고객에 대한 매수권고를 하기 전에 자기 계산으로 매수주문을 내는 행위는 위계에 해당할 수 있다.[586]

(4) 수 단

수단은 Rule 10b-5의 device에 해당하는 용어이다. 물리적인 수단(physical device)의 이용인지 여부는 문제가 되지 않을 것이다. 여기서의 수단은 통상적으로 자본시장에서의 불공정거래행위에 공할 목적으로 만들어진 수단이 아니나 불공정거래행위를 하기 위한 목적으로 공하여진 수단을 포함하는 것으로 이와 같은 수단으로는 인터넷을 사용한 해킹행위와 같은 것이 있을 것이다. 해킹은 그 자체가 불공정거래행위를 위하여만 사용되는 수단은 아니나 해킹을 통하여 획득한 정보를 사용하여 불공정거래행위를 하는 경우에는 이러한 행위가 자본시장법 제178조 제1항 제1호의 수단에 해당될 수 있을 것이다.

1) 인터넷을 통한 정보 절취(information theft)

미국에서 문제가 되었던 정보절취 사건이 수단에 해당할 수 있다. Oleksandr Dorozhko 사건(2008)에서는 해킹이 문제가 되었다. 위 사건은 우크라이나인 해커가 296,456불의 이익을 해킹을 통하여 얻은 IMS Health 사의 정보를 사용하여 얻었음에도 아무런 처벌을 할 수 없게 된 미국 사안이다.[587] 이 사건에서 연방제2항소법원은 1934년 증권거래법 제10조의 위반은 인정할 수 없다고 판시하였다.[588] 해킹을 통해서 정보를 훔친 것은 시세조종이 아니라 시장행위(market activity)이고, 1934년 증권거래법 10(b)의'기망적'이라 함은 공개에 대한 충실의무위반이 요건이 되어야 하나 SEC가 이러한 의무에 대한 입증을 하지 못했다고 하면서 SEC가 한 내부자거래가 아닌 시세조종행위에는 적극적인 기망행위를 인정함에 있어서 충실의무위반을 입증할 필요가 없다는 주장을 받아들이지 않아서 결국 증권법에 의한 제재가 이루

---

586) 김건식 · 정순섭, 상게서, 338면.

587) Ashby Jones, "On the SEC, Mark Cuban, and a Man Named Dorozhko," July 28, 2009.
http://blogs.wsj.com/law/2009/07/28/on-the-sec-mark-cuban-and-a-man-named-dorozhko/
(2009. 10. 15 최종접속)

588) SEC v. Dorozhko, Docket No. 08-0201-cv. Decided: July 22, 2009.

어지지 않았다.589)

해킹에 의한 정보절취의 경우 미국과 같이 내부자거래에 해당하지 않는다고 하더라도 해킹이라는 手段(device)을 사용하여 취득한 정보를 불공정한 거래를 위하여 사용한 것으로 볼 수 있으므로 자본시장법 제178조 제1항 제1호에 해당하는 행위라고 볼 수 있다. 또 우리나라에서는 해킹에 의한 정보절취행위는 정보통신망 이용촉진 및 정보보호 등에 관한 법률 제49조 위반이 될 수 있다.590)

2) 내부자가 아닌 자로부터의 정보수령

대법원591)은 내부자로부터 정보를 수령할 것을 요구하고 있으며 그로부터 다시 정보를 수령한 그 후의 정보수령자는 내부자거래금지의 적용대상이 되지 않는 것으로 보고 있다. 미국에서는 Dirk 기준592)이 정보수령자관계(tippee-tipper relationship)를 판단하는 중요한 기준이 된다. 반면 독일 증권거래법 제14조 제1항593)은 반드시 내부자로부터 정보를 수령한 1차 수령자에게 국한하지 않고 제3자라고 규정하고 있다.

따라서 위와 같은 규정 태도로 인하여 1차 수령자가 아닌 정보의 취득을 하는 경우 이러한 행위가 우회적으로 이루어질 수 있는 가능성을 배제할 수 없다. 이러한 경우 자본시장법 제178조 제1항 제1호의 적용을 통하여 규범의 흠결을 보충할 수 있다.

---

589) Dorozhko's alleged 'stealing and trading' or 'hacking and trading' does not amount to a violation of securities laws … Dorozhko did not breach any fiduciary or similar duty 'in connection with' the purchase or sale of a security (SEC v. Oleksandr Dorozhko).

590) 규율의 대상이 되는 타인의 비밀이란 일반적으로 알려져 있지 않은 사실로서 이를 다른 사람에게 알리지 않는 것이 본인에게 이익이 있는 것을 의미함(대법원 2006. 3. 24 선고 2005도7309 판결 참조).

591) 대법원 2002. 1. 25 선고 2000도90 판결.

592) Dirk 사건에서 회사의 자산이 과대계상되었다는 사실을 발견한 직원 Secrist가 그러한 비밀을 고발하기 위하여 그 정보를 증권분석가인 Dirks에게 알려주었다. Dirk는 Secrist로부터 획득한 정보의 진위를 확인하는 과정에서 그 정보를 고객들에게 알렸고, 고객들은 그 회사의 주식을 처분하였다. 이 사건은 정보제공자의 책임이 아니라 정보수령자의 책임이 문제가 된 사안으로 연방대법원은 정보수령자의 거래를 본질적으로 정보제공자의 간접적인 내부자거래로 파악하였다(Dirks v. SEC, 681 F.2d 824 (D.C. Cir. 1982)).

593) 독일증권법 제14조 제1항
  (1) 내부자의 다음과 같은 행위는 금지된다.
    1. 내부자가 증권을 자기의 계산 또는 제3자의 계산으로 또는 제3자를 위해서 자신의 내부자정보에 대한 지식을 이용함으로써 내부자증권을 취득하거나 또는 매각하는 행위
    2. 타인에게 권한이 없이 내부자정보를 알리거나 유출하는 행위
    3. 내부자증권을 취득하거나 매각하기 위해서 내부자정보에 관한 지식에 근거하여 제3자에게 권유하는 행위

Ⅳ. 결 론

이상에서 살펴본 것과 같이 자본시장법 제178조 제1항 제1호는 미국의 Rule 10b-5나 일본의 金融商品取引法 제157조와 같은 일반조항이다. 하지만 형사처벌조항이 있어서 죄형법정주의 관점에서 위헌성 문제가 있다. 비록 일본에서 金融商品取引法 제157조를 합헌으로 판단하였다고 하더라도 그 근거가 명확하지 않아 우리 법상으로도 합헌이라고 단정할 수 없다.

실행에 있어서도 계획, 기교, 수단이라는 우리 법에서 검증된 용어례가 아니다. 이런 용어를 사용하게 되면 수범자에게 금지규범으로서의 행위에 대한 통제준칙으로서의 역할을 하기 어렵다. 그러므로 합헌이라고 본다고 하더라도 각 행위의 의미를 예견할 수 있는 정도의 수준으로 구체화하여야 한다. 그렇지 못하면 결국 죄형법정주의가 달성하려고 하는 헌법적 이상과 배치되는 결과주의에 의한 규제가 횡행하는 결과가 야기될 수 있다. 이런 점은 일반조항에 의한 포괄적인 규정이 실제 법집행에 있어서 집행자가 법집행을 주저하도록 하여 규정의 실효성을 저해할 수 있는 요인으로 작용할 수 있다.

그러므로 이러한 점을 보완하기 위하여 각각의 계획, 기교, 수단의 의미를 구 증권거래법 제188조의4의 해석과 연계하여 비교하면서, 각각의 용어례의 의의와 적용 범위를 부여하고자 하였다.

제6절 주식매수선택권제도의 운용 실제와 문제점

Ⅰ. 주식매수선택권제도의 입법상 전개

1. 의의

주식매수선택권이란 회사가 정관이 정하는 바에 따라 상법 제434조의 규정에 의한 주주총회의 결의로 회사의 설립, 경영과 기술혁신 등에 기여하거나 기여할 수 있는 회사의 이사, 감사 또는 피용자에게 미리 정한 가액으로 신주를 인수하거나 자기의 주식을 매수할 수 있도록 부여한 권리이다(상법 제340조의 2 제1항).

2. 입법연혁

(1) 2009년 상법개정

당해 법인의 설립 경영과 기술혁신 등에 기여하거나 기여할 수 있는 당해 법인의 임원 또는 직원에게 미리 정한 가격으로 당해 법인의 주식을 매수할 수 있도록 부여한 권리인 주식매수선택권(株式買受選擇權, stock option)[594]은 1997년 도입 이래 벤처 기업 붐이 불 당시에는 많은 대기업의 연구원들을 포함한 직원들을 벤처로 유인하는 수단으로 사용되면서 황금알을 낳은 거위인 것처럼 인식되었었다.[595] 삼성 그룹의 여러 계열사를 포함한 다수의 회사[596]가 선택한 주식매수선택권제도는 주요 임직원을 유지하고, 성과 인센티브로 기업의 목표를 달성하는 것을 촉구하기 위한 유인으로 사용되고 있다.[597] 1999년에는 개정상법이 이 제도를 채택함으로써 비상

---

594) 주식매수선택권이라는 제도는 1997년 증권거래법에 도입될 당시 주식매입선택권으로 불리었고, 세무를 담당하는 부분에서는 조세특례제한법의 영향으로, 내지는 벤처기업의 경우 벤처기업육성에관한특별조치법이 종전에 주식매입선택권이라는 용어를 사용하고 있었던 관계로(2002년 벤처기업육성에관한특별조치법의 개정으로 명칭이 주식매수선택권으로 변경되었음) 주식매입선택권이라는 명칭이 회사의 정관이나 현실적으로 용어례에서 혼용되어 사용되고 있으며, 회사들의 실제 사용례로는 스톡옵션이라는 용어가 보편적으로 사용되는 것으로 보인다(예를 들어 삼성그룹의 표준적인 규정의 경우 '스톡옵션 운영규정' 및 '스톡옵션계약서'라고 명칭을 정하고 있음). 따라서 이 글에서는 주식매수선택권을 원칙적으로 사용하기로 하되, 필요에 따라 스톡옵션을 혼용하여 사용하기로 한다.

595) 재정경제부의 바람직한 '스톡옵션(주식매수선택권제도) 정착방안'에서도 스톡옵션을 막대한 주가 차익을 얻는 수단으로 인식하고, 주가상승분 중 스톡옵션을 부여받는 대상자가 기여한 분이 구분되지 않아 보상이 지나치게 많다는 논란이 제기되고 있음을 지적하고 있다(www.mofe.go.kr site에서 참조). 다만 재경부의 이러한 지적은 주가를 끌어올려서 주주에게 이익이 되게 하고 동시에 자신에게도 이익이 되도록 하는 것이 이 제도의 목적이고, 그래서 차익을 많이 얻는다는 것이 왜 문제인지? 이 부분은 이로 인하여 발생하게 되는 소득세를 그것이 근로소득으로든지, 기타 소득으로든지 성실히 납부하면 되는 것이 아닌지 하는 의문이 있고, 주가상승분 중에 특정인의 기여가 얼마인지를 정확히 파악하는 것은 애초에 불가능한 것이 아닌지 하는 의문이 있다. 다만 현재의 고정부 스톡옵션이 문제가 있을 수 있음은 분명하나, 다른 방식을 취한다고 하더라도 개선될 수 있을지 몰라도 정확히 측정하여 그에게 결과를 귀속시킬 수 있다고 말하는 것은 옳지 않다고 본다.

596) 1997년 3월 도입 이래 1999.8. 729개의 상장회사 중 38개가 도입을 하고 있었고, 정관에 이 제도를 도입한 회사가 288개였던 것이, 2001년 증권거래소의 상장회사 주식매수선택권 부여현황에 의하면, 스톡옵션을 부여하고 있는 회사는 123개 사(198건)로 전체 상장법인(698사)의 17.6%이며 총 부여 주식 수는 1억 1669만 주(전체 상장 주식의 0.63%)로 집계됐다. 5대 그룹의 스톡옵션 부여 회사 수는 삼성이 14개 사로 가장 많았고 에스케이 6개 사, 현대자동차 3개 사, 현대그룹과 엘지 각 1개 사였다. 스톡옵션 부여비율은 에넥스가 전체상장보통주식의 13.10%로 가장 높았다(2001.4.26.자 한계레신문 참조). 2002.2.4. 현재 증권거래소에 따르면 주식매수선택권을 부여받은 상장법인 임원 가운데 올해 중에 권리를 행사할 수 있는 경우는 33개 사 153명으로 이들이 부여받은 주식 수는 총 1119만 3000주라고 한다(2002.2.4.자 머니투데이 참조).

597) 스톡옵션 제도는 소유와 경영이 분리된 미국 기업들이 이미 1920년대부터 주주와 경영자의 이해를 일치시켜 경영자의 대리인 문제를 최소화하기 위하여 도입된 제도이다(스톡옵션제도의정립과 운영 개선방안, 1999.11. 한국 상

장사들도 이러한 제도를 활용할 수 있도록 되었다. 그러는 동안 한편으로는 증권거래법의 개정이 거의 매년 경우에 따라서는 1년에 2회 이상 이루어지는 과정에서 주식매수선택권 내지 이와 관련된 제도의 변경이 이루어졌다. 그리하여, 주식매수선택권제도는 현재 상법과 상장회사에 대하여 증권거래법, 그리고 벤처기업육성에관한특별조치법이 규정하고 있는 벤처기업 등으로 나뉘어 부여할 수 있는 근거가 되는 법령이 정비되었다. 그럼에도 그 실행에 있어서 시행 후 5년이 경과된 시점이나 본격적으로 부여된 때로부터 행사에 이르기까지를 보면, 그 행사 기간이 부여일로부터 2년 내지 3년으로 법정하여 두다 보니, 본격적인 행사는 2002년 내지 2003년을 기점으로 이루어질 것으로 보았다.

2009년 상법개정을 통해서 주식매수선택권은 상장회사의 경우 구 증권거래법의 폐지로 상법 제542조의 3에 옮겨서 규정되었다.[598] 비상장회사들의 경우에는 상법 제340조의 2 내지 5에서 규정함으로써 상법 내에 상장 여부에 따라서 2개의 주식매수선택권조항이 존재하는 상황이다.

(2) 상법시행령상의 관련 조항 신설

구체적인 사항은 상법시행령이 규정한다. 2009.2.3. 신설된 시행령 제9조는 다음과 같이 주식매수선택권을 규율한다.

장회사협의회, 2면).

[598] **제542조의 3(주식매수선택권)**

　① 상장회사는 제340조의 2 제1항 본문에 규정된 자 외에도 대통령령으로 정하는 관계 회사의 이사, 감사 또는 피용자에게 주식매수선택권을 부여할 수 있다. 다만 제542조의 8 제2항 제5호의 최대주주 등 대통령령으로 정하는 자에게는 주식매수선택권을 부여할 수 없다.

　② 상장회사는 제340조의 2 제3항에도 불구하고 발행주식 총수의 100분의 20의 범위에서 대통령령으로 정하는 한도까지 주식매수선택권을 부여할 수 있다.

　③ 상장회사는 제340조의 2 제1항 본문에도 불구하고 정관으로 정하는 바에 따라 발행주식 총수의 100분의 10의 범위에서 대통령령으로 정하는 한도까지 이사회가 제340조의 3 제2항 각 호의 사항을 결의함으로써 해당 회사의 감사 또는 피용자 및 제1항에 따른 관계 회사의 이사·감사 또는 피용자에게 주식매수선택권을 부여할 수 있다. 이 경우 주식매수선택권을 부여한 후 처음으로 소집되는 주주총회의 승인을 받아야 한다.

　④ 상장회사의 주식매수선택권을 부여받은 자는 제340조의 4 제1항에도 불구하고 대통령령으로 정하는 경우를 제외하고는 주식매수선택권을 부여하기로 한 주주총회 또는 이사회의 결의일부터 2년 이상 재임하거나 재직하여야 주식매수선택권을 행사할 수 있다.

　⑤ 제1항부터 제4항까지에서 규정한 사항 외에 상장회사의 주식매수선택권 부여, 취소, 그 밖에 필요한 사항은 대통령령으로 정한다. [본조신설 2009.1.30]

제9조(주식매수선택권)

① 법 제542조의 3 제1항 본문에서 '대통령령으로 정하는 관계회사'란 다음 각 호의 어느 하나에 해당하는 법인을 말한다. 다만 제1호 및 제2호의 법인은 주식매수선택권을 부여하는 회사의 수출실적에 영향을 미치는 생산 또는 판매업무를 영위하거나 그 회사의 기술혁신을 위한 연구개발활동을 수행하는 경우에 한한다.

1. 해당 회사가 총출자액의 100분의 30 이상을 출자하고 최대출자자로 있는 외국법인

2. 제1호의 외국법인이 총출자액의 100분의 30 이상을 출자하고 최대출자자로 있는 외국법인과 그 법인이 총출자액의 100분의 30 이상을 출자하고 최대출자자로 있는 외국법인

3. 해당 회사가 「금융지주회사법」에서 정하는 금융지주회사인 경우 그 자회사 또는 손자회사 가운데 상장회사가 아닌 법인

② 법 제542조의 3 제1항 단서에서 '제542조의 8 제2항 제5호의 최대주주 등 대통령령으로 정하는 자'란 다음 각 호의 어느 하나에 해당하는 자를 말한다. 다만 해당 회사 또는 제1항의 관계회사의 임원이 됨으로써 특수관계인에 해당하게 된 자[그 임원이 계열회사(「독점규제 및 공정거래에 관한 법률」에 따른 계열회사를 말한다. 이하 같다.)의 상무에 종사하지 아니하는 이사·감사인 경우를 포함한다.]를 제외한다.

1. 법 제542조의 8 제2항 제5호의 최대주주 및 그 특수관계인
2. 법 제542조의 8 제2항 제6호의 주요주주 및 그 특수관계인

③ 법 제542조의 3 제2항에서 '대통령령으로 정하는 한도'란 발행주식 총수의 100분의 15에 해당하는 주식 수를 말한다. 이를 산정하는 경우 법 제542조의 3 제3항에 따라 부여한 주식매수선택권을 포함하여 계산한다.

④ 법 제542조의 3 제3항 전단에서 '대통령령으로 정하는 한도'란 다음 각 호의 구분에 따른 주식 수를 말한다.

1. 최근 사업연도 말 현재의 자본금이 3천억 원 이상인 법인: 발행주식 총수의 100분의 1에 해당하는 주식 수

2. 최근 사업연도 말 현재의 자본금이 1천억 원 이상 3천억 원 미만인 법인:
발행주식 총수의 100분의 3에 해당하는 주식 수와 60만 주 중 적은 수에
해당하는 주식 수

3. 최근 사업연도 말 현재의 자본금이 1천억 원 미만인 법인: 발행주식 총수의
100분의 3에 해당하는 주식 수

⑤ 법 제542조의 3 제4항에서 '대통령령으로 정하는 경우'란 주식매수선택권을
부여받은 자가 사망하거나 정년이나 그 밖에 본인의 귀책사유가 아닌 사유로
퇴임 또는 퇴직한 경우를 말한다.

⑥ 상장회사는 다음 각 호의 어느 하나에 해당하는 경우에는 정관에서 정하는
바에 따라 이사회 결의에 의하여 주식매수선택권의 부여를 취소할 수 있다.

1. 주식매수선택권을 부여받은 자가 본인의 의사에 따라 사임 또는 사직한 경우

2. 주식매수선택권을 부여받은 자가 고의 또는 과실로 회사에 중대한 손해를
입힌 경우

3. 해당 회사의 파산 등으로 주식매수선택권 행사에 응할 수 없는 경우

4. 그 밖에 주식매수선택권을 부여받은 자와 체결한 주식매수선택권 부여계약
에서 정한 취소사유가 발생한 경우

⑦ 주식매수선택권의 행사기한을 해당 이사·감사 또는 피용자의 퇴임 또는 퇴
직일로 정하는 경우 이들이 본인의 귀책사유가 아닌 사유로 퇴임 또는 퇴직
한 때에는 그날부터 3개월 이상의 행사 기간을 추가로 부여하여야 한다.

3. 유형

상법은 주식매수선택권 부여방법으로 ① 주식매수선택권의 행사가액 납입 시 신
주를 발행하여 교부하는 방법(신주발행교부방식), ② 자기 주식을 교부하는 방법(자
기주식교부방식), ③ 행사가액과 시가와의 차액을 현금 또는 주식의 혼합분으로 교
부하는 방법(차액보상방식)을 인정하고 있다.[599]

이와 비교하여 미국에서는 주식매수선택권의 부여 시 및 행사 시의 과세 여부, 주
식의 유형, 제공대상 및 수단에 따라 투자형(Investment), 보상형(Appreciation), 전가

---

599) 심경, "주식매수선택권(Stock Option)의 과세문제", 재판자료: 조세법실무연구(조세법커뮤니티 연구자료집) 제115집 법
원도서관(2008).

치형(Full – value)으로 분류한다.[600)

첫 번째 유형인 투자형(Investment)에는 장려형 주식매수선택권(Incentive Stock Option: ISO)과 비적격 주식매수선택권(Non – qualified Stock Option: NQSO)이 있다. 장려형 주식매수선택권이란, 일정한 요건하에 세제상의 우대를 조건부로 하여 일정 기간 동안 일정한 가격으로 회사의 주식을 매수할 수 있는 권리를 제공하는 주식매수선택권으로서 가장 일반적인 형태의 주식매수선택권이다. 이 유형의 주식매수선택권은 제공시점의 시장가치보다 높은 가격으로 일정 기간 안에 행사되어야 하고, 주식매수선택권 행사 이후에도 최소한 일정 기간은 회사의 주식을 보유하는 것이 의무이다. 이에 대해서 비적격 주식매수선택권이란 일정한 기간 내에 일정한 가격으로 회사주식을 매수할 수 있는 권리가 부여된다는 점에서는 장려형 주식매수선택권과 동일하지만 법에서 정하고 있는 세금감면의 일정한 요건을 갖추지 못하고 있기 때문에 세제상의 우대조치가 적용되지 않는 주식매수선택권이다.

두 번째 유형인 보상형(Appreciation)은 옵션을 부여받은 임원이나 종업원이 권리행사 시점의 시장가격 또는 장부가격이 권리행사 가격을 상회할 경우 현금, 주식 또는 현금주식혼합형으로 지급받는 형태로서 이에는 주가차익수익권(SARs: Stock Appreciation Rights)과 가상주식(Phantom Stock)이 속한다. 가상주식이란 약정된 행사시기에 주식을 매수하는 것이 아니라 임직원에게 권리행사 시점에서 자사주의 시장가격과 주식매수선택권 부여시점의 시장가격과의 차액(주가상승분)을 현금이나 주식 또는 현금과 주식의 혼합형으로 지급받는 권리를 말한다.

마지막으로 전가치형 주식매수선택권은 주식의 전체가치나 특정한 가치를 종업원의 실적에 따라 성과급의 형태로 제공하는 형태로서, 이에는 제한부 주식(Restricted Stock)과 성과연계형 주식(Performance Share)이 포함된다.

한편 최근 미국에서는 스톡옵션 대신 직접 주식을 부여하는 스톡 어워드(Stock award; stock vesting)가 많이 활용된다. 스톡 어워드는 예를 들어 주식 10,000주를 A에게 주기로 하되, 1년 근무하면 2,000주씩 5년간 1만 주가 계속 부여되거나, 근속기간이 늘어날수록 부여수량이 증가하도록 하는 등의 방법으로 옵션이 아닌 실제 주식을 부여하는 방법이다.[601)

---

600) 이규철, "외국 자회사의 국내 지점에 근무하는 사람이 외국 모회사로부터 받은 주식매수선택권 행사이익이 근로소득에 해당한다고 본 사례", 대법원판례해설, 73호(2007 하반기) 법원도서관(2008.7.) 672 – 673면.
601) 예를 들어 최근 머니투데이 기사를 보면 이런 경향을 알 수 있다. 머니투데이는 "경제전문 포천에 따르면 올해로

Ⅱ. 주식매수선택권 관련 최근 판례의 전개

1. 외국 모회사의 국내 자회사 임직원에 대한 주식매수선택권 부여의 문제

(1) 소득의 성격

외국 모회사의 국내 자회사 임직원에 대한 주식매수선택권은 소득세법이 열거된 소득에 대해서만 과세할 수 있는바, 이렇게 열거된 소득에 포함되지 않으므로 과세할 수 없다는 주장이 있었다.

대법원은 이러한 주장을 배척하였고,[602] 이은 대법원 2007.11.15. 선고 2007두5172 판결에서 대법원은 주식매수선택권 행사이익은 국내 자회사들의 경영과 업무수행에 직접 또는 간접적으로 영향을 미치는 외국 모회사들이 원고들에게 지급한 것으로서 이는 원고들이 국내 자회사들에 제공한 근로와 일정한 상관관계 내지 경제적 합리성에 기한 대가관계가 있다고 봄이 상당하므로 이 사건 주식매수선택권 행사이익은 소득세법 제20조 제1항 제2호 (나)목 소정의 을종근로소득(乙種勤勞所得)에 해당된다고 봐서 과세할 수 있다고 판시하였다.[603] 이러한 대법원의 판시는 일본 최고재판소의 결론과 동일한 것이다.

대법원 2007.11.15. 선고 2007두5172

소득세법 제20조 제1항 소정의 근로소득은 지급형태나 명칭을 불문하고 성질상 근로의 제공과 대가관계에 있는 일체의 경제적 이익을 포함할 뿐 아니라 직접적인 근로의 대가 외에도 근로를 전제로 그와 밀접히 관련되어 근로조건의 내용을 이루

34세인 맷 매독스 윈리조트 최고재무책임자(CFO)가 지난해 1,766만 달러의 급여를 받아 가장 부자인 것으로 집계됐다. 매독스는 2002년 회사에 합류해 계속해서 재무 쪽을 맡아왔으며 고속승진을 통해 지난해 CFO 직책을 맡았다. 그는 현재 윈리조트의 현금흐름을 총괄하고 있다. 매독스의 지난해 기본 연봉은 59만 3,590달러였지만 스톡옵션이 1,100만 달러, 스톡어워즈(Stock Awards)를 500만 달러 이상 챙겼다."라고 보고하고 있다. 이처럼 최근에는 미국에서 보상체계(compensation package)의 구성이 변화하고 있다(머니투데이 인터넷판 2009.10.27.).

602) 대법원 2007.10.25. 선고 2007두1941 판결. 이 판결에 대한 평석으로는 이규철, "외국 자회사의 국내 지점에 근무하는 사람이 외국 모회사로부터 받은 주식매수선택권 행사이익이 근로소득에 해당한다고 본 사례", 대법원판례해설, 73호(2007 하반기), 법원도서관(2008.07).

603) 같은 취지의 판시로 대법원 2007.10.25. 선고 2007두1941 판결 【종합소득세부과처분취소】 [공2007하, 1866]가 있음. 대법원 판결 이전에 서울행정법원 2005.12.27. 선고 2005구합23640 판결 【경정거부처분취소】 [각공 2006.3.10.(31), 815]에서도 외국의 모회사가 국내 자회사의 임직원에게 부여한 주식매수선택권이 근로소득에 해당한다고 보았음.

고 있는 급여도 포함한다 할 것이다.

　원심판결 이유에 의하면 원심은, 원고들이 외국 기업들의 국내 자회사들인 판시와 같은 회사(이하 '국내 자회사들'이라 한다.)의 임직원으로 각 근무하면서 국내 자회사들의 주식을 67% 내지 100%씩 보유하고 있던 각 외국 기업들(이하 '외국 모회사들'이라 한다.)로부터 원고들이 일정한 기간 국내 자회사들에서 근무할 것과 원칙적으로 국내 자회사들과 고용계약이 해지되면 주식매수선택권 부여계약도 그 효력을 상실하며, 부여된 주식매수선택권은 타인에게 양도할 수 없다는 조건으로 주식매수선택권을 부여받은 후, 1996년부터 2000년까지 각각 그 주식매수선택권을 행사함으로써 그 행사일 현재의 주식거래가액(시가)에서 주식매수선택권 행사 가격(실제 취득가격)을 공제한 차액을 기준환율로 환산한 금액 상당의 이익(이하 '이 사건 주식매수선택권 행사이익'이라 한다.)을 얻은 사실을 확정하였다.

　사정이 그러하다면 원고들의 이 사건 주식매수선택권 행사이익은 국내 자회사들의 경영과 업무수행에 직접 또는 간접적으로 영향을 미치는 외국 모회사들이 원고들에게 지급한 것으로서 이는 원고들이 국내 자회사들에 제공한 근로와 일정한 상관관계 내지 경제적 합리성에 기한 대가관계가 있다고 봄이 상당하므로 이 사건 주식매수선택권 행사이익은 소득세법 제20조 제1항 제2호 (나)목 소정의 을종근로소득에 해당된다고 할 것이고, 이는 원고들과 외국 모회사들 사이에 직접적인 고용관계가 없어 고용계약상의 사용자와 주식매수선택권 부여자가 다르다거나 위 각 주식매수선택권의 행사 당시 구 소득세법 시행령(2002.12.30. 대통령령 제17825호로 개정되기 전의 것) 제38조 제1항 각 호에서 주식매수선택권 행사이익이 근로소득에 포함되는 것으로 열거되어 있지 않았다고 하여 달리 볼 것은 아니다.[604]

(2) 과세대상 소득의 계산

　소득세법 제24조 제2항은 금전 외의 것을 수입하는 때에는 그 수입금액을 그 거래 당시의 가액에 의하여 계산하도록 규정하고 있으므로, 원심이 이 사건 주식매수선택권의 행사이익을 그 행사일 현재의 주식거래가액(시가)에서 주식매수선택권 행

---

[604] 소득세법 제20조와 구 소득세법 시행령(2002.12.30. 대통령령 제17825호로 개정되기 전의 것) 제38조 제1항에 의하면, 소득세 과세대상이 되는 근로소득의 범위는 소득세법 제20조의 규정에 의하여 정해지는 것이고, 구 소득세법 시행령 제38조 제1항이 "법 제20조의 규정에 의한 근로소득의 범위에는 다음 각 호의 소득이 포함되는 것으로 한다."라고 규정하고 있는 것은 근로소득에 포함되어야 할 것을 주의적으로 열거하고 있는 것으로 해석된다 할 것이어서, 이러한 규정이 근로소득의 종류를 한정적으로 열거하는 규정이라고 볼 수 없다(서울행정법원 2005.12.27. 선고 2005구합23640 판결).

사 가격(실제 취득가격)을 공제한 차액을 기준환율로 환산한 금액으로 산정하는 방법으로 주식매수선택권의 행사이익을 산정하면 된다고 한다.[605]

2. 주식매수선택권에 대한 과세[606]

(1) 소득세 납세의무의 성립 관련 사례[607]

사례를 통하여 주식매수선택권에 대한 과세문제를 살펴본다.

≪사례≫[608]

A사가 2003.6.30. 주식 1만 주를 2만 원에 매수할 수 있는 주식매수선택권을 E에게 부여하기로 주주총회에서 특별 결의하였다. E는 3년 후인 2006.7.1. 주식매수선택권을 행사하여 주당 2만 원을 지급하고 A사 주식 1만 주를 취득함으로써 2억 원의 이득을 얻게 되었다. E는 2007.7.1.에 그 주식을 5만 원에 처분함으로써, 1억 원의 시세 차익을 얻게 되었다.

주식매수선택권 부여계약을 체결하면 약정한 바에 따라 일정 거치기간 경과 후 선택권을 행사하여 주식을 매입함으로써 비로소 주식의 시가와 매입가액의 차액만큼 소득(선택권 행사이익)이 발생한다. 만일 옵션행사 가격(2만 원)보다 현재의 주가가 낮아서 행사할 실익이 없는 경우에는 행사하지 않으면 손해가 발생하지 않는다는 점은 다른 옵션행사의 경우와 같다.

---

605) 대법원 2007.11.15. 선고 2007두5172 판결.

606) 이에 대하여 가장 포괄적으로 가장 잘 기술된 문헌은 심경. "주식매수선택권(Stock Option)의 과세문제 재판자료". 조세법실무연구(조세법커뮤니티 연구자료집) 제115집, 법원도서관(2008)이다.

607) 만일 근로제공 기간 중에 부여받은 주식매수선택권을 퇴직 후에 행사하여 이익이 발생한 경우와 고용관계 없이 주식매수선택권을 부여받아 이를 행사하여 이익이 발생한 경우가 '기타소득'에 해당됨은 소득세법 제21조 제1항 제22호의 규정상 의문의 여지가 없다고 한다(심경, 위의 논문).

608) 위의 논문. 431면.

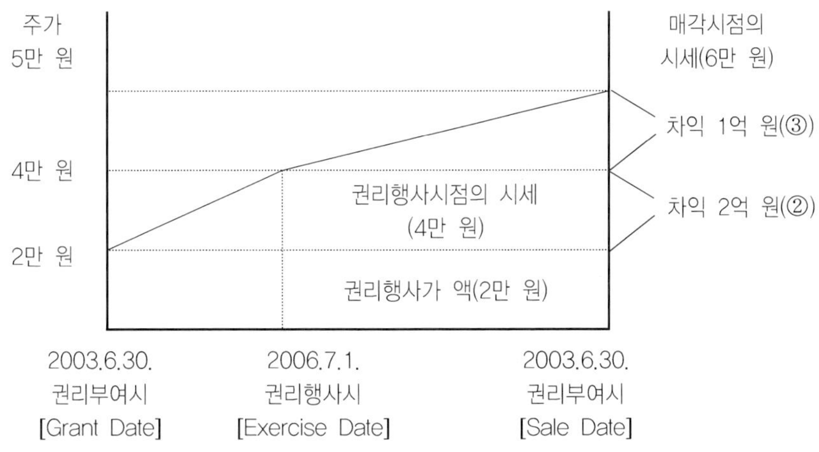

(2) 주식매수선택권 행사이익 발생시점

주식매수선택권 행사일에 행사이익이 발생한다는 견해가 통설이고 과세관청의 일관된 견해이다.[609] 그 이론적 근거로는 ① 주식매수선택권은 회사가 임직원의 노무제공을 인식한 후에 임직원의 권리행사라는 사건을 계기로 하여 회사의 주식 내지 현금을 임직원에게 노무제공에 대한 보상 내지 후불로서 지급하는 것이므로 행사시점의 소득에 행사이익을 포함시키는 것이 논리적이고, ② 행사이익에 대한 과세를 주식의 처분 시로 이연하게 되면 주식매수선택권을 부여받은 임직원은 행사이익에 대한 소득세액을 정부로부터 무상으로 대여받아 재투자에 사용하는 것과 마찬가지의 이익을 보게 되고, 또한 상장 주식을 취득한 경우 양도소득세까지 부담하지 않게 되어 동일한 노무제공에 대한 보상을 현금으로 부여받은 임직원과 주식매수선택권으로 부여받은 임직원 사이의 수평적 공평을 해치게 되며, ③ 과세 행정적 측면에서도 보더라도 주식매수선택권 행사 시점에서 행사이익을 산정하는 것이 용이하다는 점, ④ 주식매수선택권은 주식 매매의 예약 내지 이에 유사한 법률관계에서 발생한 예약완결권으로서, '그 자체로서 주식의 인도를 청구할 수 있는 권리'는 아니고 단지 '주식양도계약을 성립시킬 수 있는 권리'에 불과하며, 양도가 금지되어 있어 환가 가능성도 없으므로, 이러한 주식매수선택권 자체를 담세력을 증가시키는 경제적 이익으로 보기 어려운 점, ⑤ 권리행사이익은 권리행사 시점의 주가와 권리행사

---

609) 주식매수선택권을 행사한다고 하더라도 아직 이익이 실현된 것이 아니므로 행사일에 행사이익이 발생한다는 통설에 대하여 반대하는 견해도 있음.

가격과의 차액에 상당하는 경제적 이익으로서, 주식매수선택권 부여계약에 의거해서 주식매수선택권 행사 시점에 주식매수선택권 부여회사로부터 피부여자에게 이전되는 것이므로, 주식매수선택권 자체와는 구별되는 것이고, 따라서 주식매수선택권의 부여 자체에 권리행사이익의 이전이 포함되어 있다고 볼 수 없는 한편, 권리행사이익을 주식매수선택권의 가격이 상승한 것에 불과하다고 볼 수도 없으며, 오히려 이는 주식매수선택권과는 달리 담세력을 증가시키는 경제적 이익에 해당한다고 볼 수 있는 점, ⑥ 소득세법 제39조 제1항은 "거주자의 각 연도 총수입금액과 필요경비의 귀속 연도는 총수입금액과 필요경비가 확정된 날이 속하는 연도로 한다."고 규정하고 있는데, 소득이 당해 귀속 연도에 확정되었다고 보기 위해서는 구체적 사안에서 소득에 대한 관리·지배와 발생소득의 객관화 정도, 납세자금의 확보시기 등까지도 함께 고려하여 소득이 현실적으로 실현될 것까지는 필요 없고, 실현가능성이 상당히 높은 정도로 성숙·확정되면 족한 것인바,[610] 주식매수선택권 행사이익이 주식을 시가보다 낮게 취득한 이익으로서 그 자체만으로는 아직 그 이익이 금전화되지는 않았고, 향후 주식 처분가액 여하에 따라 최종적인 이익의 규모에 변동이 있을 수는 있으나, 주식매수선택권 행사로 취득한 주식을 자유로이 처분할 가능성이 열려 있는 이상 권리행사이익은 주식매수선택권 행사 시점에 소득이 현실적으로 실현되었거나 적어도 실현가능성이 고도로 성숙·확정되었다고 봄이 상당한 점, ⑦ 소득세법 제24조 제2항, 제39조 제1항, 소득세법 시행령 제49조 제2항에 의하면, 근로소득을 금전 외의 것으로 수입하는 경우 그 수입금액은 그 거래 당시의 가액(시가)에 의하여 계산하여야 하고, 그 수입 시기는 급여를 받은 당해 과세기간의 과세표준 확정신고기간 개시일 전에 당해 급여가 확정되지 아니한 때에는 그 확정된 날에 수입한 것으로 간주되는 점 등에 비추어 보면, 주식매수선택권 부여 시에는 그 경제적 이익이 확정 내지 현실화되지 않고 주식매수선택권의 행사에 의하여 주식을 취득할 때 비로소 그 경제적 이익인 주식매수선택권 행사이익이 확정 내지 현실화되므로, 주식매수선택권 행사이익은 주식매수선택권 부여 시가 아니라 주식매수선택권 행사 시에 원고에게 근로소득으로 귀속된다는 점을 들 수 있다.[611]

---

610) 대법원 1993.6.22. 선고 91누8180 판결.
611) 이규철, 전게논문, 675－676면.

(3) 주식매수선택권 행사이익의 귀속 연도와 세법개정 시 적용법령

거주자 소득의 총수입금액과 필요경비의 귀속 연도는 당해 수입금액과 필요경비가 확정된 날이 속하는 연도이므로,[612] 주식매수선택권 행사이익의 귀속 연도는 당해 선택권을 행사한 연도이다. 따라서 주식매수선택권과 관련한 소득세 납세의무 성립 시는 선택권 부여 시나 취득주식의 처분 시가 아니라 선택권 행사 시가 된다.[613]

또 납세의무는 각 세법이 정한 과세요건이 완성된 때 즉, 각 법령이 정한 바에 따라 과세표준을 계산하고 세율을 적용하여 과세할 수 있는 상태가 되었을 때 성립하고, 세금의 부과는 납세의무의 성립 시인 과세요건의 완성 당시에 유효한 법령의 규정에 의하여야 하며,[614] 세법의 개정이 있을 경우에도 개정 전후의 법령 중에서 납세의무가 성립 시점인 행사 당시 시행되는 법령을 적용하여야 한다.[615]

(4) 소결

따라서 회사 임직원의 주식매수청구권 행사이익은 주식매수선택권 행사 당시 주식의 거래가격 및 임직원들의 주식매수선택권 행사가액을 기초로 당시 주식의 객관적 교환가치를 산정한 후 그 행사이익을 계산하면 된다.

Ⅲ. 주식매수선택권의 부여 관련 문제점

1. 부여 대상자의 선정과 관련된 문제점

부여 대상자의 선정과 관련하여 현재는 기여하거나 기여할 임직원에게 이를 부여하면서, 당해 부여하려고 하는 법인의 최대주주, 주요주주 및 그 특수관계인에게는 주식매수선택권을 부여할 수 없도록 하고 있다.

(1) 과거의 기여에 대한 회고적 스톡옵션의 부여 가부

주식매수선택권에 관한 규정 중 '기여하거나'라는 부분과 관련하여, 회사의 임직원 중 과거의 기여에 대하여 부여한 후 자문이나 고문역으로 재임이나 재직 요건을

---

612) 소득세법 제39조 제1항.

613) 이규철, 전게논문, 676 - 677면.

614) 대법원 1997.10.14. 선고 97누9253 판결.

615) 이규철, 전게논문, 677면.

구비하도록 하는 것이 가능한가라는 문제가 있다. 현재 우리나라의 경우 회사를 퇴임한 경우 일본과 마찬가지로 일정기간 다른 직업을 가지거나 하기 위한 일정 기간의 예우로 자문이나 고문역으로 상근 또는 비상근으로 역할을 부여하는 경우들이 있다. 그 실질을 두고 보면 사실상 특정한 역무를 수행하지도 않으면서 고정적인 사무실만 가지고 출근하지 않는 경우도 많다.

그럼에도 이러한 고문이나 자문으로서의 업무 수행이라고 하더라도 임직원이기만 하면 되는 것이지, 실제적으로 회사를 퇴사하여 계속 근로를 제공하지 않은 것은 아니라고 할 것이어서 형식적으로 보면 이러한 부여와 근무의 경우에도 스톡옵션을 부여할 수 있는 것이 아닌가 하는 의문이 있다.

이에 대해서는 스톡옵션을 부여하지 않도록 하는 것이 타당하다고 보며, 입법적으로 이러한 경우에는 스톡옵션이 부여되지 않도록 하고, 부여된 스톡옵션에 대해서는 취소를 시키거나 행사를 할 수 없도록 제한을 하는 입법을 하여야 한다고 생각한다.

왜냐하면 스톡옵션은 원래 그 규정의 목적이 일정한 행사 기간의 제한을 둠으로써 회사의 유능한 인력을 그 행사를 통한 차익 실현에 대한 기대를 갖게 하여 장기적으로 고용관계를 유지하기 위한 것이다. 이러한 목적을 달성하기 위하여 임직원의 성과에 대하여 일정한 성과지표를 설정하여 달성 시의 인센티브를 부여함으로써 주주의 이해와 당해 임직원의 이해를 일치시키기 위한 제도이다.[616] 이미 이러한 장래에의 성과 달성의 기대가 없는 고문이나 자문역에 대하여 형식적으로 임직원으로 직위를 유지한다고 하여 스톡옵션을 부여하는 것은 이러한 부여의 취지에 부합하지 않는다. 물론 이러한 부여가 되지 않도록 주주총회에서 주식매수선택권 부여의 건에 대하여 주주들이 실질적으로 감시할 수 있다면, 이러한 부여를 검색하여 방지할 수 있을 것이다. 그러나 실제 주주들은 주식매수선택권의 부여 대상자가 현재 어떠한 직위에 있고, 장래에 회사를 위하여 어떠한 기여를 할 것인지를 주주들이 판단하는 것은 거의 불가능하며, 집단결의(collective action)의 한계로 주주에게 이런 감시를 기대하기도 어렵다. 충분한 정보의 제공이 사실상 이루어지지 않기 때

---

616) 우리 법이 예정한 스톡옵션은 비보수성, 인센티브형 스톡옵션이었고, 그 결과 조세특례제한법에서 회사의 임직원 전원에게 부여하는 경우는 보수성 스톡옵션으로 보아 특례를 부여하지 않았었다. 우리 입법자가 예정한 제도는 비보수성 또는 인센티브 스톡옵션이 아닌가 하고 이 경우에는 미래지향적으로 임직원의 사기를 진작하고 동기를 부여하기 위하여 지급되는 것이다(스톡옵션제도의 정립과 운영 개선방안, 한국 상장회사협의회, 1999.11. 8면).

문에 주주들이 주주총회에서 현실적으로 가지게 되는 것은 부여자의 명단과 부여주식의 수 등의 정보 외에 구체적인 기여의 내용에 대해서는 알 수 없기 때문에 이러한 정보비대칭(information asymmetry) 상황에서 주주총회가 회사의 주식매수선택권의 부여를 효과적으로 감독하기 어렵다.[617]

이에 대해서는, 감독기관에서 이러한 부여에 대하여 다시 한 번 감독을 하는 것이 필요하다고 하는 견해와 정보의 흐름을 원활하게 하여 이러한 문제를 해결하도록 하는 방법을 생각하여 볼 수 있다. 현행법하에서도 감독당국은 필요하다면 행정지도의 이름으로 시정을 요구할 수 있을 것이다.

그러나 직접적인 감독기관의 관여보다는 주주들에 대한 정보의 제공이 충분히 이루어질 수 있도록 하여, 정보의 원활한 흐름을 통하여 주주들로 하여금 자연스럽게 걸러 낼 수 있도록 시스템을 운영하는 것이 우위에 있다고 보이므로 향후 스톡옵션을 부여하고자 하는 자에 대해서는 수행할 직무의 내용과 부여의 근거에 대하여 단순히 임원이라든가 하는 등과 같은 기재가 아닌 상세하게 기술하도록 할 필요가 있다고 보이고, 향후에라도 만일 이러한 부여 근거와 다른 직무의 수행이 있어 회사의 정보가 실제와 달랐다면 이를 취소할 수 있도록 하는 것도 필요하지 않는가 한다.[618]

(2) 해외법인의 임직원에 대한 주식매수선택권의 부여

2009년 개정상법 제542조의 3 제1항은 관계회사의 이사, 감사, 피용자도 주식매

---

617) 심지어 일반적인 주주들보다 더 많은 경험과 정보가 있을 수 있다고 보이는 예금보험공사의 제일은행이 2000년 정기주주총회에서 부여한 호리에 행장 등 집행임원 5명과 사외이사 11명에게 527만여 주의 스톡옵션(주식매입선택권)을 부여한 것에 대해 이것이 절차상의 흠이 있다는 지적이 나오고, 예금보험공사와 금융감독위원회가 외국인에게 넘어간 제일은행을 허술하게 관리했다는 비판도 제기되면서, 일각에선 당시 부여한 스톡옵션의 적법성 여부와 함께 그 결정이 배임에 해당하는지를 따져 책임을 물어야 한다고 한 사안을 보면 과연 현재의 상황에서 주주총회가 비록 특별결의사항이라고 하더라도 과연 거수기 역할 이상을 할 수 있을지 의문이다. 이 사안은 [스톡옵션 행사 가격은 종전 상속증여세법을 준용토록 했으나 2000.3.15. 증권거래법 시행규칙 개정 이후 매매거래가 정지된 상장법인의 경우 '금융감독위원회가 자산상태, 수익성, 기타사유를 감안해 정하는 가격'으로 바뀌었다. 제일은행은 그러나 작년 3월16일 이사회에서 행사 가격을 5079.6원으로 정한 스톡옵션 부여방안을 결의했다. 이 안건은 3월 30일 정기주주총회에서 예금보험공사가 의결권을 위임한 가운데 통과됐다. 예보가 방관한 가운데 법에 어긋난 스톡옵션안이 통과됐다는 것이다. 이에 대해 예금보험공사 측은 당시 스톡옵션안을 검토해 문제가 없다고 결론을 내렸으나 공교롭게도 이사회 직전일인 3월 15일 시행규칙이 개정돼 다시 점검해볼 여유가 없었다고 해명했다. 금융감독위원회가 행사 가격을 정하지 않았지만 예금보험공사의 위임을 받아 정기주주총회에서 통과한 스톡옵션안은 위법한 것이 아니라고 주장했다. 작년 3월 15일 이전의 법규에 따르면 제일은행의 스톡옵션가격은 5000원(액면가)이어서 이보다 오히려 높은 5079.6원은 입법취지에 더 맞는다는 지적이 있다.]는 내용이다. http://finance.daum.net/stock/trend/news/edaily/20010309/Edaily/v1207454.html 참조.

618) 이 글을 쓰고 있는 2002.6.21.자 매일경제신문에 의하면, "금융감독위원회는 연봉이나 경영성과에 비해 스톡옵션을 너무 많이 줬다면 주주들이 주총에서 거부권을 행사할 수 있도록 충분한 자료를 제공하도록 하기 위하여 CEO 스톡옵션에서 발생할 이익이 전체 연봉에서 차지하는 비중을 공시하도록 하고, 시가 총액 증가분과 경영진의 스톡옵션 부여 수량 등을 비교 공시하도록 할 예정"이라고 한다.

수선택권을 받을 수 있다고 규정하고 있다. 연혁적으로 이러한 입법은 2002.2.7. 개정 공포된 구 증권거래법 시행령에서 연원한다. 2002년 개정을 통하여 주식매수선택권을 받을 수 있는 자의 범위를 해외 관계회사의 임직원까지 확대하였다. 2009년 개정 상법시행령은 제9조 제1항에서 대통령령이 정하는 부여 대상으로 상법 제542조의 3 제1항 본문에서 "대통령령으로 정하는 관계회사"를 (ⅰ) 해당 회사가 총출자액의 100분의 30 이상을 출자하고 최대출자자로 있는 외국법인, (ⅱ) 제1호의 외국법인이 총출자액의 100분의 30 이상을 출자하고 최대출자자로 있는 외국법인과 그 법인이 총출자액의 100분의 30 이상을 출자하고 최대출자자로 있는 외국법인, (ⅲ) 해당 회사가 「금융지주회사법」에서 정하는 금융지주회사인 경우 그 자회사 또는 손자회사 가운데 상장회사가 아닌 법인으로 정하고 있다. 다만 제1호 및 제2호의 법인은 주식매수선택권을 부여하는 회사의 수출실적에 영향을 미치는 생산 또는 판매업무를 영위하거나 그 회사의 기술혁신을 위한 연구개발활동을 수행하는 경우에 한한다고 규정한다.

이러한 현행 규정의 연혁을 보면 2002년 개정 당시 우리 기업들은 생산 거점을 중국을 중심으로 한 해외로 이전한 상태였다. 판매 및 연구개발을 목적으로 하는 해외법인이 다수 있어 해외 수출의 전진기지로 사용되고 있는 점을 고려하면, 회사에 대한 기여는 결코 국내의 본사에 있는 임직원에 비하여 적지 않음에도 종래의 법인 당해 회사의 임직원에 대해서만 부여할 수 있도록 함으로써 부여하지 못하였던 점이 문제로 지적되었다. 이에 법 개정을 통하여 해외법인에 대해서도 생산, 판매법인뿐만 아니라 연구소에 대해서도 부여할 수 있도록 구 증권거래법을 개정한 것이다. 당해 해외법인이 속한 국가 주식매수선택권을 알고 있는 법제를 가지고 있는 경우와 그렇지 않은 경우가 있고, 폐쇄회사의 경우에는 이러한 지분 변동을 일으킬 수 있는 스톡옵션의 부여와 같은 행위가 합작선과의 관계로 인하여 가사 법제적으로는 인정이 된다고 하더라도 현실적으로 합작계약 등을 고려하고, 미묘한 지분관계의 균형 등을 고려하면 매우 어려워, 사실상 불가능할 수 있고, 아울러 이 모든 것이 가능하다고 하더라도 해외 법인의 주식가치와 본사 주식의 가치 및 성장성, 안정성 등을 고려한다면, 해외법인이 차지하는 비중이 매우 큰 국내 법인들의 입장에서는 해외법인 주재원들과 현지 직원들의 잠재한 불만을 없애기 위하여 스톡옵션을 부여할 수 있도록 개정된 개정안은 바람직한 입법의 방향으로 볼 수 있을 것이다.

다만 2002년 구 증권거래법 개정 논의 과정에서 해외 관계회사의 범위에 대하여 시행령 안에 50% 이상의 지분을 가지고 있는 회사 및 그의 완전자회사라고 규정하여, 해외의 지주회사를 통하여 또는 여러 회사가 합작을 한 해외의 자회사를 통하여 다시 현지에 합작을 하여 진출하는 경우와 같은 경우에 현실적으로 경영의 관점에서는 위험분산 및 현지 조기안정 내지 사업의 조기 이익 실현을 위하여 분명히 필요한 합작을 하였다는 이유만으로 오히려 합작을 하려고 하였으나 어쩔 수 없이 실패하여 해외 법인을 통하여 단독으로 독자 진출한 법인에 비하여 모회사의 주식매수선택권을 받지 못하게 되는 문제가 발견되었다. 따라서 이러한 규정은 해외 관계회사에 대하여 주식매수선택권을 부여한 정부의 정책적인 취지와도 부합하지 않는다고 보아, 그 개정을 요청하였고, 이어서 나온 개정안에서는 30% 이상의 지분과 경영권을 가지고 있으면 된다고 요건을 완화하여 경영권을 가지고 있는 대부분의 해외 현지 법인들이 혜택을 입을 수 있게 되었다. 이에 따라, 2002년의 경우 해외 현지법인들을 다수 가지고 있는 회사들의 경우에는 그동안 소외받아 왔던 해외법인들에 대한 부여가 다수 있었다.[619]

(3) 국내 자회사 및 분사회사의 임직원에 대한 부여의 문제

자회사는 종속관계에 있는 회사로서 모회사에 의하여 지배되는 회사를 의미한다. 이에 대해서는 지분율을 기준으로 하여 50% 이상의 지분을 가지고 있는 회사, 30% 이상의 지분을 가지고 있으면서 경영권을 가지고 있는 회사 또는 임원의 임면 등을 행할 수 있는 회사에 의하여 지배당하는 회사를 자회사라고 할 것이다. 이러한 자회사에 대한 지분율 기준 외에도 임원의 임면 등과 같은 방법으로 실질적 지배가 있다면, 역시 자회사라고 관념할 수 있을 것이다.

반면, 분사회사란 분사(spin off)에 의하여 모기업에서 하나 이상의 사업을 분할하여 만들어진 회사들을 의미한다. 분사화는 경영진매수(MBO: Management Buy Out)에 의해서 이루어지는 경우가 많다. 우리나라에서는 1997년 경제위기 이후 분사가 많이 이루어졌고, 공정거래위원회는 이들 회사의 자생력을 위하여 일정한 기간 동안 분사 전 모회사의 분사회사에 대한 지원을 부당지원행위로 보지 않기도 하였다.

---

619) 삼성전자의 경우에는 금기(2002년 정기주총)에서 신규임원승진자 외에 해외법인에 근무하는 임원들이 주요한 부여 대상이 되었다(2002년 삼성전자 주주총회 의안 참조).

이러한 유형의 회사들은 한국의 경제위기 상황에서 기업의 인력구조조정의 일환으로 이루어져 사실상 의무적으로 일정한 비율의 인원을 내보내기 위한 고육책으로 만들어진 경우가 많다. 별도의 독자적인 자생력을 키워 모회사와 분리되어 독자적인 업을 영위하는 경우도 있지만 분사회사들은 종래 모회사의 일을 여전히 수행하면서 모회사의 아웃소싱을 업으로 하는 경우가 많다.

이러한 자회사나 분사회사의 임직원에 대하여 주식매수선택권을 부여하는 것은 어떠한가? 현재의 상법이나 증권거래법은 당해 회사의 임직원에게 부여하도록 하고, 다만 해외법인의 경우에는 판매법인이나 생산법인, 연구소 등의 경우에는 2002년도 증권거래법 시행령의 개정으로 허용되었다. 따라서 자회사의 경우에 해외 법인 중 이러한 자회사의 요건을 구비하는 자회사들 중 30% 이상의 지분을 모회사가 가지고 있고, 모회사가 경영권을 행사하고 있으며,620) 또 그 자회사의 자회사로서 동일한 요건을 갖춘 경우에는 역시 부여의 대상이 될 수 있다. 그러므로 50% 이상의 지분을 소유하고 있는 자회사의 임원에 대해서는 해외의 경우에 부여의 대상이 되고 있다.

그러나 반면 많은 분사회사들의 경우에는 이러한 지분요건을 구비하지 않고 있으며, 더구나 국내 회사들에 대해서는 이러한 부여가 허용되지 않으므로 불가능하다.621) 다만 모회사가 벤처 회사인 경우라면 벤처기업육성특별조치법에 의하여 제3자에 대해서는 주식매수선택권을 부여할 수 있으므로 이 경우에는 분사나 자회사의 임직원이라고 하더라도 부여가 가능할 수 있을 것이다.

이와 관련하여서는 시행령이 당해 회사의 임직원에 대하여서만 부여할 수 있도록 하는 증권거래법의 예외로서 해외법인의 경우에 일정한 요건하에 부여를 허용하고 있는바, 이는 종래 주요한 사업장의 해외법인에 의하여 많은 수익이 해외에서 발생하고 있고, 이러한 수익은 국내로 배당의 형태로 들어오거나, 최소한 지분법 평가에 의하여 국내 모회사의 손익에 반영이 되고 있음에도 단지 해외에서 근무한다는 이유로 국내 모회사의 주식매수선택권을 부여받지 못하는 불합리를 개선한 것이다. 그러나 이러한 소외는 해외법인에만 있는 것이 아니다. 현재의 현황을 보면 일부 자회사들의 경우에는 신규 사업에 진출함에 있어 의도적으로 새로운 회사를 자회사

---

620) 원래의 입법은 50% 이상의 자회사와 그 자회사의 완전자회사를 부여의 대상으로 하고 있으나 일부 국가의 경우에는 법적으로 다수지분을 외국인이 소유할 수 없는 경우가 있어서 이와 같이 개정하였다고 함.

621) 이미 부여받은 회사의 임직원들이 분사회사의 임직원으로 옮겨가는 경우에는 상호 지배 종속관계가 존재한다고 할 수 없으므로 부여 취소 사유에 해당한다고 할 수 있어, 부여한 회사는 이를 취소할 수 있다고 할 것이다.

로 만들어 해외의 합작선과 합작을 하여 기술개발과 해외시장 개척 및 신규 제품의 생산을 위한 준비를 하는 경우가 많은데 이러한 경우에는 국내에 회사를 만들었다는 이유로 오히려 불이익을 입게 된다.

산업정책적 측면을 고려한다면 반드시 개선이 되어야 할 점이라고 생각한다. 왜냐하면 실무를 하여 보면 국내가 결코 산업입지에서 유리한 것이 아니라는 것은 공감하는 바인 것이, 연구원들은 수도권에서 근무하기를 너무나 갈망하고 있고, 심지어 수도권에서 멀어지는 경우에는 회사를 그만두는 경우도 비일비재하다. 그런데 이 수도권은 정부에 의하여 성장관리지역, 과밀억제지역 등으로 관리되고 있어 사실상 공장의 신설과 증설이 불가능하다고 판단하는 것이 옳을 정도이다. 아니면 다른 공단을 찾아가야 하는데 이것도 여러 가지 인프라의 구축 정도나 인력의 운용이라는 측면에서 보면, 결코 유리하지 않다.

그런데 현실은 어떤가 하면, 이렇게 신규 사업을 외국과 합작을 하여서 국내에서 자회사를 설립하여 사업을 하게 되면, 신규 사업의 경우 그 특성상 초기에 대규모의 적자가 예상이 되는데다가, 아울러 사원들에게 비전을 심어 주어야 하는데 당해 회사의 주식매수선택권의 경우에는 이를 부여한다고 하더라도 사원들에게 이것을 비전이라고 하기는 어려운 면이 있다. 아무리 장밋빛 미래를 제시하더라도 그 신규 사업을 위한 회사의 임직원들은 자신이 원래 속하였던 모회사의 예전 동료들과 자신을 비교하게 된다. 이러한 점들을 고려하면 가장 좋은 유인책은 바로, 모회사의 주식매수선택권을 부여하는 것이다. 그런데 현재의 법은 이러한 부여를 허용하지 않고 있다. 국내의 자회사에 대해서도 모회사의 주식매수선택권을 부여하지 말아야 할 아무런 이유가 없다고 본다.

연결재무제표(consolidated financial statement)[622]를 작성하여서 손익에 반영이 되는 국내 자회사들의 경우가 해외 자회사들에 비하여 달리 취급되어야 할 아무런 이유도 발견할 수 없다고 보이므로, 국내 자회사에 대해서도 주식매수선택권을 부여

---

622) 개별재무제표에 대립되는 개념이다. 지배·종속 관계에 있는 2개 이상의 회사를 단일 기업집단으로 보아 각각의 개별 재무제표를 종합하여 작성하는 재무제표이다. 연결결산 시에 작성되는 연결대차대조표·연결손익계산서 등이 포함된다. 법률적으로는 별개의 독립된 기업이라도 경제적으로 상호 밀접하게 연결되어 있는 기업집단이 존재할 때에는 그들을 하나의 조직체로 간주하여 재무제표를 작성하는 것이 경제적 통일체로서의 기업의 실태를 파악하는 데 유리하다. 이 때문에 연결재무제표가 제도화되었으며, 또한 이 제도는 지배회사가 종속회사의 경리를 이용하여 분식(粉飾)을 하는 등의 비리를 막는 데에도 유효하다. 작성은 각 회사의 재무제표를 연결하여 시행되므로, 동종 계정잔고의 집계, 회사 상호 간의 채권·채무의 상계(相計), 내부이익의 제거 등이 필요하다. 미국에서는 20세기 초 지주(持株)회사가 성행하면서 일반화되었다(네이버 백과사전 연결재무제표편의 내용을 수정 인용함).

할 수 있도록 하는 것이 옳다고 본다. 주식회사외부감사에 관한 법률('외감법') 제1
조의 2는 주식회사와 다른 회사(조합 등 법인격이 없는 기업을 포함한다.)가 대통령
령으로 정하는 지배·종속의 관계에 있는 경우 지배하는 회사(주식회사만을 말한
다. 이하 '지배회사'라 한다.)는 연결재무상태표, 연결손익계산서 또는 연결포괄손익
계산서, 그 밖에 대통령령으로 정하는 서류로서 기업집단결합현금흐름표(외감법 시
행령 제1조의 2 제3항)를 작성하여야 한다고 규정하고 있다. 외감법 시행령 제1조
의 3 제1항은 외감법 제1조의 2 제2호에서 '대통령령이 정하는 지배·종속의 관계'
란 주식회사가 경제활동에서 효용과 이익을 얻기 위하여 다른 회사(조합 등 법인격
이 없는 기업을 포함한다.)의 재무정책과 영업정책을 결정할 수 있는 능력을 가지는
경우로서 그 주식회사(이하 '지배회사'라 한다.)와 그 다른 회사(이하 '종속회사'라
한다.)의 관계를 말하며 법 제13조에 따라 국제회계기준위원회의 국제회계기준을
채택하여 정한 회계처리기준(이하 '한국채택국제회계기준'이라 한다.) 또는 그 밖에
법 제13조에서 정하는 회계처리기준에 따라 판단하여야 한다고 하여 법 스스로 독
자적인 기준을 정하지 않고, 회계기준에 따르도록 하고 있다. 회계기준위원회가
2007년 공표한 기업회계기준서 제25호(연결재무제표)[623]에 따르면 한 기업이 다른
회사에 대해 '30% 초과 최대주주'라면 반드시 연결재무제표를 작성해야 한다.[624]
그러나 국제회계기준(IFRS: International Financial Reporting Standards)에 따라 연결
재무제표로 작성해야 하는 기업은 '지분 50% 이상을 확보'하거나 '실질적으로 지
배하고 있다는 증거'를 기준으로 하기 때문에 둘 중의 하나만 충족되면 연결재무제
표를 작성하여야 한다.[625] 연결재무제표가 주재무제표화되면 회사의 성과에 기여하
는 자회사들의 성과를 감안하여 모회사가 자회사의 이사, 감사, 피용자에게 모회사
의 주식에 대한 주식매수선택권을 부여하는 것은 자연스러운 것이 아닌가 한다.

　이와 관련하여 2009년 개정 상법시행령 제9조 제1항 제3호는 해당 회사가 「금융
지주회사법」에서 정하는 금융지주회사인 경우 그 자회사 또는 손자회사 가운데 상
장회사가 아닌 법인의 경우에는 주식매수선택권을 부여할 수 있도록 하여 일부이기

---

623) 이 기준서는 2007년 1월 31일부터 시행하며, 2007년 12월 31일 이후 최초로 종료하는 회계연도부터 적용한다.
624) 2007년 국제회계기준 도입 로드맵의 주요내용으로 주목할 만한 것은 연결재무제표를 주재무제표화했다는 점이다.
　　도입의 효과와 관련된 논문으로는 박홍저·지현미, "연결재무제표의 정보유용성 및 개별재무제표에서 지분법손익
　　을 이용한 이익조정", 제27권 제2호 2009년 6월(한국회계정보학회) pp.61－90 참조.
625) 국제회계기준과의 비교의 상세는 이용수, "국제회계기준(IFRS)의 도입 현황", 우정경제연구소 Vol. 2007, No.3(2007) 참조.

는 하지만 주식매수선택권의 부여범위를 확장하였다.

(4) 상근성이 부여 대상 임직원의 요건인지 여부

회사의 비상근자 예를 들어 대표적인 경우로 사외이사의 경우에도 주식매수선택권을 부여할 수 있는가? 아니면 회사의 비상근이사들의 경우에는 어떤가? 이에 대하여 우리 법은 주식매수선택권의 요건으로 회사의 임직원이어야 한다는 점을 요건으로 하고 있으나, 그 이외의 상근성이라는 요건을 부가하고 있지 않으므로 비상근이사나 사외이사의 경우에도 부여할 수 있다고 새기는 것이 옳다고 보인다.[626] 그러나 사외이사가 상당한 보수를 수령하는 외에 주식매수선택권까지 부여하게 되면, 과연 사외이사가 회사를 견제하기 위한 한국 기업의 기업지배구조 개선을 위한 제도로서 기능을 할 수 있을지 하는 의문이 든다. 법적으로도 회사와 이해관계가 일치하는 경우로 사외이사 결격요건을 규정하는 것 중의 하나로 주식매수선택권을 부여받은 경우를 포함시키는 것이 타당하지 않은가 한다. 사외이사에게는 스톡옵션을 부여하지 못하도록 하는 것이, 지금도 실효성이 있는가에 대하여 상당한 의심을 받기도 하는 사외이사제도를 더욱 실효성을 가지는 제도로 만드는 데 도움이 될 것이다.[627]

(5) 협력업체 직원이나, 개발위탁과제를 수행하는 교수 등에 대한 부여

현행법하에서는 이러한 협력업체 직원이나 개발위탁과제를 수행하는 교수 등에 대한 부여는 벤처회사가 아닌 한 불가능하다.[628] 이것은 벤처기업육성에관한법률과는 달리 주식매수선택권의 부여 근거가 되는 상법이 임직원일 것을 요건으로 하고 있기 때문이다. 2009년 현행 상법에서도 협력업체 직원과 같이 회사나 관계회사의

---

626) 실제로 앞서의 제일은행을 비롯한 여러 회사들이 사외이사에게도 스톡옵션을 부여하는 결의를 한 바 있다. 조흥은행의 경우에도 2000.2.15. 주주총회에서 사외이사들에게 스톡옵션을 부여하였다. 삼성그룹의 경우에는 그룹의 방침으로 실권주와 관련되어 사외이사에게 유리한 조건으로 실권주를 인수하도록 하였다가 문제가 생긴 선례를 고려하여 부여하지 않는 것을 방침으로 하여 운용하고 있다.

627) 사외이사제도의 실효성에 대하여 다소간의 의문을 제기하는 경우가 많고, 단순히 거수기의 역할만을 한다는 비판도 있다. 그러나 현실적으로 사외이사제도가 비록 사외이사들의 회사 경영에 대한 전문성의 부족, 내지 정보가 부족함에도 불구하고, 회사의 이사회 운용에는 실무상 상당한 부담을 주는 것이 사실이고, 사내 이사들을 견제하는 기능을 하여 이사회를 활성화하는 기능을 하고 있음을 부정할 수 없어 분명히 긍정적인 기업지배구조(Corporate Governance) 개선 효과를 가지고 있는 제도라고 할 것이다(매경이코노미 200.4.3. 1148호 '사외이사 빛 좋은 개살구') 다만 이러한 사외이사의 역할이 유지되기 위해서는 독립이사(independent director)로서 회사와 이해관계의 일치가 되는 일을 방지하여야 할 것이라고 보이고, 이러한 관점에서 사외이사에게 주식매수선택권을 부여하는 것은 신중하여야 한다고 본다.

628) 벤처회사의 경우는 벤처기업육성에관한특별조치법 제16조의 3에서 당해 법인의 임직원 외에 벤처기업의 설립 또는 기술 및 경영의 혁신 등에 기여하였거나, 기여할 수 있는 능력을 갖춘 자에게도 옵션을 부여할 수 있도록 규정하고 있다. 그 외, 부품소재전문기업등의육성에관한특별조치법 제15조도 앞의 벤처기업육성에관한특별조치법 제16조의 3과 같은 임직원 외의 자에 대한 부여규정을 두고 있다.

이사, 감사, 피용자가 아닌 경우에는 주식매수선택권을 부여할 수 없다.[629]

그러나 이미 상법상의 법인은 발행주식의 10% 이내, 상장법인은 15% 이내, 벤처회사의 경우에는 50% 이내와 같이 그 최고 부여한도는 규정이 되어 있으므로 외부에 있는 자라고 하더라도 노동시장의 유연화와 이에 따른 사외 인력 활용의 필요성을 고려한다면 반드시 이를 금지하는 것이 바람직한가에는 의문이 있다. 다만 감사기능을 수행하여야 하는 공인회계사와 같이 회사와 이해관계가 일치하여서는 업무의 적정성을 기할 수 없는 경우에는 증권거래법이 사외이사로서 선임하여서는 안되는 자들을 열거하는 방식으로 제외하고 있는 것과 같은 방식으로 부여하지 않아야 할 경우를 소극적으로 이를 배제하여 규제하고, 일반적으로는 그 한도를 정하여인정하는 것이 옳지 않은가 한다.

아울러 만일 외부인에게 주식매수선택권을 부여한다면, 이 경우에는 신속한 부여의 필요라는 것이 임직원의 경우보다 적다고 판단되고, 미리 회사가 인력 운용을계획할 수 있는 반면, 견제의 필요성이 큰 점을 고려하여, 주주총회에서만 부여하도록 하는 방식을 취하면 어떨까 한다. 따라서 입법론적으로는 임직원이 아닌 제3자에게도 부여하도록 하는 것이 바람직하지 않을까 한다.

2. 부여 기관과 관련된 문제점

(1) 주식매수선택권 부여 기관으로서의 이사회

주식매수선택권은 원래 주주들에게 부여되어야 할 이익의 일부를 주주의 희생하에 임직원들에게 경영성과를 달성하는 것을 유도하기 위하여 부여하는 제도로서 이러한 취지에 기하여 주식매수선택권의 부여 기관은 애초 1997년 본 제도가 도입될당시부터 이사회에 의한 부여가 허용된 2002년 증권거래법 개정에 이르기까지 주주총회가 그 유일한 부여 기관이었다.[630]

그러나 이러한 부여 기관을 주주총회로 한정하는 입법 태도에 대하여 주주총회가

---

629) 2009년 현행 상법은 비상장사의 경우에는 이사, 감사, 피용자를 대상으로 하고 있고, 상장회사특례에서는 관계회사의 이사, 감사, 피용자를 추가하고 있다.

630) 1997년 증권거래법 제189조의 4는 "당해 법인의 임·직원(대통령령이 정하는 자를 제외한다.)에게 특별히 유리한 가격으로 신주교부 기타 대통령령이 정하는 방법에 따라 당해 法人의 株式을 매입할 수 있는 權利(이하 주식매입선택권이라 한다.)를 부여하고자 하는 法人 중 大統領令이 정하는 法人(이하 주식매입선택권부여법인이라 한다.)은 定款이 정하는 바에 따라 商法 第434條에서 정하는 決議(이하 이 條에서 특별결의라 한다.)로써 주식매입선택권을 부여할 수 있다."라고 규정하여 이러한 취지를 반영하고 있다.

정기주주총회를 기다리는 것은 1년에 1회에 불과하여 기동성 있는 부여가 되지 않아 만일 12월 결산법인의 경우 3월 중에 정기주주총회를 하는 경우 4월에 입사하는 인력의 경우에는 사실상 1년을 기다리게 되어, 우수한 인력을 스카우트할 수 없다는 비판과 미국의 경우에는 사실상 이사회가 이러한 부여의 주체가 되는데 우리의 경우에 굳이 주주총회로 한정할 필요가 있는가라는 비판이 있었다.[631] 더구나 이러한 비판은 대규모 상장사들의 경우에는 더욱 절실하여 신속한 부여를 통한 우수 인력의 확보를 위하여 주식매수선택권제도를 사용하는 것은 상장사의 주주총회를 소집하는 것이 특히, 임시회를 단지 주식매수선택권을 부여하기 위한 목적으로만 소집하는 것이 매우 실현 곤란한 점을 고려하면, 개정이 절실하였다.[632]

그 결과, 2002년 개정에 의하여 주식매수선택권을 부여할 수 있는 기관은 주주총회와 이사회가 되어 이사회가 추가되었다.[633] 다만 이사회의 경우에는 부여할 수 있는 수량에 대하여 제한을 두고 또, 그 결의의 내용에도 필수적인 요건을 규정하고 있다.[634] 그런데 부여 대상자와 관련하여 현재로는 이사들이 이사회를 통하여 스스로에게 부여하는 것을 막고 있지 않고 있는 등 여러 가지 문제점이 이사회에서의 부여와 관련하여 제기되고 있다.[635]

---

631) 스톡옵션 제도 활용을 위한 특별연수 연수 내용 중, 2001.1. 한국상장회사협의회.

632) 다만 이러한 기업들의 요청에 대하여 2002년 법 개정으로 인한 실행에 있어 임직원의 대부분에게 스톡옵션을 부여하는 비적격 스톡옵션(Non-qualified stock option)이나, 임원들에게 승진 기념으로 부여하는 스톡옵션 외에 이러한 신속한 대응을 위한 스톡옵션이 얼마나 부여되고 있는지는 실증적인 연구가 필요하다고 본다.

633) 증권거래법 제189조의 4는 주식매수선택권부여법인은 다음 각 호의 사항이 포함된 특별결의가 있는 때에는 발행주식 총수의 100분의 20의 범위 안에서 대통령령이 정하는 한도까지 주식매수선택권을 부여할 수 있다. 다만 "제1항 및 본문의 규정에 불구하고 정관이 정하는 바에 따라 발행주식 총수의 100분의 10의 범위 안에서 대통령령이 정하는 한도까지 다음 각 호의 사항이 포함된 이사회의 결의로 주식매수선택권을 부여할 수 있다.〈개정 2001.3.28.〉"라고 규정을 하였고, 이에 따른 증권거래법 시행령에서는 법 제189조의 4 제3항 단서에서 '대통령령이 정하는 한도'라 함은 다음 각 호의 구분에 의한 주식수를 말한다.〈개정 2001.7.7〉 1. 최근 사업연도 말 현재의 자본금이 3천억 원 이상인 법인: 발행주식 총수의 100분의 1에 해당하는 주식수. 2. 최근 사업연도 말 현재의 자본금이 1천억 원 이상 3천억 원 미만인 법인: 발행주식 총수의 100분의 3에 해당하는 주식수와 60만 주(액면가액 5천 원을 기준으로 한다.) 중 적은 수에 해당하는 주식수. 3. 최근 사업연도 말 현재의 자본금이 1천억 원 미만인 법인: 발행주식 총수의 100분의 3에 해당하는 주식수.

634) 1. 주식매수선택권을 부여받을 자의 성명, 2. 주식매수선택권의 부여방법, 3. 주식매수선택권의 행사 가격과 그 조정에 관한 사항, 4. 주식매수선택권의 행사 기간, 5. 주식매수선택권을 부여받을 자 각각에 대하여 주식매수선택권의 행사로 교부할 주식의 종류와 수(증권거래법 제189조의 4 제3항).

635) 현실적으로 벤처회사의 경우에 급부형 스톡옵션을 운용하여 전 임직원에게 모두 부여하는 경우나, 스카우트해 오는 인력에 대하여 장래의 성과에 대한 보상으로 스톡옵션을 부여하는 경우 등으로 활용되나, 현실적으로 우리 기업 내에서의 연공서열과 이에 바탕을 둔 임원과 직원과의 확연한 보상의 이원적·구별적 운용 관행을 고려하여 보면 현실적인 운용은 임원에 대한 보상책으로 운용되고 있는 것 같다. 이러한 점을 감안하면, 등기이사들의 경우 주주총회에서 승인받는 것보다는 이사회에서 부여받고 싶은 생각이 상장회사로 갈수록 커질 것이다.

(2) 이사 등에 대한 이사회에서의 주식매수선택권의 부여

이사들은 회사와 이해관계가 상충될 수 있는 이사의 자기 거래에 대해서는 이사회의 승인을 얻도록 하고 있다. 이사가 자신에게 스톡옵션을 부여하는 행위도 스톡옵션을 콜옵션의 일종으로 유상의 이익을 공여받을 수 있는 권리이므로 이러한 권리의 부여행위에 이사의 자기 거래에 관한 상법 제398조의 규정과 관련하여 이사회의 승인을 받으면, 즉 이사회에서 주식매수선택권 부여결의를 하면 부여가 가능한 것으로 볼 것이다.[636] 더구나 문언해석상 회사의 등기임원들이라고 하더라도 이에 대한 부여가 금지되고 있지 않은 이상 회사의 임직원으로서 이들이 최대주주와 그 특수관계인 등 주식매수선택권을 부여받을 수 없는 결격사유가 있는 경우가 아닌 한 부여받을 수 있다고 할 것이다.[637]

그러나 그 취지를 생각하면, 애초에 이러한 거래행위에 대하여 통제를 받도록 하는 것은 본인과 대리인 문제에 있어서, 대리인이 자신의 이익을 도모할 가능성이 많은 거래이기 때문이다. 이에 대해서는 두 가지 방법에 의한 규제를 생각하여 볼 수 있다고 생각한다. 하나는 부여 자체는 아무런 문제를 삼지 않고, 다만 부여의 내용을 살펴 합리성의 원칙에 의하여 이사회의 부여행위가 이사회가 가지는 재량권을 일탈 또는 남용한 것으로 볼 것인 경우에 대하여 그 행위 태양에 따라 처리하는 방법이 있을 것이고, 아니면 입법을 통하여 사전에 이러한 이해상반 가능성이 있는 행위를 금지하는 방법, 즉 이사회에서 이사 자신들에게는 부여하는 것을 금하는 방법이 있을 것이다.[638]

---

636) 주주총회에서만 부여되었을 때에도 해석상으로는 주식매수선택권의 부여에는 이사회 회사의 이익 충동에 관하여 이사회보다 더욱 그 감시 기근을 수행할 수 있는 주주총회의 특별결의를 거치도록 되어 있으므로 별도의 이사회의 승인을 요구할 필요성이 없다고 하였다(이태종, 주식매수선택권에 관한 고찰, 재판자료 91집, 85면) 이제는 이사회에서 부여가 가능하여졌으나, 이에 대한 해석은 여전히 현행법상으로 이사회의 승인이 있으면 족하다고 볼 것이다.

637) 삼성전자의 경우에는 이러한 규정에도 불구하고, 스톡옵션 운영규정에서 이사들에 대해서는 이사회에서 부여하지 않도록 내부 규정을 운영하고 있다.

638) 이와 관련하여 금융감독위원회는 보상위원회(Compensation committee)를 의무적으로 설치하도록 하여 이러한 보상위원회에서 누구에게 얼마만큼의 스톡옵션을 부여할지 정하도록 하여 경영진에 의한 스톡옵션 부여 결정을 하지 않도록 하는 방법을 강구하고 있다고 한다. 사외이사들로 구성된 보상위원회에 의한 스톡옵션 부여결정의 의무화가 과연 얼마만큼의 실효성을 거둘지는 의문이다. 여전히 사외이사제도가 우리나라에서 얼마나 실효성을 가지는가에 대해서는 추후 실증적인 연구가 필요한 부분이나, 통상 소위 owner가 경영권을 가지고 있는 owner 경영 체제하에서는 그 권한이 약하고, 그렇지 못한 경우에는 실제적인 권한을 행사하고 있다고 일응 보인다. 문제는 지금도 은행이나 일부 대기업에 있으나 독립성이 없어 실효성이 없다는 보상위원회는 미국과 같이 이사회 내 위원회로 둔다고 하여 과연 이 문제가 해결되는 것인지 심사숙고하여 제도를 만들어야 할 것이다. 위원회의 범람은 경계하여야 할 일이라는 것이 기업의 실무를 실제로 경험하면서 느끼는 점이다. 이에 대하여 기업들의 부담을 덜어주기 위하여 일단 사외이사를 3명 이상 두도록 되어 있는 자산 2조 원 이상의 대규모 상장회사에 보상위원회를 설치하는 것을 의무화하자는 있는 의견이 있다고 하나, 줄기나 본령에 있는 논의가 아니라고 본다(2002.6.21. 매일경제신문 참조).

이 중 현재 우리나라에서 입법론이 아닌 방법으로 가능한 방법은 전자라고 보인다. 예를 들어 이사회에서 부여받을 수 있는 주식의 대부분을 극단적으로 전부를 몇몇의 등기이사가 전부 나누어 가져 버린 경우 설혹 그 행사 가격이나 행사 기간 등 옵션에 대한 법령의 제한이 모두 충족된 것이라고 하더라도 이러한 행위는 금융감독원의 시정권고를 통하여 시정이 되도록 하여야 할 것이고, 형사적으로 배임죄의 성부에 대한 논의도 하여 볼 수 있겠다. 그러나 사견으로는 현행법하에서 금융감독원의 행정적 감독권한의 행사를 제외하고, 배임죄는 성립될 수 없는 것이 아닌가 한다. 왜냐하면 주지하는 바와 같이 배임죄의 성립요건은 타인의 사무를 처리하는 자가 임무에 위반하여 자신 또는 제3자의 이익을 도모하고, 본인에게 손해를 가하여야 하는데 단순히 이미 법령에 부여할 수 있도록 허용하는 행위를 하였다고 하는 그 자체만으로는 배임의 성립을 위한 배임행위 내지 손해가 판례와 같이 손해의 위험까지 포함하여 보더라도 인정될 수 없는 경우가 많을 것이라고 본다.

(3) 이사회에서의 부여 한도와 관련된 문제

2002년 당시 구 증권거래법은 이사회의 결의로 주식매수선택권을 부여할 수 있는 한도에 대해서는 자본금 3천억 원 이상인 법인은 발행주식 총수의 1%를, 자본금 1천억 원 이상 3천억 원 미만인 법인의 경우에는 발행주식 총수의 3% 또는 60만 주(액면가 5천 원 기준) 중에서 적은 수량을, 자본금 1천억 원 미만의 법인인 경우에는 발행주식 총수의 3%를 한도로 하도록 하고 있다. 이 경우 5,000원을 기준으로 하므로, 이를 액면분할이나 주식병합을 하는 경우에는 그 수가 달라진다고 할 것이다. 예를 들어 10 대 1로 액면분할을 하는 경우에는 주식의 수와 가격을 모두 조정하여야 할 것이므로 60만 주를 다 부여한 회사의 경우에는 스톡옵션을 부여한 주식의 수량이 600만 주가 될 것이나,[639] 이는 500원을 기준으로 하여서는 여전히 이사회에서 부여할 수 있는 주식의 수량에는 들어가고, 증권거래법 위반의 문제는 없다고 새겨야 한다.

다만 이사회에서 신속히 부여할 수 있는 수량에 대해서는 벤처회사[640]나 비상장

---

639) 주지하는 것과 같이 법령이 정한 조정산식은 없으나, 액면분할과 같은 경우라면 그 행사 가격과 부여수량의 양면이 모두 조정되어야 할 것으로 보이고, 그렇다면 조정 후 부여수량＝조정 전 부여수량*분할 후 액면가/분할 전 액면가로 조정을 하는 것이 합리적일 것이라고 판단된다.

640) 벤처기업 육성에 관한 특별조치법과 상법 등에 의한 주식매수선택권의 비교에 대해서는 윤현석, "주식매수선택권의 부여 및 행사에 관한 법적 문제", 증권법연구 제5권 제2호(2004.12.) 199 － 120면 참조.

회사들의 경우와 달리 주주총회를 개최하는 것이 매우 비용이 많이 들고, 더하여 그 절차의 번잡함 등으로 인하여 사실상 정기주주총회 외에는 개최하는 것이 곤란한 대규모 상장회사들이 주로 문제가 될 것인데, 이러한 회사들의 경우에는 현재의 실무 부여 대상자들 중 핵심적인 스카우트 대상이 될 수 있는 인력이 적은 것은 신속하게 부여할 수 있는 것이 위와 같은 사정으로 인하여 어려운 데 기인한 것으로 보인다. 그러므로 정기주주총회에 비하여 그 몸집이 가벼워 비교적 자주 개최할 수 있는 이사회에서 부여할 수 있게 한 것으로 이해가 되는데, 만일 등기 임원들에 대한 이사회에서의 주식 부여가 허용되고, 주주총회에서 받는 것보다 등기 임원들이 이사회에서 받는 것을 선호하고, 일단 행사한 주식이 부활하지 않는 것을 전제로 하면, 위의 수량은 다소간 적다는 느낌이 있다. 재정경제부에서 대통령령으로 정하게 할 때 여러 가지 안이 있었으나, 부작용을 살피기 위하여 최소한으로 결정된 것으로 알고 있다. 향후 그 실행에 대한 실증적인 연구를 바탕으로 상향 또는 하향 조절될 필요가 있다고 보았다.[641]

2009년 개정 상법 제542조의 3 제3항 정관으로 정하는 바에 따라 100분의 10 범위 내에서 대통령령이 정하는 범위 내에서 이사회가 부여할 수 있도록 함으로써 이사회에서의 부여범위를 제한하고 있다.

3. 이사의 보수와 스톡옵션 행사이익의 포함 여부

이사의 보수는 상법 제388조에 의하여 정관에 달리 정함이 없는 한 주주총회의 결의에 의하여 정하도록 규정이 되고 있다. 이러한 상법상의 보수에 대하여, 임금·상여·퇴직위로금 등 그 명목을 불구하고, 지급되는 금원은 모두 이사의 보수로 주주총회의 승인을 얻어야 한다.[642] 우리 대법원은 퇴직위로금의 경우에도 상법 제388조, 제415조에 의하면, 주식회사의 이사와 감사의 보수는 정관에 그 액을 정하지 아니한 때에는 주주총회의 결의로 이를 정한다고 되어 있고, 이사 또는 감사에 대한 퇴직위로금은 그 직에서 퇴임한 자에 대하여 그 재직 중 직무집행의 대가로

---

641) 이에 대하여 자본금이 1조 원을 넘는 은행 등은 수백만 주(액면가 5000원 기준)를 이사회 결의만으로 줄 수 있어 금융감독위원회는 대기업에 대해서는 한도를 줄이는 방안을 재정경제부와 협의할 방침이라고 한다(매일경제신문 2002.6.21.자 참조).

642) 대법원 1999.2.24. 97다38930, 대법원 1977.11.22. 선고, 77다1742.

지급되는 보수의 일종으로서 상법 제388조에 규정된 보수에 포함되는 것이라고 판시하여 포함시키고 있다.

그렇다면 스톡옵션의 경우에도 명목 여하를 불구한 이러한 보수에 포함이 되어야 하는 것은 아닐까? 그리고 이사의 보수한도에 포함되어 결의를 받아야 하는 것이 아닌가 하는 의문이 있다. 소득세법 제21조는 퇴직 후 또는 고용관계 없이 주식매수선택권을 부여받아 이를 행사함으로써 얻는 이익에 대해서는 기타 소득으로 보아 소득세를 부과한다고 규정하고 있고, 금융감독원의 주식매입선택권의 회계처리와 관련된 기준에 의하면, 주식매입선택권의 부여일에 옵션가격결정모형(Black – Sholes model)을 사용하여 주식매입선택권의 공정가액을 산정하는 방식(공정가액접근법)에 의하여 보상원가를 특정하여 기업 회계에 반영하도록 하고 있다.

퇴직금의 경우에 비추어 보아도 한도 승인을 받는 퇴직금은 실제로 지급되는 퇴직금이 아니라 이사 전원이 퇴직하는 경우를 상정하여 전원이 퇴직하는 경우에 소요되는 퇴직금을 규정하는 것이어서 현실적인 실현가능성이 한도 승인의 요건이 되지 않은 점 등을 고려하면, 주식매수선택권의 경우에도 현실적으로 실현이 되어 이득을 얻고, 행사로 인하여 발생한 이득에 대하여 소득세가 발생하지는 않는다고 하더라도 공정가액접근법에 의하여 정하여진 옵션가치만큼은 보수로 보아 한도 승인에 포함시켜야 하는 것이 타당하다는 결론에 이를 수 있다.

그러나 주식매수선택권의 경우에는 주주총회에서 보수한도 승인의 건은 보통결의 사항인 데 비하여, 특별결의 사항이어서 오히려 그 결의의 요건이 강화되어 있고, 상법 제388조의 규정 취지가 이사의 도덕적인 해이(moral hazard)와 본인 – 대리인 문제(principal – agent problem)를 견제하기 위하여 주주총회에서 이를 결정하기로 한 것으로 이해한다면, 주주총회의 특별결의로 하기로 한 사항에 대하여 다시 보통결의로 이사의 보수를 정하기로 하는 것에 굳이 포함하여서 결의하도록 하는 것은 타당하지 않다고 보이고, 실현되지도 않은 이익을 물론 성과보상형의 보수체계(compensation package)로서의 주식매수선택권을 포함시켜 두는 것은 마치 이사들이 많은 보수를 수령하는 것처럼 외형상 보이게 만들어 주주들에게 반감을 일으키게 하는 점도 있는 점 등을 고려하여 본다면, 기업들이 현실적으로 이를 포함시키려 하지 않을 것이고, 법적으로도 위와 같은 점을 고려하면 포함하지 않는 것으로 보는 것이 타당할 것으로 보이고, 실제로도 이를 포함하여 한도 승인을 받는 회사는 존재하지 않는 것으로 알고 있다. 해석론으로도 주주총회의 특별결의로 주식매수선택권에 대한 결의를 하는 한 이를 포함시켜 보수한도의 승인결의를 하는 것은 타당하지 않고, 아울러 현실적이지 않다고 생각된다.

그러나 입법론으로는 우리나라에서 현실적으로 부여되는 스톡옵션의 상당수가 경영의욕을 고취시키거나 고급 인재를 유치하기 위한 수단이 아니라 단순히 임직원들에게 성과급을 주는 하나의 방안으로 사용되고 있는 점을 고려한다면, 그리고 특히 행사 시 기업의 현금유출을 발생할 수 있는 점을 감안한다면, 사실상 보수의 성격을 가지고 있음이 분명하고, 이를 감안하여 주주들이 주주총회의 특별결의를 하면서 자신의 의사를 분명히 반영할 수 있도록 하기 위하여 앞서 언급한 바와 같이 공시제도를 강화하여야 하는바, 기존의 부여받은 임원의 성명과 부여 주식 수와 같은 정보 외에 미국과 같이[643] 종업원에게 부여된 주식매수선택권의 총수에 대한 임원에 부여된 주식매수선택권의 비율, 부여된 주식매수선택권의 가치 즉 주식매수선택권의 부여일에 있어서 현재 가치 또는 연간 5% 및 10% 주가 상승 가치, 행사 가격이 부여 당시 시가 이하인 경우에는 0%의 주가상승을 전제로 할 때 행사 기간의 종료 시에 행사한 경우의 잠재적인 실현 가능 가치, 기간 중 주식매수선택권의 행사에 의하여 취득한 주식 수, 전기(前期) 주식매수선택권의 행사에 의한 실현 가치의 총액 등을 공시하도록 하는 것이 필요하다고 하겠다. 정보의 원활한 흐름이야말로 주식매수선택권의 부패를 막는 가장 효율적인 방법이다. 감독기관의 역할은 혈액의 원활한 순환이 신체의 건강을 담보하는 것과 같이 정보의 순환을 원활하게 하여 공적 감독 외에 주주들에 의한 사적 감독이 원활하게 이루어지도록 하는 것이다.

Ⅳ. 주식매수선택권 행사조건의 조정 및 취소 등과 관련된 문제점

1. 조정사유와 관련된 문제

2001년 개정된 증권거래법은 행사 가격의 조정에 관한 사항을 주주총회에서 정하도록 하고 있고, 2002년 개정에 의하여 주식매수선택권을 이사회에서 부여할 수 있도록 한 현재에서는 만일 이사회에서 이러한 주식매수선택권을 부여하는 경우에

---

643) Regulation S−K item 402(c)(2) 참조; 이태종, 주식매수선택권에 대한 고찰, 재판자료 91집 34면.

는 이사회에서 이러한 조정에 관한 사항을 정하여야 할 것이다. 무슨 사유가 주식매수선택권의 조정사유가 되는지에 대해서는 2009년 상법 개정에도 불구하고 명시적으로 규정되어 있지 않다. 결국 원래 부여되었던 주식매수선택권에 대하여 행사기간 중 발생한 사유로 인한 주가의 변동이 영향을 미치지 않고, 등가성을 유지할 수 있도록 하여야 하는 사유이면 조정을 할 수 있다고 본다.

그런데 무슨 사유를 조정사유로 할 것인가에 대해서는 위의 등가성을 유지하여야 할 사유 중에서 당사자 간의 합의로 정할 수 있다고 생각한다. 왜냐하면 부여받은 주식매수선택권은 그것이 최소가치접근법에 의하든, 공정가액접근법에 의하든 모두 영이거나 양의 값을 가지는 재산권을 부여하는 행위이므로 무엇을 조정사유로 하여 조정을 하여 줄 것인가에 대해서는 당사자들이 정할 수 있는 것으로 하는 것이 옳다. 다만 이와 관련하여 신주인수권의 조정사유가 참고가 될 수 있을 것이다. 신주인수권은 시가 이하의 납입금액으로 신주를 발행하는 경우, 준비금의 자본전입에 의한 무상증자, 시가 이하의 전환가액을 정하여 전환사채를 발행하는 경우, 시가 이하의 신주인수권행사가액을 정하여 신주인수권부사채를 발행하는 경우, 주식배상을 하는 경우, 기타 합병, 자본감소 또는 주식분할, 또는 병합 등에 의하여 행사가액을 조정할 필요가 있는 경우에 조정을 하는 것이 통례이다.

그러므로 한국상장회사협의회의 '스톡옵션표준모델제정위원회'에서 작성한 모델을 참고로 하되, 희석(dilution)이 발생하는 경우는 위의 신주인수권 등의 조정 사유를 고려하여 조정을 하는 것으로 합의하는 것으로 사적 자치에 의하여 해결할 수 있을 것이다. 다만 이와 관련하여 구 증권거래법 시행규칙 제36조의 8은 회사의 부당한 조정을 막기 위하여, 강행규정으로 새겨야 할 것으로 본다. 따라서 회사가 주식의 시가나 권면액을 하회하도록 조정할 수 있다고 합의하더라도 이러한 합의는 무효라고 할 것이다.[644] 다만 조정 시 수량조정이 가능한가에 대해서는 구 증권거

---

644) '스톡옵션표준 부여계약서' 중 '고정부 스톡옵션표준 부여계약서' 제5조(행사 가격과 부여할 주식의 수의 조정) ① 선택권의 부여일 이후 선택권의 행사 전에 갑이 자본 또는 주식발행사항에 변동이 있는 경우에는 제1조의 교부할 주식의 수 또는 제4조의 행사 가격은 다음 각 호와 같이 조정한다.
1. 준비금을 자본전입(무상증자)하는 경우 – 행사 가격을 다음과 같은 산식으로 조정한다(산식 생략).
2. 주식분할을 하는 경우 – 행사 가격은 액면가의 분할비율과 동등한 비율로 감소하고 교부할 주식의 수는 액면가의 분할비율의 역수로 증가한다.
3. 주식병합을 하는 경우 – 행사 가격은 액면가의 병합비율과 동등한 비율로 증가하고 교부할 주식의 수는 액면가의 병합비율의 역수로 감소한다.
4. 자본감소, 이익소각, 상환주식을 상환하여 발행주식 총수가 감소하는 경우 – 교부할 주식의 수는 발행주식 총수의 감소비율과 같은 비율로 감소하고 행사 가격은 다음 산식으로 조정한다. 다만 조정 후 행사가액은 증권거래

래법상 행사 가격에 대해서는 조정과 관련하여 근거가 있지만, 그 수량에 대해서는 법적인 근거가 없어 수량조정을 할 수 있는지에 대하여 논란이 있을 수 있으나, 앞서의 표준계약서가 언급하고 있는 것과 같이 희석화의 우려가 있다면, 위 시행규칙에 위배되지 않는 한 수량조정도 허용하여야 한다고 본다.

2009년 개정 상법이 주식매수선택권의 조정에 관한 사항을 대통령령에서 규정하였어야 할 것으로 규정하고도 상법시행령 제9조에서는 조정에 관한 사항을 규정하고 있지 않아서 이 부분은 조정이 불가능하도록 한 것이라는 해석과 기존과 같이 해석하는 방법이 있을 것으로 보인다. 일단 기존과 같이 해석하는 것이 타당하다고 보이나 이 부분에 대해서는 시행령의 개정을 통하여 입법적으로 조정에 대한 사항을 명확하게 규정할 필요가 있다.

2. 부여된 주식매수선택권의 취소와 관련된 문제점

(1) 주식매수선택권의 취소

2009년 상법시행령 제9조 제6항은 상장회사의 이사회 결의에 의한 주식매수선택권의 부여취소사유로 (ⅰ) 주식매수선택권을 부여받은 자가 본인의 의사에 따라 사임 또는 사직한 경우, (ⅱ) 주식매수선택권을 부여받은 자가 고의 또는 과실로 회사에 중대한 손해를 입힌 경우, (ⅲ) 해당 회사의 파산 등으로 주식매수선택권 행사에 응할 수 없는 경우, (ⅳ) 그 밖에 주식매수선택권을 부여받은 자와 체결한 주식매수선택권 부여계약에서 정한 취소사유가 발생한 경우를 열거하고 있다. 이에 더하여 주식매수선택권 부여계약에서 정하는 것으로 고려될 수 있는 사유로 상장사협의회의 스톡옵션표준부여계약서(안)를 참조하면 (ⅰ) 부여받은 자가 이사인 경우 상법 제397조나 제398조를 위반하는 경우, (ⅱ) 주주총회에서 부여받은 이사가 해임결의에 의하여 해임되는 경우,[645] (ⅲ) 부여받은 자가 회사의 취업규칙 등에 의하여 징계를 받는 경우,[646] (ⅳ) 부여받은 자가 제3자에게 스톡옵션을 양도하거나 담보로 제공한 경우, (ⅴ) 주식매수선택권이 압류된 경우, (ⅵ) 주식매수선택권의 행사를 위하여 부여받은 자가 회사의 미공개 정보를 이용하거나 시세조정 등 불공정 거래를

법 시행규칙 제36조의 8 제1항의 규정을 준용하여 산정한 가액 이상이어야 한다(산식 생략).

645) 법원의 해임판결을 받는 경우도 마찬가지로 취소사유가 된다고 할 것이다.

646) 다만 이때 징계는 주식매수선택권이라는 재산권을 취소할 정도로 비례의 원칙에 비추어 타당한 경우여야 할 것이다.

한 경우와 같은 경우 등을 고려할 수 있다.

이러한 취소 사유 중 실제적으로 현재 가장 문제가 되는 것이 재직요건과 관련된 부분이다. 실제로 1년 정도 근무를 하고 회사를 자의로 사직하는 경우에 회사가 취소할 수 있는 것은 명확하다고 판단되나, 만일 회사를 2년 가까이 근무하였으나, 주주총회 기일이 항상 일정한 것이 아니라, 법상 회계연도 종료일로부터 3개월 이내에 하기만 하면 족한 것이다 보니, 어느 해에는 주주총회를 3월에 하여 부여를 하고, 어느 해에는 주주총회를 2월에 하게 되는 경우에 마침 당해 이사가 그 주총에서 사임을 하는 경우에는 물론 이 상황에서 임기를 다 채우고 2년간 근무를 하여 요건을 구비하도록 하여야 할 것이지만, 후임자를 위하여 자리를 비워서 조속히 업무의 인수 및 인계가 이루어지도록 하려는 뜻으로 사임을 하는 것이 통상 회사 업무의 원활한 수행을 위하여 필요하다. 그런데 이러한 상황하에서 사임한 자가 분명 자의로 사임한 것으로 볼 것이지만, 만일 회사를 고려하지 않고, 부여받은 본인의 이익을 고려한다면, 회사로서는 이와 같은 경우에도 부여받은 주식매수선택권을 취소하는 것이 타당한가 하는 의문이 있다. 현행법상으로는 회사는 취소할 수 있다고 규정하고 있다. 이러한 조항은 일응 회사가 취소 여부에 대하여 재량권을 가질 수 있는 것처럼 보이나, 법이 규정한 취소 사유의 입법취지를 고려하면 주주와의 관계에서 회사가 주주의 이익을 극대화하는 바에 기여하지 못하는 경우이거나 당해 주식매수선택권을 부여받은 자가 회사의 이익에 손해를 주는 경우라고 볼 것인바, 주식매수선택권의 부여 취지를 고려한다면, 취소재량을 준 것이 아니고, 취소를 하여야 하는 것이 아닌가 한다. 그리고 만일 회사가 해당사유가 발생하였음에도 취소하지 아니하면, 회사의 감독기구인 금융감독원에서 주주들의 이익을 보호하기 위하여 회사에 대하여 취소할 것을 권고하여야 할 것이라고 판단된다.

(2) 주식매수선택권의 포기

이러한 경우에 본인이 스스로 포기하겠다고 하는 경우에 이러한 포기가 허용될 것인가에 대하여, 본인이 이사회의 취소라는 방식으로 주식매수선택권을 취소하는 것 대신 스스로 자진하여 부여받은 스톡옵션을 반납하는 경우에 이러한 포기가 허용된다는 것은 증권거래법이 굳이 포기를 명시하지 않아도 분명하다고 할 것이다. 다만 이러한 포기가 회사에 대하여 포기 각서나 합의서를 작성하는 방식으로 이루어지는 경우가 실제로 삼성전자의 경우에는 존재하는 것으로 공시된 바도 있다.

실제로 보면, 회사의 경우 주식매수선택권의 취소를 이사회에서 취소대상이 있을 때마다 이사회가 하는 것을 사외이사들의 경우 매우 번잡하게 생각하는 경향이 있다. 실제 취소되는 경우를 보면 유사한 사안들이 반복적으로 발생한다. 그러나 법령이나 정관, 내지 주식매수선택권 부여계약서에 의하여 정하여진 사유에 해당하는 사실을 확인하고, 경우에 따라서는 소명기회는 반드시 주워져야 한다. 이사회의 부여된 주식매수선택권의 취소는 개인에게 중요한 재산권을 침해하는 행위가 될 수 있기 때문이다. 그러므로 회사는 취소와 관련된 운용에 있어 원칙적으로 위와 같은 포기의사를 확인하는 것만을 가지고, 소멸시키는 것보다는 이사회를 소집하여 이를 취소하도록 하고, 예외적으로 너무도 명백한 경우에는 포기한 사실을 이사회에 회사가 보고하도록 하여야 할 것이다. 다만 이러한 이사회에서 주식매수선택권을 취소하는 사람이 많이 생기는 경우에 어느 기간 동안의 취소 대상자를 모아서 분기에 한 번이라든지 정기 이사회가 개최되는 시점에 일시에 취소를 하는 것이 실무적으로는 가능하고 적절한 방법이 아닌가 한다.

(3) 주식매수선택권 부여의 철회

주식매수선택권을 부여할 당시의 행사 가격이 10만 원이었는데, 이후 주식의 가격이 5만 원을 계속 유지하면서 상당기간 이러한 사정이 계속될 것이라고 보이는 경우 이미 부여된 주식매수선택권의 부여를 회사가 철회할 수 있는가? 주식매수선택권의 경우에는 서면으로 계약을 체결하도록 하고 있고, 이러한 서면에 의한 계약이 당사자들 간의 관계를 규율하는 가장 중요한 근거라고 할 것이고, 증권거래법 등 주식매수선택권을 규정하는 법률에서 이에 대한 명시적인 규정을 하고 있지 아니한 점을 고려한다면 계약서에 이러한 사유를 회사가 부여를 철회할 수 있는 사유로 규정하고 있다면 회사가 철회를 할 수 있다고 할 것이다.

다만 이러한 철회의 경우에 실제를 보면 통상 재부여의 약속을 하는 경우가 많은데 이와 같이 철회하고 재부여를 저가의 행사 가격으로 하는 것은 주주총회의 특별결의 등 주요한 요건을 구비한다는 것을 전제로 하여 허용되는 것이지만 재부여 약속을 하지 않고, 재부여하지 않는다고 하더라도 이것이 위법한 것은 아니라고 할 것이다.[647]

---

647) 위 각 경우의 회계처리를 보면, 주식매수선택권에 대한 재부여 약속 없이 철회한 경우에는 자본조정에 계상된 기인식한 보상원가는 당기손익에 반영하는 것이 타당하며, 만일 재부여를 약속하고 주식매수선택권을 철회한 경우에

Ⅴ. 행사 가능 기간과 관련된 문제점

1. 행사 기간 등의 다양화의 필요성

현행법은 행사 가능 기간에 대하여 기간에 대한 최소 필요 요건인 2년간의 재직을 하라는 것 외에는 행사가능기간을 얼마나 허여할 것인가에 대해서는 아무런 제약을 두고 있지 않다. 주지하다시피, 옵션의 가치는 그 행사 기간이 길어질수록 커진다.[648]

그런데 이러한 행사의 기간은 당해 주식매수선택권을 부여받은 임직원에게는 상당히 큰 이익을 공여할 수 있는 형식으로 기간 결정 종기의 경우에는 이를 자율적으로 결정하도록 한 현재의 입법태도는 타당한 방식이다. 이에 대하여 지나치게 긴 기간이라고, 지나치게 많은 이익을 공여하는 것이 아닌가라는 여론을 힘입은 공격이 있을 수 있을 것이나, 본인과 대리인 간의 이해관계를 일치시키고, 결국은 이익이 현실적으로 공여되려면 주주에게도 그에 상응하는 자본이득(capital gain)이 발생하게 될 것이므로 이러한 사정을 고려한다면, 그 행사 기간의 문제에 대하여 법정하여 최장기간을 정하는 것은 문제가 있다고 본다. 다만 현재의 경우에는 지나치게 장기로 결정하는 것을 통제할 수 있는 장치가 없어 유일한 장치라고는 금융감독원의 권고 정도일 것이나, 이것의 성격은 행정지도로서 원칙적으로 규범적인 강제력을 가지는 것이 아니므로 영구무한의 기간을 종기로 가지는 주식매수선택권을 규정하는 등의 경우에는 제한을 가할 수 있는 감독기관에 대한 권한 부여가 필요한 것이 아닌가 한다. 다만 일차적으로 제한은 주주총회에서 주주들이 자신의 회사에서 부여하는 주식매수선택권에 대하여 제한을 하면서 만일 부당한 부여의 경우에는 부결을 시키도록 하는 방식으로 이루어질 것이다. 그러나 2002년 법과 시행령의 개정으로 이루어진 이사회에 의한 주식매수선택권 규정으로 인하여 이사회의 경우에는 이러한 주주총회와 같은 견제기구가 없다는 점을 고려한다면, 위와 같은 감독기구

는 주식매수선택권의 조건을 변경한 것과 경제적 실질이 동일한 것으로 보아 철회의 회계처리를 하지 아니하고, 기업회계기준 등에 관한 해석 39 ‒ 35(6 ‒ 5)에 따라 처리하는 것이 타당하다고 할 것이다.(주식매입선택권의 약정용역기간 내 철회 및 재부여 시 회계처리(2001 ‒ 8).)

648) 하이닉스의 경우에는 1999년 이후 부여된 형식을 보면 3년의 기간 후에 3년간 행사하도록 규정하고 있다. 삼성그룹의 경우에는 99년 2년 재직 후 3년 이후 7년간 행사를 할 수 있도록 규정하여, 합계 10년의 기간을 3년과 7년으로 나누어 행사할 수 있도록 하였다. 그 후 삼성그룹은 2002년 정관과 주식매수선택권운영규정을 개정하면서, 2년 후 8년 이내의 기간으로 주주총회에서 이사회에서 결정한 기간 동안 행사하도록 규정을 개정한 바 있다.

의 적절한 감독을 할 수 있는 권한을 부여하는 것이 필요하다고 생각한다.

2. 행사요건으로서의 재직 후 일시 행사할 수 있도록 하는 방식의 문제점

현행법은 재직요건을 2년으로 정하고 있으나, 이러한 재직요건이 만일 전 직원을 대상으로 하여 급여성으로 지급되는 것이 아닌 진정 핵심 인력을 유지하기 위하여 적절한 수단으로 기여하고 있는지 의문이 있다. 물론 이 점은 근로자의 측면과 회사의 측면 양쪽이 다 있다고 판단된다.

근로자의 입장에서는 사실상 2년의 기간이 특히 벤처 기업들의 경우에는 주가 변동이 워낙 심하다 보니 상당히 긴 기간으로 판단될 수 있고, 다른 직장으로 옮기려고 할 때 노비문서 같은 족쇄가 된다고 하는 주장이 있을 수 있는데 이는 주식매수선택권의 원 취지에 부합하는 것으로, 그렇다고 하더라도 옵션가치는 영(0)보다는 크기 때문에 손해를 보는 일은 없어, 이러한 지적은 근거가 없다고 보인다. 다만 문제는 고정부 스톡옵션을 취하는 경우에 일시에 전부를 다 행사할 수 있도록 하는 점(일괄행사, Cliff Vesting)에 있다고 본다. 이런 고정부 스톡옵션은 부여를 받은 사람에게 2년 이상의 근로를 제공받을 수 있는 유인을 제공하지 못하고, 2년만 재직하고, 그 이후에는 퇴직을 하더라도 전혀 주식매수선택권의 행사에는 지장을 주지 않기 때문에 인력유지수단(human resources retention program)으로서의 기능은 제대로 하지 못하는 것이라고 판단된다. 그런데도 구미에서는 거의 채택하지 않고 있는 고정부의 일괄행사(Cliff Vesting)를 하는 스톡옵션을 우리나라에서 허용하는 이유는 아직 스톡옵션이 부여 초기여서 그런 것이 아닌가 하는 시기적인 문제 외에 특별한 이유를 찾아보기 어렵다고 보이는데 아마도 한국에서의 현재 초기 스톡옵션의 성질은 그 형태를 두고 보면 임원들에 대한 시혜로 부여된 것으로 이해하면 어떨까 싶다.[649]

이에 반해 하이닉스의 경우를 보면, 부여된 주식매수선택권을 3년의 행사 기간 중 매년 3분의 1씩 행사하도록 규정하고 있으므로 이러한 분할되어 행사할 수 있도록 제한을 두는 것이 일시에 행사하고 퇴사하는 일을 제한할 수 있는 기능을 할 수

---

649) 금융감독위원회는 이와 관련하여 순이익 증가율이나 자기자본 이익률(ROE) 상승률이 업종 평균보다 일정수준 높거나 주가가 업종 지수보다 일정비율 더 올랐을 때 스톡옵션을 행사할 수 있도록 하는 소위 성과연동형 스톡옵션으로 유도하기 위하여 이러한 제도를 채택하는 경우에는 스톡옵션 행사 한도를 높여 주는 등의 인센티브를 부여하겠다고 한다. 현재 조흥, 외환, 한미, 부산, 전북, 국민, 하나은행이 경영실적에 연동하여, 국민은행이 주가지수에 연동하여 부여하고 있다고 한다(매일경제신문 2002.6.21.).

있다고 보인다. 다만 현재의 해석과 관련하여 재정경제부에서 3년 또는 2년의 최소 행사요건 내지 재직요건이 도과한 이후에는 퇴직을 하더라도 행사가 제한되는 것은 아니라고 하므로, 위와 같은 제한을 두더라도 3분의 1만을 행사할 수 있다는 것 외에 퇴직을 제한할 수 있는 것은 아니어서 이러한 설계의 실익이 사실상 몰각(沒却)되는 문제가 있다.

3. 퇴사 후 자회사나 분사회사로 옮기는 경우

또 다른 문제는 이미 주식매수선택권을 부여받은 임직원이 자회사나, 분사회사로 모회사를 퇴사한 이후에 옮겨 가는 것이다. 이 경우 자회사에 대해서는 주식매수선택권을 비록 퇴사하였다고 하더라도 그대로 유지하는 것이 타당하다고 본다. 왜냐하면 주식매수선택권의 경우에 퇴사하는 경우 이를 취소사유로 규정하고 있는 취지는 일정한 기간 동안 회사를 위하여 일할 수 있는 사원 유지 프로그램(employee retention program)으로서 주식매수선택권이 기능을 가지고 있기 때문일 것이다.

그런데 자회사의 경우에는 이사의 임면이나 인사 발령에 상당한 영향력을 미칠 수 있기 때문에 가사 이와 같은 자회사로의 이동이 있었다고 하더라도 모회사의 인사 발령권의 범위에 포함되어 있다고 볼 수 있어, 여전히 모회사의 지배범위 내에서 사실상 모회사를 위하여 일을 하고 있는 것과 마찬가지이므로 원래 2년의 제한을 둔 취지가 결코 몰각된다고 할 수 없기 때문이다.

반면, 분사회사로 옮기는 경우에는 법적으로 완전히 별개의 회사로의 전직이므로 달리 보아야 한다. 사실적인 관점에서는 실제로 많은 경우 여전히 분사회사들은 모회사에 의존하고 있는 면이 많지만, 이러한 사실적인 영향력이 분사회사로의 이동의 경우까지 정당화시킬 수 있는 것은 아니라고 보인다. 그러므로 이와 같은 경우에는 본인의 의사에 따라 만일 본인이 포기하고 옮겨 간 경우에는 이러한 포기의 의사표시가 회사에 도달함으로 인하여 상실되고, 그렇지 않을 경우 회사는 이사회를 열어 이러한 자의 주식매수선택권을 만일 재직요건이 구비되지 못했다면 취소하여야 할 것이다.

이와 관련하여 2009년 개정상법 시행령 제9조 제7항은 주식매수선택권의 행사기한을 해당 이사·감사 또는 피용자의 퇴임 또는 퇴직일로 정하는 경우 이들이 본인의 귀책사유가 아닌 사유로 퇴임 또는 퇴직한 때에는 그날부터 3개월 이상의 행사 기간을 추가로 부여하여야 한다고 규정하여 자회사나 분사회사로 전적하는 경우 이 규정의 적용이 가능할 것이라고 생각한다. 그러므로 계열회사로 전적한 경우 회사 의 인사발령에 의한 것으로 증명이 되는 경우에는 본인의 귀책사유가 아닌 사유로 퇴임 또는 퇴직한 때에 해당할 것이므로 이 경우에는 부여회사는 3개월 이상의 행 사 기간을 추가로 부여하여야 하며, 만일 부여회사가 아무런 조치를 취하지 않는다 고 하더라도 법의 규정문언과 취지를 감안할 때 최소기간인 3개월은 행사 기간이 연장된 것으로 해석함이 타당하다고 본다.

Ⅵ. 주식매수선택권의 행사와 관련된 문제점

1. 행사 주식의 부활과 관련된 문제점

2009년 현행 상법은 비상장회사는 발행주식 총수의 10%의 범위 내에서, 상장회 사의 경우에는 상법 제542조의 3 제2항에 따라 발행주식 총수의 20%의 범위 내에 서 주식매수선택권을 부여하도록 규정하고 있다. 이 한도는 회사가 증자를 하지 않 는 한 계속 소진되어 갈 것이다. 이 경우 2년의 행사 기간(경우에 따라서는 2000년 이전에 부여받은 또는 2001년에 부여 받았다고 하더라도 정관의 미개정으로 인하 여 2001년에도 2년간의 재직과 3년간의 행사금지기간의 제한을 받는 주식매수선택 권을 부여받은 자의 경우에는 3년)이 지난 후에 계약서에 의하여 합의한 계약기간 이내에 부여받은 스톡옵션을 행사하게 되는 경우에는 스톡옵션은 부활하는지 여부 가 문제가 된다.

이 부분에 대해서는 부활하지 않는다고 새기게 되면, 주식매수선택권제도는 특정 회사에 앞서 근무한 사람들만의 이익을 위해서 활용되다가 폐기될 것이고, 만일 이 를 피하기 위해서는 발행주식 총수에 대하여 비율적으로 규정을 하기 때문에 발행 주식 총수를 늘리는 유상증자나 무상증자를 하거나 하는 등의 방법으로 발행주식의 총수를 늘릴 수밖에 없다.

반면, 전부 부활한다고 하면, 극단적으로는 부여 한도 전체를 부여하여 소진하고 2년 의 행사 기간이 지난 시점에 전부 행사하고, 다시 2년이 경과되고 난 뒤에 부여한다고

하더라도 이에 대한 제재수단은 금융감독원의 적절한 조치 외에는 없다고 판단된다.[650]

이에 대하여 학설은 선택권의 절대량을 정관으로 규정한 경우, 우선주나 상환주식, 전환주식 등에 관한 정관으로 정한 발행한도를 재차 활용할 수 없는 것으로 해석되는 것과 맞추어 선택권도 한도유용이 불가능한 것으로 본다. 이 경우 정관을 변경하여 그 절대량을 늘리면 추가 부여가 가능하다고 하는바,[651] 그러나 이러한 정관의 변경 역시 법령이 정하고 있는 최대한을 넘을 수 없다. 법령이 정한 최대한도에 대한 규정은 강행규정이라고 볼 것이다. 이와 같이 해석하면 어느 순간 발행주식 총수가 늘지 않으면 주식매수선택권을 부여할 수는 없게 된다.

현재의 관행상 대표이사를 비롯한 몇몇의 축재 수단으로 사용하거나,[652] 회사의 신규 임원들에 대하여 기여한 바와 기여할 바를 고려하여 부여하는 임원 승진 보너스로 부여하고 있는 현실을 볼 때 조만간 소진이 되거나, 점차 이 제도가 효용성을 잃어 가지 않을까 하는 면이 있다.

결론적으로는 위의 그 한도를 유용하여 행사할 수 없다는 결론에 동의하되, 다만 부여하였다는 것과 실제로 행사하는 것이 구별되는 것이므로 최종적으로 부여기간까지 행사하지 않아 소멸되는 스톡옵션은 다시 부여할 수 있다고 새기는 것이 바람직하다고 본다. 이와 관련하여서는 실무적으로 현재의 5년에서 8년에 이르는 장기의 스톡옵션 행사 기간을 단축하여야 부활하지 않는다고 새길 경우에 있을 수 있는 문제점을 줄일 수 있다고 보인다.

2. 행사 시 주식 부여 방법과 관련된 문제점

(1) 일괄 신청과 일괄 교부의 허용성

현재의 스톡옵션은 그 행사의 시기에 대하여 제한이 없고, 언제든지 법령이 정한 최소한의 2년이라는 기간 요건이 구비되면, 그 전부 또는 일부를 행사할 수 있는 것으로 하고 있다. 이는 실무적으로 굉장한 번잡함을 유발할 수 있다. 예를 들어 2001년의 경우 삼성전자를 보면, 이미 부여된 주식의 수가 3,099,500주에 이르고,

---

650) 물론 이와 같은 행위가 배임이 될 수 있는가라는 논의가 있을 수 있다.

651) 이철송, 회사법 강의, 522면.

652) 물론 실제로는 스톡옵션에 의한 이익보다는 BW(신주인수권부 사채)를 활용하는 것이 저가에 이를 인수하면 훨씬 많은 이득이 발생한다고 보이지만, 여전히 스톡옵션이 이러한 목적으로 사용될 소지는 있다.

부여받을 자가 559명, 부여방법은 신주발행 등으로 하고 있다.[653] 언제든지 행사할 수 있는데다가, 부여받을 자가 매년 이 정도의 수로 증가하면, 실제로 이러한 주식매수선택권의 행사가 시작하는 2003년이 되면,[654] 매번 자사주로 부여한다면 좋겠지만, 보유하고 있는 자사주의 수가 정하여져 있고, 보유 자사주를 초과하는 경우에 매번 행사 시마다 자사주 매입을 시장에서 하는 것은 매우 번거로운 일이고, 신주를 발행하는 것은 더욱 번거롭다. 따라서 실무적으로는 일정한 시점을 정하여 월 1회라든지 분기 1회 등으로 기간을 나누어 그 기간 동안 신청을 받을 자를 합해서 일괄하여 주식발행 내지 주식 지급사무를 처리하는 것이 필요하다고 보인다. 다만 이러한 실무상의 제한을 할 필요성은 있으나, 이미 부여된 주식매수선택권의 경우에는 이러한 제한이 없이 발행된 것이어서 만일 이러한 제한을 하게 된다면, 또는 행사 시 이를 거부하려고 한다면 법령상 허용되지 않는다고 새겨야 할 것으로 보여 현실적으로 우려가 되는 부분이다.

(2) 주식 발행 시 발행 절차 간소화의 필요성

또, 주가가 오르자 예를 들어 옵션 행사가가 140,000원이고, 주가가 250,000원이 되어서 주식매수선택권을 행사한 경우, 주식매수선택권을 행사하려고 한 경우 이에 대하여 행사자에게 주식을 양도하여 줄 수 있는 시점을 실제로 계산하여 보면, 자사주로 부여하는 경우에는 15일 내외, 신주로 발행하는 경우에는 30일 정도의 시간이 소요되게 된다. 주식매수선택권이 형성권이어서 그 행사로 주주가 된다고 하더라도 현실적으로 거래소나 장외시장에서 매매의 대상이 되려면 이 정도의 시간이 걸린다는 것인데, 통상 자사주를 매입하여 부여하는 경우 자사주 매입을 하는 경우에는 주가는 상승하였다가 일시 하향하는 경우가 많고, 또 우리같이 주식시장이 얇은 경우(thin market)에서는 주가 변동성(volatility)이 크다. 그러므로 주식매수선택권의 행사 신청 시기와 주식을 배정받는 시기 사이의 간극이 크면 옵션 보유자(option holder)에게 큰 손실을 안겨 줄 수도 있다. 주식을 배정받은 이후에 매각하지 않아서 발생하는 손실에 대한 위험은 보유자가 부담하는 것은 옳겠으나, 주식을 배정하는 과정에서의 처리는 신속하게 하여 옵션보유자가 최소한의 변동성에 노출될 수 있도록 하여야 한다. 이러한 사정을 감안하면, 차액보상방법(SAR)에 의하여 행사 가

---

653) 제32기 삼성전자 정기주총의안에서 발췌.
654) 대규모기업집단 삼성의 경우를 보면, 2000년에 최초로 주식매수선택권을 부여하기 시작하였다.

격과 당해 주식의 행사 시의 시가를 평가하여 그 차액을 현금으로 교부하는 것이 이러한 문제를 해소할 수 있다. 그러나 이 방법은 회사의 현금을 사외로 유출시킨 다는 단점이 있다.

입법적으로는 가능한 한 빠른 시일 내에 이러한 발행 사무가 처리될 수 있도록 관련 상장 및 발행 관련 규정의 정비가 필요하다고 생각된다. 특히, 앞서 언급한 것과 같이 주식발행의 경우에 현실적으로 스톡옵션의 행사 시 부여하기 위하여 자기 주식을 취득하여 보유하고 있는 경우가 아니라, 신주를 발행하여 주는 경우에 신주 발행을 위한 일련의 절차를 모두 거치려고 하면, 실제 형성권이 주식매수청구권의 행사시기와 현실적으로 주식을 취득하게 되는 시기에 상당한 갭이 발생하여 주권자가 되는 당시의 판단의 근거가 되었던 주가와 현실적으로 매각이 가능하여진 당시의 주가의 차이로 인하여 물론 경우에 따라서는 주가차로 인한 이익이 발생할 경우도 있겠지만 손해를 입을 여지도 있다.

그러므로 입법론적으로는 신주를 발행하여 지급하는 경우에도 그 절차를 마치 전환사채655)나 신주인수권부사채(新株引受權附社債, bond with warrant)656)를 행사하여 주식을 발행하는 것과 같이 처리하도록 하여 즉각적인 주식의 인도가 이루어질 수 있도록 하는 것이 옳다고 본다. 이미 주주총회에서 특별결의를 통하여 부여가 결정되었고, 취소 사유가 없이 또 본인이 행사를 포기하지 않은 주식에 대하여 그 부여를 천연할 아무런 이유도 없다는 점과, 그 실질은 스톡옵션은 콜옵션의 성격을 가지고 있는 점을 고려하면, 이는 전환권을 행사하여 주식을 받거나, 그대로 유지하

---

655) 전환사채(convertible bond)는 상법 제513조 내지 제516조에서 규정하는 유형의 사채로서 사채로 발행되었지만 일정기간 경과 뒤 소유자의 청구에 의하여 주식(보통주식)으로 전환할 수 있는 권리가 부여되어 있는 사채이다. 전환사채는 회사의 수익성이 향상되어 주식의 배당수익이 사채의 이자수입보다 높아진 시점에서 주식으로 전환할 수 있는 이점이 있으면 자금공급이 보다 증가될 것이므로 주가상승으로 주식으로의 전환이 진행되면 회사로서는 비교적 수월하게 자기자본의 충실을 기할 수 있다는 이점이 있다(상세는 이기수, 최병규, 조지현 공저, 회사법(상법강의 Ⅱ) 제8판, 558－563면).

656) 신주인수권부사채는 상법 제516조의 2 내지 제516조의 10에 규정된 유형의 사채이다. 신주인수권부사채는 발행 회사의 주식을 매입할 수 있는 권리가 부여된 사채로서, 사채권자에게 사채 발행 이후에 기채회사가 신주를 발행하는 경우 미리 약정된 가격에 따라 일정한 수의 신주 인수를 청구할 수 있는 권리가 부여된 사채이다. 따라서 사채권자는 보통사채의 경우와 마찬가지로 일정한 이자를 받으면서 만기에 사채금액을 상환받을 수 있으며, 동시에 자신에게 부여된 신주인수권을 가지고 주식시가가 발행가액보다 높은 경우 회사 측에 신주의 발행을 청구할 수 있다. 신주인수권부사채는 발행형태에 따라 사채와 신주인수권을 분리하여 양도할 수 있는 분리형과 사채와 신주인수권을 결합해서만 양도할 수 있는 비분리형으로 구분된다. 분리형 신주인수권부사채는 발행을 결의할 때 신주인수권만을 양도할 수 있도록 정한 것으로 사채권을 표시한 유가증권인 사채권과 신주인수권을 표시한 유가증권인 신주인수권증권을 각각 분리하여 발행하는 형태의 채권이다. 비분리형 신주인수권부사채는 하나의 채권에 사채권과 신주인수권을 함께 표시하여 발행하는 형태로서 양자의 분리양도가 인정되지 않기 때문에 결합형이라고도 한다(상세는 위의 책, 564－548면).

여 채권으로서의 이익을 향유하는 것을 선택할 수 있는 전환채권자가 주식전환을 청구하는 것과 사실상 동일한 처리를 하는 것이 형평이나 실질에도 부합한다는 점을 고려하면, 현재 상법을 준용하도록 하는 방식에서 전환사채의 처리와 같은 방식으로의 처리를 명문화하는 것이 필요하다고 보인다.

3. 주식매수선택권 관련 사항의 공시, 회계, 세제의 지속적인 정비

(1) 주식매수선택권을 허용하는 목적은 주주이익의 극대화를 위하여 회사의 이사, 감사, 피용자들의 이해관계를 장기화하여 장기근속을 유도함과 동시에 단기이익이 아닌 장기이익을 도모하도록 함으로써 주주의 이익과 일치하도록 하려는 것이다. 반면 이 제도는 남용의 소지도 다분히 있다. 이런 남용의 문제를 상법은 법정화를 통하여 상당 부분 해소하고 있다. 동시에 정부가 인위적으로 일정한 형식의 스톡옵션 설계를 유도하는 방식으로 많은 상장회사의 스톡옵션부여계약서는 유사하다.

그러나 법정화와 공적 규제기관에 의한 규율 이상으로 중요한 것이 스톡옵션에 대한 정보가 희생의 주체가 되는 주주들에게 정확하고, 충분하게 그리고 적시에 제공되어야 한다는 것이다. 공시와 더불어 스톡옵션 회계나 세제도 지속적인 정비가 필요하다. 현재도 정기주주총회에 주식매수선택권부여현황은 공개되고 있고, 이러한 사항은 금융감독원의 기업정보공개시스템에 의하여 공개되고 있다. 2008년 금융위기 이후 미국에서 금융기관 경영진의 과도한 보상에 대한 문제점이 지속적으로 제기되고 있다. 과도한 보상이건 아니건 간에 이사의 보수에 대한 감독은 주주총회에서 이루어지도록 한 상법 제388조의 취지에 비추어 주식매수선택권의 부여 및 행사, 내부규정의 내용과 운용에 대한 주주에 대한 정보의 공개는 가능한 상세하게 이루어지도록 하는 것이 사적인 견제수단으로 공적 규제에 대한 좋은 보완수단이 될 것이다.

(2) 세제상의 처리

주식매수선택권제도가 제대로 시행된다면 기업의 경영을 혁신하고 경쟁력을 제고하여 산업의 발전을 도모할 수 있기 때문에 기업이나, 임직원, 그리고 국가의 입장에서 매우 바람직한 것이나, 만일 주식매수선택권 부여로 인한 기업이나 임직원의 이익을 국가가 세금의 형태로 회수하여 버린다면 위 제도의 장점을 상당히 감소시켜 버리게 될 것이다. 이에 따라 이 제도를 이용하는 세계 각국에서는 그 실효성을 고양하기 위하여 일정한 한도에서 과세상의 특례를 규정함으로써 세제상 이를 지원하고 있고, 우리 법에서도 조세특례제한법 제15조 및 같은 법 시행령 제13조에서 이를 규정하고 있다.657) 이러한 주식매수선택권에 대한 조세감면의 혜택은 주식매수선택권제도를 확대하여 기업이 우수한 인재를 유치할 수 있고, 근로자의 실질적인 소득의 증대와 기업의 지배구조 개선, 세부담을 완화하여 경영활동을 증진시키는 긍정적인 역할을 하였다는 평가도 있으나658) 실증적인 분석이 필요하다고 본다.

주식매수선택권에 대하여 특례를 규정한 조세특례제한법 제15조는 거의 매년 개정되어 왔다.659) 대법원은 구 조세특례제한법(2000.12.29. 법률 제6297호로 개정되기 전의 것) 제15조에 정한 '증권거래법에 의한 주권상장법인으로서 대통령령이 정하는 요건을 갖춘 법인'으로부터 자기 주식 교부방법으로 주식매입선택권을 부여받아 이를 행사함으로써 얻는 이익이 위 규정에 정한 과세특례대상 소득이 되기 위해서는, 주식매입선택권 부여 당시의 매입가액은 물론 주식매입선택권 부여 후 그 매입가액을 조정하는 경우에도, 상법 제434조의 규정에 의한 결의가 있을 것과 주식매입선택권의 부여일을 기준으로 상속세및증여세법 제63조의 규정을 준용하여 평가한 당해 주식의 시가 이상일 것을 그 요건으로 한다고 봄이 상당하고, 그 매입가액의 조정이 유ㆍ무상 증자로 인한 경우라고 하여 달리 볼 것은 아니라고 하면서, 구 조세특례제한법(2000.12.29. 법률 제6297호로 개정되기 전의 것) 제15조의 규정내용과 입법 취지 등을 종합하여 볼 때, 위 규정에서 정한 '증권거래법에 의한 주권상장법인으로서 대통령령이 정하는 요건을 갖춘 법인'이 주식매입선택권의 부여 후 그 매입가액을 주주총회 특별결의를 거치지 아니한 채 구 조세특례제한법 시행령(2000.12.29. 대통령령 제17034호로 개정되기 전의 것) 제13조 제5항 제1호에서 정한 시가보다 더 낮게 조정하였다 하더라도, 주식매입선택권을 행사함으로써 얻는 이익 가운데 주식매입선택권 행사 당시 주식의 시가와 주주총회 특별결의를 거쳐 위 시행령 규정에서 정한 시가 이상으로 정한 매입가액과의 차액 상당액은 위 법 규정에서 정한 과세특례대상 소득에 해당한다고 봄이 상당하다고 보고 있다.660) 개정과정에서 조세특례제한법 제15조는 주식매수선택권 부여법인과 대상자에 대한

---

657) 심경, 전게논문, 446－447면.

658) 허동원, "주식매수선택권(Stock Option)에 대한 일고", 외법논집 9집(2000.12.), p.24.

659) 개정내용의 요약은 심경, 전게논문, 477－481면.

660) 대법원 2009.5.28. 선고 2006두5755 판결.

특례를 감축하는 방향으로 개정이 이루어지다가, 2008년 12월 26일 조세특례제한 법 제15조는 삭제되었다.

한편 조세특례제한법 제9조(연구·인력개발준비금의 손금산입)와 관련하여 조세 특례제한법시행규칙 제7조 제2항은 영 제8조 제1항에 따른 영 별표 6(연구개발비 세액공제)의 제1호 가목 ①에서 연구개발 또는 문화산업 진흥 등을 위한 기획재정 부령으로 정하는 전담부서(이하 '전담부서'라 한다.)에서 근무하는 직원으로서 기획 재정부령이 정하는 자의 인건비에 과학기술분야의 연구업무에 종사하는 연구요원 및 이들의 연구업무를 직접적으로 지원하는 자(주주인 임원으로서 다음 각 호의 어 느 하나에 해당하는 자를 제외한다.)를 말한다고 하면서,[661] 이러한 자들의 경우에 는 부여받은 주식매수선택권을 모두 행사하는 경우 당해 법인의 총발행주식의 100 분의 10을 초과하여 소유하게 되는 자들의 경우에는 조세특례제한법에 의한 연구비 손금산입과 관련된 특례에서 제한하고 있다.

제7절 분식회계(粉飾會計)와 실질과세원칙, 신의성실의 원칙
(대법원 2006.1.26 선고, 2005두6300 판결을 중심으로)

Ⅰ. 사안의 개요

1. 사실관계[662]

(1) 과세와 관련된 진행 사항

원고 대우전자 주식회사는 가정용 전기기기 등의 제조가공 및 판매업을 영위하는 법인이다. 원고는 아래와 같이 1996, 1997, 1998 사업연도의 소득에 대한 법인세 과세표준 및 그 세액을 신고하였다.

---

661) 개정 2008.4.29, 2009.4.7.

662) 이하의 사실관계는 서울행정법원 2004.10.22. 선고 2002구합33189 판결에서 정리한 내용이며 필요한 경우에는 국세심판원의 자료를 참고하였다.

사업연도	1996	1997	1998
신고일자	1997.3.31.	1998.3.30.	1999.3.31.
과세표준	81,440,889,352원	71,265,614,368원	11,257,685,868원
총 부담세액	10,491,449,018원	8,942,372,023원	2,290,152,042원

남대문세무서장은 공정거래위원회로부터 원고의 1997, 1998사업연도 부당내부거래에 관련된 세무자료를 통보받고 원고에게 법인세법상 부당행위계산을 부인하는 등의 방법으로 아래와 같이 경정결정을 하였다.

사업연도	1997사업연도	1998사업연도
2001.5.15.자 경정결정	인정이자 843,900,670원 익금 산입하고 지급이자 398,738,130원 손금 불산입하여 과세표준 계산한 후 당초 원고가 과소 신고한 감면세액을 공제하여 법인세 206,599,440원을 환급함.	인정이자 6,422,823,720원을 익금 산입하고 지급이자 4,346,674,522원을 손금 불산입하여 과세표준을 계산하여 법인세를 3,694,923,028원으로 증액함
2001.6.15.자 재경정결정	해당 없음	그 후 지급이자손금불산입 계산 착오 등을 이유로 법인세를 다시 4,095,963,865원으로 증액함.

이에 원고는 2001.6.28. 위 각 부과처분에는 원고의 장부상 과소 계상되어 있는 것으로 확인된 비용을 손금 산입하지 아니한 위법이 있다는 이유 등으로 감사원에 심사청구를 하였으나 감사원은 2002.7.16. 위 심사청구를 기각하였다.

한편 피고는 원고가 주식회사 하이마트로부터 받은 어음과 관련하여 팩토링 비용을 부담한 것을 접대성 비용으로 보아 접대비한도 초과액을 손금 불산입하는 등으로 1996, 1997, 1998사업연도의 법인세를 증액 경정하였는바, 1996사업연도에 대해서는 2002.3.5.자로 과세표준을 100,213,552,638원으로, 총결정세액을 13,491,486,779원으로 각 증액 경정하여 그 차액인 3,000,037,761원을 추가로 고지함과 아울러 농어촌특별세를 345,362,560원으로 결정하여 고지하였으며(이하 '2002.3.5.자 부과처분'이라 한다.), 1997사업연도에 대해서는 2002.9.5.자로 과세표준을 92,450,560,364원으로, 총결정세액을 15,251,051,173원으로 각 증액 경정하여 그 차액인 6,515,278,594원을 추가로 고지함과 아울러 농어촌특별세에 대한 총결정세액을 447,768,104원으로 증액 경정하였고, 1998사업연도에 대해서는 2002.9.5.자로 과세표준을 30,082,268,244원으로, 총결정세액을 5,931,008,123원으로 각 증액 경정하여 그 차액 1,835,044,258원을 추가로 고지함과 아울러 농어촌특별세에 대한 총결정세액을 61,554,441원으로 증액 경정하였다(이하 '2002.9.5.자 부과처분'이라 한다.).

(2) 국세심판원의 결정 및 피고의 감액경정처분

원고는 위 각 부과처분에 대하여 국세심판원에 심판청구를 제기하였는데, 국세심판소는 2003.2.21. 원고가 주식회사 하이마트로부터 받은 어음과 관련하여 팩토링 비용을 부담한 것을 접대성 비용으로 볼 수 없음에도 이를 접대성 비용으로 보아 그 한도초과액을 손금 불산입한 것은 위법하다는 원고의 주장에 대해서는 이를 인용하여 그에 따른 경정결정을 한 반면, 위 각 사업연도에 분식결산에 따라 원고의 장부상 과소 계상되어 있는 것으로 확인된 비용을 손금 산입하지 아니한 위법이 있다는 원고의 주장에 대해서는 이를 기각하는 결정을 하였다.

이에 따라 피고 마포세무서장은 2003.3.8.자로 2002.3.5.자 부과처분에 대하여 1996 사업연도 법인세의 과세표준을 81,440,889,352원으로, 그 세액을 10,491,449,018원으로 감액 결정함과 아울러 1996사업연도 농어촌특별세부과처분 전부를 취소하였으며, 2003.3.10.자로 2002.9.5.자 부과처분 중 1997사업연도 법인세 부과처분에 대해서는 그 과세표준을 72,508,313,168원으로, 그 세액을 8,735,772,579원으로 감액 경정함과 아울러 1997사업연도 농어촌특별세의 과세표준을 581,144,784원, 총결정세액을 116,228,956 원으로 감액 경정하였고, 1998사업연도 법인세 부과처분에 대해서는 그 과세표준을 22,825,899,922원으로, 그 세액을 4,095,963,865원으로 감액 경정함과 아울러 1998사 업연도 농어촌특별세부과처분 전부를 취소하였다.

(3) 법원의 판단대상

2002.3.5.자 및 9.5.자 각 부과처분 중 피고의 위 감액경정결정으로도 취소되지 않고 남아 있는 것으로서 이 사건 취소소송의 대상이 되는 부분은 주문 기재와 같이 2002.3.5.자 1996사업연도 법인세 10,491,449,018원, 2002.9.5.자 1997사업연도 법인세 8,735,772,579원, 2002.9.5.자 1997사업연도 농어촌특별세 116,228,956원, 2002.9.5.자 1998사업연도 법인세 4,095,963,865원(이하 '이 사건 각 부과처분'이라 한다.)에 국한된다.

2. 소송의 경과

(1) 행정법원의 판단

1) 원고의 주장

원고는 1996년도부터 1998년도까지 당초 법인세 신고 당시 자산을 과대 계상하거나 부채를 과소 계상하는 등의 방법으로 분식결산을 하여 왔는데, 증권선물위원회의 원고에 대한 재무제표 감리 결과 과소 계상된 비용으로 확인된 금액이 1996사업연도에는 391,800,000,000원, 1997사업연도에는 375,304,000,000원, 1998사업연도에는 285,000,000,000원에 달하고 실질과세의 원칙상 위 분식금액도 해당 사업연도 법인세 과세표준 산정 시 반영되어야 함에도 불구하고, 이 사건 각 부과처분에는 위와 같이 과소 계상된 비용을 손금 산입하지 아니한 위법이 있다고 주장한다.

2) 피고의 주장

피고는, 당초 원고의 신고내용을 신뢰하여 원고에게 해당 법인세를 부과하였던 것으로서 과세관청인 피고도 선의의 제3자에 해당하는 것인데, 원고는 투자자들이나 채권자들을 기망할 목적으로 주식회사의외부감사에관한법률 등 관계법령을 위반하고 분식결산을 함으로써 불법적인 이득을 취득한 이후에 분식결산이 적발되자 비로소 당초의 법인세 신고내용이 조작된 것이라며 그 취소를 구하고 있는바, 여기에는 객관적으로 모순된 행태가 존재함이 명백할 뿐만 아니라 강행법규인 주식회사의외부감사에관한법률의 입법취지 등에 비추어 그 주관적 귀책가능성도 크다고 할 것이므로, 위와 같은 지위에 있는 원고가 과소 계상된 비용을 손금이 산입되지 않았다고 하여 해당 법인세의 취소를 구하는 것은 납세자가 지켜야 할 신의·성실의무에 반하는 것으로서 허용될 수 없다고 주장한다.

3) 관계법령

국세기본법 제14조(실질과세)

① 과세의 대상이 되는 소득·수익·재산·행위 또는 거래의 귀속이 명의일 뿐이고 사실상 귀속되는 자가 따로 있는 때에는 사실상 귀속되는 자를 납세의무자로 하여 세법을 적용한다.

② 세법 중 과세표준의 계산에 관한 규정은 소득·수익·재산·행위 또는 거래

의 명칭이나 형식에 불구하고 그 실질내용에 따라 적용한다.

국세기본법 제15조(신의·성실) 납세자가 그 의무를 이행함에 있어서는 신의에 좇아 성실히 하여야 한다. 세무공무원이 그 직무를 수행함에 있어서도 또한 같다.

4) 분식회계사실

원고는 1999.8.26. 대우계열 12개사 채권금융기관협의회에서 기업개선작업(워크아웃)기업으로 지정되었는데, 기업개선작업 과정에서 실시된 회계감사 결과 분식결산사실이 처음으로 지적되었다. 증권선물위원회는 1999.12.경부터 2000.6.경까지 실지조사 등을 통하여 원고의 재무제표를 감리한 후 2000.9.18. 1997사업연도에 비용 375,304,060,266원을, 1998사업연도에 비용 285,030,964,987원을, 1996사업연도까지의 누적된 비용 1,336,324,045,466원을 각각 과소 계상하여 1998.12.31.기준으로 총 1,996,659,070,719원의 비용이 분식 결산되었다는 내용의 이행보고서를 작성한 다음 이를 금융감독원에 제출하였다.

그 후 위 이행보고서 내용을 기초로 하여 원고의 대표이사 등 분식회계 관련자들은 주식회사의외부감사에관한법률 및 특정경제가중처벌등에관한법률 위반사건으로 기소되어 서울지방법원에서[663] 유죄판결을 각 선고받았다. 이후 상소하였으나 2심에서 일부 형량이 변경된 것 외에는 유죄판결이 그대로 확정되었다. 원고는 자산을 과대 계상하거나 부채를 과소 계상하는 등의 방법으로 분식결산을 하여 왔는데, 사업연도별 분식결산내역은 아래 표 기재와 같다.

(단위: 원)

사업연도	1996	1997	1998	비고
재고자산	589,287,268,697	603,700,000,000	670,900,000,000	과대계상(누적분)
매출채권	74,901,338,213	46,500,000,000	938,400,000,000	과대계상. 다만 1997.은 과소계상
어음차입금	–	847,100,000,000	–	과소계상
대손충당금	–	86,000,000,000	106,100,000,000	과소계상
유형자산	165,192,997,138	192,000,000,000	188,700,000,000	과대계상
퇴직급여충당금	28,599,648,085	29,300,000,000	30,500,000,000	과소계상
장·단기 대여금	–	–	25,100,000,000	과대계상
과소계상 비용	391,800,000,000	375,304,000,000	285,030,000,000	–

---

663) 서울지방법원 2001.7.4. 선고 2001고합130 판결: 서울고등법원(2001노2062 판결) 및 대법원(2002도538판결).

5) 실질과세의 원칙과 신의성실의 원칙에 대한 행정법원의 판단[522]

(가) 실질과세의 원칙과 합법성의 판단

서울행정법원은 실질과세(實質課稅)의 원칙에 비추어 법인세의 과세소득을 계산함에 있어서 구체적인 세법적용의 기준이 되는 과세사실의 판단은 당해 법인의 기장 내용, 계정과목, 거래명의에 불구하고 그 거래의 실질내용을 기준으로 하여야 할 것인바,[665] 위 인정사실에 의하면, 이 사건 각 부과처분은 원고의 법인장부상 과다 계상된 자산과 과소 계상된 비용 등을 기초로 한 것으로서 손금 산입되거나 익금 불산입되어야 할 부분을 제대로 반영하지 아니한 채 산정된 소득을 기준으로 한 것이므로 위법하다고 판시하여 실질과세의 원칙을 합법성 판단의 근거로 내세웠다.

(나) 조세소송에서 신의성실 원칙의 적용

조세법상 신의성실의 원칙에 대해서는 조세소송 절차법과 관련한 적용 및 실체법과 관련한 적용으로 나누어 볼 수 있고 조세소송 절차법과 관련한 적용은 민사소송에서의 그것과 특별히 구분된다 할 수 없을 것이지만, 조세법률주의에 의하여 합법성의 원칙이 강하게 작용하는 조세 실체법과 관련한 적용은 사적 자치의 원칙이 지배하는 사법에서보다는 제약을 받으며 합법성을 희생하여서라도 구체적 신뢰보호의 필요성이 인정되는 경우에 한하여 비로소 적용된다고 할 것이다. 더구나 납세의무자가 과세관청에 대하여 자기의 과거 언동에 반하는 행위를 하였을 경우에는 세법상 조세감면 등 혜택의 박탈, 신고불성실·기장불성실·자료불제출가산세 등 가산세에 의한 제재, 각종 세법상의 벌칙 등 불이익처분을 받게 될 것이며, 과세관청은 실지조사권을 가지고 있는 등 세법상 우월한 지위에서 조세 부과 및 징수권을 행사

---

664) 이후 고등법원(서울고등법원 2005.5.13. 선고 2004누23683 판결)과 대법원(대법원 2006.1.26. 선고 2005두6300 판결) 행정법원의 사실인정을 그대로 유지하고, 법리오해의 주장에 대해서도 원심을 유지하였으므로 이 사건의 경우 사실상 행정법원의 판단이 연구에서 가장 기초가 된다. 다만 대법원 단계에서 새로 주장된 불법원인 급여로서 반환받을 수 없다는 주장에 대해서는 '조세법 질서도 사법질서를 포함한 전체 법질서의 일부를 이루는 것으로 사법상의 개념이나 용어를 조세법에서 차용하더라도 사법상의 개념이나 용어의 의미, 내용 또는 가치와 동일하게 해석하여야 하며, 따라서 조세법률관계에서도 사법의 대원칙 민법 제103조의 반사회적 법률행위에 대한 규정이나 민법 제764조의 불법원인급여의 규정은 당연히 적용되어야 할 것이고(대법원 75.4.22. 선고 75누 38판결), 이 사건 세금의 납부행위는 분식회계를 은폐하기 위한 방법의 일환으로 위 분식회계 결과에 따른 과세표준 및 그에 대한 세액을 임의적으로 산정하고 이에 따르는 세금을 자진하여 납부하였던 것으로 불법의 원인을 위하여 행하여졌다고 하지 아니할 수 없으므로, 세금의 납부행위는 자신의 의사에 기하여 재산적 가치가 있는 출연으로 민법 제764조의 규정에 의하여 반환을 인정하여서는 아니 된다는 주장이 가능할 것으로 보이고 실질적인 설득력을 가지는 것으로 판단되나 이 부분은 일단 본 연구에서는 상설하지 않기로 한다.

665) 대법원 1993.7.27. 선고 90누10384 판결 등.

하고 있고, 과세처분의 적법성에 대한 입증책임은 원칙적으로 과세관청에 있는 점 등을 고려한다면, 납세의무자에 대한 신의성실 원칙의 적용은 극히 제한적으로 인정하여야 하고 이를 확대 해석하여서는 안 된다고 할 것이다.[666]

이 사건에 있어서, 앞서 본 사실관계 및 관계법령 등에 의하면, 원고가 당기 순이익을 부풀리기 위한 방편으로 손금 산입되어야 할 항목을 숨기는 한편, 매출액 등 자산을 과대 계상하는 분식회계의 방법으로 회계장부를 조작하고, 그 조작된 장부를 가지고 산정한 당해 과세연도의 법인세를 과세관청에 신고·납부한 후 스스로 장부가 조작되었음을 주장하며 조작된 부분을 손금 산입하여 과세표준과 세액을 다시 계산하여야 한다면서 이 사건 각 부과처분의 취소를 구하고 있음을 알 수 있고, 이는 명백히 자기의 과거 언동에 반하는 행위라고 할 수 있으나, 반면 분식회계 등 회계장부 조작행위에 대해서는 별도로 주식회사의외부감사에관한법률 등에서 이를 처벌하는 규정을 두고 있는 점, 분식 회계된 장부를 기초로 법인세를 신고·납부한 경우 신고불성실이나 기장불성실에 따른 가산세의 제재 등 세법상 불이익 처분이 따르게 되는 점, 광범위한 실지조사권을 가지고 조세과징권을 행사하는 과세관청인 피고는 납세의무자인 원고에 비하여 세법상 우월한 지위에 있다고 볼 수 있는 점 및 여기에 법인세법이 2003.12.30. 법률 제7005호로 개정되면서 제66조 제2항에 분식회계 처리된 장부를 기초로 과세표준과 세액을 과다 계상하여 법인세를 신고·납부한 법인이 일정한 요건하에 국세기본법 관련 규정에 따라 경정청구를 하면 과세관청은 해당 과세연도의 과세표준과 세액을 경정하도록 하는 규정을 신설하였는데, 위와 같은 경정규정이 진작 마련되어 있었다면 원고로서는 위와 같은 경정청구의 방법에 의하여 분식회계에 기초한 과세표준과 세액을 바로잡을 가능성이 있었던 점 등을 종합하여 보면, 과거의 언동에 반하는 원고의 이 사건 청구가 국세기본법 제15조에서 정한 신의성실의 원칙에 위반된다고 할 정도로 심한 배신행위에 기인하였다고 보기는 어렵다 할 것이므로, 피고의 위 주장은 받아들이지 아니한다.

따라서 이와 다른 전제에서 분식결산으로 과소 계상된 비용을 손금 산입하지 아니한 피고의 이 사건 각 부과처분은 위법하다고 할 것이므로 모두 취소되어야 한다.

---

666) 대법원 1997.3.20. 선고 95누18383 전원합의체 판결 등.

(2) 대법원 판결 요지667)

1) 실질과세의 원칙과 분식회계

실질과세의 원칙에 비추어 법인세의 과세소득을 계산함에 있어서 구체적인 세법의 기준이 되는 과세사실의 판단은 당해 법인의 기장내용, 계정과목, 거래명의에 불구하고 그 거래의 실질내용을 기준으로 하여야 하는 것이다.668)

같은 취지에서 원심이 원고가 자산을 과대 계상하거나 부채를 과소 계상하는 등의 방법으로 분식 결산한 기업회계서류를 기초로 하여 법인세 과세표준과 세액을 결정한 이 사건 각 부과처분은 거래의 실질에 부합하지 않는 것이어서 위법하다고 판단한 것은 수긍할 수 있고, 거기에 상고이유에서 주장하는 바와 같은 실질과세의 원칙에 관한 법리오해 등의 위법이 없다.

2) 분실회계와 불법원인급여

원고가 분식결산에 따라 과다하게 법인세를 납부한 행위는 민법 제746조 소정의 불법원인급여에 해당하므로 그 반환이 거부되어야 한다는 상고이유의 주장은 피고가 상고심에서 하는 새로운 주장으로서 원심판결에 대한 적법한 상고 이유가 될 수 없을 뿐만 아니라,669) 법인이 분식결산에 터 잡아 법인세를 과대하게 신고, 납부한 행위를 민법 제746조가 규정하고 있는 '불법의 원인으로 인하여 재산을 급여한 때'에 해당한다고 보기도 어려우므로, 이 부분 상고이유의 주장도 이유 없다.

3) 분식회계와 신의성실의 원칙

납세의무자에게 신의성실의 원칙을 적용하기 위해서는 객관적으로 모순되는 행태가 존재하고, 그 행태가 납세의무자의 심한 배신행위에 기인하였으며, 그에 기하여 야기된 과세관청의 신뢰가 보호받을 가치가 있는 것이어야 할 것인바,670) 조세법률주의에 의하여 합법성이 강하게 작용하는 조세실체법에 대한 신의성실의 원칙 적용은 합법성을 희생하여서라도 구체적 신뢰보호 필요의 필요성이 인정되는 경우에 한하여 허용된다고 할 것이고, (ⅰ) 과세관청은 실지조사권을 가지고 있을 뿐만 아니

---

667) 앞에서 본 것과 같이 고등법원은 행정법원의 판시를 그대로 원용하였다(이를 '인용판결'이라고 한다.).

668) 대법원 1993.7.27. 선고, 90누 10384 판결.

669) 대법원 1993.7.27. 선고, 90누 10384 판결.

670) 대법원 1999.11.26. 선고, 98두 17968 판결 참조.

라 경우에 따라서 그 실질을 조사하여 과세하여야 할 의무가 있으며, (ⅱ) 과세처분의 적법성에 대한 입증책임도 부담하고 있는 점 등에 비추어 보면 납세의무자가 자산을 과대 계상하거나 부채를 과소 계상하는 등의 방법으로 분식결산을 하고 이에 따라 과다하게 법인세를 신고, 납부하였다가 그 과다 납부한 세액에 대하여 취소소송을 제기하여 다툰다는 사정만으로 신의성실을 위반할 정도로 심한 배신행위를 하였다고 볼 수는 없는 것이고, 과세관청이 분식결산에 따른 법인세 신고를 그대로 믿고 과세하였다고 하더라도 이를 보호받을 가치가 있는 신뢰라고 할 수도 없다.[671]

따라서 분식결산에 따라 과다하게 법인세를 신고·납부하였다가 과다 납부한 세액에 대하여 취소하는 소송을 다툰다는 것만으로 신의성실의 원칙에 위반되는 것이라 할 수 없다.

Ⅱ. 조세법상 신의성실의 원칙 개관

1. 조세법상 신의성실의 원칙

신의성실(Treu und Glauben)의 원칙이란 자기의 언동 등 어떤 표시에 의해 다른 사람으로 하여금 어떤 사실을 그릇되게 믿도록 한 사람은 그 그릇되게 믿은 사실에 기초를 두고 행동(법적 지위의 변경·이해관계의 변경 등)한 다른 사람에 대하여 그 표시와 모순되는 사실을 주장하지 못한다는 것이다.[672]

조세법규는 그 내용이나 체계가 전문적·기술적이고 복잡하여 과세관청이 그 해석·집행과 관련하여 납세의무자에게 세무지도 등을 한 경우 납세의무자로서는 이를 신뢰할 수밖에 없는 경우가 대부분이다. 이와 같이 조세법규의 집행과정에서 납세자가 과세관청의 언동에 대한 신뢰를 기초로 새로운 법률관계를 형성한 경우에 그것이 잘못되었다고 하여 이를 뒤늦게 번복하는 것은 정의와 형평의 원리에 반하고 기존의 법률관계를 뒤엎는다는 점에서 법적 안정성을 해치는 결과에 이를 수 있다. 이와 같이 납세자의 신뢰를 보호할 가치가 있는 일정한 경우에 기존의 법률관

---

671) 이러한 대법원의 설시에 미루어 대법원은 조세법상의 '신의성실의 원칙'과 '신뢰보호의 원칙'을 혼용하여 사용하거나, 내지 신의성실 원칙의 하나의 내용으로 이해하고 있는 것으로 보인다.

672) 최명근, "법학총론", 세경사, 2005, p.155.

계를 그대로 존중·용인하여 납세자의 신뢰를 보호하자는 것이 바로 조세법상 신의성실의 원칙이라고 이해되고 있다.[673]

2. 신의성실 원칙의 전개

(1) 입법 연혁

민법 제2조 제1항의 "권리의 행사와 의무의 이행을 신의에 좇아 성실히 하여야 한다."는 규정을 사법뿐만 아니라 법 일반을 지배하는 법원리로 해석하여 조세법에도 적용해야 한다는 입장을 취해 왔다. 그러던 것이 1974.12.21. 법률 제2679호로 제정된 국세기본법 제15조에서는 "납세자가 그 의무를 이행함에 있어서는 신의를 좇아 성실히 하여야 한다. 세무공무원이 그 직무를 수행함에 있어서도 또한 같다."고 규정하여 신의칙을 명문화하였다.[674] 동법 제18조 제3항은 "세법의 해석 또는 국세행정의 관행이 일반적으로 받아들여진 후에는 그 해석 또는 관행에 의한 행위 또는 계산은 정당한 것으로 보며 새로운 해석 또는 관행에 의하여 소급하여 과세하지 아니한다."라고 규정하고 있다.[675] 국세기본법 제15조와 제18조 제3항에 신의칙에 관한 명문규정을 두고 있고, 또 행정절차법 제4조 제1항 "행정청은 직무를 수행함에 있어서 신의에 따라 성실히 하여야 한다," 동 조 제2항 "행정청은 법령 등의 해석 또는 행정청의 관행이 일반적으로 국민들에게 받아들여진 때에는 공익 또는 제3자의 정당한 이익을 현저히 해할 우려가 있는 경우를 제외하고는 새로운 해석 또는 관행에 의하여 소급하여 불리하게 처리하여서는 아니 된다."라고 명문 규정을 제정한 것은 신의칙의 적용범위를 모든 행정법에 확대 적용하고 또한 개인의 이익과 공익을 비교하여 그 적용과 한계를 명문화한 데 그 의의가 있다.

개별 법규에서 신의칙에 기초하여 입법된 것으로 이해될 수 있는 조항으로는 ① 경정이 있을 것을 미리 알고 과세표준수정신고서를 제출한 자에 대해서 가산세 경감의 혜택을 박탈하는 것(국세기본법 제48조 제2항 제1호),[676] ② 일정한 경우 징수

---

673) 임승순, "租稅法", 박영사, 2005, p.60.

674) 이를 '일반적 신의칙'이라 한다(최명근, 앞의 책, p.157).

675) 이를 '비과세관행'이라 한다(최명근, 앞의 책, p.157).

676) 제48조 【가산세의 감면 등】
　　② 정부는 다음 각 호의 어느 하나에 해당하는 경우에는 이 법 또는 세법에 따른 해당 가산세액의 100분의 50에
　　　상당하는 금액을 감면한다(2006.12.30. 개정).
　　 1. 법정신고기한 경과 후 6개월 이내에 제45조의 규정에 따라 수정신고를 한 경우(제47조의 3 및 제47조의 4의

유예를 취소하고 유예에 관계되는 국세 또는 체납액을 일시에 징수할 수 있도록 한 것(국세징수법 제20조),[677] ③ 소득공제·세액공제 또는 세액감면의 혜택을 박탈하고 이자를 가산하여 세액을 징수하게 한 것(조세특례제한법 제146조),[678] ④ 일정한 경우 상속세의 연부연납허가를 취소하고 관계되는 세액을 일시에 징수할 수 있게 한 것(상증법 제71조 제4항)[679] 등 다수의 규정을 볼 수 있는데, 이 규정들은 모두 납세자가 신의에 어긋날 경우 납세자에게 준 이익을 박탈하거나 불이익을 과하는 조항 등이 있다.[680]

그러나 이러한 규정들은 이러한 원칙의 적용에 대한 선언적인 규정일 뿐 적용요건이나 효과, 한계 등에 관해서는 사법적인 판례의 축적을 통하여 이루어져야 한다. 왜냐하면 신의성실의 원칙은 그 자체가 매우 사실에 기초한 원칙으로 이를 입법기술상 일괄적으로 규정하는 것이 쉽지 않거나 오히려 구체적인 타당성을 해할 수 있기 때문이다.

(2) 사법적 전개

대법원은 보세운송 면허세 사건에서 비과세관행에 대한 신의칙을 인정함으로써 선결례적인 의미를 가지는 판결을 하였다.[681] 그 후 대법원 1985.4.23. 선고 84누

규정에 따른 가산세에 한하며, 과세표준수정신고서를 제출한 과세표준과 세액에 관하여 경정이 있을 것을 미리 알고 제출한 경우를 제외한다.)

677) 제20조【징수유예의 취소】
① 세무서장은 제15조 또는 제17조의 규정에 의하여 징수를 유예한 경우에 당해 납세자가 다음 각 호의 1에 해당하게 된 때에는 그 징수유예를 취소하고, 유예에 관계되는 국세 또는 체납액을 일시에 징수할 수 있다.
1. 국세와 체납액을 지정된 기한까지 납부하지 아니한 때
2. 담보의 변경 기타 담보보전에 필요한 세무서장의 명령에 응하지 아니한 때
3. 재산상황 기타 사정의 변화로 인하여 그 유예의 필요가 없다고 인정되는 때
4. 제14조 제1항 제2호 내지 제8호의 규정에 해당되어 그 유예한 기한까지 유예에 관계되는 국세 또는 체납액의 전액을 징수할 수 없다고 인정되는 때

678) 제146조【감면세액의 추징】제5조, 제11조, 제24조 내지 제26조, 제94조 및 법률 제5584호 조세감면규제법 개정법률 부칙 제12조 제2항(종전 제37조의 규정에 한한다.)의 규정에 의하여 소득세 또는 법인세를 공제받은 자가 동 조의 규정에 의하여 투자완료일부터 2년이 경과되기 전에 당해 자산을 처분한 경우(임대하는 경우를 포함하며, 대통령령이 정하는 경우를 제외한다.)에는 처분한 날이 속하는 과세연도의 과세표준신고 시에 당해 자산에 대한 세액공제액상당액에 대통령령이 정하는 바에 따라 계산한 이자상당가산액을 가산하여 소득세 또는 법인세로 납부하여야 하며, 당해 세액은 「소득세법」 제76조 또는 「법인세법」 제64조의 규정에 의하여 납부하여야 할 세액으로 본다 (2005.12.31. 개정).

679) 제71조【연부연납】④ 납세지관할세무서장은 제1항의 규정에 의하여 연부연납을 허가받은 납세의무자가 다음 각 호의 1에 해당하게 된 경우에는 그 연부연납 허가를 취소하고 연부연납에 관계되는 세액을 일시에 징수할 수 있다 (96.12.30. 개정). 1. 연부연납세액을 지정된 납부기한까지 납부하지 아니한 경우. 2. 담보의 변경 기타 담보보전에 필요한 관할세무서장의 명령에 따르지 아니한 경우. 3. 국세징수법 제14조 제1항 각 호의 1의 규정에 해당되어 그 연부연납기한까지 그 연부연납에 관계되는 세액의 전액을 징수할 수 없다고 인정되는 경우.

680) 이태로·안경봉. 앞의 책. p.37.

681) 대법원 1980.6.10. 선고, 80누6 전원합의체 판결. 이 사안의 소수의견은 단순한 과세누락으로 보아 신의칙 적용을

593 판결에서 조세법상 신뢰보호원칙의 성립요건을 확립하였으며 그 이후 이 '레토릭'을 지속적으로 사용하다가, 대법원전원합의체 1997.3.20. 선고 95누 18383 판결로 납세의무자에 대한 신의칙 적용요건과 한계를 구분하는 기준을 제시하였다.

(3) 외국의 입법례

스위스에서는 조세법상 명문화한 입법례를 찾을 수 있다. 장뜨갈렌 주(州)가 1944년 제정한 국세 및 지방세에 관한 법률 제2조 제1항에서 "본법의 규정은 신의성실의 원칙에 따라 이를 적용하여 준수되어야 한다."고 규정하고 있고, 스위스의 조세기본법이라 할 수 있는 불루멘스타인 세법 초안 제5조 1항에서 "세법은 신의성실의 원칙에 좇아서 적용되고 준수되어야 한다. 세법의 해석에 있어서는 권리 및 의무에 있어서 스위스 국민의 법률 앞의 평등을 고려하지 않으면 안 된다."라고 규정하고 있다.

그러나 독일에서는 아직 조세법에 신의칙에 관한 일반적인 규정을 두고 있지 않고 판례에서 당연한 법원칙으로 받아들여지고 있다. 독일세법에서는 신뢰보호의 원칙이 과세청의 확약(Zusage)과 실권(Verwirkung)에 관한 법리를 파생시켰고, 영미법에서는 금반언의 원칙(Estoppel)을 판례법으로 발전시켰다.[682] 일본의 경우도 국세통칙법상 신의칙이 명문화되고 있지는 않으나, 신의칙은 법의 근거를 이루는 정의의 이념으로부터 당연히 나오는 법 원칙으로 판례와 학설이 인정하고 있다.

3. 신의성실 원칙의 적용요건

(1) 개관

일반적으로 조세법상 신의칙의 적용요건으로 과세관청에 대한 적용요건과 납세자에 대한 적용요건으로 나누어 볼 수 있으며, 여기서는 납세자에 대한 신의칙 적용요건만을 다루고 과세관청에 대한 적용요건은 논외로 한다.

납세자는 주로 납세의무이행에 관한 것으로서 납세의무 이행에 관하여 진실과 다른 의사표시가 있고 이에 대한 과세관청의 처분이 있는 경우 당초 표시행위를 번복하여 동 과세처분에 의한 의무이행을 거절하는 경우 신의칙 적용에 대한 문제가 발생된다.

이러한 점에 비추어 보면 납세자에 대하여 신의칙이 적용되기 위한 요건으로

반대하였던바, 이 사안에서와 같은 비과세 관행을 인정하는 판결은 그 뒤에 다시 찾아볼 수 없고, 적법성의 원칙을 희생하는 비과세관행을 인정하는 공익상의 필요를 인정하는 판례는 향후에도 쉽게 인정되기 어렵다고 판단된다.

682) 이태로·안경봉, "租稅法講義", 35면; 임승순, 앞의 책, 60면.

(ⅰ) 납세자의 신뢰대상이 되는 행위사실이 있고 (ⅱ) 과세관청이 납세자의 행위사실을 신뢰하고 이에 근거하여 과세처분을 하고 (ⅲ) 납세자의 매우 부당한 배신행위의 존재를 요건으로 들 수 있다고 본다.

(2) 납세자의 행위사실 존재

납세자의 신뢰사실이 되는 행위사실이 존재하여야 하는데 신뢰의 대상이 되는 납세자의 행위사실은 주로 사실관계가 될 것이다. 물론 이러한 행위사실은 과세청의 과세권 행사에 있어 인지되고 있어야 한다. 예컨대, 양도를 증여로 하여 증여계약서 작성 등의 행위를 하고 이를 제출한 경우, 유리한 추계 조사결정을 받기 위해 조사 당시 장부와 증빙서류를 제출하지 않는 행위, 양도소득세를 기준시가에 의해 과세 받기 위해 예정신고나 확정신고를 하지 않는 행위 등이다.

(3) 과세청의 과세처분

납세자의 일정한 세무상의 행위사실에 관해 과세청이 이를 신뢰하고 과세처분 등의 처분을 하여야 한다. 납세자의 행위사실에 대한 신뢰와 그에 기한 과세청의 과세사실 사이에는 상당한 인과관계가 필요하다고 본다. 또한 과세청의 과세처분에는 납세자에게 이익이 되는 모든 행정처분을 의미하므로 감액된 징수처분, 징수유예처분 또는 체납처분의 취소 등도 포함된다.

(4) 납세자의 배신행위

과세관청의 과세처분에 대하여 후에 배신행위가 있어야 한다. 다만 배신행위의 정도에 대해서는 이 사건 대법원의 판시와 같이 신의성실의 원칙이 실질과세의 원칙 내지 적법싱의 원칙을 희생하고자 유지하여야 할 필요성이 인정되어야 하는 것이라고 해석하여 신의성실 원칙의 적용을 제한하기 위한 원리로 작동하도록 하기 위하여 그 배신행위가 심히 부당할 것을 요한다고 하면서, 납세자가 과거의 의사표시에 반하여 배신행위를 한 경우에는 세법에 규정된 조세감면 박탈, 가산세 부과 등 불이익 처분을 받도록 되어 있으며, 납세자가 과거의 행위사실에 반하는 배신행위가 있더라도 세법의 명문규정에 의하지 아니하고 신의칙을 구실로 납세자에게 조세부담을 증가시키거나, 권리·이익을 상실시키거나 제한하는 것은 조세법률주의에 반한다고 보아 극히 조심스럽게 접근하는 태도와 분식회계와 같은 행위를 하고 다시 환급을 구하는 것과 같은 모순 거동 자체가 배신행위라고 보는 태도가 있을 수 있다. 이 두 가지의 태도는 실제 실무적인 신의성실 원칙의 적용에 있어 많은 차이를 노정하게 된다.

Ⅲ. 실질과세의 원칙과 신의성실 원칙의 적용

1. 조세법률주의 내지 실질과세 원칙과 신의성실 원칙

논의의 출발점으로 삼아야 할 점은 분식회계 후 환급신청과 같은 납세자의 거동에 대하여 신의성실 원칙의 적용 여부 및 적용요건의 정립에 있어 존재하는 조세법률주의와 과세상 신의성실 원칙이 적용되는 평면에 있어서의 조세법률주의와 신의성실 원칙 간의 긴장관계이다. 합법성의 원칙만을 관철하게 되면 법적 안정성을 위협하게 되고 납세자의 신뢰보호(법적 안정성)를 강조하면 조세법률주의 내지 경우에 따라서는 경제적인 실질과 다른 조세부과를 정당화하는 도구로 신의성실의 원칙이 사용될 수 있게 되며, 경우에 따라서는 이로 인하여 조세부담의 공평을 유지하기 어렵게 된다. 두 가지를 비교 형량하여 합법성의 원칙을 희생하여서라도 신뢰를 보호할 수 있다고 인정되는 경우에 비로소 신의칙을 적용할 수 있다는 원칙적 출발점은 어느 견해에 의하더라도 달라질 수 없다는 것이다.[683] 다만 기폭점(triggering point)을 어느 정도에서 잡을 것인지에 대해서는 앞서 본 배신행위의 정도에 대한 판단에서 구별될 수 있을 것이다. 이러한 긴장관계는 신뢰보호원칙에 의하여 조세부담이 경감되는 납세자 군(class 1)과 다른 납세자 군(class 2)의 형평 내지 다른 이해관계자와의 형평 문제에서 조세평등주의 내지 조세공평주의와의 긴장관계도 여전히 노정될 수 있으나 이 문제도 위의 형량에 의하여 역시 고려되어야 할 점이라고 할 것이다.

2. 두 가지 접근법

이 두 가지 원칙의 긴장관계를 조화하는 적절한 지점을 발견하기 위하여 사용할 수 있는 접근법은 크게 두 가지가 있다고 본다.

---

683) 利益較量說(金子宏, "租稅法", 弘文堂, 東京(2005)).

하나는 신의성실의 원칙을 납세자에게도 적용하되, 매우 제한적으로만 적용하여 실질과세원칙 내지 조세법률주의를 희생하여도 될 정도의 경우로 국한하여 해석하도록 하는 방식으로 아마도 우리 대법원이 취하고 있는 방식이 이에 해당할 것이다. 다만 대법원의 태도는 범죄행위인 분식회계의 경우에도 배신행위가 심하지 않다고 하여 사실상 부정설을 취하는 것과 마찬가지 결론을 취하는 것이 아닌가 하는 생각이 든다(제1안).

다른 하나는 납세자의 경우에는 과세관청과의 무기 대등이 이루어지지 않는 일방이 우월한 관계에 있으므로 신의성실의 원칙은 적용이 없다고 보는 것이다(제2안). 이러한 적용을 배제하는 태도를 취하게 되면, 문제는 아래에서 보는 것과 같은 현행법의 문언과 배치되는 문제가 발생할 수 있다. 조세법 분야에서 신의칙을 과세관청에 대해서만 적용할 것인가, 납세의무자에게도 적용할 것인가에 관한 논란[684]은 신의성실 원칙의 주관적 적용범위에 대한 문제로서, 국세기본법은 명문으로 납세자가 그 의무를 이행함에 있어서 신의에 좇아 성실히 하여야 하고, 세무공무원이 그 직무를 수행함에 있어서도 또한 같다고 규정하여 이러한 논란을 해결하고 있다고 보는 견해에 의하면 이러한 태도는 정면으로 국세기본법의 문언에 배치되는 것이 된다. 먼저 공권력의 형사를 속성으로 하는 과세관청 측에 신의칙의 준수의무를 부여하고, 다음으로 납세자 측에도 이의 준수의무를 부여하는 구조를 취하는 것이 적절하다고 보는 견해이다.[685]

(1) 신의성실 원칙의 주관적 적용범위를 제한하는 방법(2안)

법문은 신의성실 원칙의 적용에 있어 과세관청과 납세자를 구별하고 있지 않으나 양자는 현실적으로 대등한 당사자로 볼 수 없고, 일방이 국가공권력의 주체라는 점과 조세의 부과 특성을 감안하면 다소간의 수정이 필요하다. 조세법은 납세자가 과세관청에 대하여 자기의 과거 언동에 반하는 행위를 한 경우에 세법상 조세감면 등과 같은 각종 혜택의 박탈, 신고불성실·기장불성실 및 자료제출 불성실가산세 등과 같은 제재에 의한 불이익처분을 받도록 하고 있고, 또한 과세관청으로 하여금

---

684) 입법례에 따라서는 국가의 구성원으로서 개체적 지위에 있는 납세자는 국가의 과세권력을 행사하는 과세관서의 지위에 비하여 사실상 약한 지위에 있기 때문에 납세자 측에 신의칙을 적용할 필요가 없다든가 또는 납세자 측에 신의칙 위반이 있는 경우에는 조세감면 혜택의 박탈·가산세의 제재·벌칙 등이 과해지는 것이므로 납세자 측에 신의칙을 적용할 여지가 없다든가 등의 다른 이론이 있었다고 한다(최명근, 앞의 책, p.158).

685) 최명근, 앞의 책, p.158.

납세자에 대하여 우월적 지위와 질문조사권 등과 같은 공권력을 가지도록 하고 있기 때문에 납세자가 과세관청에 대하여 자기의 과거 언동에 반하는 배신행위를 하였다고 하더라도 신의칙이 적용되지 않고, 따라서 납세자가 과세관청에 대하여 자기의 과거 언동에 반하는 행위(배신행위)를 하더라도 신의칙이 적용되지 않는다고 하는 신의칙 적용의 주관적 범위에서 납세자를 배제하는 태도를 유지하기 위한 논거는 다음과 같다.

첫째, 납세자가 과세관청에 대하여 자기의 과거 언동에 반하는 행위를 하더라도 신의칙을 구실로 하여, 납세자에게 세부담을 증가시키거나 권리 또는 이익의 박탈 또는 제한하는 것은 조세법률주의에 위배되어 타당하지 않다(조세법률주의).

둘째, 과세관청은 납세자에 대하여 우월적 지위에서 질문조사권과 같은 공권력을 행사하여 과세요건 사실의 확인 및 조세의 부과권을 행사하고 있다. 셋째, 과세관청은 납세자의 배신행위에 대하여 세법의 규정에 따라 조세감면·세액공제 등과 같은 각종 우대조치를 박탈하거나 각종 가산세에 의한 제재 및 벌칙 등에 의한 불이익처분을 할 수 있다. 넷째, 과세처분의 적법성에 관한 입증책임은 원칙적으로 과세관청이 지고 있다. 그러므로 납세자의 배신에 대해서는 신의칙이 적용되지 않는 것이다. 만일 납세자의 배신행위에 대하여 신의칙까지 적용된다고 하면 그렇지 않아도 열악한 지위에 있는 납세자의 지위를 더욱 약화시켜 납세자의 재산권이 부당하게 침해될 우려가 있는 것이다.

이러한 견해를 달리 전개할 수 있는 방법으로 신뢰보호를 위해서는 그 신뢰가 보호할 만한 신뢰여야 하는바, 과세관청의 경우에는 관세관청의 우월적인 지위를 감안하여 보면, 실지조사권 등 다양한 방법으로 실질적인 조사를 할 수 있음에도 만연히 납세자의 거동을 신뢰하였다고 하여 실질과 다른 과세를 허용할 수 없고, 따라서 과세관청이 주장하는 신뢰라는 것은 보호가치가 없다고 할 것이어서 신뢰보호를 주장할 수 없다는 논거를 펴는 것도 가능할 것으로 보인다.[686]

(2) 신의칙 적용을 긍정하되 배신행위로 적용범위를 통제하는 견해(1안)

하지만 위의 2안에 대해서는 우선 문언상 국세기본법 제15조는 납세자의 배신행위에 대해서도 신의칙이 적용됨을 명문으로 규정하고 있기 때문에 신의칙이 납세자

---

686) 우리 법원이 국세기본법상의 신의칙과 신뢰보호의 원칙을 실질적으로 혼용하여 사용하는 것으로 판단되기 때문에 가능한 논변이라고 생각한다.

의 배신행위에 대해서도 적용되며, 또 신의칙은 정의의 이념에서 도출되는 일반 법 원칙으로서 조세법률관계의 당사자인 납세자의 배신행위에 대해서만 당해 원칙을 배제할 이유가 없다는 점을 근거로 하여 긍정설을 도출할 수 있다. 다만 문제는 앞서 본 것과 같은 신의성실의 원칙과 조세법률주의의 긴장관계로 인하여 이들을 조화하여야 한다는 점이다. 이런 문제로 인하여 납세자의 배신행위에 대하여 신의칙이 적용된다고 주장하는 긍정설에 있어서도 그 구체적인 적용범위를 둘러싸고 다시 다음과 같은 견해[687]의 대립이 있다.

1) 소극적 적용설

과세관청의 선행조치에 위반한 행위에 대하여 신뢰보호의 원칙을 적용하는 경우에 한하여 납세자의 배신행위에 대한 신의칙을 적용할 수 있다고 보는 견해이다. 이 경우에는 납세자의 배신행위에 대하여 신의칙을 적용하여 납세자가 과세관청의 선행조치에 위반한 처분이 신뢰보호의 원칙에 위반된다고 주장을 할 수 없다고 한다. 즉 납세자의 배신행위에 대한 신의칙의 적용은 과세관청의 선행조치에 위반한 처분에 대하여 신뢰보호의 원칙의 적용을 저지하기 위한 소극적 요건으로만 허용된다는 의미이다.

이 견해는 납세자가 과세관청에 대하여 자기의 과거 언동에 위반하는 행위를 하였을 때에는 신의칙이라는 일반원칙의 적용을 기다릴 것도 없이 세법상 조세감면 등의 배제·가산세 부과 및 벌칙의 적용 등과 같은 불이익 처분을 받게 되므로 특별히 신의칙을 논할 이유가 없다고 주장한다. 다만 납세자의 배신행위가 있었고 이를 신뢰한 과세관청이 신뢰보호의 원칙에 위반한 처분을 한 경우에는 스스로 배신행위를 하여 과세관청의 배신행위를 유발시킨 납세자가 과세관청의 행위에 대하여 신뢰보호의 원칙을 원용하여 그 효력을 다투는 것 자체가 법의 정의·형평의 이념에 위배되는 것으로서 허용될 수 없으므로 이와 같은 경우에는 납세자에 대해서도 신의칙을 적용한다는 것이다. 위의 제1설이 다수설을 차지하고 있다.[688]

2) 배신행위의 정도를 구별하지 않고 적용하는 견해

납세자의 배신행위에 대한 신의칙의 적용 여부, 특히 납세자의 분식결산에 따른

---

687) 김완석, 최명근, 2002 "분식세무신고에 대한 조세입법방안", 서울시립대학교산업경영연구소, 서울, 94-95쪽.
688) 김완석·최명근, "분식세무신고에 대한 조세입법방안", 서울시립대학교산업경영연구소, 서울, 95쪽.

과다 신고·납부에 대한 경정청구가 신의칙에 위반하는지의 여부에 관하여 배신행위만 존재하면 그 정도를 보지 않고 신의칙을 적용하는 견해로 행정심판기관들이 대상 판결의 이전 단계에서 이 사건에서 취하였던 견해라고 할 수 있다.

(가) 감사원의 심사청구 재결례

감사원은 과세표준과 세액을 경정할 때에 분식결산에 따라 과대 신고한 법인세 과세표준과 세액도 함께 경정할 것인지의 여부에 관한 다툼에서 신의칙을 적용하여 기각한 바 있다.[689]

이 건 심사청구는 타인을 기망할 목적으로 분식결산을 하고 분식결산이 적발되어 청구인 및 청구인의 전 임원들이 형사처분을 받자 이제는 각 분식결산의 세무상 손금으로 인정하여 납부한 법인세를 돌려 달라고 하는 청구로 조세법상 납세의무자에 대하여 신의칙 등을 적용하기 위한 요건에 모두 해당하고, 나아가 그 모순의 정도와 주관적 귀책가능성의 정도 및 신뢰의 보호가치의 정도, 주식회사의 외부감사에 관한 법률의 입법취지 등을 종합적으로 고려하여 볼 때 신의칙 등에 위배되는 것이라 하여, 청구인이 주장하는 분식결산 내용이 세무상 손금에 해당되는지에 대한 판단을 할 필요도 없다는 이유로 기각하였다.

(나) 국세심판원의 심판청구 재결례

국세심판원은 당초 신의칙이 적용되지 않는다는 입장을 견지하여 왔었는데,[690] 견해를 변경하여 분식회계로 과다 신고한 법인세의 취소를 요구하는 법인의 심판청구를 신의칙에 위반된다는 이유로 기각하였다.[691] 청구법인이 분식회계를 하지 아니한 것처럼 재무제표를 공시하고, 청구법인의 이해관계자인 조세당국에는 동 재무제표에 의하여 당해 사업연도의 법인세를 계산하여 자진 신고·납부함에 따라 이를 믿은 처분청의 결정에 대하여 분식결산을 하여 법인세를 과다 신고·납부하였다고 주장하는 것은 청구법인이 위 신의칙을 위배한 것으로서 청구법인의 주장을 수용하기는 어렵고, 또한 청구법인은 분식 결산한 내용에 대하여 이를 일간지에 공시함으로써 강행법규인 주식회사의 외부감사에 관한 법률을 위반하였는바, 동 주식

---

689) 감사원 2002년 감심 제115호, 2002.7.16. 결정, 법인세 등 부과에 관한 심사청구.
690) 국심 2000서1958, 2000서605, 2001.1.9. 결정.
691) 국심 2001서116, 2003.1.24. 결정.

회사에 관한 법률을 위반하여 분식결산을 하고는 분식결산 사실이 적발되는 경우에 분식결산으로 납부한 세금을 돌려받을 수 있다는 것을 용인하게 되면 주식회사의 외부감사에 관한 법률의 입법취지를 몰각시키고, 사회적으로 분식결산을 조장할 우려가 있는 심히 불합리한 결과를 초래하게 될 수 있다는 점에서도 위의 분식결산 사실을 인정하여 관련 조세를 환급할 수 없다고 하여 납세자의 신의칙과 주식회사의 외부감사에 관한 법률의 입법취지에 의하여 청구법인이 주장하는 분식결산 내용에 대하여 실질 수입금액인지 여부를 판단할 필요 없이 청구법인의 주장을 받아들일 수 없다고 하였다.

3) 심한 배신행위를 요구하는 견해

납세자의 배신행위가 신의칙의 적용요건을 충족할 때에는 적극적으로 신의칙을 주장하여 납세자의 주장을 배척할 수 있다는 견해이다.[692] 이 견해에 의하면, 과세관청이 납세자의 언동을 믿고 이에 근거하여 과세처분 등을 한 경우로서 납세자의 배신행위가 있고 그 배신행위가 심히 부당한 때에는 배신행위를 한 납세자는 종전의 신뢰에 반하는 주장을 할 수 없게 되는 것이다. 이 사건에서 법원이 행정법원 단계에서부터 일관되게 취하여 온 견해라고 할 수 있다. 대법원 판결의 흐름은 납세자에 대한 신의성실 원칙의 적용을 극히 제한적으로 인정하여 납세자의 배신행위 정도가 극히 심한 정도가 아니면 허용하여서는 안 된다는 입장을 견지하고 있다. 이러한 대법원의 태도에 의할 때, 과세상 신의성실의 원칙이 적용되기 위해서는 객관적으로 모순되는 납세자의 행태가 존재하고 그 행태가 납세자의 심한 배신행위에 기인하였으며, 그에 의하여 야기된 과세관청의 신뢰가 보호받을 가치가 있는 경우에 한하여 납세자의 배신행위에 대하여 신의성실 원칙을 적용할 수 있다고 한다.[693]

(3) 검토

2안이 가지고 있는 기본적인 문제는 문언해석의 범위와 연결된다. 항상 법률의 해석에 있어 문언을 무시하거나 뛰어넘는 해석은 이를 정당화하는 것이 쉽지 않다. 결국 적용을 하되, 어느 범위에서 조세법률주의 내지 실질과세원칙과 신의칙을 조

---

692) 김두천, 1991, "세법학", 박영사, 서울, 139쪽.

693) 대법원 1993.6.8. 선고, 92누 12483판결; 대법원 1995.11.7. 선고, 95누 10525판결; 대법원 1987.4.28. 선고, 85누 338판결; 대법원 1993.9.24. 고, 93누 6232 판결; 대법원 1996.9.10. 선고, 95누 7239 판결; 대법원 1997.3.20. 선고, 95누 18383 판결, 전원일치.

화할 것인가가 아마 합리적인 해법이 될 것이다. 결국 1설에서도 이 사건의 국세심판원 등이 취한 견해와 법원이 취한 견해 중에서 택일적으로 취하는 것이 옳다고 판단된다.

다만 법원의 경우에는 납세자에 대한 신의칙 적용 여부는 주로 납세의무자가 회계장부상의 변칙처리 또는 허위의 세무신고를 하고 과세관청이 그에 기초하여 과세처분을 하였을 경우 그 과세처분을 그대로 유지할 것인가의 관점에서 문제 된다. 그러나 실무상 납세의무자의 신의칙 위배를 문제 삼아 진실에 기초하지 아니한 과세처분이 그대로 유지되어야 한다고 판시한 것은 찾아보기 어렵다. 납세자에 대한 신의칙의 적용 요건을 엄격하게 판단한 판례 중 가장 대표적인 것으로 당사자가 매매계약을 체결한 후 토지거래허가가 나지 아니하자 증여등기를 마친 것에 대하여 과세관청이 그 외관에 따라 매수인에게 증여세를 부과한 사안에서 위 매매계약은 확정적으로 무효가 되었고, 그 소유권 이전등기 또한 무효여서 그에 대한 증여세 납부의무도 없다 할 것이므로 당사자가 그 무효 등기의 원상복구 없이 증여세 납부의무를 다툰다 하여 이를 신의성실 원칙이나 금반언의 원칙에 위반되는 것으로 볼 수 없다고 한 것을 들 수 있다.[694]

그 밖에 판례는 피상속인의 주소지를 실제 주소지와 다르게 기재한 납세의무자가 상속세 부과처분이 있은 후에 그 부과처분의 관할위반을 뒤늦게 다툰 경우,[695] 당사자가 명의수탁자 명의의 소유권 보존등기가 원인무효임을 내세워 민사소송을 제기하여 판결을 받아 등기를 말소하자 과세관청이 위 판결내용에 따라 양도소득세 부과처분을 하였는데 당사자가 다시 그 취소소송을 제기하면서 위 등기가 명의신탁 등기라고 주장한 경우,[696] 법인이 회계장부처리 등의 편의를 위하여 실제 매매가 있은 것처럼 법인세신고를 하였다가 과세관청이 부당행위계산 부인 규정에 따라 그 양도가액을 부인하자 쟁송단계에서 비로소 명의신탁 사실을 주장한 경우,[697] 장부를 허위 기장하고 갑종 근로소득세를 적게 징수·납부한 납세의무자가 장부상 지급금액 이외에 추가로 지급한 필요경비의 공제를 주장하는 경우,[698] 오락실 공동사

---

694) 대법원 1997.3.20. 선고, 95누 18383 판결, 전원일치.

695) 대법원 1999.11.26. 선고, 98두 17968 판결.

696) 대법원 1990.10.23. 선고, 89누 8057 판결.

697) 대법원 1993.6.8. 선고, 92누 12483 판결.

698) 대법원 1993.9.24. 선고, 93누 6232 판결.

업자로 부가가치세법상 사업자등록을 하고 종합소득세를 신고 납부하였다가 과세관
청이 누락수입이 있다는 이유로 소득세를 부과하자 소송을 제기하여 실질적 공동사
업자가 아니라고 주장한 경우,[699] 아버지가 종전 토지에 관하여 자식들 앞으로 증
여를 원인으로 한 소유권이전등기를 경료하면서 증여세를 자진 납부하였고, 위 증
여세에 대한 과세관청의 증액경정처분을 다투는 소송에서도 증여사실을 다투거나
명의 신탁한 사실을 밝히지 않았으며, 세무조사를 받는 과정에서 자식들에게 증여
하였다는 내용의 경위서를 작성, 제출하였음에도 종전 토지의 매각대금으로 취득한
당해 부동산이 다시 아버지에게 등기되자 이에 관하여 부과된 증여세의 취소를 구
하는 소송에서, 아버지가 당초 자식들 명의의 위 소유권 이전등기가 명의신탁에 기
한 등기였다고 주장한 경우[700] 등의 사안에서 모두 납세자에 대한 신의칙의 적용을
부정하고 있다. 법원은 대상판결에서는 형사처분이 되는 행위도 심한 배신행위가
아니라고 보고 있다. 결국 법원은 실제로는 문언의 의미를 무시하지 않으면서도 사
실상 납세자에게 신의칙의 적용을 배제하고 있는 2안의 태도와 같은 실무를 보이는
것으로 새겨야 할 것으로 보인다.

Ⅳ. 법원의 태도에 대한 검토

1. 신의칙의 적용에 대한 대법원의 태도

신의칙의 적용에 대하여 대법원판례는 부정설의 입장이라고 보는 것은 사실과 다
르다고 보인다. 우리 대법원은 신의칙의 적용 자체를 부정하는 것은 아니다.[701] 신
의칙이라 함은 자기의 과거 언동에 의하여 어떤 사실을 표시한 자는 위 사실의 존

---

699) 대법원 1997.6.13. 선고, 97누 4968 판결.

700) 대법원 2004.5.14. 선고, 2003두 3468 판결.

701) 대법원은 납세의무자가 전에 그 스스로 한 행위와 모순되는 행위(주장)를 하더라도, 과세관청의 진실한 사실관계와
는 다른 과세처분으로 인하여 전에 그 스스로 작출(作出)한 자기에게 유리한 위법적인 사실상태나 법률상태(진실과
다른 회계처리 나 세무신고 등)는 유지할 수 없게 되고 오로지 자기에게 불리한 과세처분의 전부 또는 일부를 제거
하려고 한 사안(대법원 1986.4.8. 선고 85누 480판결, 1993.6.8. 선고 92누 12483 판결, 1993.9.24. 선고 93
누 6232 판결, 1995.11.7. 선고 95누 10525판결, 1996.3.22. 선고 95누 15261 판결 등)에 있어서는 신의칙
등의 적용을 불허하였음에 비추어, 과세관청의 진실한 사실관계와는 다른 과세처분이 이루어지자 전에 그 스스로
작출한 자기에게 유리한 위법적인 법률상태(농지개혁법에 저촉되는 무효의 소유권이전등기)는 유지한 채 자기에게
불리한 과세처분만을 제거하려고 한 사안(대법원 1990.7.24. 선고 89누 8224판결)에 있어서는 그 적용을 허용한
바 있다.

재를 믿고 어떠한 행위를 한 상대방에 대하여 그 사실의 존재를 부정하는 것이 허용되지 아니한다는 것으로서 사법의 영역에서뿐만 아니라 조세법의 영역에서도 마찬가지로 타당한 법 원칙이라는 점, 신의칙은 정의의 이념에서 도출되는 일반 법원칙으로서 납세자가 과세관청에 배신행위를 하는 때에도 신의칙이 적용되어야 한다고 생각하고 있으며, 다만 배신행위의 정도가 심한 경우에 한하여 적용되어야 하지 않을까 생각된다. 이를 통하여 우리 대법원은 국세기본법 제15조에서 "납세자가 그 의무를 이행함에 있어서는 신의에 좇아 성실히 수행하여야 한다. 세무공무원이 직무를 수행함에 있어서도 또한 같다."라고 하는 문언을 사법입법을 통하여 뛰어넘고 있지 않다. 하지만 앞서 본 것과 같이 실제적으로는 심한 배신행위를 인정하지 않고 있음으로 인하여 2설과 같이 신의칙의 적용을 배제하고 있다. 이러한 대법원의 태도는 타당한가?

2. 검토

(1) 실질과세 원칙

실질과세의 원칙은 조세공평주의의 세법적 표현이며, 조세공평주의는 헌법 제11조 제1항이 규정하는 '법 앞의 평등'의 원칙이 세법 영역에서의 구현이며 이는 평등의 원칙, 정의의 원칙, 자의의 금지를 의미하는 것이다. 그러므로 헌법 제11조 제1항에서 규정하는 평등 원칙의 세법적 표현인 실질과세의 원칙은 '정의의 관념'에 부합하여야 하는 헌법학적 한계의 제한적인 범위 내에서 인정되어야 할 조리상, 헌법상 한계가 있다고 할 것이다.

실질과세의 원칙은 조세공평주의의 관점에서 일정한 제한 범위 내에서 적용되어야 하는 것이다. 위 법인은 장부 및 재무제표 등을 의도적으로 부정하게 작성하고 이를 근거로 채권자들을 기망하여 위법한 이득을 취득한 후, 범죄행위인 분식회계를 하고 이를 은폐하기 위하여 불성실하게 납세의무를 이행하였음이 명백하므로 세법에 의한 보호대상이 되지 아니함에도 불구하고 경제적으로는 이미 과세관청에서조차도 세금이 과다 부과된 것을 인정할 수 있으므로 그것을 경제적 실질이라고 보아서 실질과세의 원칙을 형식적으로 적용하여 인용한 것은 불성실한 납세의무자를 성실한 납세의무자보다 더욱 보호하는 것으로서 이는 조세공평주의를 실현하기 위한 파생원칙의 하나인 실질과세의 원칙에 반하는 것은 아닌지 하는 의문이 있다. 무엇을 더 보호하였다는 것인가? 그것은 바로 납세자로 하여금 기회주의적인 행동 (opportunistic behavior)을 하여 경제적인 이득을 취할 수 있는 기회를 불성실한 납세자에게 부여하였다는 점에서 찾을 수 있다고 본다.

(2) 기회주의적인 행동의 문제

분식회계를 한 법인의 관점을 보자. 이 법인은 분식회계를 하여 성공을 하는 경우에는 아무런 제재도 없이 자신이 원하는 바를 달성할 수 있다. 만일 실패하게 된다면 물론 이에 대해서는 행정적인 내지 형사적인 제재가 있지만 최소한 과다 납부한 세금은 되돌려받을 수 있다. 이 점에 있어서는 분식회계를 하지 않았을 때와 같아진다. 물론 세금을 환급받게 되었다는 것은 의도한 결과는 아닐 가능성이 많지만, 이러한 규범 태도는 분식회계를 하려고 하는 자들에게 행동을 위한 긍정적인 요인으로 작동하게 되어 기회주의적인 행동을 조장하게 하는 것이다.[702]

(3) 거래비용의 문제

또 하나의 문제는 바로 우리 법원이 과세당국에 조사를 할 수 있음을 강조하여 사실상 법인세에 있어서 조사의무가 있는 것과 같은 결과를 만들었다는 점이다. 이 점은 결국 조사비용 내지 감시비용을 증가시켜 전체적인 거래비용의 증가요인을 만들어낸다.

과세관청이 세법상 조세감면 등 각종 혜택의 박탈, 각종 가산세의 과징 등과 같은 제재에 의한 불이익 처분을 받도록 되어 있고 또한 과세관청은 납세자에 대하여 우월적 지위와 질문조사권 등과 같은 공권력을 가지고 있다고 하더라도 신고납세제도를 취하고 있는 법인세 징수과정에서 납세자가 고의적으로 범죄행위를 은폐하기 위한 방법의 일환으로 세금을 납부한 납세자의 행위에 대하여 대상판결에서처럼 법인이 분식결산을 하면서 분식결산을 하지 않은 것처럼 재무제표를 작성하고 외부감사 및 주주총회의 의결을 거쳐 대차대조표를 공시하면서 마치 당기 순이익이 발생한 것처럼 법인세를 자진 납부하는 등 일반투자자들이나 채권자들을 기망하고서도 분식결산 등 범죄행위를 하여 세법상 손금인데도 스스로 아닌 것으로 법인세를 과

---

702) 이와 관련되어 '합리적인 기만자 모델(rational cheater model)'에 대하여 Daniel S. nagian, James B. Bebitzer et al, 'Monitoring, Motivation, and Management: The Determinants of Opportunistic Behavior in a Field Experiment', American Economic Review sep.(2002) v.92 No.4 pp.850−873.

다 신고 납부하였다고 주장하는 것은 객관적으로 선행행위에 모순되는 행태가 존재함이 명백하고 스스로 불법적인 목적을 달성하기 위하여 분식결산을 하여 허위의 기재를 하는 등 범죄행위를 하였다는 점에서 자신의 주관적 귀책가능성이 막대하고, 법인세는 납세의무자 스스로가 과세표준과 세액을 신고함으로써 조세채무가 확정되는바, 신고납세주의를 취하고 있는 법인세법의 체계상 보호받을 가치가 있는 신뢰라고 보지 아니할 수 없다.

법인은 자유로운 의사에 의하여 스스로 불법적인 목적을 가지고 일반 투자자 및 기타 금융기관 등 기타 채권자들을 기망할 목적으로 분식결산을 하고 분식결산이 금융 및 외환위기 사태로 인하여 과세관청이 아니라 금융감독기관, 공정거래위원회, 검찰 등의 특별 조사로 인하여 밝혀지자 이제는 분식결산을 세법상 손금으로 인정하여 납부한 법인세를 돌려달라는 요구를 하는 것에 대하여 법원이 과세당국에 조사를 할 수 있는 우월한 지위에 있음을 신의칙을 적용하지 않는 근거로 내세운 것은 거래비용 관점에서 적당한지 의문이 있다. 이 비용은 궁극적으로 국민에게 귀결되므로 결국 국민이 비용을 전보하여 주는 결과에 이르게 된다.

V. 결론

이상에서 기본적으로 대법원의 판례태도는 타당하다. 하지만 대법원의 심한 배신행위 판단의 논거로 내세운 점들은 의문이 있다. 그리고 형사처분을 받을 정도의 위법행위로 법인세와 같은 신고납세 방식을 취하는 조세의 경우에 대하여 과세관청의 우월적인 지위를 들어 이에 파생되는 조사권과 증명책임을 논거로 하는 것은 심한 배신행위의 판단을 함에 있어 배신행위가 심하지 않다는 판단을 함에 사용하기에는 적절하지 않다고 보인다. 최소한 기본적인 대법원의 태도는 긍정할 수 있지만, 심한 배신행위의 판단에 형사처분을 받을 정도이면서, 그 행위의 태양이 기회주의적인 거동의 징표를 드러내는 경우에는 심한 배신행위에 포함되어야 하는 것이 옳다고 보이고 이러한 점에서 대법원의 태도는 재고될 필요가 있다고 생각된다. 이를 위하여 앞서 본 바와 같이 과세관청의 거래비용으로서의 감시 비용의 문제와 납세자의 기회주의적인 거동의 문제도 같이 고려되어야 할 것이다.

다만 본 사안에 대해서는 법인세법 제72조의 2[703]의 개정으로 분식회계의 경우

잔여 금액에 대하여 환급금 및 환급가산금을 즉시 지급하도록 입법적으로 조항을 신설하여 해결하려고 하고 있는데, 본고는 이러한 입법에도 불구하고 이 사건 대법원의 심한 배신행위라고 하는 가이드라인은 여전히 유효하고, 신의칙에 의하여 그 환급금 등의 지급을 제어할 수 있다.

읽을거리. 국세기본법 제14조 제3항의 '경제적 실질'의 의미704)

Ⅰ. 서론

조세법에 있어서의 해묵은 과제 중의 하나가 조세법상 실질의 의미인 것 같다. 우리나라에서는 이에 대해 경제적 실질설과 법적 실질설이라는 견해의 대립이 있다고 한다. 이러한 실질에 대한 과세는 미국의 경우에도 실질우선의 원칙(Substance over Form Rule)이라는 원칙이 있고, 독일의 경제적 관찰법(wirtschaftliche Betrachtungsweise)이라는 것도 실질에 대한 과세를 위한 방법론으로 이해된다. 일본에서 경제적 관찰법에 대한 논의가 전개되는 것도 이러한 조세법상의 실질에 대한 과세라는 문제에 대한 일본식의 논점을 발견하기 위한 것으로 이해된다.

우리 법의 경우에는 국세기본법 제14조 제3항이 경제적 실질이라는 용어를 법전의 용어로 명문화하기에 이르렀다. 이 글에서는 조세법에 있어서 경제적 실질이라는 용어를 법전에 규정한 이러한 입법례에서 앞서의 경제적 실질설과 법적 실질설의 논의의 대립점은 이제 입법적으로 해소된 것인지, 또한 실질과제의 원칙과 관련된 국세기본법 제14조의 일부 조항으로 들어간 단계거래원칙을 규정한 것으로 보이는 국세기본법 제14조 제3항상의 경제적 실질이라는 용어가 가지는 의미는 관계적으로 어떻게 보아야 하는지에 대한 논의를 개략적으로 살펴보고자 한다.

---

703) 제72조의 2(사실과 다른 회계처리에 기인한 경정에 따른 환급) ① 납세지 관할세무서장 또는 관할지방국세청장은 제66조 제2항 제4호의 규정에 의한 경정을 함에 있어서 제58조의 3 및 제59조의 규정에 의하여 세액 공제하고 남은 금액이 있는 때에는 환급금 및 환급가산금을 즉시 지급하여야 한다.
　② 제1항의 규정을 적용함에 있어서 당해 내국법인이 해산(합병 또는 분할에 의한 해산을 제외한다.)하는 때에는 제77조의 규정에 의한 청산소득에 대한 법인세 납부세액을 먼저 차감하고 남은 금액을 즉시 환급하여야 한다. [본조신설 2003.12.30.]

704) 최승재, 법률신문 2008.6.19.자 제3659호 게재.

Ⅱ. 조세법상 실질의 의미

1. 조세법과 사법

독일의 경우 조세법의 입법에 있어서 민법과 상법과 같은 사법상의 개념들이 많이 조세법에 도입되었다. 바로 이러한 사법상의 개념들은 조세법과 민법 등의 사법과의 연계성을 보여 주는 것으로 조세법과 사법은 이러한 개념들을 통하여 상호 서로 밀접한 관계를 가지고 있다.

독일의 Crezelius는 조세법은 민사법의 부속법 내지 결과법이며, 조세법은 민법의 이념이나 도그마를 반영하는 열후적인 지위에 있다고 조세법을 설명했다. 하지만 Tipke 교수는 결과법으로서 조세법의 지위를 부정하고 독립적인 지위에 있다는 견해를 제시한다. 이러한 Tipke 교수의 견해에 대하여 Flume 교수와 같은 민법학자들은 조세법이 독자적인 의미를 가진다는 것에 대해 일본식의 표현을 빌리자면 소위 통일설을 주장해 민법이나 상법과 같은 사법이 사용하는 개념에 대해서는 통일적으로 해석돼야 하며 조세법 독자의 의미라는 것은 허용되지 않아야 한다고 주장했다. 일본의 水野忠恒 교수는 독일에서의 이러한 사법과 조세법 관계하에서 조세법의 해석에 대한 논의는 완전히 통일된 것은 아니며, 현재의 방향성은 세법 독자설에서 통일설로 이행되는 과정이라고 설명한다.

2. 경제현상의 형성에 있어 사법과 조세법

담세력에 따른 과세라는 요소는 독일헌법재판소에 의해 헌법상의 원칙으로 파악되는 개념이며, 우리 법의 경우에도 담세력에 의한 과세가 이루어져야 할 점은 다르지 않다고 본다. 바로 이 담세력이라는 개념이 조세법을 소득이나 재산과 같은 경제적인 상태와 연결되어 파악하도록 하는 요소가 된다고 이해한다. 물론 경제적인 상태는 민법과 상법 등의 사법에 의하여 형성되고, 사법은 이러한 경제적인 상태를 형성하기 위한 거래에 대한 형식을 제공한다.

사적 자치의 원칙에 의해서 거래 당사자들이 어떤 법률행위를 할 것인가 하는 것은 당사자들에게 주어져 있고, 당사자들은 제공된 전형계약의 유형이나 그 밖의 비전형 계약의 유형을 택해서 자신이 원하는 법률효과를 달성하도록 하는 것이 사법이 취하는 방식이라고 할 것이다. 조세법은 이렇게 사법에 의해 형성된 경제적인 결과를 과세를 위해 파악하게 되는 것이므로 사법이 조세법이 파악하고자 하는 법률관계에 대한 기초를 제공한다는 점은 부인할 수 없는 사실이다.

이와 같이 조세법은 민사법제도의 외관과 관련되어 있다. 예를 들어 부동산의 소유권 귀속은 당사자들의 소유권이전계약과 등기라는 일련의 행위들에 의해 등기된 자에 대한 권리를 부여하는 사법적인 이해에 터 잡아 조세법은 제도구성을 하게 되는 것이며, 또 조세법상의 구성요건을 판단하기 위한 일부 개념은 민사법에서 기원한 것이므로 법체계의 전체적인 통일성을 위해, 예를 들어 임대차라는 민사법에서 차용된 개념을 사용하는 경우 민사법의 개념 정의를 그대로 도입해 세법상 이해를 하는 것이 출발점에서의 논의라고 할 것이다. 사법의 체계에서 은닉행위와 같이 사법상의 외관을 무시하고, 그 배후에 있는 실체적인 행위를 포착하여 이를 사법이 법적인 효과를 부여한다면 조세법도 이러한 사법의 태도를 원칙적으로 이어받아 이에 기초하여 조세법적 이해를 하는 것이 출발점이라는 것이다.

결국 사법이 파악하는 경제적 이해는 법적 실질이라고 할 수 있고, 조세법이 파악하는 경제적 이해의 기초가 된다.

3. 조세법의 착안점과 사법과의 차이점

그런데 이와 같이 조세법을 민사법에서 이해하는 경제적 이해 혹은 구성을 존중해 이에 기초한 조세법적 판단을 하는 것이지만 한편, 조세법은 담세력에 의한 과세라는 틀을 기본적으로 달성해야 하는 법제이므로 이러한 민사법이 이해하는 경제적 이해 혹은 구성을 그대로 받아들일 수는 없다.

그러므로 민사법에서 연원한 개념을 해석함에 있어서도 민사법의 우위라는 원칙은 존재하지 않는다. 그러므로 많은 경우 조세법의 해석은 민사법에서 연원하는 개념이나 민사법이 이해하는 경제적 이해나 구성을 그대로 존중할 것이지만 조세법의 해석에 있어서 조세법과 민법은 서로 구별되어 이루어지게 된다. 바로 이 구별점을 파악할 수 있는 도구가 경제적 관찰이라는 개념이나 실질우선의 원칙 내지 우리 법상의 실질과세원칙이라는 개념이라고 할 것이다.

독일 연방헌법재판소는 조세법상의 구성요건의 해석에 있어서 그 개념이 다른 법역에서 연원한 것이라도 조세법에서의 다른 개념과의 관계, 조세법의 목적, 개별 규정의 내용에 따라 해석해야 한다고 판시했다. 이러한 견해는 Tipke 교수의 목적적합설과 일맥상통하는 것으로 조세법을 포함한 모든 법역에서 발생하는 문제에 대한 해답과 마찬가지로 민사법적인 규율내용과의 적합성을 위한 목적론적인 방법론으로서 조세법의 영역에서는 담세력에 의한 과세라는 목적을 달성하기 위해 경제적 해석방법(wirtschaftliche Auslegung)을 채택해야 하는 것이며, 만일 사법상의 이해나 구성이 조세법상의 경제적 이해와 서로 상충되는 경우에는 경제적인 실질에 기초해 민사법적인 형식을 조세법적으로 재구성해서 이렇게 재구성된 조세법상의 법적 구성에 기초한 과세를 해야 하는 것이다.

4. 소결 – 조세법상 실질의 의미

따라서 조세법상 실질이라는 사법이 이해하는 것을 재구성하는 것으로 조세법상의 실질은 경제적으로 파악될 수밖에 없다. 경제적인 실질이라는 개념이 아니라면 어떤 근거로 사법의 법적인 이해를 조세법이 부인할 근거는 없다고 판단된다. 법적 실질을 논할 수 있는 영역은 민사법 질서 내부의 문제이며 실제로 민사법은 그 질서 내부에서 법적인 형식에도 불구하고 법적인 실질을 당사자 간의 의사표시해석 등에 의해 발견해 나가며, 이렇게 발견된 법적인 실질에 대하여 법적인 효과를 부여한다. 이와 같은 법적 실질의 발견을 위한 과정이 민사법상 의사표시해석의 과정이다.

이에 반하여 조세법상의 실질은 경제적 실질일 수밖에 없으며, 만일 조세법이 법적 실질을 이야기하려면 여기서 말하는 법적 실질은 민사법이 정리한 법적 실질을 말하는 것으로 이해돼야 한다.

따라서 우리 법상의 법적 실질설과 경제적 실질설이라는 견해의 대립은 사실 논쟁점을 잘못 잡고 있는 견해의 대립으로 기실 견해의 대립이라고 말하는 것이 타당하지 않다. 조세법상의 실질은 경제적 실질일 수밖에 없다고 본다.

Ⅲ. 국세기본법 제14조 제3항의 '경제적 실질'

1. 국세기본법 제14조 제3항

국세기본법 제14조 제3항은 "제3자를 통한 간접적인 방법이나 2 이상의 행위 또는 거래를 거치는 방법으로 이 법 또는 세법의 혜택을 부당하게 받기 위한 것으로 인정되는 경우에는 그 경제적 실질내용에 따라 당사자가 직접 거래를 한 것으로 보거나 연속된 하나의 행위 또는 거래를 한 것으로 보아 이 법 또는 세법을 적용한다 (신설 2007.12.31.)."라고 규정하고 있다. 이 규정에 의해서 국세기본법은 명문으로 경제적 실질이라는 용어를 사용하고 있다.

2. 국세기본법 제14조 제3항의 '경제적 실질'의 의의

국세기본법 제14조 제3항의 규정은 경제적 실질이라는 용어를 사용함으로써 일응 법적 실질론과 경제적 실질론 사이의 기존 논의의 대립에 대하여 경제적 실질이라는 용어를 사용함으로써 어느 정도의 정리를 하려고 했던 것으로 보인다.

그러나 법적 실질설과 경제적 실질설의 대립이라는 것이 국세기본법 제14조 제3항에 명문으로 경제적 실질이라는 용어를 사용한다고 하여 해소될 성격의 것은 아니며, 설혹 그것이 가능하다고 하더라도 국세기본법 제14조 제3항의 적용범위와 관련된 논의의 전개 방향에 따라 제한적일 수밖에 없게 되는 면도 있다.

하지만 앞서 본 바와 같이 조세법에서 말하는 실질은 오로지 경제적 실질이라는 것만 의미가 있고, 이러한 실질을 포착해서 조세법적으로 사법상 형식에 기초해 당사자들이 의도한 거래를 조세법적으로 재구성한다는 것의 의미가 설사 법적으로 취급을 달리하는 것인 경우에도 그 경제적 실질이 동일하다면—동일하게 취급해야 한다는 원칙으로 이해한다면—국세기본법 제14조 제3항은 당연한 용어를 확인적으로 사용한 것에 불과하며, 규정 자체가 새로운 입법을 통해 창설적으로 규정한 것이라고 보는 것은 타당하지 않다.

결국 국세기본법 제14조 제3항은 미국 조세 판례상 Gregory v. Helvering 사건 이후 미국 법원이 확인하고 있는 기본 원칙인 실질우선의 원칙(substance over form rule)이나 독일법상의 경제적 해석이라는 조세법상의 원칙을 우리 법에서 경제적 실질이라는 용어를 사용해 확인하는 것이라고 보는 것이 타당하다.

정리하면 조세법은 실체 사법의 부속법이 아니며, 많은 경우 조세법이 실정법 문언의 의미를 참고하기는 하나 조세법이 실질을 독자적으로 파악해 과세할 수 있다고 본다면 최소한 조세법에서 실질의 의미를 경제적 실질을 의미하는 것으로 보는 미국과 독일에서의 견해와 같이 해석하는 것은 우리나라의 경우에도 달리 볼 것이 아니며 다만 국세기본법 제14조 제3항은 단계거래의 경우에도 그 단계가 우회적이거나 실질적으로 관통하여 통합적으로 하나로 파악될 수 있는 경우에는 단일하게 조세법의 관점에서 볼 수 있다는 것을 기존 실질과세 원칙의 한 부분으로 규정화한 것에 불과하다고 보는 것이 옳다고 본다. 실무상의 의미는 종전 대법원의 판례가 조세회피규정의 경우 명문 규정이 필요하다고 했기 때문에 단계거래의 경우 실질과세원칙을 상설한 하나의 근거를 법원을 포함한 실무에 제공했다는 의미가 있다고 본다.

사례연구(분식회계 관련 판결)

1. 코오롱TNS 사건(대법원 2008.6.26. 선고 2007다90647 판결)

기업체의 재무제표 및 이에 대한 외부감사인의 회계감사 결과를 기재한 감사보고서는 대상 기업체의 정확한 재무상태를 드러내는 가장 객관적인 자료로서 증권거래소 등을 통하여 일반에 공시되고 기업체의 신용도와 상환능력 등의 기초자료로 그 기업체가 발행하는 회사채 및 기업어음의 신용등급평가와 금융기관의 여신제공 여부의 결정에 중요한 판단근거가 된다. 그 결과 해당 기업체의 자기자본 규모와 비교하여 회계처리기준에 위반되는 분식회계의 규모가 심각한 수준임을 알면서도 외견상의 분식회계 내용 및 그에 기초한 회사채 또는 기업어음의 신용등급평가에 맞추어 그대로 대규모의 여신을 제공하는 것과 같은 사례는 극히 이례적이라고 할 수 있다.705)

원심판결 이유에 의하면, 원고가 이 사건 각 기업어음을 매수하기 전 코오롱TNS의 재무제표와 추정손익계산서만을 받아 보았을 뿐 직접 이 사건 감사보고서를 검토하고 이를 신뢰하여 이 사건 각 기업어음을 매입하기로 결정한 것은 아니고, 원

---

705) 대법원 2007.1.11. 선고 2005다28082 판결.

고가 이 사건 각 기업어음 매입 당시 고려한 이 사건 각 기업어음의 신용평정은 이 사건 감사보고서가 공시되기 이전에 이루어진 점은 인정되나, 코오롱TNS의 재무상태가 실제로는 기업어음 할인을 비롯한 단기차입금이 899억 1,424만 원인데도 이를 누락하는 등 부채를 실제보다 808억 5,993만 원, 자산을 실제보다 193억 6,287만 원 각 과소 계상하고, 당기 순이익을 실제보다 148억 9,939만 원 과대 계상하는 방식으로 재무제표를 분식 처리함으로써, 자산총계 85,411,390,042원, 부채총계 60,206,876,178원(이 중 단기차입금은 40억 원이다.), 자본총계 25,204,513,864원으로 기재한 상태였던 점, 신용평가사들이 기업어음의 신용평가에 있어 발행기업의 단기 채무상환능력을 중점적으로 평가하고, 신용등급 유효기간 내에 평가대상 기업의 채무이행 및 원리금 상환에 영향을 줄 수 있는 환경변화요인이 있는 경우 수시평정을 통하여 기 평정등급을 변경하고 있으므로, 코오롱TNS의 분식규모에 비추어 볼 때 신용평가사들이 코오롱TNS의 단기 채무상환능력에 대한 평가를 달리하여 수시평정을 통해 그 기업어음에 대한 등급을 변경하는 등의 절차를 진행하였을 것으로 보이며, 그러한 절차 후 이 사건 각 기업어음이 금융기관인 한화증권 주식회사를 통하여 중개되지 아니하였을 것이므로, 원고가 코오롱TNS의 분식회계사실과 분식규모를 제대로 알고 있었다면 이 사건 각 기업어음을 매입하지 않았을 것이다. 따라서 위 재무제표의 감사와 관련하여 분식회계사실을 밝히지 못한 과실의 결과로 이 사건 각 기업어음이 신용평가기관으로부터 적정한 신용등급을 얻었고 그에 따라 원고가 이 사건 각 기업어음을 매입하였다고 봄이 상당하다.

2. 해태제과사건(대법원 2007.11.30. 선고 2006다19603 판결)

기업회계기준에 의할 경우 회사의 당해 사업연도에 당기 순손실이 발생하고 배당 가능한 이익이 없는데도, 당기 순이익이 발생하고 배당 가능한 이익이 있는 것처럼 재무제표가 분식되어 이를 기초로 주주에 대한 이익배당금의 지급과 법인세의 납부가 이루어진 경우에는, 특별한 사정이 없는 한 회사는 그 분식회계로 말미암아 지출하지 않아도 될 주주에 대한 이익배당금과 법인세 납부액 상당을 지출하게 되는 손해를 입게 되었다고 봄이 상당하고,706) 상법상 재무제표를 승인받기 위해서 이사회

---

706) 해태제과의 제35기와 제36기 사업연도에 분식회계가 이루어져 발생한 가공이익이 그 후 제39기와 제40기 사업연도에 이르러 특별손실로 계상되고, 해태제과의 제42기 사업연도에 발생한 채무면제익이 위 특별손실 계상에 따른

결의 및 주주총회결의 등의 절차를 거쳐야 한다는 사정만으로는 재무제표의 분식회계 행위와 회사가 입은 위와 같은 손해 사이에 인과관계가 단절된다고 할 수 없다.

회사와 회사의 대주주 겸 대표이사는 서로 별개의 법인격을 갖고 있을 뿐만 아니라, 회사의 대주주 겸 대표이사의 지시가 위법한 경우 회사의 임직원이 반드시 그 지시를 따라야 할 법률상 의무가 있다고 볼 수 없으므로, 회사의 임직원이 대주주 겸 대표이사의 지시에 따라 위법한 분식회계 등에 고의·과실로 가담하는 행위를 함으로써 회사에 손해를 입힌 경우 회사의 그 임직원에 대한 손해배상청구가 신의 칙에 반하는 것이라고 할 수 없고, 이는 위와 같은 위법한 분식회계로 인하여 회사의 신용등급이 상향 평가되어 회사가 영업활동이나 금융거래의 과정에서 유형·무형의 경제적 이익을 얻은 사정이 있다고 하여 달리 볼 것은 아니다.

제8절 不當行爲 計算의 否認과 관련된 經濟的 合理性의 判斷을 중심으로 한 '判例'와 '決定的 先決例(Compelling Case)'의 區分에 대한 小考

Ⅰ. 판례해석의 방법

1. 판례의 발견과 판결 간의 조정

법원의 판결은 구체적 타당성을 추구한다. 소송대리인들은 자신에게 유리한 판결인지에 따라 사실관계를 고려하기도 하고, 법리만을 따오기도 한다. 판결의 축적을 통하여 형성되는 판결들이 판례법으로 형성되는 과정은 판결 서로 간의 관계를 정립하는 과정이라고 할 수 있다. 구체적 타당성의 달성이 1차적인 목표인 판결이 판례법을 형성하는 과정에서 판결 상호 간의 관계를 어떻게 정리할 것인가 하는 것은 법률가로서 1차적으로 이해하여야 할 부분이다.

이월결손금의 보전에 충당됨으로써 해태제과가 그에 상당하는 법인세를 절감한 사정을 알 수 있다. 그러나 분식회계가 이루어진 후 이를 보정하기 위하여 특별손실을 계상함으로써 이월결손금이 발생하였다 하더라도, 해태제과가 계속 적자경영을 하여 온 상태에서는 법인세 절감의 효과가 발생할 수 없을 것인데, 해태제과의 제42기 사업연도에 우연히 대규모의 채무면제가 이루어져 채무면제익이 대량 발생함에 따라 그 이월결손금을 활용할 수 있게 되어 법인세를 절감하는 이득을 얻었다 하더라도, 이를 가리켜 이 사건 분식회계로 인하여 해태제과가 상당인과관계가 있는 새로운 이득을 얻었다고 할 수는 없다.

오랫동안 판례법을 발전시켜 온 미국이나 영국과 같은 보통법 국가들에 비하여 판례의 축적을 통한 판례법의 형성에 대한 연구가 상대적으로 적은 우리나라에서 법학방법론에 대한 연구는 그리 많지 않고, 이를 연구하는 소수의 연구자들마저도 주로 독일의 법학방법론(Methodenlehre)에 집중되어 있다. 미국에서는 선례구속의 원칙이 매우 중요하기 때문에 무엇이 선례인지에 대한 방법론이 발달하여 왔다. 우리나라에서도 판례가 매우 중요한 법원으로서 기능하면서 이러한 방법론에 대한 논의가 필요한 상황이다.

판결은 우선 서로 간에 같은 주제에 대한 판례이더라도 서로 무관계한 판결(unrelated case or decision)이 있다. 두 번째 유형이 서로 두 개의 판결이 한계를 지우는 판결(limiting case or decision)이 있다. 세 번째 유형은 결정적 선결례(Compelling Case or decision)인 경우가 있다. 피보험이익으로 예를 들어 보면, 같은 피보험이익의 존부를 다투는 사건이라도 생명보험의 경우와 손해보험의 경우는 다르다. 우리는 원칙적으로 피보험이익(insurable interest)이라는 개념을 생명보험과 같은 인보험에서는 요구하고 있지 않다. 반면 미국과 영국과 같은 국가는 생명보험과 같은 인보험에서도 요구한다. 이 경우 우리나라에서는 손해보험사건에서의 피보험이익과 관련된 판결은 선결례로서 무관계하다. 손해보험사건에서 피보험이익이 문제가 된 선결례가 있다고 하자. 이 경우 서로 참고가 될 수 있지만 매우 특이한 사실관계에 기초하여 그 사실관계로 인하여 구체적인 타당성을 기하기 위하여 나온 판결례가 있으면 이 경우 그 판결의 특이성은 당해 판결을 판례로 보편화시킬 수 없게 한다. 이때 이런 특이한 선결례는 그 특이성에 의하여 제한된다. 법적인 기초와 사실관계의 동일성 내지 실질적 동일성이 담보되는 경우에야 비로소 결정적 선결례가 된다. 결정적 선결례의 경우에는 판례변경을 하지 않으면 당해 사건의 승패를 뒤집을 수 없는 사안으로 강한 선례로서의 구속성을 가진다.

2. 대상판결의 경우

부당행위계산 부인과 관련된 사안에 있어서 소송대리인이 소송을 진행함에 있어, 또 법원의 판결을 보면, 원고 측 소송대리인이 거의 대부분 원용하게 되는 판례가 본건의 대법원 1996.7.26. 선고 95누8751 판결('대상판결')이라고 생각된다. 왜냐하면 이 사건에서는 감정가액이 존재하는 사안에서 이러한 감정가액을 시가라고 판단하고, 이러한 감정가액에 미달한 금액과의 차액에 대하여 과세한 과세관청의 조세부과 행위에 대하여 경제적 합리성이 있다고 하면서, 조세부과처분을 취소하였다는 관점에서, 소송대리인이 경제적 합리성이 있는 행위로서 과세관청의 행위계산 부인이 위법한 것이라고 다투려고 하는 소송대리인에게는 일응 부당행위계산이 적용될 것으로 보이는 거래에서 당해 거래만을 분리할 것이 아니라, 전체적인 거래의 경제적 합리성을 검토할 것을 요구하는 판결이므로, 원고 측 소송대리인에게는 금과옥조와 같은 판결로 생각되게 되는 것이다. 이러한 관점에서 법원의 판결례를 보면, 부당행위계산 부인의 판단기준을 언급하면서는 경제적 합리성에 대한 판시를 하는 경우 대상판결이 언급되곤 하는 것을 알 수 있다.[707]

그러나 문제는 소송대리인의 입장에서 대상 판결이 가지는 의미는 실제 사안의 승패라는 관점에서는 구별되는 것으로 소송대리인이 위 대상판결을 판례로 언급하고, 이를 법원에서 논리전개상 인용한다고 하더라도 위 대상판결이 가지는 판례로서의 의미는 경제적 합리성의 유무에 대한 판단은, 당해 거래행위의 대가관계만을 따로 떼어 내어 단순히 특수관계자가 아닌 자와의 거래형태에서는 통상 행하여지지 아니하는 것이라 하여 바로 이에 해당되는 것으로 볼 것이 아니라, 거래 행위의 제반 사정을 구체적으로 고려하여 과연 그 거래행위가 건전한 사회통념이나 상관행에 비추어 경제적 합리성을 결한 비정상적인 것인지의 여부에 따라 판단하여야 한다는 부분에 대한 것이다.

따라서 소송 대리인이 거래 자체만을 분리시켰을 때, 행위계산 부인의 가능성이 높은 거래인 본건 대상 판결의 경우를 예를 들자면, 저가의 현물출자에 대하여 과세관청이 부당행위계산 부인을 한 사안을 수임한 경우, 전체적으로는 경제적인 합리성이 인정된다는 주장을 할 여지를 주게 된 판결이라는 점에서의 의의는 아무리 강조해도 지나치지 않다.

---

707) 대법원 2004.9.23. 선고 2002두1588 판결; 서울고등법원 1998.12.6. 선고 96누40556 판결; 대법원 1998.7.24. 선고 97누19229 판결; 부산고등법원 1997.8.28. 선고 96구12177 판결; 서울고등법원 1997.6.27. 선고 95구31685; 대법원 1996.7.26. 선고 95누8751 판결.

Ⅱ. 대법원 1996.7.26. 선고 95누8751 판결

1. 사안의 개요

주식회사 남방(이하 '원고')이 1988.6.14. 정부로부터 외국인투자인가를 받은 판시 외국법인과 합작으로 축전지 제조업체인 '올드햄남방 주식회사'(이하 소외 회사라고 한다.)를 설립하기로 하였는데, 당초 인가된 합작투자 조건은 원고와 외국인 투자자가 각각 현금 1,500,000,000원씩을 투자하여, 신설 법인의 총발행주식(액면가 10,000원의 주식 300,000주)의 50%씩을 균등하게 인수하기로 하였으나, 그 후 1988.10.12. 위 합작 조건을 변경하여 외국인 투자자는 종전과 같이 현금 1,500,000,000원을 투자하되, 원고는 현금 300,000,000원과 안산시 반월공업단지 내에 위치한 원고 소유인 공장부지 16,500㎡(이하 이 사건 토지라고 한다.)를 금 700,000,000원으로 평가하여, 현물로 출자하기로 하고, 주식 인수비율은 종전과 같이 균등하게 50%씩으로 하되 외국인 투자자는 50% 할증된 가액으로 주식을 인수하기로 하였다.

원고는 외국인투자인가내용 변경인가를 얻은 다음, 1988.12.10. 자본금 300,000,000원의 소외 회사를 설립하고, 법인설립등기를 마쳤는데, 당시 원고는 현금 100,000,000원을 출자하여 소외 회사의 최초 발행주식 10,000주를 인수하였다(외국인 투자자는 주식인수할증대금을 포함하여 현금 300,000,000원을 출자하고 주식 20,000주를 취득하였다.).

그 후 1988.12.28. 소외 회사는 자본금 700,000,000원을 증자하면서, 그에 상당하는 신주 70,000주를 원고에게 발행함에 따라, 원고는 위 신주인수를 위하여 당시 감정가액이 금 841,500,000원인 이 사건 토지를 현물 출자하고, 위 주식 70,000주를 부여받았으며, 원고는 1989.6.26. 나머지 현금 200,000,000원을 출자하고, 외국인 투자자도 그가 투자할 나머지 금액을 모두 주식인수대금으로 출자하는 등 위 합작계약에 따른 의무를 모두 이행하여, 자본금이 금 2,000,000,000원이 되었다.

피고는 이에 대하여 위 현물출자가 법인세법시행령 제46조 제2항 제4호가 정하는 저가양도에 해당하는 것으로 보아, 이 사건 토지의 감정가액과 출자가액 금 700,000,000원과의 차액 금 141,500,000원을 고정자산처분익으로 당해 사업연도의 익금에 가산함과 아울러, 기타 접대비, 감가상각비 등을 익금 가산하거나, 손금 부인하여 산출한 법인세 금 88,429,810원과, 위 출자행위가 법인세법시행령 제124조의 2 제5항에 규정된 특수관계자와의 거래에 있어서, 토지 등을 시가에 미달하게 양도함으로써 조세의 부담을 감소시킨 때에 해당하므로, 그 양도가액을 시가로 계산하여야 한다는 이유로 원고가 인수한 주식의 액면가액 합계인 금 700,000,000원이 아니라, 이 사건 토지의 감정가격 상당인 금 841,500,000원을 그 시가로 보고, 양도차익을 계산하여, 산출한 특별부가세 금 59,713,000원을 합한 법인세 148,142,810원 및 방위세 금 21,424,437원을 1992.2.17.자로 원고에게 부과 고지하는 이 사건 처분을 하였다.

2. 원심의 판단[서울고등법원 1995.5.16. 선고, 94구30876 판결]

법인세법 제20조 소정의 부당행위 또는 부당계산이 되기 위해서는, 법인이 같은 법 시행령 제46조 제2항에 열거된 제반 거래형태를 빙자하여 남용함으로써, 조세부담을 부당하게 회피하거나 경감시킬 것을 의도하는 경우나 경제인의 입장에서 부자연스럽고 불합리한 행위 또는 계산을 함으로 인하여 경제적 합리성을 무시하였다고 인정되는 경우에 한한다 할 것이고, 또한 법인이 그 자산을 특수관계에 있는 자에게 양도한 경우 법인의 조세부담을 부당히 감소시킨 것으로 인정하기 위해서는 양도로 취득한 대가가 양도한 자산의 시가에 미달할 것을 요한다 할 것인데, 여기서 시가라 함은 통상적인 거래에 의하여 정상적으로 형성되는 자산의 객관적인 교환가치를 말한다고 할 것이다.

이 사건에 관하여 보건대, 앞서 인정한 사실관계에 의하면, 소외회사는 원고회사가 이 사건 토지를 현물 출자하기 이전인 1988.12.10. 자본금을 3억 원으로 하여 법인설립등기가 되었고, 그 자본금 중 원고회사가 1억 원을 출자하여 주식 10,000주를 인수한 상태였으므로, 위 현물출자 당시 원고회사와 소외회사는 법인세법시행령 제46조 제1항 제1호 소정의 출자자로서 특수관계에 있는 자에 해당한다 할 것이고, 앞서 본 증거들에 의하면 원고회사가 현물 출자한 이 사건 토지의 출자 당시 시가가 금 841,500,000원 정도에 이르는 사실은 인정할 수 있으나, 한편 앞서 본 바와 같이 원고회사는 이 사건 토지와 현금 3억 원을 출자하는 대가로 그에 상당하는 소외회사의 발행주식 100,000주를 취득한 것인데, 비상장법인의 주식평가방법을 정한 상속세법시행령(1988.12.31. 대통령령 제12567호로 개정되기 전의 것) 제5조

제5항 제1호 나목에 의하면, 사업 개시 전의 법인과 사업 개시 후 3년 미만의 법인의 주식은 당해 법인의 순 자산가액을 발행주식 총수로 나눈 금액을 1주당 가액으로 한다고 규정하고 있고, 앞서 인정한 바와 같이 위 합작투자계약에 따라 설립이 완료된 소외회사의 순 자산가액은 별다른 사정이 없는 한 원고회사가 출자한 현금 3억 원과 외국인 투자자가 출자한 현금 15억 원, 그리고 원고회사가 현물 출자한 시가 금 841,500,000원 상당의 이 사건 토지 등 합계 금 2,641,500,000원이라 할 것이므로, 이를 그 발행주식 총수인 200,000주로 나누면 1주당 가액은 금 13,207.5 원(2,641,500,000÷200,000)이 되는데, 원고회사는 시가 금 841,500,000원 상당의 이 사건 토지 및 현금 3억 원의 출자대가로 총가액 1,320,750,000원(13,207.5×100,000) 상당의 주식 100,000주를 취득하였으므로, 결국 원고회사는 이 사건 토지를 현물 출자한 대가로 오히려 이득을 본 셈이 되니, 원고의 위 현물출자는 법인세법시행령 제46조 제2항 제4호가 규정하고 있는 자산을 시가에 미달하게 양도함으로써 조세의 부담을 부당히 감소시킨 행위에 해당한다고 볼 수 없다 할 것임에도, 피고가 이와 반대의 전제에서 위 차액 상당의 금 141,500,000원을 고정자산처분익으로 원고회사의 1988사업연도의 익금에 가산하여 그에 대한 법인세를 부과한 것은 위법하다 할 것이다.

또한 원고회사는 이 사건 토지를 현물 출자하고 그 시가 이상의 대가를 취득하여 오히려 이득을 보았음은 앞서 본 바와 같으므로, 원고회사의 위 현물출자는 법인세법시행령 제124조의 2 제5항에서 규정하고 있는 토지 등을 시가에 미달하게 양도함으로써 조세의 부담을 감소시킨 행위에 해당한다고 볼 수 없고, 따라서 특별부가세를 부과함에 있어 시가에 의하여 그 양도가액을 계산할 수 없다고 할 것임에도, 피고가 이와 반대의 전제에서 위 규정을 적용하여 이 사건 토지의 양도가액을 시가에 의하여야 한다고 하여 양도가액을 시가인 금 841,500,000원으로 보고 양도차익을 계산하여 특별부가세를 부과한 것 또한 위법하다 할 것이다.

나아가, 이 사건 법인세 및 방위세 부과처분 중, 원고의 위 현물출자행위가 법인세법 제46조 제2항 제4호 소정의 부당행위에 해당함을 이유로 부과된 법인세와 토지 등을 시가에 미달하게 현물 출자함으로써 조세의 부담을 감소시킨 행위에 해당함을 이유로 부과된 특별부가세를 합한 부분은 법인세가 금 130,728,422원, 방위세가 금 18,678,002원인 점은 당사자 사이에 다툼이 없으므로, 결국 이 사건 부과처분 중 위 부분은 위법하여 취소를 면할 수 없다 할 것이다.

3. 대상판결의 내용[대법원 1996.7. 26. 선고, 95누8751 판결]

경제적 합리성의 유무에 대한 판단은, 당해 거래행위의 대가관계만을 따로 떼 내어 단순히 특수관계자가 아닌 자와의 거래형태에서는 통상 행하여지지 아니하는 것이라 하여 바로 이에 해당되는 것으로 볼 것이 아니라, 거래행위의 제반 사정을 구체적으로 고려하여, 과연 그 거래행위가 건전한 사회통념이나 상관행에 비추어 경제적 합리성을 결한 비정상적인 것인지의 여부에 따라 판단하여야 할 것이다.

기록에 의하면 원고와 외국인 투자자는 당초의 합작계약이 부지물색의 어려움으로 지연되던 중, 원고가 그 소유인 이 사건 토지를 현물 출자하기로 하고, 국내의 축전지 업계에서 원고가 축적한 영업권을 인정하기로 하여 위와 같이 합작 조건을 변경하기로 한 사실을 알 수 있다.

위에서 본 사실에 의하면, 이 사건 토지의 감정가액 금 841,500,000원을 시가로 볼 수 있으므로, 이를 금 700,000,000원에 현물 출자한 것은 단순히 계산상으로 보면 저가양도에 해당한다고 할 수 있을지 모르나, 원고가 당초의 합작계약을 변경하여 영업권을 인정받아 외국인 투자자만이 주식을 50% 할증 인수하게 된 사정에 비추어 보면, 위 현물출자가 건전한 사회통념이나 상관행에 어긋나는 비정상적인 거래로 경제적 합리성이 결여된 것이라고 보기 어렵고, 더구나 원고는 외국인 투자자와 투자비율 50:50으로 합작하여 법인을 설립하는 것이므로 신설 법인에게 이익을 분여하여야 할 특별한 이유도 찾아볼 수 없다.

따라서 위 현물출자가 법인세법 시행령 제46조 제2항 제4호 및 제124조의 2 제5항 소정의 부당행위계산 부인대상에 해당하지 아니한다고 판단한 원심의 결론은 앞에 설시한 법리에 비추어 정당하다고 할 것이다.

다만 원심은 부당행위계산 부인대상 여부를 판단함에 있어 합작투자계약에 의하여 설립이 완료된 당시의 소외 회사의 주식가액을 당시의 상속세법시행령 제5조 제5항 제1호 나목에 따라 순 자산가치법에 의하여 주당 13,207.5원으로 계산하고, 이에 의하면 원고가 이 사건 토지 및 현금 300,000,000원의 출자대가로 총가액 금 1,320,750,000원 상당의 주식을 취득하였으므로 원고는 이 사건 토지를 현물 출자한 대가로 오히려 득을 본 셈이라 하여 법인세법 시행령 제46조 제2항 제4호 및 제124조의 2 제5항에 해당하지 아니한다고 판시함으로써, 위 판시를 마치 현물출자의 대가가 그 감정가액 이상이므로 저가양도에 해당하지 아니한다는 취지로 오해할 소지가 있음을 부인할 수 없으나, 원심은 원고가 이 사건 토지를 금 700,000,000원으로 평가하여 현물 출자한 사실을 인정하고 있는 터이므로, 이는 결국 위 현물출자가 경제적 합리성을 결여한 것이 아니었음을 나타내는 간접사실을 부가적으로 설시하고 있는 것에 불과한 것으로 이해할 수 있다.

따라서 원심의 판시취지가 위와 같은 이상 이와 달리 원심이 이 사건 현물출자의 대가를 합작 법인 설립 후의 주식가액에 해당하는 것으로 보아 부당행위계산에 해당하지 아니한 것으로 판단하였음을 전제로 내세우는 피고의 상고이유 주장은 어느 것이나 이유 없다.

Ⅲ. 사실관계의 분석과 본 판결의 한계

1. 결정적 선결례의 의의

결정적 선결례란 구체적인 사건의 해결에 있어서, 당해 사건과 그 사건을 해결하기 위한 기본적인 논리구조를 같이하면서, 그 사건의 사실관계에 대한 답을 줄 수 있는 당해 사건을 지배하는 결정례로서 그와 같은 사실 관계에 의할 때 다른 결론에 이를 수 없는 선결례를 말한다.708)

이 개념은 미국 판례법상 사용되는 개념으로 우리 식의 대륙법상의 판례 분석에서는 사용되지 않는 것으로 보이지만, 이 개념 자체를 인식하지 않는다고 하더라도 이 분석이 가지는 의미까지는 무시할 수 없다고 생각한다. 미국의 경우, 이러한 결정적 선결례를 형성하는 것은 소송의 승패를 가를 수 있는 것이며, 이는 판례의 집적을 통하여 법을 형성하는 점을 감안하면 이해할 수 있는 현상이라고 할 것이다.

이 개념이 사용되는 국면을 보기 위하여, 예를 들어 보자. 산 후안 시립 대학교와 그 대학교의 총장이 미 교육부를 상대로 하여 교육부가 학생들에 대한 재정지원을

---

708) Black's Law Dictionary에 의하면, 선결례와 관련하여, 법원이 법률 분쟁에 있어서, 오직 하나의 답만이 유일한 분쟁해결의 방안이 되는 것을 compelling하다고 서술하고 있다(BRYAN A. GARNER et al, *Black's Law Dictionary*, 7th edition West Group(1999)).

하여 주기로 계약을 하고도 이를 지키지 않았다고 하면서, 손해배상을 구한 사례에서, 원심법원은 이러한 대학교 측의 신청을 계약상으로도 법적으로도 대학교가 손해배상을 구할 근거가 없다고 하면서, 약식판결(Summary Judgment)로 대학의 청구를 기각하였다. 이에 대하여, 대법원은 교육부가 계약 위반 사실이 있다고 하면서, 원심을 파기하고, 다시 환송하였다. 연방대법원은 그 이유를 설시하면서, 서로 약식판결을 구한 사안에서 법원은 정부의 신청(motion)을 받아들이면서, 소송을 기각하였다. 그러면서 법원은 대학이 교육부가 계약을 위반하였다는 점과 재정지원의 일시적인 보류가 예상 가능한 심각한 경제적인 손실을 원고 대학 측에 발생시켰다는 점에 대하여 결정적 결정례를 형성하였다고 한다.[709]

이러한 결정적 선결례를 형성하였는지 여부는 이러한 경우에 그치는 것이 아니라, 예를 들어 배심원 선정절차(voir dire)에서도 특정 배심원을 배제하기 위하여(peremptory challenge), 결정적 선결례를 형성하였는지 보기도 하는 등[710] 매우 중요하고 기본적인 개념으로 이해된다.

2. 사실관계의 분석

(1) 기본적인 흐름

과세관청이 감정가액을 시가로 보고,[711] 그 감정가액에 미달한 금액을 부동산의 취득가액으로 하여 현물 출자한 본건 사안에 있어서, 저가 현물출자의 경우로 보아 부당행위계산의 부인 규정을 적용하여, 현물출자액과 감정가액의 차액 상당을 행위계산을 부인한 후, 이를 익금으로 산입하여 법인세 등을 추가로 부과한 것에 대하여, 대법원이 감정가액에 미달하는 금액으로 현물 출자하였음에도 불구하고, 행위계산의 부당성은 이를 개별 대가관계에 있는 거래를 기준으로 할 것이 아니라, 전체적인 거래관계를 보아야 한다고 하면서, 여러 가지 사정을 들어 본 건의 현물출자를 경제적 합리성이 있는 것으로 보아, 부과된 법인세(특별부가세[712] 포함) 및 방위

---

709) *SAN JUAN CITY COLLEGE and Americo Reyes Morales v. UNITED STATES*, 2004WL2820729(Fed.Cir.).

710) *Valentin SORTO v. Victor HERBERT* 2004 WL 2852358(E.D.N.Y).

711) 감정가액이 시가라고 보는 점에 대해서는 대법원 1991.4.12. 선고 90누8459 판결(공1991, 1398), 대법원 1993.4.13. 선고 92누8897 판결(공1993상, 1414), 대법원 1995.5.26. 선고 94누15325 판결(공1995하, 2295), 대법원 1997.7.22. 선고 96누18038 판결(공1997하, 2571).

712) 법인의 부동산 양도차익에 대하여 일반 법인세에 추가하여 과세되는 특별부가세는 그 감면비중이 높아 세제로서의 실효성이 없는 점을 감안하여 이를 폐지하되, 향후 부동산 투기 재발에 대비하여 부동산 가격이 급등하는 지역에

세를 취소하였다.

이러한 대법원의 판결이 본건과 사안을 달리하는 감정가액 미달의 현물부당행위의 계산 시 등에도 일반적으로 적용될 수 있을지 아니면, 부당행위계산 부인의 경우에 어느 범위까지 본건 판례를 결정적 선결례로 주장할 수 있을지를 검토하여, 판례의 적용 범위를 살펴보기로 한다.

(2) 부당행위계산 부인제도의 의의

부당행위계산의 부인제도는 법인이 특수관계자와 거래를 함에 있어서 경제적 합리성을 무시함으로써 당해 법인의 소득에 대한 조세의 부담을 부당히 감소시킨 것으로 인정되는 경우, 과세관청이 법인의 행위 또는 소득금액의 계산에 불구하고 객관적으로 타당한 소득이 있었던 것으로 보아 그 소득금액을 다시 계산하여 과세하는 제도로서, 법인세법 제52조 제1항은 "납세지 관할세무서장 또는 관할 지방국세청장은 내국법인의 행위 또는 소득금액의 계산이 대통령령이 정하는 특수관계에 있는 자(이하 '특수관계자'라 한다.)와의 거래로 인하여 그 법인의 소득에 대한 조세의 부담을 부당히 감소시킨 것으로 인정되는 경우에는 그 법인의 행위 또는 소득금액의 계산(이하 '부당행위계산'이라 한다.)에 관계없이 그 법인의 각 사업연도의 소득금액을 계산할 수 있다."라고 하여 이를 규정하고 있다.713)

이때, '부당행위계산'이라 함은 납세자가 정상적인 경제인의 합리적인 거래형식에 의하지 않고 합리적 이유도 없이 우회행위, 다단계행위 그 밖에 이상한 거래형식을 취함으로써 통상의 합리적인 거래형식을 취할 때 생기는 조세의 부담을 경감 내지 배제시키는 행위계산을 말한다.714) 부당행위계산의 부인은 이와 같이 납세의무자가 경제거래를 함에 있어서 경제인의 합리적 거래형식에 의하지 아니하고 우회행위, 다단계행위 그 밖의 이상성(異常性)이 있는 행위나 형식을 선택하였을 경우와 동일하거나 거의 유사한 경제적 효과를 달성하면서 법인세가 경감되거나 배제되는 효과를 얻은 경우에 당해 조세회피행위를 부인함으로써 조세부담의 공평을 실현하기 위한 법적 장치인 것이다.715)

소재하는 토지 및 건물의 양도소득에 대해서는 10퍼센트의 세율을 적용하여 산출한 세액을 법인세에 추가하여 납부하도록 하는 제도를 신설하였다(법 제55조의 2 및 제95조의 2 신설, 현행 제99조 내지 제108조 삭제). [법인세법 중 개정법률 2001년 12월 31일 개정취지]

713) 1998.12.28. 개정.

714) 대법원 1989.4.11. 선고 88누8630 판결; 대법원 1990.5.11. 선고 89누8095 판결.

그러므로 부당행위계산 부인제도의 취지는 실제 존재하는 거래행위가 경제적 합리성을 무시한 비정상적인 거래로서 세법적 측면에서 볼 때 부당하다고 인정될 때, 정부가 객관적으로 타당하다고 보이는 소득이 있었던 것으로 의제하여 과세함으로써 과세의 공평을 기하고 조세회피행위(tax avoidance activities)를 방지하고자 하는 제도로서 실질과세의 원칙에 그 근거를 두고 있다고 한다.716)

(3) 현물출자에 있어서의 시가의 계산

1) 부당행위계산 부인의 유형으로서의 현물출자

법인세법 시행령 제88조 제1항에서는 부당행위계산의 유형을 열거하고 있다. 조세를 부당히 감소시킨 것으로 인정되는 경우에 예시된 개념들은 시가, 적정이율, 적정요율, 적정임대료, 적정대가, 통상이율, 통상요율, 통상판매가격, 무수익 자산, 무상 및 인하단가와 미달대가 등과 같이 법인의 행위에 대응하는 정상적인 대가라는 개념을 기본적 기준으로 하고 있다. 이 중 현물출자와 관련되는 유형은 '고가현물출자를 받았거나, 그 자산을 과대 상각한 경우'717) 및 '자산을 시가보다 낮은 가액으로 현물 출자한 경우'718)의 각 유형이다. 전자의 경우는 고가 현물출자방식에 의하여 자본금을 납입하는 경우, 납입대상의 거래가액이 시가를 초과하게 되면 출자자산과 자본금이 과대하게 평가됨으로써, 주주 간의 평등이 침해되고, 나아가 그 자산을 감가 상각하게 되면 상대적으로 과대상각이 된다. 이때 상각 및 소모대상이 아닌 부동산 등은 다른 거래가 있기까지는 소득금액 계산에 영향을 주지 않으나, 그렇지 않은 자산은 비용 및 원가 등으로 전환되어 법인의 과세소득금액을 직접적으로 줄이게 된다. 이 밖에 과대 계상된 자본금은 중소기업의 접대비 등 한도액계산에 변수가 되어 간접적인 영향을 주기도 하며 배당금액 계산 시 정상시가로 출자한 타 출자자와도 차등배당의 문제가 생긴다.

따라서 시가 초과 해당액만큼은 부당행위계산으로 보아 자본의 납입이 없었던 것으로 세무 처리하게 되는바, 자본의 납입이 없었던 것으로 한다 함은 등기된 자본금의 무효화를 의미하는 것이 아니고, 단지 세무상으로만 그렇게 처리한다는 것이다.

---

715) 김완석, 법인세법론, 506 – 507면, 2004.
716) 대법원 1988.2.9 선고 87누925 판결.
717) 법인세법 시행령 제88조 제1항 제1호.
718) 법인세법 시행령 제88조 제1항 제3호.

이 경우 출자행위 자체는 법인의 자금 등에 변동을 가져오지 않았으므로 부인금액을 익금산입 및 손금 산입하여 세무조정상 영향이 없도록 하나, 그로 인한 연결행위, 예를 들어 과대평가된 고정자산은 감가상각금액을 손금 불산입하며, 기타 자산의 과대평가로 인한 사후적 추가비용 및 손실도 손금 불산입하게 된다. 후자의 경우인, 자산을 무상 또는 시가보다 낮은 가액으로 양도하거나 현물 출자하는 경우에는 시가에 미달하는 금액이 바로 이익의 분여인 것이므로 동 미달액을 익금 산입해야 한다.

2) 시가의 의미

(가) 시가의 산정기준

부당행위계산 부인규정을 적용함에 있어 시가라 함은 당해 거래와 유사한 상황에서 당해 법인이 특수관계자 외에 불특정다수인과 계속적으로 거래한 가격 또는 특수관계자가 아닌 제3자 간에 일반적으로 거래된 가격이 있는 경우에는 그 가격을 의미한다.[719] 대법원은 시가를 통상의 거래에 의하여 정상적으로 형성된 객관적 교환가치라고 하는바,[720] 경쟁시장에서 특수관계 아닌 자와 정상적인 거래관계에서 자유의사에 의해 형성되는 가격을 의미한다고 할 것이다.[721]

한편, 상기 방법에 의한 시가가 불분명한 경우에는 보충적 평가방법을 적용한다. 이 경우, 납세자가 보충적 평가방법으로 신고한 것을 시가로 과세하는 경우와 시가라고 신고한 내용을 부인하고 보충적 평가방법을 적용하는 경우 과세관청이 그 처분의 적법성을 입증하여야 한다.[722]

(나) 시가가 불분명한 경우 시가의 결정방법

부당행위계산 부인규정을 적용함에 있어 시가가 불분명한 경우에는 감정가액, 상속세및증여세법의 규정을 준용하여 평가한 가액의 순서를 순차로 적용하여 계산한 금액에 의한다.[723] '감정가액'이라 함은 당해 자산의 거래와 직접 관련하여 감정하

---

719) 법인세법 시행령 제89조 제1항.

720) 대법원 1997.11.4. 선고 97누195 판결; 대법원 1982.4.13. 선고 81누 90 판결.

721) 일반적으로 불특정 다수인 사이에 자유로이 거래가 이루어지는 재화로 대표적인 상장 주식과 같은 경우에는 그 시가의 경우에는 부동산이나 비상장 주식에 비하여서는 비교적 용이하게 정할 수 있을 것이나, 이 역시도 주식 자체의 가치 외에 시장상황이나 시장 외적인 변수로 인하여 주가의 등락이 수시로 이루어지면서, 변동성이 커서 시가 산정을 어느 특정한 시점으로 하지 않고 여러 시점의 가격을 가중산술 평균하는 것이 보통이다.

722) 대법원 2001.10.23. 선고 99두3423 판결.

723) 법인세법 시행령 제89조 제2항.

였거나 담보제공 등의 목적으로 감정가액이 있는 경우 등으로서 거래 당시의 시가를 감정한 가액을 말하며,724) 시가로 간주되는 감정가액이란 '지가공시및토지등의평가에관한법률'에 의한 감정평가법인이 감정한 가액이 시가로 인정되며, 법원이 선임한 검사인이 감정한 가액은 시가로 인정되지 아니한다.725)

시가 및 감정가액이 없는 경우에는 상속세및증여세법 제38조, 제39조 및 제39조의 2 동법 제61조 내지 제64조의 규정을 준용하여 평가한 가액을 시가로 한다. 상속세및증여세법 제61조 내지 제64조에는 모든 거래대상의 평가가액 결정방법이 구체적으로 나타나 있기 때문에 어떠한 거래라 할지라도 적정대가에 해당하는 가격은 파악할 수가 있는데, 산출가격의 높고 낮음이나 법인이 선택한 행위에 관계없이 앞의 일반적 결정과정을 거쳐야 한다.

(다) 현물출자 대상 토지의 시가와 그에 대한 대가와의 비교

현물출자와 관련된 위 두 가지 유형에서 고가 내지 저가 현물출자의 존부를 결정하기 위한 기준이 되는 것은 모두 시가(時價)이다. 본 판결례와 관련하여서는 세 가지의 가격이 등장한다. 현물출자와 같이 자산을 양도한 대가로 주식을 받는 경우의 주식 가액을 어떻게 산정할 것인지에 대해서는 현재 명문의 규정이 없으므로 결국 해석론으로 해결하여야 한다.

하나는 원심이 판시하고 있는 바와 같은 이 사건 "소외 회사의 주식가액을 당시의 상속세법시행령 제5조 제5항 제1호 나목에 따라 순 자산가치법에 의하여 주당 13,207.5원으로 계산하고", 이를 현물출자를 통하여 부여받은 주식의 총수로 곱하여 계산한 가액인 924,525,000원이 하나 존재한다. 본 가액도 평가액의 일종이나, 그 규정 순서를 고려하면, 감정가액이 존재하는 경우에는 그 순위에서 시행령 제89조 제1항에 의하여 감정가액에 밀리게 된다.

둘째는 과세관청이나 대법원에서 시가라고 본 감정가액이다. 이 사건 대법원은 "이 사건 토지의 감정가액 금 841,500,000원을 시가로 볼 수 있으므로"라고 하면서, 이를 토지의 시가로 보았다. 다만 과세관청과 대법원은 시가의 개념이 아닌, 경제적 합리성의 판단에 있어서 달리 보아 부당행위계산 부인규정의 적용에 있어서는 그 결론을 달리하였다. 이러한 견해는 현물출자의 법적 성격을 대물변제, 매매(주식

---

724) 법인 1994.5.11. 46012 - 1355.

725) 법인세법 기본통칙 52 - 89…1.

과의), 교환 등으로 보려고 하는 전형계약의 틀에 끼워 맞추려고 하는 학설들에 대하여 상법이 정한 출자의 일 형태라고 보는 견해에 의하게 되면,726) 반드시 평가액에 의하여야 할 논리적인 필연이 있는 것은 아니나, 만일 현물출자를 출자 대상 자산 등과 주식과의 교환이라고 보는 견해를 따르게 되면, 교환 가격의 등가성을 유지하여야 할 것이므로, 평가액을 따라야 할 것이고, 세법의 관점에서도 출자자의 지배를 벗어나 현물출자 대상 법인의 자산으로 귀속되는 시점에서 증가되는 이익만큼의 담세력이 증가하는 것을 소득으로 포착하여 이에 대하여 과세하는 것으로 보는 것이 될 것이다.

셋째는 취득한 주식의 액면가액인 700,000,000원을 기준으로 토지의 시가와 비교하는 것이다. 그러나 우리 대법원은 "사실심의 변론종결 시까지 교환 거래된 부동산에 대하여 교환당시 시가로 한국감정원의 감정가격이 모두 현출되어 있다면, 교환거래에 관하여 감정한 가액이 없는 경우는 아님이 분명하고 또 그 감정가격을 채용하지 못할 특별한 사정이 없는 한 시가가 불분명한 경우가 아님이 분명하므로, 감정가격이 아닌 다른 평가방법에 의한 가격을 시가나 기준가격으로 삼을 수는 없다."고 하여 감정가격이 시가라고 판시하고 있고,727) 상속세및증여세법 판례에서도 "구 상속세법시행령(1994.12.31. 대통령령 제14469호로 개정되기 전의 것) 제5조 제1항에서 말하는 '시가'라 함은 원칙적으로 정상적인 거래에 의하여 형성된 객관적 교환가격을 의미하지만 이는 객관적이고 합리적인 방법으로 평가한 가액도 포함하는 개념이므로, 거래를 통한 교환가격이 없는 경우에는 공신력 있는 감정기관의 감정가격도 시가로 볼 수 있고, 그 가액이 소급감정에 의한 것이라 하여도 달리 볼 수는 없다 할 것이나 위와 같이 감정가격을 시가로 볼 수 있기 위해서는 어디까지나 감정이 적정하게 이루어져 객관적이고 합리적인 방법으로 평가되었다는 점이 인정되어야 한다."고 하여, 감정가액을 시가로 보는 내용의 판시를 하고 있다.728)

---

726) 이철송, 회사법 강의(제10판), 194면.

727) 대법원 1994.8.26. 선고 93누19146 판결: 시가산정방법에 대하여, 서울행정법원 1999.1.21. 선고 98구11921 판결에서도 "법 제20조, 동 시행령 제46조 제2항 제4호, 동 시행규칙(1997.3.29. 총리령 제622호로 개정되기 전의 것) 제16조의 2에 의하면 부당행위계산의 부인 시 시가가 불분명한 경우에는 감정평가법인이 감정한 가액에 의하고, 감정한 가액이 없는 경우에는 개별공시지가로 평가한 가액에 의한다고 규정하고 있는바, 이때 시가는 원칙적으로 정상적인 거래에 의하여 형성된 교환가격을 의미하지만 이는 객관적이고 합리적인 방법으로 평가한 가액도 포함하는 개념으로 볼 수 있다고 할 것이다(대법원 1994.8.26. 선고 93누19146 판결 참조). 한편 앞서 인정한 바에 의하면, 이 사건 부동산의 시가는 분명하지 아니하므로 감정평가법인이 감정한 가액에 의하여 시가를 정하여야 할 것이다."라고 하여, 이러한 대법원의 판지를 유지하고 있는 것으로 보인다.

728) 대법원 2002.6.28. 선고 2000두6244 판결.

그러므로 이러한 이론 구성은 기존 대법원의 판시에 부합하지 않는 것으로 쉽지 않았을 것으로 생각된다.

(4) 부당행위계산 부인에 있어서의 부당성과 경제적 합리성(經濟的 合理性)

1) 부당행위계산의 부당성

부당행위계산의 부인은 행위 주체로서의 법인이 특수관계자와의 거래에 있어서 부당한 거래행위를 하는 것을 규율대상으로 한다. 모든 법인은 합리적이고 자연스럽게 행동한다는 전제하에서, 이익극대화를 최대목표로 하는 법인이 이의 달성을 위한 합리적인 거래형태에서 이탈하는 행위를 하였을 경우 이를 부당행위로 볼 수 있는데, 이러한 부당행위는 정상적인 사인 간의 거래, 건전한 사회통념 내지 상관행을 기준으로 하여 판정한다.[729] 다만 정당과 부당의 판단기준은 우선 법인세의 부담에 관한 것이므로 일반사회적인 행위 면에서 정당성 여부를 본다는 것이 아니고, 조세질서 면에서 판단해 본다는 것이다. 조세 면에서 부당성 여부를 본다 하더라도 어느 것이 부당한 것인가는 판단하기 어려운데 일반적으로 부당행위란 경제인으로서는 정상적인 경제행위가 아닌 행위라고 말할 수 있다. 경제인으로서의 정상적인 경제행위가 아닌 행위는 행위자의 주관적 의사인 탈세목적 등이 있느냐의 여부에 불구하고 객관적으로 판단되어야 하며, 정상적인 것의 객관적 판단기준은 경제상황, 거래내용, 조세부담의 공평원칙 등 제 요소를 종합하여 판단하여야 한다.

2) 부당행위계산 판정 시 고려사항

부당행위계산에 관한 제도는 세법 외의 민법이나 상법 등 일반 법률관계에서는 적법 유효하게 성립된 거래행위 또는 계산을 세법의 관점에서 보아 그 행위 또는 계산을 부인하고 세법상의 기준에 의하여 새로이 소득금액을 계산함으로써 과세의 공평과 적정을 기하고자 하는 데 있다. 따라서 부당행위계산의 대상이 되는 기초적 사실행위 자체는 진실로서 존재하는 것이고 다만 세법상의 과세표준이 되는 소득금액 계산에 있어서 부당하다고 인정되는 경우에만 세법의 입장에서 다시 계산하는 데 불과한 것이다.[730]

이러한 판정을 위해서는 우선, 거래가 이루어진 상황이 거래 당사자의 순수 자유

---

729) 법인세법 기본통칙 52 - 87…1.

730) 이종규, 법인세법 해설, 삼일인포마인, 767면.

의사가 보장되는 능동적이고 임의적이라기보다는 수동적이고, 강제적인 경우와 같이 불가피한 거래의 경우에는 부당행위계산 부인 규정을 적용하는 것이 타당하지 않다고 생각된다. 예를 들어, 정부의 산업합리화 조치에 따라 산업합리화 지정법인 간의 거래에 있어서 합리화 기준에 명시된 가액대로의 거래, 정부의 물가안정을 위한 지시에 따른 저가판매가격, 부채정리를 위해 정부방침에 따라 관계회사 간에 무상담보제공행위 및 종업원주택구입 자금융자 등과 같이 법에 의거하여 혹은 정부지시대로 거래를 수행하였을 경우, 이러한 경우의 거래가액이 통상의 거래와 견주어 부당한 가액으로 인정되는 부당행위라 할지라도 이를 부인하는 것은 조세목적상이라도 허용되어서는 안 될 것이다.[731]

두 번째로 거래의 무차별성이 문제 된다. 법인의 업무형편상 특수관계가 있는 자뿐만 아니라 거래관계에 있는 모든 자에게 동일한 조건으로 거래하였다면, 이의 거래가격이 시가와 비교하여 낮거나 이로 인해 조세가 경감되었다 하더라도 부당한 가격이라 할 수 없다. 예를 들어, 특수관계인 등에 일반 시가와 비교하여 낮은 가격으로 거래를 수행하였다 하더라도, 공개경쟁입찰방법에 의해 결정되었거나 거래관계에 있는 모든 자에게 동일하게 제시된 거래조건을 충족시킨 자에게 특별가격을 적용하거나 특별할인을 하여 주는 요건충족거래 등과 같이, 특수관계 없는 자에게도 동등한 기회가 부여된 경우 등은 부당행위라 볼 수 없을 것이고 동등한 기회하에서도 결국 특수관계인만 요건을 충족하여 혜택을 보았어도 정상적인 상거래 결과이면 부당하다고 볼 수는 없을 것이다.[732]

마지막으로, 부당행위계산 부인이란 과세권자에게 실제로 발생된 행위를 부인하고 직권으로 조사 및 결정하는 권한을 부여한 것이므로 과세권자의 판단이 행위의 부당 여부를 가리는 기준이 된다. 국세기본법에서 국세부과 원칙의 하나인 근거과세의 원칙은 과세권자의 조사 및 결정에 있어 근거에 입각하여야 한다는 의미로, 근거란 명백하고 합리적이면서 객관적으로 수긍이 가는 증거를 말하는데, 부당행위계산 부인에 있어서도 과세권자는 시가 등을 적용함에 있어 객관적인 증거를 기반으로 판단하여야 하며 이를 입증하지 못하면 부인할 수 없다.[733]

---

731) 단순한 행정지도로서 이를 따르는 것이 부당성을 없애는 것은 아니라는 논의를 할 수 있겠으나, 이러한 주장은 거래계의 실제를 고려하지 않은 것으로서 법리적으로 검토할 소지가 다분히 있다고 생각된다. 그러나 상세한 논의는 본고의 범위를 벗어나므로 본고에서는 언급하지 않는 것으로 하겠다.

732) 대법원 1985.5.28. 선고 84누337 판결.

3) 경제적 합리성의 의의

경제적 합리성의 존재는 학설의 대립이 있으나, 예시적인 사유가 존재하는 경우 일응 부당행위계산 부인이 추정된다는 견해에 의할 때, 이러한 추정 상황에서 과세 관청의 법인세 등 부과처분은 법문의 문리해석에 충실한 것으로 시가를 발견하고, 발견된 시가와 이루어진 현물출자 간의 차이가 존재하는지를 판단한 후에 차액이 발견되었고, 그러한 차액이 시가에 미달하는 경우에는 법인세법 제88조 제1항 제3호에서 규정하고 있는 바와 같이, 자산을 시가보다 저가로 현물 출자한 경우에 해당한다고 판단하여, 바로 조세를 부당하게 감소시킨 경우에 해당한다고 보아, 당해 사업연도의 소득금액을 계산한 것일 때 이를 이러한 추정적 위법행위를 정당화하는 위법성 조각사유(違法性 阻却事由)라고 할 것이다.[734]

3. 결정적 선결례를 형성하기 위한 요건 및 본 판결의 한계

경제적 합리성의 존재를 인정받기 위하여, 소송대리인이 본건 사안을 통해 판례로서 전체적인 거래 구조를 고려하여야 한다는 점을 주장하면서, 그 전체적인 거래 구조안의 사실을 통하여 경제적 합리성에 대한 결정적 선결례를 형성하려고 한다면, 어떤 것들을 입증하여야 할 것인가라는 점에서 위의 논의를 전제로 하여 살펴보기로 한다.

(1) 판례의 관점

이 사건에서 판례가 되는 부분은 뒤의 사건들에서 계속하여 반복되는 설시와 같이, "경제적 합리성의 유무에 대한 판단은, 당해 거래행위의 대가관계만을 따로 떼어 단순히 특수관계자가 아닌 자와의 거래형태에서는 통상 행하여지지 아니하는 것이라 하여 바로 이에 해당되는 것으로 볼 것이 아니라, 거래행위의 제반 사정을 구체적으로 고려하여, 과연 그 거래행위가 건전한 사회통념이나 상관행에 비추어 경제적 합리성을 결한 비정상적인 것인지의 여부에 따라 판단하여야 할 것이다."라

---

733) 대법원 1986.2.25. 선고 85누715 판결.

734) 다만 감정가액과 시가와의 관계에 대해서는 판례의 일반적인 흐름은 세법상 자산의 평가에 있어서 감정평가액을 시가에 포함시키고 있고(대법원 1994.8.26. 선고 93누19146 판결 등) 법인세법에 있어서도 다르지 않은바, 위 조항에 의하면, 시가, 감정평가액, 보충적 평가방법의 순으로 되어 서로 조화되지 않게 된다. 그러나 이와 같은 차이가 실제 평가상 차이를 가지고 오는 것이 아니므로 각 세법상 평가에 관한 규정이 통일되는 것이 바람직할 것이라고 하는 견해가 있다(임승순, 조세법, 653면, 2003판).

는 부분이다.

이러한 판시는 과세관청이 현물출자 등의 행위를 단독적으로 전체적인 합작법인의 설립행위에서 떼어 내어 독립적으로 판단하는 것과 같은 행정처분에 대하여, 과세관청의 과세 처분을 사법적인 통제의 틀로 포섭하기 위한 도구 개념(operational definition)을 제시하였다는 점에서 평가할 수 있고, 향후에도 이 판례가 변경되는 것보다는 이러한 판시를 보완하는 내용의 판례들이 축적될 것이라고 생각한다. 대법원이 '경제적 합리성'이라는 개방적 구성요건(開放的 構成要件)을 통하여 개별적인 사안에서의 구체적 타당성을 도모하고자 한 것이 판례로서 지금까지 계속 유지되면서, 대법원의 수사(Rhetoric)로서 기능하고 있다는 것에 대한 변경의 필요성은 거의 없다고 보기 때문이다.

(2) 결정적 선결례의 형성

문제는 이러한 경제적 합리성을 인정받기 위한 결정적 선결례를 형성하기 위하여, 본 사건에서의 사실관계가 어느 정도까지 유사하여야 다른 결론을 가질 수 없을 정도의 결정적 선결례가 형성되었다고 할 것인가 하는 점이다. 본 사안의 경우, 비록 현물출자는 감정가액에 미달하였지만, 영업권이 고려되어[735)736)] 상대방 외국

---

735) 그러나 이러한 대법원의 판시에 대해서는 영업권의 대가로서 합작 상대방이 액면초과 납입을 하였다는 점이 이 사건 토지를 저가 양도한 행위에 경제적 합리성을 부여할 수 있을지 의문이라고 하는 견해가 있다. 이 견해에 의하면, 이 사건 토지와 영업권은 별개의 자산으로서, 영업양수도 거래에 있어서 거래 당사자들은 양수도 목적이 된 개개의 자산에 대하여 매매가격을 정하게 되는바, 이러한 거래에서 양수인은 건물기계장치 영업권 등과 같이 양수도 이후 연도에 감가상각을 통하여 손금화할 수 있는 자산에 대하여 보다 많은 취득가액을 배분하려 할 것이고, 양도인은 법인세 및 특별부가세의 과세대상이 되는 토지에 적은 양도가액을 배분하려 할 수 있으므로, 이러한 양 당사자 간의 이해관계가 일치되는 경우거나 특수관계인 사이의 거래에 있어서 양수도 자산의 매매가격 배분이 시가와 많은 격차를 두고 이루어지는 경우에는 양수도 목적물과 매매가격의 총액이 대가관계를 이루로 있다고 하더라도 개개의 거래가 부당행위계산 부인 또는 기부금 손금불산입을 당할 수 있으므로 다른 자산에 대하여 시가보다 높은 대가를 지급받았다는 사실이 이 사건 토지에 대한 저가양도 거래에 경제적 합리성을 부여한다는 판시는 근거 없는 것이라고 비판한다(윤병철, 현물출자와 부당행위계산 부인, 조세법연구 4권(1998.12.), 335 – 336면).

736) 이러한 각주 29)에서의 비판에 대해서는 경제적 합리성의 고려라는 것을 만일 대가관계에 있는 거래에만 국한하는 경우에 대법원이 본건 판결 이후에 수사적으로 반복하여 사용하고 있는 부당행위계산의 부인이라 함은 법인이 특수관계자와의 거래에 있어 정상적인 경제인의 합리적인 방법에 의하지 아니하고, 구 법인세법시행령(1998.12.31. 대통령령 제15970호로 전문 개정되기 전의 것. 이하 '구 법인세법시행령'이라 한다.) 제46조 제2항 각 호에 열거된 제반 거래형태를 빙자하여 남용함으로써 조세부담을 부당하게 회피하거나 경감시켰다고 인정되는 경우에, 과세권자가 이를 부인하고 법령에 정하는 방법에 의하여 객관적이고 타당하다고 보이는 소득이 있는 것으로 의제하는 제도로서, 경제인의 입장에서 볼 때 부자연스럽고 불합리한 행위계산을 함으로 인하여 경제적 합리성을 무시하였다고 인정되는 경우에 한하여 적용되는 것이고, 경제적 합리성의 유무에 대한 판단은 당해 거래행위의 제반 사정을 구체적으로 고려하여 과연 그 거래행위가 건전한 사회통념이나 상관행에 비추어 경제적 합리성을 결한 비정상적인 것인지의 여부에 따라 판단하여야 할 것(대법원 1996.7.26. 선고 95누8751 판결)이라는 판지에서의 경제적 합리성이라는 것은 사실상 무의미하게 되는 것으로, 법원이 전체적인 당해 거래의 제반 사정을 고려할 수 있는 여지가 없게 되며, 비판하는 것과 같은 특수관계인 사이의 거래로서 거래의 상대방이 완전자회사인 경우로서 내지 의도적으로

계 합작 파트너가 50%의 할증률을 적용하여, 지분을 인수한 사실을 고려하면, 경제적 합리성이 인정된다고 하였고, 원심이 판단한 주당 순 자산가치의 경우에도 간접사실로서 이러한 경제적 합리성 판단의 근거로 사용될 수 있다고 설시하고 있다.

본 사안은 양 당사자가 애초에 각 현금으로 지분을 50%씩 인수하기로 합작계약상에 합의를 하였으나, 공장부지의 물색 과정에서 적당한 부지를 찾지 못하게 되자(불가피성의 고려), 합작법인설립계약을 변경하여, 한국 측 출자자가 현물을 출자하기로 하면서, 외국인 투자인가 내용을 변경한 사안으로 '지가공시및토지등의평가에관한법률'에 의한 감정평가법인이 감정한 가액이 존재함에도[737] 이 사건 토지의 감정가격 상당인 금 841,500,000원 대신 액면가인 금 700,000,000원으로 현물 출자하여 이에 상당하는 주식을 인수한 경우로서, 이는 실제의 거래계에서 합작투자를 통한 합작회사의 설립에 있어서는 여러 가지 양 당사자가 투여할 수 있는 자본 요소를 전체적으로 종합하여 평가하게 하면서, 여러 합작계약상의 제 요인을 감안하고,[738] 동일한 지분을 각 50%씩 소유하면서, 합작회사를 설립하는 경우에 있어서, 외국 자본과의 이해관계는 통상 일치하는 것이 쉽지 않고, 이해관계가 일치하여 조세 부담을 더는 것을 목적으로 한다는 사정은 전체적인 고려에서도 간접사실을 통하여 추단할 수 있다는 전개를 끌어 낼 수 있도록 되어야 본 판결이 요구하는 현물출자를 통한 합작법인 설립 시에 그 대가가 현물출자 목적물의 시가에 비추어 비록 저가이더라도, 행위계산부인이 되지 않는 결정적 선결례를 구성하게 되는 것이다.

(3) 결정적 선결례로서의 본 판결의 한계

판례로서 대상 판결은 매우 중요한 부당행위계산 부인에서의 위법성 조각 사유에 대한 판단 기준을 제시하고 있지만, 결정적 선결례의 관점에서 본 판결이 소송상

양당사자의 합의에 의하여, 영업권으로 많이 계상하고, 감가상각이 되지 않는 부동산을 저가로 계상하여 현물출자를 함으로써, 법인세 등의 부담을 이연 내지 이월시키는 행위를 하는 경우라면, 이 경우에는 대법원의 판지에 의하더라도 경제적 합리성이 결한 거래로 판단할 수 있는 것이라는 점, 둘째로 법인세법 제52조 제1항의 문언에서는 "그 법인의 소득에 대한 조세의 부담을 부당히 감소시킨 것으로 인정되는 경우"라고 하고 있는바, 이러한 규정은 시행령 제88조에서 열거하고 있는 각 사유가 존재하더라도 이러한 부당히 감소시킨 것으로 볼 수 있는 경제적 합리성이 결한 거래일 것이라는 것을 요구하는 것으로 숨어 있는 구성요건이 있다고 해석하는 것이 문의의 의의를 살리는 방법이라는 점과 재무회계와 세무상의 취급은 반드시 그 처리를 같이하여야 하는 것은 아니라는 점을 고려하여 본다면 대법원이 전체적인 사정을 고려하여 판단하겠다는 것은 예견가능성이 떨어진다는 점에서 비난가능성이 있을지언정, 오히려 개별적인 사안에서 구체적 타당성을 기할 수 있는 판례라고 볼 수 있다고 생각한다.

737) 법인세법 시행령 제89조 제2항 제1호.

738) 예를 들어 제조회사의 경우에는 제조업의 특성으로서 특허권의 출연 및 이에 대한 평가라는 것이 매우 중요한 요소가 된다.

주장되는 경우에는 그 적용범위는 제한적이라고 생각된다.

　입증책임의 분배에 있어, 경제적 합리성의 판단이라는 것이 일단 시가로 인정된 금액에 비하여 저가인 경우, 그 주장 사실이 납세의무자에게 유리하고, 사실관계와 관련하여 그 입증을 할 수 있는 사실관계의 대부분이 납세의무자의 지배영역에 존재한다는 점을 고려하여 보면, 일단 저가인 사실로 조세회피의 의도가 추정이 되고, 납세의무자가 경제적 합리성이 인정될 수 있다는 점에 대하여 입증을 하여야 한다는 견해와 법률요건 분류설에 의할 때 조문의 구성 방식을 살펴보면, 경제적 합리성을 결한 거래라는 점에 대한 입증을 과세관청이 하여야 한다는 견해를 생각하여 볼 수 있다. 이에 대하여, 대법원은 "법인세과세처분 취소소송에 있어서 과세근거로 되는 과세표준의 입증책임은 과세관청에 있는 것이고, 과세표준은 수입으로부터 필요경비를 공제한 것이므로 수입 및 필요경비의 입증책임은 과세관청에 있다 할 것이나, 필요경비는 납세의무자에게 유리한 것이고, 그 필요경비를 발생시키는 사실관계의 대부분은 납세의무자가 지배하는 영역 안에 있는 것이어서 그가 입증하는 것이 손쉽다는 점을 감안해 보면 납세의무자가 입증활동을 하지 않고 있는 필요경비에 대해서는 부존재의 추정을 용인하여 납세의무자에게 입증의 필요성을 인정하는 것이 공평의 관념에도 부합된다."고 하면서,[739] 경제적 합리성의 판단은 "통상의 상거래에서 있을 수 있는 시가와의 편차를 넘어서서 훨씬 더 낮은, 즉 거래관행에 비추어 객관적으로 조세회피의 의도가 인식될 정도의 것으로서 합리적인 경제적 관점에서 볼 때 지나치게 낮은 것을 의미한다고 볼 수 있다."[740]고 판시하고 있다. 이러한 점을 감안한다면, 실제의 적용에 있어서, 경제적 합리성은 다른 유사한 거래의 존재,[741] 시가로 인정된 가격보다 저가로 거래되는 관행이 존재하는 경우 등의 사안이 있음을 인정할 수 있는 경우라면 받아들여질 가능성이 있을 것이나, 후발적이고, 사후적으로 발생한 사정으로 저리로 대여한 것은 맞으나, 회사가 정리계획안이 인가되어 실제적으로는 반환받을 수 없게 되었기 때문에 정상적인 이율에 의한 대부가 이루어졌다고 하더라도 결과는 동일하였다는 주장은 경제적인 합리성을 인정받을 수 없을 것이다.[742]

---

739) 대법원 2004.9.28. 선고 2002두1588 판결; 대법원 1988.5.24. 선고 86누121 판결.
740) 대법원 2004.9.28. 선고 2002두1588 판결.
741) 대법원 2004.9.28. 선고 2002두1588 판결.
742) 대법원 2004.2.13. 선고 2002두11479 판결.

결정적 선결례가 되기 위해서는 이러한 입증책임분배의 문제를 차치하고도, 본 사안의 경우와 같이 거래상의 전체적인 고려 요소에 의한 대가의 균형을 이루었다는 주장의 경우, 본건 회사가 신설회사였고, 현물출자 대상 법인이 출자관계 없는 외국회사와 동일한 지분의 출자에 의하여 이루어진 회사로서 이해관계의 대립이 존재할 가능성이 많았고,743) 이러한 사정을 전제로 하여 현물출자가 이루어졌으며, 영업권이 할증발행과 관련하여 이루어졌다는 여러 가지 사정에 비추어 보았고, 신설회사인 관계로 순 자산가치 외의 수익가치의 고려로 인한 주가의 변동분에 대한 고려사항이 적었다는 점744)과 지분의 순 자산가치의 총합이 현물출자액보다 컸다는 간접사실 등 여러 가지 사정이 고려되는 등 매우 경제적 합리성을 뒷받침하는 연결고리가 길고 사실관계의 사슬이 도미노와 같이 서로를 괴고 있다는 것을 알 수 있다. 따라서 단순히 합작법인의 양 당사자가 동일한 지분비율을 유지하였고, 영업권을 고려하여 출자지분을 정하였다는 사정만으로는 판지 내용 외에 다른 형태의 현물출자의 경우에도 동일하게 결정적 선결례를 형성하여, 경제적 합리성을 인정받을 수 있을 것이라고 보기는 힘든 사안이라고 생각되며, 이러한 점에서 본건 판례의 적용은 경제적 합리성이라는 요건을 통하여 법원의 구체적 판단을 할 수 있다는 점에 대한 설시 이상의 개별적인 사안에 대한 선결례로서의 의미가 제한적이라고 보는 이유이다.

Ⅳ. 결론

본 사안에서는 대상 판결을 중심으로 하여, 경제적 합리성이라는 개념을 활용하여 부당행위계산과 관련하여 학설의 대립이 있지만, 예시적으로 열거된 행위계산 유형의 하나에 일응 해당하는 것으로 보이는 사안을 경제적 합리성이 있는 거래라고 하면서, 전체적으로 고찰하라는 판례를 바탕으로 하여 이러한 판례의 바탕에 사실의 틀을 세워서, 이를 통해 결정적 선결례를 만들어 내는 것과 관련된 논의를 하

---

743) 만일 상호 간에 이해 합치의 가능성이 있다고 판단되는 사안으로 예를 들어 완전자회사와 같은 경우라면, 경제적 합리성의 인정은 힘들어질 것이라고 생각한다.

744) 만일 기존회사에 대한 현물출자의 경우라면 인수하는 주식의 가치는 수익가치에 의한 영향을 많이 받게 될 것이어서 단순히 본건 판결과 같은 평가를 하기는 힘들 것이라고 생각한다.

였다. 이러한 분석을 통하여, 견해는 다를 수 있지만, 사견으로는 본건 대상 판결의 경우에는 바탕이 된 사실관계하에서 결정적 선결례를 형성하는 것이 쉽지 않은 선결적 결정례의 관점에서 연약한 판결례라는 결론을 도출하였다.

이와 같이 판례로서는 매우 중요하지만 이를 뒷받침하고 있는 사실관계의 사슬이 길고, 일부분이 단절될 경우 논리가 붕괴될 수 있는 판례의 경우에는 소송대리인이 이러한 판결에 근거하여 자신의 주장을 전개하는 것에는 결정적 선결례를 형성하기 어렵다. 이러한 개념은 소송대리인에게 어떤 판결을 법원을 설득하기 위한 판례 및 결정적 선결례로서 활용할 것인가에 대하여 유용한 분석틀로서 사용될 수 있다고 생각한다.

사례연구(부당행위계산 부인 판례)

1. 대법원 2009.7.9. 선고 2007두4049 판결

법인이 리스회사로부터 직접 리스하지 않고 특수관계회사가 리스계약에 따라 이미 사용 중이거나 새로 리스계약을 체결한 리스물건에 대하여 리스료 총액을 매매대금으로 정하여 일시에 현금으로 지급하고 매수하는 우회적인 방법을 통하여 특수관계회사에 금융이익을 제공한 것은, 경제적 합리성이 없는 비정상적인 거래로서 구 법인세법(1998.12.28. 법률 제5581호로 전문 개정되기 전의 것) 제20조, 구 법인세법 시행령(1998.12.31. 대통령령 제15970호로 전문 개정되기 전의 것) 제46조 제2항 제7호에서 정한 '금전 등의 무상 대여'에 해당하여 부당행위계산 부인의 대상이 된다. 그러나 법인이 특수관계회사에 실질적으로 자금을 대여하였다고 볼 수 있는 부분은, 매매대금과 특수관계회사가 리스회사에 이미 지급한 리스계약 보증금 및 초기 리스료 등과의 차액 상당이라고 봄이 상당하다.

2. 삼성물산 사건(대법원 2007.9.20. 선고 2005두9415 판결)

특수관계자가 발행한 후순위사채, 기업어음을 당좌대월이자율보다 높은 수익률(할인율)로 매입한 거래행위가 구 법인세법 시행령(1998.12.31. 대통령령 제15970호로 전문 개정되기 전의 것) 제47조 제2항 단서 소정의 금전을 대여한 경우로서 상환기한을 정하여 당좌대월이자율로 이자를 수수하기로 약정한 때에 해당하여 부당행위계산 부인 대상이 되지 않는다고 본 사례.

3. 한보사건(대법원 2002.9.4. 선고 2001두7268 판결)

부당행위계산이라 함은 납세자가 정상적인 경제인의 합리적 거래형식에 의하지 아니하고 우회행위, 다단계행위 그 밖의 이상한 거래형식을 취함으로써 통상의 합리적인 거래형식을 취할 때 생기는 조세의 부담을 경감 내지 배제시키는 행위계산을 말하고, 구 법인세법(1998.12.28. 법률 제5581호로 전문 개정되기 전의 것) 제20조에서 부당행위계산 부인 규정을 둔 취지는 법인과 특수관계 있는 자와의 거래가 구 법인세법시행령(1998.12.31. 대통령령 제15970호로 전문 개정되기 전의 것) 제46조 제2항 각 호에 정한 제반 거래형태를 빙자하여 남용함으로써 경제적 합리성을 무시하였다고 인정되어 조세법적인 측면에서 부당한 것이라고 보일 때 과세권자가 객관적으로 타당하다고 인정되는 소득이 있었던 것으로 의제하여 과세함으로써 과세의 공평을 기하고 조세회피행위를 방지하고자 하는 것인바, 경제적 합리성의 유무에 대한 판단은 제반 사정을 구체적으로 고려하여 그 거래행위가 건전한 사회통념이나 상관행에 비추어 경제적 합리성을 결한 비정상적인 것인지의 여부에 따라 판단하여야 한다.

[자료] 中國 企業法의 展開와 獨占規制法에 대한 展望[745)

Ⅰ. 서론

중화인민공화국(People's Republic of China: 줄여서 '중국' 내지 'PRC'라고 부른다.)은 1949년 10월 공산혁명을 성공시킨 이래로 공장은 존재하였지만, 기업이라는

---

745) 이 논문은 법제 2004년 5월호에 게재된 필자의 논문으로 당시의 상황을 이해하기 위하여 도움이 될 것이라고 보여 자료로 첨부한다.

것은 존재하지 않았다. 중국에서의 공장은 그 체계상 각 지역의 유사한 산업을 통할하는 단위 지역 연합체의 산하에 소속되고, 이러한 연합체들은 다시 중앙의 공산당 하위에 소속되게 되는 계층체계를 이루고 있었다.

여기서 유념할 것은 이러한 공산당이 모든 일체의 경제활동에 관여하는 계획주의 경제체제라는 현실에서의 실현태(實現態)와 아울러 이념태(理念態)로서 중국의 산업계를 살펴보는 것인데, 중국은 이념적으로 인민의 국가이기 때문에 이러한 모든 경제의 구성 요소들은 이념적으로 인민의 소유라는 것이었다.

이러한 중국에서 기업이라는 개념은 자연히 발전할 수 없었고, 따라서 회사법이라는 것 역시도 관념할 수 없는 대상이었다. 그러므로 중국에서 회사라는 제도의 역사는 실제로는 1978년 중국공산당 제11회 중앙위원회 제3차 전체회의[746]에서 개방정책을 채택하면서부터라고 할 수 있다.[747]

'삼중전회' 개방정책의 산물인 중국에서의 회사는, 따라서 우리 법이 가지고 있는 회사법을 일반법으로 하고, 이에 대하여 외국인투자촉진법과 같은 외국인 투자기업에 대한 특례를 주는 방식이 아닌, 외국인들을 위한 전용의 투자 장치로서의 도구가 필요하였기 때문에, 회사법이 없는 상태에서 외국인만을 위한 법을 제공하는 형태로 이루어졌고, 이에 따라 중국에서 법 상호 간의 정합성 문제는 여전히 숙제 중의 하나라고 할 것이다.

다만 이러한 외국 자본의 도입에 있어서도, 애초 중국 정부의 생각은 '외자 유치를 위한 중화인민공화국 국무원 규정'[748] 제2조에서 드러나는 것처럼, 그 대상은 내수 진작을 위한 것이 아니고, '수출기업(Export Enterprise)'이나, '선도 기술 기업(Technology Advanced Enterprise)'이었다.

개방 이후의 중국 회사법은 중국 내 외국인 투자 증가에 따라, 중국과 외국투자자 간의 합작형식의 기업[749] 내지 외국인 투자자만의 기업[750]에 대항할 수 있는 중국기업을 육성하기 위해서 국유 기업을 민영화하고 있다. 중국 내부 자본에 의한

---

746) 이하 줄여서 '삼중전회'라고 한다.

747) 여기서 회사제도의 시작이라는 의미는 PRC에서의 회사를 의미하는 것이며, 역사적인 의미에서 하나의 흐름으로서 중국을 의미하는 것은 아니다.

748) 이하 '국무원 외자 유치 규정'

749) 이러한 형식의 기업으로는 합자투자기업(Equity Joint Venture Company)과 합작투자기업(Cooperative Joint Venture Company)이 있다.

750) 이러한 기업을 외국인투자기업(Wholly Foreign Owned Enterprise)이라고 한다.

중국인들만의 기업이 자연발생적으로 전개되는 상황까지 전개되기 시작하였고, 이러한 전개에 대하여 그 수요를 충족시키기 위하여, 중국에서의 회사법이 역시 도구적인 목적으로 입법된다. 이러한 회사법의 발생은 또 다른 하나의 요구와 연결되어 있는데, 그것은 바로 중국에서의 자본시장 형성이라는 과제이다. 중국에서의 자본시장을 만들어, 내국인을 위한 A share와 외국인을 위한 B share 시장을 각 형성하려고 하다 보니, 회사라는 개념적인 도구가 필요하다고 판단한 것이다.

이러한 회사법의 전개에 대하여, 새로이 중국에서 생기게 된 요구는 외국인 투자자들의 투자 규모가 확대되고, 그 투자회사의 수가 늘어남에 따라, 이러한 수 개 회사 간의 조정 내지 조율의 필요가 생기게 됨에 따라 새로운 국면을 맞게 되는데, 바로 중국에서 지주회사가 발생하게 되는 것이다.

중국에서 지주회사의 전개는 중국의 회사를 규율하는 법체계에서 매우 중요한 의미를 외국인들에게 주게 되며, 이러한 영향은 특히 조세법과 관련하여 여러 가지 문제를 노정하게 된다. 이러한 지주회사에 이어 등장하는 새로운 흐름은 바로 중국에서의 벤처 투자회사의 등장이다. 이러한 벤처 회사의 등장 배후에는 중국에서의 금융 상황과 밀접하게 연결되어 있으며, 이러한 중국의 금융시장의 문제점과 연결하여 미국을 중심으로 하는 외국 자본들의 요청이 작용한 바가 있는데, 벤처 회사 관련법 규정이 흥미를 끄는 것이 이러한 벤처 회사 관련 규정들이 종래의 회사법 규정에 대한 상당한 특칙을 규정하고 있다는 점이다.

중국에서 회사법의 전개는 여전히 해와 달을 기준으로 하여 급속하게 신조류가 발생할 만큼 광속으로 변화하고 있다. 그리고 중국에서 이러한 회사법의 전개는 중국이 지금까지 생각하지 못하였던 경쟁법 내지 독점금지법이라는 영역에 대한 고려로 이어지고 있다.

이 글에서는 이러한 경쟁법 영역이라는 중국법제가 알지 못하였던 영역으로의 중국법의 참입과 관련하여, 그 전개의 전단계로서 회사법의 발전과정을 고찰하여 보고, 향후 중국에서의 경쟁법이 어떻게 전개될 것인가에 대한 전망을 하여 보고자 하는 것을 목적으로 할 것이다. 왜냐하면 본인의 이해로는 경쟁법의 전개는 중국의 경우, 회사가 없는 곳에서 회사가 만들어졌고, 그 회사가 점차 복잡하여지고 있고, 이러한 복잡한 전개가 이제 단일 재화에 단일한 일사불란한 조직을 통한 생산과 이를 통한 수출, 외화획득과 외환 평형을 통한 엄격한 외화의 관리를 통한 국부의 창

출이라는 기존의 목적을 넘어 중국 내에서 기업과의 경쟁질서 수립이라는 다음의
순서를 밟고 있다고 보이기 때문이다. 조만간 중국은 이제 경쟁법 질서를 회사법
질서와 증권거래법 질서에 이어 수립하여야 할 것이고, 이러한 관점에서 현재 중국
에서의 경쟁법 관련 논의를 기존의 회사 질서에 대한 이해를 바탕으로 정리하고,
향후의 전개를 조망하는 것은 중국의 근린국으로서 한국의 입장에서는 매우 의미
있는 작업이 될 것이라고 생각한다.[751]

이 글에서 논의한 독점금지법(반농단법)은 2008년 8월부터 중국에서 시행되고 있
다. 그리고 점차 사용이 증가하고 있다고 한다.[752] 법 제정 당시의 상황과 현재의
상황을 비교해 보는 것은 입법사적인 의미 및 향후 집행과 관련하여 예측을 하기
위한 자료로 의미를 가질 것이다.

II. 중국 기업법의 발전과 현황[753]

1. 중국에서의 기업에 대한 관념의 변화

중국에서의 기업이라는 것은 애초에 존재하지 않았고, 만일 개방정책을 취하지
않았다면 현재도 존재할 필요성이 없는 개념이다. 왜냐하면 주지하다시피, 중앙에서
각 품목별 생산조합에 당해 연도 생산 및 할당 계획을 주고, 이를 생산하기만 하면,
시장에 대한 우려 없이 그것으로 그 목표가 종결되는 각 공장들만 존재하는 체제하
에서 이윤동기의 기업을 운영하는 것은 불가능할뿐더러, 체제 모순적인 것임은 자
명하기 때문이다.

그러므로 중국에서의 기업 개념에 대한 수요는 개방정책과 함께 어떻게 외국 자

---

751) 2005년 당시의 문헌으로 김범중, 중국 반독점법에 관한 소고, 경쟁법연구 제12권, 한국경쟁법학회(2005) 261면 이하 참고.

752) 지난해 신설된 중국의 반독점법에 따라 소비자 소송이 급증하면서 중국에 진출한 외국계 기업들이 바짝 긴장하고
있다. 파이낸셜타임스(FT)는 19일 반독점법에 따라 차이나모바일, 차이나넷콤, 바이두, 샨다인터렉티브엔터테인먼
트, 시노펙 등 중국 내 대기업을 상대로 한 중국 소비자들의 반독점 관련 소송이 늘어나고 있다고 전했다. 이에 따
라 외국계 기업들도 법정 공방에 휘말릴 가능성에 촉각을 곤두세우고 있다(이데일리 인터넷판 2009.10.19.). 또
중국의 합병통제와 관련하여 파나소닉은 산요 합병과 관련해 반독점 여부를 제기한 4개국 중 유럽연합(EU)과 일본
으로부터 지난달 승인을 얻어냈으며, 나머지 미국과 중국 반독점 규제 당국의 허가를 기다리고 있다고 한다(전자신
문, "산요전기 니켈수소 배터리 관련 자회사 매각", 2009.10.28. 인터넷판).

753) 중국 기업법과 관련된 이 글의 전개상 기본적인 분류 등은 뉴욕 컬럼비아 로스쿨의 Nicholas Hawson 교수의
2003년도 가을 학기 중국 기업법 강의상 체계를 따른다.

본을 중국으로 끌어들일 것인가라는 고민과 연결되어 있고, 이러한 관점에서 외상투자기업 관련 법제는 이해될 수 있다. 이론적으로 외국 자본을 초청하여, 국내에 유치하는 방법은 여러 가지가 있지만, 이 중에서 중국이 채택한 방법이 바로 아래에서 볼 합작 회사를 설립하는 방법이며, 이러한 방법은 매우 성공적으로 외국 자본의 수요를 충족시킬 수 있었다.

2. 외상투자기업 관련 법제의 정비

가. 중외합자기업법754) 등의 제정

중국이 외국 자본을 국내에 유치하기로 결정한 당시의 중국은 잠재적인 시장—전혀 현실화되어 있지 않지만 막연한 시장—과 잠재적인 저가의 노동력을 제외한 아무것도 내세울 것이 없는 국가였다는 사실을 전제로 하면서, 중국 외자유치의 틀은 짜인다. 이와 관련된 3가지의 틀이 79년 제정된 '중외합자경영기업법'이고, 이어 86년 '외자기업법'을 88년에는 '중외합작경영기업법'을 각 제정하여, 외상투자 관련 3법을 완결 짓는다.

중외합자경영기업(이하 '합자기업')은 중외합자경영기업법에 의하여 설립된 중국 측과 외국투자자 간의 합작기업(Joint Venture Company)으로서 중국 내에 있으면서, 중국 정부로부터 승인을 받은 평등과 호혜의 원칙에 입각한 유한책임회사이다.755) 합자기업은 중국 기업이며, 중국의 법과 규정을 준수할 의무가 있다.756)

다른 하나의 외상투자기업이 '중외합작경영기업'757)이다. 이 역시도 중국 역내에 설립되는 중국 회사이며758)이며, 이러한 합작기업이 합자기업과 구별되는 점은 합자회사가 법률에 의하여 대부분의 사항이 규정되어 있는 회사인 데 비하여, 합작회사는 투자요건, 수익의 배분, 위험 및 손실의 분담, 경영 방식과 계약 종료 시 자산

---

754) PRC-Sino-Foreign Equity Joint Venture Law(2nd Revision) Ref. No: 2310/2001/03/15(이하 '합자기업법')

755) PRC-Sino-Foreign Equity Joint Venture Implementing Regulation(3rd Revision) Ref no: 2310/2001/07/22(이하 '합자기업법 실시세칙') 제2조, 합자기업법 제1조 및 제2조, 제4조.

756) 합자기업법 제2조 제2문, 합작기업법 제3조 제2문, 외자기업법 제4조 제2문. 이러한 준법의무의 강조는 중국의 모델계약서에서도 나타나는데, 이러한 요청의 또 다른 형식이 중국 회사들과의 협상에서 드러나는 중국법에 대한 현저한 선호가 아닐까 한다.

757) PRC, Sino-Foreign Co-operative Joint Venture Law(Revised) Ref. No: 2310/2000.10.31(이하 '합작기업법')

758) 합작기업법 제1조.

의 처리 등에 관한 사항을 계약으로 협의하여 정할 수 있는 자율성을 가지고 있다는 점이다.759)

이 두 회사의 공통점은, 중국으로의 선진기술 도입과 수출증대를 목적으로 하고 있다는 점이다.760) 이 양대 목적은 외상투자기업뿐만 아니라, 중국의 대외 무역 및 투자 관련 법제에 공통적으로 드러나는 특징이다. 이러한 선진기술의 도입과 수출의 증대라는 입법 목적은 우리도 이와 동일한 목적을 가지고 있다고 할 수 있는데, 중국 경우의 특징은 이러한 기술에 대하여 외국의 투자자가 선진기술을 보증하여야 하고, 만일 기망행위에 의하여 선진기술이 아닌 것을 선진기술로 하여 도입한 경우에는 손해배상의무까지 부담하도록 하는 것을 입법으로 법제화하고 있다는 점이다.761)

이들과 달리 중국 측과의 합작회사 설립을 하지 않고, 온전히 외국투자자본만을 가지고 설립하는 유형의 외국인 투자가 '외자기업'이다.762) 대부분의 규정은 다른 합작기업이나 합자기업과 유사하지만 중국 내 제3자의 거래 안전을 보호하기 위한 규정들을 두고 있다.763)

3. 회사법의 제정

가. 회사법 제정 필요성의 대두

앞서와 같은 외상투자기업들이 외국 투자자들이 투자를 하기 위한 수단으로 제공되었지만, 회사법이 없는 상태에서 특별법만 있는데다, 그 형식도 법인 내지 비법인인 경우가 혼재되어 있고, 아울러 책임에 있어서도 주식에 의한 주주유한책임을 명기하는 것 등의 회사법에 대한 수요가 발생하게 된다. 아울러 중국이 자본시장을 육성하여 기업을 상장하는 것을 고려하는 과정에서 회사법이라는 것이 없는 상황에서 상장기업을 관념하는 것이 곤란하다는 것 역시 고려되었으며, 주식유한공사 중 상장기업과 비상장기업으로 구분하여 상장기업(중문으로는 '上市公司')에 대하여

---

759) 합작기업법 제2조 제1문.

760) 합작기업법 제4조, 외자기업법 제3조 제1문.

761) 합작기업법 제5조 제2문은 도입되는 기술이 선진기술로서 중국의 요청에 부합하는 것이어야 하고, 만일 그렇지 않은 경우에 그 손해를 배상하도록 하고 있다.

762) PRC, Wholly Foreign-owned Enterprise Law(Revised) Ref no: 2320/2000.10.31.(이하 '외자기업법'이라고 한다.)

763) 중국법, 사법연수원, 444면(2003).

별도의 장을 두어 규정하고 있다는 점이 이러한 사실을 반영한다.[764]

그리하여 중화인민공화국 제5차 상임위(Standing Committee)와 전국인민대표자회의는 1993년 12월 29일 제정하고, 1994년 1월 1일부터 시행된 회사법인 '중화인민공화국공사법'을 공포하기에 이른다. 이 회사법은 중국 내에 있는 회사들에 대하여 적용이 있기 때문에, 중국 회사인 외상투자기업들도 합작기업법, 합자기업법, 외자기업법 등에 별도의 규정이 있지 않는 한, 그 적용대상이 된다.[765] 이 법은 그 제1조에서, "이 법은 헌법에 따라, 현대적인 기업제도를 도입하기 위한 필요조건을 충족시키기 위하여 그 기업의 정형을 표준화함으로써 기업, 주주, 채권자들의 법률상 권리와 이익을 보호하고, 사회 경제 질서와 사회주의 시장경제의 발전을 도모하는 것을 그 목적으로 한다."라고 규정하여, 당시의 상황이 중국 내의 성장하는 기업에 대한 회사법의 필요성이 컸다는 사실을 반영하고 있다.

나. 회사법의 주요 내용

(1) 회사의 유형

이 법에 따르면, 회사[766]란 '유한책임공사' 및 '주식유한회사'[767]를 말하며, 이 회사들은 모두 법인격을 가지고 있다.[768] 그러므로 이 회사들 중 '유한책임공사'의 경우에는 주주들은 자신이 출자한 자본의 범위 내에서 책임을 부담하고, 회사의 자산 범위 내에서 채무에 대하여 회사가 책임을 부담한다. 이 형식의 회사는 주주가 2인 이상 50인 이하여야 하는 회사로서, 대규모 자금 조달에는 적당하지 않은 소규모의 회사에 적합한 유형이다. 달리 말하면, 이러한 유형으로는 상장을 하는 등의 행위를 하는 것은 어려움이 있다는 것이다.[769]

---

764) 공사법 제151조.

765) 공사법 제18조.

766) 중국법상 회사를 '公司'라고 하므로, '공사'라고 표시하나, 필요에 따라 회사라고 표현하기도 한다.

767) 공사법의 국문 표기에 대하여 일정하게 확립된 표기는 없는 것 같다. 정용상 교수의 '중국회사법론'에서는 주식회사라는 표현을 사용하고 있고, 이해완 변호사의 '중국의 법률체계와 법학체계'에서는 주식유한공사라는 표현을 사용하고 있는바, 이 중 후자의 표현이 중문의 원문과 더 부합하는 것이 아닌가 하여 주식유한회사로 이 글에서는 표기한다. 다만 어느 표현이나 후자가 우리나라의 주식회사와 비견될 수 있는 것이며, 중국인 유한회사와 주식회사만을 회사의 유형으로 인식하고 있을 뿐, 우리 상법상의 합명회사나 합자회사의 경우에는 회사법에서 인식의 대상으로 하고 있지 않다는 점은 대동소이하다고 생각된다. ; '이해완'의 위 논문은 http://www.infocommune.net/oldlaw/chineselaw/claws.htm에서 참조 ; 중화인민공화국 공사법(이하 '공사법') 제2조.

768) 공사법 제3조 제1문.

반면, '주식유한회사'의 경우에는 회사의 지분이 지분의 수에 의하여 균등하게 분할되며, 각 주주는 자신의 지분 비율에 따라, 회사의 자산 범위 내에서 채무에 대하여 회사가 책임을 부담한다고 규정한다.[770]

이러한 주주들에 의하여 소유되는 기업과 구별되는 것이 '국유기업'이다. 국유기업은 종전의 국유 공장들이 그 운영체계와 그 행동 방식을 점진적으로 개선하여, 기업의 형태로 하여 회사법의 적용을 받으면서, 운영되는 기업들을 말한다.[771]

회사법상의 회사들은 위에서 본 것과 같이 세 가지의 회사로 나뉘는 것이고, 이 중 국영 공장들의 회사라는 형식으로의 전환을 위하여 규정한 국유기업 규정을 제외하면 결국 의미를 가지는 것은 앞서의 유한책임회사를 포함한 두 가지(유한책임회사 등)이다. 이러한 유한책임회사 등은 그 설립 시에 있어 등기를 하여야 하며, 필요한 경우에는 승인과 등기를 하여야 한다. 그리고 반드시 회사의 상호에 이러한 사실을 표시하여야 한다.[772] 이들 회사와 관련하여 매우 재미있는 것은 법 제17조에서 공산당 활동을 회사 내에서 보장하도록 명시하고 있는 규정인데, 투자자의 입장에서는 중국이 공산주의에 근거를 둔 사회주의 시장경제 국가임을 상기시켜 주는 조문이다.

(2) 회사법의 특징

여러 가지 면에서 우리 회사법과 구별되는 점들을 발견할 수 있지만, 규제의 관점에서 발견되는 특징들을 보면, 주식유한공사의 경우에는 준칙주의를 취하는 우리 회사법제와 달리 허가주의를 취하고 있다는 것이 첫 번째의 특징이다.[773]

둘째는 상장회사에 대한 상장 요건을 증권거래법에 규정하고 있는 우리 법제와 달리 상법에 대한 회사법이 그 일부를 구성하는 것이 아니라, 개인적으로는 연혁적인 개별 필요에 따라 불가피하게 이루어진 단행법으로 회사를 규율하는 중국의 경우, 상장회사인 '상시공사'가 되기 위한 상장요건이 회사법에 규정되고 있다는 점이 그 체계상에서 구별되는 점이라고 보인다.[774]

---

769) 공사법 제20조.

770) 공사법 제3조 제2문 및 제3문.

771) 컬럼비아 대학에서의 중국 회사법 강의에서는 이러한 3가지로의 분류 방식을 택하여 강의를 하는 것에 대하여, 2분하여, 유한책임회사와 주식유한회사로 다시 분류를 하고, 유한책임회사의 유형 속에 국유독자기업(공사법 제21조)과 수인이 출자한 유한책임회사로 분류하는 방식을 취하는 구분도 있으며, 이 역시도 가능한 방법이라고 생각한다. 후자의 분류는 위 이해완, 전게 논문. 공사법 제7조, 제21조.

772) 공사법 제8조 내지 제9조.

773) 공사법 제19조, 27조, 73조, 및 제77조.

셋째, 중국의 경우에도 자본 충실의 원칙이 받아들여지고 있고, 우리와 같은 최저 자본제를 수용하고 있다. 그러나 자본 납입과 관련하여 외국 투자자에게 문제가 되는 가장 중요한 부분은 바로, 자본을 실제로 전액 납입하여야 한다는 점이다.[775] 즉, 다시 말해, 수권자본제가 받아들여지지 않고 있다는 점이다. 이 부분은 중국의 관점에서는 중국 시장을 매개로 하여 자본의 실제적인 중국 내 유입을 끌어내었다는 점에서 투자 유치국으로서는 매우 긍정적인 아이디어라고 볼 수 있지만, 투자자의 입장에서는 부담스러운 조문이 아닐 수 없다. 매우 특징적이며, 투자자의 자본 유출을 제한하는 중국 회사 관련 법제의 역사적인 추동력과 연관시켜 보면, 중국 당국의 혜안이 엿보이는 제도라고 생각된다.

다. FICLS 설립 규정

외국인 투자자에 대하여 이러한 회사법의 제정이라는 제도 변화에 대하여 응한 의미를 가지고 있는 틀이 바로, 95년에 등장한 FICLS(Foreign Investment Companies Limited by Shares)이다[776]. 이 모델의 회사는 외자계 주주가 25% 이상의 자본금을 출자하고, 중국 내의 중국 회사나 다른 경제주체, 외국인 투자 기업과 지분에 따른 유한 책임을 부담하는 회사를 만들 수 있다고 규정한다.[777] 기존의 외상투자기업이 회사법이 제시한 틀인 주식유한공사라는 틀과 접합이 되는 점이 바로 이 FICLS이다.

이 회사는 국가가 기술 선도적인 제조기업을 설립하는 것을 장려하기 위하여 만든 외국 자본을 위한 회사의 틀이다.[778] 이 회사를 설립하기 위해서는 발기인들이 회사법상의 발기인 요건을 구비하여야 하며, 그 발기인 중의 일인이 외국인이어야 한다.[779] 이 외국인이 투자하는 자본의 최저액은 RMB 30,000,000 yuan과 등록 자본의 25% 이상이어야 한다.[780]

다만 외상투자기업인 합작기업, 합자기업, 외자기업이 이러한 FICLS로 전환하기

---

774) 공사법 제15조 내지 제158조.

775) 공사법 제25조 제1문, 제78조 제1문, FICLS 규정 제14조 제2문.

776) Provisional Regulations on Several Issues concerning the Establishment of Foreign Investment Companies Limited by Shares Jan 10 1995(이하 'FICLS 설립규정') 각주 26의 규정에서 말하는 회사를 이 글에서는 미국에서의 용례에 따라 FICLS이라고 한다.

777) FICLS 설립규정 제1조 및 제2조.

778) FICLS 설립규정 제4조.

779) FICLS 설립규정 제6조 제1문.

780) FICLS 설립규정 제6조 제2문.

위해서는 중국 당국의 승인을 받기 위하여 제출하여야 하는 시기로부터 역산하여 3년간 연속하여 흑자를 기록하여야 한다.[781] 이러한 수익성에 대한 제한은 이러한 유형의 회사들이 FICLS로 전환하여 궁극적으로 수익성 있는 기업만을 추려 냄으로써, 폐쇄적인 인적 회사로서 통제할 회사와 그렇지 않은 회사 간에 구별을 하는 '채' 역할을 하려고 한 것이 아닌가 한다.

4. 지주회사제도의 도입

가. 지주회사의 발생 배경

중국에서의 지주회사(Chinese Holding Companies: 'CHC')는 시간의 산물이다. 중국에는 이미 많은 외국 자본들이 투자되어, 각 자본들이 여러 개의 자회사들을 가지게 된 상황이어서, 이러한 회사 간에 조율이 필요하게 되었다는 점이 중국에서의 지주회사 필요성에 대한 외자계의 요청임은 본 바와 같다. 한편, 중국의 입장에서도 이러한 통일적인 투자의 목적으로 하는 지주회사의 설립을 막을 이유는 없는 것이, 이러한 투자회사에 대한 중국 내에서의 수요가 존재하기 때문이다.

그러므로 이러한 외자계와 중국 정부의 필요성이 일치되어 중국에 지주회사라는 개념이 도입되게 되는 것이다. 이러한 지주회사 개념의 도입은 필연적으로 기업군이라는 것과 연결되게 되어 있어, '경쟁법'이라는 법역과 밀접한 관계를 가지게 되고, 이러한 지주회사제도의 인정이 중국의 인접국인 한국이나 일본의 경우에도 이러한 관점에서 회사법과 경쟁법 간에 서로 연계되어 검토된 것은 우연이 아니라고 본다.

나. 지주회사에 대한 관련 규정과 그 특징

(1) 관련 규정의 정립

중국 내에서의 지주회사와 관련하여, 논의는 1990년 초반으로 거슬러 올라간다. 그러나 이러한 지주회사의 초기 형태의 개념태를 가진 회사들은 통일된 규정에 의하여 규정되는 회사들이 아닌, 그때그때의 필요성에 따라, 그 설립이 인가되었다.[782] 그러던 것이 1995년 4월 중국 정부가 '외자계 투자회사에 대한 잠정 규정'[783]을

---

781) FICLS 설립규정 제15조.

782) Nicholas Hawson, Investment/Holding companies in China, Journal of International Taxation, 24(1998).

공포하면서, 이러한 논의는 이제 법제화로의 방향성을 잡기 시작한다. 이어 중국 국세청(The State Administration of Taxation)에서 2개의 보충 규정을 공포하고, 1995년과 1997년에 각 '투자회사규정(The Investment Company Provisions)'이 공포되면서 논의는 그 형태를 갖추게 된다.[784]

(2) 지주회사의 특징

(가) 회사의 성격

위 '투자회사규정' 제1조는 투자회사의 형태를 '중외합자기업' 내지 '외자기업'으로 규정하면서, 이러한 투자 기업은 중국 기업으로서 중국법에 의하여 규율되며, 그 자회사는 '주식유한회사'의 형식은 허용되지 아니하며,[785] 그 자신도 '외자계 주식유한회사'의 성격을 띨 수 없다고 규정한다.

(나) 자본 출자와 관련된 특징

그 자체로 투자회사의 성격을 가지고 있는 이 지주회사는 '투자회사규정' 제2조 제3항에 따라, 최소 30만 달러의 자본금을 가지고 있어야 하며, 유의할 점은 이러한 자본금은 반드시 현금으로 납입되어야 한다는 점이다. 이러한 자본 출자에 대한 특칙은 앞서 언급한 회사법에 대한 중국 정부의 태도와 일관된 것이다. 중국 정부는 자본의 활용을 통하여 외자계 기업들이 중국 내에서 이윤을 발생시키는 것을 바라지 않고, 이러한 지주회사라는 새로운 회사제도의 도입에 있어서도 고려된 것이 본인의 생각으로는 반드시 이 제도가 새로운 신규 자금의 유입을 위한 통로로 활용되어야지 단순히 외자계 기업들의 요구인 기존 자회사들의 통합이라는 목적으로만 활용되어서는 안 된다는 것이 입법의 바탕에 깔려 있다는 근거가 되는 규정이라고 생각한다. 이러한 관점에서 이러한 현금 출자금은 반드시 경화여야 한다고 못 박고 있다.[786] 그리고 이러한 자본금의 출자는 반드시 설립 후 2년 이내에 전액 출자되어야 한다.

---

783) 이하 '투자회사규정'

784) Id, 24.

785) 이러한 제한은 '투자회사규정' 자체에는 없지만, 이에 대한 주관 부서인 '중화인민공화국 상무부'의 유권 해석에 의하여 금지되는 것으로 새긴다. 사실 이와 같은 규정이 불명확한 경우에 중국에서 유권 해석의 효력은 유권해석을 한 기관이 '승인권자'이므로 투자자의 입장에서는 '법' 이상이라고 보는 것이 옳겠다.

786) 투자회사규정 제4조.

(다) 자회사의 설립과 관련된 제한

지주회사가 설립되기 위해서는 총 자산이 미화 400만 달러 이상이거나, 최소 3개 이상의 새로운 투자 프로젝트나 회사를 자회사로 가지고 있어야 한다. 만일, 미화 400만 달러 이하의 자본을 가진 회사가 지주회사가 되기 위해서는 10개 이상의 새로운 투자 프로젝트나 회사를 자회사로 가지고 있어야 한다.[787]

나아가, 앞서 본 바와 같은 자회사의 형식 중에서 '주식유한공사'에 대한 투자 금지는 지주회사의 설립에 있어 매우 중요한 제한이 되는 것임은 명약관화한 사실이라고 하겠다.

(라) 자회사와의 관계에 대한 제한

중국 정부가 또 하나 이러한 지주회사제도의 허용과 관련하여 우려하는 부분이 자회사에 대한 지배력의 강화이다. 이러한 지배력에 대한 제한을 두기 위해서는 결국 자회사에 대하여 일정한 권한을 강화하는 방향, 특히 중국 측의 합작 파트너가 그러한 역할을 맡도록 하는 것이 필요할 것이다.

이러한 의도를 표현한 것 중의 하나가 '투자회사규정' 제6조이다. 이 규정에 의하면, 지주회사는 자회사에 대하여 독자적으로 또는 함께 25% 이상의 지분을 보유하여야 하며, 금융자문업무를 제외한 지주회사의 자회사에 대한 서비스의 제공은 자회사 동사회의 만장일치를 요구한다.

또 다른 방식으로 지주회사가 자회사에 대한 통제를 강화하는 방법이 지주회사가 자회사에 대하여 자금을 대여하는 것이다. 이를 제한하기 위하여 중국 정부를 이러한 대여행위를 하고자 할 때에는 지주회사는 중국의 중앙은행인 '중국인민은행'의 승인을 받도록 하고 있다.[788]

(마) 지주회사의 행위 제한

중국에서의 지주회사가 할 수 없는 행위는 중국의 애초 외국 자본에 의한 국내 회사 설립을 허용한 취지를 다시 한 번 살펴보게 하는 구절이며, 이러한 취지는 현재도 여전히 유효함을 증명하여 준다.

투자회사규정은 지주회사가 외국으로부터 자신의 외국에 소재하는 모회사 내지

---

787) 위 규정 제2조 제1항.
788) 투자회사규정 제7조.

계열회사로부터 완성품의 수입을 금지하고 있으며, 또한 중국 내의 자회사가 아닌 다른 회사로부터 완성품을 매입하여 중국 내수 시장에 판매하는 것 역시도 금지하고 있다. 아울러, 지주회사 자신이 스스로 제조활동에 관여하는 것조차도 막는다.[789]

이러한 제한은 외국 자본은 중국에 선진기술을 가지고 와, 외국 자본으로 공장을 설립하고, 이를 통하여 중국의 발전에 기여하여야 하며, 일단 한 번 투여된 자본은 중국을 벗어나지 않고, 중국 내에 재투자되도록 하며, 수출을 통하여 경화의 유입에 이바지하여야 한다는 중국 정부의 기본 정신이 그대로 드러나는 것이다.

(바) 외환 관련 규제

외환 평형의 문제는 지주회사의 설립 초기부터 논의되었던 평면이다. 왜냐하면 중국 내에서 영업을 하는 제조회사의 경우, 그 수입이 인민폐(RMB)로 발생하게 되고, 반면, 인민폐 자체는 이를 수익으로 하여 외국에 송금을 하여야 국제 시장에서 가치를 가지는 돈이 아니므로 달러가 필요하다. 이 경우, 달러를 가지고 있는 회사인 지주회사와 인민폐를 가지고 있는 자회사 간의 통화 스왑(Currency SWAP)을 인정하여 주게 되면, 이러한 문제가 해결되게 된다. 그리하여 이 문제는 외국 자본들로서는 매우 중요한 문제였다.

이에 대하여 투자회사규정 제5조 제2항은 이러한 통화 스왑을 중국 통화 당국(State Agency for Foreign Exchange)의 승인하에 할 수 있게 하고 있는 것으로 보인다.

5. 중국에서 회사제도의 특징

중국에서의 회사 관련 법제를 이해함에 있어, 그 특성들을 이해하는 것은 향후 중국 정부의 정책 방향 특히, 경쟁정책의 방향과 관련하여 의미 있는 일이라고 생각된다. 그러므로 본 항에서 중국에서의 회사법 및 회사제도의 특징을 기술하고자 한다.

가. 중국투자자들에 대한 배려 장치: 국유화의 원칙적인 부정

중국에 대하여 투자를 하려고 하는 외국인 투자자들은 한국 투자자이건, 초기에 가장 많은 투자를 한 일본 투자자이건, 아니면 서구의 투자자들이건 모두 첫 번째의 우려가 중국이라는 국가의 불투명성이다. 중국에 투자를 하려고 하는 회사들은

---

789) 위 규정 제5조.

중국이라는 엄청난 잠재시장을 보고 투자를 하려고 하면서도, 중국이 공산주의 국가이고, 언제든지 원하면 국유화할 수 있다는 점에 우려하였다. 그 결과 중국의 합자회사법 제2조 제3문에는 중국은 국유화나, 강제회수조치(이하 '국유화 등')를 원칙적으로 하지 않으며, 공공의 필요성에 의하여 국유화 등을 하게 되는 경우에도 상당한 보상(appropriate compensation)을 하도록 하고 있다.[790] 이러한 상당한 보상의 원칙은 이러한 회사 관련 법뿐만 아니라 중국의 Project Financing 관련 법제에서도 발견되는 중국이라는 상황적인 특성을 고려하여, 중국이 투자자의 유치라는 목적을 달성하기 위하여 삽입한 특수 규정 중의 하나이다.

나. 무수한 정부의 승인 및 등록제도

중국의 법제를 살펴보게 되면, 중국법이 가지는 법체계를 관통하는 특징으로, 정부의 승인 제도를 통한 관여를 들 수 있다. 정부는 가부적인 관여를 통하여 전체적인 시스템을 시장경제를 도입하면서도, 사회주의 계획 경제의 모습에서 완전히 정체성을 벗어나지 않는 묘한 중도반단적인 해법을 찾고 있다고 생각한다.

(1) 외자기업의 시작 단계

외자기업의 시작 단계에서는 예를 들어 합자회사법 제3조와 같이, 합자회사의 계약들, 회사의 정관은 투자 및 무역 관련 승인기관에 통보하여 승인을 받아야 하며, 일단 승인이 되면, '영업집조'를 받고 영업을 시작할 수 있게 하고 있다.[791] 정관의 경우에는 이러한 정관에 대한 승인이 있어야 정관으로서의 효력이 발생한다.[792] 등기자본의 경우에도 승인기관의 등록 사항이다.[793] 이러한 등기 자본의 등록 제도는 아래에서 살펴볼 투자 회수의 제한과 밀접한 연관을 가지고 있다.

여기서 지적할 사항 중 중요한 사항이 중국 정부의 외국인 투자 시의 투자 평가에 대한 관여이다. 과도하게 평가하여 자본화할 우려에 대하여 중국 정부는 국제적으로 평가된 가액으로 하라고 하면서, 그 가액이 등기자본의 20%를 넘지 않아야 한다고 제한하고, 이를 첨부문서로 하여 정부에 승인을 받도록 한다.[794]

---

790) 외자기업법 제5조.

791) 합작기업법 제5조. 합작기업법 제11조. 외자기업법 제6조 및 제7조.

792) PRC, Wholly Foreign-owned Enterprise Law Implementing Rules(Revised) Ref. no: 2320/2001.04.12 (이하 '외자기업법 실시세칙') 제16조.

793) 외자기업법 실시세칙 제20조 제1문.

(2) 외자기업의 개시 이후 단계

외자기업의 영업이 개시된 이후에도, 회사의 합병이나, 분할, 영업의 양도나 기타 주요한 변화가 발생하는 경우에는 승인기관에 승인을 받고, 이를 등록하도록 하는 방식으로 통제한다.[795]

(3) 승인 장치에 대한 평가

이상에서 본 바와 같은 승인을 요하는 규정은 무수하게 많고, 프로젝트 파이낸싱 (Project Financing) 관련 규정에서는 경우에 따라서는 직접 계약 협상에 관연하고 통제하는 경우까지 있다.

그러면서도 그 합작기업의 자율성을 해하지는 않는다고 하면서,[796] 그 내부적인 상호 견제 장치로서, 외국인 투자자가 동사장을 맡는 경우에는 부동사장은 중방에서 맡도록 하는 방식으로의 내부적인 통제장치를 두면서, 영업의 이전과 같은 경우에는 동사회의 만장일치를 하도록 하여 중국 측의 동의 없이는 영업 양도가 불가능하도록 하고, 정관 변경의 경우에는 다시 승인기관에 승인을 받도록 한다.[797]

자본의 투입시기와 관련하여, 외자기업에 대하여 출자시기를 규정하고 있는바, 분할하여 자본금을 낼 수 있지만, 그 납입시기는 3년을 넘지 못하도록 하면서, 최초 첫 번째 납입 시 15% 이상을 영업집조를 받은 날로부터 90일 이내에 전액 납입하도록 한다.[798] 이러한 철저한 견제 장치를 통하여, 정교하게 짜인 거미줄 (sophisticatedly interwoven spider web)에 일단 들어온 자본의 철수를 매우 어렵게 하고 절묘한 수단을 강구하고 있는 것이다.

다. 기 투자 자본의 회수 형식의 제한

중국에서의 외국인 투자는 기본적으로 외국인의 투자가 단기 투자가 아닌 장기 투자를 유도하는 것에 그 정책적인 목적을 두고 있다. 어느 국가나 개발 도상의 단계이건, 그 이후의 단계이건 간에 외국인의 투자는 장기로 당해 지역에 고착되어 지속적인 고용과 부의 창출이 이루어지도록 하는 것을 목적으로 한다고 할 것이나,

---

794) 외자기업법 실시세칙 제26 내지 28조.
795) 외자기업법 제11조.
796) 합작기업법 제11조 후단.
797) 합작기업법 제12조 제1문.
798) 외자기업법 실시세칙 제30조 제1문.

중국의 경우에는 이러한 자본의 회수 형식 중에서 자신이 투자한 자본금을 그 지분적인 이해를 이전하는 방식으로 하는 것에 대해서는 타방 당사자의 동의와 승인을 담당하는 기관의 승인을 받도록 함으로써 사실상 불가능하게 만들어, 중국이 원하는 자본은 일단 중국에 투자된 이상 중국에서 벗어나지 못하도록 제한을 하고 있다.799) 이런 끈적끈적한(sticky) 지분적 이해는 양도를 전제로 하지 않고, 마치 신뢰 관계에 근거한 조합적인 이해관계를 맺도록 하고 있다고 이해하면 될 것이라고 생각한다. 이러한 자본 회수의 제한을 위하여 중국 정부가 고안한 것이 정부의 승인이다. 앞서 본 바와 같이 투자 기업은 등록자본을 승인기관에 심사를 받아 승인을 받고, 이를 등록하여야 하며, 이를 감소하거나, 증가시키는 경우, 이러한 자본에 저당권을 설정하거나 양도를 하는 경우에는 모두 각 승인기관의 승인을 받도록 한다.800) 이러한 제도는 기본적으로 자본의 감소나 양도에서 실익을 가질 것인바, 결국 새로운 돈은 계속 수혈될 수 있지만, 기존 자본의 활용은 극히 제한되는 것이다.

일본의 경우, 기존의 투자를 회수하는 것에 대하여, 중국 측이 동의를 하여 주는 것이 최근에 보이는데 이는 첫째, 중국 측이 더 이상 일본의 브랜드를 사용하지 않아도 판매를 할 수 있다는 자신을 가지게 되었고, 일본의 기술이 더 이상 선진적인 것이라고 이해되지 않는 경우라고 보이는 경우라고 판단된다. 예를 들어 디스플레이 산업의 경우 미국이 기술적인 선도를 하고, 이에 대하여 일본이 이를 상용화하고, 이를 한국이 대량생산 체제로 조기 돌입한 후 대만이 일본의 기술을 이어받고, 로-엔드 제품의 경우에는 중국이 시작하였다가, 점차 하이-엔드로 진행하는 형태를 띠고 있는데, 이것을 전형적인 세계의 기술천이현상(技術遷移現狀)801)의 예로 들 수 있다고 본다. 중국의 이러한 합자기업이나 합작기업에 대한 태도는 사견으로 산업사적인 이해에 바탕을 두고 본다면, 조만간 운명을 다할 것이라고 생각한다.

라. 외환에 대한 통제

외국 투자자의 중국에 대한 투자는 '경화'802)로 이루어져야 한다.803) 정부의 승인

---

799) 합작기업법 제10조.

800) 외자기업법 실시세칙 제21조 내지 제23조.

801) 원래 '천이 현상'은 생물학에서의 생태적 천이(Ecological succession)이나, 복잡계에서 혼동상태(Chaos)로의 비선형적, 비정형적이며, 불규칙적인 천이현상을 나타내는 등의 경우에 용어로 사용되나, 상호적인 작용에 있어 경쟁과 협력을 수행하면서 진행되어 가는 기술진화의 과정도 이와 같은 변화를 '천이 현상'이라고 부르는 것이 적당하다고 생각되어 이렇게 표현하였다.

을 받으면, 기 투자된 중국 내 외자기업의 인민폐[804] 수익으로 투자할 수 있다.

Ⅲ. 중국에서 독점규제법의 현황 및 전망

1. 중국의 외국인 투자에 대한 산업정책적 접근

가. 외국 자본 유치 가이드라인

앞서에서 본 회사법의 발전에 따른 경쟁법으로의 진행 도상을 살펴봄에 있어서, 중국의 자국 산업에 대한 산업 '로드 맵'을 규정을 통하여 보는 것은 의미가 있고 중국의 경쟁법과 관련된 논의에 중요한 시사점을 준다고 생각한다.

중국은 1995년 6월 27일 외국인 투자에 대한 지도[805] 및 그 지도 목록[806]에서 중국이 외국인에게 원하는 투자의 방향을 제시하였다. 이에 의하면, 중국 당국은 외국인 투자에 대하여 산업 목록의 제시를 통하여 이제 승인을 위한 기준을 제시하기 시작한다.[807] 이에 따르면, 장려, 허용, 제한, 및 금지의 4가지 범주로 외국인 투자는 구분된다. 이 중 실제로 목록이 제시되는 것은 장려, 제한, 금지의 세 가지이며, 허용의 경우에는 별개의 목록이 없다.[808] 특징적인 점은 중국 산업정책의 중요한 목적의 하나가 외국의 선진기술을 조기에 흡수 습득하여 외국인을 제외한 독자기술을 가진 자국 산업을 육성하는 것이기 때문에 외자기업과 같은 중국 측 상대방이 없는 회사의 경우에는 다시 일정한 추가적인 제한을 가한다는 점이다.[809]

나. 외자의 활용을 통한 산업정책의 달성

중국에서 권장하는 사업은 사회 기반 산업인 에너지, 교통 관련 사업이나 고도 기술을 요하는 사업, 내지 서부 개발과 관련된 사업과 같이 중국이 독자적으로 수

---

802) 실제적으로는 '미국 달러'를 의미한다고 보면 된다.

803) 외자기업법 실시세칙 25조.

804) 'RMB'와 번갈아 사용하기로 한다.

805) Provisional Regulations on Foreign Investment Guidelines, June 27 1995(이하 '가이드라인').

806) 외상투자산업지도목록 Mar.22. 2002에 최근 개정.

807) 가이드라인 제1조, 제3조.

808) 가이드 라인 제4조 제1문 및 제2문.

809) 가이드라인 제4조 제3문.

행하기 어렵거나, 독자적인 수행에 위험을 가지고 있는 사업들이다.[810) 반면, 제한
되는 사업은 이미 중국이 가지고 있는 사업이거나 중국의 중요한 또는 희귀한 광물
의 개발과 관련된 사업 등이다.[811) 반면, 많은 농토를 사용하는 사업이나, 중국의
국가 안전에 저해가 되는 사업은 금지된다.[812) 이러한 규정에도 불구하고, 그 구분
은 명확하지 않고 여전히 승인이 필요하며, 경우에 따라서는 70% 이상의 수출이나
서부개발에 도움이 되는 경우의 예외[813) 등이 있으므로 투자자로서는 사전 점검의
목적으로 연구자에게는 중국의 관심사를 읽어 볼 수 있는 기회를 가질 수 있다.

중국은 실제로 이러한 구분을 승인을 통하여 실행함으로써, 외자를 통제하고 있
다. 대규모의 자본이 소요되거나, 많은 위험이 내재한 사업에 대하여, 중국에 진출
하는 외자기업 내지 고도 기술을 가지고 있으나, 단순히 저임만을 고려하고 제조업
투자를 하는 외국 자본은 중국의 관점에서는 매우 바람직스러운 투자자라는 것을
엿볼 수 있다. 이러한 중요성을 감안하여 2003년 중국의 '외국 투자자에 의한 국내
기업의 인수 합병에 관한 규정'에서도 인수 합병을 통한 이 가이드라인 회피를 금
지하고 있다.[814)

2. 반독점법(反壟斷法) 제정의 필요성에 대한 검토

가. 반독점법 제정의 필요성

중국에서 왜 반독점법이 필요한가에 대하여 기존의 산업은 국가 독점 산업이었기
때문에 반독점법이라는 것은 필요가 없었지만, 이제 대외 개방 이후에 반독점법 제
정의 필요성은 현실로 드러나고 있고 법안이 제정되어 검토되고 있다. 입법의 동력
은 다음과 같이 설명된다.

첫째, 내국인 기업의 성장에 따른 통합적 접근의 요청이라고 할 수 있다. 내국인
들은 이제 더 이상 외자기업으로부터의 기술수입 선으로서의 역할이나, 내지 종래
국영기업의 형태에서 가졌던 인식에서 벗어나, 이제는 수익성 위주의 드라이브를

---

810) 가이드라인 제5조.
811) 가이드라인 제6조.
812) 가이드라인 제7조.
813) 가이드라인 제11조.
814) 규정 제4조.

펼치기 시작하였다는 점에서 이러한 독점 규제의 필요성이 발생한다. 예를 들어, TV 산업의 경우, 지나친 과잉 생산과 품질에서 큰 차이가 발생하지 않자 결국은 가격경쟁이 '가격전쟁(Price War)'으로 발전하게 되어 결국 일부 지역에서는 TV를 무게를 단위로 하여 판매하는 웃지 못할 일이 발생하였다. 이러한 경쟁 과잉은 비정상적인 유통구조의 상하부에 압력으로 작용하여, 그 부품공급자에게는 원가에도 미치지 못하는 가격으로 공급하도록 강제하고, 그 제조업자에게는 경영혁신으로 발생하는 판가 이하의 판매로 인하여, 제조 경쟁력의 저하로 이어지게 되었다.

이러한 현상은 제조만 하면 판매가 되는 종래의 체제에서는 상상할 수 없었던 일로 경쟁질서의 정립이라는 것이 중요한 중국의 국가 과제가 되게 되었다.

둘째, 외국인의 중국 시장에 대한 시장 지배력 강화에 대한 견제의 성격이 있다. 중국 정부는 애초 대외 개방의 초기부터 외환평형을 강조하고, 국내에서의 부품구입의무를 부과하면서, 아울러 내수가 아닌 수출을 하는 목적으로 외자기업이 작동하도록 하는 것에 초점을 맞추었다. 그러나 점차 이러한 방식에 대한 직접적인 규제보다는 점증하는 외국인의 중국 시장에 대한 지배력 강화를 제한하기 위해서는 WTO 가입 이후 경쟁법을 통한 경쟁질서의 형성이라는 국제적인 동향에 발맞추어 외국계 기업을 견제하는 수단으로 사용하려고 하는 성향을 갖게 되었다.

셋째, 외국인의 국내 기업에 대한 합병 및 인수에 의한 시장 진입 허용에 대한 후속 조치의 성격이 있다. 중국은 2003년 '외국 기업에 의한 국내 기업의 합병 및 인수에 대한 규정'을 제정하여, 4월 12일부터 시행하고 있다. 이 규정은 외국인 투자자가 지분이나 재산을 국내 기업으로 매입하는 방식으로 중국 국내 기업을 인수 합병하는 경우815)를 그 규율 대상으로 하고 있다. 이 규정은 정면으로 반독점법을 내세우지 않으면서, 사실상 반독점법의 내용을 담고 있다. 이 규정의 제3조는 "외국 투자자가 국내 기업을 인수 또는 합병하는 경우, 외국 투자자는 공정하고, 합리적이고, 정당한 보상을 하고 정직하고, 선의로 하여야 하며, 이를 통하여 경제력집중을 강화하고, 경쟁을 제거하거나, 제한하며, 경제질서를 붕괴시키거나, 사회 공중의 이익을 해하여서는 안 된다."고 규정한다. 결국, 이 규정은 사실상 반독점법이 중국에서 왜 필요하게 되었는지를 웅변하는 규정이며, 향후의 전개에 대한 단서를 제시한다고 생각한다.

중국 정부는 2003년 3월 7일 외국투자자에 의한 투자 촉진과 규범화, 해외선진기

---

815) 외국 기업에 의한 국내 기업의 합병 및 인수에 대한 규정(이하 '인수 합병 규정') 제2조.

술 및 관리 기술의 도입, 외국투자자의 이용수준 향상, 자원의 합리적인 배치의 실현, 취업의 보증 및 공정한 경쟁과 국가경제의 안전 유지 등 관점에서 상무부, 국가세무총국, 국가공상국, 국가외화국 4개 부분의 공동으로 '외국투자자의 국내기업매수 잠정규정(이하 '매수 규정')'을 제정한 바 있다.[816] 이 규정에 의하면, 외국인 투자자에게 외국 투자자에 의한 중국 국내 기업의 매수에 대하여, (ⅰ) 매수 당사자의 당해연도 영업액이 15억 RMB를 초과하는 경우, (ⅱ) 1년 이내에 매수한 국내의 관련 업종 기업이 합계로 10개 기업을 초과하는 경우, (ⅲ) 매수 당사자의 중국시장에서 차지하는 시장 점유율이 이미 20%를 초과하는 경우, (ⅳ) 매수에 의해 매수 당사자의 중국시장 점유율이 25%에 달한 경우 등의 경우 투자자는 관계 상황을 중국 상무부와 국가공상국에 보고하도록 하고 있다.[817] 또, 외국투자자의 국외 매수의 경우에도 (ⅰ) 매수 당사자가 중국 국내에 30억 RMB 이상의 자산을 소유하고 있는 경우, (ⅱ) 매수 당사자가 해당연도의 시장에서 영업액이 15억 RMB 이상인 경우, (ⅲ) 매수 당사자가 중국 시장에 대한 시장 점유율이 20%에 달하고 있는 경우, (ⅳ) 국외 매수에 의하여 국외 매수 당사자의 중국 시장 점유율이 24%에 달하는 경우, (ⅴ) 국외 매수에 의하여 매수 당사자가 직접 또는 간접으로 자본 참가하는 국내 관련 업계의 외상투자기업이 15개 기업을 초과하는 경우 등에는 매수자는 매수안을 대외적으로 공포하기 전 또는 소재국 주관기구에 보고함과 동시에 상무부 및 국가공상국에 매수안을 보고하여야 하며, 상무부와 국가공상국은 보고를 받고 국내 시장의 과도한 집중이 존재하고, 국내의 정당한 경쟁을 방해하며, 국내 소비자의 이익에 대한 침해의 우려가 존재하는지를 심사하고, 매수 동의 여부의 결정을 하도록 하고 있다.

　마지막으로, 세계무역기구 가입에 따라, 중국도 타국과의 관계에서 상호 협력하고 공조하여야 할 필요성이 증대되었다는 점을 그 이유로 들 수 있다고 생각한다. 왜 중국이 세계무역기구에 가입하였는가? 사실, 세계무역기구에 가입하였다고 하여 중국의 법제에 미치는 직접적인 영향은 무역 관련 규정을 제외하고는 없다. 오히려 중요한 것은 왜 중국이 세계무역기구에 가입하였는가 하는 것이라고 생각한다. 사견으로, 중국의 가입은 외부의 압력에 의한 것이라고 하기보다는 중국이 이제 더 이상 독자적으로 무역을 생각하지 않고는 존재할 수 없는 상황에 이르러 국제 무역

---

816) 이규철, 외자의 중국기업 M&A에 관한 절차, 법제 29면(2003.9.).
817) 인수합병규정 19조.

규범을 고려할 수밖에 없는 상황이 되었기 때문이라고 생각한다.

이 점은 두 가지로 다시 나누어 볼 수 있는데, 그 첫째는, 중국이 상당 부분 수입에 의존하는 부분이 생겼다. 그 대표적인 것이 원유이다. 둘째는 중국의 대외 무역 흑자는 증가함에 따라, 중국에 대한 견제와 규범 준수에 대한 압력이 증가하고 있다는 점이다.

3. 반농단법(안)[反壟斷法(案)]의 검토 및 향후 전망[818]

가. 반농단법(안)의 입법 목적

중국 반농단법은 그 목표를 (i) 독점을 종식시키고, (ii) 공정한 경쟁을 촉진하며, (iii) 소비자의 정당한 권리를 보호하고, (iv) 사회주의 시장경제 질서의 건전한 발전에 두고 있다.[819]

나. 반농단법(안)상의 주요 내용

(1) 농단[820]의 의의와 법령의 적용범위

이 법에서는 독점을 '경쟁을 제한하거나, 소비자의 권리를 침해하거나, 공공의 질서에 위해를 가하는 행위로서, (i) 시장 주체 간의 협약, 결정, 또는 동조행위(coordinated activities), (ii) 시장지배적 지위의 남용, (iii) 과도한 시장집중을 초래하는 기업 결합, (iv) 정부나 그 부서의 행정권한의 과도한 남용'이라고 규정하고 있다.[821]

특징적인 부분은 시장에서 주체들의 경쟁제한적 행위를 열거함과 아울러 정부와 그 부서의 행위 역시도 본법에 의하여 제한이 되도록 규정하고 있다는 점이다. 이러한 점은 종래 정부의 각 부서가 각 기업들을 맡아서 운영하면서, 동시에 그 기업들에 대한 감독권을 가지고 있었던 중국적인 상황에 대한 고려와 아울러, 중국 내에서의 현재 이루어지고 있는 각 지방 정부들의 경쟁제한적 행위를 본법의 제정을 통하여 통제하려는 의도가 있는 것이 아닌가 한다.

---

818) 중국 反壟斷法 Feb. 26. 2002(안)(征求意見稿)(이하 '안')를 기준으로 검토: 2003.12.28. 현재의 기준이 되는 법안임.

819) 안 제1조.

820) '농단'이라는 중국어를 영어로는 그대로 Monopoly로 이해하는 것으로 보임(PWRW&G translation).

821) 안 제3조.

(2) 경쟁제한적 행위 유형에 대한 검토

반농단법은 경쟁제한적 행위로 (i) 가격 고정 및 가격유지행위, (ii) 통모거래, (iii) 생산 수량의 제한, (iv) 시장 분할이나 원재료 공급의 제한, (v) 기술적인 제한을 통한 경쟁의 제한, (vi) 담합행위, (vii) 기타 경쟁 제한적 행위를 금지하는 농단 행위(경쟁제한적인 행위)로 규정하여 금지하고 있다(안 제8조). 이에 대하여, 제9조에서는 이러한 행위에 대한 예외를 허용하여, 경영자의 제품 품질 향상이나 통일된 상품 규격의 결정 및 공동연구 목적을 위한 시장에서의 공동행위나, 중소기업의 경영효율 제고를 위한 경우 내지 경쟁력 제고를 위한 공동행위, 경영자의 시장 상황에 대처하기 위하여 필요한 경우 내지 산업의 합리화를 위하여 필요한 경우 등에는 예외를 두어 공동행위를 허용하고 있다(안 제9조). 이러한 폭넓은 공동행위의 허용은 애초 중국에서 경쟁법의 주요한 목적이 중국 내의 외국 기업 내지 외국 기업의 중국 시장에 대한 진입에 대한 견제수단이라는 점을 감안하면 이해할 수 있다고 보이는데, 이러한 경쟁법의 도입이 종전의 국가 주도의 경제발전 양상에 저해가 되어서는 안 된다는 이해를 반영하고 있다고 생각한다.

(3) 시장지배적 지위의 남용 금지

법안 제14조는 시장에서의 시장지배적 사업자가 자신의 시장 지배적 지위를 남용하여, 소비자의 후생에 손해가 가도록 하는 행위를 금지한다. 이에 대하여 특정 시장에서의 독점적인 지위 내지 지배적인 지위를 가지는 자를 규정하면서(안 제15조), 다만 우리 법과 마찬가지로, 시장점유율을 기본으로 하여 특정 시장에서 1개의 경영자('사업자')가 시장점유율을 2분의 1 이상을 지배하고 있는 경우, 2개 이상의 경영자가 3분의 2 이상의 지배, 내지 3개 이상의 경영자가 4분의 3 이상을 지배하고 있는 경우를 각 시장지배적 지위에 있다고 추정하고 있다(안 제16조). 그러면서 제17조 이하 제24조 사이에서 금지되는 행위의 유형을 규정하고 있는바, 경영자는 합리적인 이유 없이 일정한 기간 이상 고가의 가격을 설정하는 행위, 약탈적인 가격 설정행위, 가격 기타 교역('거래') 조건의 차별 행위, 교역('거래') 거절 행위, 거래 강제 행위, 불합리한 거래 조건의 부가, 독점적인 거래의 강제 행위 등을 금지하고 있다.

(4) 기타 규정

이미 앞에서 살펴본 인수 합병규정에서 이미 그 단초가 보이고 있는 기업의 인수와 합병에 대한 중국 정부의 규제에 관한 내용이 법안의 제25조 이하에 제4장으로 하여 기업 겸영과 집중에 대한 제한을 규정하면서, 그 신고 및 승인 절차에 대하여 규정을 하고 있고, 특이한 점은 제5장의 제32조 이하에서는 행정부 소속의 부문이 그 행정 권력을 남용하는 행위에 대한 금지 규정을 두고 있는바, 이는 현재 중국에서의 상황이 여전히 다수의 국영기업(SOE)이 존재하고, 가사 사기업이라고 하더라도, 현실적으로 정부의 관여가 직접적인 엄청난 영향력을 반영하고 있음을 고려한다면, 중국 내에서의 경쟁질서의 수립을 위해서 반드시 필요한 규정이라고 할 것이다.

그리고 제6장은 반농단행위 규제의 주무관청에 대한 이러한 반농단행위는 안 제37조에 따라, 국무원 산하의 독립적 행정기구로 설립하여, 공평경쟁과 사회공익에 반하는 농단행위를 법률에 따라 처리하도록 한다고 하고 있으며, 제43조까지 각종 권한과 의무에 대하여 규정한다.

제7장은 법률책임을 규정하고 있는바, 제8조에서 규정하는 경쟁제한적 행위에 대해서는 위법행위의 정지와 아울러 500만 원 이상의 벌금을 가할 수 있도록 주관부서와 권한을 부여하고 있고 있는 등 제44조에서 제48조까지는 주무관청에 의한 처벌을 규정하고 있다. 또한 주관부서로 하여금 조사권한을 확보하도록 하기 위하여 정당한 이유 없이 조사에 불응한다든가 하는 등의 행위를 하는 경우에는 제51조에 의하여 벌금을 부과할 수 있도록 하고 있다.

제49조에서는 경영자, 소비자의 합법적인 권익이 농단행위에 의하여 손해를 입게 되는 경우에는 이들이 인민법원(人民法院)에 제소할 수 있도록 하여, 독점금지법 위반을 이유로 하는 사소를 허용하고 있는 점은 특기할 만한 점이다. 우리의 경우에는 사소(私訴)를 통한 경쟁법상의 권리 구제책의 확충에 관한 논의는 전개되고 있지만, 현실적으로 이러한 소송을 중국에서는 우리에 앞서 인정하고 있어, 향후 이러한 사소의 인정이 중국에서의 독점금지법('반농단법')의 전개에 있어, 어떠한 영향을 미칠지에 대해서는 관심을 가지고 살펴보아야 할 것으로 보인다.

다. 향후 전망

중국의 반농단법 논의는 크게 두 개의 축으로 살펴보아야 한다고 본다. 하나는 중국 내의 제조업을 중심으로 한 산업발전의 양상과 관련된 논의이며, 하나는 현재 중국에서의 금융산업 전개와 관련되어 있다.

중국에서의 비즈니스 전개를 살펴보면, 중국은 외국자본에 의하여 세계의 생산기지로서의 입지를 확고히 확보하였으나, 산업정책적 고려 없이, 각 성 단위로 이루어진 경쟁적인 외자 유치는 기본적인 경쟁질서에 대한 게임의 법칙이 고려되지 않은 관계로 약탈적(掠奪的) 가격설정(Predatory Pricing)과 같은 행위가 이루어지고 있으며, 이러한 행위는 결국 각 중국 기업의 재무구조의 악화로 귀결되고 있다.

이러한 상황에서도, 다만 각 기업들이 대개 성이나 진정부와 밀접하게 연결되어 있고, 이러한 연결점을 고리로 하여 금융이 이루어진다. 이 경우 이들의 도산은 금융 부실화를 초래할 수 있다고 판단된다. 현재의 사정이 과연 어느 정도의 단계에 이르렀는지에 대해서는 이를 객관적으로 판단할 수 있는 자료는 없으나, 분명한 것은 예를 들어 텔레비전을 무게로 달아서 파는 가격설정행위를 허용하는 상황에서는 그 텔레비전의 제조원가를 고려한다면, 사실상 전체적인 기업이 아니라고 할지라도, 중국 정부로 하여금 경쟁질서에 대한 전개를 법률적인 바탕을 두고 하도록 할 유인은 충분히 존재한다고 생각된다.

아울러, 중국에서 증권시장의 활성화 및 벤처 자금 시장의 육성 등을 통한 외국자본의 제조업으로의 투자를 통한 고정자산의 중국 내의 잔류라는 기존의 틀에서, 중국의 기업 인수와 합병의 대상이 되도록 하는 시점에서 중국 정부가 이러한 인수 및 합병을 법 안에서 규정하고 있는 바와 같이 사회주의 시장경제 질서를 유지하기 위하여 관리 및 통제하는 것은 매우 긴요하고 필요한 일이라고 할 것이다.

따라서 후자의 시급한 필요는 현재의 잠정규정을 통하여 해결하고, 전자의 필요에 대해서는 중국 내에서의 논의가 전개되고 있으며, 중국에서의 다른 입법례들을 참고하면, 조만간 잠행 조례를 종합하는 법이 공포될 것이라고 사료된다.

우리 기업으로서는 현재 다수의 생산기지가 중국으로 이전되어 있는 상황에 있으므로, 이러한 상황에서 중국에서의 경쟁법 전개는 매우 유심히 살펴보아야 할 부분이며, 우리나라에서 공정거래법의 전개가 한국의 기업 지형에 심대한 영향을 미친 것과 마찬가지로, 현 중국 정부의 논의 전개를 볼 때, 판단컨대, 외상 투자 기업들에는 향후 중국 국무원 산하 주관부처의 권한은 행위 통제의 관점에서 매우 심대한 영향을 미칠 것이라고 본다.

참고문헌

제1장 기업지배구조와 법

제1절

서세원, "회사업무집행임원제", 민사법연구 제10권 제2호(2002).

이영주, "집행임원의 소송법상 문제에 관한 고찰 – 주주대표소송과 증권관련집단소송을 중심으로", 민사법연구, 제12집 제1호(2004.6.).

양만식, "집행임원제도의 도입에 따른 지배구조론의 전개", 상사법연구 24권 제1호(2005).

정찬형, "주식회사의 지배구조에 관한 상법 개정의 방향 – 업무집행기관 및 감독기관을 중심으로", 2005.12.26. 기업소송연구회 발표문 5～6면.

정찬형, "주식회사 지배구조 관련 개정의견", 상사법연구 제24권 제2호(2005).

조임영, "근로계약의 본질과 근로자개념", 노동법연구15호(서울대학교 노동법연구소).

최승재, "집행임원의 지위와 법적 성격에 관한 검토, 최근 상법 개정 논의에 더하여", 판례연구, 서울지방변호사회(2006).

______, 집행임원제도의 법제화에 관한 의견, 上場, 2006.1.

Frank. H. Easterbrook & Daniel. R. Fischel, "Contractual Freedom in Corporate Law", Columbia Law Review Nov. 1989.

江頭憲治郎, 株式會社法, 有斐閣(2008).

제2절

곽관훈, "기업규제의 패러다임전환과 내부통제시스템", 한국증권법학회 정기세미나 발표자료(2009.5.23.).

______, "기업의 사회적 책임과 자본시장에 미치는 영향", 상사법연구 제25권 제3호, 상사법학회(2006).

______, "사회책임투자(SRI)와 기관투자자의 역할", 비교사법 제13권 제2호, 한국비교사법학회(2006).

김대연, "회사의 내부통제시스템과 이사의 감시의무", 상사판례연구 제12집, 한국상사판례학회(2001).

김유니스, "회사의 Compliance 제도 구축과 사내 변호사의 역할", 준법지원인연수강의자료, 서울지방변호사회(2009).

김화진 등, 상장법인의 내부통제제도 법제화 및 KRX의 바람직한 내부통제시스템 구축을 위한 연구, 한국증권선물거래소 연구용역보고서, 한국증권법학회(2008.8.).

박세화, "효과적인 내부통제 체제 구축을 위한 입법적 과제", 재산법연구 제23권제2호(2006).

서정우, "내부회계관리제도 모범 규준 제정의 배경 및 내부통제 개념 체계", 2004.

안수현, "내부통제의 회사법제 정비를 위한 검토", 상사판례연구 제20집 제2권(2007).

이정숙, "바람직한 준법지원제도 운영", 준법지원연수원 강의자료, 서울지방변호사회(2009).

이중기, "딱딱한 법집행을 부드럽게: 상세한 규정에 기한 규제에서 원칙에 기한 규제로", 증권법연구 제8권 제1호, 한국증권법학회(2007).

정순섭, "원칙중심규제의 논리와 한계", 상사판례연구 제22집 제1권, 한국상사판례학회(2009).

정찬형, "사외이사제도의 개선방안", 백산상사법논문집(2008).

______, "사외취체역제도의 개선방안", 비교법잡지(일본비교법연구소) 제39권(2006).

______, "한국주식회사에서의 집행임원에 대한 연구" 고려법학, 고려대학교 법학연구원 제43호(2004.11.).

최승재, "父權主義規制의 극복과 글로벌스탠다드", 경영법률학회 「글로벌스탠다드와 한국법의 과제」 심포지엄 2009.8.21.자 발표문.

______, "사내 변호사의 현황에 대한 소고", 법률신문(2004.11.15.).

황보윤, "금융회사에서의 Legal Risk 관리", 준법지원연수원 강의자료(2009.6.).

FSA, Principles – based Regulation – Focusing on the Outcomes That Matter(April 2007).

___, A regulatory response to the global banking crisis(March 2009).

George Stigler, "The Theory of Economics Regulation", 2 Bell J. Econ, & Mgmt, Sci. 3, 4, 11 – 12(1971).

Sanjay Anand, *Essentials of Sarbanes – Oxley*, John Wiley & Sons, Inc.(2007).

Robert R. Moeller, "Sarbanes – Oxley and the New Internal Auditing Rules", John Wiley & Sons Inc(2004).

Guidance on Monitoring Internal Control Systems(2009).

Enterprise – wide Risk Framework Report(2004).

Committee of Sponsoring Organization of the Treadway Commission, Internal Control – Integrated Framework, COSO Report(1992).

柿崎 環, 內部統制の 法的研究, 日本評論社(2006).

제3절

권종호, "일본의 적대적 M&A 현황과 방어수단에 관한 최근 동향", 상장협 추계호. 2005.
______, "일본의 기업법제개정에 관한 연구", 코스닥등록법인협의회, 2004.2.
김상곤, "적대적 기업인수를 위한 위임장 대결이 있는 상장법인 주주총회 운영과 관련된 문제점", 상장협 추계호, 2005.
김화진, "M&A 시장의 최근 현황과 정책 및 법적 과제", BFL, 2004.7.
김학현, "외국인 국내주식투자 증가에 따른 적대적 M&A 가능성 및 평가", BFL, 2004.7.
강희철, 김성진, 강권도, "주식 등의 대량 보유 보고 의무 위반과 관련된 법적 쟁점", BFL, 2004.7.
김효신, "회사지배거래에 있어 이사의 경영판단 – 지배종속회사 간 합병과 적대적 기업매수에 대한 방어행위를 중심으로", 안암법학, 2002.
박효신, "적대적 M&A와 정부규제 완화: 기업 효율성 대 시장지배 간의 관계(A Critical Analysis of Hostile M&As and Corporate Governance in Korea: Corporate Efficiency vs. Monopolistic Markets)", 한국 행정학회보, 2002.
송옥렬, "SK사건 일지: 법적 쟁점의 정리", BFL, 2004.1.
______, 포이즌 필의 도입가능성 – 일본에서의 논의를 중심으로, BFL, 2005.7.
송종준, 의무공개매수의 법정책적 함의와 그 도입 가능성, BFL, 2005.7.
______, 공개매수제도의 개선방안, 상장협 추계호, 2005.
이욱래, 적대적 M&A에 대응한 이사의 방어행위에 대한 법적 평가, BFL 2005.7.
지영림, "적대적 인수 합병의 방어 수단", 연세법학회, 1998.
전삼현, "M&A 관련 역차별적인 규제의 개선방안", 상장협 추계호, 2005.
전국경제인연합회, "국내 및 해외의 적대적 M&A 사례와 시사점" 03, 2005.6.
______________, 일본의 경영권방어관련 회사법개정 동향과 시사점 04, 2005.9.
주기종, "적대적 M&A의 방어수단으로서의 신주의 발행 등에 관한 연구", 한국상사법 학회지, 1998.
노일석, "적대적 기업매수와 사회지배이론(Hostile Take – over and Corporate Governance)", 한국상사법학회지, 1998.
제갈정웅, 최도성, 곽수근, "M&A 최신사례집 2", 창해, 2002.
최문희, 신주의 제3자 배정에 의한 경영권 방어의 적법성 – 일본방송 사건에 비추어 본 일본 판례의 분석을 중심으로, BFL, 2005.7.
______, 적대적 M&A와 신주예약권 발행에 관한 일본 판례의 동향, BFL 2005.5.
김홍기, "미국형 및 유럽형 M&A 규제제도와 우리나라의 M&A 입법에 대한 시사점", 상법3개학회 및 법무부 공동학술대회, 2007.
大杉謙一, 企業買收防禦策의 存在方式, 商事法務, No.1723, 2005.2.25.

Guhan Subramanian, BARGAINING IN THE SHADOW OF TAKEOVER DEFENSES Yale Law Journal December(2003).

Stephen M. Bainbridge, PRECOMMITMENT STRATEGIES IN CORPORATE LAW: THE CASE OF DEAD HAND AND NO HAND PILLS, Journal of Corporation Law Fall(2003).

Troy A. Paredes, THE FIRM AND THE NATURE OF CONTROL: TOWARD A THEORY OF TAKEOVER LAW, Journal of Corporation Law Fall(2003).

Dennis J. Block, Michael B. Arouh, Cadwalader, Wickersham & Taft, PUBLIC COMPANY M&A: RECENT DEVELOPMENTS IN CORPORATE CONTROL, PROTECTIVE MECHANISMS AND OTHER DEAL PROTECTION TECHNIQUES Contests for Corporate Control: Current Offensive & Defensive Strategies in M&A Transactions(2003).

Meredith M. Brown, Paul S. Bird, Debevoise & Plimpton, INTRODUCTION TO HOSTILE TAKEOVERS, Contests for Corporate Control: Current Offensive & Defensive Strategies in M&A Transactions(2003).

CHRISTIAN KIRCHNER, RICHARD W. PAINTER, *TAKEOVER DEFENSES UNDER DELAWARE LAW, THE PROPOSED THIRTEENTH EU DIRECTIVE AND THE NEW GERMAN TAKEOVER LAW: COMPARISON AND RECOMMENDATIONS FOR REFORM*, Journal of American Society of Comparative Law(2002).

경영판단과 관련된 문헌

권재열, "대법원 판례상 경영판단의 원칙에 관한 소고", 증권법연구 9권 1호, 증권법학회(2008.6.).

김준호, "형법상 경영판단의 원칙 도입론에 관한 비판적 검토", 법조 통권 636호, 법조협회(2009.9.).

문정해, "미국의 최근 판결동향에 따른 경영판단원칙의 수용가능성 검토: 경영판단원칙의 개념에 관한 사법심사의 접근방식을 중심으로", 상사법연구 27권 4호(통권 61호), 상사법학회(2009).

박명서, "경영판단의 원칙", 기업법연구 제17집, 기업법학회(2004).

박미숙, "경영판단과 배임죄의 성부" - 대법원 2005.4.29. 선고 2005도856 판결에 대한 평석 - , 형사판례연구 15호(2007.9.).

한석훈, "경영진의 손해배상책임과 경영판단 원칙", 27권 4호(통권61호) 상사법연구, 상사법학회(2009).

제4절

신창섭, "미국 반덤칭법의 WTO 내국민대우원칙의 위반 여하에 관한 연구", 『국제거래법연구』, 제8권(2000).

최승재, "중국기업법의 전개와 독점규제법의 전망", 『법제』(2004.4.).

최승재, "조약의 국내법적 효력에 관한 연구", 서울대학교 석사학위논문(2000).

三筈　裕, "外資による日本企業の買收と對應策", 企業買收めぐる　諸相ニッポン放送事件鑑定意見(2006).

神崎克朗, "企業買收の實務と法理", 商事法務研究會(1997).

R. Gilson & B. Black, "The Law and Finance of Corporate Acquisition" *Foundation Press*, 2nd ed.(2003).

John H. Jackson, "Legal Problems of International Economic Relations", 4th ed.(West Group, 2002).

James K. Jackson, "The Exon－Florio National Security Test for Foreign Investment", CRS Report for Congress(Feb. 23. 2006).

Department of the Treasury, Annual Performance Report: Performance and Accountability Report FY 2004, pt. Ⅱ(2004) at 47.

John B. Reynolds, Ⅲ, "Foreign Direct Investment in U.S. Critical Infrastructure"(2004).

Susan W. Liebeler, William H. Lash Ⅲ, "Exon－Florio, Harbinger of Economic Nationalism?", *Cato Review of Business & Government*(2006).

Department of Defense, National Industrial Security Program Operating Manual, Ch. Ⅱ, Sec.3(1995, incorporating changes through 2001).

James A. Lewis, "New Objectives for CFIUS: Foreign Ownership, Critical Infrastructure, and Communications Interception", *Federal Communications Law Journal*, Vol.57 No.3(2005).

John B Reynols, Ⅲ, "Global Crossing Decision Underscores CFIUS's Heightened Emphasis on National Security", *Wiley Rein & Fielding LLP*(April 28. 2003).

Jesse Eiseinger, "What's lost in the fuss about CNOOC's Unocal bid", *Wall Street Journal*(July 6. 2005).

Akin Gump Strauss Hauer & Feld LLP, "International Trade Alert"(May 2. 2003).

James R. Walther, "Exon－Florio Update: Congress Considering Changes in CFIUS Review Process for Foreign Acquisitions of U.S. Businesses", *Newsletter of the Committee on Negotiated Acquisitions*, Vol.　(Summer 2006).

Gardner Carton & Douglas, "International Trade and Technology Transfer Update"(Fall 2003).

OECD ROUNDTABLE "FREEDOM OF INVESTMENT NATIONAL SECURITY AND STRATEGIC INDUSTRIES", 21(June 2006).

Gordon Platter, "Heightened National Security Threaten Global M&A", *Global Finance*(May 2006).

Richard Shelby, "Takeover Makeover", *The Wall Street Journal Online*(March 29. 2006).

Dan Ikenson, "Trade Policy Analyst", *CATO INSTITUTE－CNBC: Foreign Investment Analysis* (March 21, 2006).

J.D. Rosener & G. C. Dorris, "Uncle Sam Watches Nervously: Foreign Investment in U.S. Industries", *The Journal of Corporate Accounting and Finance*, Vol. 15, Issue 12.

R. Pitofsky, "The Effect of Global Trade and United States Competition Law and Enforcement Policies", *Fordham Corporate Law Institute 26th Annual Conference on International Antitrust Law & Policy*.

Malcolm Pfunder, Daniel Plaine & Anne Marie Whittemore, "Compliance with Divestiture Orders under Section 7 of the Clayton Act: An Analysis of Relief Obtained", 17 Antitrust Bull. 19(1972).

Kenneth Elzinga, "The Antimerger Law: Pyrrhic Victories?", 12 J.L. & Econ 43(1969).

제5절

공정거래위원회, "쉽게 풀어쓴 시장개혁 3개년 로드맵"(2003).

권재열, "이중대표소송의 허부에 대한 비교법적 검토—서울고등법원 2003.8.22. 선고, 2002 나13746 판결을 대상으로 하여—",「비교사법」제11권 2호(한국비교사법학회, 2004).

권재열, "적대적 M&A에 대한 방어방법의 현실적 평가—우호적인 주주의 확보에 의한 경우를 중심으로—",「기업법연구」, 제19권 제2호(한국기업법학회, 2005).

권혁민, "MB정부 규제개혁 1년 평가, 참여정부보다 체감도 상승",「월간 전경련」통권 534호(전국경제인연합회, 2009).

김기영, "독점규제법상 부당지원행위 규제에 대한 연구", 서울대학교 대학원 법학석사학 위논문(2001.2.).

김두진, "경제력집중과 기업지배구조의 관계",「공정거래법상 경제력집중규제」(한국법제 연구원, 2006).

김두진, "공정거래법상 상호출자금지제도 및 출자총액제한제도에 관한 고찰",「경쟁법연 구」제14권(한국경쟁법학회, 2006).

김두진,「공정거래법 및 소비자관련법상 징벌적 손해배상제도 도입방안 연구」(한국법제 연구원, 2007).

김두진,「공정거래법상 경제력집중 규제 연구」(한국법제연구원, 2006).

김선구/류근관/빈기범/이상승, "출자총액제한제도의 바람직한 개선방향",「산업조직연구」 12권 1호(한국산업조직학회, 2004).

김영호, "대기업집단에 대한 공정거래법적 차원에서의 규제에 대한 재검토—출자총액제한 제도의 개선을 중심으로—",「상사법연구」제25권 제1호(한국상사법학회, 2006).

김진방, "출자총액제한제도의 이론과 현실",「경제발전연구」제13권 제1호(한국경제발전 학회, 2007).

김창수, "출자총액제한제도는 효과가 있는가?",「재무관리논총」제14권 제1호(한국재무관 리학회, 2008).

국회입법조사처,「2009 입법 및 정책 현안과제」(국회입법조사처, 2008).

박상인, "출자총액제한제도의 대안 연구—(환상형)순환출자금지를 중심으로—",「경쟁법 연구」제14권(한국경쟁법학회, 2006).

서동원, "대기업집단에 대한 규제", 공정거래와 법치(권오승 편, 2004).
송옥렬, "신주인수권부사채의 발행과 공정거래법상 부당지원행위", BFL 제10호(2005.3.)
　　　　[대법원 2004.9.24. 선고 2001두6364판결 판례평석].
이규호, "공정거래법분야에 있어 미국의 부권소송(Parens Patriae Action)에 대한 연구", 「연
　　　　세법학연구」 제15권 제1·2 통합호(연세대학교 법학연구소, 2005).
이동규, "재벌문제를 둘러싼 최근 이슈 및 쟁점", 공정거래와 법치(권오승 편, 2004).
이호영, "공정거래법상 특수관계인에 대한 부당지원행위의 규제", 행정법연구 제12호
　　　　2004.10.)[대법원 2004.9.24. 선고 2001두6364판결 판례평석].
최승재, "경영판단의 항변과 기업경영진의 배임죄의 성부", 법률신문 2004.10.21.자.
최승재, "독점규제 및 공정거래에 관한 법률 제23조 제1항 제7호상의 부당지원행위에 있
　　　　어서 부당성 판단의 고려요소", 판례연구 제19집 제1권(2004).
최승재, "상품 및 용역거래의 부당지원행위 대상 거래 여부와 우회적 지원행위 - 독점규
　　　　제 및 공정거래에관한법률 제23조 제1항 제7호의 적용범위", 기업소송연구회
　　　　(2006.3.1.), 2005(Ⅱ)[대법원 2004.3.12. 선고 2001두7220 판결 판례평석].
홍준형 외, "공정거래법상 동의명령제 도입방안에 대한 연구", 기업법연구(2007).

Jack R. Meredith et al, "Operations Mangement for MBAs" 2nd ed. John Wiley & Sons(2002)
Robert Pitofsky et al, "Antitrust Consequence of Using Corporate Subsidiaries", 43 N.Y.U. Law
　　　　Review(1968).
Phillip Areeda, "Intraenterprise Conspiracy in Decline", 97 Harvard Law Review(1983).

제6절

권순일, "정리회사의 재무구조 변경과 주주의 지위", 상사판례연구 Ⅶ권, 박영사(2007.5.).
김형두, "통합도산법상 회생절차에서의 회생계획안의 심리 및 결의"(2005).
남효순, 김재형 공편, 到産法講義, 박영사(2005).
박형준, "法定管理企業 引受·合倂(M&A)의 實務와 展望", 사법논집 제44집, 법원도서관(2008).
서울중앙지방법원, 파산사건실무연구회, 회생사건실무연구(상), (하)(2007).
서정걸, "회생계획", 서울대학교 법학전문과정(2005).
임채홍, 백창훈, 회사정리법(하)(1999).
차한성, "서울중앙지방법원의 도산사건실무"(2005).
홍성준, "도산기업의 M&A(제45기 특별연수)기업의 인수·합병의 제 문제", 제45기 특
　　　　별연수 대한변호사협회(2007).
회사정리실무(개정판), 서울지방법원(2002).

제7절

강원, "소유 지배괴리도와 기업성과에 관한 연구", Issue Paper, 삼성경제연구소(2004.5.).
공정거래위원회, "쉽게 풀어쓴 시장개혁 3개년 로드맵"(2003).
구회근, "업무상 배임죄와 경영판단원칙 – 대법원판례를 중심으로", 법조 590호, 법조협회
　　　(2005.11.).
김기영, "독점규제법상 부당지원행위 규제에 대한 연구", 서울대학교 대학원 법학석사학
　　　위논문(2001.2.).
박미숙, "경영판단과 배임죄 성부", 형사판례연구[15], 한국형사판례연구회 편, 박영사(2007).
서동원, "대기업집단에 대한 규제", 공정거래와 법치(권오승 편, 2004).
송옥렬, "企業集團 不當內部去來 規制의 法政策的 理解", 法學 제46권 제1호 통권 제
　　　134호 서울大學校 法學硏究所(2005.3).
송옥렬, "신주인수권부사채의 발행과 공정거래법상 부당지원행위", BFL 제10호(2005.3.)
　　　[대법원 2004.9.24. 선고 2001두6364판결 판례평석].
안경옥, "경영판단행위에 대한 배임죄처벌의 가능성", 심온 김일수교수화갑기념논문집 한
　　　국형법학의 새로운 지평(2006).
이경렬, "경영 판단의 과오와 업무상배임죄의 성부", 법조, 법조협회(2006.12.).
이동규, "재벌문제를 둘러싼 최근 이슈 및 쟁점", 공정거래와 법치(권오승 편, 2004).
이상돈, "경영실패와 경영진의 형사책임", 법조 560호, 법조협회(2003.5.).
이규훈, "업무상 배임죄와 경영판단", 형사판례연구13권(2004).
이선희, "계열회사를 위한 차별적 취급", 대법원판례해설 2004년 하반기(통권 제52호) 법
　　　원도서관(2004).
이정민. "경영판단원칙과 업무상 배임죄" 형사정책연구 18권 4호(72호. 2007. 겨울호) 한
　　　국형사정책연구원(2007.12.) 160면).
이호영, "공정거래법상 특수관계인에 대한 부당지원행위의 규제", 행정법연구 제12호
　　　(2004.10.)[대법원 2004.9.24. 선고 2001두6364판결 판례평석].
정진세, "理事의 法令 違反으로 인한 會社에 대한 責任", 상장협연구, 제59호(2009.4.).
조국, "기업범죄 통제에 있어서 형법의 역할과 한계", 한국형사법학회 창립50주년 기념
　　　학술대회 자료집(2007.6.22.).
조기영, "배임죄의 제한해석과 경영판단원칙", 형사법연구 30(2007. 봄).
조성봉, "경제력집중 억제정책과 경쟁정책의 모순(설계지향적 공정거래법과 시장경제질
　　　서)", 한국경제연구원(2006.1.10.).
최승재, "경영판단의 항변과 기업경영진의 배임죄의 성부", 법률신문 3308호 2004.10.21.자.
최승재, "獨占規制 및 公正去來에 관한 法律 제23조 제1항 제7호상의 不當支援行爲에
　　　있어서 不當性 判斷의 考慮要所" 판례연구 제19집 제1권(2004).
최승재, 부당지원행위규정 개정론, 경쟁법연구 시리즈 3권(2008).

최승재, "상품 및 용역거래의 부당지원행위 대상 거래 여부와 우회적 지원행위 - 독점규제 및 공정거래에관한법률 제23조 제1항 제7호의 적용범위", 기업소송연구2005(Ⅱ), 기업소송연구회(2006.3.1.)[대법원 2004.3.12. 선고 2001두7220 판결 판례평석].

최충규, "출자총액규제의 근거와 소유지배(지배괴리지표에 대한 비판적 고찰)" 규제연구 제14권 제1호(2005.6.).

홍준형 외, "공정거래법상 동의명령제 도입방안에 대한 연구", 기업법연구(2007).

David J. Brown, *When Opportunity Knocks: An Analysis of The Brudney and Clack and ALI Principles of Corporate Governance Proposals for Deciding Corporate Opportunity Claims*, J. of Corporate Law 259(1986).

Jack R. Meredith et al, *Operations Management for MBAs*, 2nd ed. John Wiley & Sons(2002).

James D. Cox & Thomas Lee Hazen, *Corporation*, Aspen Publishers, 2nd ed(2002).

John C. Coffee, Jr. et al, *Cases and Materials on Corporation*, Aspen Publisher(2004).

John C. Coffee, Jr. *Beyond the Shut − Eyed Sentry: Toward a Theoretical View of Corporate Misconduct and An Effective Legal Response*, 63 VA. L. REV. 1099. 1218(1977).

Michael C. Jensen, *Takeovers and the Business Judgment Rule; PROCEEDINGS OF CORPORATE GOVERNANCE: A DEFINITIVE EXPLORATION OF THE ISSUES*, C.J. Huizenga, ed., UCLA Extension(1983).

Stout, Lynn A., *In Praise of Procedure: An Economic and Behavioral Defense of Smith V. Van Gorkom and the Business Judgment Rule*(September 27, 2001). UCLA, School of Law Research Paper No. 01 − 21.

Patrick J. Ryan, *Strange Bedfellows: Corporate Fiduciaries and the General law Compliance Obligation in Section 2.01(a) of American law Institute's Principles of Corporate Governance*, 66 WASH. L. REV. 413(1991).

Phillip Areeda, *Intra − enterprise Conspiracy in Decline*, 97 Harvard Law Review(1983).

Richard A. Booth, *Fiduciary Duty, Contract and Waiver in Partnership and Limited Liability Corporation*, 1 J. Small & Emerging Bus, L. 56(1997).

Robert H. Lande, *Wealth Transfers as the Original and Primary Concern of Antitrust: The Efficiency Interpretation Challenged*, 34 HASTINGS L.J. 65(1982).

Robert Pitofsky et al, *Antitrust Consequence of Using Corporate Subsidiaries*, 43 N.Y.U. Law Review(1968).

Scott Fitz Gibbon, *Fiduciary Relationships Are Not Contracts*, 82 Marq. L Rev., 303(1999).

제8절

권재열, "이중대표소송의 허부에 대한 비교법적 검토", 비교사법 제11권 제2호(2004).
김대연, "지배종속회사에서의 대표소송", 상사법연구 제19집 제2호(2000).
김재범, "이중대표소송제도의 도입", 상사법연구 제25권 4호(2007).
김재형·최장현, "이중대표소송의 인정근거", 상법판례연구 제15집(2003).
김정호, "이중대표소송에 관한 연구", 경영법률 제17집 제1호(2006).
김홍기, "주주대표소송 판례의 동향과 그 연구", 「법학연구」 제48권 제1호(부산대학교)(2007).
손영화, "미국법상 이중대표소송의 도입가능성에 관한 연구", 법과정책연구 제5집 제1호(2005).

송옥렬, "현행 상법상 이중대표소송의 허용여부—대법원 2004.9.23. 선고 2003다49221판
　　　결—", 「민사판례연구」 제28권(민사판례연구회, 2006).
배도, "이중대표소송의 도입에 관한 연구", 숭실대학교 박사학위논문(2005).
유진희, "기업결합에 관한 회사법 규정", 서강법학연구 제1권(1999).
이동원, "이중대표소송의 허부", 대법원판례해설(2004 하반기 제51호).
전삼현, "이중대표소송에 관한 소고", 경영법률 제17집 1호 상권(2006).
최완진, "이중대표소송에 대한 법적 고찰", 경영법률 제18집 2호(2008).
최준선, "이중대표소송제도의 입법론에 대한 검토", 성균관법학 제18권 제3호(2006).

제9절

김진방, "순환출자의 현황과 배경, 개선 필요성"(2005).
김진방, "재벌의 소유구조", 도서출판 나남(2006).
임영재·전성인, "환상형 순환출자 규율의 도입방안", KDI 정책포럼, 170호(2006-02).
전삼현, "순환출자금지법안에 관한 법리 검토", 규제연구 제15권 제2호(2006).
최준선, 회사법, 삼영사(2008).
홍명수, "대기업집단정책의 운용성과 평가와 향후 정책방향", 공정거래위원회 창립 25주
　　　년 기념 학술심포지엄 자료집(2006).
고동수 외, 출자총액제한제도 폐지 이후의 대안연구(2006).

Coffee, John, "Do Norms Matter? A Cross Country Examination of Private Benefits of Control",
　　　Columbia University Law School Working Paper(2001).
Jensen, Michael C. and William H. Meckling, "Theory of the Firm: Mangerial Behavior,
　　　Agency Costs and Ownership Structure", Journal of Financial Economics(1976).
La Porta, Rafael, Florencio Lopez-de-Silanes, Andrei Shleifer and Robert Vishny, "Legal
　　　Determinants of External Finance", Journal of Finance(1997).

La Porta, Rafael, Florencio Lopez－de－Silanes, Andrei Shleifer, "Corporate Ownership around the World" Journal of Finance(1999).

Lemmon, Michael and Karl Linds, "Ownership Structure, Corporate Governance and Firm Value: Evidence from the eastern Financial Crisis" Journal of Finance(2001).

제2장 기업재무와 법

제1절

Chris Arnold, "Economists Brace for Worsening Subprime Crisis"(August 7, 2007).

Christopher L. Peterson, "Predatory Structured Finance", Cardozo Law Review, Vol 28 No. 5(2007).

Fischel, "The Economics of Lender Liability", 99 Yale L.J. 131(1989).

Jonathan L. Entin & Shadya Y. Yazback, "City Governments and Predatory Lednding", 34 Fordham URB. L. J. 757(2007).

Lewis D. Lowenfels et al, "Suitability In Securities Transactions", 54 Business Lawyer 1557(August 1999).

Rene Stulz, "Risk management & Derivatives", Thomson: South Western(2003).

Richard E. Gottlieb & Andrew J. McGuinness, "When Bad Things Happen to Good Cities: Are Lenders to Blame?", Business Law Today, July/August, 2008.

Robert Stark, "Viewing the LTV Steel ABS Opinion in its Proper Context", 27 Iowa J. Corp. L. 211(2002).

Thacher Proffitt, "Common Terms in Structured Finance", 3rd edition(2007.11.).

Thomas Schopflocher et al, "The Subprime Mortgage Meltdown" A primer June 21, 2007 PLI Corporate Law and Practice Course Handbook Series(2007).

강종만, "서브프라임 모기지 부실사태의 교훈과 향후과제", 주간금융브리프 제17권 제12호(2008.3.).

강재형, "선물거래에 있어서의 적합성 원칙" 법학연구 제15권 2호, 경상대학교 법학연구소(2007).

강종만, "미국 서브프라임 모기지의 부실현황 및 국내 금융시장에 미치는 영향 평가", 주간금융브리프 제16권 제6호(2007.4.).

김건식·이중기, "금융자산의 증권화", 상사법연구, 한국상사법학회 17권 2호(1998. 10.).

김득갑 외, "서브프라임 사태와 세계경제의 향방", CEO Information, 2007.10.10.(제624호).

김민석·빈기범, "서브프라임 사태의 금융시장 파급경로 분석 및 정책적 시사점", 이슈페이퍼[07 – 04], 증권연구원, 2007.12.

박현수, "미국가계의 부채구조변화와 시사점", 삼성경제연구소 Issue Paper(2008.9.9.).

삼성경제연구소, "서브프라임 파장과 세계경제불안", SERI 경제 포커스, 제178호(삼성경제연구소, 2008.1.28.).

삼성증권, "아! 리먼브라더스", 삼성증권 시황 spot, 2008.9.16.

서규석·박선종, "증권투자권유에 있어서 적합성 원칙", 법학연구 전북대학교 법학연구소(2002).

손영화, "증권법상 적합성 원칙의 보험상품의 판매권유에 대한 적용", 증권법연구 제8권 제1호(2007).

심영, "대출자책임(Lender Liability) – 미국과 영국을 중심으로", 증권법연구 제4권 제2호(2003).

양기진, "미국 서브프라임 파장의 원인분석 및 우리 법에 대한 시사점", 증권법학회, 2008.2.23. 발표문.

에가와 유키오, "21세기 경제괴물 서브프라임의 복수", 선암사(2008.4.).

이미현, "자산유동화와 진정매매", 법조(2003).

이중기, "법 집행을 부드럽게: '상세한 규정에 기한 규제'에서 '원칙에 기한 규제'로", 증권법연구 제8권 제1호(2007).

이중희, "서브프라임 모기지 시장의 성장과 위기, 그리고 한국의 주택담보대출시장 상황", 주택금융월보 한국주택금융공사(2007.3.).

자산유동화실무연구회, "금융혁명 ABS", 한국경제신문사(1999).

최승재, "금융소비자보호법제 – 행태적 편향과 자기 책임원칙의 조화", 증권법학회 발표문(2007.12.).

최승재, "은행 및 금융지주회사의 소유지배구조에 대한 연구", 증권법연구 제9권 제

홍은주, "부실채권정리", 삼성경제연구소(2003.8.).

제2절

김용재, "독일 금융산업에서의 겸업주의의 최근 동향", 비교사법, 한국비교사법학회(2006).

______, "銀行株式 所有規制에 관한 一考", 기업법연구, 한국기업법학회(2006).

______, "겸업주의와 금융그룹의 설립방식에 관한 고찰 – 지주회사 방식과 자회사 방식의 비교", 상사법연구 제19권 제3호, 상사법학회(2001).

이원우, "금융행정의 새로운 패러다임의 가능성과 타탕성"(김건식 · 정순섭 편, "새로운 금융법체제의 모색", 小花, BFL 총서 권2, 서울대학교 금융법센터 中).

이중기, "금융업 진입규제의 새로운 발전방향" 위 같은 책 수록 논문.

정순섭, "자본시장통합법의 구조와 내용", 위 같은 책 수록 논문.

정찬형, 도제문, "은행법", 박영사(2005).

______, "금융감독제도", 금융감독원(2004.11.).

______, 일본 · 영국 · 독일의 은행법, 한국은행 은행감독원 刊(1994).

최승재, "기업지배구조와 적대적 기업인수 방어수단의 도입에 관한 연구", 동북아법 제1권 제1호(2007).

최승재, "한국판 엑슨 – 플로리어법 제정에 대한 연구", 증권법학회(2006.12.).

한국증권법학회, '상법개정연구보고서'(2006.6.).

Christopher Hale, "ADDRESSING THE INCENTIVE FOR EXPROPRIATION WITHIN BUSINESS GROUPS: THE CASE OF THE KOREAN CHAEBOL", 30 Fordham Int'l L.J. 1 December(2006).

Sarah Gale, "EC Law", 3rd edition, Butterworths LexisNexis(2002).

Michael P. Malloy, "Nothing to Fear But FIRREA Itself: Revising and Reshaping the Enforcement Process of Federal Bank Regulation", 50 Ohio St. L.J. 1117, 1118(1989).

Peter C. Hayward, "Prospects for International Cooperation by Bank Supervisors", 24 Int'l Law. 787, 799(1990).

Donald R. Fraser & James W. Kolari, "The Future of Small Banks in a Deregulated Environment" 10 Int'l Law. 254(1985).

James R. Barth, et al, "Commercial banking Structure, regulation, and Performance: An International Comparison", office of the Comptroller of the Currency Economics Working Paper, Feb(1997).

Carl Felsenfeld, "THE BANK HOLDING COMPANY ACT: HAS IT LIVED ITS LIFE?", Villanova Law Review, 38 Vill. L. Rev. 2(1998).

European Central Bank, "Report on EU Bank Structure"(2004.11.).

Heitor Almeida & Daniel Wolfenzon, A Theory of Pyramidal Ownership and Family Business Groups, 61 J. Fin.(forthcoming Dec. 2006).

Carl Felsenfeld, THE BANK HOLDING COMPANY ACT: HAS IT LIVED ITS LIFE?, 38 Vill.L.Rev. 2.

Rita Biswas, Horst Löchel, "Recent Trends in U.S. and German Banking; Convergence or Divergence", Hochschule für Bankwirtschaft/HFB No. 29(2001).

제3절

고재종, "애널리스트의 중립성 확보 및 그 실태에 관한 법적 고찰", 증권법학회 2008.10. 정기세미나 발표문.

권오승, "경제법(제6판)", 법문사(2008).

김성천, "소비자보호법상의 소비자개념에 관한 연구", 경제법연구 제4권 1호(2005).

도모노 노리노, 이명희 譯, '행동경제학 – 경제를 움직이는 인간 심리의 모든 것', 도서출판 지형 刊(2007).

배성호, "일본의 소비자계약법", 비교사법 제8권 제1호(상)(통권 제14호)(2001).

서규석·박선종, "증권투자권유에 있어서 적합성 원칙", 법학연구 전북대학교 법학연구(2002).

손영화, "증권법상 적합성 원칙의 보험상품의 판매권유에 대한 적용", 증권법연구 제8권 제1호(2007).

신현윤, "경제법", 법문사(2006).

안수현, "(가칭)자본시장통합법과 소비자보호법의 접점 – '금융소비자' 보호방안의 모색", 증권법학회, 발표문 및 증권법연구 제7권 제2호(2006.5.27.).

이경미, "자본시장 통합법(안)상의 투자자 보호", 기업법연구 21권 2호(통권 29호)(2007).

이봉의, "경쟁법상 소비자이익과 전기통신사업법상 이용자 이익관련 주요 쟁점: 통신소비자법제의 새로운 체계와 전망", SK 공정경쟁포럼 경쟁과 정책(2007.11.8.).

이형기, "證券去來와 投資者保護", 商事法研究 20권 1호, 韓國商事法學會(2001.5.).

윤정혜, "소비자주권시대의 소비자정책의 방향과 기업의 역할", SK 공정경쟁포럼 경쟁과 정책(2007.11.8.).

정순섭·심영, "금융산업의 환경 변화와 법적 대응 – 영국의 개혁법을 중심으로", 서울대학교 법학 제44권 제1호.

정순섭, "자본시장통합법의 구조와 내용", 새로운 금융법 체제의 모색 BFL 총서 권2, 서울대학교 금융법센터 刊(2006).

정종휴, "일본의 소비자계약법에 관한 연구", 「소비자문제연구」, 제24호, 한국소비자보호원(2001.6.).

정호열, "경제법", 박영사(2008).

최승재, "구조화 금융과 서브프라임 금융위기의 전개에 대한 연구", 상장협연구 제58호 한국상장회사협의회(2008).

최원진, "자본시장과 금융투자업에 관한 법률 제정안 설명자료", 2006.9. 재정경제부설명자료 증권법학회 2006년 추계 특별세미나.

Richard A. Posner, "Economic Analysis of Law", Aspen Publisher(5th ed, 1998).

Bar – Gill, Oren & Richard A. Epstein, "Consumer Contracts: Behavioral Economics vs. Neoclassical Economics", NYU Law & Economics Research Paper No. 07 – 17(2007).

N. Gregory Mankiw, "Principle of Economics" 3rd edition, Thomson(2004).

Adam Smith, "The Wealth of Nations", Bantam Books reprinted in 2003.

제4절

박선종, 박진순 변호사의 발표에 대한 증권법학회토론문. 2009.5.23.자.

박의호, "KIKO 관련 법적 쟁점의 정리", 은행법학회 2009.1. 발표문.

박진순, "키코 소송의 법률적 쟁점", 증권법학회 2009.5.23.자 발표문.

백태승, "키코(KIKO) 가처분 결정의 문제점", 법률신문 2009.03.16.자 제3730호.

심희정, "KIKO관련 하급심 결정의 분석(거래법상 쟁점)", 금융법학회, 2009.5.9. 발표문.

최승재, "금융시장에서의 투자자의 행동양태와 투자자보호 규범에 대한 연구 – 행동경제학적 관점을 중심으로", 증권법연구 2008.12.(2008)

Robert Cooter & Thomas Ulen, *Law and Economics,* 3rd ed.(2000).

제5절

김건식,『증권거래법』, 두성사, 2006.

김건식·정순섭,『자본시장법』, 두성사, 2009.

김민교, "구 증권거래법상의 위계 및 자본시장법의 부정거래행위 규정에 대한 연구,"『KRX market』, 제53호, 2009. 7.

김병연, "미국 증권법상'Scheme Liability'에 관한 연구,"『기업법연구』, 제23권 제1호(통권 제36호), 2009.

김병연, "미국 판례법상 시장사기이론(The Fraud-on-the-market theory)과 증권거래법상 損害賠償責任에 있어서 因果關係의 문제,"『비교사법』, 제11권 제1호, 2004. 3.

김상철, "단기매매차익 반환청구의 성립요건에 관한 연구: 자본시장과 금융투자업에 관한 법률의 시행에 따른 내용을 중심으로,"서울대학교 법학석사학위논문, 2009.

김순석, "자본시장과 금융투자업에 관한 법률상 불공정거래의 규제,"『인권과 정의』, 제389호, 2009. 1.

김용진,『자본시장제도론』, 율곡출판사, 2007.

김정수, "시세조종규제의 이론과 실제,"증권거래소,『주식』, 2001. 7.

김정수,『증권법원론』, 박영사, 2002.

노태악, "최근 판례에 나타난 내부자거래 규제의 법리,"『BFL』, 제25호 서울대학교 금융법센터, 2007. 9.

박삼철, "증권거래법상의 내부자거래규제에 관한 연구(제188조의2를 중심으로),"고려대학교 석사학위논문, 1998.

성희활, "사기적 부정거래에서 위계의 적용 문제,"『증권법연구』, 제8권 제1호, 2007.

윤승한,『미국 증권법강의』, 삼일인포마인, 2004.

이동식, "독일의 일반규정을 통한 조세회피행위 방지,"『공법연구』, 제31집 제4호, 2001.

임재연,『미국 증권법』, 박영사, 2009.

임재연,『증권거래법』, 박영사, 2004.

Heinz-Dieter Assmann, Uwe H. Schneider, *Wertpapierhandelsgesetz- Kommentar*, 3. Auflage, Verlag Dr. Otto Schmidt, Köln, 2003.

John C. Coffee, Joel Seligman, Hillary Sale, *Securities Regulation Cases and Materials*, 10th ed., Thomson-West, 2007.

Louis Loss & Joel Seligman, *Fundamentals of Securities Regulation*, 5th ed., Aspen, 2004.

Richard A. Booth,"The Missing Link Between Insider Trading and Securities Fraud," 2007.

Thomas Lee Hazen et al., *Securities Regulation: Cases and Materials*, 6th ed., Thomson-West, 2004.

Klaus Tipke, Roamn Seer & Joachim Lang, *Steuerrecht*, 18. völlig überarbeitete Auflage Verlag Dr. Otto Schmidt, Köln, 2005.

제6절

기초가 된 문헌.
최승재, "주식매수선택권제도의 운용 실제와 문제점", 법조 51권 9호(통권 552호)(2002.9.) 144-180면.

보완을 위하여 참고한 문헌.
권오승, "상법상 주식매수선택권의 재임요건에 관한 연구", 변호사, 35집, 서울지방변호사회(2005).
심경, "주식매수선택권(Stock Option)의 과세문제", 조세법실무연구(조세법커뮤니티 연구자료집) 제115집 법원도서관(2008).
윤지현, "자회사의 임직원이 외국법인인 모회사로부터 받은 주식매수선택권과 관련된 소득과세의 방법", 서울대학교 법학 49권 4호(149호), 서울대학교 법학연구소(2008).
윤현석, "주식매수선택권의 부여 및 행사에 관한 법적 문제", 증권법연구 제5권 제2호 사단법인 한국증권법학회(2004.12.).
이기수, 최병규, 조지현, 회사법[상법강의 Ⅱ] 제8판, 박영사(2009).
이규철, "외국 자회사의 국내 지점에 근무하는 사람이 외국 모회사로부터 받은 주식매수선택권 행사이익이 근로소득에 해당한다고 본 사례 - 2007.10.25. 선고 2007두1941 판결 -" 대법원판례해설 73호(2007 하반기) 법원도서관(2008.7.).

제7절

김진희·정재욱, "기업의 재무적 특성이 조세회피행위에 미치는 영향", 세무학연구 제2권 제4호(2006).
문근나, 외국자본 투자이익에 대한 과세 체제의 문제점과 새로운 정책 방향: 론스타 사례 분석, 부경대학교 경영대학원(2007).
성종훈, 파생금융상품 과세에 관한 연구: 엔화스왑예금 거래의 과세를 중심으로, 서울시립대학교 석사학위논문(2009).
안종석·홍범교, 조세조약 남용에 대한 대응방안 연구, 한국조세연구원(2006).
안종석·안경봉·오윤, 공격적 조세회피(ATP)에 대한 대응방안 연구, 한국조세연구원(2007).
양철웅, 실질과세원칙의 적용에 관한 연구: 조세회피행위를 중심으로, 경희대학교 국제법무대학원(2008).
이태로, 안경봉, 조세법 강의, 박영사(2002).
임승순, 조세법, 박영사(2005).
최명근, 세법학 총론, 세경사(2005).
최용환, 조세피난처를 이용한 국제조세회피에 대한 국내외의 과세실무 및 대응방안에 관한 연구: 각국의 과세실무 및 조세피난처대책세제의 개선방안을 중심으로, 연세대학교 석사학위논문(2009).

홍영복, 세법상 일반적 조세회피규정 도입의 타당성에 관한 연구: 국세기준법 개정안 제
    14조 제3항을 중심으로, 서울시립대학교 석사학위논문(2008).

金子宏, 租稅法, 弘文堂, 東京(2005).

Klaus Tipke, Joachim Lang, *Steuerrecht*, 18 völlig überarbeitete Auflage, Dr. Otto Schmidt(2005).

Daniel S. Nagian, James B. Bebitzer et al, "Monitoring, Motivation, and Management; The Determinants
    of Opportunistic Behavior in a Field Experiment", American Economic Review September(2002).

제8절

기초가 된 문헌
최승재, "부당행위 계산의 부인과 관련된 경제적 합리성의 판단을 중심으로 한 '판례'와
    '결정적선결례(compelling case)의 구분에 대한 소고" 법조 제54권 제3호 통권 182
    호(2005. 3)

보완을 위하여 참고한 문헌
김정석, 세법상 특수관계자 범위에 관한 연구: 부당행위계산 부인규정과 이전가격세제의
    비교를 중심으로, 강남대학교 석사학위논문(2009).

찾아보기

1. 사항색인

(ㄱ)

(ㅂ)

반농단법 ; 626, 643~645
방위책지침 ; 97, 98
배심원 선정절차(voir dire) ; 609
밴드웨건효과(bandwagon effect) ; 479
뱅크 런(bank run) ; 388, 405
버냉키(Ben S, Bernanke) ; 350
벌(Berle) ; 36
법원재구성계획(Court Repackaging plan) ; 391
베어스턴스 ; 201, 352, 357, 359, 360, 362, 366, 368, 373
벤처기업육성에관한특별조치법 ; 55, 531, 532, 549
보통법(common law) ; 36, 334
보호의무 ; 474, 478, 487
복수의결권주식 ; 102
부당지원행위 ; 227~231, 233,~235, 242, ~245, 247, 250~257, 259, 260, 262, 263~265, 268~270, 274, 319, 545, 652, 654
부당행위계산 부인 ; 258, 589, 602, 603, 610, 611, 615, 616, 618, 619, 622
부동산투자신탁(REIT) ; 368
부수적 주의의무 ; 478
부외부채(off-balance liability) ; 212
부의 효과(wealth effect) ; 347
부진정소급입법 ; 321
부채대자본비율(debt-to-equity ratio) ; 132
분사(spin off) ; 545
분산(variance) ; 479
분할합병 ; 147~149
브라운 운동 ; 323
브레튼 우즈 체제 ; 336
브리지 론(bridge loan) ; 393
비범죄화(decriminalization) ; 247

(ㅅ)

사건 분석(event study) ; 450
사내 변호사 ; 42, 78, 79, 648
사모CMO(private Collateralized Mortgage Obligations) ; 344
사모펀드투자회사(PEF: Private Equity Fund) ; 434
사실상 이사 ; 67, 261, 281
사업범위 기준(line of business test) ; 300
사업설명서(prospectus) ; 381
사외이사 ; 35, 37, 39~60, 62~64, 66, 67, 68, 74, 79, 89, 107, 110, 543, 549, 550, 552, 560
사외이사후보추천위원회 ; 44~46, 50, 51, 56
사후적 고찰 편향 ; 69, 70, 452
사후적 고찰편향 ; 124, 138
사후적인 개입(ex post intervention) ; 487
상관행 ; 603, 607, 615, 617, 618, 623
상업은행 ; 330, 356, 360, 361, 381, 382, 385~387, 392, 396, 397, 409
상장폐지 ; 87, 134
상호출자(Cross-shareholding) ; 313
상호출자제한기업집단 ; 305, 306, 317, 418
서브프라임 모기지(Subprime Mortgage) ; 330
선관주의의무 ; 110, 116, 122, 129, 130, 282, 291, 299, 303, 452
선도거래(forward transaction) ; 337
선물(future) ; 337
설계상 결함(design defect) ; 481
설명의무 ; 368, 464, 467, 468, 474, 475, 477, 478, 481, 486~490
성과연동형 보상체계 ; 57
세계결제은행(Bank of International Settlement) ; 202
세무조정 ; 612
소수주주 ; 60, 144, 216, 238, 259, 261, 278, 309
순환출자 ; 304~307, 310, 313~320, 322, 323, 407, 656
스무트-홀리 관세법(Smoot-Hawley Tariff Act) ; 202
스왑(swap) ; 337
시스템 리스크(systemic risk) ; 404
시장 조작(market manipulation) ; 445
시장위험(market risk) ; 353, 395, 481
신용파생상품(Credit Linked Derivatives) ; 337
신용평가기관(Credit Rating Agency) ; 373
신의성실의 원칙 ; 577~584, 586, 588
신인의무 ; 122, 134
신주예약권 ; 98, 101~103, 109, 111, 113,

(ㅊ)

2. 판례색인

[국내판례]

대법원 1995.11.7. 선고 95누10525 판결 ; 588
대법원 1995.5.26. 선고 94누15325 판결 ; 609
대법원 1996.3.22. 선고 95누15261 판결 ; 590
대법원 1996.7.26. 선고 95누8751 판결 ; 602~604, 618
대법원 1996.8.23. 선고 94다38199 판결 ; 475
대법원 1996.9.10. 선고 95누7239 판결 ; 588
대법원 1997.10.14. 선고 97누9253 판결 ; 541
대법원 1997.11.4. 선고 97누195 판결 ; 612
대법원 1997.3.20. 선고 95누18383 전원합의체 판결 ; 576
대법원 1997.3.20. 선고 95누18383 판결 ; 588
대법원 1997.5.16. 선고 96누150 판결 ; 253
대법원 1997.7.22. 선고 96누18038 판결 ; 609
대법원 1998.7.24. 선고 97누19229 판결 ; 603
대법원 1999.11.26. 선고 98두17968 판결 ; 577
대법원 1999.2.24. 97다38930 판결 ; 554
대법원 2000.11.24. 선고 99도822 판결 ; 135, 136
대법원 2001.10.23. 선고 99두3423 판결 ; 612
대법원 2001.4.27. 선고 99다17319 판결 ; 577
대법원 2002.1.8. 선고 2001다62251, 62268 판결 ; 43
대법원 2002.6.14. 선고 2001다52407 판결 ; 128, 130
대법원 2002.6.28. 선고 2000두6244 판결 ; 614
대법원 2002.9.4. 선고 2001두7268 판결 ; 623
대법원 2003.2.11. 선고 2002도5679 판결 ; 136
대법원 2004.10.14. 선고 2001두2881 판결 ; 250, 255
대법원 2004.10.14. 선고 2001두2935판결 ; 246, 251
대법원 2004.10.28. 선고 2002도3131 판결 ; 137
대법원 2004.11.12. 선고 2001두2034 판결 ; 247, 257
대법원 2004.12.10. 선고 2002다60467, 60474 판결 ; 130
대법원 2004.2.13. 선고 2002두11479 판결 ; 620
대법원 2004.3.12. 선고 2001두7220 판결 ; 255, 256, 653, 654
대법원 2004.4.9. 선고 2001두6197 판결 ; 250, 254, 264
대법원 2004.5.14. 선고 2001도4857 판결 ; 135, 136
대법원 2004.5.14. 선고 2003두 3468 판결 ; 590
대법원 2004.6.24.선고 2004도520 판결 ; 120
대법원 2004.7.22. 선고 2002도4229 판결 ; 118, 127, 262
대법원 2004.8.30. 선고 2003다25973 판결 ; 145
대법원 2004.9.23. 선고 2002두1588 판결 ; 603
대법원 2004.9.24. 선고 2001두6364 판결 ; 250, 652~654
대법원 2004.9.28. 선고 2002두1588 판결 ; 620
대법원 2004.9.30. 선고 2003다49221 판결 ; 275, 276
대법원 2005.6.15.자 2004그84 결정 ; 204, 205, 224, 225
대법원 2005.7.15. 선고 2004다34929 판결 ; 120, 128
대법원 2006.1.26 선고 2005두6300 판결 ; 570, 575
대법원 2006.11.9. 선고 2004도7027 판결 ; 131, 135, 137
대법원 2006.12.22. 선고 2004두1483 판결 ; 247, 257

[외국판례]

최승재

▌학 력

서울대학교 학사, 석사, 박사(법학 박사)
서울시립대학교 세무대학원 박사과정 수료
미국 Columbia Law School 졸업(LL.M)
Sejong-Syracuse MBA program(MBA)

▌경 력

현재) 대법원 재판연구관
현재) 경북대학교 법학전문대학원 교수
현재) 공정거래위원회 경쟁정책자문위원
현재) 대한변호사협회 법제위원
前) 법무법인 바른 변호사(파트너 대우)
前) 한국 마이크로소프트 변호사(공정거래 및 특허담당임원)
前) 삼성 에스디아이 선임변호사(법무총괄)

▌저서 및 논문

저서(단행본)

IT 기술과 법. I, 홍익대학교 출판부, 2007(2008.8. 개정)
IT 기술과 법. II(경쟁전략과 법), 한국학술정보㈜ 2009.5.
미국대법관이야기 1권 및 2권, 경북대학교 출판부, 2009.5.
民事訴訟法의 理論과 實際, 한빛지적소유권 센터, 1999

논문
[기업법, 금융법 및 세법 관련]

"미국에서 서브프라임모기지 관련 소송의 전개와 전망", 2009.12. 증권법연구 제10권 2호 (2009)[등재]
"회사내 내부통제기관의 재구성과 대안적 설계", 상사판례연구 제22집 제3권 (2009)[등재]
"부권주의 규제의 극복과 글로벌스텐다드", 경영법률, 경영법률학회 (2009.10)[등재]
"금융시장에서의 금융소비자의 행동양태를 고려한 투자자보호규범의 설계에 대한 연구 - 소위 행동경제학적 관점을 반영하여", 증권법연구 제9권 제2호 (2008.12.) [등재]
"구조화금융과 서브프라임금융위기의 전개에 대한 연구", 상장협연구 제58호 (2008. 10.)
"은행 및 금융지주회사의 소유지배구조에 대한 연구 -미국 및 독일에서의 역사적인 전개 및 입법론을 포함하여", 증권법연구, 증권법학회 (2008. 6.)[등재]
"원천징수제도의 유인구조와 적용범위의 재설계", 변호사지 제38호, 서울지방변호사회 (2008. 1.)
"기업지배구조와 적대적 기업인수 방어수단의 도입에 관한 연구", 동북아법연구 제1권 제1호, 홍익대학교 동북아법 연구센터, (2007.10.)
"분식회계와 실질과세의 원칙, 신의성실원칙", 판례연구 21집(1), 서울지방변호사회 (2007.9)
"한국판 '엑슨-플로리어법' 제정에 대한 연구-입법론을 중심으로", 증권법연구 제7권 제2호, 증권법학회 (2006.12.) [등재]
"집행임원제도의 도입과 상법상 기업지배구조에 미치는 영향에 대한 검토", 기업지배구조연구, 한국기업지배구조개선센터 (2006. 5. 15.)
"집행임원의 지위에 대한 연구-상법개정과 관련하여", 판례연구 20집(2), 서울지방변호사회 (2006.10.25.)
"사외이사제도의 실제와 집행임원제도 도입에 대한 연구", 증권법연구 제7권 제1호, 증권법학회(2006.6.) [등재]
"정리회사의 재무구조 변경과 주주의 지위 - 대법원 2005.6.15. 선고 2004그84결정", 기업소송연구, 기업소송연구회(2006.3.3.)

“不當行爲計算 否認과 關聯된 經濟的 合理性의 判斷을 中心으로 한 ‘判例’와 ‘決定的 先決例(Compelling Case)’의 區分에 대한 小考”, 法曹, 法務部 (2005. 3.) [등재]
Comparative Study on the Depositary Insurance between KDIC and FDIC, Columbia Law School(Parker Achievement Award: unpublished)(2004.5.)
“中國企業法의 展開와 獨占規制法에 대한 展望”, 法制, 法制處 (2004.4.)
“株式買受選擇權 運用의 實務와 問題點”, 法曹, 法務部 (2002.9.1.) [등재]

[공정거래법 관련]

“지적재산권 라이선스 거절의 규율과 필수설비 판단기준”, 법학논고 제30집, 경북대학교 법학연구소 刊, (2009.6.30.)[등재후보]
“특허권남용법리의 역사적 전개와 독점금지법”, 문화미디어엔터테인먼트법 제3권 제1호 (2009.4.30.)
“온라인 서비스 업체들의 행태적 마케팅과 소비자보호-미국의 소비자 개인정보의 보호법제에 대한 논의를 중심으로”, 소비자문제연구 제35호 (2009.4.) [등재후보]
“특허권의 시장지배력 추정에 관한 연구, 상사판례연구 제22집 제1권, 한국상사판례학회 (2009.3.31.) [학진등재]
“양면시장이론과 한국 경쟁법상 역할에 대한 연구-구글의 더블클릭 인수사건을 포함하여”, 경쟁법연구 제17권 (2008.5.) [등재후보]
“시장지배적 사업자의 거래거절 행위의 부당성 판단기준”, 판례연구, 서울지방변호사회 제22권 제1호 (2008.8)
“네트워크중립성에 대한 연구-브로드밴드 망을 중심으로”, 서울대학교 법학, 서울대학교 법과대학 (2008. 6.) [등재후보]
“통신산업에서의 표준화와 지적재산권과 경쟁법의 조화”, 법조, (2008. 6.) [등재지]
“경쟁법 사건에서의 전문가증인의 역할과 한계에 대한 연구-IT 산업의 특성에 이에 대한 사법적 고려”, 한양법학, 한양대학교 법과대학 (2008. 3.) [등재후보]
“마이크로소프트 유럽공동체 사건 판결에 대한 연구”, 정보법연구, 정보법학회, (2008.1.) [등재후보]
“지적재산권법과 경쟁법 간의 조화와 균형에 대한 연구- 상호운용성, 표준 및 라이선스 전략의 예를 중심으로”, 경쟁법연구, 경쟁법학회 (2008.1.) [등재후보]
“의무전송(Must carry)조항, 네트웍 중립성, 통신규제의 특성”, 변호사 제37집, 서울지방변호사회 (2007.1.)
“경쟁법의 운용과 기술혁신의 관계에 대한 연구”, 경쟁저널 제128호, 한국공정경쟁연합회 (2006.9.)
“행정지도를 따른 행위와 부당한 공동행위의 추정의 복멸-대법원 2005.1.28. 선고 2002두12052판결”, 기업소송연구회 (2005.12.26.)
“게임이론을 통한 행정지도의 권력성과 부당한 공동행위의 추정의 복멸: 권력적 사실행위 도그마에 대한 비판적 검토”, 競爭法硏究 제12권, 競爭法學會 (2005.8.19.)
“상품 및 용역거래의 부당지원행위 대상 거래 여부와 우회적 지원행위-독점규제및공정거래에관한법률 제23조 제1항 제7호의 적용범위”, 기업소송연구회 (2006.3.1.) 2005(II)
“獨占規制및公正去來에관한法律 제23조 제1항 제7호 상의 不當支援行爲의 判斷에 있어서의 考慮要所”, 判例研究 19(I) 輯, 서울地方辯護士會 (2005.9.)
“부당지원행위 부당성 판단의 구조”, 경제법 판례연구, 경제법 판례연구회 (2005.3)

[지적재산권 관련]

“특허권소진이론의 전개와 전망-LG v. Quanta 사건을 중심으로”, Law & Technology, 서울대학교 기술과 법센터 (2009.1.)
“Youtube 사건, 구글과 승자의 저주 – 미국법상 공정이용법리와 간접책임법리의 전개 그리고 IT 기업의 M&A에 미치는 영향”, 과학기술법연구 제15집 제1호, 한남대학교 과학기술법연구원(2009.6.) [등재후보]
“IT 기술혁신을 위한 특허풀의 유용성과 전망”, IT와 법연구, 제3집 경북대학교 IT와 법연구소(2009.4.)
“미국 특허개혁법의 전개와 전망”, 세계법제연구(법제처) (2008.12.)
“미국에서의 디지털 콘텐츠의 공정이용항변의 적용과 한계- 유튜브(Youtube)를 둘러싼 일련의 소송을 중심으로”, 계간 저작권(저작권위원회) (2008.12.) [등재후보]
“퍼블리시티권의 침해와 손해배상의 범위에 대한 연구”, 스포츠와 법 제13권 제3호 (2008.8.) [등재후보]

“퍼블리시티권의 성격과 가처분의 성부에 대한 연구”, 지식재산연구 제3권 제1호 (2008.6.)

“미국에서의 특허법의 개혁논의의 전개와 시사점”, Law &Technology, 서울대학교 기술과법센터 (2008. 6.)

“미국에서의 특허 진보성 판단기준의 전개에 대한 연구-미국 연방대법원의 KSR 사건 그 이후”, 홍익법학, 홍익대학교 법학연구소(2008. 2.) [등재후보]

“디지털 기술의 발달과 프라이버시권 보호에 대한 연구”, 과학기술법 연구, 한남대학교, (2008.3.) [등재후보]

“소프트웨어 저작권에 있어서의 권리소진이론의 적용에 관한 연구-어도비 사건을 중심으로-”, 창작과 법 연구, 홍익대학교 창작과 법 센터 (2007.10.)

“특허의 진보성 판단의 구조와 진보성 판단기준에 대한 연구(上) - 한국과 미국의 판례를 중심으로”, 지식과 권리, 대한변리사회 (2007.12.)

“글록스터 판결의 의미와 P2P 기술의 미래”, 변호사 제36집, 서울지방변호사회 (2006.1.)

“出願經過禁反言의 原則- Festo 판결과 관련하여”, 辯護士, 서울地方辯護士會 (2002.1.)

“製造物責任法의 適用 範圍 劃定에 관하여”, 人權과 正義, 大韓辯護士協會 (2002.11) [등재후보]

“특허침해소송에서의 균등관계의 범위”, 저스티스, 韓國法學院 (2002.10.20) [등재후보]

전략적 기업경영과 법

기업지배구조와 재무구조의 이해

초판인쇄 | 2010년 2월 26일
초판발행 | 2010년 2월 26일

지은이 | 최승재
펴낸이 | 채종준
펴낸곳 | 한국학술정보㈜
주 소 | 경기도 파주시 교하읍 문발리 파주출판문화정보산업단지 513-5
전 화 | 031) 908-3181(대표)
팩 스 | 031) 908-3189
홈페이지 | http://www.kstudy.com
E-mail | 출판사업부 publish@kstudy.com
등 록 | 제일산-115호(2000. 6. 19)

ISBN   978-89-268-0794-1 93360 (Paper Book)
        978-89-268-0795-8 98360 (e-Book)

 는 한국학술정보(주)의 지식실용서 브랜드입니다.